Anonymus

Mitteilungen des Instituts für Österreichische Geschichtsforschung

Anonymus

Mitteilungen des Instituts für Österreichische Geschichtsforschung

ISBN/EAN: 9783741164811

Hergestellt in Europa, USA, Kanada, Australien, Japan

Cover: Foto ©ninafisch / pixelio.de

Manufactured and distributed by brebook publishing software (www.brebook.com)

Anonymus

Mitteilungen des Instituts für Österreichische Geschichtsforschung

MITTHEILUNGEN DES INSTITUTS

FÜR

OESTERREICHISCHE

GESCHICHTSFORSCHUNG.

UNTER MITWIRKUNG VON

TH. SICKEL, M. THAUSING UND H. R. v. ZEISSBERG

REDIGIRT VON

E. MÜHLBACHER.

I. BAND.

———⋆———

INNSBRUCK.
VERLAG DER WAGNER'SCHEN UNIVERSITÄTS-BUCHHANDLUNG.
1880.

Inhalt des 1. Bandes.

	Seite
Das k. k. Institut für österreichische Geschichtsforschung von Th. Sickel	1
Neue Beiträge zur Urkundenlehre von J. Ficker. I. Zeugen und Datirung	19
Die Urkunden K. Heinrichs II. für das Kloster Michelsberg bei Bamberg von K. Rieger	47
Zur Gründungsgeschichte des Klosters Stams in Tirol von H. R. v. Zeissberg	91
Das goldene Buch von Prüm von M. Thausing und K. Foltz. Mit einer artistischen Beilage	98
Die Sage von Susanna und König Wenzel von Ad. Horčička	105
Die gesetzliche Einführung der Todesstrafe für Ketzerei von J. Ficker	177
Neuausfertigung oder Appennis? Ein Commentar zu zwei Königsurkunden für Harford von Th. Sickel	227
Unedirte Diplome aus Aquileja (799—1082). Mitgetheilt von V. Joppi und ergänzt aus dem Apparat der Monumenta Germaniae. Mit einer Einleitung von E. Mühlbacher	259
Jakob Unrests Bruchstück einer deutschen Chronik von Ungarn von Prof. Dr. Krones R. v. M.	387
Bemerkungen über die äusseren Merkmale der Papsturkunden des 12. Jahrhunderts von Ferd. Kaltenbrunner	375
Dürers Studium nach der Antike. Ein Beitrag zu seinem ersten venezianischen Aufenthalte von Franz Wickhoff. Mit einer artistischen Beilage	413
Der Augsburger Kalenderstreit von Ferd. Kaltenbrunner	497
Die maritime Politik der Habsburger in den Jahren 1625—1628 von Fr. Mareš. I.	541
Das Original von Dürers Postreiter. Ein Beitrag zur Frage nach dem Meister W von Fritz Harck. Mit einer artistischen Beilage	579

Kleine Mittheilungen:

Instruction für Archivare aus dem 14. Jahrhundert von J. Ficker 121
Verordnung gegen Missbräuche an der Universität zu Neapel von 1289 von J. Ficker 123
Zwei Gedichte aus der Zeit K. Otto IV. von K. Rieger . . 125
Die Hirschauer Congregation von Martin Mayr 126
Urkunden auf Bücherdeckeln von Fr. Thaner . . . 127
Ein Buch aus der Bibliothek von Balue von E. Mühlbacher . 128
Das gräflich Khevenhüller'sche Archiv zu Osterwitz in Kärnten von S. Laschitzer 130
Die Wallfahrtkirche zu Hohenfeistritz in Kärnten von S. Laschitzer 132
Ein Schreiben des Paulus Jovius an K. Ferdinand I. 1551, 16. Aug. 133
Urkundenfund in Verona von E. Mühlbacher . . . 134
Die Alpenstrassen per Canales und per Montem Crucis von J. Ficker 202
Früheste Erwähnungen Friedrichs des Streitbaren von J. Ficker . 203
Die Geburtsjahre einiger Kinder König Albrechts I. von A. Huber 204
Zum Kanzleipersonale Friedrichs III. (IV.) von K. Schalk . 205
Eine verschollene Bibliothek von A. Czerny . . . 206
Eine neue Bilderhandschrift zur Susannasage von A. J. Hammerle 208
Neue Facsimilesammlungen von E. Mühlbacher . . . 209
Zur kaiserlichen Konstitution gegen die Ketzer vom Jahre 1224 von J. Ficker 410
Das Municipalarchiv zu Albenga von J. Ficker . . . 431
Ein Nachtrag zu den Wiener Stadtrechten von A. Luschin von Ebengreuth 433
Kaiserurkunden aus Mantua von H. Zimerman . . . 434
Das Schreiben König Heinrichs (VII.) an den Papst vom 10. April 1228 von J. Ficker 606
Ein angeblicher Capitulare Karls des Grossen von E. Mühlbacher 608
Das Archiv der Grafen von Collalto auf Schloss S. Salvatore bei Conegliano von E. v. Ottenthal 614
Das Archiv der Grafschaft Rockheim von H. Zimerman . 618
Eine neue historische Zeitschrift von E. Mühlbacher . . 621
Notizen 622

Literatur:

Geschichtsquellen der Stadt Wien. I. Die Rechte und Freiheiten der Stadt Wien hg. von Tomaschek 135
Das k. k. Kriegs-Archiv 140

VII

Seite

Die Urkunden Karls III. von E. Mühlbacher 142
Codice diplomatico Padovano 144
Neue Arbeiten Joppis zur Geschichte Friauls und Istriens . . 147
Die Publicationen der ungarischen Akademie der Wissenschaften . 155
Schriften von J. Jireček, Šembera, Brandl, Vašek über die Grünberger und Königinhofer Handschrift und das Fragment des Johannesevangeliums 160
Geschichte des ältern Gerichtswesens in Oesterreich ob und unter der Enns von A. Luschin von Ebengreuth 211
Gentz und Cobenzl, Geschichte der österreichischen Diplomatie in den Jahren 1801—1805 von Aug. Fournier 217
Beiträge zur Kritik der beiden Wiener Stadtrechts-Privilegien Kaiser Rudolfs von 1278 von Karl Rieger 218
Musée des archives départementales, recueil de facsimiles héliographiques de documents tirés des archives des préfectures, mairies et hospices 220
Statuti della Comunità di Cortona, dei mercanti drappieri della città di Vicenza, del Comune di Carré 228
Ungarisches wissenschaftliches Repertorium der vaterländischen und ausländischen Zeitschriften von J. Szinnyei 228
Die böhmischen Landtagsverhandlungen und Landtagsbeschlüsse hg. vom böhm. Landesarchive, I. 229
Corpus juris canonici ed. Ae. Friedberg 446
Diplomatisch-historische Forschungen von J. Hartung . . . 449
Acta Pontificum Romanorum inedita hg. von J. v. Pflugk-Harttung 455
Munch P. A., Aufschlüsse über das päpstliche Archiv hg. von G. Storm 460
Wilmans R., Die Kaiser-Urkunden der Provinz Westfalen 2. Bd. 1. Abth. bearbeitet von F. Philippi 462
Der Tiroler Adler von A. Bossm 466
Geschichte Kaiser Karl IV. und seiner Zeit von E. Werunsky . 468
Wallensteins Ende von H. Hallwich 469
Die Publicationen der Krakauer Akademie der Wissenschaften . 475
Bericht der Monumenta Germaniae 490
Der historische Congress in Krakau 494
Urkundenbuch der Stadt Strassburg bearbeitet von W. Wiegand . 627
Der Kampf Ludwigs des Baiern mit der römischen Curie von C. Müller 651
Die Grafen von Plaien-Hardegg von J. Wendrinsky . . . 655
Die grosspolnische Chronik von M. St. v. Warmski . . . 638
Die Wahl K. Sigmunds von Ungarn zum römischen König von A. Kaufmann 639

VIII

	Seite
Inventaire des cartulaires conservés dans les bibliothèques de Paris et aux arch. nat. par M. Ul. Robert suivi d'une Bibliographie des cartulaires publiés en France depuis 1840 (par M. L. Delisle)	640
Repertorio diplomatico Cremonese	645
Alfirisio Conte di Vicenza. Dissert. di B. Morsolin . . .	648
Beitrag zur Geschichte des Grosswardeiner Friedens und der Jahre 1585—1588; Zur Geschichte der Dobó-Balassa'schen Verschwörung von A. Károlyi	650
Uebersicht der periodischen Literatur Oesterreich-Ungarns 166, 335, 484, 654	

Personalien:

Karl Foltz, Nekrolog	170
Verzeichniss der Mitglieder des Instituts für österreichische Geschichtsforschung	174
Berichtigungen	660

I.

Das k. k. Institut für österreichische Geschichtsforschung.

Von

Theodor Nickel.

Durch a. h. Entschliessung aus Schönbrunn vom 20. Okt. 1854 wurde die Gründung einer Schule für oesterreichische Geschichtsforschung an der Wiener Universität genehmigt.

Vorberathungen waren im Ministerium für Cultus und Unterricht seit langer Zeit gepflogen und knüpften wiederum an Discussionen an, die grössere Kreise seit Jahren beschäftigten. Schon in den ersten Sitzungen der 1847 gestifteten k. Akademie der Wissenschaften hatte Chmel seine Gedanken über die Pflege der Geschichtswissenschaft in Oesterreich entwickelt. In und ausserhalb Wiens wurde das Thema in Flugschriften und Zeitungen vielfach erörtert. Für unsere Zwecke hier und um ihrer Wirkung willen hebe ich die zu Anfang 1853 erschienene Brochure hervor: „Ueber Nationalgeschichte und den gegenwärtigen Stand ihrer Pflege in Oesterreich" von J. A. Helfert, dem damaligen Unterstaatssecretär im Unterrichtsministerium. War der Minister Graf Leo Thun persönlich darauf bedacht, durch die Reformen auf dem Gebiete des höhern Schulwesens auch das Geschichtsstudium zu heben, so waren es unter seinen Räthen vorzüglich Helfert, G. A. Reider und J. Feil, welche ihn in diesen Bestrebungen unterstützten. Natürlich hatte die Regierung bei der Pflege dieser Wissenschaft andere Ziele ins Auge zu fassen und andere Wege einzuschlagen als der Akademiker Chmel. Dazu kam aber noch, dass bei gleichem Eifer für die Sache die Meinungen über Begriff und Aufgabe der vaterländischen Geschichte weit auseinander gingen. Der Historiker und Unterstaatssecretär Helfert stellte das allerdings erst jüngst gewordene, aber prädestinirte Grossoesterreich in den Vordergrund. Seine Schrift kündigte auch bereits die Einrichtungen an, die er getroffen sehen wollte. Wurden nämlich von ihm als Vorbilder, welche sich dem oesterreichischen Patrioten darbieten, England, Frankreich und Russland vorgeführt, so wurde bei Frankreich das Hauptverdienst um Förderung nationaler Geschichte der École des Chartes zugeschrieben. In diesem Sinne berichtete Helfert über die Leistungen der Pariser Schule seit der Reorganisation vom Jahre 1847 und theilte zugleich die wichtigsten Bestimmungen aus ihren damaligen Statuten und die Studienordnung mit.

Die Pläne, welche dem Ministerium vorschwebten, zu verwirklichen konnte niemand geeigneter erscheinen als A. Jäger. Dass er geistlichen Standes war und dem Orden angehörte, aus dem einst in Frankreich Luc d' Achery und Mabillon, in Oesterreich die Gebrüder Pez, Bessel u. a. hervorgegangen waren, ist dabei kaum in Anschlag gebracht worden, sicher nicht so sehr als seine Lehrthätigkeit. Wenige Jahre nachdem er als Professor der oesterreichischen Geschichte nach Wien berufen worden war, hatte er nach Grauerts Tode im Sommersemester 1852 die Leitung der einen Abtheilung des philologisch-historischen Seminars übernommen. Die akademische Jugend drängte sich damals wissensdurstig zu den neuen Studieneinrichtungen und zu den neuen Lehrern, zumal wenn sie wie Jäger anzuregen verstanden. Doch auch diesen selbst begeisterten geradezu die ihm neuen Seminar-Übungen und der lebhafte Verkehr mit den Schülern, unter denen sich zu der Zeit O. Lorenz, K. Stumpf, K. Tomaschek u. a. hervorthaten. Jägers Hingabe an diese Art Lehrthätigkeit wurde wohl nur von den Erwartungen übertroffen, welche er an sie knüpfte. Seiner Meinung nach musste in Oesterreich eine neue Aera nicht allein für Geschichtsforschung, sondern auch für Geschichtschreibung beginnen, sobald nur weiter für die begabten und strebsamen jungen Männer gesorgt werde. Mit Freuden begrüsste es daher Jäger, dass das Ministerium zu letzterem bereit war, ja gerade ihn an die Spitze einer höhern Abtheilung des historischen Seminars zu stellen wünschte.

Dass das Ministerium schlüssig wurde, hatte noch einen andern Grund. Schon nach zweijährigem Bestande hatten die neuen Seminarien den Gymnasien recht tüchtige Kräfte geliefert. Aber als an einer der Universitäten die Lehrkanzel der Geschichte zu besetzen war, machte das Ministerium die Erfahrung, „dass die in den frühern Studieneinrichtungen wurzelnden Verhältnisse auffallenden Mangel an verfügbaren Kräften für die Lehrämter der Geschichte zur bedauerlichen Folge hatten." Dieser Ausspruch fällt in dieselbe Zeit, da Helfert seine Brochure veröffentlichte. Unmittelbar darauf wurde Jäger mit der Ausarbeitung eines Statutenentwurfs betraut. So entstand die Vorlage, auf Grund deren die a. h. Entschliessung vom Jahre 1854 erfloss.

Laut diesem Entwurf soll die neue Schule junge Männer zur tiefern Erforschung der oesterreichischen Geschichte durch Anleitung zum Verständnisse und zur Benutzung der Quellen heranbilden und zwar soll sie dieselben in erster Linie mit dem gelehrten Material und mit den Hilfswissenschaften bekannt machen und so zum Dienste in Archiven, Bibliotheken und Museen vorbereiten; in zweiter Linie soll sie dieselben noch weiter mit den Grundsätzen und der Methode der wissenschaftlichen

Geschichtsforschung vertraut machen, um die auch den höheren Anforderungen entsprechenden Zöglinge auf die Bahn der Professur und der Geschichtschreibung zu leiten. In der Motivirung fügte das Ministerium noch hinzu, dass durch die Heranbildung eines geschickten und nach jeder Richtung hin verlässlichen Nachwuchses zugleich auch in weiteren Kreisen der Sinn für Forschung auf dem Gebiete der oesterreichischen Geschichte geweckt und geleitet werden solle und dass man durch die Heranziehung junger Männer aus verschiedenen Kronländern wohl auch erreichen könne, diese jenem engeren Anschauungskreise zu entrücken, welcher nicht selten talentvolle Kräfte unter dem Einflusse nationaler Bestrebnisse von dem rechten Ziele der Geschichtsforschung ablenke und zu blossen Parteimännern mache.

Schon in dem ursprünglichen Plane ist ein dreijähriger, je nach zwei Jahren zu erneuernder Cursus in Aussicht genommen. Studirende, welche mindestens zwei Semester hindurch vorzüglich historischen Studien obgelegen, sollen auf Grund einer Aufnahmsprüfung zu dem ersten Jahre des Cursus oder zur Vorschule zugelassen werden. Die Anzahl wird auf neun beschränkt. Nach Ausfall der ersten Jahresprüfung werden sechs zu Mitgliedern der Schule ernannt, von denen vier ein Stipendium von 400 fl, die zwei würdigsten aber ein solches bis zum Betrage von 700 fl. erhalten sollen; die drei übrigen Bewerber können sich als ausserordentliche Mitglieder an den Studien betheiligen und in etwa frei werdende Stellen einrücken. Für den theoretischen Unterricht, welcher soweit als möglich durch Universitätsvorlesungen geboten werden sollte, wurde ein sehr umfassendes Programm aufgestellt: unter den zu erlernenden Sprachen z. B. erscheinen nicht nur Alt- und Mittelhochdeutsch, sondern auch Altslovenisch, und in der Alterthumskunde sollen römische, keltische, germanische und slavische Antiquitäten berücksichtigt werden; von juridischen Collegien werden Rechtsgeschichte, Kirchenrecht, Lehnrecht vorgeschrieben. In den praktischen Uebungen sollen zuerst die historischen Hilfswissenschaften betrieben werden. Sie sollen des weitern umfassen: die schriftliche Ausarbeitung von Aufgaben, die Vorträge, die kritische Besprechung der gelieferten Arbeiten, und zwar soll jedes Mitglied in jedem Semester mindestens eine aus den Quellen geschöpfte Arbeit in sorgfältiger Ausführung zum Vortrage und zur Besprechung bringen. Die Leitung dieser Uebungen soll gleichfalls Universitätsprofessoren übertragen werden, doch sollen ihnen aus der Schule hervorgegangene Repetitoren zur Seite stehen. Für die Aufnahms- und für die Jahresprüfungen bestellt das Ministerium eine eigne Commission. Die nach Beendigung des Cursus ertheilten Zeugnisse, welche der Minister und der Direktor unterzeichnen, empfehlen, wenn sie mit Vorzugsnoten versehen sind, zur Anstellung als Repetitoren und Professoren an der Schule, als Privatdocenten und Professoren der oesterreichischen Geschichte an Universitäten und zu Dienstleistungen in Archiven, Bibliotheken, Conservatorien und Museen. In oberster Instanz steht die Schule unter dem Schutze und den Befehlen des Unterrichtsministers.

Die Schule sollte provisorisch in der Ausdehnung eröffnet werden, welche die an der Universität bereits wirkenden Lehrkräfte ermöglichten, und erst nach einigen Jahren der Erfahrung sollte ein Definitivum geschaffen werden. Bis dahin war auch die Entscheidung über mehrere Punkte, über die bisher eine Einigung nicht erzielt worden war, vertagt. Jener erste Statutenentwurf stammt allerdings von Jägers Hand, hatte aber mehrere Urheber, welche zunächst ein Compromiss abgeschlossen hatten. Wahrscheinlich war Helfert für die historischen Hilfswissenschaften, wie sie an der École des Chartes gelehrt wurden, eingetreten und sicher war durch ihn vermittelt worden, dass sich die Wiener Schule in der äusseren Einrichtung möglichst an die Pariser anlehnen sollte. So erklärt sich insbesondere die Einführung von Repetitoren, welche sonst in dem damaligen Organismus der Universität und speciell der philosophischen Facultät keinen Platz fanden und nur zu sehr an die kaum beseitigten Assistenten der Professoren erinnerten. Dagegen erscheint alles, was über die Hilfswissenschaften hinausgehend von den praktischen Uebungen gesagt wird, durchaus als Jägers Werk: er wollte dieselben Wege einschlagen, welche er im philologisch-historischen Seminare betreten hatte, wollte aber sich und den Zöglingen höhere Ziele stecken. Wenn endlich den geprüften Mitgliedern Aussichten auf bestimmte Staatsanstellungen eröffnet wurden, so stand es allerdings bei dem Unterrichtsministerium, in Zukunft vorzüglich aus diesem Kreise Lehrkräfte für die Schule, die Rechtsakademien und die Universitäten auszuwählen, aber um den Zöglingen Anwartschaft auf Anstellung in Archiven und Bibliotheken zu sichern, bedurfte es erst der Zustimmung all der Ministerien, welchen die Mehrzahl dieser Anstalten untersteht.

Sobald die a. h. Entschliessung erfolgt war, welche zugleich die Bewilligung der erforderlichen Geldmittel in sich begriff, drängte der Minister auf die Eröffnung der Schule. Die Statthalterei, die Universitätsbehörden und der sofort zum Direktor ernannte Jäger wurden zu schleuniger Austragung mehrerer Vorfragen aufgefordert. Erreicht wurde jedoch zunächst nichts, als dass der Schule sehr geeignete, an die Universitätsbibliothek anstossende Lokalitäten zugewiesen wurden.

Dagegen waren die zahlreichen Lehrkräfte, welche das Programm
voraussetzte, nicht zu beschaffen. Nicht ein Professor der Universität
war gewillt, sich an dem Unterricht zu betheiligen. Indem Jäger in
weiteren Kreisen Umschau hielt, insbesondere nach Vertretern der
Hilfswissenschaften, stellte sich im Custos der k. Hofbibliothek Birk
ein ausgezeichneter Palaeograph zur Verfügung; aber die ihm vorgesetzte Behörde glaubte ihm, da er durch sein Bibliotheksamt bereits
vollauf in Anspruch genommen sei, die Erlaubniss versagen zu müssen.
Von Repetitoren, welche ja aus der Schule selbst hervorgehen sollten,
konnte ebenfalls noch nicht die Rede sein. Indem der Organisator
der neuen Schule sonst noch auf allerlei Hindernisse stiess, sah er sich
schon damals genöthigt, die Statuten als in mehreren wesentlichen
Punkten unausführbar zu bezeichnen und sofortige Abänderungen anzurathen; so sollte das Probejahr, die Aufnahms- und die Schlussprüfung entfallen und es sollte den Mitgliedern überlassen bleiben,
sich in all den Gegenständen, welche im Programm aufgezählt, aber
an der Universität nicht gelehrt wurden, die nöthigen Kenntnisse auf
dem Wege der Autodidaktie anzueignen.

Doch liess Jäger den Muth nicht sinken. Ein warmer Freund
strebsamer junger Leute, erachtete er es als ein Glück für diese, dass
ihnen Gelegenheit geboten werde ihre Studien fortzusetzen, und wenn
sie unter seiner Leitung leisteten, was er sich von ihnen versprach,
so glaubte er, würde die neue Schule sich schon Bahn brechen. In
diesem Sinne hatte er unter denen, welche in den letzten Jahren an
den Seminarübungen theilgenommen hatten, bereits sechs zu Mitgliedern der Specialschule ausgewählt, darunter einige, welche inzwischen die Lehramtsprüfung abgelegt und bereits als Gymnasial-Supplenten gewirkt hatten, jetzt aber in der Hoffnung sich unter
scheinbar günstigen Verhältnissen ausschliesslich dem lieb gewordenen
Studium der Geschichte widmen zu können bereit waren, sich nochmals der Leitung ihres ehemaligen Lehrers, ja auch einem gewissen
Schulzwange unterzuordnen. Mit diesen eröffnete Jäger als Direktor
und alleiniger Lehrer im Oktober 1855 den ersten Cursus.

Im Vordergrunde stand das, was sich Jäger vom Anbeginn an
vorbehalten hatte, die Anleitung zum quellenmässigen Studium der
österreichischen Geschichte. Er gab den Mitgliedern Themata, von
deren nochmaliger und methodischer Bearbeitung er eine Erweiterung
der Kenntnisse der vaterländischen Geschichte erwartete. Er legte
besonderen Werth auf die Zusammenfassung der gewonnenen Resultate
in sorgfältiger Ausführung. Als eine der so im ersten Semester entstandenen Abhandlungen in die Schriften der k. Akademie der Wis-

neuerhafter Aufnahme fand, schien ihm der Erfolg schon gesichert. Für diese von ihm angeregten und überwachten Arbeiten der Zöglinge genügten die Quellen und Bearbeitungen, welche in Druckwerken vorlagen, und diese stellte der Direktor der Universitätsbibliothek in liberalster Weise zur Verfügung. Aber nach dem Programme sollte auch handschriftliches Material erschlossen und benützt werden und die Mitglieder baten daher, dass auch solches ihnen zugänglich und verständlich gemacht werde. Es kann Jäger nicht hoch genug angerechnet werden, dass er bei dem offenen Eingeständnisse, in der Palaeographie nur Autodidakt und wenig geübt zu sein, sich doch erbot, nach bestem Vermögen auch hier die erste Anleitung zu geben. Dabei musste er in Ermanglung eines Lehrapparates sich mit Originalschriftstücken behelfen. Handschriften aber waren anfangs nicht zu beschaffen und erst nach einiger Zeit wurde von dem k. k. Haus-, Hof- und Staatsarchiv erwirkt, dass je zwei Zöglinge unter der Führung des Direktors sich in der Archivfiliale des Laurenzergebäudes in der Entzifferung von Urkunden üben konnten.

Jäger verhehlte sich nicht, dass der Eifer einiger Mitglieder bald nachliess. Wurde doch ihre Wissbegierde nicht in dem Umfange und Grade, als sie erwartet hatten, befriedigt. Und da es auch mit den Aussichten auf die Zukunft misslich stand, sahen sich insbesondere die älteren Zöglinge veranlasst, andere Ziele ins Auge zu fassen und sich anderen Beschäftigungen zuzuwenden. Ihrem Austritte meinte der Direktor nur vorbeugen zu können, wenn den Mitgliedern sofort ein höheres Stipendium zuerkannt und zugleich Anstellung in den Archiven und Bibliotheken zugesichert werde; bei dieser Gelegenheit entwickelte er einen Plan zur Reorganisation der Archive, welcher noch heutigen Tages Beachtung verdienen würde. Den Anträgen selbst konnte das Ministerium keine Folge geben.

Aber die Sachlage gab zu neuen Berathungen Anlass. Im Ministerium erkannte man, dass man früher zu leicht über gewisse Meinungsverschiedenheiten hinweggegangen und sich über die Bestimmung der Schule oder, wie man jetzt zu sagen begann, des Institutes nicht genügend klar geworden war. Man sprach auch bereits aus, dass Geschichtschreibung nicht gelehrt werden könne und dass es der Befähigung und Neigung der Zöglinge überlassen bleiben müsse, ob sie sich dereinst der akademischen Laufbahn zuwenden wollten oder nicht. Doch von einer Verständigung über die der Schule zu steckenden Ziele war man noch weit entfernt und eine Entscheidung glaubte man um so eher vertagen zu können, da es eben möglich geworden war, dem einem von allen Seiten anerkannten Missstand abzuhelfen.

Bei jedem Anlasse hatte der Direktor nach weiteren Lehrkräften, vor allem für die Hilfswissenschaften verlangt. Auch die Räthe im Ministerium waren der Meinung, dass den Zöglingen erst gewisse Vorkenntnisse zu bieten seien, bevor man ihnen die Lösung schwieriger Probleme zumuthen dürfe. Die École des Chartes wurde dabei mehr und mehr als Muster hingestellt, seitdem sich Freih. von Helfert gelegentlich eines Aufenthaltes in Paris mit deren Einrichtungen näher vertraut gemacht hatte. Das war der Stand der Dinge, als eine Reihe von Zufälligkeiten den Schreiber dieser Zeilen in Verbindung mit dem Institute brachte [1]).

Während heutzutage auch Nichtfranzosen an den Cursen der Pariser Schule theilnehmen dürfen, war ihnen zu jener Zeit blos der Besuch der eigentlichen Vorlesungen gestattet und auch der nur unter Beschränkungen, welche den Erfolg in Frage stellten. War ich dadurch vom regelmässigen Besuche abgeschreckt worden, so hatte ich doch später im regen Verkehr mit einigen Lehrern und Schülern der École deren Einrichtung, Programm und Methode ziemlich kennen gelernt. So vermochte ich, als mich archivalische Forschungen nach Wien führten, auf die oft an mich gerichteten Fragen nach der École des Chartes Bescheid zu geben. Und als das eine Institutsmitglied sich von mir Anleitung zum Studium der Palaeographie erbat, ertheilte ich sie erst diesem, dann auch dessen Genossen, d. h. ich hielt während des Sommersemesters 1856 im Institutslocal und in Anwesenheit des Direktors ein Privatissimum. Jäger bewies mir sein Wohlwollen und seine Dankbarkeit, indem er nachträglich an das Ministerium berichtete. Auf seinen Antrag erfolgte im September 1856 meine Anstellung als Docent der historischen Hilfswissenschaften am Institute und ein Jahr darauf meine Beförderung zum ausserordentlichen Professor an der Wiener Universität.

Schon um meine Stellung zu regeln, mussten jetzt die Statuten einer Revision unterzogen werden. In der damals vereinbarten Fassung wurde der Schule nur noch die zweifache Aufgabe gestellt, die Zöglinge a) mit historischen Hilfswissenschaften und b) mit der eigentlichen Quellen- und Geschichtsforschung bekannt zu machen. Das Lehrprogramm wurde sehr eingeschränkt. Neben den obligaten Studien wurden als wünschenswerthe nur die aufgeführt, für deren Vertretung an der Universität genügend gesorgt war. Die Ertheilung des obli-

---

[1]) Seit 22 Jahren Lehrer an dieser Anstalt und jetzt Vorstand derselben war ich am ehesten berufen über sie zu berichten. Ich habe deshalb auch die Scheu überwinden müssen, hier von mir selbst zu erzählen.

guten Unterrichts wurde zwischen uns so geregelt, dass Jäger die
Literatur der oesterreichischen Geschichte und ihrer Quellen vortrug,
ferner in Uebungen zum Quellenstudium anleitete und historische
Arbeiten anfertigen liess, während ich Palaeographie, Chronologie und
Diplomatik lehrte. Meine Lehrthätigkeit sollte so weit als möglich
auch den Studirenden der Universität zu gute kommen. Bei der
Chronologie unterlag dies keinen Schwierigkeiten, aber schon bei der
Palaeographie war eine Beschränkung geboten; ich trug dieselbe durch
zwei Semester hindurch vor für die Theilnehmer an dem Vorberei-
tungsjahre des Instituts und insoweit auch für andere Studierende,
als der Apparat von Facsimiles zuliess. Anders musste ich als Lehrer
der Diplomatik vorgehen. Bei dem Stand dieser Disciplin war ich
genöthigt, die Vorträge einzuschränken und den Uebungen grosse
Ausdehnung zu geben. Da schien es mir erspriesslich, nur wenigen
und möglichst gleich vorbereiteten Studirenden die Theilnahme zu
gestatten d. h. in der Regel nur den ordentlichen Mitgliedern des
Instituts, welche sich dann durch drei Semester hindurch mit Urkundenlehre zu befassen hatten.

Die Mitgliedschaft und das Stipendium wurden zumeist nur noch
denen zuerkannt, welche die Universitätsstudien bereits vollendet
hatten, so dass sie sich ausschliesslich den Institutsstudien widmen
konnten. Wurde schon damit gewissen Collisionen vorgebeugt, so
wurden auch die mit den Einrichtungen der Universität unverträglichen
Bestimmungen der früheren Statuten beseitigt: es war nicht mehr
von Repetitoren, noch von Jahresprüfungen die Rede. Aus dieser nun
geregelten Verbindung des Instituts mit der philosophischen Facultät
erwuchsen jenem mehrere Vortheile. Studirende, welche als Bewerber
um die Mitgliedschaft in das Vorbereitungsjahr traten, waren Jäger
zumeist schon als Mitglieder des Universitätsseminars für oesterreichische Geschichte bekannt geworden. Mir gaben die Vorlesungen
über Palaeographie hinlänglich Gelegenheit, mir ein Urtheil über die
zu bilden, welche sich dem Studium der Geschichte zuwandten. So
wurde es uns leicht, aus der Zahl der Bewerber, die mit der Zeit
bis auf 18 stieg, eine gute Auswahl zu treffen. Wurden dabei in
erster Linie Befähigung und Fleiss in Anschlag gebracht, so trachteten
wir doch auch dahin, junge Männer aus den verschiedenen Kronländern
im Institut zu vereinigen.

Die Summe, welche für Stipendien zur Verfügung stand, wurde
fortan in folgender Weise vertheilt. Jedes ordentliche Mitglied erhielt
ein Stipendium von jährlich 420 fl. ö. W. Der noch erübrigende
Betrag von 630 fl. wurde auf Reisestipendien verwendet, welche die

Mitglieder nach Ablauf des zweiten oder dritten Jahrgangs erhielten, um für ihnen gestellte Aufgaben das Material auf Archiven und Bibliotheken ausserhalb Wien zu sammeln. Seit dem Jahre 1856 bewilligte das Ministerium dem Institut auch reichliche Mittel für Bildung eines Lehrapparats. Geradezu zur Bedingung der Uebernahme einer Docentur hatte ich die Anschaffung von Facsimiles gemacht. Zu allererst wurden wir mit den Göttinger Schrifttafeln, dann mit denen der École des Chartes betheilt. Schon zu Ende 1856 war beschlossen, die Monumenta graphica medii aevi zunächst nur für den Gebrauch an unserer Anstalt erscheinen zu lassen. Bei der Ausführung stiess ich jedoch auf unerwartete Schwierigkeiten. Gegen die Anwendung der Photographie wurden allerlei Bedenken laut. Es wurde mir nicht gestattet, von den Schriftdenkmälern in den reichen Wiener Sammlungen Gebrauch zu machen. Um die ersten Lieferungen erscheinen lassen zu können, war ich daher fast ganz auf die Archive und Bibliotheken in Lombardo-Venetien angewiesen. Erst mit der Zeit wurde das Misstrauen behoben und wurde mir ermöglicht, wenigstens annähernd den ursprünglichen Plan auszuführen. Aber, wie auch unter so erschwerenden Umständen die Auswahl ausgefallen ist, dem Umstande, dass ich bald über Facsimiles in genügender Anzahl von Exemplaren verfügte, verdankte ich die Möglichkeit Palaeographie lehren zu können. Für Uebungen der einzelnen wurde uns ein ziemlicher Vorrath von Originalurkunden des spätern Mittelalters geschenkt. Dass in Wien zuerst wieder eine Lehrkanzel für Hilfswissenschaften errichtet worden war, gab einem in Oesterreich lebenden Enkel von U. F. Kopp Anlass dem Institut zuzuwenden, was von dem grossväterlichen wissenschaftlichen Nachlass noch im Besitz der Familie war; den bessern und einigermassen zusammenhängenden Theil konnte ich sofort für den Unterricht in der Urkundenlehre verwerthen. Auch die ersten Anfänge einer Institutsbibliothek reichen bis in das Jahr 1856 zurück.

Ueber den Unterricht, welcher damals auf der Schule ertheilt wurde, ist noch etwas zu bemerken. Sollte ich die Hilfswissenschaften vortragen, mein verehrter College Jäger dagegen anleiten zur eigentlichen Quellenforschung, so war damit auch eine Theilung des Quellenstoffes gemeint: die Urkunden waren mir und die erzählenden Quellen ihm zugewiesen. Daraus ergab sich eine weitere Sonderung. Jäger konnte, wie das sowohl seiner Neigung als seinem eigenen Studiengang entsprach, unter den Annalen, Chroniken u. s. w. die Auswahl so treffen, dass er sich thatsächlich auf dem Gebiete historischer Forschung bewegte, welches bei der Errichtung des Instituts ins Auge gefasst worden war. Ich befand mich in anderer Lage. Vielleicht bietet sich mir noch einmal Gelegenheit ausführlich darzulegen, wie ich die mir gerade in Oesterreich gestellte Aufgabe mit Wissen des mir vorgesetzten Ministeriums aufgefasst habe und noch auffasse; hier werden einige Andeutungen genügen. In der Palaeographie und in der Chronologie konnte ich mir eine Beschränkung auf Erscheinungen, welche in der Vergangenheit auf bestimmten Territorien zu Tage getreten sind, nicht auferlegen, sondern ich müsste die Entwicklung im weitesten Umfange zum Gegenstand wissenschaftlicher Betrachtung machen, um auch die etwaigen localen Besonderheiten, auf die einmal der Forscher in Oesterreich stossen mag, einbeziehen und verständlich machen zu können. Und ebenso wenig vertrug die Diplomatik eine derartige Begrenzung. Lange Zeit hindurch fällt das Urkundenwesen in diesen oestlichen Landen durchaus mit dem im alten deutschen Reiche zusammen. Beginnt dann in späteren Jahrhunderten eine Differenzirung und wird in Folge davon der Specialdiplomatik eine ganze Reihe von lohnenden Aufgaben gestellt, so kann an sich und vollends bei dem jetzigen Stande dieser Disciplin der akademische Unterricht sich auf diese abgelegenen und noch unbebauten Gebiete nicht einlassen. Knüpft er aber in der rechten Weise an den Stoff von grösserer Verbreitung und allgemeinerer Geltung an und stellt er die Ziele und die Methode der Urkundenforschung fest, so ergibt sich die Anwendung auf die besonderen Stoffe von selbst. Die Specialarbeiten von Zahn, Emler, Kürschner, Zimmermann, Feherpataky u. a. beweisen wohl zur Genüge, dass das Studium der Diplomatik, wie ich es auf dem Institut betreiben lasse, Früchte trägt, auch für die Geschichten der einzelnen Gebiete, aus denen sich die oesterreichische Geschichte zusammensetzt. In allen meinen Vorlesungen und Uebungen gab ich also den Zöglingen die Richtung auf ein umfassenderes Quellenmaterial als das, auf dessen Beherrschung Jäger besonderen Werth legte.

Die collegiale Eintracht wurde dadurch nicht gestört. Aber wir beide wirkten doch nicht so sehr mit- denn nebeneinander. Unter den ordentlichen Mitgliedern, welche uns beiden genug thun sollten, mag der eine und der andere durch diesen Dualismus beirrt worden sein. Das wurde auch wieder durch einen Vortheil aufgewogen. Ausser den Stipendisten konnten sich andere Studenten, sei es an Jägers, sei es an meinem Unterricht allein betheiligen; auch Nichtoesterreicher fanden sich zuweilen ein. Als jedoch von einer Seite einmal eine förmliche Scheidung in zwei Abtheilungen, eine für Hilfswissenschaften und die andere für Erforschung oesterreichischer Geschichte, angeregt wurde, sprach sich das Ministerium aus gutem Grunde dagegen aus.

Ich sagte schon, dass sich eine genügende Anzahl von Hörern der philosophischen Facultät, hie und da auch Juristen, um den Eintritt in das Institut bewarb. Seit 1859 waren meist fünf der Stipendien für ordentliche Mitglieder vergeben. Bei aller Liebe für die Institutsstudien mussten die Zöglinge doch auch auf ihre Zukunft bedacht sein. In den Statuten von 1857 war von dereinstiger Verwendung der Mitglieder nicht mehr die Rede noch auch von einer Schlussprüfung. Wir Lehrer konnten es somit den Mitgliedern nicht verargen, dass die Mehrzahl die Gymnasiallehramtsprüfung abzulegen trachtete und zwar in den Jahren der Mitgliedschaft. Trotzdem wünschten sie vorkommenden Falls in Stellungen zu treten, in denen sie die von ihnen erworbenen besonderen Kenntnisse und Fähigkeiten zu verwerthen vermöchten. Der eine Jahrgang petitionirte daher um Veranstaltung von Prüfungen und Ertheilung von Zeugnissen. Im Jahre 1861 wurde dem gewillfahrt. Das Ministerium bestellte eine Staatsprüfungs-Commission, welche von zwei zu zwei Jahren die aus der Anstalt austretenden Zöglinge in den im Institut gelehrten Gegenständen examiniren und ihnen amtliche Zeugnisse ertheilen sollte. Berufen in die Commission wurden ausser den Docenten des Instituts einzelne Universitätsprofessoren, Archivare und Bibliothekare. Dass diese Zeugnisse, auch ohne Anwartschaft auf bestimmte Stellen zu ertheilen, den geprüften Mitgliedern sehr zu statten gekommen sind, wird später zu berichten sein. Nur einmal, im Jahre 1873, ist die Prüfung unterblieben: erst zwangen besondere Umstände zu einer Vertagung, indessen aber waren bereits sämmtliche Candidaten angestellt, so dass sie sich nicht mehr veranlasst sahen, sich dem Examen zu unterziehen.

Unter Hinweis auf sein vorgerücktes Alter bat Jäger im Mai 1869 um seine Enthebung vom Institut, welche ihm unter gerechter Anerkennung seiner Verdienste gewährt wurde. Es wird in den betreffenden Kreisen unvergessen bleiben, dass ohne Jägers Eifer und Rührigkeit diese Schule nie ins Leben getreten wäre und dass sie ohne seine Ausdauer nicht Bestand gehabt hätte.

Mit dem Auftrag, provisorisch die Leitung zu übernehmen, erhielt ich zugleich den, über etwa nothwendige Aenderungen Vorschläge zu erstatten. Zwei Gründe bestimmten mich einen Aufschub zu erbitten. Ich hatte eben an einer vom Minister Giskra veranstalteten Enquête über den Zustand der Archive in Oesterreich theilgenommen und dabei die Freude gehabt, dass die Commission einstimmig beantragt hatte, dass den geprüften Mitgliedern des Instituts eine Anwartschaft auf die Archivarstellen zuerkannt würde. Wurde das zum Gesetz erhoben, so musste in Zukunft dem Institut mehr als bisher der Charakter

einer Archivschule gegeben werden. Doch diese Aussicht hat sich
damals und bis heute noch nicht verwirklicht. Das ganze Elaborat
jener Enquête-Commission wurde nach dem Rücktritt des damaligen
Ministeriums ad acta gelegt. Eine Vertagung der Reorganisation des
Instituts war auch dadurch geboten, dass sich Jahre lang niemand
fand, welcher den bislang von Jäger ertheilten Unterricht übernehmen
wollte. Die Folge davon war, dass in dieser Zeit nur die Hülfswissenschaften betrieben wurden, wodurch übrigens die Zahl der Theilnehmer
an dem Institutscursus keine Minderung erfuhr.

Vom Ministerium selbst ging eine neue Anregung zur Umbildung
unserer Schule aus. Indem man die Museen zu heben suchte, wurde
auch auf diesem Gebiete der Ruf nach wissenschaftlich gebildeten
Beamten laut, und indem ja schon bei der Errichtung des Instituts
demselben, gleich wie in Frankreich der École des Chartes, die Aufgabe
auch für diese Aemter vorzubereiten gestellt war und thatsächlich
einige ehemalige Institutszöglinge sich in diesem Zweige des öffentlichen Dienstes hervorgethan hatten, so sollten in den Lehrplan fortan
mittelalterliche Archaeologie und Kunstgeschichte aufgenommen werden.
Diese Ausdehnung des Lehrplans zog weitere Aenderungen nach sich.
Für die letztgenannten Fächer trat der einstige Institutszögling,
jetzt Universitätsprofessor Dr. Thausing ein. Gleich ihm wünschten
zwei andere Institutsgenossen sich fortan an dem Unterricht zu betheiligen:
der Professor für oesterreichische Geschichte R. v. Zeissberg
und der Archivdirektor Dr. Kürschner, welcher seit seiner Habilitation
mich schon mehrfach unterstützt hatte. Zwischen uns fand eine
Verständigung sehr leicht statt, und indem das Ministerium unsere
Vorschläge genehmigte, wurde das Institut im September 1874 reor-
ganisirt. Obgleich die neuen Statuten in dem Verordnungsblatte des
Ministeriums für Cultus und Unterricht veröffentlicht worden sind,
glaube ich doch die Hauptstellen hier anführen zu sollen.

„Errichtet zu dem Zwecke, die Erforschung der oesterreichischen
Geschichte zu fördern, hat das Institut vor allem die Aufgabe, Studirende, welche sich eingehenderen historischen Studien zuwenden wollen,
mit den Quellen und Denkmälern im weitesten Umfange, sowie mit
der Methode vertraut zu machen, dieselben für die kritische Behandlung
der oesterreichischen Geschichte zu verwerthen. Eine weitere Aufgabe
des Instituts ist es, die fachmännische Heranbildung von Beamten für
Bibliotheken, Archive und Museen zu erzielen". Als neue Unterrichts-
gegenstände erscheinen: allgemeine Kunstgeschichte des Mittelalters
und der Renaissance, dann specielle mit Uebungen verbunden, Kritik
kunstgeschichtlicher Quellenschriften und Denkmäler, Heraldik und

Sphragistik, Archivs- und Bibliothekskunde. Der Unterricht wird von Docenten der Universität entweder an der Universität oder speciell für die Mitglieder des Instituts in demselben ertheilt. Die Zahl der Theilnehmer an den einleitenden Studien des Vorbereitungsjahres wird in Bezug auf die theoretischen Vorträge nicht beschränkt; in Bezug auf die praktischen Uebungen im Institutslocale tritt die Beschränkung ein, welche der Raum des Locales und die Natur der Uebungsgegenstände bedingen. Studirende anderer oesterreichischer Universitäten können, ohne das Vorbereitungsjahr in Wien durchzumachen, auf Grund einer Prüfung zu ordentlichen Mitgliedern ernannt werden. Nach Umständen können ausserordentliche Mitglieder zu dem vollständigen Cursus zugelassen werden; es ist ihnen aber auch gestattet, sich nur an gewissen Studien zu betheiligen. Den ordentlichen Mitgliedern steht frei, sich im dritten Jahre des Cursus eine der drei Hauptgruppen (Scriptoren, Urkunden, Kunstdenkmäler) als Gegenstand speciellen Studiums auszuwählen und sich auf die Theilnahme an den auf die gewählte Gruppe bezüglichen Vorlesungen und Uebungen zu beschränken.

Auch das Prüfungs-Reglement ist seit 1874 etwas abgeändert worden. Die Candidaten haben eine Hausarbeit über ein frei gewähltes Thema zu liefern. Es folgen dann Clausurarbeiten aus der Palaeographie, Diplomatik, Quellenkunde und Kunstgeschichte. Endlich mündliche Examina aus diesen Disciplinen sowie aus der Chronologie und aus der oesterreichischen Geschichte. Zum Schluss der Zeugnisse heisst es: „indem somit N. N. alle Stadien der Prüfung ... bestanden hat, empfiehlt ihn die unterzeichnete Commission für diejenigen Zweige des öffentlichen Dienstes, für welche eingehende Kenntniss der oesterreichischen Geschichte und ihrer Quellen, der Kunstgeschichte und der historischen Hilfswissenschaften erfordert wird, und speciell zu Anstellungen in Archiven, Bibliotheken und Museen".

Es wird also durch das Zeugniss der jetzigen Sachlage entsprechend noch kein Recht oder Vorrecht bei Anstellungen zuerkannt, und doch finden diese Zeugnisse der absolvirten Mitglieder mehr und mehr Beachtung, so dass sich in diesem Jahre auch bereits zwei ausserordentliche Mitglieder mit Genehmigung des Ministeriums der Prüfung unterzogen, um das von der Commission ertheilte Zeugniss zu erwerben.

Es mögen sich hier Daten über den Besuch der Anstalt seit 24 Jahren und j über die Verwendung der Mitglieder anschliessen. (Ein Namensverzeichniss mit weitern Angaben folgt am Schlusse des Heftes.) An den 12 bisherigen Cursen betheiligten sich 64 ordentliche Mitglieder und 26 ausserordentliche, unter letzteren 9 Nicht-

oesterreicher. Bereits gestorben sind 8 ordentl. Mitgl. und 1 ausserordl.
Mitgl. Je 2 aus jeder Kategorie gaben die gelehrten Studien auf.
Der akademischen Laufbahn wandten sich 19 ordentl. und 10 ausserord.
Mitgl. zu; unter ihnen lehren 9 historische Hilfswissenschaften. Mehrere
der jetzigen Professoren oder Docenten an Hochschulen waren zugleich
vorübergehend oder sind auch noch an Archiven, Bibliotheken und
Museen angestellt; im ganzen haben 26 ordentl. und 7 ausserordentl.
Mitgl. in solchen Anstalten Verwendung gefunden. Dem Gymnasial-
lehrstande gehören 29 ehemalige Institutsmitglieder, meist aus früheren
Jahrgängen, an. Mitglieder, Conservatoren oder Correspondenten der
k. k. Centralcommission für Kunst- und historische Denkmale sind 8
geworden. Unter der jetzigen Direction der Monumenta Germaniae
sind 3 Institutszöglinge besoldete Mitarbeiter geworden. Die Mehrzahl
nimmt also Lebensstellungen ein, in denen ihnen die specielle Ausbildung, welche sie der Anstalt verdanken, zu statten kommt.

Vom Lehrkörper ist nur noch zu berichten, dass Dr. Kürschner bald
nach der Reorganisation vom Jahre 1874 zu kränkeln begann und schon
1876 in den Ruhestand zu treten genöthigt war. An seiner Stelle wirkt
seitdem der Privatdocent an der Universität Dr. Rieger zugleich an unserer
Schule. — Gelegentlich der Fortbildung des Instituts wurden demselben auch weitere Räume angewiesen. Ausser dem Saal für die Vorlesungen stehen jetzt 5 Zimmer zur Verfügung. Mit Mühe können in diesen
die schnell angewachsenen Sammlungen untergebracht werden. So
oft es nothwendig wurde, hat das Ministerium grössere Summen bewilligt, um Lehrapparate herbeizuschaffen. Für den palaeographischen
war schon seit lange gesorgt. Als 1874 kunsthistorische Sammlungen
benöthigt wurden, wurden den Grundstock zu bilden 3000 fl. vraus-
gabt. Mit einer jährlichen Dotation von 500 fl. können die regelmässigen Anschaffungen bestritten werden. Schenkungen von Urkunden, Handschriften, Siegeln, Druckwerken, Facsimiles, Siegelab-
drücken, Abbildungen von Kunstwerken u. s. w. sind dem Institut in der
letzten Zeit häufig gemacht worden. Schon seit vielen Jahren wird
es mit den historischen Publicationen von Akademien und gelehrten Gesellschaften betheiligt. So ist die Bibliothek jetzt auf etwa
2500 Bände und Hefte angewachsen, der kunsthistorische Apparat auf
2500 Tafeln, die Siegelsammlung auf 185 Stück. Der Apparat für
den Unterricht in der Palaeographie und Diplomatik enthält ausser
182 Originalurkunden 050 Schriftproben; diejenigen, welche in grösserer
Anzahl von Exemplaren vorhanden sind, genügen für die gemeinsamen
Uebungen; eine zweite Klasse dient den einzelnen Mitgliedern zum
Studium. Mit der Zeit hat das Institut auch die Vergünstigung er-

wirkt, von zahlreichen Bibliotheken und Archiven des Kaiserstaats und selbst des Auslandes Druckwerke, Handschriften und Urkunden unter angemessenen Cautelen geliehen zu erhalten.

Ein Arbeitssaal, in welchem die Handbibliothek aufgestellt ist, ist den ordentlichen Mitgliedern vorbehalten. Ein ebenso geräumiger steht den ausserordentlichen Mitgliedern und Gästen offen. Ueber diese will ich doch auch noch einige Worte sagen. Seit der Zweitheilung des Oesterreich vom Jahre 1854 konnten aus Ungarn stammende Studirende nicht mehr mit den auf dem cisleithanischen Budget stehenden Institutsstipendien betheiligt werden. Die k. Akademie der Wissenschaften in Pest pflegt seitdem junge Historiker aus den Landen der Stephanskrone auf der Wiener Schule ausbilden zu lassen. Die Fürsorge der Fürsten von Schwarzenberg für die reichen Familienarchive hat sich auch darin bekundet, dass zwei jüngere Archivare unseren Cursus durchzumachen angewiesen wurden. Es liegt auf der Hand, dass wir derartige Zöglinge soweit als möglich den ordentlichen Mitgliedern gleichstellen. Doch bieten wir auch anderen Studirenden, selbst wenn sie nur vorübergehend theilnehmen, was mit den Statuten und den Interessen der ordentlichen Mitglieder vereinbar ist. Endlich kommen unsere Einrichtungen und Sammlungen auch noch einer anderen Klasse von Gästen zu statten, nämlich den ehemaligen Mitgliedern. Unter den in Wien Ansässigen sind mehrere tägliche Besucher des Instituts. In den Ferienzeiten finden sich die auswärts Wohnhaften ein, um die Sammlungen zu benützen. Begreiflich ist, dass zwischen den jetzigen Docenten und diesen Gästen als einstigen Studiengenossen ein lebhafter Verkehr besteht. In diesen werden aber zu eigenem Nutzen auch die jeweiligen jüngeren Mitglieder einbezogen; sie helfen den älteren Genossen bei deren Arbeit, sie erhalten damit weitere Anleitung, sie erholen sich aber auch bei jenen Rath und Unterweisung. In diesem Verkehr bildete und befestigte sich die Kameradschaft zwischen den Angehörigen aller bisherigen Jahrgänge, so dass, da jetzt seit der Stiftung 25 Jahre verflossen sind, die ehemaligen Mitglieder zu einer freien Genossenschaft zusammengetreten sind und als solche mit dieser Zeitschrift auch vor die Oeffentlichkeit zu treten wünschen. Sie soll und wird einen weiteren Kitt zwischen uns bilden, soll aber zugleich ein Organ sein für alle die Disciplinen, welche auf dem Institute bisher betrieben wurden. Deshalb werden wir auch Mittheilungen von Fachgenossen, die nicht gerade aus der Wiener Schule hervorgegangen, derselben aber freundlich zugethan sind, willkommen heissen, ja wir werden möglichst dahin streben, hier einen neuen Mittelpunkt für die Arbeiten gleicher Richtung zu schaffen. Dafür treten auch wir die jetzigen Docenten des Instituts ein, während wir die Redaction mit gutem Gewissen einem unserer jüngeren Arbeitsgenossen anvertraut haben.

Wien, Juli 1879.

Nachschrift. Die ersten Bogen dieses Heftes waren gesetzt und harrten nur noch des Imprimatur von Seite des von uns gewählten Redakteurs Dr. K. Foltz, als diesen ein plötzlicher Tod ereilte. Bis die ehemaligen Mitglieder aus ihrer Mitte einen neuen Redakteur zu bestellen in der Lage sein werden, hat H. Dr. Mühlbacher in Innsbruck übernommen die Redaktionsgeschäfte zu besorgen.

Wien, 1. September 1879.

Th. Sickel.

II.

Neue Beiträge zur Urkundenlehre

von

Julius Ficker.

I.

L.

Zeugen und Datirung.

Seit ich meine Beiträge zur Urkundenlehre veröffentlichte, bot mir die Neubearbeitung der Kaiserregesten der spätern staufischen Zeit, welche mich seitdem unausgesetzt beschäftigte, reichliche Gelegenheit die Ergebnisse jener Arbeit weiter zu prüfen. Manche der besprochenen Einzelfälle glaube ich jetzt anders beurtheilen zu müssen, ohne dass das Entfallen des einen oder andern die Richtigkeit der Annahme selbst, für die er als Beleg dienen sollte, hätte in Frage stellen können. Vereinzelt ergaben sich noch Umstände, die ich früher nicht beachtete, während sie doch, wie ich mich jetzt überzeugte, in vielen Fällen die nächstliegende Erklärung für auffallende Unregelmässigkeiten der Beurkundung bieten würden. Wenigstens den wichtigsten derselben, die gesetzlich geforderte Neuausfertigung der sicilischen Privilegien und die dadurch herbeigeführten Widersprüche insbesondere in der Datirung denke ich noch im Zusammenhange zu erörtern, sobald ich das gesammte dafür in Betracht kommende Material werde durchgearbeitet haben. Ueberwiegend stiess ich nur auf Fälle, die einfach weitere Belege für die Richtigkeit von Annahmen boten, welche mir auch ohnedem schon völlig ausreichend begründet schienen. Sie nochmals zur Sprache zu bringen, nur um die Belege zu mehren, ohne dass das Ergebniss selbst ein anderes oder auch nur schärfer bestimmtes sein würde, könnte im allgemeinen keinen genügenden Zweck haben.

Wenn das auf den folgenden Blättern dennoch geschieht, so schien mir die besondere Sachlage eine solche Ausnahme durchaus zu rechtfertigen. Ich suchte in meinen Beiträgen nachzuweisen, dass die Zeugen keineswegs immer der Datirung entsprechen, dass sie sich oft auf einen früheren, zuweilen auch auf einen spätern Zeitpunkt beziehen, dass weiter aber auch die Fälle nicht selten sind, bei welchen die Zeugen an und für sich keinem bestimmten einzelnen Zeitpunkte entsprechen, sondern Personen, welche zu verschiedener Zeit am Hofe anwesend waren, in einer Reihe zusammengestellt sind. Es würde überflüssig sein, die grosse Wichtigkeit gerade dieses Ergebnisses für die verschiedensten Aufgaben der geschichtlichen Forschung bestimmter zu betonen. Um so wünschenswerther muss es sein, dasselbe in möglichst unanfechtbarer Weise sicherzustellen. Allerdings glaube ich, dass die Belege, welche ich damals anzuführen wusste, wenigstens für denjenigen ausreichen dürften, der sich überhaupt mit der Annahme eines vielfach willkürlichen und unregelmässigen Vorgehens in der Kanzlei vertraut gemacht hat. Aber abgesehen davon, dass ich erst spät auf dieses Verhältniss aufmerksam wurde, hat es gerade hier besondere Schwierigkeiten, das Zutreffen desselben im Einzelfalle zu bemerken. Mit den Vorarbeiten, die uns zu Gebote stehen, ergibt es sich leicht, dass etwa der Ort nicht zum Tage, der Kanzler nicht zur Datirung stimmt; die Aufgabe war da von vornherein mehr die Erklärung als das Aufsuchen solcher Fälle. Das Nichtstimmen der Zeugen zur Datirung aber macht sich bei nur oberflächlicher Durchsicht eines ausgedehnten Urkundenmaterials, auf die ich mich damals hingewiesen sah, nicht leicht bemerklich. Oder wo es sich leichter bemerklich macht, wie insbesondere beim Nichtstimmen der Zeugen zum Ausstellungsorte, da liegt die Sache dann doch nur so, dass die Anwesenheit zur angegebenen Zeit am Orte zwar im höchsten Grade unwahrscheinlich, aber doch nicht als unbedingt ausgeschlossen zu erweisen ist. Ich hätte daher schon damals sehr gewünscht, die Zahl der Fälle der letzten Art vermehren zu können. Je vereinzelter solche Belege dastehen, um so leichter wird es demjenigen, der das Ergebniss noch bezweifelt, ihre Beweiskraft in Abrede zu stellen, den Widerspruch durch Annahme von Fälschung, Schreibfehlern, Unglaubwürdigkeit der entgegenstehenden Quellen und Aehnlichem anderweitig zu erklären. Aber auch demjenigen, der die Beweiskraft des Einzelfalles nicht bestreitet, wird doch daran liegen müssen, dass bezüglich eines so überaus wichtigen Umstandes möglichst festgestellt werde, ob es sich da nur um ganz vereinzelte, in der Regel nicht zu beachtende Ausnahmsfälle handelt, oder ob ein solches Vorgehen sich verhältnissmässig so häufig nachweisen lässt, dass mit Rücksichtnahme auf die an und für sich schwierige Erweisbarkeit dasselbe bei bezüglichen Forschungen als zweifellos oft vorkommend immer im Auge zu halten ist. Kommt weiter noch hinzu, dass der Widerspruch sich keineswegs immer durch so einfache Verhältnisse, wie Beziehung der Zeugen auf die Handlung, der Datirung auf die Beurkundung oder umgekehrt erklären lässt, dass insbesondere die Entstehung nichteinheitlicher Zeugenreihen sich als eine so verschiedenartige darstellt, dass fast jeder Einzelfall, bei dem eine besonders günstige Sachlage ein bestimmteres Urtheil erlaubt, zur Erklärung anderer Fälle beitragen kann, so wird es sich zweifellos rechtfertigen, wenn ich gerade für dieses Verhältniss das zusammenstelle, was sich bei der Durcharbeitung eines enger begränzten Urkundenkreises für dasselbe ergab, wenn dasselbe auch meine früheren bezüglichen Annahmen im wesentlichen nur bestätigt.

Der Beweis, dass Jemand zur angegebenen Zeit nicht Zeuge sein konnte, ist am auffälligsten erbracht, wenn sich feststellen lässt, dass er zu jener Zeit schon verstorben war. Sind unsere Nachrichten über die Zeit des Todes einer Person unsicher, so wird freilich das Vorkommen als Zeuge unter Verhältnissen sicher erweisen können, dass sie zur angegebenen Zeit noch lebte. Ist etwa am 6. October 1210 Landgraf Hermann von Thüringen zu Altenburg Zeuge König Friedrichs in einer Urkunde, aus der sich deutlich ergibt, dass auch die beurkundete Handlung selbst erst zu dem damaligen Aufenthalte zu Altenburg gehört, so ist damit zweifellos die Unrichtigkeit der Nachrichten erwiesen, welche seinen Tod schon in eine frühere Zeit zu setzen scheinen. Steht aber der Todestag anderweitig sicher fest, so kann eine Zeugenreihe, welche die Person noch nennt, nicht erst an einem spätern Tage entstanden sein. Dennoch konnte ich in den Beiträgen § 146 mehrere Fälle nachweisen, bei welchen das zutreffen müsste, wenn Zeugen und Datirung sich entsprechen würden.

Die Nennung bereits verstorbener Zeugen würden wir freilich selbst dann, wenn nach meiner Annahme sich häufig die Zeugen auf einen frühern Zeitpunkt bezogen, als die Datirung, von vornherein nur selten zu erwarten haben. Wohl aber wäre dann häufig der Fall zu erwarten, dass ein als Zeuge Genannter am Tage der Datirung nicht mehr am Orte war. Dennoch wusste ich gerade für dieses Verhältniss § 147 kaum einen sicheren Beleg beizubringen, so wenig ich daran zweifelte, dass sich solche finden würden. Es ist das begreiflich. Der Tag des Todes eines Fürsten war bedeutsam genug, um ihn schriftlich zu fixiren; aber nur selten hatte ein Geschichtschreiber Veranlassung, die Zeit des Abganges eines Fürsten vom Hofe so genau zu melden, als es eine Verwerthung für unsere Zwecke erfordern würde. Ersatz könnten freilich die urkundlichen Itinerare der Fürsten bieten. Aber einmal ist vielfach nicht allein die Zahl der fürstlichen Urkunden eine geringe, sondern es sind dieselben überaus häufig so ungenügend datirt, sehr gewöhnlich nur mit Angabe des Jahrs, dass sich ein genaueres Itinerar überhaupt nicht daraus ergibt. Dann aber sind die fürstlichen Urkunden für reichsgeschichtliche Untersuchungen nur in den seltensten Fällen genügend zu verwerthen, so lange sie nicht in Regestenwerken zusammengestellt sind. Solche liegen uns nur für eine Minderzahl der Reichsfürsten vor trotz der ausserordentlichen Wichtigkeit, welche derartige Arbeiten nicht blos für die Landesgeschichte, sondern auch für die Reichsgeschichte beanspruchen dürfen. Erst dann, wenn solche Regestenwerke möglichst für alle Reichsfürsten vorliegen, wird sich mit einiger Sicherheit über die Häufigkeit des Falles urtheilen lassen, dass nicht mehr anwesende Fürsten als Zeugen genannt wurden. Manche derartige Fälle aber lassen sich schon mit den vorhandenen Hülfsmitteln aufs zweifelloseste feststellen.

Auf einen der auffallendsten hat bereits Meiller in den Babenberger Regesten hingewiesen. In Urkunden König Friedrichs, datirt aus Nürnberg am 2., 3. und noch am 8. Nov. 1219 ist Herzog Leopold von Oesterreich Zeuge. Nach einer bei Ried Cod. Ratisp. 1,322 aus dem Originale abgedruckten Urkunde bekundet nun der Herzog, dass vor ihm, cum Ratispone fuissemus reverentes a curia domini regis aput Nurenberch celebrata, die Verpfändung von in Oesterreich belegenen Gütern verlautbart sei, und zwar mit: acta sunt hec 1219, ind. 8, 2 non. nov. Dass der Herzog am 4. Nov. bereits in Regensburg war, kann danach doch gar nicht bezweifelt werden. Selbst Annahme eines Schreibfehlers in der Tagesziffer würde uns nur auf einen noch früheren Tag führen können. Die Angaben der Urkunde werden überdies im allgemeinen dadurch, dass der Herzog wirklich zu Nürnberg als Zeuge erscheint, ausdrücklich bestätigt. Nur freilich wird diese Zeugenschaft früher fallen, als auf den 2. und 3., jedenfalls früher, als auf den 8. November.

Eine Urkunde König Friedrichs für den Deutschorden aus Augsburg, Böhmer Reg. Fr. nr. 200, welche bisher nach der Tagesangabe eines Copialbuches zum 25. Mai 1217 gesetzt wurde, ist nach dem Hinzukommen zweier anderer Urkunden für denselben Orden mit derselben Datirung sicher zum 24. Juni einzureihen. In allen dreien ist Herzog Leopold von Oesterreich Zeuge, obwohl derselbe nachweisbar an diesem Tage nicht zu Augsburg war; denn er urkundet an eben diesem Tage zu Neuburg, geht dann nach Lilienfeld und ist am 9. Juli schon zu Glemona in Friaul; vgl. Meiller Babenb. Reg. 120. Dagegen finden wir den Herzog und fast alle andern am 24. Juni zu Augsburg als Zeugen genannten auch am 14. und 15. Juni beim Könige zu Passau, und es wird nicht zu bezweifeln sein, dass die Zeugenreihe ihrem Hauptbestande nach schon zu Passau entstanden ist. Aber nicht in ganzem Umfange. Erzbischof Eberhard von Salzburg urkundet am 4. Juni zu Friesach, Meiller Salzb. Reg. 214, und war schon danach schwerlich zehn Tage später zu Passau, wo er auch nicht als Zeuge oder Anwesender erwähnt wird, wie das insbesondere bei einer Beurkundung vom 15. Juni in Angelegenheiten der Salzburger Kirche zweifellos der Fall gewesen sein würde. Sein Name und der des Bischofs von Augsburg, der gleichfalls zu Passau nicht genannt wird, werden erst bei der Ausfertigung zu Augsburg der Reihe zugefügt sein.

Die beiden besprochenen Fälle gestalteten sich dadurch besonders günstig, als sie die Möglichkeit, dass der Herzog von Oesterreich am angegebenen Tage am Orte sein konnte, unbedingt ausschlossen. Andere Fälle liegen wohl so, dass die physische Möglichkeit, in der zwischen der Datirung beider Urkunden liegenden Zeit vom einen an den andern Ort zu gelangen, nicht gerade unbedingt ausgeschlossen erscheint. Aber es hätten dazu Eilritte gehört, wie sie ohne die dringendste Veranlassung schwerlich unternommen wurden. Es würde dazu weiter das Zutreffen des höchst unwahrscheinlichen Zufalles gehören, dass sich gerade vom letzten Tage des Aufenthaltes am einen und vom ersten Tage des Aufenthaltes am andern Orte Urkunden erhalten hätten. Wir geraten da auf Unwahrscheinlichkeiten, denen jede andere statthafte Annahme vorzuziehen ist.

König Wenzel von Böhmen urkundet am 16 Febr. 1237 zu Znaim, zweifellos auf der Reise zum Kaiser nach Wien, wo er im Febr. mehrfach als Zeuge genannt wird. Am 7. März urkundet er wieder zu Prag, Reg. Bohemiae 1,423. Aber er wird auch in den Urkunden Reg. Fr. nr. 879. 880, zu Wien im März ohne Tagesangabe ausgestellt, noch als Zeuge genannt. Wie unwahrscheinlich es ist, dass da die Zeugenschaft der Datirung noch entsprechen kann, wird keiner nähern Begründung bedürfen. Es kommt hinzu, dass in jenen Zeugenreihen des März 24 Personen genau in derselben Aufeinanderfolge genannt werden, wie in einer Urkunde aus dem Februar, Reg. Fr. nr. 878, die Concipirung der Reihe schon im Februar demnach an und für sich keinem Zweifel unterliegen würde. Damit entfällt dann weiter jeder Grund, es wie bisher zweifelhaft zu lassen, ob die Wahl König Konrads in den Februar oder den März fällt; da König Wenzel an ihr betheiligt erscheint, muss sie noch im Februar vorgenommen sein.

Aehnliches ergibt sich für die wichtige Urkunde Reg. Fr. nr. 108, durch welche König Friedrich dem Könige von Dänemark die Oberelbischen Reichslande abtritt. Sie ist datirt aus Metz vom Jahre 1214 ohne Angabe von Monat und Tag; nach dem Orte kann die Ausfertigung nur in den Dezember und zwar in die letzten Zeiten desselben fallen. Denn in der ersten Woche war der König zu Hagenau; die einzige genauer datirte Urkunde aus Metz ist vom 29. Dez.; Reiner von Lüttich setzt den Tag zu Metz sogar erst auf den 6. Jan. 1215, was nach dem Itinerar zweifellos zu spät ist, aber gewiss bestätigt, dass der Aufenthalt erst in die letzten Zeiten des Dezember fällt. Nach der Zeugenreihe wäre auch König Otakar von Böhmen in Metz gewesen. Am 6. Jan. 1215 urkundet dieser zu Prag, Reg. Bohemiae 1,259. Von Metz bis Prag sind über achtzig Meilen Luftlinie; wir müssten doch für die Urkunde recht weit in den December zurückgreifen, um die Möglichkeit der Uebereinstimmung zwischen Zeugen und Datirung festzuhalten.

Würde es sich lediglich darum handeln und hätten wir überhaupt keinen Grund, an dem ausnahmslosen Passen von Datirung und Zeugen zu zweifeln, so möchte immerhin die Möglichkeit, durch Annahme eines Eilrittes alles in Ordnung zu bringen, für den Einzelfall zuzugeben sein. Ehe wir uns aber bei so bedenklicher Annahme beruhigen, werden wir uns doch verpflichtet fühlen, die nach jenem Vorkommen mindestens auffallende Zeugenreihe etwas näher zu prüfen. Sehen wir von ihr ab, so können wir aus drei andern damals entstandenen Urkunden als zu Metz anwesende Reichsfürsten nur den Erzbischof von Trier, die Bischöfe von Metz und Toul und den Herzog von Lothringen nachweisen; also lediglich Landesfürsten, wie das einem zu Metz zunächst zur Regelung lothringischer Angelegenheiten abgehaltenen Hoftage entsprechen würde. Eine viel ansehenere Gesellschaft nennt unsere Urkunde; wir finden da noch die Erzbischöfe von Mainz und Bisanz, den Bischof von Wirzburg, den König von Böhmen, die Herzoge von Baiern, Oesterreich und Meran, den Markgrafen von Meissen. Wie ist es zu erklären, dass keiner von ihnen in den andern Urkunden Zeuge ist? Was konnte den König veranlassen, Fürsten von den Ostmarken des Reichs gerade nach Metz zu entbieten? Nur Reichsangelegenheiten von höchster Wichtigkeit und überdies solche, welche, wie etwa wichtige Verhandlungen mit Frankreich, eben nur im äussersten Westen zu erledigen waren, könnten das erklären. Davon war damals nicht die Rede. Man mag immerhin geltend machen, dass die Abtretung der überelbischen Reichslande wichtig genug war, um eine Berufung auch entfernterer Fürsten zu rechtfertigen. Ganz gewiss; nur war eben dafür Metz am wenigsten der geeignete Ort.

Ich zweifle nicht, dass wenigstens derjenige, der sich mit der Zulässigkeit des Nichtstimmens der Zeugen zur Datirung bereits vertraut gemacht hat, auf das Gesagte hin der Folgerung zustimmen wird, dass jene Fürsten überhaupt nicht zu Metz gewesen sind, dass es sich nur noch um die Frage handeln kann, wohin jene Zeugenreihe gehört. In ähnlichen Fällen ergibt sich nicht selten, dass die als Zeugen Genannten zwar nicht an diesem Tage und Orte, aber kurz vorher an anderm Orte beim Könige versammelt waren. Aber gerade im Jahre 1214 liegen uns so viele Urkunden mit zahlreichen Zeugen vor, dass wir nach Vergleichung derselben mit grosser Bestimmtheit werden behaupten dürfen, es seien jene Fürsten nicht allein nicht zu Metz, sondern während der ganzen hier möglicherweise in Betracht kommenden Zeit auch an keinem andern Orte beim Könige versammelt gewesen.

Diesem auffallenden Sachverhalte gegenüber wird zu beachten sein, dass bei dieser Verbriefung auf das zugleich die Zustimmung kennzeichnende Zeugniss der Fürsten sichtlich besonderer Werth gelegt wurde. Im Texte ist betont, dass die Abtretung geschehen sei consilio et consensu principum Romani imperii; nach der Bekräftigungsformel scheint die Urkunde von Fürsten mitbesiegelt zu sein. Auch kann es auffallen, dass die Zeugenreihe in ungewöhnlicher Weise ausschliesslich eilf Reichsfürsten nennt, denen nur noch der Graf Albert von Eberstein zugefügt erscheint, der als einer der Hauptrathgeber König Friedrichs die bezüglichen Verhandlungen zunächst geführt haben mag.

Ich glaube unter diesen Verhältnissen die Erklärung des auffallenden Sachverhaltes nur darin finden zu können, dass auf mehreren Tagen über die Sache verhandelt und die Zustimmung der genannten Fürsten eingeholt, vielleicht auch in Willebriefen ausdrücklich bezeugt wurde. Denn allerdings lassen sich alle während der Zeit, die hier in Frage kommen kann, am Hofe nachweisen. Freilich müssen wir dabei zurückgreifen bis auf den Tag zu Eger Anfang Juni 1214, wo der König von Böhmen und der Markgraf von Meissen zuletzt am Hofe nachweisbar sind. Dass insbesondere der König von Böhmen im Laufe des Jahres, wo Friedrich sich ausschliesslich im Westen aufhielt, nochmals am Hofe gewesen sein sollte, ohne dass wir davon wüssten, ist eine Annahme, die füglich ausser Rechnung bleiben darf. Ich zweifle danach nicht, dass schon zu Eger, wo auch der an diesen Verhältnissen besonders interessirte Graf Adolf von Schauenburg anwesend war, die Sache so weit zum Abschlusse gebracht war, dass man die Zustimmung der anwesenden Fürsten einholen konnte. Damit fällt dann die Auffassung, als sei es erst die Niederlage Ottos bei Bouvines am 27. Juli gewesen, welche den Dänenkönig bewog, die

Partei Friedrichs zu ergreifen. Die meisten übrigen als Zeugen genannten Fürsten nehmen Theil an der Heerfahrt Friedrichs am Niederrhein im August und September und werden damals zugestimmt haben. Nur die Zeugenschaft des Erzbischofs von Bisanz gehört erst zum Hoftage zu Basel im November.

Die bisherigen Annahmen gewinnen nun eine weitere Stütze durch Umstände, welche deutlich darauf hinweisen, dass auch eine Niederschrift der Urkunde selbst mit Einschluss der Zeugen und der Datirung schon lange vor dem Tage zu Metz vorhanden gewesen sein muss. Schon anderweitig wurde betont, dass Ludwig hier nur Herzog von Baiern, nicht auch Rheinpfalzgraf heisst, während er doch spätestens Anfang October die Belehnung mit der Rheinpfalz erhalten haben muss und er von da ab anderweitig immer mit dem Titel beider Fürstenämter bezeichnet wird. Die Erklärung ist sicher darin zu suchen, dass die Zeugenreihe, wenn auch noch nicht im vollen spätern Umfange, spätestens im September concipirt sein wird. Eben so wenig ist unbemerkt geblieben, dass die in der Urkunde genannte zweite Indiction nicht mehr zum Aufenthalte in Metz, sondern spätestens im September passt. Ich denke, die Urkunde war im September in ihrem wesentlichen Bestande schon vorhanden, so dass nur noch Zufügung von Ort und Tag erübrigte, um die Reinschrift fertigen lassen zu können. Verzögerte sich die Ausfertigung bis Metz, so mag man das benutzt haben, der Zeugenreihe noch den Namen des angesehensten der inzwischen am Hofe erschienenen Reichsfürsten, des Erzbischofs von Bisanz, einzufügen, möglicherweise auch eines oder andern der Fürsten, die jetzt zu Metz, aber doch auch schon früher im Jahre am Hofe waren. Hat dann, wie ich denke, der als Aushändiger genannte Reichskanzler unter Datum nur den Ort, nicht aber, wie sonst üblich, auch Tag oder Monat zugefügt, so mag auch das mit der eigenthümlichen Entstehung der Urkunde und insbesondere ihrer Zeugenreihe zusammenhängen.

Es mag sich bei dem besprochenen Falle einzelnes auch anders erklären lassen; aber in der Hauptsache möchte ich an der Richtigkeit meiner Auffassung des Sachverhaltes nicht zweifeln. Und dann wird gewiss zuzugeben sein, dass gerade derartige unregelmässige Zeugenreihen die mannichfachsten Haltpunkte für genauere Einsicht in die bezüglichen Verhältnisse gewähren können.

Bei den bisher erörterten Fällen ging ich von der Datirung fürstlicher Urkunden aus, welche die Anwesenheit beim Könige zu der Zeit, in welche die Zeugenschaft nach der Datirung der bezüg-

lieben Königsurkunden fallen müsste, unbedingt ausschliessen oder
doch im höchsten Grade unwahrscheinlich machen. Aehnliche Haltpunkte bieten zuweilen auch die Angaben der Geschichtschreiber.

Die Magdeburger Schöppenchronik erwähnt, dass Erzbischof
Albrecht von Magdeburg mit Otto IV. zur Kaiserkrönung nach Rom
zog und fügt hinzu: In der weddervart to deme Hangenden water
wart ein krich twischen dem keisere und dem bishope Albrecht, dat
de bischop orlof nam und segen sik dar na nicht mer. Der Ort ist
Acquapendente, wo der Kaiser nach dem 12. Oct. 1209, an dem er
noch zu Montefiascone urkundet, und vor dem 21. Oct., an dem er zu
Siena einzog, gewesen sein muss. Man hat die Nachricht der doch
sonst wohlunterrichteten Quelle bisher als unrichtig bezeichnet, weil
Albrecht noch am 29. Oct. zu Samminiato als Zeuge genannt wird,
sich demnach nicht schon zu Acquapendente vom Kaiser getrennt
haben könne. Das bestimmte urkundliche Zeugniss schien da jeden
Zweifel auszuschliessen. Ist aber in dieser Richtung unser Glauben
überhaupt einmal wankend geworden, so mag die abweichende Angabe des Geschichtschreibers uns immerhin veranlassen, der Sachlage
etwas näher nachzugehen.

In jener Urkunde vom 29. Oct., Reg. Ott. nr. 84, werden ausser
Albrecht auch die Bischöfe von Wirzburg und Passau, dann die Herzoge von Baiern und Käruthen zuletzt beim Kaiser genannt. Man
hat daraus geschlossen, dass der grösste Theil des Heeres, das zum
Römerzuge aufgeboten war, erst zu Samminiato entlassen wurde. Nach
den Rechtsbüchern endete die Verpflichtung der Reichsvasallen unmittelbar mit der Krönung und es kann daher schon das auffallen,
dass der Kaiser sie vom 4. Oct. ab noch bis in die vierte Woche
zurückgehalten haben sollte.

Von Reichsfürsten blieben nun beim Kaiser lediglich der Patriarch
von Aglei und die Bischöfe von Speier und Naumburg, welche auch
in den nach dem 29. Oct. ausgestellten Urkunden häufig genannt
werden. Sollte es nun ein blosses Spiel des Zufalls sein, dass auch
schon in zwei am 25. Oct. zu Poggibonzi, dann in einer andern gleichfalls am 28. Oct. zu Samminiato ausgestellten Urkunde gerade nur
jene drei Fürsten, welche dann auch später am Hofe bleiben, Zeugen
sind? Ich zweifle diesem Umstande gegenüber keinen Augenblick, dass
schon zu Poggibonzi eben nur jene drei noch am Hofe waren, Albrecht
demnach recht wohl schon zu Acquapendente den Kaiser verlassen
haben kann. Danach wird die Urkunde vom 29. Oct. auch für die
Bestimmung der Zeit der Entlassung des Heeres nicht mehr verwendbar sein. Ob dasselbe auch nur zu Acquapendente noch beim Kaiser

war, ist zweifelhaft; denn es ist ja möglich und die Betonung der Rückreise als Folge eines Streites dürfte das sogar wahrscheinlich machen, dass Erzbischof Albrecht wie einige andere geistliche Fürsten auch nach Entlassung des Heeres beim Kaiser zu bleiben beabsichtigte. Stimmen die vielen fürstlichen Zeugen der zu Monteflascone am 12. Oct. für Matelica ausgestellten Urkunde zum Tag, so muss allerdings damals das Heer noch beisammen gewesen sein. Aber Schlüsse aus einer vereinzelten Zeugenreihe werden jetzt sehr bedenklich, wenn nicht zugleich der Inhalt bestimmter auf denselben Ort weist, wie das hier nicht der Fall ist. Hat Otto, wie ich vermuthe und an anderm Orte näher begründen werde, wahrscheinlich bei der Fahrt nach Rom den Apennin in der Nähe von Matelica überschritten, so gehört die Gewährung der hier verbrieften Bewilligungen wahrscheinlich schon in jene Zeit; und es steht wenigstens der Annahme nichts im Wege, dass das auch bezüglich der Zeugenreihe der Fall sein könne.

In den Annales Reinhardsbrunnenses, beziehungsweise in der in dieselben verarbeiteten Vita Ludowici finden sich genaue Angaben über den Aufenthalt des Landgrafen Ludwig von Thüringen am Hofe des Kaisers im Frühjahr 1226, als von den Lombarden die Abhaltung eines grossen Hoftages zu Cremona verhindert wurde. Zu Borgo San Donino erhält der Landgraf die Erlaubniss zur Rückkehr: Lantgravius vicesima secunda die mensis iunii cepit ad propria tendere curia Cremonensi imperfecta. Prima autem die postquam ab imperatore pedem vertit, Cremone mansit; et erat tunc vigilia sancti Johannis Baptiste. Am 2. Juli ist er bereits in Augsburg. Ist der Text mannichfach corrumpirt, so gibt hier das Ineinandergreifen der Tagesangaben eine gewichtige Bürgschaft für die Genauigkeit der Angabe. Aber auch die Zeugenreihen der Urkunden bestätigen sie im allgemeinen durchaus. Der Kaiser geht zunächst am 26. Juni nach Cremona. Während bis dahin der Landgraf auch nicht in einer einzigen der seit seiner Ankunft beim Kaiser am 22. April ausgestellten, überhaupt mit Zeugen versehenen Urkunden fehlt, ist er zu Cremona nicht mehr Zeuge. Am 4. Juli kehrt der Kaiser nach Borgo zurück; und auch in den aus Borgo im Juli datirten Urkunden ist der Landgraf nicht Zeuge, mit Ausnahme einer einzigen, Reg. Fr. nr. 604. Dass hier die Zeugen dem Monat nicht entsprechen, wird gewiss nicht zweifelhaft sein können. Nun finden sich aber weiter noch zwei Urkunden datirt aus Parma im Juli, in welchen der Landgraf Zeuge ist. Der Kaiser hat Borgo nicht vor dem 18. Juli verlassen und ist dann über den Pass von Monbardone nach Tuscien gegangen. Es wäre möglich dass er vorher noch einen kurzen Aufenthalt zu Parma genommen hätte. Dann träte sonderbarerweise der Landgraf gerade in den letzten in der Lombardei ausgestellten Urkunden wieder als Zeuge auf. Aber eben das Nichtstimmen der Zeugen zum Monate wird die Vermuthung nahe legen, dass auch der Ort nicht dem Juli, sondern dem Juni entspricht, während dessen der Kaiser und mit ihm der Landgraf lange zu Parma war. Für die eine jener Urkunden, ein Privileg für Pavia, würde sich auch ganz abgesehen von den Zeugen nach andern Haltpunkten leicht erweisen lassen, dass die zum Monate nicht stimmende Ortsangabe sich nur auf den Aufenthalt zu Parma im Juni beziehen kann.

In Fällen wie der besprochene, wo uns aus verhältnissmässig kurzer Zeit eine grosse Menge mit Zeugen versehener Urkunden vorliegt, würde es jener ausdrücklichen Angabe des Geschichtsschreibers gar nicht einmal bedürfen, um überzeugt zu sein, dass in den Urkunden vom Juli, in welchen der Landgraf Zeuge ist, die Zeugen dem Monat nicht entsprechen können. Man überzeugt sich leicht, dass in den in Italien ausgestellten Urkunden Kaiser Friedrichs insbesondere sämmtliche deutsche Grosse, welche am Hofe anwesend waren, auch in allen Urkunden als Zeugen aufgeführt zu werden pflegten; Nichtnennung lässt mit ziemlicher Sicherheit auch auf Nichtanwesenheit schliessen. Danach lässt es sich versuchen, die an demselben Orte und in demselben Monate gegebenen Privilegien nach der Zeitfolge zu ordnen, obwohl gerade den feierlicheren, mit Zeugen versehenen jetzt die Tagesangabe fehlt. Stellt man das voran, welches die meisten Zeugen mit dem vorhergehenden Orte oder Monate gemeinsam hat, das an das Ende, welches in seinen Zeugen sich am meisten dem nachfolgenden Orte oder Monat anschliesst, so muss sich auch für die zwischenliegenden wenigstens dann eine bestimmte Reihenfolge ergeben, wenn die Zeugen der Zeit der Ausstellung entsprechen. Fand ich nun, dass solche Versuche, wo das Material dafür ausreichte, durchweg gelangen, sich im allgemeinen keine Widersprüche ergaben, so ist das gewiss eine sehr gewichtige Bestätigung dafür, dass, wenn es auch an zahlreichen Ausnahmen nicht fehlen mag, die Uebereinstimmung von Zeugen und Datirung als Regel durchaus festzuhalten ist. Es bleibt allerdings möglich, dass die von demselben Orte und von demselben Monate datirten Urkunden thatsächlich in anderer Reihefolge ausgefertigt wurden, als nach der Entwicklung der Zeugenreihe der Fall sein müsste. Aber es ist dadurch ausgeschlossen, dass die Zeugen sich auf einen andern Ort beziehen können als auf den in der Datirung genannten. Es ist dadurch insbesondere ausgeschlossen, dass solche Personen, welche thatsächlich überhaupt nicht zusammen am Hofe waren, dennoch in derselben Zeugenreihe genannt wurden. Denn wenn das häufiger der Fall gewesen wäre, würde jener Versuch überhaupt keinen Erfolg haben können. Je bestimmter aber die Masse der Zeugenreihen sich bei solchem Vorgehen der Regel fügt, um so sicherer werden dann auch die Einzelfälle, wo das nicht zutrifft, erweisen müssen, dass die Regel keine ausnahmslose ist.

Bei 31 mit Zeugenreihen versehenen Privilegien, welche mir aus der Zeit des Aufenthaltes des Kaisers in Oberitalien vom April bis Juni 1226 bekannt sind, waren die drei schon besprochenen, welche noch im Juli den Landgrafen als Zeugen nennen, die einzigen, welche sich der sonst ganz stätigen Entwicklung der Zeugenreihe nicht fügten. Auch wenn uns jede Nachricht über die Zeit des Aufenthaltes des Landgrafen am Hofe fehlen würde, könnte es nach dem Vergleich mit den übrigen Zeugenreihen gar nicht zweifelhaft sein, dass, wenn die Urkunden selbst auch erst im Juli ausgefertigt wurden, doch die Zeugenreihe nur den Aufenthalten zu Parma und Borgo im Juni entsprechen kann.

Vom Hoftage zu Ravenna und den anschliessenden Tagen zu Venedig, Aglei, Cividale, Udine und Portenau aus der Zeit vom Dec. 1231 bis Mai 1232 lagen mir über fünfzig Zeugenreihen vor. Da in diesen Monaten sehr viele Fürsten beim Kaiser waren, aber die meisten zu verschiedener Zeit angekommen sein müssen und nach einem Aufenthalte von einigen Wochen den Hof wieder verliessen, so musste diese Reihe zur Prüfung des Zutreffens der Voraussetzung besonders geeignet erscheinen. Auch hier ergaben sich Anstände nur bei einer kleinen Minderzahl. Dass bei den verschiedenen Ausfertigungen des Edicts gegen die Städte, Reg. Fr. nr. 699, die Zeugen nicht den verschiedenen in der Datirung genannten Orten und Monaten, sondern dem der ursprünglichen Fertigung, dass in den aus Portenau datirten Rechtssprüchen Reg. nr. 735, 737 dort die Zeugen nach Ravenna, hier nach Cividale gehören, welche auch im Texte als Orte der Handlung genannt werden, habe ich bereits Beitr. § 432 erwähnt. Ausserdem sind mir noch zwei Fälle aufgefallen, welche sich der allgemeinen Entwicklung nicht fügten.

Reg. nr. 713 ist von März aus Ravenna datirt und muss in die ersten Tage des Monats fallen, da der Kaiser am 7. März Ravenna verliess und Werner von Boland, der schon am 19. März beim jungen Könige zu Augsburg ist, noch als Zeuge erscheint. Im allgemeinen schliesst sich denn auch die Zeugenreihe so genau den andern dieser Zeit an, dass auch abgesehen von der Datirung die annähernd richtige Einreihung nicht zweifelhaft sein könnte. Nun ist aber auch der

Erzbischof von Salzburg als Zeuge genannt, der in keiner andern zu Ravenna oder im März ausgestellten Urkunde als Zeuge erscheint, sondern anderweitig erst im April zu Cividale und dann sehr oft in den Urkunden genannt wird. Es stimmt damit, dass er nach einer wahrscheinlich in diesem Jahr gehörenden Urkunde am 2. März noch zu Villach gewesen sein würde; vgl. Meiller Salzburg. Reg. 255. Wie die Urkunde vorliegt, kann sie nicht wohl vor dem April ausgefertigt sein, während sie doch mit Einschluss von Zeugen und Datirung schon im März vollständig vorgelegen haben muss; es wird sich die Reinschrift bis in den folgenden Monat verzögert haben und dabei der erst jetzt passende Zeuge hinzugekommen sein, ohne dass die bestimmtere Veranlassung leicht erkennbar wäre.

Die im Dec. 1231 ausgestellten Urkunden lassen sich im allgemeinen leicht ordnen, da ausser den in den Zeugenreihen selbst gegebenen Haltpunkten die Nachricht des Richard von San Germano verwerthbar ist, wonach der Kaiser am Weihnachtstage die mit ihm gekommenen sizilischen Grossen entliess. Kommen diese nur vereinzelt als Zeugen vor, so stimmt das mit sonstigen Haltpunkten, wonach der Kaiser nicht lange vor Weihnachten nach Ravenna gekommen sein dürfte. Gehört danach wahrscheinlich die grosse Mehrzahl der vom Dec. datirten Urkunden der kurzen Zeit nach Weihnachten an, so lässt sich doch leicht erkennen, dass während derselben die Umgebung schon stark gewechselt hat, einzelne Grosse gegangen, andere gekommen sind. Nur die Belehnungsurkunde für Brandenburg, Reg. nr. 691, zeigt eine Zeugenreihe, welche alle sonst gebotenen Haltpunkte durchkreuzt. Die Zeugen aus Apulien deuten auf die Zeit vor Weihnachten; ebenso werden die Grafen von Schauenburg, Hallermund und Mühlberg im Januar nie mehr und auch im Dec. nur in solchen Urkunden genannt, welche nach anderen Haltpunkten zu den am frühesten ausgestellten gehören müssen. Andererseits finden wir unter den Zeugen den Hofkanzler und den Landgrafen von Thüringen, welche in der Mehrzahl der Urkunden noch fehlend erst gegen Ende des Monats angelangt sein können; und das wird um so auffallender, als trotz der Reichhaltigkeit der Zeugenreihe ihr die Grafen von Nassau, Hochstaden und Spanheim fehlen, welche zwar anscheinend auch erst gegen Ende des Monats, aber doch vor dem Landgrafen angekommen sein müssen. Das auffallende Verhältniss wird kaum eine andere Erklärung zulassen, als dass die Zeugenreihe schon vor Weihnachten concipirt, dann bei der spätern Ausfertigung noch durch die Zufügung der Namen der beiden angesehensten der inzwischen angekommenen Grossen bereichert wurde.

Entsprechend war das Ergebniss der Prüfung der zahlreichen Zeugenreihen, welche sich aus der Zeit des Aufenthaltes Kaiser Friedrichs zu Wien vom Jan. bis April 1237 erhalten haben. Auch hier stiess eine Ordnung der Urkunden der einzelnen Monate nach den Haltpunkten, welche sich beim Vergleiche mit den Zeugenreihen einerseits des vorhergehenden, andererseits des folgenden Monats boten, im allgemeinen auf keine Schwierigkeit. Und bei einem Falle tritt da besonders deutlich hervor, eine wie sichere Ordnung ein solches Vorgehen gestattet, wenn wir, wie das in dieser Zeit durchweg zutrifft, annehmen, dass alle anwesenden Fürsten auch als Zeugen genannt werden. Nur in einem Theile der Urkunden des Februar ist der König von Böhmen Zeuge und zwar in solchen, welche sich in ihrem sonstigen Bestande näher denen des März, als denen des Januar anschliessen. Danach würde der König erst im Laufe des Februar nach Wien gekommen sein. Es sind weiter nur in wenigen der den König nennenden Urkunden zugleich die Bischöfe von Passau und Freising Zeugen, welche nie im Januar, aber regelmässig im März Zeugen sind. Wir müssen schliessen, dass die Bischöfe noch später im Februar als der König nach Wien kamen; und dieses Ergebniss findet darin eine Bestätigung, dass jene Bischöfe bis dahin in Gefangenschaft Herzog Friedrichs von Oesterreich waren. Findet sich nun auch eine einzige Urkunde des Februar, Reg. nr. 875, in welcher wohl die beiden Bischöfe Zeugen sind, nicht aber der König, so führt das zur Folgerung, dass diese Urkunde die späteste der vom Februar datirten und der König schon vor Ende Februar aus Wien abgereist sein muss. Damit stimmt nun freilich nicht, dass der König noch in den beiden vom März datirten Urkunden Reg. nr. 879 und 880 Zeuge ist; und so sehr ich mich im Laufe der bezüglichen Arbeiten von der Zuverlässigkeit der oben angewandten Methode überzeugt habe, könnte es doch gewagt erscheinen, daraufhin allein bei jenen Urkunden des März Nichtübereinstimmung von Zeugen und Datirung anzunehmen. Aber genau dasselbe Ergebniss haben wir früher schon auf anderm Wege gewonnen. Aus Urkunden, welche der König am 10. Februar zu Znaim und am 7. März zu Prag ausstellte, schlossen wir, dass er in der zweiten Hälfte des Februar nach Wien kam und dasselbe vor Ende des Monats wieder verliess. Bei dem auffallenden Ineinandergreifen beider von einander ganz unabhängigen Beweisführungen kann der Sachverhalt nicht zweifelhaft sein.

Ausser dem angegebenen ergab sich bei Ordnung der zahlreichen Wiener Zeugenreihen nur noch ein weiterer Anstand. Von den Urkunden des April nennt das Privileg für Wien, Reg. nr. 890, die meisten Fürsten, insbesondere auch den Landgrafen von Thüringen und die Herzoge von Baiern und Kärnthen. Fehlt nun jener in allen andern Urkunden des April, werden weiter in nr. 889 auch die Herzoge nicht mehr genannt, so wird das den Schluss nahe legen müssen, dass nr. 890 die älteste der uns aus dem April erhaltenen Urkunden und die geringere Zahl der Zeugen in anderen darauf zurückzuführen ist, dass einzelne der dort noch genannten Grossen schon vor dem Kaiser Wien verlassen haben werden. Diese Annahme würde aber hinfällig, wenn in der vom April, aber aus Enns datirten Landhandfeste für Steier, Reg. nr. 892, Zeugen und Datirung sich entsprechen würden; denn alle in nr. 890 genannten Fürsten werden auch hier genannt, würden also nicht allein erst mit dem Kaiser Wien verlassen, sondern ihn auch bis Enns begleitet haben. Aber die Zeugenreihe gehört sicher nicht nach Enns, sondern nach Wien. Denn in der ausgedehnten Zeugenreihe werden nicht bloss dieselben Personen, sondern auch in derselben Reihefolge genannt, wie in nr. 890; und zwar in einer Reihefolge, die andern gegenüber an und für sich Ungewöhnliches zeigt; so die Stellung des Landgrafen zwischen den beiden Herzogen, der Herren von Hohenlohe und Truhendingen vor den Grafen. Dass bei Koncipirung der Reihe erst zu Enns sich nicht zufällig eine solche Uebereinstimmung ergeben konnte, liegt auf der Hand. Es werden weiter unter den Zeugen der Bischof von Bamberg, der Burggraf von Nürnberg und der Graf von Heunburg genannt, von denen wir wissen, dass der Kaiser sie bei seinem Abzuge als Stellvertreter in den Herzogthümern zurückliess; dass sie noch bis Enns mitzogen, ist doch an und für sich ganz unwahrscheinlich.

Solche Beweisführungen sollten sich mit noch grösserer Sicherheit führen lassen in der früheren Zeit Friedrichs II., weil da auch die mit Zeugen versehenen Urkunden zum grossen Theil zugleich Tagesangaben haben. Aus der Zeit zunächst nach der Kaiserkrönung kenne ich 26 Urkunden mit Zeugen, welche vom 23. bis 29. Nov. 1220 theils im Lager von Rom, theils im Lager zu Monterosi bei Sutri ausgestellt sind. In allen eröffnet der Patriarch Bertold von Aglei die Reihe, wenn wir von einer für ihn selbst ausgestellten und einer andern für die Herren von Revigliasco absehen, welche in ungewöhnlicher Weise überhaupt keine Reichsfürsten nennt. Wir dürfen daraus gewiss schliessen, dass die angesehensten Grossen, so lange sie am Hofe waren, damals auch regelmässig als Zeugen aufgeführt wurden. Wird der Patriarch in den folgenden Urkunden aus den ersten Tagen des December nicht mehr genannt, so dürfen wir schliessen, dass er etwa am 30. Nov. den Hof verlassen hat. Prüfen wir nun nach demselben Gesichtspunkte das Vorkommen des nächstangesehenen Grossen, des Erzbischof Sifrid von Mainz, so wird dieser allerdings noch in der am 6. Dec. zu Tivoli ausgestellten Beurkundung eines Rechtsspruches als Zeuge genannt; da er aber in allen Urkunden aus den ersten Tagen des Dec. fehlt, dürfen wir sicher schliessen, dass er am 6. Dec. nicht mehr am Hofe war, dass jener Rechtsspruch, wie sich das auch sonst wahrscheinlich machen liesse, erst nachträglich verbrieft und dabei mit den Zeugen der früher fallenden Handlung versehen wurde. Wird der Erzbischof gleichfalls Ende November den Hof verlassen haben, so würde uns jener Gesichtspunkt nun weiter zu dem Ergebniss führen, dass er im Laufe des 29. Nov. abgereist sei; denn während er ausnahmslos in allen in den vorhergehenden Tagen bei Sutri ausgestellten Urkunden Zeuge ist, trifft das am 29. Nov. nur noch in drei Urkunden zu, in zwei andern nicht. Es würden sich da also Reihen unterscheiden lassen, welche nicht blos einer frühern oder spätern Zeit des Monats, sondern sogar des einzelnen Tages angehören müssen. Aber freilich nur unter der Voraussetzung, dass der Tag überhaupt den Zeugen genau entspricht. Und dass das nicht immer der Fall war, dafür bietet uns gerade das frühere Vorkommen des Erzbischofs in jener Urkundenreihe einen Beleg. Auf dem Zuge nach Rom war der Erzbischof noch nicht beim Kaiser, wird auch bei der Krönung am 22. Nov. nicht anwesend gewesen sein, da er in keiner Urkunde vom 23. Zeuge ist. Wird er nun am 24. zweimal genannt, zweimal nicht, so wäre anzunehmen, dass er an diesem Tage vor Rom angekommen sei. Aber auch am 25. fehlt er in drei Reihen, während er in zweien vorkommt. Da nicht zu bezweifeln ist, dass er in allen nach seiner Ankunft entstandenen Reihen auch genannt wurde, so ergibt sich, dass Tag und Zeugen sich doch nur annähernd entsprechen können, dass vom 24. datirte Urkunden schon Zeugen haben, welche erst am 25. entsprechen, oder umgekehrt zum 25. noch Reihen aufgeführt wurden, welche spätestens am 24. conzipirt sein können.

Ein so überaus reiches Material wie das besprochene, welches eine Prüfung für aufeinanderfolgende Tage gestattet, steht uns nun allerdings nur selten zu Gebote. Weiter ist gerade in der Königsperiode Friedrichs, wo noch durchweg nach dem Tage datirt wurde, die Grundlage der Beweisführung in so fern unsicherer, als anscheinend nicht so regelmässig, wie später in Italien, alle am Hofe anwesenden Fürsten in jeder Zeugenreihe aufgeführt zu werden pflegten. Wo aber eine grössere Menge von Reihen vorliegt und es sich nicht gerade nur um nächstliegende Tage handelt, da lassen sich doch auch in dieser frühern Zeit auf entsprechendem Wege sehr gesicherte Ergebnisse gewinnen.

So war der König Ende August und den ganzen September 1219 zu Hagenau. In Urkunden theils vom 29. Aug., theils vom August ohne Tagesangabe werden zahlreiche italienische Bischöfe als Zeugen genannt, aber nie in einer Urkunde des September; schon am 4. Sept. zeugen von italienischen Grossen nur noch der Markgraf von Montferrat und der Graf von Biandrate, so dass die Mehrzahl der Italiener spätestens Anfang September die Rückreise angetreten haben wird. Dagegen werden eine Reihe deutscher Grossen, insbesondere die Bischöfe von Strassburg und Basel und der Herzog von Lothringen in keiner der Urkunden vom Ende August und auch in den genauer datirten des September erst am 11. Sept. genannt, so dass sicher anzunehmen ist, dass sie sich nicht viel früher am Hofe einstellten. Dem widerspricht, dass sie auch schon in einer aus Hagenau am 17. Aug. datirten Urkunde Zeugen sind. Das sich daraus ergebende Bedenken wird dadurch bestätigt, dass nach dem Itinerar der König am 17. Aug. noch nicht zu Hagenau sein konnte. Doch sehe ich von weiterer Erörterung des Falles ab, da die sich bei demselben ergebenden Widersprüche zunächst auf anderartige Veranlassungen zurückzuführen sein werden.

Dagegen bietet uns dieser Tag zu Hagenau ein anderes sehr bezeichnendes Beispiel für eine nichteinheitliche Zeugenreihe in Verbindung mit einer entsprechenden nichteinheitlichen Datirung. Wir haben vom 29. Aug. aus Hagenau ein allgemeines Bestätigungsprivileg für Pavia, welches in Zeugen und Datirung genau den an demselben Tage für Cremona und Alba gegebenen Privilegien entspricht. Es befindet sich nun aber im Municipalarchive zu Pavia noch das Original eines zweiten Privileg für die Stadt, die Restitution von Vigevano an dieselbe betreffend. Es ist datirt von demselben 29. Aug., aber nicht aus Hagenau, sondern aus Speier. Ort und Tag können natürlich nicht zusammen stimmen. Aber die Verschiebung fügt sich genau der Regel, dass in solchen Fällen der Ort einem etwas frühern Zeitpunkt zu entsprechen pflegt. Der König war am 15. Aug. noch in Frankfurt, dann nach zwei Urkunden für Otterberg ohne Monat und Tag, die aber sicher hier einzureihen sind, zu Worms, muss also kurz vor dem 29. Aug. zu Speier gewesen sein. Als Zeugen nennt das Privileg den Abt von Fulda, den Marschall von Justingen, Werner von Boland, den Markgrafen von Baden, die Grafen von Würtemberg und Helfenstein und Rainald von Spoleto. Durch die gestörte Rangordnung macht sich diese Reihe, in welcher der Markgraf erst auf einen Reichsdienstmann folgt, auch äusserlich als eine nicht einheitliche kenntlich. Von den drei ersten Zeugen war nur der Marschall zu Hagenau, nicht aber der Abt und der von Boland, da sie sonst sicher in den zahlreichen Zeugenreihen aus Hagenau wenigstens einzelnemale genannt würden. Dagegen waren alle drei zu Frankfurt und Worms Zeugen, so dass es durchaus wahrscheinlich ist, dass sie den König auch noch nach Speier begleiteten. Umgekehrt war von den vier letztgenannten keiner zu Worms Zeuge, während sich alle in derselben Reihefolge in den um 29. Aug. zu Hagenau für Pavia und Cremona gefertigten Privilegien finden und dort auch später noch genannt werden. Wir haben also eine Zeugenreihe, deren erste Hälfte nur dem Orte, die zweite nur dem Tage der nichteinheitlichen Datirung entspricht.

Bei diesem so klar liegenden Fall mag es gestattet sein, noch einmal ausdrücklich darauf hinzuweisen, wie wenig solche Unregelmässigkeiten sich durch Annahme von Fälschung erklären lassen. Innere Gründe liessen sich hier recht wohl für eine solche geltend machen, da der König am 21. Mai 1220 erklärt, dass Vigevano, welches er in jener Urkunde an Pavia überlässt, nur dem Reiche unterstehen solle. Um so eher könnte man geneigt sein, jene Unregelmässigkeiten als unterstützende äussere Gründe zu betrachten. Prüfen wir diese Annahme, so müsste die Fälschung zu Pavia erfolgt sein. Dem Fälscher hätte das allgemeine Bestätigungsprivileg vorgelegen. Aber er hätte sich begnügt, demselben ausser den Formalien nur den Tag und vier Zeugen zu entnehmen, dagegen den Ort geändert und drei Zeugen willkürlich zugefügt. Was ihn zu so willkürlichem Vorgehen hätte veranlassen können, ist nicht wohl abzusehen. Noch weniger, wie der blosse Zufall es hätte fügen sollen, dass er nicht blos auf einen Ort verfiel, den der König wenige Tage vorher verlassen hatte, sondern auch auf Personen, welche gerade dort bei ihm waren. Solchem Sachverhalte gegenüber wird sich doch die Behauptung durchaus vertreten lassen, dass die zweifellosen Widersprüche hier nicht allein kein Kennzeichen der Unechtheit, sondern geradezu als Kennzeichen der Echtheit zu behandeln sind, so dass, wenn wirklich, was übrigens nicht der Fall, ausschlaggebende innere Gründe die Unechtheit erweisen würden, mindestens eine echte, insbesondere auch jene Widersprüche enthaltende Vorlage anzunehmen wäre.

Wo uns so viele Zeugenreihen von einem Aufenthalte vorliegen wie bei dem letztbesprochenen, da ergibt sich durchweg, dass die Umgebung des Königs, wenn wir von seinen ständigen Begleitern absehen, eine ziemlich rasch wechselnde war, dass die Fürsten, wenn

sie nicht besondere Verhältnisse dort festhielten, sich mit kurzem
Aufenthalte begnügten. Es wird daher immer bedenklich sein, wenn
Urkunden, welche nach der Datirung zwar an demselben Orte, aber
durch einen längern Zeitraum getrennt entstanden sein müssten, eine
auffallende Uebereinstimmung der Zeugen ergeben. Eine Urkunde
Ottos IV. vom 9. Aug. 1198 aus Achen für den Abt von Corvei, Reg.
Ott. nr. 8, nennt 16 geistliche Fürsten, Grafen und Edelherren, von
denen wir wissen, dass sie auch bei der Krönung Ottos am 12. Juli
schon zu Achen waren, die in den am 12. und 13. Juli ausgestellten
Urkunden gleichfalls und durchweg in derselben Reihefolge genannt
werden. Sollten wirklich alle vier Wochen später noch ebenso zu
Achen zusammen gewesen sein? Und sollte sich in dieser Zeit niemand nachträglich eingefunden haben, der nun gleichfalls als Zeuge
verwendbar gewesen wäre? Solche Fragen beantworten sich leicht,
wenn sie einmal gestellt sind; aber man verfällt nicht leicht darauf,
sie zu stellen, so lange man bei Beziehung von Zeugen und Datirung
auf denselben Zeitpunkt keinen Schwierigkeiten begegnet. Jene Reihe
wurde mir erst anstössig, als ich sie mit den Unterzeichnern des undatirten Schreibens verglich, welches eine Anzahl Fürsten und Grosse
an den Pabst richteten, um ihm die Wahl und Krönung Ottos anzuzeigen, Reg. Reichss. nr. 7. Es ist gewiss anzunehmen, dass dasselbe
mindestens von allen Fürsten unterzeichnet wurde, welche zur Zeit
der Absendung noch zu Achen waren. Dennoch fehlen insbesondere
die Unterschriften der Bischöfe von Strassburg und Utrecht, welche
zur Zeit der Krönung, aber auch noch am 9. Aug. als Zeugen genannt werden. Soll man nun annehmen, dass jenes Schreiben erst
nach dem 9. Aug. abgesandt wurde? So lange wird man schwerlich
mit der Anzeige an den Pabst gewartet haben; auch deutet der ganze
Inhalt auf Ausstellung kurz nach der Krönung hin. Der ganze Sachverhalt lässt demnach kaum eine andere Erklärung zu als die, dass
die Zeugenreihe jener Urkunde vom 9. Aug. sich auf die danach in
die Zeit der Krönung fallende Handlung bezieht, während die Datirung nach der Zeit der vier Wochen späterer Beurkundung angegeben wurde.

Auch wenn der Unterschied der Zeit nicht gerade bedeutend ist,
wird es auffallen müssen, wenn wir in Urkunden aus verschiedenen
Orten genau dieselben Zeugen finden. Noch mehr, wenn diese Zeugen
in beiden Fällen genau in derselben Ordnung erscheinen, während bei
aller Beachtung des Ranges doch, wie die unabhängig entstandenen
Zeugenreihen zeigen, der Willkür immer grosser Spielraum gelassen
ist. Wir dürfen da sicher sein, dass eine an ersten Orte so concipirte

Reihe am zweiten nochmals abgeschrieben wurde. Dass das seinen Grund darin hatte, dass die Reihe auch am zweiten Orte noch passte, weil noch genau dieselben Grossen beim Kaiser waren, wird wenigstens bei grössern Reihen nicht leicht anzunehmen sein. Die Reihe wird auch am zweiten Orte sich nur auf den ersten beziehen, weil es Zeugen der dort vorgenommenen Handlung sind oder weil am ersten Orte die Beurkundung schon so weit vorgerückt war, dass nur noch die Zufügung des Datum erübrigte. Ein Beispiel gaben dafür insbesondere schon die oben besprochenen Privilegien vom April 1237 aus Wien und Enns. Ganz ähnliches findet sich im Mai 1238, wo der Kaiser von Pavia nach Cremona kam. Urkunden vom Mai, die einen für die Grafen von Biandrate aus Pavia, eine andere für die Herren von Bulgaro aus Cremona datirt, nennen dieselben dreizehn Zeugen genau in derselben Reihefolge. Dazu kommt nun, dass die Herren von Bulgaro im Gebiete von Vercelli ansässig waren, von wo der Kaiser kam, demnach auch die Handlung spätestens nach Pavia, wahrscheinlicher schon nach Vercelli gefallen sein wird; dass die Zeugen durchweg dem Lande von Pavia aufwärts angehören und kein einziger in näherer Beziehung zu Cremona steht; dass von ihnen Manfred Lancia und der Markgraf von Montferrat nach den Annalen von Piacenza am 22. Mai mit einem Heere in das Gebiet von Alessandria einrücken und schon deshalb schwerlich gegen die Mitte des Monats mit dem Kaiser in entgegengesetzter Richtung nach Cremona gegangen sein werden.

Finden wir, dass derartige genau übereinstimmende Zeugenreihen nach der Datirung nicht allein aus verschiedenen Orten, sondern auch aus sehr verschiedener Zeit herrühren müssten, so wird nicht leicht ein Zweifel sein, dass wenigstens eine derselben der Datirung nicht entsprechen kann. So verbrieft Kaiser Otto am 6. Mai 1210 zu Cremona dem Patriarchen von Aglei die Schenkung der Markgrafschaft Istrien unter Zeugniss von neun deutschen Bischöfen, welche ebenso im Januar 1209 zu Augsburg in den dort für den Patriarchen ausgestellten Urkunden Zeugen sind. Da nachweislich keiner von jenen Bischöfen im Mai 1210 beim Kaiser in Italien war, da wir weiter wissen, dass auch die Verleihung von Istrien an den Patriarchen schon im Januar 1209 erfolgte, so kann hier der Sachverhalt keinen Augenblick zweifelhaft sein; es liegt uns eine nachträgliche Beurkundung vor, in der die Zeugen der Handlung genannt sind.

Andere ähnlich liegende Fälle finden ihre Erklärung darin, dass bei Bestätigungen oder Neuausfertigungen die Zeugen der Vorurkunde ganz oder theilweise wiederholt wurden. Auf mehrere derartige Fälle aus der Kanzlei Friedrichs II. wies ich bereits in den Beiträgen § 176 hin. Der Sachverhalt stand da ausser Frage, weil auch die Vorurkunden selbst erhalten, also ein unmittelbarer Vergleich möglich war. Ist ein solches Vorgehen aber überhaupt nachweisbar, so werden wir es auch in solchen Fällen in Anschlag bringen dürfen, wo zwar die Vorurkunde selbst nicht erhalten ist, aber andere Umstände es wahrscheinlich machen, dass eine uns anstössige Zeugenreihe durch solches Vorgehen zu erklären sei.

Ich verdanke Winkelmann die Kenntniss einer Urkunde, durch welche König Friedrich im Jan. 1218 zu Speier dem Grafen Berard die Grafschaften Loreto und Conversano bestätigt. Sind unter den Zeugen mehrere Apulier, so kann das an und für sich nicht auffallen, da es sich um eine sicilische Angelegenheit handelt und wir auch sonst wissen, dass der König in Deutschland sicilische Grosse und Notare bei sich hatte. Befremden kann es aber immerhin, den sicilischen Admiral Wilhelm Porcus zu Speier zu finden. Und zwar um so mehr, als derselbe schon ein Jahr früher im Dec. 1216 in Deutschland gewesen war, wo sich das aber leicht daraus erklärt, dass er zu den sicilischen Grossen gehörte, welche damals die Königin und den jungen König Heinrich nach Deutschland geleiteten. Dadurch aufmerksam geworden bemerkte ich, dass von den vierzehn Zeugen der Urkunde zehn und zwar ganz in derselben Reihenfolge auch in einer im Dec. 1216 zu Frankfurt für den Erzbischof von Palermo ausgestellten Urkunde, Reg. nr. 187, genannt werden. Dass die Zeugenreihe ursprünglich dahin gehört, kann demnach nicht zweifelhaft sein. Dass es sich dabei um Neuausfertigung unter Wiederholung der frühern Zeugen handelt ist um so wahrscheinlicher, als sich solches Vorgehen bei zwei andern Neuausfertigungen vom Jan. 1218, Reg. nr. 215. 216, beim Vorhandensein der Vorurkunden unmittelbar erweisen lässt.

Im Dec. 1231 zu Ravenna beurkundet der Kaiser dem Deutschorden die Schenkung eines Grundstückes zu Accon, Reg. nr. 697. Zeugen sind Syrier und Apulier. Die letzteren waren zweifellos zu Ravenna, wo sie auch sonst genannt werden. Die Zeugenreihe eröffnen aber Balian Herr von Sidon, Otto von Montbeliard Connetable des Königreichs Jerusalem und Warnerus Teutonicus. Keiner von diesen wird anderweitig in den zahlreichen Zeugenreihen des Tages von Ravenna genannt. Alle drei sind noch am 28. Sept. 1231 urkundlich im Morgenlande nachweisbar; vgl. Huillard Hist. dipl. Intr. 341. Von Balian insbesondere wissen wir, dass er gerade in dieser Zeit in Syrien Führer der dem kaiserlichen Statthalter widerstrebenden Barone war.

Dass jene drei überhaupt nicht zu Ravenna waren, wird kaum zu bezweifeln sein. Aber genau mit derselben Bezeichnung, nur dass Werner (vgl. wegen dieses Röhricht Beiträge 2,377) Alemannus statt Teutonicus heisst, eröffnen diese drei die Zeugenreihen der vom Kaiser im Apr. 1229 zu Accon für den Deutschorden ausgestellten Urkunden. Sie werden aus einer der damaligen Zeugenreihen wiederholt sein, sei es dass es sich jetzt nur um Neuausfertigung einer Vorurkunde jener Zeit handelte, sei es dass man bei einer Neuverleihung mehr willkürlich jene Namen aus einer früheren Urkunde wiederholte, weil es zu Ravenna an Zeugen aus dem Morgenlande fehlte.

Beziehen sich in der grossen Mehrzahl der Fälle die der Datirung nicht entsprechenden Zeugen auf einen frühern Zeitpunkt, so konnte sich das umgekehrte ergeben, wenn man bei einer spätern Neuausfertigung zwar die frühere Datirung beliess, nun aber um die Zeugenreihe ansehnlicher zu gestalten ihr noch Personen zufügte, welche erst jetzt am Hofe waren. Einen zweifellosen Beleg gibt das Privileg König Ottos für die Stadt Braunschweig vom Jan. 1199, Reg. Ott. nr. 10, welches noch in zwei Originalausfertigungen erhalten ist. In der einen ergibt sich bezüglich der Zeugen kein Anstand. Die andere nennt vier Zeugen mehr, insbesondere den Bischof Hartbert von Hildesheim. Dieser kann erst mehrere Monate später gewählt sein: denn erst am 6. Mai 1199 beauftragte der Pabst das Capitel, an Stelle des von ihm als Bischof entsetzten Hofkanzler Conrad einen andern Bischof zu wählen. Der Widerspruch ist hier zweifellos daraus zu erklären, dass das zweite Original erst später ausgefertigt und dabei die Zeugenreihe erweitert wurde.

Unmittelbarer als das Nichtpassen zur Zeit ergibt sich auch bei vereinzelten Reihen oft das Nichtpassen der Zeugen zum Ort der Datirung, wie ich schon Beiträge § 148 betonte und durch Beispiele belegte. Ich füge denen noch einige hinzu, bei welchen die Annahme der Beziehung der Zeugen auf die an anderm Orte vorgenommene Handlung durch weitere Haltpunkte gestützt wird.

König Friedrich bekundet am 25. Juli 1216 zu Ulm ein Abkommen zwischen dem Abt von Salem und Heinrich von Randeck, Reg. nr. 170. Kein einziger der zahlreichen Zeugen findet sich in den gleichfalls zahlreichen Reihen zweier anderer damals zu Ulm ausgestellten Urkunden. Sie gehören ausnahmslos der nähern Umgebung des Ikdensee an. Und könnten die angesehenern Zeugen trotzdem nach Ulm gekommen sein, so ist das gewiss nicht anzunehmen bezüglich des Amtmanns und vier genannter Bürger von Ueberlingen, welche die Reihe schliessen. Beziehung auf die Handlung ist angedeutet durch Bezeichnung der Zeugen als Testes compositionis. War nun der König kurz vorher am 14. Juli zu Ueberlingen, finden wir alle angesehenern Zeugen in den dort und am Tage vorher zu Constanz ausgestellten Urkunden wieder, so liegt der Sachverhalt auf der Hand.

Zu Fulda am 15. Aug. 1217 restituirt König Friedrich dem Probste von Selbold südwestlich von Gelnhausen eine Kirche unter Zustimmung des mit dem dritten Theile des Patronats belehnten Gerlach von Büdingen, Reg. Fr. nr. 207. Am Ende der Zeugenreihe finden wir zwei Ritter von Selbold, zwei Centgrafen, den Pfarrer von Gelnhausen, den Prior und einen Bruder des Klosters Meiroldingen bei Gelnhausen. Mag Fulda nicht weit sein, so scheinen diese Personen doch an und für sich sehr bestimmt auf Gelnhausen zu deuten. Bestimmtere Bestätigung gibt dann die gleichfalls erhaltene Urkunde, durch welche Gerlach von Büdingen auf seinen Antheil verzichtet, Huillard Hist. dipl. I,522; es heisst darin ausdrücklich, dass die Sache zu Gelnhausen vor dem Könige zur Erledigung kam.

Wie diese Beispiele ergeben, werden solche zum Orte der Datirung nicht passende Zeugenreihen oft in ähnlicher Weise, wie die zum Tage nicht stimmenden Ortsangaben, auf einen kurz vorhergehenden Aufenthalt des Königs am Orte schliessen lassen. Und das kann in Einzelfällen für Sicherstellung und Ergänzung des Itinerar sehr wünschenswerth sein.

Die Braunschweiger Reimchronik meldet, dass König Philipp zu Pfingsten, am 21. Mai 1200, einen Hoftag zu Altenburg hielt. Das kann nicht genau sein, da der König am 20. Mai zu Eger urkundet. Böhmer nahm daher eine Ungenauigkeit in der Zeitangabe an; dagegen Winkelmann Philipp 387 in der Ortsangabe, da die Urkunde aus Eger so angesehene Zeugen hat, dass sie wohl auf einen Hoftag schliessen lässt. Nun gehören aber alle Zeugen und insbesondere auch die zahlreichen weniger angesehenen mit kaum ein oder anderer Ausnahme dem Osterlande an, während sich keinerlei nähere Beziehung zu Eger zeigt; es ist eine Gesellschaft, wie wir sie gerade auf den zu Altenburg gehaltenen Tagen zu finden gewohnt sind. Das deutet doch sehr bestimmt darauf hin, dass in der Reimchronik die Zeit nur ungenau angegeben ist, dass kurz vor Pfingsten wirklich ein Hoftag zu Altenburg gehalten wurde und dass sich auf diesen die Zeugen der aus Eger datirten Urkunde beziehen. Und dafür lässt sich noch eine wichtige Unterstützung geltend machen. Wäre der König vom Süden

nach Eger und dann nicht weiter gekommen, so liesse sich immerhin
annehmen, die Grossen des Osterlandes wären ihm hieher entgegengekommen. Aber der König urkundet zwei Tage vorher am 18. Mai
zu Zwickau, befand sich also damals auf dem nächsten Wege von
Altenburg nach Eger; bei der Bedeutung Altenburgs in dieser Zeit
würde das zweifellos ausreichen, einen vorhergehenden Aufenthalt dort
anzunehmen, wenn auch jeder weitere Haltpunkt fehlen würde. Ist
die Zeugenreihe der aus Zwickau datirten Urkunde eine weniger angesehene und lässt sich bei ihr wegen der geringeren Entfernung des
Ortes an und für sich nicht gerade behaupten, dass sie zum Orte nicht
passt, so ist doch auch da gewiss wahrscheinlich, dass sie sich zunächst
auf Altenburg bezieht.

Als Nachzügler dieses Altenburger Hoftages macht sich durch
die Zeugenreihe eine erst am 6. Mai 1207 und zwar zu Frankfurt
ausgefertigte Urkunde, Reg. nr. 91, kenntlich. Der König bestätigt
auf Bitte des Markgrafen von Meissen dem meissnischen Kloster Altenzell einen Hof. Das könnte immerhin auch zu Frankfurt geschehen
sein. Aber die Zeugen passen weder zur Zeit, da in den nächstliegenden Urkunden ausser dem Bischof von Halberstadt keiner von ihnen
genannt wird, noch auch zum Orte, da sie bis auf zwei Reichsdienstmannen sämmtlich dem Osterlande angehören. Die Uebereinstimmung
insbesondere auch bezüglich der weniger angesehenen Zeugen mit den
Reihen der Urkunden vom 18. und 20. Mai 1206 ist so auffallend,
dass auch diese Reihe gleichzeitig, also nach unserer Annahme auf
dem Altenburger Hoftage entstanden sein muss.

Ziemlich sicher dürfte sich durch eine ähnliche Beweisführung
auch noch ein früherer, nirgends ausdrücklich gemeldeter Aufenthalt
König Philipps zu Altenburg genauer bestimmen lassen. Der Bischof
von Naumburg urkundet 1203 in castro imperatoris Aldenburg, Heinemann Cod. dipl. Anhalt. I, 551. Zeugen sind der Erzbischof von Magdeburg, die Bischöfe von Passau und Merseburg, der Hofkanzler Hartwich von Eichstädt, der Herzog von Sachsen und andere Grosse. So
angesehene Zeugen und insbesondere die Erwähnung des Hofkanzlers
werden ziemlich sicher darauf schliessen lassen, dass auch der König
damals zu Altenburg war. Aber jene Urkunde nennt nur das Jahr,
so dass sie für nähere Zeitbestimmung keinen Anhalt bietet. Nun
deuten wieder die Zeugen einer um 24. April 1203 zu Eger ausgestellten Urkunde, Reg. nr. 49, so bestimmt auf das Osterland, dass
ich gar nicht zweifle, dass sie sich auf einen vorhergehenden Aufenthalt zu Altenburg beziehen. Werden mehrere von ihnen, insbesondere
der Kanzler, auch in jener Urkunde des Bischofs von Naumburg ge-

nnnnt, so wird danach auch diese mit grosser Wahrscheinlichkeit in
den April zu setzen sein.

Könnte ich noch manche Fälle aufzählen, bei denen mir ein
Nichtstimmen der Zeugen zur Datirung wenigstens sehr wahrscheinlich ist, bin ich überzeugt, dass sich auf Grundlage von Einzelforschungen und nach grösserer Vervollständigung der fürstlichen Itinerare das auch in vielen Fällen herausstellen wird, welche mir
unbedenklich schienen, so ergibt sich wohl genügend, dass es sich
hier nicht blos um ganz vereinzelte Unregelmässigkeiten handelt, sondern um ein Verhältniss, das häufig genug vorkam, um es bei Verwerthung der Zeugenreihen für Zwecke geschichtlicher Forschung
immer im Auge halten zu müssen. Dass das in Einzelfällen den
Werth dieses wichtigen Hülfsmittels ganz ausserordentlich beeinträchtigen kann, steht ausser Frage. Aber im allgemeinen scheinen mir
die sich daraus ergebenden Schwierigkeiten doch geringer zu sein, als
das auf den ersten Blick scheinen möchte. Denn einmal ergaben sich
insbesondere da, wo zusammenhängende Reihen erörtert wurden, doch
auch weitere sehr beachtenswerthe Belege dafür, dass an Uebereinstimmung von Zeugen und Datirung als Regel durchaus festzuhalten
ist. Allerdings sind die Ausnahmen zahlreich; ist es bei einem so
vielen Zufälligkeiten unterworfenen Verhältnisse misslich, auf einzelne
einen genaueren Vergleich gestattende Reihen gestützt eine Vermuthung
über die Häufigkeit auszusprechen, so möchte ich doch glauben, dass
mindestens beim zehnten Theile der mit Zeugen versehenen Urkunden
dieselben nicht zur Datirung stimmen, dass diese Verschiebungen bedeutend häufiger sind als die von Ort und Zeit. Auch werden sie
keineswegs immer unmittelbar kennbar sein. So würde etwa bei dem
zuerst besprochenen Falle die Zeugenreihe des vom 8. Nov. 1219 aus
Nürnberg datirten Diplom weder bei Vergleich mit der Datirung noch
bei Vergleich mit den andern uns erhaltenen Zeugenreihen der Königsurkunden irgendwelchen Haltpunkt bieten, welcher uns die Annahme
eines Nichtstimmens zum Tage nahe legen könnte; lediglich der ganz
zufällige Umstand, dass uns eine vom 4. Nov. aus Regensburg datirte
Urkunde des Herzogs von Oesterreich erhalten ist, lässt den Sachverhalt erkennen. Irgend stärkere Verschiebungen werden aber bei einiger Aufmerksamkeit sich auch bei blossem Vergleiche mit Zeit und
insbesondere Ort der Datirung in den meisten Fällen kenntlich machen
und jedenfalls dann, wenn eine grössere Zahl von Urkunden aus derselben Zeit einen Vergleich auch mit anderen Reihen gestattet. Weiter
aber dürften meine Erörterungen ergeben haben, dass wir uns in
solchen Fällen durchweg nicht mit dem negativen Ergebnisse zu be-

genügen haben, dass sich in der Regel mit genügender Sicherheit bestimmen lässt, auf welche andere Zeit, auf welchen anderen Ort sich die Reihe thatsächlich bezieht; sie wird dann durch das Eingreifen jenes Verhältnisses in ihrem Werthe für die Forschung nicht allein nicht beeinträchtigt werden, sondern dieser nicht unwichtige Haltpunkte bieten können, auf welche sie zu verzichten hätte, wenn die Regel der Uebereinstimmung zwischen Zeugen und Datirung eine ausnahmslose wäre.

III.

Die Urkunden K. Heinrich's II
für das Kloster Michelsberg bei Bamberg.

Eine kritische Studie

von

Karl Rieger.

Die unmittelbare Veranlassung der vorliegenden Abhandlung war die abschliessende Kritik über einige Urkunden K. Heinrich's II für das S. Michaelskloster in Bamberg, über welche man seit ihrer Bekanntmachung in den verschiedensten Werken gehandelt und, weil die Ueberlieferung der Stücke eine sehr ungünstige ist, geradezu in widersprechender Weise geurtheilt hat. Die Urkunden sind in ihrer Art ebenso interessante Beispiele für die Regelung von Rechtsverhältnissen bei kaiserlichen Stiftungen als wichtige Documente für die Geschichte Oberfrankens. Local- und Rechtsgeschichte fordern in gleicher Weise die Lösung der Frage nach der Echtheit oder Unechtheit dieser Urkunden. Allein jeder Forscher, der sich mit ihnen beschäftigen muss, entbehrt leider jeder selbst nur halbwegs sicheren Grundlage der Beurtheilung. Das Bedauern über die völlige Unsicherheit gegenüber einer Reihe für die Zeit und Politik K. Heinrich's II werthvollen Diplomen wächst gerade bei einer vorurtheilsfreien Würdigung der Gründe für die ganz auseinandergehenden Anschauungen der bisherigen Kritiker. Keiner von allen den beigebrachten Beweisen ist stichhältig genug, um das richtige Verhältniss stricte zu erweisen; der Mehrzahl nach sind sie nur blendende Mutmassungen. In Folge dessen stehen die Resultate all dieser Begründungen in dem Verhältnisse ausschliessenden Gegensatzes zu einander. Doch ist die Unvereinbarkeit der ausgesprochenen Ansicht durchaus erklärlich, zumal die kritische Methode sowie der gewählte Ausgangspunkt bei allen Beurtheilern anders war, eine Gemeinsamkeit nur in dem bisher eingenommenen subjectiven Standpunkt lag. Zu einem festen unanfechtbaren Resultate konnte keiner gelangen, weil alle sich auf eine möglichst vollständige Berücksichtigung der kritischen Merkmale der vorliegenden Urkunden für sich beschränkten, ohne auf die Thatsache einzugehen, dass Urkunden nur der abschliessende Act vorhergehender Verhandlungen sind und auch diese, soweit sich auf sie rückschliessen lässt, herangezogen werden müssen. Denn wo die Realität der Ueberlieferung wie bei dem vorliegenden Falle keinen Anhaltspunkt bietet, genügt es durchaus nicht, widersprechende Angaben der Urkunden oder auffallende Unregelmässigkeiten durch Fälschung erklären oder die Echtheit bloss durch die Rechtfertigung der Unregelmässigkeiten erweisen zu wollen, sondern es ist nothwendig, auch die aus dem Inhalte sich ergebenden unzweifelhaft sicheren geschichtlichen Daten für die Prüfung der Ueberlieferung zu verwerthen. Freilich müssen dann für die hier gegebene Urkundenuntersuchung auch die Local- und Rechtsgeschichte in einer fürs erste scheinbar zu weit gehenden Breite benutzt werden, so dass es wohl gerathen scheint, die Untersuchung nicht in eine kurze Notiz zusammenzudrängen, sondern in einem hoffentlich die Frage abschliessenden Aufsatze ausführlich zu geben.

Der Zweck der kleinen Abhandlung ist erreicht, wenn es mir gelingt, auch anderen den wirklichen Sachverhalt durch Berichtigung und Ergänzung bisher gelieferter Resultate klar gemacht zu haben.

I.

Von den Urkunden des Klosters St. Michael in Bamberg nennen neun K. Heinrich II als Aussteller. Eine von ihnen ist nur durch eine Notiz in der Handschrift B VI. 15 der Bamberger Bibliothek erwiesen. Die übrigen kennen wir aus vollständigen, mehr oder weniger glaubwürdigen Abschriften, keine jedoch in ihrer Originalfassung. Es sind [1]) St. R. 1645, 1646, 1650, 1651u (die von Hirsch Jahrb. Heinrich's II Bd. II S. 97 erwähnte Urkunde aus dem Codex B VI, 15 der Bamberger Bibliothek) 1652, 1677, 1684, 1706, 1731. Mit Rücksicht auf die mangelhaft verbürgte Glaubwürdigkeit der Form wurde es erklärlich gefunden, dass die Urtheile über Originalität und Echtheit der Urkunden vollständig auseinander gehen. Wenck, welcher im III. Bd. der Hessischen Landesgeschichte S. 22 die Urkunden St. R. 1650 und 1684 erwähnt, hält 1684 für echt, 1650 für eine sehr unrichtige Abschrift. Lang (Regesta Boica) kennt 1645, 1646 und 1650 und bezeichnet alle drei maxime suspectu. Die Herausgeber der Monumenta Boica haben in den 28. Band St. R. 1645, 1650, 1652 und 1706 aufgenommen und sie für Originale gelten lassen, die erstern drei Urkunden zum Jahre 1018 gesetzt. Köpke, der im XII. Bande der M. G. SS. S. 823 n. 2 die Urkunden 1650 und 1731 erwähnt, hält beide für bedenklich. Auf die Annahmen der Monumenta Boica hin hatte Giesebrecht in den ersten drei Auflagen seiner Geschichte der deutschen Kaiserzeit Bd. II. St. R. 1684 als Fälschung verworfen, die übrigen Urkunden für echt angesehen und die in der Datierungszeile

---

[1]) Ich citiere der Kürze halber die Urkunden nach Stumpf's Regesten = St. R.

auffallenden Unregelmässigkeiten durch die Annahme erklärt, dass die
ursprüngliche Ausstellung und die rechtskräftige Vollziehung in verschiedene Zeiten fielen. In der vierten Auflage seines Werkes folgt
Giesebrecht den Auffassungen, welche Hirsch in den Jahrbüchern des
Deutschen Reichs unter Heinrich II und nach ihm Stumpf in den Kaiserregesten vertreten haben. Nach Hirsch (a. a. O. Bd. II. S. 96 u. 98) sind
St. R. 1645, 1646, 1650 und 1652 unecht, weil sich darin eine für das
Kloster günstigere Auffassung geltend macht und zwar in einer Weise,
die das von ihm für echt bezeichnete Diplom St. R. 1684 ausschliesst.
Für diese Ansicht glaubte Stumpf noch einen paläographischen Beweisgrund durch die Beibringung der Thatsache geliefert zu haben, dass
die angeblichen Originale in Wirklichkeit erst im XII. Jahrhundert
geschrieben worden sind. An die Annahmen Hirsch's und Stumpf's
schloss sich Ficker in seiner Urkundenlehre 1, 303 f. an, wiewohl er
für 1645, 1646 und 1652 echte Vorlagen anzunehmen geneigt ist
und bei St. R. 1650 die Möglichkeit der Echtheit nicht ausgeschlossen
sehen will.

So weit ist der Stand der Sache gediehen. Traurig genug für
den Forscher oder Darsteller, welcher auf diese Urkunden bauen soll.
Nicht weiter können die Ansichten aus einander gehen als in dem
gegebenen Falle, und doch sind die ausgesprochenen Meinungen nicht
etwa unbegründete Vermuthungen, sondern werden durch glaubwürdige
Gründe bekräftigt. Freilich reichen diese nicht aus, weil nur geringfügige Einzelheiten für die Beurtheilung des ganzen Sachverhaltes herangezogen wurden. Die bisherige Beweisgrundlage ist eine sehr schlechte.
Keine der Urkunden Kaiser Heinrich's II für das Michaelskloster —
auch nicht das bisher unbeanstandet gelassene Diplom St. R. 1706 —
ist im Original erhalten; ferner ergibt jede Untersuchung als sicheres
Ergebniss, dass hier Verunechtungen stattgefunden haben. Für den
Bearbeiter der Urkunden K. Heinrich's II stellt sich also das Erforderniss
heraus, auf einer breiteren Beweisgrundlage entweder die Entscheidung
für eine der ausgesprochenen Behauptungen zu geben oder seine Ansicht
durchzuführen.

Sämmtliche Urkunden K. Heinrich's II für das Kloster St. Michael
stehen in einem unverkennbaren Zusammenhang. Die Entscheidung
über Echtheit und Unechtheit hängt zunächst ab von der Beurtheilung
des Verhältnisses der beiden Urkunden St. R. 1650 und 1684. Ueber
dasselbe bestehen aber zwei auseinander gehende Ansichten. Die ältere
schon von Giesebrecht vertretene, von Hirsch aber durchgeführte Ansicht
ist, dass sich beide Urkunden ausschliessen — dann muss eine von beiden
unecht sein — die zweite von Ficker versuchte Annahme, dass über

denselben Vorfall zwei Urkunden ausgestellt worden sind, um den
Interessen sowohl des Klosters als auch des Bischofs gerecht zu werden,
und dann können beide echt sein. Es sind also vier Fälle möglich.
1) Beide Urkunden sind falsch 2) beide Urkunden sind echt 3) St. R.
1684 ist das echte Diplom 4) St. R. 1650 geht auf das Original zurück.
    Von St. R. 1650 ist eine Abschrift in Diplomsform des XII. Jahrh.
mit der echten Bulle K. Heinrich's II versehen im k. Reichsarchive
in München. Die Urkunde wurde mehrmals, zuletzt im 28. Bande
Abth. A. S. 473 der Monumenta Boica gedruckt. St. R. 1684 bringen
Schultes Historische Schriften 226 und etwas abweichend auszugsweise
Ussermann in dem Werke Episcopatus Bambergensis S. 25 in der
Anmerkung ohne nähere Angabe der Quelle.
    Die beiden Urkunden hatte Böhmer Regesten (918—1313) 1162 als
eine und dieselbe Urkunde angenommen. Dass sie inhaltlich wesentlich
auseinander gehen, hat Hirsch a. a. O. S. 98 n. 1 eingehend erwiesen.
Er kommt hiebei allerdings zu den schon erwähnten Schlussfolgerungen,
dass sich die beiden Urkunden ausschliessen und dass die Urkunde
St. R. 1650 die gefälschte Urkunde sei. Sein Beweis erregt aber wohl
begründete Bedenken, da er von einer vorgefassten Meinung gegen
St. R. 1650 ausgeht und nur für das einmal ausgesprochene Urtheil
weitere Belege aus dem Vergleiche der beiden Urkunden zu gewinnen
sucht. Für ihn ist massgebend die Unregelmässigkeit in der Datierung.
Von der Datierung der angefochtenen Urkunden im allgemeinen sagt
Hirsch a. a. O. S. 96 n. 1: „Es ist durchaus kein Grund die zum
Theil dem echten Texte entnommenen, zum Theil zwischen 1015 und
1018 schwankenden Signa . . . . dahin zu deuten, als hätte
das 1015 begonnene Geschäft . . . . erst später seinen Abschluss
erreicht. Vielmehr wird das Vorkommen dieser wirren Combination
von Datis in mehreren auf Kl. Michaelsberg bezüglichen Urkunden,
die als zweite Texte neben richtig signirten und auch ihrem Inhalt
nach sich besser bewährenden Reductionen herlaufen, uns zeigen, dass
wir es hier mit Fälschungen derselben überall gleich erkennbaren
Tendenzen, mit Machwerken desselben Typus, wahrscheinlich der
Michelsberger Schreibschule zu thun haben".
    Er beginnt daher seinen Beweis gegen die Urkunde St. R. 1650
mit dem Hinweis auf die Unmöglichkeit, die Daten dieses Diplomes
in irgend welcher Weise auf einen bestimmten Tag und Ort zurückzuführen. Allein „die brüchigen Signa" sind nach den Erörterungen
Ficker's über die Datierung in seiner Urkundenlehre für sich kein
Grund gegen die Echtheit, auch lässt sich der Grund der Fälschung
der Datierungszeile dann nicht begreifen, wenn selbst zugestanden

werden möchte, dass der Inhalt die Tendenz des Fälschers erkenntlich macht. Dagegen sind Fälle einer doppelten Datierung nicht selten, wenn sich Rechtsgeschäfte in die Länge gezogen haben. Also von der Datierung darf die Annahme der Unechtheit des Diplomes nicht ausgehen und zwar um so weniger, als auch die Datierungszeile der von Hirsch für echt erklärten Urkunde St. R. 1684 nicht ganz richtig ist. Daher verlohnt es sich der Mühe, zur Beurtheilung des Inhalts der beiden Urkunden jene Stellen gegenüber zu halten, in welchen von dem im übrigen völlig gleichlautenden Wortlaute abgewichen wird, um aus dem Vergleiche zu ersehen, in welchem Verhältnisse die beiden Redactionen zu einander stehen. Ich vergleiche den Text des angeblichen Originals von St. R. 1650 mit dem Abdrucke von St. R. 1684 bei Schultes Hist. Schriften 226 und verweise in den Noten auf die abweichenden Lesarten bei Ussermann.

St. R. 1650	St. R. 1684
Duo sunt quibus sancta dei ecclesia specialiter regitur, imperialis potestas et pontificalis auctoritas.	Duo sunt quibus mundus hic principaliter regitur, pontificum[1]) auctoritas et regalis potestas.
Qualiter fidelissimus noster Eberardus sacrae Babenbergensis aecclesie primus episcopus et Rado montis angelorum primus abbas nostram imperialem potestatem adierunt attentissime deprecantes ut praedia ad monasterium S. Michahelis archangeli quod nos in praedicto Babenbergensi monte construximus a nobis liberaliter collata per nostra quoque imperialia corroborarentur praecepta.	qualiter fidelissimus noster dominus Eberhardus sacrae Babenbergensis primus episcopus nostram potestatem imperialem adiit christianissime deprecans, ut ad monasterium sancti Michaelis archangeli sanctique Benedicti praedia ad honorem dei genitricis Mariae sub honore beati Petri principis apostolorum, eidem sedi principali legitime collata et a se per manus advocati iam[2]) eo tradita per nostra corroborantur praecepta.
In Weringowe Werda, in Volcvelde Vuforti, in Budengowe Dudenbrunnon. Horum Radolfesdorf et Ezzilinchirchu a Fuldensi abbacia, Rodeheim uero Vuslibehuson Werda et Vuforti ab Heresveldensi legitimo et	in Weringowe in comitatu Gezemani comitis Weritha, in Folcfelda in comitatu Tiemonis comitis Wuuforti in Bathinicgowe in comitatu Gerundi

[1]) pontificalis   [2]) advocatium.

sufficienti concambio acquisiuimus cum omni iustitia qua praefatae aecclesiae ea possidebant, cum decimis videlicet omnibus.

Nos igitur praelato monasterio nostro in futurum consulentes hec eadem donaria nostra more regum atque imperatorum plenissime confirmauimus. Fratribus uero ibidem deo seruientibus regulariter sibi eligendi abbatem liberam dedimus potestatem.

Et ut haec nostrae confirmationis pagina omni aevo firma et inconvulsa permaneat, manu propria corroborantes sigilli et imaginis nostrae impressione eandem subter bullari iussimus.

comitis Pudenibrunnen, in Tuferegowe in comitatu Hecilonis comitis Thiedenhuson cum omnibus.

Cuius fidei occulatae merito assentientes donaria ipsius more regum atque imperatorum nostrorum quoque successorum plenissime confirmauimus. Monachis vero eiusdem monasterii salvo statu et assensu pontificali regulariter eligendi abbatem dedimus potestatem.

Et ut haec nostre confirmationis pagina inde conscripta firma et inconvulsa permaneat, manu propria roborantes sigilli nostri impressione eandem subter bullari iussimus.

Die Datierung der beiden Urkunden ist gleich in der Bezeichnung des annus regni und imperii, verschieden in der Angabe des annus incarnationis und der Indiction. Die Urkunde St. R. 1650 hat 1015 und 12 St. R. 1684 1017 und 15. Merkwürdiger Weise gibt Usermann betreffs der Datierung der letzteren Urkunde an, dass sie gleich mit St. R. 1650 wäre.

So weit die Gegenüberstellung der Unterschiede beider Urkunden. Die erste weil am weitest gehende Frage wäre nach der Möglichkeit beider Redactionen neben einander in dem von Ficker angegebenen Sinne. Sie lässt sich nur dahin beantworten, dass die beiden Diplome sich ausschliessen. Denn nicht nur dass schon der Passus die canonische Abtwahl betreffend verräth, dass St. R. 1684 unverkennbar zu Gunsten des Bischofs von Bamberg dem Kloster gegenüber ausgestellt erscheint, setzt auch die Urkunde ein ganz anderes Rechtsverhältniss voraus. St. R. 1650 ist die Bestätigung einer Vergabung gewisser Güter des Königs an diese neue Stiftung; St. R. 1684 hingegen wäre eine königliche Bestätigung der Zuwendung bischöflicher Güter an das Kloster. Der eine von den beiden Rechtsfällen kann nur der thatsächliche sein, der andere ist Fälschung. Aber welcher von beiden der echte ist, erscheint mir lange noch nicht erwiesen. Die von Hirsch gegen St. R. 1650 vorgebrachten sachlichen Gründe: das Dazwischenschieben des „Rado montis angelorum primus abbatis", das Weglassen des „per manus advocati", die Aufnahme des Berichtes über das Tauschgeschäft, die Auslassung von Thiedenhausen beweisen nur dann die erkennbare Tendenz des Fälschers, wenn St. R. 1684 als echt erwiesen ist. Alle diese Gründe sind für sich durchaus nicht genügend, um die Fälschung von 1650 oder indirect die Echtheit von 1684 sicher zu stellen. Keine von beiden Urkunden ist in einer gut verbürgten Form erhalten, dass wir bemüssigt wären, wegen ihrer Ueberlieferung die eine oder die andere Urkunde als echt oder falsch anzusehen. Weil aber nicht die Ueberlieferung einen Anhaltspunkt gewährt, wird man sich an den Inhalt vorurtheilslos halten müssen und vor allem die Geschichte des anderweitig beglaubigten Rechtsgeschäftes zu erweisen suchen und dann erst an die Frage herantreten können, welche von beiden Redactionen den Originaltext getreu bringt.

Der Unterschied des Rechtsgeschäftes in beiden Urkunden ist ein zweifacher. Erstens sind die Angaben über die Güter, welche in beiden Urkunden dem Kloster zugewendet werden sollen, und über die Weise ihrer Erwerbung nicht ganz dieselben, zweitens aber ist auch die Person des Stifters eine verschiedene. Ich habe hier die Güter zuerst genannt, weil sich direct die Angaben beider Urkunden aus anderen Aufzeichnungen controllieren lassen, während nur mittelbar der Stifter erwiesen werden kann.

Gerade für die Prüfung der Güterangaben in beiden Urkunden können wir durchaus glaubige Nachrichten heranziehen. So in erster Linie eine werthvolle und authentische Güteraufzeichnung aus dem Ende des XI. Jahrhundertes in dem Codex der Bamberger Bibliothek B VI. 15 f. 119 [1]), ferner die beiden Originalurkunden St. R. 1644 und 1651 und die „noticia pro commutatione" (zwischen K. Heinrich II. und Boppo von Fulda) welche Schannat, Hist. dipl. Fuld. Cod. Prob. S. 139 nr. 39, aus einer Michelsberger Handschrift mittheilt.

Aus dem zuerst genannten Vermerk über den ältesten Güterbesitz des Klosters erfahren wir, dass „Buotenesheim, Lantsuindehusen, Gundissa, Roda praedicti imperatoris (sc. Heinrici) nobis (dem Kloster) sunt collata, Scerenstein auf dem Wege der Ertauschung durch den Kaiser an das Kloster gekommen ist, Ratolfesdorf et Ezzelenchiriehen durch Tausch des Kaisers aus dem Besitz des Fulder Klosters und auf gleiche Weise Voanlubihusun, Weredin, Butelbrunnon, Wufurtin u.

---

[1] Vgl. Hirsch Jahrbücher, K. Heinrich II Bd. 1. 658.

Vuchstat aus dem Hersfelder Kloster in den Besitz des Kl. Michelsberg übergegangen sind. Von Dietenhausen heisst es darin: pro decimatione Ezelenchiricha apud comitem Hezelonem commutavimus.

Diesen Angaben zufolge umfasste die Dotation der Stiftung alle jene Besitzungen, welche in St. R. 1650 dem Kloster zugewiesen werden. Dietenhausen erscheint hier ebenso wie Zilin u. a. als spätere Erwerbung. In Folge dessen ist die Aufnahme, nicht die Weglassung dieses Gutes verdächtig zu nennen.

In voller Uebereinstimmung mit den durchaus glaubwürdigen Angaben der Besitzaufzeichnung des Klosters stehen die beiden Originalurkunden St. R. 1644 und 1651. In der ersteren, einer Tauschurkunde, erwirbt K. Heinrich II gegen die Güter zu Wanifredun und Liutfrideshausen vom Abte Arnold von Hersfeld die Höfe Rottheim, Welbhausen, Were und Wonfurt und zwar, wie er ausdrücklich sagt: „utriusque necclesiae Babenbergensis videlicet atque Herolvesveldensis commoda considerantes". Unter ecclesia Babenbergensis verstand zweifelsohne der Kaiser die neue Stiftung. Die Annahme, unter der Babenberger Kirche sei hier etwa das Bisthum zu verstehen ist, meiner Meinung ganz unwahrscheinlich. Schon die Coordinierung der Bamberger Kirche mit dem Hersfelder Kloster widerspricht unter der Voraussetzung, dass hier das Bisthum gemeint wäre, dem Kanzleigebrauche der Zeit, in welcher so strenge auf die hierarchische Ordnung gesehen wurde. Auch wäre es sehr auffällig, dass gerade diese Güter sich spätestens zwei Jahre nachher bereits im Besitze des Klosters Michelsberg befinden. Aus der zweiten Tauschurkunde des Kaisers mit dem Kloster Fulda St. R. 1651 erfährt man nur die Thatsache, dass K. Heinrich II von dem Kloster Fulda für die Höfe Waraha und Berezkies die Höfe Ezzelskirchen und Ratteldorf erhalten hat. Für wen aber die letzteren Höfe eingetauscht worden sind, sagt uns die bereits erwähnte Noticia pro commutatione, in welchem Protocolle der Verhandlung des Tausches das Michelskloster ausdrücklich als das mit den Höfen bedachte genannt wird.

Führen demnach auch alle erhaltenen Nachrichten von der Stiftung des Kl. Michelsberg zu dem Schlusse, dass das zu Gunsten des Klosters vorgenommene Rechtsgeschäft gerade nur jene Gebiete betraf, welche in der vielfach angefochtenen Urkunde St. R. 1650 aufgeführt worden, stellt sich auch heraus, dass diesen Theil des Rechtsvorganges das ungezweifelte Diplom genauer bringt als St. R. 1684, so wird dennoch erst eine weitere Untersuchung der Unterschiede für das Urtheil über die Echtheit der beiden Urkunden ausschlaggebend sein dürfen. So viel steht

aber nach diesem ersten Ergebniss schon sicher, dass diese von Hirsch
a. a. O. gegen St. R. 1050 geltend gemachten Bedenken durchaus
keine Verdachtsgründe sind, vor allem nicht gegen die Echtheit dieser
Urkunde sprechen, sondern viel eher gerechtfertigte Bedenken gegen
die Urkunde St. R. 1684 erregen. So wie die Aufführung von Thiedenhausen in St. R. 1684 sicher auf eine Interpolation zurückzuführen
ist, weil die Aufnahme dieses Ortes in den Gütercomplex der Stiftung
spätere Verhältnisse voraussetzt, so ist auch wieder die spätere Redaction
erkennbar in der Auslassung der Stelle über das Tauschgeschäft. Dass
der Tausch vor sich ging, dass die Theile der Dotation der neuen
Stiftung aus den eingetauschten Gütern bestand, ist sichergestellt durch
vollständig glaubwürdige Documente. Was hätte es für einen Werth
gehabt, im XII. Jahrhundert, der Zeit aus welcher die uns überlieferte
Ausfertigung von St. R. 1650 stammt, in welcher längst schon die
Güter in dauerndem thatsächlichen Besitze des Kl. Michelsberg waren,
eine nur für die ersten Zeiten nach der Stiftung wichtige Angabe in
die Urkunde erst nachträglich einzuschieben? Sie trägt in ihrem Inhalt
den Stempel der Authenticität. Dann aber ist die Auslassung einer
durchaus wichtigen Thatsache auffallend und kann offenbar nicht
unabsichtlich erfolgt sein, sondern nur den Zweck haben, den wahren
Sachverhalt der Stiftung zu verdunkeln. Dieses aber wird auch die
Absicht gewesen sein. Der wesentlichste Unterschied in der Erzählung
von dem Vorgange bei der Stiftung ist ja das in beiden Urkunden
abweichend dargestellte Verhältniss der Stiftung zum Kaiser. Steht es
fest, dass der Kaiser der Stifter des Kl. Michelsberg ist, dass also die
aufgezählten Güter durch kaiserliche Schenkung an das Kloster kamen,
dann sprechen die Differenzen gegen die Echtheit von St. R. 1084.
Dann musste, weil Bischof Eberhard I als Dotator fungieren sollte,
die Bemerkung, dass er die Güter schon „per manus advocati" dem
Kloster übergeben habe, in den ursprünglichen Text eingefügt werden;
in gleicher Absicht liess man, damit das Kloster recht unselbständig
erscheine, die Stelle „Rudo montis angelorum primus abbas" einfach
weg, so dass nun für den Abt der Bischof eintrat, krönte die geschickte
Verdrehung des wahren Thatbestandes damit, dass man die Worte
„quod nos in predicto Babenbergensi monte construximus a nobis
liberaliter collata" überging, und tilgte deshalb jede Erwähnung eines
Antheiles des K. Heinrich's II an der Stiftung und Dotierung des
Klosters.

Von all den bisher angeführten Stellen halte ich besonders die
Aeusserung der zuletzt erwähnten Worte in den Satz: „ad honorem
dei genitricis Mariae sub honore beati Petri principis apostolorum

eidem sedi principali legitime collata et a se per manus iam eo tradita" als die wichtigste und zugleich entscheidende Aenderung, weil in dem Augenblicke, als es erwiesen ist, dass K. Heinrich II allein der Stifter des Klosters war, die Verunechtung von St. R. 1684 sofort sicher gestellt wird. Freilich kann der echte Text selbst dann erst auf einem grossen Umweg reconstruiert werden, weil auch die Fassung von St. R. 1030 nicht so verbürgt ist, dass in der Form der Ueberlieferung dieser Urkunde eine Bürgschaft für ihre Glaubwürdigkeit geboten wäre und weil ein vorschneller Schluss von der Unechtheit der einen auf die Echtheit der andern keine Berechtigung hat.

Für die Geschichte der Stiftung sind folgende Nachrichten heranzuziehen. Die älteste Angabe ist in einer Bulle des Papstes Clemens II vom 19. April 1047 (Jaffé Reg. Pont. 3150.) enthalten; darin heisst es [1]): „de bonis quae ipsi monasterio S. archangeli Michaelis per praedictum sanctissimum imperatorem Heinricum collata sunt". In dieser Confirmationsbulle beruft sich Clemens auf seine frühere Stellung als Bischof von Bamberg, auf seine „dilectionem non modicum" zu dem Kloster und verleiht ihm gegen Jedermann seinen Schutz auch gegen den Bischof von Bamberg, dem „extra canonicam autoritatem" kein Recht auf den Besitz des Klosters zustehe. So hätte sicher nicht ein Nachfolger jenes Bischofes gesprochen, der nach der Urkunde St. R. 1684 an der Stiftung einen so hervorragenden Antheil genommen haben soll. Denn Clemens II bringt Heinrich II mit dem Kl. Michelsberg in einen Zusammenhang, wie man nur einen Stifter in solcher Weise zu nennen pflegt. Während aber schon hier alles die Vermuthung ausschliesst, dass der Bischof von Bamberg der Stiftung des Kloster Michelsberg nahe gestanden habe, wird durch die weitern Nachrichten über die Stiftung direct bestätigt, dass dieselbe von K. Heinrich II herrühre. In der 1106 abgeschlossenen Bearbeitung B der Weltchronik Ekkehards wird K. Heinrich II mit folgenden Worten ausdrücklich als Stifter bezeichnet [2]): „..... monasterium sub monachili regula in honore sancti Michahelis archangeli sanctique Benedicti constituens". Ebenso bezeichnet das um 1120 begonnene Necrologium S. Michaelis Bambergense posterius [3]) in folgender Weise K. Heinrich II als Stifter: „Babenbergensis episcopii ac nostri laudator cenobii". Nicht anders denkt Abt Hermann von Michelsberg in seiner Verordnung von Gedenkfesten für Kaiser Heinrich und Bischof Otto

---

[1]) Ussermann Episcop. Bamberg. Cod. Prob. S. 52, nr. 20.
[2]) MG. SS. VI. 192.
[3]) Jaffé Monum. Bamberg. S. 571.

von Bamberg (c. 1135) wenn er sagt [1]): „quorum unus (sc. Heinricus) loci nostri fundator . . . . . . qui primus monasterii aedificia construxit".

Heimo, Presbyter der St. Jacobskirche zu Bamberg, berichtet von Heinrich II in seiner 1135 abgefassten Chronica: „constituit monasterium in honore sancti Michahelis archangeli et sancti Benedicti abbatis [2])". Und noch 1146 schreibt der Biograph K. Heinrich's II, der Bamberger Diacon Adalbert. Ekkehard nach und nennt gleichfalls K. Heinrich II Stifter des Michelsklosters. In ununterbrochener Tradition von den ersten Zeiten der Stiftung bis um die Mitte des XII. Jahrhunderts hatte Heinrich II als Stifter des Kl. Michelsberg gegolten. Um so auffallender ist daher die Erklärung Bischof Eberhard's II von Bamberg in einer gerichtlichen Entscheidung aus dem Jahre 1154 [3]): „Sicut huius principalis ecclesiae fundatio est domni nostri Heinrici sacratissimi imperatoris, ita ecclesia S. Michaelis regni eius consortis fundatio est domnae nostrae sacratissimae imperatricis". An dieser Auffassung wurde in der Zeit dieses Kirchenfürsten strenge gehalten. Unter ihm hat Ebo zwischen 1151 und 1159 seine schlichte, wahrheitsgetreue Vita Ottonis geschrieben. In der kurz gedrängten Vorrede gedenkt er der Gründung des Kl. Michelsberg und der Einsetzung des ersten Abtes Rudo durch K. Heinrich II und K. Kunigunde mit den Worten: „sanctus Heinricus secundus imperator, huius episcopii constructor, et venerabilis Kunigunda specialis mater nostra [4])". Wer erkennt nicht in der Darstellungsweise Ebo's dieselbe Auffassung der Stellung des Kaiserpaares zu den Stiftungen in Bamberg, welche Eberhard II in seiner gerichtlichen Entscheidung zum ersten Male ausgesprochen hat. Es verlohnt sich wohl der Mühe nachzuforschen, warum man gerade in der Zeit des Bischof's Eberhard II die bis dahin herrschende Tradition von der Stiftung des Klosters Michelsberg durch Kaiser Heinrich II aufgab. Folgte nun besserer Einsicht oder verlangte die bischöfliche Politik eine Verdunklung des wirklichen Sachverhaltes? Ich glaube, ein kurzer Ueberblick über die Verhältnisse des Kloster im XII. Jahrh. wird am ehesten gestatten, eine Entscheidung in diesem Dilemma zu treffen.

---

[1]) Gisebrecht, Gesch. der deutschen Kaiserzeit 4. Aufl. Bd. III, S. 1202.
[2]) Jaffé Monum. Bamberg. S. 546.
[3]) Ussermann Episc. Bamberg. Cod. Prob. S. 109. n. 119.
[4]) Jaffé Monum. Bamberg. S. 589.

II.

Seit Burchard von Worms die Grundlagen der geistlichen Gewalt des Episcopates in einer besonnenen, aber doch entschiedenen Richtung auf eine Reform der kirchlichen Zucht und auf die vollständige Herrschaft über die gesammte Geistlichkeit, vornehmlich über die Abteien seiner Diöcese basiert und durch seine Decretalensammlung den Amtsgenossen die Ausführung dieser Ideen vorgezeichnet hatte, waren die staatsmännisch tüchtigen Bischöfe seiner und der nächstfolgenden Generationen bestrebt, entweder durch Ausübung ihrer canonischen Gewalt oder durch Bekämpfung der Selbständigkeit aller Klöster die dankbare Aufgabe zu lösen. Zumal nach dem Ausbruche des Investiturstreites galten jene Kirchenfürsten für eifrige Förderer ihrer Sache, die durch Ausbildung einer geistlichen Centralgewalt ein Uebergewicht über die weltlichen Rechtsinstitute bekamen.

Für das Bisthum Bamberg kam die Zeit der Entwickelung dieser in allen Theilen des Territoriums gleich stark fühlbaren Regierungsgewalt erst im XII. Jahrh. Wohl erhoben sich schon zu K. Heinrich's II Zeit das Collegiatsstift zu St. Stephan und das Kloster Michelsberg in unmittelbarer Nähe von Bamberg's Bischofssitze. Die unter den späteren Bischöfen Günther und Hermann erbauten Stifte St. Gangolf und St. Jacob waren enge mit dem Dome verbunden und standen unter unmittelbarem Einfluss des Bischofes. Allein, wie man weiss, ist weder Konrad II noch Heinrich III dem Bisthum, das von K. Heinrich II nicht unwahrscheinlich wohl auch gegen den Einfluss der Salier in Franken errichtet wurde, nicht allzu günstig gewesen, es haben also die beiden Kaiser Schwierigkeiten zu beseitigen sicherlich nicht geholfen. Für das Aufstreben des Bisthums war aber Kl. Michelsberg eher ein Hemmniss als eine Förderung. Dass schon seit der Stiftung eine so grosse Abtei, wie Kl. Michelsberg war, in so unmittelbarer Nähe des Bisthums das gerade der bischöflichen Politik entgegengesetzte Streben nach Selbständigkeit in sich barg, wenn auch dasselbe nicht, wie St. R. 1050 aussagt, exempt von der bischöflichen Gewalt war, ist ebenso sicher als es wahrscheinlich ist, dass, sobald nur ein solches Streben von dem Kloster ausgieng, dieses von Herrschern wie Konrad II und Heinrich III nicht ungenützt gelassen worden wäre. Zu diesen Schwierigkeiten im Beginne seiner Machtentfaltung kam später, dass in den wirren Zeiten K. Heinrich's IV das Bisthum nicht nur an materieller Wohlfahrt schwere Einbussen erlitten hatte, sondern auch die Kirchenzucht arg gelockert war.

Es war daher höchste Zeit, dass ein Mann mit echt staatsmännischem Blicke die so nothwendig gewordene Reform des Klosterlebens als

Ausgangspunkt wählte, um die in dem Kampfe mit dem Papstthum ungemein gesteigerte hierarchische Tendenz durchzuführen. Der Mann ganz geschaffen, aus den zerstreuten Besitzungen ein mächtiges Territorium, aus den zugestandenen Einzelrechten eine kirchliche Macht zu schaffen, war Bischof Otto von Bamberg. Von Kaiser Heinrich IV 1102 eingesetzt, sendet er Gesandte an den Papst Paschal II, um dessen Zustimmung zur Annahme des Bischofstuhles zu erlangen, wird auch 1106 zu Anagni geweiht und behauptet sich in der Zeit der grossen Kämpfe zwischen Kaiser und Papst in beider Gunst.

Sein erstes Bemühen war dahin gerichtet, die Schäden an Gut und Zucht in seiner Dioecese zu heilen. Kein Wunder, dass er da dem benachbarten Michelskloster gleich anfangs seine Aufmerksamkeit schenkte.

Hier hatten die schlimmen Zeiten gar arge Spuren hinterlassen. Schon der vierte Abt Ruprecht nützte seine Stellung aus, um Geld und Gut zu erwerben. In fünf Jahren (1066—1071) hatte er, der den Beinamen Numularius erhielt, soviel gesammelt, dass er sich erfolgreich bei Hofe um die erledigte Abtswürde in Reichenau bewerben und nicht weniger als 1000 Pf. Silber dafür anbieten konnte. Wie musste unter einem solchen Vorsteher, der später als Abt von Gengenbach nach einem sehr bewegten Leben im Kampfe gegen einen Vasallen fiel, die klösterliche Zucht leiden. Dass in dem c. 1130 begonnenen Nekrologe des St. Michelsklosters dieser Abt gar nicht genannt wurde, ist recht bezeichnend für seine Wirksamkeit. Zu seinem Nachfolger wurde Egbert, Abt von Fränkisch Schwarzach, berufen. Derselbe stammte aus dem Kloster Gorze in Lothringen; Bischof Adalbero von Würzburg hatte ihn zum Abte von Schwarzach ernannt, um Ordnung und Zucht in dieses Kloster zu bringen. Der Erfolg, den er dort errungen, war wohl massgebend für jene, welche ihn nun für das Michelskloster begehrten. Allein hier drang er nicht durch, denn die Mönche verliessen, wie uns Lambert von Hersfeld erzählt, das Kloster, als er das Regiment antrat. Noch in demselben Jahre scheint er sich wieder nach Schwarzach zurückgezogen zu haben. Die Klosterdisciplin wurde unter den Nachfolgern immer laxer, die Zahl der Mönche nahm mehr und mehr ab. Nichts half der nochmalige Versuch, aus einem anderen Kloster den Abt zu nehmen. Dem Abt Gumbold aus St. Emmeran, durch Krankheit und Alter gebrochen, fehlte die Kraft zu einer erfolgreichen Reform. Unter ihm sank die Zahl der Mönche auf zwanzig und diese führten ein Leben, das jeder Klosterzucht spottete.

Während Gumbold's schwachem Regimente begann B. Otto von Bamberg seine Reformen und griff 1112 in die Verhältnisse des St. Michelsklosters ein. Insgeheim suchte er zuerst die älteren Mönche, dann die übrigen für die Wahl des Hirschauer Mönches Wolfram zum Abte zu gewinnen. Darauf wurde Gumbold veranlasst abzudanken und in Gegenwart Otto's wurde Wolfram einstimmig zum Abt gewählt. Mit ihm wurde an Stelle der leichteren Amorbacher die strengere Hirschauer Regel im Kl. St. Michael eingeführt. Reformiert und reich dotiert hob sich neuerdings das Kloster zu ansehener Stellung. Noch Bischof Otto konnte in seiner Encyclica auf die stattliche Zahl von 70 Mönchen hinweisen.

Doch hat nach den übereinstimmenden Angaben Ebo's und der Urkunden Bischof Otto's sich dieser nur auf die Reformierung des Klosters und die Ausübung der canonischen Rechte beschränkt. So wenig sich Otto gescheut hätte, die bischöfliche Oberhoheit über das Kloster geltend zu machen, wenn er dazu die Berechtigung besessen hätte, so war er zu offen und zugleich auch zu vorsichtig, das Rechtsverhältniss des Klosters irgendwie anzutasten. Der Vorgang bei der Wahl des Abtes Wolfram berechtigt zu dem Schlusse, dass auch hinsichtlich des Rechtsverhältnisses zwischen Bisthum und Kloster der Text von St. R. 1650 zuverlässig ist.

Auch für die nächste Zeit wird die Annahme einer freien Wahl der Aebte Hermann und Helmerich durch die Mönche des Klosters Michelsberg nicht unberechtigt sein, wiewohl wir bei dem Schweigen der Quellen keinen directen Anhaltspunkt hiefür besitzen. Bezeichnend wäre es aber jedenfalls für die Wahl des letzteren der beiden, weil diese in die Zeit des gewaltthätigen und verschlagenen Bischofs Eberhard II fällt.

Den Besitzstand seiner Diöcese zu sichern und für die Erhaltung und Blüte derselben Sorge zu tragen, sowie alle Kirchen und Klöster in die engste Verbindung mit dem bischöflichen Sitze zu bringen war er die ganze Zeit seines Regimentes unausgesetzt bemüht. Selbst wenn seine politischen Aufgaben als Vermittler zwischen Kaiser und Papst ihn von seiner Diöcese fern hielten, verlor er dieses Ziel seiner Bestrebungen nicht aus den Augen[1]). Dabei kümmerte er sich nicht allzu gewissenhaft um die Verkümmerung der Rechte anderer. Bezeichnend hiefür ist die Erwerbung der Reichsabtei Niederaltaich.

---

[1]) Vgl. Paul Wagner Eberhard II. Bischof von Bamberg. Ein Beitrag zur Geschichte Friedrichs I. — Halle a. S. 1876.

Dieselbe lässt er sich zu Aachen am 12. März 1152 von Kaiser Friedrich[1]) für seine an der Curie zu leistenden Dienste übertragen. Als die Mönche daselbst lauten Widerspruch gegen den Verlust der Selbständigkeit erhoben[2]), so erwirkte er sich vom Papste Eugenius III eine Confirmationsbulle vom 15. Juni desselben Jahres, in welcher die königliche Schenkung Restitutio praedecessoribus oblatorum genannt wird[3]). Auf einem Reichstage zu Regensburg liess er sich den Besitz der Abtei vor den Fürsten bestätigen. Aber die Mönche gaben sich noch nicht zufrieden und forderten eine gerichtliche Entscheidung, welche Bischof Heinrich von Regensburg, als die klagenden Mönche nicht erschienen waren, zu Gunsten des Bischof von Bamberg fällte, worauf unter Zustimmung der Fürsten K. Friedrich I den Bischof Eberhard II neuerdings in die Rechte der Abtei einsetzte und den Advocaten des Ortes gemäss dem Spruche des Reichstages anhielt, auch von dem Kloster Besitz zu ergreifen. Nachdem Abt und Mönche sich endlich dem Urtheile gefügt hatten, wurde am 3. Februar 1154 die Schenkung zu Bamberg von K. Friedrich erneuert[4]) und dieselbe nochmals am 14. Februar 1160 zu Pavia bestätigt.

Seinen Einfluss am Hofe benutzte er aber nicht bloss zu Erwerbungen, sondern auch zur Ausbildung einer gänzlich unabhängigen Reichsunmittelbarkeit. Indem er den Kaiser veranlasste, einen alten Streit zwischen ihm und dem Bischof Gebhard von Würzburg über die gräfliche Gewalt in dem zum Bisthum gehörigen Rangau zu Gunsten Bambergs zu schlichten, so dass Eberhard und seine Nachfolger die Grafschaft zugesprochen erhielten, liess er sich auch die vollständige Exemtion von jeder Gerichtsgewalt mit folgenden Worten bekräftigen[5]): „Praecipimus ut nulla acclesiastica saecularisve persona dilectam nobis Babenbergensem aecclesiam quae nostrae advocatiae patrocinio specialiter gloriatur in eiusmodi iusticia sua per universo comitatus sum ulterius impetare aut inquietare presumat.

Diese beiden Thatsachen aus dem Wirken Bischofs Eberhard II von Bamberg für seine Diöcese sind hervorgehoben worden, um ebensowohl die Ziele seiner Politik zu beleuchten, als auch zu erweisen, mit welcher Zähigkeit dieser Kirchenfürst seine Absichten festhielt und

---

[1]) St. R. 3618 Monum. Boica XI, 165 n. 42.
[2]) Wilibaldi epistolae 291 (Jaffé Monum. Corb. p. 522). Eberh. Urk. Pez Thes. anecd. VI, p. 166.
[3]) Jaffé Reg. pont. 6640 Monum. Boica XI, 169.
[4]) Monum. Boica XXIX S. 112 St. R. 3681.
[5]) Monum. Boica XI S. 171 n. 47. St. R. 2569.
[6]) Monum. Boica XXIX, 532 St. R. 3815.

zur Ausführung brachte. Damit wurde aber gleich der Standpunkt gekennzeichnet, unter welchen allein die Vorgänge des Jahres 1160 im Michelskloster einzig und allein richtig verstanden werden können.

In diesem Jahre dankte Abt Helmerich ab [1]). Schwäche und Kränklichkeit werden als Ursachen der Entsagung angegeben; kaum aber geschah sein Rücktritt aus freien Stücken. Sehr vorsichtig drückt sich hierüber der Convent in einem Schreiben aus, mit den Worten: „sapienti usus consilio curam resignavit [2])". Bischof Eberhard II hatte ihm in der Stadt einen Ruhesitz angewiesen [3]).

Nicht so ruhig wie der Act der Abdankung ging die nothwendig gewordene Besetzung des Abtstuhles vor sich. Sehr abweichend sind die nächsten Vorgänge vom Bischofe und Convent geschildert worden [4]). Die Differenz zeigt, wie wesentlich verschieden die Auffassung des Rechtstandpunktes von beiden Parteien gewesen ist. Während der Bischof schreibt: „potestas eligendi abbatem ab universis eiusdem monasterii fratribus nobis et in nos translata est. Nos vero invocata diligentius spiritus sancti gratia, consilio .... Irmbertum in abbatem praedicto et praecipue dilecto monasterio nostro designavimus", berichtet das Schreiben des Conventes: „praeeunte electione et consilio domini episcopi, viri eminentissimi et potentis in opere et sermone, dominum Irmbertum fratrem nostrum in abbatem elegimus". Hier ausdrücklich die Wahl nach dem Vorschlage und dem Rathe des Bischofs, dort Ernennung durch den Bischof, aber erst nach erfolgter Uebertragung des Wahlrechtes der Brüder auf denselben. Allein auch der Brief des Conventes ist nur die wohlüberlegte Aeusserung einer getreuen Majorität, welche nur soweit von dem wirklichen Thatbestande abweicht, als es die Parteistellung zum Bischof erfordert. Die Wahl hatte Spaltungen in dem Convente hervorgerufen und selbst in Admont, von woher der Bischof und seine Partei im Convente Irmbert als Abt des Klosters begehrten, schien man Nachricht von dem Conflicte erhalten zu haben; und der Admonter Abt war durchaus nicht gewillt, dem Kloster in Irmbert einen aufgezwungenen Abt zu geben. Denn nur um ihn zu beruhigen, schrieb Bischof Eberhard II unter Berufung

---

[1]) Ann. S. Michael. Babenberg. (Jaffé M. B. S. 558).

[2]) Ludewig SS. Rer. Bamberg. S. 858 nr. 60.

[3]) Cf. Brief Eberhard's bei Ludewig SS. Rer. Bamberg. S. 857 n. 29: „fratre Helmrico, quondam abbate S. Michaelis in civitate nostra, dimissa abbatia propter languores et diuturnas corporis aegritudines in loco placido pro suo beneplacito collocato.

[4]) Vgl. die Briefe in Note 2 und 3.

auf das Zeugniss der beiden Gesandten an den Abt [1]: „Periculum illud quod gravissimum est videlicet in falsis fratribus nihili nobis aut ei sit. Erunt prava in directa et aspera in vias planas. Considerate fructum arboris insitae quid sapiat. Surculum enim sapit non stipitem. Ego ero ei in patrem et ipse mihi erit in filium". Und als bereits Irmbert als Abt installirt ist, findet es der Convent noch einmal für nothwendig, an den Abt von Admont eine beruhigende Versicherung über das Verhalten der Mönche zu senden. „Scitis autem", schreiben sie [2], „quod multum consolationis in his (sc. literis vestris) atque in ipsius domini nostri et patris nostri J. uerbis ac moribus iam dudum acceperunt quidam ex nostris, qui tamquam membra infirmiora circa initium huius rei trepidauerunt ibi, ubi non erat timor. Nam quibusdam ex nobis timidis et infirmis, ut uerum fateamur, nomen Admuntensium horrori fuit, quia de confragosis et saxosis et montuosis locis uestris nihil dulce, nihil iocundum uel humanum se habituros sperabant". Dass man durch die Furcht einiger vor strengerer Disciplin eine Spaltung im Convente zu erklären suchte, zeigt deutlich, dass gegen den ganzen Vorgang von einer Partei laut Widerspruch erhoben wurde. Die Opposition war zwar diesmal niedergehalten, allein sie konnte nicht mundtod gemacht werden [3].

Ich unterlasse es, schon an dieser Stelle die naheliegenden Folgerungen aus den Ereignissen des Jahres 1160 zu erwähnen; ich führe bloss zunächst an, dass die späteren Nachrichten, welche wir von dem Kloster besitzen, genau so wie die Berichte aus der Zeit vor Bischof Eberhard II als Stifter des Kl. Michelsberg K. Heinrich II bezeichnen. In einer Urkunde des Bischofs Heinrich III von Würzburg aus dem Jahre 1198, also bereits 28 Jahre nach Bischof Eberhard's II Tode wird K. Heinrich II „Bambergensis ecclesiae et monasterii S. Michaelis fundator" genannt [4].

---

[1] Ludewig SS. Rer. Bamberg. S. 339 nr. 42.
[2] Ludewig ibid. 348 nr. 39.
[3] Nicht ganz bedeutungslos dürfte folgende Bemerkung sein. In dem bereits erwähnten jüngeren Michelsberger Nekrologe, das c. 1120 begonnen von da an werthvolle gleichzeitige Eintragungen bis zum Jahre 1188 oder 1189 enthält, ist zum Todestage des Bischofs Eberhard II (16. Kal. Aug. 1170) und des Abtes Irmbert (7. Kal. Jan. 1177) keine Bemerkung hinzugefügt, während bei dem Todestage eines jeden Wohlthäters des Klosters dem Namen Worte warmer und dankbarer Anerkennung hinzugefügt werden, vor allem aber werden K. Heinrich II, Bischof Otto und der von ihm dem Kloster empfohlene Abt Wolfram rühmend hervorgehoben und ihrer in auszeichnender und ehrender Weise gedacht. Die Erinnerung an Bischof Eberhard II und seinen Abt Irmbert wird durch auffallendes Stillschweigen gerichtet.
[4] Usermann Cod. Prob. S. 185. nr. 152.

Eberhard's Zeugniss aus dem Jahre 1154 und die Auffassung seiner Zeitgenossen über den Stifter des Kl. Michelsberg stehen vereinzelt da. Wer vorurtheilslos die Bemühungen dieses ehrgeizigen Kirchenfürsten überblickt, wer aus der Alteicher Affaire gelernt hat, dass dieser Mann vor keinem Wege zurückschreckt, wenn es gilt einen Plan ins Werk zu setzen, der wird auch gerne zugestehen, dass Eberhard II absichtlich die Tradition über die Stiftung des Klosters in der citirten gerichtlichen Entscheidung verliess und den Thatbestand in Dunkel hüllte. Klarer als die Aeusserung in der erwähnten Urkunde zeigt den Zweck der Verläugnung der wahren Stiftungsgeschichte die Urkunde St. R. 1684. Das Michelskloster konnte nur als eine bischöfliche Stiftung in unmittelbarer Abhängigkeit vom Bisthum stehen. In dieser Stellung wollte es Eberhard haben und nahe liegt ihm der Gedanke, sich mittels einer Fälschung den erwünschten Rechtsboden zu schaffen, wie er schon in dem Briefe an den Abt von Admont mit den doppelsinnigen Worten: „Ego ero ei in patrem et ipse mihi erit in filium" unverkennbar auch seiner Gewalt über das Kloster Ausdruck gab. Freilich waren dann die Unzufriedenen im Convente anlässlich der Wahl Irmbert's nicht zage Mönche, sondern Streiter für das bedrohte Wahlrecht, die „falsi monachi" nicht persönliche Feinde des Admonter Mönches aus Furcht vor strengerer Zucht, sondern bewusste Gegner der bischöflichen Politik, für die gerade St. R. 1684 der beste Ausdruck ist.

III.

Der Vergleich der Confirmations- und Wahlformel in St. R. 1684 mit der gleichen Stelle in St. R. 1650 lehrt nicht nur, dass die erstere Urkunde auch hier die Worte ganz im Sinne der späteren Verhältnisse ändert, sondern bestätigt auch, dass St. R. 1650, sowie es die Aufzählung der Stiftgüter genau und treu nach Originale hat, sowie es gemäss der gegebenen Darstellung der Tradition im K. Michelsberg selbst richtig den Stifter und die Geschichte des Stiftes gibt, auch die Wahlformel in der authentischen Gestalt bringt. Schon in der Confirmationsformel wird der echt kanzleigemässe und dem Inhalt der Urkunde entsprechende Satz „Nos igitur praefato monasterio nostro in futurum consulentes" in St. R. 1684 mit Beziehung auf B. Eberhard I als den angeblichen Stifter wohlbewusst umgeändert in: „Cuius fidei occultae merito assentientes". Darauf werden in St. R. 1684 die Worte: „hec eadem donaria nostra" in „donaria ipsius" entsprechend der gefälschten Stiftungsgeschichte umgewandelt. Ferner werden in der nun unzweifelhaften Fälschung zu den Worten „more regum et imperatorum" die in diesem Zusammenhang nicht nur ungebräuchlichen, sondern direct verdächtigen Worte "nostrorum quoque successorum" hinzugefügt. Dem Fälscher schwebte hier die in Kaiserurkunden häufig wiederkehrende Formel vor, durch die gesagt wird, dass die Rechtswirkung einer Anordnung auch auf die Nachfolger des Ausstellers ausgedehnt werden solle.

Für die eigentliche Wahlformel ist jedes Wort bedeutend. Den „Fratres" in St. R. 1650 stehen wohl nicht unabsichtlich in St. R. 1684 „Monachi" gegenüber [1]). Dann fällt in St. R. 1684 die formelhafte Wendung auf: „salvo statu et assensu pontificali". Sie erinnert in bedenklicher Weise an den im XII. Jahrh. stereotyp gewordenen Theil der Schlussformel päpstlicher Bullen: „salva sedis apostolicae auctoritate". Allein abgesehen von dieser Ausdrucksweise kann eine solche Betonung der bischöflichen Rechte einer Stiftung K. Heinrich II gegenüber doch grade in einer Urkunde dieses Fürsten nicht aufgenommen worden sein. Wollte man auch zur Unterstützung der verdächtigen Wendung die Erwähnung des Bischofes bei der Abtswahl in anderen Urkunden K. Heinrich's II z. B. in St. R. 1580 für das Nonnenkloster zu Heiningen heranziehen, so würde demungeachtet die Unechtheit dieses Satzes hier weggeleugnet werden können. Denn in all den Fällen wie St. R. 1580 handelt es sich nur darum, das Recht eines Stifters, den Vorsteher zu bestimmen, in Einvernehmen mit diesem auf den Bischof zu übertragen. Wo dies nicht begehrt wurde, wurde auch nie des Diöcesanbischofes bei der Verleihung freier Abtswahl gedacht. Nicht selten suchte der Stifter für sein Kloster des Königs Schutz nach, um diesem durch ihn die freie Abtswahl zu sichern. Ein recht bezeichnendes Beispiel ist eine Urkunde Heinrich's II aus dem Jahre 1013 für das S. Michaelskloster in Hildesheim [2]), worin erzählt wird, dass Bischof Bernward von Hildesheim für diese seine Stiftung sich den Königsschutz zur Sicherung freier Abtswahl erbeten habe. Die Erwähnung des Bischofes in St. R. 1684 hatte einen ganz anderen Zweck. Es liess sich nicht aus der Urkunde die wichtige Stelle betreffend die Verleihung freier Abtswahl an das Kloster ganz beseitigen, allein bei dem Umstande, dass die Stiftung von dem Fälscher dem Kaiser abgesprochen und von ihm Eberhard als Gründer eingeschoben

---

[1]) Ich wage nicht hier zu entscheiden, da mir das hiezu nothwendige Material abgeht, welcher kirchenrechtliche Unterschied im XII Jahrh. zwischen fratres und monachi bestand.

[2]) Zwar ist die Form, in welcher die Urkunde St. R. 1792 uns gegenwärtig vorliegt, sehr verderbt, allein die Urkunde hat einen echten Kern, der sich leicht ausschälen lässt.

wurde, musste er, der doch nur damit die Absicht verband, die Unselbständigkeit des Klosters dem Bischof gegenüber rechtlich zu begründen, auch bedacht sein, den offenbaren Widerspruch, der zwischen dieser Voraussetzung und der Thatsache bestand, dass der Kaiser die freie Abtswahl dem Kloster verlieh, durch eine zweckmässige Modification der Formel abzuschwächen. Durch Interpolation des genannten Satzes und der Auslassung der wichtigen Worte „sibi" und „liberam" wurde nun die Verleihung der freien Abtswahl in eine blosse Beurkundung des Rechtes, den Abt unter Zustimmung des Bischofs vorschriftsmässig zu wählen, umgeändert. Damit war der rechtliche Ausdruck für die angestrebte Unterstellung des Klosters unter das Dominium des Bischofs gefunden.

Trägt also die Formel in St. R. 1684 den Stempel der Verhältnisse an sich und lässt sich Tendenz und Zeit des Fälschers unverkennbar erschliessen, so hat dem gegenüber die ihr entsprechende Satzung der Urkunde St. R. 1650 ganz den Charakter der Authenticität. Was über die Abtswahl hier gesagt wird, steht im Einklang mit den anderen als echt erkannten Theile der Urkunde. Der Inhalt der Urkunde enthält nicht eine einzige wirklich auffallende Wendung oder Bestimmung, an denen gerade jene Urkunden reich sind, welche unselbstständige oder abhängige Klöster jeder Zeit gerne in ihren Fälschungen aufführen, um durch sie das beanspruchte Recht zu erringen. Vielmehr können wir den ganzen Rechtsinhalt der Urkunde als vollständig getreue Ueberlieferung der Originalurkunde ansehen.

Allein nicht nur den Rechtsinhalt, sondern auch die Arenga und Protocolltheile hat die Urkunde St. R. 1650 getreu nach dem Original wiedergegeben.

Die Arenga von St. R. 1684 enthält einen häufig in der canonistischen Literatur wiederkehrenden Satz aus dem Briefe „Famuli vestrae pietatis" des Papstes Gelasius[1] an den Byzantinischen Kaiser Anastasius vom Jahre 493. Geschrieben zu einer Zeit, in welcher die Bischöfe von Rom den Kampf für die Gewissensfreiheit der Kirche gegen die omnipotente Staatsgewalt aufgenommen und mit Erfolg zu führen begonnen hatten, war sein Sinn die Forderung, dass die Kirche vom Staate, wie es im Geiste der Religion gelegen ist, in Bezug auf Gewissensfreiheit vollständig getrennt sei. Von dem Augenblick, als dem Satze eine politische, nicht mehr eine rein religiöse Bedeutung gegeben wurde, hatte der Brief einen ganz anderen Cha-

---

[1] Jaffé Reg. Pont. 367.

rakter erhalten und wurde wohl nur aus Sorge, die auf ihre Rechte der Kirche gegenüber eifersüchtig wachenden Herrscher des Abendlandes sonst leicht unnöthig zu verletzen, in die officiellen Decretalen-Sammlungen der Dionysiana und Hadriana nicht aufgenommen. Der von den Rechten der Kirche sprechende Satz findet erst wieder Anwendung, als auf den Trümmern der karolingischen Macht die gallischen Bischöfe einen Kirchenstaat zu errichten gedenken. Auf den Synoden zu Paris 829, zu Firmes 881 und zu Troslé 911 sowie bei den kirchlichen Schriftstellern dieser Zeit spielte der Ausspruch des Gelasius wieder eine grosse Rolle und demgemäss fand auch der Brief an den Kaiser Anastasius in die pseudoisidorische Decretalensammlung Aufnahme.

Er verschwindet abermals unter dem starken Regimente der Ottonen und soll nun plötzlich neuerdings unter K. Heinrich II auftauchen? Dem K. Heinrich II, welchen seit dem Bamberger Domcanoniker Adalbert die kirchliche Legendenliteratur als frommen Diener der Kirche mit Vorliebe darstellte, würde eine echt kirchlich gefärbte Auffassung des Verhältnisses von Staat und Kirche zuzumuthen sein, allein Heinrich der Heilige ist längst als eine Mythe erkannt und der schlaue Fürst, wie ihn die zeitgenössische Geschichte erkennen lässt, wusste genau, welches seine Herrscherrechte sind, und verstand sie auch gegen die Kirche geltend zu machen. Von ihm kann niemals der Ausspruch des Gelasius in einer Urkunde angewendet worden sein, eher ziemte ihm die absichtliche Verkehrung des Satzes, wie St. R. 1650 den Satz formulirt bringt. Denn darin wird mindestens der „imperialis potestas" eine Herrschaft über die „dei ecclesia" zugestanden, wenn schon nicht aus dem Voranstellen der ersteren auf höhere Gewalt des „imperium" geschlossen werden kann.

In die politische Tagesliteratur drang des Gelasius Satz mit der nun streng römischen Bedeutung von dem Primate des Papstes während der Zeiten des Investiturstreites und wurde auch in alle nachgregorianischen Decretalensammlungen aufgenommen und durch sie verbreitet. Insbesondere in der Zeit K. Friedrich's I lag es einem Bischofe von der Parteifärbung eines Eberhard's II nahe, dem bereits canonisirten Kaiser Heinrich II die Worte des Gelasius in den Mund zu legen, zumal in einer Urkunde, welche die bischöfliche Politik in einem wichtigen Falle fördern sollte. Lag dem Fälscher von St. R. 1684 die Arenga von St. R. 1650 vor, so ist recht characteristisch, dass er den veränderten Satz des Kaisers auf die ursprüngliche Form zurückgeführt hat; an die Stelle des „Dei ecclesia" trat wieder der „Mundus" in der Bedeutung des Staates, in dessen Regierung sich die „regalis potestas" mit der „pontificalis auctoritas" zu theilen hätte. Der Vorrang der geistlichen Gewalt in einer Kaiserurkunde vor der Königsgewalt sollte nur den Ausdruck der Oberhoheit kirchlicher Gewalt bedeuten. Und ist die Absicht nicht ganz sicher, welche der Fälscher mit einer solchen Veränderung dann verband, das eine steht schon jetzt unzweifelhaft fest, dass niemals die Arenga von St. R. 1684 mit ihrer antikaiserlichen Tendenz in der echten Urkunde K. Heinrich's II enthalten war.

So gut die Aenderung der Arenga von St. R. 1650 in St. R. 1684 durch den Ehrgeiz der bischöflichen Partei motiviert werden könnte, so unbegreiflich wäre eine absichtliche Umstellung des Satzes durch einen Fälscher in St. R. 1650. Da der Rechtsinhalt dieser Urkunde beglaubigt ist, so wäre eine Umdrehung des Satzes von dem Verhältnisse von Staat und Kirche im Sinne kaiserlicher Suprematie ebenso zwecklos als unsinnig; zu läugnen, dass hier der Standpunkt des Kaisers stärker betont ist, kann bei ernsterer Ueberlegung nicht möglich sein. Hirsch meint zwar: „die Verdrehung der alten Formel von den beiden die Welt regierenden Gewalten ist nicht in Heinrich's Kanzlei, der das ohnehin wenig ähnlich sähe, sondern auf dem Michelsberge zu einer Zeit erfolgt, wo der Begriff des „mundus" in der „Dei ecclesia" aufgegangen war". Allein diese Meinung ist unhaltbar. Gerade der Zeit, in welcher der Staat in die Kirche aufging, entspricht mehr die Formulierung des Verhältnisses in der alten Weise, als die Verkehrung und die Umstellung des Ausdruckes für die beiden Gewalten, die ausdrückliche Bezeichnung der „imperialis potestas", welche offenbar auf die kaiserliche Gewalt ein schweres Gewicht legen. Wenn aber Hirsch meint, eine solche Verdrehung sehe der Kanzlei Kaiser Heinrich's II nicht ähnlich, so möchte ich dagegen aufführen, dass die Urkunde St. R. 1650 von einem Dictator abgefasst zu sein scheint, der zu den selbstständigen von den Formeln und formelhaften Gedanken der gewöhnlichen Kanzleisprache sich befreienden Beamten gehört, so dass St. R. 1650 — wohl erst im Jahre 1017 ausgestellt — in jene Reihe gleichzeitiger Urkunden (St. R. 1672, 1688, 1695) gehören würde, in denen zur Arenga mit Vorliebe ein kirchenrechtlicher Gedanke verwendet wurde.

Und selbst auf die Frage, warum K. Heinrich II diese politische Enuntiation der Stiftungsurkunde für das Kl. Michelsberg vorausschickte, liesse sich aus der Urkunde selbst eine nicht unberechtigte Antwort folgern. In derselben wird erzählt „qualiter fidelissimus noster Eberhardus sacrae Babenbergensis primus episcopus et Rudo montis angelorum primus abbas nostram imperialem potestatem adieruut".

Die Wiederaufnahme des „imperialis potestas" an Stelle der hier viel häufigeren Ausdrücke wie „serenitas maiestas" etc. ist schon characteristisch. Beide heischen die Bestätigung der an das Michelskloster verliehenen Güter. Während in der Fälschung der Bitte des Bischofs in den Worten: „Cuius occulatae fidei merito assentientes" gedacht wird, geschieht derselben in St. R. 1650 keine Erwähnung, sondern mit den Worten „Nos igitur praefato monasterio nostro in futurum consulentes" wird gleich auf die Verfügung eingegangen. Dass Eberhard erwähnt, seiner aber nicht als Petent gedacht wird, führt fast zwingend zur Vermuthung, dass die Bitte beider mit dem Wunsch der urkundlichen Bestätigung nicht abgeschlossen war, sondern dass Bischof Eberhard vielmehr gerne auch eine zu Gunsten des Bischofs auffallende Entscheidung über das Rechtsverhältniss des Klosters zu dem Bisthum erlangt hätte, diese Vergünstigung aber nicht erhielt und der Kaiser seinerseits durch den bedeutungsvollen Satz die getroffene Entscheidung in der besten Weise motivierte.

Ich glaube daher aus äusseren und inneren Gründen berechtigt zu sein, auch die Arenga der Urkunde St. R. 1650 als echten Bestandtheil des Diplomes anzusehen.

Es bleibt nur noch die Datierungszeile übrig. In der Datierungszeile von St. R. 1684 ist nur der annus regni 16 unrichtig. Allein die Anticipation derselben erweist sich in der damaligen Zeit als Kanzleigebrauch, wie St. R. 1682 und 1683 beweisen. Die Datierungszeile der Fälschung hat also nichts bedenkliches. Aber auch die Datierungszeile in der Urkunde St. R. 1650 hat nur den annus incarnationis, der verdächtig zu sein scheint, weil die falsche Indiction XII ebenso wie der anticipierte annus regni 16 in einigen Urkunden desselben Jahres vorkommt. Doch liesse sich auch dieser nicht schwer erklären. Halte ich daran fest, dass St. R. 1650 in den übrigen Theilen die Originalurkunde zuverlässig wiedergibt, so ist es auch wahrscheinlich, dass schon in dem Originaldiplome die in St. R. 1650 überlieferte Datierungszeile gewesen war. Im Original liesse sich die Entstehung derselben leicht in folgender Weise begreiflich machen. Der Dictator, welchem aus dem vorliegenden Handlungsact das Stiftungsjahr 1015 bekannt war, schrieb zunächst Datum .... anno domini incarn. MXV Indictione XII, liess die Stellen für das Tagesdatum, für die Zahlen des annus regni und imperii aus, die später nach dem Acte der Beurkundung berechnet eingetragen wurden. Selbst wenn dann die beiden ursprünglichen Zahlen 1015 und 12 von der nachtragenden Hand in die richtigen Zahlen 1017 und 15 corrigiert worden wären, würde es durchaus nicht ungewöhnlich sein, dass der Copist bloss die ursprüngliche nicht verbesserte Zahl in seine Abschrift setzte. Eine derartige Verbindung der ursprünglichen nicht zusammenstimmenden Daten ist jedoch durchaus nicht nothwendig zur Erklärung der Datierungszeile von St. R. 1684. Ein so gewandter Fälscher, wie ihn diese geschickt bearbeitete Urkunde voraussetzt, musste ohnehin auch auf die fehlende Uebereinstimmung der einzelnen Jahresangaben aufmerksam werden und sich veranlasst fühlen, um jeden Widerspruch zu beseitigen, die ihm nothwendig erscheinende Correctur vorzunehmen. Selbst der diese Möglichkeit nicht zugestehen sollte, wird dennoch einverstanden sein, wenn ich erkläre, dass die in St. R. 1650 überlieferte Datierungszeile möglicher Weise die originale ist oder anders ausgedrückt, die brüchigen Signa in St. R. 1650 durchaus kein Merkmal einer Unechtheit sein müssen. Was aber bei dieser Urkunde gilt, gilt mit gleichem Rechte von den drei anderen Urkunden St. R. 1645, 1646 und 1652, deren Echtheit oder Unechtheit gleichfalls nur aus dem Inhalte erwiesen werden kann.

IV.

Die Darlegung der Echtheit der drei Urkunden St. R. 1645, 1646 und 1652 muss von den Resultaten der Kritik von St. R. 1650 und 1684 ausgehen, um hier ein sicheres Ergebniss zu erhalten. Zuerst ist aber festzuhalten, dass von einer in allen Urkunden leicht erkennbaren Tendenz zu Gunsten des Klosters nicht die Rede sein kann und dass die zwischen verschiedenen Jahren schwankenden Zeitangaben durchaus unbedenklich sind. Ausserdem verbürgt die erwiesene Echtheit von St. R. 1650 auch die volle Glaubwürdigkeit des übereinstimmenden Inhaltes in den anderen Urkunden.

Ich will die Untersuchung mit den beiden Tauschurkunden St. R. 1645 und 1652 beginnen und daran dann die Analyse von St. R. 1646 schliessen.

Von St. R. 1645 ist nur eine Abschrift in Diplomform, welche sich im k. Reichsarchive zu München befindet, erhalten, der Schrift nach aus dem Ende des XI. oder Beginn des XII. Jahrh. versehen mit einem Fragmente eines durchgedrückten Kaisersiegels. Die Ueberlieferung der Urkunde bietet keine Gewähr für den Werth des Inhaltes. Die Datierungszeile hat ebensolche Unregelmässigkeiten wie St. R. 1650. Ausstellungsort, Tagesdatum, annus incarnationis und Indiction hat es mit St. R. 1644, dagegen annus regni und imperii mit St. R. 1650 gemein. Inhaltlich stimmt die Urkunde nahezu vollständig überein mit St. R. 1644, von der sie nur an wenigen Stellen abweicht. St. R. 1644 ist im Original erhalten und verbürgt die Echtheit der übereinstimmenden Theile der Urkunde St. R. 1645. Es handelt sich also nur um die Beurtheilung der abweichenden Sätze. Der Unterschied zwischen St. R. 1644 und 1645 besteht, wie schon Hirsch (a. a. O. S. 96 u. 1) hervorgehoben hat, darin, dass die Pertinenzformel in St. R. 1645 fehlt, wo von den an Hersfeld abzutretenden Gebieten die Rede ist, und dieselbe nur durch die Worte „cum omnibus pertinentiis" angedeutet wird, indessen an Stelle der kurzen Bemerkung „cum ceteris omnibus earum pertinentiis" bei den vom Kaiser erworbenen Gütern eine vollständige Pertinenzformel mit den Worten „cum omni decimatione" beginnend eingeschaltet ist. Doch entsprechen diese Unterschiede allen den Fällen, in welchen zwischen den beiden tauschenden Parteien Urkunden gewechselt oder solche für beide von einem dritten ausgestellt werden. Von einem Interesse für das Kloster Michelsberg kann in St. R. 1645 um so weniger gesprochen werden, als hier nur wie in St. R. 1644 gesagt wird, dass der Tausch vom Kaiser „utriusque aecclesiae Babenbergensis videlicet atque Herolvesveldensis commoda considerantes" unternommen worden sei, keineswegs aber gesagt ist, dass die vom Kaiser erworbenen Güter dem Michelkloster geschenkt worden wären. Gerade die Uebertragung ist der wichtigste Act und die Versicherung der Eigenthumsrechte der nothwendige Urkundentheil, dieser fehlt aber hier ebenso wie in St. R. 1644. Ein Fälscher hätte es sicherlich bemerkt und nicht unterlassen, einen Passus zu interpolieren, in welchem diese Verleihung Ausdruck findet. Das geschah aber nicht. Woran soll, da der Kanzleigebrauch die einzigen Unterschiede hinlänglich begründet, noch Anstoss genommen werden? An dem Worte „cum decimatione" finde ich um so weniger etwas bedenkliches, als in der vielfach erwähnten Notiz des Bamberger Codex D VI. 15 bei Gelegenheit der Erwähnung dieses Tausches auch ausdrücklich hervorgehoben wird, dass die genannten Güter cum omni decimatione von Hersfeld erworben sind, als die handschriftliche Bemerkung auf eine ältere Urkunde wie die überlieferte Quelle von St. R. 1645 zurückgehen muss und die dort wie hier erwähnte decimatio wirklich in das Eigenthum des Klosters übergegangen ist. Ist aber auch St. R. 1645 nicht mehr im Original, sondern nur in einer spätern Form überliefert, so erscheint der Inhalt vollständig verbürgt, die Urkunde unzweifelhaft echt.

Etwas anders stellt sich die Frage bei der zweiten Urkunde St. R. 1652. Dieselbe ist gleichfalls nur als eine Copie in Diplomform erhalten und zwar von derselben Hand geschrieben, welche St. R. 1650 copierte. Die Urkunde geht auf den Tausch des Kaisers Heinrich II mit Fulda betreffend die Höfe Ezzelskirchen und Ratteladorf gegen

die Höfe Waruha und Herczkies zurück. Ueber diesen Tausch haben
wir drei Urkunden. 1) das Originaldiplom St. R. 1651, 2) eine Abschrift in dem Codex der Bamberger Bibliothek B VI. 15 und 3) die
Urkunde St. R. 1652. Alle drei weichen in der Fassung nur an einigen
Stellen ab, die drei Urkunden sind nur verschiedene Ausfertigungen
desselben Rechtsactes.

Ich vergleiche zunächst St. R. 1651 mit der Abschrift in dem
Bamberger Codex. Diese beiden Redactionen weichen nur durch den
Zusatz in St. R. 1651: „additis simul quatuor ministerialibus meis
Alwino et Ruodolfo dapiferis, Folcoldo et Erkengero marescalcis meis"
von einander ab. Der Zusatz ist nach Dr. Foltz, der eine Abschrift des
Originales für die Monum. Germ. anfertigte, ursprünglich. Es verhalten
sich also die beiden Urkunden wie St. R. 1644 zu 1645. Wesentlicher
sind die Unterschiede zwischen St. R. 1652 und diesen beiden Texten.
Mit der Abschrift in dem Bamberger Codex hat St. R. 1652 die Auslassung des Fulda betreffenden Zusatzes gemein, allein es hat eine Reihe
neuer Verfügungen und mannigfacher Abänderungen. Nach dem Namen
Ezzelnkirchen heisst es weiter: „et villas earum, in quibus sitae sunt, cum
omnibus pertinentiis suis, duabus videlicet baptismalibus ecclesiis et
hominibus praedictas villas inhabitantibus ac diuius a sacerdote, qui
deo ibidem servit, accipientibus debitamque ei iusticiam persoluentibus,
ceteris quoque uillis ad ipsas curtes pertinentibus cum decimis" anstatt
der Worte „cum cunctis earum pertinentiis villis". Auf das Wort
der Pertinenzformel „utilitatibus" folgt hier der Satz augefügt: „Praedictas ergo curtes et curtimachias cum his quae praescripta sunt
monasterio sancti Michahelis, quod nos in monte babenbergensi construximus, nostra imperiali donatione contulimus". Weiters ist nach
„sueque abatię" die nähere Bestimmung in „honore sancti Bonifacii constructe" und die ganze Pertinenzformel nach den an Fulda abgetretenen
Höfen ausgelassen. An Stelle der Dispositionsformel der Tauschurkunde
St. R. 1651: „ea videlicet ratione, ut praedictus abbas Bobbo suique successores ad presciptae ecclesiae utilitatem de iam dictis curtibus earumque
pertinentiis dehinc liberam habeant potestatem quidquid eis placuerit
faciendi omnium hominum contradictione remota" werden nur der Erwähnung der Pertinenzen nebst „ecclesiis" auch „earum iusticiis" hinzugefügt. Dagegen ist nun in St. R. 1652 im Sinne der Versicherung
für das Kloster Michelsberg die Corroborationsformel in der Weise
geändert worden, dass sie hier lautet: „Ut vero nostro bavenbergensi
monasterio hec nostra imperialis donatio stabilis et inconuulsa omni
permaneat tempore, hoc nostre liberalitatis priuilegium ..."

So wesentlich die Aenderungen auch sind, trägt keine den Stempel

der Unechtheit an sich, selbst jene Stelle der Pertinenzformel, welche
als ein Zusatz zu den Bestimmungen von St. R. 1651 erscheint, ist
nur eine Abänderung und Ausführung, ohne eine neue Concession zu
enthalten. Alles andere entspricht vollständig dem dargestellten Sachverhalt. Die Urkunde St. R. 1652 ist nur eine Versicherung der
Eigenthumsrechte des Kloster Michelsberg an den verliehenen von
Fulda eingetauschten Gütern. Der Grund zu einer Fälschung in
späteren Tagen lag nicht vor, da durch die Urkunde St. R. 1650 ohnehin für künftige Tage ihnen der Besitz zugesichert war. Warum man
sich aber im Kl. Michelsberg gerade eine urkundliche Bestätigung der
Ueberweisung der von Fulda eingetauschten Güter vom Kaiser erwirkte,
während man über die von Hersfeld eingetauschten Güter sich keine
solche Urkunde ausfertigen liess, kann leicht erklärt werden. Erstlich
ist in der Tauschurkunde mit Fulda mit keinem Worte Erwähnung
geschehen, dass dieser Tausch auch nur zu Gunsten des Michelsklosters
vollzogen worden sei, und zweitens gehörte Ezzelskirchen zu den
Gütern, die Fulda in den Zeiten Ludwig des Kindes durch einen, wie
es scheint, erzwungenen Tausch sich erworben hatte, auf das es also
nicht allzuleicht verzichtet haben wird. Die Schwierigkeit, die Angaben
der Datierungszeile in Uebereinstimmung zu bringen, ist endlich auch
kein Grund für die Annahme der Fälschung, da der Fälscher sicherlich
sich der ihm vorliegenden echten Datierungszeile genau so bedient
hatte, wie er angeblich den echten Text umschrieb. Wahrscheinlich
gehören Tagesdatum, annus incarnationis und Indiction zum Jahre
1015, annus regni und imperii sowie der Ausstellungsort zum Jahre
1017. Es ist auch dieser Urkunde gegenüber die Annahme der Fälschung unhaltbar.

Ich komme nun zu St. R. 1646. Die Urkunde ist in einer Abschrift des XII. Jahrh. überliefert, welche ebenfalls bemüht ist, die
Diplomform beizubehalten, und ist mit einem falschen das Kaisersiegel
nachahmenden Wachssiegel ausgestattet.

Was das Dictat der Urkunde betrifft, so erinnert nur die Wendung „diuinae intuitu pietatis .... unacum dilecta coniuge nostra
Cunegunda pro nostrarum eorumque, quorum debitores sumus, remedio
animarum imperiali contulimus munificentia ...." an den Kanzleistil
K. Heinrich's II. Im übrigen ist aber alles auffallend und höchst
bedenklich; gleich der Titel ist ganz unkanzleigemäss. Nie wird im
Titel K. Heinrich II „secundus Romanorum imperator augustus" genannt, welcher Titel K. Heinrich III entspricht. Auch sonst sind die
Wendungen aus Urkunden späterer Zeit genommen. Sicher ist jedenfalls, dass diese Urkunde nicht in der vorliegenden Form echt sein

kann, und es kann nur die Frage gestellt werden: inwieweit sich die Glaubwürdigkeit des Inhaltes sicher stellen lässt.

Die Urkunde besteht aus mehreren Theilen, die jeder für sich behandelt werden müssen. Zuerst werden 13 Höfe aufgezählt, welche von K. Heinrich II an Kl. Michelsberg geschenkt sein sollen. Verglichen mit St. R. 1050 tauchen hier neu auf: Dorstin, Ehelsveld, Zeiderbach, Elsendorf und Husum, wogegen die Orte Vuanebach, Lantsunindenhuson, Gundissa und Budenbrunnon nicht genannt sind. Die in St. R. 1050 angeführten Güter sind alle als Schenkungen Kaiser Heinrich's II auch in die mehrerwähnte Aufzeichnung des ältesten Güterbesitzes des Klosters aufgenommen worden. Von den aber in St. R. 1046 als neu bezeichneten Gütern findet sich nur in einer Güteraufzählung des Klosters aus dem XII. Jahrh. in demselben Bamberger Codex f. 80—89 Elsendorf. Setzt also schon der hier erwähnte Besitzstand eine spätere Zeit voraus, so noch mehr die anderen Bestimmungen. Gleich die zweite Bestimmung ist mit Recht bedenklich zu nennen. Hier wird von einem „placitum sui abbatis ac praeceptoris" [1]) gesprochen. Die Erwähnung des Gerichtes vor dem Abte sowohl als eines echten Dinges, das dreimal im Jahre abgehalten wird, als auch für alle Rechtsgeschäfte der Coloni bindend ist, widerspricht den allgemeinen Gebräuchen in dem Gerichtswesen der Zeit K. Heinrich's II, die weder geistliche Gerichte kennt, noch dem Hofrechte eine solche Gestalt gegeben hat. Nicht minder steht mit dem Gerichtswesen dieser Zeit die folgende Bestimmung in Widerspruch. Darnach hatten die Colonen, im Falle sie bei Erledigung von Streitigkeiten unter einander — eine Voraussetzung, die erst in viel späteren Zeiten gemacht werden konnte — nicht einig werden wollten „ad proximam curtimachiam ... pro sentenciis ferendis" zu recurrieren, in allen wichtigen Fällen aber vor dem Abt zu dingen, der „maioribus et melioribus sue familie convocatis ipsorum consilio, quod iustum est, ordinet ac disponat". Und nicht minder bedenklich ist die Regelung des Dienst- und Abgabeverhältnisses der Colonen des Klosters.

Abgesehen davon, dass dem Abte eine Stellung hier eingeräumt wird, die kein Abt zu Zeiten K. Heinrich's II besass, setzen alle diese Satzungen spätere Zustände und Rechtsverhältnisse voraus, wie sie sich erst seit den Zeiten K. Heinrich's IV entwickelt haben.

Das Gerichtswesen in der Zeit K. Heinrich's ist noch lange nicht so ausgebildet und entwickelt, wie es die Urkunde annimmt. Ich

---

[1]) So in der citierten Ueberlieferung der Urkunde, im Abdruck fehlt „sui abbatis".

will gar nicht einmal erwähnen, dass wir keine zweite Urkunde aus der Kanzlei dieses Fürsten haben, welche in ähnlicher Weise die Verhältnisse geregelt hätte; selbst die Diplome St. R. 1816 und 1823, die sich an das Hofrecht Bischof Burchard's von Worms anlehnen, können für diese Urkunde nichts beweisen. Die Urkunde ist also auch ihrem Inhalte ebenso wenig für die Zeit und Kanzlei K. Heinrich's II zulässig, sowie die Form ihr nicht entspricht. Sie als Fälschung unbedingt zu verwerfen, ist man nach den gelieferten Ergebnissen vollends berechtigt und man wird nicht fehlen, sie in die Zeit der überlieferten Ausfertigungsform, also in das XIII. Jahrh. zu versetzen. Es lässt sich auch die Fälschung als natürliche Reaction der durch Bischof Eberhard II in ihrer Stellung arg beeinträchtigten Ablagewalt für die angenommene Zeit leicht begreifen.

Die nächste Urkunde St. R. 1677 ist nur im Abdruck bei Schultes Hist. Schriften 339 bekannt. Ihr Inhalt erscheint vollständig verbürgt, ihre Form entspricht genau wie die Datierung der Urkunden 1678, 1679 und Forschungen Bd. 18 S. 201 dem Kanzleigebrauche und ist mit diesen auch nach den Angaben der Indiction des annus reg. und imp. zu 1016 zu setzen.

Eine wieder schwierigere Urkunde ist St. R. 1706. Stumpf hält das im Münchner Reichsarchiv aufbewahrte Stück für Original und diese Annahme erklärt die Thatsache, dass man die auffallenden Mängel der Form durch die Authenticität der Ueberlieferung hinlänglich verbürgt hielt. Allein eine genaue Vergleichung und Untersuchung der Ueberlieferung zeigt, dass das uns erhaltene Stück ausser der Besiegelung kein originales Merkmal aufweist, sondern ohne Zweifel nur eine Abschrift in Diplomform genannt werden kann, die aus dem Ende des XI. oder Anfang des XII. Jahrh. stammt, jedoch unter strenger Beobachtung aller Kanzleigebräuche angefertigt wurde. Der Schriftcharacter zeigt mehr den Typus der Zeit K. Heinrich's IV als der K. Heinrich's II.

Fällt aber die Grundlage der Originalität weg, so ist nicht mehr verwehrt, die Form der Urkunde auf ihre Glaubwürdigkeit hin zu prüfen. Denn schon ein rasches Ueberlesen wird uns den gewöhnlichen Urkundenstil vermissen lassen. Vor allem fällt die Anordnung der Urkunde auf. Nach einer schon im Ausdruck seltenen Arenga und einer durchaus richtigen Publicationsformel, folgt eine durchaus abgeschlossene Narratio, derzufolge K. Heinrich das genannte Gut „interventu et petitione" der Kaiserin „concedit". Man würde also entweder eine Dispositionsformel oder den Ausdruck der Bekräftigung erwarten. Statt dessen folgt mit den Worten „Cuius vero dignas petitiones nos libentissime amplectentes . . ." eingeleitet die wiederholte Erzählung von der Schenkung und zwar in der Weise, als ob in dem vorausgehenden Theile nur der Inhalt einer an ihn gerichteten Bitte ausgedrückt gewesen wäre. Auf diese zweite Narratio folgt die Dispositionsformel, auf diese dann eine lange Strafsanction, die mehr an ähnliche Formeln der Bullen und bischöflichen Urkunden als an solche Wendungen in Diplomen erinnert. An die Strafsanction schliesst sich die gerichtliche Exemtion des Klosters für dieses Gut, daran eine ganz kanzleigemässe Poenalformel und erst ihr folgt die Corroborationsformel. Eine solche Anordnung ist ganz unkanzleigemäss, die doppelte Narratio verräth noch dazu einen ungeschickten Redactor des Stückes. Nicht minder bedenklich sind einzelne Sätze. So heisst es gleich in der Arenga: „pro deo nostraeque animae uel nostrorum parentum remedio", während die stereotype Phrase immer lautet: „pro amore Dei animaeque nostrae uel nostrorum parentum remedio". Dabei ist auffällig, dass diese Wendung in der Narratio — wo sie freilich sonst gewöhnlich zu stehen pflegt — wiederholt und nochmals mit der kleinen, aber für die Tendenz des Conceptors bezeichnenden Einschaltung: „pro deo sicut supra diximus etc." in der Dispositionsformel gebraucht wird. Geht man weiter, so wird auch die Einschränkung der gegebenen Verfügung durch die Worte „nisi nostra imperiali licencia" Bedenken erregen und der Schluss wohl unanfechtbar sein, dass die Urkunde in dieser Form unmöglich echt genannt werden kann. Andererseits ist aber das Rechtsgeschäft durch die mehrfach erwähnte Notiz vollständig beglaubigt. Dort wird derselben mit den Worten gedacht: „Gemmenesheim quidam Ruothardus, capellanus domui Heinrici imperatoris, ipsi contulit, quod ille beatae memoriae non minus aecclesiae nostrae condonauit." Nehmen wir noch die darauffolgenden Worte hinzu: „Hoc postea praesul Eberhardus inutiliter nobis octo mansibus sclauonicis apud nos commutavit", so erhalten wir aus diesen auch Aufschluss über die Bedeutung der vorliegenden fraglichen Urkunde. Offenbar reute die Mönche der Tausch und sie suchten ihn dadurch rückgängig zu machen, dass sie diese Unzulässigkeit desselben urkundlich zu erweisen suchten. In der Urkunde tritt daher nur eine Verunechtung der aus der Formulierung des Rechtsgeschäftes zu folgernden Rechtswirkungen hervor. Dass diese Umformung dem Verfasser nicht gelang, beweisen die grossen Formfehler, allein die Thatsache derselben ermöglicht auch die Reconstruierung der echten Urkunde. Derselben gehörte die Publicationsformel an, der zweite Theil der Narratio, deren erster nur mit geringen Veränderungen in die richtige Petitionsformel umgewandelt werden kann, die darauffolgende Dispositio und mit Ausschluss aller dazwischen liegenden Güter die Corroboratio, wobei nur die bezeichneten auffallenden Wendungen auszulassen sind. Ebenso ist das ganze Protocoll echt. Wie die Arenga, welche unzweifelhaft Werk des Ueberarbeiters ist, umzuändern wäre, liesse sich mit Hülfe der Diplomsanalyse nicht ermitteln. Doch sind wir in der günstigen Lage, sowohl für die ausgeschälten echten Theile eine erfreuliche Bestätigung zu geben, als auch für die noch übrigen Theile die echte Form nachzuweisen. In dem 1125 abgefassten Codex Udalrici (Jaffé Mon. Bambergensia S. 33) steht eine Formula privilegii, welche, wie eine Kenntnissnahme des Inhaltes lehrt, aus der echten Vorlage von St. R. 1706 entnommen ist. Dass die echte Urkunde im Besitz des Bischofs war, aus der dann der Verfasser des Codex die Formel bildete, ist leicht erklärlich, denn die Besitztitel gingen jederzeit mit dem Gute in das Eigenthum des Erwerbers über. Die Mönche vom Kl. Michelsberg hatten sich also nach vollzogenem Tauschgeschäft nicht im Besitz der Urkunde befinden und zur Begründung entwaiger Rechtsansprüche nur einer Nachschrift sich bedienen können. Als solche ist St. R. 1706 zu nehmen, mit deren Hülfe ohne Mühe die Formel des Codex Udalrici in den echten Text des Diplomes umgewandelt werden kann.

Die letzte Urkunde St. R. 1731 wird von Köpke nur wegen der Wendung „venerabilis memorie venerabilis abbas" angefochten. Es ist sicher, dass das erwähnte Attribut gewöhnlich nur von Verstorbenen gebraucht wird. Allein selbst wenn es erwiesen wäre, dass die Bezeichnung nie in einem originalen Diplome einem Lebenden beigelegt wurde, ist es nicht nothwendig, das anfechtbare Wort „memorie" dem Abschreiber zuzuschreiben oder gar deshalb die Urkunde anzufechten. Form und Inhalt derselben sind durchaus glaubwürdig und die unter gewissen Voraussetzungen auffallende Ausdrucksweise erklärt sich leicht von selbst. Die Urkunde trägt das Datum 1. Juli 1010, bereits am 19. Januar 1020 war Abt Rudo todt. Das Diplom wurde wahrscheinlich erst nach dem Tode des Abtes ausgestellt, ein Zeitraum, der nicht selten zwischen Actum und Datum einer Urkunde verfliesst, jedoch nach Verhandlung des Rechtsgeschäftes datiert; in einer solch zurückdatierten Urkunde konnte dann ohne vom Sprachgebrauch abzugehen, des Abtes in der angeführten Weise gedacht werden. Ich glaube mit Recht, die Urkunde St. R. 1731 für echt halten zu können.

Nach den vorausgegangenen Untersuchungen stellt sich heraus: Von den neun Diplomen K. Heinrich's II für das Michelskloster bei Bamberg sind sechs Urkunden St. R. 1645, 1650, 1651a, 1652, 1677, 1731 echt — nur wären die Urkunden St. R. 1645, 1650,

1052 zu dem Jahre 1017 als St. R. 1683a, 1684a und 1685a zu setzen - zwei sind Fälschungen 1646 und 1684 und eine ist verunechtet in der Form, gestattet aber die Reconstruction des echten Textes der Vorlage.

Diese Urkundegruppe hat vielleicht eine eingehendere Behandlung erfahren müssen, als manche andere, die ihrem Rechtsinhalt nach weit wichtigere Thatsachen bietet, doch, hoffe ich, hat die Erörterung wenigstens ein kritisch sicheres und unanfechtbares Resultat geliefert.

IV.

Zur Gründungsgeschichte des Klosters Stams in Tirol

von

Heinrich Ritter von Zeissberg.

Die nachstehende Aufzeichnung über die Stiftung des Klosters Stams im Oberinnthal ist nur zum Theile unbekannt. Der erste Theil derselben findet sich in Hormayr's Geschichte der gefürsteten Grafschaft Tirol[1]) abgedruckt und auch Sinnacher hat aus unserer Quelle längere Auszüge in deutscher Sprache mitgetheilt. Aber keiner von beiden gibt an, welcher Handschrift ihre Mittheilung entnommen worden sei. Da auch sonst diese Quelle bisher nur geringe Beachtung gefunden hat, so glaube ich wohl nichts überflüssiges gethan zu haben, indem ich die Aufmerksamkeit auf eine Handschrift zu lenken suche, welche unsere Aufzeichnung und zugleich eine zweite enthält, die zwar von anderer Hand als jene geschrieben ist, aber offenbar mit ihr im Zusammenhange steht.

Ich meine die Handschrift II, 1. E. 10. der Universitätsbibliothek zu Innsbruck (Fol. Perg. 13. Jh.), deren Hauptinhalt (Fol. 1—191ᵃ) ein Bibelcommentar bildet. Daran schliesst sich unmittelbar (Fol. 191ᵃ und 191ᵇ) von etwas jüngerer Hand die Aufzeichnung über Stams: „Hic inuenitur, qualiter etc." An den unteren Rand der wie die ganze Handschrift in zwei Columnen getheilten Seite 191ᵇ hat eine viel jüngere Hand bemerkt: „verte duo folia". Allein die Hs. enthält gegenwärtig nur noch ein Blatt 192, hinter welchem einige Blätter ausgefallen sind. Das Blatt 192 selbst wird nur noch durch einen Pergamentstreifen, der es mit den vorhergehenden verbindet, festgehalten und ist von dem hinteren Deckel abgelöst. Man findet sofort, dass der Schluss der ersten Aufzeichnung über Stams verloren gegangen ist. Ich habe denselben nach Hormayr und einem zweiten Manuscripte ergänzt, welches sich noch gegenwärtig zu Stams befindet, dem 18. Jahrh. angehört und betitelt ist:",,Chronicon exempti monasterii Stambs de Meinhardi fundatoris genealogia". Dies Manuscript enthält aber nur Citate aus unserer Quelle und hat dieselbe im Ausdrucke stark verändert. Ich verdanke die Benützung dieses Manuscriptes dem Hochw. Herrn Abte von Stams Coelestin Bruder, der mir dasselbe übersandte, wofür ich demselben hiemit meinen gebührenden

---

[1]) Ib, 490.

Dank ausspreche. Auch die Hs. welche Hormayr benützte, weicht im Ausdrucke mehrfach von der Innsbrucker Handschrift ab und scheint überdies fehlerhaft gewesen zu sein. Fol. 192 der letzteren ist von anderer Hand derselben Zeit (Anfang des 14. Jahrh.) geschrieben und beginnt mit der Rubrik: „De emptione etc." Dieser Abschnitt wurde von Hormayr nicht benützt, wohl aber war derselbe dem Verfasser des „chronicon exempti mon. St." obenfalls bekannt.

Auch dieser Theil der Aufzeichnung liegt in der Innsbrucker Handschrift nur als Bruchstück vor. Er bricht mitten in der Erzählung von der Schenkung der Capelle des h. Johannes ab, deren auch die Stamser Chronik erwähnt, worauf noch die übrigen incorporirten Pfarren besprochen werden, ohne dass sich entscheiden liesse, ob und in wieweit für die folgenden Abschnitte noch unsere Quelle die Grundlage bildete.

Benützt wurde unsere Aufzeichnung von dem Verfasser des „breue chronicon monasterii Stamsensis"[1]) besonders zum Jahre 1284.

Für den nachstehenden Abdruck bemerke ich, dass I. die Innsbrucker, H. die Hormayr'sche, S. die Handschrift zu Stams bezeichnet und dass ich die beiden letzteren namentlich zur Ergänzung des Satzes mit dem in I. fol. 191 abbricht, benützt habe.

Hic inuenitur, qualiter egregium claustrum in Stams fuerit constructum, dedicatum ac de ipsius saluberrimo rigore ac ordinis disciplina, quae vigeant in eternum.ª)

In nomine Jhesu Christi sueque gloriosissime matris atque virginis semper beate Marie ipsiusque sancti Johannis incliti precursoris. Cum per scripturarum seriem a creatione mundi usque ad finem seculi omnia notabilia presententur, nos congregatio in Stams ad noticiam successorum nostrorum ac omnium Christi fidelium subscripta et quae re vera facta sunt, volumus peruenire. Igitur anno incarnationis dominice m°cc°lxxiii° indictione 1ª nos conuentus^b) una cum abbate nostro^c) migraptes de Cesaren, ordinatissima domo ac reuerentissima matre nostra, ad dictum locum Stams in septimana precedente diem sancti Gregorii deuenimus obediencia conducente. Qui locus cum antea esset villa in cenobium ordinis Cysterciensis taliter est redactus. Fuit namque deuotissima atque preclarissima quedam domna dicta Elysabeth fundatrix videlicet nostra felicissime^d) recordationis filia^e) ducis quondam Bauarie, que primo regi Cuunrado^f) in matrimonio fuerat copulata,

---

¹) Pez, SS. r. Austr. II. 457.

a) Fehlt in H. S. — b) Conuentuales Caesarienses H. — c) Drutwino H. — d) pariterque piissimae H. — e) Othonis comitis quondam palatini Rheni ducisque Bauariae. H. — f) Imperatoris Caesaris Friderici eius nominis secundi filio, H.

post cuius mortem decursis aliquibus annis illustrissimo domino Meinhardo comiti Tyrolensi[g] nec non fundatori nostro[h] etiam matrimonialiter est adiuncta. Que scilicet prefatam[i] villam unacum excellentissimo predicto domino Meinhardo marito suo ab omnibus, ad quos spectabat, multis operibus comparavit necnon a serenissimo[k] principe divo Rudolfo Rege Romanorum,[1] cuius intererat,[m] legaliter acquisivit nobis vero apud capellam sancti Johannis Baptiste pro expectatione claustrum ligneum cum multis utensilibus adaptavit, ac sic ipsa moriens,[1] ut speramus, pro sua bona voluntate et opere maxime pietatis iam inchoato ad dominum transmigravit, corpusque ipsius in dicta capella est devotissime tumulatum denuo tamen in nouo monasterio tumulandum[o] cum ipsius iiii[p] pueris tunc defunctis. Nobilissimus vero dominus Meinhardus ipsius quondam maritus etiam ea defuncta non destitit ab opere iam incepto, si quidem in x circiter annis claustrum gloriosissime virginis Marie, quod nunc est in apparentia, accelerando construens et studiose multis expensis ac sumptibus expedivit. Nos autem monachi per xii pene annos in prefato claustro ligneo residentes, licet ad supradictum beatum Johannem et ipsius capellam esset virorum et mulierum concursus maximus cathervatim, in multa atque decentissima austeritate cum conversis nostris voluntarie cohibentes nos precarebamus, ne religio ac disciplina, que nostrum decebat ordinem, aliqualiter rumperetur. Anno itaque gracie m°cc°lxxxiiii°, indictione xiii°, in die sancti Malachie[q] laudabilis fundator noster muratum nostrum cenobium procuravit magnificentissime dedicari. Adduxit enim non sine laboribus cum expensis vii reverentissimos episcopos, videlicet ordinarium nostrum dominum Brunonem[r] [episcopum][x] Drixinensem, [dominum Hartmannum episcopum Augiensem,[s] dominum Marcium[t] episcopum Zementensem (!),[u] dominum Wernhardum episcopum Pitinensem, dominum Jacobum episcopum Millopotensem,[v] dominum Nicolaum episcopum Carpulensem, dominum Hainricum episcopum Ratisponensem],[w] quos etiam preter expensas secundum quod decuit suam munificentiam largis donariis honoravit. Set dominus et pater

---

¹) 1273. Breve chron. Stams.

g) Goriciensique. IL. — h) pientissimo. IL. — i) pietatem (!) IL. — k) illustrissimo. IL. — l) et comite Habspurgensi. H. — m) in terra (!) IL. — n) tumulatum. H. — o) prophetae. IL. — p) comitem a Kirchberg. H. — q) In L am Rande von anderer Hand hinzugefügt. — r) Augustensem. IL. — s) Marcinum. IL. — t) Cemetensem. IL. — u) Millopotensensem. H. — v) In L wurden ursprünglich nach Brixinensem bis quos etiam anderthalb Zeilen leer gelassen; nachträglich hat eine andere gleichzeitige Hand mit Benützung dieser Lücke und des breiten Randes die Namen der anderen Bischöfe hinzugefügt. — x) episcopus. H.

noster presul Drixinensis deferens [honorem] venerabili domino episcopo
Ratisponensi permisit cum summum altare cum ipso monasterio dedicare.
Ipse vero cum honorando domino episcopo Augustensi cimiterio
instituit consecrando, aliis pontificibus in diversis sollempnitatibus occupatis.
Porro istam gloriosissimam dedicationem prevenerat honorabilis
presul dominus Wernhardus Petinensis per duas septimanas ante diem
sancti Malachie ix altaria celebriter ac publice consecrando. Per quos
etiam dies continuos manens nobiscum de licentia memorati antistitis
nostri Drixinensis cum aliis benefactis reconciliavit sollempniter penitentes.
De indulgentia vero larga sive de remissionibus, que tunc
facte sunt per presules prelibatos, alias in scriptis poteris reperire.
Notandum sane, quod ipsa dedicatio maioris ecclesie propter aëris temperiem
et propter alias commoditates ad consecrationem basilice sancti
Baptiste per pontifices est translata. Adduxerat insuper spectabilis
fundator noster filiam suam[y] inclitam ducissam Austrie[a] de Wienna
usque ad locum nostrum cum omnibus conterinis suis, ut huic dedicationi
tam sanctissime interessent, nichilominus ut sepulture matris
ipsorum astarent, que eodem die post cantatam missam dedicacionis
per sepedictos episcopos est peracta. Tunc nichilominus tumulati sunt
apud beatam uirginem preclarus comes patruus ipsius fundatoris[c] atque
avus[b] nobilissimus[c] comes[d] Albertus cum honestissima coniuge
sua ac liberis eorundem aliisquo de eorum progenie usque ad xii
corpora, qui proinde apud[e] Tyrol[e] fuerant exhumati et ad nos[f] devecti,
ut apud matrem Jesu Christi supremam patronam nostram
possent sive deberent feliciter ac beatius sepeliri.[1] Non est pretermittendum,
quod prefata[h] ducissa Austrie in ipsa consecratione sive
in predecessorum suorum tumulatione cum aliis xeniis nobis argenti
contulit centum marcas. Inclitus etiam fundator noster, qui et ipse
tunc presens cum universis liberis suis cuncta decentissime ordinando,
quamuis ea die dedicationis locum nostrum finaliter non dotaverit,
tamen pro nobis in omnibus expensis liberaliter satisfecit. Preterea
campanis ac calicibus loci nostri consecracionem cum aliis donativis
insignibus decoravit. Presulisque omnibus necnon multis aliis permaximis
sollempnitatibus, que per plures processiones seu quibuscunque

*) Vgl. Drove chron. mon. Stams. bei Pez SS. II, 457.

y) Elisabetham Alberti primi Romanorum regis, ducis Austrine comitisque
Habsburgensis conthoralem inclytam. H. — z) d. A. fehlt. H. — a') comes Meinhardus
pater ipsius fundatoris. H. patruus dagegen auch im breve chronicon
monasterii Stamsensis bei Pez SS. II. 457. — b') avus maternus. H. — c') et
ultimus. H. — d') Tyrolis. H. — e') castrum. H. — f') in regiones Athesina. H.
— g') cos (!) H. — h') illustrissima. H.

modis egregie ac religiosissime sunt peracta, ultra modum exultavimus, quod ipse Sathanas inimicus omnium bonorum impedimentum salutis nostre nullum poterat invenire. Inspiraverat enim,¹⁾ ut opinabile est, quibusdam muliercalis sortiariis (!) et forte aliquibus viris filiis Beline et sortilegis, quod inter plurima monstruosa dicta, que confinxerant ante ipsam beatissimam consecrationem, erat publice divinatum, quia ipso die dedicationis talis deberet cedes seu strages hominum perpetrari, quod in humano sanguine usque ad talos seu calcaria posset vadari, fundatore nichilominus perimendo. Set Jesus Christus de virgine natus et a sancto Johanne baptizatus maledictionem vertit in benedictionem, ita quod quasi inter innumerabilem multitudinem a diversis partibus mundi congregatam talis et tanta fuit pax et concordia, quod etiam incredibile sit relatu. Sic quoque domino prosperante victualia in maxima quantitate et foro optimo sunt reperta cum tamen antea regionis excidium timeretur. Immo versa vice beata virgine inpetrante de ipsius claustri dedicatione famosa gaudium patrie reportavit. Set et hoc nos poterat letificare, quod inter plurimos prelatos reverendum nostrum visitatorem*⁾ cum pocioribus de suo collegio habuimus tunc presentem. Is quoque, qui imperat ventis et mari, auram nobis dederat tam serenam, ut stationes predicationum die noctuque in campis liberius haberentur. Plane universis dei gratia tam laudabiliter consummatis nos monachi per aliquos dies partim divinis insudavimus apud sanctum Johannem, partim apud novam basilicam dedicatam, ita ut post matutinas superius decantatas descendentes reliqua inferius divina officia usque ad prandium solveremus. Verum attendentes hoc diu non posse fieri ordinate, in nocte sanc¹⁾[ti Columbani abbatis, stellis tamen^m⁾ ac^n⁾ luna lucentibus valde claro^o⁾ dictis matutinis de B. Virgine, non curantes instantis^p⁾ hyemis austeritatem cum omni frequentia hoc est supellectili universa^q⁾ ad novum monasterium transmigravimus ibidem Jesu Christo et sue matri gloriosissime S.^r⁾ Mariae perpetuo servituri, ordinantes, quatenus beatissimo Joanni Baptistae protopatrono

---

¹) Dazu in L von gleichzeitiger Hand die Randbemerkung: „Nota, si forte non intelligis illum passum: Inspiraverat etc. vt libi pueriliter exponatur. Erat enim publica fama, dyabolo instigante, quod in die dedicacionis nostre deberent tot cedes ac homicidia perpetrari, ita quod sanguis proflueret nimis large et quod sine omni retractatione esset fundator noster in ipsis homicidiis occidendus. Vnde pro cautela armatos plurimos adduxerat, qui interciperent, ne possent aliqua cedes sive homicidia perpetrari." Auch S. kennt diesen bei H. fehlenden Zusatz. — k) Dratuninum abbatem Caesariensem. H. — l) Hier bricht in A. der Text fol. 191ᵇ ab. Das eingeklammerte nach II. S. — m) tamen fehlt in S. — n) et. S. — o) mirifice clarescentibus. S. — p) instantis fehlt in S. — q) cum universo suppellectili. S. — r) virgini. S.

nostro ad minus singulis diebus una missa in sua capella a nobis debeat celebrari.]

De empcione et permutacione ville in Stams.[?] Cum totius religionis consciencia luminosa in ascendendo ad perfectionis culmen subnixa radiis veritatis et reducta ad securitatis immobile fastigium sit neccessarium fundamentum, sine quo super edificata quevis ruere compellantur, idcirco nos frater H.[?] abbas cum xii monachis et v conversis missi de Cesarea tanquam lapides primarii positi in fundamentum plantacionis nove monasterii sancti Johannis in Stams ordinis Cysterciensis Brixinensis dyocesis, quod est instructum per nobilem dominum Meinhardum comitem Tyrolensem et illustrem dominam Elizabet matronam suam anno ab incarnacione domini m°cc°lxxiii°. indiccione prima ob honorem divinissime maiestatis, cui omne sublime merito inclinatur et virginis gloriose Marie, que est tutum et singulare refugium peccatorum,[?] ut ibidem usquo in finem seculi pregravati sordibus peccatorum tanquam in salutifero reconciliatorio se exonerent a delictis anime Christi sanguine recreate ad eterne beatitudinis bravium festinantes, ut ex nunc inibi per spiritus sancti internam vocationem conglobati et eterne predestinacionis gracia evocati in suis consciencius securius conquiescant, dignum duximus, prout nobis non solum ex auditu set etiam ex uisu [constat.][?] eo quod omnibus singulis interfuerimus cercius enarrare, sub qua forma fundus ipsius monasterii cum omnibus suis attinentiis, iuribus et libertatibus universis in nos translatus fuerit et transactus per nos nostrosque successores perpetuo possidendus. Que sub attestacione districti iudicii et obligacione nostrarum consciencarum transmittimus per presentes infallibiliter ad indelebilem memoriam nostrorum quorumlibet successorum, inchoantes ipsam narracionem in nomine sancto et individue trinitatis sub hac forma.

Meinhardus comes Tyrolensis, Aquilegiensis, Tridentine, Brixinensis ecclesiarum advocatus volens de hiis, que manu largifiua dei patris licito, iuste, bona fide, certo tytulo possederat illuc usque, dictum monasterium inchoare locum in Stams a nobili viro Ulrico milite dicto Millo suorum heredum consensu voluntario concurrente iusto empcionis tytulo cum omnibus dicto loco pertinentibus tum in curtibus, quam in areis agris pratis pascuis vacariis silvis nemoribus fruteetis terris cultis et incultis viis inviis semitis itineribus aquis et aqueductibus

---

[?] fol. 192. — [?] Heinrich von Honstätten († 17. Febr. 1279 oder 1280). Das Stamser Manuscript hat: Conradus. — u[?] S.: et S. Joannis Baptiste praecursoris domini et praedicatoris poenitentine in remissione peccatorum, ut...
— v[?] S.

ius in Eno fluvio quod vulgo dicitur vruar nec non juribus tabernas habendi mercatum exercendi panes coquendi molendina instruendi questiones iudicii cognoscendi et jura que vulgo dicuntur Ehaftin et raeftin (!) et getwink*) ac etiam omnibus aliis juribus libertatibus et appendiciis quibuscunque nominibus censeantur recepta pecunia pro qualibet marca reddituum x marcas, cuius pecunie summa fuit .cc.m.lx.(!)*), et easdem pecuniam in usus proprios licitos et honestos convertit, vendidit et donavit in nos ipsorum omnium possessionem uacuam transferendo. Et quia iam dictus Millo easdem possessiones a nobilibus viris dominis de Wange nomine feodi possederat et iidem de rege Romanorum iure simili tenuerant ab antiquo iam dictas possessiones in Stams sepedictus fundator illustris comes Tyrolensis tantas possessiones, quas iure patrimonii et justo tytulo proprietatis possederat ab antiquo, videlicet in Mays serenissimo regi Romanorum resignavit et easdem ab ipso recepit feodali iure et nomine possidendas et ita fundus tocius ville in Stams iure proprietario in nos nostrosque successores universos est et extitit transactus iustissime et translatus a rege Romanorum; presertim quia supradictus Ulricus Millo de quibusdam possessionibus prelibatis quosdam infeodaverat et quidam alii aliquas possessiones diverso tytulo ibidem possederant, ne purum granum ibidem seminandum ut in segetem surgeret sincerissime sanctitatis per secularium cohabitacionem aliquod dispendium pateretur, cum Samaritanis non liceat cohabitare veris Judeis id est in laude divina et confessione celica desudandis, sepe dictus fundator nostra singula a singulis infeodatis seu aliis universis sub quacunque forma ibidem possessa tenuerant illuc usque quicquid cuilibet competebat pro singulorum voluntate ad proborum virorum estimacionem supra condignum scilicet pro una marca reddituum x marcas prompta pecunia comparavit et pagavit ad votum cuiuslibet seu etiam quibusdam suas possessiones alibi refudit in integrum ut inferius plenius continetur, ita ut vendencium pars pocior censeretur; utpote:

Nobili viro Gcorio de Swangô lxij marce Veronen. pro lxij^mas libris Veronensium parvulorum.

Item Bartholomee de Swangov pro vii libris vii marcas et pro una vaccaria in Hunolt xii marc.

Item C. de Swangov pro dimidia huba, que soluit x libras xx marc. et molendino quod soluit iii lib. iii marc.

Item dominus de Pollingen pro uno kamerlant quod soluit iii lib. cum dimidia, super que C. camerarius est advocatus, quibus tot

---

x) Ehehaft, Urdoftin et Gezwink. S. — y) producentis sexaginta marcis. S.

librarum redditus sunt assignati apud Athasym per nostrum fundatorem.

Item Hainrico camerario pro redditibus xxxvi librarum, quas habuit in villa Stams, tot in Ries sunt fideliter assignate.

Item edituo qui habuit unum kamerlant nomine feodi a domino Ulrico Millone et C. suo fratre, qui soluit xii libras, cui similiter in Ities est traditum et donatum.

Item domine dicte Lounerin et Wilburgi vidue, que habuerunt unum kamerlant a domino Millone feodi nomine, quod soluit x libras, tantarum librarum redditus in villa Silz sunt integraliter refusi.

Item Hainrico de Winkler pro uno kamerlant quod soluit xii simile kamerlant est traditum et donatum.

Item Wernhero Caponi pro viii librarum redditibus totidem in Sils sunt refuse.

Item preposito pro xii librarum redditibus apud Riets totidem sunt pagate.

Item dicto Wihrat de Ilirs, qui v librarum habuit, v marc. sunt solute.

Item dicte Studerin pro iiii libris iiii marce sunt restituta.

Item C. dicto Frige pro x libris x marce in integrum sunt solute.

Item Marquardo pro x librarum redditibus x marce sunt fideliter attribute.

Item Arnoldo et Litern, qui unum kamerlant in feodo a dominis de Kyemsse possederant et tres libras racione obediencie dederunt de eodem, ipsis integraliter est solutum.

Preterea ut omnis querela et murmuracio hominum in dicta villa Stams habitantium perpetuo sopiretur sepe nominatus fundator noster singulis ut supra condigna eis refunderet feoda sua agros, ortos, areas et curtilia ac domos universas eisdem prompta pecounia persoluit plenius ut inferius continetur; videlicet:

Dicto Winrich pro curtili et orto xii libr. Veron.

Item Sifrido pro curtili et dimidio iug. agri ix libr.

Item Ekhardo pro curtili viii libri.

Item Hainrico ligatori pro domo et orto x libr.

Item Bertholdo Schrinerio pro curtili iii libr.

Item Ulrico Cinserio ii lib. pro curtili.

Item Irmingi sorori camerarii ii libras pro curtili, Syfrido pro curtili iii libras.

Item Ch. fratri Winrich iiii libras.

Item Herburgi vxori Ekhardi ii libras pro curtili. Item Ch. de Dùch iiii lib. pro curtili.

Item Metzen uxori Lederhose ii libras pro curtili.
Item Hilteburge Verwaer iii lib. pro curtili.
Item Ulrico Cinario xiiii libras pro curtili.
Item Hilteburgi Schellin ii libras pro curtili.
Andree iiii libras pro curtili.
Hainrico Pûhlerio pro agro et curtili xiii libr.
Item Eberhardo*) ecclesiarum xii libras pro domo et orto.
Item Bernhardo et Gerungo pro ii^{bus} curtilibus libras xvi.
Item Ulrico Fiurario iii libras pro curtili.
Item Friderico pro curtili et orto xiii libras.
Item Diemudi vidue x libras pro curtili.
Item Prico filio villice pro agro x libras.
Item dicto Pulcro pro curtili x libras.
Item Ulrico piscatori, pro curtili v libras.

  Quibus**) omnibus secundum dei timorem et bonam conscienciam consummatis et pagatis singulis de sibi debito pretio ut est dictum reverendus dei gratia pater et dominus Bruno episcopus Brixinensis sui capituli et omnium, quorum intererat prehabito de hoc tractatu sollempni capellam in Stams ubi a Christi fidelibus beatus Johannes Baptista propter miraculorum insignia non immerito veneratur filiam ecclesie in Sila ut in suo fundo dictum monasterium liberius fundaretur de consensu rectoris ipsius ecclesie separavit, quod facere potuit, ut sacri canones attestantur et in dictum monasterium transtulit pleno jure ipsum locum eximens et exemptum ex nunc pronuntians ab omnibus, in quibus monasteria non exempta et . . . . . ^b)

) Scheint ein Wort zu fehlen. — a) Am Rande daneben rot: Donacio capelle s. Johannis et ecclesie in Sila. — b*) Hier bricht die Hs. L ab.

V.

Das goldene Buch von Prüm

mit um das Jahr 1105 gestochenen Kupferplatten.

Von

Moriz Thausing und **Karl Foltz.**

(Mit 1 Kupfertafel.)

Wir hatten die gemeinsame Publication dieses Aufsatzes beabsichtigt und darüber eben erst Briefe gewechselt, als mein trefflicher Genosse Dr. Foltz verunglückte — seltsamer Weise auf dem Berge meines Namens! Tiefserschüttert glaube ich nun im Sinne des allzufrüh Verblichenen zu handeln, indem ich unser gemeinsames Material verarbeite.

Wien, September 1879.

Thausing.

Das goldene Buch der Abtei Prüm, seit 1820 in der Stadtbibliothek zu Trier, jetzt 1709, LXXXVI. bezeichnet, enthält auf 114 Pergamentblättern eine Sammlung der Urkunden des Klosters nebst einigen historischen Aufzeichnungen. Es besteht aus zwei Theilen, welche zu verschiedenen Zeiten, in der ersten Hälfte des 10. und in den ersten Jahren des 12. Jahrhunderts entstanden sind.

Der erste Theil (f. 1—50) umfasst nach Abrechnung der später eingehefteten Blätter 1 und 10 noch 54 Blätter in 7 Lagen, von denen die I, VI. und VII. die ältesten sind. Zwei Mönche haben hier zu Beginn des 10. Jahrhunderts die Immunitäten und andere Privilegien der karolingischen Könige abgeschrieben, ferner jene mit drei Genossen auf den andern vier Quaternionen ebenfalls Diplome und nur zwei Urkunden nichtköniglicher Personen. Die jüngste Urkunde ist von 920, nicht viel später mag die Sammlung abgeschlossen sein.

Nicht alle Diplome waren damals aufgenommen worden. Zwei Schreiber konnten ums Jahr 1100 noch je ein Heft (VII. VIII. = f. 57—72) mit der Nachlese füllen, welche 16 Diplome des 8. und 9. Jahrh. und 4 von 916—1056 ergab. Die Lagen X—XIV (f. 75—107) sind vom Schreiber des VII Quaternio im Verein mit zwei andern durch Privaturkunden von 763—1063 und zwei Diplome von 1101 und 1103 ausgefüllt. Einer der beiden letzten Schreiber verzeichnete auf dem XV. und letzten Quaternio f. 108 Nomina abbatum Prumionsium bis Nizo (1068—1077) und Wolfram (1077—1103, letzterer von anderer doch gleichzeitiger Hand), f. 108' Nomina fratrum eiusdem loci bis Leuzo pr. et monachus et decanus huius loci (1102 in einer Urkunde genannt, welche f. 110' eingetragen ist), endlich f. 111—114' nekrologische Annalen von 1039—1104, schliessend mit [A]nnus MCV ohne Eintragung. Ein anderer gleichzeitiger Schreiber trug auf einem grossen, vierfach zusammengelegten und zwischen f. 72 und 75 eingeschalteten Blatt die Daten von Krönung und Tod der karolingischen und deutschen Könige und Kaiser von Pippin bis Heinrich IV. † 1106 ein, ein dritter zeichnete mit der Feder die Bildnisse von Kaiser und Kaiserin als Büstenpaare in runde Medaillons von 35 Millimeter inneren Durchmessers und zwar in der obern Reihe 1) Konrad II. und Gisela, 2) Heinrich III. und Agnes, 3) Heinrich IV. und Berta; in der unteren Reihe bloss 4) Heinricus rex (V.) ohne Gemahlin, für deren Bild aber die rechte Hälfte des Rundes leer gelassen ist. Heinrich V. vermählte sich erst im Jahre 1110, ein Jahr vor seinem Tode. Ein 6 Millimeter breiter Rand um jedes Medaillon enthält in rothen Majuskeln die Namen der Dargestellten.

Wenn auch von Porträtähnlichkeit nicht die Rede sein kann, so sind die kleinen Bildnisse doch sehr geschickt mit der Feder schwarz umrissen, dann mit einer bräunlichen Mitteltinte leicht laviert und endlich an Gewand, Lippen und Wangen mit Mennig belebt. Die Männer tragen Haar und Bart kurzgeschoren, die Köpfe der Frauen sind in faltig auf die Brust herabfallende Schleier gehüllt, auf denen dann erst die Kronen sitzen. Die Kronen erscheinen sämmtlich als Diademe oder Reifen aus vier gebogenen, mit Edelsteinen besetzten Blechstücken gebildet und an den sie verknüpfenden Charnieren von Lilien überstiegen.

Bei Zusammenfaltung dieses grösseren Pergamentsstückes erscheint auf der dem Blatte 75 gegenüberstehenden Seite desselben eine grössere reich colorierte Darstellung; ein Papst überreicht dem zu seiner Linken sitzenden Kaiser ein Buch; es dient ohne Zweifel zur Illustrirung des auf dem gegenüberstehenden Blatte niedergeschriebenen Decretes Nicolaus I. an Karl den Kahlen. Die beiden Gestalten sitzen auf Pölstern in einer rundbogig abgeschlossenen Nische nebeneinander, bloss die Köpfe ein wenig gegeneinander gekehrt und mit den Blicken seitwärts schielend mehr als schauend. Der Papst hält das Buch mit beiden Händen hin, der Kaiser ergreift es mit der Rechten, während seine Linke das liliengekrönte Scepter hält. Der Papst trägt bischöfliches Gewand mit Pallium und eine ganz niedrige, oben quer abgeschnittene Mitra auf dem Haupte, das von einem grossen gelben, rothgeränderten Nimbus umschlossen wird; der Kaiser fränkische Tracht mit rothen Stiefeln, gelbem Beinkleid, rother Tunica und blauem Mantel, Bart und Haar kurz, und auf dem Haupte eine niedrige Kappe, durch welche die Krone ebenso ungenau dargestellt wird, wie beim Papste die Mitra. Die Miniatur ist zwar in lebhaften bunten Farben, aber ungemein roh ausgeführt; eigentlich blosse Umrisse, ausgefüllt mit ungebrochenen Localtönen. Doch erkennt man in der Zeichnung, im Typus der Köpfe noch deutlich die Verwandtschaft mit den reichen Miniaturen des Antiphonariums der Pariser Bibliothek, das um das Jahr 1000 ebenfalls in Prüm entstanden ist. Eine Probe davon bei Labarte, Arts industriels, Album, Tab. 90; erwähnt von C. Schnaase, Geschichte der bildenden Künste, 2. Auflage IV. 639. Die Maler-

technik scheint inzwischen im Kloster in Verfall gerathen zu sein.
— Die Innenseite des zusammengefalteten Blattes zeigt eine Stammtafel des karolingischen Hauses von Bischof Arnulf von Metz[1]) bis zum Erlöschen der Dynastie in Westfrancien 987 und eine Stammtafel des sächsischen Königshauses von Liudolf bis Heinrich II. († 1024) und der Verwandten bis König Philipp I. von Frankreich († 1108) und bis Kaiser Heinrich III. († 1056).

Aus alledem können wir mit Sicherheit den Schluss ziehen, dass der zweite Theil des Liber aureus Prumiensis in den Jahren 1101—1106 nach und nach geschrieben worden ist. Und aus derselben Zeit stammt nachweislich auch der Einband, welcher dem Codex den Namen gegeben hat. Die starken Deckel aus Eichenholz sind nämlich mit gelochenen und vergoldeten Kupferplatten überzogen, die wir schliesslich noch des Genaueren betrachten wollen.

Die zahlreichen Urkunden des Klosters Prüm sind, meist aus diesem Codex, veröffentlicht von Mabillon Ann. 1703 ff., Knauff Defensio abbatiae Prumiensis 1716, Martene Coll. 1724, endlich von Beyer im Mittelrheinischen UB. 1860. Alle Prümer Diplome bis zum Schlusse des 12. Jahrh. (mit Ausnahme von D. Otto II. St. 796, welches wohl in einem andern Archiv aufbewahrt wurde) sind uns in diesem Copialbuch am besten überliefert, es sind ihrer 77, bis auf 5 alle von karolingischen Herrschern ertheilt; die Originale sind längst verloren gegangen.

Die auf Wahl und Tod der Kaiser bezüglichen Notizen sind von Wyttenbach, dem Trierer Stadtbibliothekar, 1821 im Archiv der Ges. f. ä. d. Gesch. 3, 23—26 vermengt mit den nekrologischen Annalen ungenau und lückenhaft abgedruckt, besser in Böhmer Fontes 4, 461—462; die Trierer Bischofsreihe ebenda 458—459, die der Aebte von Prüm 460—461. Die nekrologischen Annalen von 1039—1104 hat zuerst Martene Coll. 4,517—520 veröffentlicht, dann Würdtwein Subs. 12, 326—330, Wyttenbach im Archiv 3, 24—26, alle mit vielen Auslassungen und Lesefehlern.

Die Bildwerke des Codex sind abgezeichnet bei Ramboux, Beiträge zur Kunstgeschichte des Mittelalters und zwar Taf. 4 und 5 der Vorder- und Hinterdeckel des Einbandes, T. 6 die Darstellung von Kaiser und Papst, T. 7 Krönungs- und Todestage der Kaiser, T. 8—11 Stammbäume, Medaillons, dazwischen Proben aus der Schrift des Codex. Letztere sind paläographisch ganz unbrauchbar. — Kunstdenkmäler des

---

[1]) Domnus Arnolfus Metensium episcopus, cuius pater Botgisus fuit, vir illustris vgl. dazu Donnell: Die Anfänge des Karol. Hauses 29.

christlichen Mittelalters in den Rheinlanden, hg. von Ernst aus'm Werth, I. Abth. T. 61 gibt die Deckel. — Kirchenmöbel und Utensilien in den Diöcesen Köln, Trier und Münster, hg. von Chr. W. Schmidt, Tafel 17 gibt ebenfalls die Deckel.

Diese Deckel sind weitaus der werthvollste Theil der Ausschmückung des Codex, sowohl in Bezug auf die Darstellungen wie auf die Technik und auf den Grad der künstlerischen Ausführung. Und obwohl Abbildungen derselben nun schon wiederholt veröffentlicht worden sind, glaubten wir doch mit einer nochmaligen, authentischen Reproduction wenigstens einer der beiden und zwar der vorderen Platte nicht zögern zu dürfen. Was wir bieten, ist nämlich keine blosse Nachzeichnung, sondern es ist sozusagen der Abdruck von der Kupferplatte selbst, bloss vermittelt durch einen galvanoplastischen Niederschlag, zu dessen Anfertigung dem k. k. österreichischen Museum für Kunst und Industrie in Wien durch Herrn C. Schömann, Stadtbibliothekar von Trier, die Erlaubnis bereitwilligst ertheilt wurde. Unsere Tafel ist also nicht nur ein Facsimile der figürlichen Darstellungen und Inschriften auf dem Deckel — selbstredend nur im Gegensinne, so dass die Schrift verkehrt, und im Bilde rechts erscheint, was auf der Platte links steht — sie gibt uns zugleich genauen Aufschluss über die aus mannigfachen Gründen so wichtige Frage ihrer technischen Behandlung.

Was zunächst die Darstellung betrifft, so werden darin die Stifter und Gönner des Klosters, lauter Kaiser und Könige geschildert, wie sie ihre Schenkungsurkunden dem Heilande darbringen. Wir ersehen daraus, welchergestalt sie in der Vorstellung der damaligen Zeit lebten. Jede der beiden Platten zeigt zwei Reihen von Figuren übereinander. Auf der des vorderen Deckels, die wir abdrucken, erscheint oben inmitten auf einem mit Polster und Teppich belegten Sitze thronend Jesus mit ausgebreiteten Armen, noch im idealen Sinne der altchristlichen Kirche jugendlich, bartlos, mit dem kreuzförmig getheilten Nimbus zwischen A und Ω (letzteres verkehrt wie ein unciales M gebildet). Auf seinen Knieen ruht ein aufgeschlagenes Buch mit der Stelle: „Ego diligentes me diligo" (Proverb. 8, 17). Ueber seinen Arm und seinen Schoss fällt ein Schriftband herab mit den Worten aus Matth. 25, 34: „Venite benedicti patris mei." Zur Rechten Jesu steht der Stifter, König Pippin, ihm das Modell der Klosterkirche darbringend — es ist eine dreischiffige Basilica mit zwei den Seitenschiffen vorgelegten runden Thürmen. Der Heiland fasst mit der Rechten nach dem Kirchenmodell, indess er die Linke nach Karl dem Grossen streckt, der mit einem grossen Buche in den Händen von der

anderen Seite herannaht. In der unteren Reihe sind dann, gleich
Pippin und Karl durch Inschriften gekennzeichnet, deren vier Nach-
folger abgebildet: Ludwig der Fromme, Lothar, Ludwig der Deutsche
und Karl der Kahle, wie sie emporblickend Christo mit dem rechten
Arme ihre Bestätigungsdiplome in Form von Rollen hinaufhalten.
Auf dem Umfassungsrande des ganzen Bildes in grossen Lettern die
Inschrift: „Hace est generatio qverentivm dominvm, qverentivm faciem
Dei Jacob" (Psalm 23, 6).

Die Darstellung auf der anderen Platte, welche die Rückseite des
Codex bildet, ist gewissermassen nur die Fortsetzung der ersteren.
Hier erscheint am oberen Rande die Hand Gottes ein Schriftband haltend, das tief herabhängt und anschliessend an die Inschrift der Rolle
auf der ersten Platte die Fortsetzung von Matth. 25, 34 enthält: „per-
cipite preparatvm vobis regnvm ab initio seevli." In der oberen Reihe
sind dann jederseits zwei, zusammen vier Kaiser, unten ebenso vier
Könige angeordnet, die aber nicht namhaft gemacht, sondern bloss
durch die wiederholte Ueberschrift als „Imperatores" und als „Reges"
bezeichnet, auch sonst in der Tracht nicht von einander unterschieden
sind. Nur ist die Haltung dieser vier Figuren weniger steif und cere-
moniell. Sie blicken zwar alle zum Himmel empor, aber ihre Stellungen sind verschieden, mehr und minder bewegt, und sie halten, alle
mit beiden Händen, aber jeder in anderer Weise, ihre Bücher oder
Rollen hin. Keiner der Fürsten hält hier ein Scepter, nur zwei von
den Kaisern tragen kurze Bärte, die anderen sind bartlos. An diesem
Bilde sieht man, dass die ruhige Haltung nicht lediglich auf die Unfähigkeit des Künstlers zurückzuführen ist, vielmehr mit der Absicht,
einen würdigen und feierlichen Eindruck zu machen, bewahrt wird.
Die Umschrift des Ganzen lautet: „Hi svnt viri misericordie, qvorum
ivsticie obliviovm non acceperunt, cvm semine eorvm permanent bona
hacreditas sancta nepotes eorvm." (Eccles. 44, 10.)

Die Tracht ist bei sämmtlichen Königsbildern dieselbe, sie entspricht der alten fränkischen. Anliegende Stiefel und Beinkleider, eine
Tunica, die nicht ganz bis an die Kniee reicht und vor ihrem Ende
mit einer handbreiten, vermuthlich kostbaren und mit Edelsteinen ge-
zierten Bordure besetzt ist. Den gleichen Besatz haben die Aermel
sowohl am Handgelenk wie am Oberarm, wo einst die Armspangen
sassen. Um den Leib scheint ein Gürtel geschlagen. Ueber dieser
Tunica tragen sie einen faltenreichen Mantel, der bis über die Waden
herabfällt und nicht vorne, sondern über der rechten Schulter durch
eine mächtige Fibel zusammengehalten wird, so dass der rechte Arm
sich frei bewegen kann. Wie die Haare erscheinen auch die Backen-

bärte ziemlich kurz geschoren, nur die Schnurrbärte sind länger. Nicht so einfach wie die übrige Tracht erklärt sich die Beschaffenheit der Kronen, welche die Könige auf ihren Häuptern tragen. Sie sind im wesentlichen alle gleich und erscheinen wie niedrige Kappen, von je drei formlosen Zapfen überragt. Gleichwohl ist hier nicht etwa an Zinkenkronen zu denken. Wie schon die Analogie mit den oben beschriebenen Federzeichnungen im Codex verräth, sind auch hier Diademe mit Lilien gemeint. Es ist bloss die schwierige Kupferstichtechnik, welche hier zu einer Vereinfachung der Lilien führte. Der Stichel, ein spitzer Eisenstift, der durch Gegenstemmen des Handballens und mittels einer ziemlich starken Kraftanstrengung das Kupfer aus der zu ziehenden Linie herausgräbt, vermochte einer so subtilen Form, wie es der Umriss einer kleinen Lilie ist, nicht leicht zu folgen und so begnügte sich der Künstler mit deren Andeutung in Form eines hervorragenden Zapfens, während er die grösseren Lilien an der Spitze der Scepter in den Händen der Könige wirklich als solche bildete.

Es gibt eben Fälle, wo die zwingenden Forderungen der Technik bei der Beurtheilung des dargestellten Gegenstandes scharf ins Auge zu fassen sind. Ein solcher Fall ergibt sich auch bei der Betrachtung der Siegel auf den Kaiserdiplomen. Ein wesentliches Werkzeug zur Herstellung von deren Matrizen ist die Punze, ein Eisenstift mit stumpfer Spitze, welche mittels eines Hammerschlages in das Metall hineingetrieben wird und so eine runde oder auch oblonge oder anderweit geformte Telle darin bildet. So entsteht auch das, was K. Foltz in seiner gründlichen Abhandlung über die „Siegel der deutschen Könige und Kaiser aus dem sächsischen Hause 911—1024"[1]) Perlen nennt. Wo nun dort von gestielten Perlen über der Krone die Rede ist, namentlich wo „drei Gruppen von je drei Perlen an Stielen" das Diadem überragen, da sehe ich nichts anderes als Lilien, die der Graveur am schnellsten dadurch versinnlichte, indem er für jedes Blatt der Lilie einen Punzenschlag führte und die Tellen dann durch Linien d. i. Furchen verband.

Desgleichen ist die Giebelform des Diadems, wie sie auf Zeichnungen und Siegeln häufig erscheint, nicht zu buchstäblich zu nehmen. Sie ist ebenfalls mehr einem Nothbehelfe des Künstlers entsprungen als der wirklichen Erscheinung des gekrönten Monarchen abgelauscht. Es ist immer wieder das oben offene, etwa mit Stoff

---

[1]) Neues Archiv f. d. Gesch. III. Ich muss hier beifügen, dass bei wiederholten mündlichen Erörterungen, zu denen mich Foltz bei Abfassung jener Arbeit heranzog, manches zwischen uns controvers geblieben ist, so dass ich die Verantwortlichkeit für das nun folgende allein auf mich nehmen muss.

gefütterte Diadem, das aus vier gebogenen Stücken von Goldblech besteht, mit Charnieren, die von Lilien überragt werden. Von diesen Lilien kommt eine mitten über die Stirne, die andere rückwärts, die beiden letzten seitlich über die Ohren zu stehen. Um nun dieselbe, immer gleich grosse Krone den verschiedenen Köpfen anzupassen, läuft im Inneren ein biegsamer Eisen- oder Metallstab ringsum. Da aber die Blechstücke, welche die Krone selbst bildeten, immer fest blieben, so entstanden wohl an ihren Berührungslinien, an den Charnieren leicht Winkel, die namentlich von der Untersicht etwas wie eine Giebelform ergaben. Diese wurde dann von weniger geschickten Zeichnern durch allzugerade Linienführung zu sehr ausgeprägt. Andere Zeichner wieder sahen von dieser Viertheilung des Diadems ganz ab und bildeten die Krone bloss als einen rund um das Haupt laufenden Reif. Zu diesen letzteren gehört denn auch der Stecher unserer Kupferplatten.

Ich sage „Stecher", denn wir haben es hier allerdings genau mit derselben Metalltechnik zu thun, welche nachmals als Kupferstich eine solche Bedeutung für die Kunstgeschichte erlangt hat. Die Kunst, eine Zeichnung in eine Metallplatte zu graben, ist freilich uralt, sie ward schon im Alterthume und das ganze Mittelalter hindurch geübt, z. B. beim Grubenemail. Wenn die Furchen nicht allzutief und mit keiner sonstigen Masse wieder ausgefüllt sind, so hat es keine Schwierigkeit, mittels Druckerschwärze Abdrücke davon zu nehmen. Auf diese Weise wurden denn auch die sechzehn gravierten Platten veröffentlicht, welche sich an der unteren Seite des von Kaiser Friedrich I. dem Dome von Aachen gestifteten Kronleuchters befinden. (Fr. Bock, Der Kronleuchter des Kaisers Friedrich Barbarossa im karolingischen Münster zu Aachen. Leipzig 1864.) Mit der Herstellung solcher, heutzutage druckfähiger Platten war jedoch der Kupferstich als reproducierende Kunst noch keineswegs erfunden und nicht etwa bloss aus dem ganz äusserlichen, übrigens nicht einmal überall stichhaltigen Grunde, weil man des Papieres zum Abdrucke entbehrte, sondern weil das geistige Bedürfniss nach Vervielfältigung von Bild oder Wort fehlte, weil die Welt den Drang zur öffentlichen Mittheilung, zur Publicität noch nirgends empfand. Diesen unwiderstehlichen Trieb zur Popularisierung von Kunst und Wissen kennt erst das deutsche Volk des 15. Jahrhunderts — es erfindet daher die Druckkunst.

Nicht also als Denkmäler des Kupferstiches, aber als Vorstufen zu dessen Erfindung sind solche gravierte Platten von hohem Interesse; und allen anderen Beispielen voran gehen in dieser Beziehung die vorliegenden Deckplatten des Goldenen Buches von Prüm. Einmal wegen des seltenen künstlerischen und technischen Geschickes, mit dem dieselben gestochen sind; es setzt dies eine geübte, mit dem widerspänstigen Metalle wohl vertraute Hand voraus; au wenigen Stellen nur — wie z. B. an den Fersen der Figuren — bemerkt man Härten oder Ausgleitung des Stichels. Sodann ist die genaue Datierbarkeit der Arbeit und die Verbindung derselben mit einem Buche von besonderer Wichtigkeit. Bekanntlich ist zwar der Bilderdruck dem Schriftdruck oder Buchdruck lange vorangegangen. Doch lässt sich beobachten, dass die Vervielfältigung von Bildern frühzeitig mit dem Bücherwesen in nahem Zusammenhange steht. Die ältesten Formschnitte, die wir besitzen, und fast alle Schrottblätter stammen aus alten Codices, wo sie zur Verzierung an die Innenseiten, auch wohl an die Aussenseiten der Buchdeckel geklebt waren. Ja das scheint schon der Zweck ihrer Herstellung gewesen zu sein; dieselbe bildete gewissermassen einen höheren Zweig der Buchbinderarbeit in gewissen Klöstern, deren Name oder Wappen auch zuweilen auf diesen colorierten Heiligenbildern mit angebracht ist.

Das älteste bekannte Denkmal der Formschneidekunst, das den Kunstformen nach bereits ins 12. Jahrhundert zurückversetzt werden muss und insoferne ganz vereinzelt dasteht, ist sicher nichts anderes als ein solches Meisterstückchen klösterlicher Buchbinderarbeit. Das Blatt befand sich in der Weigeliana und hat allen Sachverständigen viel Kopfbrechens verursacht[1]. Es ist ein schon ziemlich schadhaftes coloriertes Pergamentblatt, welches die Aussenseite eines Buchdeckels zierte. In einer Randeinfassung ist darauf der Gekreuzigte zwischen Maria und Johannes dargestellt. Die braunen Umrisse der Zeichnung erscheinen hier in das Pergament eingepresst, wie es beim Druckverfahren des Formschnittes geschieht. Wenn die Zeichnung nicht etwa mittels eines heissen Metallgriffels aufgetragen und eingedrückt wurde, was vielleicht den gleichen Effect erzielte, so muss allerdings der Druck von einer Hochplatte angenommen werden. Diese Hochplatte konnte aber nur zum Zwecke eines solchen Abdruckes angefertigt worden sein, denn Maria erscheint auf dem Bilde zur Rechten, Johannes zur Linken des Gekreuzigten. Es ward somit die Umkehrung des Bildes im Abdruck bereits in Rechnung gezogen. Was das technische Ver-

---

[1] Abgebildet bei T. O. Weigel und A. Zestermann, Anfänge der Druckerkunst I. 23 Nr. 11. Vgl. Passavant, Peintre Graveur I. 20 und 96. A. Essenwein, Aelteste Druckerzeugnisse, im Anzeiger f. Kunde d. d. Vorzeit 1872, Sp. 241. F. Lippmann, Ueber die Anfänge der Formschneidekunst, im Repertorium für Kunstw. I. 216. Das Blatt ist noch in Leipzig im Privatbesitz, wie ich glaube, bei Dr. Felix.

fahren anbelangt, läge hier somit ein wirklicher Formschnitt vor —
aber auch nur in Bezug auf die Technik, denn eine öftere Wiederholung des Druckes, eine Vervielfältigung des Bildes durch den Druck
war gewiss nicht beabsichtigt. Hat wirklich eine Platte zur Herstellung
dieses Bildes gedient, so hätte dieselbe doch nur etwa die Bedeutung
der Stanze in der Hand unserer Buchbinder. Es ist auch bezeichnend,
dass die ältesten Formschnitte, diese Incunabeln des Bilddruckes, fast
ausnahmslos nur je in einem einzigen Exemplare auf uns gekommen sind.

Die ersten Denkmäler des Kupferstiches sind überall viel jünger
als die des Formschnittes. Namentlich kam man erst viel später auf
den Gedanken, auch von der Tiefplatte Abdrücke auf Papier oder
Pergament zu nehmen; und zwar geschah dies vor der Mitte des
15. Jahrhunderts ebenfalls in Deutschland und nicht etwa in Italien,
denn Vasaris Fabel von der Erfindung des Kupferstiches durch den
Nielleur Maso Finiguerra darf als längst abgethan angesehen werden.
Niello ist eine uralte Goldschmiedetechnik, mittels deren eine Zeichnung in die Metallplatte gegraben wird, um sodann mit einer schwarzen Masse (Nigellum) ausgefüllt zu werden, und so als dunkles Bild
auf der blanken Metallfläche zu erscheinen. Eine solche Platte ist
nicht bestimmt, durch Abdruck Bilder zu liefern, sondern sie selbst
ist und bleibt die alleinige Trägerin des gestochenen Bildes. In gewissem Sinne sind nun auch die Deckelplatten des Goldenen Buches
von Prüm solche Niellen. Ja es ist sogar wahrscheinlich, dass die
Gravierung derselben, namentlich die sehr tief gestochenen Buchstaben
der Um- und Ueberschriften mit einer dunkeln Paste angefüllt waren,
schwarz, blau oder roth. Ich habe freilich in den Furchen eine Spur
von Farbe nicht mehr constatieren können, sie mag im Laufe der
Jahrhunderte herausgebröckelt sein. Aber auch wenn kein Farbstoff
in die Vertiefungen eingerieben wird, setzt sich rasch und allmälig
immer mehr Staub und Schmutz in denselben fest, so dass die gravierte Zeichnung sich alsbald dunkel von der blanken Metallfläche
abhebt. Dieses Aussehen haben auch die sonst wohlerhaltenen Kupferplatten gegenwärtig.

Dass die Platten von vorneherein keinen anderen Zweck hatten,
als diesem Diplomatar zu Schutz und Zierde zu dienen, lehren schon
die Darstellungen und die Bibelsprüche auf denselben. Auch über die
Zeit ihrer Anfertigung lassen die Charaktere der Figuren und Buchstaben dem Zweifel nur wenig Spielraum. Gleichwohl könnten noch
Bedenken bestehen, ob der Stich dieser Platten und der Einband des
Codex wirklich mit dem Abschlusse der Eintragungen zusammenfalle.

Auch diese Bedenken beseitigt eine genaue Prüfung der Buchdeckel. Ihr Kern besteht wie gesagt aus Brettchen von Eichenholz. An deren Aussenseiten sind die Kupferplatten mittels Nieten befestigt, wie auch im Abdrucke noch bemerkbar ist. Desgleichen sind die Ränder der Deckel mit einem acht Millimeter breiten Kupferbande beschlagen, das mit einem Streifen von vergoldetem Zickzack verziert ist. Die Innenseiten sind sodann mit Pergamentblättern aus dem Codex verklebt. Auf dem Blatte nun, welches den hinteren Deckel innen verkleidet und das ersichtlich schon zum ursprünglichen Einbande gehörte, liest man schräge ins Eck hineingeschrieben von der Hand des letzten Schreibers, der Urkunden in den Codex eingetragen hat, in drei Zeilen folgende stark abbrevirte Federprobe:

„Versus bonus
vel malus igitur malus quia
non bene scriptus."

„Der Vers sei gut oder schlecht, so ist er schlecht, weil (wenn) er nicht gut (d. i. nicht schön) geschrieben ist" — ein Scherz, wie ihn eben nur der Schreiber des Codex und nicht leicht ein anderer Mönch des Klosters hinzufügen konnte. Die Worte enthalten theils eine artige Selbstironie, zugleich aber spricht aus ihnen auch das Selbstbewusstsein einer Zeit, in der es noch etwas galt, schreiben zu können.

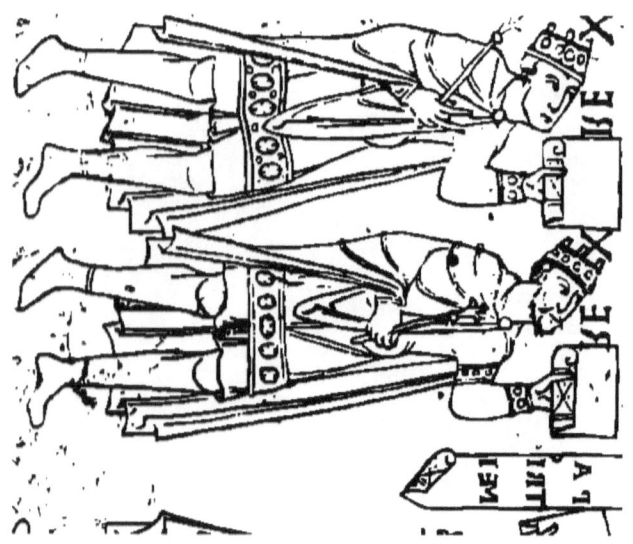

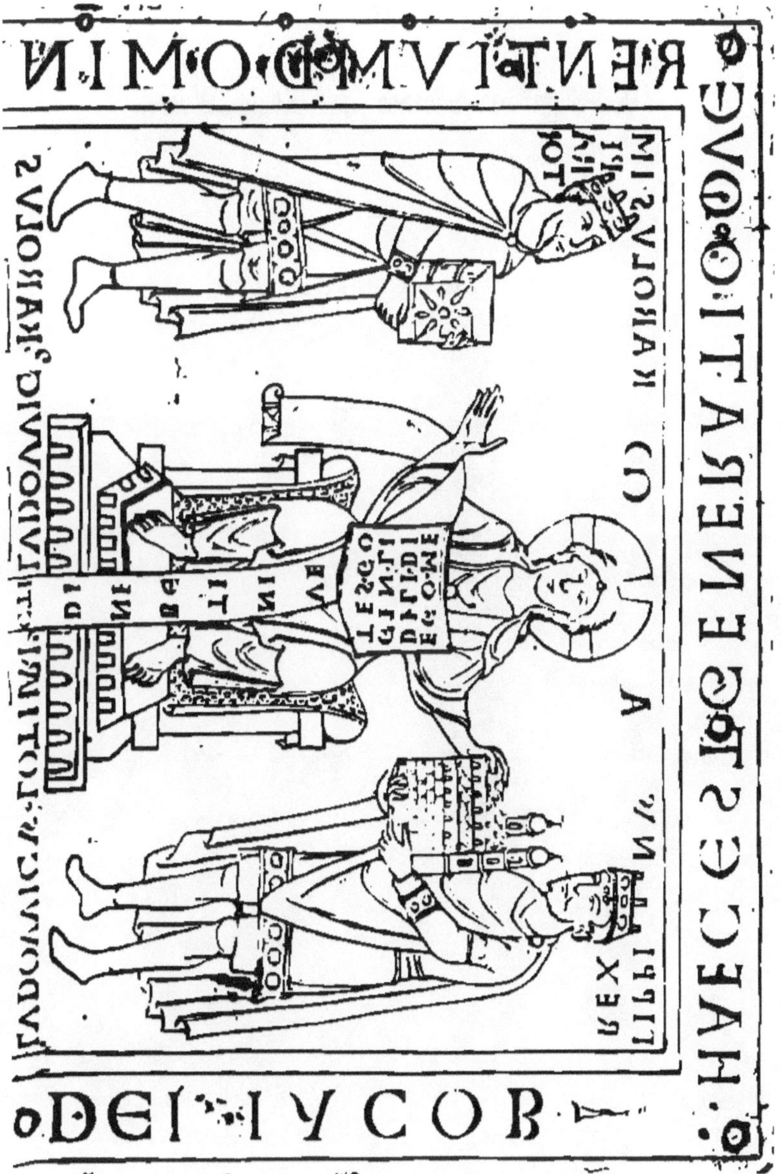

VI.

Die Sage von Susanna und König Wenzel.

Von

Adalbert Horčička.

Die Sagen von König Wenzel sind allbekannt und haben bis auf den heutigen Tag gläubige Hörer gefunden. Es ist merkwürdig genug, dass über einen Herrscher, der niemals grosse Thaten verrichtet, dessen Regierung so wenig bedeutende Momente aufzuweisen hat, dessen Laster und Frevel von manchem gleichzeitigen Fürsten überboten wurden, dennoch zahlreiche Legenden vorhanden sind[1]).

Zu den interessantesten Sagen, die wir über König Wenzel IV. besitzen, gehört die Gefangennehmung desselben im Jahre 1393 und seine Befreiung durch die Bademagd Susanna[2]). Gleichzeitige Quellen, so wie die des 15. Jahrhunderts erzählen über diese Begebenheiten nichts; erst in der 1541 erschienenen „Kronyka česká" des Wenzel Hagek wird die Befreiung des Königs mit epischer Breite geschildert[3]). Schon Pelzel hat auf schlagende Weise gezeigt, dass dieser Bericht Hagek's in das Bereich der Lüge und Dichtung gehört[4]); Lindner führt in seiner Geschichte König Wenzels noch einige Beweismittel gegen die Glaubwürdigkeit dieser Erzählung ins Feld. Es wäre daher überflüssig, das alberne Märchen der Susanna[5]), wie es Palacky nennt, nochmals im Ernste zu widerlegen; dagegen lohnt es sich zu untersuchen, welches Material der Urheber des Berichtes bei der Fabrication desselben verwendete.

Urheber dieser Fabel ist der Priester Wenzel Hagek aus Libočan, denn er ist der Erste, der über diesen Vorgang einen langen und breiten Bericht zu erstatten im Stande ist, während doch sämmtliche Quellen vor ihm davon gar nichts wissen[6]). Es ist eine bekannte

---

[1]) Theod. Lindner, Geschichte des deutschen Reiches 2,170.
[2]) Nicht im Jahre 1394, wie Wattenbach meint, fand dies statt; vgl. dessen Bemerkungen zu einigen österr. Geschichtsquellen 22.
[3]) Vgl. dessen Bericht in der Kronyka česká, Blatt 357; übersetzt bei Pelzel, Wenzel IV 1,291 u. f.
[4]) Pelzel's diplomatische Beweise, dass der römische König Wenzel nur einmal gefangen worden ist, in den Abhandlungen der Privatgesellschaft in Böhmen, 1779, 4. Bd.
[5]) Palacky, Würdigung der alten böhmischen Geschichtschreiber 287.
[6]) Ueber Susanna und das Verhältniss derselben zu dem Könige findet sich unter sämmtlichen Schriftstellern vor Hagek nur bei Adamus de Nežetic (Gund-

Thatsache, dass Hagek im Fabriciren von historischem Lug und Trug äusserst gewandt ist, und zu den Ausgeburten seiner Phantasie, die er der Nachwelt als historische Thatsachen überliefern wollte, gehört vor allem die Gefangennehmung König Wenzels im Jahre 1393 und die Befreiung aus derselben durch die Bademagd Susanna. Aus keinem anderen Grunde ersann er dies Märchen, als um einen Beitrag zu der Charakteristik König Wenzels zu liefern, um zu zeigen, dass der König so tief gesunken war, dass sich nur eine elende Dirne herbeiliess, ihn aus der Gefangenschaft zu retten. Ganz vorzüglich passte diese Begebenheit in das Jahr 1393, denn in diesem Jahre wurde Johann von Pomuk ertränkt und der Streit Wenzels mit dem Prager Erzbischofe Johann von Jenzenstein hatte seinen Höhepunkt erreicht; deshalb, dachte Wenzel Hagek, musste sich das Volk und der Adel über die Grausamkeiten und Willkür des Königs empören und setzte denselben gefangen.

Unter jeder Bedingung bleibt Hagek der Erfinder der Sage von der Susanna, denn selbst eine Volksüberlieferung kann dem Berichte nicht zu Grunde liegen. Das charakteristische Merkmal der Volksüberlieferung besteht doch darin, dass sie mit kräftigem Meissel arbeitet und mit derben Zügen malt; gewöhnlich übertreibt sie, sei es aus Liebe, sei es aus Hass. Aber eben diese Merkmale vermisst man bei Hageks Erzählung. Ja, es konnte eine solche Tradition nicht existiren, weil sich der Vorgang, wie Pelzel und Palacky nachgewiesen haben, nicht zutrug.

Als Hagek die Sage von der Susanna ins Dasein rief, schwebte ihm als Vorbild die Gefangenschaft Wenzels im Jahre 1394 vor.

---

ling 2,118) folgende Nachricht: Susannam illam balneatricem, quam ut conjugem habuit dominus Wenceslaus, non sprevit, etiam cum Sophia de Bawaria in thalamum duxit. Das ist alles, was Adamus zu berichten weiss. Wie es jedoch mit ihm und seiner Geschichte beschaffen ist, sagt Palacky (Würdigung 202): „Von dem Prager Domherrn Adamus de Neletic Geschichte seiner Zeit (unter der Regierung Wenzels IV) ist gegenwärtig nirgends eine Spur mehr aufzufinden; der bekannte deutsche Schriftsteller Gundling soll einst ein Exemplar davon in Händen gehabt haben." Meiner Ansicht nach ist dieser Adamus eine Fälschung, denn vor allem kann man sich an die handschriftliche Ueberlieferung desselben nicht halten und es ist höchst verdächtig, dass die Handschrift desselben ebenso schnell und plötzlich verschwindet als sie früher auftauchte, denn vor Gundling hat Niemand das Werk des Adamus gekannt. Selbst dann aber, wenn man an der Glaubwürdigkeit desselben festhalten wollte, ist dies für unseren Gegenstand von keinem Belang, denn Adamus weiss von dem Berichte Hageks nichts. Er erzählt ja nur, dass Wenzel eine Bademagd Susanna zur Beischläferin hatte.

Es bleibt daher unter jeder Bedingung Hagek der Erste, der uns mit seiner gewohnten Weitschweifigkeit die Susannasage berichtet.

Dieselbe ist historisch beglaubigt und bildet den Kern der Hagek'schen Dichtung[1], während die Ausführungen im Detail aus einer ganz anderen Quelle stammen. Sie beruhen auf einer falschen Interpretation von Bilderhandschriften, die Hagek kannte, deren Deutung er aber nicht verstand. Im vorliegenden Falle tritt uns somit eine Eigenthümlichkeit ganz seltsamer Natur entgegen. Während gewöhnlich die bildende Kunst der Dichtung oder der Geschichte den darzustellenden Stoff entlehnt, hat diesmal ein Kunstwerk zur Entstehung einer Geschichte den Anlass geboten.

Drei Bilderhandschriften, die aus der Zeit König Wenzels IV stammend sich in Wien befinden, besitzen einen Cyclus von Miniaturen ganz eigenthümlicher Art; sie sind die Quelle, aus der Hagek schöpfte.

Die älteste dieser Handschriften ist der Wilhelm von Oranse in der Ambraser Sammlung (Handschrift nr. 75)[2]. Der gleichzeitigen Widmung zufolge ist er von einem Unbekannten für K. Wenzel bestellt und 1387 vollendet worden[3]. Doch ist hier zu bemerken, dass sich diese Jahreszahl nur auf die Vollendung der Schrift, nicht der Miniaturen, wie Wattenbach glaubt, bezieht[4]. Die Illumination des Codex ist vielmehr niemals vollendet worden, wenn sie auch jedenfalls sofort nach Beendigung der Schrift in Angriff genommen wurde.

Den Inhalt dieses Werkes bildet ein Stoff aus dem karolingischen Sagenkreise in Wolfram von Eschenbachs Bearbeitung. Die auf den Text bezüglichen Illustrationen befinden sich in den Initialien; für sie sind für den Illuminator Anweisungen in lateinischer Sprache vorhanden. Aber ausser den Miniaturen, die sich auf den Gegenstand des Werkes beziehen, findet man an dem Rande einzelner Blätter oder

---

[1] In wie ferne die Susannasage mit diesem Vorfalle in Verbindung steht, wird weiter unten näher ausgeführt werden.

[2] Es liegt mir ferne, eine künstlerische Beschreibung oder Würdigung der Miniaturen hier geben zu wollen; ich verweise auf Waagen, Die vornehmsten Kunstdenkmäler Wiens 2, 256—258 und Sacken, Die k. k. Ambraser Sammlung 2, 226 u. f. Ich hebe nur das hervor, was für unsere Sage von Belang ist.

[3] Mit folgender Widmung schliesst die Handschrift: Anno domini millesimo trecentesimo octagesimo septimo finitus et completus est liber iste videlicet Marchio Wilhelmus illustrissimo principi et domino domino Wenceslao Romanorum regi semper augusto et Boemiae Regi domino suo gratiosissimo.

[4] Wattenbach, Bemerkungen 24. Sacken, Ambr. Sammlung 226, ist der Meinung, dass man den Wilhelm von Oranse schon zu Karls IV Zeiten an schreiben begann. Er stützt seine Ansicht darauf, dass neben dem W ein C, das sich auf Carl beziehen soll, vorkommt; irrthümlich liest Sacken C an Stelle des F, das in der Handschrift unzähligemal vorkommt. Es ist das ganz dasselbe Buchstabe, wie wir ihn in der Wenzelsbibel finden. Demnach scheint mir Sackens Ansicht nicht haltbar.

gelegentlich in das Blattornament eingemalte Illustrationen ganz eigenthümlichen Characters [1]), die, wie wir später sehen werden, ein Liebesverhältniss K. Wenzels zu einem Bademädchen in launiger Weise schildern.

Die zweite Handschrift, deren ich hier gedenken muss, ist die deutsche Bibelübersetzung für König Wenzel in der Wiener Hofbibliothek (Handschrift nr. 2759—2764). Auch dieses Prachtwerk wurde für den König bestellt und ihm gewidmet von „Rotlebin herren mertein", wie die gleichzeitige Inschrift ausdrücklich besagt. Das Geschlecht der Rotlev [2]) gehört in der zweiten Hälfte des 14. Jahrhunderts zu den mächtigsten und angesehensten Bürgerfamilien Prags. Von Martin Rotlev wissen wir mit Bestimmtheit, dass er mit König Wenzel in naher Beziehung stand; so wird er bereits 1378 „magister monetae in montibus Chutnis" genannt [3]). Er bekleidete somit eine im Mittelalter höchst angesehene und ebenso einträgliche Stelle. Kraft dieser Stellung musste er von nun ab mit dem Könige in regem Verkehre bleiben. 1376 wurde ihm noch das Amt eines Richters übertragen [4]); aus Dank für die erhaltenen Würden liess er diese prachtvoll ausgestattete Bibel für den König, seinen Gönner, anfertigen. Das Werk umfasst 6 Bände, von denen der erste vollendet ist, demnächst sind der zweite und dritte reich an Bildern, aber nicht fertig; im fünften ist einiges gemalt, der vierte und sechste ist ohne Bilder. Die Entstehungszeit der Bibel fällt in die Jahre 1387—1400, denn 1400 wird Martin Rotlevs Gattin bereits „relicta" [5]) genannt; in dem

---

[1]) In diesen Bildern kehren in den verschiedenartigsten Variationen immer dieselben Motive wieder. Bei der grossen Anzahl derselben würde das einfache, trockene Beschreiben und Aufzählen nicht ausreichen, um dem Leser ein richtiges Verständniss dieser Darstellungen zu vermitteln. Noch in weit grösserem Umfange gilt dies von der Wenzelsbibel. Wo daher Autopsie mangelt, verweise ich auf die wenngleich mangelhaften Abbildungen aus der Wenzelsbibel bei Lambecius in seinen Commentaren (ed. Kollar 2,551), denn sie verleihen zum mindesten einen Begriff über die Composition dieses Stoffes und lassen auch ahnen, wie reich und herrlich die Ausstattung ist. Ich muss mich begnügen, im Laufe der Darstellung nur ganz characteristische Bilder zu erwähnen und allenfalls eingehender zu beschreiben.

[2]) Die Orthographie des Namens Rotlev wechselt, je nachdem derselbe in lateinischen oder deutschen Urkunden vorkommt. Denis in den Add. manuscript. bibliothecae palat. Vindob. liest im vorliegenden Falle irrthümlich Kotlebin (v. 1, p. 1.) statt Rotlebin.

[3]) Tomek, Základy tom. 2,136 nr. 852.

[4]) Tomek, Základy 2,21 nr. 566, Jahr 1386.

[5]) Tomek, Základy p. 228 nr. 674. Vielleicht starb Rotler schon vor 1400. Soviel steht jedenfalls fest, dass mit dem Tode desselben die Illustration des Codex aufhörte.

frühen Tode Rotlevs ist auch der Grund zu suchen, warum die Miniaturen nicht vollendet wurden [1]). Im Texte befinden sich Bilder, die Stoffe aus der Bibel behandeln, am Rande unter reichem Blattornamente dagegen Darstellungen anderer Art, unter denen dieselben Motive, wie wir sie bei Wilhelm von Oranse fanden, immer wiederkehren [2]).

Auch bei der Wenzelsbibel ist nicht bekannt, wer die Illuminirung besorgt habe. Wohl findet man in der Bibel mit blauer Tinte von gleichzeitiger Hand den Namen n. Kuthner [3]) zwischen den Intercolumnen des Textes ganz unten am Rande. Wattenbach glaubte darin den Namen des Illuminators gefunden zu haben; doch kommt an einer solchen Stelle der Namen des Illuminators kaum vor. Mit weit grösserer Wahrscheinlichkeit liesse sich derselbe auf einen Schreiber der Handschrift deuten; dafür spräche wenigstens der Umstand, dass die Schriftzüge, die der Name aufweist, mit jenen, die uns in der Handschrift entgegentreten, übereinstimmende Merkmale zeigen. Die Anzahl der Bilder in den 6 Bänden ist ferner so bedeutend, dass wahrscheinlich mehrere Hände sich an der Illustration dieses Prachtwerkes bethätigten, wie das auch sonst bei Bilderhandschriften gewöhnlich war. Für diese Ansicht sprechen auch einzelne, wenngleich unbedeutende Abweichungen in der Ausführung der Miniaturen [4]).

[1]) Diese Bilder sind jetzt herausgegeben von J. Frič, Král Vašek a Zuzana. (König Wenzel und Susanna). Pilsen 1879.

Was die künstlerische Beschreibung dieser Handschriften anbelangt, verweise ich auf Waagen 2,28—30. Schon Lambecius (ed. Kollar) 2,581 hat diese Handschrift einer eingehenden Beschreibung unterzogen und mit einigen Abbildungen versehen. Denis folgt vollständig den Bemerkungen, die Lambecius gibt. Dibdins grosses Werk, das Waagen citirt, stand mir nicht zu Gebote.

[2]) Auch hier ist bei der grossen Anzahl der Miniaturen die Beschreibung und Aufzählung derselben nicht angezeigt. Das Bademädchen mit Quast und Kübel, der Composition und dem Colorit nach übereinstimmend mit den Abbildungen desselben in den Bilderhandschriften, findet sich als Wandgemälde auf dem Innengewölbe des Altstädter Brückenthurmes vor, dessen Vollendung in die Zeit K. Wenzels IV fällt. Ob aber die Malerei aus derselben Zeit stammt, muss dahin gestellt bleiben, denn bis zur Unkenntlichkeit entstellt, ist die Restaurirung derselben in neuester Zeit nach dem Muster der Wenzelsbibel in stilgerechter Weise durchgeführt worden.

[3]) Wenzelsbibel 2, Blatt 57a, 81a und 104b.

[4]) Es findet sich allerdings in der Wenzelsbibel 1, Bl. 189a und a. a. O. auf dem Schriftbande der Name Frana. Ein Illuminator dieses Namens war zur Zeit König Wenzels IV, nachweisbar in den Jahren 1401—1414, in Prag thätig (Tomek Základy 1,218 nr. 169; 1,220 nr. 87; 3—5, 240 nr. 169 und 241 nr. 22 und 87). Demnach kann er sich an der Illumination dieses Prachtwerkes betheiligt haben, ohne dass sich festsetzen lässt, wie weit sich sein Einfluss erstreckt, denn aus den oben angeführten Gründen geht hervor, dass sich mehrere

Ganz dieselben Motive und Bilder, wie in den beiden erwähnten Handschriften finden sich auch in der prachtvoll verzierten Abschrift der goldenen Bulle, die auf K. Wenzels Befehl im Jahre 1400 für ihn angefertigt wurde[1]). Die Jahreszahl bezieht sich gleichfalls nur auf die Schrift; die Miniaturen können etwas jünger sein[2]).

Besonders reich geschmückt ist das Titelblatt mit der Vorrede. Auf der inneren Seite des Randes ist ein wilder Mann mit dem böhmischen Löwen in der Fahne, oben der gekrönte Helm, hin und wieder Dompfaffen und andere Vögel, ein Hund und ein Fuchs, welche sich angrinsen. Auf dem unteren Rande ist König Wenzel im Bade, zu beiden Seiten von ihm, welcher in schwarzer, goldgemusterter Kleidung in einem W sich befindet, sind in zwei Runden zwei und drei artige Mädchen, eine fast nackt, von hübschen Motiven, wenn schon etwas mager, und eine sechste am inneren Rande, welche mit einem Gefässe herabsteigt, ein unbekleideter Mönch, ein Bär und zwei Affen[3]).

Ganz richtig bemerken Waagen und Wattenbach, dass die Miniaturen dieser drei Handschriften im Stile übereinstimmen. Es finden sich wohl einige Abweichungen, doch ist der Grund darin zu suchen, dass die vorliegenden Werke nicht zu gleicher Zeit und nicht mit derselben Sorgfalt ausgeführt wurden; ja es treten uns sogar innerhalb eines Werkes, wie in der Wenzelsbibel, gelegentlich Abweichungen entgegen. Mit Gewissheit können wir aus der Uebereinstimmung der Miniaturen im Character schliessen, dass dieselben aus einer Werkstatt stammen, die ihren Sitz in Prag hatte, denn die Wenzelsbibel wird von Rotlev, einem Prager Bürger, bestellt, wie die Abschrift der goldenen Bulle von K. Wenzel selbst, der sich häufig in Prag aufhielt. Schon daraus geht hervor, dass diese Handschriften

---

Hände daran bethätigten. Anderer Ansicht ist der Verfasser des Feuilletons in der Prager „Politik" vom 14. Juli 1878, ohne jedoch einen gewichtigen Grund für seine Annahme beizubringen. Nebenbei sei bemerkt, dass das Buch der Prager Malerzeche (hg. von Prof. Pangerl) einen Illuminator dieses Namens nicht kennt.

[1]) Auf Blatt 46. heisst es von gleichzeitiger Hand: De mandato serenissimi principis domini Wenceslai Romanorum et Bohemie regis anno domini millesimo quadringentesimo. Die Abschrift der goldenen Bulle befindet sich in der Wiener Hofbibliothek unter der Signatur 338.

[2]) Der Name des Illuminators ist auch hier nicht bekannt.

[3]) Vgl. Waagen 2, 30—32 und Lambecius (ed. Kollar) 2, 652. Ausser dieser Miniatur auf dem Titelblatte finden sich nur noch auf Bl. 41, auf dem Teppiche der Initiale 4 und auf Bl. 46 in der Miniatur K. Wenzel thronend; sie bilden die Verzierung des Teppiches.

in Prag angefertigt wurden, zumal diese Stadt in jener Zeit, was Kunstentfaltung anbelangt, einen hervorragenden Platz einnahm.

Für diese Ansicht spricht aber auch vor allem der Character der Miniaturen. Um die Mitte des 14. Jahrhunderts tritt in Frankreich eine neue Richtung in der Miniaturmalerei auf, die sich durch ein wirklich malerisches Verfahren auszeichnet. Der Maler arbeitet mit dem Pinsel, gibt mit ihm den Dingen Schattirung und Relief und lässt in der Farbe auch die Form zur Geltung kommen, statt wie bisher die Dinge nur in ihren äusseren Umrissen zu sehen. Der Fleischton von grosser Zartheit, die kräftige Farbe der Gewänder, sowie die prächtigen Teppichmuster am Hintergrunde verleihen den einzelnen Bildern eine wohlthuende Harmonie[1]). In dieser Schule tritt uns die Vorstufe der modernen Malerei entgegen. — In Prag entfaltet die Miniaturmalerei eine der französischen Richtung analoge Entwicklung, die zur Zeit Karls IV ihren Höhepunkt erreicht (vgl. den liber visticus des Kanzlers Johann von Neumarkt und das Mariale des Arnestus im böhmischen Museum[2]), während unter Wenzel IV bereits ein sichtliches Nachlassen stattfindet. Die Bilder dieser Zeit sind derber, fabriksmässiger gearbeitet, dagegen bleiben die Randverzierungen von alter Güte (vgl. Wenzelsbibel, Wilhelm von Oranse, Abschrift der goldenen Bulle).

Gerade diese herrlich durchgeführten Randverzierungen mit ihrem realistischen Blattwerke gaben dem Illuminator Gelegenheit, in den verschiedensten Variationen immer wieder dieselben Motive zur Geltung zu bringen. Zum Gegenstande dieser Darstellungen wählte man einen historischen Vorgang aus der Zeitgeschichte.

König Wenzel und das Bademädchen bilden die Hauptpersonen dieser Illustrationen. Dass wir es mit dem Könige, der uns bald in aller Herrlichkeit thronend, bald im Rittergewande, bald nackt im Bade entgegentritt, zu thun haben, beweisen die Reichsinsignien, das böhmische und Reichswappen, durch die er als solcher genau bezeichnet wird; für seinen Namen finden wir die Sigle W, die sich in seiner Umgebung zu wiederholtenmalen zeigt, oder ein anderesmal erscheint er sitzend in derselben. Einigemal tritt er uns, gelegentlich gekrönt,

---

[1]) Notizen darüber verdanke ich Herrn Professor Dr. Alfred Woltmann, der mir in zuvorkommenster Weise bei dieser Arbeit mit Rath und That beistand und sogar sein Manuscript über die Miniaturmalerei dieser Periode zur Durchsicht geliehen hat.

[2]) Eine photographische Vervielfältigung „der Verkündigung Mariä" aus dem Mariale des Arnestus befindet sich in Woltmanns Aufsatz „Zur Geschichte der böhm. Miniaturmalerei" im Repertorium für Kunstwissenschaft 2. Bd. 1. Heft.

an solchen Stellen entgegen, wo wir unbedingt den König selbst erwarten, ja auf Blatt 27ᵃ (Wenzelsb. 2. Bd.) trägt er sogar seinen Wahlspruch: „ich pyn milde vnde czam, den guten gut, den posen gram".

Das Bademädchen, gekennzeichnet durch Kübel und Quast, ist am häufigsten im Hemde mit blossen Füssen und Armen dargestellt, einmal sogar nackt mit durchsichtigem Schleier (Wenzelsb. 1. 100ᵃ); nicht selten kommt es angekleidet vor (Eb. 1. 26ᵃ, 58ᵃ), in goldener Kleidung (Eb. 237ᵇ) oder in einem Rosagewande (Eb. 2, 33ᵃ), einmal in einem blauen mit der böhmischen Krone gekrönt (Eb. 1. 181ᵃ). Auf Blatt 2ᵃ (Wenzelsb. 1.) sitzt das Bademädchen sogar als Königin gekleidet neben König Wenzel auf dem Throne. Man vermuthete in diesem Bilde die Gattin K. Wenzels, allein mit Unrecht; denn schon die Insignien des Bademädchens, der Waschtrog, ferner der Vogel und die Schleife[1]), die auf ein besonderes Verhältniss desselben zu dem Könige hinweisen, sprechen dafür, dass wir es mit dem Bademädchen zu thun haben. Noch mehr bestätigt sich diese Ansicht dadurch, dass wir an der Seite des Mädchens den Buchstaben E, die Sigle für den Namen desselben[2]) finden. Bei anderen Bildern trägt das Mädchen diesen Buchstaben auf dem Schoosse, auf der Brust und an anderen Orten; einmal hält es das E in der Hand (Wenzelsb. 2, 31ᵇ), häufig ist es in dem E dargestellt. (Eb. 1, 148ᵃ). An Stellen, wo der Illuminator ein W statt des Königs setzt, finden wir gleichfalls statt des Mädchens ein E, das sich bald gekrönt, bald nicht gekrönt vorfindet. (Wilhelm

---

[1]) Diese Insignien kommen in den verschiedenartigsten Combinationen bald neben-, bald übereinander, beinahe auf jedem Blatte, wo sich Illustrationen befinden, vor.

[2]) Der Buchstabe gab zu verschiedenen falschen Deutungen Anlass. Lambecius sieht in demselben K und bezieht es auf rex. Unter dieser Deutung des Buchstabens lassen jedoch die meisten Bilder keine Auslegung zu. Sacken liest im Wilhelm von Oranse statt dessen C, das er auf Karl IV bezieht. Erst Wattenbach liest richtig E (Bemerkungen zu einigen österr. Geschichtsquellen p. 24), denn dieser Buchstabe stimmt mit den E, die im Texte der Handschrift vorkommen, vollständig überein. Doch da Wattenbach von der falschen Ansicht ausgeht, dass Wenzel und seine Gemahlin diese Bibel gestiftet, meint er, dass sie selbst am Anfange des Werkes dargestellt sind; auch versucht er das E auf den Namen der Königin zu deuten, die den Doppelnamen Offmei i. e. Euphemia gehabt haben soll. Aber es gibt für diese Deutung keinen Quellenbeweis; zudem war ja im 14. Jahrhunderte das Vorkommen von Doppelnamen höchst selten. Wattenbach selbst gibt zu, dass sonst dies E immer in unverkennbarer Beziehung zu dem Bademädchen steht. Den besten Beweis, dass sich dasselbe nur auf das Mädchen beziehen kann, liefert der Wilhelm von Oranse, wo von der Königin keine Spur vorkommt, der Buchstabe E bei dem Bademädchen aber uns immer wieder vor die Augen tritt.

von Orause 200ᵇ, Wenzelsb. 1, 139. 2, 91ᵃ u. a. a. O.). Soviel steht fest, dass das E eine Sigle für den Namen des Bademädchens ist; doch ist eine nähere Deutung desselben unmöglich, da sich kein einziger Anhaltspunkt zur Lösung dieser Sigle auffinden lässt.

Die Bilder, in denen der König mit dem Bademädchen eine Gruppe bildet, zeigen uns gewöhnliche Badescenen; so finden wir den König von zwei Bademädchen umgeben, die ihn waschen (Wenzelsb. 1, 9ᵇ) oder kämmen (Eb. 1, 47ᵇ).

Allein blättert man mit Aufmerksamkeit die Folianten durch, so zeigen uns die anderen Darstellungen, wo der König gesondert von dem Mädchen vorkommt, ein wechselseitiges, inniges Verhältniss zwischen beiden. Häufig finden wir den König im E — einmal sogar mit der Hand an dasselbe angefesselt — das Mädchen im W sitzend. Gelegentlich tritt der König mit den Insignien des Mädchens auf, hält einmal den Kübel, ein anderesmal das E in den Händen. Das Mädchen wiederum trägt den Buchstaben W auf der Brust oder hält ihn mit beiden Händen empor; auch trägt es nicht selten in der Hand eine Schleife, in der sich das W befindet¹). Die Schleife ist ein ständiges Attribut des Bademädchens mit symbolischer Bedeutung für den König, der in die Fallstricke desselben gelockt wird. Dies Moment bringt der Illuminator dadurch zur Geltung, dass er den König mit der Schleife darstellt. Ja, er geht noch weiter. Um nämlich das Liebesverhältniss des Mädchens zu Wenzel recht hervorzuheben, bediente sich der Illuminator der Sitte seiner Zeit, die darin bestand, dass die Ritter die Farbe jener Dame trugen, um deren Huld sie minnten. Daher trägt die Schleife des Königs die Farbe, die das Gewand des Mädchens hat; ist z. B. auf Blatt 33ᵃ (Wenzelsb. 2.) die Bademagd in einem Rosakleide, so muss der König in blauem Gewande eine Rosaschleife haben. Auf ein Liebesverhältniss weist ferner die Devise hin: thoho bzde thoho²), die bald der König, bald das Mädchen trägt;

---

¹) Alle diese Abbildungen kommen in ihren verschiedenartigen Variationen so häufig vor, dass auf specielle Fälle hinzuweisen unnöthig ist.

²) Die Orthographie dieser Devise ist abweichend; so findet man: thoho bzde thoho neben toho pzde toho, gelegentlich nur bzde toho; häufig: o . toho pzde toho . e . toho pzde toho . w . toho pzde toho . e. Bis heute ist eine Deutung dieser Devise unmöglich gewesen. Ob wir es daher mit einem geflügelten Worte K. Wenzels IV oder der Bademagd oder ob wir es mit einem verstümmelten Sprichworte zu thun haben, muss dahin gestellt bleiben. Sicher ist, dass durch diese Devise ein Wechselverhältniss zwischen dem König und der Bademagd ausgedrückt werden soll, denn sonst liesse sich nicht erklären, was der Wechsel der Siegel E und W innerhalb der Devise zu bedeuten hat. Es ist zu bedauern,

häufig findet sie sich in der Schleife, meistens aber halten sie Vögel im Schnabel. Die Vögel sind jedoch nicht aus dekorativen Zwecken da, etwa um das realistische Laubwerk zu beleben, sondern ihnen ist eine ganz bestimmte Tendenz zu Grunde gelegt. Wir finden sie an Orten, wo gewöhnlich K. Wenzel oder die Sigle W sich befindet. So tragen sie die Devise im Schnabel, ein anderesmal das E, welches sonst der König auf der Hand hält; bald sind sie auf dem E, bald in der Schleife, bald wieder auf dem Kübel. Sie bilden die ständige Umgebung des Mädchens; als dieses z. B. auf Blatt 237[b] (Wenzelsb. 1.) in goldverbrämter Kleidung dargestellt wird, hält es einen Vogel auf dem Arme, ein anderesmal lässt er sich auf dem Haupte des Mädchens nieder. — Diese Vögel spielen in den Darstellungen eine bedeutende Rolle, denn sie sind das symbolische Zeichen für den in die Fallstricke des Mädchens bereits gelockten König. Um dies anzudeuten, hat der Illuminator den Vogel in die Schleife gesetzt oder ihm die Schleife um den Hals und über die Schwingen gelegt (Wenzelsb. 1, 17[b] und a. a. O.), denn wie der Vogel, dessen Schwingen gebunden sind, der Freiheit entbehrt, so sollte hiedurch der König als willfähriges Werkzeug in der Hand seiner Buhle dargestellt werden. Es scheint dies Symbol in der That dem König ganz vorzüglich gefallen zu haben, denn es begegnet uns auch auf anderen gleichzeitigen Denkmalen[1])

Die übrigen Darstellungen in den Randverzierungen dienen ausschliesslich nur decorativen Zwecken oder um anzudeuten, wo sich die Handlung entwickelt; so vor allem das Blattwerk, in dem sich gelegentlich Affen (Wenzelsb. 1,25[a]) befinden, oder es kommt einmal

---

dass ein deutsches Spruchband auf Bl. 41 (Wenzelsb.), das vielleicht Aufklärung in die Sache gebracht hätte, unlesbar ist.

[1]) So befinden sich fünf derartige Vögel auf den beiden Seiten des Altstädter Brückenthurmes in Prag, die als die „Prager fünf Entelein" bekannt sind; in derselben Anordnung finden wir das Symbol auf der Aussenseite des Thorthurmes des wälschen Hofes in Kuttenberg, in der Capelle des Altstädter Prager Rathhauses; in dem Archive des letzteren liegt ein in Leder gebundenes Buch in Folio, welches Käufe und Verkäufe von Häusern aus den Jahren 1400—1410 enthält, in dessen Einbänden an den Ecken bis auf eine, deren Schleife ein E einschliesst, dasselbe ausgeprägt ist. Die „Politik", 4. Mai 1875 bringt eine Abhandlung von Prokop Schmitt über die fünf Prager Entelein, die hier weiter nicht berücksichtigt werden kann.

Dieses Symbol des Königs — der Vogel in der Schleife — scheint daher nicht von den Illuminatoren der Wiener Handschriften herzurühren, sondern König Wenzel mochte sich dessen für seine Person auch sonst bedient haben, da diese symbolische Bezeichnung sich so häufig an öffentlichen Büchern und Bauten seiner Zeit vorfindet. Eine Analogie scheint Friedrich III mit seiner Vorliebe zu den fünf Buchstaben A E I O U zu liefern.

ein Wolf und ein Fuchs vor (Abschrift der gold. Bulle). Auch die wilden Männer, die uns als derbe Gesellen entgegentreten, haben nur den Zweck, als Schildhalter bei den Wappenbildern zu dienen.

In diesen Darstellungen, die eine Art von Drôleries bilden, werden uns K. Wenzels unlautere Zuneigung zu einem Bademädchen und die Liebesabenteuer, die er erlebte, geschildert. Freilich geschieht dies in einer etwas frivolen Weise; noch mehr muss es uns aber Wunder nehmen, dass man solche Darstellungen zur Verzierung einer Bibel wählte. Für einen solchen Gegenstand konnte sich der Illuminator aus eigenem Antriebe nicht entscheiden; dazu haben jedenfalls die Besteller den Befehl ertheilt. Gewiss wusste Rotlev, der den König kannte, dass ihn solche Darstellungen freuen; dass der König wirklich seine Freude daran hatte, zeigt die Abschrift der goldenen Bulla, die er doch selbst für sich bestellte. Es ist gewiss, dass Rotlev im Einverständnisse mit Wenzel dem Illuminator zu diesen Darstellungen den Befehl ertheilte und dass derselbe stets nach Vorschrift arbeitete, beweisen die handschriftlichen Bemerkungen in Latein, die in seltenen Fällen so erhalten sind wie in der Wenzelsbibel oder im Wilhelm von Oranse. Sie beziehen sich zwar auf die den Text illustrirenden Bilder, doch ist die Annahme gestattet, dass dem Illuminator das Thema auch für die Randmalereien wenigstens im allgemeinen angegeben war. Für sie finden sich daher auch nur allgemeine Anweisungen vor; so heisst es zweimal tabulam pictam (Wenzelsb. 1,130ᵃ, 3,112ᵃ; die Worte sind in Kürzungen ausgeschrieben: p͡m tā²) und beidemal finden wir Mädchen mit Kübel, Quast etc. dargestellt. An anderen Orten sind die Anweisungen ausradirt und Ornamente darüber gemalt. Bei Darstellung von biblischen Stoffen ist dagegen immer ganz genau angegeben, was der Illuminator darzustellen hat z. B. (Wenzelsbibel 76ᵃ): hic ponas quomodo iosias in regnum successit post mortem etc. etc. Deutlich geht daraus hervor, dass der Illuminator nach Vorschrift componirt hat[1]).

Obwohl sich in keiner dieser Handschriften ein Hinweis auf eine Gefangenschaft K. Wenzels oder dessen Befreiung aus derselben findet, waren sie dennoch die Quelle, aus der Hayek für seine Fabel schöpfte. Dass dieser Chronist[2]), dessen Sammelfleiss ungemein gross war — so stand er mit vielen Leuten in brieflichem Verkehr und hatte zur Sammlung historischen Materials sogar Reisen unternommen —

---

[1]) Vgl. Wattenbachs Bemerkungen p. 22 f.

[2]) Im übrigen verweise ich auf die Kritik über Hayek bei Palacky, Würdigung 275—299.

wenigstens eine dieser Handschriften kannte, steht fest; den schlagendsten Beweis für die Richtigkeit dieser Behauptung bildet seine eigene Erzählung, denn er beschreibt den König und die Bademagd genau in den Costümen, in denen sie uns auf den Miniaturen entgegen treten. „Als er aber sah, dass sein Herr (K. Wenzel IV) ganz nackt und seine Begleiterin nur im Hemde war, erhielt der König ein kostbares Gewand und die Susanna ein ehrbares Familienkleid", erzählt Hagek.

Als Hagek diese Darstellungen betrachtete, genügte es ihm nicht, dass nur Liebesabenteuer des Königs in denselben zum Ausdruck gelangen sollten, sondern er liess bei Interpretation dieser Darstellungen seiner Phantasie, die ja in seinem ganzen Geschichtswerke die Hauptrolle spielt, freien Lauf. Auf einigen Bildern findet sich Wenzel an dem E mit Ketten angefesselt, einmal sind die einzelnen Stäbe des Buchstaben W (Wenzelsb. 2, 63ª) durch Ringe mit einander zusammengehalten; Ketten und Ringe deuten auf Gefangenschaft und Kerker. Er versetzte daher den König als Gefangenen nach Prag, denn diese Stadt war seine Residenz und die Vorgänge, die sich daselbst 1393 abspielten (der Streit mit Johann von Jenzenstein und die Ertränkung Johanns von Pomuk), waren nach dessen Ansicht gewichtig genug, um eine Empörung gegen den König zu veranlassen. Lange muss er nach des Chronisten Ansicht im Kerker schmachten, ehe er an die Herren, die ihn gefangen halten, die Bitte stellt, ihm den Besuch eines Bades zu gestatten. Man willfahrte endlich seinem Ansuchen und in den wilden Männern, die wir als Schildhalter kennen gelernt, hat Hagek die Diener der Gerechtigkeit erblickt, die den König in das Bad geleiten. Im Wilhelm von Oranse befindet sich in der Initiale D auf Bl. 223ª ein Bot mit einer Figur; ohne zu wissen, dass sich diese Miniatur auf die folgende Textstelle bezieht, sah er in dem Kahne das dem König willkommene Werkzeug zur Rettung. Daher findet auch Wenzel in der That, sobald er aus dem Bade, um sich abzukühlen, heraustritt, nach dem Berichte des Chronisten einen Kahn und ruft ein Bademädchen, das ihn bediente, herbei. Mit Bezug auf die Devisen: nv . z . bohem . nv . nv . w (Wenzelsb. 1, 53ᵇ) und : w . e . thoho . wile . boze. (Wenzelsb. 1, 75ª)¹), die das Mädchen beidemal in Schriftbändern hält, war es doch evident, dass der König mit ihr die Flucht ergriff. — Soviel schöpfte der Chronist aus den Handschriften; der weitere Bericht, sowie die Aus-

---

¹) Uebersetzt bedeuten die Devisen: „Nun! mit Gott, nun, nun, W. (Wenzel)" und „W. E. so (?) der Wille Gottes".

schmückung der einzelnen Nebenumstände sind Ausgeburten seiner Phantasie, die keinen reellen Hintergrund besitzen. Merkwürdig ist es jedenfalls, dass der Vogel und die Schleife, denen doch von den Illuminatoren eine nicht unbedeutende Rolle zugedacht wird, bei Hagek nicht berücksichtigt werden. Selbst der Name des Bademädchens „Susanna" scheint von Hagek erdichtet zu sein. Er hat vermuthlich die Sigle E, die zu manchen falschen Deutungen Veranlassung gegeben, mit dem ähnlich geformten gothischen S verwechselt und mit Zugrundelegung dieses Anfangsbuchstabens den Namen Susanna gebildet.

Diese Dichtung Hagek's ist nicht einmal originell, sondern nur eine simple Nachahmung dessen, was er zum Jahre 1394 erzählt; damals wurde nämlich der König aus der Gefangenschaft in Wien durch einen Fischer befreit, der ihn auf einem Bote über die Donau führte. Der Fischer wurde dafür mit Geld und Gut reichlich belohnt, erhielt den Adelstand, wurde K. Wenzels Freund und musste an dem Hofe desselben fortan verweilen. Ein gleiches Schicksal wird auch unserer Bademagd zu Theil, sie wird mit Geld und später auch mit Gütern belohnt und wurde eine so geliebte Freundin K. Wenzels, dass sie selbst in der Nacht nicht von seiner Seite weichen durfte. Auch soll auf ihre Fürbitte hin die Baderzunft in Prag bedeutende Privilegien erhalten haben.

Auf Hageks Autorität bauend haben nun die Schriftsteller der folgenden Jahrhunderte die Sage von der Susanna als historische Thatsache angesehen, nachgebetet und, wie es zu gehen pflegt, hie und da noch erweitert. Hagek selbst berichtet uns in seiner Gemüthlichkeit mit epischer Breite den Vorgang bei der Befreiung K. Wenzels aus der Gefangenschaft und geht bei seiner Schilderung so sehr ins Detail ein, dass man meinen könnte, den Bericht eines Augenzeugen zu vernehmen. Dubravius[1]) gibt uns in seiner Geschichte kaum mehr als eine freie Uebersetzung des Hagek'schen Textes. Für Balbin[2]) reichen die Motive, die Wenzels Gefangennehmung herbeiführten, nicht mehr aus; es muss daher des Königs Bruder Sigismund mit in die Action treten. Der interessanteste Fortbildner dieser Fabel ist Pontanus[3]), denn er zeigt uns, wie ein einseitig befangener Schriftsteller des 17. Jahrh. aus nichts etwas zu machen verstand. Er umgibt den ganzen Vorgang mit einem gewissen, religiösen Nimbus und nach ihm

---

[1]) Dubravius, Historia bohemica, 1575, p. 219.
[2]) Balbin, Epitome historica rerum bohemicarum, 1677, p. 599.
[3]) Pontanus a Braitenfeld, Bohemia pia, 1608, g. lib. p. 87.

trug sich die Begebenheit auf ausdrückliche Fügung Gottes zu; ein Canoniker, der mit Johann von Pomuk zugleich eingekerkert war, verkündet mit genauem Detail dem König die bevorstehende Gefangenschaft. Andere Schriftsteller[1]) gedenken nur mit wenig Worten dieses Vorganges.

So pflanzte sich die Sage fort, bis erst 1729 Glafey[2]) Bedenken trug, diesen Vorgang als historisch aufzufassen: wohl sind die Gründe, die ihm zu diesen Bedenken veranlassten, nicht schlagend. Sie zeigen aber, dass man Hageks Bericht nicht wörtlich auffassen darf und dass sich Widersprüche in demselben vorfinden. Dadurch angeregt führte Pelzel den stricten Beweis, dass dieser Bericht Hageks eine Unwahrheit ist. Seit dieser Zeit folgen alle Schriftsteller dieser Ansicht bis auf Weizsäcker[3]), welcher der Meinung ist, „dass die Sache vielleicht doch nicht ganz abgemacht sei."

Durch den Nachweis der Quelle, aus der das Hagek'sche Märchen schöpfte, sowie der Zeit, wann es entstand, glauben wir der weiteren Geltung desselben ein Ziel gesetzt zu haben.

---

[1]) Pešina de Čechorod: Prodromus Moravographiae und Mars Moravicus, 439, 400. Beckowský Pyselkyně starých příběhů českých u. a. m.
[2]) Glafey, Pragmatische Geschichte der Krone von Böhmen 1749 p 227. nr. 4.
[3]) Weizsäcker, Reichstagsacten 425.

Kleine Mittheilungen.

Instruction für Archivare aus dem vierzehnten Jahrhunderte. Das Archiv des Departement der Rhonemündungen zu Marseille enthält in der Abtheilung Chambre des comptes de Provence ein ausserordentlich reiches Material auch für die sicilischen Verhältnisse unter den angiovinischen Königen, wie das aus dem 1865 ff. gedruckten Inventaire sommaire jener Archivabtheilung näher zu ersehen ist, einem Werke des Vorstehers des Archivs, Louis Blancard, der mich, als ich im Frühjahr 1879 dort arbeitete, in so überaus liebenswürdiger und zuvorkommender Weise aufnahm und unterstützte, dass ich es mir zum Vorwurfe machen müsste, wenn ich das bei der ersten Gelegenheit, wo ich jenes Archiv zu erwähnen habe, nicht ausdrücklich hervorheben würde. Ich hatte mich insbesondere mit dem als Cartularium Neapolitanum bezeichneten Bande B 269, vorwiegend königliche Verordnungen des 13. und 14. Jahrhunderts enthaltend, zu beschäftigen, um demselben das zu entnehmen, was sicher oder möglicherweise auf Friedrich II und Manfred zurückgeht; es wird in kürzester Frist von Winkelmann in den Acta imperii saeculi XIII veröffentlicht werden. Da in dem Bande die Zeitfolge nicht eingehalten ist, hatte ich denselben seinem ganzen Umfange nach genauer durchzusehen und copirte dabei auch einzelnes aus späterer Zeit, das mir von Interesse schien. So von f. 135 das folgende Stück, welches nur einen Theil einer umfassenden Instruction der Königin Johanna I, 1343 bis 1381, für die Oberrechnungsbehörde des Königreichs bildet; sind die oben erwähnten, bis in die staufische Zeit zurückreichenden Bestandtheile auch für die Diplomatik von grösstem Werthe wegen der Einsicht, die sie in das Kanzleiwesen des Königreichs gewähren, so ist mir keine ältere Verordnung bekannt geworden, welche sich auf das Archivwesen insbesondere bezöge.

Iohanna etc. Magistris racionalibus magne nostre curie etc. In reformacionis negociorum statu . . . .

Archivarii cum omni diligencia studeant incumbens eis officium exercere, et tam de mane quam de sero diebus non feriatis permaneant in archivo executuri fideliter mandata curie et ipsorum pariter dominorum, ac sint soliciti recipere tappeta a quibuscunque officialibus seu cabellotis habentibus finaliter computare, dividenda inter eosdem magistros racionales proporcionabiliter seu pro rata.

Item recipere balistas assignandas in archivo predicto et eas cum consciencia dominorum magistrorum racionalium assignare excellencie regali.

Caveant quod de scripturis privilegiis aut aliis quibuscunque racionibus seu monumentis que in publico conservantur archivo, nulli per eos fiat copia, nisi de mandato dominico procederet aut de expressa consciencia magistrorum racionalium predictorum.

Item vigilent omnino quod originales scripture registra raciones, privilegia acta seu monumenta quecunque, ut predicitur, ad nullius seu nullorum mandatum abinde extrahantur, postquam ibi posita fuerint. Et hoc intelligatur tam de preteritis, presentibus quam futuris; et sint soliciti recuperare cum consciencia dominorum ipsorum illa que nondum sunt inibi assignata.

Item sint curiosi et seduli quod conficiant duo registra que apud se caute retineant. In quorum uno significatorie omnes ac consultatorie cedule que fiunt ad excellenciam regiualem seu comitem camerarium describantur. In alio vero notentur nomina officialium omnium, iudicum et actorum camereque notariorum ac cabellotorum qui pro tempore ordinautur et quorum raciones committuntur, quibus auditoribus pariter et quando, ut cum de eis contingat fieri finales apodixas, ibidem memorialis subcincta ordinacio subnectatur, ut per ipsos magistros racionales in omnibus caucius et cercius procedi valeat in negociis fiscalibus prout decet, et ipsi archivarii sint exinde melius manualiter informati. Et propterea raciones omnes quorumcunque officialium vel aliorum habencium computare, que de summariis ad archivum transmittuntur, ipsis archivariis assignentur qui statim dominis conscientiam faciant et de eorum voluntate ac ordinacione expressa, ut predictum est, auditoribus ipsis committantur; conscribantque in prefato registro diem quo eis assignate fuerint raciones ipse de summaria audiencia ad archivum transmisse.

Item procuratores computantes finaliter in archivo pro quibuscunque officialibus et personis assignent et assignare teneantur dictis archivariis et in eorum inventario scribi facere omnes quaternos assignaciones et qui assignari debent iuxta ritum et ordinem racionum. Et postquam computaverint finaliter coram auditoribus, quibus racionum earum audiencia et examinacio finaliter committetur, et assignaverint eisdem auditoribus omnes quaternos veteres, illos cum cautelis omnibus dictis auditoribus assignatis resignent et resignare teneantur per ordinem et numerum archivariis supradictis vel alteri eorundem, ut in dicto archivo in posterum melius conserventur nullusque quaternus per involucionem et occupacionem aliquam perdi possit.

Item ordinatum est quod nec per archivarios, actorum notarium prefatosque notarios ad scribendas litteras per curiam deputatos nulla fiat littera cedula vel mandatum de quavis causa, nisi precedente mandato dominorum ipsorum aut alicuius ex eis.

Item ordinatum est quod nullus ex servientibus stipendiariis aut carcereriis ad mandatum alicuius persone archivi aliquid exequatur, nisi illud processerit de voluntate et mandato ut predicitur dominorum.

J. Ficker.

Verordnung gegen Missbräuche an der Universität zu Neapel von 1329. In die gedruckte Sammlung der Constitutionen des Königreichs Sicilien, Bd. 2 S. 123 der Ausg. von 1773, ist von König Robert die Bestätigung des eingerückten Privilegs König Karls I. für die Universität zu Neapel von 1266 aufgenommen, dann eine Verordnung, durch welche der König zu Gunsten der Universität das Fortbestehen irgendwelcher andern Rechtsschule im Königreiche untersagt. Unbekannt ist meines Wissens die folgende Verordnung, welche gleichfalls dem Curtularium Neapolitanum zu Marseille, f. 310, entnommen ist:

Robertus etc. Tenore presentium notificamus universis earum seriem inspecturis tam presentibus quam futuris quod, presentatis nuper nostris obtutibus quibusdam capitulis super reformatione studii Neapolitani noviter editis, vidimus ea et exminavimus cum aliquibus de nostro consilio diligenter. Et quia cordi precipue gerimus, [ut] scientiarum studium nobis et reipuplice nostro commisse regimini multiplici consideratione perutile in civitate nostra Neapolis melius et efficacius quam consueverit omni perturbatione remota regatur et vigeat, cum per id viri prudentes efficiantur et docti per quorum sana consilia disponuntur negocia tam puplica quam privata salubriter et universalis status prospera et grata felicitas procuratur, attento quod per ipsa capitula eidem studio eiusque regimini accomodus et decens favor impenditur et quedam impedimentorum obstacula que bonum eiusdem studii et quietem retrohactis asseruntur perturbasse temporibus, noscuntur ad presens provida remediatione succidi, eadem capitula approbanda et confirmanda pariter harum serie de certa nostra sciencia duximus eaque servari tenaciter et execucioni mandari debite per omnes et singulos ad quos spectat volumus et iubemus; quorum quidem capitulorum tenor per omnia talis est:

In primis quod quicunque doctor in iure civili et iure canonico voluerit pro hoc anno presentis viii. indictionis legere in studio Neapolitano, habeat liberam licentiam et potestatem legendi tam ordinarie quam extraordinarie; et idem intelligatur de fisicis; hoc modo videlicet quod ipse iurabit in presentia consilii, quod fideliter leget et observabit puncta danda eis per vicecancellarios rectores studii prout moris est, et quod tempore lecture durante non vacabit advocationibus neque consiliis dandis nec aliis propter que posset studium impediri.

Item quod nulla societas fiat inter doctores ad legendum alternatim, quod unus una edogmada legat et alius altera, quia esset perplexitas et impedimentum scolarium propter diversitatem linguarum; immo continuet studium usque ad finem libri et nemini committat lectiones, nisi causa infirmitatis vel alia racionabili emergente, secundum puncta et tempora distinguenda eis.

Item quod ubi aliquis doctor voluerit extraordinarie legere, quod scolaris non concurrat cum eo, immo cedat; sed ubi scolaris voluerit legere, legat de extraordinariis librorum ordinariorum in scolis dictorum legentium ordinaria.

Item mandent doctoribus volentibus legere ex parte domini ad penam unciarum decem pro qualibet vice irremissibiliter exigendam in quacumque facultate, quod impressiones et rogamina scolaribus per se vel alium non faciant seu fieri faciant; et preter penam predictam prestent in dicto consilio de observandis predictis corporale ad sancta dei evangelia iuramentum.

Item repetitores cum rudibus eorum intrent scolas continue, quod doctores non possint collecta fraudari et maior utilitas inde eis [eveniat]; ad quod compellantur per omnem cohercionis modum licitum et honestum. Item omnes intrantes intrent scolas cum libris suis, ita quod doctores non fraudentur dicta collecta; et quicunque fraudaverit puniatur in triplo et pena exigatur per rectores studii; et sic assistant eis in hoc regentes curiam vicariam et capitanei Neapolis.

Item quod scolares permittant legere doctores in festo nativitatis usque ad festum beati Thome, in festo carnisbrivii usque in ultimam diem mercurii carnisbrivii, in festo resurrectionis usque ad dominicam palmarum; si vero contrafecerint et impediverint predictos doctores quocumque modo in lectura predicta, incidant in penam unius floreni qualibet vice qua contravenerint; que exigatur ab eis modo predicto.

In cuius rei testimonium presentes litteras triplicatas consimiliter fieri et pendenti maiestatis nostre sigillo iussimus communiri.

Dat. Neapoli per etc. anno domini mccexxxviiii., die xvi. septembris, viii. ind., regnorum nostrorum anno xxxi.   J. Ficker.

Zwei Gedichte aus der Zeit Otto IV. Im 12. Bande des Archivs der Gesellschaft für ältere deutsche Geschichtskunde S. 719 beschreibt Bethmann den Cod. 1 im Plut. xxix der Bibliotheca Laurentiana. Zu dieser interessanten Beschreibung möchte ich nur noch weniges hinzufügen. Am Ende der Handschrift lesen wir „Liber Petri de Medicis Cosmae filii". Als besonders interessant hebt Bethmann an dieser Liederhandschrift hervor, dass die „Lieder durchgängig in Musik gesetzt sind und zwar meist mit sehr reicher vierstimmiger Begleitung". Auf den ersten 200 Blättern haben die drei oberen Stimmen je auf fünf rothen Linien ihre Noten, die vierte unterste auf vier Linien. Von fol. 201 bis f. 250 finden sich Lieder für drei Stimmen, jede der Stimmen auf fünf Linien, auf den Seiten von f. 250 bis f. 252 finden sich die beiden oberen Stimmen auf fünf, die dritte auf vier Linien. Mit f. 252' tritt wieder das von f. 201 bis f. 250 eingehaltene Schema auf, doch sind nur f. 252' bis f. 254' beschrieben, die letzte Seite ohne Text, die übrigen Seiten bis f. 262' unbeschrieben. Von 263 bis f. 300', 381—387, 388, 389'—396' ist für den zweistimmigen Gesang und 399—451, 463—471 für das einstimmige Lied das Fünf-Liniensystem angewandt. Wie zu Beginn der Handschrift ein Bild, die Musika darstellend, angebracht ist, so ziert denn auch den Beginn jeder Abtheilung eine sinnreiche Miniatur.

Von diesen Liedern beziehen sich nur zwei, wie Bethmann a. a. O. angibt, speciell auf Deutschland, die er jedoch ohne Noten copirt hat. Da es mir unbekannt geblieben ist, ob irgendwo Bethmann diese Abschriften verwerthet hat, so habe ich bei Gelegenheit einer Durchsicht der Handschriften der Laurentiana im Sommer 1877 auch diese Handschrift eingesehen und den Text der beiden Lieder, die ich im Nachfolgenden abdrucken lasse, abermals abgeschrieben und glaube durch ihre Mittheilung einen kleinen Beitrag zur Geschichte des Conflictes zwischen K. Otto IV und Innocenz III zu liefern. Die beiden Gedichte sind in dem Ton der damals herrschenden politischen Lyrik abgefasst. Nr. I stammt offenbar aus dem Jahre der Wahl des Grafen Lothars von Segni zum Papste; Nr. II hingegen entstand c. 1211, wohl in der Zeit des Kampfes Ottos IV mit dem Papste und K. Friedrichs zwischen dem 18. Nov. 1210, dem Tage an welchem Innocenz III den Bann über K. Otto IV aussprach und dessen Unterthanen von der Verpflichtung der Treue entband, und dem April 1212, um welche Zeit K. Friedrich II als Gegenkönig Ottos IV offen auftrat.

I.

f. 440.

Pater sancte, (f. 440') dictus Lotarius
Quia lotus batismi gratia,
Appellaris nunc Innocentius
Nomen habens ab innocentia,
Divinitus vocaris tertius;
Ternarii signant misteria,
Trinitatis quod sis vicarius.

II.

f. 435'

Rex et sacerdos prefuit
Christus utroque gladio,
Regnum in ipso (f. 436) floruit
Coniunctum sacerdotio.

Utile dulci miscuit,
Sed sub figura latuit
Huius iuncture ratio.

Otho quid ad te pertinet,
Que te rapit presumptio
Celsa? Iam casus imminet,
Iam vicina subversio
Que reprobum exterminet:
Ut Saulum eliminet,
Davit fiet inunctio.

Exclamat Innocentius:
„Ledor quem feci baculo,
Conversus in me gladius
Cuius eingebar capulo;
Vas est collisum figulo,
Fortior ille vasculo
Franget ergo fragilius".

Karl Rieger.

Die Hirschauer Congregation. Adolf Helmsdörfer veröffentlichte in seinem 1874 erschienenen „Forschungen zur Geschichte des Abtes Wilhelm von Hirschau" S. 118 ein Verzeichniss der mit Hirschau verbrüderten Klöster. Ein ähnliches, aber kürzeres Verzeichniss findet sich im Codex nr. 297 des Benediktinerstiftes zu den Schotten in Wien. Die Handschrift gehört dem 13. Jahrh. an und enthält die Constitutionen Wilhelms. Auf der letzten Seite werden die verbrüderten Klöster aufgezählt; es werden zwei Klassen unterschieden, je nach der grösseren oder geringeren Gedächtnissfeier, die für die verstorbenen Mönche gehalten wird. Folgende Stelle nennt die Confraternitäten der ersten Klasse: He sunt autem congregaciones quibus hec debemus: Marię Admunt, s. Emmerami, s. Georgii Bruviningen, s. Viti Drûl, s. Marię Diburg, s. Johannis Evangeliste Medalhardestorf, s. Marię Richeinbach . Hier bricht der Text ab, es ist eine Lücke gelassen. Zwar folgen dann weiter unten noch die Worte: Sunt et alie congregaciones quibus in hoc minus facimus, aber es wird kein Kloster mehr genannt. Im Vergleich mit dem Verzeichniss bei Helmsdörfer ist hier die Erwähnung der Klöster Diburg und Reichenbach neu; vielleicht darf man das räthselhafte „Oubgensis" in dem Verzeichniss von Helmsdörfer als aus Diburgense (monasterium) corrumpirt ansehen.

Wie Helmsdörfer bemerkt, wäre eine neue Ausgabe der für die deutsche Culturgeschichte so wichtigen Constitutiones höchst wünschenswerth. Dazu müsste auch der dem 11. oder 12. Jahrh. angehörende Cod. lat. 4621 der Münchener Staatsbibliothek (aus Benediktbeuern) herangezogen werden. Helmsdörfer (S. 77) wundert sich dass der Prolog der Constitutionen von Wilhelm wie von einer dritten Person (patris nostri) spreche, und hält den Text für interpolirt. Die Benediktbeurer Handschrift löst das Räthsel: sie gibt die einzig richtige Lesart „patris vestri", wodurch erst der Sinn des ganzen Prologs verständlich wird.

München.   Martin Mayr.

Urkunden auf Bücherdeckeln. Die öffentliche Bibliothek zu Linz enthält auf Büchereinbänden angeklebt mehrere Urkunden aus dem 14. und 15. Jahrhunderte, die ich schon vor Jahren abgeschrieben habe. Dieselben sind nicht blos von localem, sondern auch allgemeinem rechtshistorischen Interesse.

1. In einem Buche mit der Signatur Cc III 8 ist auf solche Art eine deutsche Urkunde über einen Rentenkauf vom 7. November 1356 erhalten. Urban der Schneider zu Wien und seine Hausfrau verkaufen mit Einwilligung ihres Grundherren Ritter Jacob von Chrut dem Herrn Konrad dem Preunzen, Bürger zu Wien, unter Angabe der nähern Rechtverhältnisse eine auf ihrem Hause zu Wien (gelegen an sande Peters freithof ze Wienn au dem Milichpüchel zenächst dem haus daz weilnt Chunrats dez Swaben gewesen ist) liegende Reute von einem Pfund Wiener Pfennige Burgrechts um acht Pfund Wiener Pfennige. Besiegelt mit Siegel des Herrn Ritter Jacob von Chrut und des Herrn Heinrich des Straiher, derzeit Burgmeisters zu Wien und Hofmeisters zu Dornbach. — Das achtfache war um diese Zeit die übliche Kaufsumme in Oesterreich s. Stobbe in Zeitschrift f. d. R. 19,216.

2. In einem Γ n 411 signirten Druckwerke ex libris monasterii Garstensis nr. 13, wie von neuerer Hand auf der ersten Seite geschrieben steht, ist eine lateinische Urkunde, ein Notarialact über eine Appellatio a papa male informato ad melius informandum aus der Regierungszeit des Papstes Bonifacius IX erhalten. Im Jahre 1402 am 10. Juli erscheinen in dem Flecken Weyer vor dem kaiserlichen Notar Stephan Lamp und mehreren zum Schlusse namentlich angeführten Zeugen der Richter Berthold Schilcher und sechzehn mit Namen angeführte Männer (oppidani) und fast die ganze Gemeinde von Weyer. Ersterer überreicht dem Notar im Auftrage der sechzehn

und der Gemeinde eine Appellationsschrift auf Papier und verlangt, dass sie derselbe publice vorlese, und sie legen alle Appellation ein. Die Appellationsschrift aber hat folgenden Inhalt: Ein gewisser Magister Symeon von Perugia, der Rechte Doctor und Advokat des apostolischen Consistoriums, habe P. Bonifacius IX zum nicht geringen Nachtheil für den Richter Berthold, die Schöffen und Gemeinde von Weyer über einen Raubanfall, der an ihm auf einer in Geschäften des apostolischen Stuhles unternommenen Reise verübt worden sei, nachstehende durchaus falsche Angaben gemacht. Als er nämlich auf jener Reise durch das Gebiet der Herzoge von Oesterreich kam, da sei er in der Nähe von Weyer von Reisigen auf offener Strasse (in strata publica) überfallen und sammt seinem Gefolge ausgeplündert worden, derart dass er an seinem Vermögen augenblick einen Schaden von 1000 fl. in Gold und darüber erlitten habe. Obgleich nun die Weyrer noch an demselben Tage die Wegelagerer festgenommen hätten, und ihnen genau bekannt gewesen sei, dass jene den Magister in dem Walde Hurnau gebunden hatten liegen lassen, so hätten sie dieselben doch sammt dem Raube wieder frei gelassen, nachdem sie zuvor mit ihnen Halbpart gemacht. Darüber habe ihnen nun ihr Herr Papst Bonifacius auf die falschen Angaben des Mag. Symeon unter Strafe die Weisung ertheilt, dass sie diesem für die oben genannte Summe Genugthuung zu leisten hätten, widrigens Seine Heiligkeit strenger gegen sie verfahren würde. Da sie nun von dem ganzen Vorfalle nichts wüssten und nicht im geringsten eine Mitschuld hätten noch von dem Vermögen etwas in ihren Besitz gekommen sei, so legten sie hiemit von allen auf jene falschen Aussagen hin wider sie, ihre Gemeinde oder Pfarrkirche gefällten oder künftig zu fällenden Sentenzen Verwahrung ein, appelliren gegen den Mag. Symeon an den Papst und den apostolischen Stuhl, wozu sie die Apostel begehren und stellen sich und ihre Sache sammt Hab und Gut unter dessen Schutz. Sie fordern den Notar auf, erforderlichen Falles ein oder mehrere Exemplare dieser Appellation auszustellen und unter Aufruf desselben, der Zeugen und anderer Umstehender zum Zeugniss wird sie verlesen. Ueber alles dies gibt Stephan Lamp, Cleriker der Diöcese Passau, als kaiserlicher Notar seine Beglaubigung und fertigt obige öffentliche Urkunde aus, die er mit seinem Notariatszeichen versieht.

3. In demselben Buche findet sich endlich eine lateinische Urkunde, ausgestellt 29. Aug. 1471. Philipp Bischof von Albano, päpstlicher Poenitentiar, ertheilt im Namen und besonderen Auftrage des Papstes Sixtus IV dem Abt Berthold von Garsten die Erlaub-

niss sich einen Beichtvater zu wählen, dessen Befugnisse bestimmt werden.

Innsbruck.   Prof. Fr. Thaner.

Ein Buch aus der Bibliothek von Baluze. In einem Codicill seines Testamentes (veröffentlicht von Delisle in der Bibliothèque de l'École des chartes 33, 192) verordnete Baluze, dass seine Bücher versteigert werden sollten; er bemerkt, que la plus grande partie de ces livres sont notez de ma main, et qu'il y en a une très grande quantité de corrigez sur les anciens manuscrits. Eines dieser Werke, die Histoire de l'abbaye royale et de la ville de Tournus von Chifflet, ist jetzt im Besitze der Universitätsbibliothek in Wien, Sign. Hist. Franc. II, 98. Beide Angaben treffen zu. Am unteren Rande des Titelblattes ist der Name „Stephanus Baluzius Tutelensis" verzeichnet, im Werke finden sich mehrere Urkundencollationen eingetragen. Diese verdienen jetzt Beachtung. Die wichtigste derselben scheint mir jene des Diploms Karls des Kahlen von 877 Febr. 29, Böhmer 1806, zu sein. Chifflet 221 veröffentlicht die Urkunde nach dem Original; dieses dürfte jetzt verloren sein, da die neueste Ausgabe in Charmasse Cartulaire d'Autun II sich nur auf die älteren Drucke — unter diesen auch Plancher Hist. de Bourgogne I^b,II mit der Quellenangabe arch. de l'egl. d'Autun — stützt. Baluze nennt die Vorlage, nach der er collationirte, nicht; dass diese das Original gewesen, darauf weisen die berichtigenden Lesearten subter statt subtus in der Corroborationsformel, Gauzlini st. Ganslini in der Recognition, domni st. domini in der Datirungszeile; ausser diesen finden sich noch 7 Correcturen. Für eine kritische Ausgabe dieses Diploms muss also diese Collation benützt werden. Eine grössere Zahl von Verbesserungen zeigt eine andere Urkunde Karls des Kahlen von 875 März 19 B. 1780, Chifflet 214. Am unteren Rand ist bemerkt: Collata est cum veteri exemplari quod extat in regesto archiui regii Paris. Extat etiam in regesto 235 nr. 417 und von derselben Hand mit schwärzerer Tinte, also nachträglich beigefügt: & in regesto 99 nr. 151; auch diese Collation, deren Quellen sich wol noch erhalten haben, bietet gegenüber den anderen selbständigen Drucken — St. Julien Hist. des Bourgognons 509, L'illustre Orbandale (par Bertaud et Cusset) 2^b,151, während Juenin Hist. de Tournus pr. 91 und Bouquet 8,647 nur Chifflet wiederholen — beachtenswerthes Material. Eine wesentliche Berichtigung enthält die Urkunde K. Ludwigs von 1171, Chifflet 452; hier die Quellenangabe: Extat in codice 2670 bibliothekae Colbertinae fol. 146; dieselbe Handschrift ist auch in dem einer Urkunde Ludwigs von 1146, Chifflet 445, beigefügtem Citate: Vide cod. 2670 fol. 146 genannt. Nur die Quellenangabe: Ex chartulario s. Odilonis cap. 490 findet sich noch zu Chifflet 298: Obitus Roberti regis 1031; excerptum ex tabulis Cluniacensibus. Dagegen fehlt die Bezeichnung der handschriftlichen Quelle für zwei andere Collationen; jene der Epistola concilii Ravennensis, Chifflet 249 ex tabulario eccl. Aeduensis, bietet wichtige Berichtigungen, namentlich der bischöflichen Unterschriften und erweist Chifflets Druck als geradezu unbrauchbar; wenn auch nicht von derselben Bedeutung, so sind doch auch die bei der Urkunde des Bischofs Heriveus von Autun, Chifflet 255, eingetragenen Verbesserungen von Delung. Wie diese Collationen für die Gründlichkeit des berühmten Geschichtsforschers beredtes Zeugnis geben, so haben bei dem Verlust der einen oder anderen Quelle manche derselben nunmehr auch kritischen Werth gewonnen; sie scheinen durchaus sehr genau und verlässlich zu sein. Ein anderes Werk aus der Bibliothek von Baluze, Aimoini libri quinque de gestis Francorum ed. Fr. J. du Breul, findet sich auf der Staatsbibliothek in München; hier sind keine Collationen eingetragen.

Mühlbacher.

Das gräflich Khevenhüller'sche Archiv zu Osterwitz in Kärnten. Hochosterwitz, die jungfräuliche Burg Kärntens, spielt in der Geschichte dieses Landes eine hervorragende Rolle. Bekannt ist, dass die Kärntner im Jahre 1338 hier ihre erste Handfeste hinterlegten. Ueber die Existenz eines Archives daselbst war jedoch bis jetzt nichts bekannt; auch Nachforschungen hatten zu keinem Ergebniss geführt. So hatte Prof. Luschin-Ebengreuth persönlich im Jahre 1873 an Ort und Stelle vergeblich nach einem Archive gesucht; auch später, als er bei dem jetzigen Besitzer, dem Grafen Alb. zu Khevenhüller-Metsch, in Graz über Archivalien in Osterwitz sich erkundigte, erhielt er den Bescheid, dass nichts vorhanden sei[1].

Als ich mich im Jahre 1876 an den Verwalter der Herrschaft, Hans Hauger, mit der Frage nach alten Schriften wandte, gab er mir die Auskunft, dass davon noch eine Kiste voll vorhanden sei. Ich fand dieselben in der grössten Unordnung in einem alten Koffer zusammengeworfen; dieser stand in der Ecke eines feuchten Dienstbotenzimmers im neuen Schlosse zu Niederosterwitz. Die Archivalien, besonders die Papiere hatten schon durch Feuchtigkeit vielfach gelitten. Der Verwalter erzählte, dass früher mehr Acten vorhanden gewesen

---

[1] Vgl. dessen Reisebericht in den Beiträgen zur Kunde steierm. Geschichtsquellen 11, 17.

seien; da sie aber jahrelang unbeachtet unter dem Dache gelegen seien sie von Mäusen und Ratten zerfressen worden; was noch übrig geblieben, habe er in den Koffer gerettet. Aber auch daraus mag manches verschleppt worden sein, da der Koffer unversperrt und jedem zugänglich war. So stiess ich auf Spuren, dass im Schlosse arbeitende Schuster die Pergamente zu Mustern und Vorlagen zerschnitten und benützt hatten.

Eine oberflächliche Durchsicht der Archivalien ergab nun folgendes Resultat: Die älteste Urkunde, die ich vorfand, war aus dem Jahre 1417; dem 15. Jahrhunderte gehörten nur noch zwei Urkunden an, die eine von 1440, die andere von 1454; die übrigen waren sämmtlich aus dem 16. und den folgenden Jahrhunderten. Dem 16. Jahrh. gehörten an: a) von Herrschern ausgestellt: Urkunde K. Maximilians vom Jahre 1510, K. Ferdinands von 1530, Erzherzog Karls von 1565, 1570, 1574, 1577 (2 Stücke), 1578, 1582, 1590 (2 Stücke); b) von Geistlichen: Urkunde des Erzbischofs Johann Jacob von Salzburg vom Jahre 1579, der Bischöfe Matthäus von Gurk von 1510 (3 Stücke) und Christof Andreas von 1582 und 1589; der Aebte Andreas von St. Paul von 1582 und Vincentius von 1590, des Abtes Philipp von Victring von 1585, dann je eine Urkunde des Dompropstes und Erzpriesters zu „Bürgk" von 1587, des Chorherrn Anton von Maria Saal von 1584, der Pfarrer Benedict zu Ottmanach von 1572 und Georg Kram zu Köttmannsdorf von 1572; c) von den Grafen Khevenhüller ausgestellte Urkunden aus den Jahren 1579 (2 Stücke) 1580, 1582, 1584, 1591 und 1594; endlich d) 30 Urkunden von 26 verschiedenen Privatpersonen.

Von den Urkunden aus dem 17. Jahrh. waren 7 Stücke von österreichischen Fürsten ausgestellt, 13 von geistlichen Personen oder Körperschaften und 10 von Privaten. Eine ungefähr gleiche Anzahl von Urkunden datirte aus dem 18. Jahrhundert.

Ausser diesen Urkunden fanden sich noch 9 grössere Urbare, die mit Ausnahme eines einzigen vom Jahre 1619 sämmtlich dem 16. Jahrhundert angehörten u. z. den Jahren 1570 (3 Stücke) 1574, 1576, 1579 und 1583, eines war ohne bestimmte Jahresangabe, aber wahrscheinlich das älteste. Darunter bezieht sich eines auf die Herrschaft Mannsberg, ein anderes auf die Herrschaft Trixen.

Ein im Jahre 1747 angelegtes „Registerium" des Archivs zeigt den damaligen Bestand desselben. Darnach müssen damals die Archivalien viel zahlreicher gewesen sein, doch fand ich bei einer flüchtigen Durchsicht keine älteren Urkunden als die genannten verzeichnet.

Schliesslich sei noch eines lateinisch geschriebenen Tagebuches, wie es scheint, über eine Reise nach Jerusalem aus dem 16. oder 17. Jahrh. und eines Inventars über die Hinterlassenschaft einer österreichischen Prinzessin vom innerösterreichischen Hofe aus dem 16. Jahrhundert Erwähnung gethan.

Mit dieser Aufzählung ist der Inhalt des Archivs aber noch nicht vollständig erschöpft, da ich die Papier-Acten, die jedoch minder zahlreich waren, nicht näher durchgesehen habe.

Nachdem ich einen allgemeinen Ueberblick über die Archivalien erlangt und mich von dem Werthe derselben überzeugt hatte, stellte ich dem Verwalter gegenüber den Antrag, dieselben dem historischen Vereine für Kärnten in Klagenfurt zu überlassen. Da er selbst in der Angelegenheit eine Entscheidung zu treffen nicht befugt war, erstattete er hierüber dem Grafen Bericht und befürwortete meinen Antrag. Als dieser ohne Zögern seine Einwilligung gegeben hatte, verständigte ich sofort den Secretär des Vereins, R. v. Gallenstein, von diesem löblichen Entschlusse. Allein im folgenden Jahre fand ich die Archivalien noch nicht in Klagenfurt, und als ich mich im verflossenen Jahre schriftlich beim Gutsverwalter um das Schicksal des Archives erkundigte, erhielt ich die Auskunft, dass inzwischen der Besitzer, Graf Alb. v. Khevenhüller-Metsch, seinen Entschluss geändert habe, und dass die Archivalien nunmehr dem fürstlich Khevenhüller'schen Archiv zu Ladendorf in Niederösterreich einverleibt werden sollen. Ob dies bereits geschehen, ist mir nicht bekannt.

S. Laschitzer.

Die Wallfahrtskirche zu Hohenfeistritz in Kärnten. Ankershofen erwähnt in den Mittheilungen der k. k. Centralcommission zur Erforschung und Erhaltung der Baudenkmale I,124 in einer Uebersicht der kirchlichen Baudenkmale Kärntens auch die Liebfrauenkirche in Hohenfeistritz mit folgenden Worten: „Eine Votiv- und Wallfahrtskirche, welche muthmasslich als ein ursprünglicher Bau im gothischen Style des 15. Jahrhunderts anzusehen ist."

Die Kirche ist für berufenere Forscher einer näheren Beachtung werth. Sie ist ein dreischiffiger gothischer Bau, eine Hallenkirche, mit manchen interessanten Details, aber keineswegs einheitlich nach der ursprünglichen Anlage ausgeführt. An einem Strebepfeiler des Chores gerade gegenüber dem Haupteingange des Friedhofes fällt sogleich eine Inschrift in die Augen, die über Jahr und Tag der Kirchengründung (1446 Juli 26.) Aufschluss ertheilt. Interessant ist auch die Art, wie und wo die Inschrift angebracht ist. Sie befindet sich näm-

lich etwa in Mannshöhe über dem Erdboden und zwar, wie bereits
bemerkt, an einem gegen Norden gelegenen Strebepfeiler des Chores
auf einem, so viel mir erinnerlich, einzigen Quader derselben. Ich
füge eine paläographisch genaue Abschrift derselben hier an. Die
Schrift hat den Character der rein gothischen Minuskel. Die links
des senkrechten Striches stehenden Worte sind auf der Stirnseite des
Pfeilers, die rechts stehenden über Eck an der rechten Seite desselben
angebracht. Merkwürdig ist auch die Art, wie die Inschrift in zwei,
durch die Ueberecksstellung eigentlich in drei Theile getheilt erscheint:

anno . dni . in	ment	vm . hvi⁹
cccc°xlvi° pos	ecclesi	c . feria . 3
itvm . est.	post	Jacobi . apli
svnda .		etc.

Die Worte auf der rechten Seite des Pfeilers sind durch Verwitterung des Steines in Folge stärkerer Auswaschung durch Regen nur sehr schwer zu entziffern.

Auf der Südseite der Kirche befinden sich Wandmalereien aus dem 16. Jahrh., die denselben Stil und Character tragen wie die Malereien im Tympanon des Hauptportales. In diesem sind zwei Engel, Christus, Maria und der heilige Josef dargestellt, während dort ein Cyclus von 21 Darstellungen, je sieben in einer Reihe, aus dem Leben und Leiden Jesu angebracht ist. Diese sind theilweise noch ganz gut erhalten, besonders die höher gelegenen, da sie durch ein kleines Dach vor Verwaschung durch Regen geschützt sind; von den unteren hingegen sind einige schon bis zur Unkenntlichkeit entstellt.

S. Laschitzer.

Ein Schreiben des Paulus Jovius an K. Ferdinand I. 1551. 13. Aug. In Nachfolgendem theile ich einen Brief des berühmten Geschichtsschreibers mit, in welchem er ein Exemplar seiner Elogia — zweifelsohne die Elogia virorum bellica virtute illustrium, welche nach Grässe 1551 erschienen — an K. Ferdinand übersendet und gleichzeitig ihn zur Erwerbung Siebenbürgens (Juli 1551) beglückwünscht.

Serenissime rex etc. Mitto ad Maiestatem Tuam non illepidae varietatis Elogiorum volumen a me nuper editum quo oblectare animum Maiestas Tua possit, quum suffurari horulas e maximis occupationibus licebit. Ea vero animi serenitate munusculum excipiat Maiestas Tua qua superiore anno Historiarum mearum librum suscepit, donec uberioris fructus secundae partis historiarum mearum volumen in publicum exeat. Gratulor autem Maiestati Tuae accessisse Transsylvaniae principatum et validissimum propterea christiani nominis propugnaculum Turcis esse oppositum, ab ea scilicet parte qua maximus terror citeriori Pannoniae inferri est solitus. Deus magnus etc. Florentiae idibus Augusti MDLI.

  Serenissimae Maiestatis Tuae

deditissimus servus

Paulus Jovius episcopus Nucerinus m. p.

(Orig. im Wiener Staats-Archiv. Hungarica.)

Urkundenfund in Verona. Die lange vergeblich gesuchten Kaiserurkunden für das Bisthum Verona, 37 Stücke von 882—1514, zum grossen Theil Originale, wurden von Mons. Paolo Vignola in der Bibliothek des Capitels zu Verona im Februar 1879 aufgefunden, v. Giuliari im Archivio Veneto (1879) 17, 184—187. Die Diplome des 10. Jahrhunderts hat Sickel bereits zu prüfen und zu benutzen Gelegenheit gehabt.
Mühlbacher.

Literatur.

Geschichts-Quellen der Stadt Wien, herausgegeben im Auftrage des Gemeinderathes der kais. Haupt- und Residenzstadt Wien von Karl Weiss, städt. Archivs- und Bibliotheksdirector. I. Abtheilung: Die Rechte und Freiheiten der Stadt Wien herausgegeben von Dr. J. A. Tomaschek, o. Prof. an der Wiener Universität etc. 1. Bd. Wien 1877. C, 204 S. II. Bd. mit einem Anhang. Wien 1879, 320 S.

Der Gedanke, die Geschichtsquellen der Stadt Wien in einer der historischen Bedeutung der Stadt würdigen und zugleich den heutigen wissenschaftlichen Anforderungen entsprechenden Ausgabe zu vereinigen ist von dem Director des städtischen Archives Karl Weiss ausgegangen, der bereits in zwei Eingaben vom 20. November 1868 und vom 5. Januar 1869 dem Gemeinderathe diesbezügliche Vorschläge unterbreitete, welche jedoch erst am 20. Februar 1874 von demselben genehmigt wurden. Darnach wurde die Herausgabe der Quellen in vier Abtheilungen in Aussicht genommen, deren erste die Rechte und Freiheiten der Stadt Wien enthaltend in zwei von Verleger Alfred Hölder musterhaft ausgestalteten Bänden bereits vorliegt. Zur Bearbeitung derselben wurde Professor Dr. J. A. Tomaschek gewonnen und durch die Theilnahme dieses durch seine Studien dazu berufenen Gelehrten das Vertrauen auf einen hohen wissenschaftlichen Werth dieses Unternehmens bei allen erweckt.

In einer dem Abdrucke der Urkunden vorangehenden langen, inhaltsreichen Einleitung behandelt Tomaschek die Geschichte des Wiener Stadtrechtes von seinem Ursprunge bis auf die Organisation des städtischen Magistrates durch Kaiser Josef II, gibt eine ausführliche Uebersicht über das urkundliche und handschriftliche Material und bespricht das bei der Ausgabe beobachtete Verfahren.

Der erste Abschnitt seiner Einleitung behandelt den Zusammenhang der ältesten Wiener Stadtrechtsurkunden mit dem Ennser Stadtrecht von 1212, dem österreichischen Landrechte, mit früheren und gleichzeitigen flandrischen und französischen Stadtrechten und schliesst mit der Darstellung des Umfanges der Uebertragungen der österreichischen Stadtrechte auf andere Städte. Eine „Vorgeschichte Wiens im 12. Jahrh." geht der geschichtlichen Entwicklung des Wiener Stadtrechtes voran. Darin wird aber eine kritische Untersuchung der von Zappert in den Sitzungsberichten der kaiserlichen Akademie der Wissenschaften 21,999 veröffentlichten Aufzeichnung ‚Wiens ältester Plan' (vgl. O. Lorenz Ueber den Unterschied von Reichsstädten und Landstädten mit besonderer Berücksichtigung von Wien, Sitzungsberichte der k. Akademie 89, 57 ff.) um so mehr vermisst, als weder die Frage der Echtheit bisher entschieden worden ist, noch die für die Rechtsentwicklung Wiens eventuell daraus zu erzielenden wichtigen Folgerungen gebührende Berücksichtigung erfahren haben. In dem darauffolgenden Capitel behandelt Tomaschek die Ausbildung des städtischen Gemeindewesens durch die babenbergischen Stadtrechte Leopolds VI und Friedrichs II und durch den Freiheitsbrief K. Friedrichs II und zum Schlusse die Stellung Wiens unter Ottokar. Betreffs der Frage über den Ursprung des Wiener Stadtrechtes hat er es sehr wahrscheinlich gemacht, dass Wien schon vor dem Ennser Stadtrechte Aufzeichnungen seiner Rechtssatzungen besessen habe und dass das Ennser Stadtrecht, wenn es schon nicht für einen den localen Verhältnissen entsprechenden Auszug aus dem in der Urkunde von 1221 enthaltenen Wiener Stadtrechte angesehen werden könnte, dennoch wohl aus dem Wiener, aber nicht umgekehrt, wie die bisherige Annahme behauptete, geflossen sei. Die darauf folgende Analyse des Stadtrechtes sowie des Freiheitsbriefes K. Friedrichs II und der Stadtrathsurkunde H. Friedrichs II ist eine mustergiltige Arbeit. Und mag man auch in mancher Hinsicht anderer Ansicht sein als Tomaschek, so wird doch jede rechtshistorische Forschung nicht umhin können, auf diesen trefflichen Untersuchungen weiterzubauen. Den weitaus grössten Theil der geschichtlichen Entwicklung des Wiener Stadtrechtes (S. XXIV—LIII) nehmen die Untersuchungen über die Echtheit der beiden Privilegien K. Rudolfs von 1278 für Wien ein. Tomaschek gibt hier im wesentlichen wieder jene Studie, welche er in den Sitzungsberichten der Wiener Akademie 23, 293 mitgetheilt hatte, und über deren Bedeutung schon vielfach discutirt wurde. Es ist hier nicht der Ort auf diese Frage nochmals einzugehen, sondern ich kann mich beschränken auf das hinzuweisen, was ich bereits bei anderer Gelegenheit hierüber geäussert habe: Tomaschek hat in seiner kritischen Studie sehr viele und schätzenswerthe Gründe für die Echtheit der beiden Stadtrechtsurkunden erbracht und wenn es ihm nicht gelungen ist, bereits den vollständigen Beweis der Echtheit zu liefern, so lag dies nur in der ungenügenden Beweisgrundlage. Anschliessend an die Untersuchung der Urkunden K. Rudolfs I gibt Tomaschek noch eine genaue Würdigung der Stadtrechtsurkunde Herzog Albrechts II von 1370 und reiht daran in kurzer und übersichtlicher Weise die rechtshistorische Würdigung der weiteren Privilegien und Handfesten bis zur Ausbildung der städtischen Autonomie im 14. und 15. Jahrh. Ein vierter letzter Abschnitt enthält die neuere Zeit. Darin wird Ferdinands Stadtordnung für Wien vom 12. März 1526 erläutert.

Ueber diesen Theil der Einleitung wird jeder gerne ein günstiges Urtheil fällen und den bleibenden Werth der ganzen Reihe der Untersuchungen hervorheben müssen; leider kann nicht gleiches von dem Folgenden gesagt werden. Wohl hat der Herausgeber auch hier vieles und werthvolles geboten; die Vollständigkeit der Angaben über Provenienz der Handschriften, der Hinweis auf die einschlägige Literatur und die eingehende Beschreibung des Eisenbuches sind werthvolle Beiträge. Allein eine Ausgabe von Geschichtsquellen solcher Bedeutung, wie die der Stadt Wien sind, darf sich nicht beschränken auf eine Uebersicht des handschriftlichen Materiales; wir sind berechtigt zu erwarten, dass der Herausgeber die kritische

Untersuchung des gesammten Materiales nicht nur vorgenommen hat, sondern sie uns auch mittheilt. Eine Angabe wie: „Unter allen ragt durch Reichhaltigkeit des Inhalts, Sorgfalt der Aufzeichnung und namentlich durch den Character einer officiellen Autorität, die ihr zukommt, das im Wiener Stadtarchive aufbewahrte sogenannte Eisenbuch hervor. Eine grosse Zahl der übrigen an verschiedenen Orten zerstreuten Wiener Rechtshandschriften sind entweder blosse Abschriften davon oder schliessen sich ihm mit grösserer oder kleinerer Freiheit der Anordnung und Behandlung mehr oder weniger an" dient wohl zur Rechtfertigung des Verfahrens bei der Beschränkung von Lesarten, genügt aber keineswegs zur Beurtheilung der vorhandenen Ueberlieferung. Für Urkunden, deren Originale nicht mehr vorhanden sind, müssen Alter und Werth aller zugänglichen Abschriften festgestellt werden, um dadurch die Wahl der einen oder anderen Ueberlieferung für das eine oder andere Stück zu rechtfertigen. Aber damit dieser Forderung bei jedem einzelnen Stücke wirklich vollständig genügt werde, muss schon in der Einleitung das Verhältniss der Copien und Copialbücher zu einander genau dargestellt werden. Wir sind nun durch Hasenöhrl und Schuster über den Zusammenhang einiger der Wiener Rechtshandschriften unterrichtet, soweit diese verschiedene Redactionen des österreichischen Landrechtes, beziehungsweise des Wiener Stadtrechtsbuches enthalten, jedoch über den Verwandschaftsgrad der in diesen sowie den anderen von Tomaschek aufgezählten Codices enthaltenen Urkundencopien zu einander, sind wir durchaus nicht aufgeklärt.

Die erwähnte Unvollständigkeit und manche bedenkliche Flüchtigkeit in der Angabe selbst, so wie die im Band 2, 210 ff. gegebenen zahlreichen Zusätze, Verbesserungen und Berichtigungen nöthigen mich zu der Annahme, dass die Ausgabe zu schnell und übereilt in Druck gelegt wurde. Die lange verzögerte Entscheidung eines dringlichen Antrages mochte dem Urheber des Unternehmens den Wunsch nahe legen, nun recht rasch mit einem Bande vor die Oeffentlichkeit zu treten und der vaterländischen historischen Forschung möglichst bald das längst entbehrte Material zu liefern. Dieser anerkennenswerthe Drang lässt sich aber nicht gut vereinbaren mit den strengen Forderungen, welche nach dem gegenwärtigen Stande der Urkundenwissenschaft an die Bearbeitung des Stoffes zu stellen der Forscher vollständig berechtigt erscheint. Es kann hier nicht alle differirenden Fragen lösen, die zahlreichen Nachträge und Textverbesserungen liefern, welche trotz der bereits gegebenen Emendationen die Edition gemäss den allgemein geltenden Grundsätzen noch bedarf. Allein an einigen Beispielen will ich nur zeigen, in welcher Weise die uns gelieferten Texte unzureichend sind. Ich halte mich da vornehmlich an die älteren Privilegien, erstlich weil gerade an ihren Ueberlieferungsformen eine strenge Urkundenkritik geübt werden musste, dann aber auch weil hier bereits Texte vorhanden waren, deren Wiederholung in einer neuen Ausgabe dann wirklich berechtigt ist, wenn sie alle Mängel und Fehler der vorigen Ausgabe in bestem Sinne verbessert. Darum will ich in Folgendem hierzu einige Angaben liefern.

Nr. 5 das Stadtrecht Leopolds VI für Wien ist in den Geschichtsquellen aus einer Handschrift des 13. Jahrh. in der k. Hofbibliothek zu München gedruckt; dazu die Varianten aus zwei Handschriften der k.

Hofbibliothek in Wien nr. 2733 olim Hist. prof. 915 f. 108—116' und nr. 352 olim Salisb. 416 f. 73—75'. Genau so behandelt Meiller den Text. Er sagt Archiv zur Kunde österreichischer Geschichtsquellen 10, 107: „Aus einem Codex msc. der Münchner Hofbibliothek msc. XIII" und S. 100 n. 1.: „Die Varianten nach zwei Cod. der Wiener Hofbibliothek Hist. prof. 915 jetzt 2733 fol. 108 und Salisb. 416 jetzt 352 fol. 73." Aber nicht etwa die Behandlung des Textes ist die gleiche, sondern der Text in den Geschichtsquellen ist eine blosse Wiedergabe des Meiller'schen Druckes. Ein schlagender Beleg für diese Behauptung ist Note 11 bei Tomaschek, die mit n. 12 auf 100 des Meiller'schen Textes denselben Mangel gemeinsam hat. Es heisst dort: „Der eingeklammerte Satz fehlt;" in beiden Texten ist aber die Klammer ausgeblieben.

Ein einfacher Wiederabdruck war aber in diesem Falle unstatthaft, denn dem von Meiller bearbeiteten Texte fehlt die sichere kritische Grundlage. Aus dem Variantenverzeichnisse ist nicht einmal zu ersehen, ob beide Wiener Handschriften vollständig congruent sind und daher beiden die angegebenen abweichenden Stellen angehören oder ob überhaupt hier nur die von dem Münchner Codex verschiedenen Lesarten ohne Rücksicht auf ihre Provenienz mitgetheilt sind. Ferner ist es durchaus nicht ersichtlich gemacht, weshalb der Münchner Codex den Vorzug vor den Wiener Handschriften verdient. Wohl liesse die Ausgabe vermuthen, dass die Zeugenreihe und Datirung, welche darnach den Wiener Handschriften zu fehlen scheint, den Ausschlag gegeben hat. Aber dieser formelle Umstand kann doch nicht massgebend gewesen sein, und selbst wenn er es für Meiller gewesen wäre, durfte er es für eine folgende Ausgabe nicht bleiben. Lediglich der Vergleich der Varianten mit dem Texte spricht gegen die Priorität der Münchner Handschrift. Diese scheint den Text mit deutschen Glossen zu versehen, wie die Wendung im Art. 4 beweist „der niht ein ehpaer man ist", welche weder im Fridricianum von 1244 noch im entsprechenden Art. 17 des Rudolfinum von 1278 vorkommt, und wenn ich die Note 28 des Textes in den Geschichtsquellen richtig deute, auch in dem Wiener Codex des Leopoldinum nicht steht.

Ebenso verhält es sich mit Nr. 6 Kaiser Friedrichs II Freiheitsbrief für die Stadt Wien 1237 April. Zu dieser Urkunde bemerkt nun Meiller a. a. O. 127: „Aus der Bestätigung dieses Freiheitsbriefes durch Kaiser Friedrich II im April 1247, von welchen beiden Urkunden jedoch keine Originale mehr vorhanden sind, sondern Abschriften (sowohl in lateinischer als deutscher Sprache) in dem im Archive der Stadt Wien befindlichen um das Jahr 1320 begonnenen Copialbuche ihrer Privilegien dem sogenannten Eisenbuche". Tomaschek bemerkt, dass er die Urkunde aus der Aufzeichnung im Eisenbuche f. 33—35' verglichen mit dem Codex der kaiserl. Hofbibliothek zu Wien nr. 352 f. 70—71' und dem ebendaselbst befindlichen nr. 2733 f. 105—107 abgedruckt habe, gibt aber zu nr. 11, der Erneuerung dieses Freiheitsbriefes aus dem Jahre 1247, keine Quelle an. Stellen sich darnach schon diese Aussagen in Widerspruch zu einander, so erscheint die Angabe der vorhandenen Ueberlieferungsformen in den Geschichtsquellen vollends ungenau, wenn man noch eine Bemerkung von Huillard-Bréholles in der Hist. dipl. Friderici II 5,38 n. 1 damit zusammenhält, wornach im Codex 2733 der Wiener Hofbibliothek die Zeugen fehlen würden. Auch hier wieder der

Abdruck einer Quelle ohne Rücksicht auf die anderen Ueberlieferungen. Da gerade bei den Urkunden Rudolfs sich die Ueberlieferung des Eisenbuches ziemlich unzuverlässig erwies, wäre eine Begründung dieses Vorzuges um so wünschenswerther gewesen.

Allein auch die diplomatische Genauigkeit, mit der in den Geschichtsquellen die handschriftliche Vorlage wieder gegeben wird, ist wenigstens nicht bei allen Stücken ganz zuverlässig. Mir liegt eine Collation der Urkunden Nr. 15 und 16 mit dem Wiener Codex 352 vor; einige Lesarten des Abdruckes der Geschichtsquellen abweichend von der handschriftlichen Ueberlieferung stimmen mit dem Lambacher'schen Texte auffallend überein, während doch durchgängig die Ausgabe auf Grund einer Handschrift gemacht und die Varianten in Noten beigegeben werden. Ich komme fast auf die Vermuthung, der Text dieser Urkunden sei in der Weise hergestellt worden, dass in ein Exemplar des Lambacher'schen Druckes die Lesarten des Wiener Codex eingetragen wurden, beim Abdrucke jedoch die eine oder andere Emendation übersehen wurde.

Da es mir nur darum zu thun ist, meine Annahme bezüglich übereilter Drucklegung dieser wichtigen und im übrigen in streng wissenschaftlichem Geiste gehaltenen Unternehmung durch einige Beispiele zu begründen, kann es nicht meine Absicht sein, noch weitere Fälle zur Beurtheilung heranzuziehen. Es genügt dies meiner Meinung nach vollständig, um den Standpunkt zu characterisiren, den ich gerne bei der Ausgabe der Urkunden gewahrt gesehen hätte. Die Reichhaltigkeit des Materiales, welches zum ersten Male in vollständiger Sammlung der vaterländischen Geschichte geboten wird, entschuldigt auch den strengsten Kritiker für die Mängel der Abdrücke.

Den Abschluss der beiden Bände bildet ein Anhang enthaltend die obersten Rathspersonen der Stadt Wien vom Beginn des 13. bis Ende des 16. Jahrhunderts von Karl Weiss, städt. Archivs- und Bibliotheks-Director. Dem Verzeichnisse der Bürgermeister, Stadtrichter, Judenrichter und Stadtschreiber geht eine kurze Darstellung der Bedeutung und Stellung der obersten Behörden der Stadt Wien voran. Dieselbe ist mit gründlicher Kenntniss der diesbezüglichen Verhältnisse gearbeitet. Wo sich Weiss auf Tomaschek stützt, beschränkt er sich die Resultate der Untersuchungen seines Gewährsmanns in knapper Form anzudeuten, oft in so gedrängten Sätzen, dass der wirkliche Sinn derselben erst, wenn Tomascheks Erörterungen der hier angedeuteten Rechtsverhältnisse durchgearbeitet sind, vollständig klar wird. Jedoch ergänzen manche seiner Bemerkungen die Untersuchungen Tomascheks, so vor allem die hübsche Bemerkung zu Artikel 19 des Stadtrechtes Albrechts I vom 12. Februar 1296 auf S. 245, wonach die Umwandlung des Ausdruckes „mächtige" in „ehrbare" Männer die Abschwächung der im Rudolfinum enthaltenen Beschränkung des passiven Wahlrechtes auf eine bestimmte bevorzugte Klasse von Bürgern bedeuten würde.

Interessante Beiträge für die Local-Geschichte sind die Notizen über die Familien und Besitzverhältnisse einiger Wiener Bürgerfamilien des 13. und 14. Jahrh. und die Geschichte des Wappens der Stadt Wien, mit welcher der zweite Band der Geschichtsquellen schliesst.   Karl Rieger.

Das k. k. Kriegs-Archiv. Geschichte und Monographie. Wien 1878. Verlag des k. k. Generalstabes. In Commission bei Carl Gerold's Sohn. 122 S.

Die namhaften Erfolge auf militär-wissenschaftlichem Gebiete, welche die Direction des österreichischen Kriegs-Archives durch die Werke über die Feldzüge des Prinzen Eugen von Savoyen, die Kriege von 1859 und 1866, die Mittheilungen des Kriegs-Archives zu verzeichnen hat, haben auch die Aufmerksamkeit der gelehrten Welt in hohem Grade erregt. Sehr zeitgemäss war es daher, dass die Direction in der vorliegenden Schrift Bericht erstattete sowohl über die Entstehung des Archives als auch über die jetzige Organisation desselben. Es wäre überflüssig sich hier in kritische Erörterungen einzulassen, die folgende Uebersicht des Inhaltes wird genügen, ein Bild davon zu geben, wie ernst es in den betreffenden Kreisen mit der Erfüllung streng wissenschaftlicher Anforderungen genommen wird.

In ihren einzelnen Stufen knüpft sich die Entwicklung des Kriegs-Archives an die berühmtesten Namen österreichischer Heerführer. Die erste Einrichtung eines militärischen Archives hängt mit jener organisatorischen Thätigkeit zusammen, welche unter Maximilian I und seinen Nachfolgern auf allen Gebieten der Verwaltung herrschte. Die hier angebahnte systematische Weiterbildung ward jedoch durch die Wirren des 17. Jahrh. unterbrochen. Eugen von Savoyen zog auch das Kriegs-Archiv in den Bereich seiner umfassenden Thätigkeit. 1711 wurde der erste Kriegs-Archivar Bernhard Rosenbaum angestellt; er sollte die Rückstände eines Jahrhunderts aufarbeiten. Doch erst Kaiser Josef II ging daran mit Hülfe Lacy's diesem Archive eine lebensfähige Einrichtung zu geben. Die langen Kriege hatten so manchen Uebelstand aufgedeckt und als einer der schwersten zeigte sich die Vernachlässigung der archivalischen Thätigkeit. Deutlich sprach sich Josef II hierüber aus, als er 1779 auf Veranlassung des FM. Hadik die wissenschaftliche Beschreibung der letzten Feldzüge anordnete, welche von den Generalen Fabris, Browne und Zechenter ausgeführt wurde. Derselben klaren Erkenntniss entsprang auch der Befehl eine topographische Aufnahme der österreichischen Länder zu veranstalten, deren Resultate als „Josephinische Aufnahme" im Karten-Archive verwahrt werden. Sein Tod und die folgenden trüben Zeiten hinderten die Ausführung und Fortbildung seiner Ideen und Absichten. Kaum fand man jedoch nach dem Frieden von Luneville Zeit sich mehr den heimischen Angelegenheiten zu widmen, als auch Erzherzog Karl bereits sein Memoire über das militärische Archivwesen überreichte. Seine Vorschläge erhielten die kaiserliche Genehmigung. Schon Lacy hatte die Sichtung der bisherigen Actenbestände eingeleitet, sie wurde jetzt erst durchgeführt. Einerseits wurden die nicht in das Kriegs-Archiv gehörigen Acten ausgeschieden, andererseits wurde begonnen das Fehlende durch Austausch mit anderen Archiven, Kauf und Sammlung von Abschriften zu ergänzen.

Ausserdem wurde auch eine Neuordnung der archivalischen Schätze eingeleitet unter Gesichtspunkten, welche der heute herrschenden Eintheilung: Schriften-Archiv, Karten-Archiv und Kriegsbibliothek im ganzen und grossen entsprechen. Auf den so gegebenen Grundlagen baute dann Radetzky weiter. Die wissenschaftlich beschäftigten Kräfte wurden von den Arbeiten der Archivmanipulation entlastet, wie denn schon 1801 durch Erzherzog Karl statt des bislang verwendeten Kanzleipersonales Offiziere in die Leitung des Archives berufen wurden, wodurch eine sachgemässe Ordnung der Acten ermöglicht wurde. 1818 nahm FML. Prohaska eine neuerliche Reform des Archives vor, welche aber zum grössten Theile die bisher gelegten guten Keime zu ersticken drohte, indem durch die fast ausschliessliche Anstellung inactiver Offiziere die wissenschaftliche Thätigkeit gehemmt wurde. Desto mehr geschah für die musterhafte Aufstellung der Acten. Das Jahr 1848 erweckte auch hier regeres Leben. Nach mannigfachen Schicksalen erfuhr das Kriegs-Archiv endlich 1876 durch die FZM. Kuhn und John jene zeitgemässe Umgestaltung, welche es in die vorderste Reihe unter allen Instituten gleicher Art stellt.

Dies in kurzen Zügen die Geschichte des Gesammtkörpers. Die sprungweise Entwicklung hatte jedoch zur Folge, dass einzelne seiner Glieder zeitweilig von demselben getrennt wurden, dass sie also ihre eigene Geschichte besitzen. Das heutige Kriegs-Archiv zerfällt in vier Abtheilungen: Abtheilung für Kriegs-Geschichte, Schriften-Archiv, Karten-Archiv, Kriegsbibliothek.

Die zweite Abtheilung ist das eigentliche Archiv, bestimmt zur Aufbewahrung der Documente, ihre Geschichte fällt also mit der des Gesammt-Archives zusammen. Die historischen Documente desselben beginnen im 14. Jahrb., die 'Urkunde Heinrichs des Löwen von 1323' verdankt wohl nur einem Versehen ihre Entstehung (S. 94). Für das 15. und 16. Jahrh. sind die Acten nur fragmentarisch erhalten, erst vom Beginne des dreissigjährigen Krieges an besitzt das Schriften-Archiv die in seinen Bereich gehörigen Acten in ununterbrochener Reihenfolge. Als besonders bemerkenswerth sind hervorzuheben die militärgerichtlichen Acten des Wallenstein-Processes aus den Jahren 1634—35, Originalberichte Altringers, Tillys und des Grafen Montecuccoli, die diplomatische Correspondenz des Prinzen Eugen, 153 Faszikel zur Geschichte des siebenjährigen Krieges; ausserdem sind die Documente über alle anderen Actionen der österreichischen Armee erhalten. Doch ist die Vollständigkeit nicht in allen Fällen die gleiche, da man nicht zu allen Zeiten dieselbe Sorgfalt auf die Aufbewahrung der Acten verwendete. Eine eigene Abtheilung „Kriegswissenschaftliche Memoiren" enthält alle Actenstücke militärwissenschaftlichen Inhaltes, welche über Taktik, Felddienst, Ausbildung einzelner Waffengattungen u. ä. handeln. Ausserdem sind dieser Abtheilung auch Cabinets-Acten verschiedenen Inhaltes einverleibt. Zufolge eines bis in die jüngste Zeit bestehenden Gebrauches wurde der schriftliche Nachlass hoher Militärs dem Schriften-Archive einverleibt; von diesen sind ausser den bereits angeführten noch Karl von Lothringen, Daun, Lacy, Clairfayt, Wurmser, Erzherzog Carl und Radetzky, für das 17. Jahrh. auch Octavio Piccolomini zu erwähnen. Des letzteren Nachlass die Jahre 1622—1656 umfassend wurde 1810 von der Herrschaft Nachod eingesendet. Die zu verschiedenen Zeiten ausgeführten Beschreibungen von Feldzügen wurden gleichfalls in das Schriften-Archiv aufgenommen. Die Eigenart des hier verwahrten Materiales nöthigte seit jeher zu einer durch Fachleute unternommenen Bearbeitung. Diesem Bedürfnisse entspricht die Abtheilung für Kriegsgeschichte.

War man sich des Unterschiedes zwischen der Aufbewahrung und der Verarbeitung der Archivalien auch stets mehr oder weniger deutlich bewusst, so kam man doch bis in die neueste Zeit über bescheidene Anfänge nicht hinaus. Die Hauptursache dieser ungünstigen Entwicklung ist in einer übergrossen Scheu vor der Oeffentlichkeit zu suchen und auch darin, dass man es verschmähte, sich mit den Fortschritten moderner Geschichtswissenschaft zu befreunden. Selbst als 1817 ein eigenes Generalstabs-Bureau für Kriegsgeschichte geschaffen wurde, durften dessen Arbeiten nicht durch den Druck veröffentlicht werden und eine Benützung des Archives durch Civilpersonen wurde nur in den seltensten Fällen gestattet. Eine drastische Schilderung dieser Verhältnisse findet sich in einem Berichte des Redacteurs der österr. militärischen Zeitschrift, dem vom Hofkriegsrathe alle erdenklichen Hindernisse in den Weg gelegt wurden, obwohl das Unternehmen ein offizielles war. Erst nach 1848 nahm man hier durchgreifende Aenderungen vor und von da an erschienen auch militärwissenschaftliche und kriegshistorische Arbeiten in grösserer Anzahl. 1876 ward das Generalstabs-Bureau für Kriegsgeschichte wieder mit dem Archive vereinigt.

Die beiden anderen Abtheilungen verfolgen zum grössten Theile rein militärische Zwecke und es genügt hervorzuheben, dass das Karten-Archiv von wesentlichem Einflusse auf die hohe Ausbildung der Kartographie und indirect auch auf die der vervielfältigenden Künste in Oesterreich gewesen ist.

Der letzte Abschnitt des Buches gibt eingehende Mittheilungen über den heutigen Bestand des Archives, den Inhalt seiner Sammlungen und die Benützungsnormen. Diese sind den in anderen Archiven gebräuchlichen angepasst. Die Fesseln, welche jede gesunde Entwicklung hemmten, sind gefallen und das Kriegs-Archiv behauptet auch nach dieser Richtung seinen hohen Rang.

Innerhalb dieses Rahmens bringt das vorliegende Buch eine Fülle interessanter Details. Nach mancher Richtung wird das Bild unserer bedeutendsten Feldherrn ergänzt und deutlich tritt die Thatsache hervor, dass der Sinn für die wissenschaftliche Arbeit in der österreichischen Armee niemals völlig erloschen war, wenn auch widrige Umstände, die heute als beseitigt anzusehen sind, in den meisten Fällen eine gedeihliche Entwicklung hemmten.

K. Uhlirz.

E. Mühlbacher, Die Urkunden Karl III. Wien 1879. In Commission bei K. Gerolds Sohn. Separatabdruck aus den Sitzungsberichten der phil.-hist. Classe der Akademie der Wissenschaften in Wien. Bd. 92.[1]

Die Neubearbeitung der Böhmer'schen Regesta Karolorum veranlasste Mühlbacher, wie schon früher die Urk. Lothar I (Wiener Sitzungsberichte Bd. 85), so nun die Karl III eingehender zu untersuchen. Leider musste der Verfasser auf umfangreichere Benützung der Originale verzichten und konnte daher auch jene Partien nicht zum völligen Abschluss bringen, für welche die äussern Merkmale ausschlaggebende Bedeutung haben; ich rechne dahin namentlich die nach so vielen Seiten wichtige Kanzleiorganisation.

---

[1] Noch von Ficker zur Aufnahme bestimmt.   Mühlbacher.

Karl III übernimmt die Kanzleieinrichtungen seines Vaters Ludwig des Deutschen. Die als Kanzleichefs genannten Witgar von Augsburg und Liutbert von Mainz, zu Anfang und zu Ende der Regierung Karls, führen in den Urk. gewöhnlich den Titel Archicapellanus, während Liutward von Vercelli fast durchweg Archicancellarius, nur selten, aber doch auch ausser der Recognition Archicapellanus heisst. Der Antheil Liutwards, der zuerst als Kanzler, dann seit 877 Juli 11 als Chef erscheint und für den bis zu dessen Sturze fast alle Urk. Karl III gezeichnet sind, lässt sich nicht näher fixiren; namentlich ist nicht festzustellen, ob während dessen Abwesenheit vom Hofe etwa auch ad vicem Liutwardi recognoscirt wurde. M. ist aber geneigt ihm auch als Erzkanzler noch einen grossen und unmittelbaren Antheil an der Ausfertigung der Urk. zuzuschreiben. Mit Rücksicht auf den inzwischen erschienenen 7. Beitrag zur Diplomatik von Sickel hat M. diese Verhältnisse nur im allgemeinen dargelegt. Eine Differenz zwischen beiden besteht darin, dass M. Liutward Erzkaplan sein lässt, während Sickel das mit guten Gründen leugnet; jedenfalls ist Liutward — auch nach M. — nicht blos nomineller, sondern auch factischer Kanzleivorstand. Die untergeordneten Beamten, die genannten Recognoscenten stehen, wie es scheint, wesentlich gleichgeordnet unter ihm als einzigem Haupte. Sie führen theils den Titel Notarius, theils Cancellarius, es ist aber keine ständige Rangerhöhung mehr damit verbunden; ein und derselbe führt wohl abwechselnd beide Titel und seit 885 erhalten mehrere Beamte (ausser Ernust auch Amalbert und Salomon) gleichzeitig den Kanzlertitel.

Dass sich die Arbeitstheilung von Recognoscent, Dictator, Schreiber nur an Hand der Originale sicher feststellen lässt, betont M. selber; er hat auch die Dictatsfrage nur gestreift; dagegen aber die zeitlichen Grenzen für die Thätigkeit der genannten Recognoscenten bestens zusammengestellt und, wie mir scheint, überzeugend nachgewiesen, dass z. B. Waldo nur bis zu seiner Erhebung zum Bischof von Freising 884 Kanzleibeamter war, bei Urk. mit seinem Namen von 886, 887 die Handlung bedeutend früher zu setzen ist. Das gerade für den Regestenmacher so wichtige Verhältniss der genannten Recognoscenten zur Datirung konnte M. mit grosser Vollständigkeit darlegen. Die chronologischen Angaben in den Urk. Karl III sind sehr zahlreich, anni incarnationis, Indiction und vor allem sehr verschiedene Regierungsjahre als König von Alamannien (876), von Italien (880), als Kaiser (881), als König von Ostfrancien (882), von Westfrancien (885). Der mühsamen Arbeit den theilweise conventionell gebrauchten Epochentag der einzelnen Zählung festzustellen, können wir hier nicht nachgehen; aber einen anderen Umstand müssen wir betonen: die eine dieser Zählungsweisen verdrängte zunächst die andere, dann aber — und da zeigt sich eben der Antheil der genannten Recognoscenten — wird doch wieder eine ältere Zählung aufgenommen, werden mehrere gleichzeitig gebraucht. M. hat dieses Chaos dahin entwirrt, dass seit 881 nur die Kaiserjahre ständig gezählt wurden; alles andere war Sache der einzelnen Recognoscenten. So wendet etwa Ernust seit 881 nie mehr eine andere Epoche an, Waldo vereinzelt die von 882, nie die von 876; während Inquirinus anfangs die letztere, später die erstere benützt, häuft Amalbert die Epochen und zählt noch nach anni in Italia, Francia, Gallia etc. Der genannte Recognoscent ist also zugleich auch der Datator; da aber die Datirungszeile in der Regel nicht nachgetragen wurde, ein Zusammenfallen von Recognoscent und Schreiber aus innern und äussern Gründen nicht anzunehmen ist, so muss, glaube ich, die Zufügung der Datirung im Concepte erfolgt sein. Dieses Resultat ist doppelt interessant, wenn man es mit den Ergebnissen zusammenhält, zu denen Ficker über diese Verhältnisse in spätern Jahrhunderten gekommen ist.

Es folgen eingehende Untersuchungen über Actum und Datum, Vorlage und Concept, Protokoll, Formeln des Textes, Urkundenarten. Aus der Betrachtung der letztern gewinnt M. das sehr beachtungswerthe Ergebniss, dass die Kanzlei auf die Entwicklung der Rechtsgebräuche in den Theilstaaten Rücksicht nahm, die Immunität für Italien anders als für Deutschland behandelte, für Schenkung zu freiem Eigen, je nachdem ob sie für Deutschland, Italien oder Frankreich ertheilt wurde, verschiedene Formeln benutzte. Weiter bespricht M. die Fälschungen und zweifelhaften Urkunden. Vieles ist ohne Zweifel endgiltig richtig gestellt worden, in manchen Punkten wie z. B. bei der Pfälzerner Immunitätsurk. liesse sich mit dem Verfasser wohl rechten. Den Schluss bildet eine tabellarische Uebersicht über die Urkunden Karl III.

Die Arbeit Mühlbachers bietet aber noch ein eigenthümliches Interesse, indem hier zum erstenmale voll und bewusst der ganze Umfang der von Ficker in seinen Beiträgen zur Urkundenlehre im allgemeinen angeregten Fragen und Untersuchungen an einem einzelnen praktischen Falle durchgeführt wird und so die Resultate und die Methode der beiden grossen Forscher auf dem Gebiete der Diplomatik, Sickels und Fickers, vereint die Basis bilden, auf welcher M. aufbaut; man wird sagen müssen, dass er das mit ebensoviel Sachkenntniss als Besonnenheit zu thun wusste, und kann nur wünschen, dass es dem Verfasser möglich würde die äussern Merkmale in gleicher Weise in den Kreis seiner Studien zu ziehen.

v. Ottenthal.

Codice diplomatico Padovano dal secolo sesto a tutto l'undecimo preceduto da una dissertazione sulle condizioni della città e del territorio di Padova in que' tempi ed a un glossario latino-barbaro e volgare. Monumenti storici pubblicati dalla Deputazione Veneta di storia patria Vol. II. Venezia. A spese della società 1877. 4°, CXXXIX und 411 S.

Italien ist in neuerer Zeit an umfangreichen Urkundenpublicationen, die grossentheils von den vom Staate unterstützten historischen Deputationen veranstaltet wurden, gerade nicht arm. Werke dieser Art sind die Historiae patriae monumenta, Chartarum t. I u. II, der Codex dipl. Langobardiae welcher den 13. Band derselben Sammlung bildet, der von der Deputazione di storia patria per le provincie della Romagna herausgegebene Appendice ai monumenti Ravennati dei secoli di mezzo del conte M. Fantuzzi von Ant. Tarlazzi. Doch sie entsprechen mehr oder weniger nicht den Anforderungen die nach dem gegenwärtigen Stande der Forschung an solche Publicationen gestellt werden können und gestellt werden müssen. In vieler Hinsicht eine rühmliche Ausnahme von der ganzen Reihe dieser Urkundensammlungen bildet der Codice diplomatico Padovano. Er ist unstreitig das beste Werk seiner Art, das in neuerer Zeit in Italien veröffentlicht wurde. Damit ist allerdings noch nicht gesagt, dass ihm keine Mängel anhaften.

Als Herausgeber nennt sich im Vorworte Andreas Gloria, Professor an der Universität in Padua. Durch seine palaeographischen Arbeiten auch in weiteren Kreisen bekannt war er für die Zusammenstellung eines solchen Werkes ganz der geeignete und befähigte Mann.

Das Vorwort gibt im allgemeinen über die Quellen und über die Fundorte derselben Rechenschaft. Dabei fällt es auf, dass die Zeit nicht näher bezeichnet wird, wann der so häufig benützte Codice diplomatico ms. des Giovanni Brunacci entstanden ist; wenigstens die Lebensdauer dieses fleissigen Sammlers (1711 Dec. 2 — 1772 Oct. 30) hätte angeführt werden sollen. Mit wenigen Worten, doch nicht erschöpfend, werden dann die Grundsätze angegeben, nach denen der Verfasser die Transcription der Urkunden durchgeführt hatte. Von den jetzt allgemein dafür angenommenen Regeln weicht er besonders in dem einen Puncte ab, dass er nicht die moderne Interpunction anwendet, sondern die der Originale und Copien beibehält, obwohl er andererseits sich durchaus nicht sklavisch an die Vorlage bindet, wie die Behandlung der o, e und ę zeigt. Auf einzelnes komme ich später zurück. Die Klage über Geringschätzung archivalischer Quellen am Schlusse des Vorworts ist vielfach auch anderweitig nur zu berechtigt.

Die Abhandlung über die politische und sociale Geschichte der Stadt und Provinz Padua, die auf Grund der im Codice diplomatico publicirten Documente aufgebaut diesem vorausgeschickt wird, verdient die vollkommenste Anerkennung; sie zeigt recht anschaulich, welchen Nutzen namentlich die Culturgeschichte und Topographie aus solchen diplomatischen Arbeiten ziehen können. Als Muster dienten zweifelsohne die Editionen der französischen Chartulare, welche in der Regel, ein Ergebniss der tüchtigen Schulung der École des chartes, solch' treffliche Einleitungen bieten. Ausserdem wurde noch ein Glossario latino-barbaro e volgare vorausgestellt, das, ebenso musterhaft als genau, dem Linguisten die Mühe der Forschung durch das Urkundenbuch selbst erspart und das auch bei diplomatischen Arbeiten wieder nachgeahmt zu werden verdiente, wie es von den Maurinern eingebürgert auch in jedem Bande der Scriptores in den Mon. Germ. Vortretung findet.

Der Codice dipl. Padovano umfasst 337 Nummern vom 6. Jahrhundert bis zum Jahre 1100; dem 6. und 7. Jahrh. gehören nur 4 Nummern an, während das 8. Jahrh. ganz leer ausgeht; ins 9. Jahrh. fallen schon 21 Nummern; die übrigen datiren sämmtlich aus dem 10. und 11. Jahrhundert. Ausser den eigentlichen Urkunden wurden auch noch die wenigen Inschriften aufgenommen, welche derselben Zeit entstammen. Viele Urkunden sind hier zum erstenmale gedruckt, so die ältesten Urkunden des Klosters S. Ilario e Benedetto, darunter je ein Diplom Lothars I. und Karls III.

Die Documente, welche ihrem Inhalte nach vollständig die Stadt oder das Territorium von Padua betreffen, werden in extenso mitgetheilt, jene hingegen, die inhaltlich nur theilweise Padua berühren, nur auszugsweise abgedruckt, ein Vorgang, der nur gebilligt werden kann und der auch sonst bei Localpublicationen fast durchgehends in Anwendung gebracht wird.

Darnach wäre aber consequenterweise das unter nr. 25 in der Note angeführte Diplom Derengurs wie die übrigen im Auszuge mitgetheilten Diplome gleichfalls unter einer eigenen Nummer (als nr. 18) einzureihen gewesen.

Die kurzen Regesten mit den aufgelösten chronologischen Daten an der Spitze der einzelnen Nummern sind durchwegs zweckentsprechend und zum richtigen Jahre eingereiht. Es sind nur folgende Daten zu berichtigen: nr. 19 gehört in das Jahr 899, nr. 29 zu 900; die Fälschung nr. 96 ist zum Jahre 1020 zu setzen.

Den Regesten folgt die Angabe der Quelle, auf welcher der Druck der Urkunde beruht. Dabei wurde in der Regel wenigstens bei den vollständig mitgetheilten Urkunden die beste und älteste bekannte Quelle zu Grunde gelegt. Nicht gerechtfertigt erscheint es demnach, wenn bei nr. 145, 146 die Lesearten einer Copie saec. XIV, bei nr. 69, 97, 117, 194 die einer Copie s. XVII und bei Nr. 274 sogar die Varianten einer Copie s. XII in die Noten verwiesen werden, während zur Grundlage der Edition die Abdrücke bei Ughelli dienen mussten. Nicht consequent sind auch nr. 43 und 44 behandelt; dort wird der Druck in Muratoris Antiqu. Ital. zu Grunde gelegt, während die abweichenden Lesearten in Mittarellis Ann. Camald. in Noten beigefügt sind, hier dagegen der Druck Mittarellis, während die Varianten bei Muratori gar nicht verzeichnet werden.

Ueber die Art und Weise der Herstellung des Textes möchte ich ausserdem noch folgendes bemerken: Bei nr. 78 wird als Quelle des Druckes das Original angeführt; aus der Art des Abdruckes müsste man schliessen, dass dasselbe in einem vollkommen guten Zustande erhalten sei; dies ist jedoch nicht der Fall; die Lücken im Originale hat der Herausgeber entweder nach Drucken oder nach einer im selben Archive noch erhaltenen Copie s. XII ausgefüllt, ohne dies jedoch im Drucke ersichtlich zu machen oder es in einer Note, wie dies wenigstens bei nr. 137 und 304 geschehen, zu bemerken. Ebenso geht er bei nr. 46 vor; zur Grundlage dient eine durch Feuchtigkeit stark beschädigte Copie s. XII. Die schadhaften Stellen ergänzt er einfach durch die vollständigeren Drucke, macht dies aber für den Benützer nirgends kenntlich. Ein solcher Vorgang bei der Textherstellung vermindert den Werth der Publication, da es dem Forscher nicht gleichgiltig sein kann, ob er eine Leseart des Originals oder einer Copie oder eines Druckes, ja möglicherweise sogar nur eine selbständige Emendation oder Ergänzung des Herausgebers vor sich hat.

Für nr. 46, 77 und 103 wären zur Herstellung des Textes auch noch andere Copien desselben Archives (Mani Morte, S. Zaccaria 56 Miscellanen fol. 1, 5 und 8) herbeizuziehen gewesen. Von nr. 87 waren dem Herausgeber zwei, wie es scheint, von einander ganz unabhängige Copien bekannt; dennoch führt er die Lesearten der vollständigeren nicht an, sondern fügt nur am Schlusse in einer Note die durch dieselbe allein erhaltene Datirung an.

Anders verfährt er bei nr. 152. Hier werden zwei Copien einer und derselben Urkunde hintereinander abgedruckt und jedesmal wird, da beide beschädigt sind, die eine aus der andern ergänzt, ohne jedoch die Ergänzungen, wie er es auch sonst thut, näher zu bezeichnen; eine richtige Verschmelzung beider Copien in einem Drucke hätte hier genügt. Der Herausgeber hat also, wie aus diesen Beispielen erhellt, nicht immer sämmtliche ihm

zugängliche Quellen für die Herstellung des Textes benützt, andererseits
aber auch sonst nicht immer auf einem streng durchgeführten Principe
basirend einen gleichmässigen möglichst besten Text geliefert.
Um die Verlässlichkeit der Transcription der Urkunden selbst zu beurtheilen, stand mir leider nur eine Abschrift von nr. 78 zu Gebote. Auf
die ungleichmässige Behandlung der verschiedenen e (e, ę, ęę) wurde schon
hingewiesen; für ecclesia mit zwei ee ist immer eclesia mit einem e zu
schreiben, für patriarca (p. 111 letzte Zeile) patriarcha; p. 112 (2. Z. v. o.)
ist vor precepta ein per ausgelassen; in der Datirung ist anstatt regis regnantis zu lesen — Versehen also, welche ohne wesentliche Bedeutung auf Verlässlichkeit des Abdruckes schliessen lassen; dass Gloria gerade dieser Seite
seiner Arbeit besondere Sorgfalt gewidmet habe, dafür bürgen auch seine
paläographischen Arbeiten.

Als entschiedener Mangel muss es aber bezeichnet werden, dass bei
Diplomen Chrismon, Recognitionszeichen und Besiegelung nirgends angezeigt
werden; auch das Monogramm ist nur zweimal (nr. 311, 312) erwähnt.
Die dem Abdrucke der Urkunden folgenden Literaturangaben scheinen
ziemlich willkürlich und planlos behandelt zu sein. Manchmal werden die
Drucke vollständig angegeben, so etwa bei nr. 14, 41 u. a., ein andermal
nur lückenhaft wie bei nr. 31, 48, 78, 176, 259, 312 u. a., oder es fehlt
auch jeder Hinweis auf eine Literatur wie bei nr. 10, 18, 65, 115, 147,
307 u. s. Dieser Vorgang ist umso bedauerlicher, je wünschenswerther
es ist, dass bei Localpublicationen wenigstens die locale Literatur, welche an
Ort und Stelle am leichtesten zu beschaffen ist, vollständig verwerthet werde.
Dies wäre hier desto leichter gewesen, als der Herausgeber, wie aus allem
hervorgeht, dieselbe sehr genau kennt und beherrscht.

Den Schluss des Werkes bildet ein alphabetisches Personen-, Orts- und
Materien-Verzeichniss. Sollte man auch damit einverstanden sein, dass darin
jene Personen, von denen nur der Name allein in irgend einem Documente
genannt wird, bei Seite gelassen werden, so müsste doch mindestens in Bezug auf die ungewöhnlicheren Namen, die ja für Linguisten von Interesse
sein können, eine Ausnahme gemacht werden; eine Grenze wird sich da
aber schwer ziehen lassen.

Diese Bemerkungen sollen nur für die Aufmerksamkeit und Beachtung,
welche das Werk gefunden, Zeugniss geben. Und diese verdient es auch
in hohem Masse, umsomehr als es hoffentlich ein günstiger Vorbote ist,
dass auch in Italien wieder jene Genauigkeit und Gründlichkeit festen Fuss
fassen, welche die Arbeiten eines Lupi und Fumagalli auszeichnen und welche
die letzten grossen Urkundenpublicationen so vielfach vermissen lassen.

Die Ausstattung ist in jeder Hinsicht eine vorzügliche.

S. Laschitzer.

Neue Arbeiten Joppis zur Geschichte Friauls und Istriens.

Das Archiv von Aquileja, die reichste Fundgrube für friaulische und
theilweise für istrische Geschichte, ist zerrissen und zerstreut; vieles ist
verloren, mehr noch in den grossen Sammlungen von Fontanini, Bini,
Rubeis u. a. gerettet; selten wurde mit solchem Eifer und Fleisse gesam-

melt und copirt wie hier; sehr bedeutender Stoff, namentlich für das spätere Mittelalter erhielt sich auch in den Notariatsprotokollen und den Communalarchiven. Dieses Material ist auch vielfach verarbeitet; hatte das Patriarchat in Joh. Candidus, Madrisio und vor allen in Rubeis seine Geschichtschreiber gefunden, so auch Friaul in Palladio und Liruti. Der urkundliche Schatz ist aber noch längst nicht erschöpft und gewährt noch immer lohnende Ausbeute, finden sich ja in Aquilejer Chartularen, welche bis auf die neueste Zeit fast unbeachtet geblieben, noch ungedruckte Diplome, die bis auf Karl den Grossen zurückreichen. Wenn auch in neuerer Zeit deutsche Gelehrte, zuerst Bethmann, manches gehoben und verwerthet, so blieb doch auch die heimische Geschichtsforschung keineswegs unthätig; es genügt auf Bianchi hinzuweisen. Jetzt ist es namentlich Joppi, dessen Arbeiten besondere Beachtung verdienen.

Cav. Dr. V. Joppi, Bibliotecario civico in Udine, bekannt durch die Liebenswürdigkeit, mit der er deutsche Forschung fördert, und durch die Zuvorkommenheit, mit der er seine bedeutenden Sammlungen der Wissenschaft zur Verfügung stellt, entfaltet auch selbst für die Geschichte seines Heimatlandes den regsten Eifer, der sich nicht auf Verwerthung der seiner Obhut anvertrauten archivalischen Schätze beschränkt, sondern auch aus fremden Archiven reiches Material beschafft. Es sind meist kleine Publicationen ohne bestimmten Zusammenhang unter einander, Beiträge zur Geschichte Friauls und des benachbarten Gebietes; einzeln von grösserer oder geringerer Bedeutung bieten sie zusammen eine Fülle interessanten Stoffes, werthvoller Details. Wenn sie in der Fremde fast gänzlich unbekannt sind, so trifft die Schuld nur ihre Eigenart; es sind grösstentheils Gelegenheitsschriften, welche nicht in den Buchhandel gekommen, Hochzeitsgaben, deren Drucklegung von Verwandten oder Freunden des Brautpaares veranlasst sich auf eine kleine Zahl von Exemplaren beschränkt. Diese bescheidenen Arbeiten verdienen aber umsomehr die Aufmerksamkeit weiterer Kreise, als das Land, das sie berühren, an der Grenzscheide Deutschlands auch vielfache Beziehungen zur deutschen und österreichischen Geschichte bietet.

Wie bei uns den Weisthümern, so wendet sich in Italien den Statuti, der wichtigsten Quelle für Rechts- und Culturgeschichte des späteren Mittelalters, immer lebhafteres Interesse zu. Dies namentlich in Friaul. Die Zahl der hier seit etwas mehr als zwei Jahrzehnten veröffentlichten Statuten ist eine ganz ansehnliche; die Hälfte derselben wurde von Joppi herausgegeben[1]).

---

[1]) Ich gebe eine Uebersicht der seit 1856 erschienenen Statuti Friulani und ordne sie nach ihrem Alter:
1500: Statuto di Portogruaro (C. Foucard). 1856.
1326—1567: Statuti della Terra di Spilimbergo (L. Pognici). Pordenone 1872.
1337: Statuti di Cordovado (V. Joppi). Udine 1875.
1347: Statuti dell' abazia di Moggio (V. Joppi). Udine 1876.
1356: Statuta et ordinationes Pulcinici (P. Quaglia). Udine 1877.
1358—1864: Statuti di Billerno ed. a cura di A. di Prampero e V. Joppi. Udine 1878.
1361: Statuta communitatis Buje (V. Joppi). Udine 1877.
1569: Statuta et leges Valvasonis (P. Vianello). Treviso 1858.
1373: Statuti di Montenars (V. Joppi). Udine 1875.
1381: Statuta Glemone (A. di Prampero) Udine 1869.
Saec. XIV: Tre Documenti Statutarii di Monfalcone (V. Joppi). Udine 1875.
1445: Statuti della Terra di Venzona (estr.) Nozze Marzona-Stringari. Udine 1871.
1458: Statuta terre S. Danielis (C. Narduzzi). S. Daniele 1859.

Zu den früheren Publicationen sind in diesem Jahre drei neue getreten. Unter diesen reichen am weitesten zurück die Antichi Statuti inediti di S. Daniele del Friuli 1343—1368 con documenti. Udine, Tipogr. di Doretti, 1879 (in occasione delle nozze Chiozza de Rosmini). 8°, 38 p. Das kurze Vorwort Joppis berührt die Gerichts- und Gemeindeverfassung der seit etwa 1300 selbstständigen Commune und die Entstehung dieser älteren Statuten, welche, als S. Daniele 1420 unter venetianische Herrschaft gekommen war, bald durch neue ersetzt wurden. Die ältesten Stücke, Strafbestimmungen gegen Diebe und Räuber, beschlossen von den Geschworenen, bestätigt von Rath und Gemeinde und genehmigt von dem Patriarchen Bertrand von Aquileja, datiren aus dem Jahre 1343. Die Statuta ed ordinamenta atque constitutiones facta et constitute per consilium S. Danielis, in einer Handschrift des 14. Jahrh. im Museum Correr überliefert, sind kein einheitliches Ganzes, sondern Rathsbeschlüsse, wie sie das Bedürfniss veranlasst, abändert, weiter entwickelt; sie umfassen die Zeit von 1355—1368; einige wurden noch später am Rande beigefügt und sind im Drucke durch einen Stern kenntlich gemacht. Die Satzungen regeln nur Gemeindeangelegenheiten und sind auf den Kreis der ortspolizeilichen Befugnisse eingeschränkt mit ihrem Repertoire von Fleischbeschau und Fleischtaxe, von Massbestimmung für Weinausschank und Einhaltung der Polizeistunde, Taxgebühren, Injurien und Weiberzank, Verbot des Waffentragens innerhalb eines gewissen Rayons und Wahrung der Rathsgeheimnisse; die Einfuhr unterliegt dem üblichen Ausbeutungssystem, die fremden Weine, unter denen auch Kretenser und Malvasier genannt werden, bedeutender Steuer. Sie verfügen nur Geldbussen, selbst für Vernachlässigung der Wehrpflicht und Insubordination; nur für Desertion ist 1 Mark Busse oder einmonatlicher Kerker bestimmt. Die Criminaljustiz ist erst in den beigefügten Documenten vertreten; hier Verhörprotokolle und Todesurtheile aus den Jahren 1391 und 1412 und Notizen des 15. Jahrh. über Executions- und Torturkosten; diese ergeben auch, dass nicht nur der Delinquent noch Wein erhielt, sondern dass auch die Gerichtscommission durch einen tüchtigen Trunk auf Stadtskosten sich wieder stärkte. Andere Notizen geben Aufschluss über die Kosten des Abschreibens und Einbindens der Statuten; so werden 1416 für den Einband 7 sol, 1441 für Copirung pro uno quaterno carte 8 sol. gezahlt.

Interessant nach anderer Seite sind die Statuti del comune di Attimis nel Friuli del secolo XV e XVI editi a cura del municipio. Udine, Tipogr. di G. Seitz, 1879. 8°, XVI, 47 p. Attimis, der Stammsitz der Grafen von Attems, ist seit Beginn des 14. Jahrh. selbständige Gemeinde. Von älteren Statuten haben sich nur einzelne Bruchstücke aus der Zeit 1320—1341 erhalten; das wichtigste derselben ist Festsetzung der Nutzungsrechte der umliegenden Waldungen des Patriarchats. Die hier veröffentlichten Statuten sind undatirt, sie sind aber von einem Notar, der in der zweiten Hälfte des 15. Jahrh. lebte, geschrieben. Dazu kommen Nachträge des 16. Jahrhunderts. Beginnen sie auch mit dem Statutum vini, panis, carnis, so liegt doch ihr Schwerpunkt in der Regelung agrarischer Verhältnisse, namentlich Schonung und Cultur des Waldes — es sind die Satzungen einer Viehzucht und Ackerbau treibenden Landgemeinde. Die Statuten, welche bis Ende des 18. Jahrh. in Kraft blieben, sind italienisch geschrieben und gewähren auch dem Sprachforscher Ausbeute an Provincialismen; diese sind p. XVI zusammengestellt. Unter den vorangeschickten Documenten verdient eines hervorgehoben zu werden, ein Notariatsinstrument von 1379 Nov. 20 über einen Protest, den ein Durazzo de Attems in öffentlicher Gemeindeversammlung gegen das beabsichtigte Verbot des Würfelns um Geld und Wein einlegt; wenn Joppi aus inneren Gründen dasselbe 1375 – 79 einreiht, so ist das letzte Jahr durch die Tagesangabe die dominica XX m. nov. gesichert. Ein Spruch von den Parteien gewählter Schiedsrichter von 1365 bestimmt als Sühne für Tödtung eines Gemeindegenossen Zahlung von 4 Mark an die Familie des Getödteten, Wallfahrt nach Rom, Verbot des Aufenthaltes in der Heimatsgemeinde während eines Jahres ausser unter Tags zur Bestellung der Feldarbeit.

Wesentlich verschieden von dieser Gesetzgebung der autonomen Gemeinde sind die Consuetudines Gradiscanae antiquitus observatae et per novos ordines introductae. (Nozze Braida-Strassoldo Soffumberg). Udine, Tipogr. Seitz, 1870. 8°, 59 p. Gradisca, 1471 als Cittadelle gegen die Einfälle der bosnischen Türken angelegt, wird 1481 zur Festung umgebaut und gelangt 1511 in den Besitz Oesterreichs. Die Consuetudines Patriae Foroiulii von 1366, welche, unter venetianischer Herrschaft 1429 theilweise abgeändert, in diesen Gegenden Rechtskraft gehabt hatten, wurden 1556 durch die von Juristen zusammengestellten Consuetudines Comitatus Goritiae verdrängt. Der Capitano von Gradisca Jakob von Attems veranlasste die Abfassung eines eigenen Gesetzbuches durch den Rechtsgelehrten Girolamo Gurzoni da Osimo, Rath des Erzherzogs Karl, seit 1575 Vicario in Gradisca; es wurde 1577 publicirt und blieb bis in den Beginn unseres Jahrhunderts in Geltung. Es umfasst aber nur den Civilprocess. Die systematische Arbeit eines geschulten Juristen bewegt sie sich auch ganz in der juridischen Terminologie und vergisst natürlich nicht, Gerichts- und Kanzleitaxen bis ins kleinste Detail zu bestimmen; c. 1, 2 präcisiren die Befugnisse des vom Kaiser ernannten Praefectus und des von diesem gewählten Vicarius; dieser ist in allen Civil- wie Criminalsachen erste, jener oberste Instanz. Die Consuetudines Gradiscanae werden hier zuerst veröffentlicht; Joppi legte seiner Ausgabe zwei Abschriften in Udine zu Grunde.

Andere Publicationen enthalten nur Urkunden, grösstentheils des 13. und 14. Jahrhunderts. Die bedeutendste derselben sind die Aggiunte inedite al Codice diplomatico Istro-Tergestino del secolo XIII. (Nozze Porenta-Tutto). Udine, Tipogr. Seitz, 1878. 8°, 45 p. Die hier veröffentlichten Documente sind jedoch nicht sämmtlich inedita. Unter ihnen zwei Diplome, das eine von Otto IV 1210 Mai 8 nach den vollständigen Vidimus von 1303 (vgl. die Neubearbeitung Fickers von Böhmer Reg. Imp. V nr. 399), während der Druck im L'Archeografo Triest. Nuova serie 2, 197 nach einer Handschrift des 15. Jahrh. nur unvollständigen Text und verstümmelte Datirung bot, das andere von Friedrich II 1232 Febr., bereits von Böhmer Reg. Friedr. nr. 709 vgl. Huillard-Bréholles II. d. Frid. 4,298 nach einer Mittheilung von Pertz erwähnt, doch bisher ungedruckt; beide Diplome wird auch die Sammlung Winkelmanns bringen. Von den Papsturkunden sind zwei, jene von Honorius II und Gregor IX schon bekannt, Potthast Reg. Pont. nr. 5732, 10312, die dritte, eine Bulle Innocenz IV Lugduni 1245 (pontif. anno III, irrig Joppi zu 1247) Juni 30 für die Kirche von Justinopolis, war bisher nicht edirt. Die übrigen Urkunden beziehen sich in der Mehrzahl auf Aquileja; drei derselben — die erste von 1210 Dez. 18 wurde indess schon von Buttazzoni im L'Archeogr. Triest. N. s. 2, 209 veröffentlicht — sind vom Patriarchen Wolfger, eine von Bertold (Vertrag mit der Commune Pirano), zwei von Raimund ausgestellt; dazu kommen ein Schiedspruch und eine Verzichtleistung des Grafen Meinhard von Görz, ein paar Bischofsurkunden von Parenzo und Triest und eine gerichtliche Citation von 1259. Eine Fortsetzung bieten die Nuori documenti sull' Istria 1283—1329 (Nozze Candussi Giardo — Del Bello). Udine, Tipogr. Seitz, 1878. 8°, 18 p., sechs Urkunden, deren erste eine Bestätigung des gewählten Bischofs von Justinopolis durch den Patriarchen Raimund; zwei Documente beziehen sich auf den Besitz der Kirche von Parenzo, die anderen auf istrische Burgen.

Einen werthvollen Beitrag zur Geschichte Istriens liefern die Documenti inediti sulla storia di Muggia nel secolo XIV, L'Archeografo Triestino N. s. 5, 283--320. Sie beleuchten die schwankenden, meist feindlichen Beziehungen zwischen Muggia und dem Patriarchen von Aquileja, welche 1373 zu offenem Aufstand führten, bis Muggia 1420 dauernd unter venetianische Herrschaft kam. Es sind meist Briefe und Berichte, denen ein Verzeichniss der spese e deliberazioni 1370—1406 vorangestellt ist; gewähren jene einen klaren Einblick in den Gang der Ereignisse, so verdienen unter diesen die Kosten für die aufgebotenen Streitkräfte Beachtung. Es fehlt aber auch nicht an Stücken von anderweitigem Interesse; so findet sich hier eine Bestallungsurkunde des Gemeindearztes von 1367 mit dem ansehnlichen Gehalte von 316 Pf. und freier Wohnung und ein Schreiben mit der Bitte um sicheres Geleit für einen Pfarrer Johannes, der eine von ihm gefertigte Uhr aufzustellen hat, aus dem Jahre 1367. Die Einleitung gibt theilweise mit Benützung handschriftlichen Materials einen Ueberblick der Geschichte Muggias bis 1420. Nach Friaul führen wieder zwei andere Schriftchen zurück. Die Cenni storici del castello di Zoppola con documenti (Nozze Panciera di Zoppola-Valvassori). Udine, Tipogr. Seitz, 1876. 8°, 21 p. bieten zunächst historische Notizen über die Burg Zoppola (w. Pordenone); die älteste der hier mitgetheilten Urkunden, Verkauf liegenden Gutes durch zwei nach langobardischem Recht lebende Insassen von Castions, datirt aus dem Jahre 1103; ein Erlass des Bischofs von Concordia von 1298 verfügt die Heranziehung der Commune Cusano zur Beihilfe am Wiederaufbau der wegen Alters verfallenen Kirche in Zoppola; diesen folgt ein Contract über Herstellung und Erhaltung von zwei Brücken 1373, ein Lehenrevers 1402 und ein Schiedspruch von 1428, durch welchen der Maler Antonio Baietti aus Udine verpflichtet wird zur Ausführung der Gemälde in der Kapelle des Cardinals von Aquileja Antonio de Portogruaro keinen anderen Genossen als seinen Sohn beizuziehen bei einer Busse von 10 Ducaten an den in Udine lebenden Maler Marco von Venedig. Die kleine Sammlung endlich Ultime relazione dei Carraresi col Friuli, documenti dal 1378 al 1421 (Nozze Cittadella Vigodarzere-Valmarana). Udine, Tipogr. Seitz, 1879. 8°, 29 p. beleuchtet die Versuche der berühmten Familie Carrara in Friaul festen Fuss zu fassen, ihre Feindschaft gegen den Dogenstaat, die blutige Rache, welche dieser an ihren Anhängern nahm. Die in diesen Schriften veröffentlichten

Documente stammen aus Venedig (Arch. gen., Marciana), Udine (Arch. munic., capit., Bibl. civ., Museo civ., Coll. Joppi, darunter besonders reiche Beiträge aus dem Arch. not.), S. Daniele (Ms. Fontanini, Coll. Concina), Cividale (Coll. Guerra im Arch. munic., Arch. capit., Coll. Portis) und Buja.

Die erzählenden Quellen sind durch die Cronaca di Nicolò Maria di Strassoldo anno 1469—1509. (Nozze Strassoldo-Gallici). Udine, Tipogr. Seitz, 1876. 8°, 27 p. vertreten, anspruchslose Aufzeichnungen, die grösstentheils nur locales Interesse bieten. Geschichtlichen Werth haben die ausführlicheren Aufschreibungen über den Einfall der Türken in Friaul 1499 — über die früheren Beutezüge nur Notizen zu 1472, 1474, 1478 — und den siegreichen Feldzug der Venetianer 1508; die Jahre 1471—1482 berichten einiges über die Herzoge von Ferrara, 1470 ist ein Besuch K. Friedrichs III (IV) in Aquileja, 1489 in Strassoldo erwähnt. Das Autograph der Chronik ist in der Sammlung Joppis.

Der Kunstgeschichte gehört eine andere Arbeit an: Cenni storici sulla Loggia comunale di Udine con 48 documenti inediti di V. Joppi e G. Occioni-Bonaffons. Pubblicazione per cura dell' Accademia e a spese del Comune di Udine Udine, Tipogr. Seitz 1877. 8°, 99 p. Die Loggia, welche 1876 Febr. 19 abbrannte, war eine Zierde der Stadt. Das Buch gibt, nur aus handschriftlichen Quellen schöpfend, eine Geschichte derselben. Ueber das älteste Stadthaus fanden sich nur mehr vereinzelte Notizen aus dem 14. Jahrh.; eine erwähnt ein Gemälde, welches den Kampf der Trojaner und Griechen darstellte; 1414 sah man sich genöthigt das Archiv der grösseren Sicherheit wegen in einen Schrank der Domsakristei zu übertragen. Nicht lange, nachdem Udine unter venetianische Herrschaft gelangt war, fasste der Rath 1441 den einhelligen Beschluss einen neuen Palazzo zu erbauen; das Vorbild Venedigs war nicht ohne Einwirkung geblieben. Die Ausführung verzögerte sich, wenn auch die Vorbereitungen nicht ruhten; 1448 wurde der von dem Goldschmied Nicolò di Lionello vorgelegte Bauplan genehmigt, der Bau begonnen; die Baurechnungen sind verloren, von den Bauzeichnungen hat sich nur die einer Säule erhalten. Nicht minder war man auf künstlerischen Schmuck bedacht; schon 1449 wurde beschlossen durch den berühmten Bildhauer Bartolomeo Buono, den Baumeister der porta della carta im Dogenpalast, eine Madonnenstatue, in der rechten Hand das Christuskind, in der linken die Burg von Udine haltend, um 50 Ducaten anfertigen zu lassen; dem Maler Nicolò di Vanzone, welcher ein Wandgemälde, Maria, den hl. Marcus mit dem Löwen und vier Wappen gemalt, wurden 1454 pro labore et magisterio, auro et coloribus 16 Ducaten gezahlt; einige Jahre später fasste man den Entschluss ein Steinbild des hl. Marcus pulcriori quo fieri potest modo anzubringen. Schon 1455 tagte der Rath in sala magna palacii novi, im nächsten Jahre ist der Bau vollständig beendet. Die Folgezeit sorgte für weitere Ausschmückung; im Beginn des 16. Jahrh. waren die Maler Pellegrino da Udine, Gaspare Negro, Giannantonio Regillo da Pordenone u. a. thätig, doch ihre Gemälde gingen bei Erweiterung des Palazzo im 17. Jahrh. zu Grunde. Mit grosser Genauigkeit wird dann über die Reparaturen und Umbauten berichtet; an diesen ist auch Jacopo Sansovino betheiligt. Von nicht geringerem Interesse ist aber eine andere Seite der Geschichte des Stadthauses, die seiner Verwendung. 1494 erhält ein Dr. Giacomo Florio die Erlaubniss im grossen

Saale juridische Vorlesungen zu halten, während ein Gesuch hier eine scola saltationum sive tripudiorum zu errichten zurückgewiesen wird; 1537 musste die Folterkammer aus dem Castell in dies Gebäude verlegt werden, da die kranke Gemahlin des Luogotenente sich vor dem Geschrei der Gefolterten zu sehr entsetzte. Die Loggia wird der gesellige Mittelpunkt der Stadt; hier etablirt sich zeitweise das Theater, zuerst 1602 die Posse, 1615 Comödie, Tragödie und Schäferspiel, 1671 die Oper, bis schon im nächsten Jahre der Grundstein zu einem eigenen Theater gelegt wird; hier übt man Ballspiel und Fechten; das Spiel mit Würfeln und Karten unter der Loggia und auf den Stiegen wird schon 1602 unter Androhung von Stäupe, Gefängniss und Galeere verboten; auf dem Platze vor derselben finden die öffentlichen Belustigungen statt. In unserem Jahrhundert richtet sich hier zuerst eine philharmonische und philodramatische Gesellschaft ein, dann die Akademie, zuletzt auch ein Casino und Lesecabinet. Der Brand, veranlasst durch eine Gasexplosion, liess nur die kahlen Mauern stehen; die von allen Seiten zufliessenden bedeutenden Gaben ermöglichten es den Wiederaufbau sogleich in Angriff zu nehmen. Dies der Inhalt des Buches; mit seinem reichen Urkundenanhang, klar und anziehend geschrieben, ist es eine der besten kunstgeschichtlichen Monographien, die aber auch für Culturgeschichte nicht wenig des Interessanten bietet; sie lässt nur eine Beschreibung und künstlerische Würdigung des Baudenkmals, wie es vor seiner Vernichtung gewesen, vermissen.

Die Reihe dieser Arbeiten, deren Besprechung sich auf ein sachliches Referat beschränken musste, gibt der ebenso eifrigen als vielseitigen Thätigkeit Joppis ehrendes Zeugniss. Es ist zu bedauern, dass die Mehrzahl der Quelleneditionen in Gelegenheitsschriften niedergelegt ist, die nur wenigen zugänglich sind; eine systematische Sammlung der wichtigeren Urkunden mit genauer Revision und Verwerthung der kritischen Regeln würde auch die deutsche Geschichtsforschung zu Danke verpflichten.

Mühlbacher.

Die Publicationen der ungarischen Akademie der Wissenschaften.

Eine Uebersicht der geschichtlichen Publicationen der ungarischen Akademie der Wissenschaften seit jener Zeit (etwa 1860), da für die Thätigkeit dieser Nationalanstalt günstigere Verhältnisse eintraten, bedarf kaum der Rechtfertigung. Die hier zu Tage geförderten Quellen verdienen vielfach auch ausserhalb Ungarns Beachtung; sie sind nicht nur von localem Interesse; manches findet sich hier, was auch deutschen Geschichtschreibern von Nutzen wäre, manches was auch von diesen berücksichtigt werden muss. Und dies geschieht selten, zu selten. So wird z. B. der Codex dipl. Arpadianus von Wenzel selbst von österreichischen Geschichtsforschern fast nie benützt, obwohl er grösstentheils bisher uneditres, sehr werthvolles Material bietet und für die Zeit der Arpaden (1000—1301) wenigstens ebenso lehrreich ist wie der Codex diplomaticus des Fejér. Ein anderes Beispiel für die neuere Zeit liefert der von Fraknói herausgegebene Codex epistolaris des Cardinals Pázmány; der mächtige Einfluss dieses Kirchenfürsten auf die ungarischen Ereignisse, die grosse Autorität, welche er bei Hof und im Lande genoss, ist eine allbekannte Sache; dennoch wurde seine Correspondenz vom neuesten Geschichtschreiber des dreissigjährigen Krieges Prof. Gindely nicht verwerthet, obgleich sie reichliche Ausbeute gewährt hätte. Der Umfang dieser Publicationen, deren Herausgabe die historische Commission der ungarischen Akademie besorgt, beschränkt das Referat fast auf eine registerartige Aufzählung.

Die wichtigste derselben sind die **Monumenta Hungariae historica** (Magyar Történelmi Emlékek); sie zerfallen in 4 Abtheilungen, nämlich I. **Diplomataria** (Okmánytárok) bis zum Jahre 1877 in 25 Bde.; II. **Scriptores** (Irók) Bde. 1—29 und 32; III. **Comitialia** (Országgyülési Emlékek) in 6 und 4 Bdn.; endlich IV. **Acta Extera** (Diplomatiai Emlékek) in zwei Partieen zu 3 Bdn. Für die Ordnung der Publicationen der einzelnen Abtheilungen wird sich die chronologische Reihenfolge ihres Inhaltes am besten empfehlen. Wir beginnen mit den **Diplomataria**.

Der **Codex dipl. Arpadianus continuatus** (Arpádkori uj okmánytár) ist die Fortsetzung und zugleich Ergänzung des Fejer'schen Codex dipl., enthält aber, wie schon der Titel besagt, nur Urkunden der Arpádenzeit. Der Herausgeber Dr. G. Wenzel publicirte seit 1860 12 Bde., welche die Bde. 6—13, 17—18, 20, 22 dieser Abtheilung bilden. Die grossartige Sammlung enthält beinahe 4000 Königs- und Privaturkunden; nur ein kleiner Theil derselben war schon im Druck erschienen und wurde aus anderen Werken wie jenem Theiners oder aus Editionen südslavischer Gesellschaften übernommen, die überwiegend grössere Anzahl wird zum ersten Male veröffentlicht. Besondere Aufmerksamkeit widmet Wenzel den auf die Nebenländer der Stefanskrone (Bulgarien, Bosnien, Croatien etc.) bezüglichen Urkunden. Die altslavischen Stücke gibt er auch in ungarischer Uebersetzung. Wir sind der Meinung, dass hier die lateinische Sprache besser am Platze gewesen wäre. Noch mehr gilt dies von den jedem Bande vorangeschickten Registern und von den an der Spitze jeder Urkunde stehenden Regesten; diese sind zwar gut, jene sehr genau; ihrem Zweck, über den Inhalt der Urkunde zu orientiren und dem Benützer die Arbeit zu erleichtern, erfüllen sie aber nur für den, welcher der ungarischen Sprache mächtig ist. Wird so jedem anderen die zeitraubende Mühe zugemuthet auch nur für Specialfragen alle Urkunden Stück für Stück vorzunehmen, so ist ihm die Ausbeutung für diplomatische Zwecke eigentlich unmöglich, da ihm alle auf Ueberlieferung, Kritik u. s. w. bezüglichen Angaben unverständlich sind. Es liegt nicht nur im Interesse der Wissenschaft, sondern auch jeder nationalen Geschichte ihre Schätze möglichst zugänglich zu machen. Es wäre demnach eine unvergleichlich dankbarere Arbeit gewesen, wenn Wenzel sich an beiden Stellen oder mindestens in den Registern, wie dies doch auch die Monumenta Poloniae und Mon. episc. Zagrabiensis thun, der lateinischen Sprache bedient hätte. Wir wenigstens wollen nicht glauben, dass die Firma der ung. Akademie auch bei einer Publication von allgemeinem Interesse die ungarische Sprache erheische. Wir sind überzeugt, dass in diesem Umstande auch der Grund der ausserordentlich kleinen Verbreitung dieser Publicationen zu suchen und dies die Ursache ist, weshalb sie von dem gelehrten Ausland vollständig ignorirt werden. Das Werk Wenzels zeichnet sich dem armseligen Fejer'schen gegenüber durch viele Vorzüge

aus, doch hat auch Wenzel die Ergänzungen und Nachträge (die beiden
letzten Bände sind solche) nicht vermeiden können.

Urkundenbuch aus dem Brüsseler Staatsarchive und der
Burgunder Bibliothek (Magyar Történelmi Okmánytár a brüsseli
országos levéltárból és a burgundi könyvtárból) ist die Actensammlung betitelt, welche Mich. Horváth, der bekannte Historiker, unter dem Pseudonym Michael (Mihály) Hatvani in vier Bänden zusammenstellte (Dipl.
1—4). Die Sammlung enthält lateinisch und französisch geschriebene auf
Ungarn bezügliche Acten aus der Zeit 1441—1662. Mehrere derselben
sind allerdings in verschiedenen Publicationen von Lanz gedruckt, doch findet sich auch hier viel Neues; die Geschichtschreiber jener Zeiten werden
ihrer nicht entrathen können.

Aehnlich verhält es sich mit dem 5. Bde. der Diplomatariz, mit dem
Urkundenbuche, welches Ernst Simonyi aus Londoner Bibliotheken
und Archiven in einem Band edirte (Magy. Tört. Okmánytár londoni könyv
— es levéltárakból). Das Buch enthält für manche Fragen des Zeitraumes
1521—1717 wichtige Aufschlüsse.

Grösseren Werth als die beiden vorhergehenden Publicationen besitzt
die Correspondenz des Nicolaus Oláh (Oláh Miklós... levelezése.
Dipl. 25) mitgetheilt von dem auf dem Gebiete der Geschichte, vorzüglich
aber der Kunstgeschichte bestens bekannten Bischof von Bistritz Dr. Arnold Ipolyi. Nicolaus Oláh war Secretär des Königs Ludwig II von Ungarn und der Königin Maria, welcher er auch nach den Niederlanden
folgte; später wurde er ungarischer Kanzler, Erzbischof von Gran und Statthalter in Ungarn. Wenn seine Correspondenz auch vor allem Ungarn interessirt, in dessen Geschichte und Literatur er eine so hervorragende Stelle
einnimmt, so ist sie doch auch für die deutsche Gelehrtenwelt nicht ohne
Wichtigkeit. Oláh war nämlich am Hofe der Königin der Gönner und Vermittler zwischen dem Hofe und den Coryphäen der damaligen Wissenschaft,
welche mit demselben verkehrten, und führte mit einem jeden derselben,
von Erasmus von Rotterdam angefangen bis zum kleinsten Schriftsteller
hinab, eine lebhafte Correspondenz. Ein Fragment dieser Correspondenz von
1527—1538 bietet nun Ipolyi im genannten Buche. Es ist noch zu bemerken, dass die Sammlung auch unter lateinischem Titel und mit einer
lateinischen Vorrede aufliegt: Nicolai Oláh, Ludovico II. regi Hungariae
et Mariae reginae a Secretis.... Codex epistolaris. mdxxvi—mdxxxviii.
Recensuit Dr. Arnoldus Ipolyi. 1876, 8⁰., xxxix et 639.

Von ähnlicher Wichtigkeit ist der bereits erwähnte Codex epistolaris Petri Pázmány Cardinalis (Pázmány Péter levelezése) mitgetheilt von Dr. W. Frankl (Fraknói); bisher ist nur der erste Band erschienen (Dipl. 19). Das Buch bringt eine Reihe für die Geschichte sowohl Ungarns, wie des 30jährigen Krieges sehr interessanter Briefe
jenes thatkräftigen Staatsmannes, des Vorkämpfers der Gegenreformation
in Ungarn; sie umfassen die Jahre 1605—1625. Im selben, vielleicht
in noch höherem Masse wichtig für die Geschichte des 30jährigen Krieges ist die schöne Sammlung des A. Szilágyi, die unter dem Titel:
Urkundenbuch zur Geschichte der Bündnisse des Fürsten
Georg I Rákóczy mit Schweden und Frankreich (Okmánytár I.
Rákóczy György svéd és franczia szövetkezéseinek történetéhez) den 21. Bd.

der Diplomataria bildet. Die aus den Trümmern des Rákóczy'schen Familienarchivs von Vörösvár geschöpften Actenstücke beleuchten die Stellung Siebenbürgens zur grossen deutschen Bewegung in dem Zeitraum 1632—1648, aus welchem die Jahre 1642—1644 besonders hervorragen. Während dieser Zeit fand die lebhafteste Correspondenz zwischen Rákóczy einerseits und den schwedischen Feldherrn, den schwedischen, polnischen, französischen Höfen respective ihren Agenten andererseits statt. Es ist anzuerkennen, dass die ungarische Akademie die Sammlung auch unter dem Titel: Actes et Documents pour servir à l'histoire de l'Alliance de George Rákóczy prince de Transsylvanie avec les Français et les Suedois dans la Guerre de Trente ans erscheinen liess.

Die folgenden Publicationen der Abtheilung Diplomataria sind sämmtlich unter der Obsorge von A. Szilágyi entstanden; so das Urkundenbuch zur Geschichte der diplomatischen Verbindungen des Fürsten Georg II Rákóczy (Okmánytár II. Rákóczy György diplomácziai összeköttetéseihez, Bd. 23 der Dipl.), eine Sammlung welche ausser für Siebenbürgen auch für Schweden und Russland, besonders aber für die polnische Geschichte grosses Interesse bietet, da in jener schwedisch-kosakisch-siebenbürgischen Allianz, zu deren Geschichte der Band schätzbares Material liefert, der erste Gedanke zur Theilung Polens entstand, und zwar fast in jener Form, in welcher er nach mehr als einem Jahrhundert bei der ersten Theilung jenes Reiches zur Thatsache ward. Die Acten betreffen den Zeitraum 1648—1660; hier finden sich schon sehr viele ungarisch geschriebene Stücke, bei denen man leider ausführliche lateinische oder doch wenigstens französische Inhaltsangaben vermisst.

Die Correspondenz der Familien der beiden Fürsten Georg I und II Rákóczy (A két Rákóczy György családi levelezése) 1632—1660 ist ein schöner Beitrag zur inneren, vorzüglich zur Culturgeschichte Ungarns und Siebenbürgens; wie die Sache nur Ungarn interessirt, so sind auch die Briefe durchwegs in ungarischer Sprache abgefasst.

Für die letzten Jahre (1665—1680) der Unabhängigkeit Siebenbürgens und für die Geschichte der Reannexion des Landes an Ungarn ist die aus 2 Bänden (Dipl. 14. 15) bestehende Collection Diplomatarium Alvinczianum (Alvinczy Péter Okmánytára) von grossem Werthe, der noch dadurch erhöht wird, dass sie eben von dem Notar der Regnicolardeputation und Leiter der Expeditionen des fürstlichen Hofes P. Alvinczy, wie er selber sagt, zur Belehrung der Zukünftigen zusammengestellt wurde.

Damit schliessen wir die erste Abtheilung und wollen auf die zweite, die der Scriptores, einen flüchtigen Blick werfen. In dieser Sammlung ist die ältere Zeit leider gar nicht vertreten, wir finden ausschliesslich Schriftsteller der Neuzeit; dies hat seinen bekannten Grund.

Wir erwähnen zuerst das älteste Stück, die ungarische Uebersetzung des Lebens Mehemets II von Kritobulos (Kritobúlosz II Mehemet élete) 1451—1467. Dieselbe besorgte Prof. K. Szabó nach der Copie einer Handschrift in Konstantinopel, welche Dr. A. Dethier zur Ausgabe vorbereitet und der ungarischen Akademie für diesen Zweck zur Verfügung gestellt hatte.

Die **Denkschrift** des **Georg Szerémy**, Hofcaplans der Könige Ludwig II und Johann Zápolya, über das **Verderbniss Ungarns** (Szerémy György, II. Lajos házi káplánja emlékirata Magyarország romlásáról) 1484—1543 veröffentlichte G. **Wenzel** in einem Bande (SS. 1). Ihren verhältnissmässig grossen Werth sowie ihr barbarisches Latein kennen die österreichischen Historiker bereits zur Genüge.

Der bekannte Forscher Franz **Toldy** und Iván **Nagy** edirten in 3 Bänden (SS. 12—14) das Werk des Joh. Mich. **Brutus** über ungarische Geschichte in den Jahren 1490—1552 (Brutus János Mihály m. kir. történetíró magyar históriája), jenes feingebildeten Italieners, der aus einer vornehmen venetianischen Familie stammend k. ung. Historiograph wurde, sein Werk jedoch unter dem Protectorate des polnischen Königs Stefan Báthory schrieb. Die Einleitung Toldys bespricht ausführlich das Leben und die Werke des Brutus, ist aber, obwohl von allgemeinem Interesse, in ungarischer Sprache abgefasst. Dies ist übrigens bei jedem der Scriptores der Fall.

Eine grosse Sammlung bilden die durch Lad. **Szalay** und G. **Wenzel** edirten **Gesammten Werke** des **Anton Verancsics** (geb. 1504 — 1573), Erzbischofs von Gran und königlichen Statthalters in Ungarn (Verancsics Antal összes munkái. — SS. 1—6, 9, 10, 19, 20, 25, 26, 32). Die Collection ist sowohl für die ungarische Geschichte, wie für die Beziehungen Ungarns und der Habsburger zur hohen Pforte von grosser Wichtigkeit; die meisten Bände wären indess nicht hier, sondern in der ersten Abth. am richtigen Orte, da von den 12 Bänden nur die beiden ersten (lateinisch und ungarisch verfassten) geschichtliche Aufzeichnungen des Verancsics enthalten, während die übrigen zehn Bände nichts anders als umfangreiche Correspondenzen und Gesandtschaftsberichte desselben bringen.

Die **ungarische Geschichte 1540—1572** des **Franz Forgách de Ghymes**, Bischofs von Grosswardein (Francisci Forgach Commentarii; Ghymesi Forgách Ferencz magyar históriája. SS. 16) mit Anmerkungen seines Bruders Simon und des N. **Illésházy** edirte **Fidel Major** aus einer Handschrift des fürstl. Esterházy'schen Archives. Schon im vorigen Jahrhunderte besorgte Horányi eine Ausgabe des berühmten Werkes; doch die zu Grunde gelegten Handschriften waren so schlecht und so lückenhaft, dass die Akademie mit der neuen Ausgabe einem allgemeinen Wunsche entsprach.

Ein bisher nur dem Namen nach bekannter Geschichtschreiber seiner Zeit ist der hochgebildete, vielgereiste **Stephan Szamosközy** (Samusius, Zamoscius), dessen **Rerum Ungaricarum libri IV und Pentades** als Fragmente eines grösseren in schönem Latein geschriebenen, auf Grundlage sorgfältiger Forschung und archivalischen Materials . Szamosközy war Archivar des siebenbürgischen Staatsarchivs zu Karlsburg — verfassten Geschichtswerkes 1566—1603 von A. **Szilágyi** in 3 Bänden edirt wurden (Szamosközy István történeti maradványai. SS. 21, 29, 29). Szilágyi vollzog nur das, wofür schon vor fast 300 Jahren der Fürst von Siebenbürgen Stefan Bocskay in seinem Testamente 2000 Gulden, für jene Zeiten eine ganz ansehnliche Summe, bestimmt hatte; die Ausführung war aber aus bisher nicht eruirten Ursachen damals unterblieben.

Gleichfalls nur Fragment ist die ungarische Geschichte des Joh. Decsi von Baronya (Joannis Decii Barovii Commentariorum de rebus ungaricis libri qui extant; Baronyai Decsi János magyar históriája) für die Jahre 1592—98, herausgegeben von Toldy SS. 17.

Der 7. Band der Scriptores liefert uns der Feder gleichzeitiger Männer, die eine Rolle gespielt, einen sehr schillernden Beitrag zur Geschichte des Boeskay'schen Aufstandes. Er enthält die Aufzeichnungen des späteren Palatins Stefan Illésházy in lateinischer und ungarischer Sprache 1592—1603 und ein Geschichtswerkchen des Franz Mikó von Hidvégb 1594—1613. Beide edirte G. Kazinczy (Gr. Illésházy István nádor följegyzései és Hidvégi Mikó Ferencz históriája).

Die Tagebücher des berühmten Kuruczenkönigs und Fürsten von Siebenbürgen Emerich Thököly de Késmárk und jene seiner Getreuen 1676—1694 beziehungsweise bis 1705, welche, jedoch vollständig von einander getrennt, K. Torma, St. Nagy und K. Thaly in 4 Bänden edirten (SS. 15, 18, 23. 24), sowie die Tagebücher und Aufzeichnungen sechs vornehmer Männer aus jenen traurigen Zeiten (SS. 27), darunter eine deutsche Chronik des Johann Georg Ritter, Bürgers von Oedenburg (Beschreibung und Geschichte der kgl. freien Stadt Oedenburg 1701—1719 sammt den Rákóczi'schen Unruhen), sind insgesammt sehr brauchbare Quellen für die Geschichte jener Kuruczen-Bewegungen in Ungarn und Siebenbürgen.

Dieselbe Zeit, 1600—1712, doch speciell Siebenbürgen beleuchten die von A. Szilágyi herausgegebenen Ueberreste von historischen Schriften des letzten „türkischen" Schreibers (eine Art Secretär für türkische Angelegenheiten am siebenbürgischen Hofe) David Rozsnyay in einem Band (Rozsnyay D. az utolsó török deák történeti maradványai SS. 8).

Die zweite Abtheilung der Monumenta Hung. hist. schliessen wir mit der Erwähnung der Werke des Freiherrn Peter Apor von Altorja, der von dem gesellschaftlichen Leben in Siebenbürgen in der ersten Hälfte des 18. Jahrh. ein sehr anschauliches Bild entwirft (Altorjai B. Apor Péter munkái, SS. 11, herausgegeben von G. Kazinczy).

Noch weniger als die Publicationen der ersten Abtheilung der Mon. Hung. sind die der zweiten Abtheilung im Auslande bekannt. Die Gründe dafür liegen hauptsächlich darin, dass sie speciell nur für Ungarn wichtig und grossentheils in ungarischer Sprache geschrieben sind, doch glauben wir, dass dazu auch beigetragen habe, dass dieselben ausschliesslich nur ungarisch betitelt erscheinen und dass dem fremden Geschichtsforscher nicht erleichternde Vermittlung geboten wird.

Die dritte Abtheilung der Monumenta bilden die Comitialia mit zwei Unterabtheilungen, deren erste die Mon. Comitialia regni Hungariae (Magyar országgyülési emlékek) W. Fraknói, die zweite über Mon. Comitialia regni Transsylvaniae (Erdélyi országgyülési emlékek) A. Szilágyi redigirt, und zwar in der Weise, dass den Actensammlungen über die einzelnen Reichs- und Landtage stets die eingehende Besprechung der Geschehnisse aus der Feder der Redacteure vorausgeht. Bei den ungarischen Reichstagsacten begann die Akademie vor allem mit der Ausgabe der Comitialverhandlungen nach der Mohácser Schlacht 1526, mit jener Zeit also, da Ungarn unter das Scepter der Dynastie Habsburg kam; bisher erschienen aus dieser Partie mit 1874 6 Bände, die aus dem Zeitraume 1526—1581 die Schriften sehr vieler Reichs- und Kreistage von hoher Bedeutung enthalten. Die Comitialia Siebenbürgens beginnen natürlich mit der Separation d. h. mit dem Jahre 1540; publicirt wurden bisher 4 Bände mit einer grossen Anzahl von Verhandlungen und Abschieden der bis 1601 abgehaltenen ordentlichen Land- und der in Siebenbürgen eine Specialität bildenden bewaffneten Lagertage. Während die Verhandlungen der ungarischen Reichstage ausschliesslich lateinisch abgefasst vorliegen, sind diejenigen der siebenbürgischen Landtage von 1565 an in ungarischer Sprache.

Acta Extera (Diplomatiai Emlékek) lautet endlich die Aufschrift der IV. Abtheilung der Denkmäler, deren bisher erschienenen 6 Bände eine Fülle wichtiger, ganz neuer Daten liefern, hauptsächlich aus den reichen Archiven Italiens, besonders Neapels, Mailands und Venedigs. Die eine Unterabtheilung, deren Herausgabe Prof. Wenzel anvertraut wurde, dehnt sich auf das Zeitalter der Angioviner Könige aus (Diplomatiai Emlékek az Anjou-korból) und bringt in 3 Bänden Documente aus dem Zeitraume 1268—1426, während die andere durch J. Nagy mit Freih. A. v. Nyáry redigirt ebenfalls in 3 Bänden aus den Zeiten des Mathias Corvinus, der Glanzperiode Ungarns (Diplomatiai Emlékek Mátyás király korából), reiche Schätze bietet. Eine Kritik wollen wir nicht üben, doch können wir hier zwei Bemerkungen nicht unterdrücken. Die eine ist, dass mit Rücksicht darauf, dass ein sehr grosser Theil der in dieser Abtheilung enthaltenen Acta mit dem ungarischen Titel: Diplomatiai emlékek, etwa: Denkmäler der Diplomatie durchaus nichts Gemeinschaftliches hat, dass es daher besser gewesen wäre, wenn entweder die Herausgeber eine grössere Sorgfalt bei der Auswahl und Aufnahme in diese „Denkmäler der Diplomatie" hätten walten lassen, oder aber die hist. Commission diese ganze Abtheilung den Diplomataria einverleibt hätte. Unsere zweite Bemerkung betrifft die ausschliessliche Anwendung der ungarischen Sprache in Regesten und Registern; darüber war bereits bei den Diplomataria die Rede.

Ausser dieser grossen Sammlung der Monumenta besorgt die historische Commission der ungarischen Akademie noch eine andere Publication, welche unter dem Titel: Ungarisches historisches Magazin (Magyar Történelmi Tár) kleinere Mittheilungen und Abhandlungen sowie Editionen enthält und deren erste Serie 1856—1877 24 Bände umfasst. Wir gedenken ein anderes Mal wenigstens die grösseren oder wichtigeren Arbeiten dieses Magazins zu verzeichnen; für jetzt müssen wir darauf verzichten.

Unter den Editionen der historischen Commission sind ferner noch zwei selbständige Collectionen zu erwähnen, welche gleichfalls ausserhalb der Monumenta fallen. Die eine ist das Archivum Rákóczyanum (II. Rákóczy Ferencz levéltára), dessen erste Partie, herausgegeben von K. Thaly, die das Kriegswesen und innere Angelegenheiten betreffenden Acten aus der Zeit des grossen Rákóczy'schen Aufstandes bilden und in 3 Bänden die Correspondenz des Fürsten Franz II Rákóczy (1703—1712), in den beiden anderen Bänden aber die Briefe des Grafen Nicolaus Bercsényi an den Fürsten (1704 - 1712) enthalten, während die zweite Partie Diplomatie englische diplomatische Schriften für die Zeit Rákóczys in 3 Bänden bietet, welche E. Simonyi aus englischen Archiven zusammenstellte. Die andere selbständige Publication endlich ist das Urkundenbuch aus den Zeiten der türkischen Herrschaft in Ungarn in 9 Bänden (Törökmagyarkori törtenelmi emlékek), das insbesondere zur Aufklärung der Verhältnisse der Altfölder ungarischer Städte und des Volkes zu ihren türkischen und ungarischen Grundherren, zur türkischen und ungarischen Obrigkeit u. s. w. viele sehr interessante Beiträge liefert.

Nicht von der historischen Commission, sondern von der zweiten Classe der Akademie werden die historischen Abhandlungen der benannten Classe herausgegeben, welche bis jetzt 7 Bände umfassen, allerdings eine geringe Anzahl im Vergleiche mit den Quellen- und Actenpublicationen; doch diese Serie der Abhandlungen beginnt erst 1867, da früher die Aufsätze in das bereits erwähnte historische Magazin oder in die Jahrbücher der Akademie aufgenommen wurden. Als eine zweckmässige Einrichtung kann es betrachtet werden, dass jeder einzelne Aufsatz selbständig im Drucke erscheint und auch allein im Buchhandel zu beziehen ist; eine gewisse Anzahl bildet dann einen Band. Hier finden sich werthvolle Aufsätze von Fraknói, Hunfalvy, Pesty, Salamon, Szabó, Szilágyi, Wenzel u. a., sowohl aus der mittelalterlichen wie besonders der neueren Geschichte Ungarns. Schliesslich seien noch die Jahrbücher der Akademie erwähnt, bis 1877 15 Bände, von denen fast ein jedes eine oder mehrere historische oder kunstgeschichtliche Abhandlungen bringt.

Ein zweiter Artikel wird zunächst die Publicationen der selbständig thätigen ung. historischen Gesellschaft zu Budapest besprechen.

—gy.

J. Jireček: O nejnovějších námitkách proti pravosti našich starých památek. (Die neuesten Einwendungen gegen die Echtheit unserer alten Denkmale.) Zeitschrift des böhm. Museums 1878 p. 119—154.

A. A. Šembera, Libušin soud jest podvržen, též zlomek evangelium sv. Jana. (Libušin soud, angeblich ältestes Denkmal der böhm. Sprache, ist gefälscht; ebenso das Fragment des Johannesevangeliums.) Mit 2 Facsimile. Wien 1879. 152 S.

V. Brandl, Obrana Libušina soudu. (Die Vertheidigung des Gedichtes Libušin soud.) Brünn 1879. 173 S.

A. Vašek, Filologický důkaz, že rukopis kralodvorský a zelenohorský, též zlomek evangelium sv. Jana jsou podvržená díla V. Hanky. (Philologischer Beweis, dass die Grünberger und Königinhofer Handschrift sowie das Fragment des Johannesevangeliums von W. Hanka gefälscht sind.) Brünn 1879. 80 S.

J. Jireček, Die ältesten böhmischen Gedichte. Mit deutscher Uebersetzung. Prag 1879.

Der alte Streit über die Echtheit oder Unechtheit der Grünberger Handschrift (Libušin soud) ist wieder in Fluss gerathen, seit Prof. Šembera die oben citirte Schrift erscheinen liess, ja das Object des Streites gewinnt immer mehr und mehr an Umfang und Bedeutung, da nicht nur die Grünberger handschrift, angeblich ein Denkmal des 10. Jahrhunderts, sondern auch die Interlinearübersetzung des Johannesevangeliums, wie man annimmt, aus dem 10. Jahrh., in neuester Zeit auch die Gedichte der Königinhofer Handschrift[1]) wieder in den Kreis des kritischen Zweifels gezogen werden.

Den Fernstehenden wird es einigermassen schwer fallen zu begreifen, warum die Böhmen die G. H. nach der vernichtenden Kritik Dobrovsky's, Kopitars, Pertz, Wattenbachs, Sickels und Miklosichs nicht schon längst fallen liessen, und nur derjenige, welcher den Stand der Slavistik im allgemeinen und des Böhmischen insbesondere um das Jahr 1817 genau kennt und die Fähigkeiten und Leistungen der damaligen böhmischen Schriftsteller gewissenhaft abzuwägen vermag, wird den böhmischen Standpunkt begreifen und gebürig würdigen können; denn selbst der indirecte Angriff J. Fejfalíks, welcher die ältesten Producte der böhmischen Literatur zusammenfassend nachzuweisen versuchte, wie eng und innig Böhmen in seinen Ideenkreisen an das Fühlen und Denken des übrigen Abendlandes sich angeschlossen, sogar das offene Leugnen einer einheimischen nationalen Epik in Böhmen seitens des Berliner Slavisten V. Jagić vermochten nicht den Glauben an die Unmöglichkeit einer Fälschung i. J. 1817 zu erschüttern. Die Streitfrage wäre freilich endgiltig gelöst, wenn sich die von A. Petruševič in seinen in der Lemberger Zeitschrift Slovo erschienenen und gegen die G. H. gerichteten Aufsätzen ausgesprochene Behauptung, das Linienschema der G. H. sei ein Ueberbleibsel der ursprünglichen Schrift aus dem 13. Jahrh., die übrigens auch nach seiner Angabe durch die neue saftgrüne Tinte durchschimmern soll, bewahrheiten würde; dann hätten wir allerdings wie in dem gefälschten Minneliede K. Wenzels das überraschende Spiel vor uns, dass die ältere Schrift oben, die jüngere unten ist. Vorderhand halten wir jedoch, da die ersten Paläographen die Handschrift untersucht haben, ohne diese Entdeckung zu machen, jene Behauptung blos für eine scharfsinnige Combination, die vielleicht bei einer nochmaligen genauen Untersuchung des Originals zum Ziele führen könnte.

Etwas anders liegen die Sachen bei dem obenerwähnten Evangeliumfragment, da vom paläographischen Standpuncte sich schwerlich etwas gegen dasselbe einwenden liesse, wenn nicht die an das Kirchenslavische stark sich anlehnende Sprache des Denkmals gegen die Echtheit desselben sprechen würde; auch hier müsste erst noch eine sorgfältige Prüfung des Originals vorgenommen werden.

Diese Antecedentien sind nun auch für die K. H. verhängnissvoll; auf allem und jedem, was durch die Hände Hankas ging, lastet der schwere Fluch des Verdachtes.

Im Nachfolgenden wollen wir den deutschen Leser über den Verlauf und die Resultate des Streites, sowie über den gegenwärtigen Stand der Forschung an der Hand der obencitirten Werke in Kürze orientiren; waren es doch die deutschen Gelehrten, welche nicht wenig zur Klärung dieser Frage beigetragen haben.

Sembera gibt im ersten Capitel seiner Schrift einen historischen Abriss der ganzen Streitfrage und zeigt darin, dass sie eben so alt ist wie

---

[1]) Der Kürze halber bezeichnen wir im folgenden die Grünberger Handschrift mit G. H. und die Königinhofer Handschrift mit K. H.

die G. H. selbst. Als nämlich 1819 J. Jungmann unter Mitwirkung Hankas dieselbe trotz des Verdicts Dobrovský's in der Zeitschrift Krok mit einer genauen Erklärung auch der von Dobrovský nicht verstandenen Stellen herausgab, rief dieser aus, dass der eine oder der andere oder beide das Gedicht verfasst und Linda dasselbe abgeschrieben habe. Seine linguistischen und historischen Gründe führte Dobrovský in Hormayrs histor. Archiv Bd. 46 und in Kopitars Jahrbüchern für Literatur 1824 Bd. 27 weitläufig aus; in paläographischer Beziehung begnügte er sich zu sagen: Wer alte Schriften aus mehreren Jahrhunderten genauer kennt, wird das Geschmiere auf den ersten Blick als unecht verwerfen. Seine Einwendungen versuchten Šafařík und Palacký mit Aufbietung ihres ganzen historischen Wissens und mit Zuhilfenahme ihrer ausgedehnten Sprachkenntnisse und all' ihrer Combinationsgabe in den Aeltesten Denkmälern der böhmischen Sprache (1840) vergebens zu entkräften; haben sie doch bei der Beweisführung auch die 850 heutzutage allgemein als gefälscht anerkannten Glossen als echt erklärt und gedeutet.

Durch Anklänge der G. H. an eben diese Glossen, welche A. Patera in der Zeitschrift des böhm. Museums 1877 als gefälscht erwiesen, sowie durch Aehnlichkeiten in Wort und Gedanken dieses Gedichtes mit dem i. J. 1818 erschienenen Romane Lindas Záře nad Pohanstvem, wie nicht minder durch die Aufsätze Petruševičs in der Zeitschrift Slovo, welche den Beweis führen, dass die G. H. eine Nachbildung serbischer Volkslieder sei, sah sich Šembera veranlasst, den bisherigen Streit um die Echtheit der G. H. einer nochmaligen gründlichen Revision zu unterziehen; das Ergebniss derselben ist die erstgenannte Schrift.

Šembera führt philologische, historische, juridische und ünsere Gründe, sowie die Urtheile berühmter Paläographen über die G. H. für seine Ansicht ins Treffen; von diesen können wir selbstverständlich die ersteren nur im allgemeinen berühren.

Šembera behauptet, dass der Fälscher sich die Fabel für sein Gedicht aus dem Hájek geholt, dieselbe aber, um nicht so leicht auf einer Unwahrheit ertappt zu werden, verallgemeinert und mit der der Stiftungsurkunde des Vyšehrader Domcapitels v. J. 1088, dem Podlažicer Nekrolog, Thomas Böhm. Chrestomathie, dem Dalimil etc. entnommenen Orts- und Personennamen ausstaffirt habe; er habe, um sein Werk recht alterthümlich erscheinen zu lassen, kirchenslavische, russische und serbische Phrasen und Ausdrücke eingestreut und in poetischer Beziehung sich an die ihm vorliegende Königinhofer Handschrift und an serbische Volkslieder (Die trübe Donau, Car Lazar u. dgl. m.) gehalten. Šembera versucht nun Zeile für Zeile, Wort für Wort der Fälschung nachzugehen, hält vieles für Germanismen und für nichtböhmisch; er registrirt in seiner Arbeit: Nachbildungen der K. H., des Homer, russische und kirchenslavische Worte, grammatikalische und syntactische Fehler u. s. f. Gegen seine Einwendungen kämpfen die Verfechter der Echtheit der G. H. mit einer äusserst gefährlichen Waffe, der vergleichenden Sprachforschung; was Šembern als Nachbildung bezeichnet und als nichtböhmisch verwirft, stellen sie als übereinstimmend mit den übrigen slavischen Sprachen hin und führen es als Beweis der Echtheit und Alterthümlichkeit des Gedichtes gegen Šembera an. Und bei dem Umstande, als das Böhmische kein nationales Sprachdenkmal aus dem 10. und 11. Jahrh.

anzuweisen hat, das zur Vergleichung herbeigezogen werden könnte, ist es fürwahr schwer abzusehen, ob auf diesem Wege die Frage einer allseits befriedigenden Lösung zugeführt werden kann. Vom historischen Standpuncte, meint Šembera, ist die G. H. reine Unmöglichkeit; Böhmen und Mähren, erst kurze Zeit zum Christenthume bekehrt, hatten erst um diese Zeit den ersten Keim der Bildung erhalten; von einem so geordneten Staatswesen, wie es die G. H. schildert, könne in Böhmen damals keine Rede sein; diese Humanität und ästhetische Bildung, wie sie der Dichter der G. H. manifestire, würde man vergebens bei einem Schriftsteller des 10. Jahrh. suchen.

Sechs ausgezeichnete Paläographen, zwei Slaven und vier Deutsche, haben, führt Šembera fort, über die G. H. bedingungslos den Stab gebrochen: J. Dobrovský, Begründer der Slavistik, wegen der plump nachgebildeten Schrift, der frischen grünen Farbe der Tinte und des schmutzigen vor dem Beschreiben beschnittenen Pergaments; G. Pertz zufolge des zerkratzten Pergaments, der Tintenlinien und der eigenartigen Schrift, welche einigermassen an die des 14. Jahrh. erinnere; Th. Sickel wegen der erst im 13. Jahrh. üblichen Tintenlinien und der anfgrünen Tinte, denn in alten Denkmälern finde sich nur rothe und schwarze Tinte gebraucht, die grüne sei nur eine Folge der Oxydation, wie im Martyrologium Romanum in Raigern aus dem 10. Jahrh. und im Raudnicer Nekrolog aus dem 15. Jahrh.; W. Wattenbach wegen der äusseren und inneren Merkmale, wegen der Form und des Inhalts und weil die Abbreviatur p für pře und při annachweisbar sei; A. Potrušević in Anschung der durchschimmernden jüngeren Schrift; Dr. Gust. Winter habe nach dem Facsimile das Verdict obiger Forscher bestätigt. Diesem einmüthigen Urtheile der gelehrten Welt fügt Šembera seine eigene Wahrnehmung bei; Hanka — denn diesen bezeichnet er als Fälscher — habe auch dann noch, als die G. H. publicirt war, Worte die man nicht recht begreifen wollte, in der Handschrift geändert, so popram — jetzt po prana, letui jetzt Tetul, und stützt sich hiebei auf die ältesten von Hanka veranstalteten Ausgaben. Zur Beurtheilung der Schrift des Denkmals legt Šembera ein Facsimile der G. H. und das der Slov. Freisinger Denkmäler aus dem 10. Jahrh. seiner Publication bei.

Und die Gegenpartner? V. Brandl berührt in seiner Replik nur im Vorbeigehen diese sachlichen Gründe, indem er mit Recht hervorhebt, zu einer solchen Prüfung müsse man das Original zur Hand haben, und er kenne es nicht einmal. Dobrovský sei wol der beste Kenner slavischer Schriften seiner Zeit, aber eben wie später Šafařík und Palacký, auch nicht frei von Fehlern gewesen; die glagolitische Schrift habe er für einen frommen Betrug aus dem Anfange des 13. Jahrh. erklärt, das geflechte Vyšehradlied aber als echt anerkannt und sogar in seiner Literaturgeschichte abdrucken lassen; auch sei er bezüglich der G. H. seiner Sache nicht sicher gewesen und habe, als es sich um die chemische Untersuchung der Schrift handelte und der Chemiker für diesen Fall den grössten Theil der Handschrift für vernichtet erklärte, Anstand genommen und gemeint: „Sie könnte doch am Ende echt sein." Ein solcher Forscher, schliesst nun Brandl, kann auch in dieser Beziehung sich geirrt haben.

Für gewichtiger hält dagegen Brandl Pertz' Bedenken, deutet aber geheimnissvoll an, dass man in Prag auf eine Spur gekommen sei, welche vielleicht diese Eigenthümlichkeiten der G. H. aufhellen werde.

Gegen Bickel sich wendend bestreitet Brandl dessen Behauptung, das Martyrologium Romanum in Halgern sei oxydirt, da sonst auch der lateinische Text auf beiden Seiten des Blattes, wo das Martyrologium stehe, dieselbe Wandlung hätte durchmachen müssen. Dieser Einwand Brandls kann indess doch nur dann gelten, wenn beide Texte mit einer und derselben Tinte geschrieben sind.

Die Farbe der G. H. sei nicht saftgrün, da Castos Coria die Tinte nach chemischer Untersuchung für eine Eisentinte erklärt habe. Uebrigens habe auch G. Pertz von einem Codex des 9. Jahrhunderts (Mon. I, 21) bemerkt: praeter rubrum flavis quoque et viridis color rarus in eius aeri libris litteris maiusculis numerisque pingendis adhibetur.

Wattenbach habe wohl in Hinblick auf die Art und Weise des Zumvorscheinkommens der G. H. und auf die Eigenthümlichkeiten der Schrift sie vom paläographischen Standpuncte für stümperhaft gemacht und historisch betrachtet für unmöglich erklärt; er hätte es aber gewiss nicht gethan, wenn er neben den Schriften M. Bödingers und J. Fejfaliks auch die Arbeiten Palackýs, Šafaříks, der Gebrüder Jireček und Haltalas gelesen haben würde und wenn nicht andere Falsa existirten. Es lasse sich nicht leugnen, dass die Schrift, deren das Abendland sich im Mittelalter bediente, sich mit einer gewissen Regelmässigkeit aus der fränkischen Schrift entwickelt habe; allein diese Entwicklung habe allmälig und nicht überall mit gleicher Regelmässigkeit stattgefunden, so dass man wohl von localen Abweichungen reden könne: hieher sei auch die Abbreviatur p für pri und pre — denn per komme im Böhmischen selten vor — zu rechnen. Schade, dass Brandl uns keine Belege (ausser der G. und K. H.) beigebracht hat.

Petrašević urtheile nur nach innerem Merkmalen, er habe die Handschrift kaum 5 Minuten in Händen gehabt, von einer gründlichen Untersuchung sei bei ihm keine Rede gewesen.

Sembera's Verdächtigung weist Brandl, wie uns deucht, mit vollem Rechte als unerwiesen zurück; Sembera habe das Original zu diesem Behufe gar nicht eingesehen und nur deshalb sich zu jener Behauptung verirren können; wenn Hanka die G. H. mit Fehlern herausgegeben habe, so beweise dies nur, dass er die Handschrift selbst nicht habe lesen können, und es sei dies ein Beleg mehr, dass Hanka sie nicht gefälscht haben könne; die Worte popraznu und jednu seien nie im Original gestanden und die richtige Lesung hätten erst Šafařík und Palacký i. J. 1840 zuwege gebracht.

Die runde Form der Buchstaben, resummirt Brandl, schliesse die Handschrift aus dem 14. Jahrh. aus; unser h werde durchwegs durch g, ch durch h und ŕ durch r ausgedrückt; s und z würden stets einfach und nie doppelt (ss und zz) geschrieben, c bedeute č und k, obgleich auch k zu finden sei; dies alles zusammengehalten mit den unter der Schrift gezogenen Linien sowie dem Character des Gedichtes, das nicht älter sei als die älteren Stücke des K. H., weise die G. H. der zweiten Hälfte des 12. Jahrh. oder dem Anfange des 13. zu; die G. H. sei aber eine Copie aus einer älteren Vorlage, daher die scriptura continua, daher die Aehnlichkeit der Buchstaben s und z mit den cyrillischen[1]); der Schreiber sei kein

---

[1]) Betreffs der Aehnlichkeit des s mit dem cyrillischen verweisen wir auf die Zeitschrift des böhm. Museums 1861 p. 115, 209.

Geistlicher, sondern ein im Schreiben weniger geübter Laie gewesen, daher die vielen Schreibfehler.

Schliesslich dringt auch Brandl auf eine neue chemische Untersuchung und meint, dass, wenn sich hierbei herausstellen sollte, dass die Tinte neu sei, damit nur soviel bewiesen wäre, dass die Schrift in neuerer Zeit von jemanden gefälscht worden sei, der ein echtes, altes Gedicht auch mit einem alten Gewande habe erscheinen lassen wollen; das Gedicht selbst sei, was die grammatikalischen Formen und den sachlichen Inhalt betreffe, nicht gefälscht, weil i. J. 1818 niemand diese Kenntnisse hätte haben können.

Die Verlegung der G. H. aus dem 10. Jahrh. ins 12. erscheint uns sehr bedenklich, auch wenn wir das in Anschlag bringen würden, dass Böhmen in der Schriftentwicklung um 100 Jahre — und selbst das dürfte für diese Zeit viel zu hoch gegriffen sein — hinter dem übrigen Abendlande zurückgeblieben ist; hier gilt das bekannte Wort: sint ut sunt, aut non sint, in seiner ganzen Wucht und Schwere; Palacký war sich der Tragweite seiner Zeitbestimmung wohl bewusst.

Die Acten über die G. H. sind indessen noch nicht geschlossen; wie wir hören, denkt man in Prag eben an die photographische Publication der Handschrift, auch sollen die von M. Hattala im Sommersemester an der Prager Universität zu Gunsten des fraglichen Sprachdenkmals gehaltenen Vorlesungen im Druck erscheinen; dann kann der Kampf weiter geführt werden. Nur so viel möchten wir im Interesse der Sache jetzt schon betonen, dass die competenten Kreise die erwiesenermassen von Hanka gefälschten Stücke auch in palaeographischer Beziehung zur Vergleichung herbeiziehen müssen. Archivar Brandl wird man für die würdige Weise, mit welcher er sich seiner Aufgabe erledigte, die verdiente Anerkennung nicht verangen dürfen; es bot sich ihm dabei Gelegenheit, seine Belesenheit mit Vortheil zu verwerthen.

Das Evangeliumfragment müssen wir übergehen, weil die gegen dasselbe vorgebrachten Bedenken philologischer Natur sind.

Ebenso können wir uns betreffs der K. H. kürzer fassen; diese Frage ist noch nicht über die ersten Stadien gelangt und die Handschrift hat vom palaeographischen Standpuncte ausser von Wattenbach noch keine Würdigung erfahren[1]).

Vašek vergleicht vorerst die Gedichte der K. H. unter einander und kommt zu dem Resultate, dass sie alle das Product eines und desselben Dichters sind; er stellt hierauf einen Vergleich zwischen diesen Gedichten mit der G. H. einerseits und mit dem Johannesevangelium andererseits an und glaubt gefunden zu haben, dass all' diese Werke einen Meister verrathen; er zieht endlich Hankas Gedichte in den Kreis seiner vergleichenden Untersuchung und bezeichnet den Dichter Hanka als den Fälscher der Triss. Er kommt so zu einem anderen Ergebnisse als Šembera, der die K. H. für echt hält und die Uebereinstimmung beider eben dadurch erklärt, dass der Fälscher der G. H. die K. H. als Vorlage benützte.

Paläographisch betrachtet lassen sich beide Handschriften nicht leicht als Werke derselben Hand denken: dort eine plumpe, unbeholfene, hier eine

---

[1]) Die K. H. ist von A. Vrťátko photographisch herausgegeben. Prag 1862.

schöne regelmässige, gar nicht auffällige Schrift. Bekanntlich sprach Wattenbach über die K. H. das apodictische Verdict, die Initialen würden allein hinreichen, dieselbe als Fälschung zu erweisen. Dies Urtheil verliert jedoch seine Schärfe dadurch, dass erwiesen ist, dass Hanka nicht nur einzelne verblasste Buchstaben und Initialen in der K. H. frisch angestrichen, sondern auch den letzteren plumpe Arabesken angehängt hat. Das war schon Hankas Manier. Der selige Chytil, erzählt Brandl, habe ihm 1858 zwei von Hanka ausgeliehene Urkunden gezeigt, in welche Hanka dort, wo die Schrift durch Ungunst der Zeiten vernichtet war, den Text nach seinem Dafürhalten eingeschrieben hatte.

Vašek geht auf das Paläographische als ein ihm fremdes Gebiet nicht ein, nur betreffs der Orthographie führt er das e für ie und r für rz als Beweis der Fälschungen an. Diese Behauptung ist jedoch vollständig unhaltbar.

So gelungen die oben angedeutete Vergleichung durchgeführt ist, ebenso leicht anfechtbar ist seine philologische Beweisführung. Der bedeutendste philologische Einwand ist wohl der auch von Miklosich beanstandete Genitiv vám, da dadurch der Unterschied zwischen der nominalen und pronominalen Declination aufgehoben würde[1]). Der deutsche Leser wird bei dieser Streitfrage J. Jirečeks handliche, sehr sorgfältige Ausgabe mit genauer deutscher Uebersetzung mit Vortheil benützen können.

Möge das schliessliche Urtheil ausfallen wie immer, so viel steht heute fest, dass man Hankas Fähigkeiten bisher unterschätzt hat; man wird ihm heutzutage poetische Begabung und ein bedeutendes Fälschertalent nicht absprechen können. Marek.

Uebersicht der periodischen Literatur Oesterreich-Ungarns.

Sitzungsberichte der kaiserlichen Akademie der Wissenschaften. Philosophisch-historische Classe. 93. Bd. Jahrg. 1879. Abhandlungen: Heft 1, 2, Jänner, Febr.: Werner, Die Basler Bearbeitung von Lamprechts Alexander. — Pfizmaier, Ueber einige chinesische Schriftwerke des 7. und 8. Jahrh. n. Chr. — Stein, Die Entwicklung der Staatswissenschaft bei den Griechen. — Gebauer, Ueber die weichen a-, o- und u-Silben im Altböhmischen. — Petschenig, Beiträge zur Textkritik der Scriptores historiae Augustae. — Heft 3, 4, März, April: Horawitz, Briefe des Claudius Cantiuncula und Ulrich Zasius. Von 1521—1533. — Werner, Die Psychologie, Erkenntniss- und Wissenschaftslehre des Roger Baco. — Kremer, Ibn Chaldun und seine Culturgeschichte der islamischen Reiche. — Sickel, Beiträge zur Diplomatik VII.

Register zu den Bänden 81—90 der Sitzungsberichte der phil.-hist. Classe der k. Akademie der Wissenschaften. IX. Wien 1879.

Archiv für österreichische Geschichte. Hg. von der zur Pflege vaterländischer Geschichte aufgestellten Commission der k. Akademie

---

[1]) In seiner Replik (Zeitschrift der Matice Moravská 1879 p. 124) führt Brandl auch für diese Anomalie Belege an.

der Wissenschaften. 58. Bd. Wien 1879. — 1. Hälfte: H. R. v. Zeissberg, Der österreichische Erbfolgestreit nach dem Tode des K. Ladislaus Postumus (1457—1458) im Lichte der habsburgischen Hausverträge. — H. v. Zwiedineck-Südenhorst, Die Obedienz-Gesandtschaften der deutschen Kaiser an den römischen Hof im 16. und 17. Jahrh. — H. R. v. Zeissberg, Fragmente eines Nekrologs des Klosters Reun in Steiermark.

Fontes rerum Austriacarum. Oesterreichische Geschichtsquellen hg. von der hist. Commission der k. Akademie der Wissenschaften. 2. Abtheilung. Diplomataria et Acta. 41. Bd. Wien 1879. 1. Hälfte: H. Ritter v. Zeissberg, Das Todtenbuch des Cistercienser-Stiftes Lilienfeld in Oesterreich unter der Enns. — 2. Hälfte: F. Tadra, Briefe Albrechts von Waldstein an Karl von Harrach (1625 - 27). Nach den eigenhändigen Orig. des gräflich Harrach'schen Archivs in Wien. Nebst einer Einleitung: Albrecht von Waldstein seit der Schlacht auf dem weissen Berge bis zu seiner Erhebung zum Herzog und Obercommandanten der k. Armee (1620—1625).

Denkschriften der k. Akademie der Wissenschaften. Phil.-hist. Classe. 29. Bd. Wien 1879. 1. Abtheilung: Zimmermann, Lambert der Vorgänger Kants. — Miklosich, Ueber die langen Vocale in den slavischen Sprachen. — Pfizmaier, Darlegung der chinesischen Aemter. — Kvičala, Studien zu Euripides. — 2. Abth.: Klein, Euphronios, eine Studie zur Geschichte der griechischen Malerei.

Almanach der k. Akademie der Wissenschaften. 29. Jahrg. Wien 1879. — Personalstand. Preisausschreibungen. Stiftungen. Statut für die Fortführung der Mon. Germ. hist. — Die feierliche Sitzung am 29. Mai 1879. Vortrag von Prof. K. v. Stein, Wesen und Aufgabe der Staatswissenschaft.

Mittheilungen des k. k. Kriegs-Archivs. Hg. mit Bewilligung des k. k. Generalstabes von der Direction des Kriegs-Archivs. 4. Jahrgang. 1879. Separat-Beilage zu Streffleurs „Oesterreichische militärische Zeitschrift", red. von Moritz H. v. Brunner. Heft 1—4, 6—9: Die Occupation Bosniens und der Hercegovina durch die k. k. Truppen im Jahre 1878. Nach authentischen Quellen dargestellt in der Abtheilung für Kriegsgeschichte des k. k. Kriegs-Archivs. Mit Karten und Plänen. H. 5: Eine Erwiderung auf die im November und December 1878 in der „Allgemeinen Militär-Zeitung" erschienene „Charakteristik der Feinde und der Verbündeten Preussens während des siebenjährigen Krieges."

Blätter des Vereines für Landeskunde von Niederösterreich. Red. v. Anton Mayer. Wien 1879. Neue Folge 13. Bd. Nr. 1—6: K. Schober, Die Eroberung Niederösterreichs durch Mathias Corvinus in den Jahren 1482—1490. — J. Wendrinsky, Die Grafen von Plaien-Hardegg. Mit Regesten von 805 bis 1164. — G. Wolf, Das Project einer höheren Töchterschule unter Kaiser Josef II und das k. k. Civil-Mädchenpensionat in Wien. — Ed. Haas, Welches Haselbach ist als Thomas Ebendorfers Geburtsort anzusehen? — V. Oehlert, Oesterreichische (Wiener-) Dialect-Ausdrücke, welche in der Sprache der 13 deutschen Gemeinden (XIII Comuni) bei Verona vorkommen, nach Dr. J. Schmellers cimbrischen Wörterbuche. — J. Wendrinsky, Nachträge zu Meillers Regesten der Babenberger. Vom 979—1256. — J. Wendrinsky, Die Grafen von Raabs. (Schluss fo-

gesten von 750—1907). — A. Mayer, Der Maler Martin Johann Schmidt, genannt der „Kremser Schmidt." Sein Leben und seine Werke (Schluss). — A. König, Die n. ö. Landprofessoren. — Vereinsleben. — Selbständige Publicationen des Vereines: Administrativkarte von Niederösterreich in 111 Sectionen, Maasstab 1:28800, bis jetzt ersch. 95 Sect.; Topographie von Niederösterreich, bis jetzt ersch. Bd. 1 vollst., Bd. 2: Topographie der Stadt Wien von K. Weiss, alphabetische Reihenfolge der Ortschaften bearbeitet von M. A. Becker. II. 1, 2 (A—B).

Geschichtliche Beilagen zu den Consistorial-Currenden der Diöcese St. Pölten. Hg. vom bischöfl. Consistorium in St. Pölten (seit 1878). Bis jetzt erschienen vom 1. Bd. 1878: Geschichtliche Beiträge zu den Pfarren Abstetten, St. Andrae vorm. Hagenthal, der Stadt Stein (Minoritenkloster u. s. Udalricum, Reformation und Gegenreformation in Förthof, Redemptoristenkloster), zur Hieronymitanerkirche in Kirnberg. Visitationsberichte aus der Reformationszeit über das Decanat vor dem Böhmerwald. — 1879: Geschichtl. Beitr. zu den Pfarren Kirnberg a. d. Mank, St. Gotthard im Texingthal, Aigen V. O. M. B., Ruths, Stockern. Quellen: die Acten des Consistorialarchivs, versch. Stadtarch. (Tuln u. a.), Annalen (Zwettl), Regesten zu einzelnen Geschlechtern, Chroniken (Kinzel u. a. gedr.), Pfarrgedenkbücher u. a.

Oesterreichisches Jahrbuch. Im Vereine mit mehreren vaterländischen Schriftstellern red. von F. Stamm. 3. Jahrg. Wien 1879. Verlag des öst. Volksschriften-Vereines. — Freih. v. Helfert, Erzherzog Franz Karl. Ein Lebens- und Characterbild. — P. v. Radics, Kaiser Max der „letzte Ritter" und seine Krainer. — W. v. Janko, Die Degen Oesterreichs. — M. A. Becker, Gloggnitz in N.-Oest. mit blut. Streiflichtern. — A. Ilg, Ein Sammler-Original. — J. Pfundheller, Aus den Oktobertagen 1848. — F. Steinebach, Funken unter der Asche. Erzählung. — Vereinsmittheilungen.

Jahrbuch des heraldisch-genealogischen Vereines Adler in Wien. 4. Jahrg. Mit 25 Bildtafeln und 10 in den Text gedruckten Illustrationen. Wien 1877 (Jahrg. 1878 noch nicht erschienen). — Vereinsangelegenheiten. — A. Grenser, Hans Baldung genannt Grien und seine heraldische Thätigkeit. — Fürst v. Hohenlohe-Waldenburg, Verkehrt stehende Inschriften. — St. Bormanns, Ueber die Kalendarien der Domstifter. — Fürst v. Hohenlohe-Waldenburg, Mittelalterliche Kampfschilde. Ein Beitrag zur Geschichte der Wappen. — A. Heilmann, Original-Diplomsconcept der Palatinats- und Ritterwürde-Verleihung nebst Reichs-Adelsstandserhebung an Tizian Vecelli. — C. O. v. Querfurth, Die Wappenschilde der Päpste. — F. Altmann, Ueber die Adelsverhältnisse in Schweden. — K. G. Freiherr v. Suttner, Die Polani zu Wiesent. Ergänzung zu Wiszgrills „Schauplatz des n. ö. landsässigen Adels" im 3. Jahrg. dieses Jahrbuches. — F. Warnecke, Gräflich Ortenburg'sche Siegel. — H. Kábdebo, Studien und Forschungen zur Geschichte der angewandten Heraldik in Wien. — Skizze über die Familie Brentano. — G. A. Seyler, Studien über Hofpfalzgrafen, insbes. über Ursprung und Entwicklung dieser Würde und die mit derselben verbundenen Privilegien. Nebst einem Verzeichnisse einiger Hofpfalzgrafen (Comites palatini). — A. Heilmann, Standeserhöhungen und Gnadenacte unter der Regierung S. M. des Kaisers Franz Josef I. (Fortsetzung). — Verzeichniss derjenigen Personen, welchen die Führung ausländischer Adelsgrade als solchen in Oesterreich in den Jahren 1876 und 1877 gestattet wurde (Fortsetzung). — Verzeichniss der an geistliche Würdenträger innerhalb der Jahre 1876 und 1877 verliehenen Wappenbriefe. — Ergänzungen zu den in den sechs Jahrgängen des „Adler" gebrachten Standeserhöhungen. — Literatur.

Numismatische Zeitschrift. Hg. von der numismat. Gesellschaft in Wien. 11. Jahrg. 1879. 1. Halbjahr: Blau, Die achaemenidischen Feldzeugmeister und ihre Münzen. — Klügmann, Das römische Kleinsilber aus den Jahren 650—670 d. St. — Bahrfeldt, Fund römischer Familien-Denare bei Florenz. — Kolb, Die graecisirenden Umschriften auf den Antoninianen des Hostilianus. — Trau, Erste bisher bekannte Silbermünze von Hannibalianus. — Missong, Sterling Kaiser Friedrich II. — Riggauer, Zur fränkischen Münzkunde. — Schalk, Der Münzfuss der Wiener Pfenninge vor der Reform Herzog Albrecht IV vom Jahre 1399. — Kolb, Ein Goldgulden Kaiser Friedrich IV (III) für Wiener Neustadt. — Wachter, Versuch einer systematischen Beschreibung der Venezianer Münzen nach ihren Typen (Schluss). — Missong, Huldigungsmedaille der Stadt Palermo. — Kolb, Der Tiroler Kreuzer vom Jahre 1809. — Numismatische Literatur. — Miscellen.

Organ der militär-wissenschaftlichen Vereine. Hg. vom Ausschusse des militär-wissenschaftl. Vereines in Wien. 19. Bd. Wien, Commission Waldheim. 1879. Heft 1, 2.: Reitz, Zur Geschichte der Militär-Literatur. — Amerling, Die neuen Erwerbungen Oesterreich-Ungarns an der albanesischen Küste. — Zernin, General Ducrot und sein angeblicher Ehrenwortbruch im Kriege von 1870—71. — Kirchhammer, Grossbritaniens Wehrmacht und ihre politische Bedeutung. — Müller und Bilimek, Das Project zur Bewässerung des Marchfeldes. — Militärisches.

Mittheilungen der anthropologischen Gesellschaft in Wien. 9. Bd. 1879. Nr. 1—3: Benedikt, Ueber die Wahl der kraniometrischen Ebenen. — Broca, Offener Brief an H. Prof. Benedikt. — Fligier, Die Uraitze der Gothen. — Neudeck, Künstliche Höhlen in Niederösterreich. — Teplouchoff, Giftpfeile aus Knochen. — Fligier, Zur Anthropologie Galiziens. — Nr. 4—6: Much, Bangen und Ringe. — Heger, Aus den Sammlungen der anthropologisch-ethnographischen Abtheilung des k. k. naturhistorischen Hofmuseums zu Wien. — Fuchs, Ueber die Bedeutung des Iltgs-Mal. — Nr. 7—8: Fligier, Ethnologische Entdeckungen im Rhodopegebirge. — Woldřich, Ueber bearbeitete Thierknochen aus der Diluvialzeit. — Rzehak, Neu entdeckte praehistorische Begräbnisstätten bei Mönitz in Mähren. — Much, Ueber die Priorität des Eisens oder der Bronze in Ostasien. — Kleinere Mittheilungen, Literaturbericht, Vereinsnachrichten.

Zeitschrift für die österreichischen Gymnasien. Red. von W. Hartel und K. Schenkl. 30. Jahrg. Wien 1879. H. 1—9. Hist. Abhandl.: Bachmann, Die Kelten im Norden der Donau S. 61. — Vereinzelte Besprechungen.

Zeitschrift für das Realschulwesen. Hg. von J. Kolbe u. a. 4. Jahrg. Wien 1879. H. 1—10. Hist. Abhandl.: Orienberger, Ueber historische Objectivität und elementaren Geschichtsunterricht S. 193. — Einzelne Besprechungen.

Karl Foltz †.

Es ist ein seltsames Verhängniss, dass der erste Nachruf dem Manne gelten muss, der von uns zur Leitung dieses literarischen Unternehmens berufen demselben in dem Augenblicke entrissen wurde, da der Plan nach vielfacher Verzögerung zur Verwirklichung gelangte.

K. Foltz, geboren am 9. April 1852 zu Kleinmünchen bei Linz, stammte aus einer rheinischen erst in diesem Jahrhundert nach Oesterreich eingewanderten Familie; bis zu seinem 11. Jahre von seinem Vater allein, der jetzt als einer der Vertreter der Stadt Linz dem Reichsrathe angehört, unterrichtet bekundete er schon, als er in das Linzer Gymnasium eintrat, den regen Wissensdrang und das ernste Streben, die immer mehr entwickelt ihn in späteren Jahren auszeichneten. Auf dem Gymnasium, auf dem ihn besonders die glänzenden geschichtlichen Vorträge von Prof. Ozlberger anregten, zählte er stets zu den ersten Schülern. 1870 bezog er die Universität Wien. Obwohl er von Anbegin die Geschichte zu seinem Fachstudium machte, strebte er doch nach allseitigerer Durchbildung; während er nicht unterliess jede geschichtliche Vorlesung von Bedeutung, jedes der Fachseminare zu besuchen, nahm er zugleich an den Collegien über Geographie, Philosophie, Philologie eifrigen Antheil. Allen seinen Lehrern in Dankbarkeit zugethan suchte er mit ihnen in ununterbrochenem Verkehr zu bleiben. Im 3. Semester wandte er sich zuerst den Hilfswissenschaften zu und im nächsten Jahre trat er als Candidat in das Probejahr des Instituts ein. Zum ordentlichen Mitgliede ernannt behauptete er auch hier durch Fleiss und Tüchtigkeit der Leistungen eine hervorragende Stelle. Bei der Staatsprüfung — als Thema für die Hausarbeit hatte er sich „die Urkunden Herzogs Albrecht I (1282 1298)" gewählt — wurde ihm einstimmig das Prädicat „mit Auszeichnung" zuerkannt.

Seit dem Eintritt ins Institut lebte Foltz fast ausschliesslich den Arbeiten, zu denen er hier Anregung erhalten hatte. Auf einer Reise durch Frankreich und Italien, welche er mit seinem Vater unternahm, benützte er für die von Sickel geplante Arbeit eine Reihe von Handschriften (Sickel, Alcuinstudien In den Sitzungsber. der Wiener Akad. 79, 464). Die gelieferten Vergleichungen und Beschreibungen erregten die Aufmerksamkeit Sickels, der ihn zu Ostern 1875 mit einer Archivreise nach Berlin und Dresden betraute, um für den Lehrapparat des Instituts Urkunden zu beschreiben und zu facsimiliren.

An die Alcuinstudien knüpften auch seine Forschungen über die Salzburger Handschriften und Bibliotheken an. Hatten hier Sickel, Kaltenbrunner und andere ehemalige Institutsmitglieder vorgearbeitet, so erhielt Foltz den Auftrag die Voruntersuchungen weiter zu führen und zum Abschluss zu bringen. Die k. k. Central-Commission für Kunst und histor. Denkmale gewährte ihm die Mittel zu einem längeren Aufenthalte in München und Salzburg und gab schliesslich seine „Geschichte der Salzburger Bibliotheken, Wien 1877" heraus, deren Gediegenheit von der deutschen und französischen Kritik (Liter. Centralblatt, Augsburger Allg. Zeitung, Wiener Abendpost, Bibl. de l'École des chartes) rückhaltlos anerkannt wurde.

Es ist hier am Platze zu der vorausgehenden Geschichte des Instituts noch eines nachzutragen, nämlich dass es einem Theil der hier betriebenen Studien sehr zu statten gekommen ist, dass Sickel zur Herausgabe der Diplomata in den Monumenta Germaniae berufen und dass damit der Sitz der Diplomata-Abtheilung nach Wien verlegt wurde. Mit Genehmigung des Ministeriums hat dieselbe in den Institutslocalitäten gastliche Aufnahme gefunden. Hier ist jetzt untergebracht, was der Abtheilung von den umfangreichen Sammlungen der Gesellschaft für ältere deutsche Geschichtskunde zugewiesen worden ist; hier werden die der Abtheilung zeitweise zur Verfügung gestellten Originale, Chartulare u. s. w. aufbewahrt und bearbeitet, hier vor allem die Erörterungen gepflogen, welche ein so bedeutendes Werk wie die Edition der Diplomata erfordert. Es ist fraglich, ob an irgend einem anderen Orte ein so reiches und zuverlässiges Material für diplomatische Forschung vorhanden ist und in dem Masse, wie es hier geschieht, auch Unterrichtszwecken dienstbar gemacht wird. Es erklärt sich daraus auch, dass mehrere Institutszöglinge ihre wissenschaftliche Laufbahn mit der Verwendung in der Diplomata-Abtheilung begonnen haben. Als erste ständige Mitarbeiter traten im Dezember 1875 Foltz, der indessen zum Dr. phil. promovirt worden war, und Luschitzer ein. Jener übernahm zunächst die Durchforschung der Archive Deutschlands für die Zwecke der Mon. Germ., dehnte aber seit 1877 seine Reisen auch auf Frankreich, Belgien und Holland aus. Ein sehr fleissiger und flinker, zugleich aber auch sehr gewissenhafter Arbeiter hat er den grössten Theil des Materials herbeigeschafft, welches für die zuerst in Aussicht genommenen Bände (Kaiserurk. des 10. Jahrh.) benöthigt wurde. Er hatte, wie Sickel bei jeder Gelegenheit anerkannte, einen nicht minder rühmlichen Antheil an der weiteren Aufgabe den urkundlichen Stoff kritisch zu sichten und druckfertig zu machen, eine Aufgabe, deren Schwierigkeiten nur wir, die wir durch Jahre hindurch Zeugen der Thätigkeit der Abtheilung waren, ganz ermessen können, deren Verdienstlichkeit aber in den Kreisen der Monumentalisten und auch schon in weiteren gewürdigt zu werden beginnt. Lässt sich bei der Gemeinsamkeit einer Arbeit nicht leicht genau angeben, was der einzelne für sich geleistet, so hatte hier der Leiter seinem ältesten Mitarbeiter Foltz auch einzelne Partien zu selbständiger Bearbeitung zugewiesen. Davon sind zum Abschluss gekommen die Abhandlungen, „Die Siegel der deutschen Könige und Kaiser aus dem sächsischen Hause 911—1024 mit einem Vorworte von Th. Sickel", Neues Archiv 3, 11—45, und „Eberhard von Fulda und die Kaiserurkunden des Stifts", Forschungen 18, 493—515; wurde die letztere kürzlich als „musterhaft" bezeichnet (Hartung, Dipl. hist. Forschungen 292), so gilt dies in erhöhtem Maße von der ersteren. Eines zeichnet diese Arbeiten namentlich aus, strenge Beschränkung auf den Stoff und sachliche Präcision. Eine Abhandlung über die Utrechter Urkunden, welche Foltz unmittelbar vor seiner Abreise einsandte, wird noch das Neue Archiv bringen. Uebertragen war ihm auch die Bearbeitung der sächsischen Urkundengruppen, dann die besonders mühselige und undankbare Arbeit der Feststellung der Drucke und ihrer Ableitung, für welche er noch 1878 — Beginn 79 Reisen an die bedeutendsten Bibliotheken Deutschlands unternahm. Endlich ging Foltz auch an der Hand der Originale von Charta pagenses den Männern nach, welche im 10. Jahrh. aus den bischöflichen Kanzleien in die königliche übergetreten sind. Es wird Aufgabe der Abtheilung sein diese Arbeiten in gleicher Weise zu beenden und den grossen Antheil des verstorbenen Genossen in der Edition der Ottonenurkunden ebenso zur Geltung zu bringen, wie es in dem zuerst erschienenen Hefte geschehen ist.

Sein Schaffen bewegte sich zumeist auf dem Boden der Mon. Germ., denen er sich mit der ganzen Kraft seines Geistes und mit der vollen Hingebung seines Herzens gewidmet hatte. War er für uns alle in gewissen Fragen, so in denen über äussere Merkmale, eine Autorität, so war er auch in dieser und anderer Beziehung für die Abtheilung eine ausgezeichnete und kaum zu ersetzende Arbeitskraft, so dass in Folge seines Todes die weitere Herausgabe der Kaiserurkunden eine sehr bedauerliche Verzögerung erleiden wird.

Als am 1. März 1878 auf Sickels Vorschlag, der an eine schon von den Hörern des Curses 1859—61 gehegte Idee anknüpfte, von uns die Herausgabe einer Zeitschrift des Instituts beschlossen wurde, ward Foltz in das vorberathende Comité gewählt und nach Sicherstellung des Erscheinens, um welche sich Ficker besondere Verdienste erwarb, am 4. Juni mit der Redaction betraut. Die Vorbereitungen nahmen fast ein Jahr in Anspruch. Erst als sich Foltz zu seiner diesjährigen Ferienfahrt rüstete, konnte er Manuscript für dieses Heft der Druckerei zusenden; die ersten Correcturen wollte er mit Sickel in Ischl besorgen.

Das Hochgebirge war seine stille Neigung; er hatte auf seinen Wanderungen, die im Vorjahre sich bis nach Skandinavien erstreckten, schon bedeutendere Berge erstiegen und Sicherheit und Gewandtheit auch für grössere Touren gewonnen. Den 18. und 19. August wohnte er der Versammlung des Alpenvereines zu Zell am See bei und wandte sich dann nach Obersteiermark ins Ennsthal. Am 21. August unternahm er allein die Besteigung des Hochtausings; er kehrte nicht mehr zurück; drei Tage später wurde in einer Schlucht auf Steingerölle seine Leiche mit zerschmettertem Haupte gefunden — er war über eine schroffe Felswand abgestürzt. Der entseelte Körper wurde nach Linz überführt und hier am 28. August in der Familiengruft beigesetzt. Am Grabe widmete ihm Sickel einen tiefempfundenen Nachruf; ergreifend war es, als der Redner erwähnte, dass er der Lehrer, dann Genosse und ältere Freund des Geschiedenen gewesen, dass er in Momenten, wo der Mensch an den Abschluss seines Wirkens denke, Beruhigung in dem Gedanken gefunden habe in Foltz einen Erben seiner Schöpfung, einen Vertreter seiner wissenschaftlichen Richtung zu haben.

Foltz, der ja erst am Beginne seiner wissenschaftlichen Laufbahn stand, hätte der Wissenschaft noch viel zu leisten vermocht. Es ist sein Tod selbst in weiteren Kreisen als ein empfindlicher Verlust gefühlt worden. Besonders schmerzlich musste dieser jähe Verlust denen sein, welche ihm näher gestanden haben und auch seine ausgezeichneten persönlichen Eigenschaften, sein bescheidenes, treuehrliches Wesen, seine Liebenswürdigkeit und Gefälligkeit kennen zu lernen Gelegenheit hatten.   Mühlbacher.

Verzeichnis

der Mitglieder des k. k. Institute für österreichische Geschichtsforschung.

Lehrkörper:

Jäger Albert, Dr., Director 1854—1869.
Sickel Theodor, Dr., Docent 1856, Director seit 1869, Mitglied der C. C. (Central-Commission für Kunst und hist. Denkmale).
Körschner Franz, Dr., Docent 1874—1876.
Thausing Moriz, Dr., Docent seit 1874.
Zeissberg Heinrich R. v., Dr., Docent seit 1874.
Rieger Karl, Dr., Docent seit 1876.

I. Curs 1855—1857.

Ordentliche Mitglieder.

1. Krones Franz R. v. Marchland, Dr., bis Okt. 1856, Prof. der Geschichte an der Universität Graz.
2. Lorenz Ottokar, Dr., bis Sommersemester 1856, Prof. der Geschichte an der Universität Wien.
3. Perkmann Peter, Dr., bis 1856, Prof. am Gymnasium zu Innsbruck.
4. Rösler Eduard Robert, Dr., bis 1856, Prof. der Geschichte an der Universität Graz, † 19. Aug. 1874.
5. Stögmann Karl, Conceptsofficial im k. k. Haus-, Hof- und Staatsarchiv in Wien, † 16. Nov. 1857.
6. Zieglauer Ferdinand Edl. v. Blumenthal, Dr., bis 1856, Prof. der Geschichte an der Universität Czernowitz.

II. Curs 1857—1859.

7. Conti Franz, Prof. am Gymnasium zu Mailand.
8. Zahn Josef v., Director des steiermärk. Landesarchivs in Graz, Conservator der C. C.

Ausserordentliche Mitglieder.

9. Gömy Gustav v., Dr., Sectionsrath im k. k. Ministerium des Aeussern in Wien.
10. Rohrmoser Josef, bis 1858, Director des Gymnasiums zu Bozen.
11. Strässele Josef, bis 1858, Mitglied der Redaction der „Wiener Zeitung" in Wien.
12. Saldvik Karl, bis 1858, Registraturs-Director im k. k. Ministerium für Cultus und Unterricht in Wien, † Nov. 1876.

III. Curs 1859—1861.

13. Doublier Lorenz, Prof. an der Oberrealschule auf der Wieden in Wien.
14. Emler Josef, Dr., Prof. der hist. Hilfswissenschaften an der Universität Prag.
15. Pangerl Mathias, Dr., Prof. der hist. Hilfswissenschaften an der Universität Prag. † 14 Jän. 1879
16. Tauschinski Hippolyt, Dr.
17. Thausing Moriz, Dr., Prof. der Kunstgeschichte an der Universität Wien, Bibliothekar und Gallerie-Director Sr. k. H. des Erzherzogs Albrecht.

IV. Curs 1861—1863.

18. Brunner Heinrich, Dr., Prof. der Rechtsgeschichte an der Universität Berlin.
19. Kohler Karl, bis 1862, Mitglied der Redaction der „Presse" in Wien.
20. Schestag Franz, Custos der Kupferstichsammlung der kunsthist. Sammlungen des ah. Kaiserhauses, Mitglied der C. C.
21. Schubert Raimund, Beamter am Joanneum in Graz, † 1864.

22. Thaner Friedrich, Dr., Prof. des Kirchenrechtes an der Universität Innsbruck.
23. Zeissberg Heinrich R. v., Dr, Prof. der Geschichte an der Universität Wien. Mitgl. der C. C.

a. o. Mitgl.

24. Horawitz Adalbert, Dr., Privatdocent für Geschichte an der Universität Wien. Prof. am Obergymnasium in der Alservorstadt in Wien.

V. Curs 1863—1865.

25. Diviš Josef, Dr, Prof. am slav. Staatsgymnasium in Olmütz.
26. Isopescul Demeter, bis 1864, Director der Lehrerbildungsanstalt in Czernowitz, Conservator der C. C.
27. Kürschner Franz, Dr., quiesc. Director des k. k. Reichs-Finanzarchivs in Wien. Mitgl. der C. C.
28. Supala Franz, Custos-Adjunct an der Bibliothek des National-Museums in Pest, † 26. März 1875.

a. o. Mitgl.

29. Luschin-Ebengreuth Arnold v., Dr., bis 1864, Prof. für deutsche Reichs- und Rechtsgeschichte an der Universität Graz, Conservator der C. C.

VI. Curs 1865—1867.

30. Edlbacher Ludwig, Prof. am Gymnasium in Linz.
31. Havelka Johann, Prof. am slav. Gymnasium in Olmütz.
32. Kopetzky Franz, † 1869.
33. Kraus Victor R. v., Dr., Prof. am Leopoldstädter Real- und Obergymnasium in Wien.
34. Schmidt Wilhelm, Dr., Privatdocent für Geographie an der Universität Graz, Prof. am II. Staatsgymnasium daselbst.
35. Schwarz Johann, Prof. am Gymnasium in Saaz.

VII. Curs 1867—1869.

36. Cicalek Theodor, Dr., Prof. an der Handelsakademie in Wien.
37. Ilger Albert, Prof. an der Oberrealschule in Wiener-Neustadt.
38. Mayer Franz, bis 1869, Prof. an der Oberrealschule in Graz, Correspondent der C. C.
39. Smičiklas Thaddens, Prof. am Gymnasium in Agram.
40. Warmuth Gustav, Dr., Prof. an der Oberrealschule auf der Wieden in Wien.
41. Zehden Karl, Dr., Prof. an der Handelsakademie in Wien.

VIII. Curs 1869—1871.

42. Chmelarz Eduard, Custos und Bibliothekar am öst. Museum für Kunst und Industrie in Wien, Redacteur der „Mittheilungen des österr. Museums für Kunst und Industrie".
43. Listl Karl, Prof. am Real- und Obergymnasium in Mariahilf in Wien.
44. Loserth Johann, Dr., Prof. der Geschichte an der Universität Czernowitz.
45. Milan August, Prof. an der Realschule in Karolinenthal bei Prag.
46. Renner Victor v., Prof. am Leopoldstädter Real- und Obergymnasium in Wien.
47. Richter Eduard, Prof. am Gymnasium in Salzburg, Redacteur der „Mittheilungen der Ges. für Salzburger Landeskunde", Conservator der C. C.

a. o. Mitgl.

48. Jüttner Josef, Dr., bis 1870, Prof. am Real- und Obergymnasium in Mariahilf in Wien.
49. Bode Wilhelm, Dr., bis 1870, Director-Assistent an den k. Museen in Berlin.
50. Hausmann Dr., bis 1870, Prof. der Geschichte an der Universität Dorpat.

IX. Curs 1871—1873.

51. Fournier August, Dr., Privatdocent für Geschichte an der Universität Wien, Leiter des Archivs des k. k. Ministeriums des Innern.
52. Grienberger Anton, Dr., Prof. an der Realschule in der Leopoldstadt in Wien.
53. Krejčzi Franz, Official am k. k. Reichs-Finanzarchiv in Wien.
54. Rieger Karl, Dr., Privatdocent für hist. Hilfswissenschaften an der Universität Wien, Prof. am Franz Josefs-Gymnasium in der inneren Stadt Wien.

55. Schrauf Karl, Concipist im k. k. Haus-, Hof- und Staatsarchiv in Wien.
56. Willomitzer Franz, Dr., Prof. an der Leopoldstädter Oberrealschule in Wien.

a. o. Mitgl.

57. Bayer Victor, Dr., Privatdocent für hist. Hilfswissenschaften an der Universität Strassburg.
58. Friedjung Heinrich, Dr., bis 1872, Mitarbeiter der „Deutschen Zeitung."
59. Jakobsthal Dr., Prof. der Musikgeschichte an der Universität Strassburg.
60. Ropp, Freiherr von der, Dr., Prof. der Geschichte am Polytechnikum in Dresden.

X. Curs 1873—1875.

61. Foltz Karl, Dr., Mitarbeiter der Monumenta Germaniae in Wien, † 21. August 1879.
62. Kaltenbrunner Ferdinand, Dr., Privatdocent für hist. Hilfswissenschaften an der Universität Graz.
63. Laschitzer Simon, Official an der Kunstsammlung und Bibliothek Sr. k. H. des Erzherzogs Albrecht in Wien.
64. Paukert Johann, Concipist im k. k. Haus-, Hof- und Staatsarchiv in Wien.
65. Werthheimer Eduard, Prof. der Geschichte an der Rechtsakademie in Hermannstadt.
66. Zimmermann Franz, Archivar der Stadt Hermannstadt und der sächsischen Nation in Hermannstadt, Redacteur des „Korrespondenzblattes des Vereines für Siebenbürg. Landeskunde."

a. o. Mitgl.

67. Budinsky Alexander, Dr., 1871—1875, Prof. für hist. Hilfswissenschaften und romanische Philologie an der Universität Czernowitz.
68. Heller Johannes, Dr., 1874, Mitarbeiter der Monumenta Germaniae, Docent für Geschichte an der Universität Berlin.
69. Mühlbacher Engelbert, Dr., 1874—1876, Privatdocent für hist. Hilfswissenschaften an der Universität Innsbruck.

XI. Curs 1875—1877.

70. Dernjac Josef, Scriptor der Bibliothek der Akademie der bildenden Künste in Wien.
71. Herbert Josef, Amanuensis der Universitäts-Bibliothek zu Innsbruck, † 1. Mai 1879.
72. Ottenthal Emil v., Dr., Mitarbeiter der Monumenta Germaniae in Wien.
73. Schneider Anton, Hilfsarbeiter an der Akademie der bildenden Künste in Wien.
74. Skobielski Peter, Supplent am Gymnasium in Lemberg.
75. Uhlirz Karl, Dr., Mitarbeiter der Monumenta Germaniae in Wien.

a. o. Mitgl.

76. Károlyi Arpád, Dr., Beamter im k. k. Haus-, Hof- und Staatsarchiv in Wien.
77. Werunsky Emil, Dr., Privatdocent für Geschichte an der Universität Prag.
78. Zuh Felix, Adjunct am fürstl. Schwarzenberg'schen Archiv in Wittingau.
79. Thode Heinrich, 1876—1878.

XII. Curs 1877—1879.

80. Hammerschlag Adolf, Dr., † 26. Mai 1879.
81. Lampel Josef, Volontär am k. k. Haus-, Hof- und Staatsarchiv in Wien.
82. Schalk Karl, Dr.
83. Wickhoff Franz, Custos am Oest. Museum für Kunst und Industrie.
84. Zimerman Heinrich, Dr.

a. o. Mitgl.

85. Fehérpataky Ladislaus, Dr., Docent für Geschichte an der Universität Pest.
86. Kahl Robert.
87. Mares Franz, Adjunct am fürstl. Schwarzenberg'schen Archiv in Wien.
88. Mayr Martin, 1878, Accessist am k. Reichsarchiv in München.
89. Papée Friedrich v., Dr., zweiter Secretär an der Ossolinski'schen Bibliothek in Lemberg.
90. Rychlik J.
91. Rosenmund Richard, Dr.

VII.

Die gesetzliche Einführung der Todesstrafe für Ketzerei.

Von

Julius Ficker.

Die Frage, seit wann Ketzer mit dem Feuertode bestraft wurden, seit wann das insbesondere auch von den Reichsgesetzen gefordert wurde, hat ausser dem unmittelbaren auch in so weit ein mittelbares Interesse, als sie mit der Frage nach der Entstehungszeit zweier Rechtsdenkmale, der Treuga Henrici und des Sachsenspiegels, in engern Zusammenhang gebracht worden ist. Das war insbesondere auch von mir selbst in einer 1859 veröffentlichten Abhandlung über die Entstehungszeit des Sachsenspiegels geschehen. Ich schloss, ausgehend von der Konstitution von 1224, welche den Feuertod in der Lombardei einführt, dass die Treuga spätestens 1224 entstanden sein dürfte, weil sie die Strafe noch ad arbitrium judicis stellt; dass dagegen der Sachsenspiegel nach 1224 entstanden sein müsse, weil er den Feuertod verlange und das um so mehr ins Gewicht falle, als die bezügliche Stelle übrigens auf der Treuga beruhe.

Diese meine frühere Beweisführung erkenne ich bereitwillig als nicht stichhaltig an. Jener Konstitution für die Lombardei habe ich zweifellos von vornherein in einem Falle, wo es sich um in Deutschland entstandene Rechtsaufzeichnungen handelt, zu grossen Gewicht beigelegt. Als ich dann im Jahre 1874 in rechtsgeschichtlichen Uebungen den rheinfränkischen Landfrieden von 1179 in Verbindung mit verwandten Quellen durchnahm, wurde ich aufmerksam, dass jener in einer Stelle mit dem Sachsenspiegel stimme, die der Treuga fehlt, dass daher im Sachsenspiegel nicht die Treuga selbst, sondern ein verwandter Landfrieden benutzt sein müsse; es bedarf das keiner nähern Begründung mehr, da inzwischen schon Eggert, Studien zur Geschichte der Landfrieden 81, auf den Umstand aufmerksam gemacht und denselben Schluss daraus gezogen hat. Es wurde weiter darauf hingewiesen, dass, was ich übersehen hatte, schon vor 1224 mehrfach über Verbrennung von Ketzern berichtet wird.

In einem Aufsatze von Frensdorff über das Alter niederdeutscher Rechtsaufzeichnungen in den Hansischen Geschichtsblättern O, 97 ff. wurde daher bestimmter betont, dass nun überhaupt für die mögliche Entstehungszeit des Sachsenspiegels jeder Anfangstermin fehle, der über das Jahr 1198 hinausreicht, nach welchem das Werk jedenfalls

verfasst sein muss, weil es den Herrscher von Böhmen als König
bezeichnet. Es veranlasste mich das in den rechtsgeschichtlichen
Uebungen des Wintersemesters 1877 auf 1878 die ganze Frage nach
der Entstehungszeit des Rechtsbuches nochmals genauer durchzugehen.
Für den nächsten Zweck wurde nichts dadurch gewonnen. Für die
auch von Frensdorff festgehaltene Annahme, dass die Entstehung
kaum lange vor das Jahr 1235, den allgemein anerkannten Endtermin,
zu setzen sein werde, lässt sich wohl noch dieser und jener weitere
Grund geltend machen. Aber auf die bestimmte Bezeichnung eines
Anfangstermines, der der wahrscheinlichen Entstehungszeit näher
kommen würde, als das Jahr 1198, werden wir verzichten müssen,
wenn nicht etwa bisher unbeachtet gebliebene Haltpunkte einen
solchen noch ergeben sollten.

Jene Untersuchungen mussten mich bei der angegebenen Sachlage darauf hinweisen, die Frage nach der reichsgesetzlichen Einführung der Todesstrafe für Ketzerei bestimmter ins Auge zu fassen.
Und in dieser Richtung gelangte ich auch jetzt zu durchaus verschiedenen Ergebnissen, wie diejenigen, welche meine bezüglichen
Annahmen bestritten. Eggert und Frensdorff begnügten sich nicht,
darauf hinzuweisen, dass schon vor 1224 Ketzer verbrannt wurden;
sie nahmen weitergehend an, dass das auch schon damals reichsgesetzlich gefordert gewesen sei. Unter der in der Treuga angedrohten
Poena debiti sei eben der Feuertod zu verstehen. Insbesondere aber
sei auch die Konstitution K. Friedrichs II gegen die Ketzer von 1220
dahin aufzufassen, dass sie jene Strafe als bestehend voraussetze. Der
Versuch, das zu widerlegen, liess mich dem Gegenstande weiter nachgehen, als der nächste Zweck gerade erfordert hätte. Konnte ich
andererseits weder damals noch jetzt jede Nebenfrage, auf welche
das führte, genügend verfolgen, so schienen mir die Ergebnisse doch
hinreichend gesichert und zugleich wichtig genug zu sein, um ihre
Veröffentlichung zu rechtfertigen. Denn es handelt sich insbesondere
um einen bisher unbeachtet gebliebenen und doch für die ganze Frage
durchaus massgebenden Umstand; es ergab sich, dass bezüglich der
Bestrafung der Ketzerei das frühere deutsche und italienische Strafrecht von einander abwichen und dass die bezügliche Gesetzgebung der
Kirche und des Reichs sich zunächst von dem letztern bestimmen liess.

In dieser Richtung wird vor allem zu beachten sein, dass die
bisher für die Verbrennung von Ketzern in früherer Zeit vorgebrachten
Belege sich sämmtlich auf D e u t s c h l a u d beziehen; vgl. Schirrmacher
Friedrich II 4, 552. Eggert 76, Frensdorff 107, Winkelmann Otto IV 343.
Zu Köln und Bonn werden 1143 und 1163 Ketzer verbrannt, 1211 zu

Strassburg; um 1215 wird der Herzog von Oesterreich als trefflicher Ketzersieder gerühmt. Um dieselbe Zeit soll auch schon Konrad von Marburg seine bezügliche Thätigkeit per totam Teutoniam begonnen haben; wir werden darauf zurückkommen. Nehmen wir dazu noch die Stelle des Sachsenspiegels, bei der ja nun nichts hindert anzunehmen, dass sie, wenn auch vielleicht erst später aufgezeichnet, nur das schon lange in Sachsen bestehende Recht widergibt, so wird sich mit Fug behaupten lassen, dass der Feuertod eine schon in den frühern Zeiten des dreizehnten Jahrhunderts in allen Theilen Deutschlands übliche Strafe für Ketzerei war. Dass sie die ausschliessliche war, dass daneben nicht auch andere Strafarten noch in Anwendung kamen, würden wir aber mit Sicherheit nur dann daraus schliessen dürfen, wenn sich nachweisen liesse, dass die bezüglichen Verurtheilungen auf Grund eines allgemein verbindlichen Reichsgesetzes erfolgten.

Das ist weder zu erweisen, noch auch nur wahrscheinlich. Liegt es an und für sich am nächsten, an altes Gewohnheitsrecht zu denken, so scheint das hier noch durch einen besondern Umstand unterstützt zu werden. In der Treuga, wie im Sachsenspiegel wird die Ketzerei der Zauberei und Giftmischerei gleichgestellt. Das Verbrennen von Hexen und Giftmischern reicht aber bei Franken und Sachsen bis in die heidnische Zeit zurück; vgl. Wilda Strafrecht 100, 504. Der Brauch konnte sich halten oder wieder aufkommen und sich leicht ohne alles Eingreifen der Reichsgesetzgebung auf Ketzerei ausdehnen. Es konnte das um so leichter der Fall sein, als man sich einer schärfern Gränze zwischen Ketzerei einerseits, Zauberei oder Hexerei andererseits kaum bewusst gewesen sein wird; was nach den genaueren Berichten über die 1231 beginnende Ketzerverfolgung den Angeklagten zur Last gelegt wird, sind vielfach Dinge, die in auffallendster Weise an die spätern Hexenprozesse erinnern. Das schliesst nicht aus, dass daneben in Deutschland auch andere Strafen in Brauch waren. Solche werden wohl ausdrücklich erwähnt. So wurden 1052 zu Goslar und zwar auf Befehl des Kaisers Ketzer gehängt; vgl. Herim. Aug. und Anselm. Leod., M. Germ. Ser. 3, 130. 7, 228. Auch die unbestimmte Fassung der Treuga: ad arbitrium judicis poena debita punientur, muss dafür sprechen, dass wenigstens zu der Zeit, als diese Bestimmung, die in der Treuga vielleicht nur aus einem älteren Frieden wiederholt ist, zuerst so gefasst wurde, wirklich die Poena debita noch eine verschiedene sein konnte. Jedenfalls spricht sie gegen das Bestehen eines gerade die Verbrennung bestimmt vorschreibenden Reichsgesetzes. Das Bestehen eines solchen wird nicht einmal daraus gefolgert werden dürfen, dass 1231 ein Reichsrechtsspruch darüber erfolgt, was mit dem Gute verbrannter Ketzer zu geschehen habe; vgl. M. Germ. L. 2, 284. Das findet eben so wohl seine Erklärung, wenn die jetzt jedenfalls allgemein übliche Strafe nur auf deutschem Gewohnheitsrechte beruhte. Und das möchte ich sogar bestimmter daraus folgern, weil hier das Erbgut den Kindern belassen wird, während nach den schon früher erlassenen Gesetzen das Gut des Ketzers auch den Kindern verloren sein soll, es danach scheinen muss, dass man sich in Deutschland bei Bestrafung der Ketzer nicht durch diese Gesetze, sondern durch den Landesbrauch bestimmen liess. An und für sich würde sich aus jenem Rechtsspruche nicht einmal ergeben, dass die Strafe des Scheiterhaufens jetzt als die einzig zulässige galt. Bis dahin nöthigt uns nichts anzunehmen, dass das in Deutschland thatsächlich geübte Verbrennen der Ketzer durch ein Reichsgesetz verlangt wurde. Sollte früher der Brauch verschieden, an manchen Orten gelindere oder andere Strafe gewesen sein, so mag in Folge der grössern Aufmerksamkeit, welche man in dieser Zeit der Ketzerei zuwandte, in den ersten Jahrzehnten des dreizehnten Jahrhunderts die strenge Strafe in ganz Deutschland die herrschende geworden sein. Hören wir auch jetzt verhältnissmässig wenig von ihrer Anwendung, so wird der Grund der sein, dass Verurtheilungen wegen Ketzerei in Deutschland noch selten waren. Gewinnen sie dann gerade seit 1231 eine ausserordentliche Ausdehnung, so haben wir das allerdings, wie wir sehen werden, auf das Eingreifen päpstlicher und kaiserlicher Gesetzgebung zurückzuführen. Aber auch dafür fällt nicht ins Gewicht, dass die thatsächlich längst übliche Todesstrafe nun auch gesetzlich gefordert wurde; massgebend wurde dafür eine die Verurtheilungen fördernde Aenderung des gerichtlichen Verfahrens.

Auch ausserhalb des Reiches war die Strafe in Uebung. So wurden nach Albericus 1200 zu Troyes, nach der Continuatio chron. regiae Colon. 1211 zu Paris Ketzer verbrannt. In der Konstitution des König Peter von Aragonien gegen die Ketzer von 1197, Marca Hispanica 1384, wird wenigstens den Ketzern, welche dem Verbannungsgebote nicht folgen, der Feuertod gedroht. Ich zweifle nicht, dass sich noch weitere Belege finden werden. Aber in Beschränkung auf das Kaiserreich werden wir den Scheiterhaufen zunächst als deutschen Brauch bezeichnen dürfen, da der italienische ein wesentlich verschiedener war.

Allerdings ist mir auch aus Italien wenigstens ein Fall aus älterer Zeit bekannt, dass Ketzer verbrannt wurden: vgl. Landulfi Hist. Mediol., M. Germ. Scr. 8, 66. Es geschah um 1034 zu Mailand,

gegen Willen des Erzbischofs Herbert, wie in der nächstfolgenden
Zeit ja auch noch Bischof Wazo von Lüttich sich gegen die Hinrichtung der Ketzer erklärte; vgl. Anselm., M. Germ. Scr. 7, 227. Es
ist möglich, dass in dieser früheren Zeit auch in Italien die Verbrennung allgemeiner in Brauch war. Dann aber muss dieser bis
zu der Zeit, welche uns zunächst beschäftigt, abgekommen sein. Dass
mir nun dieser nicht ein einziger Fall bekannt geworden ist, könnte
Zufall sein. Gewichtiger möchte scheinen, dass die von Frensdorff
107 angezogene Stelle des wälschen Gastes v. 12683, in welcher
Leopold von Oesterreich als Ketzersieder gepriesen wird, doch nicht
wohl anders zu verstehen ist, als dahin, dass um 1215 in der Lombardei das Verbrennen nicht üblich war. Von Mailand wird in den
Mem. Mediol., M. Germ. 18, 402, ausdrücklich erwähnt, dass man
dort erst 1233 anfing, die Ketzer zu verbrennen. Entscheidend aber
ist mir, dass in Italien die Ketzerei ganz allgemein mit einer bestimmten andern Strafe bedroht war, nicht mit dem Tode, sondern
mit strengem Banne.

Um das nachzuweisen gehe ich von einem für unsere nächsten
Zwecke besonders beachtenswerthen Zeugnisse aus. K. Otto IV versprach 1209 März 22 dem Papste: Super eradicando autem haereticae
pravitatis errore auxilium dabimus et operam efficacem. Nach seiner
Kaiserkrönung scheint er denn auch darauf bedacht gewesen zu sein,
dass der Papst in dieser Richtung keine Klage gegen ihn erheben
könne. In einem undatirten Schreiben, Böhmer Reg. imp. (neue Ausg.)
5, nr. 363, meldet er dem Bischofe von Turin, dass er in seinem
ganzen Reiche alle Ketzer streng bestrafen und von der Gemeinschaft
mit den Gläubigen trennen wolle, und befiehlt demselben, dass er
alle Waldenser oder sonstigen Ketzer: a toto Taurinensi episcopatu
imperiali auctoritate expellas. Also keine Hinrichtung, sondern Vertreibung. Wie diese aufzufassen, ergibt sich bestimmter aus zu Ferrara
ausgestellter Urkunde des Kaisers von 1210 März 25, Reg. nr. 362:
statuimus et perpetuo edicto sancimus, omnes hereticos Ferrarie commorantes, Patharenos sive Gazaros vel quocumque alio nomine censeantur, imperiali banno subjacere, nisi ad unitatem ecclesie secundum
mandatum Ferrariensis episcopi convertantur; et eos, qui jam dictos
hereticos in suis domibus receperint vel eos publice vel privatim
manutenuerint vel eis consilium dederint vel juvamen; item statuimus
et perpetuo sancimus, quod omnia eorum mobilia et immobilia publicentur; et domus, que nunc destructe sunt, et eorum domus, in
quibus steterint vel in antea recepti fuerint vel se congregaverint,
destruantur et ulterius non liceat alicui eas reedificare. Zweifellos

handelt es sich hier um den Bann in der bestimmten Gestaltung,
welche er in Italien gewonnen hat, wo er nicht blos, wie die deutsche
Acht, als Zwangsmittel gegen den ungehorsamen Angeklagten verwandt, sondern auch als Strafe über den Verbrecher, dessen man habhaft war, verhängt wurde. Tritt der Charakter des Ausweisungs-
bannes hier unmittelbar nicht so deutlich hervor, als in weiterhin
anzuführenden Belegen, so wird schon das in dieser Richtung bestimmter gefasste Schreiben an den Bischof von Turin die Bedeutung
nicht zweifelhaft lassen können. Es sind weiter die Einziehung des
Gutes und die Zerstörung des Hauses nicht etwa mehr willkürlich
für den Einzelfall zugefügte Verschärfungen der Strafe; sie sind nach
italienischem Recht regelmässig mit jedem strengeren Banne verbunden; vgl. Ficker Ital. Forschungen 1, 134 ff.

Handelt es sich demnach um eine Strafe, die in dieser bestimmten
Gestaltung ohnehin in Italien schon üblich war, so liesse sich nur
noch die Frage aufwerfen, ob die Anwendung dieser Strafe gerade
auf das Verbrechen der Ketzerei etwa eine vom Kaiser eingeführte
Neuerung war. Auch das Reichsbannverfahren hat sich in Italien
durchweg in so engem Anschlusse an das dortige städtische Recht
entwickelt, dass von vornherein die Vermuthung nahe liegt, auch die
Anwendung der Strafe für das besondere Verbrechen gehe auf dieses
zurück. Spricht der Kaiser, der erst kurz vorher nach Ferrara gekommen sein kann, von bereits zerstörten Häusern, so wird dadurch
schon für jenen Fall wahrscheinlich, dass der Kaiser weniger selbstständig eingriff, als Massregeln, welche von der städtischen Obrigkeit
ohnehin schon getroffen waren, bestätigte. In den sicher in das
zwölfte Jahrhundert zurückreichenden städtischen Statuten ist mir
Erwähnung der Ketzerei noch nicht aufgefallen. Auch bezügliche Einzelfälle aus dieser Zeit sind mir nicht bekannt. Man könnte versucht
sein, auf eine von Muratori Ant. It. 5, 87 mitgetheilte Urkunde hinzuweisen, wonach 1192 zu Modena die molendina Patarinorum zerstört werden sollten; aber weiteres Verfolgen des Textes ergibt, dass
es sich dabei nicht um Strafe, sondern um Expropriation gegen Ersatz
handelt. Doch gehen die bestimmteren Belege jedenfalls über die
Kaiserzeit Ottos zurück. Zu Prato wurden 1206 die Ketzer verbannt
und beschlossen, dass niemand, dessen Rechtgläubigkeit verdächtig
sei, Konsul werden solle; in demselben Jahre wurde zu Florenz ein
Statut gegen die Ketzer beschlossen, dessen Hauptinhalt wir daraus
ersehen, dass der Papst denen von Fuenza empfahl, sich dasselbe anzueignen und demgemäss darauf bedacht zu sein, alle Ketzer: de
civitate vestra expellere; vgl. Innoc. III. Epp. 9, 8. 204. Die Statuten

von Verona, wenn auch Zusätze bis 1228 enthaltend, sind ihrer Hauptmasse nach vor 1218, vielfach erheblich früher entstanden, und in ihren bezüglichen Bestimmungen sicher nicht von etwaigen Verfügungen Kaiser Ottos beeinflusst. Nach Cap. 156 (ed. Campagnola S. 116) hat der Podesta zu schwören: Et haereticos et patarenos expellam de civitate et eius districtu, nisi venerint ad voluntatem domini episcopi, nec morari permittam; haec omnia ad praeceptum domini episcopi. Et domum sive domos, in qua vel in quibus morabuntur, destruam vel destrui faciam u. s. w. Auf entsprechende Bestimmungen anderer Statuten werden uns spätere Erörterungen ohnehin zurückführen. Es muss sich da um einen im städtischen Rechte Italiens sehr festgewurzelten und danach wohl in erheblich frühere Zeit zurückreichenden Brauch handeln. Denn selbst in späterer Zeit, als durch von der Kirche bestätigte Reichsgesetze längst die Hinrichtung der Ketzer bestimmt gefordert wurde, begnügen sich viele Statute nach wie vor mit dem Ausweisungsbann.

Die Anschauung, dass auch die von der Kirche bereits als Ketzer Verurtheilten von der weltlichen Gewalt zunächst nur auszuweisen seien, findet sich übrigens auch ausser Italien. Insbesondere wohl in den Ländern provenzalischer Zunge. In der Konstitution K. Peters von Aragonien von 1197, Marca Hisp. 1384, werden die wegen Ketzerei Exkommunizirten zunächst nur aufgefordert, bis zu einem bestimmten Termine das Königreich zu verlassen; erst wenn sie dem nicht folgen und ergriffen werden, ist ihnen Einziehung des Gutes und Feuertod angedroht. Auch in Zeugnissen aus der Zeit der Albigenserkriege ist mehrfach zunächst nur von Verbannung der Ketzer die Rede. Doch habe ich auf die bezüglichen Verhältnisse ausserhalb des Kaiserreiches zu wenig geachtet, um entscheiden zu können, ob es sich etwa rechtfertigen lasse, überhaupt die Verbannung als romanischen, die Verbrennung als germanischen Brauch zu bezeichnen.

Besondere Beachtung wird es nun aber verdienen, dass auch die kirchliche Gesetzgebung, wo sie Veranlassung findet, sich über die weltliche Bestrafung der Ketzer bestimmter auszusprechen, dabei zunächst durchweg die Verbannung und solche Strafen, welche mit derselben auch sonst verbunden zu sein pflegen, im Auge zu haben scheint. Ich denke, dass da ein bestimmteres Ineinandergreifen beider Rechtsgebiete anzunehmen sein wird. Die rein kirchliche Strafe der Ketzerei war die Exkommunikation; darauf beschränken sich noch die bezüglichen Satzungen des lateranensischen Konzil von 1177, insofern das überdies ausgesprochene Verbot der Beherbergung und des Verkehrs als selbstverständliche Folge der Exkommunikation zu betrachten ist. Schon vom Gesichtspunkte der rein kirchlichen Massregeln aus wird der Bischof der Stadt verlangt haben, dass dem exkommunizirten Ketzer der Aufenthalt in der Stadt nicht ferner gestattet werde, damit den Gläubigen keine Gelegenheit zum Verkehre mit ihm geboten sei. Es ist sehr möglich, dass das Oberhaupt die nächste Veranlassung wurde, dass man Ketzerei mit dem Ausweisungsbann bestrafte; es spricht dafür, dass noch nach den spätern Statuten der Podesta durchweg erst auf Verlangen des Bischofs die Ausweisung verfügt.

Allerdings hätte die Ausweisung, wenn sie zunächst nur von jenem Gesichtspunkte aus erfolgte, an und für sich nicht gerade mit den sonstigen übeln Folgen des Bannes verbunden sein müssen. Und sollte in Deutschland auf die Exkommunikation nach bestimmter Zeit die Acht des Reiches folgen, so ist mir eine dem entsprechende allgemeine Bestimmung auf dem italienischen Rechtsgebiete unbekannt; nur für einzelne Fälle findet sich eine ähnliche in den Konstitutionen K. Friedrichs II von 1220. Jedenfalls aber war die Kirche bestrebt, jeden Exkommunizirten möglichst dem weltlich Gebannten gleichzustellen. Schon nach einer in das Dekret. C. 47. can. 23 qu. 5, aufgenommenen Entscheidung Papst Urbans II soll derjenige, der in kirchlichem Eifer einen Exkommunizirten erschlägt, nicht als Todtschläger behandelt werden. Dabei sind allerdings nur die zu verhängenden kirchlichen Strafen ins Auge gefasst. Aber insbesondere seit Ende des zwölften Jahrhunderts scheint die Kirche immer bestimmter zu fordern, dass den Exkommunizirten auch alle üblen Folgen des weltlichen Bannes treffen sollen; was ich darüber Ital. Forsch. 2, 288 bemerkte, würde sich vielfach ergänzen lassen. Wir werden sehen, dass P. Innocenz III gerade auch bei Ketzern die Verhängung der Bannstrafen ausdrücklich verlangte. Und so ist es sehr möglich, dass die in Italien übliche Bestrafung der Ketzer mit dem Banne überhaupt auf kirchliche Einflussnahme zurückgeht.

Lassen wir das aber auch dahingestellt, so ergibt sich jedenfalls, dass die Kirchengewalt, seit sie begann den Ketzern auch mit weltlichen Strafen zu drohen, sich vielfach aufs bestimmteste von der Anschauung leiten liess, dass den Ketzer als weltliche Strafe der beständige Bann in der Gestaltung, welche er zunächst in Italien gewonnen hatte, treffen solle, sei es nun, dass sie selbst diese Anschauung herbeigeführt hatte, sei es, dass sie sich derselben anbequemte, weil sie ihn in dem ihr nächstliegenden weltlichen Rechtsgebiete vor Augen hatte. Allerdings tritt dieser nähere Anschluss nicht überall hervor. Einmal scheint man wohl der Verschiedenheit der weltlichen Rechte dadurch haben Rechnung tragen wollen, dass man sich über die Art der Strafe absichtlich nicht bestimmter aussprach. Weiter schliessen sich die bezüglichen kirchlichen Strafbestimmungen, wie das ja nicht auffallen kann, oft aufs engste an das römische Recht an. Das begründet in so weit keinen grossen Unterschied, als die italienischen Bannstrafen vielfach mit den Strafen näher übereinstimmen, welche schon das römische Recht den Ketzern androhte, so dass sich in manchen Fällen kaum entscheiden lässt, ob der nähere Anschluss beim römischen oder beim italienischen Rechte zu suchen ist. In andern macht sich die besondere Gestaltung des letztern ganz unverkennbar geltend. Insbesondere aber scheint jeder Halt für die Annahme zu fehlen, dass die Kirche die Hinrichtung des Ketzers allgemein voraussetzte oder sie auch da verlangte, wo sie nicht ohnehin üblich war.

Allerdings wird wohl angenommen, dass, wenn die Satzungen der Synode zu Verona von 1184, wo der Papst mit dem Kaiser zusammen war, bezüglich des überwiesenen Ketzer bestimmten: secularis relinquatur arbitrio potestatis animadversione debita puniendus, C. 9. X. de haereticis, 5, 7, darunter die Todesstrafe zu verstehen sei; wie das insbesondere auch Frensdorff nach dem von ihm S. 106 Bemerkten anzunehmen scheint. Aber diese allgemeine Ausdrucksweise, wie sie in jenen und in spätern Satzungen mehrfach wiederkehrt, scheint mir, gerade wie bei der ähnlich gefassten Bestimmung der Treuga, darauf hinzuweisen, dass man sich der Verschiedenheit der bezüglichen weltlichen Strafen bewusst war; sie konnte die Todesstrafe sein, aber auch jede andere, wie sie eben der Landesbrauch verlangte, die Consuetudo patriae, auf welche weiterhin bezüglich des Reinigungsverfahrens ausdrücklich hingewiesen wird. Das reicht meiner Ansicht nach genügend aus, die Allgemeinheit der Fassung zu erklären; sie nach der gewöhnlichen Annahme darauf zurückzuführen, dass es der Kirche nicht geziemt hätte, die Todesstrafe ausdrücklich zu verlangen, scheint mir weder nöthig, noch auch naheliegend, so lange nicht bestimmtere Haltpunkte für die Annahme hinzukommen, dass man gerade die Todesstrafe wollte. Bei spätern entsprechenden Fällen wird sich aber umgekehrt ergeben, dass man gerade diese nicht zunächst im Auge gehabt haben kann. Woraufhin hätte denn auch die Kirche bei der Verschiedenheit der weltlichen Rechte die Todesstrafe überall voraussetzen oder verlangen können? Nur etwa auf das römische Recht als allgemeingültiges hätte sich eine solche Forderung stützen lassen. Nun kennt allerdings das römische Recht die Todesstrafe; aber nicht für Ketzerei überhaupt, sondern nur für schwerere Fälle. So auch L. K § 5 Cod. Iust. 1. 5 für Lehrer der Ketzerei; insbesondere aber für die Manichäer. Das ist auch nicht unbeachtet geblieben. So heisst es in dem noch genauer zu besprechenden Statute von Brescia von 1230, dass der Podesta die Verurtheilten körperlich strafen soll: velut haereticos Manichaeos; ähnlich in den Statuten von Parma von 1255, Mon. Parm. 1, 260: Quos dominus episcopus iudicaverit hereticos, teneatur potestas infra octo dies sine requisitione consilii punire, sicut lex punire statuit Manicheos. Hier aber fehlt jede solche Andeutung.

Halten sich jene Satzungen von 1184 noch durchweg auf dem Gebiete kirchlicher Strafen, so wird doch schon in ihnen den Gönnern der Ketzer mit der Infamia perpetua gedroht, wie das auch in allen spätern Gesetzen der Fall ist. Der Ausdruck, wie die angegebenen Wirkungen, insbesondere Unfähigkeit zu Aemtern und Würden und andere Rechtsschmälerungen, weisen hier auf nächsten Anschluss an das römische Recht hin. Doch wird die Infamie auch in weltlichen Rechtsdenkmalen schon früher in Italien erwähnt; zuerst wohl im Lehensgesetze K. Lothars von 1136, M. G. Leg. 2, 84, vgl. 96, 111, dann häufiger; im dreizehnten Jahrhunderte erscheint sie mit dem beständigen Reichsbanne verbunden; und fehlt beim städtischen Banne, so weit ich sehe, der Ausdruck, so waren an diesen wenigstens jederzeit dieselben Wirkungen geknüpft, wie an die Infamie; vgl. Ital. Forschungen 1, 208 ff. 128 ff. So ergibt sich schon hier ein gewisser Zusammenhang mit dem weltlichen Banne.

Bestimmter tritt derselbe allerdings erst unter Papst Innocenz III hervor. Wenn auch die Ausführung der weltlichen Strafen den weltlichen Obrigkeiten überlassen blieb, so war der Papst doch keineswegs gewillt, denselben auch die Art derselben anheimzustellen; er stellt in dieser Beziehung ganz bestimmte Forderungen, deren Einhaltung von Seiten der weltlichen Gewalten nöthigenfalls durch kirchliche Zwangsmittel erwirkt werden soll. Die weltlichen Strafen werden von ihm so oft erwähnt, dass nicht wohl zweifelhaft sein kann, was er in dieser Richtung erwartete und verlangte.

In einer Konstitution von 1199, Innoc. III epp. 2, 1, auch C. 10 X. 5, 7, welche nicht blos in terris temporali nostrae iurisdictioni subjectis, sondern ausdrücklich auch in allen andern Ländern Geltung beansprucht, wiederholt er einmal die Androhung der Infamie für alle Gönner der Ketzer, die einzelnen, durchaus dem weltlichen Rechtsgebiete angehörenden Wirkungen derselben genauer aufzählend; es entspricht dem, wenn er nach Ep. 1, 298 schon 1198 den Ketzern in den lombardischen Städten das passive und aktive Wahlrecht entzogen wissen wollte. Dann aber verfügt er für die Ketzer selbst Einziehung des Gutes. Mit dem beständigen Banne war diese immer verbunden; vgl. Ital. Forsch. 1, 135 ff. 200 ff., und es ist möglich, dass das hier eingewirkt hat. Doch stützt der Papst die Massregel ausdrücklich auf das römische Recht. Allerdings hat dieses als Strafe der Ketzerei die Einziehung des Gutes nicht in der Ausdehnung, dass auch die rechtgläubigen Kinder ihren Anspruch auf dasselbe verlieren würden. Aber der Papst sucht in einer auch später mehrfach wiederkehrenden Weise die Ketzerei unter den Begriff des Hochverrathes zu bringen; er meint, wenn: secundum legitimas sanctiones reis laesae maiestatis punitis capite die Güter ohne Rücksicht auf die Ansprüche der Kinder eingezogen würden, das um so mehr der Fall sein müsse bei Ketzern, da es ja schwerer sei, die göttliche Majestät zu beleidigen, als die weltliche.

Es läge nun sehr nahe, die weitere Folgerung zu ziehen, dass, wenn der Hochverräther, wie der Papst selbst andeutet, hinzurichten war, das auch den Ketzer treffen müsse. Aber der Papst hat doch diese Folgerung weder selbst gezogen, noch, wie das leicht gewesen wäre, sich einer Redeweise bedient, welche bestimmter darauf hinwiese, dass er sie von andern gezogen wissen wollte. Und eine Reihe anderer Zeugnisse ergeben, dass das, was der Papst in dieser Richtung erwartete und verlangte, der beständige Bann mit den auch sonst damit verbundenen Strafen war. Schon 1198, Epp. 1, 94, fordert der Papst den Erzbischof von Aix auf, die weltlichen Grossen seiner Provinz anzuhalten, dass sie, wenn die von den päpstlichen Boten erkommunizirten Ketzer bei ihrem Irrthume verharren: eorum bona confiscent et (eos) de terra sua proscribant, et si post interdictum eius in terra ipsorum praesumpserint commorari, gravius animadvertant in eos. Auch wenn bei der letzteren Bestimmung etwa an Hinrichtung gedacht sein sollte, wie das die früher erwähnte Konstitution K. Peters von Aragonien von 1197 nahe legen könnte, würde dieselbe nicht unmittelbare Strafe der Ketzerei, sondern der Missachtung des Banngebotes sein. Seinen Legaten in der Provence befiehlt der Papst 1204, Epp. 7, 14, bezüglich hartnäckiger Ketzer: satanae in interitum carnis traditas nuntietis et expositas personas eorum exsilio et judicio seculari et bona confiscationi subiectas; sie sollen zugleich die weltlichen Grossen in seinem Namen auffordern ad confiscationem bonorum ipsorum et proscriptionem perpetuam personarum. Müssen 1209, vgl. Migne Innoc. Opp. 3, 128 ff., die provenzalischen Städte und Grossen bezüglich der Ketzer schwören: ipsos persequemur secundum legitimas sanctiones et eorum bona infiscabimus, so haben wir unter den

,legitimae sanctiones' wohl ebenso, wie in der Konstitution von 1199, die Strafbestimmungen des römischen Rechtes zu verstehen. Aber wo es sich nicht gerade um Manichäer handelt, da gehen auch diese nicht über die ‚poena exilii' oder ‚perpetua deportatio' hinaus, vgl. L. 8 § 2.5 Cod. I, 5. Es wird demnach auch hier zunächst an die durch Gütereinziehung verschärfte Verbannung zu denken sein.

Engerer Anschluss gerade an das damalige italienische Recht zeigt sich dann da, wo es sich um entsprechende Verfügungen für Italien selbst handelt. Denen von Faenza befiehlt der Papst 1206, Epp. 9, 18: quatenus hujusmodi haereticos, qui vocantur pauperes de Lugduno vel etiam Patareni vel alios cujuscunque sectae schismaticos, qui vobis fuerint nominati vel scripti, a civitate vestra penitus excludatis et sub perpetuo banno consistant, nec recipiantur de caetero vel etiam tolerentur in civitate vel toto eius districtu manere, nisi ad mandatum ecclesiae revertantur; bona vero illorum non habentium catholicos successores confiscentur secundum legitimas sanctiones et etiam publicentur; domusque destruantur illorum vel assignentur ecclesiae, quam ipsi persequi non vereantur; würden sie sich weigern, das zu thun, so habe er Genannten befohlen, sie durch Kirchenstrafen dazu zu zwingen. Deutlicher kann der Sachverhalt nicht wohl hervortreten. Die Kirche begnügt sich nicht mit kirchlichen Strafen vorzugehen und das übrige der weltlichen Obrigkeit anheimzustellen; sie verlangt, dass die von ihr als Ketzer Bezeichneten bestimmt angegebenen weltlichen Strafen unterliegen sollen. Aber sie hält sich dabei sichtlich an das, was ohnehin in italienischen Städten schon üblich war. Die Gütereinziehung erscheint hier allerdings wieder abgeschwächt unter Hinweis auf das römische Recht. Sonst aber zeigt sich der allerengste Anschluss. Der Ausdruck Bannum perpetuum hat in Italien seine ganz bestimmte, durch die blosse Ausweisung keineswegs erschöpfte Bedeutung. Besonders bezeichnend ist aber die Zerstörung des Hauses; dafür bietet weder das römische Recht eine bestimmtere Anknüpfung, noch ist irgend anzunehmen, dass der Papst selbstständig auf dieselbe verfallen sein sollte. Es handelt sich um einen altgermanischen Rechtsbrauch, der sich auch sonst lange erhalten, in Italien aber insbesondere mit dem beständigen Banne aufs engste verknüpft erscheint; vgl. Ital. Forsch. I, 134. 200.

Besonders beachtenswerth erscheint mir, dass derselbe Anschluss sich auch da zeigt, wo der Papst gegen die Ketzer im Gebiete der römischen Kirche selbst einschreitet, wo er also auch auf dem Gebiete des weltlichen Rechts ganz nach eigenem Ermessen vorgehen konnte. Den Bischöfen von Viterbo und Orvieto befiehlt der Papst 1205,

Epp. 8, 105, nach Viterbo zu gehen und die Einwohner ad expellendos
Patarenos zu verhalten; die gegen seinen Willen zu Konsuln gewählten Ketzer aber: excommunicatos et depositos nuntietis, et tam ipsos
diffidetis ex parte nostra, quam eorum complices et fautores. Unter
dem auch später mehrfach zu erwähnenden Diffidare, Friedloserklären,
ist zweifellos dasselbe zu verstehen, was sonst als Bannire perpetuo
oder extra treuguam ponere bezeichnet wird. Da das keinen Erfolg
hatte, kam der Papst 1207 selbst nach Viterbo, vgl. Gesta Inn. c. 123;
die Patarener waren sämmtlich geflohen; er liess einige Häuser, wo
sie gewohnt, zerstören und erliess dann ein für das ganze Patrimonium geltendes Gesetz, Epp. 10, 130: ut quicunque haereticus et
maxime Patarenus in eo fuerit inventus, protinus capiatur et tradatur
saeculari curiae puniendus secundum legitimas sanctiones; alle Güter
werden eingezogen und in angegebener Weise vertheilt; das Haus, in
das er aufgenommen, wird von Grund aus zerstört; die Gönner der
Ketzer werden mit dem vierten Theile ihres Gutes, beim Rückfall mit
Verbannung bestraft; ausserdem sind ihnen die mit der Infamie verbundenen Strafen gedroht.

So weit bestimmte Strafen ausgesprochen sind, sind, das auch
hier solche, welche immer mit dem beständigen Bann verbunden sind.
Dieser selbst ist allerdings nicht erwähnt. Vergleichen wir aber die
mit diesem Gesetze eng zusammenhängenden römischen Statuten von
1231, Raynald § 16, wonach der Senator von Rom beim Amtsantritte
über alle Ketzer in der Stadt beständigen Bann verhängen, dann
aber die in derselben Aufgefundenen strafen soll, so ist es doch sehr
möglich, dass auch dieses Gesetz in seinem Eingange bereits gebannte
Ketzer im Auge hat, welche den Bann brechen und damit nun allerdings persönlicher Strafe verfallen. Lassen wir das aber auch dahingestellt, so liegt wenigstens kein Grund vor, gerade an Todesstrafe
zu denken. Wir sehen ja bestimmt, dass der Papst auch mit weniger
weitgehenden Strafen zufriedengestellt war. Das würde allerdings
nicht ausgeschlossen haben, dass er wenigstens im Gebiete der Kirche
selbst die strengste Strafe im Auge hatte. Aber einmal ist in dem
Gesetze selbst wieder auf Bestrafung secundum legitimas sanctiones
hingewiesen, also doch wohl zunächst auf das römische Recht, welches, wie schon bemerkt, nicht schon für die Ketzer als solche die
Todesstrafe verhängt; wollte man diese auf römischrechtlicher Grundlage, so hätte nichts näher gelegen, als auf die vom Gesetze den
Manichäern gedrohten Strafen hinzuweisen, wie wir dafür spätere
Belege anführten. Aber wenn der Papst auch gelegentlich wohl
Katharer und Patarener den Manichäern gleichstellt, so Epp. 10, 54,

so fehlt doch in den kirchlichen Strafgesetzen jede derartige Andeutung. Weiter aber scheinen auch aus dem Gebiete der Kirche in dieser Zeit Belege für Hinrichtung von Ketzern ganz zu fehlen; dagegen sehen wir aus einem uns genauer bekannten Falle, vgl. Raynald 1199 § 23, dass auch hier von der weltlichen Obrigkeit weniger strenge Strafen verhängt wurden. Der Römer Petrus Parentius wurde 1199 als Podesta nach Orvieto geschickt, um dort die Ketzerei auszurotten; als alles andere fruchtlos blieb, ging er gegen die ihm von Bischofe bezeichneten Ketzer mit grossem Nachdrucke vor: alios alligavit ferreis nexibus compeditos, alios censuit publice verberibus flagellandos, alios extra civitatem coegit miserabiliter exulare, alios poena mulctavit pecuniae —; ab aliis accepit pignora copiose; domus etiam fecit dirui plurimorum.

Bei den bezüglichen Satzungen des vierten lateranensischen Konzils von 1215, C. 13. X. 5, 7, zeigt sich kein engerer Anschluss gerade an den italienischen Brauch; im übrigen finden wir ganz dieselben Gesichtspunkte eingehalten. Neben der Exkommunikation und andern kirchlichen Strafen sind von weltlichen die Gütereinziehung, Landesverweisung und für die Förderer der Ketzer Infamie ausdrücklich angedroht. Ausserdem wird freilich auch hier die Ueberlassung an den weltlichen Richter behufs der Animadversio debita erwähnt. Aber wenn wir schon bisher die Beziehung entsprechender Bestimmungen gerade auf die Todesstrafe glaubten ablehnen zu dürfen, so kommt hier noch ein besonderer Grund hinzu.

Jene Satzungen waren nämlich die nächste Vorlage für die Konstitution K. Friedrichs II von 1220, M. Germ. L. 2, 243, in welcher die weltliche Strafen betreffenden Bestimmungen überwiegend wörtlich wiederholt sind, nur mit solchen Aeuderungen, wie sie die Verschiedenheit des Gesetzgebers nöthig machte. Stärkere Abweichung zeigt sich nur im Eingange. In der Satzung des Konzils heisst es: Excommunicamus — omnem haeresim —; damnati vero praesentibus saecularibus potestatibus — relinquantur animadversione debita puniendi, clericis prius a suis ordinibus degradatis; ita quod bona huiusmodi damnatorum, si laici fuerint, confiscentur; si vero clerici, applicentur ecclesiis, a quibus stipendia receperunt. Qui autem etc. Dagegen sagt der Kaiser: Chaturos — et omnes hereticos — perpetua dampnamus infamia, diffidamus et bannimus; censentes ut bona talium confiscentur, nec ad eos ulterius revertantur, ita quod filii ad successionem eorum pervenire non possint, cum longe sit gravius eternam quam temporalem offendere majestatem. Qui autem etc. Ist von da ab die Uebereinstimmung eine wörtliche, wird auch hier schon die Konfiskation an demselben Orte erwähnt, so kann natürlich nicht zweifelhaft sein, dass man bei Fassung der Stelle die Satzung des Konzils unmittelbar vor Augen hatte. Wollte man in dieser unter der vom weltlichen Richter zu verhängenden Strafe gerade die Todesstrafe verstanden wissen, sprach man das nur desshalb nicht aus, weil das dem kirchlichen Gesetzgeber nicht ziemt, so entfiel für den Kaiser jede entsprechende Rücksichtnahme. Aber auch dann, wenn die unbestimmtere Fassung nur daher rührte, dass die Kirche dem weltlichen Recht nicht vorgreifen wollte, war dieser Gesichtspunkt für den Kaiser nicht massgebend. Dieser hat denn auch wirklich eine ganz bestimmte Strafe ausgesprochen. Aber nicht die Todesstrafe; und darin müssen wir doch einen vollgültigen Beweis sehen, dass mit der Animadversio debita nicht gerade diese bezeichnet sein wollte. Die vom Kaiser verfügte Strafe ist in engstem Zusammenhange mit unserer bisherigen Erörterung der beständige Reichsbann. Dem blossen Bannire ist das Diffidare hinzugefügt, um die schwerere Stufe, den beständigen Bann zu bezeichnen. Mit diesem erscheint die Infamie auch sonst verbunden; vgl. Ital. Forsch. 1, 208. Ebenso immer die Konfiskation des Gutes unter Beseitigung des Erbrechtes der Kinder. Erscheint diese in bestimmtere Beziehung zum Hochverrathe gebracht, so wird man dabei die schon erwähnte Motivirung im Auge gehabt haben, deren sich P. Innocenz bediente, als er 1190, C. 10. X. 5, 7, die Konfiskation des Gutes der Ketzer verfügte. Sie war hier um so eher am Platze, als auch der beständigem Reichsbanne Verfallene durchweg als Hochverräther behandelt erscheint.

Dem entsprechen durchaus einige Aenderungen, die man an den grossentheils wörtlich wiederholten folgenden Satzungen vornahm. Hiess es von den blos Verdächtigen, dass sie, wenn sie sich nicht reinigen, exkommunizirt werden sollen: et ab omnibus evitentur, ita quod, si per annum in excommunicatione perstiterint, ex tunc velut haeretici condemnentur, so sagt der Kaiser: tanquam infames et banniti ab omnibus habeantur, ita quod si sic per annum permanserint, ex tunc eos sicut hereticos condemnamus. Es ist das dahin zu verstehen, dass sie zunächst in einfachem, lösbarem Banne sein, nach Jahresfrist aber als verurtheilte Ketzer dem beständigen Banne verfallen sollen. Ist eine derartige Steigerung nach Jahresfrist sonst dem italienischen Rechte fremd, vgl. Ital. Forsch. 1, 177, so ist die Bestimmung hier sichtlich durch die entsprechende der Vorlage veranlasst. Ebenso ist da, wo von den Gönnern der Ketzer die Rede ist, das ‚excommunicationi subjacere' der Vorlage durch ‚bannimus' ersetzt.

Trotz des klaren Wortlautes glauben nun Eggert und Freusdorff annehmen zu dürfen, dass der Kaiser den in Deutschland allerdings schon früher nachweisbaren Feuertod im Auge gehabt habe. Freusdorff 105 glaubt sich dabei sogar auf den Wortlaut stützen zu können. Er hält sich insbesondere an die mit den Satzungen des Konzils wörtlich übereinstimmende Stelle, wonach die städtischen Obrigkeiten schwören sollen: quod de terris suae jurisdictioni subjectis universos hereticos ab ecclesia denotatos bona fide pro viribus exterminare studebunt; wonach weiter der weltliche Herr, welcher: terram suam purgare neglexerit ab heretica pravitate, sein Land verlieren soll, so dass die Rechtgläubigen es besetzen und ‚exterminatis hereticis‘ besitzen sollen. Er glaubt mit Hinweis auf spätere Konstitutionen, wo unter ähnlichen Redewendungen unzweifelhaft der Feuertod gemeint sei, dass das ‚exterminare‘ oder ‚terram purgare‘ nicht von einer blossen Landesverweisung, sondern von einer wahren Ausrottung der Ketzer zu verstehen sei; dass die Nichtnennung des Ausrottungsmittels sich aber daraus erkläre, dass die Konstitution grossentheils wörtlich den Satzungen des Konzils entnommen sei, die Kirche aber das Straferkenntniss und die Strafvollstreckung der weltlichen Gewalt überliess. Dass diese letztere Bemerkung gerade hier nicht zutrifft, wurde schon bemerkt; die bezügliche kirchliche Bestimmung wurde nicht einfach wiederholt, sondern durch eine andere ersetzt, in welcher der Kaiser sich bestimmt über die Art der Strafe ausspricht. Dann aber heisst ‚exterminare‘ doch einfach ‚über die Gränze treiben‘; auch wenn wir die Stelle lediglich aus sich selbst zu erklären hätten, würde, zumal es heisst ‚de terris exterminare‘ jeder Grund fehlen, es gleichbedeutend mit dem italienischen ‚sterminare‘ zu fassen. Haben wir überdiess gesehen, dass in den früheren kirchlichen Verfügungen immer in erster Reihe die Austreibung der Ketzer verlangt wird, so kann die Bedeutung keinen Augenblick mehr zweifelhaft sein.

Eggert 77 nimmt an, dass der Feuertod als Strafe des Ketzers, dessen man habhaft ist, als selbstverständlich nicht erwähnt sei; er sieht in dem Gesetze zunächst eine Verschärfung, so dass das Gut des geflohenen oder nicht erreichbaren Ketzers konfiszirt werden soll. So wenig auch diese Annahme mit bereits Bemerktem im allgemeinen in Einklang zu bringen ist, so wird sie nach einer Richtung hin allerdings nicht gerade von vornherein als unzulässig zu bezeichnen sein. Wird in deutschen Gesetzen bei Verbrechen, für welche den Verbrecher, dessen man habhaft war, zweifellos die Todesstrafe getroffen haben würde, statt dessen wohl die Echtlosigkeit als unmittelbare Strafe genannt, weil man davon ausgeht, dass in solchem Falle

der sich schuldig fühlende Angeklagte sich nicht stellen wird, so
liesse sich auch hier der Drohung des beständigen Reichsbannes eine
ähnliche Auffassung unterlegen. Es ist nun allerdings nicht zu
läugnen, dass der beständige Reichsbann sich sehr der deutschen
Oberacht und Echtlosigkeit nähert, dass er insbesondere regelmässig
ein Ungehorsamsbann ist und solche trifft, welche, wenn man ihrer
habhaft wäre, als Hochverräther, also auch mit dem Tode bestraft
werden würden; vgl. Ital. Forsch. 1, 170 ff. Es würde aber zu weit
führen, genauer auf die Fragen einzugehen, in wie weit auch der
beständige Reichsbann Ausweisungsbann sein kann, oder ob der hier
gedrohte schwerere Bann gerade in allem mit dem beständigen Reichsbanne, wie er sonst verhängt wurde, zusammenfällt. Es wird genügen,
wenn wir nachweisen, dass der hier gedrohte Bann jedenfalls ein
Ausweisungsbann war, dass auch den Ketzer, dessen man habhaft
war, nicht der Tod, sondern die Ausweisung nebst den andern bezüglichen Strafen treffen sollte.

Das wird schon von vornherein wahrscheinlich durch die vorhergegangene Entwicklung. Die Konstitution scheint allerdings auch in
Deutschland publizirt worden zu sein; man dürfte sie dort aber wenig
beachtet haben, da sonst schwerlich im Widerspruche mit ihr noch
in dem Rechtsspruche von 1231 das Erbrecht der Kinder anerkannt
sein würde. Jedenfalls hat sie, wie schon die Erwähnung der Podestaten und Konsuln ergibt, zunächst die italienischen Verhältnisse
im Auge. Wenn der Kaiser als Strafe gerade den Bann bestimmt,
so war der Grund zweifellos der, dass er diesen als die in Italien
übliche, auch von der Kirche aufgenommene Strafe für Ketzer bereits
vorfand. Das war aber nicht ein der deutschen Acht sich nähernder
Ungehorsamsbann, sondern der beständige Bann des städtischen Rechts,
der durchaus zunächst Ausweisungsbann ist, wie das zumal für den
besonderen Fall die früher angeführten Stellen aus städtischen Statuten, dann aus Verfügungen des P. Innocenz III und des K. Otto IV
hinlänglich erweisen. Dass auch K. Friedrich zunächst nur einen
Anschluss an den Landesbrauch im Auge hatte, ist von vornherein
um so wahrscheinlicher, weil sichtlich die Ausführung des Gesetzes
wie der frühern Satzungen das Konzil, zunächst weniger Aufgabe der
Reichsgewalt, als vielmehr der Lokalgewalten, insbesondere aber der
städtischen Obrigkeiten sein sollte. Was aber so vornherein wahrscheinlich, erhält durch den schon besprochenen Wortlaut der Gesetze
seine bestimmte Bestätigung; wo es sich um die Ausführung des vorher angedrohten Bannes handelt, da werden die Obrigkeiten ausdrücklich angewiesen, die Ketzer aus ihren Gebieten zu verjagen.

Könnten da aber noch Zweifel bleiben, so bin ich in der Lage, aufs bestimmteste nachzuweisen, dass man damals die kaiserliche Konstitution nicht anders aufgefasst, und dass namentlich die Kirche auf dieselbe gestützt nur Ausweisung der Ketzer verlangt hat. Als im März 1221 der Kardinalbischof Hugolin von Ostia vom Papste als Legat nach Oberitalien geschickt wurde, war derselbe insbesondere auch bemüht, die Anerkennung und Ausführung der kaiserlichen Konstitution in den dortigen Städten zu erwirken. Es ergibt sich das aus den Akten seiner Legation, die sich in der Handschrift Lat. 5152 A der Nationalbibliothek zu Paris erhalten haben; ich denke dieselben auszugsweise unter den Reichssachen der Regesta imperii, Wichtigeres aber, insbesondere auch die hier erwähnten Stücke, vollständig in einer weitern Sammlung von Urkunden zur Geschichte Italiens zu veröffentlichen. Am 24. Sept. verlangt der Legat ex parte domini pape et domini imperatoris zu Bergamo Aufnahme der kaiserlichen Konstitutionen gegen die Ketzer und zu Gunsten der kirchlichen Freiheit in die Statuten, worauf ihm die Vikare des Podesta versprachen, die ‚leges domini imperatoris pro hereticis expellendis' in das Statutenbuch eintragen zu lassen. Die Bezeichnung ergibt genugsam, was man als Hauptinhalt der Gesetze betrachtete. Nach Instrument vom 28. Juli, aus anderer Quelle schon gedruckt Böhmer Acta 638, befahl der Legat, als er als Schiedsrichter den Streit zwischen Ritterschaft und Volk zu Piacenza beilegte, beiden Parteien, alle Ketzer aus der Stadt und deren Gebiete zu vertreiben und vor Unterwerfung unter die Gebote der Kirche nicht zurückkehren zu lassen; die Synagogen derselben zu zerstören und die Wiederaufbauung nie zu gestatten; dann aber: de verbo ad verbum statutum ultimi Lateranensis concilii et leges domini imperatoris Frederici super hereticis expellendis et conservanda ecclesiastica libertate in die Statuten eintragen zu lassen. Also auch hier derselbe Ausdruck und überdies die dem entsprechende Ausführung. Auf Verlangen des anwesenden Legaten befahl am 21. Juli der Podesta von Mantua, dass alle Ketzer binnen acht Tagen Stadt und Gebiet zu verlassen hätten, so dass jeder der dann noch betroffen würde, im Bann sein und ihm ungestraft sein Gut volle genommen werden dürfen; dass niemand einen der gebannten Ketzer hausen dürfe, so dass bei Uebertretung der Fussgänger eine Strafe von zehn, der Ritter von zwanzig Pfund zahlen, im Wiederholungsfalle aber das Haus zerstört werden solle. Weiter wird dann am 3. Sept., zweifellos wieder auf Verlangen des Legaten, im Auftrage des Podesta ausgerufen, dass alle Cathari, Patarini, Circumcisi und Leonistae bei Bann von hundert Pfund Stadt und Bisthum Mantua zu verlassen haben, niemand unter derselben Strafe sie hausen und jeder sich straflos ihr Gut aneignen darf. Ist hier die kaiserliche Konstitution nicht genannt, so kann doch nicht zweifelhaft sein, dass es sich um Ausführung derselben handelt, zumal die genannten Sekten gerade solche sind, welche auch vom Kaiser erwähnt werden.

Diese Nachrichten über die Ausführung zu Mantua scheinen mir auch in anderer Richtung beachtenswerth zu sein. Es liesse sich geltend machen, dass schliesslich zwischen beständigem Banne und Todesstrafe kein sehr wesentlicher Unterschied sei, insofern der Gebannte straflos erschlagen werden durfte. Nun kennen allerdings auch die städtischen Rechte in Italien beim beständigen Banne die volle Friedlosigkeit, die sogar straflose Erschlagung gestattet. Aber es finden sich doch häufig Einschränkungen erwähnt, und zwar insbesondere in der Richtung, dass der Gebannte nur dann erschlagen werden darf, wenn er wegen eines todeswürdigen Verbrechens gebannt wurde; vgl. Ital. Forsch. 1, 132. Als solches aber haben wir für den hier in Betracht kommenden Rechtskreis bisher die Ketzerei nicht nachzuweisen vermocht. Und wenigstens so weit das Vorgehen zu Mantua einen Schluss gestattet, hat man Ketzern gegenüber nicht gerade zu den schärfsten Arten des Bannes gegriffen. Selbst solchen, welche das erste Gebot nicht beachteten, hat man beim zweiten zur Verschärfung nicht mit persönlicher Strafe, sondern nur mit einer Geldstrafe gedroht. Insbesondere aber erstreckt sich in beiden Fällen die Friedlosigkeit nur auf das Gut; straflose Verletzung der Person sollte zweifellos ausgeschlossen sein.

Es ist nun allerdings möglich, dass man gerade in diesem uns genauer bekannten Falle mit besonderer Milde vorging. Aber es muss doch auffallen, dass wir bisher, so häufig der Massregeln gegen das Gut gedacht wird, nie einen bestimmteren Hinweis auf straflose Verletzung der Person fanden. Nur in der Konstitution K. Peters von Aragonien von 1197, Marca Hispanica 1385, wird sie erwähnt. Wenn jemand einen Ketzer nach Ablauf der für Verlassen des Reichs bestimmten Frist ergreift, so darf er ihm quodcunque malum, dedecus et gravamen, praeter mortem et membrorum detruncationem, straflos zufügen, und hat ihn dann den königlichen Beamten zur weitern Bestrafung zu übergeben. Ist nun dieses Gesetz sichtlich ein ganz besonders strenges, da es wenigstens eventuell sogar mit Verbrennung droht, sind trotzdem aber wenigstens die schwersten körperlichen Verletzungen ausdrücklich ausgeschlossen, so glaube ich annehmen zu dürfen, dass, wenn der Ortsgebrauch da auch verschieden sein mochte, im allgemeinen bei Bann wegen Ketzerei die Friedlosigkeit sich nur auf das Gut, nicht auch auf die Person erstreckte.

Nach dem Gesagten wird es keinem Zweifel unterliegen, dass es bis 1224 kein Reichsgesetz gab, welches die Verbrennung der Ketzer verlangt oder vorausgesetzt hätte. Es ist demnach die Konstitution für die Lombardei von 1224, M. Germ. L. 2, 252, das erste Gesetz, in welchem der Feuertod gefordert wird, und zwar nicht blos in dem Sinne, dass es etwa nur zufällig das älteste uns erhaltene ist, während ältere verloren sein mögen; denn wir sahen, dass wenige Jahre früher auch vom Kaiser eine andere, weniger strenge Strafe verfügt war. Welche besondere Gründe, ausser dem im Gesetze selbst betonten Ueberhandnehmen der Ketzerei gerade in der Lombardei, für das strenge Vorgehen des Kaisers massgebend waren, ist uns unbekannt. Der Feuertod ist insofern nicht unbedingt gedroht, als es in das Ermessen der städtischen Obrigkeiten gestellt wird, statt dessen Verstümmelung durch Ausreissen der Zunge eintreten zu lassen. Fragen wir, weshalb der Kaiser gerade auf den Feuertod verfiel, so sehen wir uns gewiss auf den deutschen Brauch hingewiesen, da auch im sizilischen Königreiche, worauf wir zurückkommen, der Feuertod nicht üblich gewesen zu sein scheint. Dass in Deutschland die Ketzer verbrannt zu werden pflegten, konnte der Kaiser von seinem längern Aufenthalte her wissen. Mehr Gewicht ist vielleicht darauf zu legen, dass der damalige Legat in Oberitalien, Erzbischof Albert von Magdeburg, der mit der Ausführung der Konstitution beauftragt wurde, ein Deutscher war; es ist sehr möglich, dass die Anregung von ihm ausging, dass der damals auf der Insel Sizilien weilende Kaiser auf Bericht und Antrag des Legaten verfügte. Eine Einflussnahme des Papstes Honorius ist ganz unwahrscheinlich; die Konstitution scheint ihm nicht einmal mitgetheilt zu sein, da sie zwar in die päpstlichen Regesten eingetragen wurde, aber nicht unter ihm, sondern erst unter seinem Nachfolger.

Es scheint nicht, dass diese Konstitution zunächst irgendwelchen erheblicheren Erfolg gehabt hat. Wären auf Grundlage derselben wirklich zahlreichere Verbrennungen von Ketzern erfolgt, so würden gerade in einem Lande, in welchem solche bisher nicht üblich waren, die Geschichtschreiber das schwerlich unerwähnt gelassen haben. Aber wir hören nicht das geringste; wir würden von der ganzen Konstitution nichts wissen, wenn dieselbe nicht später von anderer Seite wieder hervorgezogen worden wäre, und zwar unter Umständen, welche sie nun zu massgebender Bedeutung gelangen liessen.

Wir begegnen ihr zuerst in dem auch sonst für unsere Zwecke

beachtenswerthen Statut der Stadt Brescia von 1230 gegen die Ketzer, welches in das ältere Statutenbuch und ebenso in die Statuten von 1313 eingerückt ist: vgl. Mon. patriae 16, 1584 und 1644. Das Jahr ist nicht genannt; aber der Podesta Proino degli Iucoardi, unter dem es erlassen, war 1230 im Amte. Jedenfalls ergibt der Inhalt aufs bestimmteste, dass bei der Abfassung die später zu besprechende päpstliche Konstitution von 1231 noch nicht vorlag. Dagegen hatte man ausser der kaiserlichen Konstitution von 1224 auch die von 1220 zur Hand, wie das insbesondere die wörtlich übereinstimmende Aufzählung der Sekten ergibt.

Ein erster Absatz, Cap. 214 der Statuten von 1313, scheint vor den andern, aber auch 1230, entstanden zu sein, da nur hier der Bischof als Erwählter bezeichnet wird, wie er das Ende Aug. 1230 war; vgl. M. Germ. L. 2, 274. Hier gehen die Bestimmungen nicht über das schon bisher übliche hinaus. Der Podesta wird alle von der römischen Kirche verurtheilten Ketzer aus Stadt und Gebiet vertreiben und in der ersten Versammlung: in banno firmare, in quo dominus electus eos posuit; die Unterstützer trifft eine Geldstrafe und bei Zahlungsunfähigkeit der Bann nebst Verwüstung eines entsprechenden Theiles des Gutes und Verlust des Klagrechts; die Häuser, in welchen sich Ketzer aufgehalten, sind auf Verlangen des Bischofs binnen vierzehn Tagen zu zerstören.

Dann folgen strengere Zusätze, welche aber nach dem Gesagten gleichfalls noch 1230 oder spätestens in den frühern Zeiten des Jahres 1231 entstanden sein müssen. Der Podesta schwört, binnen den ersten acht Tagen seiner Regierung über alle Ketzer den beständigen Bann der Stadt Brescia zu verhängen, der fällig wird, wenn sie sich nicht binnen zehn Tagen allen Geboten des Bischofs unterwerfen, und der nur auf Befehl des Bischofs wieder aufgehoben werden darf. Sie werden dann in das Buch der beständig Gebannten eingetragen; das Gut wird wüst gelegt und für die Gemeinde eingezogen. Weiter aber wird nun der Podesta selbst oder durch von ihm mit Rath des Bischofs auserwählte und von der Gemeinde besoldete Personen die gebannten Ketzer aufsuchen und die Aufgefundenen nach Willen des Bischofs im Gemeindekerker in Haft halten. Sind sie dann vom Bischofe verurtheilt: infra decem dies eos et eas corporaliter puniam velut haereticos Manicheos et reos criminis lese maiestatis secundum leges et jura imperialia et canonica et specialiter infra scriptam legem domini Federici imperatoris et secundum ejus tenorem. Und darauf ist dann die Konstitution von 1224 wörtlich eingerückt.

Zu Brescia scheint allerdings die Ketzerei einen besonders günstigen Boden gefunden zu haben. Schon 1225, vgl. Raynald § 47, sah Papst Honorius sich veranlasst, den Bischof von Rimini dorthin zu senden mit dem Auftrage, die Zerstörung der Thürme der Gambara und anderer edler ketzerischer Geschlechter, welche von denselben aus die Rechtgläubigen bekämpft hatten, zu verlangen. Aber darin allein ist gewiss nicht der Grund zu suchen, dass nun gerade hier zuerst, so weit ich sehe, eine italienische Stadt sich dem die Verbrennung der Ketzer fordernden Gesetze fügte. Was hier massgebend war, wird doch keinen Augenblick zweifellos sein können, wenn wir uns erinnern, dass der 1230 erwählte Bischof Guala dem Orden der Dominikaner angehörte, seit 1221 Prior des Hauses derselben zu Brescia war. Bekämpfung der Ketzerei zunächst durch die Predigt hatte der Orden von vornherein als seine Hauptaufgabe hingestellt. Wurde nun ein Mitglied dieses Ordens Bischof, hatte dieser sich nicht auf die Bekämpfung durch die Predigt zu beschränken, war er zugleich der kirchliche Richter über die Ketzer, so ist erklärlich, wenn Guala gerade in dieser Richtung seines Amtes mit besonderm Eifer waltete und es seinem Einflusse gelang, nun auch alsbald die weltliche Obrigkeit seines Bischofssitzes zu strengem Vorgehen zu bestimmen. Es wird nicht zu bezweifeln sein, dass er es war, welcher die anscheinend bereits verschollene kaiserliche Konstitution hervorzog und nun Beachtung derselben verlangte.

Das scheint dann aber eine weit über seinen Bischofssitz hinausreichende Bedeutung gewonnen zu haben. Der Bruder Guala war schon seit Jahren eine der einflussreichsten Persönlichkeiten der Lombardei. Wir finden ihn 1226 als Boten der Lombardei bei den Verhandlungen mit dem Kaiser, 1227 als Vertreter des Papstes Honorius bei den Lombarden; vgl. Huillard 2, 644. 3, 5; dann als Theilnehmer an Versammlungen des Bundes, als Friedensvermittler zwischen Padua und Treviso, zwischen Bologna und Modena. Vor allem aber stand er in innigsten Beziehungen zum Papste Gregor IX. Dieser hatte ihm schon als Legat 1221 eine Kirche in Brescia für den Orden übergeben; Odorici St. Bresciane 7. 88. Am 22. Aug. 1227 sendet der Papst den Guala mit geheimen Aufträgen an den Kaiser; am 17. März 1228 gibt er ihm Aufträge an die Rektoren des Bundes; am 9. Oct. 1229 fordert er durch ihn die Lombarden zur Hülfe auf. Vor allem tritt sein Einfluss bei den Friedensverhandlungen von 1230 hervor; nach dem Berichte des Richard von San Germano überbringt er die letzten Vorschläge des Papstes dem Kaiser, weiss diesen zur Annahme zu bestimmen, geht dann nochmals zum Papste und kehrt mit weiteren Weisungen desselben zurück; wir wissen ausserdem, dass er während der Friedensverhandlungen mit der Wahrung der Interessen der Lombarden betraut war; vgl. Huillard 3, 244. Ist uns auch sonst gemeldet, dass der Papst sich übermässig von Dominikanern und Minoriten beeinflussen liess, so ist nach allem nicht zu zweifeln, dass insbesondere Guala grossen Einfluss auf ihn übte. Die grössere Strenge, mit der nun seit 1231 überall gegen die Ketzer vorgegangen wird, das Verbrennen derselben auch in Italien, gehen allerdings zunächst auf vom Papste erlassene Weisungen zurück. Es ist möglich, dass es da keiner weitern Einflussnahme bedurfte, dass der Papst persönlich grösserer Strenge in dieser Richtung zuneigte. Bedenken wir aber, dass zu Brescia die strengen Gesetze ergehen, sobald Guala Bischof geworden ist, während die des Papstes nach mehrjährigem Pontifikat erst folgen; wird sich ergeben, dass die dann zu Rom ergriffenen Massregeln jenem Brescianer Statute in auffallender Weise entsprechen, insbesondere nun auch dort und anderweitig jene zuerst zu Brescia geltend gemachte kaiserliche Konstitution für die weltliche Bestrafung der Ketzer massgebend wird; liegt es dann wieder sehr nahe anzunehmen, dass es kaum ein zufälliges Zusammentreffen sein dürfte, wenn der Bischof Guala im Febr. 1232 erweislich beim Kaiser zu Ravenna war, die strengen Edikte gegen die Ketzer aber vom 22. Febr. und vom März datiren: so kann das allerdings nicht gerade sicher erweisen, dass die folgenden Ketzerverfolgungen, welche nun in Italien, wie in Deutschland mit bisher unbekannter Strenge und Ausdehnung betrieben wurden, in letzter Linie als ein Erfolg der Thätigkeit jenes Dominikanerbischofs zu betrachten sind. Kommen wir aber in solchen Dingen nicht leicht über die Vermuthung hinaus, so wird jedenfalls zuzugeben sein, dass in diesem Falle die Vermuthung keine unbegründete ist.

Für unsere nächsten Zwecke fällt das nicht ins Gewicht. Liess sich der Papst wirklich zunächst durch den Einfluss des Guala und anderer Predigerbrüder bestimmen, so ist er jedenfalls mit ganzem Herzen auf die Sache eingegangen. Und dabei fand er einen willigen Helfer am Kaiser, der eben erst im Aug. 1230 von der Exkommunikation gelöst, den grössten Werth darauf legte, in gutem Einvernehmen mit dem Papste zu bleiben, der voraussah, dass er auch fernerhin manche Anforderungen desselben in Angelegenheiten, bezüglich deren er sich zu keiner Nachgiebigkeit verstehen wollte, werde abzuweisen haben, und sich daher um so williger solchen fügte, bei welchen sein eigenes Interesse nicht ins Spiel kam.

Es handelt sich hier einmal um die strengen Gesetze gegen die Ketzer in den Konstitutionen für das Königreich Sizilien von 1231, auf welche wir vorgreifend eingehen, da sie mit den weiterhin zu erörternden Thatsachen in weniger engem Zusammenhange stehen. Auch dem sizilischen Rechte scheint bis dahin die Todesstrafe fremd gewesen zu sein. In einem Gesetze K. Rogers, Assisae regni Sic. 19, das in die Konstitutionen als Const. 1, 3 wiederaufgenommen ist, wird den vom Glauben Abfallenden nur Gütereinziehung und Rechtlosigkeit angedroht. Die jetzigen strengeren Gesetze stehen sichtlich in nächstem Zusammenhange mit dem später näher zu besprechenden Vorgehen gegen die Ketzer zu Rom im Febr. 1231; in den Gesetzen selbst ist als Veranlassung darauf hingewiesen, dass die Ketzerei nun sogar prope Romanam ecclesiam ihr Haupt erhebe. Auch ist uns bekannt, dass es der Papst war, der den Kaiser zum Vorgehen aufforderte. Wie wir aus der Antwort des Kaisers vom 28. Febr. 1291, Huillard 3, 268, ersehen, schrieb ihm der Papst, dass er in Erfahrung gebracht, wie auch im Königreiche, insbesondere zu Neapel und Aversa zahlreiche Ketzer seien, und forderte ihn zu strengem Einschreiten auf, zu dem sich der Kaiser auch bereit erklärte. Wir wissen, dass er im Februar zu Neapel Ketzer gefangen setzen liess; im Mai inquirirte der Erzbischof von Reggio zu San Germano; vgl. Rich. Sangerm. Das Gesetzbuch war damals bereits in Vorbereitung und wurde dann im August zu Melfi publizirt. Es beginnt mit der gegen die Ketzer gerichteten Konstitution: Inconsutilem tunicam etc. Darin wird zunächst die Ketzerei für ein öffentliches, dem Hochverrathe mindestens gleichzustellendes und mit den Strafen desselben zu ahndendes Verbrechen erklärt. Es soll weiter, damit sie beim Mangel eines Anklägers nicht straflos bleibt, durch die öffentlichen Beamten auf sie, wie auf andere Verbrechen inquirirt werden. Werden die Verdächtigen nach kirchlicher Prüfung für schuldig erkannt und verharren sie in ihrem Irrthume, so sollen sie kraft dieses Gesetzes den Feuertod erleiden; ut vivi in conspectu populi comburantur flammarum commissi judicio. Die Gönner aber soll beständige Relegation, Gütereinziehung und auch auf die Kinder übergehende Infamie treffen. Das Gesetz ist sichtlich ganz selbstständig abgefasst, zeigt keinen bestimmteren Zusammenhang mit früheren Gesetzen.

Auch an der Ausführung scheint der Kaiser es nicht haben fehlen lassen, wenigstens wo das seinen Interessen entsprach. Als er 1233 dem Papste schrieb, dass im Königreiche viele Ketzer verbrannt seien, hielt ihm der Papst in seiner Antwort vor, dass er auch Gläubige, welche ihm missfallen, unter dem Vorwande der Ketzerei habe verbrennen lassen; vgl. Huillard 4, 435. 444. In dieser

Richtung wird ein Umstand nicht zu übersehen sein. So bereitwillig der Kaiser war, strenge Gesetze gegen die Ketzer zu erlassen, so sorgsam war er von vornherein darauf bedacht, die Ausführung derselben in seiner Hand zu halten, zu verhüten, dass dieselben der Kirchengewalt eine Handhabe zur Einmischung in die Angelegenheiten seines Erbkönigreiches bieten könnten. Die Aufsuchung der Ketzer ist nach dem Gesetze nicht, wie das der Papst sonst verlangte, Sache der von demselben bestellten Inquisitoren, sondern der kaiserlichen Beamten; nach dem erwähnten Schreiben von 1233 war das bestimmter dahin geordnet, dass die Inquisition Aufgabe des Justitiar der Provinz sein sollte, dem zu diesem Behufe vom Kaiser ein Prälat zugeordnet wurde. Nach einem Gesetze von 1234, Huillard 4, 462, hatten die Prälaten die Ketzer auf den unter Vorsitze eines Bevollmächtigten des Kaisers abzuhaltenden Provinziallandtagen zur Anzeige zu bringen. Andere Herrscher haben sich in ähnlicher Weise vorgesehen. So übertrug 1233 König Jakob von Aragonien, vgl. Marca Hisp. 1426, die Inquisition an den einzelnen Orten einem vom Bischofe erwählten Geistlichen und zwei oder drei Laien, die aber vom Könige oder seinen Beamten zu bestellen waren, während nach der entsprechenden Bestimmung des Konzils von Toulouse von 1229 auch die Laien vom Bischofe bestimmt werden sollten.

Für die ganz verschiedene Art und Weise, mit der der Kaiser sizilische und deutsche Angelegenheiten zu behandeln pflegte, ist daher kaum etwas bezeichnender, als dass er gerade in der angedeuteten Richtung der Kirchengewalt in Deutschland durchaus freien Spielraum liess, sich einfach allen von derselben beliebten Massregeln anschloss und die Durchführung durch sein Eintreten für dieselben förderte. Bei der Beurtheilung der bezüglichen kaiserlichen Konstitutionen von 1232 scheint mir bisher zu wenig beachtet zu sein, dass dieselben sich aufs engste an vorhergehende päpstliche Verfügungen anschliessen, und dass diese es zunächst waren, welche die 1231 beginnende, insbesondere in Deutschland alles Mass überschreitende Ketzerverfolgung veranlassten.

Die hier massgebende Konstitution des Papstes Gregor IX von 1231 ist undatirt, dürfte aber dem Februar angehören, da sie zunächst durch das Ueberhandnehmen der Ketzerei zu Rom selbst veranlasst war und wir durch Richard von San Germano wissen, dass gerade im Februar zu Rom gegen die Ketzer eingeschritten wurde. Gleichzeitig mit ihr wurden bezügliche Konstitutionen durch den Senator von Rom erlassen; und auch diese wurden dadurch allgemein verpflichtend, dass der Papst sie im Juni 1231 mit seinen eigenen anscheinend an alle Erzbischöfe sandte, um sie jeden Monat öffentlich verlesen zu lassen und die Eintragung der Konstitutionen des Senator in die örtlichen Statutenbücher zu veranlassen. In den Dekretalen, C. 15 X. 5, 7, findet sich nur ein Bruchstück, welches bei Raynald 1231 § 14 aus der Ausfertigung für Mailand ergänzt ist; vollständig sind die Gesetze mit dem Begleitschreiben an den Erzbischof von Trier gedruckt Böhmer Acta 665 und Mittelrhein. Urkkb. 3, 339; von dem Begleitschreiben hat sich auch die Ausfertigung für Salzburg erhalten; vgl. Meiller Salzb. Reg. 252.

Die Konstitution des Papstes schliesst sich in ihrem Wortlaute zum grossen Theil den Bestimmungen des Konzils von 1215 an. So ist insbesondere die Bestimmung wiederholt: Damnati vero per ecclesiam seculari judicio relinquantur animadversione debita puniendi. Dann aber folgt unmittelbar eine neue Bestimmung, welche vielleicht durch eine entsprechende Verfügung der Synode zu Toulouse von 1229 veranlasst war: Si qui autem de predictis, postquam fuerunt deprehensi, redire voluerint ad agendam condignam penitentiam, in perpetuo carcere detrudantur. Wäre hier mit den Dekretalen „noluerint" zu lesen, so müsste man folgern, dass der Papst sogar bei unbussfertigen Ketzern nur Gefängniss, also nicht Hinrichtung verlangte. Aber es ist gar nicht zweifelhaft, dass mit Böhmer „voluerint" zu lesen ist. Würden sich dafür weitere Beweise leicht beibringen lassen, so kann es durchaus genügen, darauf hinzuweisen, dass die Bestimmung in der kaiserlichen Konstitution vom März 1232, M. Germ. L. 2, 288, in einer Fassung wiederholt ist, welche die andere Lesart bestimmt ausschliesst: Si qui vero de predictis, postquam fuerint deprehensi, territi metu mortis redire voluerint ad fidei unitatem, iuxta canonicas sanctiones ad agendam penitentiam in perpetuum carcerem retrudantur. Und damit ist allerdings der Schluss nahegelegt, dass der Papst, wenn er schon die Widerrufenden mit so harter Strafe belegt wissen will, für die hartnäckigen Ketzer kaum etwas anderes im Auge gehabt haben kann, als die Hinrichtung.

Von besonderm Interesse sind dann die Konstitutionen des Senator von Rom, weil sie vom Papste veröffentlicht und ihre Aufnahme in alle Statutenbücher verlangt wurde, so dass sie damit das Gewicht einer allgemeingültigen Verfügung des Papstes selbst über die Behandlung der Ketzerei durch den weltlichen Richter erhielten. Da erscheint nun zunächst beachtenswerth, dass weder der Sprachgebrauch, noch die Bestimmungen selbst sich irgendwie durch das römische Recht beeinflusst zeigen, dass sich überall der engste

Anschluss an das italienische Bannverfahren ergibt, wir also schliessen dürfen, dass dieses auch in Rom bisher für Ketzer üblich war; womit es um so erklärlicher wird, wenn wir früher auch bezügliche päpstliche Erlasse durch dasselbe bestimmt fanden. Hatte man zweifellos jetzt schärfere Bestrafung im Auge, so schliesst sich das Vorgehen doch auch hier ebenso, wie in dem früher besprochenen Statute von Brescia, überall dem schon bisher üblichen aufs nächste an.

Die Hauptbestimmungen sind: Omnes heretici in urbe — singulis annis a senatore, quando regiminis sui prestiterit iuramentum, perpetuo diffidentur. Item hereticos, qui fuerint in urbe reperti, presertim per inquisitores datos ab ecclesia vel alios viros catholicos, senator capere teneatur et captos etiam detinere, postquam fuerint per ecclesiam condempnati infra octo dies animadversione debita puniendos. Binnen derselben Zeit soll das Gut eingezogen und in angegebener Weise vertheilt werden. Die Häuser sind zu zerstören und nie wieder aufzubauen. Wer ihm bekannte Ketzer nicht anzeigt, zahlt zwanzig Pfund oder, wenn er nicht zahlt: diffidetur nec relaxetur diffidatio, nisi digna satisfactione promissa. Gönner der Ketzer werden um den dritten Theil ihres Gutes gestraft, im Wiederholungsfalle: de urbe penitus expellantur, nec unquam revertantur ad illam, nisi digna satisfactione premissa. Es wird ihnen ausserdem das Klagrecht, das Zeugnissrecht, die Fähigkeit zu Aemtern und Würden abgesprochen, wie das auch sonst der Fall ist.

Nun erscheint doch auch hier noch in erster Reihe den Ketzern der beständige Bann gedroht. Das ‚perpetuo diffidare' kann nicht wohl eine andere Bedeutung haben, zumal später, wo von lösbarem Banne die Rede ist, das ‚diffidare' sichtlich als gleichbedeutend mit ‚de urbe expellere' gebraucht ist. Die Bestimmung wird dahin zu verstehen sein, dass der Senator beim Amtsantritte allen Ketzern gebot, binnen einer bestimmten Frist die Stadt zu verlassen, und dass jeder, der dem nachkam, sich persönlicher Bestrafung entziehen konnte, diese erst nach Ablauf der Frist für die Ungehorsamen eintrat. Tritt das Vorgehen hier bei kurzer Fassung nicht klar hervor, so ist einmal auf das schon besprochene Statut von Brescia zu verweisen, von dem ich annehmen möchte, dass es wegen vielfacher sachlicher Uebereinstimmung nicht ohne Einfluss auf diese römischen Konstitutionen blieb. Dann aber werden zur Erläuterung um so mehr die Statuten von Bologna, ed. Frati 1, 67. 446, herangezogen werden dürfen, als diese ausdrücklich auf die Statuten des Papstes Gregor hinweisen, welche nur die von 1231 sein können. In einem wahrscheinlich zu 1246 gehörigen Statut wird bestimmt, quod heretici et fautores eorum in perpetuo banno ponantur et aliis penis et aliis injuriis sustineant secundum formam statutorum domini papę Gregorii; und im Eide des Podesta heisst es, dass derselbe alle Ketzer aus der Stadt und dem Gebiete vertreiben, diejenigen aber, welche zurückbleiben und sich nicht bekehren, gefangen nehmen und verbrennen wird.

Eine Verschärfung wird nun einmal darin zu sehen sein, dass früher auch der von der Kirche bereits als Ketzer Verurtheilte nur in beständigen Bann gelegt und auch dann, wenn man seiner habhaft war, ausgewiesen wurde; dass dagegen hier der Bann nicht namentlich gegen bereits Verurtheilte, sondern im allgemeinen über alle sich schuldig Fühlenden verhängt zu sein und damit nur noch den Character einer vorhergehenden Warnung gehabt zu haben scheint; dass aber den angeschuldigten, eingefangenen und kirchlich verurtheilten Ketzer nicht mehr, wie früher, der beständige Bann, sondern unmittelbar persönliche Strafe treffen sollte.

Welche Strafe das sein sollte, ist auffallenderweise auch hier nicht gesagt. Hatte der Papst, wie ich nicht bezweifle, den Scheiterhaufen im Auge, so sollte man erwarten, dass das, wenn auch nicht in seiner eigenen, doch in der sichtlich unter seiner Einflussnahme entstandenen Konstitution des Senator ausdrücklich ausgesprochen wäre. Geschah das nicht, obwohl damals zu Rom wirklich Ketzer verbrannt wurden, so ist es möglich, dass der Senator und das Volk von Rom, wenn sie auch zunächst dem Verlangen des Papstes nachgaben, sich nicht zugleich für alle Zukunft binden wollten. Oder es konnte massgebend sein, dass bei Feststellung des Wortlautes der Konstitution des Senator schon berücksichtigt wurde, dass der Papst dieselbe allgemein zu publiziren beabsichtigte und es vermeiden wollte, auch nur in dieser Form kirchlicherseits die Hinrichtung ausdrücklich zu verlangen; ein Gesichtspunkt, der freilich wenigstens später nicht als massgebend betrachtet worden ist, insofern die bezüglichen, die Todesstrafe ausdrücklich aussprechenden kaiserlichen Konstitutionen von den Päpsten wiederholt publizirt sind.

Mögen nun diese, mögen andere Gründe für das Nichtaussprechen der Strafe massgebend gewesen sein, so scheint sich jedenfalls zu ergeben, dass jetzt im Anschlusse an jene Konstitutionen kirchlicherseits die Forderung erhoben wurde, hartnäckige Ketzer seien vom weltlichen Richter mit dem Feuertode zu strafen. Dafür lässt sich allerdings nicht geltend machen, dass nun in Deutschland in Ausführung der Konstitutionen massenhafte Ketzerverbrennungen erfolgten; denn da war das ohnehin die landesübliche Strafe. Eher schon liesse sich darauf hinweisen, dass kurz nachher in den sizilischen Konstitutionen, deren betreffende Bestimmungen zweifellos auf Andringen des Papstes entstanden sind, gerade der Feuertod ausgesprochen wird; hatte aber der Kaiser schon 1224 ähnliches für die Lombardei bestimmt, so kann er immerhin auch jetzt ganz unabhängig gerade auf diese Strafe verfallen sein. Massgebend ist mir, dass man gerade jetzt und zweifellos im Zusammenhange mit jenen Konstitutionen auch zu Rom und in Oberitalien anfing, die Ketzer zu verbrennen, also in Gegenden, wo nach allen mir bekannten Zeugnissen bis dahin die Strafe nicht über den Bann hinausging; dass sich aber weiter Haltpunkte zu ergeben scheinen, wonach man den Feuertod nicht bloss thatsächlich verhängte, sondern ihn als die gesetzlich geforderte Strafart betrachtete.

Ueber das Vorgehen zu Rom im Februar 1231 ist in der Vita Gregorii, Muratori Scr. 3, 578, allerdings nur gesagt, dass der Papst in Gegenwart von Senator und Volk viele Priester, Kleriker und Laien beiderlei Geschlechts auf Aussagen von Zeugen oder auf eigenes Geständniss hin als Ketzer verurtheilte. Was mit ihnen dann geschah, erfahren wir durch Richard von San Germano: Eodem mense nonnulli Patarenorum in Urbe inventi sunt, quorum alii sunt igne cremati, cum inconvertibiles essent, alii donec peniteant, sunt ad Casinensem ecclesiam et apud Cavas directi. Und am 3. März überschickt der Papst dem Abte von La Cava einige Ketzer mit der Weisung, dieselben in arctissima fovea et sub vinculis ferreis in Einzelhaft zu halten. Wir finden also die Konstitutionen genau ausgeführt und zwar so, dass als die zweite strengere in ihnen nicht ausdrücklich bezeichnete Strafe der Feuertod erscheint.

Damit wirft sich nun die Frage auf, woraufhin die Kirchengewalt hier zu Rom, wie später in Oberitalien, gerade die bisher nicht übliche Strafe des Feuertodes gefordert hat. Schon das Statut von Brescia legt den Gedanken nahe, dass man sich dabei auf die kaiserliche Konstitution von 1224 stützte. Aber noch ehe ich auf jenes aufmerksam geworden war, schien mir das ein anderer Umstand fast zweifellos zu machen. Die Konstitution findet sich nämlich in die päpstlichen Regesten eingetragen; aber auffallenderweise nicht zu 1224, der Zeit ihres Erlasses, sondern zum vierten Pontifikatsjahre Gregors IX als Ep. 103, so dass nach der Zählung anderer Briefe die Eintragung erst Ende 1230 oder Anfang 1231 erfolgt sein kann: vgl. Raynald 1231 § 18. 19. Sucht Raynald den auffallenden Umstand durch die Annahme zu erklären, dass der Kaiser die Konstitution jetzt nochmals publizirt habe, so ist davon zweifellos abzusehen; es würde dann

nach Maasgabe entsprechender Fälle abgesehen von andern nöthigen
Aenderungen jedenfalls die frühere Datirung nicht beibehalten sein.
Der Umstand lässt doch an und für sich kaum eine andere Erklärung
zu, als dass man gerade jetzt an der päpstlichen Kurie auf jene Konstitution aufmerksam wurde, besonderes Gewicht auf sie legte, sie
irgendwie zu verwenden beabsichtigte. Kommt nun hinzu, dass gerade
im Februar 1231 zuerst zu Rom Ketzer verbrannt wurden, so kann
der Zusammenhang kaum noch zweifelhaft sein. Man wird die Konstitution dazu benutzt haben, um den Senator von Rom darüber zu
belehren, was die Animadversio debita für Ketzer sei. Hatte Bischof
Guala anscheinend ganz kurz vorher die Konstitution zu Brescia in derselben Weise verwerthet, stand er gerade damals in lebhaftestem Verkehre mit dem Papste, so wird man immerhin in ihm den vermuthen
dürfen, der an der Kurie auf das so wohl verwendbare Stück aufmerksam machte.

Die Verwerthung scheint sich aber nicht auf Rom beschränkt
zu haben. In dieser Richtung sind besonders beachtenswerth sehr
ausführliche Statuten von Vercelli gegen die Ketzer, Stat. Verc.
cap. 370 ff., Mon. patriae 16, 1231. Sie sind mit anderen aufgestellt
durch den Minderbruder Heinrich von Mailand, der dazu von der
Gemeinde bevollmächtigt war. Für die Zeit ist zunächst massgebend,
dass sie 1233 Apr. 30 vom Papste als nuper edita bezeichnet werden;
doch dürften sie nach der Art ihrer Entstehung wohl in das Jahr 1233,
in die Zeit der durch die Dominikaner veranlassten, noch zu erwähnenden Bewegungen zurückreichen. Die ersten sieben Kapitel handeln
insbesondere von der Bannung und Aufsuchung der Ketzer, vielfach
wenigstens sachlich in Uebereinstimmung mit dem Brescianer Statut
von 1230; den von den städtischen Obrigkeiten im Einverständnisse
mit dem Bischofe zu bestellenden Inquisitoren werden hier noch weitergehende Vorrechte zugesprochen. Dann ist in Kapitel 377 und 378
der Inhalt der Konstitution des Senator von Rom durchweg wörtlich,
nur mit geringen Aenderungen wiederholt. Und in unmittelbarem
Anschlusse heisst es dann Kap. 379: Item statuit et ordinat, quod
infra dicta lex sive scriptum scilicet domini F. dei gratia Romanorum
imperatoris inviolabiliter observetur; worauf das Gesetz von 1224 seinem Wortlaute nach folgt. Aber freilich jetzt mit einer sehr beachtenswerthen Aenderung. Während der Text, wie er sich im Statut
von Brescia und in den päpstlichen Regesten erhalten hat, entweder
den Feuertod oder Ausreissen der Zunge verlangt, ist hier schlechtweg
nur der Feuertod ausgesprochen; und der die eventuelle mildere Strafe
zulassende Satztheil ist sichtlich nicht etwa nur zufällig ausgefallen,

da auch schon vorher der Bau des betreffenden Satzes dem entsprechend geändert ist.

Dass Bruder Heinrich das Statut von Brescia vor Augen hatte und diesem die Konstitution entnahm, ist wenig wahrscheinlich; es würde sich dann doch voraussichtlich auch sonst zuweilen wörtliche Uebereinstimmung mit jenem Statut zeigen. Dagegen hatte er das römische Statut vorliegen und schon die Stelle, welche die kaiserliche Konstitution einnimmt, scheint anzudeuten, dass ihm dieselbe in näherer Verbindung mit jenem bekannt war. In den päpstlichen Schreiben an die Erzbischöfe vom Juni 1231, aus welchen wir die Konstitutionen des Papstes und des Senator kennen, ist allerdings die kaiserliche Konstitution nicht mitgetheilt. Aber das schliesst doch nicht aus, dass der Papst Mittel und Wege fand, gleichzeitig mit seiner Konstitution auch Abschriften der des Kaisers zu verbreiten und damit dafür zu sorgen, dass unter der Animadversio debita jener überall der Feuertod verstanden wurde. Denn nur so weiss ich es zu erklären, dass uns diese Auffassung an den verschiedensten Orten entgegentritt. Die kaiserliche Konstitution vom März 1232 schliesst sich in ihrem Eingange genau der päpstlichen an, behält aus ihr insbesondere auch den Ausdruck Animadversio debita bei, ist dann aber so gefasst, dass sie nicht etwa erläuternd bestimmt, diese Animadversio debita solle von nun an die Todesstrafe sein, sondern das als selbstverständlich voraussetzt. Die schon erwähnten Statuten von Bologna stützen sich ausdrücklich nur auf die gregorianischen Statuten, von irgendwelcher Beachtung der inzwischen ergangenen kaiserlichen Gesetze kann da gewiss nicht die Rede sein; dennoch trifft danach den Ketzer der Feuertod. Und auch an andern Orten finden wir nun zuerst den Scheiterhaufen unter Umständen erwähnt, welche kaum eine andere Erklärung zulassen als die, dass die Ausführung der päpstlichen Konstitutionen die Neuerung veranlasst hat.

Allerdings scheint in Oberitalien diese Ausführung nicht unmittelbar erfolgt zu sein. Der Papst hat 1231 die Konstitutionen auch hier publizirt, Raynald § 18; im Nov. 1232 wird Bruder Albrich vom Predigerorden als Inquisitor heretice pravitatis in Lombardia bezeichnet, Potthast nr. 9041. Aber so viel ich sehe, fehlt jedes Zeugniss, wonach das unmittelbaren Erfolg gehabt hätte. Um so bestimmter macht sich dieser 1233 geltend. Auf die inzwischen erlassene kaiserliche Konstitution vom März 1232 ist das sicher nicht zurückzuführen. Denn einmal scheint diese, worauf wir zurückkommen, in Italien zunächst überhaupt nicht publizirt zu sein. Dann aber wird zu beachten sein, dass man gerade in den Städten der Reichspartei auf die Ketzerverfolgung nicht eingegangen zu sein scheint, dass alle Belege Städte der Bundespartei treffen, Brescia, Bologna, Vercelli, Verona, Mailand, von denen gewiss am wenigsten anzunehmen ist, dass sie sich eher durch kaiserliche, als durch päpstliche Gebote bestimmen liessen. Es besteht hier vielmehr zweifellos der engste Zusammenhang mit der auffallenden Erscheinung, dass 1233 in den oberitalischen Städten Predigerbrüder, vor allem Bruder Johann von Vicenza, aber auch andere, als Friedensprediger auftreten, die vollständigste Herrschaft über die Massen der städtischen Bevölkerung gewinnen, aber auch die Mächtigen ihrem Willen zu beugen wissen, in kürzester Frist überall die streitenden Parteien versöhnen, während dann freilich wenige Monate später die Früchte ihres Wirkens sich bereits als unhaltbar erwiesen hatten. Wird in den meisten Städten nur ihre Thätigkeit als Friedensprediger betont, so liegt doch genug vor, um erkennen zu lassen, dass sie das gewonnene Ansehen zugleich dazu benutzten, um ein strengeres Vorgehen gegen die Ketzer zu erwirken. Dem Orden angehörend, dem auch in andern Ländern die Inquisition gegen Ketzer übertragen war, werden sie schon früher mit den Vollmachten von Ketzerrichtern ausgerüstet und mit Ausführung der neuen Konstitutionen beauftragt gewesen sein; von der bezüglichen Vollmacht des im Herbst 1233 zu Mailand thätigen Bruder Petrus von Verona wird ausdrücklich angegeben, dass sie in Transsumpt von 1232 vorgelegt wurde; vgl. Corio L'hist. di Milano (ed. Vinegia 1554) bl. 96. Oder der Papst wird wenigstens jetzt den Einfluss, den sie gewonnen, in dieser Richtung zu verwerthen gesucht haben; es wird kaum ein zufälliges Zusammentreffen sein, wenn er an demselben Tage, an dem er den Bruder Johann ersucht, als Friedensstifter nach Florenz und Siena zu gehen, den Bischof von Florenz auffordert, die neuen päpstlichen Statuten gegen die Ketzer dem Podesta und Rath mitzutheilen und Eintragung derselben in die städtischen Statutenbücher zu verlangen; vgl. Potth. nr. 9170. 71. Nach Florenz ist Johann allerdings nicht gekommen; aber zu Verona, wo er den grössten Erfolg hatte, verurtheilte er im Juli sechzig angesehene Männer und Frauen als Ketzer und liess sie verbrennen; vgl. Parisius de Cereta, M. Germ. 19, 8, auch Maurisius, Muratori Scr. 8, 38. Zu Piacenza wurde im Oktober der Predigerbruder Roland von Cremona, als er öffentlich predigte, von den Ketzern und ihren Gönnern überfallen und misshandelt, was doch darauf schliessen lässt, dass er zur Bestrafung derselben aufforderte; am folgenden Tage liess dann der Podesta viele Ketzer gefangen nehmen, bestrafte sie aber nicht unmittelbar, sondern schickte sie auf Verlangen des Bruders Roland zum Papste; vgl. Ann. Placent., M. Germ. 18, 454. Genauere Nachrichten haben wir über Mailand. Bis 1233 scheint auch dort die Ketzer nur Ausweisung und Zerstörung des Hauses getroffen zu haben; denn von dem 1231 gestorbenen Erzbischof Heinrich rühmt Albricus, M. Germ. 23, 928, dass er ein Statut erwirkte, wonach jeder Podesta repulsionem et devastationem hereticorum beschwören musste. Jetzt liess nach einem von Corio u. a. O. in Uebersetzung mitgetheilten Instrumente am 15. Sept. 1233 der Predigerbruder Petrus von Verona kraft der ihm vom Papste ertheilten Vollmacht und der vom grossen Rathe ertheilten Bewilligung Verfügungen gegen die Ketzer in die Statuten der Stadt einrücken. Es sind unge ändert, ohne irgendwelchen Zusatz die Konstitutionen des Papstes und des römischen Senator von 1231. Um so bestimmter spricht es für unsere Annahme, es sei Sorge getragen, dass überall unter der dort gedrohten Animadversio debita der Feuertod verstanden werde, dass nun gleichzeitig zuerst Ketzer verbrannt wurden. In den Memoriae Mediol., M. Germ. 18, 402, heisst es ausdrücklich zu 1233: Mediolanenses incipierunt comburere hereticos; und vom damaligen Podesta Oldrado di Tresseno rühmt die Inschrift zu seinem Standbilde am Palazzo della Ragione: Catharos, ut debuit, uxit. Am 1. Dez. 1233, Potth. nr. 9334, beglückwünscht der Papst den Erzbischof und den Klerus von Mailand darüber, dass dieselben nach Bericht des Prior der dortigen Predigerbrüder sich so eifrig an der Vertilgung der Ketzerei betheiligten. Um dieselbe Zeit oder jedenfalls nicht viel später wurde dann auch, wie schon bemerkt, durch den Minderbruder Heinrich von Mailand die Eintragung strenger Verordnungen gegen die Ketzer und insbesondere der den Feuertod verhängenden kaiserlichen Konstitution in das Statut von Vercelli erwirkt.

Nach allem Gesagten kann es nicht mehr zweifelhaft sein, wie in Italien die dort bisher unbekannte Strafe des Scheiterhaufens Eingang fand. Den Ausgangspunkt bildet allerdings die bezügliche kaiserliche Verordnung von 1224. Aber sie scheint ohne alle unmittelbare Wirkung geblieben und zunächst in Vergessenheit gerathen zu sein; der Kaiser selbst wird ihr später kein Gewicht mehr beigelegt haben, da er sie nie wiederholt publizirt zu haben scheint, wie das doch bei seinen übrigen bezüglichen Konstitutionen der Fall war. Sie gewann erst dadurch Bedeutung, dass nach Verlauf einer Reihe von Jahren die kirchlichen Gewalten sie zu verwerthen wussten; dass zuerst 1230 der Predigerbruder Guala als Bischof von Brescia sie wieder hervorzog; dass dann seit 1231 auch der Papst verlangt haben muss, dass die in seinen neuen Statuten vorgesehene Bestrafung hartnäckiger Ketzer durch den weltlichen Richter nach jener Konstitution des Kaisers zu erfolgen habe. Scheint man sich dem gegenüber in den lombardischen Städten zunächst ablehnend verhalten zu haben, so gelang es dann 1233 dem Eifer der Inquisitoren aus dem Dominikanerorden und dem grossen Einflusse, welchen dieselben gerade damals zeitweise ausübten, in einer Reihe von Städten der Bundespartei jene Forderung durchzuführen.

In dieser Richtung bezeichnen für Deutschland die päpstlichen Konstitutionen von 1231 allerdings keinen Wendepunkt, da hier der Scheiterhaufen auch früher schon üblich war. Dennoch haben sie hier noch weit verhängnissvoller gewirkt, insofern ihre Ausführung nun jene alles Mass überschreitende Ketzerverfolgung veranlasste, über die sich so viele Berichte erhalten haben. Entscheidend dafür war, dass jenen Konstitutionen gemäss für die Ausführung ausserordentliche Inquisitionsrichter bestellt wurden und diesen dabei Abweichungen vom gewöhnlichen Verfahren gestattet waren, welche zu den ärgsten Regellosigkeiten führten. Inquisition auf Ketzerei war allerdings auch früher vorgeschrieben; aber noch nach den Satzungen des lateranensischen Konzils von 1215 war dieselbe Aufgabe der ordentlichen kirchlichen Behörden, der Bischöfe, oder der von diesen beauftragten Personen; und vom Bischofe wurde dann über die der Ketzerei Beschuldigten gerichtet. Auch das Gesetz des Kaisers von 1224 gestattet ein Vorgehen nur gegen solche, welche vom betreffenden Diözesanbischofe verhört, überführt und als Ketzer verurtheilt waren. Hatte schon Innocenz III Cistercienseronche im südlichen Frankreich als Ketzerrichter verwandt, so erhielten diese überhaupt die Stellung päpstlicher Legaten. Soll Konrad von Marburg bereits um 1214 die Verfolgung der Ketzer begonnen haben, so wird er dabei nicht als selbstständiger Ketzerrichter zu fassen sein; er mag seines Eifers und seiner Gelehrsamkeit wegen von einzelnen Bischöfen als Inquisitor verwandt und gerade bei Prozessen gegen Ketzer als Beisitzer im bischöflichen Gerichte zugezogen sein. So wurde nach dem Chr. Sampetr. zu 1222 der Probst Heinrich Minnike zu Hildesheim vom Ortsbischofe und von Konrad verhört und dann, anscheinend 1225, als Ketzer verbrannt. Konrad wird weiter auf eigene Faust den Ketzern nachgespürt und sie den Bischöfen zur Anzeige gebracht haben. Und um weiteres, als um eine Billigung dieses Vorgehens und Förderung desselben durch päpstliche Vollmacht handelt es sich doch auch nicht in dem Schreiben vom 12 Juni 1227, Ripolli Bullar. Praedicat. I, 20, in welchem der Papst den Konrad wegen seines Eifers bei Aufspürung der Ketzereien in Deutschland belobt, ihm erlaubt, dazu andere geeignete Personen zuzuziehen, und ihm befiehlt, mit diesen der heimlich schleichenden Pest nachzuspüren, ut per illos, ad quos pertinet, zizauia valeat de agro domini extirpari. Damit ist doch zweifellos noch auf die Bischöfe als ordentliche Richter hingewiesen. Auch nach den bekannten Beschlüssen der Synode von Toulouse im Nov. 1229 erscheint das Vorgehen gegen die Ketzer noch durchaus durch die Bischöfe geleitet.

Auch jetzt hat der Papst die neuen Konstitutionen im Juni 1231 zunächst an die deutschen Erzbischöfe und deren Suffragane geschickt; aber nach dem Begleitschreiben vorzüglich nur zur allgemeinen Bekanntmachung. Dagegen hat er nun, und das war das Entscheidende, die Ausführung den Dominikanern übertragen, und zwar in der Weise, dass sie nicht etwa blos zu inquiriren und den Bischöfen die Verdächtigen anzuzeigen, sondern auch selbst über diese zu urtheilen hatten. Der betreffende Auftrag an den Prior und Subprior des Predigerordens zu Friesach vom 27 Nov. 1231 hat sich erhalten; er wird von Winkelmann in den Acta imperii veröffentlicht werden und stimmt wesentlich mit einer spätern Ausfertigung für die Dominikaner von Strassburg vom 2 Dez. 1232, Strassburg. Urkkb. I, 179; doch müssen auch diese, ebenso wie die Dominikaner zu Wirzburg, Regensburg und Bremen, nach den verschiedenen Ausfertigungen der bezüglichen kaiserlichen Konstitution vom März 1232 schon vor dieser Zeit entsprechende Aufträge erhalten haben. Ausser den Dominikanern hat auch Konrad von Marburg schon am 11 Okt. 1231 einen entsprechenden Auftrag erhalten, vgl. Kuchenbecker Analecta Hassiaca 9, 73; der Papst entbindet ihn von seinen richterlichen Obliegenheiten, damit er sich ganz der Verfolgung der Ketzer widmen könne, und weist ihn an nöthigenfalls den weltlichen Arm zu Hülfe zu nehmen. Die Anweisung, als Richter nach den neuen Statuten vorzugehen, tritt hier weniger deutlich hervor, während das Schreiben weiterhin wörtlich mit dem kurz darauf für die Dominikauer ausgefertigten übereinstimmt.

Nach diesen werden die Ketzerrichter angewiesen: quatinus prelatis, clero et populo convocatis, generalem faciatis predicacionem, — et adiunctis vobis discretis aliquibus ad hec sollicius exequenda diligenti perquiratis sollicitudine de hereticis et eciam infamatis, et si quos culpabiles vel infamatos inveneritis, nisi examinati velint absolute mandatis ecclesie obedire, procedatis contra eos iuxta statuta nostra contra hereticos noviter promulgata. Sie sollen weiter gegen die Gönner der Ketzer auch eben diesen Statuten vorgehen; die Reumüthigen lösen, sich aber wohl vorsehen gegen solche, die sich nur scheinbar bekehren, und bezüglich dieser sich an die Statuten halten, welche er durch den Bruder Hugo nach Deutschland sende. Er gewährt einen Ablass von zwanzig Tagen denen, die sich an ihrer Predigt betheiligen, von drei Jahren solchen, welche ihnen zur Bekämpfung der sich in Festen flüchtenden Ketzer beistehen, vollkommenen Ablass aber jenen, welche dabei ihren Tod finden. Zugleich erhalten sie die Gewalt, gegen alle Widerstrebende mit Kirchenstrafen vorzugehen.

Danach waren die damaligen Ketzerverfolger, vorausgesetzt, dass sie mit solchen päpstlichen Vollmachten versehen waren, durchaus zu dem Verlangen berechtigt, dass die weltlichen Richter die von ihnen als verdächtig Bezeichneten in Haft nehmen, die endgültig Verurtheilten dem Scheiterhaufen übergeben sollten. Wenn die Wormser Annalen das bezügliche Vorgehen des Predigerbruders Konrad Dorso und des Konrad von Marburg als ein eigenmächtiges, ohne päpstlichen Auftrag erfolgtes hinstellen, so ist das in so weit gewiss unrichtig. Das Eingreifen der Bischöfe ist ausgeschlossen; blieben ihnen auch den Ketzern gegenüber die früheren Befugnisse der ordentlichen kirchlichen Gerichtsbarkeit, so scheint der Papst bei der Ertheilung der neuen ausserordentlichen Vollmachten zunächst von ihnen ganz abgesehen zu haben. Allerdings wird am 29 Okt. 1232, Würdtwein N. Subs. 6, 28, auch für den Erzbischof von Mainz eine Bestellung als Ketzerrichter, ganz gleichlautend mit der für die Dominikaner bestimmten, ausgefertigt; aber ich möchte darin eine nachträgliche Konzession sehen, die erst erfolgte, als bereits Klagen über das Vorgehen der Inquisitoren nach Rom gelangt waren; die dann auch nicht ohne Erfolg blieb, insofern der Erzbischof der gewesen zu sein scheint, der weiterhin am meisten dem masslosen Treiben zu steuern suchte, wie ihm das durch den Besitz derselben Vollmachten erleichtert sein wird. Später scheinen dieselben vorzugsweise auch an die Bischöfe ertheilt zu sein; so wird 1257, Cod. dipl. Moraviae 3, 238, bei der Bestellung ausserordentlicher Inquisitoren für Böhmen und Polen bemerkt, dass damit zwar alle andern, nicht aber die den Diözesanbischöfen ertheilten entsprechenden Kommissionen erloschen sein sollen, während den Bischöfen zugleich ihre bezügliche ordentliche Gerichtsbarkeit ausdrücklich gewahrt wird.

Standen die neuen Orden bei den Bischöfen ohnehin nicht in Gunst, so werden die Dominikaner bei Vollziehung des ihnen gewordenen Auftrags bei denselben schwerlich grössere Förderung gefunden haben. Dass sie vielfach auf Widerstand stiessen, ist von vornherein nicht zu bezweifeln. Diesen zu besiegen mag ihnen in manchen Gegenden sogleich durch Gewinnung der Massen des Volkes gelungen sein, wie das insbesondere vom Oberrhein schon für das Jahr 1231

gemeldet wird. Wo das nicht zu'mf, hing doch der Erfolg davon
ab, ob die weltlichen Richter sich dazu verstanden, ihrem Verlangen
bezüglich der Verdächtigen und Verurtheilten nachzukommen; und
das werden diese schwerlich ohne besondere landesfürstliche Weisungen gethan haben. Solche haben sich vom Erzbischofe von Salzburg und fast gleichlautend vom Herzoge von Kärnthen erhalten;
vgl. Winkelmann Acta. Beide weisen alle ihre Richter und Beamten
an, den Prior und Subprior von Friesach bei Ausführung des denselben a domino papa et imperatore ertheilten Auftrages zu unterstützen, und die von denselben als angeschuldigt Bezeichneten in
Haft zu nehmen: quos vero dereliquerint vestro iudicio, iuste punialis;
oder wie der Erzbischof vielleicht nicht ohne Absicht genauer sagt:
quos vero dereliquerint vestro judicio convictos et confessos, prout
instum et canonicum fuit, puniatis.

Aber es ist doch wohl zu beachten, dass diese undatirten Mandate
erst lange nach dem päpstlichen Auftrage erlassen sein können, erst
dann, als zu diesem auch ein entsprechender Auftrag des Kaisers hinzugekommen war. Und damit sind wir unmittelbar auf die Veranlassung der auf dem Reichstage zu Ravenna erlassenen Konstitution K. Friedrichs II vom März 1232, M. Germ. L. 2, 288,
hingewiesen. Sie war zweifellos in erster Reihe dazu bestimmt, den
Widerstand, auf den die Ausführung der päpstlichen Verfügungen
gestossen sein wird, zu brechen, es den Ketzerrichtern zu ermöglichen,
sich ausser der päpstlichen auch auf die kaiserliche Autorität zu
stützen und kraft dieser von den weltlichen Richtern Vollziehung
ihrer bezüglichen Forderungen zu verlangen. Das ergibt schon die
Form, in der sie uns vorliegt. Der Kaiser adressirt sie zwar an die
Fürsten, Grossen, Beamten und überhaupt Alle im ganzen Kaiserreiche;
aber sie wurde nicht, wie andere kaiserliche Rundschreiben, an die
einzelnen Fürsten gesandt, sondern es wurden den einzelnen vom
Papste mit der Inquisition beauftragten Klöstern der Dominikaner
Ausfertigungen übergeben; sie war demnach dazu bestimmt, zunächst
von diesen den weltlichen Obrigkeiten gegenüber zur Geltung gebracht
zu werden. Dem entspricht der Inhalt; in einem ersten Theile bestimmt der Kaiser, wie gegen die Ketzer vorgegangen werden soll;
in einem zweiten nimmt er die Inquisitoren des bezüglichen Klosters
bei der Ausübung ihres Amtes in seinen und des Reiches Schutz,
fordert auf, sie gegen die Nachstellungen der Ketzer zu schirmen,
und die von ihnen als Ketzer Bezeichneten gefangen zu halten und
nach der kirchlichen Verurtheilung die Strafe an ihnen zu vollziehen.
Es fehlt jede Andeutung, dass die bezüglichen Verfügungen im Ein-

vernehmen mit den zu Ravenna doch zahlreich versammelten Reichsständen getroffen wurden. Dagegen liegt, wie schon bemerkt, die Vermuthung sehr nahe, dass Bischof Guala von Brescia, der im Febr. 1232 beim Kaiser zu Ravenna war, vgl. Winkelmann Acta 287, nicht ohne Einfluss auf die Entschlüsse des Kaisers gewesen sei. Bestimmend für den Kaiser war zweifellos der vielleicht durch Guala vermittelte Wunsch des Papstes, dessen Massregeln sich die kaiserlichen Konstitutionen aufs engste anschliessen, dessen bezügliche Verfügungen vielfach auch den Wortlaut bestimmt haben.

Hier ist nun zuerst für Deutschland die Hinrichtung der Ketzer auch reichsgesetzlich gefordert. Die ersten Bestimmungen schliessen sich bei etwas ausführlicherer Fassung genau den entsprechenden der päpstlichen Statuten von 1231 an. Die von der Kirche Verurtheilten sind vom weltlichen Gerichte animadversione debita zu strafen, die territi metu mortis sich bekehrenden für immer einzukerkern. Ist damit schon darauf hingewiesen, dass die Animadversio debita die Hinrichtung sein solle, so ist das in der folgenden Bestimmung ausdrücklich gesagt. Diese fusst nicht auf dem päpstlichen Statut, sondern auf der mit demselben veröffentlichten Konstitution des Senator, deren betreffende Stelle hier in entsprechend geänderter Fassung wiederholt ist: Preterea quicumque heretici reperti fuerint in civitatibus, opidis seu locis aliis imperii per Inquisitores ab apostolica sede datos et alios orthodoxe fidei zelatores, hii qui jurisdictionem ibidem habuerint ad inquisitorum et aliorum catholicorum virorum insinuationem eos capere teneantur et captos artius custodire, donec per censuram ecclesiasticam condempnatos dampnabili morte perimant. Da ist also die Animadversio debita der Vorlage durch die bestimmtere Angabe der Strafe ersetzt. Ist auch weiterhin nur von der Mortis sententia die Rede, so kann es auffallen, dass die Strafe nicht noch bestimmter als die des Scheiterhaufens bezeichnet ist. Ich glaube nicht, dass darauf Gewicht zu legen, etwa anzunehmen sei, der Kaiser habe absichtlich aus irgendwelchem Grunde die Art der Hinrichtung unbestimmt lassen wollen. War zumal in Deutschland der Feuertod längst üblich, hatte der Kaiser selbst in den Gesetzen für die Lombardei und für Sizilien denselben schon bestimmt ausgesprochen, so hatte er zweifellos auch hier nur diesen im Auge. Nur dann etwa, wenn für Zwecke der äussern Rechtsgeschichte noch weiter der Zeitpunkt in Frage kommen sollte, an dem zuerst in einem Reichsgesetze ausdrücklich gerade der Feuertod gefordert wurde, wird der Umstand beachtenswerth werden können, dass das auch hier noch nicht der Fall war.

Von den folgenden Bestimmungen schliesst sich die, wodurch den

Ketzern das beneficium proclamationis ac appellationis entzogen wird, den gregorianischen Statuten an; eine entsprechende Bestimmung findet sich schon in dem päpstlichen, 1207 für das Patrimonium erlassenen Gesetze. Die sonstigen Bestimmungen betreffen Vertheidiger der Ketzer, flüchtige und rückfällige Ketzer, Verlust aller weltlichen Benefizien und der Fähigkeit zu Aemtern und Würden für die Nachkommen bis zum zweiten Grade, wie das der Papst in ganz entsprechender Fassung bezüglich der kirchlichen Benefizien und Aemter bestimmt hatte. Dabei kann es auffallen, dass der Einziehung des Guts, wie sie früher schon wiederholt, insbesondere auch 1220 vom Kaiser selbst, und jetzt wieder in der dem Kaiser sichtlich vorliegenden Konstitution des Senator gefordert wurde, wenigstens ausdrücklich nicht gedacht ist. Erst im Juni 1231, M. Germ. L. 2, 284, war vor dem Könige Heinrich zu Worms ein Rechtsspruch erfolgt, wonach den Kindern verbrannter Ketzer das Erbrecht zwar nicht an den Mobilien, wohl aber am Allodialgut ausdrücklich zugesprochen wurde; und es entsprach das durchaus den sonstigen Bestimmungen des in dieser Richtung vom italienischen abweichenden deutschen Rechtes, wonach selbst bei der Oberacht das Allod an die Kinder kam; vgl. Ital. Forschungen 1, 203. Dagegen haben die Ketzerrichter, wie sie dazu nach den für sie massgebenden Statuten durchaus berechtigt waren, jetzt auch die Gütereinziehung verlangt; nach den Wormser Annalen hofften sie gerade durch diese den jungen König und die Grossen für sich zu gewinnen. Die in Deutschland neue Strafe mag besonders erbittert und zum Widerstande herausgefordert haben; und nach der ganzen Sachlage wird es kaum Zufall sein, wenn die kaiserliche Konstitution sie zwar nicht gerade ausschliesst, aber doch auch nicht fordert.

Ist das richtig, so enthält die Konstitution allerdings keine wesentliche Verschärfung der bisher in Deutschland üblichen Strafen, da die Hinrichtung hier ohnehin schon Herkommen war. Ihre folgenschwere Bedeutung ist denn auch nicht in dieser Richtung zu suchen, sondern darin, dass das gesammte, dem bisherigen Brauche durchaus widersprechende gerichtliche Verfahren nun auch die Sanktion des Kaisers erhielt. Vergleichen wir die Konstitution in dieser Richtung mit den päpstlichen Statuten und mit dem, was uns sonst über das Vorgehen der Inquisitoren bekannt ist, so ergibt sich überall der engste Anschluss. Behält der Kaiser in Sizilien die Inquisition in seiner Hand, so überlässt er sie in Deutschland einfach den vom Papste bestellten Ketzerrichtern, nimmt diese und ihre Gehülfen in seinen Schutz, sich lediglich mit dem Vorbehalt begnügend, dass dieselben keine vom Reiche Geächtete sein dürfen. Erklärt der Papst jede Berufung von den Urtheilen derselben ausgeschlossen, so wiederholt das der Kaiser. Die in den Statuten des Papstes und des Senator von jedem, der irgendwelche Kenntniss hatte, bei Strafe geforderte Denunziation wird vom Kaiser noch weiter gefördert, indem Söhne, welche ihre ketzerischen Väter anzeigen, den sonst den Kindern von Ketzern angedrohten Strafen nicht unterliegen sollen. War nach den päpstlichen Statuten die Stellung der Angeschuldigten ausserordentlich dadurch erschwert, dass ihnen im Gerichte jeder Beistand entzogen werden sollte, Richtern, Advokaten und Notaren, welche sich ihrer annahmen, der Verlust des Amtes gedroht war, so scheint der Kaiser das wohl einerseits auf Fälle einzuschränken, wo der Vertheidiger sich durch eigene Neigung zur Ketzerei bestimmen lässt; geht aber andererseits in der Strafbestimmung noch weiter, indem er auch den Vertheidigern, wenn sie gewarnt nicht abstehen, mit dem Tode droht.

Was aber mehr alles Andere für die gewaltige Ausdehnung, welche die damalige Ketzerverfolgung gewann, massgebend wurde, war das den Inquisitoren ausnahmsweise gestattete Beweisverfahren; eine masslose Ausdehnung des Zeugenbeweises hat da eine ganz ähnliche Bedeutung gewonnen, wie später das durch Tortur erpresste Geständniss für das Ueberhandnehmen der Hexenprozesse. Noch nach den Bestimmungen der Synode von Verona 1184 konnte der Angeschuldigte sich juxta patriae consuetudinem reinigen. In den deutschen bischöflichen Gerichten scheint das Beweisverfahren sich in solchen Fällen ganz dem weltlichen Rechte angeschlossen zu haben, da in Deutschland gerade beim Verfahren gegen Ketzer auch Gottesurtheile erwähnt werden; vgl. Ann. Marbac. zu 1215; Innoc. III Epp. 14, 138. In der sonst wörtlich übereinstimmenden bezüglichen Satzung des lateranensischen Konzils von 1215 fehlt jener Hinweis auf den Landesbrauch; und es werden sich jetzt mehr und mehr auch in Deutschland die bischöflichen Gerichte an die Bestimmungen des kanonischen Prozesses gehalten haben. Aber auch in diesem war der Zeugenbeweis an manche Schranken gebunden, welche nun im summarischen Inquisitionsprozess wegen Ketzerei entfielen. Es handelt sich dabei insbesondere darum, dass gegen Ketzer auch Ketzer und andere, sonst vom Zeugnisse ausgeschlossene Personen Zeugen sein können; dass weiter dem Angeschuldigten die Namen der Zeugen nicht genannt wurden. Die bezüglichen Bestimmungen, wie sie sich C. 6. 20 in Sexto 5, 2 finden, sind in der dort vorliegenden Fassung allerdings aus Konstitutionen späterer Päpste genommen. Aber wenigstens sachlich gehen sie zweifellos auf Papst Gregor zurück. Schon bei der

Synode von Toulouse 1229. vgl. Hefele Conciliengesch. 5, 872. wird erwähnt, dass ein früherer Ketzer zu seinem guten Rufe restituirt wird, um als Zeuge verwandt zu werden, und dass der päpstliche Legat sich weigert, den Einzelnen die gegen sie ausgehenden Zeugen zu nennen. Man sieht, dass das Bedürfniss solcher Abweichungen vom gemeinen Recht sich geltend macht, dass aber päpstliche Verfügungen, welche das allgemein genehmigten, damals wohl noch nicht vorlagen. Es ist mir am wahrscheinlichsten, dass solche zuerst 1231 den zu Ketzerrichtern Bestellten mitgetheilt wurden, vielleicht in den Statuten, welche der Papst nach den Bestellungsbriefen gleichzeitig durch den Bruder Hugo nach Deutschland schickte, da es kaum scheint, dass darunter die uns bekannten, damals ohnehin schon publizirten päpstlichen Statuten gegen die Ketzer zu verstehen sind. Dafür möchte ich auch geltend machen, dass der Papst 1233, Ripolli Bullar. Praedicat. 1, 55, den Dominikanern zu Bisanz als Inquisitoren für Burgund auf deren Anfragen Weisungen ertheilt bezüglich derjenigen, qui aliquando suspecti de heresi sub forma in sententiis (statutis?) nostris contenta prestiterunt juramentum, und dann rückfällig werden; in den bekannten Statuten ist von einem solchen Eide nicht die Rede.

Jedenfalls scheinen bezügliche päpstliche Verfügungen schon vor der kaiserlichen Konstitution erlassen zu sein. Denn der Kaiser genehmigt ausdrücklich die ungewöhnliche Ausdehnung des Zeugenbeweises; war diesem das deutsche Recht zumal bei Strafsachen an und für sich wenig günstig, so ist um so weniger anzunehmen, dass der Kaiser solche Bestimmungen getroffen haben würde, wenn ihm da der Papst nicht schon vorangegangen war. Wird jemand an einem Orte der Ketzerei überführt, geht dann an einen andern Ort, und wird hier jenes bezeugt, wenn auch nur durch bekehrte Ketzer, durch welche er früher überführt wurde, quod in hoc casu licite concedimus faciendum, so ist er unmittelbar als Ketzer zu bestrafen. Ebenso wer der Rückfälligkeit überführt wird. Und bei der noch zu besprechenden, kurz vorher erfolgten Neuveröffentlichung der Konstitution von 1220 fügte der Kaiser ausdrücklich die ganz allgemeine Bestimmung zu: quod hereticus convinci per hereticos possit.

Damit war nun der rechtliche Ausgangspunkt für das unglaubliche prozessualische Vorgehen des Konrad von Marburg und seiner Genossen gegeben. Nach dem Berichte, der nach seiner Ermordung vom Erzbischofe von Mainz und dem Predigerbruder Bernhard dem Papste erstattet wurde, vgl. Albricus, M. Germ. 23, 931, glaubte er den Ketzern genügend beizukommen: si testes, qui se confitebantur aliquantulum criminis eorum conscios et participes, in illorum absentia reciperentur et dictis eorum simpliciter crederetur, ita ut accusato talis daretur optio, aut sponte confiteri et vivere, aut innocentiam jurare et statim comburi. In der Leistung des Reinigungseides, wie das auch in den Erfurter Annalen erwähnt wird, sah man also nur noch einen Beweis der Verstocktheit des als bereits durch die Zeugen für überführt betrachteten Ketzers. Damit stimmt durchaus die Darstellung in den Gesta Trevir., M. Germ. 24, 400, wonach der Eifer der Ketzerrichter so gross war: ut nullius, qui tantum propalatus esset, excusatio vel recusatio, nullius exceptio vel testimonium admitteretur, nec defendendi locus daretur, sed nec inducie deliberationis darentur, sed in continenti oportebat eum vel reum se confiteri et in penitentiam recalvari, vel crimen negare et cremari. Und dabei handelte es sich nach den übereinstimmenden Angaben der Quellen zum grossen Theil um erpresste und falsche Zeugnisse, indem man den aus Furcht sich fälschlich schuldig Bekennenden dennoch mit dem Scheiterhaufen drohte, wenn sie sich nicht zur Angabe von Mitschuldigen verstanden, so dass sie willkürlich diese und jene nennen mussten, welche ihnen einfielen oder nach welchen sie von den Inquisitoren gefragt wurden; während wieder andere sich absichtlich als reumüthige Ketzer bekannten, um dann durch ihr Zeugniss diejenigen verderben zu können, welche ihnen im Wege waren. Wie weit dieses Treiben schon damals gelangt war, als der Kaiser durch seine Konstitutionen fördernd in dasselbe eingriff, wird sich bei den sehr oberflächlichen Zeitangaben der Quellen kaum genauer feststellen lassen; jedenfalls scheint er auch später nicht das geringste gethan zu haben, um demselben entgegenzutreten. Und auch der Papst verstand sich erst am 21. Oct. 1233, Würstwein N. Subs. 6, 36, dazu, neue Weisungen zu ertheilen und einzuschärfen: ut puniatur sic temeritas perversorum, quod innocentie puritas non ledatur.

Schon vor Erlass jener Konstitution vom März durch den Kaiser war am 22. Febr. 1232 zu Ravenna eine Neuveröffentlichung der Konstitution von 1220 erfolgt; vgl. M. Germ. L 2, 287. Dass neben dem strengeren auch das frühere weniger strenge Gesetz nochmals publizirt wurde, kann an und für sich nicht auffallen; es ist das nochmals 1238 geschehen. Auffallen muss nur, dass die Publikation keine ungeänderte war, dass sich am Schlusse zwei neue Bestimmungen zugefügt finden, die eine das Zeugniss von Ketzern gegen Ketzer für zulässig erklärend, die andere Zerstörung der Häuser der Ketzer und ihrer Anhänger befehlend. Beide stehen sichtlich mit der neuen Gesetzgebung in näherm Zusammenhang. Die erste besprachen wir bereits. Die zweite scheint zunächst durch die entsprechende Bestimmung der Konstitutionen des römischen Senator veranlasst zu sein; ist sie inhaltlich etwas anders gefasst, so scheint insbesondere die hier, wie dort erwähnte ‚manus impositio' durch Ketzer auf engeren Zusammenhang zu deuten. Um so mehr wirft sich die Frage auf, weshalb man diese Bestimmungen gerade hier zufügte, während doch fast gleichzeitig ein bezügliches neues Gesetz erlassen wurde.

Ich weiss das nicht wohl anders zu erklären, als durch die Annahme, dass die neuen strengeren Gesetze nicht überall zur Anwendung kommen sollten, dass der Kaiser sich für andere Reichstheile mit Wiederholung des älteren, nur Verbannung fordernden Gesetzes begnügte, es aber durch Zufügung jener, damit vereinbaren Bestimmungen schärfen wollte. Und das lässt sich wenigstens in so weit bestimmter begründen, als die neuen Gesetze sichtlich zunächst nur für Deutschland bestimmt waren. Alle uns bekannten Ausfertigungen treffen deutsche Dominikanerklöster, die zu Bremen, Würzburg, Regensburg, Strassburg und Friesach. Das könnte freilich Zufall sein. Aber die Fassung selbst ist sichtlich zunächst nur für Deutschland berechnet, wenn auch mehrfach schlechtweg vom Imperium die Rede ist. Sind in der Adresse die Sculteti und Burgravii aufgeführt, so deutet schon das in ähnlicher Weise auf Deutschland, wie die Erwähnung der Potestates und Consules in der Konstitution von 1220 ergibt, dass man bei dieser zunächst Italien im Auge hatte. Dann aber nimmt der Text wiederholt ausdrücklich nur auf Deutschland Bezug; zweimal ist davon die Rede, dass die Ketzerei ‚de finibus Alemanniae' zu beseitigen sei; und wieder heisst es, dass die Dominikaner ‚in partibus Teutoniae' mit der Glaubensangelegenheit beauftragt seien. Nannte man bei der allgemeinen Publikation 1238 an diesen Stellen das Imperium, so würde das zweifellos schon jetzt geschehen sein, wenn man Geltung insbesondere auch für Italien im Auge hatte. Damit stimmt durchaus, dass sich in den Nachrichten über die Ketzerverfolgungen von 1233 in der Lombardei nicht die geringste Andeutung findet, dass man dort noch ein neueres kaiserliches Gesetz kannte, als das von 1224.

Die ganze Sachlage macht es denn auch sehr erklärlich, wenn der Kaiser Bedenken trug, das Vorgehen der Kirchengewalt in Italien in ähnlicher Weise zu fördern, wie er das in Deutschland that. Scheint es, dass das strenge Gesetz von 1224 sich als undurchführbar erwiesen hatte, so mochte der Kaiser sich schon damals überzeugt haben, dass hier vielfach grosse Abneigung herrschte, bei Bestrafung der Ketzerei über die übliche Verbannung hinauszugehen. Die Städte der Reichspartei waren auf dem Tage zu Ravenna vertreten; sie scheinen der Ketzerverfolgung überhaupt abgeneigt gewesen zu sein, da mir aus denselben auch nicht ein einziger Fall strengeren Vorgehens bekannt geworden ist; Rücksichtnahme auf sie konnte genügen, um den Kaiser von strengeren Maassregeln abzuhalten. Aber auch das eigene Interesse des Kaisers konnte in Frage kommen. Die Städte des Bundes hatten sich damals wieder offen empört. Hielt der Papst sich äusserlich neutral, so war doch kein Zweifel, dass seine Neigungen durchaus für die rebellischen Lombarden waren und dass im Falle eines abermaligen Zwiespaltes zwischen Kirche und Reich der Papst und die Bundesstädte geeint dem Kaiser gegenüberstehen würden; dann aber konnte in der Hand derselben ein Inquisitionsgericht wenigstens dann, wenn dasselbe ebenso eingerichtet war, wie in Deutschland, eine überaus gefährliche Waffe gegen den Kaiser werden.

Vor allem aber dürfte zu beachten sein, dass ein strengeres Vorgehen gegen die Ketzer gerade damals eine Person getroffen haben würde, welche für die Machtstellung des Kaisers in Oberitalien von ganz ausschlaggebender Bedeutung werden konnte und es wirklich geworden ist. Am 1 Sept. 1231 hatte der Papst dem Ezelin von Romano befohlen, sich binnen zwei Monaten vor ihm zu stellen, widrigenfalls er öffentlich als verurtheilter Ketzer bezeichnet und sein gesammtes Gut seinen Feinden preisgegeben werden würde; und gleichzeitig forderte der Papst die Paduaner unter Verheissung eines dreijährigen Ablasses auf, ihn zu bekämpfen; vgl. Verci Ecelini 3, 234. 235. Dass der Kaiser schon Anfang 1232 mit ihm in Verhandlungen stand, ist allerdings nicht zu erweisen, aber gewiss sehr wahrscheinlich, da es sonst kaum erklärlich wäre, dass Ezelin, nachdem er sich am 14 April der Stadt Verona bemächtigt hatte, dieselbe sogleich durch kaiserliche Truppen besetzen liess. War das Haupt der Ketzer in Oberitalien dort von nun an die Hauptstütze der Sache des Kaisers, so bedarf es keiner weiteren Erklärung, wenn der Kaiser hier den bezüglichen Forderungen des Papstes gegenüber die grösste Zurückhaltung zeigt.

Der Papst hat dann den Kaiser zweifellos noch mehrfach zum Einschreiten gegen die Ketzer in Oberitalien aufgefordert. Nach einem Schreiben vom 3 Dez. 1232, Huillard 4, 409, scheint der Kaiser das davon abhängig machen wollen, dass der Papst in entsprechender Weise im Interesse des Reichs gegen die rebellischen Lombarden vorgehe, wie das von ihm im Interesse der Kirche bezüglich der Ketzer verlangt werde. Am 15 Juni 1233, Huillard 4, 435, meldet er dann dem Papste, wie er die Inquisition im Königreiche geordnet habe, und fügt hinzu: quia vero supradicta vellemus per Italiam et imperium exequi, so ersuche er dazu den Papst um dessen Mitwirkung. Das wird doch dahin zu verstehen sein, dass er wohl zu strengem Vorgehen bereit ist, aber nur so, dass er die Sache in der Hand behält, die Inquisitoren, wie in Sizilien, auch in Italien von ihm bestellt werden. Es begreift sich, wenn der Papst darauf am 15 Juli, Huillard 4, 444, mit dem Hinweis antwortet, dass der Kaiser in Sizilien Rechtgläubige, aber ihm Missliebige als Ketzer verbrennen lasse. Kam es dann dennoch, wie wir sahen, 1233 zu Ketzerverbrennungen in Italien, so war an denselben der Kaiser nicht allein unbetheiligt, sondern die ganze damals durch die Dominikaner hervorgerufene Bewegung war durchaus gegen sein Interesse, kam der Gegenpartei zugute; er selbst beklagt sich später, Huillard 4, 908, bitter gegen jene Prediger, welche das Volk gegen ihn reizten und unter dem Vorwande, sich gegen die der Ketzerei Verdächtigen schützen zu müssen, sich Güter und Burgen ausliefern liessen. Uebrigens scheint damals auch in den dem Kaiser feindlichen Städten mit der ganzen durch jene Prediger hervorgerufenen Bewegung die strengere Ketzerverfolgung nach ihr Ende erreicht zu haben, da wir nach 1233 nicht mehr davon hören.

Die wiederholte Publikation der früheren Konstitutionen, 1238 und 1239 durch den Kaiser traf allerdings auch Italien. Sie erfolgte 1238 Mai 14 zu Cremona und 1239 Febr. 22 zu Padua; vgl. M. Germ. L 2, 326. Sie besteht aus drei besonders datirten Stücken. Das erste wiederholt die Konstitution von 1232 nur mit der Abweichung, dass in der Adresse auch die Podestaten aufgeführt werden; dass ferner die Beziehungen auf Deutschland durch solche auf das Kaiserreich ersetzt sind. Das zweite ist die sizilische Konstitution 1, 1, in welcher den Ketzern der Feuertod gedroht wird. Will man darauf Gewicht legen, dass 1232 nur die Hinrichtung überhaupt verhängt ist, so ist diese durch die allgemeine Publikation zum Reichsgesetze gewordene Konstitution die einzige K. Friedrichs, durch welche der Feuertod für das ganze Reich eingeführt wird. Das dritte Stück ist sehr ungeschickt zusammengestellt; es beginnt mit Const. Sic. 1, 2, gegen die Gönner der Ketzer, worauf dann die Konstitution von 1220 genau so, auch mit der Ueberschrift und den Zusätzen folgt, wie sie 1232 Febr. 22 publizirt war; nur ist hier die Aufführung der Ketzer durch die Zufügung einer Anzahl von Sekten erweitert, deren Namen darauf schliessen lassen, dass sie zunächst in Italien zu Hause waren. Alles das ist am 26 Juni 1238 zu Verona noch insbesondere für das Königreich von Arles und Vienne publizirt, vgl. Winkelmann Acta 311, und in besonders ungeschickter Weise hier auch das Gesetz König Rogers gegen die Ketzer, Const. Sic. 1, 3, angehängt.

Glaubte der Kaiser jetzt keinen Anstand nehmen zu sollen, die strengeren Gesetze auch für Italien zu publiziren, so mag etwas Wahres an der Angabe des Thomas Tuscus, M. Germ. 22, 513, sein, dass Friedrich die Gesetze erliess, um sich als rechtgläubig und katholisch zu zeigen und damit der drohenden Exkommunikation zu entgehen. Hat Thomas auch zunächst die Publikation im Febr. 1239 im Auge, scheint er von der im Mai 1238 nicht zu wissen, so war doch auch in dieser Zeit die Sachlage schon so, dass der Kaiser besondern Werth darauf legen mochte, dem Papste keinen Anlass zu Klagen in dieser Richtung zu geben. Wobei denn auch zu beachten sein mag, dass zur Zeit der Exkommunikation 1239 gerade kaiserlicherseits dem Papste mehrfach zum Vorwurfe gemacht wird, dass er nicht gegen die Ketzer einschreite und sie schütze, wenn es sich, wie insbesondere zu Mailand, um ketzerische Rebellen gegen das Reich handle; vgl. Huillard 5, 303. 311. Und nach Matth. Paris ed. Luard 4, 63 hätten die Mailänder wirklich 1240, um die bezüglichen Klagen des Kaisers zu entkräften, wieder Ketzer verbrannt.

Da der Kaiser 1239 mit dem Papste in nie wieder beigelegten Streit gerieth, so werden die Gesetze von ihm und seinen Anhängern kaum noch weiter beachtet sein. In einem anscheinend zu 1242 gehörenden Statut der jetzt auf Seiten des Kaisers stehenden Stadt Vercelli, Mon. patriae 16, 1107, heisst es wieder nur allgemein, der Podesta soll die Ketzer: expellere vel de eis justitiam facere. Aber auch die Gegner scheinen die Konstitutionen nicht beachtet zu haben; wenigstens muss es auffallen, dass man sich in Bologna 1246 nur auf das gregorianische Statut stützt. In den Statuten von Viterbo von 1251, Documenti di st. Ital. 5, 451, heisst es vom Ketzer nur: potestatis arbitrio puniatur. Wird in einem dem Petrus de Vinea zugeschriebenen Spottgedichte, Huillard, Pierre, 411, den Dominikanern zum Vorwurfe gemacht, dass sie in Italien, welches doch von Ketzern wimmele, sich die Inquisition nicht angelegen sein lassen, weil sie sich entweder fürchten, todtgeschlagen zu werden, (wie das 1252 bei Mailand den Bruder Petrus von Verona traf,) oder aber die besser besetzten Tafeln anderer Länder vorziehen, so spricht das doch sehr dafür, dass Italien kein günstiger Boden für Ketzerrichter war.

Später hat Papst Innocenz am 31. Okt. 1252 jene kaiserlichen Gesetze bestätigt und den Städten behufs Eintragung in die städtischen Statutenbücher überschickt. Aber sie scheinen auch dann noch vielfach auf Widerstand gestossen oder wenigstens unbeachtet geblieben zu sein. Zu Genua bedurfte es 1256 der Verhängung von Exkommunikation und Interdikt, um die Stadt zur Aufnahme in die Statuten zu bestimmen; vgl. Ann. Jan., M. Germ. 18, 235. Zu Viterbo kam es 1265 wegen Widerwillens gegen die Inquisition zu einem Aufstande, und erst 1278 scheint man sich zur Eintragung der Konstitutionen in die Statutenbücher verstanden zu haben; vgl. Docum. di st. Ital. 5, 327. Insbesondere aber scheint man auch fernerhin vielfach die gesetzliche Forderung der Todesstrafe nicht beachtet, und sich mit der altherkömmlichen Verhängung des Bannes begnügt zu haben. So erscheint es besonders beachtenswerth, dass in Bestimmungen, welche nach dem Siege der päpstlichen Partei zu Cremona und durch dieselbe 1267 getroffen wurden, Böhmer Acta 686, wohl im allgemeinen bezüglich der Ketzer auf die Constitutiones canonice et imperiales verwiesen, bestimmter aber bezüglich des entdeckten Ketzers von der weltlichen Gewalt nur verlangt wird: quod potestas Cremone, qui pro tempore fuerit, eum bonis omnibus spoliatum sine spe venie perpetui exilii damnatione percellat. Auch der Podesta von Ferrara schwört nach den Statuten von 1288, ed. Laderchi 1, 31, nur: Et fortiam dabo domino episcopo, ut Patareni exeant de civitate Ferrarie et districtu. Nach dem Statut von Lucca von 1308, L 3. c. 155, wird der Ketzer zu einer Strafe von dreihundert Pfund verurtheilt, bei Nichtzahlung körperlich gestraft, dann für immer gebannt. Ich zweifle nicht, dass sich noch manche weitere Belege für die Annahme finden dürften, dass trotz der kaiserlichen, vom Papste bestätigten Konstitutionen in Italien die Strafe des Feuertodes zunächst keine weitere Verbreitung gefunden hat.

Als Ergebniss werden wir festhalten dürfen, dass innerhalb des Kaiserreiches das Verbrennen der Ketzer zunächst nur in Deutschland herkömmlich war; dass man in Italien sich mit dem beständigen Banne und den damit auch sonst verbundenen Strafen begnügte, und dass sich dem die Gesetzgebung der Kirche und des Reiches, insbesondere auch noch in den Konstitutionen von 1220, anschliessen; dass den Wendepunkt erst die päpstlichen Statuten von 1231 bezeichnen, insofern bei Ausführung derselben allgemein der Feuertod verlangt wird, und zwar im Anschluss an die anfangs anscheinend ganz erfolglos gebliebene kaiserliche Konstitution für die Lombardei von 1224; dass von dieser abgesehen die kaiserliche Gesetzgebung erst 1231 in Sizilien, 1232 in Deutschland, 1238 im ganzen Kaiserreiche die Hinrichtung der Ketzer verlangte. Dass dabei 1232 über die Art der Hinrichtung nichts gesagt ist, scheint blosser Zufall zu sein; aber für diesen oder jenen Zweck mag es immerhin beachtenswerth sein, dass es vor 1238 kein Reichsgesetz gab, durch welches in Deutschland gerade der Feuertod ausdrücklich vorgeschrieben gewesen wäre.

VIII.

Neuausfertigung oder Appennis?

Ein Commentar zu zwei Königsurkunden für Herford

von

Th. Sickel.

Die Diplome von denen ich hier handeln will, sind das Heinrich I vom 18. März 927 und Otto I vom 2. April 940. Zu derselben Zeit, da ich jenes als DH. 13. in dem Erstlingshefte der Kaiserurkunden der Monumenta Germaniae veröffentlichte, wurden beide auch in dem von Philippi bearbeiteten 2. Band der Kaiserurkunden der Provinz Westfalen von neuem edirt. Setzte ich nun an den Kopf meines Abdruckes von DH. 13 als Inhaltsangabe: Heinrich sichert dem Kloster Herford durch eine neue Bestätigungsurkunde dessen Besitzstand, und werde ich desgleichen bei Publication des Ottonischen Praecepts nur von Bestätigung des Wahlrechts usw. reden, so hat Philippi folgende Regesten geboten: K. Heinrich I gestattet den Nonnen zu Herford die bei dem Einfall der Hunnen verlorenen Privilegien zu erneuern und bestätigt mehrere schon angefochtene Besitzungen des Klosters, und: K. Otto I gestattet den Herforder Nonnen die Neuausfertigung der alten beim Einfalle der Heiden verbrannten Königsbriefe, besonders betreffend freie Wahl der Aebtissin, Bestätigung der Besitzungen und Immunität. — Ganz abgesehen von der grösseren Ausführlichkeit der letzteren Inhaltsangaben besteht ein grosser Unterschied zwischen diesen und meinen Regesten, und wer von uns beiden den Hauptinhalt dieser Urkunden richtiger auffasst und wiedergibt. muss um so mehr entschieden werden, da die Neuausfertigungen in der jüngsten Literatur der Diplomatik eine grosse Rolle spielen[1]).

Auf die renovatio cartarum hatte schon Mabillon[2]) aufmerksam gemacht, hatte in ihr jedoch, bis zur Zeit des Aufkommens der Vidimus, nichts als eine Bestätigung schlechtweg gesehen. Handelten dann auch die Mauriner[3]) von der Erneuerung der Urkunden, so dach-

---

[1]) Aehnlich wie ich drückte sich Erhard Reg. 525. 548 aus, desgleichen Stumpf in Regest 82. Dagegen sprach Böhmer RI. 47 (= DH. 18) von Erneuern der Privilegien, bediente sich aber desselben Wortes auch bei den unter sich gleichlautenden Diplomen für Würzburg RI. tt. 41 (= DK. 65, DH. 3), wo im Context nur confirmare vorkommt.

[2]) De re dipl. 97-20, und zwar knüpfte er bereits, wie heutigen Tages Ficker, an ein Diplom Karl des Grossen für Novalese an.

[3]) Besonders im Neuen Lehrgebäude 1,192.

ten sie höchstens, wie der Hinweis auf die Bulle Gregor IX bei Potthast 8277 darthut, an einen auch sonst von der päpstlichen Kanzlei beobachteten Vorgang[1]), nämlich daran dass, wenn von beschädigten Bullen beglaubigte Abschriften geliefert werden sollten, versucht wurde die etwaigen Lücken entsprechend auszufüllen. Erst in unserm Jahrhunderte haben namhafte Forscher in der renovatio cartarum weit mehr erblicken wollen; unter ihnen Wilmans und Ficker, die ich hier insbesondere anführen muss, weil für ihre Annahmen und Folgerungen gerade obige zwei Diplome für Herford den Ausgangspunkt gebildet haben. Schon in dem 1867 erschienenen Band 1. der Westf. Kaiserurkunden heisst es S. 157: Als K. Heinrich I im J. 927 die beim Einfall der Ungarn durch Brand beschädigten Königsurkunden des Stiftes Herford wieder abzuschreiben befahl, scheinen nur die beschädigten Originale der oben unter nr. 28, 29 und 32 angeführten Urkunden[2]) augenblicklich wieder herbeigeschafft und davon die noch jetzt vorhandenen Abschriften verfertigt worden zu sein. Das Originaldiplom über die Schenkung von Overanberg und Liudwinesthorp muss aber im J. 927 noch gefehlt haben. Denn nur so ist es zu erklären dass K. Heinrich unter allen übrigen damals erneuten Documenten von diesem Diplom allein den Hauptinhalt in einer allerdings hier etwas erweiterten Gestalt in seine Urkunde aufnimmt ..., was ersichtlich doch zu dem Zwecke geschieht, um die durch dasselbe geschenkten Güter, auch ohne dass es selbst vorgewiesen werden konnte, dem Stifte Herford zu erhalten. Später im J. 940 sind dann dessen Nonnen beim König Otto I noch einmal mit der Bitte eingekommen. ... Indem der König ihren Bitten entspricht und die Renovation (gewisser Praecepte) befiehlt, bezeichnet er in den Worten ... offenbar nur unser Document vom J. 868[3]). Hieran und an briefliche Mittheilungen von Wilmans knüpft Ficker Beitr. zur Urkundenlehre 1,308 an, um für das 10. Jahrhundert darzuthun, dass die k. Kanzlei in solchen Fällen den Wünschen der Parteien zu entsprechen sogenannte Neuausfertigungen ausgestellt habe, dabei jedoch in Ermang-

---

[1]) Vgl. Innocens III bei Potthast 4756.

[2]) D. h. die in meinen Beitr. zur Dipl. 2,64 unter nr. 46, 54, 74 verzeichneten Diplome Ludwig d. D.

[3]) D. h. Wilmans nr. 54 = nr. 104 meines Verzeichnisses. — Während ich obige Stelle wörtlich wiederzugeben für nöthig hielt, muss ich dem Leser überlassen die weiteren Ausführungen von Wilmans und dann von Ficker in deren Werken selbst nachzulesen. Einzelheiten werde ich allerdings noch hervorheben müssen. Aber ich will nicht auf jede Aeusserung derselben hier eingehen, sondern nur die Hauptsache ins Auge fassen.

lung einer festen Form allerdings ungeschickt vorgegangen sei. Wie Ficker diesen Gedanken dann weiter verfolgt, um eine Reihe ungewöhnlicher Erscheinungen in gleicher Weise zu erklären, will ich zunächst unbeachtet lassen. Es gilt vor allem festzustellen, was die Urkunden für Herford besagen. Sollte es mir gelingen zu erweisen, dass die von Wilmans, Ficker und Philippi diesen Diplomen gegebene Deutung unhaltbar ist und durch eine näher liegende zu ersetzen ist, so werden damit auch alle die für die Urkundenkritik sehr bedeutsamen Folgerungen hinfällig werden, welche Ficker aus dem von ihm schon für das 10. Jahrhundert angenommenen Brauche der Neuausfertigungen durch die Reichskanzlei gezogen hat. Ob die Kanzlei in späterer Zeit zu solchem Auskunftsmittel gegriffen hat oder nicht, mögen andere untersuchen, welche mit dem betreffenden Material mehr vertraut sind als ich.

Die Frage, welche Bewandtniss es mit den Herforder Urkunden hat, hat ihre zwei Seiten. Man beruft sich nämlich einerseits auf den Wortlaut der beiden angeführten Diplome und andererseits auf die Beschaffenheit gewisser Schriftstücke in welchen die Gunstbriefe Ludwig d. D. für Herford auf uns gekommen sind. In letzterer Beziehung gehen allerdings die Meinungen von Wilmans, Ficker und Philippi etwas auseinander, ja Wilmans geräth in einem Punkte in Widerspruch mit sich selbst. In der oben citirten Stelle werden die Copien von den Diplomen Ludwigs nr. 48, 54, 74 als im J. 927 auf Befehl Heinrichs angefertigt bezeichnet, woraus man doch auf gleichzeitige Entstehung schliessen muss; S. 124 und 147 dagegen sagt Wilmans, dass von den auf einem Pergamentblatte vereinigten Abschriften von nr. 48 und 74 die letztere von anderer, jedenfalls etwas späterer Hand als die erstere herrühre. Darüber ob die von Heinrich 927 und von Otto 940 beauftragten Schreiber der Copien der k. Kanzlei angehört haben sollen oder nicht, spricht sich Wilmans in dem 1. Bande der Westf. Kaiserurkunden noch nicht bestimmt aus. Erst Ficker bringt mit den Worten: würden diese Abschriften wirklich in der Reichskanzlei gefertigt sein, wohl die Annahme von Wilmans zum Ausdruck und legt für seine Person die Neuausfertigungen entschieden den Kanzleibeamten bei. Und in der That kann ja der Vorzug der betreffenden Abschriften vor anderen nur eben in ihrem officiellen Charakter bestehen. Insofern schwächt jetzt Philippi den Werth der Neuausfertigungen bedeutend ab. Lässt er nämlich K. Heinrich gestatten gewisse Urkunden zu erneuern, so scheint er an Copien von beliebigen, nur gerade der Kanzlei nicht angehörenden Schreibern zu denken, wobei sich dann allerdings nicht allein die Frage aufdrängt, worin sich denn so entstandene Abschriften von denen unterscheiden sollen, welche ohne alles Zuthun des Königs, ohne dessen Geheiss oder Erlaubniss, lediglich auf Anordnung der Partei angefertigt worden sind, sondern auch die weitere Frage, ob es denn zu Vornahme derartiger rein privater Arbeit je der Genehmigung seitens des Königs bedurft hat. Kurz die Ficker'sche Theorie von Neuausfertigungen hat nur Sinn, wenn letztere gedacht werden als unter gewisser, wenn auch beschränkter Mitwirkung der Kanzlei entstanden.

Gilt es somit die in Rede stehenden Herforder Schriftstücke auf ihre äusseren Merkmale hin zu prüfen, so habe ich zwei derselben (die vereinten Copien von nr. 48 und 74 und die von nr. 104) zu diesem Behufe für die Kaiserurkunden in Abbildungen, welche nächstens in Berlin erscheinen werden, facsimiliren lassen und habe in dem begleitenden Texte folgendes zu beweisen versucht. Die Abschrift von nr. 104 (= Wilmans nr. 34) hat allerdings ein Notar der k. Kanzlei angefertigt; aber derselbe ist uns nur aus den J. 978 bis 993 bekannt und hat diese Copie aller Wahrscheinlichkeit nach in dem J. 980 geliefert — also kann sie nicht eine von Otto I im J. 940 anbefohlene Neuausfertigung sein. Was aber das andere Stück betrifft, so deutet dasselbe in keiner Beziehung auf Entstehung in der Kanzlei, ja es ist so mangelhaft, dass Anfertigung durch einen Kanzleischreiber geradezu unwahrscheinlich ist; des weitern fehlt jeder Anhaltspunkt zu näherer Zeitbestimmung, so dass der Ansatz zum J. 927 durchaus willkürlich ist.

Nur wo mir Gelegenheit geboten war diese Ergebnisse der Betrachtung der graphischen Merkmale an der Hand von Abbildungen darzulegen, war solche Untersuchung am Platze. Hier will ich nun die andere Seite der Frage berühren und nachzuweisen versuchen, dass Wilmans und seine Nachfolger den rechten Inhalt der Diplome von 927 und 940 ganz verkannt und in die betreffenden Worte etwas hineingelegt haben, was dieselben nicht besagen.

Ich meine, die Schwäche der Wilmans'schen Deutung offenbart sich schon darin, dass er sich genöthigt sah die praecepta regia quae ob ethnicorum infestatione exusta sunt durch beschädigte Kaiserurkunden zu übersetzen. Es sind nämlich noch jetzt die Urschriften von nr. 48 und 74 erhalten und zwar in ganz leidlichem Zustande. Allerdings hat erst Wilmans die von nr. 48 durch Aufkleben des zerfetzten Pergaments wieder lesbar gemacht; aber in den Schriftzeilen finden sich auch jetzt keine Lücken. Und auch das Original von nr. 74 ist leidlich conservirt, wie Tafel 12 der Kaiserurkunden in Abbildungen zeigt. Selbst angenommen nun, dass seit 900 Jahren die

Beschädigung gar keine Fortschritte gemacht habe¹), muss man fragen weshalb die Nonnen von Herford für ihre in durchaus lesbarem und brauchbarem Zustande befindlichen Urschriften Neuausfertigungen benöthigt haben sollen. Hierzu kommt eine zweite Erwägung. Von beschädigten Urkunden konnte man Erneuerungen der Art, wie ich sie zuvor als von den Maurinern erwähnt angeführt habe, anfertigen. Aber um den Wortlaut der Originale ganz und ohne den Nothbehelf von Ergänzungen in Copien wiedergeben zu können, musste man entweder die unversehrten Urschriften oder mindestens sie bis zur Vollständigkeit ersetzende Abschriften zur Verfügung haben. War auch nur letzteres der Fall, zu welchem Zwecke soll man dann, wie Ficker meint, gewünscht haben Neuausfertigungen in einer Form zu erhalten, welche sich in nichts von den älteren Copien unterschieden und durch nichts vor diesen auszeichneten? Erst wenn ein Schriftstück solchen Inhalts in Wirklichkeit oder doch scheinbar seinen Merkmalen nach als königliches Praecept gelten konnte, hatte es für den Besitzer den besonderen Werth einer Königsurkunde; war das nun bei nr. 104 einigermassen der Fall, so in keiner Weise bei den auf einem Blatte vereinigten nr. 48 und 74, so dass es sich für das Kloster nicht einmal lohnte, die Kanzlei um so formlose Ausfertigung anzugehen. So drängt sich bei der Annahme von Neuausfertigung in diesem Falle Frage über Frage auf, auf die sich kaum eine leidliche Antwort geben lassen wird, und wir werden deshalb schliesslich wiederum jene Annahme selbst auf ihre Begründung hin prüfen müssen.

Damit komme ich auf die zweite Reihe der von Wilmans angezogenen Beweismittel. Ihm ist die Fassung der Diplome Heinrichs und Ottos aufgestossen und ihm sind insbesondere die Worte des erstern: praecepta regia .... nostrae auctoritatis renovatione praenotare iussimus so aufgefallen, dass er sich veranlasst sah einen aussergewöhnlichen Vorgang anzunehmen. Es zeigt von seiner Belesenheit in Urkunden, dass ihm die Besonderheit des ganzen Dictats und einzelner Wendungen nicht entgangen ist, und es kann ihm bei dem damaligen Stande unserer Disciplin nicht zum Vorwurfe gereichen, dass ihm nicht der Gedanke gekommen ist die Eigenthümlichkeiten auf die Individualität des Dictators zurückzuführen, wie ich es in meiner Edition gethan habe.

Den diesbezüglichen Bemerkungen in den Kaiserurkunden 1, 37

¹) Selbst Falke möchte ich in diesem Falle gegen die von Wilmans S. 149 erhobene Beschuldigung in Schutz nehmen, da es doch nichts als Vermuthung ist, dass das jetzt fehlende Siegel schon im vorigen Jahrhundert abgegangen sein müsse.

und 56 über den von mir Simon E genannten Dictator habe ich hier einige weitere zuzufügen. Nicht allein wegen der Wortform collegionis, mit der eventuell dominionis auf gleicher Stufe steht (DH. 20), habe ich ihn nach Lothringen versetzt, sondern weil er in seiner ganzen Redeweise Herkunft aus dortiger Schule verräth. Die dort gebildeten Urkundenschreiber verfügen über einen weit grösseren Wortvorrath und besonders über eine Menge gewählter Worte, mit denen sie, wo es sich irgend mit dem traditionellen Stil verträgt, zu prunken suchen. Wollte man aus den Diplomen der westfränkischen und lothringischen Fürsten ein Lexicon zusammenstellen, so würde das doppelt so reichhaltig ausfallen als ein aus ostfränkischen Urkunden gewonnenes, und die überschüssigen Worte würden zum grossen Theile als gesuchte erscheinen. Allerdings klingt nun DH. 13, wie wir später sehen werden, in manchen Einzelheiten an Urkundenformeln gleichen Inhalts an, die der Concipist gekannt haben muss; andere Einzelheiten dagegen sind auf seine und seiner Schule Rechnung zu schreiben. Den Lothringern, welche dann unter Otto I zu wiederholten Malen in die Reichskanzlei eindringen, sind z. B. obtemperare und nutrimen sehr geläufig: für jenes vgl. Stumpf 56, 92, 94, 97, 100, 101, 102; für dieses Stumpf 70, 71, 72, 74, 77, 95. Multimodas, Christicolas, interpellantem, repleti, subnectere fand ich zwar in Urkunden verschiedener Gegenden, aber alle werden selten gebraucht und nur von Dictatoren welche nach gewählterem Ausdrucke haschen. Zu laus in DH. 13 ist laus in dem überhaupt nahestehenden Stumpf 56 zu vergleichen. Noch nicht ein Mal habe ich mir statio vermerkt, desgleichen noch nicht praenotare in diesem Zusammenhange. Indem letzteres Wort von Wilmans mit angeführt wird, ihm also möglicher Weise auch besondere Bedeutung beigelegt wurde, will ich mich über dasselbe äussern. Zunächst wird notare als synonym von scribere sowohl von lothringischen als auch von schwäbischen Schreibern sehr viel gebraucht, des weitern die Composita adnotare, subnotare. Nicht minder geläufig ist ihnen praenotatus — praenominatus, praedictus (DK. 12, 20, Stumpf 77, 81, 83, 86 usw.). Mit der Uebersetzung: zuvor kommen wir jedoch bei den Worten: nostrae auctoritatis renovatione praenotare iussimus in keiner Weise aus. Versuchen wir aber sie wiederzugeben mit: im voraus, d. h. ehe die Thatsachen in Vergessenheit gerathen mögen, aufzeichnen lassen[1]), so läge darin noch keine Beziehung auf Neuausfertigung. Und geradezu ausgeschlossen wäre der Gedanke an Neuausfertigung im Namen früherer Herrscher,

---

[1]) Vgl. praedistinamus in DH. 20 von demselben Dictator.

wenn wir praenotare — praesignare, in anteriori parte signare nehmen wollten, denn, sobald wir nach dem Kennzeichen der Urkunde am Eingange fragen, so lautet dieses eben Otto. Doch all dergleichen Feinheiten des Ausdrucks möchte ich unserem Dictator nicht zumuthen. Das Vorwort kann an dieser Stelle auch lediglich zur Verstärkung des Hauptbegriffs oder zur Andeutung einer feineren Schattirung dienen, wie ja auch schon in der spätern Latinität unter praenotare und praescribere nur niederschreiben verstanden wird. Ja man wird eine noch weitere Abschwächung gerade hier annehmen können. Prae, welches als Präposition gar nicht in die romanischen Sprachen übergegangen ist, hat in dem mittelalterlichen Latein in manchen Verbindungen seine ursprüngliche Bedeutung ganz eingebüsst[1]). Auf's engste hängt damit der häufige Gebrauch von Compositis zusammen, wobei dann kein Unterschied mehr zwischen dem einen und dem andern Vorworte gemacht wird[2]). Und wenn sich auch aus den nur zwei Dictaten, welche sich mit Sicherheit diesem Simon E beilegen lassen, besondere Vorliebe seinerseits für derartige Zusammensetzungen nicht erweisen lässt, so mag doch seine Sucht nach ungewöhnlichen Ausdrücken ihn auch dazu bestimmt haben, statt des einfachen notare oder scribere oder statt des an solcher Stelle häufigen conscribere jenes praenotare zu setzen.

Ich knüpfe hier gleich an, was über die Fassung der Ottonischen Urkunde zu bemerken ist. Sie ist concipirt und geschrieben von Poppo A, wobei DIL 19 als Vorlage gedient hat[3]), d. h. Poppo A nimmt aus der Vorurkunde alle die Sätze auf, welche er für das ihm aufgetragene Dictamen verwerthen kann, bessert sie aber zugleich in seinem Sinne aus. Ein alter Praktiker und überdies in allen seinen Elaboraten auf Kürze und Einfachheit bedacht, macht er weder von der Arenga noch von der geschraubten Erzählung noch von den Schlusssätzen Gebrauch, zieht vielmehr den üblichen Stil vor. Dies Bestreben offenbart sich auch in den kleinen Abänderungen der recipirten Sätze. Er vertauscht ethnicorum mit paganorum (s. S. 248), apparent mit paret, nullo inpedimento mit absque impedimento, aeternaliter mit perpetualiter. Praenotare ist ihm ebenfalls anstössig und wird durch das

---

[1]) Vgl. Diez Grammatik 2, 418. — Darmesteter La formation des mots composés 74.

[2]) Insofern steht unserer Stelle am nächsten die entsprechende im D. Arnolfi in Beyer 1 nr. 156: renovationis conscriptum inde precipientes adnotari. — Alle Abstufungen bis zur letzten hinab finden sich bei Ruotger in der Vita Brunonis, welcher grade die Composita mit prae sehr häufig gebraucht.

[3]) Kaiserurkunden 1, 38 und Beiträge zur Diplomatik 7, 714.

von ihm auch in Stumpf 68 gebrauchte redintegrari ersetzt. Hiermit wird gerade in diesem Punkte jede Zweideutigkeit beseitigt; die Worte besagen dasselbe wie der correspondirende Satz in Stumpf 68: easque (concessiones) per nostram auctoritatem redintegrare et corroborare volumus.

Hauptsächlich stützen sich Wilmans und Ficker auf das in beiden Diplomen angewandte renovare, und so wird es meine Hauptaufgabe sein dieses Wort durch die Urkunden einige Jahrhunderte hindurch zu verfolgen und seine Bedeutung in deren Sprache festzustellen. — Am nächsten liegt es bei renovare an die Wiederholung einer blossen Handlung zu denken. Aber grade aus den Diplomen werden sich nicht viele Belege für solche Bedeutung beibringen lassen, denn einerseits wird in ihnen Handlung allein ohne Beurkundung nicht oft erwähnt und andererseits sind dafür eingebürgert redonare, retradere, denuo concedere u. dgl. Mir stehen nur folgende zu Gebote. In den gleichlautenden Diplomen Otto I und Otto II Stumpf 519 und 574 geht die Bitte dahin: quatenus ... quandam traditionem ... ecclesiae suae factam cum nostro praecepto renovaremus et confirmaremus. Desgleichen wird in Stumpf 702 gebeten: ut ... quasdem res a progenitoribus ... collatas renovari et restaurari iuberemus. Oder Heinrich II sagt in Stumpf 1823: precipio ut rem semel bene ac recte diffinitam nullus iterare audeat vel renovare. Auch das Otto II beigelegte Placitum Stumpf 870 mit omnem inquisitionem renovare darf man wohl anführen. — Günstiger steht es schon, wenn eine frühere Handlung, weil sie der Beurkundung darbte oder weil die stattgehabte Beurkundung hinfällig geworden war, zu wiederholter Handlung und Beurkundung Anlass bot. Neben den nächstliegenden Ausdrücken, wie confirmare im D. Karls K. 157 oder nostram firmitatis gratia auctoritatem superaddere u. dgl, wird als durchaus synonym auch renovare angewandt. In dem in meinen Beitr. zur Dipl. 6, 53 erläuterten Stumpf 516 erklärt Otto I: hanc nostri auctoritatem praecepti renovavimus, und in den gleich stilisirten Stumpf 840—842 sagt Otto II von der Schenkung des mercator noster W. dictus a praedecessoribus nostris libertate donatus: hanc traditionem imperiali auctoritate renovavimus. Ist schon in Stumpf 516 mehr die Wiederholung der Beurkundung als die der Handlung betont, so auch in den zahlreichen Fällen, dass derselbe Herrscher über den gleichen Gegenstand ein zweites Praecept ertheilt oder sogar ein drittes wie es in Böhmer RK. 609 vorliegt. Ich beschränke mich auch hier auf Beispiele, welche renovare als gleichbedeutend mit confirmare aufweisen. Nach dem Tode seiner Gemahlin Hirmingard sicherte Lothar seiner Tochter Gisla das zuvor beiden zur

Nutzniessung zugewiesene Salvatorkloster in Brescia zu: placuit nobis denuo auctoritatis nostrae litteris idem praeceptum renovare atque confirmare (Böhmer RK. 610). Ebenso sagt Heinrich V in dem Diplom für die Cremoneser Stumpf 3113: quaecumque quondam nostri privilegii auctoritate eis concessimus, eadem nunc ... renovamus renovantesque in posterum confirmamus. Dafür dass in solchem Falle etwa auch geschieden werden sollte zwischen Handlung und Beurkundung, liesse sich am ehesten D. Heinrich IV Stumpf 2950 anführen: horum omnium praediorum traditionem a nobis et a parentibus ... factam renovamus et nostre imperialis auctoritate dignitatis corroboramus.

Weit häufiger handelt es sich um Bestätigung der Urkunden von Vorgängern, über deren Bedeutung im allgemeinen nach Waitz, Roth, Ficker u. a. kaum noch etwas zu bemerken ist, so dass ich gleich darauf ausgehen kann, aus der grossen Anzahl von Beispielen für den Gebrauch von renovare einige recht bezeichnende hervorzuheben. Vorausgeschickt sei, dass auch Thegan, indem er von Ludwig d. Fr. erzählt, dass er gleich im Beginne seiner Regierung die von seinen Vorfahren den Kirchen ertheilten Praecepte bestätigen wollte, von renovare spricht. Ludwig II erklärt in BIIK. 861 für Bobbio: dignum duximus hec omnia loca, ut in priori praecepto scripta videntur, nostro regali auctoritate renovare ac roborare, worauf folgt praeceptum nostrae restaurationis, auctoritas nostrae confirmationis et renovationis. Das Diplom Karl d. K. für S. Davo BRK. 1726 nennt sich renovationis et confirmationis auctoritas, was später in Stumpf 1343 und 2183 übergeht. Karl d. Einf. bestätigt in DRK. 1070 einem Abte sein Kloster nostri praecepti renovatione. Otto I wird in Stumpf 87 in den Mund gelegt: has easdem traditiones ... per nostrae largitionis scriptum renovamus, und in Stumpf 163 (vgl. auch St. 616 und 818): ut ... nostrae auctoritatis munimine renovaremus. Desgleichen sagt Heinrich II in Stumpf 1359 für Cambrai: concessimus renovari quaedam scripta sanctae ecclesiae. — Daran reihen sich die Fälle, in denen ganz ausdrücklich berichtet wird, dass frühere Urkunden behufs Confirmation vorgelegt oder verlesen wurden. So geht schon in dem Diplom Pippins P. 5 für Utrecht die Bitte dahin: ut confirmationem ... renovare vellemus, was sich im Diplom Karls K. 2 wiederholt und wohl noch auf das Konrads DK. 24 eingewirkt hat, in dem es heisst: ut constituta regum ... scripto renovari iuberemus. Die Urkunde Karls III DRK. 936 wird als confirmationis et renovationis praeceptum bezeichnet und in demselben DRK. 959 wird ein früheres renovationis edictum erwähnt, was zur Folge hatte, dass renovatio in der weiteren Bestätigung Stumpf 329 an zwei Stellen gebraucht wurde. Aus Italien führe ich das Diplom Berengars BRK. 1294 an mit den Worten: quod praeceptum habebat Karolus... confirmatum et corroboratum per suae renovationis praeceptum. Aus Westfrancien eine Urkunde Odos vom J. 890 für S. Martin de Tours mit der Bitte um renovatio eines dem König vorgelesenen Praecepts. Dazu kommen Beispiele aus spätern Kaiserurkunden, wie D. Otto I Stumpf 59: hoc idem praeceptum et renovare et nostra auctoritate corroborare decrevimus, oder Stumpf 182: ut... denuo hoc nostrae auctoritatis praecepto renovari dignaremur, oder aus dem 11. Jahrhundert D. Konrad II Stumpf 1892: ut huiusmodi... immunitatem... hac nostra renovaremus atque firmaremus auctoritate.

Wenn renovare sich dann auch da angewandt findet, wo der Wortlaut der Vorurkunde in der Bestätigung mehr oder minder wiederholt wird — so im D. Ludwigs BRK. 793 für Paderborn = L. 173 oder im D. Otto II Stumpf 672 = Stumpf 271 — so fällt das nicht ins Gewicht. Den Dictatoren welche von Alters her die Häufung von Worten lieben, kommt es überhaupt nur darauf an, den allergewöhnlichsten Worten confirmare und corroborare noch einige gleich allgemeiner Bedeutung an die Seite zu setzen; als solche lassen sich ausser renovare noch aufzählen innovare (BRK. 1900, DH. 23, Stumpf 126), iterare (BRK. 891, Stumpf 559), instaurare (BRK. 1935), restaurare (BRK. 1414, Stumpf 702), restituere et reformare (BRK. 989), restituere restabilire firmare et renovare (BRK. 1935)[1]).

Es lässt sich nun auch das Verhältniss des Vorkommens von renovare u. dgl. im Urkundenvorrath der verschiedenen Perioden und Herkunftsgruppen recht wohl erklären. Konnte ich aus der Zeit bis etwa 850 nur wenige Belege beibringen, so hängt das offenbar damit zusammen, dass die Dictatoren bis zu der Zeit meist nach Formeln arbeiteten und zwar nach Formeln, in welche, soweit unsere Kenntniss derselben reicht, das Wort renovare noch nicht recipirt war. Nur in Rozière nr. 576 begegnet renovare d. h. in einer jener Stilübungen aus St. Gallen, welche nur ganz ausnahmsweise als Vorlage für Königsurkunden gedient haben[2]) und welche überdies erst um 900 entstanden sind. Wir treten also mit dieser Formel schon in die zweite Periode der Dictamina ein, in welcher nach und nach freiere Stilisirung aufkommt. Der Wortlaut wird fortan von den redegewandteren Notaren mehr dem Einzelfall mit all seinen Nebenumständen angepasst, wohin

---

[1]) Vgl. MG. SS. 12, 177—178, wo Wido von Ferrara gleichfalls confirmare und iterare als synonym gebraucht.

[2]) Bis jetzt kenne ich noch keinen andern Fall als den von mir im Neuen Archiv 1, 461 besprochenen.

auch die Benutzung von Vorurkunden der gleichen Provenienz oder von andern gerade in der Kanzlei befindlichen Diplomen zu rechnen ist, und zu gleicher Zeit macht sich auch die Individualität der Concipienten geltend. Der Beweis, dass ein bestimmtes Wort wie das hier von mir verfolgte renovare einem oder mehreren Schreibern eigenthümlich ist, lässt sich allerdings nur da antreten, wo die Detailuntersuchung schon bis zur Feststellung der Dictatoren fortgeschritten ist. Ich kann daher für jetzt nur folgendes beibringen. Von dem unter Otto I in der Kanzlei dienenden Otpert sind blos drei Confirmationen auf uns gekommen, nämlich Stumpf 165, 217, 218; da ihnen allen renovare gemeinsam ist, darf ich das Wort doch als diesem Dictator geläufig bezeichnen[1]). Es mag auf gleiche Weise zu erklären sein, dass renovare wiederholt in Urkundenpaaren mit gleichen Daten auftaucht (so BRK. 1676 und 1677 oder Stumpf 2174 und 2175), aber es kann in solchen Fällen auch der eine Dictator durch den andern beeinflusst worden sein, wie sich denn überhaupt bei der Abfassung der Urkunden allerlei Einwirkungen kreuzen.

Es wird mir leichter darzuthun, dass die Wiederkehr unseres Wortes in Diplomen gleicher Herkunft darauf hinausläuft, dass die Notare vielfach von den Vorurkunden Kenntniss nahmen und dadurch, selbst wenn sie nicht geradezu Nachbildungen lieferten, ihnen aufstossende Worte oder Phrasen aufzunehmen veranlasst wurden. Hier sei zunächst nachgetragen, dass renovare auch in den späteren Diplomen für Herford Stumpf 527 und 779 gebraucht worden ist, obwohl beide selbständiger Fassung sind[2]). Einige analoge Fälle (Utrecht, S. Davo) ergeben sich schon aus den bisherigen Citaten; zwei andere mögen hier besprochen werden. Als Otto II in Stumpf 864 die von seinem Vater der Speirer Kirche ertheilte Immunität Stumpf 473 bestätigte, wurde eine Fassung beliebt aus der hervorzuheben ist: qualiter nos ... renovari et rescribi per imperialem nostrum munificentium iubemus quoddam praeceptum, ein Satz, der dann nicht allein in den weiteren Confirmationen Stumpf 927, 1362, 1963, 2599 wiederkehrt, sondern wohl auch bewirkt hat dass, als Friedrich I (Stumpf 4341) den Bürgern von Speier die von Heinrich V (Stumpf 3071) verliehenen Privilegien bestätigte, ebenfalls renovare gebraucht wurde[3]). Unter den

---

[1]) Ist auch roborare an sich häufiger gebraucht, so wird es doch gleichfalls Beachtung verdienen, dass der Notar Willigisus A (s. Neues Archiv I, 514—520) sich mit Vorliebe dieses Verbums bedient.

[2]) Obgleich Wilmans S. 168 die erstere Urkunde anführt, hebt er renovare nicht hervor. Auch Philippi spricht in den Regesten beider Diplome nur von Bestätigung.

[3]) Auch Ficker I, 314 nimmt in Speier keine Neuausfertigungen an. — Ich

Churer Diplomen schliessen sich an Stumpf 516 mit renovare an Stumpf 672, 917, 1423. Da St. 672 soweit als möglich St. 271 nachgebildet ist, bleibt unentschieden, ob renovare und renovationis praeceptum dem Dictator an sich geläufig gewesen ist oder von ihm dem möglicher Weise zugleich vorgelegten St. 516 entlehnt ist, während die Benutzung letzteren Stückes für St. 917 = 1423 ausser Zweifel steht. Unter solchen Umständen wird man auf die Wiederholung des Wortes auch in den Herforder Urkunden keinen Werth legen dürfen.

Mit allen von mir bisher für das Vorkommen von renovare angeführten Fällen steht es nun so, dass die Bestätigungs- oder Erneuerungsurkunde auf den Namen des Herrschers lautet, welcher die Renovation anordnet, und dass sie selbst, wie oft ausdrücklich gesagt wird, das praeceptum renovationis[1]) ist. Und für Neuausfertigungen im Sinne von Ficker, wonach ein König die Anfertigung von eigentlichen Abschriften mit dem Protokoll eines der vorhergehenden Könige anbefohlen haben soll, habe ich aus älterer Zeit nicht einen Beleg aufgefunden ausser denen, welche schon Ficker für seine Annahme zu verwerthen versucht hat, welchen ich aber jede Beweiskraft absprechen muss. Ausser den Diplomen für Herford kommt da das eine für Rheinau und kommen mehrere für Passau in Betracht[2]).

Bei Rheinau handelt es sich darum, dass ausser dem Originaldiplom Ludwig II vom 20. März 870 noch ein zweites Exemplar weiter gehenden Inhalts vorliegt, welches Rieger und ich als von einem Manne geschrieben erkannt haben, welcher unter Heinrich I und Otto I bis zum J. 940 in der königlichen Kanzlei diente und noch einmal im J. 965 eine Kaiserurkunde für Reichenau schrieb (Poppo C). Der von uns gewonnene Schriftbefund ist noch von niemand bestritten worden, so dass es sich lediglich um die Auffassung des Falles und um die eine oder die andere Präsumtion handelt. Stösst sich Ficker hier an der Annahme einer in der Kanzlei entstandenen Fälschung, ja selbst

---

schliesse noch ein Beispiel für rescribi an, welches dem renovari am nächsten kommt: Hebräer wenden sich in L. 167 an Ludwig d Fr. um Ersatz ihnen abhanden gekommener Diplome und bitten: ut eis memoratum auctoritatis nostrae praeceptum denuo rescribi sibique tribui iubeamus.

[1]) Oder pr. renovabile, wie es in dem später zu erörternden BRK. 1955 heisst.

[2]) Ich übergehe also BRK. 1098, 1124 und Stumpf 359. Letztere Urkunde ist unreilbare Fälschung. BRK. 1098 war ich noch nicht in der Lage zu untersuchen. Ueberdies lässt die Mitunterzeichnung in BRK. 1098 und 1124 so vielfache Erklärungen zu, dass die durch Neuausfertigung erst dann erwogen zu werden braucht, wenn Neuausfertigung überhaupt nachgewiesen sein wird.

an der Annahme einer Fälschung, zu der ein einzelner Kanzleischreiber, vielleicht nach seinem Austritt aus der Kanzlei, die Hand geboten haben würde, und ist er vielmehr geneigt an eine von Otto I erwirkte und befohlene Neuausfertigung mit den den Mönchen erwünschten Zusätzen zu denken, so habe ich schon früher geltend gemacht, dass sich gar kein plausibler Grund ersinnen lässt, um dessentwillen der König oder die Mönche eine gegen allen sonstigen Brauch verstossende Neuausfertigung einer das Präcept Ludwigs bestärkenden Bestätigung vorgezogen haben sollten[1]). Dem füge ich eine zweite Erwägung hinzu. Um eine Neuausfertigung der Art anzuordnen, muss man sich am Hofe Ottos darüber klar gewesen sein, dass von dem Vorgänger nur ein Minus von Gerechtsamen gewährt worden war. Wenn man trotzdem durch Zurückdatirung der Verleihung eines Plus den Sachverhalt anders dargestellt hat, so involvirt das ja eine bewusste Täuschung und zwar von Seiten der Regierung oder doch der Kanzlei, was mir geradezu als eine schwerere Anklage erscheint als die, dass sich ein einzelner Notar ohne Wissen des Königs und des verantwortlichen Kanzlers den Rheinauern zu Liebe eine Unredlichkeit habe zu Schulden kommen lassen. Sehe ich deshalb nach wie vor hierin eine Fälschung unter besonderen Umständen, so bestärkt mich darin die Verwandtschaft dieses Falles mit dem von Passau.

Erst in den Nachträgen (2, 497) hat Ficker ein Diplom Ludwig des Frommen für Passau (BRK. 316 = L. 200) angezogen, d. h. ein Schriftstück das, wie in den Mon. Boica 30, 383 berichtet wird, mit einem Siegel Ludwig II versehen ist und unter einem der späteren Karolinger modo renovandi diplomata antiquissimo geschrieben sein soll, hat aber selbst in diesem Falle den Gedanken an Neuausfertigung zurückgewiesen, weil gegen den Inhalt des Stückes zu gewichtige Bedenken vorgebracht worden sind. BRK. 316 bildet aber nur ein Glied einer ganzen Kette und ist, wie wiederholte Untersuchung ergeben hat, von anderer Beschaffenheit als bisher angenommen wurde. Von ein und derselben Hand nämlich stammen folgende Kaiserurkunden für Passau: BRK. 134 (D. spurium s. Acta Karol. 2, 431), 316 und 1141 (Arnolf), ferner Stumpf 519, 574, 607, 681—684, 715; als von gleicher Hand geschrieben kenne ich überdies gewisse Theile (die Contexte) von Stumpf 483 für Salzburg und von St. 592 für Herzog Heinrich von Baiern[2]). Diesem Manne oder demjenigen, welcher ihm

---

[1]) Kaiserurkunden in der Schweiz 95.
[2]) Im Neuen Archiv 1,464 liess ich noch dahin gestellt, ob der Schreiber von Stumpf 519 usw. identisch sei mit dem Schreiber der Kanzlei, dessen Hand ich bis dahin in Stumpf 266, 278 usw. gefunden hatte, dann aber bereits in

die Concepte lieferte, scheint nun auch das Wort renovare geläufig
gewesen zu sein. In BRK. 916 ist von renovari multas ecclesias die
Rede, in BRK. 1141 von renovare praecepta, in Stumpf 519 = 574
von traditionem cum nostro praecepto renovare. Eben dies wird die
Herausgeber des Ludwig dem Fr. beigelegten Diploms veranlasst haben
eine Erneuerung desselben anzunehmen. Erwägt man aber, dass alle
drei dieser Gruppe angehörige Karolingerurkunden um ihres Inhalts
willen für unecht erklärt werden müssen, dass die betreffenden Schriftstücke erst um das J. 973 entstanden sind, d. h. zu der Zeit da Pilgrim von Passau die Lorcher Fabel zur Geltung zu bringen und für
sie das Zeugniss von Kaiserurkunden zu erwirken suchte, dass sie
endlich von derselben Hand stammen, welche die Ottonischen Diplome
für Pilgrim geliefert hat, so liegt doch die Erklärung durch versuchte
Fälschung gewiss näher als die durch Neuausfertigung mit Wissen der
Kanzlei, und das um so mehr da der hier betheiligte Schreiber möglicher Weise gar nicht in der Kanzlei angestellt gewesen, sondern
nur zeitweise von derselben verwendet worden ist. Somit sind die
Urkunden für Passau ebenso wenig wie die für Herford und Rheinau
geeignet den Beweis dafür herzustellen, dass bis ins 10. Jahrhundert
hinein Neuausfertigungen im Sinne von Ficker vorgekommen seien.

Dass zu anderer Zeit den Worten renovare und innovare eine
besondere technische Bedeutung beigelegt worden sei, will ich noch
keineswegs in Abrede stellen. Aber gerade, wenn ich die mir augenblicklich zur Verfügung stehenden Beispiele näher in Betracht ziehe,
ergibt sich mir noch ein wesentlicher Unterschied. Nach Ficker 1, 312
wäre der erste unverdächtige Fall von wörtlicher Insertion in Kaiserurkunden unter Anwendung von renovare der in Stumpf 2760[1]).

St. 280 vom J. 959 (Beitr. zur Dipl. 6, 361) nachweis. Meine Mitarbeiter Foltz
und Uhlirz, welchen ich diese Untersuchung fortzuführen überliess, haben seit dem
constatirt dass es sich hier um zwei Schreiber handelt, deren zweiter mit Stumpf
483 beginnend als des ersteren Schüler und Nachahmer zu betrachten ist und
wahrscheinlich mit Passau in Verbindung steht. Dr. Uhlirz wird nächstens die
Ergebnisse der schliesslich von ihm allein fortgesetzten Untersuchungen über die
von jeher vielfach bestrittenen Passauer Kaiserurkunden veröffentlichen, weshalb
ich mich hier auf die für meine Zwecke unentbehrlichen Angaben beschränke.

[1]) Dass unter Heinrich IV und seinen Nachfolgern renovare auch noch als
gleichbedeutend von confirmare gebraucht wird, lehren früher von mir citirte
Diplome. — Wörtliche Insertion von Privaturkunden und Diplomen überhaupt
findet sich wohl zuerst in Gerichtsurkunden, was Ficker in den Beitr. zur Urkundenlehre übersehen hat, während er schon in den Forschungen zur Rechtsgeschichte
Italiens 1, 88 ff. mehrere Beispiele angeführt hatte. So kennen wir das Präcept
Otto I für Arli vom 26. September 962 (Stumpf 316) nur aus der zwei Tage
später behufs Verlautbarung desselben angesetzten Gerichtsurkunde. Desglei-

Häufiger begegnen dann beide Worte unter Friedrich II in Bestätigungen eingerückter Vorurkunden und zugleich in Corfirmationen der Päpste[1]), so dass man zu der Zeit mit jenen Verben eine specielle Art von Erneuerung zu bezeichnen die Absicht gehabt haben mag. Ist auch damals noch nach Fickers Bemerkung die Form unsicher gehandhabt worden, so ist doch selbst in den von der Regel abweichenden Fällen darauf gesehen worden, dass die mehr oder minder vollständige oder genaue Copie der Vorurkunden durch Aufnahme in die Bestätigung auch äusserlich beglaubigt erscheine. Das aber trifft bei den für frühere Perioden angenommenen Neuausfertigungen so wenig ein, dass mir auch um solcher Differenz willen ein Schluss von späterem Brauch auf früheren sehr gewagt vorkommt.

Die Herforder Urkunden in das rechte Licht zu stellen, greife ich fortan aus der grossen Zahl von Confirmationen eine Gruppe zu eingehender Besprechung heraus, nämlich diejenigen in denen Bitte und Gewähr durch besondere Umstände motivirt erscheinen. Nachdem wir die Synonymität von renovare und confirmare für die betreffende Periode kennen gelernt haben, brauche ich mich nicht auf die das erstere Wort darbietenden Beispiele zu beschränken; ich bemerke jedoch im voraus, dass auch in dieser Kategorie von Urkunden dies Wort sehr oft angewandt wird und zwar regelmässig in dem bisher nachgewiesenen Sinne, dass das eben ertheilte Praecept das praeceptum renovationis ist.

Im D. Otto I Stumpf 533 wird als Anlass zur Bitte um Bestätigung einer Traditionsurkunde angeführt, dass der Bischof von Eichstädt die Besorgniss hege: hominum versucias eam (abbatiam) ecclesie volentium surripere, worauf hin der König die Schenkung seiner Vorgänger renovirt. Welcher Art die Gefährdung des Besitzstandes war, wird uns hier nicht gesagt. Aber wir wissen aus zahlreichen Gerichtsurkunden, wie sie uns aus Italien erhalten sind, oder aus Stumpf 559 und 516 (s. S. 236), wie mannigfachen Anfechtungen das Recht an einer durch königliches Praecept bezeugten Schenkung noch ausgesetzt sein konnte. In dem Fall von Chur war die Frage aufgeworfen: si iam dicta curtis tunc temporis, quando eam illuc tradidimus, nostre esset iuris ac potestatis eam tradendi vel non. In einem andern Falle (D. Arnolfs in Beyer 1, 201 nr. 136) sucht der Erzbischof nach, asserens quoddam preceptum . . . Hludouuici . . . per invasionem paga-

---

eben ist in das l'lacitum Stumpf 494 eine charta pagensis vom J. 941 eingerückt. Stumpf 1089 ist inserirt in Stumpf 1136 usw.

[1]) Acta imp. selecta 1, 251. 259. 516. 521. 522. 540 usw. Dazu zuvor S. 229.

norum violatum esse sigillumque diruptum, ut hoc nostre auctoritatis scripto renovare et confirmare dignaremur. Traf man schon bei so geringer Beschädigung Vorsorge, so war dieselbe geradezu geboten, wenn ein Diplom ganz in Verlust gerathen war. Aus L. 340 für Chur erfahren wir, dass der Bischof Verendarius, als er seine Anhänglichkeit an den Kaiser mit der Vertreibung von seinem Sitze gebüsst hatte, auch eine Schenkungsurkunde Karl d. Gr. verloren hatte; quia sine imperiali auctoritate memoratas res ... nullatenus poterat detinere, petiverunt nostram humiliter celsitudinem ut super eisdem rebus nostrum mereretur accipere conscriptum ... ita ut quicquid de eis (rebus) iure ecclesiastico agere voluerint, liberam in omnibus habeant potestatem neque ullam calumniam aut diminuitionem sive detentionem pro eiusdem domni et genitoris nostri auctoritatis amissione umquam tempore a quoquam se perpeti pertimescant.

Schon in vielen der bisher angeführten Urkunden wird der Verlust eines Praecepts oder mehrerer oder auch aller auf besondere Unfälle verschiedener Art zurückgeführt. Den Sachverhalt zu veranschaulichen will ich noch einige Beispiele citiren. Dem Hausmaier Pippin wird in D. Mer. 104 nr. 17 vorgestellt: quod illa immunitas ... anno superiori sit igne concremata ob negligentiam custodientis. Besonders ausführlich berichten über den Schaden welchen das Kloster zu Compiègne erlitten hatte, die zwei in DRK. 1055 (vgl. auch DRK. 1099) verzeichneten Diplome. Das eine besagt dass, nachdem das dortige Stift zweimal abgebrannt war, praecepta quoque quorum pars igne periit, restituimus et sub eodem tuitione qua prius fuerant restabilivimus ac firmavimus; in dem andern wird der Verlust der Urkunden schon in der Arenga berührt und dann fortgefahren: ut quarundam villarum ac praediorum quae igne perierant praecepta restauraremus, quorum petitionem recipientes eis praeceptum renovabile fieri iussimus, worauf die dem Kloster hiermit bestätigten Besitzungen aufgezählt werden.

Die unter Umständen der Art erbotenen und bewilligten Besitzbestätigungen bilden eine besondere Kategorie von Urkunden, welchen wir am füglichsten den uralten Namen Appennes beilegen können, wenn auch, wie Formeln und Urkunden darthun, die bei der Ausstellung beobachteten Bräuche allerlei Wandlungen durchgemacht haben.

Ich knüpfe zunächst an die der Zeit nach weiter zurückreichenden Formeln an, welche von Rozière als nr. 403—416 zusammengestellt worden sind[1]). Aus nr. 403 erfahren wir, dass ein Einwohner von

---

[1]) Und zwar, wie mir scheint, in richtiger chronologischer Reihenfolge. So wie diese verwerthe ich für meine Darstellung auch die von Rozière hier und da

Clermont-Ferrand bei einem Einfalle der Franken (wohl im J. 532) seine Besitztitel verloren hatte und dass er sich deshalb unter Berufung auf die consuetudo legum an defensor und honorati der Stadt mit einer Klagschrift nebst Besitzverzeichniss[1]) wandte, welche zuerst durch drei Tage hindurch auf öffentlichem Markte angeschlagen (appendi) wurde, dann, wenn nämlich kein Einspruch erfolgt war, durch Unterschriften beglaubigt und so in die Municipalakten eingetragen wurde. Wir werden damit in die Zeit versetzt, da es in den gallischen Städten noch Municipalmagistrate gab, denen das Beurkundungsgeschäft in streitigen und friedlichen Rechtssachen zustand, deren acta oder gesta öffentlicher Glaube zukam, so dass wenn Privatakten der Parteien in die gesta eingetragen worden waren, sie vorkommenden Falls aus den Amtsbüchern vollständig wiederhergestellt werden konnten[2]). Mochte auch sonst die obligatio gestorum als eine Last erscheinen, welcher man sich zu entziehen trachtete, so war es doch in jenen schlimmen Zeiten eine Wohlthat, dass von gewissen Behörden Handlungen freiwilliger Gerichtsbarkeit vorgenommen und insbesondere von ihnen Ersatz für verlorne Besitztitel geboten werden konnte. Doch diese Magistrate römischer Herkunft verschwanden allmählich und mit ihnen ihre Amtsbücher. So werden schon in den folgenden Formeln die acta municipalia nicht mehr ausdrücklich erwähnt. Laut nr. 405 wurden in solchem Falle zweierlei Urkunden aufgesetzt. War Nachts ein Dieb eingebrochen und hatte er auch Urkunden entwendet, so rief der Beschädigte am nächsten Morgen Richter und Nachbarn an Ort und Stelle, um von ihnen in einer notitia relationis den Thatbestand aufnehmen und bezeugen zu lassen; auf Grund derselben wurde dann ein Schriftstück in zwei Exemplaren erwirkt, dessen eines öffentlich angeheftet, das andre aber dem Beschädigten übergeben wurde (Roz.

---

gegebenen Erklärungen, und das um so mehr da wir zumal bei den ältern Formeln stets zwischen den Zeilen lesen und was die Worte besagen mehrfach ergänzen müssen. Uebrigens komme ich auf Einzelheiten später zurück.

[1]) Contestatiuncula seu planctoria. Jenes ist gleich brevis contestatio, altestatio oder, wie es in nr. 407 heisst, denonciacio mit dazu gehörigen testimonium von Nachbarn oder, wie in nr. 111, testimoniatio.

[2]) Was Pardessus in Bibliothèque de l'école des chartes 1, 217 zur Erklärung der einen Formel beibringt, hat kaum noch Werth. Eingehender handelte Quicherat in Bibl. 21, 440 de l'enregistrement des contrats à la curie. Savigny, Bethmann-Hollweg u. a. berühren den Gegenstand kaum. Mit Recht knüpft Quicherat an an das Gesetz vom J. 115 im Cod. Theodos. (ed. Haenel) lib. VIII, tit. 12, 8 de donationibus. Aus dessen Aufschrift und Datirung ergibt sich die Richtigkeit der von Rozière zu nr. 403 vorgeschlagenen Emendation: iuxta principum Honorii et Theodosii consulum decretum.

nr. 407). Ursprünglich führte wohl nur jenes die Bezeichnung appennis; dieselbe wurde jedoch bald auf alle bei solchem Anlass entstandenen Schriftstücke übertragen. Wird nun auch später noch in Roz. nr. 409 der mos Romanorum angerufen, so waren doch schon der Bischof oder der Graf (nr. 407) an die Stelle der alten Magistrate oder ihnen zur Seite getreten, und noch vor Ausgang des 6. Jahrhunderts wird in nr. 408 der König erwähnt, welchem nämlich der Beschädigte im Nothfall sein Exemplar vorlegen soll. Damit werden wir auf eine neue Phase vorbereitet. Selbst auf dem Gebiete freiwilliger Gerichtsbarkeit machte sich die allmähliche Beschränkung des alten Rechts geltend; was einst von der Gemeindeversammlung vollzogen wurde, erforderte erst die Mitwirkung der Grafen und wurde schliesslich den Königen vorbehalten, die nicht allein die Herrscher des ganzen Landes geworden waren, sondern auch die obersten Schirmer des Rechts und als solche in fast alle Befugnisse der früheren öffentlichen Gewalt eintraten. Das indiculum Roz. nr. 411, d. h. ein schriftliches Gemeindezeugniss ist an den König gerichtet und in ihm sagen die Petenten zum Schluss: domni, nostrum est ad suggerendum; vestrum est ad ordinandum quid ipsa exinde agere debeat. In nr. 412, an den König und den Hausmaier adressirt, wird die Bitte weiter dahin ausgeführt, dass der König dem Beschädigten ein Praecept zu ertheilen geruhen möge, kraft dessen der Potent quicquid in regno vestro modo quietus possedit, per vestrum regale praeceptum plenius confirmatus in antea valeat possidere quiete et securus. Daran schliessen sich die Formeln für Königsurkunden dieses Inhalts an. Die zwei ersten (Roz. nr. 413 = Marculf 1, 33 und nr. 414 = Sirmond. 27) erwähnen noch die relatio bonorum hominum manibus roborata, auf welche hin der König seinen Appennis ertheilt. In den zwei folgenden, welche erst unter Ludwig d. Fr. in Tours aufgezeichnet worden sind, entfällt dieser Hinweis, indem hier der Kaiser nur die Praecepte seiner Vorgänger bestätigt; um so ausführlicher handeln nr. 415, 416 von den Rechtswirkungen der unter solchen Umständen ertheilten Diplome.

Die lange Reihe der königlichen Appennes beginnt mit D. Mer. nr. 42 vom J. 664: einige Sätze klingen an Rozière nr. 413 an, aber während in der Formel nur eine ganz allgemein gehaltene Confirmation ausgesprochen wird, zählt die Urkunde auf Grund einer dem König erstatteten Relation die genannten Besitzungen des Klosters behufs Bestätigung auf[1]). Näher steht jener Formel Marculfs sachlich

---

[1]) Zwei Jahr später wurde noch ein auf die gleiche Angelegenheit bezügliches Mandat ertheilt; ib. nr. 45.

und stilistisch K. 11 für Honau. Dagegen wurde für den Appennis K. 101 eine gewöhnliche Confirmationsformel mit den nöthigen Abänderungen benutzt, so dass er ziemlich so lautet wie K. 71, in welchem überhaupt nicht beurkundete Schenkungen des ältern Pippin erneuert werden. Von Ludwig d. Fr. sind mir nur Bestätigungen früherer Appennes bekannt (L. 13, 19, 82, 163), die sich ziemlich genau Roz. nr. 416 anschliessen. Der zweite Theil dieser Formel ist dann auch für den Appennis Ludwig d. D. BRK. 755 verwendet worden.

Schon hier wird eine Vergleichung der Formeln mit den Urkunden bezüglich eines Punktes am Platze sein. In jenen ist lediglich von verlorenen und durch den Appennis ersetzten Besitztiteln die Rede. Dass nun Reparatur eines solchen Schadens auch in anderer Form erfolgen konnte, lehrt die zuvor besprochene Urkunde L. 340 für Chur. Andererseits ist aber den Appennes auch über ihr ursprüngliches Gebiet hinaus eine gewisse Ausdehnung zu Theil geworden, d. h. es sind auch Verleihungen von Gerechtsamen durch Appennes ersetzt worden. In älterer Zeit (s. die S. 244 citirte Urkunde des Hausmaier Pippin) wurde allerdings an Stelle einer verbrannten Immunität eine neue Immunität ertheilt, und der gleiche Vorgang ist auch später noch beliebt worden[1]). Aber seitdem zumal unter Ludwig d. Fr. häufiger verschiedenartige Verfügungen in ein Praecept vereinigt wurden, verband man wohl auch, wenn Besitztitel und Privilegien in Verlust gerathen waren, in einer Fassung die Erneuerung beider Urkundenarten. Das geschieht z. B. bereits in L. 19 und 82. Erscheint in diesen Stücken der Appennis doch als Hauptsache, so wird er in andern Fällen nebensächlich behandelt.

Mit der Sammlung von Tours schliessen bekanntlich die Collectionen von Formeln für Königsurkunden ab. Aber dass deren Formeln und dazu neue auch ferner in allen Ländern in Gebrauch gewesen sind, ist unverkennbar. Zwar werden in diesen Diplomen, wie wir noch sehen werden, mit der Zeit Verfügungen verschiedener Art getroffen: trotzdem blickt durch alle ein gleicher Typus hindurch und zumal ist die Erzählung nach einem gewissen Schema abgefasst und bewegt sich in immer wiederkehrenden Worten und Wendungen. Strumenta oder praecepta exusta sunt heisst es in Roz. nr. 405, 406, L. 163, BRK. 506, 755; deperierunt in Roz. nr. 408, BRK. 1333, 1726; utensilia in Roz. nr. 405, DK. 35 usw. Naufragium im bildlichen Sinne begegnet in Roz. nr. 405, 406, 410, in K. 101 und

---

[1]) So erhielt das Kloster zu Compiègne (s. S. 244) zu gleicher Zeit eine Confirmation der verbrannten Praecepte und eine der verbrannten Besitztitel.

noch im D. von Hugo und Lothar BRK. 1413. Mit nostris crebrescentibus peccatis in DH. 13 glaube ich zusammenstellen zu dürfen peccatis promerentibus (Karl d. K. in Tardif nr. 105), nostris praepedientibus peccatis (derselbe in BRK. 1726), culpis exigentibus (Ludwig IV in BRK. 1196), imminentibus peccatis (Konrad II in Stumpf 1913[1]). Für das häufige Vorkommen von renovare oder innovare in dieser Urkundenkategorie will ich noch anführen BRK. 1726, 1934, Stumpf 533. Verfolgen wir nun die Berichte, auf welche Weise die Beschädigten um ihre Urkunden gekommen sind. Die Formeln sollten eigentlich auf verschiedene Fälle berechnet werden. Aber unter den uns überlieferten nimmt im Grunde nur Roz. nr. 414 auf mehrere Eventualitäten Bezug. Dagegen verräth gerade die Mehrzahl der Urkunden die Benutzung von Formeln, in denen nebeneinander zwei oder mehrere Ursachen des Schadens, nämlich feindlicher Ueberfall, Einbruch, Brand oder Fahrlässigkeit erwähnt werden. Was den erstern Anlass betrifft, so wird in den auf uns gekommenen Formeln blos von exercitus oder hostis gesprochen. In den Praecepten aber ist sehr häufig die Rede von infestatio, inruptio, incursio, depraedatio paganorum: so in D. Mer. nr. 8, BRK. 943, 1333, 1726, 1966 usw.; dass in DH. 13 die pagani zu ethnici geworden sind, wird um so mehr auf Rechnung des Dictators zu setzen sei, da, wie wir sahen, jene in der Nachbildung Stumpf 82 wieder auftauchen. Es geschieht aber auch, dass die Feinde näher bezeichnet werden: als Franci in Roz. nr. 403, als Sclavi in dem D. spurium Karls in Dronke nr. 158, als Saraceni in L. 10, als Nortmanni im D. Karl d. K. in Tardif nr. 199, als Marcomanni ib. nr. 205, als ferocissima gens Hungarorum in BRK. 1322. Mangel an Vorsorge seitens der Archivare wird besonders betont in L. 103 und in BRK. 506; daneben auch malivolentia rectorum in BRK. 989. Am häufigsten wird von Feuersbrünsten, allein oder in Verbindung mit andern Unfällen, berichtet. Dass gerade blos ein Diplom verbrannt sei, fand ich selten erwähnt (BRK. 1934, DK. 35). Von theilweiser Vernichtung ist die Rede in D. Arnulfs für Bergamo BRK. 1112, in den DD. Karl d. Einf. BlfK. 1055, 1960. Zumeist sollen alle Rechtstitel verbrannt sein. Wenn die Appennes, wie schon erwähnt, nur als Anhängsel an Verfügungen anderer Art auftreten und demgemäss der Bericht über den Unfall stark abgekürzt wird, so klingt derselbe trotzdem an die betreffenden Formeln an. So folgt in BRK. 1458 für Como auf die Confirmation

---

[1] Auch im Chartular von Casaurea wird peccatis exigentibus in gleichem Zusammenhange gebraucht. — Vgl. ferner Liutprand Antap. 8, 2.

den Besitzstandes, der Immunität und andere Gerechtsame: nam et
res illas unde munimenta perdita vel cremata fuerant, sine alicuius
inquietudine possideant¹).

So oft wir in den Urkunden auf Erzählungen typischer Fassung
stossen, drängt sich die Frage auf, ob und inwieweit wir denselben
Glauben beimessen sollen, und diese Frage liegt hier um so näher,
da Urkundenverlust, wenn er einmal als gute Motivirung einer Bitte
an den König galt, wohl auch vorgeschützt werden konnte. Dennoch
wird man was in eigentlichen Appennes von Unfällen berichtet wird,
als in der Hauptsache glaubwürdig bezeichnen dürfen. Indem diese
Urkunden nämlich, wie wir noch sehen werden, nur die Möglichkeit
gewährten die Rechtmässigkeit des Besitzes zu erweisen, hätte jeder
Versuch der Verwerthung eines durch unrichtige Angaben erschliche-
nen Appennis den Betrug sofort an den Tag bringen müssen. Dazu
kommt dass wir in der Mehrzahl der Fälle von den geltend gemachten Nöthen auch anderweitige Kunde haben. So hängt die häufige
Verleihung derartiger Praecepte in Italien nachweisbar mit den einzelnen Beutezügen der Ungarn zusammen. Und auch über manche
in den Appennes berichtete Feuersbrunst sind wir sonst noch unterrichtet. Dagegen wird auf die Einzelheiten der Erzählungen nicht
gerade Verlass sein. Insbesondere wird der Umfang des Verlustes
von Documenten oft übertrieben worden sein. Allerdings lässt sich
der Sachverhalt nicht constatiren, wenn etwa nur quaedam praecepta
atque instrumenta als vernichtet bezeichnet werden, also ohne Angabe
der Zahl und des Inhalts. Dagegen wird in gar manchem Falle die
Behauptung, dass omnia strumenta zu Grunde gegangen sein sollen,
noch jetzt durch den Bestand der betreffenden Archive Lügen gestraft.
Ja wenn ich über die Appennes im engeren Sinn hinausgehe, muss
ich von einem Falle sagen, dass ein Brandunglück nur zum Vorwand
gedient zu haben scheint, um Sicherung eines Rechts zu erwirken, für
welches man bislang wenigstens noch keine Königsurkunde aufweisen
konnte. Von Freising wird nämlich bereits in DHK. 1196 vom J. 903

---

¹) Aehnliche Verbindung in dem Diplom Stumpf 111 für Essen (später in
St. 597 u. a. nachgebildet), in dem der Appennis eingeschoben ist zwischen die
Verleihung des Wahlrechts und die der Immunität. Aber auf diese Urkunde ist
kein Verlass. Stumpf 141 ist nämlich nicht, wie bisher angenommen wurde,
Originaldiplom, sondern Nachzeichnung. So gut nun der Schreiber eine bestimmte
und der Zeit nach richtig gewählte Schreibvorlage benutzt hat, hat er auch für
die Fassung entsprechende Formeln benutzt, möglicher Weise eine echte Urkunde
für dasselbe Kloster. Zugleich sind aber sachlich und stilistisch sehr bedenkliche
Theile eingeschaltet, so dass die Urkunde in der vorliegenden Form als verunechtet bezeichnet werden muss.

berichtet: damnum combustionis quod ecclesiae suae pro dolor culpis exigentibus noviter acciderat, aber erst DRK. 1208 vom J. 906 erwähnt, dass bei dieser Gelegenheit auch Praecepte zu Grunde gegangen sein sollen: notum fieri cupimus... qualiter s. Corbinianus Frigisingensis ecclesiae episcopus apud antecessores nostros suo interventu impetraverat, plebi et familiae suae licentiam inter se eligendi episcopos post suae evocationis tempus, et huius electionis securitatem scripto regalium praeceptorum firmari rogavit... similique modo omnes pastores eiusdem sedis per ordinem penes antecessores nostros eandem electionis securitatem usque in tempus Vualtonis dilecti episcopi nostri obtinuerunt; tempore autem suo casu accidit ut domus sua ... ignium succensione conbureretur, eisdem supradictis praeceptis pariter combustis, worauf Ludwig IV priora praecepta per nostri precepti renovationem bestätigt. Müssen wir nun die Angabe, dass schon Corbinian ein Wahlprivilegium erwirkt haben soll, und vollends die weitere Ausschmückung dieses Berichts in dem dem Kozroh-Codex um 1075 beigefügten Urkundenrepertorium[1]) und wieder hundert Jahre später durch Konradus sacrista als unglaubwürdig verwerfen, so ist überhaupt frühere urkundliche Verleihung der Art an die Kirche von Freising nicht bezeugt. Die in das königliche Praecept aufgenommene Erzählung ist also mindestens in einem Punkte, möglicher Weise auch in andern unzuverlässig[2]).

Damit dass in Besitzstandsfragen ein erschlichener Appennis werthlos sein musste, verträgt sich sehr wohl, dass ein rechtmässig erwirkter sehr wesentliche Vortheile darbot. Deshalb haben sich die Beschädigten so oft derartige Diplome früherer Herrscher von deren Nachfolgern bestätigen (u. S. 247) oder von diesen wohl auch neue Appennes ausstellen lassen. Letzteres geschah wie in Herford so auch in Würzburg.

Als die Schenkungsurkunde Ludwig IV betreffend den Zoll zu Würzburg an die dortige Kirche verbrannt war, liess sich Bischof Thioto im J. 918 den Appennis DK. 35 geben. Dass er fünf Jahre später von Heinrich I eine Bestätigung erbat, entspricht durchaus dem

---

[1]) Archiv für öst. Geschichtsforschung 27, 264 oder MG. SS. 24, 316. — Auch in diesem Verzeichniss wird renovare mit Vorliebe gebraucht. Mit Recht bei der Erwähnung der Bestätigung von DRK 1117 durch Stumpf 87, welches Diplom selbst renovare enthält. Dann aber auch, wo von der Confirmation von Stumpf 507 durch Stumpf 979 die Rede ist, obgleich es in letzterer heisst: a novo donavimus tradimus ac confirmamus.

[2]) Ich werde mich also hier und bei manchem Appennis hüten ein actum deperditum anzunehmen und zu verzeichnen.

damaligen Brauche. Aber das betreffende Praecept DH. 5 ist nicht
eine Besitzconfirmation schlechtweg, auch nicht eine Appennisconfir-
mation, sondern ein neuer der Vorurkunde wörtlich gleichlautender
Appennis, so dass Bitte und Gewähr derselben wieder durch den Schaden motivirt werden, welcher ja bereits unter Konrad gut gemacht
worden war. Für den besondern Werth, welcher diesen Diplomen beigelegt wurde, spricht vollends, dass man sie sogar für etwa in der
Zukunft eintretenden Schaden im voraus zu erhalten suchte. So wird
von Berengar in BRK. 1364 für Parma als in den ihm zur Bestätigung vorgelegten Praecepten enthalten angegeben: ut si, vel subeunte
vetustate vel negligentia vel ignium impetu occupante, instrumenta
cartarum deficerent, de rebus unde ecclesia legitimam teneret vestitu-
ram, nullus eam exueret. Desgleichen wird die blosse Möglichkeit
eines Urkundenverlustes vorgesehen in BRK. 1449 für Grenoble und
in BRK. 1996 für Prüm.

In der Hauptsache stehn allerdings Appennes und Besitzbestätigungen auf gleicher Stufe. Das äussert sich schon darin, dass ihnen
seit der Mitte des 9. Jahrhunderts vielfach der gemeinsame Name
pancarta gegeben wird, welcher die Bezeichnung appennis bald verdrängte. Zuerst ist dieser Brauch in Westfrancien aufgekommen, wo
z. B. der Appennis in Tardif nr. 193 heisst testamentum hoc quod
alio nomine pancarta appellatur und wo BRK. 1652, 1716, 1750 usw.
ebenso benannt werden. Dass er aber auch von der Kanzlei Karl III
befolgt ist, hat bereits Mühlbacher bemerkt. Noch im 12. Jahrhundert wurde L. 13 in einem Chartular die Aufschrift gegeben exemplar
praecepti quod vocatur pancarta.

Als den Appennes und andern Confirmationen gemeinsam will
ich, wieder im Hinblick auf DH. 13, zuerst hervorheben dass weder
die Rechtswirkung noch die Fassung irgendwie durch den Umfang
des bestätigten Besitzes berührt werden. Schon an den Diplomen
Karl d. Gr. können wir die ganze Stufenleiter der denkbaren Fälle
verfolgen. In K. 165 wird ganz allgemein bestätigt: undecunque ipse
et monachi sui ad praesens iuste et rationabiliter vestiti esse noscuntur. Zumal in der Verbindung mit Immunitätsconfirmation kommt
diese weitgehendste Fassung häufig vor (s. K. 40). Dass solche Verbindung in Italien und andern neu erworbenen Ländern geradezu
Regel war, habe ich an anderm Orte dargethan. In Italien findet sich
dann bald wie in K. 187 allgemein gehaltene Confirmation, bald folgt
auf sie noch wie in K. 100 oder 193 eine mehr oder minder detaillirte
Aufzählung der Güter. Für das Vorkommen letzterer Modalität auch
auf fränkischem Gebiete zeugt K. 45: hier ist zuerst vom Gesammt-

besitz, wie er durch inquisitio festgestellt worden ist, die Rede; dann wird eine Reihe von einzelnen Gütern namhaft gemacht, um zum Schluss wieder zu generalisiren: seu diversa loca per diversos pagos quod per singula nominare non fuit necessarium. Davon unterscheidet sich K. 71 blos durch Weglassung der Schlusswendung. Die Bestätigung kann jedoch ebenso wohl auf grösseren oder geringeren Complex von Gütern eingeschränkt werden. Gilt K. 4 für quasdam villas quarum ista sunt nomina, so kann damit die Gesammtheit oder auch ein Theil gemeint sein. Dagegen soll sich die Confirmation in K. 27 sicher nur auf einen Theil und in K. 8 nur auf eine einzelne Besitzung beziehen. War das Eigenthumsrecht an gewissen Gütern besonderer Anfechtung ausgesetzt, so suchte man eben für diese specielle Sicherung zu erwirken, so in K. 127 und 128.

Etwas anders steht es allerdings mit den Appennes. Gehen wir davon aus dass der einstige Urkundenvorrath im ganzen Umfange oder blos zum Theil abhanden gekommen sein konnte, dass also Beweislosigkeit bald für einen grössern bald für einen kleinern Complex eingetreten war, so wäre zu erwarten, dass dem auch in jedem Einzelfalle die Ausdehnung der Reparatur entsprochen habe. Aber nur in früherer Zeit trifft dies, wie die älteren Formeln und Urkunden zeigen, zu. Sehr bald nachdem Appennes auszustellen nur noch den Königen zukam, hat man denselben eine möglichst allgemeine Fassung gegeben. Die Appennes von beschränkter Geltung sind daher äusserst selten. Im Grunde decken sich Schaden und Ersatz nur in DK. 35 = DH. 5, indem selbst in BRK. 1934, das ich S. 248 jenem in Bezug auf den Verlust gleichstellte, die Confirmation schon etwas weitgehender lautet[1]). Dagegen stimmen Appennes und andere Confirmationen in dem Punkte wieder überein dass die Generalisirung der Erwähnung und Hervorhebung einzelner Besitzungen nicht ausschliesst. Indem das Kloster Genivolta einen Theil seiner Urkunden eingebüsst hatte, gewährte ihm Ludwig II in BRK. 634 einen allgemeinen Appennis, bestätigte dann aber pro plenissima quietudine besonders eine Wasserleitung. Nach BRK. 1112 konnte der Bischof von Bergamo dem K. Arnolf einen Theil der früheren Praecepte vorlegen, dagegen nicht mehr, weil es verbrannt war, ein von Arnolf selbst ertheiltes Diplom: der Appennis lautet dem entsprechend auf Gesammtbesitz und auf bestimmte Einzelbesitzungen, worauf auch noch den liberis hominibus

---

[1]) Significavit nobis clericos . . . habere quidem res eiusdem episcopii suo victui delegatas, super quibus etiam regale preceptum . . . habuerunt: dann aber: ut rebus quas hactenus quoque ordine iuste et legaliter possident, hanc eis auctoritatem innovari pro tuitamento iussimus.

der Stadt die gleiche Vergünstigung zugesprochen wird, recordatione
vel comprobatione facta nicht disvestirt werden zu dürfen. Einen Fall
der Art will ich als zum Vergleich mit dem Herforder besonders geeignet ausführlich besprechen. Nach DRK. 1333 wandte sich die Aebtissin von S. Sisto di Piacenza an Berengar: lacrimabiliter nostram
adiit maiestatem eo quod per irruptionem paganorum et incuria quorundam hominum quedam precepta et instrumenta chartarum . . .
dudum deperiissent; super quibus nostram humiliter deprecata est pietatem, quatinus . . . eidem sancto cenobio pro eisdem cartarum ac
preceptorum instrumentis hoc . . . confirmationis preceptum fieri iuberemus. Auf eine allgemein gehaltene Bestätigung folgt: specialiter
quidem cortem Vardistalle . . . sed ita firmiter per hoc nostrum preceptum cuncta sua possideat, tanquam eadem cartarum et preceptorum
instrumenta non fuissent amissa atque deleta, woran sich weiter den
Appennes eigenthümliche Bestimmungen anschliessen. Wird hier Guastalla besonders namhaft gemacht, so wird doch nicht gesagt, dass sich
unter den verbrannten Urkunden auch die über diesen stattlichen Hof
befunden haben sollen. Und in der That liegt noch heutigen Tages
wohl ein Dutzend DRK. 1333 vorausgegangener Besitztitel über Guastalla und zwar fast alle noch in Urschriften vor, so die erste Schenkung Ludwig II an seine Gemahlin Engelberg nebst mehrfachen Confirmationen, dann die Schenkung der K. Engelberg an das Kloster
S. Sisto mit gerichtlicher Investitursnotiz und mit königlichen Bestätigungen usw. Die Erwähnung der einen Besitzung in dem Appennis war also nicht nothwendig, wie sie denn auch in dem späteren
Appennis in Forsch. 10, 298 unterblieben ist, und ein anderer Grund
als Verlust der Urkunden muss hier im Spiel gewesen sein.

Wie es nun für die Detailbestimmungen der Confirmationen gewisse Abstufungen gibt, so tritt auch in den Appennes eine Steigerung
zu Gunsten der Beschädigten ein. In den Anfängen wird nur eben
dem Nothstand der Beweislosigkeit durch Verlust der Besitztitel gesteuert. Dann aber bewilligt die königliche Gnade den Betroffenen
geradezu Beweisvorrechte, welche sonst nur selten verliehen die Appennes besonders begehrenswerth erscheinen liessen. — Das Minimum
von Rechtswirkung welches diesen Praecepten zukommt ist, dass z. B.
in DRK. 506 gesagt wird: ita per hanc auctoritatem praedictae res
et mancipia defendantur, siculi per eadem instrumenta, si igne absumpta
non fuissent, legibus defendi poterant. Ebenso sollte D. Mer. nr. 42
dem Kloster Böze die zu Grunde gegangene Stiftungsurkunde ersetzen.
Es lag darin schon eine Besserung des Rechts, insofern der Besitz
nicht wie bisher durch blosse charta pagensis, sondern fortan durch

praeceptum regium gesichert wurde. Das kommt zum vollen Ausdruck
in der Verfügung von K. 44: ut quicquid antedictum monasterium...
nunc temporis iuste possidet, unde ipsa causa dei ventita est, deinceps
per nostram confirmationem... rectores... teneant et possideant, oder
wenn in der Pancarte für S. Laumer de Blois (Bouquet 8, 564) die
dem Kloster gemachten Schenkungen erklärt werden: ut iure reguli
munificentia sint collatae.

Der Königsschutz, der in diesen und andern Fällen gewährt wurde,
liess aber mehrerlei Anwendungen und mehrfache Steigerung zu.
Wahrscheinlich handelt es sich um die allen Kirchen zukommende
defensio, welche Lothar in DRK. 555 der bischöflichen Kirche von
Reggio nach dem Vorgange der langobardischen Könige, seines Gross-
vaters und Vaters ertheilte, um dieselbe für den Verlust gewisser Urkunden zu entschädigen. Dass aber dem in gleicher Lage befindlichen
Kloster des h. Antonin zu Piacenza schon von Karl III mit den Worten des Appennis DRK. 930: sub nostri muntburdi defensionem et
perpetuam augustalis praecepti tuitionem besonderer Schutz zugesprochen werden sollte, kann man aus der Bestätigung von Hugo und
Lothar in den Forschungen 10, 298 folgern. Manche Appennes nähern
sich mit der Zeit mehr und mehr den Mundbriefen. Zuerst erinnert die
unter Ludwig d. Fr. aufgestellte Formel Rozière nr. 416 (dann aber
auch Diplome wie L. 18 oder DRK. 755) in dem Vordersatze: quod
si forte super eisdem rebus... quaestio orta fuerit, an den entsprechenden Schluss der Mundbriefformeln Roz. nr. 12 und 15, wenn auch
der Nachsatz noch nicht mehr besagt als die zuvor aus DRK. 506
angeführte Bestimmung. Im weitern Verlauf jedoch wird das für die
Mundbriefe charakteristische ius reclamandi ad regis definitivam sententiam auch in den Appennes mehr oder minder deutlich verliehen.
So wird S. Laumer des weitern im Falle der Anfechtung seines Besitzes zugesichert: habeat locum usque ad nos, ut a nostra serenitate
dirimatur diversarum partium causa, d. h. usque ad nos, oder usque
ad presentiam nostram, wie es auch in der Confirmationsformel Roz.
nr. 157 und in zahlreichen Nachbildungen heisst, oder contentio nullatenus finiatur nisi in palatio nostro coram nostris iudicibus, wie der
Appennis DRK. 1457 enthält, besagen alle dasselbe wie die bekannte
Schlussformel der Mundbriefe[1]). Endlich wird diese selbst einzelnen
Appennes angehängt, so in dem Diplom für Grenoble DRK. 1449: si vero
aliquae querimoniae pro ipsis rebus adversus eum ortae fuerint quae
absque gravi dispendio nequeant diffiniri, iubemus ut usque in nostram
suspendantur presentiam, quatenus ibi finitivam accipiant sententiam.

---

[1]) Brunner in Wiener S.-Ber. 51, 391.

Die Appennes werden ferner mit den Inquisitionsprivilegien in Verbindung gebracht, was bereits Brunner[1]) betont und zur Genüge erklärt hat. Den Anlass dazu bietet gleichfalls der durch den Urkundenverlust geschaffene Zustand der Beweislosigkeit. Ihm abzuhelfen wird die iustitia regalis, welche in erster Linie Ausfluss des dominium regis ist, aber auch schon unter andern Umständen auf nicht königliche Kirchen übertragen wurde, den beschädigten Kirchen verliehen, d. h. diese erhielten Mundium oder Inquisitionsrecht oder auch beide zugleich. So heisst es in BRK. 1413 vom J. 943: praecepta quoque et reliqua munimina cartarum... si incendio vel aliquo naufragio diminuta vel perdita sunt vel fuerint, anucimus ut hac nostra regali auctoritate restituantur atque solidentur, tanquam si aliqua laesione intacta permaneant; et si de rebus et familiis contentio aliqua orta fuerit, per veraces et bonos liberos homines ad rei veritatem inveniendam inquisitio exacta fiat et sic demum praefata ecclesia et canonici sua habeant atque possideant omnium hominum controversia remota, worauf Mundium, Immunität u. a. zugesprochen werden. Offenbar dasselbe soll in einem Diplom vom J. 946 für das Johannes-Stift in Pavia (Cod. dipl. Lang. I, 984) der eine Satz besagen, der etwa so zu emendiren ist: regia quoque auctoritate concedimus ut liceat iam dicto cappellam... omnibusque ipsius ecclesiae canonicis qui pro tempore fuerint omnes res et familias de quibus prefata ecclesia ante combustionem huiusmodi civitatis iuvestita fuerat... per circummorantium inquisitionem aut per sacramentum ab omnibus defendere et firmiter obtinere, tamquam si in preuentiarum casu res et firmitates habeantur.

Hinweise auf das Gemeindezeugniss, dessen ursprüngliches Gebiet die Besitzstandsfrage ist, finden sich auch ohne ausdrückliche Verleihung der iustitia regalis in einigen für Italien ausgestellten Appennes. Ich machte schon zuvor auf die comprobatio in BRK. 1112 aufmerksam. Desgleichen soll nach BRK. 1304 für Parma die legitima vestitura zur Zeit des erlittenen Schadens erwiesen werden per vicinos et circummanentes. Obgleich nun das Beweisvorrecht der Inquisition in Italien lange in Uebung blieb[2]), scheint in der Folge das Beweis-

---

[1]) Brunner l. c. 431—441 bespricht die Fälle BRK 634, 946, 1264, 1287, 1268, 1462. Um auch für diese Verbindung hier Beispiele anzuführen, wähle ich zwei von Brunner nicht berücksichtigte. Auch hier wiederum kommt die Verwandtschaft zwischen Mundium und Inquisitionsrecht in dem Uebergang von einer Formel zur andern zum Ausdrucke; vgl. das von Brunner 435 citirte BRK. 838 für Strassburg und den im Texte angeführten Passus. — Die auf die Gewere bezüglichen Sätze lauten in den Appennes meist ebenso wie in gewöhnlichen Confirmationen: s. zuvor S. 251.

[2]) Ficker Rechtsgeschichte Italiens I, 281.

verfahren zu Gunsten derer, welche Urkunden eingebüsst hatten, noch
vereinfacht worden zu sein. So heisst es am Schluss des von Otto III
Cremona ertheilten Privilegiums Stumpf 1077: statuimus preterea per
hanc nostram imperialem iussionem quod, si precepta . . . vel alique
scriptiones . . . incendio latrocinio sive quolibet ingenio alio sublata
fuerint, si advocatus episcopi cum tribus sacramentalibus qui hac ratione eas amisisse ausus fuerit affirmare, ita illum liceat per hoc nostrum preceptum defendere et querere, tamquam si ipsas scriptiones
presentialiter haberet. Unter Konrad II, welcher auch Cremona dies
Vorrecht bestätigte (Stumpf 2001), häufen sich die Beispiele. Ram-
bold von Treviso und seine Söhne haben in solchem Falle mit drei
Eideshelfern Zeugniss abzulegen (Stumpf 2115). Oder in Stumpf 1913
wird verfügt: ut si imminentibus peccatis chartulae et securitates de
terris . . . deperierint, regiam auctoritatem nostram eiusdem abbatiae
advocatus habeat cum duodecim sacramentalibus iureiurando firmare,
quod illo die quo ipsae chartulae perditae fuerunt, investituram haberet
abbatia de rebus quae continebant.

Das Gemeindezeugniss gibt mir Anlass nochmals zurückzugehen
bis auf die Anfänge der Appennes. In der contestaciuncula haben
wir ein genaues Verzeichniss der Besitzungen kennen gelernt. Mit
der Ausstellung desselben wurde offenbar bezweckt zu etwaiger Ein-
sprache Gelegenheit zu geben. Erfolgte diese nicht, so befand sich
der Beschädigte etwa in der Lage eines Klägers, dem sich trotz regel-
rechter Ladung ein Beklagter nicht gestellt hatte und welcher nach
römischem Rechte sich dann unter Bescheinigung seiner Rechte in den
Besitz der streitigen Sache einweisen lassen konnte. Eine solche Bescheinigung stellten die Municipalmagistrate dem Beschädigten in der
einen oder der andern der zuvor angeführten Formen aus. Nach
Rozière nr. 404 war damit erzielt: ut de id quod in ipsa strumenta
(den verbrannten) habebat insertum, tunc tempore vestre misericordiam nostra defensionem et adiutorium, ut lex non periat, erigat potius
quam inledat, stibulationem subnexa. Soweit kann das Verfahren als
dem mos Romanorum entsprechend betrachtet werden. Nicht minder
aber entspricht es germanischem Recht und Verfahren bei Streit um
Eigenthum. Auch diese lassen einen Scheinprocess zu, auch sie erklären den Beklagten, falls er ausgeblieben ist, für in der Sache über-
wunden und lassen den ganzen Scheinhandel mit einem iudicium
evindicatum enden: ut ipse ille ipsas res in loco illo incontra illo
superius nomine omnique tempore habeat evindicatas atque elidicatas
(Roz. nr. 454). Dagegen lässt sich das triduum (nr. 403: per triduum
. . . custodivimus, contestaciuncula per triduum apensa usw.) doch wohl

nur auf fränkischen Brauch zurückführen, so dass sich hier altes und neues Recht berühren. In den nächsten Formeln tritt dann das Gemeindezeugniss in der notitia relationis der vicini, commanentes immer mehr in den Vordergrund. Es fällt endlich, als das königliche Praecept an Stelle des Zeugnisses der Municipalgewalt trat, mit der suggessio an den König zusammen, und die Entschliessung des Königs erfolgt geradezu auf Grund der relatio bonorum hominum manibus roborata (Roz. nr. 413, 414). Solch schriftliches Zeugniss findet sich auch in dem ersten diesbezüglichen Diplom vom J. 664 erwähnt und selbst noch in BRK. 1652 vom J. 854. Aber seit die königlichen Appennes häufiger werden, heisst es höchstens noch wie in K. 44: ut ab omnibus notum sit; sonst werden sie einfach auf Assertion des Beschädigten ertheilt. Es scheint also von einem Verzeichniss der Güter, für welche Beweislosigkeit eingetreten war, ganz abgesehen worden zu sein. Und in der That wurde dasselbe nicht benöthigt, da der König ja nur verfügte, dass quicquid nunc temporis iuste possidet unde ipsa casa dei vestita videtur, deinceps per nostram confirmationem teneat et possideat, so dass der Umfang des quicquid erst festgestellt werden musste, bevor für die fernere Sicherung des Besitzes die unanfechtbare Königsurkunde zur Geltung kam. So lange nun die Appennes über das Beweisverfahren nichts aussagen, wird das in Fragen der Gewere und des Besitzstandes gewöhnliche Verfahren in Anwendung gekommen sein. Erst in diesem Zusammenhange erscheint die Verleihung des ius reclamandi oder in Italien des Beweisvorrechtes der Inquisition als eine wesentliche Begünstigung, aber zugleich auch als eine Rückkehr zu der Verwerthung des Gemeindezeugnisses.

Die zwei Herforder Diplome hätten für sich genommen einen so ausführlichen Commentar weder benöthigt noch verdient. In der That habe ich den Umstand, dass ihr Inhalt so verschieden gedeutet worden ist, nur benutzen wollen, um mich einerseits gegen die bedenkliche Theorie der Neuausfertigungen auszusprechen und andererseits auf die bisher wenig beachteten Appennes aufmerksam zu machen. Nachdem ich diese Aufgabe gelöst habe, ergibt sich die Nutzanwendung auf die Urkunden von denen wir ausgegangen sind von selbst.

DH. 13 berichtet uns zunächst dass gelegentlich des feindlichen Einfalls fremden Volkes Königsurkunden für das Kloster Herford verbrannt waren. Wie viele und welche dabei zu Grunde gegangen, wird nicht gesagt. Die Bitte der Königin und der Nonnen sowie die Absicht des Königs gehen dahin, die verlorenen Urkunden durch eine neue zu ersetzen. Dem Kloster wird also, was in seiner Vestitur ist und erscheint, mag es von Königen oder andern einst geschenkt sein, auf alle Zeit bestätigt, wobei mit wenigen Worten (sub nostrae tuitionis munimine) auch auf das Schutz- und Immunitätsverhältniss, in welchem Herford steht, verwiesen wird. Bei diesem Anlasse werden einzelne Ortschaften nicht etwa deshalb, weil die betreffenden Besitztitel ebenfalls verloren gegangen waren, sondern weil versucht worden war dieselbe dem Kloster zu entziehen, als in dieser allgemeinen Bestätigung inbegriffen besonders namhaft gemacht. Die Verfügungen dieses Praecepts stehen denen in anderen Appennes gleich und sind auch zum Theil in die Worte gekleidet, welche in Urkunden dieser Kategorie gebräuchlich sind; jedoch hat der specielle Dictator sich nebenbei in seiner etwas gesuchten Weise auszudrücken getrachtet.

Wie es auch sonst geschehen ist, liessen sich die Herforder Nonnen von Otto I in Stumpf 82 einen neuen Appennis ausstellen, welcher den vorausgegangenen nicht erwähnt, obgleich er ihn zum Theil wiederholt. Als Motiv wird nochmals der frühere Urkundenverlust angegeben, dessen Umfang auch hier nicht näher bezeichnet wird. Die allgemeine Besitzbestätigung bildet ebenfalls den Hauptgegenstand, und zwar ist sie und desgleichen die vorausgeschickte Erzählung DH. 13 nachgebildet, jedoch so dass in Folge der Ausscheidung minder gebräuchlicher Ausdrücke die Fassung sich mehr den herkömmlichen Dictaten nähert. Dem eigentlichen Appennis geht voran, dass den Herforder Nonnen das Recht der freien Wahl zugesprochen wird, und es folgt ihr nach, dass der öffentliche Richter in Ausübung der Gerichtsbarkeit an die Hinzuziehung des Klostervogts gebunden ist. Beide Bestimmungen sind hier so knapp gehalten, wie damals üblich war. Ihre Verbindung mit dem Appennis besagt durchaus nicht, dass die früheren Praecepte dieses Inhalts verloren gegangen sind. Dies lässt sich namentlich an dem Wahlrecht nachweisen. Um von dessen früheren Verleihungen an Herford abzusehen, war es zuletzt im Jahre 935 von Heinrich I in dem noch vorliegenden Originaldiplom DH. 41 den Nonnen zugesichert worden. Sobald sich nun diese von dem neuen König Otto ein Diplom ausstellen liessen, waren sie darauf bedacht ihn zugleich um nochmalige Verleihung jenes so wichtigen Rechtes zu bitten. Die Kanzlei aber ging sowohl 927 als 940 nach althergebrachtem Brauche vor und bekümmerte sich nicht darum, in welcher Weise die Nonnen für die Erhaltung und etwaige Vervielfältigung ihrer Urkunden sorgten.

IX.

Unedirte Diplome aus Aquileja (799—1082).

Mitgetheilt von

V. Joppi

und ergänzt aus dem Apparat der Monumenta Germaniae.

Mit einer Einleitung von E. Mühlbacher.

Wenn Einhard den Erfolg der Heerfahrt nach Italien 773/4 mit den Worten kennzeichnet: Finis huius belli fuit subacta Italia[1]), so ist damit allerdings, bleibt Süditalien ausser Betracht, das wesentliche Ergebniss ausgesprochen: das Langobardenreich war zertrümmert, Desiderius als Gefangener nach Lüttich gebracht, dessen Sohn Adalgis weilte als Flüchtling in Konstantinopel; das fränkische Machtwort gebot bis zu den Marken Benevents und bis zum Isonzo. Aber im Innern gährte es; eine nationale Erhebung bereitete sich vor, welche die Wiederherstellung des Langobardenreichs, die Abschüttelung der Fremdherrschaft auf ihre Fahne schrieb[2]). Sie kam nur in Friaul zum Ausbruch; der Langobarde Hrodgaud, von Karl selbst erst kürzlich zum Herzog bestellt, erhob sich in offenem Aufstand[3]). Er blieb vereinzelt; mochte er zu früh losgeschlagen, mochten andere Einflüsse die langobardischen Herzoge Mittelitaliens zur Ruhe bestimmt haben, so hatte auch der unerwartete Thronwechsel in Konstantinopel die Pläne durchkreuzt[4]); Adalgis, an den die letzten Hoffnungen seines Volkes sich angeklammert hatten[5]), sollte mit griechischen Truppen die Erhebung unterstützen[6]) und sich an die Spitze der Bewegung stellen; dem Prätendenten war dies jetzt unmöglich geworden. Karl war eben von einem siegreichen Sachsenzuge heimgekehrt, als die Meldung von dem Aufstande in Friaul eintraf; mit der blitzartigen Schnelligkeit, welche unerwartet

---

[1]) Vita Karoli c. 6, Jaffé Bibl. 4, 515.

[2]) Schreiben des Papstes Hadrian an Karl: cupientes . . Langobardorum regnum redintegrare et vestrae regali potentiae resistere. Cod. Carol. ed. Jaffé nr 56, Bibl. 4, 192. Die Richtigkeit der Behauptung von Hirsch, Forschungen 13, 41, dass diese „grosse Verschwörung nur in der Phantasie des Papstes existirt hat oder von diesem erdichtet worden ist", vermag ich nicht anzuerkennen.

[3]) Voluit Italiam rebellare. Ann. Laurissa. 775, M. G. SS. 1, 154. Hr. novas res molientem. V. Karoli c. 6 vgl. die Parallelstelle in Ann. Einh. 776.

[4]) Vgl. Abel Karl der Grosse 191. Konstantin V Kopronymus starb 775 Sept. 14; erst 776 Febr. 7 erhält der Papst davon sichere Kunde, welche er dem König mitzutheilen sich beeilt, Cod. Carol. nr. 60. Wie der Papst erfahren, sollte erst im März 776 losgeschlagen werden, Cod. Carol. nr. 58.

[5]) In quam spes omnium inclinare videbantur. V. Karoli c. 6, Parallelstelle in Ann. Einh. 775.

[6]) Cod. Carol. nr. 58.

auf den Gegner stürzt, ihn überfällt, vernichtet, wie sie die früheren Heerzüge Karls characterisirt, eilte er mit einer auserlesenen Schaar über die schneebedeckten Alpen nach Italien; das Weihnachtsfest 775 feierte er noch zu Schlettstadt im Elsass, Ostern (14. April) schon im eroberten Treviso¹); Hrodgaud war bereits im Kampfe gefallen²). Cividale und die übrigen Städte wurden unterworfen. Zur Sicherung Friauls, dessen Erhebung um so gefährlicher werden konnte, da es als Grenzland das Gebiet des mächtigen Baiernherzogs berührte³) und sich dem Avarenreich sich lehnte, wurden in den unterworfenen Städten fränkische Grafen bestellt, fränkische Besatzungen in dieselben gelegt⁴).

Von Hrodgauds Parteigängern sind, obgleich der Aufstand sich über das ganze Land ausgebreitet zu haben scheint, nur wenige Namen überliefert. Dessen Schwiegervater Stabilinius vertheidigte Treviso⁵); Waldand, Mimos Sohn aus Lavariano, die in und um Cividale begüterten Brüder Ratgaud und Felix fielen mit Hrodgaud im Kampfe⁶). Das Strafgericht gegen die „Rebellen" war ein strenges; unnachsichtliche Strenge war hier auch Forderung der Politik. „Multi ex Langobardis," meldet ein verlässlicher Bericht⁷), „foras ducti multique per

---

¹) Ann. Lauriss. Einh.

²) Urk. Karls 776 Juni 17. Sickel Reg. K. 58; in campo cum Roticauso (so nach Rothmann die bessere handschriftliche Ueberlieferung, in den Drucken irrig Forticauso, Rotgano, Rotganelo) inimico nostro a nostris fidelibus interfectus est vgl. Urk. 811 Dez. 21 K 266; in den Annalen nur: Hr. occisus (interfectus) est. Die Nachricht in Ann. Mett., Bouquet 5, 542, und Pauli Cont. III, M. G. SS. Lang. 215, von dessen Gefangennahme und Enthauptung demnach unrichtig.

³) Tassilos Beziehungen zum Frankenreich, seit seiner baiulatio 763 schon gespannt, verschlimmern sich nach Eroberung des Langobardenreichs; von dessen einflussreicher Gemahlin Liutperga, einer Tochter des Königs Desiderius, berichten die Ann. Einh. 788: post patris exilium Francis inimicissima semper erat.

⁴) Ann. Lauriss. Einh. 776. Derelicti custodes e Francis erwähnen zwar nur die Ann. Mett., die immerhin besser sind als ihr Ruf; die Grafen mussten aber eine unbedingt verlässliche Macht zur Verfügung haben; 788 werden die Avaren a Francis qui in Italia commorare videntur zurückgeschlagen, Ann. Lauriss, in Urk. 792 Aug. 4 K. 158 für den Fall der Verlegung eines regale praesidium propter impedimenta inimicorum (hier allerdings zunächst der Avaren, doch auch Hrodgaud wird in K. 58, 286 inimicus genannt) nach Friaul und Treviso Bestimmungen getroffen.

⁵) Ann. Polav. 776. Der in Andreas Bergom. Hist. c. 4, M. G. SS. Lang. 224, genannte Herzog Gaidus von Vicenza ist anderweitig nicht beglaubigt.

⁶) K. 58, 286 (auch hier die Namen in den Drucken verderbt); von einem dritten Bruder Laudulf heisst es: qui in infidelitate eorum non perseveraverit. Lavariano südlich Udine.

⁷) Ann. Maximiniani 776 in Compte-rendu de la Commission r. d'hist. de la Belgique (Bruxelles 1844) I, 8, 178; von Abel nicht benützt. Die Stelle ,occiso Hrodgaudo qui rebellis extiterat' auch Ann. Petav. 776.

loco expulsi sunt.' Ihre Güter wurden „secundum legem Francorum et Langobardorum"[1]) confiscirt. Dies Loos traf auch Arichis, den Bruder des Paulus Diaconus; ein ergreifendes Bild entrollt das Gedicht, welches bei dem gewaltigen Frankenkönig für ihn um Gnade bittet; während er im siebenten Jahre fern in Gefangenschaft schmachte, müsse daheim die Gemahlin mit bebender Lippe betteln um Brod für die Kinder, deren Blösse sie kaum mit Lappen bedecken könne; fast erblindet seien ihre Augen vor Thränen, genommen ihnen selbst der Hausrat, der vom Vater ererbte Ilewitz [2]).

Eine werthvolle Ergänzung zu diesen vereinzelten Nachrichten bietet die erste der hier veröffentlichten Urkunden. Es unterliegt kaum einem Zweifel, dass auch Aio an dem Aufstande von 776 betheiligt war. Als ‚infidelis' flüchtet er „peccatis imminentibus" aus seiner Heimat; sein Eigengut wird eingezogen, es ist 799 im Besitze des Fiscus; der König begnadigt ihn förmlich und verzeiht ihm seine Schuld.

Aio — der Name ist althngobardisch und in Italien häufig [3]) — gehört einem reichen Geschlechte an; er ist in Friaul, im Gebiete von Vicenza und Verona begütert. Für seine edle Abkunft spricht auch die Stellung, welche er später bekleidet.

---

[1]) So K. 236: propter infidelitatem eorum in publicum nostrum devenerat (dafür in K. 58 das italienische ad palatium nostrum vgl. Urk. 774 Juli 16 K. 27: sicut in publico et ad palatium visum est pertinuisse et intra fisco nostro cecidit).

[2]) Neu herausgegeben von Waitz in M. G. SS. Lang. 15. Schon Bethmann hat im Archiv der Gesellschaft f. ält. deutsche Gesch. 10, 260 n. 1 darauf hingewiesen, dass die Stelle

Nobilitas periit miseris, accessit aegestas Debuimus, fateor, superiora pati auf den Aufstand von 776 weise; Paulus bittet den König den Gefangenen ‚cum modicis rebus' seinem Vaterlande zurückzugeben. Dagegen scheint mir die von Abel 118 n. 1, 196 für 776 verwerthete Urk. Karls 808 Juli 17 K. 215 für den gleichfalls ins Frankenreich abgeführten Munfred aus Reggio nur auf 774 Bezug zu nehmen, wie dies schon Affò und Waitz angenommen; entscheidend ist, dass die hier erwähnten Langobarden nicht als Gefangene, sondern als Geiseln (pro credendiis) fortgeführt werden und zwar, nachdem nos regnum Langobardorum adquesivimus; der Aufstand von 776 beschränkt sich, soviel wir wissen, auf Friaul.

[3]) Förstemann Personennamen 10 reiht die Namen Aio und Ago unter dem Stamm Ag ein. Bei Paulus Diac. ist indes zwischen den beiden Namen (Aio = Agio) strenge Unterscheidung aufrecht erhalten. Ich glaube daher das von diesem, Hist. Lang. V, 17 M. G. SS. Lang. 151, erwähnte ‚Haus des Ago' in Cividale nicht auch mit Aio in Verbindung bringen und aus der Namensähnlichkeit nicht auch dessen Verwandtschaft mit dem um die Mitte des 7. Jahrhunderts (II. Lang. IV, 50) auftretenden Friauler Herzog Ago folgern zu dürfen. Das Haus des Ago wie jenes von Paulus Diac. werden in Cividale noch jetzt oder vielmehr jetzt wieder gezeigt.

Besonderes Interesse gewährt die Angabe, dass Aio bei den Avaren eine Zufluchtstätte gefunden habe. Und kaum er allein. Den politischen Flüchtlingen Friauls — so wird man wol die ‚expulsi' bezeichnen dürfen — bot das Avarenreich zunächst Sicherheit; ob auch Tassilo ihnen Aufnahme gewährt habe, wissen wir nicht; damals musste er doch Bedenken tragen die Verantwortlichkeit für einen solchen offenen Act der Feindseligkeit auf sich zu nehmen. Andere mochten sich nach dem griechischen Reich gerettet haben, in dessen Hauptstadt Adalgis das Gnadenbrod erhielt, jetzt nur mehr ein brauchbares Werkzeug der griechischen Politik, welche auf ihre Ansprüche an Italien nicht verzichtet hatte [1]).

Bald nach dem Aufstand in Friaul treten die Avaren zum Frankenreich in Beziehung. Auf dem Paderborner Reichstag 782 erscheint eine avarische Gesandtschaft [2]). Wenige Jahre später ist der Vernichtungskrieg gegen sie entbrannt. Tassilo gesteht in Ingelheim, dass er mit den Avaren Verbindungen angeknüpft habe [3]). Es ist eine grosse Coalition, welche er aufgebracht. Dies zeigen die unmittelbar folgenden Kämpfe. Die Avaren brechen auf zwei Seiten gegen Baiern und Friaul vor, gleichzeitig landen die griechischen Truppen in Unteritalien; die Angriffe werden überall siegreich zurückgeschlagen [4]). Damit ist auch das Schicksal des Avarenreiches besiegelt. Karl selbst dringt 791 verheerend bis zur Raab vor; der für 792 geplante und wegen der Verschwörung Pippins auf 793 verschobene Feldzug wird durch den Sachsenaufstand vereitelt [5]). Innere

[1]) Politischen Flüchtlingen aus Mittelitalien bot auch Benevent eine Zufluchtstätte; so wird in zwei ungedruckten Urkunden Ludwigs des Frommen für Farfa 816 Juni 21 (diese erwähnt im Chron. Farf. Muratori SS. 2b, 566, 887, Sickel Acta deperd. Acut. 7) und 818 Juni 5 ein Godoald genannt, qui postposita fidelitate sua ad Beneventanos qui tunc temporis genitori nostro Karolo imperatori rebelles erant fugiendo se contulit. Abschrift Bethmanns aus dem Registrum Farf. nr. 241, 256 im Apparat der Mon. Germ.

[2]) Ann. Lauriss. Nur die Ann. Einh. berichten, dieselbe sei ‚velut pacis causa' gekommen. Büdinger Oesterr. Gesch. 1, 127 geht wol zu weit, wenn er in dieser Angabe nur einen aus späteren Verhältnissen gezogenen unberechtigten Schluss sieht. Möglich wäre immerhin, dass auch wegen der politischen Flüchtlinge sich Differenzen ergeben hatten.

[3]) Ann. Lauriss. 788. Genauer sprechen die Ann. Lauresh. vgl. Nazar. aber de pessimis consiliis et machinationibus, quas cum omnes gentes qui in circuitu Francorum erant consiliati sunt contra Francos.

[4]) Jene der Avaren an der Ips und Donau; für den Namen des südlichen Schlachtortes in den Ann. Lauriss. eine Lücke; ergänzend die Ann. Maxim.: in campestribus Foroiuli. Ueber den Angriff der Griechen auch Alcuini ep. ed. Jaffé nr. 14, Bibl. 6, 167, Harnack Das karol. u. byzant. Reich in ihren polit. Bezieh. 21.

[5]) Bedeutungsvoll ist die Thatsache, dass die Sachsen, welche 791 mit den

Unruhen beschleunigen den Fall des morschen Reiches; während der Tudun 795 seine Unterwerfung anbieten lässt, werden die Oberhäupter des Volkes, der Chakan und Jugur, erschlagen. Nachdem der tapfere Herzog Erich von Friaul den Hauptring jenseits der Drau erstürmt hatte, vollendet König Pippin 796 die Eroberung des Landes; in jenem Ring, der Residenz der Avarenhäuptlinge, nimmt er die Huldigung des neuen Chakans entgegen und ordnet alles nach dem Gebot seines Vaters[1]); das einst furchtbare Avarenreich war nun fränkischer Vasallenstaat geworden.

Die erzählenden Quellen in ihrer knappen Kürze melden nichts von Gefangenen. Von ihnen sprechen zwei Briefe Alcuins. In warmen Worten erbittet Alcuin für sie des Königs Gnade um der göttlichen Huld willen, welche den Sieg verliehen habe, damit sie auch weiterhin Glück spende[2]). Aber er legt zugleich Fürsprache ein für die, welche sich der Infidelität schuldig gemacht haben. „Sed et de peccantibus in vos', schreibt er weiter, „si fieri possit et vestrae videatur providentiae, aliqua de aliquibus fiat indulgentia et remissio. Tamen propter incognitas illorum causas cautius de his loquor. Vos enim ipsi optime scitis quod utile est regno vobis a deo dato et paci s. dei ecclesiae proficuum." Diese Fürbitte war keine vergebliche; in einem anderen Brief dankt er Pippin und dem König „qui pie con-

---

Friesen als linker Flügel des fränkischen Heeres in Pannonien eingerückt waren, sich 792 erhoben, existimantes quod Avarorum gens se vindicare super christianos debuisset, und 793 auch die Saracenen in Septimanien einfallen, existimantes quod Avari contra regem fortiter dimicassent. Ann. Lauresh. 792, 793. Die Motivirung ist durchaus glaublich, es waren alle Vorbereitungen zu einer neuen Heerfahrt gegen die Avaren getroffen; der Sachsenaufstand kommt erst 793 zu vollem Ausbruch und die Ann. Einh. 795 heben hervor, dass die Meldungen von diesem wie vom Saracenoneinfall (duo valde displicentia) gleichzeitig beim König eingetroffen seien. Diese Gleichzeitigkeit ist kaum eine zufällige; ob nun directe Beziehungen, wenn zunächst auch nur zwischen Sachsen und Avaren, im Spiele waren, wer sie eingeleitet, darüber liessen sich nur unfruchtbare Vermuthungen aufstellen. Es fehlt jeder Anhaltspunkt, um zu ermessen, ob die Flüchtlinge bei den Avaren, wie dies bei einem innerlich unterwühlten, äusserlich bedrängten Staatswesen allerdings leicht möglich gewesen wäre, auch eine politische Rolle spielen konnten.

[1]) Ann. Maxim. (die Stelle: ad locum celebrem qui Hrink vocatur fast gleich in der Conv. Bag. c. 6 M. G. SS. 11, 9) vgl. Carmen de Pippini vict. Einhardi V. Karoli Schulausgabe s. A. 35, Ann. Lauresh. Laurism. u. a.

[2]) Ep. ed Jaffé nr. 76: die Zeitbestimmung ergibt sich aus dem Satze: dum est Pippinus tuus tecum; Pippin kommt nach der avarischen Heerfahrt zu seinem Vater nach Achen und bleibt den Winter über bei ihm, Ann. Laurism Einh. Guelf. Alam.

sentit de redemptione captivorum'¹). Karl durfte auch Gnade walten lassen, ohne mit politischen Rücksichten in Widerstreit zu kommen²); in Oberitalien war die fränkische Herrschaft vollkommen gefestigt, jetzt auch gegen äussere Angriffe und Einflüsse vollständig gesichert.

In welchem Umfang Begnadigung geübt wurde, wissen wir nicht; wir kennen nur ein Beispiel, Aio. Als Rebell war er zu den Avaren geflüchtet und dort von Pippin gefangen genommen worden³). Der Gnadenact verzögert sich für ihn, wie es scheint, noch einige Zeit; wenigstens erhält er erst zu Beginn des Jahres 799 die königliche Urkunde, welche seine förmliche Begnadigung ausspricht und ihm das confiscirte Eigengut zurückgibt unter dem Vorbehalt, dass er dem König und dessen Söhnen fortan nackellose Treue wahre⁴).

Diese wahrte Aio. Die Urkunde, welche ihm 10 Jahre später die Erlaubniss gibt seinen Besitz unter seine Söhne zu theilen (nr. 2), rühmt dessen ‚benemeritum servitium', Aio selbst wird ‚dilectus fidelis noster' genannt; als Comes ist er mit der Verwaltung einer Grafschaft betraut. Um diese Zeit etwa wird er auch mit dem Priester Izzo und dem Grafen Cadalaus von Karl und Pippin als Königsbote nach Istrien gesandt, um dem Volke namentlich gegen die masslosen Bedrückungen

---

¹) Ep. ed. Jaffé nr. 77; auch die aus Italien fortgeführten Geiseln werden auf Pippins Bitte freigegeben, K. 215

²) Einhard V. Karoli c. 20 rühmt wenigstens von ihm, ut numquam ei vel minima inimitae severitatis nota a quoquam fuisset obiecta; nur unter dem Einfluss seiner grausamen Gemahlin Fastrada († 794) habe er die angeborne Güte und gewohnte Milde verlängnet

³) Mit dem authentischen Bericht der Urk. nr. 1: postquam illum filius noster cum nostro exercitu hostiliter adquisivit steht die Angabe von nr. 2: iterum de Avaris reverso et ad misericordiam eius venienti in Widerspruch; dieser beruht doch nur auf ungenauer Benützung der Vorlage.

⁴) In gleicher Weise wird Manfred aus Reggio in K 215 sein Eigengut restituirt, quandiu nobis et dilecto filio nostro fideliter deservierit; sonst findet sich diese Formel unter Karl dem Grossen nur noch in Urk. für Ansiedler der spanischen Mark, K. 141, 241, und in anderer Form für Chur und Rhätien K. 23, sowie für Aquileja K. 188. Bezeichnend für die Auffassung der italienischen Verhältnisse ist auch ein anderer Fall. 790 April bestätigt Karl die Stiftungsurk. von S. Ambrogio in Mailand, Cod Lang. 119; diese ist im Diplom, K. 125 speciell bei Gewährung der freien Abtwahl als Vorlage benützt und ausgeschrieben, hier aber durch den Zusatz ‚(abbatem) nobisque (in Cod. Lang. 128 das sinnlose omnibusque) per omnia fidelem' erweitert. Diese Einschaltung in die Formel der freien Abtwahl, welche von dem zu wählenden Abt ausdrücklich Treue fordert, ist karolingischen Ursprungs; während sie den Merowinger Diplomen fremd bleibt, tritt sie zuerst unter Pippin dem Mittleren für Echternach, unter König Pippin für Prüm, beides allerdings Familienstiftungen, auf, M. G. SS 28, 54, 59; Mittelrhein UB. 1, 10 vgl. dazu Karls Urk. für Fulda K. 52, Dronke 80.

des Herzogs Johannes Recht zu schaffen¹). Auch in dem darüber ausgefertigten Documente führt er den Grafentitel. Ebenso in dem Diplom von 816. Dass sein Amtssprengel in Friaul gelegen war, unterliegt kaum einem Zweifel; für eine nähere Bestimmung namentlich auch des Verhältnisses zu Graf Cadalaus, der 819 als ‚comes et marcae Foroiuliensis praefectus' bezeichnet wird²), fehlt jeder Anhaltspunkt. Aio war es gelungen sich das Vertrauen Karls in hohem Grade zu erwerben; 811 wird er mit Bischof Haido von Basel und den Grafen Hugo von Tours mit einer Gesandtschaft nach Konstantinopel betraut³). Die Urkunde Ludwigs des Frommen, welche ihm neuerdings seinen Besitz bestätigt (nr. 3), rühmt daher auch dessen Treue⁴).

Von Aios Söhnen Alboin, Ingobert, Agisclaf wird später noch der erstere genannt⁵). Er hatte, bevor er bei Lothar I in Ungnade fiel, urkundlich Besitz an die Kirche von Aquileja vergabt; das Diplom, welches diese Schenkung 843 bestätigt (nr. 6), erwähnt die Veranlassung dieser Ungnade nicht; es dürfte Alboins Haltung entweder bei der Erhebung Lothars 833 oder in dem nach dem Tode des alten Kaisers entbrannten Bruderkriege gewesen sein, denn er wird auch

---

¹) (Carli) Delle antichità Ital. 4 app. 5, im Auszuge bei Waitz V. G. 8, 406. Die Veranlassung von Rissano (bei Capo d' Istria) ist ohne Datirung überliefert; Waitz setzt sie 804, Muratori Annali 805, Chalovi 803—810. Sie wird von Ludwig dem Frommen 814—821 bestätigt. Carli 4 app. 12, L 40: auch in diesem Erlasse wird Aio neben den beiden anderen Königsboten genannt.

²) Ann. Einh., ähnlich 817: ad quem illorum confinium cura pertinebat. Palladio bezeichnet Aio als ‚Agone di Strasoldo conte nel Friuli, che fu uno di que' primi conti che dallo stesso Carlo pochi anni prima furono creati nella provincia', Manzano Ann. del Friuli 1, 272. Diese Vermuthung im wesentlichen richtig, das Prädicat di Strasoldo doch nur willkürliche Zuthat.

³) In den Ann. Einh vgl. Mett. wird er Aio Langobardus de Foroiulii genannt (in Ann. Maxim. der Name in Haido verderbt), in Ann. Fuld. M. G. SS. 1, 355 aber de Aquileia; auf die letztere Bezeichnung ist kein Gewicht zu legen.

⁴) Während die Urk. Karls von 799 noch den Vorbehalt aufstellt ‚dum nobis et filio nostro Pipino fidelissimi et obedientes ac beneplaciti fuerint', entfällt dieser in der Urk. Ludwigs, in dessen Kanzlei diese Formel nur für die Istrianer und für Ansiedler in der spanischen Mark l. 40, 42, nicht aber auch für begnadigte Rebellen, wie in L 273, 171, Verwendung findet. Auf die characteristische Bedeutung, welche sie dann wieder unter Lothar I gewinnt, habe ich an anderer Stelle, Sitzungsber. der Wiener Akademie 92, 466, hingewiesen.

⁵) Ein Ingobert wird 810 von Karl nach Aquitanien gesandt, um das Commando gegen Spanien zu übernehmen, und 814 von Ludwig mit der Säuberung der Pfalz vor Achen beauftragt, V. Hlud. c. 13, 21, M. G. SS. 2, 614, 618; eine Identificirung mit dem Sohn Aios scheint mir nicht berechtigt. Der Name Ingobert kein seltener, Förstemann Personennamen 788.

seiner Grafschaft enthoben¹). In dieser Zeit innerer Wirren mochte bei dem Widerstreit der Pflichten und Ueberzeugungen auch mancher einem unverdienten Schicksal zum Opfer gefallen sein.

Unter Ludwig dem Frommen finden die Thronrevolutionen ihre Stütze in Italien. Vor Lothar hatte schon K. Bernhard 817 sich erhoben. Die Annalen nennen nur die hervorragendsten Theilnehmer, welchen sie auch die Schuld dieses Aufstandes beimessen²); ausser diesen kennen wir nur noch einen mit Namen Aming. In der Begnadigungsurkunde für diesen, welche die Kanzlei Ludwigs, der es wahrlich an Gelegenheit zur Ausfertigung solcher Documente nicht gefehlt hätte, in ihre Formelsammlung aufnahm³), heisst es, dass sich auch ‚etwelche' der Unterthanen Bernhards der Empörung anschlossen⁴). Einer derselben ist zweifelsohne jener Ardulf, Herichs Sohn, dessen Besitz ‚postquam nobis infidelis extitit', confiscirt worden war und 819 von König Ludwig an das Kloster S. Maria vergabt wurde (nr. 4). Wie sonst waren auch diesmal die Güter der Mitschuldigen eingezogen⁵), diese selbst in die Verbannung geschickt oder in Klöster gesteckt worden⁶). Im Oktober 821 wurde bei Gelegenheit der Hochzeit Lothars I zu Diedenhofen für die Theilnehmer an der Verschwörung Bernhards eine allgemeine Amnestie erlassen und ihnen auch ihr confiscirter Besitz zurückgegeben⁷); dies war übrigens nur noch thunlich, insoweit über denselben noch nicht rechtskräftig verfügt worden war, wie dies bei den Gütern Ardulfs in S. Cancianno schon 2 Jahre früher geschehen war. Diese blieben Eigenthum des Klosters, da dieses auch im Besitze seines Rechtstitels, der Urkunde, blieb. Ardulfs Name tritt nur in diesem Documente auf⁸).

---

¹) Ueber Lothars Verfahren bemerkt Hincmar von Reims: Qui cum Lothario erant immiserunt illum in hoc, ut fratres suos exheredi taret et regni primores qui cum illis erant annullaret. Op. ed. Sirmond 2, 180; für 831 vgl. Simson Ludwig der Fromme 2, 117.

²) Ann. Einh. 817 vgl. Simson 1, 113, Malfatti Bernardo Re d'Italia 81

³) Rozière Formules 1, 85 nr. 40, L. 171.

⁴) Aliqui ex sibi subiectis a fide deviantes nobis infideles extiterunt; dagegen sprechen die Ann. Einh. von multi praeclari ac nobiles viri qui in eodem scelere comprehensi sunt, die V. Hlud. c. 29: quamplures clerici seu laici.

⁵) Res eorum quibus secundum legitimas sanctiones privati fuerant fisco nostro asociatae sunt. L. 171.

⁶) Ann. Einh. 818, V. Hlud. c. 30, L. 171.

⁷) Ann. Einh. 821, V. Hlud. c. 34 vgl. L. 171.

⁸) Dass er der Sohn des gefeierten Herzogs Erich von Friaul, welcher 799 vor Terzatto fiel, gewesen, ist kaum wahrscheinlich. In der Urkunde fehlt jede Andeutung. Sie lässt nicht einmal ermessen, ob er begütert gewesen ist, da es sich nur um den Besitz in einem einzigen Orte handelt.

Das Diplom von 824 (nr. 5) ist Schenkung bisher nur zu Lehen getragener Güter an die Kirche von Aquileja. Dasselbe bietet zunächst topographisches Interesse. Der hier genannte Ort Zellia in finibus Sclaviniae[1] ist, wie kaum zu zweifeln, Cilli, das römische Celeia; dies die erste Erwähnung des Ortes seit Paulus Diaconus[2]. Es sind Markgrafen von Friaul, welche den Patriarchen Maxentius hier belehnt hatten; der eine ist der schon erwähnte Cadalaus, der andere Baldrich dessen Nachfolger, der auf dem Reichstage zu Achen 828 wegen Unfähigkeit abgesetzt wurde[3]. Es ergibt sich daraus die Thatsache, dass Sclavinien oder wenigstens der Theil, in welchem Cilli lag, auch nach der „Reichstheilung" von 817, die dies Gebiet an Ludwig den Deutschen überwies[4], noch unmittelbar unter den Markgrafen von Friaul stand. Daran scheint auch der Regierungsantritt Ludwigs nichts geändert zu haben; denn erst 828 wird die Mark, welche Baldrich bis dahin allein inne gehabt hatte, unter vier Grafen getheilt[5].

Von Berengar I. vor seiner Erhebung zum König Markgraf von Friaul, war bisher nur eine Urkunde für Aquileja bekannt[6], eine andere für Petrus, einen Priester der Patriarchalkirche[7]. Von anderen Diplomen, welche einst dem Archiv von Aquileja angehört haben, sind nur aus einem Archivindex kurze Auszüge erhalten[8]; eines derselben vergabte 888 eine Kirche zu Antro (bei Cividale) an den Diakon

---

[1] In der Conv. Bag. c. 7, M. G. SS. 11, 9: in Sclaviniam, in partes videlicet Quarantanas atque inferioris Pannoniae vgl. Dümmler Südöstl. Marken im Archiv f. Kunde österl. GQ. 10, 18.

[2] II. Lang. IV, 38, M. G. SS. Lang. 152 vgl. Kämmel Die Anfänge deutschen Lebens in Österreich 186 n. 2. Cilli wird erst c. 1185 wieder urkundlich genannt, Zahn Steiermärk UB. 1, 641. — Muciano jetzt Mussana Prov. Udine Distr. Latisana, 1184 und 1904 als Besitz Aquilejas erwähnt, Manzano 1, 172, Bianchi Thes. eccl. Aquil. nr. 1143.

[3] Ann. Einh. 828: Baldricus, dux Foroiuliensis. 826 werden von derselben Quelle Baldrich und Gerold als comites et Avarici limitis custodes und Pannonici limitis praefecti bezeichnet. Cadola starb 819, Ann. Einh.

[4] Divisio imperii c. 2, M. G. LL. 1, 198 vgl. Simson 1, 100 n. 6. Ueber die Zugehörigkeit Karantaniens zur Friaulischen Mark Dümmler Südöstl. Marken 16.

[5] Ann. Einh. 828.

[6] Von 921 Okt. 5, Böhmer 1868.

[7] 921 März 25, R. 1869. Berengars Kaplan Petrus, der von Karl III 881 Güter erhält B. 928, ist wahrscheinlichst Berengars erster Kanzler, 896—899 Erzkanzler.

[8] Veröffentlicht von Zahn, Beitr. zur Kunde steiermärk. Geschichtsquellen 9, 58 aus Vol. 12 der Fontaninischen Sammlung zu S. Daniele. Dieselbe wurde schon von Bethmann benützt.

Felix[1]), ein anderer bestätigte 912 Abbo, Abt des Klosters Cervignano (bei Aquileja), dessen Urkunden von den Ungarn verbrannt worden waren, den Besitz[2]), ein drittes schenkte 914 dem Priester Petrus Güter an sechs Orten[3]).

Eine wesentliche Ergänzung dieses lückenhaften Materials bieten die hier veröffentlichten Urkunden. Rubeis vermuthet[4]), dass Patriarch Walpert noch 901 gelebt habe. Dass diese Annahme eine irrige ist, erweist das Diplom Berengars von 900 Nov. 2 (nr. 7), welches bereits den Patriarchen Friedrich nennt. Ueber dessen Herkunft erging man sich in haltlosen Vermuthungen[5]); der Titel „spiritalis pater", welcher ihm hier gegeben wird, scheint, obgleich in seiner Allgemeinheit zu unbestimmt, immerhin auf nähere Beziehungen zwischen ihm und dem König hinzuweisen. Die Urkunde wurde später von der Kanzlei

---

[1]) Zahn a. a. O. 88, schon erwähnt Rubeis 222. Die Datirung lautet: dccclxxxiii ind. VI actum Mantoe in regio palatio. Im Apparat der Mon. Germ. findet sich noch eine gleichlautende Abschrift aus der Handschrift der Marciana IX. 56 (xcvii. 1) Rubeis Addidamenta, welche der Datirung noch anfügt: III ducatus Foroiuliensis. Im Mai 883 war Berengar bei Karl III allerdings in Verona und begleitete diesen wahrscheinlich nach Mantua; doch auch von dem Königstitel Berengars abgesehen wäre das angegebene Jahr III unrichtig; Berengar bekleidet diese Würde mindestens seit 875, Dümmler Gesta Berengarii 18. Dieser Zusatz muss umsomehr als Interpolation betrachtet werden, als ind. VI=888 ist — es fiel also beim Incarnationsjahr das Zahlzeichen V aus — und Berengar im März dieses Jahres zu Mantua urkundet, Forschungen 9, 126.

[2]) Zahn 88, schon veröffentlicht von Liruti Notizie del Friuli c, 78.

[3]) Zahn 89. Ein ausführlicheres Excerpt in Vol. III der Ms. Belloni, Bibl. civ. zu Udine. Ich theile dasselbe nach der Abschrift Joppis mit: Qualiter Berengarius rex dedit in perpetuum et concedit patriarche Petro, qui nominatur in privilegio insinuato presbyter Petrus de castro Julio, sex massaricias iuris regni sui in comitatu Foroiuliensi adiacentes, unam in loco qui dicitur Laucns (im Archivindex nach Bethmann und Joppi: Laue), aliam in loco nuncupato Lovaco, tertiam in Lagunare, quartam in Vinadis, quintam in Rongo, sextam in Gorgo cum omni integritate earum unacum campis terris vineis pratis pascuis silvis salectis sationibus aquis aquarumque decursibus montibus vallibus planitiebus iure proprietario ad faciendum omni modo suam voluntatem. Dedit insuper et donavit eidem patriarche quidquid de predictis massariciis seu de cunctis proprietatibus suis in finibus videlicet Carniensibus adiacentibus, ad ipsius regiam partem pertinentibus de suo iure et dominio in ipsius patriarche ius et dominium transferens et in integrum delegans et hoc sub anno dominicae incarnationis dcccxiv. Dass dieser Petrus, wol derselbe, welcher auch 921 von Berengar beschenkt wird, Patriarch gewesen, ist willkürliche Annahme. Carnia der nördliche gebirgige Theil Friauls am oberen Tagliamento.

[4]) Mon. Aquil. 432, darnach Cappelletti u. a.

[5]) So machte man ihn auch zu einem natürlichen Sohne Karls des Kahlen, Manzano 1, 269.

der Könige Hugo und Lothar 931 für eine andere Schenkung als Vorlage benützt[1]). Von diesem wird auch Berengars Vergabung im selben Jahre bestätigt[2]).

Der verheerende Einfall der Ungarn, welche 899 in Friaul einbrachen und nach dem Siege an der Brenta Oberitalien überflutheten, wurde auch für Aquileja verhängnissvoll. Die Nachricht Liudprands, dass die Beuteschaaren auch nach Aquileja gekommen seien[3]), findet eine Bestätigung in der Urkunde Berengars von 904 (nr. 10). Die Arenga, hier aus der farblosen Formulirung hervortretend, erwähnt die Verwüstungen, sie trafen auch das Archiv; theils durch sie, theils durch einen zufälligen Brand waren viele Urkunden vernichtet worden. Zur Sicherung des Besitzes gewährt der König auch das Inquisitionsrecht. Die Urkunde ist ohne Tagesdatum überliefert; sie gehört dem Juni oder Beginn des Juli an[4]). Aus demselben Jahre datiren die ersten Verleihungen, welche Entschädigung aus dem Krongut für die Verheerung durch die Ungarn gewähren und Anlegung von Befestigungen gestatten[5]).

Die Urkunde für Aquileja liegt in zwei Fassungen vor, deren eine (nr. 9) nur unvollständig überliefert ist. Stimmen sie auch fast ganz wörtlich überein, so treten doch wieder sachliche Abweichungen

---

[1]) Herausgegeben von Dümmler, Forschungen 10, 500. Aus dieser Urkunde die Ergänzung der Lücken.

[2]) Urk. verloren, Auszug aus dem früher erwähnten Archivindex Zahn a. a. O. 89, früher schon bei Belloni in Muratori SS. 16, 54. Rubeis 465 bemerkt, dass die Urk. trotz eifrigen Suchens sich nicht mehr finden liess. Wahrscheinlich sind diese Bestätigung und die Schenkung gleichzeitig; der erhaltene Auszug jener schliesst sich wörtlich an die Urk. Berengars an (für Ampliano hier Ampliano); diese war also der Kanzlei vorgelegt worden und die Kanzlei schrieb dieselbe zugleich für die neue Schenkung aus — Die Natisus bei Aquileja, westlich abweigend noch jetzt der Canale Anfora.

[3]) Antapodosis II, 9 ed. Dümmler 32. Ueber den Ungarneinfall Dümmler Ostfränk. Reich 2, 505 vgl. Dümmler Gesta Berengarii 52. In der Urk Ottos I von 967 Apr. 29 Stumpf 434 vgl. 435 wird eine strata Ungarorum, wol die alte Römerstrasse, genannt; eine 'via Ungarorum' zwischen Tagliamento und Livenza schon in der allerdings nur abschriftlich überlieferten Urk Berengars für Sesto 888 März 21, Forschungen 9, 486 (späterer Zusatz) Vom Patriarchen Friedrich rühmt dessen Grabschrift, Liruti 2, 256:
Hungarorum rabiem magno moderamine pressit.
Fecit et Hesperiam pacem habere bonam.

[4]) Berengar urkundet am 24. Mai in Monza, am 1. Juni zu Pavia, am 14. in Villa Staniaco (so das Or in Modena, bei Tiraboschi irrig ‚Itaciani‘,» Stazzano Distr. Novi), am 25. wieder in Pavia, am 15. Juli in corte s. Martini in Solaria, Dümmler Gesta Berengarii 172 nr. 40—44.

[5]) Für Reggio und Bergamo. Dümmler nr. 67, 41 vgl. B. 1465.

auf, welche die Identität ausschliessen. Nr. 10 gibt Details über die
früheren Besitzer des geschenkten Hauses in Cividale, welche in nr. 9
fehlen; dagegen findet sich nur hier die Ortsbestimmung „non longe
a xenodochio s. Johannis Ev.', dort der Ausdruck „mansio', hier „domus'; nr. 9 berücksichtigt nur den Besitz der Kirche, nr. 10 bezieht
aber auch die Kirchenleute ein. Man wird sie daher auch kaum als
zwei Ausfertigungen derselben Urkunde bezeichnen können[1]); die Sache
scheint so zu liegen, dass die Verleihung zuerst in ihrer beschränkteren Form gewährt, dann aber mit Einfügung der wünschenswerthen
Details für die Schenkung auch auf die Kirchenholden ausgedehnt
wurde. Eine Analogie dafür würden zwei Diplome aus der Kanzlei
Arnulfs bieten[2]). Beide Urkunden dürften ziemlich gleichzeitig sein.

Von der Schenkung für den Priester Johann (nr. 8) ist nur der
Schluss erhalten. Es ist, wie aus dem Ueberreste der Formel erhellt[3]), eine Schenkung zu freiem Eigen; das Schenkungsobject fehlt,
der Name des Beschenkten wurde, wie dies hie und da üblich[4]), in
der Strafformel wiederholt. Der Name Johannes tritt um diese Zeit
in Diplomen zu häufig auf, als dass sich der Empfänger sicher bestimmen liesse[5]). In der Urkundengruppe Aquileja findet er sich nur
dies eine Mal.

Die Schenkung für den Diakon Vitalianus (nr. 11) ist ohne
Schlussprotokoll überliefert. Der Königstitel — Berengar wird 915
Dezember zum Kaiser gekrönt — schränkt dieselbe auf die Königszeit ein. Eine engere Zeitgrenze als 888—915 lässt sich nicht mit

---

[1]) Solche liegen u. a. auch für Coelum aureum bei Pavia vor. Orig. in Mailand, Forschungen 10, 995 D. 1180. Beide Ausfertigungen sind mit Mittheilung Laschitzers vom selben Kanzleischreiber geschrieben: in der einen Ausfertigung fehlt die Datirung und der Satz über den Zoll; dieser wurde wahrscheinlich bei der Reinschrift übersehen und dadurch eine neue Ausfertigung nothwendig.

[2]) Für Zwentibolch von 898 Aug. 31 und Sept. 4, D 1129, 1140, beide Orig. in Klagenfurt.

[3]) Vgl. Wiener Sitzungsber. 92, 162.

[4]) Ib. 431.

[5]) Aus dem Archiv des Klosters S Maria in Organo in Verona sind erhalten für den presbyter Johannes Urk. Karls III 885 De Dionysiis 91, für den clericus Johannes Urk. Berengars I 905 Aug. 1 (Or. Verona arch. com. ungedruckt wie eine Urk vom selben Tage für den Diakon Audo), 915 Mai 23 (clerico et cancellario nostro) Biancolini Not. di Verona 2, 711, 915 Dez. 17 (episcopo et cancellario) D. 1859; dieser seit 908 Kanzler wird Bischof von Cremona, Forschungen 10, 291; aus dem Archiv von S. Zeno in Verona: Urk. Karls III 885 D. 261, Berengars I 905 D. 1887 (Schenkung des wegen Infidelität iuxta legem Salicam confiscirten Besitzes); aus dem Kapitelarchiv von Reggio: Urk. Berengars I 890 D. 1295, Ludwigs III 900 D. 1156.

Sicherheit ziehen. Der eine der Intervenienten Hegilulf, Bischof von Mantua und Erzkaplan Berengars, wird bestimmt 896, 902 als Fürsprecher genannt[1]), Ingelfred 896 und 911[2]). Dagegen dürfte eine scharf hervortretende Eigenthümlichkeit des Dictats für eine nähere Zeitbestimmung wenigstens einige Wahrscheinlichkeit bieten. Arenga und Publicationsformel bilden hier, abweichend von dem sonst üblichen Kanzleistil, eine Periode; jene mit ‚quia‘ eingeleitet tritt als causaler Vordersatz auf, diese als Hauptsatz. Dies führt auf einen bestimmten Dictator zurück[3]). Damit fällt eine andere Eigenthümlichkeit zusammen. In den Urkunden Berengars lautet der königliche Titel in der Regel einfach ‚rex‘ oder ‚divina favente clementia rex‘; hier die seltenere Formel ‚divina ordinante clementia‘, welche auch sonst mit jener Eigenart der Arenga zusammentrifft[4]). Sie tritt vereinzelt 902— 904, 908 (?), 910, 913 auf[5]), überwiegend aber 905[6]). Mit einer einzigen Ausnahme tragen alle diese Diplome die Recognition des Kanzlers Ambrosius. Dadurch wird es wahrscheinlich, dass auch diese Urkunde in dessen Kanzlerzeit fällt, vielleicht in die ersten Jahre derselben.

Einblick in die Verödung und Verarmung, welche die verwüsten-

---

[1]) B. 1302, 1319 (im Orig. zu Modena der Name richtig Hegilulf, in den Drucken Begilulf). Ich sehe dabei von der verdächtigen Urk. für Mantua B. 1297 und dem angeblichen Orig. für Triest (rescribirt auf einem Orig. Karls III) mit der unvereinbaren Datirung 911 (Hormayr Arch. für Süddeutschland 2, 213 irrig 901) Ber. XV ind. II ab. Die Angabe, Hegilulf sei schon 894 gestorben, Cams Series episc. 794, jedenfalls unrichtig.

[2]) B. 1301 (im Orig zu Verona die richtige Jahreszahl 896), 1344; ebenso in der erwähnten Urk. für Mantua B. 1297. Als Graf von Verona wird er 918 in einer Gerichtsurk. genannt, Tiraboschi Nonantula 2, 96.

[3]) Ganz congruent die beiden früher erwähnten ungedruckten Urkunden von 905 Aug. 1 in Verona (nach Abschrift Laschitzers): Quia pauperibus et orfanis temporale subsidium conferre omnimodis convenit, idcirco omnium fidelium .. und: Quia regiae dignitati maxime convenit aures clementiae suae fidelium precibus inclinare, idcirco .. ebenso B. 1880, 1887 aus dem Jahre 905. vereinzelt in B. 1315, 1317, Biancolini Notizie 2, 711 von 900, 901, 913, sämmtlich mit Ausnahme von B. 1317 von dem 900—913, ununterbrochen aber 905—906 thätigen Kanzler Ambrosius recognoscirt. Ob diese individuelle Eigenthümlichkeit Dictat desselben ist, lässt sich nicht entscheiden; sie fehlt in 11 der von ihm unterfertigten Urkunden, welche hier die gewöhnlichen Formeln bieten.

[4]) So in B. 1350, den beiden ungedruckten Urk. in Verona, B. 1337, Biancolini Notizie 2, 711.

[5]) B. 1318, 1320, Wartmann UB. von St. Gallen 2, 327, B. 1340, 1341, Biancolini l. c.

[6]) B. 1330, 1335, 1337 und den beiden ungedruckten Urk. Von sämmtlichen genannten Urk. ist nur B 1318 von Petrus recognoscirt.

den Einfälle der Ungarn im Gefolge hatten, gewährt das Diplom K. Hugos von 928 (nr. 12); mit Beirath der geistlichen und weltlichen Grossen verleiht er das Bisthum Concordia an Aquileja, damit dieses über reichere Mittel verfügend feindlichem Angriff kräftigeren Widerstand zu leisten vermöge¹). Die Bezeichnung „Hesperiae regnum", eine classische Reminiscenz, findet sich in Urkunden nur hier; öfter begegnet sie in anderen Schriftstücken und bei Geschichtschreibern²). Ein zweites Diplom Hugos vom selben Jahre, das einst im Archiv von Aquileja aufbewahrt wurde, ist jetzt verloren³).

Spärlicher wird die Ausbeute an unedirten Kaiserurkunden für die folgende Zeit. Eine Anzahl derselben wurde von Stumpf, einzelne von Breslau und Ficker veröffentlicht⁴). Es erübrigt nur noch eine Nachlese. Keines der Stücke ist aber ganz unbekannt; sie sind sämmtlich schon von Stumpf verzeichnet.

Der Archivindex von Aquileja bietet auch einen Auszug des Diploms Otto II (nr. 13), der sich allerdings nur auf die Schenkung beschränkt, ohne die neue Verleihung, Entlastung der Kirchenholden von den öffentlichen Abgaben und ausschliessliche Gerichtsbarkeit des Patriarchen und seines Vogtes, zu erwähnen⁵). Derselbe verzeichnet

---

¹) Diese Urk. fehlt in den Consultori in iure. Dagegen findet sich nach Mittheilung Joppis ein Regest derselben in Vol. III, 6 der Memorie Belloni auf der Bibl. civ. in Udine. Am selben Tage verleiht K. Hugo auch dem zu Aquileja gehörigen Kloster S. Maris in Gazo auf Bitte des Patriarchen Ursus ein Privileg. D. 1879. — Concordia wird von Otto III 996 Juni 26, Stumpf 1084 vgl. 505, nebst 5 anderen Bisthümern auf Grund des Praeceptes Karls des Grossen bestätigt. Das Diplom Otto III ist im Orig in Capitelarchiv zu Udine erhalten und somit jeder Zweifel an der Echtheit, wie noch bei Rubeis, beseitigt. Die Urk. Karls, von dem Concordia zuerst geschenkt sein sollte, ist bekanntlich Fälschung, Sickel Acta Karol. 2, 592. Das angebliche Original im Capitelarchiv zu Udine, von dem Bethmann bemerkt, dass es „non sine arte" gefertigt sei, wurde also schon 996 Otto III vorgelegt; Bethmann bestimmte dessen Alter annähernd richtig auf den Beginn des 10. Jahrh.; dagegen möchte Breslau, Neues Archiv 2, 81 „das Schriftstück keinesfalls früher als in das — 12. Jahrh. setzen."

²) So nennt sich der Patriarch Paulinus 794 Aquileiensis sedis Hesperiis oris accinctus praesul und spricht von den Bischöfen Liguriae Austriae Hesperiae Aemiliae, Lib. sacrosyll. Migne 99, 152. Gedicht auf die Synode von Pavia M G SS. Lang, 190 u. ö.

³) Für den Getreuen Johannes bei Zahn a. a. O. 80. Statt Orbaniae liest Bethmann Ortanillae; die erste Lesart die richtigere, da im Thes. eccl. Aquil. nr. 12 ein Diplom de curte Orbanisio in marchia Tervisina erwähnt wird.

⁴) Stumpf Acta inedita nr. 24, 43, 65, 75, 221; von Breslau im Neuen Archiv 2, 125, 127; von Ficker in Böhmers Acta Imp. nr. 205. Ein noch unedirtes Diplom Otto I werden die Mon. Germ. bringen.

⁵) Zahn a. a. O. 69. Stumpf 788 nach Mittheilung Bethmanns aus dem

gleichfalls die Schenkung der Städte Pedena und Pisino in Istrien durch Heinrich II (nr. 14), welche auch in Thesaurus ecclesiae Aquileiensis erwähnt wird¹); sie datirt vom 30. April; um 6. Mai weihte Patriarch Johannes die neue Cathedrale in Ilamberg²). Die richtigen Jahresdaten der Urkunde Heinrichs IV für den Markgrafen Udalrich (nr. 15) hat schon Stumpf nach Bethmann gegeben³); mit dem anderen Besitz wurden wol auch diese Güter von Udalrichs gleichnamigem Sohn 1100 an Aquileja vergabt⁴). Ein Regest der Schenkung an Adalbert (nr. 16) bietet auch der Archivindex⁵); dagegen erwähnt der Thesaurus dieselbe zweimal und es bleibt darnach fraglich, ob der hier genannte Ort Strengi nicht erst durch Friedrich I an Aquileja gelangte⁶).

Bedeutenderes Interesse beansprucht die letzte Urkunde. Heinrich IV hatte 1081 Juli 20 die Bisthümer Triest und Parenzo an Aquileja verliehen⁷). Der Kampf gegen Gregor VII war von neuem entbrannt und hatte zu den äussersten Mitteln gegriffen; der König, damals auf dem Wege von Rom nach Oberitalien, hatte einige Vortheile errungen. Ungünstiger stand seine Sache ein Jahr später. In Deutschland war am Stephanstage 1081 der neue Gegenkönig Hermann gewählt worden; sein abermaliger Zug nach Rom hatte keinen durchschlagenden Erfolg aufzuweisen. Die päpstliche Partei erklärte 1082 Mai 2, dass Kirchengüter nicht verpfändet werden dürfen, um

---

Archivindex. In dessen Abschrift die richtige Ind. IX. Excerpt der Urk. schon bei Belloni Muratori SS. 16, 50 = Rubeis 478, etwas ausführlicher in Bellonis Memorie vol. III zu Udine nach Abschrift Joppis.

¹) Zahn a. a. O. 89. Thes. nr. 518, nach diesem Stumpf 1562 ohne Tagesdatum; jetzt nach nr. 1554 einzureihen.

²) Thietmari Chr. VI, 40 M. G. SS. 2, 822.

³) St. 2850, im Thes. eccl Aquil. nr 594 die Jahresangabe MLX.

⁴) Thes. eccl. Aquil. nr. 505.

⁵) Zahn a. a. O. 89 mit den abweichenden Namensformen Stronghi und für den Aussteller Ekkihartesberge.

⁶) Thes. nr. 592: Transcriptum privil. Henrici de villa Strengi in Istria; nr. 525: Privil. Friderici regis de donatione facta ecclesie Aquil. de villa Strengi in Istria sub data MLX. In nr. 4 wird nur ein Privil. de villa Strengi erwähnt; 1275 ist dieselbe im Besitz Aquilejas ib. nr. 122. Stumpf 2585, 2696 verzeichnet das Stück nach dem Archivindex und dem Thes. zu 1060 und 1066. Wahrscheinlicher ist es in der zweiten Notiz des Thes. ein Versehen in der Jahreszahl — MLX statt MCLX — als im Namen des urkundenden Herrschers anzunehmen. Friedrich I weilte während des ganzen Jahres 1160 in der Lombardei.

⁷) N. Archiv 3, 127, Stumpf Acta ined. 73 nr. 75. Beide Urk. gleichlautend. Die erste findet sich noch zweimal in den Consultori in Iure; ein Regest derselben auch im Archivindex Zahn a. a. O. 89.

Mittel zum Widerstand gegen den Erzbischof Wibert von Ravenna —
seit Juni 1080 als Gegenpapst Clemens III — aufzubringen, dass
Kirchengut durchaus nicht für weltliche Streitmacht verwendet, sondern ganz seiner kirchlichen Bestimmung bewahrt werden solle[1]).
Dem gegenüber gewinnt die Urkunde von 1082, welche die Uebertragung Triests an Aquileja gegen etwaige „Verläumdung' zu rechtfertigen hat, geradezu die Bedeutung eines politischen Manifestes; berührt
sie doch mit der wiederholten Versicherung, dass die Triester Kirche
„non ut ancilla, sed ut filia' dem Patriarchat übergeben worden sei, das
von Gregor VII 1081 ausgegebene Schlagwort, dass die Kirche nicht
zur Magd erniedrigt werden dürfe[2]); mit gleichem Eifer wird betont,
dass dadurch deren Freiheit in keiner Weise beeinträchtigt werden
solle, sei es ja des Königs Sache „pro libertate ecclesiarum certare'.
Wenn sie ferner besonders hervorhebt, dass dem Geber wie dem Empfänger jede andere Absicht fern gelegen sei, dass namentlich keine
„avaritia' eingewirkt habe, so macht dies den Eindruck, dass es nicht
minder dem Patriarchen Heinrich um Rechtfertigung der Annahme
zu thun war; dieser hatte 1079 der römischen Kirche den Treueid
geleistet; im selben Jahre war er als Gesandter Gregors zum König
über die Alpen gegangen und hatte dafür das Pallium erhalten[3]).
Jetzt stand er im Lager des Königs, der ihn dafür mit grosser Frei-
gebigkeit bedachte. Die Urkunde wird auch formell dadurch interessant,
dass sie einen Beleg für die Entwicklung der Zeugen aus den Intervenienten liefert[4]). Sie ist wol identisch mit jener, welche auch der
Archivindex verzeichnet[5]).

Die Namen der in diesen Urkunden genannten Recognoscenten
sind bis auf einen bekannt. Erminus, welcher das Diplom von 799
fertigt, begegnet nur hier; dies kann umsoweniger auffallen, als die

---

[1]) Watterich Vitae pont. 1, 452; weshalb Watterich hierin einen Beschluss
der Gegner Gregors VII sieht, ist mir nicht klar.
[2]) Ecclesiam non querant sicut ancillam sibi subicere vel subiugare. Rechtfertigung der Excommunication Heinrichs IV, Greg. VII Reg. VIII, 21, Jaffé
Bibl. 2, 464.
[3]) Greg. VII Reg. ed. Jaffé VI, 17ª, 38 vgl. V, 5, 6; Bonitho Ad amicum
VIII Jaffé Bibl. 2, 675. Ganz kirchlich gehaltene Beschlüsse der Partei Wiberts
von 1081 auch gegen die Simonie, Watterich 1, 447 n. 2.
[4]) Diese sind grösstentheils aus der Urk. von 1081, N. Archiv. 5, 127,
St. 2829 übernommen; heisst es dort „sub testimonio eorum' so hier „propter
consilia' vgl. Ficker Beitr. zur Urkundenlehre 1, 236.
[5]) Zahn a. a. O. 90, hier freilich auch die abweichende Angabe: ut habeat
(patriarcha) in ea domum quam habent reges; im Thes. eccl. Aquil. unter nr. 527.
Stumpf 2915 nach Mittheilung von Bethmann und Pertz.

Urkunden aus dieser Zeit Karls äusserst spärlich sind; der Name klingt so unverderbt, dass er unbedenklich in das Kanzleipersonale Karls des Grossen eingereiht werden kann. Der Recognoscent der zweiten Urkunde Ibbo ist auch anderweitig beglaubigt; er findet sich noch in einem Originale aus Ebersheim, das zu einer interessanten Fälschung benützt wurde; ausser der ersten Zeile liess man nur Recognition und Datirung stehen, während der ganze Text radirt und neu geschrieben wurde¹). Die Recognition in nr. 3 liefert den Beleg, dass Hirminmar, der bisher erst seit 821 als Recognoscent nachweisbar war²), schon 816 in der kaiserlichen Kanzlei thätig war. Jene von nr. 7 findet sich gleichlautend nur noch in einer Urkunde vom Mai desselben Jahres³), die von nr. 8 erweist, dass Bischof Arding von Brescia schon 901 mit der Leitung der Kanzlei Berengars betraut wurde⁴). In nr. 14 ist Guerardus aus Everardus (Eberhardus) verderbt.

Die Datirungen sind im ganzen sehr genau. In nr. 7 der nicht seltene Abschreibefehler ind. VI statt III. Der irrige annus ordinationis IX statt X in nr. 15 stand zweifelsohne schon im Original; er ist für das Jahr 1064 Regel⁵). In nr. 17 stimmen Indiction und Regierungsjahr nicht zu den übrigen Jahresdaten; jene ist um 1 zu niedrig, dieses aus XXVI durch den Copisten verderbt.

Sämmtliche Diplome sind mit Ausnahme von nr. 12 abschriftlich in den Consultori in iure aus dem Ende des 15. Jahrhunderts, jetzt im Staatsarchive zu Venedig, überliefert⁶). Einer dieser Fascikel, die „Privileggi antichi d'Aquileja", damals in der Sammlung Culto, jetzt Consultori nr. 945, wurde schon von Bethmann benützt, welcher daraus nr. 2—6 für die Monumenta Germaniae abschrieb⁷), ein anderer

---

¹) Sickel im N. Archiv 6, 657, der auch die Urk. für Aio aus dem Apparat der Mon. Germ. erwähnt.

²) Sickel Urkundenlehre 91; 819 unterzeichnet er als notarius imperialis das testamentum Einhardi.

³) D. 1214: Deatus canc. advicem Liutardi episcopi archicanc.

⁴) Dümmler Gesta Berengarii 55 n. 4 nimmt 902 an. D. 1215 gehört in das Jahr 905; im Liber. privill. des Klosters S. Maria in Organo die Jahresdaten 903 a. regni XVIII ind. VIII actum Tilles (Tulles).

⁵) Vgl Stumpf 2656—2619.

⁶) Da Dr. Rieger anderweitig auf Grundlage der Vorarbeiten für die Mon. Germ. eine Abhandlung über die Ueberlieferung der Aquilejer Urkunden, deren Material er mir zur Verfügung zu stellen die Freundlichkeit hatte, zu veröffentlichen gedenkt, bin ich der Aufgabe überhoben nähere Daten über die Handschriften beizubringen. Die Angaben über Band und Folio sind einer von ihm zusammengestellten Liste entnommen.

⁷) Pertz' Archiv 12, 615, 685. Nach diesen Angaben copirte er auch nr. 17; diese Abschrift nicht in Wien.

Fascikel, nr. 366bis nr. 4, von Dümmler und Breslau [5]. Für die Ottonenurkunden wurde die Sammlung von Sickel, Laschitzer und Rieger verwerthet, eingehender von Ottenthal untersucht, der schon vor zwei Jahren die inedita verzeichnete.

Die hier veröffentlichten Urkunden ausser nr. 12 und 14 wurden auf Vermittlung Ottenthals von Dr. V. Joppi in Udine in der liebenswürdigsten Weise zur Verfügung gestellt. Ebenso gestattete auf Anregung Sickels die Centraldirection der Monumenta Germaniae die Benützung der für diese gefertigten Abschriften: so konnte diese Sammlung durch nr. 12 und 14, jene von Laschitzer, diese von Rieger copirt, bereichert und für die Textesherstellung die Abschriften Bethmanns beigezogen werden; für nr. 13 stand mir ausserdem eine Copie Laschitzers, für nr. 1 eine Copie Ottenthals zu Gebote. Ich spreche dafür, namentlich Herrn Dr. Joppi, meinen wärmsten Dank aus.

Der Text wurde im wesentlichen nach den für die Mon. Germ. aufgestellten Normen druckfertig gemacht. Die nöthigen Emendationen sind in den Text aufgenommen, die verderbte handschriftliche Ueberlieferung ist in die Noten verwiesen. Die Lücken finden sich schon in der Handschrift. Sie liessen sich theils aus Urkunden, theils aus den üblichen Formeln ergänzen. Diese Ergänzung wird dadurch misslich, dass die vom Copisten gelassene Lücke nicht immer genau dem Raumverhältniss der unleserlichen Stelle im Original entsprechen mochte. Die Constatirung der aus der Vorlage (nr. 9) übernommenen Stellen in nr. 10, welche durch Petitdruck zu kennzeichnen waren, musste bei der Nothwendigkeit gegenseitiger Ergänzung auf manche Bedenken stossen. Ich konnte mich dabei vielfach nur auf Wahrscheinlichkeit stützen, doch diese war immerhin eines Versuches werth.

E. Mühlbacher.

---

[5] Forschungen 10, 591. N. Archiv 5, 89.

Im Laufe des vergangenen Sommers hatte ich das Glück, in einem Actenbündel der „Consultori in iure" die Abschriften der folgenden Kaiser- und Königsurkunden zu finden, welche den Geschichtsforschern bisher unbekannt geblieben sind.

Die Abschriften stammen aus den letzten Jahrzehnten des 15. Jahrhunderts und sind theilweise leider lückenhaft. Da jedoch wenig Hoffnung vorhanden ist, dass die — vielleicht während der im Anfang des 16. Jahrhunderts über Friaul ergangenen Kriegsläufte — verschwundenen Originale je wieder zum Vorscheine kommen, und bessere Abschriften, so weit dem Einsender bekannt, nicht existiren, wird die Veröffentlichung derselben auch in dieser unvollkommenen Form den Geschichtsforschern nicht ganz unwillkommen sein.

Udine, December 1879.

Vincenz Joppi.

1.

Karl der Grosse begnadigt den Langobarden Aio und restituirt ihm das eingezogene Eigenthul.

799 Februar 2 Aachen.

Consultori in iure nr. 366 f. 43.

Karolus gratia dei rex Francorum et Longobardorum ac patricius Romanorum. Notum sit omnium nostrorum fidelium magnitudini presentium scilicet et futurorum, qualiter propter nomen domini nostri Jesu Christi qui per sanctam evangelicam lectionem misericordissime admonet dicens *Dimittite et dimittetur vobis*, ideoque pro eius ineffabili et eterna remuneratione, quia Aioni Longobardo qui peccatis imminentibus partibus Avaric de regno nobis a deo concesso Italie fugivit, postquam illum protegente domino dilectissimus filius noster Pipinus rex Longobardorum cum nostro exercitu hostiliter adquisivit, omnem culpam ei indulsimus et omnes res proprietatis sue quascumque tunc tempore iuste et rationabiliter de quolibet adtractum iure proprietario vestitus erat et possidebat in territorio Foroiuliense et Vicentino atque Veronense, quando infidelis et fugitivus apparuit, reddere iussimus et denuo per preceptum auctoritatis nostre plenissima deliberatione concessisse et in omnibus confirmasse cognoscite. Precipientes ergo iubemus ut neque vos neque iuniores seu successores vestri memorato Aioni fideli nostro, si deinceps fidem inlibatam partibus nostris filiorumque nostrorum servaverit, de suprascriptis rebus proprietatis sue inquietare aut calumniam generare nec aliquid exinde abstrahere aut minuere quoquo tempore presumatis, sed per hoc nostrum auctoritatis atque confirmationis preceptum quicquid exinde facere voluerit quieto ordine cum dei et nostra gratia liberum in omnibus perfruatur a) arbitrium. Et ut hec auctoritas firmior habeatur et per tempora melius conservetur, manu propria subter firmavimus et de anulo nostro sigillari iussimus.

Signum (M.) Karoli gloriosissimi regis.
Erminus advicem Ercambaldi recognovi b).
Data III non. febr. anno XXXI et XXVI regni nostri. Actum Aquis palacii publici in dei nomine feliciter amen.

2.

Karl der Grosse ertheilt dem Grafen Haio die Erlaubniss sein Eigengut unter seine drei Söhne zu theilen und bestätigt diesen den Besitz.

809 Juli 7 Achen.

Consulteri in imro nr. 345 f. 2.

In nomine patris et filii et spiritus sancti. Karolus serenissimus augustus a deo coronatus magnus pacificus imperator Romanum gubernans imperium qui et per misericordiam dei rex a) Franchorum et Longobardorum. Regiam exercemus consuetudinem et fidelium nostrorum animos adhortamus, si iustis petitionibus eorum in quo nostris auribus patefecerint libenter annuimus et eas in dei nomine ad effectum perducimus. Igitur notum sit omnium fidelium nostrorum magnitudini presentium scilicet et futurorum, qualiter ad deprecationem dilecti fidelis nostri Haioni comitis concessimus ei propter benemeritum suum servitium, ut omnes res quascumque iure legitimo possidere videtur licentiam haberet per nostram auctoritatem inter filios suos iusto tramite dividere et, sicut ille disposuerit vel ordinaverit, plenissima deliberatione ex b) nostra indulgentia tenere et possidere deberent: idest per loca denominata in territorio Foroiuliense quidquid ibidem iuste et rationabiliter adquisivit vel habere videtur, dedit filio suo nomine Alboino; et in fine Vincentino dedit similiter inter antedictum Alboinum et Ingobertum quantumque sua legitima inibi fuit portio; in

---

1. a) perferatur. b) scripsi.
2. a) rerum. b) et.

tertio vero loco in territorio Veronense dedit tertio filio suo Agiselaf similiter portionem suam in integrum. Unde petiit[c] celsitudini nostre ut per preceptum auctoritatis nostre eis denuo ipsas res plenissima deliberatione confirmare deberemus, cuius petitionem denegare noluimus, sed propter benemeritum eius servitium ita concessisse atque in omnibus confirmasse cognoscite. Precipientes ergo iubemus ut neque vos neque iuniores[d] seu successores vestri memoratis filiis fidelis nostri dilecti Haionis comitis Alboino Ingoberto et Agiselaf de predictis rebus contra iustitiam inquietare aut calumniam generare neque aliquid ab eis abstrahere exinde iniuste presumatis, nisi dum nobis et filio nostro Pipino glorioso regi fidelissimi et obedientes ac beneplaciti fuerint, per hanc nostram auctoritatem iure firmissimo teneant atque possideant et quicquid exinde facere voluerint liberum in omnibus perfruantur arbitrium. Et ut hec auctoritas firmior habeatur vel per tempora melius conservetur, manu propria subter firmavimus et de anulo nostro sigillari iussimus.

Signum (M.) domni Karoli piissimi imperatoris.

Ibbo adricem Arcambaldi recognovi[e].

Data non. iul. anno VIIII Christo propitio imperii nostri et XXXXI regni nostri in Francia atque XXXVI in Italia, indictione II. Actum Aquis in dei nomine feliciter amen.

3.

Ludwig der Fromme bestätigt dem Grafen Haio den von K. Karl restituirten Besitz.

816 Juli 21 Achen.

Consultori in iure nr. 345 f. 3.

In nomine domini dei et salvatoris nostri Jesu Christi. Hludovicus divina ordinante providentia imperator augustus. Si iustis petitionibus fidelium nostrorum quas ad nostras aures suggerendo detulerint libenter annuerimus et eas in dei nomine ad effectum pervenire fecerimus, non solum regiam in hoc consuetudinem exercemus, sed eorundem fidelium nostrorum animos ad maiorem sue fidelitatis perseverantiam confirmamus. Iccirco notum fieri volumus omnium fidelium nostrorum solertie presentium scilicet et futurorum, qualiter Haio comes fidelis noster adiit mansuetudinem nostram et ostendit nobis precepta domni et genitoris nostri Caroli imperatoris in quibus continebatur, quemadmodum idem domnus et genitor noster Carolus excellentissimus imperator eidem Haioni comiti omnes res proprietatis sue quascumque, priusquam de illius potestate ad regnum Avarorum[a] fugiendo se contulisset,

2. c) petiit. d) maiores. e) rescripsi.
3. a) Abarorum.

in territorio Foroiuliensi et Vincentino atque Veronense possidebat, iterum de Avaria reverso et ad misericordiam eius venienti reddere iussisset et denuo' iure proprietario tenendas confirmasset, suggerens et petens ut sibi supra eisdem rebus confirmationem dare iuberemus. Cuius petitioni propter ipsius fidelitatem assensum nobis prebere libuit et ideo ita nos eidem concessisse atque in omnibus, sicut petiit, confirmasse vestra cognoscat industria. Precipientes ergo iubemus ut neque vos neque iuniores sive successores vestri memoratum Huionem* comitem de predictis rebus quas ei dominus et genitor noster sue auctoritatis precepto reddidit et confirmavit contra iustitiam inquietare aut calumniam ingerere vel aliquid de eis, iniuste abstrahere aut minuere ullo unquam tempore presumatis, sed per hoc nostra auctoritatis atque confirmationis preceptum quicquid exinde facere voluerit cum dei et nostra gratia liberam in omnibus habeat potestatem. Et ut hoc auctoritas firmior habeatur et per futura tempora melius conservetur, manu propria subter eum[b]) firmavimus et de anulo nostro sigillari iussimus.

Signum (M.) Hludovici serenissimi imperatoris.
Hirminmaris diaconus advicem Helisachar recognovi.
Data II kal. aug. anno Christo propitio tertio imperii domni Hludovici piissimi augusti, indictione nona. Actum Aquisgrani palatio regio in dei nomine feliciter amen.

4.

Ludwig der Fromme schenkt dem Kloster S. Maria in Friaul den wegen Infidelität eingezogenen Besitz Ardulfs in S. Canciano.
819 Februar 17 Achen.
Consultori in iure nr. 345 f. 6.

In nomine domini dei et salvatoris nostri Jesu Christi. Hludovicus divina ordinante providentia imperator augustus. Si erga loca divinis cultibus mancipata propter amorem dei eiusque in eisdem locis sibi famulantes beneficia oportuna largimur, premium nobis apud dominum eterne remunerationis reppendi non diffidimus. Iccirco notum fieri volumus omnibus fidelibus sancte dei ecclesie et nostris presentibus scilicet et futuris, quia nos ad monasterium sancte Marie quod est situm in territorio Foroiuliensi, constructum in honorem sanctorum Cantianorum, ad deprecationem viri venerabilis Maxentii sancte Aquilegensis ecclesie presulis ob commoditatem predicte sedis et emolumentum anime nostre quasdam reiculas que in memorato vico sanctorum Cantianorum quondam Ardulfus filius Herici habuit et postea, postquam nobis infidelis extitit, in nostro cesserunt iure, per hoc preceptum auctoritatis nostre prefato concessimus loco, ut ibidem perenni-

---

a. b) eum.

bus temporibus proficiant. Et ideo preceptum largitionis nostre fieri
iussimus per quod precipimus atque iubemus, ut predicte res que sunt
iuxta prelatum vicum posite cum domibus edificiis mancipiis terris
vineis pratis pascuis aquis aquarumve decursibus mobile et immobile
cultum et incultum, quastumcumque ibidem presenti tempore nostra videtur esse iusta possessio, per hanc nostre auctoritatis donationem memorato monasterio ad necessitates servorum dei ibidem deo famulantium
supplendam concessimus atque perpetuo ad habendum per hanc nostram
auctoritatem tradidimus. Hec vero auctoritas largitionis nostre ut per
curricula annorum inviolabilem et inconvulsam obtineat firmitatem,
manu propria subter firmavimus et anuli nostri impressione signari
iussimus.

Signum (M.) Hludovici serenissimi imperatoris.

Durandus diaconus advicem[a]) Helisachar recognovi.

Data XIII kal. mar. anno Christo propitio VI imperii domni
Hludovici piissimi augusti, indictione XII. Actum Aquisgrani palatio
regio in dei nomine feliciter amen.

5.

*Ludwig der Fromme schenkt der Kirche von Aquileja Besitz zu
Muzzana in Friaul und Cilli in Schwaben, wie ihn bisher der Patriarch
Maxentius zu Lehen getragen.*

824 Jänner 21 Ver.

Cumultori in iure nr. 345 f. 1.

In nomine domini dei et salvatoris nostri Jesu Christi. Hludovicus divina ordinante providentia imperator augustus. Si de beneficiis a deo nobis conlatis locis deo dicatis quaddam conferimus, hoc
nobis et ad stabilitatem imperii nostri et ad anime nostre salutem
pertinere non dubitamus. Idcirco comperiat omnium fidelium sancte
dei ecclesie nostrorumque presentium[*] [scilicet et futurorum industria],
quia placuit nobis quasdam res proprietatis nostre que sunt in finibus Foroiuliensibus[b]) in villa sive fundo Muciano cum domibus casalibus edificiis terris vineis pratis silvis necnon et in finibus Sclavinie
in loco qui dicitur Zellia manentes viginti, quemadmodum hos manentes primum Kadolu et postea Baldricus fideles nostri Maxentio patriarche beneficiaverunt, ecclesie sancte Aquileiensi ubi deo auctore predictus Maxentius patriarcha preest sollemni donatione tradere et de
nostro iure in ius et potestatem[c]) predicte ecclesie conferre. Villam hanc
vero sive fundum Mucianum[d]) necnon et hos manentes viginti qui

---

t. a) adinvicem.

5. a) parentium. b) Foroiensis. c) potestale. d) Mucianam.

suut in Zellia cum omnibus ad se presenti tempore iuste et legaliter pertinentibus et cum omnibus suprapositis, quemadmodum usque modo predictus Maxentius fundum Mucianum per nostrum beneficium habuit, et manentes viginti qui sunt in Zellia per beneficium [a] predictis fidelibus nostris Baldrico et Cadola*) habuit, jta abhinc in futurum predicta sancta mater ecclesia Aquileiensis per hoc nostrum traditionis preceptum eiusque rectores habeant teneant atque possideant vel quicquid exinde ecclesiastico iure facere vel iudicare voluerint libero in omnibus potiantur arbitrio faciendi quicquid elegerint. Et ut hoc auctoritatis nostre preceptum inviolabilem*) atque inconvulsum obtineat effectum, manu propria subter eam firmavimus et anuli nostri impressione signari iussimus.

Signum (M.) Hludovici piissimi augusti.

Durandus diaconus advicem Fridugisi recognovi.

Data XII kal. februarii anno Christo propitio X imperii domni Hludovici piissimi augusti, indictione II. Actum Verni in palatio regio in dei nomine feliciter amen.

6.

Lothar I bestätigt der Kirche von Aquileja den vom Grafen Alboin urkundlich geschenkten Besitz.

843 August 22 Gondreville.

Consultori in árro nr. 345 f. 4.

In nomine domini nostri Jesu Christi [dei] eterni. Illotharius divina ordinante providentia imperator augustus. Oportet imperialem sublimitatem ut ecclesiarum ac sacerdotum dei utilitatibus benignitatis sue munere faveat, quia si talibus semper studet negotiis, procul dubio et temporalem gloriosius transiet vitam et eternam felicius obtinebit. Quapropter noverit omnium fidelium sancte dei ecclesie ac nostrorum presentium scilicet et futurorum magnitudo, quia venerabilis Foroiuliensis urbis patriarcha[1] per Notingum Veronensis ecclesie vocatum episcopum et virum illustrem Eberardum comitem nostre innotuit serenitati quod Alboinus quondam comes, priusquam in nostram deveniret offensionem, quasdam res suas eidem ecclesie contulit per testamentum suum, unde petiit ut nostra auctoritate idem testamentum confirmaremus, ne per futura tempora aliqua inde oriretur contentio vel controversia. Cuius petitioni ob sanctitatis sue meritum libentissime annuentes presentes sublimitatis nostre litteras statuimus fieri, quibus omnes res illas quas memoratus Alboinus iam dicte sedi propter mer-

---

5. e) Cadole. f) inviolabile.
6. 1) Andreas, Jaffé Reg. 1966, Rubeis Mon. Aquil. 415.

cedis sue augmentum per testamentum suum noscitur tradidisse confirmamus modisque omnibus sancimus in iure predicte ecclesie, ut in utilitatibus illius absque ullius potestatis inquietudine vel subtractione seu qualibet refragatione perpetualiter maneant habeantque potentissimam faciendi licentiam rectores ipsius sedis de eis vel in eis quicquid elegerint, prout utilitas postulaverit, sicut et in reliquis ecclesie sue facultatibus. Et ut hec confirmationis auctoritas firmior habeatur et per futura tempora diligentius conservetur, anuli nostri impressione subter eam iussimus adsignari.

Daniel notarius advicem Agilmari recognovi.

Data XI kal. sept. anno Christo propitio imperii domni Lotharii pii imperatoris in Francia quarto, in Italia XXIIII, indictione VI. Actum Gundulfi villa in dei nomine feliciter amen.

7.

Berengar I schenkt der Kirche von Aquileja das Gewässer Natissa, Zins und Gericht des Guastaldats Anpliano.

900 November 2 Triest.

Consultori in tur. nr. 366 f. 12¹).

In nomine domini nostri Jesu Christi dei eterni. Berengarius divina favente clementia [rex. Si regalis] providentia divino inflammata amore sacratis locis libenter ex[hibere contendit], procul dubio gloriam eterne possessionis promerebitur et divinis ami[niculis regnum eius] fulciri non ambigitur. Quapropter omnium fidelium sancte [dei ecclesie] nostrorumque presentium scilicet et futurorum noverit solertia, Fredericum [reverendissimum] patriarcham, nostrum videlicet spiritalem patrem, nostram humilli[me adiisse] mansuetudinem postulando, quatenus ob divinum intuitum et nostre [anime remedium] parentumque nostrorum et augmentationem nostre prolis necnon et nostri [regni] stabilimentum quandam aquam nomine Natissam que inferius Anfora [nominatur sancte Aquile]gensi ᵃ) ecclesie perpetuis temporibus habendam iure proprietario concedere dig[naremur]. Cuius iustis precibus animum nostre benivolentie de more flectentes [predict]am aquam hactenus pertinentem de gastaldato Anpliano penitus terminantem in mari simul cum suis piscationibus quam molendinis palud[ibus et insulis] et censum qui ᵇ) annualiter nostre parti dabatur cum omni integritate, [insuper] placitum quoque prefati negotii prescripte ecclesie sancte Aquilegensi ᶜ) concedimus [et] perdonamus,

---

7. a) (Aquile]gensis. b) quem. c) Aquilensi.

1) Ergänzt aus der Urkunde Hugo und Lothars Forschungen 10, 600 vgl. das Regest der Bestätigung der Schenkung Berengars, Beitr. zur Kunde steiermärk. Geschichtsquellen 9, 89.

quatenus idem reverendissimus patriarcha vel qui pro tempore in predicta sede ordinati fuerint habeant teneant possideant et ordinent ecclesiastico iure, prout eis melius visum fuerit, s[ua]lientes ut nullus dux comes gastaldius aut quislibet reipublice exactor contra hanc nostre dapsilitatis auctoritatem insurgere [audeat], sed liceat eidem religioso patriarche vel his qui pro tempore fuerint pro nostris inconvulsis beneficiis salutiferas orationes pro nostre tuitionis sal[vati]one et nostre prolis augmentatione ad deum inces[santer] effundere. Si quis vero contra hanc nostram regalem institutionem [ac perdo]nationem insurgere temptaverit, sciat se compositurum auri obr[izi] libras sexaginta, medietatem camere nostre et medietatem [prenominate] sancte Aquilegensi ecclesie eiusque pontificibus qui pro tempore ibi ordi[nati] fue]rint. Et ut hoc verius credatur diligentiusque ab omnibus observetur, [manu] propria confirmatum de anulo nostro subter iussimus insigniri.

Signum domni (M.) Berengarii gloriosissimi regis.
Beatus cancellarius advicem Lingnardi arch[icancellarii].
Data IIII id. novem. anno incarnationis domini nostri Jesu Christi DCCCC. anno domni Berengarii regis XIIII. per indictionem III. Actum Trieste in dei nomine.

8.

Bruchstück einer Schenkung Berengars I für den Priester Johannes.

Consultori in iure nr. 366 f. 25.   901 Februar 5 Corte Agrabona.

. . . .

. . . . potestatem habeat donandi ven[dendi commutandi vel quicquid vo]luerit faciendi absque contradictione [eniusquam. Si quis autem contra hoc nostre] donationis et largitionis preceptum insurgere aut infringere [tempt]averit, sciat se compositurum XX libras auri obrizi, medietatem camere palatii nostri et medietatem suprataxato Johanni presbitero aut cui ipse dederit. Et ut hoc verius credatur inviolabiliterque ab omnibus semper observetur, manu propria subter roboratum anulo nostro iussimus persignari.

Signum domni (M.) Berengarii serenissimi regis.
Beatus cancellarius advicem Ardingi archicancellarii recognovi.
Data non. febr. anno dominice incarnationis DCCCCI, regni vero domni Berengarii piissimi regis XIII, sub indict. VI. Actum Corte Agrabona in dei nomine feliciter.

9.

Berengar schenkt der Kirche von Aquileja das Haus des Gumo und das Petersthor in Cividale und bestätigt nach Verlust vieler Rechtstitel den in deren Gewere stehenden Besitz.

[c. 904].

Cusurdori in iure nr. 366 f. 33¹).

In nomine domini dei omnipotentis eterni. Berengarius gratia dei rex. Si quibuslibet ecclesiis dei regie pietati convenit ferre subsidium, multo magis metropoli et precipuis ecclesiis que perfidorum [paganorum] vastationibus depopulate videntur totius solatii iuvamen prestare consequens diiudicatur ab omnibus. Ideoque noverit omnium fidelium sancte dei ecclesie nostrorumque presentium scilicet ac futurorum industria, interventu et petitione Bertile dilectissime coniugis et consortis nostre supplicationibus Friderici reverendissimi patriarche libentissimum prebuisse assensum concedentes sancte Aquilegensi ecclesie cui prefatus Fridericus preesse dinoscitur domum quandam sitam in civitate Foroiuliensi non longe a xenodochio sancti Johannis Evangeliste que fuit condam Gumonis atque Milonis, per hoc nostrum preceptum cum omnibus ad eandem domum intrinsecus et extrinsecus aspicientibus ac pertinentibus, prout nostre parti pertinuit ac pertinere videtur in integrum; portam etiam eiusdem civitatis que sancti Petri vocatur, prout publice et regie parti pertinuisse perpenditur, prefate sancte ecclesie et patriarchivo²) sub omni integritate sua habendum et in perpetuum possidendum benivola mente donamus. Et quia multa cartarum instrumenta casu condam incendii ac perfidorum persecutionibus paganorum abolita noscuntur et perdita, [ne damnum] aliquod eadem ecclesia aut per plebes aut per interiores ha[c exteriores ecclesias suas patiatur], deinceps undecumque eadem ecclesia usque hos dies [iuste et legaliter] investita fuit, ut semper ipsam investituram teneat et si necessitas [contigerit], facta inquisitione quod ipsa ecclesia ex eisdem rebus investita fuisset, ut eas in antea vindicet teneat possident absque minoratione et contradictione cuiusquam, volumus statuimus et per hanc nostre institutionis concessionem sancimus³). [Cuncta] igitur supradicta que nostra concessione iam prelibate ecclesie data videntur. . . . .

---

9. a) sancimnr.
1) Ergänzt aus nr. 10. 2) patriarchivum = patriarchium?

10.

Berengar schenkt der Kirche von Aquileja das Haus des Gumo mit anderem Besitz in Friaul und das Petersthor in Cividale und bestätigt nach Verlust vieler Rechtstitel den in der Gewere der Kirche und der Kirchenleute stehenden Besitz.

Consultori in iure nr. Stil. f. 33¹). 904 [Juni] Pavia.

In nomine domini dei omnipotentis eterni. Berengarius gratia dei rex. Si quibuslibet ecclesiis [dei regio] pietati convenit ferre subsidium, multo magis metropoli et precipuis [ecclesiis quo perfidorum paga]norum vastationibus depopulate videntur totius solatii [iuvamen] prestare consequens diiudicatur ab omnibus. Ideoque noverit omnium [fidelium sancte dei] ecclesie nostrorumque presentium scilicet ac futurorum industria, [interventu et] petitione Bertile dilectissime coniugis et consortis nostre [supplicationibus] Frederici reverendissimi patriarche libentissimum probuisse amensum [con]cedentes sancte Aquilegensi ecclesie cui profatus Fredericus preesse dinoscitur, quandam mansionem in civitate Foroiuliensi ' que fuit condam [Gumonis] cuius filium nomine Rodelpergam Nazarus deinde Milo sibi sociatum [con]iugio habuerunt, quam videlicet mansionem post [pre]dicti Gumonis [obitum] hereditate possederunt, cum omnibus intrinsecus et [extrinsecus] ad eandem mansionem aspicientibus ac pertinentibus [et omnem] proprietatem [quam ex rebus] Gumonis sive in Cormones seu in Obescobalis vel in quocumque loco in comitatu Foroiuliensi de suis quis comparare ᵃ) poterit, per hoc nostrum preceptum, prout nostre parti pertinuit ac pertinere videtur in integrum. necnon et si prelibatus Nazarus vel Milo [qui pro]scripte Rodelberge matrimonio utebantur quid acquisiverunt, per hoc presens preceptum plenissime largimur; portam etiam eiusdem civitatis que sancti Petri vocatur, prout publice et regie parti pertinuisse perpenditur, prefate sancte [ecclesie] et patriarchivo sub omni integritate sua habendum et in perpetuum possidendum benivola mente donamus. Et quia multa cartarum instrumenta casu quodam incendii et perfidorum persecutionibus paganorum abolita nosuntur et perdita, ne damnum aliquod eadem ecclesia aut per plebes aut per interiores ac exteriores ecclesias suas patiatur, si quidem et si familie domus vel fidel[es eiusdem] ecclesie acquisitam de publicis rebus aut fiscis seu de scusatis aliis proprietatem habent, adeo ut salubre sese defendant sacrum[que ecclesium], deinceps undecumque eadem ecclesia aut sui usque hos dies iuste et legaliter investita fuit, ut semper investituram ipsam teneat et si necessitas contigerit, facta inquisitione quod ipsa ecclesia cum suis ex eisdem [rebus] investita fuisset, ut eas in antea vindicet teneat possideat[que predictas] res absque minoratione et contradictione cuiusquam, volumus statuimus et per hanc nostre institutionis concessionem sancimus ᵇ). Cuncta igitur supra-

---

10. a) comperire. b) sancimus.

¹) Ergänzt nach der Vorlage nr. 9.

dicta que nostra concessione iam prelibate ecclesie data [videntur]' in perpetuum habeat atque possideat velut alias res quas antiquitus possedit sub omni integritate [earum] absque molestia vel [minoratione, sicut eas in prenotate] ecclesie ius transfudimus et plenissi[ma deliberatione donavimus. Quicumque igitur de his] omnibus aliquid subtrahere [a potestate predicte ecclesie] vel molestiam [ullam ei] in posterum inferre quesierit, [ne quod tem]ptat perficere possit, sciat [se composita]rum viginti libras auri [optimi], medietatem camere nostre et medietatem predicte ecclesie, si ex hoc ei fuerit [illata] molestia. Quod ut verius credatur et diligentius observetur, manu [propria] roboratum anuli nostri impressime subter iussimus insigniri.

Signum domni (M.) Berengarii gloriosissimi regis.

Ambrosius cancellarius advicem Ardingi episcopi et archicancellarii recognovi.

. . . . anno dominice incarnationis DCCCCIIII, domni vero Berengarii [piissimi] regis XVII, indictione VII. Actum in palatio Ticinensi in dei nomine feliciter amen.

11.

Berengar I schenkt Vitalianus, einem Diakon der Kirche von Aquileja, einen Mansus am Bache Similiano.

[c 903—906].

Consultori in iure nr. 366.

In nomine omnipotentis dei eterni. Berengarius divina ordinante clementia rex. Quia regum semper precipuum esse debet inopum egestatem sublevare, ideo omnium fidelium sancte dei ecclesie nostrorumque presentium scilicet ac futurorum comperiat industria, qualiter per petitionem Ilegilolfi venerabilis episcopi necnon et Ingelfredi nostri preclarissimi vassi cuidam Vitaliano, diacono sancte Aquilegensis ecclesie nostro fidelissimo, per hoc nostre regie auctoritatis preceptum concedimus mansum unum iuris regni nostri quod dicitur Jamnolesso adiacentem iuxta rivum Similianum, olim rectum per Sibisium liberum hominem, de comitato Foroiulii pertinentem cum omnibus adiacentiis et pertinentiis suis, casis videlicet terris vineis et campis pratis pascuis silvis salectis arboribus pomiferis et inpomiferis montibus vallibus aquis aquarumque decursibus divisum et non divisum cultum et incultum seu cum omnibus que dici et nominari possunt ad [predictum] mansum iuste et legaliter pertinentibus, de nostro iure et dominio in eius [ius et] dominium modis omnibus transfundimus et perdonamus ad habendum [tenendum] possidendum vel quicquid vol[uerit faciendum] remota totius potestatis [inquietudine.] . . . . .

12.

König Hugo schenkt der Kirche von Aquileja das Bisthum Concordia.

928 Februar 12 Verona.

Transsumpt des Notars Peter von Cividale s. XII ex. aus dem Original. Venedig. Staatsarchiv.

(C.) In nomine domini dei eterni. Hugo gracia dei rex. Si regalis celsitudo terrarum partibus circumquodque sibi subditis indefessis oblutibus circumspexerit et puro moderamine locis deo dicatis aliquod recuperacionis solidamentum inpenderit, procul dubio non solum regalem exercet consuetudinem, verum eciam et salutem anime sue futuro tempore liquido promerebitur. Idcirco noverit omnium fidelium sancte dei ecclesie nostrorum presencium scilicet et futurorum industria, qualiter consultu et convencione nostrorum metropolitanorum fidelium episcoporum et marchionum astancium nobis [placuit] ob tocius Hesperie regni stabilimentum et christiane religionis solidamentum omnia irrecuperabilia scilicet episcopia que peccatis imminentibus a sevissima Ungrorum rabie pene usque ad solum depopulata ad ᵃ) diocesim Aquilegie pertinere videntur, alium alio coniungi et alterum altero mancipari, quatenus de istius inopia illius paupertas suppleatur et de alterius copia alterius inopia optemperetur sicque ditatus ᵇ) ad augmentum tocius Italici regni succrescat et valitudinem contra infestacionem suorum videlicet inimicorum pre manibus summat. Episcopatum vero Concordiensem consultu omnium nostrorum fidelium sub dominio et potestate sanctissime Aquilegensis ecclesie cui nunc Ursus patriarcha presidet divina ordinante clemencia concedimus et donamus cum omnibus ad se iuste et legaliter pertinentibus vel aspicientibus, cum monasteriis sibi subiectis seu ecclesiis plebibus cortibus titulis vicis villis casalibus massariciis placitis portis agris ᶜ) vineis olivetis ᵈ) campis pratis pascuis silvis venacionibus salectis sactionibus pensionibus negociis vendicionibus redditibus sterpaticis paludibus aquis aquarumque decursibus molendinis piscacionibus famulis et famulabus servis et ancillis scusatis aldionibus et aldianis montibus planiciebus seu omnibus que dici vel nominari possunt ad eundem episcopatum pertinentibus vel aspicientibus, sub dominio et potestate sanctissime Aquilegensis ecclesie consultu nostrorum fidelium concedimus et largimur, sanccientes ut nullus marchio dux comes gastaldius decanus et quilibet ᵉ) rei publice exactor placita inibi tenere audeat aut aliqua freda exigere presummat aut iniustas et inopportunas ᶠ) redibiciones inponat,

---

12. a) ex. b) dictatus. c) uigris. d) olivis. e) cuilibet. f) importunas.

sed liceat eidem Ursoni patriarche suisque successoribus Concordiensem episcopatum cum omnibus sibi iuste et legaliter pertinentibus vel adspicientibus quieto ordine detinere et possidere, episcopos sacerdotes sive clericos in eo racionabiliter ordinare perpetuisque temporibus de eo iure habere omnium hominum contrarietate remota. Si quis autem huius nostre dapsilitatis institucionem infringere aliquo in tempore temptaverit, centum librarum auri optimi pena se sciat esse solvendum, medietatem camere nostre et medietatem Ursoni patriarche suisque successoribus. Et ut hec nostre donacionis auctoritas stabilem perpetuis temporibus optineat inconvulsumque vigorem, manu propria subter afirmavimus et annuli nostri inpressione sigillari precepimus.

Signaum^g) domni (M.) Hugonis gloriosissimi regis.

Petrus notarius advicem Beati episcopi et archicancellarii recognovi et S. R.

Data pridie idus febroarii anno dominice incarnacionis DCCCCXXVIII regni vero domni Hugonis gloriosissimi regis secundo, indictione prima Actum Verona in Christi nomine feliciter amen.

13.

Otto II bestätigt und restituirt der Kirche von Aquileja ihren Besitz und enthebt die Kirchenholden der öffentlichen Lasten und Gerichtsbarkeit.

983 Januar 12 Ravenna.

Consultori in iure or. 366bis 23 f. 2.

. . . .

ecclesie Aquileiensi iamdudum a paganis malisque predonibus devastate subvenientes eiusdemque sedis Rodaldi patriarche venerabilis nostrique dilecti fidelis necessitatibus compatientes. Omnium fidelium sancte dei ecclesie nostrorumque presentium ac futurorum noverit universitas, qualiter interventu ac petitione Theophan[u] nostre dilecte coniugis ac nostri imperii consortia, prout iuste et legaliter possumus, confirmamus et roboramus omnes res et possessiones eidem sancte ecclesie quas hactenus per precepta vicarii ipsius ecclesie a nostris predecessoribus iuste acquisiverunt vel qualicumque munimine chartarum legaliter in iure ipsius sedis possederant^a), tam cortes quam et plebes villas capellas culta et inculta omnia, cortem unam videlicet que vocatur Lunas cum centum mansis, cortem que vocatur Maniacus cum triginta mansis quibus per hanc nostri precepti paginam superaddimus decem pa-

12. g) Singaum.
13. a) possiderant.

riterque montem Maniacum, plebem etiam que vocatur sanctus Maurus cum sex casalibus quibus superiungimus sex que atque discernuntur infra decursum aque que vocatur Zelina et rivi qui vocatur [Co]rtus¹), et ecclesiam sancte Marie que vocatur Marcadello necnon cortes alias omnes et plebes quas usque hodie possederat aut iure possidere debet, eidem sancte ecclesie restituimus una cum omnibus terris villis castellis pratis pascuis silvis aquis rivis^b) molendinis piscationibus vineis montibus vallibus planitiebus servis ancillis aldiis et aldiabus omnibus[que] rebus ad iam dictam sanctam ecclesiam pertinentibus, quatenus per hanc nostri imperii auctoritatem habeat^c) iam dictas cortes cum omnibus inibi prescriptis casalibus et ea omnia que possedit [et] tenuit, et in perpetuum ipsa ecclesia eiusque pro futuris temporibus vicarii et qui nunc presens est iam dictus patriarcha firmius possideat omnium hominum contradictione remota. Largimur insuper et ipsi ecclesie perdonamus omnes super ecclesiasticas ipsas res residentes homines, ne aliquam collectam vel aliquam publicam reddibitionem solvant neque placitum custodiant nisi ante sui presentiam pontificis eiusque ministri. Si quis autem dux marchio comes vicecomes sculdascio gastaldius vel cuiuscumque ordinis nostri regni persona hanc nostram auctoritatem violare aut ecclesiam iam sepe dictam de omnibus suis rebus sine legali iudicio disvestire presumpserit, cognoscat se compositurum auri optimi libras mille, medietatem camere nostre et medietatem vicariis eiusdem sancte Aquileiensis ecclesie. Quod ut verius credatur et diligentius ab omnibus observetur, manu propria roborantes hanc paginam signo nostri nominis sigillare precepimus.

Signum domni Ottonis serenissimi imperatoris augusti.

Joannes cancellarius advicem Petri episcopi et archicancellarii recognovi et scripsi.

Data pridie idus ianuarii anno dominice incarnationis VIIII^c LXXXI, indictione VIIII, imperii vero secundi Ottonis XIIII. Actum Ravenne in dei nomine feliciter amen.

14.

Heinrich II schenkt der Kirche von Aquileja die Städte Pedena und Pisino in Istrien.

1012 April 30 Bamberg.

Consultori in iure nr. 366^b nr. 23 f. 5.

Henricus divina favente clementia rex. Si ecclesias dei nostre largitatis munere sublimare studuerimus, vel ad statum nostri regni

---

13. b) rivis. c) hanc.
1) Vor rius lerre Stelle, mit Bleistift co vorgesetzt.

proficere non dubitamus. Quocirca noverit omnium nostrorum presentium scilicet ac futurorum industria fidelium, qualiter nos divino conpuncti amore sancte Aquileiensi ecclesie et Johanni patriarche rectori eius coroboramus confirmamus et largimur duas civitates in comitatu Hystriensi sitas, quarum una dicitur Penna in qua iam dudum episcopus ad honorem dei et sanctorum eius constitutus[a]) esse videtur, altera vero Pisino cum placito et decimis atque suffragio et districto vel omni publica functione liberorum hominum in eis habitantium, prout Otto dive memorie imperator eidem ecclesie et Johanni patriarche per tria miliaria eisdem civitatibus ex omni parte adiacentia per imperialem paginam largitus est. Hanc[b]) denique eius largitionem[c]) confirmantes iam dicte sancte[d]) dei ecclesie et Johanni patriarche addimus atque hac nostra[e]) pagina regali concedentes largimur omnes terras silvas et pascua tam vineta et oliveta quam etiam campestria arva prata pabulatica escatica venationes piscationes et omnes necessarias functiones quas liberi homines in predictis civitatibus habitantes antea tempore Poponis [et] Sizonis comitum tenuerunt vel adhuc necessarii ad ea tenenda videntur. Concedimus etiam sepe dicte ecclesie prata et pascua atque capula iuxta fluvium quod . . . . .[f]) utrisque[g]) partibus rippe adiacentia et portum de Flaona, ut predicti homines in eo naves habentes navigandi[h]) atque per nostras provincias in quamcumque partem voluerint transfretandi liberam habeant potestatem omni nostra nostrorumque fidelium ducis et comitum omniumque hominum contradictione remota. Largimur quoque exarate[i]) ecclesie ut predicti homines in iam dictis civitatibus conmorantes largum et plenam omni tempore habeant potestatem [et] licentiam eorum peccora et armenta atque iumenta ad mare menandi et quandocumque necesse fuerit adaquandi. Precipientes firmiter iubemus ut nullus dux marchio comes vicecomes seu magna parvave regni persona eundem Johannem patriarcham vel homines eius in predictis locis habitantes de omnibus supradictis rebus et terris disvestire vel molestare presumat. Si quis hanc nostram donationem infringere temptaverit, sciat se compositurum centum libras auri, medietatem camere nostre et medietatem Aquileiensis ecclesie patriarche. Quod ut verius credatur et diligentius observetur ab omnibus, manu propria confirmantes sigilli nostri impressione subter iussimus insigniri.

Signum domni Henrici regis invictissimi.

Everardus[k]) episcopus[l]) et cancellarius recognovi.

---

14. a) constrictus. b) hos. c) largitione. d) dicti sancti. e) nostri. f) Lücke. g) uerisque. h) navigantes. i) corrigirt aus exoraie. k) Guerardus. l) episcopos.

Datum pridie kalendas madii anno dominice incarnationis MXII, indictione X, domni vero Henrici X. Actum Pauenberc ᵃ) feliciter amen.

15.

Heinrich IV schenkt dem Markgrafen Udalrich 20 Königsmansen in Istrien.

1064 Juli 31 Goslar.

Consultori in toro nr. 366ᵇ 23 f. 14.

Henricus divina favente clementia rex. Omnibus Christi nostrisque fidelibus tam presentibus quam futuris notum esse volumus, qualiter nos ob interventum fidelium nostrorum, dilecti scilicet magistri nostri Annonis Coloniensis archiepiscopi [et] Adalberti Hamenburgensis archiepiscopi, viginti regales mansos in pago Histrie in villis et castellis subtus nominatis Puviendi Lompago Bangul Curtalla ᵃ) Luhanewit et in villa que vocatur ad sanctum Martinum Rus Winstrin Rana¹) in comitatu Odalrici marchionis sitos eidem prefato Odalrico marchioni ob fidele servitium eius cum omnibus appenditiis hoc est utriusque sexus mancipiis areis edificiis agris pratis pascuis vineis silvis venationibus terris cultis et incultis aquis aquarumque decursibus molis molendinis piscationibus exitibus et redditibus viis et inviis quesitis et inquirendis in proprium dedimus atque reddidimus, ea videlicet ratione ut predictus Odalricus marchio liberam inde potestatem deinceps habeat remota omni contradictione tenendi vendendi ᵇ) commutandi precariandi vel quicquid de eodem predio voluerit faciendi. Et ut hec nostra regalis traditio stabilis et inconvulsa omni remaneat tempore, hanc cartam inde conscribi manuque propria corroborantes sigilli nostri impressione iussimus insigniri. Et quicumque hoc regale preceptum violaverit centum libras auri persolvat, medietatem ᶜ) camere nostre et medietatem prefato et prescripto marchioni Odalrico.

Signum domni Henrici quarti regis.

Sigeardus cancellarius vice Sigefridi archicancellarii recognovi.

Data II kal. augusti anno dominice incarnationis MLXIIII, indictione II, anno autem ordinationis domni Henrici regis VIIII, regni vero octavo. Actum Goslar in dei nomine feliciter amen.

14. m) Pauebrec mit Abkürzungsstrich über e.
15. a) Oder Curtalba. Joppi.   b) trahendi.   c) mediates.

1) Die Namen verderbt; im Thes. eccl. Aquil. nr. 894: in certis locis Istrie videlicet Pingone [Pinguente] Bagnol et Ruyn et aliis.

16.

Heinrich IV schenkt seinem Getreuen Adalpert die Villa Strengi in Istrien.

1066 November 16 Echersberge.

Consultori in iure nr. 366b 22 f. 18'.

Henricus divina favente clementia rex. Notum sit omnibus Christi fidelibus tam futuris quam presentibus, qualiter nos fideli nostro Adalperto ob interventum et petitionem coniugis nostre Berte regine aliorumque fidelium nostrorum necnon ob fidele servitium eiusdem Adalperti quandam villam Strengi dictam in pago[a]) et in marchia Hystriensi Wuodalrici marchionis sitam cum omnibus appendiciis hoc est utriusque sexus mancipiis vineis agris pratis campis pascuis silvis venationibus aquis aquarumque decursibus molis molendinis piscationibus exitibus et redditibus viis et inviis terris cultis et incultis montibus et collibus forestis et forestariis quesitis et inquirendis omnique utilitate in proprium dedimus confirmavimus atque possidendam concessimus, ea videlicet ratione ut eidem Adalperto nullus successorum nostrorum hec data auferre alienare aut ullo modo presumat inquietare, sed ipse eiusque heres cuicumque ab ipso cum presenti privilegio tradita fuerit inde liberam potestatem habeant tenendi precariandi commutandi vel quicquid illis placuerit faciendi. Quicumque hanc cartam hereditario iure possederit, et hec donaria nostra omnium contradictione remota usque in mediam laymam[b]) possidebit. Et ut hec nostra regalis traditio stabilis et inconvulsa omni permaneat evo, hanc cartam inde conscribi et sigilli nostri manu corroboratam insigniri iussimus impressione. Si quis vero hec regalia instituta violare aut in aliquo presumat infringere, sciat se centum libros auri optimi daturum, medietatem[c]) camere nostre cetera autem eiusdem prechi possessoribus.

Signum domni Henrici invicti regis.

Sigeardus cancellarius vice Sigefredi archicancellarii recognovi.

Data XVI kal. decembris anno dominice incarnationis MLXVI, indictione IIII, anno autem ordinationis domni Henrici quarti regis XIII, regni vero X. Actum Ekkersberge.

---

16. a) rogo. b) So die Hs. c) medietas.

17.

Heinrich IV rechtfertigt die Schenkung des Bisthums Triest an Aquileja.

1082 August 23 Pavia.

Consultori in iure nr. 268b 22 ohne Foliumbezeichnung.

In nomine sancte et individue trinitatis. Henricus divina favente clementia rex. Omnibus ecclesiis Christi debemus prodesse quibus ordinavit nos Christus preesse, unde quod inter Aquilei[ensem] et Tergestinam ecclesiam fecerimus manifestare volumus, ne postmodum detur aliquibus calumniandi locus. Siquidem prefate ecclesie Tergestine videntes periculum, antequam periculum generaret interitum, adhibuimus consilium qualiter imminens evaderet periculum. Defecerat nam pene et ad nihilum redacta fuit raptorum violentia et episcoporum vel paupertate vel negligentia, ut puta quibuscum raptoribus non erat par potentia, et quomodo nostra regulis frequens adesse non potuit presentia, sicut raptorum frequens affuit violentia, placuit consilium ut Aquileiensis ecclesia[a]) que et mater eius propter viciuitatem, et principatum susciperet eandem[que] ecclesiam prefatam non ut ancillam sed ut filiam in sue tuitionis gremium. Ergo propter petitionem ecclesie, propter consilia principum Conradi filii nostri, Diedaldi Mediolanensis archiepiscopi, Dyonisii Placentini, Cumberti Taurinensis, Regenoldi Bellunensis, Milonis Patavini, Wecellonis Vincentini episcoporum, Adalberti Reginerii Ugonis marchionum ceterorumque fidelium nostrorum, super omnia autem ipsius ecclesie Aquileiensis patriarche Henrici servitium et merita morum quibus eiusdem ecclesie dignus erat habere principatum, dedimus in proprium ecclesie nostre potestatis super eadem ecclesia officium, ut cui prodesset defendendo prosit etiam nostra vice imperando. Tergestinam igitur ecclesiam sancte dei genitrici perpetue virgini Marie sanctoque Hermacore subdendo tradidimus non libertatem ei tollendo, sed libertatem ei contra hostes obtinendo; dedimus videlicet Henrico patriarche cunctisque suis successoribus ut episcopum in presata ecclesia, sicut consecrant officio patriarcharum, ita etiam investiant regant atque defendant more regum vel imperatorum dominantes eidem ecclesie non ut ancille sed sicut filie, nostro videlicet more cuius est pro libertate ecclesiarum certare. Quod si quis hoc putat vel nos aliter dedisse vel patriarcham Henricum aliter accepisse, non sapit recte, quia non avaritie sed respectus libertatis erat in dante et recipiente. Unde si qua persona parva vel magna deinceps patriarcham vel episcopum Tergestinum ulla inquietaverit molestia, mille

---

17. a) Aquileiensi ecclesie.

libras auri puri regibus et patriarchis equaliter dividendas componat
et solvat. In cuius rei testem cartam presentem scribi iussimus que
videtur infra nostra manu corroborata sigillique nostri impressione
insignita[et] omnis quationis tam future quam presentis notitie relinqui-
mus.

Signum domni Henrici quarti regis invictissimi.

Burchardus cancellarius vice Sigewini archicancellarii recognovit.

Anno dominice incarnationis MLXXXII, indictione quarta, X kal.
augusti, anno autem ordinationis domni Henrici quarti regis XXVIII,
regni vero XXVIIII. Actum Papie feliciter amen.

Kleine Mittheilungen.

Die Alpenstrassen per Canalem und per Montem Crucis. Für die Kenntniss der im Mittelalter benutzten Handelsstrassen in den Ostalpen ist besonders wichtig ein Abkommen zwischen dem Patriarchen Bertold von Aquileja und dem Grafen Meinhard von Görz von 1234 Nov. 27; gedruckt Hormayr Beiträge 2, 391, Oesterr. Notizenbl. 7, 279, Steiermärk. Urkkb. 2, 419. Danach war zwischen jenen Streit entstanden super strata que ducit per Montem Crucis, auf welcher der Graf das ausschliessliche Geleitsrecht beanspruchte. Der Patriarch gestand ihm dasselbe zu: de personis ad hoc specialiter deputatis, videlicet a Bawaris qui per montes nomine Tower veniunt, et ab illis qui a Niderwelz supra sunt constituti; dagegen habe er keinerlei Recht: de aliis infra constitutis et qui veniunt de Austria et Stiria et Kariuthia, qui a longis retro temporibus per Canales et per Clusam consueverunt venire; und da diese, um die Mauth zu Chiusa zu umgehen, den Weg per Montem Crucis nehmen, so habe er beschlossen hier die Mauth von ihnen zu erheben. Auf schiedsrichterlichen Spruch wurde dann bestimmt, dass der Patriarch von den letztern, wenn sie aus irgend einem Grunde per Montem Crucis gehen, die um ein Drittel ermässigte Mauth an ihm beliebigem Orte seines Gebietes erheben könne. Um dieselben beiden Strassenzüge handelt es sich zweifellos, wenn nach Bestätigung K. Friedrichs I von 1184 Nov. 16, Hormayr Beitr. 2, 149, der Patriarch Gottfrid dem Grafen Heinrich von Tirol die Hälfte der Mauth zu Gemona unter der Bedingung verlieh, dass kein anderer Markt gestattet werde: inter Montem Crucis et Glemun et inter Pontavele et Glemun et inferius Glemun circumquaque per miliare.

Danach nahm Meiller in seiner bezüglichen Untersuchung in den Babenberg. Reg. 222 zwei von Gemona ausgehende Strassenzüge an. Der eine steht ausser Frage; es ist der durch den Canal di Ferro oder Fellacanal über Chiusa, Pontafel und Tarvis nach Villach. Dieser Weg ist zweifellos überall gemeint, wo im Mittelalter schlechtweg von einem Durchzug per Canalem oder per Canales die Rede ist. Es würde überflüssig sein das nochmals zu betonen, wenn nicht Oehlmann bei seiner

fleissigen Arbeit über die Alpenpässe im Mittelalter im Jahrbuch für
Schweizerische Geschichte Bd. 3 und 4 jene Urkunden und die bezüglichen Erörterungen Meillers übersehen und überdies den Missgriff begangen hätte, solche Erwähnungen auf den Ort Canale am Isonzo
zu beziehen und damit den bezüglichen Theil seiner Untersuchungen
in grösste Verwirrung zu bringen. Von Görz her führt allerdings
die Strasse über Canale und den Predil nach Kärnthen. Lässt er aber
Friedrich II. 1235 und 1236 von Cividale her über Canale nach
Kärnthen ziehen, vgl. Bd. 4 S. 277, so schliesst ja abgesehen von
dem bedeutenden Umwege schon das Terrain eine irgend bedeutendere
Strasse zwischen Cividale und Canale aus, wie denn auch jetzt keine
vorhanden ist. Wurde von Friaul her der Predil zum Uebergange
benutzt, so geschah das gewiss in der Richtung der jetzigen Strasse
von Cividale über die niedrige Wasserscheide bei Starosella nach Caporetto, auf welche auch Oehlmann S. 265 hinweist. Aber es ist mir
sehr zweifelhaft, ob man überhaupt von Friaul her häufiger über den
Predil nach Kärnthen gieng. Denn die von Oehlmann angeführten
Belege beruhen durchweg nur auf jener Verwechslung. Er ist von
der Richtigkeit seiner Annahme so überzeugt, dass er S. 276 zweimal,
wo in den bezüglichen Quellen, der Vita Chunradi und Ragewin, von
einem Zuge per Canalem die Rede ist, das schlechtweg mit Predilpass
übersetzt. Aber überall, wo sich genauere Angaben finden, erscheint
der Weg durch den Fellacanal über Pontafel so sehr als die regelmässige Verbindung zwischen Kärnthen und Friaul, dass an den
Predil gewiss nur dann gedacht werden darf, wenn besondere Umstände gerade auf diesen hinweisen. Das mag zu beachten sein bezüglich des zweifelhaften Verlaufes des Zuges K. Karls IV. im J. 1368.
Dass er 1354 über Pontafel zog, ergibt sich ohnehin aus der Erwähnung des Durchzuges durch Gemona.

Wenden wir uns zur zweiten der in jenen Urkunden erwähnten
Strassen, so ist für diese die richtige Bestimmung des Mons Crucis
entscheidend. Meiller, und ebenso Zahn im Steiermärk. Urkkb. 2, 631,
verstehen darunter den als Kreuzberg oder Monte Croce bezeichneten
Pass, der von Comelico am obern Piave in das Sextenthal und nach
Innichen hinüberführt. Ist das richtig, so kann die zweite Strasse
allerdings nicht anders verlaufen, als in der von Meiller bezeichneten
Richtung von Venzone nach Tolmezzo, dann durch den Canal di Gorto
nach Sappada (Bladen), Comelico, über den Kreuzberg nach Innichen,
Bruneck und weiter über den Brenner nach Innsbruck und Deutschland. Nehmen wir als Endpunkt Augsburg, so bezeichnet uns jene
Strasse auch wirklich den nächsten Weg von da nach Aquileja. Ueber-

dies ist der fahrbare Sextener Kreuzberg, wie auch Meiller betont, einer der bequemsten Uebergänge. Aber es handelt sich nicht um diesen allein. Es ist auf jener Strasse noch ein zweiter Gebirgsübergang aus dem Gebiete des Piave in das des Tagliamento, von Sappada nach Forni Avoltri zu machen. Die länger gehegte Absicht mich durch eigene Anschauung zu überzeugen, in wie weit die Oertlichkeit dort eine für lebhafteren Verkehr geeignete Strasse gestattet haben dürfte, kam noch nicht zur Ausführung. Nach den Spezialkarten und der Angabe bei Ball Eastern Alps 518 scheint der Weg nach Avoltri zu ziemlich steil zu sein.

Aber auch wenn wir von diesem Bedenken ganz absehen, kann aus andern Gründen jene Strasse nicht die in der Urkunde von 1234 vorausgesetzte sein. Es handelt sich ja in dieser nicht um den Verkehr aus der Richtung von Augsburg, sondern um den von Baiern, Oesterreich, Steier und Kärnthen nach Friaul. Als Grenzpunkt für den regelmässigen Verkehr auf beiden Strassen ist Niederwölz angegeben, an der Mur zwischen Murau und Judenburg nur unbedeutend oberhalb des Punktes gelegen, wo die von Pontafel über Villach, St. Veit und Friesach kommende Strasse bei Scheifling das Thal der Mur erreichte; vgl. Meiller a. a. O. Die östlich von dieser Strasse Wohnenden hätten demnach, um der Mauth bei Chiusa zu entgehen, einen Umweg über Innichen gemacht, der das drei- bis vierfache der bezüglichen Strecke der für sie nächsten Strasse betragen haben würde. Und liesse sich das zur Noth durch eine ungewöhnliche Höhe der Mauth erklären, so ist es noch viel auffallender, dass schon für die Leute von Niederwölz aufwärts, also zunächst aus dem obern Murthal und dem Lungau, sogar der regelmässige Weg nach Friaul nicht über Villach, sondern über Innichen geführt haben sollte; ein Blick auf die Karte macht da jede weitere Erörterung überflüssig. Was dann die Baiern betrifft, die über die Tauern kommen, so stellt sich bezüglich der östlichern Tauernwege das Verhältniss nicht anders. Der westlichste aber, der hier, da vom Krimler Tauern natürlich abzusehen ist, etwa noch in Betracht kommen kann, ist der Weg über den Velber Tauern zwischen Mittersill und Windischmatrei. Aber selbst dieser erreicht das Drauthal erst bei Lienz; die ihn Benutzenden hätten also immerhin noch einen bedeutenden Umweg die Drau aufwärts zu machen gehabt, um zu Innichen auf die Strasse über den Sextener Kreuzberg einzulenken. Doch möchte das immerhin erklärlich sein, wenn sie eben nur die Wahl zwischen dieser und der durch den Fellacanal gehabt hätten.

Das aber traf nicht zu. Es stand ihnen eine ganz geeignete, in ihrem weiteren Verlaufe auch für viele noch weiter östlich Wohnende, die nächste Verbindung darstellende Strasse zur Verfügung, nämlich die alte Römerstrasse (vgl. Oehlmann S. 241), welche von Lienz über Oberdrauburg und den fahrbaren Gailberg zunächst nach Mauthen führt, wo sich auch alle Nebenwege mit ihr vereinigen, also der zur Mautherhebung geeignetste Punkt war; dann über den Pleckenpass nach Timau und weiter durch den Canal di S. Pietro über Paluzza, Zuglio (Julia Carnica) und Tolmezzo nach Venzone, wo sie sich mit der durch den Feltacanal nach Aquileja führenden Strasse vereinigt. Zwischen Mauthen und Timau jetzt nur noch Saumweg, war auch diese Strecke in den früheren Zeiten unseres Jahrhunderts wenigstens für landesübliches Fuhrwerk fahrbar, bis sie insbesondere seit dem Neubau der Ampezzanerstrasse in Verfall gerieth. Dass sie schon durch lange Jahrhunderte befahren wurde, zeigen insbesondere auf der Friauler Seite die in die Steinplatten der Pflasterung tief eingeschnittenen Spuren der Räder. Diese Strasse konnte in der Urkunde von 1234 nicht wohl unerwähnt bleiben und entspricht so genau allen Angaben derselben, dass ich denke, man müsste sie auch dann für die strata per Montem Crucis halten, wenn der Name jetzt nicht mehr nachweisbar wäre.

Aber auch der Name trifft zu. Auf älteren Karten heisst die Passhöhe immer der Kreuzberg. Neuere Karten haben den deutschen Namen nicht mehr und es stimmt das damit, dass er nicht mehr in Gebrauch zu sein scheint. Auf deutscher Seite hörte ich den Pass nur als den Plecken bezeichnen, nach der eine halbe Stunde unter der Jochhöhe wundervoll gelegenen Alpe auf der Plecken mit dem alten Hospiz, jetzt einem recht behaglichen Gasthause. Aber auf der Friauler Seite kennt man den Pass noch jetzt nur unter dem Namen Monte Croce.

Diese Strasse benutzte insbesondere König Ruprecht von der Pfalz, als er sich 1401 überzeugt hatte, dass er in der Lombardei nicht vordringen könne. Er ging von Trient nach Botzen zurück, wo er wenigstens nach den Urkunden, vgl. Chmel Reg. Ruperti nr. 1038 ff., noch am 6. Nov. gewesen wäre. Am 8. und 9. Nov. urkundet er zu Lunze. Höfler Ruprecht 255 bezieht das auf Luincis am Degano im Canal di Gorto; und wäre das richtig, so hätten wir damit einen bestimmten Beleg für die Benutzung der Strasse über den Sextener Kreuzberg, da nur diese, welche überdies für den König die nähere gewesen wäre, ihn hätte hieher führen können. Aber die Annahme wird dadurch unbedingt unhaltbar, dass der König nach einem Briefe am 9. Nov. zu Mauthen unter dem Kreuzberge war, also zweifellos über den Pleckenpass zog. Von der Höhe dieses bedarf es nur eines Blickes auf die gegenüberliegenden Gebirge, über welche der König in den Canal di Gorto hätte übersteigen müssen, um sich zu überzeugen, dass davon nicht die Rede sein kann, auch wenn wir von den Tagesangaben absehen. Lunze ist zweifellos Lienz. Nach Ueberschreitung des Passes urkundet der König am 11. zu Puscheldorf, am 13. zu Venzone. Oehlmann S. 243 denkt bei dem ersteren an Paluzza. Während aber die Namen Tischlwang für Timau, wo noch ein deutscher Dialekt gesprochen wird (vgl. Bergmann im Oesterr. Archiv 3, 200), und Schönfeld für Tolmezzo noch jetzt allgemein üblich sind, habe ich mich für Paluzza vergeblich nach einer deutschen Bezeichnung erkundigt. Für den nächsten Zweck bedarf es einer solchen auch nicht, da Peuschldorf einfach der deutsche Name für Venzone ist, beide Urkunden also denselben Ort treffen.

Es ist beachtenswerth, dass nach Schreiben vom 8. Nov. der nächste Zielpunkt des Königs Conegliano war. Dahin hätte ihm ein viel näherer Weg aus dem Pusterthale zu Gebote gestanden, der auch damals für den Handel benutzt wurde und genau wie die jetzige Ampezzanerstrasse oder Strada d'Allemagna verlief; vgl. Oehlmann S. 245. Es wird daraus zu schliessen sein, diese Strasse sei in so viel schlechterem Stande gewesen als die über den Plecken, dass dagegen der weite Umweg nicht in Betracht kam. Und dann mag doch auch Albert von Stade die Pleckenstrasse im Auge haben, wenn er bemerkt, wer von Rom per Carnolum zurückkehren wolle, solle von Ravenna nach Venedig gehen und komme dann nach Treviso und weiter durch Pusterthal nach Sterzing. Was aber ist Carnolum? Die Handschriften, vgl. Mon. Germ. Scr. 16,339, haben Canolum, möglicherweise corrumpirte Bezeichnung für Conegliano; auch an Caualem liesse sich denken. Ist aber, wie wohl wahrscheinlicher, richtig emendirt, so ist der Ausdruck jedenfalls nicht mit Oehlmann auf Kärnthen zu beziehen. Es dürfte dann Carnolum gleichbedeutend mit Carnis gebraucht sein, der noch jetzt so allgemein üblichen Bezeichnung für die Thäler am obern Tagliamento, dass man die Station der Pontebabahn, wo der nach Tolmezzo Gehende auszusteigen hat, als Stazione per la Carnia benannt hat.

Es lassen sich also als für den grössern Verkehr von Friaul zum Norden benutzte Strassen nur die über Pontafel und die über den Pleckenpass erweisen. Scheint einerseits der Predilpass wenigstens für Friaul keine grössere Bedeutung gehabt zu haben, so wird andererseits die von Meiller bezeichnete Strasse durch den Canal di Gorto und über den Sextener Kreuzberg überhaupt nicht als Handelsweg benutzt sein; jedenfalls sind die bisher dafür geltend gemachten urkundlichen Zeugnisse mit dem Gesagten beseitigt. J. Ficker.

Früheste Erwähnungen Friedrichs des Streitbaren. Es wurde meines Wissens bisher nicht beachtet, dass schon in einem 1224 Sept. 4 zu Dortmund von K. Heinrich (VII) ausgestellten Schutzbriefe für das dortige Kloster St. Catharius, gedr. Fahne Urkundenbuch der Reichsstadt Dortmund 1, 25, unter den Zeugen Fridericus iunior dux Austrie et Stirie aufgeführt wird. War dieser damals am Hofe, so ist zweifellos auf ihn und nicht auf den ältern Bruder Heinrich noch eine zweite Erwähnung der nächstfolgenden Zeit zu beziehen. Am 3. Jan 1225 beglaubigte K. Heinrich von England beim Reichsverweser Engelbert von Köln und beim Herzoge Leopold von Oesterreich den Bischof Walter von Carlisle, um insbesondere auch über seine in Aussicht genommene Vermählung mit Margaretha, Tochter des Herzogs, zu unterhandeln. In einem im Februar 1225 geschriebenen Berichte des Bischofs an den König, gedr. Champollion Lettres des rois de France 1, 44 und danach Ficker Engelbert der Heilige 347, heisst es nun, dass der Reichsverweser, licet miserit filium ipsius ducis ad eum cum magistro suo pro negotio illo, versprochen habe, nochmals Gesandte an den Herzog zu schicken. Es ergibt sich daraus ein längerer Aufenthalt des jungen Friedrich am Hofe, der, wenn nicht in noch frühere Zeit, bis zum Hoftage zu Nürnberg im Juli 1224 zurückreichen dürfte, da Herzog Leopold, welcher den Sohn mitgebracht haben mag, damals zuletzt am Hofe gewesen war. Ueber das Geburtsjahr des jungen Friedrich fehlt eine bestimmte Angabe; aber die gewöhnliche Annahme, er sei 1211 geboren, wird dadurch unterstützt, dass er im Febr. 1232 wehrhaft gemacht wurde. Er war demnach Altersgenosse des 1211 gebornen jungen König Heinrich, woraus sein längerer Aufenthalt am Hofe sich erklärt. Haben die Knaben sich damals enger befreundet, so mag das, wenn es auch inzwischen an Zwistigkeiten nicht gefehlt hatte, dazu beigetragen haben, dass Friedrich der einzige weltliche Fürst war, der 1235 an der Verbindung mit dem jungen Könige auch nach dessen völligem Zerfalle mit dem Kaiser noch festhielt.

Es ist zu bedauern, dass uns der Name des Magisters des jungen Friedrich nicht genannt ist. Die Versuchung liegt nahe, auf die Annahme Karajans zurückzugreifen, wonach der Zögling, an dem Walter von der Vogelweide so wenig Freude erlebte, einer der Söhne des Herzogs von Oesterreich gewesen wäre. Freilich pflegt jetzt angenommen zu werden, dass dieser Zögling der junge König selbst war.

Aber bestimmter ist das doch kaum zu erweisen; und schweigen die Quellen in dieser Beziehung von Walter, so fällt dieses Schweigen dadurch ziemlich schwer ins Gewicht, dass sie ausdrücklich andere Personen als Erzieher des Königs bezeichnen.

Dass die nähern Beziehungen Walters zum Reichsverweser Engelbert sich genügend erklären, wenn er mit diesem in der zweiten Hälfte 1224 als Erzieher Friedrichs von Oesterreich am Hofe und dann insbesondere im August auch zu Köln war, liegt auf der Hand. Auch der Spruch auf den Hoftag zu Nürnberg, wenn das wirklich der von 1224 war, schiene mir jenem Zusammenhange recht wohl zu entsprechen. Anderes mag sich gegen unsere Vermuthung geltend machen lassen. Es genügt mir, auf dieselbe hingewiesen zu haben; mögen Andere, die da eher zu einer Entscheidung berufen sind, näher prüfen, ob jene Erwähnungen auch in dieser Richtung Beachtung verdienen.   J. Ficker.

Die Geburtsjahre einiger Kinder König Albrechts I. Um die Bestimmung der Geburtsjahre der verschiedenen Glieder des Hauses Habsburg hat sich Herrgott in seinen mit grossem Fleisse gearbeiteten „Monumenta augustae domus Austriacae" die meisten Verdienste erworben. Nicht bloss die Angaben in den genealogischen Tabellen des Fürsten Lichnowsky, sondern auch in den neuesten Werken von Cohn und Krones beruhen im wesentlichen auf seinen Resultaten. Doch fehlt es bei der Dürftigkeit des Quellenmateriales in den Ansätzen Herrgotts nicht an einzelnen Irrthümern, deren Berichtigung, soweit sie sich auf die Kinder Albrechts I beziehen, der Zweck der folgenden Zeilen ist.

Nach den Forschungen Herrgotts wurden von den Söhnen Albrechts I Rudolf (III) um 1280, Friedrich „der Schöne" um 1286, Leopold I um 1292, Albrecht II im December 1298, Heinrich Ende October 1299, Meinhard ungefähr im September 1300, Otto im Juli, August oder wenigstens vor October 1301 geboren.

Die Geburt Rudolfs III fällt aber wahrscheinlich ins Jahr 1281, da er nach der Contin. Zwetl. (M. G. SS. 9,662) am 4. Juli 1307 circa 26. annum etatis starb.

Zur Bestimmung des Geburtsjahres Friedrichs des Schönen fehlt es an näheren Anhaltspunkten.

Bezüglich Leopolds I hat schon Kopp (Urkunden zur Gesch. der eidgenössischen Bünde I,82) darauf hingewiesen, dass er am 7. Mai 1305 mindestens vierzehnjährig gewesen sein müsse, da er an diesem Tage als Zeuge seines Bruders Rudolf auftritt (Pez. Cod. dipl. 2,202); er scheine es aber schon am 4. August 1304 gewesen zu sein, da er in Urk. seines Bruders Friedrich von diesem Tage neben Rudolf III als Einwilligender angeführt wird (Herrgott, Geneal. 2,588). Böhmer (Reg. Lupolds S. 509) möchte mit Rücksicht auf den präsumtiven Anfang der Ehe seines Vaters, die Zahl der Kinder und die Gewissheit, dass er der dritte Sohn war, sein Geburtsjahr eher noch etwas früher als 1290 setzen. Doch fehlt es hiefür an genügenden Beweisen.

Zur Rechtfertigung seiner Ansätze für die Geburtsjahre der jüngeren Söhne Albrechts I stützt sich Herrgott (Mon. III, 2,52,70) besonders auf den Lehenbrief des Abtes Heinrich von Fulda von 1301 Oct. 9 (ap. Schannat Clientelae Fuld. Probat. p. 197, jetzt auch Lichnowsky 2, Beil. Nr. XVI), worin derselbe magnificis principibus dominis Rudolfo, Friderico, Lupoldo, Alberto, Heinrico, Meinhardo et Ottoni fratribus, ducibus Austriae die Güter verleiht, welche einst Markgraf Heinrich von Burgau vom Kloster zu Lehen gehabt. Da nun Albrecht nach Steyerer (Add. ad Comment. pro hist. Alberti II p. 4 ff.) im December 1298 das Licht der Welt erblickt habe, so müsse Heinrich 1299 und zwar frühestens Ende October, Meinhard 1300 ungefähr im September, Otto aber 1301 und zwar etwa im Juli oder August, wenigstens vor dem October geboren worden sein. Allein die Urkunde des Grafen Ludwig von Oettingen bei Lichnowsky 2, Beil. Nr. XII zeigt, dass 1298 Jan. 2 nicht blos Albrecht, sondern auch Heinrich schon am Leben war. Da aber 1298 Nov. 21, wo Albrecht I seine Söhne mit den österreichischen Ländern belehnt (Böhmer Reg. Alb. Nr. 61), nur Rudolf, Friedrich und Leopold erwähnt werden, so müssen Albrecht II und Heinrich beide Ende 1298 geboren, diese also Zwillinge sein. Wird das Geburtsjahr Heinrichs auf diese Weise zurückgerückt, so erhalten wir auch für die Zeit der Geburt der nächsten Söhne Meinhard und Otto einen grösseren Spielraum von beinahe drei Jahren; es kann Meinhard etwa im Frühjahr 1300, Otto im Sommer oder im Herbst (vor October) 1301 geboren sein.

Bezüglich der Töchter Albrechts I bemerke ich nur, dass, worauf übrigens schon Steyerer l. c. p. 6 aufmerksam gemacht hat, Katharina nach Ottokars Reimchronik (ap. Pez 3,590ᵃ) im Herbst 1295 und nicht, wie in den genealogischen Tabellen angegeben wird, 1297 geboren worden ist.   A. Huber.

Zum Kanzleipersonale Friedrichs III (IV). Im Rathsprotokoll von Wiener Neustadt (Stadtarchiv, Rathsprotokoll der Jahre 1431—67 f. 331) findet sich eine Urkunde von 1464 August 16, welche auch dadurch an Interesse gewinnt, dass sie auf die Nebenbeschäftigung eines Notars der kaiserlichen Kanzlei und die Beziehungen, welche die Stadt zu seiner amtlichen Stellung zu unterhalten bestrebt ist, einiges Licht wirft. Sie lautet: Wir Wolfgang Pillichdorffer zu der zeiten burgermaister und der rate gemain zu der Newnstat bekennen fur uns und all unser nachkommen und tun kund offentlich mit dem brief, das wir dem erbern Wolfgangen Spitzwegkh, die zeit in der Romischen canntzlei notari, unserm mitburger zugesagt und versprochen haben wissentleich mit dem brief, das er und sein hausfraw acht jar nagst nach einander komenden von datum des briefs ze raitten und nicht leunger aller ding von uns gannts mussig werden und uns in solher zeit nichts phlichtig noch schuldig sein sullen in dhain weis, sunder dazwischen iren hanndel und gwerb dannoch als wie auch treiben mugen an unser und menclaichs irrung und hindernuss, darumb er uns yetz unserr gruntpucher und satzpucher vernewet und schreibt, auch sich in sunder weg uns ze dienen, wa sich das bey unserm allergnedigsten herren dem Romischen kayser etc. gepuret und er von uns angelangt wirdet, willigen erpoten hat, so verr er das dinsthalben ze tun mag trewleich und ungeverleich. Und ze urkund geben wir im des unsern brief mit unserr chlainn aufgedrucktem statinsigel besigelt. Geben zu der Newnstat an phintztag nach unser lieben frawntag zu der schidung anno etc. LXIIII.

K. Schalk.

Eine verschollene Bibliothek. Für die Geschichte der Cultur und der Wissenschaft ist es von erheblichem Interesse, den Spuren von trefflich ausgestatteten Bibliotheken der Vergangenheit nachzugehen. Manches was jetzt an Handschriften und bibliographischen Seltenheiten den Stolz einer berühmten Büchersammlung ausmacht, war vielleicht einmal die Zierde eines andern Landes, welches an ihrer Sammlung das meiste Verdienst und den grössten Antheil hat. Einen Beitrag zur Geschichte solcher Bücherwanderungen liefert die Bibliothek, welche einst Eigenthum des zu Graz, Klagenfurt und Linz als Landesgeschichtschreiber rühmlich bekannten Hieronymus Megiser war. Wir geben die Geschichte mit einigen Bemerkungen über seine Familie, weil über die Lebensumstände dieses Gelehrten viele Irrthümer verbreitet sind [1].

---

[1] Quelle für die folgenden Angaben sind die amtlichen Aufzeichnungen eines mächtigen Foliobands im Landesarchiv zu Linz mit der Aufschrift: Extraordinari Sachen de anno 1620. Sig. 60

Der viel geprüfte Mann hatte zu Linz im Jahre 1620 seine Augen
geschlossen. Die Stände, deren Historiograph und Bibliothekar er
zuletzt gewesen, ordneten im Interesse seiner unbemittelten Familie
die Inventur seines Nachlasses an. Ausser Susanna, seiner zweiten
Frau, waren noch 4 Töchter, darunter nur eine[1]) verheirathet, und
2 Söhne vorhanden, von denen der eine, Valentin Ferdinand, damals
in Tübingen studierte. Zur Aufnahme der Inventur bezüglich der
Bibliothek wurde von den Ständen der berühmte Astronom Johann
Keppler und Joachim Höhenkirchen bestimmt. Die Büchersammlung
wird von diesen beiden Commissären „eine schöne, auserlesene und
sonderlich in Historiis, Linguis et Genealogiis trefflich instruirte Bi-
bliotec" genannt. Er hinterliess „stattliche und weit gebrachte Prae-
paratoria ad Historiam Austriacum", dann „viele Exemplaria unterschiedlicher seiner Opera." Bei der grossen Bedeutung des Bücher-
schatzes wollten die 2 Vertrauensmänner offenbar nicht allein die Verant-
wortung und Arbeit einer Schätzung auf sich nehmen, weshalb am
5. September dem grossen Astronomen der Bürger und Buchführer
Barthme Helbig von Linz, Dr. Abraham Diemer und Johannes Kbraudt
zugeordnet werden. Noch im selben Monat wird von den Schätz-
meistern hervorgehoben, dass etliche der Bücher ihres Alters und ihrer
Güte halber in andern Bibliotheken wenig oder gar nicht mehr werden
zu finden sein und dass sie deshalb dieselben nicht zu schätzen
wüssten. Diese hohe Meinung von seinen Büchern hatte übrigens
Megiser selbst schon bei Lebzeiten ausgesprochen. Er war der erste
unter den österreichischen Gelehrten, welcher den hohen Gedanken,
eine Sammlung der Scriptores rerum Austriacarum lateinisch und
deutsch herauszugeben, gefasst hat. In der Vorrede zum ersten Werke,
womit die Reihe beginnen sollte, zu dem deutschen Fürstenbuch von
Jans Enenchel, erschienen zu Linz bei Johann Blank 1618, äussert
er seine Absicht, obenbezeichnete Schriftsteller, „welche theils noch
ungedruckt, theils unvollkommen edirt oder vor Seltenheit gar nicht
mehr zu haben sind", sei es nun deutsch oder lateinisch, im Druck
herauszugeben und nun habe er nicht „ohne grosse Mühe und Un-
kosten solcher Historien einen guten Vorrath beisammen." Es dauerte
auch nicht lange, so fand sich ein Liebhaber dafür. Der Secretarius
des reichen Georg Ehrenreich von Rogendorf, Namens Christoph
Schmidt, trug im Namen seines Herrn, „der ein illustre Gymnasium
in Mähren christlich anrichten wollte", tausend Gulden dafür an mit
Einschluss von je 3 Exemplaren der gedruckten Werke Megisers und

---

[1]) Lucretia Kolbenschlagin; eine zweite wird Sibylla Elisabetha genannt.

seiner handschriftlichen Opera und Labores. Die Schätzmeister riethen den Ständen auf das Angebot einzugehen mit Ausnahme der noch ungedruckten Schriften Megisers, welche billig dem Sohne, der in Tübingen studierte, verbleiben sollten. Nach eingeholter Einwilligung der Witwe und Erben wurde die Bibliothek „doch ausser der Manuscripta" dem Herrn von Rogendorf mittelst ständischen Verordneten-Beschlusses vom 20. October 1620 verkauft. Das Inventar der Bibliothek findet sich leider nicht mehr vor. Ob sie wirklich nach Mähren kam, vermag ich nicht zu bestimmen. Georg Ehrenreich musste wegen seiner Verbindungen mit dem rebellischen Adel noch im selben Jahre auswandern und verlor alle seine Güter [1]).

Es mag hier zugleich am Platze sein die Berichtigung einer irrthümlichen Angabe anzubringen, welche ihren Weg durch eine Menge Sammelwerke in neuere Geschichtswerke genommen hat[2]). In allen diesen Schriften wird behauptet, dass Megiser 1616 und zwar als chursächsischer Historiograph und Professor in Leipzig auf der Reise nach Linz gestorben sei. Allein im Jahre 1617 ist er ständischer Bibliothekar in Linz und die Stände weisen ihm 36 Gulden an, um das neue Werk von Amerika und dem neuen Indien zur Bibliothek zu kaufen, für welche sie 1616 ein eigenes Gebäude aufzurichten begannen. Ausserdem wird dem Bibliothekar Megiser 1617 zum Copiren der Manuscripte ein Schreiber auf mehrere Monate bewilligt[3]). Die Vorrede zum Fürstenbuch Enenchels, Ausgabe 1618, ist von Megiser Linz 1. Juni 1618 unterfertigt. Auf dem Titelblatt nennt er sich selbst „der Landschaft ob der Enns bestellten Historicum". In den Acten die Verlassenschaft betreffend unter den Extraordinari Sachen de anno 1620 erscheint neben den Büchern auch seine fahrende Habe und seine Frau als zu Linz befindlich. Er ist demnach nicht im Jahre 1616 und nicht in der Eigenschaft als sächsischer Historiograph gestorben, sondern er war zuletzt oberennsischer ständischer Bibliothekar und Geschichtschreiber und ist, da die Inventur seiner Sachen im September 1620 stattfand und dergleichen, besonders bei unbemittelten Personen, nicht Jahre lang verschoben zu werden pflegt, wohl im Jahre 1620 aus dem Leben geschieden.

A. Czerny, Bibliothekar von St. Florian.

---

[1]) Wurzbach Lexikon sub Rogendorf.

[2]) Zedlers Universallexikon, Jöcher Gelehrtenlexikon, Oesterr. National Encyklopädie, Archiv von Hormayr 1820 S. 285 (Megisers kurze Biographie von Herrmann); Krones Handbuch der Gesch. Oest. 1,23.

[3]) Bescheidbuch Kirchen und Schulsachen in Oberösterreich betreffend von 1578—1619 in der Florianer Stiftsbibliothek fol. 18.

Eine neue Bilderhandschrift zur Susannasage. In der Abhandlung „Die Sage von Susanna und König Wenzel" 1. Heft S. 110 erwähnt Hortička als die zweite der Bilderhandschriften, welche den Stoff für die Erdichtung Hageks lieferten, die Wenzelsbibel in der Wiener Hofbibliothek. Auch die Salzburger Landes- und Studienbibliothek besitzt ein ähnliches Prachtwerk, eine Pergamenthandschrift von 280 Blättern in folio unter dem Titel: Expositio in Psalterium von Nicolaus de Lyra. Hier finden sich gleichfalls die in der Wenzelsbibel enthaltenen und ähnliche Bilder und Siglen in verschiedenartigen Variationen und zwar in besonders schöner und verständlicher Weise auf dem ersten Blatte, dann auf f. 51′, 80′, 109′, 136, 167, 193 und 214′. Die Vorrede beginnt: Propheta magnus surrexit in nobis luce VII° capitulo et cetera. Ez ist ein merken daz etleyche psalm sint die plozleich man newr noch der schrift verstet und daz selbe heyzzet leypleich verstanden... Das Werk selbst beginnt: Beatus vir qui non abiit in consilio.. Selig ist der man der nicht volgent ist dem rate der unguten... Nach einigen Zeilen des lateinischen Textes folgt die deutsche Uebersetzung und eine oft sehr weitläufige Erklärung und Anwendung auf das neue Testament. Die Handschrift hat eichene, mit feinem Rehleder überzogene und mit Buckeln von Messing versehene Holzdeckel; an der Aussenseite des Vorderdeckels ist oben unter einem mit Messingleisten eingerahmten Beinblättchen der Titel: Psalterium mixtum latine theutonico angebracht. Sie stammt vermuthlich aus der ehemaligen Consistorialbibliothek und kam dann in die fürsterzbischöfliche Hofbibliothek, wie die am unteren Ende des Einbandrückens noch sichtbare Bezeichnung „D A S" (Bibl. Aulica Salisburg.) erweist. Von hier gelangte sie mit einem grossen Theile der ehemaligen Hofbibliothek c. 1806 in die Universitätsbibliothek, die jetzige k. k. Landes- und Studienbibliothek. Zur Vervollständigung der Quellen der Sage von Susanna und K. Wenzel glaubte ich auf diese Handschrift, welche eine fachmännische Würdigung verdient, aufmerksam machen zu sollen.

Salzburg.   A. J. Hammerle, Bibliothekar.

Neue Facsimilesammlungen. Der Publication der palaeographischen Gesellschaft in London „Facsimiles of ancient manuscripts edited by E. A. Bond and E. M. Thompson" London 1873 (bis jetzt 9 Lieferungen mit 150 Tafeln) folgte kürzlich in ebenso vorzüglicher Ausführung und prächtiger Ausstattung, welche den Preis nur zu sehr steigert, der Beginn einer neuen Sammlung „Facsimiles of ancient charters in the British Museum" London 1878, Part IV (P. I—III scheinen später); ausser den Facsimile der in vielfacher Beziehung interessanten angelsächsischen Urkunden finden sich hier auch jene von zwei Diplomen, des bisher verschollenen Originals Ludwigs des Frommen von 840 Mai 12, Sickel L. 984, veröffentlicht von Rassler 1711, das einst einem mitteldeutschen Archiv angehört haben muss, ohne dass sich dasselbe jetzt noch constatiren liesse, und des Originals K. Odos von 889 Juni 16, Böhmer 1874, früher im Archiv der Kirche von Chartres, auf dessen Existenz früher schon Delisle (Rapport sur le concours d'histoire 1866) aufmerksam gemacht hatte. Dem Musée des archives départementales stellt sich der eben ausgegebene erste Theil des „Recueil de Facsimilés à l'usage de l'École nationale des chartes" (36 Stücke auf 24 Tafeln, Preis 25 fr.) vollkommen ebenbürtig an die Seite; nr. 32—36 gehören dem 10., die übrigen Stücke, darunter 0 Urkunden in deutscher Sprache, dem 13.—16. Jahrh. an. In Oesterreich hatte seit den Monumenta graphica, deren 10. Lieferung vorbereitet wird, die Thätigkeit auf diesem Gebiete geruht. Um so willkommener ist die interessante Sammlung der Photographien ungarischer und siebenbürgischer Urkunden (1292—1510), welche Archivar Zimmermann in Hermannstadt jetzt erscheinen liess; zunächst zu dem Zwecke veranstaltet, um für die ihm als Archivar obliegenden Vorlesungen über Palaeographie und Diplomatik heimisches Material zu bieten, gewinnen sie bei dem gänzlichen Mangel an Schriftproben ungarischer und siebenbürgischer Urkunden des späteren Mittelalters erhöhte Bedeutung. Eine eingehendere Besprechung wird später folgen. Von den Berliner Abbildungen, der grossen Sammlung deutscher Königsurkunden, welche Sickel in der Vorrede zu den Mon. Germ. Dipl. S. IV erwähnt, ist die erste Lieferung in Bälde zu erwarten. E. Mühlbacher.

Literatur.

Geschichte des ältern Gerichtswesens in Oesterreich ob und unter der Enns von Dr. A. Luschin von Ebengreuth, Professor an der k. k. Universität zu Graz. Weimar, Hermann Böhlau, 1879. 8°. 295 Seiten.

Bei der hohen Bedeutung des Gerichtswesens für das mittelalterliche Staatswesen und dem Mangel an genügenden Untersuchungen speciell über süddeutsche Justizverhältnisse ist eine Schrift, welche wie die vorliegende, gestützt auf ein reiches, zum Theil ungedrucktes Quellen-Material (1—9), mit kritischem Sinn in lichtvoller Weise ein geschichtliches Bild entrollt von dem Gerichtswesen Oesterreichs ob und unter der Enns während des Mittelalters von den Tagen der Ottonen bis auf Max I, als eine höchst willkommene wissenschaftliche Gabe freudig zu begrüssen, und zwar nicht nur vom specifisch österreichischen (Krones III, 43), sondern auch vom Standpunkte des deutschen Rechtshistorikers (Brunner in Holtzendorffs Encyclopädie 198). Das Buch zerfällt in zwei Abschnitte. Im ersten (11—41) gibt der Verfasser eine Geschichte der Gerichtsgewalt, wobei er sich auf die landesherrliche Gerichtsgewalt in ihrem Verhältnisse zum Reiche und zu den exterritorialen Gerichtsbezirken beschränkt, das Aufkommen privater Gerichtsgewalten, sowie deren Ausstattung mit öffentlich rechtlichen Befugnissen dem zweiten Abschnitte überlassend, worin er (42—273) die verschiedenen Gerichte und Gerichtsstände, welche innerhalb der angegebenen räumlichen und zeitlichen Grenzen neben oder nacheinander existirt haben, sorgfältig auseinanderhält und deren Verfassung zum Gegenstande der Darstellung macht, die mit einem Ausblicke auf die Reformen Maximilians I (273—289) abschliesst. Während dem Verfasser für den ersten Theil insbesondere Berchtolds und Brunners Forschungen zu statten kamen, denen er sich auch enge anschliesst, fehlte es ihm für den zweiten Theil gar sehr an tauglichen Vorarbeiten, da weder Chmels noch Domins Studien eingreifen und selbst Hasenöhrls Abriss des österreichischen Gerichtswesens zur Zeit des 13. und 14. Jahrh. im ganzen als ungenügend und lückenhaft bezeichnet werden muss. Ueberall weht uns daher hier der Hauch unmittelbarer Forschung entgegen. Es macht sich das selbst in der analytischen Anordnung des Durchforschten geltend. Ich will es versuchen, im folgenden die Resultate der Untersuchung mehr synthetisch darzustellen und dabei die durchschlagenden Entwicklungsgedanken schärfer herauszukehren, als dies vom Verfasser geschehen ist.

Die Zeit des Mittelalters ist die Zeit des politischen bellum omnium contra omnes; trotz der vielen Gewalten ist keine Gewalt Vollgewalt, trotz der vielen Herren kein Herr Alleinherr. Die Auseinandersetzung ist keine scharfe, planmässige, folgerichtige, sondern eine schwankende, unsichere, widerspruchsvolle, weil das Resultat wechselvollen Ringens nach hoheitsrechtlichem Besitz. Auch die Gerichtsherrlichkeit verfällt dem Loose der allgemeinen Zeitströmung. Aus einem unantastbaren königlichen Juvel wird sie zum Zankapfel der verschiedensten Parteien. Die Landesherren machen sie dem Könige streitig, die Gutsherren dem Landesherrn, die Städte dem Stadtherrn u. s. w. Jeder Theil sucht sie im egoistischen Sinne auszubeuten. Das wirkt zurück auf das gesammte Gerichtswesen. Die Geschichte des mittelalterlichen Gerichtswesens spiegelt genau den Conflict dieser widerstrebenden Interessen im Reiche wie in den Territorien. Fassen wir speciell das österreichische Gerichtswesen ins Auge und zwar zunächst die ordentlichen, dann die ausserordentlichen Gerichte.

Im fränkischen Reiche gab es nur ein einziges ordentliches Gericht — das Volksgericht —, in welchem verfassungsmässig die öffentliche Gerichtsbarkeit gehandhabt wurde. Das dem fränkischen Volks- resp. Schöffengerichte entsprechende Gericht des Mittelalters ist das Landgericht (47, 105, 112, 117, 143). Das Landgericht ist aber nicht das einzige ordentliche Gericht. So gut sich neben dem Landrechte die herrschaftlichen Rechte und die Stadtrechte entwickelten, ebenso gab es neben dem Landgerichte (103—152) herrschaftliche Gerichte (174—187, 192—198) und Stadtgerichte (199—233). Die in diesen Gerichten gehandhabte Gerichtsbarkeit ist, weil staatlich anerkannt, wahre Gerichtsbarkeit, aber nicht durchaus öffentliche Gerichtsbarkeit (106, 192, 225). Der dem Rechtsparticularismus parallel laufende Gerichtsparticularismus erklärt sich historisch daraus, dass wie anderswo auch hier das Landgericht vom Feudalismus ergriffen wird. Als oberster Feudalherr des Landes sucht der Herzog das Landgericht in ein landesherrliches umzuwandeln, wogegen die Lehens-, Dienst-, Fronhof- und Stadtherren (Grafen, Freie und Ministerialen; Bischöfe und Prälaten) als Feudalherren niederer Ordnung dahin trachten, aus dem Landgerichte ein Patrimonialgericht zu schaffen. Darzwischen macht sich die Gegenströmung des Municipalismus geltend, welche darauf ausgeht das Landgericht zu einem autonomen Gerichte zu gestalten und dadurch beiden andern Richtungen gleich feindlich widerstrebt. Dieses Bild wiederholt sich in allen deutschen Territorien. Was demselben in Oesterreich eine ganz bestimmte Färbung verleiht, ist das Vorherrschen des patrimonialen Characters nicht nur in den herrschaftlichen, sondern auch in den Stadt- und Landgerichten (134, 180. Vgl. dagegen Tittmann I, 143, Kühns I, 152, 172, 195, 287).

Von Hause aus waren die meisten Feudalherren wohl nur Lehens-, Dienst- und Fronhofherren, die wenigsten unter ihnen Landgerichtsherren. Immerhin mochte aber die Stellung derer, welche ausnahmsweise schon frühzeitig in den erblichen Besitz eines Landgerichtes gekommen waren (104—105), den übrigen als anstrebenswerthes Ziel vor Augen geschwebt haben. Sowohl die Lehens- als die Dienstgerichte (197) waren herrschaftliche Gerichte ohne territoriale Grundlage und daher nicht geeignet, für die Erlangung der Landgerichtsbarkeit als Ausgangspunkt zu dienen. Einen solchen

bildete dagegen die Grundgerichtsbarkeit (174) der Fronhofherren, womit
sich schon frühzeitig nicht nur die Eigen- (175) und Vogteigerichtsbarkeit
(im Sinne von Maurers Fronhöfe IV, 157—158), sondern auch die genossen-
schaftliche Markgerichtsbarkeit höriger und gemischter Gemeinden (v. Maurer
Dorfverfassung II, 122 und Fronhöfe IV, 98) verband. Das Mittel zur inten-
siven und extensiven Erweiterung der Fronhofgerichtsbarkeit war dann die
Immunität, gleichviel unter welchen Namen (152 - 172) sie vorkam. —
Durch die Vereinigung der (privaten) Grundgerichtsbarkeit mit der (öffentlichen) Immunitätsgerichtsbarkeit (106—107, 175—176, 178) erlangten
die weltlichen Feudalherren ohne weiteres, die geistlichen nach durchge-
setzter Entvogtung (108, 154) eine über freie und unfreie Personen (107,
176) sich erstreckende (Civil) Gerichtsbarkeit (178) mit entschieden patri-
monialem Gepräge (32, 44, 178). Dass die österreichischen Herzoge mit
den Immunitätsverleihungen so freigebig waren (105, 117, 134, 181),
kann nicht auffallen, da sie hiebei nur ihr landesherrliches Exemtionsrecht
(17, 20) bethätigten und dadurch gleichzeitig den feudalen Landesadel sich
geneigt machten.

Allein je durchgreifender die Immunitätsverleihungen waren, desto
sicherer stände zu erwarten, dass die Herzoge, um den Machtzuwachs der
Feudalherren zu paralysiren, mit erhöhter Energie daraufhin arbeiteten, die
noch erübrigenden Landgerichte unter ihre landesherrliche Gewalt zu bringen. Die Umwandlung der Landgerichte aus königlichen in landesherrliche
fällt zusammen mit der Entwicklung der Landeshoheit auf dem Gebiete des
Gerichtswesens. Zur Zeit wo in Deutschland dieser Process begann, hatten
die österreichischen Herzoge den meisten Fürsten gegenüber einen grossen
Vorsprung voraus (10). Da sie es ferner seit dem 10. Jahrhundert nicht
an eifrigen und glücklichen Bestrebungen fehlen liessen, sich einerseits vom
Königthume zu emancipiren (22—28) und andrerseits die fremden Reichsstände (11, 104) zu mediatisiren (24 - 25, 28—30, 32—41, 201), so muss
es in der That befremden, der vermutheten Metamorphose wenigstens nicht
in dem erwarteten Masse zu begegnen. Nur in einem einzigen Punkte
manifestirt sich der landesherrliche Character der österreichischen Landgerichte, nämlich in der landesherrlichen Blutbannleihe (120 - 121), welche
überdies auf eine altmärkische Sitte zurückgeht (19). Es ist das um so
auffallender, als in der Mark die Grafschaften von altersher nicht in die
3. Hand verliehen zu werden brauchten (13, 16) und in Folge dessen dort
keine Grafschaftsverfassung bestand, deren Beseitigung den meisten Fürsten
so viel zu schaffen gab. Aber gerade darin liegt auch der Schlüssel zur
Erklärung dieses Räthsels. Um das Aufkommen gefährlicher Rivalen unter
den Landgerichtsherren zu hindern (32 u. 39), begünstigten die österreichischen Herzoge unter Verzicht auf jede organisatorische Thätigkeit (vgl.
Kühns I, 152—156) die Pulverisirung der Landgerichtssprengel (113—
118, 148—151). Naturgemäss fielen denn die einzelnen Atome den verschiedenen Feudalherrn des Landes zu (119, 118—119, 146—147), in
deren Händen die Landgerichte selbstverständlich früher oder später einen
patrimonialen Zuschnitt erhielten (118—123, 148—149). Von den patrimonialen Grund- und Immunitätsgerichten unterschieden sich die patri-
monialisirten Landgerichte schliesslich nur in der Competenz, welche sich
zwar gleichfalls über Freie und Unfreie (105, 107, 111, 113) erstreckte, aber

auf reine Criminalsachen (105, 109, 111) beschränkte. Nicht fehlte es im Laufe der Zeit auf Seite der Herzoge an Versuchen, diesem Entwicklungsgange zu steuern (119), allein umsonst —, denn schon war der Feudaladel zu mächtig (21), als dass er die errungenen Vortheile im Interesse des Landesherrn aufgeopfert hätte.

Ebenso wenig vermochten die Städte den Patrimonialisirungsprocess zu hemmen; sie konnten ihn nur mildern. Reichsstädte gab es keine (201). In den landesfürstlichen und Herrenstädten (202) lagen anfänglich die Verhältnisse ähnlich wie auf dem Lande (214). Trotzdem hielt die Bürgerschaft in den Städten an dem in der Immunität liegenden Gedanken der Oeffentlichkeit fast (222—223), wozu die Unificirung der Stadtherrschaft das Ihrige beitrug (215). Wäre es dem Rathe, dem Repräsentanten der Bürgerschaft (211), gelungen, die volle Gerichtsgewalt zu erwerben, so würden die städtischen Gerichte sicherlich einen rein öffentlich rechtlichen Character angenommen haben. Da dies aber nicht der Fall war (201) und selbst die von manchen Städten erlangte „freie Richterwahl" nur auf ein bescheidenes Vorschlagsrecht hinauslief (203 vgl. auch 127 n. 224), so blieben auch die Stadtgerichte nach wie vor im wesentlichen Patrimonialgerichte (202, 204, 215) mit einer Competenz, welche in den landesfürstlichen Städten der landgerichtlichen (224), in den Herrenstädten der patrimonialgerichtlichen (222) gleichkam, abgesehen von den besonderen Personal- und Causalgerichtsständen (233—251, 254—256), denen unter andern (172—174) auf dem Lande das Berggericht (187—192) als Causalgerichtsstand für Weinbergsangelegenheiten gegenübergestellt werden kann. Die Gerichtsbarkeit des Rathes hatte in den meisten Städten mit der Landgerichtsbarkeit nichts zu thun (214). Nur in wenigen Städten, so in Wien, übte der Rath die öffentliche Civiljurisdiction (220 - 221, 230) und war ausserdem Berufungsinstanz in Criminalsachen (229).

Der geringe Einfluss, den die österreichischen Herzoge auf den Gang der ordentlichen Gerichtsverwaltung (119 n. 204, 229 n. 422, 231 n. 424) zu nehmen vermochten, musste es ihnen doppelt nahe legen, seitdem sie aus blossen Ansübern (13) Inhaber der Gerichtsgewalt geworden (43), zu deren Geltendmachung ein ausserordentliches Organ zu schaffen — das gerichtsherrliche Gericht. Die Geschichte des gerichtsherrlichen Gerichtes in Oesterreich zeichnet sich aus durch einen besonders bewegten Verlauf (vgl. dagegen Kühns I, 197—224). Der Antagonismus zwischen dem Landesherrn und dem Landadel erzeugte nämlich in Oesterreich um zwei Jahrhunderte früher als im deutschen Reiche das zwiespältige Streben nach Cabinetsjustiz (96) einerseits, nach ständischer Justiz (59) andererseits, worin die beiden Hauptfactoren für die wechselvolle Geschichte des gerichtsherrlichen Gerichtes zu erblicken sind. Dazu gesellte sich noch als drittes Entwicklungsmoment die Rivalität zwischen dem Herren- und Ritterstande (63).

Zur Zeit als das herzogliche Gericht den Character eines gerichtsherrlichen (22, 43, 48, 49, 63, 143) annahm, wobei offenbar die Analogie des Königsgerichtes (55) hereinspielte, war es, wie sich das aus dem historischen Zusammenhange mit den karolingischen Einrichtungen (54, 62) erklärt, seiner äusseren Erscheinung (48) so wie seinem Namen (47, 103) nach Landgericht. Doch unterschied es sich von den übrigen Landgerichten dadurch, dass es Adelsgericht war, indem hier die Herren ihren privilegirten Gerichtsstand hatten (47, 49, 103). Schon in dieser seiner ersten Erscheinungsform als „Landtaiding" war das gerichtsherrliche Gericht Grund und Ausgangspunkt eines heftigen Interessenconflictes zwischen Rittern, Herren und Herzog. Ottokars Reformen (56, 62) entsprangen der doppelten Tendenz, erstens das Landtaiding wenigstens theilweise in ein Organ der Cabinetsjustiz umzuwandeln (56), zweitens dem Streben der Ritter nach Gleichstellung mit den Herrn einigermassen Rechnung zu tragen (63). Diese Politik rief aber auf Seite der Herren die Gegenbestrebung hervor, aus dem Landtaidinge, so gut als möglich, ein ständisches Gericht zu schaffen (58).

Nachdem ihnen das gelungen (70), sah sich Albrecht I veranlasst, für die Zwecke der Cabinetsjustiz (72 n. 107, 87 n. 146, 91, 98 n. 170) den ständisch gewordenen Landtaidingen ein Hoftaiding entgegenzustellen, welches nicht mehr an den altgewohnten Malstätten des Landes, sondern an dem herzoglichen Hofe in Wien tagen sollte (22, 71, 75). Durch diese Wendung hätten sowohl die ständischen Interessen des Adels als die persönlichen Interessen des Landesherrn befriedigt werden können, würde nicht die Spaltung zwischen Herren und Rittern jeden Gemeinsinn im Schoose des Adels erstickt haben. So konnte es kommen, dass die Herren unter Aufopferung ihrer bisherigen Vortheile sich vom Herzog an das Hoftaiding ziehen liessen (70, 75), nur um der Genossenschaft mit den Rittern (62, 64) zu entgehen.

Die natürliche Folge davon war, dass die Landtaidinge, weil ihrer früheren Bedeutung beraubt, allmälig ganz eingingen (22, 75). Auf diese Weise wurde aber ein völlig unhaltbarer Zustand geschaffen, denn über kurz oder lang mussten die alten Gegensätze wieder aneinander platzen. Und so geschah es auch. Der Zug des Landesherrn nach Cabinetsjustiz (98 n. 171), der Ruf des Adels nach ständischer Justiz (76) und endlich der Ritter Drängen nach Gleichstellung mit den Herren (75) tauchten abermals mit erneuter Schärfe hervor und führten zu einem Kampfe um den Besitz des gerichtsherrlichen Gerichtes, dessen Lösung so lange nicht möglich war, als zwischen Herren und Rittern kein Ausgleich zustande kam.

Ein solcher fand statt 1408 unter Albrecht V (77, 97) und unmittelbar darauf kam es zu folgender friedlichen Auseinandersetzung: Dem vereinigten österreichischen Adel wurde für jene Gegenstände, worauf er bereits unzweifelhaften Anspruch erworben hatte (97), das **landmarschallische Gericht** — so genannt wegen des vorsitzenden Landmarschalls (88) — mit entschieden ständischem Character (90) eingeräumt (vgl. dagegen Kühns I, 230, 249). Ihm entspricht das oberösterreichische **Landrecht** (66). Auf der andern Seite hat der Herzog für die Zwecke der Cabinetsjustiz (97—101) das alte Hoftaiding in ein reines **Kammergericht** umgestaltet. Diesen Namen möchte ich für das „bisher nicht beachtete" (102) herzogliche Hofgericht im 14. und 15. Jahrhundert als die bündigste und treffendste Bezeichnung vorschlagen (vgl. dazu 28, 98, 101, 196, 283 n. 525 und Kühns I, 236). Mit der Zeit nahm das Kammergericht mehr und mehr den Character eines obersten Gerichtes für alle habsburgischen Besitzungen an (251). Das dadurch hervorgerufene Bedürfniss nach grösserer Arbeitstheilung erklärt uns das Abzweigen des **oberhofmarschallischen Gerichtes** für den Hof und seine Leute (252).

Seit dem Erlöschen jenes Zwistes, der durch mehrere Jahrhunderte Herren und Ritter in verschiedene Lager theilte, behaupteten nur noch zwei feindseelige Principien das Feld der Geschichte, worauf der Dualismus des Kammergerichtes und des landmarschallischen Gerichtes beruht. Diese Principien sind einerseits die Cabinetsjustiz, andrerseits die ständische Gerichtsautonomie. Beide Principien beherrschen auch in den reformbewegten Tagen Max I die Geschicke des gerichtsherrlichen Gerichtes (278—286) und blieben darüber hinaus auch massgebend für die Folgezeit (94—95). Characteristisch für die rivalisirende Stellung der beiden Gerichtshöfe, denen im Reiche der Reichshofrath und das Reichskammergericht entsprechen, ist es, dass zwischen ihnen die Agenden des herzoglichen Lehengerichtshofes zur Theilung gelangten (190). Nun liegt der ganze Entwicklungsgang des gerichtsherrlichen Gerichtes klar vor uns: Das mark-herzogliche Landgericht wird zum Hofgericht, dieses zum Kammergericht, welchem gegenüber sich das landmarschallische Gericht als ständisches Gericht etablirt. Die durchlaufende Tendenz ist Centralisirung des gerichtsherrlichen Gerichtes. Dadurch stellt sich der Entwicklungsgang in Oesterreich in einen diametralen Gegensatz zur Entwicklung des brandenburgischen Hofgerichtes, welches von einer decentralistischen Tendenz beherrscht wird (Kühns II, 325).

So mannigfach die äusseren Schicksale der Gerichtsbarkeit und so verschiedenartig in Folge dessen die einzelnen Gerichte und deren Competenz waren, ebenso einfach war die Gerichtsverfassung. Die österreichische Gerichtsverfassung war während des deutschen Mittelalters im wesentlichen fränkische Gerichtsverfassung. Schon rein äusserlich tritt der Zusammenhang mit den karolingischen Institutionen hervor in dem treuen Festhalten an den alten Malstätten und der alten Gerichtszeit, womit von selbst auch der Gegensatz des echten und des gebotenen Dinges gegeben war (54, 133, 162, 170, 181, 188, 193, 222). Wichtiger noch war es, dass auch die für die innere Einrichtung der Gerichte massgebenden karolingischen Organisationsprincipien der Hauptsache nach nicht verlassen wurden. Vor Allem die Trennung zwischen Judicare und Justitiam facere (54, 72, 66, 121, 164, 181, 188, 192, 197, 225) und zweitens die Maxime der Persegerichtsbarkeit (58, 74, 90, 139, 164, 181, 189, 193, 197, 226), welche beide Grundsätze zuerst im herzoglichen Kammergerichte verwischt wurden (97, 99), um schliesslich nach der Reception der Fremdrechte (274) bis auf spärliche Reste (169) allgemein zu verschwinden. Was endlich drittens das Schöffenthum anbelangt, so ist dasselbe wie in Baiern so auch in Oesterreich allmälig ausser Brauch gekommen (60, 135, 225). Wohl nur als letzter Ausläufer und nicht als spätere Nachbildung (141) des Schöffenthums ist das Institut der „Freien" zu betrachten. An Stelle der Schöffeneinrichtung wurde es üblich, dass der Richter eine Anzahl der erschienenen Mitglieder der Gerichtsgemeinde mit der Urtheilsfällung betraute, während die Vollbort des Umstandes nur dann eingeholt zu werden pflegte, wenn es sich um objective Constatirung eines Rechtssatzes handelte (61, 78, 91, 99, 137, 164, 171, 182, 225). Auf rein particulärer Rechtsbildung beruht es, dass in Wien und andern Städten das Collegium der Genannten die Functionen der Schöffen versah (211, 227).

Näher auf Einzelheiten einzugehen muss ich mir versagen. Ich scheide von dem besprochenen Werke mit dem Wunsche, es mögen sich bald Nachfolger finden, welche im selben Stile und Geiste die Gerichtsverhältnisse der übrigen Kronländer durchforschen. Es würde ihnen bei diesem Unternehmen das vorliegende Buch als verlässlicher Leitstern dienen können.

Innsbruck. Dr. Anton Val de Lièvre.

Fournier, Dr. Aug., Gentz und Cobenzl. Geschichte der österreichischen Diplomatie in den Jahren 1801—1805. Nach neuen Quellen. Wien, Braumüller, 1880.

Veranlasst durch die Auffindung einer Denkschrift, welche Friedrich Gentz im September 1804 dem Erzherzog Johann überreichte, um durch diesen den Kaiser und die Regierung zu einer energischeren Haltung gegenüber Frankreich zu bestimmen, und nicht befriedigt durch die Darstellung der Thätigkeit L. Cobenzls bei A. Beer („Zehn Jahre österreichischer Politik") hat Fournier das reichhaltige Actenmaterial des Wiener Staatsarchivs einer neuen Durchforschung unterzogen. Ausserdem war es ihm gestattet, den handschriftlichen Nachlass des Erzherzogs Johann namentlich dessen Tagebuch, welches manche werthvolle Bemerkungen enthält, und die Selbstbiographie des Fürsten Metternich wie dessen Briefwechsel mit Gentz zu benützen.

Durch die Darstellung Fourniers, der es an polemischen Bemerkungen gegen Beer nicht fehlen lässt, werden nun zum erstenmale die Veränderungen im Ministerium des Auswärtigen nach der ersten Entlassung Thuguts im September 1800 bis zum definitiven Eintritt L. Cobenzls klar dargelegt. Cobenzl selbst erscheint bei Fournier, obwohl dieser sich von einer Ueberschätzung desselben freihält, in einem bedeutend günstigeren Lichte als bei Beer, der doch zu sehr durch die Schilderungen von Gentz beeinflusst worden zu sein scheint.

Von Interesse sind auch die Mittheilungen über Johannes von Müller (S. 125) und über den Eintritt Friedrichs Gentz in den österreichischen Staatsdienst (S. 61 ff.). Aus den im Anhang abgedruckten Actenstücken sieht man, wie viele Mühe es trotz der Protection Cobenzls und des Erzherzogs Karl kostete, demselben als „Schriftsteller" und „Protestanten", besonders aber als „Ausländer" und namentlich als „Preussen" eine Anstellung in Oesterreich zu verschaffen. Am werthvollsten ist aber wohl das vierte Capitel: „Innere Zustände, Parteiungen und Gegensätze. Gentz und sein Kreis". Je mehr es bisher an verlässlichen Nachrichten über die innern Verhältnisse Oesterreichs in den ersten Deccennien der Regierung des Kaisers Franz fehlte, um so mehr sind wir dem Verfasser für seine Mittheilungen zu Dank verpflichtet. Die Bemerkungen des Erzherzogs Johann über die Ursachen der üblen Lage Oesterreichs (S. 118 ff.) sind wirklich als goldene zu bezeichnen. Zu diesem Capitel gehört auch die im Anhang (S. 242—292) vollständig mitgetheilte Denkschrift von Gentz, worin er in meisterhafter Weise und in brillanter Darstellung die von Oesterreich in den letzten Jahren eingehaltene Politik kritisirt und ein Bündniss mit Preussen, in zweiter Linie auch mit Russland und England befürwortet; wie aber die damaligen Leiter des preussischen Staates von ihrer unseligen

Neutralitätspolitik abgebracht werden könnten, das Zaubermittel hatte auch Gentz nicht entdeckt.

Zu S. 11 bemerken wir, dass der Waffenstillstand vom 20. September 1800 in Hohenlinden nicht in Parsdorf abgeschlossen worden ist. S. 92 hält der Verf. Napoleons Bemerkung gegenüber Metternich, das Heer von Boulogne im J. 1804 sei nie zu einer Landung in England, sondern von Anfang an gegen Oesterreich bestimmt gewesen, für glaubwürdig. Referent muss sich dagegen der Ansicht Lanfreys anschliessen, dass er damals wirklich ernstlich einen Angriff auf England geplant habe.

Innsbruck. A. Huber.

Beiträge zur Kritik der beiden Wiener Stadtrechts-Privilegien K. Rudolfs von 1278. Von Dr. Karl Rieger. Wien, Selbstverlag des k. k. Franz-Joseph-Gymnasiums, 1879. 36 S. 8°. (Aus: Fünfter Jahresbericht über das k. k. Franz-Joseph-Gymnasium in Wien, Schuljahr 1878/79).

Als Tomaschek im Jahre 1876 gegen Lorenz für die Echtheit der beiden Handfesten Rudolfs I. für Wien von 1278 in die Schranken trat, verliehen die vergleichende Prüfung sämmtlicher Wiener Privilegien des 13. Jahrhunderts nach Rechtsinhalt und Form und insbesondere die schöne Entdeckung der im Jahre 1305 erfolgten Uebertragung des Rudolfinums a nach Krems seinen Ergebnissen nahezu überzeugende Kraft. Dennoch konnte, wer der Ueberlieferung der streitigen Urkunden näher trat, sich nicht verhehlen, dass Tomascheks Arbeit keine abschliessende sei. Was war es denn, dessen Echtheit er zu erweisen unternommen hatte? Die Form einer Abschrift des 13.—14. Jahrhunderts. Neben dieser aber bestehen andere Ueberlieferungsformen, die vielfach, und zwar nicht bloss formell, abweichen. Nirgends ist in der Abhandlung der Versuch gemacht, auf die Urgestalt des Textes zurückzukommen; und auch die „Geschichtsquellen der Stadt Wien" bieten nur den Abdruck einer Handschrift, keineswegs eine Ausgabe des Textes, welche aus der Mannigfaltigkeit seiner handschriftlichen Erscheinungen die Urform möglichst sicher wiederhergestellt hätte. Gegen diesen schwachen Punkt hat denn auch Lorenz in seiner Erwiderung den Angriff hauptsächlich gerichtet (Wiener ph.-h. Sitzungsber. 89, 68 ff.). „Wenn man genauer zusieht, so müsste erst die Frage entschieden werden, welche Ueberlieferung als die echte zu betrachten sei, da die handschriftliche Forschung das Resultat ergibt, dass das, was als rudolfinisches Privilegium sich ausgibt, in verschiedenen Formen vorliegt, ja einen sehr verschiedenen Inhalt zeigt."

Mit seinen „Beiträgen" tritt nun Rieger helfend in die Lücke ein, die Lorenz mit diesem schwerwiegenden Argumente in die Beweiskette seines Gegners gerissen hat. Der bescheidene Titel steht vor einer in sich geschlossenen eingehenden Untersuchung, deren Resultate die Ansicht von der Echtheit der beiden Wiener Rudolfina in kaum zu erschütternder Weise stützen. R. kritisirt zunächst die Ueberlieferung der Urkunde b (des reichsstädtischen Privilegs), weist gegen Lorenz die Irrelevanz der Baumgartenberger Formel Font. rer. Austr. dipl. 25, 83 für die Kritik überzeugend nach und stellt als Ergebniss eingehender Vergleichung der drei massgebenden Textquellen (Cod. Vindob. 352, Wiener Eisenbuch und Cod. Lubec. 626) auf, dass keine derselben unverändert den Originaltext bringt, sodann, dass keine die Vorlage der beiden anderen ist: Vindob. und Eisenb. weisen auf eine gemeinsame Quelle hin, die ihrerseits vielleicht aus der Vorlage von Lubec. geflossen ist. Hieran schliesst sich die Erörterung der Frage nach dem Grade der Glaubwürdigkeit des Urtextes. Für den disponirenden Theil der Urkunde wird Punkt für Punkt dargethan, dass die von Lorenz angefochtenen Artikel derselben wirklich Bestandtheile der ersten Urkunde Rudolfs sein konnten und waren, dass aber auch andrerseits letztere keine anderen Artikel enthalten hat als die in der Urkunde b vorliegenden. Auch für deren formalen Theil wird die Treue der Ueberlieferung sicher begründet. Treffend ist hier zur Rettung des angefochtenen art. 28 (Versprechen der Neuausfertigung nach erlangter Kaiserkrönung) auf das bisher nicht bemerkte Analogon in Böhmer Reg. Rud. nr. 531 von 1280 hingewiesen. Zur Erklärung der Schwierigkeiten, welche der Zeugenkatalog bereitet, sind Fickers neue Forschungen über Actum und Datum verwerthet. Rückhaltlos können wir uns der vom Verf. gezogenen Summe seiner Ausführungen anschliessen, dass jener Urtext „mit der allen historischen Untersuchungen innewohnenden approximativen Bestimmtheit" als eine vollständig zuverlässige Ueberlieferung des verloren gegangenen Originalprivilegs angesehen werden kann.

Auch für die Urkunde a (das verneuerte Leopoldinum) liegen drei Quellen vor (Cod. Vindob. und Lubec. wie oben, dann Lambachers Druck); die Gleichheit der Texte lässt auf gemeinsame Vorlage schliessen. Die Kritik geht auf den Inhalt der Urkunde ein, um darzuthun, dass jene gemeinsame Vorlage mittelbar oder unmittelbar das Originaldiplom Rudolfs war. Alle Artikel der Urkunde a entsprechen dem vorauszusetzenden Inhalte des ersten Rudolfinums. Aber jener fehlt eine Reihe von Artikeln, welche im Kremser Privileg von 1305 und im Wiener von 1340 enthalten sind und die doch nur einem vor 1305 abgefassten Wiener Stadtrechte entnommen sein können. Gibt also a den Text des ersten Rudolfinums unvollständig oder existirte ein heute verschollenes Wiener Stadtrecht aus der Zeit zwischen 1278 und 1305, welches den Inhalt des Rudolfinums in der Weise des Kremser Privilegs erweitert hatte? Erstere Annahme wird abgewiesen, da die Ueberschuss-Artikel, welche grösstentheils von den Rechten und Pflichten der Gewerbsgenossenschaften handeln, nicht in die Zeit Rudolfs passen, dem man nicht eine den Zunftwesen günstige Politik zuschreiben darf; und warum wäre jener Artikel, welcher gerade im Interesse der Bürgerschaft eine Beschränkung der Vergabungen liegenden Gutes an die todte Hand enthält und dem Rathe diesfalls das Aufsichtsrecht zuerkennt, ausgeschaltet worden? Es liegt also der Schluss nahe und R. begründet ihn noch ausgiebig durch sorgfältige Vergleichung des Wortlautes sämmtlicher bieher gehörigen Urkunden, dass ein deutsches Stadtrecht für Wien aus der Zeit zwischen 1278 und 1305 vorhanden war, welches Herzog Albrecht I zuzuschreiben ist, ein Stadtrecht, in welchem die Urkunde a in erweiterter Gestalt reproducirt war und aus dem die Kremser Urkunde von 1305 und die Wiener von 1340 geflossen sind, vgl. Tomaschek in Sitzungsber. 83, 344—346. Riegers Ausführung kann noch gestützt werden durch den Hinweis auf einen Uebersetzungsfehler, der den beiden letztgenannten Urkunden gemeinsam und offenbar aus dem verlorenen Rechtsbriefe übernommen ist: **entweichet** Krems art. 3 und Wien 1340 art. 7 für **decesserit** Enb. a art. 7, dagegen Heimburg 1244 richtig **stirbt**.

Im Gefolge von Riegers Arbeit erhebt sich ein Gebot noch dringender, als es vor derselben schon bestanden hat, das Gebot, dass endlich eine **kritische Ausgabe der Wiener Rechtsbriefe des 13. Jahrhunderts** geliefert werde.

Wien. Gustav Winter.

Musée des archives départementales, recueil de facsimile héliographiques de documents tirés des archives des préfectures, mairies et hospices. Paris imprimerie nat. 1878. — 170 Facsimiles auf 60 Tafeln; dazu 488 S. Text. Subscriptionspreis 150 Francs.

An der Pariser Weltausstellung haben sich auch die aus der École des chartes hervorgegangenen Départemental-Archivare Frankreichs auf Anregung und unter Leitung des ihnen vorgesetzten Ministeriums des Innern betheiligt. Von den Inventaires-Sommaires, d. h. den ausführlichen Archivrepertorien, deren Drucklegung 1862 begonnen hat, konnte die stattliche Anzahl von 131 Quartbänden ausgestellt werden. Der Grad, in welchem diese Publication fortschreitet, ist nicht allein durch den Fleiss der Archivare bedingt, sondern auch durch die Theilnahme grösserer Kreise und insbesondere der Männer, welchen die Leitung und Vertretung der Départements obliegt und so auch die Aufbringung der Mittel für die Erhaltung der Bezirksarchive und für Verwerthung der Archivschätze. Das veranlasste einst den seligen Spach seine musterhaften populären Briefe über die Archive des Elsass zu veröffentlichen und das veranlasst die Archivare der Départements und der Städte in Frankreich auch unter dem grossen Publicum das Interesse an den Denkmalen der Vergangenheit wach zu erhalten. Neben streng wissenschaftlichen Publicationen gehen so für weitere Kreise berechnete einher und finden eine auch den Geldaufwand deckende Verbreitung. Hatte man in der Richtung mit dem Musée des archives nationales (Paris 1872), einer Sammlung von Nachbildungen von 1200 dem Pariser Staatsarchiv entnommenen Autographen berühmter Männer, einen bedeutenden Erfolg errungen, so lag der Gedanke nahe die Schätze der Localarchive in ähnlicher Weise zur Anschauung zu bringen. Für die Exposition waren also durch eine aus den hervorragendsten Geschichtsforschern, Palaeographen und Diplomatikern gebildete Commission 170 Schriftstücke der Départemental-, Stadt- und Hospital-Archive ausgewählt worden, um in heliographischen Abbildungen ausgestellt zu werden. Zugleich war beschlossen, die Tafeln mit Texten durch eine Publication zum Gemeingute zu machen: so ist obiges sehr verdienstliches Werk entstanden.

Den Reigen eröffnet eine kurze Aufzeichnung wohl des 8. Jahrhunderts, welche einer Reliquie beigefügt war. Es folgt ein Diplom Karl des Grossen vom J. 777. Den Schluss bildet ein Brief des Generals Pascal de Paoli von 1764. Dazwischen liegt eine wahre Musterkarte von Stücken des

verschiedensten Inhalts und der mannigfaltigsten Formen, aber durchgehends
Stücke, welche in der einen oder andern Beziehung das Interesse des gelehrten wie des ungelehrten Beschauers zu fesseln vermögen. Dass was den
Franzosen in der Vergangenheit ehrwürdig und heilig ist, in erster Linie
berücksichtigt wurde, versteht sich von selbst. So finden wir auch hier
autographe Unterschriften von Hincmar, Jeanne d'Arc, Corneille usw. Andere
Documente haben schon um ihres Inhalts willen weiter gehende Bedeutung:
so nr. 142 Originalvertrag zwischen Franz I und Gustav Wasa, nr. 143
Brief von Melanchthon an K. Anton von Navarra, nr. 145 Brief von Darnley u. a. Was diese Stücke besagen, verkünden noch vernehmlicher die
Sommaires-Inventaires: auch für nichtfranzösische Geschichte verdienen die
Bezirksarchive als reiche Fundgruben alle Beachtung.

Die Reproduction hat wiederum Dujardin in Paris besorgt, welcher mit
seinem ebenso sicheren als billigen Verfahren (héliogravure) jeden Concurrenten aus dem Felde schlägt. Inwieweit auch hier die Abdrücke gelungen
sind, vermag ich allerdings ohne Vergleichung mit den Originalen nicht zu
verbürgen. Doch machen einzelne Abbildungen, so die auf Tafel 44 vereinigten: nr. 107 Wachstafel aus Senlis und nr. 131 feinste Federzeichnung im Eingang einer Urkunde vom J. 1446 den günstigsten Eindruck,
und nicht eine möchte ich als den Anforderungen der Palaeographen nicht
genügend bezeichnen. An nr. 2 hat der Photograph seine Kunstfertigkeit
gemisst. Dies Praecept Karls von 777, jetzt im Archiv zu Nancy, ist nämlich im 11. Jahrhundert mit einer Interlinearversion versehen worden. Um
nun dem Diplom sein ursprüngliches Ansehen wiederzugeben, hat Dujardin
die spätere Schrift zu tilgen versucht; nur ganz zum Schluss sind die drei
Buchstaben mns sichtbar geblieben. Ich kann aber ihm oder vielmehr seinen Rathgebern in diesem Punkte nicht Dank wissen dies Experiment gemacht zu haben. Auch jene Uebersetzung ist äusserst lehrreich, so dass
sie hier ebenso gut wie in einem 1853 erschienenen Facsimile mit hätte
reproducirt werden sollen. Wollte man jedoch eine Urkunde Karls in reiner
Gestalt bieten, warum wählte man dann nicht das wenn auch etwas schadhafte Original in Carcassonns?

Irre ich mich nicht, so macht sich schon bei diesem Vorgange, noch
mehr dann bei dem Beiwerke, d. h. der Einleitung und den Texten, die
zweifache Bestimmung dieser und anderer Publicationen geltend. Kommt
ihnen nämlich das Interesse verschiedener Kreise sehr zu statten, so entsteht allerdings die misliche Frage, ob in der Ausführung mehr den Ansprüchen der gelehrten Abnehmer oder denen der Liebhaber Rechnung
getragen werden soll. Die Commission, welche das Unternehmen zu leiten
hatte, ist mit ihrer Erklärung, dass ein alles umfassender Commentar ganze
Bände füllen würde und dass sich also Lernbegierige bei Mabillon, den
Maurinern, Wailly u. s. Rath erholen mögen, einer ganz klaren Entscheidung aus dem Wege gegangen. Meines Ermessens ist die Sachlage diese.
Fachgenossen werden der Transcription der Texte ganz entrathen können.
Und auch die Einzelfragen, welche sich bei eingehender Prüfung dieser so
mannigfaltigen Schriftstücke in grosser Anzahl aufdrängen, werden sie wohl
oder übel selbst zu lösen versuchen müssen, da sie in den angeführten
Werken der allgemeinen Diplomatik den weitaus kleineren Theil beantwortet
finden werden. Die Zuthat war also lediglich für die minder kundigen und

doch wissbegierigen Benutzer der Sammlung zu berechnen. Ohne dies geradezu auszusprechen, hat man sich thatsächlich darauf auch beschränkt. Daraus folgt, dass bei Beurtheilung des Beiwerks ein strenger Maasstab nicht anzulegen ist. Es fragt sich nur, ob dem angenommenen Zwecke entsprochen worden ist, ohne gegen die Gebote der Wissenschaftlichkeit zu verstossen.

Die Texte sind musterhaft ausgefallen. Als Richtschnur haben die in Frankreich allgemein beobachteten Regeln für Transcription gedient. Auf die Ausführung ist alle Sorgfalt verwandt: der unter jedem Stück genannte Archivar soll für die Correctheit der Copie einstehen; überdies hat ein Pariser Fachmann alle Texte noch einmal collationirt. Wie leicht laufen aber bei so mühseliger Arbeit doch auch Fehler unter! Und so will ich zwei Bemerkungen nicht unterdrücken. Die erste kleide ich mit Absicht in die bescheidene Form einer Frage. Von Mabillon bis auf Guérard und Wailly wurde auch in Frankreich die bekannte Abkürzung Ihu im Druck aufgelöst in Jesu. Warum weichen seit einigen Jahrzehnten die französischen Palaeographen davon ab und drucken Jhesu oder wie in diesem Musée Jhesu? Mir will nicht einleuchten, dass das eine Verbesserung sei. Meine zweite Ausstellung gilt der Entzifferung der in einigen Stücken begegnenden tironischen Noten. Dass man diese einem Anfänger übertragen und dessen Arbeit nicht einmal von J. Tardif hat revidiren lassen, entspricht nicht der sonst auf die Transcription verwandten Mühe. Schon mit Hilfe von Kopp hätten die ersten Noten in nr. 2 richtig in *Rado relegi* et subscripsi aufgelöst werden können. Dass ich selbst die letzten Noten dieses Diploms nicht alle zu entziffern vermag, habe ich erst jüngst in Wiener S. B. 93, 686 bekannt. Zu den weiteren Noten in nr. 12 (Urkunde aus Tours vom J. 939) bemerke ich, dass unzweifelhaft zu lesen ist: Theotholo *misericordia* dei etc., dann Badilo decanus atque *archidiaconus sive* — des folgenden Wortes bin ich selbst nicht sicher: aber abbas verwerfe ich entschieden, schlage dagegen vor aedituus, denn diesen Titel führt Badilo anderwärts (s. Bouquet 9, 324) und als AD taus oder ED tuus lassen sich die Noten allenfalls deuten. Mag dass hier einzelne Noten nicht oder falsch entziffert worden sind, der Mehrzahl der Benutzer des Musée von keinem Belang erscheinen, so sind doch die eigentlichen Geschichtsforscher zu der Forderung berechtigt, dass auch bis in dieses Detail hinein geleistet werde, was die bisherige Wissenschaft zu leisten vermag und dass man sie, was für die Geschichte der Kanzlei nicht unwichtig ist, nicht durch die Erfindung eines bei der Ausstellung von nr. 2 betheiligten Wido irre führe.

Unbedingtes Lob verdient die von G. Desjardins verfasste Einleitung. Sie soll die Benutzer auf Einzelheiten der Schrift, der Sprache, der Urheberschaft, des Inhalts, der Daten, der Beglaubigungsformen aufmerksam machen. Sie hebt des weitern die Stücke hervor, welche inhaltlich am wichtigsten erscheinen, insofern sie auf dieses oder jenes historische Ereigniss, auf berühmte Männer, auf Verhältnisse des internationalen Verkehrs, auf den Zustand des Kriegswesens, des Handels, der Kunst, der Industrie, des Unterrichts, auf Archiv- oder Bibliothekswesen Bezug nehmen. Nicht allein dass das Interesse an den Tafeln durch diese Uebersicht geweckt wird, sondern, soweit es ohne gelehrte Untersuchungen geschehen kann, wird durch sie auch das Verständniss für das hier gebotene Material erschlossen. Hier besonders scheint mir das rechte Mass inne gehalten worden zu sein, welches sich aus der Bestimmung der Publication für weitere Kreise ergab. Historiker von Fach werden selbstverständlich eine reichere Ausbeute finden als die, welche in der gedrängten Einleitung angekündigt ist. Als Beispiel, wie es sich mir schon bei flüchtiger Durchsicht der Tafeln darbot, diene die lehrreiche Arenga des bisher unedirten Diploms Lothars vom J. 967 nr. 15, aus der ich, da das Musée unter uns wohl nur wenigen zugänglich sein wird, folgendes mittheilen will: scimus enim quia sanctissimus Cesar Augustus Constantinus, divina ammonitus visione ac docente beato papa Silvestro, postquam convolavit ad catholicam fidem, non modo praediis muneribusque ditavit ecclesiam s. apostolorum Petri et Pauli, verum etiam omnem dignitatem imperatoriam deo sanctisque praedictis apostolis perpetuali iure contradidit; noluit enim inibi principari quo deus clavigerum regni celestis et summum principem apostolorum universalem delegit rectorem ecclesiarum, sed Constantinopolim senatorium consultum atque patricium secum pariter finetenus commigravit, ut nullis infestationibus regie sublimitatis ecclesia Romana in posterum multaretur. Vergegenwärtigen wir uns die damaligen Vorgänge in Rom, von denen eben auch nach Westfrancien Kunde gekommen sein musste, so erscheint es geradezu als beabsichtigte Manifestation der am Hofe eines der letzten Könige karolingischen Geschlechts herrschenden Richtung und insbesondere des Glaubens an die Echtheit der Constantinischen Schenkung, dass der letztern in einer Königsurkunde in einer Weise gedacht wurde, die unwillkürlich an die Auffassung in dem ein Jahrhundert zuvor von Bischof Aeneas von Paris (vgl. Döllinger Papstfabeln 73) veröffentlichten Liber adversus Graecos erinnert. Bis jetzt war mir eine Berufung auf jene Fälschung in französischen Königsurkunden erst aus dem J. 1008 (Tardif nr. 249) bekannt: sie ist beinahe entwerthet durch das Bekanntwerden obigen Ausspruchs aus dem J. 967. Gewiss wird aus dem Musée, gleichwie aus einem Quellenwerk noch über viele andere wichtige Vorgänge Aufschluss zu gewinnen sein.

Th. Sickel.

Statuto della Comunità di Costozza MCCLXXX. Vicenza 1877. Dedic. a Francesco dalle Rive nuovo arciprete di Costozza dagli editori A. Capparozzo e B. Morsolin.

Statuto della Comunità di Costozza nel territorio Vicentino 1377. (Nozze Lampertico-Piovene). Vicenza 1878. Ed. A. Capparozzo.

Statuto dei mercanti drappieri della città di Vicenza. (Nozze Zampieri-Lodi). Vicenza 1879. Ed. A. Capparozzo.

Statuto del Comune di Carrè. (Nozze Bianchini-Franco). Vicenza 1879. Ed. A. Capparozzo.

Die Veröffentlichung dieser vier Statuten, welche in so kurzem Zwischenraume der Publication des Statuts von Schio aus dem Jahre 1393 durch Ab. G. Bologna (1875) folgt, beweist, mit welch rühmlichem Eifer man in Vicenza bestrebt ist, alles was auf Recht und Gesetzgebung älterer Zeiten in dieser Stadt und in ihrem Gebiete sich bezieht, ans Tageslicht zu fördern.

Das umfangreichste der genannten Werke ist das erste, das sich ausschliesslich auf den südöstlich von Vicenza gelegenen Marktflecken Costozza bezieht, eine im Mittelalter vielgenannte Oertlichkeit und im 14. Jahrh. die Geburtsstätte des Dichters Pulice und des Geschichtschreibers Contorto[1]). Neuerliche Entdeckungen vorrömischer und römischer Ueberreste zeigen, dass jene anmuthigen Gegenden bereits von unsern ältesten Vorfahren bewohnt waren. Der Codex, auf dem die Edition beruht, ist mit Ausnahme weniger Zusätze von einer Hand des 14. Jahrh. geschrieben. Der Anfang ist verloren, der Codex überhaupt schlecht erhalten; es mussten daher auch, besonders am Beginne, viele und manchmal bedeutende Lücken gelassen werden. Das erste Buch hat eine Unterabtheilung mit dem Titel (p. 12) ‚Incipit officium mensuratorum sive partitorum vini cubali (caverna, Höhle, wie eine Anmerkung am Anfange des Statuts richtig erklärt) de Custozia.' Das zweite Buch (p. 15) handelt ‚de decano et eius officio, de notariis praeceptoribus sindicis procuratoribus et aliis officialibus comunis C.' Der decanus, erwählt von den Einwohnern, war vom Podestà Vicenzas abhängig und verpflichtete sich stets eidlich diesem Gehorsam zu leisten; er erhielt von der Gemeinde Costozza 12 Lire (Pfunde) denari piccoli. Das dritte Buch gibt hauptsächlich Bestimmungen für das flache Land und hat als Titel ‚.... de regulis et guizis (ordinamento, bando, Bestimmung, Bann, wie die Herausgeber in der Anmerkung zu p. 33—4 vgl. 69 erklären) et bonis hominum custodiendis et salvandis tam in villa quam in campanea et alibi.' Die Abfassungszeit dieser Statuten ist bestimmt durch die Documente vom 19. Juni, 6. Juli 1202, wo der Decan (des Odoricus Accursii) und die Gemeinde von Costozza diese ‚statuta et ordinamenta' bestätigen und als giltig anerkennen, wie sie von eigens dazu beauftragten Personen zusammengetragen und aufgezeichnet worden waren. Diese Compilatoren haben aber natürlich ältere Bestimmungen und Verordnungen zusammengestellt und in diesem Sinne ist es zu verstehen, wenn die Herausgeber sagen, dass die ersten Statuten von Costozza mit den ältesten Vicenzas von 1262 gleichzeitig sind. Die Zusätze und Abänderungen sind aus den Jahren 1293, 1294, 1304, 1307, 1309 (‚Statuta nova' p. 88), 1310, 1318, 1304, 1460. Die Editoren bemerken nicht, ob, wie es bei dieser Art von Statutensammlungen gewöhnlich der Fall ist, bei den verschiedenen Quaternionen, aus denen der Codex besteht, auch eine verschiedene Zeit der Abfassung anzunehmen sei. Es wäre von Wichtigkeit gewesen dies anzuführen, weil dieser Umstand mit der Frage zusammenhängt, ob hier ursprüngliche Aufzeichnung vorliegt. Doch dies dürfte durch die Thatsache ausgeschlossen sein, dass nach der Versicherung der Herausgeber der Codex den Character des 14. Jahrh. trägt, und wohl auch dadurch, dass ein Statut von 1294 zwischen die von 1292 hineingesetzt ist und eines von 1304 sich hinter solchen späterer Jahre findet. Erwähnung verdient (S. 110—2) die Rubrik ‚cartae comunis et hominum Custozae datae et assignatae infrascriptis pro dicto Comuni'; es werden da, ohne die Zeitfolge zu berücksichtigen, vierzig Urkunden (Verträge, Processacten und eine Belehnungsurkunde) angeführt und dann bemerkt, dass 152 Urkunden vorhanden waren, die an Giovanni Marcio zur Aufbewahrung übergeben worden seien, eine für Archivgeschichte

---

[1]) Calvi, Biblioteca e storia de' scrittori Vicentini, Vicenza 1772, I, XCI.

beachtenswerthe Notiz. Die trefflichen sprachlichen Erläuterungen verdanken wir, wie aus der Vorrede ersichtlich ist, zum grössten Theile dem berühmten Rechtsgelehrten, Senator Fedele Lampertico.

Das zweite Statut entnahm Capparozzo einem Zusatze am Ende des genannten Pergamentcodex der Communalbibliothek von Vicenza, deren verdienstvoller Bibliothekar der Herausgeber ist; in Character und Alter unterscheidet sich dieser Zusatz bedeutend von den Blättern, welche die vorausgehenden Statuten enthalten. Die Entstehungszeit dieses zweiten Statuts ergibt sich aus der Vorrede; wir erfahren, dass dasselbe von drei „sapientes", drei „iudices" und drei „notarii" von Vicenza aufgezeichnet und im grossen Rath dieser Stadt am 30. Jänner 1377 unter dem Podestà Giovanni de Calavena und unter der Signoria Bartolomeus und Antonius della Scala verlesen wurde; es gehört somit der Zeit der Scaligeri an, die seit 1310 auch Herren von Vicenza waren; Giovanni de Calavena erscheint 10 Jahre später unter den wenigen, die infolge der Unterwerfung Veronas durch Gian Galeazzo Visconti mit Verbannung und Confiscation ihrer Güter bestraft wurden (19. October 1387)[1]). Das Statut enthält, wie der Herausgeber selbst zugibt, nichts was speciell auf Costozza weisen würde, es spricht nur im allgemeinen über die Verwaltung der Ortschaften im Gebiete Vicenzas und über die Pflichten ihrer Vicare; diese waren nemlich an die Stelle der Decane mit ihrer rein localen Machtsphäre getreten und nun mit einiger Kriegsmacht als Vertreter von Vicenza und der Scaligeri über diese Ortschaften gesetzt. Der Herausgeber wies es Costozza nur deshalb zu, weil er es eben vereinigt mit den anderen alten Statuten dieses Ortes gefunden hatte. Unter verschiedenen bemerkenswerthen Bestimmungen verdient eine über die „saltuarii" hervorgehoben zu werden, die aus den Einwohnern jedes Dorfes auserwählt wurden: ihres Amtes war „custodire campaneas et montes fructiferos et non fructiferos prae villa die noctuque"; sie mussten sich „coram vicario suae villae" melden und vorstellen. Ueber die Erwählung der Vicare findet sich begreiflicher Weise keine Bestimmung. Ein Zusatz am Schluss (S. 23) ist vom März 1377.

Das dritte ist das Statut einer Genossenschaft (fratuglia) und reicht bis zum Jahre 1348 zurück. Sehr ausführlich wird über die Organisation der Tuchhändlergilde berichtet; es werden all' die Gastalden und Hülfe, welche dieselbe leiteten, genannt und die Rechte und Pflichten der „fratelli", besonders bezüglich des Tuchhandels dargelegt. Das Statut ist mit Ausnahme der sehr kurzen Vorrede in der Vulgärsprache abgefasst und es ist zu bedauern, dass dem Herausgeber nur eine Copie des 15. Jahrhunderts zur Verfügung stand. Er bemerkt übrigens in der Vorrede, dass der Codex auch spätere Zusätze und Erweiterungen von 1544 bis 1728 enthalte, die von ihm weggelassen worden seien, und ausserdem eine beglaubigte Copie der Bestätigungen des 14. Jahrh. aus dem Jahre 1535. Dieses Document dürfte interessant und einer Veröffentlichung werth gewesen sein.

Das letzte Statut war, wenn auch noch nicht edirt, doch schon einem andern bekannt. Abgesehen davon, dass es in einer Note zum Statut von Costozza 1292 erwähnt wird (p. 33), verbreitet sich darüber auch Macca [2]),

---

[1]) Vgl. C. Giuliari. Docum. dell' ant. dialetto Veron., Verona 1879, I, n. XXIV.
[2]) Storia del territorio Vicentino, Caldogno 1815, XII, 142—4.

allerdings in etwas verworrener Weise, und gibt ein längeres Stück desselben. Das Statut trägt das Datum des 25. Jänner 1172 (anno domini millesimo centesimo septuagesimo secundo, indictione 5ª, die lunae, septimo exeunte Januario); die Copie, welche Capparozzo benützen konnte, ist eine sehr späte; sie datirt vom 10. October 1622 und trägt die notarielle Beglaubigung, welche bestätigt, sie sei ‚ex autentico‘ entnommen, sowie die eigenhändige Unterschrift des Podestà Pietro Memmo. Das Statut ward von U'go Sohn des Caprello, dem Stammvater der Familie der Cupra in Vicenza, der Gemeinde von Carrè gegeben, wo derselbe, wie es scheint, die Jurisdiction besass (pro sua marigancia et pro iure marigantiae). Für eine durchwegs Viehzucht und Ackerbau treibende Bevölkerung bestimmt gibt es Satzungen zur Verhinderung von Feldliebstählen, der Beschädigung fremder Fluren durch Heerden, zur Regelung der Einsammlung gewisser Früchte usw. Der Character des Alten kennzeichnet durchaus diese kleine Sammlung. Aber es dürften doch Bedenken gegen das Jahr 1172 zu erheben sein. 1172 fiel der 25. Jänner auf einen Dienstag, während er 1272 auf einen Montag, 1372 auf einen Sonntag traf; das schon würde für 1272 sprechen. Das Jahr 1172 hat Indiction V, 1272 allerdings XV; doch hier wäre eine Aenderung, sei es aus Versehen, sei es auch eine absichtliche, leicht zu begreifen. Der Podestà Memmo braucht ja das Original gar nicht vor sich gehabt zu haben, eine alte Copie konnte leicht für das Original genommen werden. Abgesehen von diesen chronologischen Fragen verlangt aber schon die ganze Natur des Statuts eine andre Datirung. Das Wort „marigancia" begegnet in Documenten aus der zweiten Hälfte des 12. Jahrhunderts (1163, 1176, 1179) im Codice diplomatico Padovano, wo es Gloria (I, praef. p. cxxiii) erklärt: ‚obbligo di far eseguire i pubblici regolamenti contro i danneggiatori delle terre e de' boschi e in compenso diritto di riscuotere parte delle multe inflitte contro essi'[1]). Hier jedoch ist es in dem Sinne gebraucht, wie er nach dem Beschlusse des Raths der 400 in Vicenza vom 26. Juni 1262 festgestellt ward: ‚Marigancia est et ad ius ipsius marigancie pertinet ponere decanos iuratos consiliarios caniparios saltuarios notarios et alios officiales necessarios in villis et facere capitas et regulas et eas exigere et in se habere'[2]). Und in der That setzt U'go sein ‚ius' so auseinander, ‚quod dictus dominus Caprellus eius pater et sui antecessores et datores habuerunt et habere consueverunt in dicta terra de Carade et eius pertinentiis in faciendo regulas et guirnas et in ponendo decanum et decanos et saltuarios et caniparios et consiliatores decani et iuratos et notarios et praeceptores et rasonerios et extimatores et collectores coltarum et sindicos et quoslibet alios officiales, qui debent poni et esse consueverunt in terra de Carade et eius districtu . . .'. Die wichtigsten dieser Amtsleute finden sich auch in den Statuten von 1292 erwähnt. Ausser dem, was wir vorhin bereits über dieses Statut gesagt haben, seien nachfolgende Stellen hier angeführt: p. 17: decanum et eius consiliarios, p. 20: . . . decanorum notariorum iudicum: praeceptorum, p. 31: caniparios collectorum et regularum, p. 43: extimatores. In den ältesten Theilen des Statuts von Costozza wird sehr häufig, von den ‚saltarii' gesprochen

---

[1]) Vgl. Statuto 1216 in Stat. Padov. ed. A. Gloria, Padova 1873, n. 685.
[2]) Verci, Cod. Eccl. n. 289.

(p. 31 f.), die dann im Zusatze von 1300 (p. 91) „saltuarii" heissen. Saltarius ist wirklich die älteste Form und sie findet sich in den Paduaner Urkunden seit 1116 (?), so in Gloria a. a. O. p. 74. Aber dass „saltuarius" bereits 1272 im Gebrauch war, beweist unser dem angeführten Document aus Padua von 1262 auch Rubrik XXVIII der Statuten von Padua (ed. Gloria p. 221), wo diese Form in einem Statut von 1236 gebraucht wird. Gehen wir nun zu dem auf die citirte Stelle des Statuts von Carrè unmittelbar folgenden Passus über, wo es heisst, dass Ugo seine Statuten kundgab „in plena et generali convicinio et vicinantia et universitate comunis et hominum de Carole ad sonum tabulae et voce praeceptoris illius villae more solito congregata . . .' Es entspricht dies verschiedenen Stellen des Statuts von Cotozza 1292, besonders auch folgender (Zusatz von 1301 p. 101) „in publico et generali convicinio comunis et hominum Cotozae ad sonum tabulae voce praeconis . . .' Der Ausdruck „ad sonum tabulae', den Macci als ein Anzeichen hohen Alters hervorgehoben hatte, hat nicht diese Beweiskraft; im Zusatz von 1294 (p. 51) heisst es „in comuni convicinio Cotozae ad sonum tabulae voce praeconis', im Statut selbst (p. 81) „in convicinio ad tabulam pulsatam'. Im Gegentheile, die Ausdrucksweise des Statuts von Carrè weist auf spätere Zeit; stellen wir nur ein Document aus Vicenza vom 8. October 1175 zum Vergleiche daneben: in Vincentia in ecclesia sancte Marie Maioris nostre Vicentina ecclesie in plenaria concione coram d. Wazone dei gratia Vincentinorum potestate . . . presentibus his bonis hominibus de Vincentia et de Vincentina (folgen die Namen)'[1]. Das Statut von Carrè spricht ferner fortwährend von Veroneser Münze, während jenes von Cotozza 1292 wohl von lire, solidi und denari redet, aber nicht sagt, um welche Münze es sich handelt. Schon seit Dionisi (in Zanetti, Zecche d'Italia 4, 380) ist es bekannt, dass wenigstens bis 1261 das Veroneser Geld in Vicenza Geltung hatte. Im 13. Jahrh. wurden die ersten Vicentinischen Aquilinen geschlagen (Mons. Gradenigo in Zanetti 2, 161) und darum wird dann auch in Vicenza im Jahre 1264 Vicentinische Münze erwähnt[2]. Doch war nebenher auch Veroneser im Umlauf und gerade in diesem nämlichen Jahre[3]; ja auch in der Zeit nach 1272 war dies, wenigstens im Landbezirke, der Fall, wie ein Document aus Bassano vom Jahre 1278 beweist[4]. Das Statut von Carrè ist bestätigt von „Martins Jaytelli domini Fr. Rom. Imperat. notarius'. Dieser Kaiser Friedrich kann Friedrich II sein; wir haben einen andern Notar, der sich in ganz ähnlicher Weise als „Millanus de Millanis not. dom. Frid. Imperatoris' in vielen Documenten des Jahres 1266 unterzeichnet, z. B. Verci, M. T. n. 164 (1266, 22. Sept.); n. 165 (1266, 14. Oct.) ist beglaubigt

---

[1] Verci C. E. nr. 40. — Dem kann nicht entgegengehalten werden das „comunis, hominum et universitatis Mantuae' einer Mantuaner Urkunde vom 6. October 1056, wie der Text von Carlo D'Arco, Studi intorno al municipio di Mantova, Mantova 1871, I, doc. 2 lautet: vgl. darüber A. Portioli, La zecca di Mantova, Mantova 1879, I, 26.
[2] Verci, C. E. n. 274.
[3] Verci, C. E. n. 271.
[4] Verci M. T. nr. 226. Vgl. ein andres Document von 1249 ebendort n. 182.

von dem Vicentiner „Bonjohannes qu. Martini Bruxacoris sacri Frid. Romanorum Imperatoris not".

Diese Erörterungen mögen nur auf eine Frage hingewiesen haben, deren Lösung in Vicenza nicht schwierig werden dürfte, da man dort ein reiches historisches Material für diese Gegenden zur Hand hat. Ich bemerke nur noch, dass, abgesehen von der Entstehungszeit, das Statut ganz sicher von einem Italiener geschrieben worden ist. Das beweist die Sprache und die gelegentlichen Bemerkungen des Herausgebers erheben es über jeden Zweifel. Nun liegt Carrè im SO. von Piovene, im S. von Chiuppano, NO. von Lugo and Zugliano, im N. von Thiene und NW. von Schio, durchwegs Orte, in denen sich die Spuren der Ausbreitung jener deutschen Bevölkerung finden, die wir ‚Cimbra' zu nennen gewohnt sind[1]). Unser Document beweist nun, dass das Eindringen der Deutschen in Carrè, wenn überhaupt, doch sehr spät stattgefunden hat und dass in den andern Vicentinischen Berggegenden die italienischen Elemente erst in der neuern Zeit und nie ganz vollständig von den Deutschen besiegt und verdrängt worden sind. Ich hoffe, es werde mir vergönnt sein bei anderer Gelegenheit den Beweis zu führen, dass auch in jenen bekannten XIII Communen im Gebiete Veronas das Eindringen der Deutschen in einer viel spätern Zeit stattgefunden habe, als man allgemein annimmt.

Hoffen wir, dass die Herausgeber dieser vicentinischen Statuten ihre nützlichen und dankenswerthen Studien fortführen werden; harren doch noch manche werthvolle Statuten der Veröffentlichung. So erwähnt Giuliari (a. a. O. 1, a. III) einen umfangreichen Codex, aus dem er einen kurzen Brief Causignorios edirte, der ihm durch die Freundlichkeit Capparozzos übermittelt worden war. Doch wie sollten der thätige Bibliothekar von Vicenza und sein trefflicher Mitarbeiter noch einer Aufmunterung bedürfen.

Verona. Carlo Cipolla.

Hazai és külföldi folyóiratok magyar tudományos repertóriuma. Történelem és annak segédtudományai Készítette Szinnyei József. Első kötet. Hazai folyóiratok, évkönyvek, naptárak és iskolai értesítvények repertóriuma. 1778—1873. Budapest 1874. (Ungarisches wissenschaftliches Repertorium der vaterländischen und ausländischen Zeitschriften. Geschichte und deren Hülfswissenschaften. Bearbeitet von Josef Szinnyei. 1. Band: Repertorium der vaterländischen Zeitschriften, Jahrbücher, Kalender und Schulprogramme. 1778—1873). XXVI Seiten, 1486 Spalten. 8°.

Das vorliegende Buch ist der 1. Band der I. Abtheilung des von der ungarischen Akademie herausgegebenen „Ungarischen wissenschaftlichen Repertorium der vaterländischen und ausländischen Zeitschriften", von dessen 2. Abtheilung ebenfalls der 2. Band, den Inhalt der vaterländischen mathematischen und naturwissenschaftlichen Zeitschriften anzeigend, bis jetzt er-

---

[1]) Giovanni da Schio. Dei Cimbri primi e secondi, Venezia 1861. Attlmayr in Zeitschrift des Ferdinandeums für Tirol und Vorarlberg, III. Folge, 18. Heft 17. Schneller in Petermanns Mitth. 1877, 10. H. 878.

sobienen ist. Das Buch füllt thatsächlich eine Lücke in der magyarischen Literatur aus, indem es eine Uebersicht über die umfangreiche Zeitschriften-Literatur gibt. Bei dem Mangel an älteren derartigen bibliographischen Arbeiten und dem Anschwellen der historischen Zeitschriften-Literatur namentlich in neuester Zeit ist Szinnyei's Buch ein höchst willkommener Wegweiser, der allerdings in den Titelangaben der berücksichtigten Zeitschriften oft etwas zu kurz und, die speciell siebenbürgische Literatur betreffend, nicht vollständig genug ist. Zum „Mercur von Ungarn" hätte Martin Georg Kovachich, zu den „Deutschen Fundgruben der Geschichte Siebenbürgens" hätten Graf J. Kemény und E. v. Trauschenfels und zum „Magazin für Geschichte, Literatur und alte Denk- und Merkwürdigkeiten Siebenbürgens" Anton Kurz, J. Trausch und E. v. Trauschenfels als Herausgeber genannt werden sollen. Von den (deutschen) siebenbürgischen Kalendern hätten mindestens die wichtigeren, „Siebenbürgischen Volkskalender" 1843 ff. und „Sächsischer Hausfreund" 1849 ff. aufgenommen werden sollen. — Die Eintheilung des Ganzen vollzieht sich in folgende Abtheilungen: 1. Allgemeine Geschichte, Specialgeschichte und Hülfswissenschaften, 2. Biographien, 3. Biographische Daten, 4. Topographie, 5. Geographie, 6. Kunstgeschichte, 7. Urkunden, 8. Culturgeschichte, 9. Literaturgeschichte, 10. Kirchengeschichte. Unter 1 werden die Artikel über Ungarn und Siebenbürgen gesondert verzeichnet und chronologisch geordnet nach den von ihnen behandelten Zeitperioden; dann folgen die übrigen Länder Europas und die der anderen Welttheile. Innerhalb der Abtheilungen 2, 3, 4 ist der Stoff alphabetisch, in 5 länderweise geordnet. In 6 ist das Material nach folgenden Schlagwörtern gruppirt: Funde, Museen, Vereine, Orts- und Reisebeschreibungen, vorweltliche, alte und mittelalterliche Kunstgeschichte, Vermischtes, und — Sphragistik, Numismatik und Heraldik, die wir unter den historischen Hülfswissenschaften vergebens gesucht haben. Urkundendrucke und Regesten sind in chronologischer Folge, die Abtheilungen 6—10 geschieden, je nachdem die Aufsätze das In- oder Ausland betreffen, und überdies noch in verschiedene Unterabtheilungen gebracht. Bei jeder Unterabtheilung sind die in den vaterländischen Zeitschriften etc. enthaltenen Anzeigen und Kritiken einschlägiger Werke verzeichnet. Die Benützung des im ganzen recht zweckmässig eingerichteten Buches wird noch erleichtert durch ein Orts- und Personenverzeichniss. Wir schliessen unsere Anzeige mit dem Wunsche, es möge dem 1. bald der 2. Band folgen. — ρ —

Sněmy české. Od léta 1526 až po naši dobu. Vydává kr. český archiv zemský. I. **Die böhmischen Landtagsverhandlungen und Landtagsbeschlüsse vom Jahre 1526 an bis auf die Neuzeit. Herausgegeben vom kg. böhm. Landesarchive.** I. Prag. 1877 4º IV. und 640 S.

Die Fortsetzung der von Palacký bis zum Jahre 1525 geführten Geschichte Böhmens dürfte dem auf dem Gebiete der heimischen Historiographie rühmlichst bewährten Landesarchivar, Prof. Dr. A. Gindely, anvertraut werden; wenigstens ist er gegenwärtig vom böhmischen Landesausschusse mit der Sammlung des Quellenmaterials und mit den vorbereitenden Arbeiten betraut. Palacký hatte als Controle für seine Geschichts-

Darstellung das einschlägige Quellenmaterial vorzugsweise in seinem Archiv Česky, einer Sammlung von Correspondenzen, Landtagssachen und Acten der verschiedensten Art, der Oeffentlichkeit übergeben. Wegen der Massenhaftigkeit dieser Quellen für die Periode nach dem Jahre 1526 entschied sich nun Gindely blos für die Herausgabe der auf die Landtagsverhandlungen im weitesten Sinne Bezug nehmenden Actenstücke; das vorliegende Werk, dessen erster Band die Periode von 1526—1545 umfasst, eröffnet die Serie der zu erwartenden Publicationen. Das aus zahlreichen inländischen und auswärtigen Archiven zusammengetragene Material, dessen grösster Theil hier zum erstenmale veröffentlicht wird, wird gewiss von allen österreichischen Geschichtsforschern mit ungetheilter Freude begrüsst werden; dennoch dürften einige Zweifel erlaubt sein, ob die Veröffentlichung der Landtagsacten allein die Geschichte des Volkes in der Weise aufzuschliessen vermag, wie es Palacky's Archiv Česky gelungen ist. Diese Frage glauben wir entschieden verneinen zu können und stellen an das löbl. Landesarchiv die Bitte, neben den eigentlichen Landtagssachen eine 2. Serie mit interessanten Correspondenzen und Acten nach Art des Archiv Česky eröffnen zu wollen; das Material muss ja ohnehin im Landesarchive bereits gesammelt sein.

Der Publication selbst scheint § 19 der Staatsgrundgesetze zu Grunde zu liegen; die einzelnen Stücke haben, je nachdem sie böhmisch, deutsch oder lateinisch sind, ein böhmisches, deutsches oder lateinisches Regest und eben solche erklärende Noten; der Titel, die Vorrede und das Register sind doppelt, böhmisch und deutsch, gedruckt. In der That ein seltenes Zeugniss der Selbstverleugnung von Seite der Editoren! Als solche werden in der Vorrede genannt: Landesarchivar Gindely für den deutschen und sein Adjunct Fr. Dvorsky für den böhmischen Text.

Was nun die Art und Weise der Wiedergabe der Texte anbelangt, so sind in den deutschen Stücken „bis auf die intact gelassenen Eigennamen" (?) alle überflüssigen Buchstaben weggelassen und ganz und gar veraltete Schreibweisen nach dem Vorbilde der von der baierischen Academie herausgegebenen „Briefe und Acten zur Geschichte des 30jährigen Krieges" entfernt worden. Ueber die Zweckmässigkeit dieser Neuerung mag man verschiedener Ansicht sein, gewiss ist, dass für historische Zwecke eine solche Publication genügt; ebenso gewiss ist es aber, dass sich bisher als die beste und für den Editor die bequemste Wiedergabe deutscher Texte der genaue Abdruck derselben mit Durchführung der Distinction und Interpunction nach heutigem Gebrauche und mit Beschränkung der grossen Anfangsbuchstaben blos auf die Eigennamen (oder im erweiterten Sinne auf die Worte nach dem Punct und auf alle Substantivi) gezeigt hat; kann man auf einmal zwei Rücksichten gerecht werden, so würde sich doch diese Methode empfohlen haben.

Die böhmischen Stücke sind, wie billig, transcribirt gegeben; es ist dies eine Methode, welche, wenn im genauen Anschlusse an den Originaltext durchgeführt, alle Eigenthümlichkeiten der Sprache wiedergibt und selbst dem Philologen (wenigstens für diesen Zeitraum) vollständig genügt. Die lateinischen Texte sind mit der heutigen Orthographie abgedruckt; man kann dies nur billigen. Ein Orts- und Personen-Register erleichtern die Benützung des hier aufgespeicherten Materials; nur ungern vermisst man ein Sachregister.

Sogleich nach dem Erscheinen des Werkes sind mancherlei Klagen über die Mangelhaftigkeit der Edition, über die Modernisirung der Orthographie, über die nicht streng chronologische Reihenfolge der mitgetheilten Piecen, über den Abdruck einiger Stücke in zwei Sprachen (böhmisch und deutsch oder lateinisch), über ungenaue Archivsignaturen, über fehlende Angaben betreffs des Alters der Copien, über unpractische Einrichtung des Registers, über den Mangel an erklärenden Noten u. s. w. mit mehr oder weniger Berechtigung laut geworden; aber mit Rücksicht auf die Grossartigkeit des Unternehmens sind es Dinge, derenwegen man mit dem Herausgeber nicht so streng rechten wird und welche den Forscher, der die Augen offen hält, durchaus nicht beirren können. Die Hauptsache ist und bleibt, dass der Abdruck der Stücke sich mit den Originalen möglichst deckt. Und wie ist es nun damit bestellt? Um es gleich offen zu sagen, wahrlich schlecht; von der Eigenthümlichkeit der Sprache ist in den seltensten Fällen eine Spur zu finden und die Abschriften sind so ungenau, dass sie selbst die Brauchbarkeit der Edition für rein historische Zwecke fast in Frage stellen. Stellen, bei denen die Herausgeber bemerkten „gibt keinen Sinn", liessen sich in bedeutender Anzahl hinzufügen; ihre Erklärung finden sie zumeist darin, dass die Copisten etwas übersprungen oder schlecht gelesen haben. Ich habe zu meiner Orientirung nachfolgende Stücke: nr. 3 p. 2, nr. 4 p. 3, nr. 5 p. 4, nr. 6 p. 4, nr. 41 p. 87, nr. 180 p. 254, nr. 185 p. 266, nr. 265 p. 445 und nr. 821 p. 594 mit den Originalen verglichen und lasse meinen Befund für die weitere Edition zur Kenntnissnahme und für Benützer zur Beachtung hier folgen.

Ich stelle die zwei deutschen Stücke nr. 41 und 180 voran, um dann in continuo die böhmischen Stücke anzufügen [1]).

Nr. 41 p. 67: Puechaim Freiherr zu Rabbs und *Grumpach*; Sigmund von Ditrichstein „Freiherr zu Hollenburg, Vinkhenstain und Talberg"; Niclas Rabnhaupt von *Suche*; „schirist" gehalten; nach Ludwig zu Hungern und Behaim ist *der* zu streichen und *etc* zu setzen; sich mit „einem" Tail; *des* wir aus bruederlicher; *Dweil* wir, So *wir* gesessen; wir inen *furander zu statten* kumben möchten: zweinelt uns nit; p. 88: *gneigt* uns zu Kunig; ein Landtag „ausgeschriben und jeczt" gehalten wird; *gegenwurtigen*; als *des* sonderlichen der Länder; *Des* ... versehen; Landsschulden „zu" bezalen uns unterseen *wollten*; und *dwril* sie deshalben; nach Herrn Rosenthal und Blatna ist für *der* ein *etc* zu setzen. Nr. 180 p. 255: davon *volupringen* mugen; *Dweil* uns; weilunt; sonderlich zu Prag; *fueg*; *abwegen* ein weisser Groschen; *des* sich . . . beschwären; zum *Thail*; *se* finden sein; das unser *furnemben* in obangezaigten dreien Artikeln; auf dem „iez"gehalten Landtag; Dweil wir; *unsers furnembens* bei den Stenden; Verhuetung; stillzeschweigen; *seihuen*, unser *furnemens*; fursetragen; p. 256: fruchtpar; solcher Bewegnus; In die Commissarii ... *verordnet sein*.

Nicht besser steht es mit den böhmischen Texten. Dass auch hier die Beibehaltung der sprachlichen Eigenthümlichkeiten durchaus keine strenge ist, zeigt die Thatsache, dass in den von mir eingesehenen böhmischen Piecen *ie* an 28, *uom* und *óm* an 6, *au* für *u* an 2, *ej* (für *aj*)

---

[1]) Die mit Anführungszeichen versehenen Stellen fehlen bei Gindely, die cursiv gedruckten sind dort irrig gelesen.

an 2, j (vor sem und miti) an 10 Stellen unrichtig gegeben sind, der
ungenauen Transcription gar nicht zu gedenken. Ich begnüge mich damit,
dieses Factum hier nur summarisch zu constatiren und gebe im Nachfolgenden
blos grössere Verstösse und Auslassungen: nr. 3 p. 3: včera nupauti,
„kterýž do této cedule vložen"; což se berně v *Lužických* dotýče. — nr. 5
p. 4: s Škorni. — nr. 6 p. 4: a že sobě *obtěžuji* čekati; p. 5: v paměti
„nežli aby se v to zvláštně lid sedlský potahoval, toho neviem" a zvlte to;
dotýče „na tento rozum", že Celrys ... *pověděl*, — nr. 185 p. 268:
„a" stoletým; die Abkürzung docze. = dotýče und der Satz muss dann
lauten: co se odpovědi, kteréž ... poslali, *dotýče, jež sme přehledše*; a
markrabí Jiřím; před rukama hotovo měli; p. 269: našich lén propuojčení
„buď z reversaluov aneb jiných pamětí"; propuojčována bývala „a v jaké
sumě a také" na který; tudíž radu a zdání se „spisy" po Vás; *obmejšleti*
musila; p. 270: povinni *budem učiniti*, k nim se v tom milostivě zachovati
ráčíme, a jeden druhého do hrdel a statkuo, aby se neopouštěli, přísahou
zavázali. — nr. 265 p. 543 weist nur kleinere Versehen auf. — nr. 321
p. 594: zhravi přiti, mezi stavy královstvie dotčeného „na hrad Pražský
přijeti" (schlecht eingereiht); překaziti; oč se stavové tohoto královstvie
svoli a snesú „bez školy a poborčenie privileji a vejsad tohoto královstvie
i tudíž v lu našeho Rožmberakého"; též jsem *panuje omluvené*; polepšení
„na mém zdraví."

Diesem Register habe ich noch beizufügen, dass die von mir zufällig
eingesehenen Stücke schön geschrieben und leicht leserlich sind. Wie hier
eine gründliche Abhilfe zu schaffen ist, wenn die Publication den heutigen
Anforderungen entsprechen soll, liegt auf der Hand und ich kann nur
wünschen, dass für die folgenden Bände diese Zeilen Beherzigung finden.

Fr. M a r e š.

Uebersicht der periodischen Literatur Oesterreich-Ungarns.

Sitzungsberichte der k. Akademie der Wissenschaften
in Wien. Philos.-hist. Classe. Jahrg. 1879, 94. Bd., 1. Heft, Mai: Pfizmaier,
Seltsamkeiten aus den Zeiten der Thang. — Zimmermann, Kant und
der Spiritismus. — Müller Joh., Emendationen zur Naturalis Historia des
Plinius III. — Schönbach, Mittheilungen aus altdeutschen Handschriften.
2. Stück: Predigten. — Haupt, Beiträge zur Literatur der deutschen Mystiker.
II.: Hartung von Erfurt. — Müller D. H., Die Burgen und Schlösser
Südarabiens nach dem Iklil des Hamdâni. — 2 Heft. Juni: Pfizmaier, Der
Schauplatz von Fadzi-no mori. — Werner, Die Kosmologie und allgemeine
Naturlehre des Roger Baco. — Wrobel, Ueber eine neue Hesiodhandschrift.
— Kaltenbrunner, Papsturkunden in Italien — 95. Bd. 1. Heft. Juli:
Mayr, Voltaire-Studien. — Krall, Die Composition und die Schicksale des
Manethonischen Geschichtswerkes. — Höfler, Abhandlungen aus dem Gebiete
der slavischen Geschichte. — Pfizmaier, Begebenheiten neuerer Zeit
in Japan. — Dudík, Historische Forschungen in der k. öffentlichen Bibliothek
zu St. Petersburg. — Fellner, Zur Geschichte der attischen Finanzverwaltung
im 3. und 4. Jahrh. — Knöll, Das Handschriftenverhältniss der
Vita S. Severini des Eugippius.

Archiv für österreichische Geschichte. Hg. von der hist. Commission der k. Akademie der Wissenschaften. Wien 1879. 58. Band, 2. Hälfte: Helfert Freih. v., Zeugenverhör über Maria Karolina von Oesterreich, Königin von Neapel und Sicilien, aus der Zeit vor der grossen französischen Revolution (1768—1790). — Steinwenter, Beiträge zur Geschichte der Leopoldiner. 59. Bd. 1. Hälfte: Caro, Aus der Kanzlei Kaiser Sigismunds. Urkundliche Beiträge zur Geschichte des Constanzer Concils. — Kummer, Das Ministerialengeschlecht von Wildonie.

Fontes rerum Austriacarum. Oesterreichische Geschichtsquellen, hg. von der hist. Commission der Akademie der Wissenschaften in Wien. 2. Abth. Diplomataria und Acta. 42. Bd. Wien 1879: Bachmann, Urkunden und Actenstücke zur österreichischen Geschichte im Zeitalter Kaiser Friedrich III und König Georgs von Böhmen (1440—1471).

Mittheilungen der k. k. Central-Commission zur Erforschung und Erhaltung der Kunst- und historischen Denkmale. Redacteur Dr. Karl Lind. Neue Folge 5. Bd. 1879. 1. Heft: Kenner, Römische Reliefs in Hörsching und Schleissheim. — Lauzil, Die Baulichkeiten der Benedictiner-Abtei Kladrau. II. Mit 1 Tafel. — IV. Bericht der Central-Commission über ihre Thätigkeit im Jahre 1878. — Much, Das vorgeschichtliche Kupferbergwerk auf dem Mitterberg (Salzburg). Schluss. — Ilg, Kunsttopographische Reisenotizen. IV: Der Glockenthurm zu Tramin. — Lind, Die Losensteiner Kapelle in Garsten. II. — Pirkmayer, Ueber die Einsammlung der bei verschiedenen Gerichten und anderen Aemtern im Herzogthume Salzburg vorhandenen alten Urkunden-Acten etc. behufs gesicherter Verwahrung im salzburgischen Central-Archive. I. — Notizen. — 2. Heft: Trapp, Das ehemalige Königshaus am grossen Platze Brünns. — Lind, Das Salm-Denkmal in der Votivkirche. — Kenner, Neue römische Funde in Wien. I. — Banko, Die Burg Wartenstein in Niederösterreich. — Pirkmayer, Ueber die Einsammlung der Urkunden-Acten. (Schluss). — Lind, Aus dem Schatze des Stiftes Klosterneuburg. — Ilg, Aeltere Kunst und Kunst-Industrie im Tulnerfelde. — Ziangass-Werke in Böhmen. — Avanzo, Terracotta-Mosaikpflaster in der Stiftskirche zu Heiligenkreuz. — Das Steinguss-Materiale der Katharinen-Statue im Carolino-Augusteum in Salzburg. — Der Prager Moldau-Stollen. — Romanische Holz-Sculpturen in Tirol. — Ueber Dunkelstein. — Befestigungsbauten in Ungarisch-Brod. — Grabmale im Kreuzgange zu Klosterneuburg. I. — Notizen. — 3. Heft: Kenner, Neue römische Funde in Wien. II. — Sacken, Die Kirche der ehemaligen Benedictiner-Abtei Mondsee. — Ilg, Die Künstlerfamilie Carlone. — Hraše, Die Heidengräber am Chlum bei Taber. — Trapp, Funde in Mähren. — Schönherr, Restaurirung der alten landesfürstlichen Burg in Meran. — Dahlke, Romanische Holz-Sculpturen in Tirol. II. — Hauenschild, Das Materiale der Muttergottes-Statue des Thiamo zu St. Peter in Salzburg. — Grabmale im Kreuzgange zu Klosterneuburg. — Grueber, Kunstgeschichtliche Notizen aus Vorarlberg. I. — Czerny, Ueber Archive in Oberösterreich. — Notizen. — 4. Heft: Jenny, Die St. Agatha-Capelle auf Christberg. — Ilg, Meister Michael Pacher von Brunecken und Meister Rueland. — Budinsky, Antiaglien in Judendorf bei Grätz. — Müllner, Archäologische Excurse nach Südsteiermark. — Wastler, Zur Geschichte der Schatz-, Kunst- und Rüstkammer in der k. k. Burg zu Graz I. — Lauzil, Kanzel im Franciscaner-Kloster zu Pilsen. — Grueber, Kunstgeschichtliche Notizen aus Vorarlberg. I. — Lind, Reisenotizen über Denkmale in Steiermark und Kärnthen. I. — Dahlke, Das Muttergottesbild in der Pfarrkirche zu Bruneck. — Ilg, Die St. Oswaldskirche zu Eisenerz. — Notizen. — Namenregister.

Berichte und Mittheilungen des Alterthums-Vereines zu Wien. 18. Bd. Wien 1879: Berichte des Vereines. — Newald, Niclas Graf zu Salm. Eine historische Studie. — Neumann, Handwerk und Kunst im Stifte Heiligenkreuz vom 17. bis zur Mitte des 19. Jahrhunderts. Aus dem Archive des Stiftes. — Register.

Siebenunddreissigster Bericht über das Museum Francisco-Carolinum. Nebst der 31. Lieferung der Beiträge zur Landeskunde von Oesterreich ob der Enns. Linz 1879. 37. Bericht des Verwaltungsrathes für das Jahr 1878 nebst Vereinsnachrichten. — Krackowizer, Das Schlüsselberger Archiv. (Das Archiv des bekannten Geschichtsforschers J. G. Freiherrn v. Hoheneck, † 1754, wichtig für das 17. und den Beginn des 18. Jahrh.) — Von dem vom Museum herausgegebenen Urkundenbuch des Landes ob der Enns ist der 8. Bd., redigirt vom Archivar J. Faigl, unter der Presse.

Beiträge zur Diöcesangeschichte. Beilage der Linzer Diöcesancurrende. In loser Folge, 4°, bis jetzt 24 Bogen in 3 Bdn. Abdruck der Actenstücke aus dem Consistorialarchiv aus den Jahren 1766 bis 1790.

Mittheilungen der Gesellschaft für Salzburger Landeskunde. Redigirt von E. Richter, k. k. Prof. 19. Vereinsjahr 1879. 1. Heft: Zillner, Salzburgische Geschlechterstudien. II : Ilzing - Fischach - Bergheim-Radeck. — Fritsch, Uebersicht der Witterung im Jahre 1878. — Literaturbericht, darunter Keinz Indiculus Arnonis mit Textverbesserungen bespr. von Richter. 2. Heft: Zillner, Salzburgische Geschlechterstudien. II: Ilzing - Fischach - Bergheim - Radeck. — Grinzinger, Die Faistelau und Kuchl - Georgenberg. — Ozlberger, Ignaz von Kürsinger, k. k. landesfürstl. Pfleger. — Zillner, Die Wiklemgüter in Salzburg. — Hauthaler, Zur Geschichte des Erzbischofes Friedrich III. — Richter, Die Funde auf dem Dürenberge bei Hallein. — Literaturbericht. · · Vereinsnachrichten.

Zeitschrift des Ferdinandeums für Tirol und Vorarlberg. Hg. vom Verwaltungs-Ausschusse desselben. Dritte Folge. 23. Heft. Innsbruck 1879. Fischnaler, Franz Freiherr von Hausmann. Sein Leben und Wirken. — Graf Benedikt Giovanelli, Von L. — Stampfer, Dr. Quarinoni's Wallfahrt nach Rom 1613. — Vintler Fr. v. und Busson, Der Münzfund im Spitalwalde bei Bruneck. — Vereinsnachrichten.

XVIII. Rechenschaftsbericht des Ausschusses des Vorarlberger Museum-Vereins in Bregenz über den Vereins-Jahrgang 1878. Bregenz: Vereinsangelegenheiten. — Jenny, Das hölzerne Vortragekreuz in Rankweil. Mit Abbild. — Baptista, Aeussere und innere Unruhen in Vorarlberg im 16. Jahrh. — Biographien ausgezeichneter Vorarlberger. VI: Peter Kaufmann, grossherz. Weimar'scher Hofbildhauer von J. Bär. — Jenny, Inschriften aus Vorarlberg. — Hummel, Urkunde über die Theilung der Stadt Bregenz zwischen den beiden Vettern Hug und Wilhelm von Montfort-Bregenz 1409. — Hummel, Chronologisches Verzeichniss der Urkunden des ehemaligen Benedictinerstiftes Mehrerau.

Beiträge zur Kunde steiermärkischer Geschichtsquellen. Hg. vom histor. Vereine für Steiermark. 16. Jahrg. 1879: Zahn, Ueber die Anfänge und den älteren Besitz des Dominicaner-Klosters zu Pettau. — Krones, Materialien zur Geschichte des Landtagswesens der Steiermark in Regesten und Auszügen. Die Zeiten Ferdinands I. 1522—1564. — Gomilschak, Zünfte in Radkersburg und Materialien zu ihrer Geschichte. — Kümmel, Kunst- und Künstler in ihrer Förderung durch die steir. Landschaft im 16. bis 18. Jahrh. — Kleine Mittheilungen.

Mittheilungen des historischen Vereines für Steiermark. 27. Heft. Graz 1879. — Vereinsnachrichten. — Krones, Zur Geschichte der ältesten, insbesondere deutschen Ansiedlung des steiermärkischen Oberlandes. — Wichner, Ueber die letzte Ruhestätte des Christof Rauber, Administrators des Bisthums Seckau. — Krautgasser, Ein weiterer Beitrag zur Culturgeschichte des 17. Jahrh. — Reichel, Ein Marburger Hexenprocess v. J. 1546. — Peinlich, Zur Geschichte des Buchdruckes, der Büchercensur und des Buchhandels in Graz im 16. Jahrh. — Kleinere Mittheilungen: Orožen, Die ilirische Kirche zu Schartenau. Urkundenbuch des Herzogthums Steiermark, angezeigt von Krones.

Archiv für vaterländische Geschichte und Topografie. Hg. von dem Geschichtsvereine für Kärnten. 14. Jahrg. Klagenfurt 1879: Wahnschaffe, Das Herzogthum Kärnthen und seine Marken im 11. Jahrh.

Carinthia. Zeitschrift für Vaterlandskunde, Belehrung und Unterhaltung. Hg. vom Geschichtsvereine und naturhist. Landesmuseum in Kärnten. Klagenfurt 1879. 69. Jahrg. Geschichtliches: Jabornegg Fr. v., Münzenfund (in Leifling). — Hauer R. v., Chronik. — Schmued, Die inneren Verhältnisse der deutsch-österreichischen Länder im 16. und 17. Jahrh. — Zur Geschichte Kärntens im 16. und 17. Jahrh. — Schroll, Das Herzogthum Kärnten unter den ersten Herzogen aus dem Hause Habsburg. 1335 bis 1519. — Statistische Notizen aus Kärnten. — Mittheilungen aus dem Kärnter Geschichtsvereine. - Biographien. — Literarische Anzeigen.

Mittheilungen des Vereins für Geschichte der Deutschen in Böhmen. XVIII. Jahrg. 1879. 1. Heft: Hallwich, Ueber „Wallensteins Verrath". Vortrag. — Laube, Göthe als Naturforscher in Böhmen. — Achte Wanderversammlung des Vereins für Geschichte der Deutschen in Böhmen. — Katzerowsky, Die königlichen Richter von Saaz. — Sobebek, Die Einweihung der Elbequelle durch Johann Freiherr von Talemberg, Bischof zu Königgrätz am 19. September 1684. — Miscellen: Urban, Aus dem Sagenbuche der ehemaligen Herrschaft Königswart I—III. — Mittheilungen der Geschäftsleitung. — Literarische Beilage (Neue Paginirung). Bohemica aus den Publicationen diverser Vereine und Gesellschaften. — Tschechische Bibliographie. — 2. Heft: Loserth, Das Archiv der Stadt Fulnek, Materialien zur Geschichte der deutschen Ansiedlungen im nördlichen Mähren. — Schlesinger, Anton Fürstein und seine Gedichte. — Feistner, Zur Geschichte der Zittau-Prager Strasse. — Benedikt, Segensformeln. — Literarische Beilage.

Moravia. Hg. von W. Müller. 2. Jahrgang. Olmütz 1879. Geschichtl. Artikel: Hamburger, Die Dreifaltigkeitssäule in Olmütz. — Hausmann, Mährens Buchdrucker. In chronologischer Uebersicht mit historisch-kritischen Bemerkungen. (Fortsetzung). — Blumenwitz, Eine Kirmess von Anno 1729.

Aus der Chronik des Schlosses Dusso. — W. Müller, Der Olmützer Magistrat im Kirchenbanne. Culturhistorische Skizze. — Führer, Zur Geschichte der Stadt Littau. — Trautenberger, Behrgericht und Teufelsbeschwörung in Iglau. — Sonnewend, Kloster Hradisch. — Deer, Die Zusammenkunft Josef II und Friedrich II zu Neustadt in Mähren. — Grünfeld, Zur Geschichte der Juden in Mähren während des Mittelalters. — W. Müller, Bojische Eisenindustrie in Mähren. — M. Müller, Altmährische Götter.

Literarische Berichte aus Ungarn über die Thätigkeit der ungar. Akademie der Wissenschaften und ihrer Commissionen, des ungar. National-Museums und anderer gelehrter Gesellschaften und Anstalten sowie auch einzelner Schriftsteller. Hg. von P. Hunfalvy. Budapest 1879, 3. Bd. Lónyay Graf, Graf Georg Károlyi. — Keleti, Zu- und Abnahme der Bevölkerung Ungarns nach Nationalitäten. — Schwicker, Die Serben in Ungarn. — Pulszky, Die Denkmäler der Keltenherrschaft in Ungarn. — Aigner, Unedirte Briefe von J. A. Fessler. — Fuchs Th., Ueber das Staatswesen der Germanen. — Dallagi, Die Kunstdenkmale Leutschaus. — Csontosi, Der Corvin-Codex der k. Bibliothek zu Parma (Diomedis Carusae De institutione vivendi). — Gregus, Shakespeare in Ungarn. — Literaturberichte. — Sitzungsberichte. Kleinere Mittheilungen. Revue ungarischer Zeitschriften. Ungar. Bibliographie.

Archiv des Vereines für siebenbürgische Landeskunde. Neue Folge. 15. Bd. 1879. 1. Heft: Teutsch, Aus dem Leben Georg Paul Binders. Von ihm selbst (1849) geschrieben. — Müller, Gleichzeitige Aufzeichnungen von Thomas Wal, Johannes Mildt und einem Heltauer aus den Jahren 1513—1532. — W. Schmidt, Historische Splitter (I. Hermannstadts kirchliches Leben zu Königs Mathias Corvinus Zeiten. II. Peter Graf von Rothberg und sein Haus. III. Peter Graf von St. Georgen und Pösing, Woiwode 1498—1510). — Fabritius, Geschichtliche Nebenarbeiten (V: Die Ali Pascha-Steuer und die Schässburger). — Theil, Michael Konrad von Heidendorf, eine Selbstbiographie (Fortsetzung). — Amlacher, Urkundenbuch zur Geschichte der Stadt und des Stuhles Broos bis zum Uebergang unter Erbfürsten aus dem Hause Oesterreich (1206—1496). — 2. Heft: Amlacher, Urkundenbuch zur Geschichte der Stadt und des Stuhles Broos. — Neugeboren H., Daniel Georg Neugeboren. Ein Lebens- und Characterbild.

Kirchliche Kunstdenkmale aus Siebenbürgen. Hg. vom Ausschuss des Vereins für siebenbürg. Landeskunde. 2. Lieferung. Text S. 17—26, Abbild. T. 9—16. Hermannstadt 1879.

X.

Jakob Unrests

Bruchstück einer deutschen Chronik von Ungarn.

Veröffentlicht und kritisch erläutert

von Prof. Dr. **Krones R. v. M.**

Kritische Erörterung.

Als ich im Jahre 1871 behufs meiner Studien über Unrests „Oesterreichische Chronik" die bisher vereinzelt gebliebene Handschrift, die Vorlage des Abdruckes bei Hahn „Collectio monumentorum" I., aus der k. Bibliothek zu Hannover entlehnte und durchnahm, war ich angenehm überrascht, in dem betreffenden Codex (Pap. fol. Pappband nr. XIII. 783), eingeschaltet zwischen Unrests Kärntner und Oesterreichischer Chronik, f. 27—32. das Bruchstück einer von Hahn, dem Benützer, beziehungsweise Herausgeber dieser Handschrift bei Seite gelassenen und nicht erwähnten Chronik Ungarns vorzufinden, dessen Grundlage, Schrift, Sprache und sachliche Eigenthümlichkeit keinem Zweifel Raum liess, dass der Verfasser dieses Bruchstückes — leider eines Bruchstückes! — mit dem Autor der beiden es einschliessenden Chroniken identisch sei: Unrest, der Pfarrer von St. Martin am Techelsperge in Kärnten.

Ich sprach diese Ueberzeugung bereits 1872 in meiner akademischen Abhandlung: „Die österreichische Chronik Jakob Unrests, mit Bezug auf die einzige bisher bekannte Handschrift der k. Bibliothek in Hannover" (Archiv f. österr. Gesch. 48. Bd. II. H. S. 421 — S. 427 Sep. Abdr. 5) kurzweg aus und fand mich darin immer mehr bestärkt. Ja ich kann mich überhaupt des Gedankens nicht entschlagen, dass wir es in der Hannoveraner Handschrift mit dem Autographen Unrests zu thun haben. Hiefür bürgt eine Reihe von Wahrscheinlichkeitsgründen: 1) Die durchgängige Gleichartigkeit in der Schrift aller drei Theile des Codex; 2) die Thatsache, dass bisher weder von der Oesterreichischen noch von den in Rede stehenden Bruchstücke der Ungarischen Chronik eine zweite Handschrift sich vorfand, während die Kärntner Chronik Unrests mehrere Handschriften aufweist, dass dagegen alle drei im Hannoveraner Codex vereinigt erscheinen; eine Thatsache, die allerdings noch die Frage offen lässt, wie es kam, dass bislang nur von der Kärntner Chronik Abschriften zum Vorschein kamen; 3) der nebensächliche Umstand, dass im handschriftlichen Texte der Oesterr. Chronik (f. 33 – 137) v. f. 33—92 die

Anfangsbuchstaben in dem ersten Worte der Absätze oft weggelassen erscheinen, z. B. ls = als, erlzog = Hertzog, we = nwe, on = von, unig = Kunig, u = zu, ermerkht = vermerkht, n = in, och = noch u. s. w., als habe der Autor im Sinne gehabt, die absichtlich weggelassenen Buchstaben seiner Zeit durch sorgfältiger ausgeführte Lautzeichen mehr im Style der Initialen zu ersetzen, und habe dazu nicht weiter Musse oder Zeit gefunden; 4) die beachtenswerthe Thatsache, dass Hahn, der Herausgeber Unrests und der Cillier Chronik, in seiner allerdings ziemlich wortkargen prefatio zu nr. x. (xi) des I. Bdes. (Brunsvigae 1724) ausdrücklich bemerkt, es befänden sich die von ihm abgedruckte Kärntner und Oesterreichische Chronik Unrests in einem vormals dem Christoph Forstner[1]) gehörigen Bande beisammen, dass dieser Codex also unmittelbar aus Hahns Nachlasse in die Handschriftensammlung der k. Bibliothek zu Hannover gelangte, somit keiner weiteren Veränderung seines Inhalts unterlag[2]), abgesehen von jener früheren die drei genannten Chroniken zusammenfügenden Gestaltung des Codex, wodurch die zuerst abgefasste „Oesterreichische Chronik" ihren vorlaufenden Theil einbüsste und an die dritte Stelle, die später geschriebene „Kärntner Chronik" an die erste und das jüngste Stück, die „Ungarische Chronik", in die Mitte gerieth, — wie wir im weiteren Verlaufe unserer Untersuchung darzuthun Gelegenheit finden werden; 5) endlich noch der Umstand, dass der Schriftcharacter des bewussten Codex der Schlusshälfte des XV. Jahrhunderts mit Fug und Recht zugewiesen werden darf. Das einzige Bedenken gegen die Annahme, man habe es im Hannoveraner Codex mit dem Autographen Unrests zu thun, könnte — mit Rücksicht auf den Umstand, dass Unrest die Kärntner Chronik erst nach oder um 1403—1499, und dann erst das Bruchstück der Ungarischen, somit im vorgerücktem Alter schrieb, wie an andern Orte ausgeführt werden wird, — aus der verhältnissmässigen Gleichförmigkeit und Festigkeit der Schriftzüge in allen drei Theilen des Codex erwachsen. Abgesehen jedoch von der Thatsache, dass auch Siebenziger in dieser Beziehung nicht selten Tadelloses liefern, erscheint in der That das früheste Stück Arbeit, die Oesterreichische Chronik, zierlicher ausgeführt als die beiden andern Chroniken.

---

[1]) Ein seiner Zeit geachteter Gelehrter und Diplomat, geb. 7. Okt. 1598 auf Schloss Birkenstein in Oberösterreich, † 29. Dez. 1667 zu Mömpelgard.
[2]) Vgl. m. oben cit. Abhandlung über Unrests Oesterr. Chronik S. 127 f (Sep. Abdr. S. 5 f.). Böcler benützte die Forstner'sche Handschr., indem er daraus den Anhang der Kärntner Chronik für seine 1685 erschienene Ausgabe der Hist. Friderici des Aeneas Sylvius S. 60—63 (Belege) abdruckte.

Wir brauchen aber auf diese Wahrscheinlichkeitsgründe zu Gunsten des autographen Characters des Hannoverauer-Codex zunächst kein massgebendes Gewicht zu legen, da ja durchwegs Inhalt und Ausdrucksweise, wie bereits oben angedeutet, unser Bruchstück einer Ungarischen Chronik Niemanden andern als Unrest zu dessen Verfasser stempeln.

Gleich im zweiten Hauptabsatze der naiv-gemüthlichen Erzählung von „Vngern, weylandt Pannonia genannt" wird bei der geographischen Umschau auf den Trakel Wayda (Wojwode Drakul) angespielt, dessen auch in gleicher Namensschreibung in der Oesterreichischen Chronik Unrests (S. 610) z. J. 1476 gedacht erscheint [1]), und ausdrücklich gesagt: „Wurtzenlannd [2]) da am jungsten Trakel Wayda ist gewesn", — Drakul somit als „jüngst gewesener" Wojwode der Wallachei bezeichnet. Der Vf. lässt dann Attila mit seinem Hunnenheere „gen Karotein, nun Karndtn genant" kommen, allwo er zuerst „die grosse stat Lyburnia, da nun vnser frawnkirchn genant im Sall stett" „zerprach" d. i. zerstörte [3]); der Vf. spricht somit von Kärnten mit besonderer Vorliebe und liefert, abgesehen von der irrigen Verlegung der Römerstadt Tiburnia, Teurnia (von ihm, wie so oft im Mittelalter, Liburnia geschrieben) dorthin, wo einst Virunum gestanden, topographisches Detail, indem er die Marienkirche am Zollfelde hervorhebt. Am entscheidensten tritt jedoch die Zeit und die Tendenz Unrests in jenem langen Excurse zu Tage, welcher von der Entstehung Venedigs handelt und mit einem langen Sündenregister des Freistaates schliesst.

Darin haben wir eine Reihe beachtenswerther literarischer und historisch-datarischer Angaben.

---

[1]) Oest. Chr. bei Hahn S. 610: Trackel Weyda, Trackhel Weyda. Unrest lässt ihn 1476 als Feldhauptmann des Ungarnkönigs Mathias im Kampfe gegen die Türken vor Semendria fallen. Die Sache ist richtig erzählt. Vgl. Teleki Hunyadiak kora III, 422 f.; Hammer Gesch. d. osm. R. I, 22 f.; Zinkeisen II, 880 f.

[2]) d. i. Burzenland; Unrest meint darunter irrigerweise einen Theil der Wallachei, denn er sagt „ruert an Sybenburgen" und spricht weiterhin von der „klayin Balachey" (kleinen Wallachei) und von der „Wallachei" (Walchay) schlechthin.

[3]) Aehnlich heisst es auch in der Kärntner Chr. a. a. O, 479: „Quarantein nun Kernden genant", S. 480: „Quarantein yetz Kerndten." Bezüglich der angeblichen Hunnenverwüstung ebda. S. 481 fast wörtlich mit unserm Bruchstück übereinstimmend: „(Die khamrn inn das landt) inn die stat Liburnia, da yetz vnser frawn Sall ist" . . . . w. u. „da huebn die Hewn, yetz Vngern genant (vgl. den analogen Ausdruck in unserm Bruchst.), das land Quarantein aber zu dem andernmall an zu khriegen". (In unserm Bruchstück ist eben der erste Einfall, der der eigentlichen Hunnen, in der Kärntner Chr. der zweite (avarische?) gemeint.

Zunächst wird im Texte eine „walsche Cronik" angezogen, weiter unten das „puech genant der vier herren schilt" citirt. Bezüglich der ersteren bewegen wir uns ganz im Dunkeln, worauf wir weiter unten noch zurückkommen werden. Aber auch das letztere Citat lautet nicht sonderlich orientirend[1]). Ein mittelalterliches Buch dieses Titels, von Hause aus deutsch, Uebersetzung eines lateinischen Originalwerkes, oder ein lateinisches Büchlein solcher Art ist uns weder als alter Druck noch als Handschrift oder sonst als Citat untergekommen und wir müssen die Klarstellung des Sachverhaltes besserer Einsicht der Fachmänner anheimstellen. In jedem Falle, mag dieses fragliche „puech" ein bekanntes oder unbekanntes sein, hat dieses Citat für den Gehalt des Bruchstückes sonst keine Bedeutung.

Wie schon oben gesagt wurde, sind wir ausser Stande, die „welsche Chronik" Unrests aufzuspüren, weder eine lateinische noch deutsche dieser Art. Unter den Incunabeln des 15. und des beginnenden 16. Jahrhunderts suchen wir vergebens nach einer solchen[2]); ebensowenig können wir einen bestimmten Anhaltspunkt für die Benützung eines handschriftlichen Zeitbuches solcher Art gewinnen, und das gleiche gilt von den in Betracht kommenden venetianischen Chroniken[3]). Die einzige Möglichkeit, dass die aus dem Französischen ins Deutsche übertragene „Venediger Chronika", welche 1509 zu Basel erschienen sein soll, die Quelle für Unrests

---

[1]) Die Stelle im Bruchstücke lautet: „So vindet man doch in des Adels regiment vnd in dem puech, genant der vier herren schilt, stett also geschriben: Das ein yeder edl ist nach seyner tugent, wan ere vnd frumkayt ist der adl" u. s. w.

Die „Herrschildtheorie" des Schwabenspiegels, Landr. Lamb. A. § 2. 142, Wackernag. A. S. 9, Lehenr. Lamb. A. § 1 und 92 lässt allerdings auch die obersten 4 Herren-Stände vorangehen; in manchen Hdschr. dieses Rechtsbuches findet sich eine förmliche „Herrenlehre", aber die Worte, welche unser Bruchstück citirt, finden sich da nirgends.

[2]) Vgl. die bibliogr. Werke von Panzer, Zapf, Hain, Brunet u. A.

[3]) Chronicon Altinate (Archivio stor. ital[it. Bd.), Annalen des 11., 12. Jahrh. hg. v. Simonsfeld (Neues Arch. f. ä. d. G. L 597—610 u. a. Monogr. über Andrea Dandolo S. 90—96; Archivio veneto XII. Bd. v. Fulin). Joh. diac. Chron. Venetum et Gradense (früher Chron. Sagornini gen., Mon. Germ. SS. VII, 4—38). Andr. Dandolo (Murat. XII col. 13—584 vgl. Simonsfeld). Flav. Blondus (Biondio † 1464, de orig. et gestis Venetorum, Venet. Ausg. 1481, mehr Entwurf, vgl. die Ges. A. s. Werke, Basel 1559). Sabellicus (1. Ausg. 1487 Venedig). Mit Laurentius de Monacis († 1429) und Navagerius (Nangerio c. 1498) finden sich ebensowenig Analogien. Es ist auch sehr begreiflich, dass mehr oder minder diese sämmtlichen Chroniken unserm Carrel unzugänglich blieben.

Ausführungen war, wird für uns illusorisch, da diese Gelegenheitsschrift so gut wie apokryph geworden ist und andererseits auch bezüglich ihres Druckjahres fraglich bleibt, wenn schon der Titel deutlich genug besagt, dass sie zur Zeit des Krieges der Venetianer mit Frankreich und Max I. — seit der Liga von Cambray, also 1508 — mithin im angeblichen Jahre 1509 als Uebersetzung des französischen Originals erschienen sein dürfte [1]). Abgesehen nun davon, dass wir nicht in der Lage sind, dies besagte Vergleichsmaterial heranzuziehen, ist es überhaupt unwahrscheinlich, dass Unrest noch um diese Zeit lebte, und diese Unwahrscheinlichkeit findet nicht blos an dem Umstande, dass Unrests Hauptwerk, die Oesterreichische Chronik, mit 1499 schliesst, sondern auch in andern Anhaltspunkten ihre Bekräftigung.

Gehen wir auf die Venedig betreffenden Daten in Unrests Excurse näher ein. Zunächst kommt die „Zerstörung" der Kirche von „Agla" (Aglay, Aquileja) und die „Tödtung des schuldlosen Patriarchen" zur Sprache. Dass mit ersterem die Vernichtung der weltlichen Macht des Patriarchates durch die Eroberung Friauls 1418, 1419 gemeint ist, liegt auf der Hand. Anders steht es mit der zweiten Beschuldigung. Der letzte Patriarch Aquilejas, Ludwig von Teck, wurde allerdings vertrieben (1420); er versuchte umsonst in den Jahren 1421, 1422 und 1431 mit Hilfe K. Sigmunds Friaul wieder zu erobern, starb jedoch 1437 im Exil zu Basel, am Concilorte, natürlichen Todes. Es scheint daher, dass Unrest entweder metaphorisch den moralischen Tod des genannten Patriarchen oder wahrscheinlicher eine frühere Thatsache, die Ermordung des Patriarchen Johann Sobéslaw von Mähren (Sohnes des Luxemburgers Johann Heinrich, Markgrafen von Mähren, aus dessen zweiter Ehe mit Margaretha von Oesterreich) durch Tristan Savorgnano (1394. 12. Okt.) zu Udine in dunkler Erinnerung hat. Da Venedig die Wirren im Friaulischen sehr gerne sah, 1389 zu Gunsten der Udineser als Parteigänger der Savorgnanos vermittelt hatte und auch bei Papst Bonifaz IX. die Lösung des Mörders vom Bannfluche der Kirche erwirkte (1394), da die Savorgnanos weiterhin immer mehr als Anhänger der Republik sich

---

[1]) Venediger Chronica. Hienach volgt gar ein seltsame kurtzweilige Chronick vnd Hystori herckomens vnd wesens der Venediger durch . . . . . Nicol. Mengin von Nanzey, Secretarium . . . . . aus frantz. Sprach zu teutsch transferirt. (Basel? 1509?), Panzer Zus. B. 15 nr. 70b. Eine zweite ähnliche Gelegenheitschrift, aber aus anderen Gesichtspunkten abgefasst u. d. T. Venediger Chronick. Mit angezeigten Ursachen des schädlichen Kryegs, damit sye bisher von Röm. K. M. so schwerlich gestrafft seind, erschien s. l. c. a. 4° in 21. Bll. (ebenda).

gebehrdeten, so mochte sehr leicht die Signoria in den Augen der Gegner als Mitschuldige oder gar als Anstifterin erscheinen.

Die weiteren Thatsachen im Sündenregister Venedigs bewegen sich innerhalb der Jahre 1404—1490. Zunächst wird die Katastrophe des Hauses Carrara, der Herrn von Padua, angedeutet. Francesco II. „Novello" starb im Jänner 1406, in Gesellschaft seiner beiden Söhne Franz III. und Jakob, den Tod der Hinrichtung im Staatsgefängnisse Venedigs. Die Occupation Vicenzas, Veronas und Feltres gehört z. J. 1404—1405; Brescia und Bergamo wurden von dem Söldnerführer der Republik, Carmagnola, 1426—1428 erorbert. Die Erwerbung Cyperns knüpft sich an das Jahr 1489, beziehungsweise schon an den Tod K. Jakobs II. (5., 6. Juli 1473), des Gatten der Venetianerin Katharina Cornaro, die zunächst für den unmündigen Sohn, der aber schon 1474 starb, dann gewissermassen als Schützling der Republik eine Scheinherrschaft über die Insel führte. Die Apostrophe Unrests: „Got ways, wie der jungst kunig gestorbn ist" spricht das aus, was das Gerücht wohl allgemein besagte, die Venetianer hätten sich des unbequemen Erben Jakobs II. zu entledigen verstanden und **scheint in dem Zeitpunkte der Abfassung dieses Chronikfragmentes naheliegendes Ereigniss zu bezeichnen**[1]). Was den gerügten „Vertrag und Frieden" der Signoria mit der Pforte betrifft, so dürften darunter die bezüglichen Abmachungen seit 1440, 1454, insbesondere aber die Tractate des Dogen Mocenigo vom 24. Jänner 1479 und 10. Jänner 1482 gemeint sein[2]). Denn diese Abmachungen und mehr noch der Krieg um Ferrara (1482), welcher den Unmuth des römischen Stuhles verdoppelte, bewirkten das päpstliche Interdict vom 22. Juni 1483, den von P. Sixtus IV. († 1484 Aug.) gegen die Republik geschleuderten Bannstrahl. Derselbe wurde aber schon 1485 Ende Febr. vom P. Innocenz VIII. auf Bitte Venedigs wieder aufgehoben[3]). Dass sich der bezügliche Passus bei unserm Chronisten auf diese Angelegenheit und nicht auf die Bannung der Republik durch P. Julius II. vom 27. Apr. 1509[4]) bezieht, findet den besten Beleg in dem Schweigen Unrests von den Ereignissen, die

---

[1]) Vgl. Romanin Storia di Venezia 4. Bd. S. 185 ff. und Heyd Gesch. des Levantehandels i. MA. Stuttg. 1879 2. Bd., S. 423—424. Auch die natürlichen Söhne K. Jakobs II. entgingen nur durch wiederholte Flucht der lebenslänglichen Internirung seitens der Republik; seine Tochter Zarla starb c. 1480 in demselben.

[2]) Vgl. darüber Heyd a. a. O. S. 327—331.

[3]) Romanin IV. 418 f.

[4]) Romanin V. 201.

sich seit 1507 zwischen Venedig und K. Maximilian I., insbesondere aber seit der Liga von Cambray (1508) zutrugen, und dies Schweigen liefert zugleich den triftigen Nachweis, dass der Chronist vor diesem Zeitpunkte schrieb oder ihn nicht mehr erlebte. Gewiss hätte er die Demüthigung der stolzen Signoria i. J. 1509 als „Gericht Gottes" darzuthun nicht unterlassen. Sicherlich würde aber auch unser Chronist schon das Bündniss Venedigs mit Frankreich von 1499 oder wenigstens den Conflict der Signoria mit Max I. 1507—8 in jenes Sündenregister gestellt haben.

So erlaubt denn eine eingehende Betrachtung dieser Datenreihe den Wahrscheinlichkeitsschluss, dass dies Bruchstück einer Ungarnchronik an der Wende des 15. und 16. Jahrhunderts niedergeschrieben ward, jedenfalls aber vor dem Ausbruche des Krieges K. Maximilians I. mit der Republik.

Characteristisch sind noch zwei anhangsweise mitgetheilte Daten. Der Chronist sagt nämlich, die Republik habe 12 Königreiche und 2 Kaiserthümer erobert. Dies nachzuzählen wäre allerdings schwierig. Das folgende Histörchen jedoch von den alljährlich zum Andenken dieser Erfolge geschlachteten 12 Schweinen und 2 Ochsen erklärt uns leicht jenes Quid pro quo. Dies Histörchen nämlich ist nichts anderes als eine Verballhornung des eigenthümlichen Vertrages, welcher 1162 zwischen dem Patriarchen von Aquileja Udalrich II (1161-1182) und dessen siegreichen Gegnern, den Venetianern, abgeschlossen wurde. Um der Gefangenschaft ledig zu werden, musste der Kirchenfürst alljährlich den Tribut von 12 Broten und 12 Schweinen zusagen, welche letztere, später in Gesellschaft des Fastnachtsochsen, am Giovedì grasso (jovis cazza) zum Besten der Plebs Venedigs geschlachtet wurden¹).

Richtig dagegen ist die Notiz von dem Ankaufe der Stadt „Aders" (Jadra, Jaders, Zara) durch die Venetianer im Vertrage mit K. Ladislaus von Neapel, K. Sigismunds Nebenbuhler um die Krone Ungarns. Nur ist die Summe, welche am 9. Juni 1409 stipulirt erscheint und wofür die Signoria alle Rechte des Angioviner auf Dalmatien ablöste, zu hoch angesetzt. Sie betrug nicht 240.000, sondern 100.000 Goldgulden²).

Aus dem so eben beleuchteten Excurse unsers Bruchstückes über Venedig und die Venetianer geht gleichfalls hervor, dass die darin angezogenen historischen Thatsachen nach ihrem chronologischen und

---

¹) Romanin IV. 75. Dieser Tribut erscheint 1222, 1234 . . . bestätigt und noch nach dem Verfalle des Patriarchates bis 1523 formell aufrecht erhalten.
²) Vgl. Lucius De regno Dalm. Croat. L V. c. 5.

pragmatischen Character dem Zeitalter Unrests entsprechen und der Ausdehnung seiner Oesterreichischen Chronik analog sind.

Sollte aber alles bisher Erörterte und das augenfällige Uebereinstimmen der Ausdrucksweise in einzelnen Ausdrücken und ganzen Wendungen des naiv-gemüthlichen und doch kräftigen Tones der Darstellung in unserm Bruchstück mit dem Style der Kärntnerischen und Oesterreichischen Chronik noch einem Zweifel an der Autorschaft Unrests Raum lassen, so muss derselbe schwinden, wenn man zwei bis drei Stellen unseres Bruchstückes mit den betreffenden in der Kärntner Chronik vergleicht. Da heisst es dort in der Erzählung von den verheerenden Zügen Attilas: ... „und verwust die stadt Agla, das ist die haubtstat in Dalmatia" — und ebenso in der Kärntner Chronik (S. 491): ... „vnd verwust die stadt Agla, das ist die haubtstat in Dalmatia" .... ferner der Passus im Bruchstück: „Er macht drew veld mit volchh; das erst liess er zu Vngern, dar inn biet er hundert tausent man; das ander veld het er in Walchn auch mit hundert tausent manen; das dryt veldt macht er am lesto an dem Reyn, darin waren auch hundert tausent man" — verglichen mit der Kärntner Chronik S. 491: „Es stett geschribn, das derselb kunig Etzel hab gehabt drew veld, inn yedm veld hundert tausent man, ain veld zu Walhn, ains am Rein und ains zu Vngern."

Weiter unten sodann heisst es vom Kampfe bei Châlons und vom römischen Feldherrn Ecius (Aëtius): „der besampt sich mit Burguudischn Sachsn vnd Franckn wider kunig Athyla vnd pey der statt Alunia tett er einen grossn streyt mit kunig Athyla vnd lag im ob vnd erschlueg im alles sein volckh vnnd wurdn zu paydn seytten erschlagn hundert tausent vnd sechtzig tausent man. Do wart warlich gesehn, das dye todtn leichnam inn dem pluet schwumen" ..... Kärntner Chronik 490: „Do entgegen besampt sich der Romer haubtman, genant Etius (Hahn: Etnis), mit den Saxn, Franckhn und Purgundn und uberwandt künig Etzln in der stadt Alunia (Hahn: Almus); da waren hundert tausnt und sechtzigk tausnt an paydn tayln erslagn; das pluet floss, das die tottn corper darinn swumen". Ist somit Unrests Autorschaft für das Bruchstück der „Ungarischen Chronik" sichergestellt, so treten zunächst zwei Fragen an uns heran: nach der Abfassungszeit und nach der Genesis, den Quellen der Abfassung.

Wir haben bereits oben die Beantwortung der ersteren angebahnt, indem wir aus dem datarischen Gehalte des Excurses über Venedig den Schluss zogen, dass der Verfasser die Ereignisse vor 1490 im Auge hatte und diesen Excurs spätestens vor 1507, wahrscheinlich aber früher niederschrieb. Zu dieser Annahme berechtigt uns auch die Thatsache, dass die „Oesterreichische Chronik", das Hauptwerk Unrests, mit dem Schweizerkriege des J. 1499 abbricht, wir somit die längere Lebensdauer und geistige Leistungsfähigkeit Unrests nicht gut mit dessen Schweigen in bewusster Richtung vereinbaren könnten. Dass die Stellung des Bruchstückes im Hannoveraner Codex zwischen der Kärntner Chronik und der Oesterreichischen keineswegs massgebend für die Beurtheilung ihrer Abfassungszeit sein darf, haben wir oben bereits angedeutet und werden das dort schon verzeichnete Ergebniss unserer Untersuchung im folgenden entwickeln und begründen.

Zunächst darf unser Bruchstück in Bezug seiner Abfassung mit Fug und Recht hinter die Kärntner Chronik gestellt werden, da in Bezug des sachlich Zusammentreffenden das Bruchstück der Ungarischen Chronik Abweichungen, Erweiterungen, und wenn man will, neben neuen Irrthümern Verbesserungen enthält, welche auf eine zwischenläufige Bereicherung der historischen Datenkenntniss unsers fleissigen Chronisten schliessen lassen.

In der Kärntner Chronik wird die Geschichte Attilas (S. 400-1) kurz erzählt. Den Anfang macht die Schlacht bei Châlons (Alunia) v. J. 451, dann folgt der verheerende Zug (Frühjahr 452) gegen Italien, der angebliche zweite Zug des Hunnenköniges an den Rhein, die Angabe von den drei Heeren und Feldlagern Attilas in Welschland, am Rheine und in Ungarn und endlich die wirksame Fürbitte P. Leos.

Diese Episode von Attila in der Kärntner Chronik hat noch anhangsweise ein wunderliches Historchen von den Anfängen des Görzer Grafenhauses (S. 491): „Inn demselben krieg ist ein hertzog von Kerndtn, der in dem Pusterlall gesessen ist, dem kunig Etzel vestigklich peygestanden. Darumb ward er von im begabt mit herrschaft und namen Gortz. Darumb sind die edlen graffen von Goritz recht geporn vnd erbherltzogn von Kernndtn."

Vergleichen wir mit diesen Angaben der Kärntner Chronik die Ausführungen unsers Bruchstückes, so gewahren wir erstlich ihren ungleich grösseren Umfang, andererseits Abweichungen formeller und sachlicher Natur. So wird mit der Bildung dreier grosser Feldlager des Hunnenköniges begonnen; hieran reiht sich der angebliche Zug Attilas nach Kärnten, der die Zerstörung „Liburnias am Zollfelde" (!) bewirkt, ein Ereigniss, das die Kärntner Chronik in die Zeit nach dem Tode des letzten karantanischen Fürsten Waldunchs (bei Hahn S. 488 Malchmut) versetzt, also um beiläufig dreihundert Jahre später. Dann aber kommt Attilas Heereszug nach Italien und die Begegnung mit

Papst Leo zur Sprache, ein Excurs über den „gütigen" Kaiser Theodosius II. († 28. Juli 450), von dem eine Characteranecdote erzählt wird, und dann erst der Zug Attilas in die katalaunischen Gefilde. Ist dies einerseits eine chronologische Umkehrung des Thatbestandes in unserm Bruchstücke, welche Unrest in der Kärntner Chronik gleichfalls vermieden, so findet sich andererseits dort noch jene beiden gemeinsame Angabe eines neuerlichen, allerdings bezweifelten Zuges Attilas nach Westen („gen Hessen gen Frankreich"), den uns zunächst Jordanis, der Geschichtschreiber der Ostgothen, berichtet, präciser gegeben [1], nur dass Unrest nichts von Attilas abermaliger Niederlage weiss, sondern gerade seine Unbesiegbarkeit, die nur Gott durch den plötzlichen Tod des Hunnenkönigs bannen konnte, betont. Hierauf wird dieser Tod, der bezügliche Traum des Kaisers Marcianus und das Geschick des Hunnenreiches, seine (sagenhafte) Umwandlung in den Ungarnstaat, erzählt.

Noch aber zeigt sich in einer besonders characteristischen Stelle am Schlusse des Bruchstückes die Abweichung von der Kärntner Chronik. Hienach nämlich erhalten die Grafen von Görz ihre Herrschaft „in dem kunigreich Dalmacia [2]) gelegen" als ihnen von dem ungarischen Arpádenkönige Gejsa II. (1141—1161) verliehen. Dies klingt allerdings erbaulicher, als wenn Unrest in der Kärntner Chronik (S. 491), wie bereits oben angedeutet worden ist, diese Verleihung an die Hunnenzeiten knüpft. Nichtsdestoweniger begegnet da dem fleissigen „Geschichtsklitterer" eine Verwechslung mit der traditionellen Thatsache, dass um diese Zeit die Dachauer Grafen und dann die Grafen von Andechs den Titel Grafen des Küstenlandes = Merania, Mairania, erwarben [3]).

Wir haben schon oben Gründe für unsere Ansicht, dass das Bruchstück der Ungarischen Chronik nach der Kärntner zur Abfassung kam, aufgestellt; es möge uns vergönnt sein, noch einen solchen ins Feld zu führen. Während nämlich Unrest am Schlusse der Kärntner Chronik (S. 523) vor dem Anhange, der die alten Geschlechter des Landes behandelt, nicht unterlässt, seine „Oesterreichische Cronica" zu citiren, in der alles zu finden sei, was in den Zeiten K. Friedrichs (III. † 1493) dem Lande Kärnten an Feindesplagen begegnete, ist nirgends seiner Ungarischen Chronik gedacht,

---

[1]) Jord. c. 41 Vgl. Lembke Gesch. Spaniens S. 22 und dagegen Aschbach Gesch. d. Westgothen S. 129.

[2]) Unrest (vgl. Kärntn. Chr. S. 495) benennt mit Dalmacia offenbar das ganze Küstenland der Adria = mhd. Merania.

[3]) S. darüber die maassgebenden Ausführungen in Fh. v. Oefeles Monogr. über das Haus Andechs-Meran.

obschon er doch überall dort, wo von den „Hewn, yetz Vngern genant" die Rede ist (Kärntn. Chr. S. 481, 482, 483, 486, 490) den unmittelbarsten Anlass gefunden hätte, auf jene ziemlich ausführliche Vorgeschichte der Ungarn als Nachkommen der Hunnen zu verweisen.

Es ist dies ein Umstand, der uns bestimmen muss, das Verhältniss unseres Bruchstückes in Bezug seiner Abfassungszeit nicht blos der Kärntner, sondern auch der Oesterreichischen Chronik gegenüber thunlichst klar zu legen.

Wenn im Eingange die Vermuthung begründet wurde, dass wir es in dem hannoveranischen Codex mit der Originalhandschrift Unrests zu thun hätten, so waren wir fern davon anzunehmen, dass das vorliegende dreitheilige Gefüge jenes Codex, worin die Kärntner Chronik den ersten Platz einnimmt, das Bruchstück der Ungarischen sich anreiht und die Oesterreichische Chronik den Schluss macht, die thatsächliche Aufeinanderfolge der drei Chroniken in Bezug ihrer Abfassungszeit darstelle. Abgesehen davon, dass von vornherein wahrscheinlicher ist, der Autor habe beim Abfassen dieser drei Geschichtswerke für jedes getrennte Aufzeichnungen in einzelnen Bogen oder Papierlagen benutzt, wissen wir ja durch ihn selbst, dass die Kärntner Chronik erst nach 1493, also später als die Oesterreichische Chronik geschrieben wurde [1]), wenigstens später als der Kern dieser Chronik, welcher im Abdrucke bei Hahn mit S. 781-2 abschliesst. Jedenfalls verräth auch das Aeussere der Oesterreichischen Chronik im Hannoveraner Codex, wie bereits anderorten nachgewiesen wurde [2]), dass dieselbe ein selbständiges Stück bildete und einen vorlaufenden Theil einbüsste, bevor sie ihren jetzigen Platz im Codex angewiesen erhielt.

Es scheint nun, dass dort, wo die Oesterreichische Chronik ihre

---

[1]) Kärntn. Chr. S. 584: „Von dem obgenanten fursten hertzog Otten und hertzog Ruedolfn von Osterreich sind die land Karndtn, Krayn und Tyrol zu dem haus von Osterreich pracht worden, und sindt die lant an grossen krieg politn untz auf kayser Friedrich dritten, geporner hertzog von Osterreich, pey dem ward es viel in den landen sten. Sy wurdn swarlich von den Turkhen manigmal uberzogn, und die Ungristn (d. i. Ungrischen) mit gewalt zu Karndtn gelegn seben jar, myander anderthalb quottermer. Das vindet man gruntlich in der Ostereichischn Cronicn geschribn. Also haben die von Osterreich dy land Karndtn und Krain inne gehabt vntz auf die zeyt, da man zalt hat xliii hundert und lxxx jar, hundert und lviiii jar".

[2]) S. m. akad. Abh. S. 3 f. des Sep. A. (425 ff. des betreff. Bandes v. Arch. f. oe. G.). Die erste Seite (f. 88 des Codex) der Oesterr. Chr. ist verschmutzt und hebt mit einem Passus an, der auf etwas Fehlendes anspielt (s. Abh. S. 427, Sep. A. 5).

eigentliche Aufgabe, die Geschichte der Zeit K. Friedrichs III., abschliesst, Unrest, der in gemüthlich-sinniger Weise seinen Namen, Stand und Zweck dem Leser vorführt [1]), ein natürlicher Ruhepunkt sich darbot, den er dazu benützte, die Kärntner Chronik „dem Adl zu Eren" als „einen Auszug aus etlichen Cronicken" zu entwerfen, bevor er anhangsweise die Ereignisse aus den Anfangsjahren der Alleinregierung Maximilians I. beizufügen sich anschickte.

Wenn nun aber, wie oben auseinandergesetzt wurde, das Bruchstück der Ungarischen Chronik der Kärntnerischen nachfolgte, so muss seine Abfassungszeit mindestens hinter das Jahr 1493 gesetzt, und zwar — was sich auch mit den historischen Daten in dem besprochenen Excurse über Venedig ganz wohl verträgt — am ehesten um das Jahr 1490 (oder bald darnach), jedenfalls aber vor 1508 angenommen werden. Andererseits lässt sich der Umstand, dass die Ungarische Chronik Bruchstück blieb, dass sie schon mit dem Tode K. Gejsas II. (1162) aufhört, weit natürlicher durch die Annahme erklären, Unrest sei bei dieser letzten Arbeit vom Tode überrascht worden, als durch die Anschauung, er habe sie früher unternommen und wieder bei Seite gelegt oder fallen gelassen. Uebrigens scheint auch einzelnes im Texte dieses Bruchstückes auf die geistigen Gebrechen des höhern Alters, insbesondere auf Vergesslichkeit und Verworrenheit hinzuweisen, Gebrechen, die der Oesterreichischen Chronik, welche jedenfalls vor 1480 begonnen wurde (s. m. Abh. v. 1872 S. 430, Sep. A. 8) in ihrem Hauptinhalte ziemlich fremd sind, dagegen sich schon in der Kärntner Chronik, im Durcheinanderwerfen der Thatsachen, namentlich der älteren Epoche, anmelden. Wir dürfen ja nicht übersehen, dass, wie dies die Apostrophe in der Oesterreichischen Chronik (Hahn,

---

[1]) s. Hahn's Abdr. S. 781—2. „So aber die zeit verfleust als das wasser und des menschn gedechtnus vergeen mit der glocken donn, hab ich Jacob Vnrest, der minst Pharrer in Kerundtn, als ain inwoner seiner kuniglichen Maiestat erblanndn, in meiner einfallt gedacht, was in schrifft kumbt, bleibt lennger, dan des menschn gedechtnus wert, und hab bedacht die raittung von der muewign zeit, und hab nach der allta Cronikn des loblichen namens und stammes der fursten von Osterreich, an hertzog Ernstn vater kunigs Maximilians vrenherrn (richtiger: Grossvater), widerumb angehebt und foran geschriebn auf die zeit, als vil ich der geschehener ding underricht pin gewesen, und meiner vernunfft moglich, vertraw das auch hinfur zuthon, so lanng mir Got mein leben vorgan, guetn lewtin zu ern" . . . .

Daran schliesst sich eine lange (792—798) Aufzeichnung über K. Friedrichs Leichenbegängniss, offenbar nach einer damaligen „Zeitung" oder „Hoffmär".

S. 781) andeutet, Uurest auch die Oesterreichische Chronik bereits in vorgerückten Jahren aus seinen Vormerken und sonstigen Stoffsammlungen ins Reine brachte, und dass wir ihn also um 1499 im höheren Alter vorgeschritten denken müssen. War er doch schon nach urkundlicher Andeutung 1469 Chorherr zu Gurnitz und Pfarrer von Techelsperg.

So bezeichnet Uurest Arpád, den Ungarnfürsten, ganz richtig als Sohn des Almos; gleich weiter unten erläutert er den Namen „Almos" als Beinamen oder zweiten Namen Arpáds. Er lässt K. Peter, den Neffen und Thronfolger K. Stephans I., unmittelbar durch Andreas I. gestürzt, gefangen genommen werden und in der Haft sterben, dann aber stellt er die Regierungsgeschichte Samuel Abas ein und behandelt wieder das Königthum Andreas I. als Abas Nachfolgers. K. Béla I. wird einmal richtiger Weise der Bruder und gleich dann wieder der Brudersohn Andreas I. genannt. Dass diese Verstösse nicht auf Rechnung der von Unrest benützten Quellen, sondern auf seine eigene, auf lapsi memoriae gesetzt werden müssen, sei ausdrücklich bemerkt.

Und so tritt denn die wichtigste Aufgabe an uns heran, die Erörterung des Bruchstückes der Ungarischen Chronik in seinem äussern und innern Wesen[1]). Dasselbe umfasst in der Handschrift 6 Bl. Fol. und beginnt mit der „hunnischen" Urgeschichte Ungarns. Unrest will zuerst erzählen „wie die heyn yetz Vngern genant in das lanndt Pannonia komen sein. Darnach von den grossen kriegn daraus von den heyn beschehen vnd zw welhen zeytten das land zw kristenlichen glauben khomen sey."

Er beginnt mit der Vertreibung der Hunnen 417 n. Chr. G. zu den Zeiten des Kaisers Valentinians (!) und des Papstes Celestinus (II.) aus „Schicia" (Scythien) und „Huna", ihrer Flucht gen Siebenbürgen und erzählt von der Eroberung dieses Landes und Pannoniens; dann finden wir die ersten „Hauptleute" der Hunnen-Ungarn aufgezählt, der hunnischen Lebensweise gedacht und mit der Königswahl Attilas 445 n. Chr. (28 Jahre seit der Einwanderung der Hunnen in Pannonien!) den ausführlichen Excurs über die Unternehmungen dieses Eroberers, mit Seitenblicken auf die Länderverhältnisse in der Zeit Unrests, eingeleitet. Daran schliesst sich dann die Geschichte des hunnischen Ungarns nach Etzels Tode, der 44 Jahre (?) regiert und ein Alter von 125 Jahren (!) erreicht habe. Es kommt weiterhin zunächst die Rede auf die „Hauptleute" der Hunnen-Ungarn mit Arpád an der Spitze, auf den Traum seiner Mutter und die zweite Eroberung Pannoniens

---

[1]) Die Detailbemerkungen folgen als Anmerkungen und Belege zum Texte des Bruchstückes.

von Scythien aus. 475 Jahre seien von Attila an bis auf Gejsa (Vater
K. Stephans I.) verstrichen, während welcher Zeit Pannonien durch
„Hauptleute und Fürsten" regiert wurde. Es kommen dann die Kämpfe
Deutschlands mit den Hunnen-Ungarn unter K. Ludwig d. K.,
Arnulfs Sohne, zur Sprache, ihr Einfall in Thüringen, ihre Niederlage bei Frankfurt (!), der Raubzug in den Tagen König Conrads
„von Rabenberg" (!), der verwüstende Einfall ins Rheinland gen Basel,
in den Elsass, gen Burgund, nach Schwaben und Oberbayern. Dann
wird vom Kriege zwischen P. Johann X. und einem römischen Markgrafen erzählt, welcher letztere die Hunnen-Ungarn nach Welschland gerufen habe und zur Strafe dafür von den Römern erschlagen
worden sei. Sodann wird 940 n. Ch. (!) der Einbruch der Hunnen-
Ungarn durch Baiern und Schwaben bis Lüttich (!) berichtet, die
Niederlage des Herzogs Burkhard bei Frankfurt (!) gegen sie und der
Hilferuf der christlichen Fürsten, welchem Kaiser Heinrich, aus „Normenia", allwo er Bekehrungen zum Christenthum vornahm (!), zurückgekehrt, Folge gab und die Feinde des Reiches schlug.

Nun findet sich die ausführliche Episode von der Entstehung
Venedigs und den Thaten der Venetianer eingeschaltet, worauf dann
wieder die Geschichte Ungarns von Gejsa an, dem Vater Stephans,
d. h. ohne weitere Unterbrechung als Historie seiner Könige vom Stamme
Arpáds aufgenommen wird. Diese Chronik bricht mit dem Tode K.
Gejsa II. († 1161) ab.

Schon dieser Ueberblick des Inhalts unsers Druckstückes genügt,
um anzudeuten, was eine kritische Untersuchung des Textes überzeugend darthut, dass Unrest den Stoff für seine Darstellung dem Kreise
der ungarländischen Geschichtsquellen entnahm, welchem
die beiden Incunabeldrucke seiner Zeit, das sogenannte Chronicon Budense (gedr. zu Ofen 1473) und Johannes' Thuróczy Chronikencompilation (gedr. zu Brünn 1488) angehören. Wenn gleich die
inhaltliche Verwandtschaft zwischen unserm Druckstücke und letzterer
Chronik insbesondere augenfällig zu Tage tritt, so hat andererseits
Unrest weder eine Uebersetzung noch ein Excerpt des Thuróczy'schen
Buches geliefert. Wesentliche Abweichungen im Gange der Darstellung,
im sachlichen Gehalte eigenartige Episoden, so die über die Ungarnzüge, vor allem aber der characteristische Excurs von Venedig, und
gewisse Einzelheiten besagen unverkennbar, dass Unrest nach seiner
Weise als Bearbeiter des da und dort in mittelalterlichen Chroniken
allgemeiner Art und insbesondere in einer ungarländischen Annalencompilation Gelesenen zu Werke ging, und dass, wenn ihm die,
nebenbei gesagt, seltene Incunabelausgabe Thuróczys vorlag — oder

ein Exemplar der von diesem Compilator ausgeschriebenen Handschrift, er ausserdem noch eine Chronik Ungarns benützt haben müsste, die ihm jene Einzelheiten darbot und die wir bislang nicht kennen ¹). Es dürfte daher am gerathensten sein an die Vorlage einer bisher nicht näher bekannten handschriftlichen Chronik aus der Sippe der Compilationen zu denken, welcher Thuróczy und das Chronicon Budense angehören ²).

In dieser Beziehung gewinnt Unrests Bruchstück somit eine ganz andere Bedeutung als die Decennien später von Herrn Hannsen Haugen zu Freystain verfasste, in Augsburg 1536 gedruckte Verdeutschung der Thuróczy'schen Chronik ³). Hier haben wir es eben nur mit einer Uebersetzung zu thun, während Unrest eine ungarische Chronik zu bearbeiten vornahm, somit unter den mittelalterlichen Chronisten bislang als erster deutscher Bearbeiter einer ungarischen Chronik in Prosaform nach einheimischen Quellenvorlagen erscheint und insofern in der mittelalterlichen Historiographie des Auslandes über Ungarn eine beachtenswerthe Stellung einnimmt. Der Schwerpunkt dieses Bruchstückes einer umfangreicheren Arbeit, die auszuführen unserem Chro-

---

¹) Da z. B. wo Unrest von der Burggründung Arpáds auf „Noßperg" spricht bezeichnet er diese „stat" als „nahent pey Garombeg" gelegen. Diese Localisirung findet sich weder im Chron. Thur. noch im Chron. Bud. Poson., Chron. Marci . . . . . Dass Garumbg (hg = hegy Höhe, Berg) eine magyarische Benennung ist und offenbar aus ungarländischer Quelle stammen muss, ist naheliegend. Achnlich verhält es sich mit Unrests Angabe, dass K. Alm im „Dorfe, genannt Akad" erschlagen worden sei. Alle obigen ungarischen Quellen haben nichts davon. Gleiches gilt von Unrests Darstellung der ungarischen Beutezüge und von seiner Aeusserung über den Streit K. Stephans II. (?) mit der Curie, abgesehen von dem ausführlichen Excurse, der von Venedig handelt.

²) Vgl. darüber die Ausführungen Toldys in s. Ausg. des Chron. Poson. und des Chron. Marci; O. Lorenz Deutsche Geschq. i. M. D. Bd. und insbesondere in der preisgekrönten Arbeit H. Marczacali: A magyar kutfök az Arpádok korában (die ung. Quellen im ZA. der Arpáden). Budapest 1880.

³) Anfangstitel: Ain kurtz vnd gründlich bericht der Vngerischen Chronicken, namentlich wie die Vngarn von anfang in das landt, so sy yetzo innenhaben, komen sein, mit anzeigung aller jrer künig, vnd was sy redlichs vnd namhafftigs gethan haben, angefangen von jrem ersten künig Athila vnd volfürer biss auf künig Ludwig, so im MDxxvj. jar bey Mohatz vom Törcken erschlagen ist."

Schlussseite: Disss Buch der Hungerischen Chronicken ist newlich verteutscht vnd also zusammengebracht worden durch herr Hannsen Haugen zum Freystain, des aller Durchleüchtigisten Künig, Fürsten vnd Herrn, Herrn Ferdinanden . . Rath vnd Diener.

Getruckt in der kaiserlichen statt Augspurg durch Philipp Vlhart anno 1536. (82 Bl. 4°).

nisten leider nicht vergönnt war, liegt eben weniger in dem stofflichen
Gehalte, welcher für unsere Gesichtskenntniss ziemlich belanglos
genannt werden muss, als vielmehr in der eigenthümlichen Gestaltung
des Ganzen, in seiner Genesis, in seinem Gepräge. Es zeugt
für die Belesenheit und den vielseitigen Blick des schlichtverständigen
und gemüthvollen Pfarrers von St. Martin am Techelsperge, welcher
noch am Abende seines Lebens das Bedürfniss empfand die Chronik
eines Reiches zu schreiben, das seit Jahrhunderten in den innigsten
Wechselbeziehungen mit den österreichisch-habsburgischen Landen,
1437—1457 in Personalunion mit denselben stand und fortan von den
Erwerbungsplänen des Hauses Oesterreich in Sicht gehalten, unter seinem
kriegsgewaltigen Könige Mathias Corvinus, dem Zeitgenossen Unrests,
so verhängnissvoll in die Geschicke der südöstlichen Alpenländer eingriff, anderseits aber auch als Bollwerk gegen die Türken das leben-
digste Interesse eines geistlichen Chronisten wachhielt.

Zum Schlusse seien die Resultate der vorstehenden Untersuchung kurz zusammengefasst:
1. Das bisher inhaltlich unbekannte Bruchstück einer Ungarischen Chronik im Codex der k. Bibl. zu Hannover Pap. nr. XII,
783 hat Unrest zu seinem Verfasser.
2. Wahrscheinlichkeitsgründe sprechen dafür, dass wir es in diesem
Codex mit der Originalhandschrift Unrests zu thun haben. Jedenfalls aber erscheinen darin die 3 Chroniken: die Kärntner, die
Ungarische und die Oesterreichische nicht in der ursprünglichen, genetischen Nacheinanderfolge, sondern umgestellt.
3. Innere, sachliche Gründe lassen in Bezug der Abfassung die Oesterr.
Chr. vorangehen, derselben die Kärntner folgen und das Bruchstück
der Ungarischen Chr. den Schluss machen.
4. Das erwähnte Bruchstück behandelt die Geschichte Ungarns von
der hunnischen Urzeit bis zum Tode K. Gejsas II. (1162); es dürfte
um 1490, jedenfalls vor 1508 abgefasst sein und die letzte vom
Tode des gealterten Chronisten unterbrochene Arbeit Unrests darstellen. Begründete Muthmassungen sprechen dagegen, dass er sie
vor der Kärntner Chronik in Angriff nahm und als Bruchstück
zur Seite legte.
5. Unrest zeigt darin seine Anlehnung an den ungarländischen Chro-
nikenkreis, dem Kéza, das Chronicon Budense, Posoniense, Thuróczy
u. s. w. angehören, benützte aber wahrscheinlich eine bisher unbekannte Chronikenhandschrift in seiner Eigenart als Bearbeiter mit
Zuziehung anderer Behelfe, wie dies insbesondere der eigenthümliche
Excurs über Venedig darthut.

6. Unrests Arbeit ist bislang der älteste Versuch einer deutschgeschriebenen Prosachronik Ungarns und darin ruht die historiographische Bedeutung dieses Bruchstückes.

Text des Bruchstückes und erläuternde Bemerkungen*).

Hie vindet man geschriben von dem grosmachtigen gewirdigen vnd reychen landt Vngern weylandt Pannonia genannt; das ist grosmachtig an landt vnd lewten, wan es ist getzellt für den dritten tail der kristenhait, gewirdigt mit der kron von hymelreich an golt vnd silber. Von erst vindet man, wie die heyn yetz Vngern genant in das lanndt Pannonia komen sein, darnach von den grossn kriegn, daraus von den heyn beschehen, vnd zw welhen zeytten das land zw kristenlichm gelauben khomen sey¹).

Als man zallt nach Christi gepurt vierhundert vnd xvij jar, zu kaysers Valenteinani zeytten vnd des pabst Celestini²), wurden die heyn vertryben aus dem Schicia von den fursten desselben landes. Pey demselbn land ligt nahent ein klayns landt, genant Huna, davon sy von alter genant warn Huni, das warn die heyn; die khomen inn flucht gen Pannonia, yetz Vngern genant, vnd von erst in Sybenburgn, da haben sy das landvolck ausgetribn vnd fuertn sy zw wappen ein weisses ross mit ainem rotten sattl³). Do hettn sy noch kaynen kunig noch

---

*) Der Text ist streng nach der Handschrift ohne Abänderungen der Schreibweise reproducirt; nur die ganz fehlenden Interpunctionen sind Sache des Herausgebers. Die grossen Anfangsbuchstaben wurden auf die Eigennamen beschränkt.

¹) Zur stellenweisen Vergleichung wurden herangezogen: Thuróczy Chronicon i. d. Ausg. b. Schwandtner I; Chronicon Budense i. d. A. Podhradczkys v. 1838; Chron. Posoniense hg. u. e. v. Toldy, der später auch das Chron. Marci d. i. die dem Thuróczy zu Grunde liegende Wiener Bilderhandschrift von 1858 herausgab (1867); in zweiter Linie wurde auch: Kéza i. d. Ausg. Endlichers (Monum. Arpad. I); II. v. Muglens Chronik in d. A. b. Kovachich. Sammlung kleiner noch ungedr. Stücke (L. Ofen 1805) und Anonymi Series regum Hungariae a primo ingressu Hungarorum in Pannoniam a. c. 800 u. s. Mathiam I. Corvinum a. c. 1490 (b. Kovachich Scr. rer. Hung. minor Ofen I. 1798) berücksichtigt; da und dort auch der Anonymus Belae (A. Endlichers l. d. Mon. Arpad. I). Abkürzungen: Thuróczy = Th.; Chron. Bud. = B.; Chron. Poson. = P.; Kéza = K.; II. v. Muglen = M.; Anonymus = A.; Anonymus Belae = AB.

²) K. Placidus Valentinianus III. (reg. 425, erm. 16. März 455); P. Celestin (422—432). — Vgl. Th. I, 10 hat d. J. 373 „dictus Valentis imperatoria, ut dicitur est, et Damasi primi Rom. eccl. papae ... B. S. 14: 389. — P. S. 6 desgl. 328; K. c. II a. dom. septingentesimo. — AB. c. 7.: 441 (Attilas Auszug) M. c. 2. = Th. — A. S. 1: 200. Lauter Abweichungen in der Jahresangabe! Unrest hat somit dafür eine andere Quelle benützt.

³) Auch da weicht Unrest von dem ungarländischen Quellenkreise ab, sowohl

23*

fursten sunder haubtlewdt, der warn sex ee, vnd (vncz) sy ainen kunig
erwelten. Der erst haubtman was genant Ethyle, der ander Kewe,
der dritt Buda, der vierd Bela, der funfft auch Kewe, der sechst
Radicha¹). Die warn von erst ein wildes vngelaubigs volckh. Sy assen
rohes vnd vngesotens fleysch; da notten sy zw vndertanigkaitt ettlich
land, die nachst an Pannonia ruerten vnd auch hernach volgen mit
namen. Darnach, als man zalt nach der heyn eigangk in Pannonia
xxviij jar vnd nach Christi gepurd vierhundert vnd xlv jar, da erwelten
vnd machten die heyn einen kunig, genant Athyla, den nam (sic)
in den gemayn nennet kunig Entzel (sic), der liess sich kronen nach
der Romer gewonhait²), der was der hayn hauptman vor funff jaren
gewesen; vnnd von kunig Entzel gepurd wil ich hie nicht schreibn
von wegn der wunderlichn gepurdt, als die gemayn sag ist, wan ich
der warhayt nit gruntlich vnderricht pin vnd beuilch es den, die der
sach ein wares wissen habn. Athyla, der erst kunig zu Vnngern,
ein scharffer achter der kristenhait, lange zeyt ein vnparmhertziger
pluetvergiesser der menschn, ein geborner haydn von Scicia: er wardt
so mächtig an landt vund lewtn, wan von den sechs genanten haubt-
lewten vnd von kunig Etzel wordn all umbgelegne landt, die an Vn-
gerulandt sturertin, gemain zu vndertanigkait (offenbar ist hier
genott — genöthigt ausgefallen) Der erst aufangk was zu Syben-
bürgn, da von wart genott Pannonia, das ist Vngerland, darnach die
andern landt: Wurtzenlannd, da am jungsten Trakel Wayda ist gewesn
vnd ruert an Sybenburgen, die klayn Dalachey, genant die Molda,
ruert mit einem ortt an Sibenburgn vnd mit dem anndern ortt an die
Torckey, vnnd auff dem pymarch³) ligt ein stat genant Sophia; dar-

---

was das angebliche Heimatland der Hunnen: Hunna, als auch deren „Wappen"
betrifft. Th. I, 14; B. S, 19; P. S. 10; K. II.; M. c. 2 ... bezeichnen den gekrönten Geier oder Adler (austur; magy. „turul" b. K.) als „Wappen" der Hunnen-
Ungarn bis auf die Tage II. Gejsas. Dagegen spielt das weisse Ross als vor-
nehmstes Geschenk und Opferthier der Magyaren in der Tradition eine Hauptrolle.
S. Th. II, 8; B. S. 18; AB. c. 14. P. S. 28.

¹) Th. II, 10 und B. S. 14: Bela (Bele), Kewa (Kewe), Kadicha, Athila, Kewe,
Buda und Kadar. — P. S. 6: Bele, Bur, Kadicha, Chela, Kue, Wala (filius Wen-
dekus), Kadar. (A.: Ethele, Bebue Buda, Rebuc, Ala, Radica). Abweichungen abge-
rechnet, lehnt sich Unrest an diesen Quellenkreis an. Das vnd sy ainen kunig
erwelten muss als vncz (bis) s. a. k. c. gelesen werden, da es nur so einen Sinn gibt.

²) Vgl. Th. I, 18, wo es gleichfalls heisst „ab ingressu eorum in Pannoniam
anno vigesimo octavo .. Athyla dumtaxat, qui Hungarico idiomate Ethele
dictus est" und Pag. S. 9, wo es von der Wahl Attilas heisst: ,. Romanorum
consuetudine . Vgl. B. S. 17; K. c. 2 in gleicher Beziehung.

³) Pymarch = Gemärke (vgl. i. d. Cill. Chr. die Form pimberk.) s. Schnel-
lers Bair. Idiot. II. S. 614.

nach das kunigreich Bulgarey, das wart zw ainem reych zu kayser Justini zeitten, da von ist dem Romischn reych vil vngemach und schadens beschehn: ein herttess stayninges land, die nun liederlich vnd von ires nutz wegn sind Turckn wordtn, vnd ruert an die Walchey, darnach das kunigreich Wossn, die Syruey, Albanesn stossn all Vngerland; Czyschn landt lig (sic) zwischn Wossen vnd Krabatten, Hussarn oder Ratzen stost auch an Vngerlandt, nicht verr von Wossn [1]. Die vnd mer landt nach lawtt ein kunigs von Vngern tytula [2] haben die heyn inn kurtzn jarn all zw vntertanigkait genott, vnd da kunig Athyla so grosmachtig was an kunigreichen landen vnd lewten, da vnderstuend er sich grosser krieg wider die Romische kirchn, wider das Romisch reych vnd gantze kristnhait; darumb liess er sein machtigkait erscheynen. Er macht drew veld [3] mit volckh: das erst liess er zu Vngern, darinn hiet er hundert tausent man; das ander veld het er in Walchn auch mit hundert tausent manen; das drytt veldtt macht er am lestn an dem Reyn, darin waren auch hundert tausent man. In dem erstn zug kam er gen Karotein, nun Karndln genant, da zerprach er von erst die grosse stat Lyburnia, da nun vnser frawnkirchn, genant im Sall [4], stett vnd vberzoch das lanndt mit swarm schadn. Vnnd zw pabst Leo des ersten vnd kayser Theodosio zeittn zoch kunig Athyla in walsche landt vnd gewan dauor erst Ayla, das ist die haubstat in Dalmacia [5], da von pekriegt er die walschn land dreir jar. Darnach zuerstort er vnser frawnkirchn vnd stat vand verprant die aus dem grunt. Er zerstortt auch die stett Verrar, Drixiam, Pergamen, Mayland, Tuschaland [6] (sic) vnd mer stett vnd vberzoch

---

[1] Die angeführten Ländernamen sind der Reihe nach: Siebenbürgen, Burzenland, die „kleine Wallachei", irrth. als „Moldau" bezeichnet; Bulgarien, Bosnien (Wossn), Servien (Syrucy), Albanien. Schwieriger dagegen sind die Ländernamen „Czyschn land" (das zwischen Bosnien und Kroatien = Krabatten liegen soll), „Hussarn oder Ratzen" zu enträthseln. Es dürfte da wohl an Syrmien und Rascien gedacht werden.

[2] „nach lawtt ein kunigs von Vngern tytula" d. i. nach dem Wortlaute des Titels eines Königs von Ungarn.

[3] „drew veld" = drei Feldlager. Vgl. Th. II 13, 15; R. S. 19. 21; K. c. 2, 3; P. S. 10, wo die Dreitheilung der Hunnenmacht und die Heeresstärke zu 100.000 M. angeführt erscheint.

[4] Sall = Solium, Zollfeld. Die „Frauenkirche" am Zollfeld ist die bekannte Mutterkirche Alt-Kärntens, Mariasaal.

[5] Es wurde schon eben bemerkt, dass Unrest „Dalmacia" im allgemeinen Sinne als Küstenland der Adria auffasst, ähnlich wie man im 12., 13. Jahrh. mit „Merania", „Moirania" das Land „am Meere" = Istrien, Dalmatien bezeichnete.

[6] Ferrara, Brescia, Bergamo, Mailand; „Tuschaland"? sollte damit Tuscien = Toscana gemeint sein? — Vgl. Th. II 20, der hinter Mailand Ticinum nennt.

die hannd mit swarm schadn. Pabst Leo besorgt, Athyla wurd genn
Rom zichn vnd die kristenlich kirch zerstörn, vnd kam selbs zu kunig
Athyla pey Padaw¹) do er zw veld lag vnnd patt in vmb frid im
vnd den Romärn; des gewert in kunig Athyla vnd gab im den frid.
Die hayden vnd all die seinen namen des grossen wunder, das kunig
Athyla dem pabst so willigklich frid gab. Sy westn aber nicht, wa-
rumb es geschach. Athyla het vor ein gesicht gesehn vnd ein zor-
nige stim gehort, die sprach zu im: „Nur dw gewerst pabst Leo, vmb
wes er dich pitt, oder da must jamerlichn sterbn²)". Sunst hiet
Athyla Rom desmals vberzogn. So muest der kayser Theodosius fur
das Romisch reych mit Athyla taydingn vnd gebn sechshundert tausent
vnd tausend phundt, wan dieselb zeyt was das Romisch reich allein
in Walhn. Derselb kayser Theodosius wart genant der guettig kayser.
Mann liest inn seinem lebn, das nie kain mensch kain vnguettigkait
von in gesehn hat, vnnd wan er von den seinen darumb gestrafft
wardt, das er die lewt nicht strafft, so sprach er. „Wolt got, das es mir
muglich war, das ich die todtn mecht lebentig machn, das war mir
lieber, dan die lebentign todten³)". Da nun kunig Athyla aus walschn
lanndn schyed, zoch er auff an den Reyn vnd in alle landt dapey
gelegn, die vberzoch er mit swarn grossen schadn, vnd die lanndt
mochtn im gegen seiner macht kaynen widerstant thuen. Dan zu den
zeytn hetta die Romer einen obristn haubtman in irn lando ausserhalb Rom, genant Ecius, der besampt sich mit Burgundischn, Sachsn
vnd Franckn wider kunig Athyla, vnd pey der Statt Alunis tott er
einen grossen streyt mit kunig Athyla vnd lag im ob vnd erschlueg
im alles sein volckh, vnnd wurdn zu paydn seytten erschlagn hundert
tausent vnd sechzig tausent man. Do wart warlich gesehn, das dye
todtn leichnam inn dem pluet schwumen⁴). Kunig Athyla khum

B. S. 20 u. K. nennen noch mehrere welsche Städte und lassen auf Mediolanum
Alexandria und Ferraria folgen.

¹) Padua. Th. II. 20—21; B. S. 27—28; K. c. 4 versetzen das Lager Attilas
in die Gegend von Ravenna. Die quellenmässige Geschichte bezeichnet die Nachbarschaft des Gardasees als Lagerplatz des Hunnenkönigs.

²) Vgl Th. II, 21 lässt Attila seinen Leuten die Vision und die Drohung
erzählen (nisi petita admitterem, mortem instantissimam et triste personae mox
exitium minabatur).

³) Der ganze Excurs über Theodosius (II) zeigt, dass sich Unrest hier an die
ungarländischen Quellenkreis nicht anlehnt, sondern an die mittelalterlichen
Autoren, welche aus dem Orosius, aus der sog. historia tripartita usw. schöpften.

⁴) Vgl. Th. II, 15; B. S. 21; P. S. 10—12 K. 2 in Bezug des strömenden
Blutes, doch stellen diese Quellen das Ganze als Sieg Attilas dar, während Unrest
von der Niederlage und dem Entrinnen Attilas mit wenig Kriegern spricht.

mit wenig seines volckhs mit lebn dauon vnd betracht, wie er sich
wider an der kristenhait rach vnd besampt sich wieder mit seinem
volckch, das (er) anderss wo hett, vnd sterker dan vor, vnd zoch wider inn
die lanndt, da im der schad ergangn was, vnd zoch gen Ilessen gen
Frankreich. Da mocht im mit streyt nyemant obyesigu, wan got selber
rach das kristenlich pluet, vnd von seinem tod schreibn etlich vnd
maysst schreibn also, er sey zu ainer zeittn trunckn wordn vnd in
der trunkenhait pluettn wordn, vnd so lang gepluet, das er inn seinem
aygn pluet ertrunckhn sey [1]); vnd vor seinem tod sach kayser Marcianus in dem slaff, Athyla pogn was zerprochn, dapey verstuend der
kayser seinen tod. Athyla hat gelebt hundert vnd xxv jar vnd
Vngern regiert xliiii jar [2]).

Athyla liess zwen sun nach seinem tod, ainer genant Aladar, der
ander Chaba. Aladar sturb an erben. Chaba zoch nach seines vatters
tod wider inn Scicia [3]). Nach Athyla tod hettn die heyn aber kainen
kunig mer, da wurdn die landt Pennonia (sic) vnd ander land, die
genott hettn, durch hawbtlewt inn gehaltenn, vnd wurdn syben haubtman, die der heyn fursten warn, ee die heyn ainen kunig erwelten
vnd machten. Der erst was genant Arpad, des Almos sun, der ander
genant Sobolcz, der drit Gywla, der vierd Roand, der funfft Keel, der
sechst Verwucha, der sybnt Ewers [4]). Vnnd alle (sic) obgeschribn stett,
das Chaba, kunigs Athyla sun, nach seines vatters tod wider inn
Sciciam zoch; vnd als man zallt aybenhundert vnd lxvii jar [5]), zogn
dieselbn heyn wieder gen Pannonia aus Scicia zw den hawbtlewdten,
die da belibn warn. Der erst furst Arpad war der machtigist vnder
den syben haubtlewtn; vnd da des sein muetter ein haidnyn swanger
was, da trawmt ir, es solten von irm leib geporn werden loblich kunig
vnd fursten, als darnach geschach an dem heylign kunig sandt Steffan,

---

[1]) Vgl. Th. II, 22 und die andern ungarländ. Quellen, welche mit allen andern mittelalterlichen darin zusammenstimmen, denen Jordanis Get. c. 49 zu Grunde liegt.

[2]) Diese Vision des K. Marcianus hat auch Th. a. a. O., der da mit Unrest ziemlich wörtlich zusammenstimmt; sie findet sich desgl. im Chron. Dubnicense hg. v. Endlicher i. d. Wiener Jahrb. 1826 ABl. S. 10. Sie fehlt dagegen L K. B. u. P . Die deutschen Univ. Chron. wie Ekkih. Uruug., Otto Fris. u. a. bringen sie auch. In Bezug der Lebenszeit und Regierungsdauer Atillas zeigt U. und Th. Uebereinstimmung, nur gibt Th. 124 Lebensjahre, Unrest 125 an.

[3]) Vgl. ü. Chabas Zug nach Scythien Th. II, 22; K. 4; B. S. 61; P. S. 18-19.

[4]) S. Th. II, 5-9; B. S. 40-41; P. S. 22 f.; A. S. 2: doch abweichend in einem und anderm Namen; am meisten ist dies bei AD. c. 6 der Fall.

[5]) Th. II. 1 hat die Jahreszahl 704; B. S. 56 und P. S. 21, 889: K. II. 1: 872; AD. c. 7: 898; A.: 757 und nähert sich der Angabe b. Unrest am meisten.

an kunig Lassla, an kunig Emerico; die kunig wurden all geporn von dem stam Arpad vnd seiner muetter geschlacht, darumb wart er Arpad vnd Almus genant, von wegn seiner muetter trawm, wan ein trawm ist ungrisch genant almus; darnach wart er genant Arpad Almus [1]. Derselb fürst Arpad vnd seine vordern hettn in dem landt Scicia die freyhait, das sy in alln raysn vnd rechtn den vorzog hettn am auszzug vnnd heimzug [2]. Dieselb freyhait helt Arpad auch an dem zug gen Pannonia, inn das landt, darum wardt im die wall geben ain stat im landt zu erweln, da er sein wonung habn solt; do erwelt er im ain stat genant Noeperg, nahent pey Garumbeg, do paut er ain vesten als der erst furst nach dem anndern einzug gen Pannonia. Darnach pawt der heylig kunig sand Steffan an dieselbn statt ein statt vnd nant sey Albenn, darnach wart sy genant Alba regia. Nun ist sy genant Stuelweissenburg [3]. Daselbs hin setzt der heylig kunig sand Steffan den kuniglichen stuel zw Vngern, vnd nahent pey hat sandt Steffan kunig geordnt der kunig von Vngern kronung von wegn des ersten fuersten Arpad, wie vor geschribn stett. Von desselbn Arpad stann (stammen) all kunig vnnd fursten geporn votz auff die kunigin, genant Maria, die darnach zw Vngern kunigin gewesen ist, wan sy was kunig Ludweichs von Vngern erbtochter [4]. Da nam kunig Arpad geschlecht erst ab. Arpad vater wart an ein zug gen Pannonia von den Ilewen vnd Walachen erslagn [5]. Also ist Vngerlandt, die zeyt Pannonia genant, durch haubtlewdt vnd fursten regiert worden vierhundert lxxv jar [6] von dem ersten kunig

---

[1] Vgl. Th. II, 1; B. S. 15; 20, 21. In dem Passus, der den Namen Almus (magy. Álmos, von Álom: der Traum) erklärt, zeigt sich fast wörtliche Uebereinstimmung mit Th., wo es heisst: quia vero somnium Hungarico idiomate Alom dicitur et illius nativitas per somnium fuit prenosticata, ideo ipse vocatus fuit „Almus"; nur bezieht Unrest hier in offenbarer Vergesslichkeit den Namen nicht auf Almos, den Vater Arpáds, sondern auf Arpád selbst.

[2] Vgl. Th. II, 2 nahezu wörtlich gleich: et hanc haberet ipsa generatio consuetudinem Scythicam legitimam et prolatam, ut unus in expeditione gradientibus deberet anteire, in redeundo vero retroire; desgl. B. S. 10; fehlt bei P.

[3] Th. II, 2 u. B. S. 10; P. S. 22. Alle diese haben gleichfalls in „monte Noë" als Oertlichkeit; doch fehlt überall die bei Unrest angeführte nähere Localisirung „Garumbeg". K. II, 1 bemerkt nur kurz die Gründung von Stuhlweissenburg.

[4] Dieser Passus, wie so mancher andere, ist ein pragmatischer Seitenblick Unrests.

[5] Th. II, 6; B. S. 17; P. S. 21 lassen ihn gleichfalls „in Erdelen" erschlagen werden, aber ohne weitere Angabe, wer das verschuldete.

[6] Diese Jahreszählung Unrests ist allerdings nicht richtig, mag man nun von Attilas Herrschaftsanfängen, welche auf J. 445 angesetzt werden, oder von seinem Tode ab zählen; denn da käme schon 920—928 als Jahr der Thronbesteigung Herzoge Gejsa anzusetzen.

Athyla vntz auff den fursten vnnd kunig Geysla; was aber inn der zeyt von den hawbtlewten vnd fursten kristenleichn landu geschehn sey, stet ain tayl hie geschribn.

Zw kunigs Ludweygs zeitten, des Romischn kunigs Arnolffs son, sind die heyn mit grossem volckh gen Payrn gezogen vnd das land verderbt, damit hat kunig Ludweyg mit seinen helffern pey dem wasser Ens einen grossen streyt getan, das auff bayden tailen xlv tausent man erschlagn sintt worden; noch sind die heyn obgelegen [1]) vnd mit gewallt zogn gen Sachsn gen Turing, da habn sy die land vast verderbt, doch sind sy zu Franckfurt niedergelegen [2]).

Zu kunig Conradt von Bahenberg [3]) zeitten, der zw Romischn kunig erwelt wart, zogn die heyn aber gen Payrn mit raub vnnd mit prantt, darumb Payrlandt verdarb vnd zu grossm hunger kam [4]). Sy tetn dem arm volckh gross martter auff; sy ersluegn vil guetter vnd edler lewt. Darnach besterckhn sich die heyn noch pass vnd zugen mit gewalt an den Reyn gen Pasel [5]); da tetten sy grossen verderblichn schadn. Sy zugn im Elsass gen Burgund [6]), vnd mocht in die zeyt nyemant widersteen; sy rotten Swabnland vnnd Oberpayrn an allen rechtn.

Zu pabst Johannis des zehentn des namens zeytten geschach, das der genant pabst Johannes het krieg mit ainem Romer, der was ein marchgraff, darumb der marchgraff von dem pabst vnd Romern aus

---

[1]) Die Ennswchlacht (?) 28. Juni 907 s. Büdinger Oest. G. 924 Vgl. Otto Fris. Chr. VI. 15, der nach der Niederlage der Baiern die Ungarn gleich darauf , per totum regnum diffusi Alemanniam, Franciam, Saxoniam, Turingiam' einfallen lässt.

[2]) Es scheint auf den ersten Blick, als habe hier Unrest, der sich da überall von dem ungarländischen Chronikenkreise abgewendet zeigt, die Beutezüge der Magyaren von 908 oder 915 mit dem viel spätern Einbruche in K. Heinrichs I. Tagen von 932 zusammengeworfen, denn die Niederlage bei ,Frankfurt' klingt ganz an Heinrichs Sieg bei Riade = Merseburg (933) an, obschon die Erzählung von Heinrichs I. gewonnener Ungarnschlacht weiter unten im Texte zur Annahme zwingt, dass erst dort von ihm die Rede ist und obige ,Frankfurter' Niederlage in der Luft hängt; oder sollte es eine dunkle Erinnerung an die Zurückwerfung der aus Alemanien, Thüringen und Sachsen heimkehrenden Magyaren bei Fulda, im Maingebiete (915) sein (s. Büdinger a. a. O. 225.)?

[3]) Es ist Conrad I. von Franken (911—918) gemeint.

[4]) Von dem Siege Herzog Arnulfs von Bayern am Inn 913 (Büdinger a. a. O.) weiss U. jedoch nichts.

[5]) Dieser Zug gehört dem J. 917 an, s. Contin. Regin. und Herim. Aug. z. J.

[6]) Der grosse Einfall nach Lothringen gehört d. J. 919, der nach Burgund dem Frühj. 924 an. (s. Büdinger 226).

Rom vertribn wartt. Derselb marchgraff schickt nach den heyn, das
sy gen Walhn kamen vnd das landt einnamen. Do kamen die heyn
gen Walhn vnd vberzugn gantz walische lanndt vnd viengn man vnd
weyb vnd beraubtn das gantz landt vnd fuertten lewdt vnd guet gen
Vngern. Darumb viengn die Romer den marchgraff vnd tottn in;
die heyn habn walische landt lang bekriegt mit grossem schadn [1]).
Vnnd als man zallt viiij hundert vnnd xl jar, zw kunigs Heinrichs
zeytln [2]) noch vor dem heilign kunig sannd Steffan, tottn die furstn
von Vnngern mer einen zug durch Payrn vnnd Swabn vnd kameu
mit schwarn schaden gen Luttich vnd gen Fullt vnd die land vast
verwuest; mit dem tett hertzog Purkhart einen grossen streyt pey
Franckfurt vnd wart von den Vngern erslagn [3]). Das was den kristen-
lichn furstn so layd vnnd rueffin an kayser Heinrich, der was die
zayt inn Normenia [4]), die bekertt er zu kristenliehn glaubn; dem
verkundt sy ir nott, die in sulig von den heyn. Kayser Hainreich
rueft zw got vmb hilf gor treulich der kristenhait vnd strayt mit
den heyn; da tett got sein genad das die kristen oblagn vnd die
wurden erslagn vnd vyellen vor den kristen nyder, als sy todt warrn [5]).

---

[1]) Diese Erzählung bezieht sich auf den Markgrafen **Alberich**, den lombardischen Emporkömmling, der als „Markgraf von Camerino" das Gemahl der be-
rüchtigten „Senatrix" Marozia in Rom unter P. Johann X. eine grosse Rolle spielte
und angeblich, als „Patrizius" übermüthig geworden und deshalb vertrieben, die
Ungarn zu Hilfe rief, bald aber von den aufgebrachten Söldnern in seinem Castell
erschlagen ward. Der Einbruch der Magyaren in die römische Campagna fand
um 926 statt. Vgl. **Gregorovius** G. d. St. R. i. MA.

[2]) Die Jahreszahl ist verfehlt, so weil sie den Sieg K. Heinrichs I. (933)
betrifft.

[3]) Offenbar spukt in der verworrenen Erzählung der Einfall von 926, von dem
der Contin. Reginonis a. d. J. erzählt, dass er Franken, Elsass, Gallien und Ale-
mannien betraf; von der Schlacht bei Frankfurt, in welcher ein Herzog Burkhard
besiegt und erschlagen worden, weiss die beglaubigte Geschichte nichts; wohl aber
wurde damals der Herzog Alemanniens dieses Namens auf seiner Flucht von den
Lombarden in Oberitalien ereilt und getödtet. Zwei grundverschiedene, wenngleich
einem Jahre zugehörende Ereignisse zeigen sich da somit zusammengeworfen.
Dass die Ungarn damals bis „Lüttich und Fulda" (!) kamen, ist nicht authentisch.

[4]) Bezeichnet hier das „Normannen"-Land zunächst die dänische Halbinsel
und das zugehörige Inselgebiet.

[5]) Die Erzählung erscheint als ein Hintersu vordersu. Die Ungarn-
schlacht bei Riade (Merseburg) fand 933 statt. Der Zug gegen die „Northmannen und
Dänen", welche Heinrich nach Thietmar v. M. I. 9. ff. bezwang und sammt ihrem
Könige Knut dem Christenthum zuführte, gehört dem J. 931 an, vgl. Widuk.
I. 40; Ad. Brem. I. 57. Der Contin. Regin. erzählt allerdings z. J. 931, K. Hein-
rich habe den König der Abotriten und den der Dänen zu Christen gemacht. Von

Hie vindet man zw welhn zeytten vnd wie Venedig die stat gepawt ist worden, als die Venediger mit ires geschrifft vermaynen zu weysn, wie hernach volgett¹).

Venedig, weylandt genannt Wenedig, wardt gepawt zu kayser Marciano zeyttn, do man zallt vierhundert vnnd lviii jar²). Die Venediger sprechn, sy habn ir herkomen also in geschrifft. Als kunig Athila, der heyn kunig zu Pannonia, das ist zw Vngern, walsche landt so mit grossm schadn bekriegt hett vnd darnach offt von den heyn swarlich vberzogn wurde, als man in der walschn chronicku lyst, das walsche landt von den heyn lxx jar nie kainen frid gehabt habn, do betrachten die machtign an guet, das warn graffen vnnd herrn, vnd wer das an guet vermocht, wie zw kunfftign zeytten vor solichem schaden versichert warn, vnd suechtn ein statt, da sy sich verpawn mochtn vor ainem solichen gewalt, den sy von den heyn erlitten hettn, vnd erwelten vnd namen fur ein stat pey dem mer, da die vischer pey dem mer ire netz nach dem vischn trucknettn. Dahin pawten sy von erst hawser vnd vestn, wan da vertrautln sy vor irn veintten sicher ze sein, als dann auff die zeytt geschehn sey; daraus nun die statt vnd das machtig gemawn³) entsprungn ist.

Dy Venediger sprachn, das Venedig sey erpawt alleyn von dem adl vnd von den machtign adl allein, von grafen vnd hern vnd nicht halltern (?) als Rom, vnd ir adl hat sich da nur gemert, vnd derselbn geschlacht sind noch in machttigkait zw Venedig vnd habn nun auff wasser vnd landt regirt mer dan tausent jar, vnd sprechn dapey, das im anfangk ires paws kain gemayner vnd schlechter man, der nicht machtig am adl vnd guet war gewesn, solich furnemen vnd paw nicht vermugn hiet, das beweysen sy mit irm paw, das den armen vnmaglich war gewesen. Sy haben auch im anfangk ires paws kaynen gemaynen man pey in wonen lassen, er sein dan ir diener oder arbailter gewessen, vnd aus den vnd iner vrsachn vermaynen die Venediger

---

allen diesen Zügen sprechen die ungarländischen Quellen in ganz anderer Weise; sie erwähnen auch die Niederlage v. J. 958 nicht, sondern erwähnen z. B. nur eine Niederlage ihres Volkes an der Donau bei der Burg „Abah".

¹) Vgl. bei Th. das kurze ganz anders gearbtete Capitel 19 i. L p. „de origine Venetum"; B. hat S. 26 nur kurz der Zerstörung Aquilejas gedacht, ebenso K. c. 1. Das Sachliche zu diesem Excurse findet sich oben in den kritischen Erörterungen behandelt.

²) Mit der Doppelschreibung Venedig und Wenedig zielt U. vielleicht auf die ältesten geschichtlichen Bewohner des östlichen Polandes, die Wenedi (Veneti) ab. Die Jahreszahl 458 ist natürlich eine willkürliche. K. Marcian starb überdies schon 457.

³) gemawn = Gemeinde vgl. das romanische comuno, comunità.

all herrn vnd guet edl ze sein vnd sagn danebn, das der eltist vnd
mayst adl, der inn Walhn sey, zu Venedig lig. Ob man sew vischer
hayss, das muessen sy dulden mit vnschuld; ob man sew aber kauff-
lewt nennet, dawider haben sy kain widerred, wan es sey gar vil
herrlicher, dan ob man sew rawber vnd krieger hies vnd nent. Sy
muestn doch ainen hand¹) haben, so sey in nichts herlicher dan kauff-
manschafft auf wasser vnd lannden. Da entgegen war antwurt: so
vindet man doch in des adels regiment vnd in dem puech, genant
der vier herren schilt, stett also geschribn, das ein yeder edl ist nach
seyner tugut, wan ere vnd frumkayt ist der adl, vnd wer da wider
tuet, der verachtt den adl, vnd wer solichs bedenken kan vnd will,
der vindet inn im selbs, ob er edl sey oder nicht. Vnnd wan die
Venediger solichs auch bedachten, vnd wnrn sy all von kuniglichm
stann (offenbar: stamm) geporn, das war noch mer dan von dem
adl, so hyetten sy doch den adl verachtt vnd warn dem adl vngeleich
durch maniger vrsach willn.

Ayml²) das sy die heylige vnnser frawen kirchn zu Agla, die
da ist die erste kristnlich kirchn an Rom³), zerstort habn, den
frumen Patriarch an schuld getodt haben vnd sich vnser lieben frawn
gotshawas vnd gantze patriarchtumb landt lewt vnd guet an alle recht
vnderstanden habn vnd noch mit vngerechtm gewalt beaytan Sy habn
maniges landt mit vntrewn vnder irn gewalt pracht, den hertzogn
von Padaw vnd seinen sun in vancknuss verderbt vnd sein landt eingezogen; sy haben die stett Vincentz Verone Velldernz Brixiam Per-
gemam⁴) vnd vill stett an all vrsach bekriegt vnnd genott, das
kunigreich Cypern in kurtzn jarn eingezogn an recht. Got ways,
wie der jungst kunig gestorbn ist! Sy habn ettlich vnd vill jar ve-
trag (sic) vnd frid mit den vngelaubign Turckn gehabt vnd verpunt-
nuss mit in gemacht, daraus der kristenhait gross schaden, swechung
kristenlichs gelauben, kristnlichs pluett vergyessens vnd verwoestung
kristenlicher landt erstanden ist, vnd vmb solich vnd vil mer grosser
vrsach werdn sy jarlich zw Rom mit papstlichm gewalt zw oster-
licher zeyt gepannt vnnd in den beswarten pann offenlich verkundt;
aus was vrsach sy aber absoluirt wordn, ist nicht allen kunt. Die
Venediger haben mit irer macht vnd gewalt erkriegt zwelff kunigreich
vnd zway kaysertumb vnd zw vrkund erlahnt sy all jar xii swein

---

¹) hand = Handtierung, Beschäftigung. ²) ayml = aynmal.
³) an Rom = Rom zunächst; thatsächlich prätendirten die Patriarchen von
Aquileja den ersten Rang unter den Kirchenfürsten unmittelbar nach dem Papste.
⁴) Vicenza, Verona, Feltre, Brescia, Bergamo.

vnd zwen ochsen zw vertaylung. Die Venediger haben gekaufft von
kunig Lassla von Pulln¹) die stat Aders vmb zwayhundert vnd xl mall
tausent gulden.

Gyeysla der furst, kunig Steffans vatter, der regiert zw Pannonia.
Zw des zeitten was ain geporner Pehaym bischoff zw Peheim, genant
Albertus der Gross. Dem wart von got verkundt, er solt gen Pannonia
ziehn vnd tauffn kunig Steffan; der volgt nach dem gepott gots vnd
taufft von erst Gyeyslan, kunig Steffans vater²), darnach kunig Steffan
vnd vil machtiger herrn mit im. Also was Gyeysla der erst anfenger
kristenliche gelaubenus in Pannonia.

Der heylig kunig Steffan, Gyeysla sun, was erst kristenlich kunig
zu Vnngern, der von wegn des kristenlichs gelaubns von got begabt
wart mit der heylign engelischn kron, damit wart er gekront, da man
zallt nach Christi gepurt tausnt vnd ein jar³). Dem gab der heilig samud
kaiser Hainreich sein leibliche swester, genant Gala⁴), zw einer hausfrawn; damit geperdt er Emericum vnd Ottonem vnd ander sun mer,
die hye nicht genant sind, vnd sind all sein sun vngekront vnd an
erbn vergangn⁵). Sunder er selbs hatt in der lieb gots regiert xlvi jar
vnd ist von diser welt geschaidn, als man zalt tausnt xlvii jar⁶), vnd

---

¹) Pulln, die dem Mittelalter geläufige Bezeichnung Neapels als Landschaft
oder Reich = Apulia.

²) Th. II. 27; K. II. v; B. S. 61 haben nichts von diesem legendenhaften
Zuge in der Geschichte des h. Adalbert, der in der Hauptquelle Vita S. Adalberti
gleichfalls nicht zu finden ist. Dagegen findet sich in A. S. 2 übereinstimmend
mit Unrest: baptismus huius dicitur a beato Adalberto episcopo Wratizlatensi
(statt Pragensi). Vgl. Über Adalberts Bezieh. zu Ungarn, Büdinger S. 189.

³) Richtiger 1000. Die Vita major Steph. v. Chartuitius (Hartwig) c. 9
spricht von quinto post obitum (995) patris anno; das Chron. Poson. bei
Endlicher Mon. Arp. p. 57 setzt ausdrücklich 1000 an. Die ungar. Chroniken
unsers Kreises Th. B. u. a. haben keine Jahreszahl angesetzt.

⁴) Gisela, in den ungar. Chr. Keysla, Kieysla geschrieben.

⁵) Vgl. Th. II, 27; B. S. 61; P. S. 27; K. II, 2, die alle wohl von mehreren
Söhnen sprechen, die der Vater überlebt habe, aber nur Emerich, nicht auch Otto
nennen. Dagegen findet sich dieser Sohn in Pelbartus: Sermo I, de laudibus
s. Stephani (Podhradckys Chr. Bud. S. 68) angeführt: Nam filii sui parvuli,
videlicet Otto et alii, quorum nomina tacentur (vgl. Unrest: die hye nicht
genant sind), diu ante mortem regis decesserunt.

⁶) Th. II, 64 spricht, offenbar das J. 1001 als erstes Jahr des Königthums
Stephans rechnend, von 47 Regierungsj. und von 1058 als Todesjahr; kl dorrs hat
auch die Legenda major Steph. desgl. B. u. a. Die Regierungsdauer von 46 Jahren,
also von 992 (?) gerechnet, haben übereinstimmend mit U. D. S. 78; K. II, 2; P.
S. 29. Die Angabe des Todesjahres b. Unrest: 1047 ist ein starker Anachronis-
mus, wenn kein Schreibfehler (statt xxxvii : xlvii) unterlief.

wart begrabn zu Stuelweyssenburg inn vnnser frawn kirchn, die er
selber von erst gepawt hat vnd mit grossem guet vnd reichtumb gestifft vnd begabt vnd mit grosser freihait gefreyet fur all ander kirchn
inn Vngerlandt. Darumb haltn iu die Vngern fur irn zwelffpottn [1]).

Kunig Peter, ein Teutscher, was kunig Sigmunds sun von Bur-
gundia [2]) vnd sein mueter was des heylign kunig Steffan swester. Der
ward kunig zu Vngern von seiner mueter wegn, die kuniglichen
stambes von Vngern was; der hett nicht guettn willn zw den Vngern
vnd veracht ir allte gewonhait vnd hielt sich am maisten der Teutschen
mit rat vnd regierung [3]). Das verdross die Vngern vast, vnd betrachten
das ze wenden; vnnd da kunig Petter hett drew jar regiert, da macht
die fursten vnd herrn zw Vngern ein besammung wider kunig Pettern
vnnd betrachten, in vmb das leben ze pringn vnd ainen fursten genant Andre zw kunig erweln [4]). Das vernam kunig Petter vnd nam
flucht mit allen seinen Tewtschn vnd floch gen Mosan vnnd darnach
wolln (sic = wollte er) gen Osterreich [5]). Aber es gelang im nicht;
er mocht den Vngern nicht entweychn, wan im wurdn alle weg aus
Vngernlandt verhalten. Do schickt im nach hertzog Andre, das er
widerkert, er hyet frid vnd sicherhait. Kunig Petter gelaubt das vnd
kert an der flucht wider, vnd als er kam in das dorff, genant Samor,
da wolt in hertzog Andre pott habn gefangn vnnd seinem herrn habn

---

[1]) Bezüglich des Stuhlweissenburger Kirchenbaues Uebereinstimmung mit
den ungar. Chron.

[2]) Th. II, 24; B. S. 76 übereinstimmend: „Petrum Alemannum vel
potius Venetum", indem sie auch die Grossvaterschaft Sigismunds von Burgund, die Vaterschaft Wilhelms und dessen Unterkommen in Venedig, seine
erste Ehe mit Gertrud, der Schwester des Kaisers, aus welcher Keisla die „Königin" geboren ward, und sodann die zweite Ehe Wilhelms mit der Schwester
Stephans I. behaupten und erzählen. Von diesem ganzen historischen Gallimathias
hat Unrest bloss die Angaben der Abstammung Peters vom Könige Sigmund von
Burgund, den er aber gleich als Vater Peters hinstellt. P. S. 29 u. A, S. 2 bezeichnen Peter kurzweg als Alemannum. — Dagegen hat K. ganz richtig:
„Petrum Venetum, filium sororis suae, cuius pater dux fuerat Venetorum"
(Otto Orseolo).

[3]) K. II. 2; Th. II, 25; B. S. 77 drücken dies natürlich noch viel stärker
aus; nennen aber neben den Alamani oder Theutonici auch die Latini, Peters
Landsleute.

[4]) Unrests lapsus memoriae lässt hier statt Abas, den er dann w. u. einschaltet,
schon jetzt den Arpaden Andreas I. als Thronrivalen Peters auftreten. Das weitere
ist daher in die zweite Regierungsepoche Peters 1044—1046 zu setzen; Unrest
behandelt somit das Schlussverhältniss Peters i. J. 1046.

[5]) Vgl. Th. II, 41; B. S. 100; P. S. 50—51; desgl. K. II 5. Es ist Mosony
(Wieselburg), in der älteren Form: Musun, gemeint. Th. B. haben auch den
Beisatz: ut abinde in Austriam pervenisset.

gaantwart. Solich furnemen verstuend aber kunig Petter vnd nam
flucht in ain behausung, darin wert er sich der veyndt drey tag; da
wurden im sein ritter von den Ungerinschen (sic) all erslagn, vnd
er wart lebentig gevangn vnnd die augn aussgeprochen vnd plinter
gen Stuellweyssenburg gefuert¹). Da starb er kurtzlich von grossn
wetagn²) vnd wart begrabn zu Funffkirchn inn der kirchn, die (er?)
gepawt hett; vnd hat regiert vj jar vnd wart begraben, da man zallt
tausent vnd liij jar³).

Kunig Aba ward kunig zw Vngern, als kunig Petter vertribn
wart, vnd wardt zu kunig gekrent. Aber der was des heilign kunigs
sannd Steffans swager⁴), vnd da der zw kuniglichm gewalt kham, des
vbernam er sich vund verkert alle statlnt (sic) vnd setzt⁵), die kunig
Petter gemacht hett, vnd als er ein zeil regiert hett, wart er mit
seinem regimentt auch wider die Vngern vnd macht gesetzt, es wer
alles gemayns guet der herrn vnd all gemayn lewdt waren der diener
(sic), vnnd vernicht das mit dem ayd, das nyemant nichtz mocht be-
statin. Er veracht die herrn vnd edl lewt, vnd alles sein wesen was
mit den gemaynen lewdtn vnd pawrn⁶). Des wardt den edll ver-
dryessen vnd betrachten solichs newung vnd verachtung des adels zn
wendn vnd nicht lenger ze duldn vnd verpauden vnd schburr (sic)
zwsamen, sy wolltn kunig Aba todtn, vnd schicktn vor zu dem kayser
vmb peystanndt vnd hilff. Do der kayser ir obligung vernam, do kham
er gen Vngern mit grosser macht wider kunig Abam vnd vberwandt

---

*) Vgl. alle obigen Chroniken, die mit U. übereinstimmen.
*) Th. D. „pro nimio dolore". K. „in moerore animi."
*) Th. B. F. K. u. a. haben keine Jahresangabe. A. sagt: millesimo quin-
quagesimo quinto (1055) — ebenso unrichtig wie Unrest.
*) Uebereinst. mit Th. II, 86; B. S. 78; P. S. 30; K. II, 2.
*) Offenbar soll es heissen „statut" = statuta und „setzt" (vgl. w. u. gesetzt)
= Gesetze.
*) Gleichfalls übereinst. mit dem ung. Chronikenkreise, z. B. Th. II, 86; B.
79; nur etwas schwerfällig und unklar stillsirt. Offenbar will Unrest folgendes
sagen: Aba, der war des heiligen Königs Sanct Stephan Schwager, und da er zur
königlichen Gewalt kam, so übernahm er sich darin und veränderte alle Statuten
und Gesetze, die König Peter gemacht hatte; und als er eine Zeit lang regiert hatte,
trat er mit seinem Regiment auch wider die Ungarn auf und machte Gesetze:
Es wäre alles Gemeingut der Herrn und alle gemeinen Leute wären ihre Diener
und vernichtete den Eid, so dass Niemand (mit ihm) etwas bestätigen konnte. Er
verachtete die Herrn und Edelleute und all sein Verkehr war mit gemeinen Leuten
und Bauern (vgl. B. S. 88—84 und Th. II, 87: „quod pro nihilo iuramentum
reputaret nobilesque, qui cum regem super se constituerant, contemneret et cum
rusticis ignobilibus cogitaret et continue loqueretur" — so klagen die Boten der
ungarischen Landherrn dem Kaiser).

den mit gottes hilff. Do kunig Aba von den vberwunden was, do nam er flucht gegen Cician (sic), vnnd in dem dorff, genant Akad, ward er von denn Vngern ellendiglich erslagn vnd begrabn inn seinem munster, genant Sarar, vnd hat regirt drew jar vnd wardt erschlagen, do man zallt tausut vnd lvj jar¹).

Kunig Andre, der erst des namen vnd was genant Andreas Albus²), der was gekront zu Stuelweyssenburg von drew bischofen³). Alleyn dapey ward sich der kristen gelaubn inn Vnngern swechen vnd mindern; kunig Andre verpott pey verliesung des haubts vnd lebn, das yeder mensch kristen gelaubn hielt nach gesetz des heylign kunigs sannd Steffans⁴), damit er doch wenig schueff. Wann ieder in Vngern sunder die gemain kertt wider zu haydischm glauben, das doch kunig Andre gern vnderstanden vnd gewerdt hett⁵). Darumb wart er genannt der kristulich kunig Andre. Er macht gen Vngern drew jar einsspar dye landt Polan, Pehaym vnd Osterreich⁶). Kunig Andre nam zw ainem weyb des hertzogu tochter von Rewssn, mit der hat er gehabt zwenn sun Salamon vnd Dauid. Er gepert auch mit aynem schlaffweyb ainen sun genant Gregorius⁷). Darnach wart kunig Andre von seinem brueder, hertzogn Dela, vertribn; der floch gen Tewtschn landen vnnd mocht doch nicht entweychen. Er wardt geuanga vnd hartt vnd swarlich gefuert, des er sterbn muest, inn ainem dorff genant Seyntz⁸), vnd ist pegrabn zw Thyhan in dem kloster, das er erpawt hett⁹), vnd hat regiert xv jar vnd ist gestorbn, do man

---

¹) Vgl. Th. II, 87; D. S. 80; A. S. 8, doch findet sich nirgends der Name des Dorfes an der Theiss (Unrest: Cician = Thiscian d. i. die Theiss), welchen Unrest angibt. Sarar ist der Name des Münsters, der in den ung. Chr. Th. D. S. A. Saar vnd Sarus vnd Saros lautet. — Die Jahresangabe des Todes Abas: 1056 falsch. Bei den ungar. Chronik fehlt sie ganz und ebenso dir Regierungsdauer.

²) Uebereinst. mit den ungar. Chroniken, welche auch noch „catholicus" hinzusetzen, was Unrest w. u. als „kristulich" kunig anführt.

³) Desgl. in den ung. Chron.

⁴) Das Religionsmandat Andreas I. bei Th. II, 42; D. 101.

⁵) Dieser Passus may eine Reminiscenz an die Reaction des Heidenthums in den Tagen nach Peters zweiter Vertreibung 1046—1048 sein. Vgl. die Schlussworte dieses Abschnittes bei Unrest.

⁶) Vgl. Th. II, 42 und D. 102, wo auch „Behemos" angeführt ist; allerdings ebenso falsch.   ⁷) Vgl. Th. a. a. O. D, 107.

⁸) Th. II, 44, D. S. 113; ganz übereinstimmend: Rex autem Andreas fugit versus Theotoniam, sed evadere non potuit. Das, was Unrest „Seyntz" nennt, heisst b. Th. Stirem, Scire, Stirez; D. Soirioch . ., es ist dies die Cist. Abtei Ziroz. Alle diese Quellen bezeichnen die Gegend, in welche Andreas floh „ad portas Muson" (Mosony), was bei U. fehlt.

⁹) Die ung. Chr. schreiben meist Tyhon.

zallt tausnt vnd lxviiij jar ¹). Pey kunigs Andre Albi zeytn hueb Vngerlandt zum erstn an abtrunnig ze werdn von kristenlichm gelaubn ²). Kunig Wela Belyn der erst was Ladislay, genannt Caluus, kunig Andre Albi bruedersun ³), der wart gekront zu Stuelweyssenburg. Der was Belyn genant, darumb das er mit gewalt kham inn die statt Stuelweyssenburg, vnd wart so gelucklich von den bischofn gesalbt vnd gekronnt ⁴); der hielt das Vngrisch reich inne mit sicherhait vor allenn veindln. Er betracht des lundes nutz vnd lebt gusligklich vnd fridleich mit dem volckh vnnd gepert drey sun, zwenn in Polan: Geysam vnd den heylign Ladislaum, den dritten sun Lamperten gepertt er zw Vnngern ⁵); vnd als der heylig kunig sandt Steffan Vngerland zu kristnlichm gelabn (sic) bekert het, das vyel pey kunig Bela Belyn gar von dem gelaubn vnd wurden wider haydn, dan etlich kunig belibn auff kristnleichm gelaubn vnd die bischoff. Darumb wurdn ettlich kunig vnd bischoff von den vngelaubigen aus dem land getribn ⁶). Kunig Bela Belyn hat regiert drew jar. Inn dem dritn jar vyel er in krankhait vnd starb, als man zallt tawsnt vnd lxxj jar, vnd wart begrabn in dem kloster Salustoris zw Zeckzard, das er gepawt hett ⁷).

Kunig Salomon von Vngern nach Belam Belyn todt wardt zw ainem kunig gekront. Salomon, kunigs Andre Albus (sic) sun, der regiert xi jar ⁸) vnd het zw ainer hausfrawn des kaysers tochter, ein Tewtsche, genant Sophia ⁹), vnd sind vergangnn an erben. Kunig Salomon wardt von den vngelawbign Vngern ausgetribn von dem kunigraich vnd floch in Tewtsche land, da ist (er) gestorbn und begrabn

---

¹) Das J. 1069 statt 1061. Die ung. Chron. geben kein Jahr an. K. sagt, übereinstimmend mit Unrest, Andreas I. habe 15 Jahre regiert.

²) Dieser Satz ist eine Wiederholung des oben gesagten in verschärfter Weise.

³) Unrest ist da verworren. Er nennt Béla I. richtig, wie dies auch die ung. Chr. thun, einen Sohn des „kahlen Ladislaus" (Calvus Ladislaus o. Sár Ladislaus), aber durch ein Versehen, das er an anderer Stelle vermeidet, macht er ihn zum Brudersohne K. Andreas I.

⁴) S. Th. II. 45, vocatus Benim: victor, cum triumpho venit in civitatem Albam (vgl. B. S. S. 116) . . . inunguntibus eum episcopis feliciter est coronatus" (ganz übereinstimmend).

⁵) Vgl. Th. II, 42 vgl. 30. B. S. 107, ganz übereinstimmend.

⁶) Vgl. Th. II, 39, B. S. 94 f.

⁷) Vgl. Th. II, 46 B. S. 120; P. S. 61. Auch sie geben an: „completo regni sui anno tertio"; K. II, 8 hat: regnavit duobus annis et in tertio migravit ex hoc seculo. Auch die Bestattung zu Zekzard, d. i. Szegszárd, haben alle, doch kein Todesjahr. Unrest schreibt wie immer falsch: 1071 statt 1068.

⁸) Vgl. Th. 47—54; B. S. 122—151, viel ausführlicher als Unrest; kürzer K. II, 4, sehr kurz P. und A.

⁹) Th. 44; B. 118—118.

zw Osterreich (sic) inn der statt Pole. Sein hawszfraw vnnd mueter sindt begrabn inn der statt Agmond, darnent sy . . . ¹).

Kunig Gyeysla. Als kunig Salomon aus seinem kunigreich vertribn wart, do wart zu kunig gekronnt der furst Gyeysla, der was kunig Belyn des ersten Belyn sun, der gepert einen sun, genant Colomanus, vnd einen, genant Almus, vnd mer sun vnd tochter²). Er was ein andechtiger und kristlicher kunig vnnd machtig an guet. Darnach vyel er in sware krauckhait vnd starb am sybeuttn tag des monads may vnnd hat regiert drew jar vnd ist gestorbn, do man zallt tausnt vnnd lxxx jar, vnd ist begrabn zu Wacia in vnnser frawnkirchn, die er gepawt vnd gestifft het³).

Der heylig kunig Lasla, der was Gyeysla des ersten brueder vnd des ersten Bely sun. Dovon list man, als der Romisch kayser starb, do pattn churfurstn vnd ander furstn veraynnlich kunig Lasla, das er das Romisch reich auffnam, wan er seinen nutz nicht suecht, sunder der kristenhait nutz vnd ere vnd furdert den gotzdinst an alln endn vnd behielt die lobliche gerechtigkait. Er wolt aber das Romisch reich nicht auffnemen⁴) vnnd hat zw Vngern regiert xviiij jar vnd ist gestorbn, do man zalt tausent vnd lxxxxiiij jar, an den ersten tag des monads augusti, der wirdigklich begrabn ist inn seinem gotshaws vnnser lieben frawenkirchen zu Wardein, vnnd ist vergangen an erben⁵).

Kunig Colomanus, kunig Gyeysla sun, der was Deis Belyn sun. Derselb Colomanus was vor pischoff zw Wardein⁶). Nu starbn all

---

¹) Statt Osterreich soll Isterreich = Istrien stehen. „Statt" Agmond bewr: „Kloster" Admunt in Steiermark. Die Schlussworte: „darnent sy" lassen annehmen, dass etwas fehlt und es heissen soll: darenten (darin) sy wonten. Vgl. Th. II, 56: Migravit autem ex hoc seculo ad dominum et sepultus est Pola, civitate Istria, uxor autem ejus et mater in Agmund requiescunt. Vgl. B. S. 169; P. S. 81.

²) Th. II, 48: Dux autem Geysa genuit Colomanum et Almum et filias (Unrest hat mer sun vnd tochter), desgl. B. S. 126; P. S. 84 nennt Coloman allein einen Sohn Gejsa.

³) Uebereinst. mit Th. II, 55; B. 150; P. S. 35; K. II, 4. Während die ung. Chr. von der Jahreszahl des Todes absehen, hat Unrest wie fast immer eine falsche; 1080 statt 1077.

⁴) Vgl. Th. II, 69; B. S. 170 — inhaltlich ganz gleich, nur etwas ausführlicher.

⁵) Auch Th. a. a. O. B. S. 171, P. S. 33—84 haben 19 Jahre Regierungszeit. Das Todesjahr rückt hier bei Unrest der Wahrheit etwas näher. Th. B. haben 1095. Alle nennen auch den August als Sterbemonat. — K. hat allein triginta anais et tribus mensibus = 20 J. Regierungszeit. Als Bestattungsort bezeichnet er gleichfalls Warod = Grosswardein. Keine dieser Quellen berichtet ausdrücklich die Kinderlosigkeit Ladislaus I, was jedoch Unrest thut.

⁶) Vgl. Th. II, 68 viel ausführlicher und ausführlicher; kürzer und in dieser Fassung Unrest näher kommend U. B. 178 und P. S. 34.

sein brueder vnnd warn des geschlachts nicht manserbn; darumb der
heylig vater pabst erlaubt, das er dy geystlikeit von im lett¹) vnnd
wardt kunig, darumb wardt er von den Vngern genannt Könyves Kol-
man²). Kunig Colomanus hat regiert xviij jar vnd ist gestorbn, da
man zalt tausnt hundert vnnd xviij jar, inn dem monadt februario
vnd ist begrabn zu Stuelweyssen³). Derselb Colomanus hat geplent
Alum (sic)⁴) den fursten vnd seinen sun Belam, als sy von mueter
leyb sindt khomen⁵), vnd kunig Colmanus gepertt zwenn sun: Ladislaum vnd Stephanum⁶).

Kunig Steffan, der ander des namen vnd kunig Colomanus sun,
ward kunig nach seinem vater vnnd hat regiert xviij jar⁷) vnnd
funff monadt; derselb kunig Steffan hat von erst dem papst durch
sein brieff widersprochn aller bischoff vnd prelatten im lanndt
zw Vngern einsetzung vnd bestattung; das wert auff hewtign tag,
das eyn yeder kunig zw Vngern all sein bischoff vnd prelatten ein-
seczt vnd bestatt⁸). Kunig Steffan ist vergangen an erbn vnnd hat
regiert xviij jar vnd ist gestorbn, do man zallt tausnt hundert vnd
xxxj jar, vnd zw Wardein begrabn⁹).

¹) Vgl. Th. II, 62 (u. B. S. 178) „sed quia fratres quos habebat morte sunt
preventi, ideo summo pontifice cum eo dispensante regnare compellitur".

²) Th. II, 62 „qui ab Hungaris Könyves (Könyv = Buch) Kalman appellatur,
eo quod libros habebat, cum quibus horas canonicas ut episcopus persolvebat", ebenso
B. S. 178.

³) In der Angabe der Regierungszeit stimmt da K. und B. S. 182 überein. K. II,
c. 4: 18 Jahre; Th. II, 62 hat 25; jedenfalls irrigerweise. Alle haben wie U. den
Sterbemonat Februar; statt der von ihnen richtig angegebenen Jahreszahl 1111
hat U. die irrige 1118. In Hinsicht der Begräbnisstätte stimmt alles überein.

⁴) Alum = Almum (Almos).

⁵) Bezieht sich entweder auf das Kindesalter Belas (II) und sollte daher heissen:
„Als er von mueter leib ist komen" oder müsste gedeutet werden: sie wurden
so blind gemacht, wie sie es beim Austritte aus dem Mutterleibe waren; wahrscheinlich ist das letztere der richtige Sinn.

⁶) Stimmt da mit A. S. 4 zusammen, wo es heisst: genuit duos filios, scilicet
Ladislaum et Stephanum. Die ung. Chr. wie Th. B. P. K. haben nur Stephan.

⁷) Stimmt mit den ung. Chr.

⁸) Davon findet sich nichts in den ung. Chr. Eher würde das auf die Streitigkeiten Gejsas I. und Ladislaus I. mit der Curie passen. Koloman schloss diesbezüglich das Concordat mit Rom 1106. Am wahrscheinlichsten verwechselt Unrests
unbekannte Quelle oder er selbst Stephan II. mit Stephan III., dessen Urkunde
von 1169 das ius regaliae der ungarischen Kirche gegenüber und insbesondere das
Recht der Krone bei der Wahl, Absetzung und Uebersetzung kirchlicher Würdenträger vertritt (Fejer C. d. II. II, 180 — 182). Das strenge Investiturrecht der
Könige war um 1106 aufgegeben worden. Vgl. Katona II. cr. II. III, Kollar
Hist. dipl. juris patron. r. Hung., Fessler = Klein I. Bd.

⁹) Alles mit dem ung. Chr. übereinstimmend.

Kunig Bela der Plindt, von dem ist also geschribn: Bela der ander, des fursten Almos sun, der was plint; an dem wart erfult die weyssagung „der herr lost auff die gepanitn vnd erluwt (sic) die plinten". Bela, das plint kinnd, das wuechs mit kreften, vnd da kunig Steffan starb, wardt Bela der Plint gekrout in dem monad. Derselb Bela gepert vier sun: Gyeyslam, Ladislaum, Stephanum vnd Almos [1]). Die kunigin hot irs mannes des kunigs vnd der landtherrn von Vngern ratt, das der kunig einen gemaynen landtag vnd samvorderung (sic) aller fursten vnd herrn zw Vngern ausschrib; das also geschach, vnd da zu die fursten vnnd herrn all pey dem kunig warn, da nam die kunigin ire sun mit ir vnd setzt sich nehn den kunig; da ward von den herrn, die die besamuung geratln hetln, das der kunig Bela lxviii vngehorsam herrn liess todtn [2]). Kunig Wela hat regiert viiii jar xi monatt vnd xii tag vnd ist gestorbn, do man zalt tausnt hundert vnd xli jar, vnd ist zw Stuelweyssenburg begrabn [3]).

Kunig Gyeysla der ander des namen, kunig Bela des Plintten sun, der wartt kunig vnd gekrount nach seinem vater vnd hat regiert xx jar vnnd drew monad. Der hat gepert vier sun: Stephanum, Belam, Arpad vnnd Gyeyssen vnd ist gestorbn, da man zallt tausnt hundert vnd lxi jar, und ist begrabn zw Stuelweissenburg [4]). Derselb kunig Gyeysla hat den von Gortz die herrschafft zw Gortz, die in dem kunigreich Dalmacin gelegn ist, dem von Tirol vnd paltzgraff zw Karntn fur aign gebn vnd sew darnach genant die von Gortz [5]).

---

[1]) Stimmt ganz mit Th. II, 61 und B. S. 161, fast wörtlich, s. B.: „ In eo enim est completum illum propheticum verbum: Dominus solvit compeditos, dominus illuminat coecos (et iterum: Inite consilium et dissipabitur, loquimini verbum et non fiet. Dies zweite Dictum fehlt bei Unrest). Vgl. auch P. S. 61: Crevit itaque primum coecus regnante Stephano, filio Colomani regis . . . Auch die 4 Söhne mit ihren Namen finden sich da überall.

[2]) Im Sachlichen, nur in kürzerer Fassung des Thatbestandes sich bewegend, stimmt Unrest mit den Chroniken durchaus überein s. Th. II, 64, B. S. 164—5 (P. 15 noch kürzer). Die samvorderung = sammvorderung = Versammlung.

[3]) Ganz übereinstimmend mit Th. B. P.

[4]) In allem übereinstimmend mit Th. B. P.

[5]) Das Ganze ist sachlich unrichtig und wurde bereits oben erörtert. Die ung. Chr. haben nichts davon. Nur etwas mochte traditionell sich erhalten haben, dass (allerdings im Zeitalter K. Gejsas II) Graf Engilbert II. von Görz († c. 1187) c. 1145 als comes palatinus Carinthiae, Pfalzgraf von Kärnten, erscheint (S. Fh. von Czörnig, Das Land Görz und Gradiska S. 449 f.).

XL.

Bemerkungen

über die

äusseren Merkmale der Papsturkunden des 12. Jahrhunderts

von

F. Kaltenbrunner.

Wenn in den folgenden Zeilen über die äusseren Merkmale der Papsturkunden gehandelt werden soll, so sei der Vorbehalt vorausgeschickt, dass die gebotenen Bemerkungen nicht abschliessend sein wollen, sondern dass sie nur Beobachtungen mittheilen und Hindeutungen auf jene Punkte enthalten, welche für die Prüfung der Originale besonders massgebend sind. Ich bin mir auch wohl bewusst, dass manches schon jetzt angefochten, anderes nach fortgesetzter Forschung von mir oder Fachgenossen wieder umgestossen werden wird; deshalb bin ich auch zurückhaltend mit der Aufstellung von Regeln, zumal da der mir hier gegönnte Raum es unmöglich macht alle die Belege zu bringen und zu besprechen, auf welchen die Bemerkungen begründet sind. Warum zunächst nur die Urkunden des 12. Jahrhunderts ins Auge gefasst wurden, bedarf gleichfalls kurzer Rechtfertigung: einmal machte es mir die Massenhaftigkeit des Materials zur gebietenden Nothwendigkeit nach vorne eine Grenze zu stecken, und diese ergab sich am besten in dem Regierungsantritte Innocenz III., mit dem eine neue Periode des päpstlichen Kanzleiwesens ansetzt, die bereits L. Delisles Meisterhand klar vor unsere Blicke gestellt hat; nach rückwärts aber stellte sich die Grenze von selbst, denn allbekannt ist es ja, welche Ungunst über der Ueberlieferung der älteren Papsturkunden gewaltet hat, eine Ungunst, welche die Originalausfertigungen derselben bis in die Mitte des 11. Jahrhunderts fast völlig vernichtet und aus der zweiten Hälfte desselben uns so wenig überliefert hat, dass es einem Arbeiter, der wie ich einstweilen nur Ein Fundgebiet ausbeuten konnte, sehr schwer fällt auch über die allgemeinsten Fragen völlig Licht zu verbreiten.

Die Bemerkungen müssen sich gliedern nach den zwei Hauptarten der Papsturkunden, den Privilegien und den Literas, welche ausser Bullirung und Schrift in Bezug auf äussere Merkmale nichts mit einander gemein haben; indem ich erstere einstweilen ausser Acht lasse und einige Worte über die Schrift sage, habe ich noch beide Arten im Auge, sehe aber dann von den Literas ganz ab, ihre Besprechung auf den Schluss der Abhandlung versparend. Es würde zu weit führen die Entwicklung der päpstlichen Kanzleischrift von Anbeginn an zu verfolgen; es genügt für die spärlichen Ueberreste der alten „Curial-

schrift" auf die Proben bei Marini, Mabillon, Tom V des Nouveau
Traité und Champollion-Figeac und an die daran geknüpften Bemerkungen von Wattenbach Anleit. z. l. Palaeogr. 11 zu verweisen. Wann
ihre ausschliessliche Herrschaft zuerst gebrochen wurde, wage ich nicht
zu sagen; der erste mir bekannte Fall, wo fränkische Minuskel verwendet wird, gehört der Kanzlei Benedict VIII. an, unter welchem
der Erzbischof Piligrim von Cöln Bibliothekar des heiligen Stuhles
wird; die Datumzeile in Jaffé 3091 weist die reine fränkische Minuskel
auf [1]). Aber erst unter Leo IX. dringt sie auch in die Contextschrift
als diplomatische Minuskel ein und von diesem Papste ist mir kein
in alter Curiale geschriebenes Original aufgestossen. Dagegen fand
ich sie wieder unter Stephan X., nicht aber bei Nicolaus II., dessen
von mir gesehene Originale sämmtlich eine ins Extrem entwickelte
Urkundenminuskel zeigen. Unter Alexander II. taucht sie wieder auf,
sich noch wesentlich an die althergebrachte anschliessend; öfter jedoch
begegnete ich der Minuskel, die einen viel besseren Eindruck macht
als unter Nicolaus II. Dieses Schwanken erhält sich nun auch unter
Urban II. und Paschal II. [2]). Curiale und Minuskel wechseln da ab.
Jedoch ist erstere entschieden anders als die alte, sie ist inzwischen durch
eine beeinflussende Schule hindurchgegangen, die wir nirgends anders
als in Monte-Casino suchen können. Man vergleiche nur Leo v. Ostias
Autograph bei Arndt Schrifttafeln 32 und die Curiale Paschals, wie sie
etwa bei Sickel Mon. Graph. V, 6 auftritt, und man wird sich der
Aehnlichkeit ganz bestimmt bewusst werden. Aber schon der Scriptor
Rainerius unter Paschal verwendet mehrere Schriftarten: er schreibt
die reine Curiale, wir begegnen aber unter seiner Firma auch einer
Uebergangsschrift (so J. 4468 zu Mailand) und endlich vermag er
auch reine Minuskel zu schreiben, wofür ich als Beispiel J. 4624 zu
Bergamo anführen kann; hier ist ausser dem curialen a und der
cursiven Verbindung ri, die sich aber noch lange weiter erhält und
überhaupt kein wesentliches Merkmal der Curiale bildet, alles in
diplomatischer Minuskel geschrieben, was aber Rainerius nicht hindert
in der Scriptumzeile wieder ausgesprochene Curiale zu verwenden. Fast
wird dadurch der Zweifel angeregt, ob denn überhaupt Contextschrift
und Scriptumzeile von derselben Hand herrühren, wobei man dann

---

[1]) Ueber die beiden Stücke Johanns VIII. J. 2291 und 2315 bei Sylvester
fehlt mir die Möglichkeit zu urtheilen.

[2]) Wie es bei Gregor VII. steht, vermag ich nicht anzugeben, mir kam
nicht Ein Original desselben zu Gesicht. Bei Hartlung Acta P. R. n° 49 finde
ich die Notiz, dass es in „zierlicher Curiale" geschrieben sei; darnach wäre wohl
schon auf die neue Curiale zu schliessen.

freilich in der Scriptumzeile einen andern Act der Beurkundung als das
Schreiben (vielleicht das Concept oder die Eintragung in das Registrum) sehen müsste; aber die Uebergangsschrift im J. 1188 lässt dies
doch unwahrscheinlich erscheinen. Jedoch sei die Frage aufgeworfen;
Antwort wird nur nach eingehender Prüfung sehr vieler Stücke gegeben werden können. Die jüngere Curialschrift ist ganz darnach
angethan, um eine Fälschung in weiten Kreisen zu erschweren; sowohl in Unteritalien als in Rom war die Schrift indess ganz geläufig
und blieb dies auch dann noch, nachdem die Curie sie fallen gelassen
hatte[1]). Und dazu kommt noch, dass unter den beiden Päpsten diese
nicht in ausschliesslichem Gebrauche stand, dass daneben auch die
fränkische Urkundenminuskel in Verwendung ist; diese wird noch frei
gehandhabt nach der Individualität des Schreibers, so dass es sehr
schwierig sein dürfte das Kanzleigemässe an ihr genau zu definiren.
Wird auf diese Weise die Prüfung der Schrift erschwert, so sind es
andererseits gerade der freie Zug und die Ungebundenheit von der Kanzleischreibschule, welche es möglich machen die einzelnen Schreiber
von einander zu scheiden. Dies bleibt auch dann in Geltung, nachdem mit dem Tode Paschals die fränkische Minuskel die ausschliessliche Herrschaft erlangt hatte. Immer mehr und mehr wird die Schrift
in bestimmte Bahnen gedrängt, bis unter Innocenz II. die Curial-Minuskel ausgebildet ist, welche sich durch lange unsere Grenze weit
überschreitende Jahre in der ausschliesslichen Herrschaft behauptet
und nur einer, aber ganz allmälig sich vollziehenden Wandlung
unterworfen wird, nämlich der beginnenden Brechung der Schäfte und
Linien, die hier früher auftritt als irgend anderswo. Die Gleichmässigkeit, welche uns von nun an in der Schrift der Curie entgegentritt, erschwert ungemein die Kritik; allerdings kann man jetzt sicherer
als in der Uebergangszeit das Urtheil fällen: „Die Schrift ist kanzleigemäss", aber mit diesem Urtheil ist durchaus nicht die Gewähr gegeben, dass sie auch in der Kanzlei geschrieben sei. Harttung hat
gezeigt, wie gut man in Fulda und anderweitig Schrift nachzuahmen
verstand, und wer in den Archiven Oberitaliens die schönen Notariatsinstrumente sah, die bis ins kleinste Detail die Aeusserlichkeiten der
Originale nachahmen, der wird die Fähigkeit der damaligen Schreiber,
dies auch mala fide zu thun, hinlänglich würdigen. Niemand wird
auch läugnen, dass es leichter sei eine vollkommen gleichmässige von
Individualisirung möglichst freie Schrift nachzuahmen als die eines

---

[1]) Im Staats-Archiv zu Rom sah ich aus der Zeit Innocenz II. zahlreiche
Notariats-Instrumente in dieser Schrift.

ungeübten oder eines durch keine strenge Schreibschule in seinen Federlaunen gehemmten Schreibers, und gerade die Sucht nachzuahmen verräth ja so oft den Fälscher. Diese strenge Gleichmässigkeit macht es sogar manchmal sehr schwer zu entscheiden, ob zwei nebeneinander liegende Stücke von derselben Hand herrühren oder nicht, und kaum möglich wäre es, abgesehen von der Massenhaftigkeit und Zerstreutheit des Materials, Schreiberlisten aufzustellen; denn so gleichmässig auch die Kanzleischreiber sind, so sind sie doch andererseits im Detail äusserst manigfaltig; jeder von ihnen ist ein ausgebildeter Kalligraph, er hat die Kanzleischrift vollständig in seiner Macht und kann sie nach seinem Belieben innerhalb der ihm gesteckten Grenzen verwerthen; und nur zu sehr haben sie das gethan, so dass ein Characteristicum, das wir für einen bestimmten Schreiber anzunehmen im Begriffe sind, plötzlich in einem Stücke auftaucht, das entschieden von anderer Hand herrührt als die vorher mit Hilfe der vermeintlichen Eigenthümlichkeit Einem Schreiber zugewiesenen Stücke.

Diese Manigfaltigkeit begegnet uns auch bei den innerhalb des Contextes in die Augen fallenden Aeusserlichkeiten der Privilegien: der verlängerten Schrift des Protokolls, den geschmückten Anfangsbuchstaben gewisser Sätze, den besonders hervorgehobenen Worten des Contextes, endlich in dem diesen abschliessenden dreimaligen Amen. Indem ich der Reihe nach von diesen Punkten spreche, sei es gestattet auf die frühere Zeit zurückzugreifen, vielleicht ergibt sich auch hier, dass von Innocenz II. an die Prüfung der Schrift ungemein erschwert wird.

Die Sitte, die erste Zeile der Privilegien in verlängerter Schrift zu schreiben, besteht durch das ganze 12. Jahrhundert und weit über dasselbe hinaus; sie reicht ins 11. hinab und man wird nicht irren, wenn man sie auf Einflussnahme der kaiserlichen Kanzlei zurückführt. In den Privilegien Benedict VIII. und seiner Nachfolger tritt die hervorgehobene erste Zeile uns entgegen nur die Sitte nachahmend, nicht aber auch die Form; denn meist sind es weit gedehnte Majuskelbuchstaben mit oder ohne Verschränkungen (die unter Nicolaus II. ihren Höhepunkt erreichen, durch welche sich die erste Zeile auszeichnet. Doch ist hiebei die später genau fixirte Ausdehnung der verlängerten Schrift hier noch sehr schwankend; während sie sich später nach dem Texte richtet, indem der Kopf der Urkunde bis inclusive „In l'erpetuum" oder eventuell „apostolicam benedictionem" hervorgehoben wird, lässt sich jetzt noch kein bestimmtes Gesetz aufstellen; bald wird nur der Name und Titel des Papstes, bald dieser sammt dem Adressaten hervorgehoben, worauf noch in der ersten Zeile die gewöhnliche Contextschrift ansetzt, bald wird wieder ohne Rücksichtnahme auf den Text die grössere Schrift bis zum Ende der ersten Zeile ausgedehnt. Eine entschiedene Wendung tritt ein unter Urban II., unter ihm ist die oben angegebene Fixirung durchgeführt; aber insofern können wir wieder innerhalb dieser Gewohnheit eine Scheidung machen, als es bis Innocenz II. gleichgiltig erscheint, ob das Protokoll in der ersten Zeile Raum findet oder ob auch noch ein Theil der zweiten hiefür erfordert wird. Tritt der letztere Fall ein — und er ist der häufigere und hängt mit dem gedehnteren Character der grossen Buchstaben zusammen — so wird der auf die zweite Zeile entfallende Theil kleiner geschrieben, einfach aus technischen Gründen, da sonst der Schreiber um eine Zeile hätte tiefer rücken müssen und so zwischen der ersten Zeile und dem mit gewöhnlicher Schrift beschriebenen Theile der zweiten Zeile ein weiter leerer Raum gegähnt hätte. Unter Innocenz II. wird die grosse Schrift viel steiler und schmäler und dies hat zur Folge, dass in den meisten Fällen die erste Zeile vollkommen genügt und selten mehr als „IN PPM" in die zweite Zeile gerückt werden muss [1]); hie und da ist das Protokoll gar nicht im Stande die Zeile bis zum Ende zu füllen, dann wird der übrige Raum leer gelassen. Das ist aber nur ein Uebergangsstadium, welches mir nur unter Innocenz II. begegnet ist; schon unter ihm finden die Schreiber ein Mittel die Zeile, ohne ihren Schriftzügen selbst Gewalt anzuthun, bis zum Rande zu verlängern, indem sie den regelmässig „IN PPM" abgekürzten Schlusse weiter ausdehnen — ein Kunststück, das mit zu dem stattlichen Eindrucke beiträgt, den die Privilegien von Innocenz II. an machen; denn nun wird ihnen Gelegenheit gegeben die 5 Buchstaben, namentlich die 3 letzten vielfach zu verzieren und namentlich wird es auch beliebt, den durch die Schäfte der beiden P und den linksstehenden Schaft des M gehenden Abkürzungsstrich mit Ausbuchtungen oder hineingelegten Linien und Punkten auf die manigfachste Weise zu verzieren.

Zu achten ist ferner in der ersten Zeile auf die Ausschmückung des Anfangsbuchstaben des Papstes, welche mir im 11. Jahrhundert niemals aufgestossen ist ausser bei Leo IX., wo in Folge der Sitte, die beiden Vocale über einander in das L hineinzuschreiben, dieses natürlich sehr hervortritt. Erst unter Urban II. und Paschal II. tritt eine Hervorhebung aber mehr unmerklich ein, dagegen fällt der Gebrauch von Calixt II. an sehr in die Augen. Unter ihm fand ich das C stets in ganz gleicher Weise ausgeschmückt, während unter Inno-

---

[1]) Ein Beispiel unter Eugen III. bei Gloria Tab XXIII.

cenz II. trotz der wenige Variationen zulassenden Anfangsbuchstaben
bereits Manigfaltigkeit bemerkbar wird, die sich schon unter Eugen III.
ungemein steigert und zwar fast immer in Formen, die durch ihre
Feinheit und ihren Geschmack wohlthuend auf das Auge wirken. Auch
hier konnte ich constatiren, dass Ein Schreiber mehrere Formen zur
Verfügung hat, so dass wir auch dieses Merkmal für Schriftvergleichung
verlieren, wenn man nicht überhaupt gewillt sein wollte anzunehmen,
dass der Anfangsbuchstabe hie und da von anderer Hand herrührt.
Sehr häufig begegnet uns hier und im Bene-Valete schwärzere Dinte;
darauf ist aber nichts zu geben, denn wenn die Dinte wie hier stärker
aufgetragen wird, so widersteht sie besser der Einwirkung der athmo-
sphärischen Luft, der es meiner Ansicht nach zuzuschreiben ist, dass
fast ausnahmslos uns sehr blasse Dinte in den aus der Kanzlei stammenden Theilen der Urkunden entgegentritt.

Die Sitte, gewisse Anfangsbuchstaben von Sätzen hervorzuheben,
findet ebenfalls unter Urban II. aber sehr bescheiden ihren Anfang;
unter ihm und seinem Nachfolger ist es aber sicher noch nicht zur
Regel geworden bestimmte später genau fixirte Buchstaben zu verzieren; nur als Vermuthung möchte ich es aussprechen, dass in dieser
Beziehung zwischen den Stücken, welche in Curiale, und denen, welche
in Minuskel geschrieben sind, ein Unterschied besteht, indem nur in
letzteren überhaupt Hervorhebungen gemacht werden, die sich aber
nur auf den ersten Buchstaben der Arenga sowie der beiden Schlussformeln und nur auf Verdickung, höchstens Verdopplung der Linien
beschränken. Als eingebürgert können wir den Gebrauch unter Calixt II.
betrachten; wie er jedoch gehandhabt wurde, ist ungemein schwer anzugeben, da die grösste Manigfaltigkeit uns hier entgegentritt. Regel
ist nur, dass die ersten Buchstaben der Arenga und der 4 Formeln
„Eapropter (dilecti filii)", „Decernimus ergo", „Si qua igitur", „Cunctis
autem" ausgezeichnet werden; daneben aber steht es im Belieben des
Schreibers dies auch andern zu Theil werden zu lassen; wenn dies
geschieht, so wird keineswegs immer die Priorität der erstgenannten
gewahrt, der eine oder andere von ihnen nimmt sich im Vergleich
zu einem solchen Eindringling oft sehr bescheiden aus. Gegenüber
diesem Wechsel, der sich bei einem und demselben Schreiber und selbst
bei Urkunden des gleichen Datums beobachten lässt, muss nicht nur
auf Aufstellung von Regeln verzichtet werden, sondern man kann in
Bezug auf die Hervorhebungen neben den 5 genannten nur annehmen,
dass sie als Beiwerk und Verzierung in der Kanzlei angesehen wurden;
die palaeographische Kritik muss daher auch darauf verzichten aus
denselben Nutzen zu ziehen. Dagegen ist die, wenn auch noch so

geringe und durch andere in den Schatten gestellte Hervorhebung der 5 genannten Buchstaben unerlässlich nothwendig, ihr Fehlen im höchsten Grade verdächtigend.

Kein bestimmtes Gesetz scheint sich aufstellen zu lassen bei den Hervorhebungen ganzer Worte im Contexte, namentlich der Namen der Vorgänger des urkundenden Papstes. Häufig sind sie in Majuskelbuchstaben geschrieben, welche dann dieselben Formen wie die der ersten Zeile, natürlich im verkleinerten Massstabe aufweisen, häufig ist dies aber unterlassen, ohne dass wir deshalb Verdacht zu schöpfen berechtigt wären.

Das dreimalige Amen am Schlusse des Contextes vermag ich zuerst unter Urban II. nachzuweisen, wo es schon im wesentlichen den ihm später constant ausgeprägten Character, nämlich die Dehnung des m und die ganz abnormalen Buchstaben hat; aber es ist weder ein nothwendiger Bestandtheil, noch ist die Dreizahl fixirt, noch ist es schon Sitte es bis ganz an den Schluss der Zeile zu dehnen. Unter Paschal II. tritt es meist schlichter auf. Niemals scheint ihm eine besondere Zeile eingeräumt worden zu sein, sondern wenn das letzte Wort des Contextes schon ziemlich nahe an den Rand hinanreicht, so begnügt man sich mit einem Amen; oft auch schliesst sich ihm noch auf derselben Linie die Scriptumzeile an, der aber anderswo wieder eine besondere Linie gegeben wird[1]). Auch unter Calixt II. ist die Zahl der Amen noch nicht fixirt, dagegen fand ich sie immer bis zum Rande ausgedehnt. Von Innocenz II. an ist aber die Entwicklung abgeschlossen, Dreizahl und Dehnung bis zum Ende der Zeile sind Regel und auch schon das Auskunftsmittel ihm eine besondere Linie zu widmen, wenn der Rest der letzten Contextzeile nicht mehr ausreicht. Auch hier ist schon von Innocenz II. an die Wahrnehmung zu machen, dass ein und derselbe Schreiber mehrere Formen zur Verfügung hat.

Etwas ähnliches gilt auch von der Rota[2]) und dem monogrammatischen Bene-Valete. Erstere nimmt ihren Ursprung unter Leo IX., braucht aber eine Zeit lang, um die feste Form des 12. Jahrhunderts zu gewinnen, welche bekanntlich darin besteht, dass der

---

[1]) Wie sich die Scriptumzeile in dieser Beziehung unter Urban II. stellt, vermag ich nicht anzugeben, denn ich sah kein mit ihr versehenes Original dieses Papstes; über ihren verhältnissmässig seltenen Gebrauch unter ihm vgl. Jaffé Reg. p. 449.

[2]) Es wird dafür auch Orbiculus und Circulus gebraucht. Ich wähle übereinstimmend mit Delisle, Rotart und Hartung den Ausdruck „Rota", weil er in sehr alten Kanzleiregeln schon vorkommt.

durch ein senkrecht gestelltes Kreuz in 4 Quadranten getheilte Raum des Innenkreises in der Weise ausgefüllt wird, dass die beiden obern Quadranten: „Scs Petrus", „Scs Paulus", die beiden untern Name und Ordnungszahl des Papstes erhalten. Im Kreisring steht die Devise des Papstes mit vorgesetztem Kreuz. Unter Leo IX. ist die mir bekannte Form so, dass je 1 Buchstabe des Namens je 1 Quadranten, dem vierten P(apa) zugewiesen ist. Unter Victor II. steht in den Quadranten: Jesus-Christus-Petrus-Paulus, im Kreisring aber Name und Titel des Papstes; unter Stephan X. in den Quadranten: A-Ω-Jesus-Christus, im Kreisring die Devise. Unter Nicolaus II. in den Quadranten: Christus-vincit-Petrus-Paulus, im Kreisring die Devise in Majuskelbuchstaben, was zusammen mit den stark verschränkten Majuskelbuchstaben der Quadranten der Rota dieses Papstes ein sehr stattliches Aussehen gibt. Alexander II. endlich wendet für die Ausfüllung seiner Rota zwei Devisen an, indem die eine „Magnus dominus[1]) noster et magna virtus eius" in den Quadranten, die andere: „Deus noster refugium et virtus", für welche aber auch vorkommt „Exaltavit me deus in virtute brachii sui", in den Kreisring gesetzt wird. Von Urban II. an wird die früher angegebene Ausfüllung der Quadranten constant, dagegen ist der ausschliessliche Gebrauch der Devise noch nicht fixirt, sondern es begegnet uns daneben die merkwürdige Formel: „Legimus, firmavimus" eingeschrieben, mit welcher selbst der Schutzheilige der begabten Kirche angesprochen werden kann, so bei Hartlung Acta n⁰ 68 (J. 4246). Die Umschrift wird aber noch vom Schreiber des Ganzen gemacht, wie Sickel Mon. Graph. IX, 7 deutlich zeigt. Unter Paschal II. endlich ist auch die Setzung der Devise constant geworden, es kommt aber als neues und wichtiges Moment hinzu, dass diese sich selbständig von der Zeichnung und Ausfüllung der Quadranten stellt, indem sie zusammen mit dem ihr (nun erst constant) vorstehenden Kreuze sich durch individualisirende Schriftzüge und häufig auch durch andere Dinte von den übrigen abhebt. Wir haben daher die Devise als in der Umgebung des Papstes, wenn nicht von ihm selbst geschrieben zu betrachten. Sicher rührt von ihm das Kreuz her; unter Paschal aber halte ich es für wahrscheinlich, dass er selber unterschrieben habe, und da Unterschrift und Devise in allen von mir gesehenen Originalen den gleichen flüchtigen Ductus haben, so bin ich gewillt obige Vermuthung auch auf die letztere auszudehnen. Devise und Unterschrift stehen noch eine Zeitlang in

---

[1]) In den Originalen steht abgekürzt dās, demgemäss ist das „deus" bei Jaffé p. 369 zu berichtigen.

engster Beziehung, dann aber trennen sich ihre Wege. Ich werde
später darzuthun haben, dass wahrscheinlich nur bis Anastasius IV.
die Unterschrift in der Umgebung des Papstes, von da ab in der
Kanzlei gemacht wurde; die Devise aber bleibt nach wie vor einem
besondern Beurkundungsacte, nämlich der Approbation durch den Papst
vorbehalten. Jedoch schrieb dieser nicht selbst die Devise, sondern
wahrscheinlich von Calixt II. an gelten die Worte der Kanzleiregel
aus dem 14. Jahrhundert[1]): „In rota (d. h. im Kreisring) nihil scri-
batur, quousque sit lectum privilegium et signatum per papam signo
crucis". Die Devise wird also nach der vom Papste vorgenommenen
Zeichnung des Kreuzes eingeschrieben und gleichzeitig geschah dies
bis Anastasius IV. mit der scheinbar autographen Unterschrift; von
da ab ist entweder die Unterschrift gleich mit dem Contexte geschrieben worden und liegt schon bei der Fertigung des Papstes vor, oder
sie ist nach erfolgter Approbation in der Kanzlei nachgetragen worden;
dass dasselbe nicht mit der Devise auch dort geschah, beweist der
Umstand, dass nun Subscriptio und Devise häufig verschiedene Dinte
aufweisen (die Schriftvergleichung ist in Folge der gekünstelten
Stellung der Deviseschrift äusserst schwer). Da Kreis und Devise ihrer
Entstehung nach nicht zusammengehören, so darf auch der mehrfach
vorkommende Umstand, dass sie verschiedene Dinte aufweisen, nicht
auffallen.

Auf der rechten Seite der Subscriptio papae, meist mit dieser und
der von ihr links stehenden Rota auf einer Linie, tritt uns das mono-
grammatische Bene-Valete vor Augen, welches unter Leo IX. das
von alters her in Majuskelbuchstaben in einer oder zwei Linien (wie
es scheint, von anderer Hand als der Context) ausgeschriebene Bene-
Valete zu verdrängen beginnt, was ihm schon unter Leos nächsten
Nachfolgern vollständig gelungen zu sein scheint. In der ersten Zeit
hat es noch sehr schlichtes Aussehen; ohne jeden Schmuck erscheint
es bis Nicolaus II., unter welchem sich ein solcher etwas bemerkbar
macht, und dann wieder unter Alexander II. Dagegen weisen schon
die Monogramme unter Urban II. und Paschal II. mannigfache Verzierungen auf, die sich aber sichtlich von den später beliebten unterscheiden. — Harttung scheint den Versuch zu machen diese zu ordnen
und mit Nummern zu versehen, ebenso wie das IN PPM, welches er
Verewigungszeichen nennt, und das dreimalige Amen. Ob ihm dies

---

[1]) Delisle, Mémoire sur les actes d'Innocent III. Bibl. de l'École d. chartes,
IV. Série 4, 78.

auch für die spätere Zeit von Innocenz II. ab gelingen wird, möchte ich bezweifeln; gelingt es aber, so wäre dies freilich von grosser Wichtigkeit, weil es die Möglichkeit verschaffen würde eventuell nach ihrer Gliederung auch die beim Schreiben selbst thätigen Hände zu scheiden. Aber auch dann würde dies sehr schwierig sein; denn einerseits werden wir nicht fehl greifen, wenn wir uns Theilung der Arbeit in der Kanzlei durchgeführt denken, dass also z. B. Bene-Valete und Rota von einem andern dem Range nach tiefer stehenden Schreiber gezeichnet wurde, andererseits haben wir schon mehrfach die Fähigkeit der Schreiber zu betonen gehabt verschiedene Formen anzuwenden, so dass also die Möglichkeit durchaus nicht ausgeschlossen ist, dass Monogramm Nr. 1 und 2 vom selben Schreiber herrühre.

Ueber die Subscriptio papae habe ich schon oben meine Ansichten angedeutet, und es gilt jetzt dieselben zu begründen. Zunächst drängte sich mir die Ueberzeugung auf, dass auch sie im Laufe des 12. Jahrhunderts eine Entwicklung durchmachte, welche ihre Wichtigkeit für die Kritik von Stufe zu Stufe geringer erscheinen lässt. Während die Unterschrift unter Paschal II., unter welchem sie zuerst und nun fast ausnahmslos auftritt, und seinen zwei nächsten Nachfolgern noch entschieden den Eindruck der Eigenhändigkeit macht, während sie sich unter den nächsten Päpsten durch eine gewisse individuelle Haltung noch grell von dem ihr voranstehenden Contexte abhebt, schliesst sie sich unter den letzten Päpsten des Jahrhunderts in ihrer Schrift eng an die des Contextes an und erscheint dadurch schon fürs Auge mit diesem verbunden. Wenigstens für Paschal möchte ich die Eigenhändigkeit der Unterschrift für gesichert annehmen; in allen von mir eingesehenen Originalen begegnete mir ein vollkommen gleicher Ductus, wenn auch manche Abweichungen constatirt werden können. Gerade die Einführung einer so wichtigen Neuerung, wie es die Unterschrift des Ausstellers ist, kann unschwer auf persönliche Initiative desselben zurückgeführt werden, und wenn dies als wahrscheinlich angenommen werden darf, so liegt es auch am nächsten, dass derselbe eigenhändig seine Neuerung einführte. Freilich kann man einwenden, dass ja auch später noch die Unterschriften ein bestimmtes Gepräge tragen; aber darauf ist zu erwiedern, dass sie sich in ganz anderer Weise zur Geltung bringen und dass später auch ganz bestimmt verschiedene Hände sich hier nachweisen lassen. Nicht mehr so sicher sind wir bei unserem Urtheile der Unterschrift Calixt II. gegenüber, und es ist hiebei sehr zu bedauern, dass U. Robert in seiner Étude sur les actes du pape Calixte II. 27 uns seine Ansicht darüber vorenthält¹). Entschieden haben alle Unterschriften des Calixt denselben Ductus und machen, jede einzeln für sich betrachtet, durch ihren freien Zug geneigt sie für eigenhändig zu halten; vergleicht man sie aber untereinander, so findet man bald, dass sie neben vielem gemeinsamen doch auch Abweichungen aufweisen, die wir kaum dem Papste selbst zuschreiben können. Ich möchte also schon hier Stellvertretung annehmen. Jedenfalls aber war ein ganz bestimmtes Muster für die Unterschrift aufgestellt, das dem stellvertretenden Cleriker, den wir in der Umgebung des Papstes, nicht in der Kanzlei zu suchen haben, die Grenze steckte, innerhalb welcher er allerdings beliebig schalten konnte; es muss noch dahin gestellt bleiben, ob die Stellvertretung durch einen oder mehrere Cleriker versehen wurde; die Ungezwungenheit der Schriftzüge macht das erstere wahrscheinlich. Schon unter Innocenz II. aber waren ganz sicher verschiedene Hände bei der Unterschrift thätig, die sich auch nicht chronologisch gliedern lassen; jedoch können wir bei ihm und seinen drei nächsten Nachfolgern mit Rücksicht auf die individualisirende Haltung mit ziemlicher Bestimmtheit sagen, dass das Unterschreiben noch als stellvertretend angesehen wurde, dass man Muster für jede Unterschrift aufgestellt hatte, die — wenn man so sagen darf — ihr den Schein der Eigenhändigkeit geben sollten. Wir haben auch hier die Stellvertretung in der Umgebung des Papstes, nicht in der Kanzlei zu suchen; dies beweist schon ihre ganze nicht kanzleigemässe Haltung und der Umstand, dass die Unterschrift sehr häufig andere Dinte aufweist als der Context, meiner Erfahrung nach aber immer gleiche mit dem Kreuze in der Rota, welche wir als vom Papste gemacht anzusehen haben. Bis hieher stimme ich mit Wattenbach (Schriftwesen 391) überein; von Anastasius IV. an aber halte ich die Unterschriftzeile für in der Kanzlei selbst gemacht, lasse aber die Frage noch offen, ob dies zugleich mit Context, Rota und Benevalete geschah oder erst, nachdem der Papst durch sein Kreuz das Privileg approbirt und ein Cleriker seiner Umgebung die Devise eingeschrieben hatte²). In manchen Fällen ist es von hier ab evident, dass die

---

¹) Von Gelasius II. sah ich nur 2 Originale, kann also über die Unterschrift nicht urtheilen; zu bemerken ist jedoch, dass nach der Subscriptionszeile unmittelbar in beiden die Worte: „Signum manus meae. Deus in loco sancto suo" stehen. Da vor der Subscriptio kein Kreuz steht (die Rota mangelt überhaupt), so kann das Handmal eigentlich nur auf die Subscriptio selbst bezogen werden. Ob dies auch bei anderen Originalen des Gelasius der Fall ist, vermag ich nicht anzugeben.

²) Wattenbach handelt allerdings nur von der Zeit Innocenz III.; aber ich

Unterschrift vom Schreiber des Contextes herrührt, in andern ist es
zweifelhaft, jedoch niemals ganz ausgeschlossen. Wenn auch Verschiedenheiten, namentlich in der Behandlung der langen Schäfte und der
cursiven Verbindungen (st bei Anastasius und Cölestin) auftreten, so
müssen wir darauf hinweisen, dass die Schreiber der Kanzlei Kalligraphen in des Wortes eigenster Bedeutung waren, dass sie verschiedene Schriftzüge zu handhaben verstanden; und dass sie diese Fertigkeit
gerade bei der Subscriptio papae anwendeten, kann nicht Wunder
nehmen, denn sie stellte sich ja doch immer noch als abgesondertes
Ganze dar und sollte ja der Urkunde besondere Feierlichkeit verleihen.

Unter Anastasius IV. begegnen wir auch in der Datumzeile einer
Neuerung: der Kanzler Roland schreibt nur mehr seinen Anfangsbuchstaben; sollte da der Schluss allzu kühn erscheinen, dass auf ihn
auch diese Aenderung zurückzuführen sei? Bei der eben gemachten
Wahrnehmung verliert natürlich die Unterschrift von nun an bedeutend an Werth, ihre palaeographische Prüfung fällt mit der des Contextes zusammen; doch möchte ich auf einen Punkt aufmerksam
machen, der sie auch jetzt noch etwas aus der Masse des Contextes
heraushebt: bei allem Wechsel der Hände wird nämlich der eine oder
andere Buchstabe in ganz bestimmter Weise gemacht, was offenbar
auf höheren Befehl in der Kanzlei gehalten wurde. So ist es bei
Anastasius IV. das e in Ego, dessen Schaft stets gewunden erscheint;
unter seinem Nachfolger mehren sich diese Characteristica, indem neben
der gleichen Behandlung des e in Ego noch ein sehr in die Höhe
gezogener Schaft des a auftritt, durch den der schräg gestellte Schaft
des d hindurchgezogen wird; auch das e in episcopus hat gleiche Höhe
mit den drei eben geschilderten, ist aber stets gerade gezogen. Und
diese Sitte gewisse Schäfte sehr hoch und in bestimmter Weise hinaufzuziehen erhält sich lange; namentlich unter Alexander III. erscheint dadurch die Unterschrift sehr stattlich, und dies wird noch
dadurch gehoben, dass unter ihm auch die sich lange erhaltende Sitte
aufkommt das durch zwei S und hindurchgezogene Striche abgekürzte
„subscripsi" sehr steil zu stellen.

Vereinzelt unter den letzten Päpsten des 11. Jahrhunderts, verhältnissmässig selten unter Paschalis II. begegnen uns die Cardinals-Unterschriften; sie sind aber auch unter den nächsten
Nachfolgern desselben noch kein integrirender Bestandtheil der Pri-

---

glaube, dass von diesem keine Aenderung eingeführt wurde; die gleiche Ansicht
wie Wattenbach scheint mir auch Delisle a. a. O. 65 auszusprechen. Vgl. dagegen Sickel Mon. Graph. V. 15.

vilegien, wenn sich auch unter ihnen ein allmäliger Zuwachs der
Sitte bemerken lässt, bis endlich von Innocenz II. an kaum ein grosses
Privilegium ohne den Unterschriften denkbar ist¹). Es ist natürlich,
dass bei Prüfung der Privilegien den Cardinals-Unterschriften die
grösste Aufmerksamkeit zu schenken ist; in wie weit sie auch für die
Beurtheilung der äusseren Merkmale heranzuziehen sind, soll hier in
Kürze dargethan werden. Die eigenhändige Unterschrift der Cardinäle
kann, wie schon Wattenbach (Schriftwesen 391) an einem Beispiele
unter Innocenz III. gezeigt hat, nicht festgehalten werden; auch im
12. Jahrhundert haben mir zahlreiche Fälle die Ueberzeugung hiefür
aufgedrängt. Es geht dies soweit, dass an einem und demselben Tage
ausgestellte Privilegien bei einzelnen Unterschriften verschiedene Hände
und Dinte aufweisen. Wir haben also auch hier eine Stellvertretung
vor uns, auf die nicht einmal ein besonderes Gewicht gelegt worden
zu sein scheint, da sie ja gleichzeitig von verschiedenen Beamten des
Cardinals vorgenommen werden konnte. Aber es ist durchaus unzulässig diese Stellvertretung in der Kanzlei zu suchen, wie Hartung
(Forschungen 512) zu meinen scheint: die verschiedenartige Dinte
der Unterschriften in einem und demselben Stücke, der individuelle
oft hohes Alter zeigende Ductus mancher Zeile sprechen dagegen, man
müsste denn annehmen, dass die einen in der Kanzlei, die anderen
auswärts geschrieben worden seien, wofür aber wieder kein stichhal-
tiger Grund anzuführen wäre. Es wird also wohl das Privileg nach
der Approbation durch den Papst bei den Cardinälen circulirt haben.
Eine viel schwierigere Frage aber ist nun die, ob man den Cardinälen
trotzdem einen selbstthätigen Antheil bei Ausstellung der Urkunde
einräumen dürfe. Wattenbach meint mit Berufung auf die schon erwähnte von Delisle mitgetheilte Kanzleiregel, dass die regelmässig vor
der Unterschrift stehenden Kreuze von ihnen selbst gemacht wurden;
aber auch hier bieten sich Schwierigkeiten dar. Ganz sicher ist es,
dass vielfach dort, wo Verschiedenheit der Hände in zwei Unterschriften
angenommen werden muss, gleiche Kreuze da sind, aber es sind mir
doch auch Fälle aufgestossen, wo auch die Kreuze verschieden sind²).
So sehr ich mir bewusst bin, dass man sich bei Betrachtung dieser
Dinge im Zirkel, der bei diplomatischen Untersuchungen so gefahr-

---

¹) Die höchst selten dastehenden Fälle unter Innocenz II. bedürfen jedenfalls
noch eingehender Untersuchung.

²) Die mir zugänglichen Facsimiles bieten hiefür leider keine schlagenden
Belege; jedoch vergleiche man in Tom. V des Nouveau Traité Pl. LXXXVI und
in Gloria T. XXIII die Kreuze bei Gregorius presbyter S. Calisti.

drohend ist, bewegt, so kann ich doch derlei Abweichungen zeigende Stücke nicht verdächtigen oder als Fälschungen erklären, denn stets treten diese Abnormitäten sporadisch auf, neben vielen Congruenzen finden sie sich bei dem einen oder anderen Cardinal und sicher sind sie auch nur als Ausnahmen aufzufassen, da es unzweifelhaft feststeht, dass jeder Cardinal sein ihm eigenthümliches Zeichen hat. Wie man sich aber diese Ausnahmen zu erklären hat, das ist eine kaum zu beantwortende Frage; fast könnten sie geneigt machen auch die Kreuze den Cardinälen des 12. Jahrhunderts abzusprechen und ihren Privatschreibern zuzuweisen. Dem widerstreitet keineswegs das Nichtparallellaufen der Abweichungen in Subscriptio und Kreuz, denn das vom Cardinal gewählte Zeichen konnte ja auch von verschiedenen Schreibern gemacht werden und eine Abweichung von seiner Form kann eher der Unachtsamkeit eines Schreibers zugemuthet werden als dem Cardinal selbst, der sich doch der Bedeutung seines Handmals sicher mehr bewusst war als jener. Andererseits ist freilich auch ein Versehen von Seite des Cardinals nicht ausgeschlossen, zumal da die Abweichungen meist als Weglassung des das Kreuz umgebenden Beiwerks (Striche und Punkte) auftreten, was bei den manigfachen kleinen Vorfällen, die bei der Vorlegung des Privilegs denkbar sind, immerhin auch dem Cardinal unterlaufen konnte. Sei dem wie es wolle, als Thatsache haben wir nur festzuhalten, dass jeder Cardinal ein ihm eigenthümliches Kreuz im Gebrauche hat, dass aber Abweichungen hievon nicht ausgeschlossen und einzeln auftretend für ein Stück nicht verdächtigend sind. Und so ergibt sich für die Kritik das traurige Resultat, dass neben den Unterschriften auch diese im Stiche lassen, dass auch ihnen keine grosse Bedeutung zugeschrieben werden darf. Damit haben wir ein wichtiges Kriterium für die Beurtheilung der Papsturkunden verloren; wäre es sonst ein Leichtes gewesen ein für allemal den aus vielen Originalen gewonnenen Ductus jedes Cardinals aufzustellen (was um so leichter und um so wichtiger wäre, als durch die zahlreichen Avencements von einem Ordo zum höhern die Zahl der Cardinäle sich bedeutend geringer darstellt, als sie uns in den Listen bei Jaffé entgegentritt), so haben wir es jetzt mit einer kaum zu fixirenden Anzahl von Schreibern zu thun; sogar die Hoffnung, dass stets eine und dieselbe Person die Unterschrift besorgt, dass wir also für jeden Cardinal zeitliche Reihen aufstellen werden können, verschwindet bei der Wahrnehmung, dass an einem Tage eine Cardinalszeile verschiedene Hände aufweist.

Dagegen lassen sich auf eine andere Weise die Unterschriften für die Kritik der äusseren Merkmale verwerthen. Die Rangordnung der Cardinäle ist nämlich in ihnen streng eingehalten; nach ihrem Alter im Cardinalat unterschreiben sie der Reihe nach, und zwar ist das Alter im Ordo, nicht das als Cardinal massgebend; tritt ein Diacon zu den Presbyteri über, so ist er der letzte, mag ihn früher noch so lange schon der Purpur bekleidet haben. Diese Rangordnung aber zu controliren sind wir einzig an den Originalen im Stande; wie arg man in Chartularen und Drucken mit den Cardinals-Unterschriften verfuhr, werde ich an anderer Stelle, wo ich über diesen Punkt ausführlich handeln und für die Päpste des 12. Jahrhunderts auch die Ranglisten aufstellen werde, an Beispielen zeigen. Jede Abweichung von dieser Rangordnung muss ein als Original auftretendes Stück im höchsten Grade verdächtigen. Aber wir besitzen noch ein weiteres ebenso wichtiges Kriterium, das uns wiederum nur die Originale bieten können. Alle Cardinäle nämlich, welche sich zur Zeit der Ausstellung des Privilegs in der Umgebung oder im Gefolge des Papstes befinden, sollen mit ihren Unterschriften auftreten; fehlt einer von ihnen, so ist regelmässig die ihm nach der Rangordnung gebührende Zeile innerhalb der Columne seines Ordo frei gelassen[1]). Auf diese Weise erscheinen in den Unterschriften vielfache Lücken, auf deren Vorhandensein oder Fehlen die grösste Aufmerksamkeit zu wenden ist. Für deren Benützung ist zweierlei zu wissen nothwendig, einmal: in welcher Rangordnung die Cardinäle zur gegebenen Zeit standen und dann, welche von ihnen sich gerade in der Umgebung des Papstes befanden, denn nur diese sollen unterschreiben, andere, die sich auf einer Legation oder nicht im Gefolge des Papstes befinden, werden hiebei nicht berücksichtigt. Dies für das 12. Jahrhundert durchzuführen und an Beispielen zu erhärten behalte ich mir vor, es genüge jezt auf diesen wichtigen Punkt aufmerksam gemacht zu haben, der uns zusammen mit der Rangordnung den Verlust der Eigenhändigkeit wohl reichlich ersetzen kann[2]). Aufmerksamkeit ist hiebei auch dem Anfang jedes Ordo zuzuwenden; der Regel nach beginnen alle 3 Columnen auf der der Subscriptio papae unmittelbar

---

[1]) Eine Erklärung für diese sehr häufig auftretende Thatsache wird schwer zu geben sein, wahrscheinlich hat sie in den zahlreichen Wechselfällen, die ja bei dem Circuliren des Stückes eintreten konnten, ihren Grund; möglich aber wäre es auch, dass nur die Cardinäle thatsächlich unterschreiben, die in der Sitzung des Consistoriums, in welcher die Ertheilung des Privilegs beschlossen wurde, zugegen waren.

[2]) Hartung, der (Forschungen 500) auch das erste Gesetz ausspricht, gibt in seinen Acta die leergelassenen Zeilen an, hoffentlich werden ihm alle Herausgeber von Papsturkunden nachfolgen.

folgenden Zeile; aber auch hier ist das früher besprochene Gesetz durchgeführt: sobald der älteste im Gefolge des Papstes befindliche Cardinal nicht unterschreibt, beginnt der Ordo erst 2 Zeilen tiefer — ein namentlich bei den Cardinalbischöfen sehr häufig vorkommender Fall. Niemals aber ist der Cardinal, der das Kanzleramt versieht und der sich ja sicher im Gefolge des Papstes befand, hiebei berücksichtigt, wie er denn auch niemals in den Unterschriften der Privilegien nachweisbar ist.

Bekanntlich gliedert sich in den älteren Privilegien bis ins 12. Jahrhundert hinein (zuletzt unter Calixt II.) die Datirung in zwei Zeilen, welche durch Benevalete und eventuell Rota räumlich von einander geschieden, häufig ja fast immer von anderen Händen geschrieben sind und auch zwei ganz verschiedene Acte der Beurkundung ausdrücken. Der erste Theil ist das „Scriptum", welches sich aufs engste an den Context anschliesst, oft ohne jeden Zwischenraum, oft auf der nächsten, niemals aber auf einer entfernteren Zeile steht. Es nennt uns den wirklichen Schreiber der Urkunde und begnügt sich oft mit vagen Zeitangaben; namentlich ist es sehr häufig, dass nur der Monat, nicht aber auch der Tag angegeben wird. Viel wichtiger ist die Datumzeile; sie liefert neben Ort und dem Namen des amtirenden Kanzlers (ich sehe einstweilen von den verschiedenen Titeln ab) auch die genauen Zeitangaben, welche sich erst im Laufe der Jahrhunderte, ganz entsprechend der Entwicklung des Papstthums und dem Verhältniss zur weltlichen Macht, so ausgebildet haben, wie sie uns im 12. Jahrhundert erscheinen [1]). Doch in diesem Stadium gehört die Datumzeile bei dem grossen Mangel an Originalen einzig in das Gebiet der inneren Merkmale, und auch da wird es bei den unläugbar schwankenden Verhältnissen, in denen sich die Kanzleigebräuche dieser Zeiten bewegen, noch sehr schwer werden sichere Re-

---

[1]) Der Zusammenhang ist in die Augen springend: Papst Vigilius führt zuerst nach der ihm verhängnissvoll gewordenen Reise nach Constantinopel i. J. 550 die Kaiserjahre ein, welche nun je nach dem Verhältnis zu Byzanz verschwinden und wieder auftauchen, bis sie der gewaltige Hadrian I. durch seine Pontificatsjahre ersetzt. Ihnen fügt aber schon Leo III. die Herrscherjahre der fränkischen Kaiser bei, welche sich wechselnd erhalten, bis sie mit Leo IX. endgiltig verschwinden und wahrscheinlich unter Nicolaus II. durch die Incarnationsjahre ersetzt werden. Aber noch einmal tauchen die Kaiserjahre auf, kurz aber bedeutungsvoll, nämlich in den beiden Privilegien Paschal II. vom 16. April 1111 (J. 4868, 4864), das ist 2 Tage nach jener Kaiserkrönung, die unter so traurigen das Papstthum erniedrigenden Vorgängen vor sich gegangen war, und es ist kaum nur Zufall, dass dieselben zwei Urkunden und nur diese ad vicem des italienischen Erzkanzlers der kaiserlichen Kanzlei „gegeben" sind.

geln' aufzustellen; es wird in vielen Fällen noch immer sehr gewagt
sein etwaige Abweichungen als gravirend oder die Echtheit oder
Ursprünglichkeit ausschliessend zu bezeichnen. Natürlich muss auch
die Datumzeile der späteren Zeit nach ihren inneren Merkmalen untersucht werden, es gilt z. B. noch bei jedem Papste die Epochen des
Jahres und vielleicht auch der Indiction festzustellen; sicher wird uns
diese Arbeit über mancherlei Schwierigkeiten hinweghelfen, sie wird
vielleicht durch die von ihr vollzogene zeitliche Gliederung es ermöglichen weitere Gliederungen im Formelwesen zu machen. Sobald uns
aber mehr Originale zur Verfügung stehen, müssen wir auch diese
zu Rathe ziehen und ihrer Datumzeile aus mancherlei Gründen volle
Aufmerksamkeit schenken. Besonders weckt sie dieselbe in den ersten
hier in Betracht kommenden Zeiten schon durch den Umstand, dass
sie sich durch ihre Schrift sehr oft scharf von dem übrigen Urkunden-
theile abhebt. In der Datumzeile nämlich kommt zuerst die fränkische
Minuskel in der päpstlichen Kanzlei zum Durchbruch. Der erste mir
bekannte Fall tritt auf unter Benedict VIII. in J. 3001 (Facsimile im
Nouveau Traité T. V Pl. lxxxii), wo als Datar der Erzbischof Piligrim
von Cöln erscheint [1]. Ob von da an die fränkische Minuskel in der
Datumzeile schon fest eingebürgert und zur Regel geworden ist,
vermag ich mit Sicherheit nicht anzugeben; die von mir gesehenen
Originale bis inclusive Paschal II., unter dem, wie schon früher be-
merkt, die Curiale aus der Kanzlei verschwindet, haben sämmtlich in
der Datumzeile reine Minuskel. Namentlich die des Bibliothekars
Humbert unter Stefan X. und Nicolaus II. zeichnet sich durch grosse
Feinheit aus und auch sonst ist fast ausnahmslos das Bestreben bemerkbar sie klein und sauber zu setzen. Sicher wird es, wenn viele
Originale zur Verfügung stehen, nicht schwer sein hier die einzelnen
Schreiber festzustellen; nur als Vermuthung möge es einstweilen hingestellt werden, dass die Datumzeile, die ja in dieser Zeit sicherlich
ein anderes Stadium der Beurkundung als die Scriptumzeile anzeigt,
nicht in der Kanzlei, sondern unter directer Einflussnahme des Datars
niedergeschrieben wurde, so dass wir mit Recht von einer „Humbert-
zeile" unter Nicolaus II., einer „Johanneszeile" unter Urban II. u. s. f.
sprechen können; wahrscheinlich aber wird man innerhalb jeder der-

---

[1] Jedoch macht es mir das Original von J. 3055 (Florenz) etwas zweifelhaft,
ob wir als Grund dieser Neuerung den Eintritt Piligrims anzusehen haben; die
Datumzeile ist da in Curiale geschrieben, in dem ersten Theile aber zeigt sich
sichtlich das Bestreben fränkische Minuskel zu schreiben, was aber im letzten
Theil wieder aufgegeben wird.

selben einige Perioden nach Schreibern unterscheiden müssen. Ich
muss darauf verzichten feste Regeln in Bezug auf die Schreibart einzelner Worte für diese Zeit aufzustellen; bestimmt ist es noch nicht
zur Regel geworden, dass die ganze Zeile auf eine Linie gebracht
werden muss, und nur in Bezug auf den wechselnden Gebrauch beim
einleitenden Worte (datum) mögen einige Bemerkungen ihren Platz
finden.

Während in früherer Zeit „datum" das gebräuchliche scheint und
daher auch, wenn es abgekürzt ist, so aufgelöst werden muss, tritt
uns zuerst unter Benedict VIII, dann unter Victor II. und Stefan X.
„data" entgegen (unter dem dazwischenliegenden Leo IX. begegnete
es mir nur abgekürzt). Aber schon unter Nicolaus II. wird entweder
„datum" oder „datū" geschrieben und dieser Gebrauch erhält sich
unter seinen Nachfolgern, bis es von Calixt II. an regelmässig als „dat"
abgekürzt erscheint, was sich dann sehr lange als Regel erhalten hat.
Nach Analogie des zuletzt feststehenden Gebrauchs hätte man also
im 12. Jahrhundert „datum" aufzulösen, jedoch das unzweifelhaft echte
Original von J. 5510 (zu Monza) hat „data". Es ist dies der einzige
Fall, wo ich es aufgelöst gefunden habe. Ich kann daher nicht sagen,
wann dieser Gebrauch aufgekommen und wie lange er sich erhalten
hat, da auch zur Zeit Innocenz III. (Delisle 51) die Frage nicht entschieden werden kann. Die Kanzleiregel aus der Zeit Bonifaz VIII.
und die formula privilegii aus dem 14. Jahrhundert bei Delisle 23
u. 73 haben „data".

In dreifacher Beziehung ist auf die Schreibart der Datumzeile
Gewicht zu legen; einmal ist darauf zu achten, ob nicht etwa gewisse
Abkürzungen in einer Periode constant wiederkehren, ferner ob und
wie nach einem bestimmten Gesetze die darin vorkommenden Zahlen
behandelt werden, und endlich sind gewisse Hervorhebungen, namentlich die Schreibart des Datars zu berücksichtigen. Nach diesen drei
Gesichtspunkten soll nun die Datumzeile untersucht und in ihrer Entwicklung verfolgt werden; es werden sich neben manchen höchst
wichtigen und wesentlichen Merkmalen andererseits eine Menge Punkte
ergeben, welche, der Willkühr des Schreibers überlassen, für die Kritik
keinen Werth haben, für die Urkundenlehre aber den zu constatiren,
dass mit ihnen nichts anzufangen sei; vieles freilich wird auch noch
in der Schwebe gelassen werden müssen.

Bei Urban II, unter dem alle Urkunden von Johannes gegeben
werden, sind als ständige Abkürzungen anzusehen: per, Johannis
(Johis), pontificatus, domni, secundi und papae. Die Zahlzeichen, welche
bei Tag, Indiction und Incarnationsjahr immer, beim Pontificatsjahr

zuweilen gebraucht werden, sind, wie es scheint, regelmässig mit den übergeschriebenen Endungen versehen. Die meisten Stücke Paschal II. sind ebenfalls von Johannes gegeben; die eben angegebenen ständigen Abkürzungen bleiben auch jetzt, in Bezug auf die Zahlen aber ist zu bemerken, dass nun regelmässig auch das Pontificatsjahr in Zahlzeichen geschrieben ist. Bei der Schreibart der andern Worte herrscht grosse Manigfaltigkeit, selbst „Paschalis" wird bald ausgeschrieben, bald abgekürzt. Unter Calixt II. (und vorher in dem kurzen Pontificate Gelasius II.) erscheint als erster Datar Grisogonus (nicht Chrysogonus, wie Jaffé Reg. p. 522 und 527 schreibt), für dessen Zeile sich eine Anzahl Characteristica anführen lassen. Vor allem ist seine eigene Schreibart in die Augen fallend: während die vier Vocale des Namens die Höhe der Normalschäfte haben, treten die vier ersten Consonanten auf der Linie der ersteren aufstehend in Uncialformen mit starker Oberlänge auf, der fünfte Consonant d. i. n dagegen hat den ersten Schaft mit gleicher Höhe wie die Vocale, während der zweite mit Ober- und Unterlänge etwas geschweift gezogen ist. Eine Abweichung habe ich nur einmal in J. 5087ᵃ (Florenz)[1] kennen gelernt, indem die Vocale und dem entsprechend auch der zweite Schaft des n mit geringer Oberlänge versehen sind und so die übrigen mittellinigen Buchstaben der Zeile etwas überragen. In zwei Originalen (J. 5088 Wien und J. 5088 Padua) fehlt der Name des Datars ganz, ein Umstand, den man wohl sonst dem Copisten oder Herausgeber zuschreiben möchte. Als weitere Merkmale der Grisogonus-Zeile können angeführt werden: die Schreibart von „Calixti" in gegen das Ende zu sich verkleinernden Majuskelbuchstaben, deren Ductus sowie der von „Grisogoni" lebhaft an die verlängerte Schrift der ersten Zeile erinnert; das abgekürzte „per" mit Ober- und Unterlänge und einem verhältnissmässig sehr kleinen Bauch; die cursiven Verbindungen ri, fi und ct in den Worten: „bibliothecarii, pontificatus" und „indictione"; der Abkürzungsstrich bei pp(papae), der nur hier als ein in der Mitte durch einen nach oben gehenden Bogen unterbrochener gerader Strich auftritt. Dagegen dürften sich für die Behandlung der übrigen Worte kaum Regeln aufstellen lassen. Die Zahlen sind mit Ausnahme der stets „scdi" abgekürzten Ordnungszahl des Papstes immer in Zahlzeichen geschrieben und zwar mit den übergeschriebenen Endungen.

Die Datumzeile des nächsten Datars Hugo unterscheidet sich sehr wenig von der seines Vorgängers, ja eine Vergleichung der bei-

---

[1] Regest in Wiener Sitzungsberichte 94, 654. Alle in der Folge mit „a" versehenen Nummern sind dieser Abhandlung entnommen.

den, namentlich in der Schreibart ihrer Namen macht es ebenso wie die Wahrnehmung, dass unter Grisogonus selbst Aenderungen eintreten, unwahrscheinlich, dass beide selbstthätigen Antheil am Schreibgeschäfte genommen haben; tritt auch der Name Hugos viel weniger hervor, so hat er doch ganz den gleichen Ductus wie der Grisogons, und auch sonst begegnen uns alle Eigenthümlichkeiten der Zeile desselben; nur nebenbei will ich bemerken, dass in den 3 Originalen, welche ich von Hugo sah, beim Pontificatsjahre der übergeschriebenen Endung o auch ein c vorgesetzt ist. Dieser Gebrauch erhielt sich auch unter dem dritten Datar des Calixtus unter Aimericus, bei dessen Eintritt wir ebensowenig wie bei Hugo einen solchen Wechsel der Schrift und der Behandlung der Details finden, dass wir auf einen Wechsel einer thatsächlich bei der Datumzeile beschäftigten Person schliessen könnten; ja der Name macht es uns noch mehr möglich den auffallend gleichen Ductus der Contextschrift und der Datumzeile zu constatiren, nämlich im A, das in der verlängerten Schrift der ersten Zeile sowohl als bei manchen Hervorhebungen im Contexte ganz characteristisch gemacht wird und ebenso (wenn auch nicht immer vom selben Schreiber) im Namen des Datars uns entgegentritt. Aimericus gibt auch die Privilegien des folgenden Papstes Honorius II., vom dem mir ein Original zur Verfügung stand (J. 5196 Bergamo). Hier weist die Zeile alle Eigenthümlichkeiten der früheren auf, nur ist das Pontificatsjahr nicht in Zahlzeichen, sondern in verschränkten Uncialbuchstaben geschrieben, und doch ist sie entschieden von derselben Hand wie Calixt J. 5191ᵃ (zu Florenz), wo das Pontificatsjahr in der oben angegebenen Weise auftritt. Man sieht aus diesem Fall wieder, wie schwierig es ist Regeln aufzustellen, und wie sehr wir im ungewissen darüber bleiben müssen, wer den entscheidenden Einfluss auf derartige Gewohnheiten und ihre plötzliche Aenderung geübt hat. Gerade die Amtsthätigkeit des Aimericus, der bis kurz an das Ende Innocenz II. hin datirt, ist für uns sehr lehrreich, indem sie es uns ermöglicht die Frage aufzuwerfen und zu beantworten, ob dem zunächst liegenden Gedanken, dass die Datumzeile von dem Datar selbst herrühre, Raum zu geben sei, oder wenn nicht, welche Resultate für die Kritik gezogen werden müssen. Zunächst braucht es nicht aufzufallen, dass die Schrift der Datumzeile Schritt hält mit der kalligraphischen Ausbildung der päpstlichen Kanzleischrift überhaupt. Durchaus erklärbar ist dies von jenem Zeitpunkte an, wo wir sicher sind, dass die Zeile in der Kanzlei von Schreibbeamten derselben geschrieben wird, während wir andererseits im 11. Jahrhundert und selbst noch unter Paschal II. eine andere Schrift, die mit der bis-

her in der Kanzlei beliebten gar nichts gemein hat, begegnen.
Ist es also einerseits zweifellos, dass der Datar mit der Datumzeile bis
auf eine kleine Ausnahme, die wir bald kennen lernen werden, nichts
zu thun hat, können wir andererseits in der früheren Periode mit
ziemlicher Gewissheit eine Antheilnahme an dem Schreiben der Zeile von
Seite des Datars oder eines nicht in der Kanzlei ausgebildeten ihm etwa
speciell beigeordneten Beamten wahrnehmen, so stellt sich dies in der
Periode Calixt II. bis zum Antritt des Gerard unter Innocenz II. anders und schwieriger. Wir haben hier wie in der ersten Periode die
ganze Zeile von Einer Hand geschrieben, wir haben aber auch wie
in der zweiten kanzleigemässe Schrift; wir müssten also, wenn wir
meinen wollten, der Datar habe selbstthätigen Antheil genommen,
auch annehmen, dass er die ganze Zeile geschrieben habe und ferner,
dass er in der päpstlichen Kanzlei gebildet worden sei, oder wir
müssen den persönlichen Antheil derselben völlig ausschliessen. Neigen
wir uns zur ersten Annahme, so muss es zunächst auffallen, dass uns
weder Hugo noch Aimericus vorher als Scriptoren in den Privilegien
aufstossen (Grisogonus ist allerdings Schreiber unter Paschal II). Vor
allem sei es betont bei Aimericus, der unter Paschal, jedenfalls unter
den beiden ersten Dataren Calixts II. Schreiber gewesen sein müsste;
niemals aber begegnet uns sein Name[1]; aber auch angenommen, dass
dies ein Zufall sei, oder dass er als Concipist oder Registrator be-
dienstet gewesen wäre, wobei er sich dann aber die Urkundenschrift
schwerlich so gut hätte aneignen können, so müssten wir ferner annehmen, dass sein Geschmack, erst nachdem er das Cardinalat erlangt
hatte, sich conform den Aenderungen der päpstlichen Kanzleischrift
geändert und fortentwickelt habe. Betrachtet man nämlich die verlängerte Schrift der ersten Zeile unter Calixt und Honorius mit der
unter Innocenz, so fällt ein Unterschied sogleich in die Augen, und
eben derselbe begegnet uns auch in den langen Buchstaben des Wortes
Aimericus bei den ersteren Päpsten einerseits und bei dem letzteren
andererseits. Man wird nicht anstehen dies als höchst unwahrscheinlich zu bezeichnen. Fügen wir nun die Wahrnehmungen, die wir
bei den Zeilen seiner beiden Vorgänger gemacht haben, hinzu, so
werden wir wohl nicht irren, wenn wir den Antheil des Datars am
Schreibgeschäfte in dieser Periode ganz entschieden ausschliessen.

Im wesentlichen fällt also die Kritik der Datumzeile von Calixt
an (abgesehen von den inneren Merkmalen, wozu das Itinerar, die
verschiedenen Epochen der Jahreszählung und die Aufeinanderfolge der

---

[1] Vgl. C. Robert a. a. O. p. 9.

einzelnen Bestandtheile gehören) mit der der Contextschrift zusammen: die Datumzeile muss also kanzleigemäss sein. Immerhin aber nimmt sie eine etwas exemptionelle Stellung schon durch ihre Lage ein, und so sollen einige Andeutungen gegeben werden, wie sie sich im besondern nach den früher gegebenen Gesichtspunkten für die Kritik verwerthen lässt. So begegnet uns in allen Datumzeilen unter Innocenz II. sein Namensanfang gleich geschrieben, sei der Name nun ausgeschrieben oder abgekürzt — vielleicht liessen sich auch dafür Perioden unterscheiden: zuerst ausgeschrieben, dann abgekürzt durch Suspension, dann wieder ganz; es sind nämlich die 3 ersten Buchstaben mit Oberlänge versehen, ohne aber sonst irgendwie hervorgehoben zu sein, und zwar in der ganz gleichen Weise, wie es bei den Literae dieses Papstes mit seinem eingangs stehenden Namen gehalten wird (Sickel Mon. Graph. V. 9); ferner begegnen uns hier und zwar zuerst in der päpstlichen Kanzlei die I-striche¹). Stets ist „papae" als pp abgekürzt, nur macht sich insoferne ein Schwanken bemerkbar, als neben dem früher ständig gebrauchten schon geschilderten Strich auch das diplomatische Abkürzungszeichen vorkommt; daneben lässt sich nur noch „per" stets abgekürzt constatiren, bei allen anderen Worten begegnet uns manigfaches Schwanken, ohne dass aber die Möglichkeit ausgeschlossen werden soll auch hier Perioden bei einzelnen Punkten ausfindig zu machen. Ferner wird nun entgegen dem früheren Gebrauche auch die Ordnungszahl des Papstes, deren Stellung zu papae noch nicht fixirt ist, stets in Zahlzeichen gesetzt; ebenso werden die andern Zahlen in Zeichen geschrieben mit oder ohne übergeschriebener Flexionsendung, für welche sich sicherlich Perioden aufstellen lassen werden. In den letzten Jahren Innocenz' wird es auch Sitte das Pontificatsjahr zu dehnen oder selbst zu vergrössern, daneben tauchen aber auch seit dem Amtsantritte des Nachfolgers des Aimericus, des Baro, wieder in Buchstaben geschriebene Pontificatsjahre auf; sonst unterscheidet sich die Zeile desselben in nichts von der des Vorgängers, nur dass sein Name nicht durch Majuskelbuchstaben hervorgehoben wird wie der des Aimericus.

Unter Baros Nachfolger Gerard tritt (vielleicht schon unter Innocenz II., von dem mir kein von Gerard gegebenes Original zu Gesichte kam, sicher aber unter Cölestin II.) eine Aenderung in der Datumzeile ein, die uns ein wesentliches Merkmal der Originalität verschafft, nämlich die schon von Harttung angedeutete **nachträgliche Ein-**

---

¹) Eine einzige Ausnahme habe ich zu verzeichnen in J. 5795 (Florenz), wo der Name ohne Striche ganz in Majuskelbuchstaben geschrieben ist.

tragung des Namens des Datars, die sich nun bis zu einer neuen
Aenderung unter Anastasius IV. in ununterbrochenem Gebrauche erhält. Wir können diese an allen Originalen constatiren, theils an
der fast immer schwärzer erscheinenden Dinte, theils an einer gewissen Unsicherheit, welche auch uns befällt, wenn wir sorgfältig in
einen kurz bemessenen Raum ein bestimmtes Wort nachtragen sollen.
Um über die Bedeutung und Wichtigkeit dieses neu auftretenden Merkmals klar zu werden und um uns auch eine Vorstellung darüber bilden zu können, unter welchen Umständen diese Nachtragung vor sich
ging, ist es nöthig dieselbe gleich jetzt in ihrer weiteren Entwicklung zu verfolgen. Wie schon gesagt, erhielt sich die Sitte den
ganzen Namen nachzutragen von Gerard an bis zu den letzten Tagen
Eugen III. Wahrscheinlich schon unter ihm, sicher aber unter seinem
Nachfolger Anastasius IV. taucht mit dem Datar Rolland, dem nach-
maligen Papst Alexander III., die Sitte auf nur den Anfangsbuchstaben des Namens nachzutragen, was sich dann das ganze 12. Jahrhundert erhält und wohl auch noch ins dreizehnte hineinreicht, bis
mit dem Aufkommen des Gebrauchs den Namen eines Kanzleibeamten
in die Plicatura zu setzen die alte Sitte verdrängt wird [1]). Die constant auftretende Nachtragung des Namens oder Anfangsbuchstabens
und die fast ebenso constant wahrzunehmende Erscheinung, dass diese
andere meist schwärzere Dinte aufweist, erheben es zur Gewissheit,
dass wir damit einen späteren Act der Beurkundung vor uns haben,
der sich wohl als Approbation und Fertigung von Seite des Datars
und als letzter Act überhaupt wird definiren lassen. Weiter ist von
grösster Wichtigkeit, dass diese Nachtragungen für jeden einzelnen
Datar ein von dem Wechsel der Schreiber völlig unabhängiges nur
ihnen selbst eigenthümliches Gepräge tragen. Wenn wir nun auch
in Folge der Betrachtungen, die uns die Subscriptio papae aufdrängte,
nicht völlig sicher sind, ob nicht der ein für allemal normirte Ductus
für die Nachtragung auch von einem oder mehreren Beamten beobachtet wurde, so muss doch bemerkt werden, dass ein beachtenswerther
Unterschied zwischen beiden Fällen besteht: im allgemeinen ist in
der Subscriptio der Ductus eingehalten, in Einzelnheiten aber, die oft
weite Dimensionen annehmen, kann der Schreiber frei walten; bei
unserer Nachtragung aber begegnen wir gar keinen Abweichungen,
auch nicht solchen, welche sich auf die Gewohnheit feinere oder gröbere Feder zu gebrauchen zurückführen lassen. Ich halte also die
Nachtragung nicht blos für den Ausdruck der Approbation von Seite

---

[1]) Delisle giebt für Innocenz III. über diesen Punkt leider keine Auskunft.

des Datars — denn diese könnte ja auch auf mündlichen Befehl hin in der Kanzlei zum schriftlichen Ausdruck gelangt sein — sondern für eine ausserhalb der Schreibstube vom Datar selbst gemachte Fertigung und lasse nur die Frage offen, ob sie eigenhändig oder von einem Secretär desselben gemacht sei; letzteres macht mir aber die Verfolgung der Nachtragung des Gratian unter Alexander III., der zuerst ein Jahr, dann nach fast einjähriger Unterbrechung 8 Jahre amtirt und immer das ganz gleiche G aufweist, unwahrscheinlich.

Ich gehe nun daran, soweit dies mit Worten möglich ist, die Nachtragungen zu characterisiren: Gerard (Innocenz II., Cölestin II.): ganz in Majuskel, davon D Capital; der Bauch des G ist gewunden, unten stark eingebuchtet und oben mit einer bedeutend nach aufwärts gewundenen Linie lose verbunden. J mit starkem oben aufgesetztem Hacken unter die Linie nach links spitz zulaufend. Baro (Lucius II): ganz in Majuskel; mein Material ist aber hier so gering, dass ich eine weitere Characteristik der Schreibart nicht wage. Robert (Lucius II., Eugen III.): ganz in Majuskel; der Balken des T geht knapp an das obere Ende des I hinan, welches nach unten spitz unter die Linie gezogen ist. Guido (Eugen III.): ganz in Majuskel, G und D ragen über die andern Buchstaben empor, U ist spitz gemacht, J ist nach unten etwas zugespitzt. Marianus, (so weisen J. 6574 und 6574[a] den Namen auf, nicht Marinianus [Martianus], wie Jaffé in der Beamtenliste Eugen III. angibt): die beiden Stücke weisen entschieden zweierlei Hände auf; dies erstreckt sich auch auf Bota und Benevalete; der Name des Datars ist nur durch ein jedoch zwischen den Linien stehendes Majuskel R und ein unbehilfliches, sehr hohes und steiles Uncial M ausgezeichnet, in beiden ist bei letzterem die nach links stehende, den ersten Schaft der Capitalform vertretende Linie punktirt. Dies scheint also das Characteristicum dieses Datars zu sein; sehr auffallend ist es nun, dass in J. 6574 die cursive Verbindung st in „Statuantes" ebenfalls punktirt ist. Sollte hier der Fall eintreten, dass der Datar an den Schreibgeschäften betheiligt ist, oder ist dies ein Zufall? Der Rang als Scriptor steht der ersteren Annahme nicht entgegen, wohl aber der Umstand, dass der gleichzeitig amtirende College des Marianus Boso (Eugen III.) sicherlich seinen Namen nachträgt, in Buchstaben, die gleiche Höhe mit den übrigen der Zeile, aber ein Majuskel N in ihrer Mitte haben; das Majuskel B zeichnet sich durch sehr stark entwickelten Oberbauch aus. Rolandus (Anastasius IV., Hadrian IV.): R sehr steil mit schmalem Bauch und stark gestrecktem Schwanz, je nachdem es der Raum empfiehlt, in die Breite oder in die Tiefe. Hermannus (Alexander III.): das Capital H hat zwei parallele

Querbalken, von denen der obere nicht immer bis an den rechten
Schaft hinanreicht. Gratian (Alexander III.): G hat die Bogenlinie
oben etwas geschweift, unten stark eingebuchtet; zu ihrem Schmucke
dient ein 2 gegenüberliegende Punkte in ihr verbindender Verticalstrich,
der in der Mitte durch eine nach auswärts gehende Buchtung unterbrochen wird. Gratians Thätigkeit wird im Jahre 1169 durch eine
Legation unterbrochen (s. Jaffé 7751 und 7760) und inzwischen erscheint der Notar Gerard als Datar, der auch schon kurz vor dem
Eintritt Gratians als solcher thätig war. Von ihm ist mir aus beiden
Perioden nur ein Original (J. 7781 Bergamo) zu Gesichte gekommen
und zwar zu einer Zeit, wo ich von der Wichtigkeit dieses Kriteriums
noch keine Ahnung hatte; soweit ich aus meiner Nachzeichnung ersehen kann, ist das nachgetragene G Gerards wesentlich dasselbe wie
das Gratians; ob die Unterschiede, die ich nach der Zeichnung allerdings anführen könnte, im Original bestimmter hervortreten, kann ich
jedoch nicht sicher behaupten; möglich wäre es aber immerhin, dass
Gerard seine stellvertretende Stellung bis zur Herübernahme des G
Gratians ausdehnte. Noch einmal unterbricht Gerard die Thätigkeit
seines Collegen zu Venedig in J. 8472 (bei Jaffé nicht bemerkt) und
jetzt ist das nachgetragene G entschieden anders als in J. 7781, während
vor und nachher die von Gratian gegebenen Stücke ganz das gleiche
ihm eigenthümliche aufweisen (Die nächsten Nachbarn, die ich von
J. 8472 sah, sind J. 8429 und 6520). Hoffentlich werden weitere
Untersuchungen über diesen Punkt mehr Licht verbreiten. Albert
(Alexander III., Lucius III., Urban III.): A in Capitale mit etwas nach
unten verlängertem linken und verdicktem oder doppellinig gezogenem
rechten Schenkel und mit einem auf den oft nicht ganz schliessenden
Winkel aufgesetzten Querbalken. Hugo (Lucius III.): unciales h
mit sehr starkem unter die Linie spitz auslaufenden Bauch.
Moyses (Urban III.—Cölestin III.): sehr regelmässiges in den Aus-
bauchungen verdicktes M in Unciale. Egidius (Cölestin III.) nicht
Aegidius: E uncial mit an den beiden Biegungen innen angebrachten
Dukeln und einer fein gekrümmten die beiden Enden des Haupttheils
sowie des Querbalkens berührenden Linie. Centius (Cölestin III.):
C ganz schmucklos, jedoch sehr dick.

Gegenüber der eben besprochenen Nachtragung tritt der ganze
übrige Theil der Datumzeile in den Hintergrund, aber es sollen ihm
doch einige Bemerkungen gewidmet werden, um zu zeigen, welchen
Wandlungen die Kanzleigebräuche unterworfen waren; diese können
nur theilweise nach bestimmten Perioden gegliedert werden, theilweise
sind sie so manigfaltig und ineinander geschoben, dass sie mit den vor-

handenen Mitteln für die Kritik noch nicht verwendbar sind und
vielleicht nach weiteren Untersuchungen als der Willkür der Schreiber
überlassen und daher überhaupt als werthlos für dieselbe erklärt werden müssen. Es kommen hier noch die Abkürzungen, die Schreibart
des Papstnamens und die Behandlung der Zahlen in Betracht.

Als ständige Abkürzung kann nur mehr „dat" angesehen werden;
selbst neben dem gewöhnlich abgekürzten „manu" erscheint auch
„manum" ausgeschrieben, aber ganz vereinzelt, so dass es sicherlich
nicht auf die Gewohnheit eines Schreibers oder als Vorbeugungsmassregel angesehen werden kann. Wie wenig sonst auf die Abkürzungen in der Kanzlei Gewicht gelegt wurde, wie sehr dies vielmehr
der Willkür der Schreiber anheim gestellt blieb, beweisen vor allem
Urkunden, die zeitlich nahe aneinander oder gar an Einem Tage ausgestellt sind. So bestehen zwischen der Datumzeile vom J. 6574
und 6574ᵃ (Florenz)[1] nicht weniger als 6 Differenzen bezüglich der
Abkürzungen; doch die beiden Stücke sind von verschiedenen Schreibern. Noch lehrreicher aber ist die Gegenüberstellung von J. 8331
und 8331ᵃ (Florenz), die entschieden vom selben Schreiber herrühren
und dennoch 5 derartige Differenzen aufweisen. Man sieht also, dass
der Versuch die Abkürzungen mit zur Aufstellung der Schreiberlisten
zu verwerthen scheitern müsste, und diese Wahrnehmung gewinnt
durch das, was über die Schrift im allgemeinen gesagt wurde, an
Bedeutung, da wir bei den sonstigen Schwierigkeiten dankbar jede
derartige Handhabe ergreifen müssten.

Etwas besser steht es in Bezug auf die Schreibart des Papstnamens und die Behandlung der Zahlen; hier lassen sich, wie es
scheint, wenigstens für einzelne Perioden Gesetze und feststehende
Gebräuche aufstellen. Unter Cölestin II. fand ich den Namen stets
in Minuskel geschrieben und nur dadurch hervorgehoben, dass die
cursive Verbindung st lang gestreckt und manigfach verziert ist; dagegen ist der Name Lucius II. wieder in Majuskelbuchstaben, welche
der verlängerten Schrift der ersten Zeile analog sind, ausgezeichnet.
Dasselbe ist auch in den ersten Regierungsjahren Eugen III. der Fall,
bis i. J. 1148 (zwischen Juli und September, J. 6444ᵃ und 6451?)
mitten in der Amtszeit des Guido die Aenderung eintritt, dass der
Name in gewöhnlicher Minuskel geschrieben und nur durch den grossen

---

[1] Ueber die Uebereinstimmung beider vgl. andererseits das beim Datar
Marianus gesagte. Die beiden Stücke lehren uns auch, dass selbst jetzt in Bezug
auf die genaue Stilisirung der Datumzeile noch keine festen Normen bestehen;
J. 6574 hat: „Eugenii III. papae anno VII.", 6574ᵃ: „Eugenii papae III. anno VII".

Anfangsbuchstaben sowie weitgedehntes spitzes oder hochgestelltes rundes u hervorgehoben wird. Unter Boso wird wieder zur alten Sitte zurückgekehrt; beide Arten begegnen uns dann nebeneinander unter Anastasius IV. und Hadrian IV., in einer Weise miteinander abwechselnd, die deutlich zeigt, dass man damals keine bestimmte Norm hiefür aufgestellt hatte. Auch unter Alexander III. scheint dies noch nicht der Fall gewesen zu sein, neben stattlicher Majuskel sehen wir schlichte Minuskel, ja selbst Abkürzungen im Namen. Dagegen habe ich von Lucius III. an bis ans Ende des Jahrhunderts in allen Originalen die Namen in Majuskel geschrieben gefunden.

Die Behandlung der Zahlen ist am constantesten bei den Incarnationsjahren, die stets mit Zahlzeichen geschrieben und mit mehreren Endungen, deren Zahl schwankend und theilweise durch graphische Gründe bedingt ist, versehen sind. Doch ist mir auch hier eine Ausnahme aufgefallen. J. 9424ᵃ (Florenz) nämlich hat nur die beiden letzten Stellen in Zahlzeichen, die beiden oberen in abgekürzten Worten geschrieben; hätten wir eine Copie oder einen Druck vor uns, so würden wir wahrscheinlich dies auf Rechnung des Abschreibers setzen, das Stück aber ist sicher ein Original mit allen wesentlichen Merkmalen ausgerüstet, vor allem mit der in die Augen springenden Nachtragung des Anfangsbuchstabens und den nöthigen Lücken in den Cardinals-Unterschriften. Und etwas ähnliches begegnet uns auch der Behandlung der Ordnungszahl des Papstes gegenüber, bei der wir auch als allgemeine Regel aufstellen können, dass sie in Zahlzeichen ohne darüber gesetzte Endung geschrieben wurde. Aber für beides müssen wir auch entgegenstehende Fälle verzeichnen und zwar in Stücken, an deren Originalität kaum gezweifelt werden kann; so ist in J. 6795 die Endung ti übergeschrieben und erscheint die Ordnungszahl in J. 6291, 6460, 9807ᵃ, 9958ᵃ in Buchstaben ausgeschrieben. Viel grössere Manigfaltigkeit zeigt sich dagegen bei den Pontificatsjahren und der Indiction. Erstere fand ich unter Cölestin II., Lucius II. und in den ersten Jahren Eugen III. stets in Buchstaben ausgeschrieben; dann tritt ein Schwanken ein, für das die schon einmal herangezogenen Stücke J. 6574 und J. 6574ᵃ lehrreich sind, da uns hier am gleichen Tage beide Arten entgegentreten. Der frühere Gebrauch festigt sich wieder unter Anastasius IV., beginnt aber schon unter Hadrian IV. wieder zu schwanken; dies setzt sich auch noch unter Alexander III. fort und zwar so, dass kaum Perioden für den einen und andern Modus werden gefunden werden können. Unter Lucius III. fand ich wiederum stets Zahlzeichen, die nochmals unter Urban III. mit Buchstaben alterniren, worauf sie aber endgiltig verschwinden. Unter Clemens III. und Cölestin III. begegnet stets Wortschreibung und hier werden wir sie wohl als Regel aufstellen können, zumal das zu gleicher Zeit in den Literae auftauchende Pontificatsjahr auch in diesen regelmässig in Buchstaben ausgeschrieben wird. Die Indiction fand ich unter Cölestin II. und dessen Nachfolger bis Anastasius IV. stets in Zahlzeichen und zwar ohne übergesetzter Endung; unter Anastasius IV aber taucht daneben auch die Wortschreibung auf, was jedoch mit dem Jahre 1155 wieder verschwindet und dem ausschliesslichen Vorkommen des früheren Modus Platz macht. Mit der zweiten Amtsperiode des Gratian unter Alexander III. tritt die Ueberschreibung der Endung hinzu, welche sich auch bis an den Schluss des Jahrhunderts behauptet, aber daneben sowohl Zahlzeichen ohne Endung als auch die Buchstabenschreibung aufweist, so dass wir für diese Päpste verzichten müssen auch nur annähernd hiefür Regeln aufzustellen.

Noch ein Punkt bleibt bei der Datumzeile zu berühren übrig, nämlich ihre Einordnung in das Linienschema. In den alten Privilegien nimmt sie oft mehrere Zeilen in Anspruch und dies habe ich auch noch unter Nicolaus II. und Alexander II. gefunden. Von da ab beschränkt man sich aber auf zwei Zeilen, wobei immer mehr und mehr das Bestreben zu Tage tritt sie in einer Zeile unterzubringen; noch unter Calixt II. begegnet uns ein grösserer Bruchtheil auf einer zweiten Linie; unter Innocenz II. wird nur mehr hie und da das abschliessende Pontificatsjahr in die zweite Linie gerückt, dann aber durch einen hackenförmigen Strich die Zusammengehörigkeit der Zahl mit der oberen Zeile angedeutet. Von Cölestin II an begegnete ich nur mehr Datumzeilen auf einer Linie und zugleich wird es auch Regel dieselbe bis an den Rand d. h. bis an die rechtsstehende senkrechte Grenzlinie auszudehnen. Offenbar hängt der vielfache Wechsel der Abkürzungen mit der dadurch nöthig gewordenen Eintheilung zusammen; aber daneben finden die Schreiber auch andere Mittel die Zeile einzupassen: so dient die cursive Verbindung ct in „Indictione" oder, wo diese fehlt, das langgebauchte s in „pontificatus" oder das in Silben abgehackte Pontificatsjahr diesem Zwecke. Die Zeile tritt hart an die Plicatura hinan, niemals aber habe ich etwa die Unterschüfte durch sie verdeckt gefunden. Ob die Bildung der Plicatura und damit auch die Bullirung früher stattfand als ihre Schreibung, lasse ich noch dahingestellt; die Frage berührt tief die nach der Bedeutung des „Datum" überhaupt; sie kann nicht mit wenigen Worten gelöst werden und fällt auch nicht in den Bereich der diesen Zeilen gestellten Aufgabe.

Es erübrigt noch von der zweiten Art der Papsturkunden in dieser Zeit zu sprechen, von den Literae. Ich wähle diesen Namen, obwohl vielfach und auch noch in neuester Zeit der Ausdruck „Breve" gebraucht wurde, weil dieser für eine erst später auftauchende Urkundenart als technischer Ausdruck reservirt werden soll und weil sich die erstere Benennung dem Sprachgebrauche der Curie selbst anschliesst. Ehe ich aber zu diesen übergehen kann, muss ich noch kurz einer Mittelgattung gedenken, die wir am besten als „privilegia minora" bezeichnen können. Sie nehmen ihren Anfang im 11. Jahrhundert und ziehen sich immer seltener werdend durch das ganze 12. Jahrhundert hin, bis sie unter Innocenz III. endgiltig einerseits in die Privilegien, andererseits in die erste Gattung der Literae aufzugehen scheinen. Die Untersuchung dieser höchst merkwürdigen Stücke muss sich vor allem auf die inneren Merkmale werfen; diese sind es nämlich, welche ihnen ihren wesentlichen Character aufdrücken. Aeusserlich tragen sie nichts ihnen allein eigenthümliches an sich, sondern schliessen sich den grossen Privilegien an, denen gegenüber sie etwas weniger prunkhaft aufzutreten und des einen oder andern Merkmals zu entbehren scheinen [1]. Es wird vor allem die Untersuchung durchzuführen sein, ob sie rechtlich andere Grenzen steckten als die grossen Privilegien. Dies ist namentlich im 12. Jahrhundert um so schwieriger, als der von ihnen umspannte Kreis von Verleihungen ganz der gleiche ist wie der der ersteren: Bestätigung eines Schiedsspruches, Zuweisung eines Klosters an ein anderes, Gutheissung und Belobung einer Ordensregel, Bestätigung einzelner Rechte und Güter, die in andern Fällen durch ein grosses Privileg gefestigt werden, sind ihnen zugewiesen; aber auch Bestätigung des gesammten Besitzstandes und Aufnahme in den Schutz des h. Petrus, die man als „pancartae" bezeichnet, finden wir in Privilegien ausgesprochen, die statt der regelmässigen Formel: „In Per-

---

[1] Folgende Privilegia minora kann ich von den in Jaffé enthaltenen Urkunden von Innocenz II. an nachweisen: Innocenz J. 5554, 5840, 5555, 5596, 5456, 5452, 5458, 5487, 5489, 5711, 5728, 5775; Cölestin II. J. 5990? Lucius II. J. 6065; Eugen III. J. 6176, 6216, 6293 6458, 6548; Anastasius IV. J. 6745, 6777; Hadrian IV. J. 6927, 6965, 6977, 6985, 7120; Alexander III. J. 7179, 7409, 7520, 7681, 7758, 7781, 8297, 8352, 8448, 8526, 8880; Urban III J. 9809, 9967; Clemens III. J. 10048, 10116, 10151, 10168; Cölestin III. J. 10855, 10582, 10652. Leider sah ich von allen diesen nur J. 10188 im Original; es unterscheidet sich von den grossen Privilegien nur in zwei Dingen: die verlängerte Schrift der ersten Zeile fehlt und es ist nur „Clemens" in grossen Buchstaben geschrieben und zwar den Dimensionen des Stückes entsprechend viel grösser in den Literae und überdies mit verziertem Anfangsbuchstaben; ferner fehlen alle Hervorhebungen innerhalb des Contextes.

petuum" mit der Grussformel: „Salutem et apostolicam benedictionem", die man bisher als unterscheidendes Merkmal der beiden Privilegienarten annahm, versehen sind[1]). Aber wenn man auch annehmen wollte, dass dies Zufall sei oder auf verderbter Ueberlieferung beruhe, so wird man auch mit dem Scheidungsgrunde der Erwähnung und der Verschweigung der Nachfolger des Adressaten d. h. also der Aussprechung der dauernden oder temporären Verleihung nicht ausreichen, denn es stossen Fälle auf, wo bei Specialvergabungen neben der Grussformel auch die Nachfolger als Begabte mit auftreten[2]). Auch der Scheidungsgrund, den Robert (p. 19) zwischen den feierlichen und „minder feierlichen" Privilegien unter Calixt II. annehmen will, die Cardinals-Unterschriften und die grosse Datirung, lässt sich schon unter Innocenz II. nicht mehr halten. Nur eine eingehende Untersuchung der Formeln wird da Licht verschaffen können.

Fast ausnahmslos werden bis Innocenz II. Vergabungen in einer der beiden Privilegienarten verliehen; unter Calixt II. ist nach Robert die Zueignung derselben an Literae höchst selten und auch unter Innocenz II. ist die Zahl der Fälle verschwindend klein gegenüber den Privilegien[3]). Dagegen sind von jeher die administrativen Acte den Literae zugewiesen worden, die noch unter Calixt II. (wie es scheint, ausnahmslos) mit der an einer Seidenschnur hängenden Bulle versehen waren und erst von Innocenz II. an die Hanfschnur aufweisen. Ob schon jetzt zwischen diesen Literae und den Rechte gebenden in Bezug auf die äusseren Merkmale ein Unterschied gemacht wurde, vermag ich nicht anzugeben; sicher kann ich von Lucius II. an die beiden auch jetzt ab getrennt auftretenden Arten nachweisen, die wir im Anschluss an den alten Sprachgebrauch mit „literae cum filo serico" und „literae cum filo canapis" bezeichnen können: Briefe mit Seidenschnur und Hanfschnur stehen sich von nun an mehrere Jahrhunderte lang gegenüber. Die vergabenden Literae werden nun immer häufiger und da taucht die schwierige Aufgabe auf nachzuweisen, wie sich der allmälige Uebergang der Zuweisung gewisser Vergabungen von den Privilegien zu den Literae bis Innocenz III.

---

[1]) Es sind dies: Innocenz's II. J. 5395, 5416, 5775; Lucius II. J. 6066; Eugen III. J. 6178 (6393); Anastasius IV. (J. 6745); Hadrian IV. J. 6927; Alexander III. J. 7630, 7758, 7781, 8297, 8832, 8900; Cölestin III. J. 10522.

[2]) Unter den obigen Urkunden fand ich dies bei folgenden: Innocenz II. J. 5711; Hadrian IV. J. 6985; Alexander III. J. 8448; Urban III. J. 9967; Clemens III. J. 10048; Cölestin III. J. 10652.

[3]) Es sind dies: J. 5335, 5362, 5376, 5411, (5513), 5649, 5657, (5578), 5754, 5811, 5896, 5890, 5902.

hin vollzieht, und es frägt sich auch da wieder, ob die Verleihung eines Rechtes oder Bestätigung eines Besitzes mittelst Privilegien eine andere rechtliche Bedeutung hat als die mittelst Literae, wie nun allerdings die ausnahmslose Verschweigung der Nachfolger des Adressaten bei den letzteren vermuthen lässt. Die Wahrnehmung, welche Delisle (p. 20) für Innocenz III. ausspricht, dass mit den L. c. filo serico Rechte, mit den andern Befehle ertheilt wurden, habe ich auch im 12. Jahrhundert durchaus bestätigt gefunden; sehr schwer dagegen wird es werden den Scheidungsgrund zwischen den gewöhnlichen Literae cum filo canapis und ihrer Unterart, den Literae clausae, zu finden; ganz bestimmte unseren Augen sich entziehende Gründe scheinen hiebei massgebend gewesen zu sein, da dasjenige, was dem einen geistlichen Würdenträger in einem gewöhnlichen Briefe, dem andern im verschlossenen intimirt wird; andererseits fand ich an sich harmlose Dinge, wie die Nachricht von der Bestätigung der Aebtissinwahl an ihre Nonnen, im geschlossenen Briefe mitgetheilt [1]).

Zur Characteristik und Unterscheidung der beiden Arten Literae wird es sich empfehlen jene kurze Regeln aus der päpstlichen Kanzlei zu Grunde zu legen, welche Delisle in seiner öfter citirten Abhandlung p. 23 mitgetheilt hat. Allerdings stammen sie aus der Zeit Bonifacius VIII.; sie geben uns also die erst ein volles Jahrhundert später beobachteten Normen, aber manche von ihnen reichen bis Innocenz III. hinauf, manche gehen noch weiter zurück, wie schon Delisle andeutet, wenn er sagt, dass es nicht unmöglich sein werde für jede einzelne den Ausgangspunkt zu finden.

Art. 1 spricht von der verschiedenen Bullirung mit Seiden- und Hanfschnur.

Art. 2 und 10 handeln von der Schreibart des Papstnamens: in den L. c. f. serico soll er in Majuskelbuchstaben ohne Abkürzung geschrieben werden, wobei die Ausschmückung des ersten Buchstaben anheim gestellt bleibt, in den L. c. f. canapis ebenfalls ganz, in einfacher Minuskel, mit grosser schmuckloser Initiale. Ueberdies wird verlangt, dass der erste Buchstabe der darauf folgenden Anrede, also D(ilecto) oder V(enerabili), in ersteren verdickt, in letzteren einfach in Majuskel geschrieben werde. Während ich für den zweiten Punkt der Regel keinen Anfangspunkt geben kann, glaube ich ihn für den ersten unter Alexander III. ansetzen zu können; sowohl seinen Namen

---

[1]) Die Literae clausae sind sehr selten; selbst von Innocenz III. sah Delisle nur ein einziges Stück. Ein Specimen, an welchem man deutlich die Art des Verschlusses erkennt, bietet Sickel Mon. Graph. IX. 4.

als den seiner Nachfolger fand ich stets in der oben angeführten Weise nach den beiden Arten geschieden vor. Vor ihm dagegen zeigt sich grosses Schwanken. Noch unter Anastasius IV. wird der Name abgekürzt, was für die frühere Zeit geradezu Regel ist; in den Briefen Paschals finden wir nur den Anfangsbuchstaben, und die Abkürzung scheint noch unter Innocenz II feststehender Gebrauch zu sein. Unter Lucius II. begegnete ich allerdings in L. c. f. serico dem ausgeschriebenen Namen in Majuskel gesetzt, unter Anastasius IV aber wiederum ganz schlicht geschrieben.

Art. 3: Die Grussformel werde stets in folgender Weise abgekürzt geschrieben: „salt et aplicā ben". Unter Innocenz III. (Delisle p. 27) ist noch ein Schwanken bemerkbar, indem neben dieser Form auch „aplicam" geschrieben und statt des ausgeschriebenen „et" die cursive Schreibart angewendet wird. Von Alexander III. an fand ich stets „aplicam", also die von Bonifaz' Regel abweichende unter Innocenz III. vorkommende Form, alle andern Worte aber in der oben verlangten Weise abgekürzt; nur in Bezug auf die Schreibart des „et" begegnet ein Wechsel zwischen dem tironischen Zeichen und der Ausschreibung, niemals aber die cursive Verbindung Innocenz' III., welche jedenfalls bald wieder fallen gelassen wurde, wie Sickel Mon. Graph. IX. 4, 5 (Briefe Gregor IX. und Innocenz IV.) bezeugen. Vor Alexander III. ist die Schreibart so manigfaltig, dass kaum Regeln aufzustellen sein werden.

Art. 4, welcher verlangt, dass der nach dem Gruss zunächst stehende Buchstabe (also entweder der Arenga oder der Narratio angehörig) besonders hervorgehoben werde, hat für das 12. Jahrhundert noch keine Geltung.

Art. 5 fordert in den L. c. f. serico das diplomatische Abkürzungszeichen, in den andern den gewöhnlichen Abkürzungsstrich. Ob dies unter Innocenz III. gehalten wurde, gibt Delisle nicht an, in unserm Jahrhundert scheint der Abkürzungsstrich die Regel gewesen zu sein; erst unter Cölestin III. fand ich auch das diplomatische Zeichen in der ersteren Art angewendet.

Art. 6 schreibt für die L. c. f. serico die cursive (diplomatische) Verbindung von et und st vor. Auch hiefür kann ich keinen bestimmten Anfangspunkt finden; sicher ist mir nur, dass unter den letzten Päpsten des 13. Jahrhunderts eine so streng fixirte Bestimmung noch nicht durchgeführt ist; noch unter Lucius III. fand ich in einem Stücke die Ligaturen, aber nur bei den Worten „dilectis" und „statuentes", bei den andern nicht, andererseits dagegen kann ich unter Alexander III. l. c. f. canapis nachweisen, wo die Verbindungen vorkommen. Demgegenüber wird man verzichten müssen Regeln aufzustellen und auch Delisle kann (p. 31) dies für seinen Papst nicht endgiltig thun.

Art. 7 sagt, dass in allen Briefen, welche die Formeln „Nulli ergo" und „Si quis autem" enthalten, ihre Anfangsbuchstaben in Majuskel geschrieben werden müssen. Dies fand ich von Alexander III, wenn auch oft in sehr bescheidenem Masse, eingehalten.

Art. 8 betont die Ausschliessung einer Anzahl von Abkürzungen, insbesondere die Variationen bei p für per, prae und pro, was sich jedenfalls erst im Laufe des 13. Jahrhunderts entwickelt hat; Delisle vermochte für Innocenz III. noch kein bestimmtes Gesetz überhaupt für die Abkürzungen des Contextes zu finden.

Art. 9 erklärt jedes Loch und jede Rasur für ausgeschlossen. Dies scheint auch unter Innocenz III. nicht unumstössliches Gesetz gewesen zu sein, sonst wäre dessen Spruch in Potth. 395 (Decret. Gregor. IX. lib. 5 tit. 20 c. 9) unverständlich.

Art. 11 handelt von der Schreibart der Datumzeile, welche entweder auf einer Linie geschrieben oder, wenn dies nicht möglich ist, so abgetheilt sein müsse, dass Ort und Tagesdatum auf der ersten, die übrigen Zeitbestimmungen, welche sich jedoch auch im 13. Jahrhundert nur auf das Pontificatsjahr beschränken, in der zweiten Zeile zu stehen kommen. Es wird also hier kein unterscheidendes Merkmal zwischen den beiden Arten von Literae gegeben und in der That ergibt sich auch keines. Auch im 12. Jahrhundert wird es so gehalten, dass in Bezug auf das Mass der Datirung kein Unterschied gemacht wird; bis Gregor VIII. erscheinen in allen Literae nur Ort und Monatsdatum, alle anderen Zeitbestimmungen sind als Interpolationen anzusehen. Unter Gregor VIII. wird die Indiction hinzugefügt, die aber von Clemens III. bald durch das Pontificatsjahr ersetzt wird. Stets wird dasselbe in Buchstaben, niemals in Zahlzeichen geschrieben. Wohl aber besteht im 12. Jahrhundert bei der Behandlung der Datumzeile ein Unterschied in Bezug auf ihre äussere Anordnung, welche sich einfach dadurch erklären lässt, dass man den Literae c. f. serico auch sonst ein stattlicheres Aussehen zu geben bestrebt war. An eine völlige Loslösung der Datumzeile vom Contexte wird allerdings niemals gedacht; wenn es einigermassen thunlich ist, wird im Gegentheil das regelmässig abgekürzte „dat." unmittelbar an das letzte Wort des Contextes angeschlossen. Aber in den feierlichen Briefen wird sie durch weite Trennung der einzelnen Worte bis an Ende oder doch wenigstens gegen dasselbe hinan gedehnt. Jedoch ist es schwer für diesen Gebrauch eine bestimmte Grenze und auch eine bindende Norm aufzustellen, so dass wir, solange das Material nicht mehr ausgebeutet ist, darauf verzichten müssen damit ein wesentliches Merkmal für die Literae c. f. serico aufzustellen. Nach meinen Erfahrungen muss von Alexander III. an die Dehnung der Zeile in ihnen als Regel angesehen, kann aber als nicht ausgeschlossen für die andere Gattung betrachtet werden. Seit dem Hinzutreten des Pontificatsjahres wird es in den seltensten Fällen möglich für das Datum mit der letzten Contextzeile auszulangen, und dann wird gewöhnlich der auf der zweiten Linie stehende Rest mehr oder minder gedehnt. In Bezug auf die Abtheilungsmethode, welche der Artikel angibt, hat sich noch keine feste Regel gebildet, auch innerhalb des Tagesdatums wird abgetheilt, wofür auch Delisle (p. 51) für Innocenz III. noch Beispiele beizubringen vermag.

Art. 12 stellt die Forderung, dass alle Personen und Ortsnamen, ferner alle Aemter und Titel mit grossen Anfangsbuchstaben geschrieben werden. Dies führt uns auf die Schreibart der Personennamen; bekanntlich besteht im 12. Jahrhundert in den Papstbriefen die für den Geschichtsforscher keineswegs angenehme Sitte, dieselben bis auf den ersten Buchstaben abzukürzen oder gar nur durch einen mit zwei Punkten begrenzten leeren Raum anzudeuten. Welche Wandlungen hat dieser Gebrauch durchgemacht? Die Sitte die Adressaten mit einem oder zwei Buchstaben abzukürzen besteht schon unter Paschal II. und ist auch noch unter Innocenz II. constant durchgeführt; unter dessen Nachfolgern lässt sich aber kein bestimmtes Gesetz aufstellen, so sind noch unter Hadrian IV. die Namen bald ganz ausgeschrieben, bald mehr oder minder abgekürzt. Unter Alexander III. endlich lässt sich die Festsetzung des Gebrauches constatiren, dass in den Literae statt der Namen nur Punkte gesetzt werden, die häufig genug von interpolirenden Händen ausgefüllt werden; daneben erhält sich aber auch der Gebrauch der Abkürzungen mit dem Anfangsbuchstaben. Bestimmte Normen, so dass man der einen Urkundenart die eine Form, der andern die andere zuweisen könnte, bestehen aber nicht; wenigstens glaube ich nicht, dass solche zu finden sein werden. Zum Beweise hiefür stelle ich mehrere Briefe Cölestin III. zusammen und da wird sich zur Genüge ergeben, wie schwankend der Gebrauch ist.

J. 10383[a] (Florenz) . . Priori Camaldulensi et R praeposito Savensi. L. c. f. canapia.

J. 10385[a] (Florenz) . . Aretino episcopo. L. clausae.

J. 10392[a] (Florenz) . . Abbati et fratribus monast. S. Jocondae. L. c. f. serico.

J. 10425ᵃ (Florenz) . . C Abbati monast. de Passiniano . . plebano de
    Figlino et Episcopello subdiacono. L. c. f. canapis.
J. 10635ᵃ (Venedig) . . Conrad. Monacensi abbati. L. c. f. serico.
J. 10457 (Wien) . . . Rapotoni provisori. L. c. f. serico.

Sieht man hier auf den ersten Blick, dass nach Urkundenarten keine Gliederung möglich ist, so wird man auch von dem Versuche abstehen müssen etwa nach der Würde der Adressaten scheiden zu wollen. Und das gleiche Schwanken tritt uns auch entgegen bei der Behandlung der Eigennamen innerhalb des Contextes; bald sind sie ausgeschrieben, bald mehr oder weniger abgekürzt, bald auch (es kommt dies aber erst unter den letzten Päpsten des Jahrhunderts vor) durch die Freilassung eines durch Punkte abgegrenzten Raums angedeutet.

Art. 13 endlich bezieht sich nicht auf die äusseren Merkmale, sondern auf die Forderung die Datirung in römischer Weise zu setzen; sie wird auch im 12. Jahrhundert ausnahmslos angewendet.

Hiemit haben wir die Artikel aus der Zeit Bonifaz VIII. erledigt; wenn sie selbst nicht geeignet sind Fälschungen vorzubeugen, so kann man noch viel weniger vom 12. Jahrhundert sagen, dass durch die von uns erkannten Normen solche besonders erschwert worden wären. Bringt man noch hinzu die Regelmässigkeit der Schrift, welche noch viel mehr als die Privilegienschrift sich der Bücherminuskel nähert und in ihrer durch nichts oder weniges unterbrochenen Gleichmässigkeit es verhindert, dass sich die Individualität des Schreibers zur Geltung bringt, so wird man nicht anstehen können zuzugeben, dass auch die genaue Prüfung und Richtigbefindung der äusseren Merkmale eine durch ihren Inhalt auffallende Urkunde nicht von dem Verdachte der Fälschung reinigen kann.

Aber, so wird man sagen, man hat ja noch die Bulle mit der Seiden- oder Hanfschnur! Diese ist, was durch die Art der Befestigung leicht begreiflich ist, sehr häufig abgefallen und, hängt auch noch die Schnur am Briefe, so können wir aus Farbe oder Art der Drehung keine Schlüsse ziehen; nur die Befestigung derselben durch zwei Löcher der Plicatura ist seit Innocenz II. constant. Aber auch wenn die Bulle erhalten ist, können wir verhältnissmässig wenig auf sie bauen. Einmal ist es mit unserer Kenntniss der Bullen noch sehr schlecht bestellt. Sicher kann man annehmen, dass aus dem einen oder andern Grunde mehrere Stempel unter einem Papste angewendet wurden; Harttung vermag für das kurze Pontificat Calixt II. 3 Stempel nachzuweisen, wir wissen aber nicht, ob dies zeitlich nacheinander oder nebeneinander der Fall war, denn wir besitzen aus dem 12. Jahrhundert keine ähnlichen Briefe, wie sie Delisle (p. 70) von Innocenz IV. veröffentlicht hat; ferner haben wir keine sichere Gewähr, dass Bulle und Urkunde von Anfang an zusammengehörig sind. Zur Begründung dieses Scepticismus sei nur hingewiesen auf die Auseinandersetzungen, die Innocenz III. in Potth. 365 (Decret. Greg. IX. Lib. V. tit. 20. c. 5) gibt; liest man dieselben, so wird man nicht umhin können zu gestehen, dass die Bullirung nur dazu angethan ist die Schwierigkeiten zu vermehren, mit denen es die Kritik bei den äusseren Merkmalen der Papsturkunden zu thun hat.

XII.

Dürers Studium nach der Antike

Ein Beitrag zu seinem ersten venezianischen Aufenthalte

von

Franz Wickhoff.

Fig. 1.
Eros mit dem Bogen des Herakles.

Unter den kostbaren Zeichnungen Dürers auf der Albertina zu Wien befindet sich ein Blatt mit Skizzen, von Thausing[1]) in das Jahr 1494 gesetzt, dessen wiederholte Betrachtung für die Entwicklungsgeschichte des Künstlers nicht ohne Bedeutung ist. Die Federzeichnung zerfällt in zwei durch eine Verticallinie von einander gesonderte Hälften: links die Entführung der Europa, rechts drei Löwenköpfe, darunter Apollo neben einem Manne in orientalischer Gewandung. Diese Gruppe[2]) wollen wir zuerst besprechen, weil sie für die Frage, welche uns beschäftigen soll, die grössere Bedeutung hat.

Apollo wird in voller Vorderansicht gesehen, das linke Bein ist Standbein, die Hüfte tritt weit heraus, das rechte Bein (Spielbein) ist leicht angezogen, im Knie gebogen. Dieser Bewegung folgt der Oberkörper, der nach seiner rechten Seite zu fast über die Mittellinie der Figur hinaus geworfen ist; der Kopf ist im Dreiviertelprofile gegen die linke Schulter gesenkt; der linke Arm geht quer über die Brust, die Hand fasst einen Bogen, dessen unteres Ende über dem rechten Knie liegt; die rechte Hand ruht leicht auf dem oberen Bogenende, Daumen und Zeigefinger halten zierlich einen Pfeil. Alle Formen sind weicher als wir sie sonst bei Dürer zu sehen gewohnt sind, jedoch eher schlank als zu voll, das Gesicht zart und schmachtend, die Augendeckel gesenkt wie im Schlafe. Reiche Locken wallen über die Schultern von dem lorbeerbekrönten Haupte. Ein kurzer gegürteter Chiton, bis zur Mitte der Schenkel reichend, lässt den grössten Theil der Brust sowie die Arme unbedeckt. Kleid und Gürtelschleife werden von der Luft heftig bewegt. Weiche Halbstiefel vollenden die Bekleidung.

---

[1]) Dürer 84. [2]) Vgl. die beigegebene Heliogravure, ⅔ der Originalgrösse.

Das Bewegungsmotiv berührt uns fremdartig. Man könnte einen Bogen kaum gesuchter halten, überhaupt für eine Figur in ruhiger Stellung kaum eine gezwungenere Haltung ausdenken. Dürer, der aufmerksame Beobachter der Natur, würde uns hier unverständlich werden, wenn wir diesen Apollo seiner Erfindung zuschreiben müssten. Sollte ihm nicht ein fremdes Kunstwerk vorgelegen haben, das ihn durch Lieblichkeit oder ehrwürdiges Alter zur Nachbildung anreizen mochte, wenn es sich auch seinem Verständnisse nicht vollständig erschlossen hatte? Wirklich finden wir das Motiv in einer antiken Marmorstatue wieder, von welcher sich zahlreiche Repliken [1]) erhalten haben. Fast alle europäischen Sammlungen besitzen davon ein oder mehrere Exemplare. Einen Eros, der den Bogen prüft, glaubte man darin zu erkennen. Nach Friedrichs schöner Erklärung [2]) sucht er die Sehne, welche nur an dem einen Ende des griechischen Bogens dauernd befestigt war, über das andere Ende zu ziehen [3]). Nicht seinen eigenen kleinen Bogen macht er zurecht, sondern den grossen des Herakles. Auch seiner anderen Waffen hat er den Helden beraubt; über dem stützenden Baumstrunk, der sich in manchen Wiederholungen erhalten hat, ist eine Löwenhaut gebreitet, eine Keule lehnt daran — eines jener spielenden Motive, welche die griechische Kunst zur Zeit ihrer Nachblüte liebte: der kräftigste Heros ist der alles bezwingenden Macht des schwachen Knaben unterlegen.

Eros, halbwüchsig, nackt, geflügelt, hat den Bogen in die Wade des rechten Beines eingestemmt, hält ihn mit der linken Hand fest und sucht nun die Sehne mit der rechten Hand über das obere Bogenende zu ziehen. Mit dem ganzen übergebeugten Körper unterstützt er die rechte Hand, welche zugleich den Bogen niederdrücken und die Sehne darüber ziehen muss. Mit dem rechten Beine drückt er nach oben, um den Bogen noch stärker zu krümmen. Gespannt blickt er auf die rechte Hand, gegen welche er den Kopf so weit hinüber gewandt hat, dass er von vorne nur im Profile zu sehen ist. Bewegungen, welche in Dürers Zeichnung auffallend waren, finden an der Statue ihre natürliche Erklärung. Die Hüfte weicht bei der rechtseitigen Bewegung des Oberkörpers nach links aus, die Haltung der Arme erklärt sich aus ihrer Action. Doch stimmt das Motiv

---

[1]) Z. B. Clarac Musée 1452, 1464, 1471, 1471 A, 1471 B, 1471 C, 1465. 1491, 1493, 1493 A. Ich verdanke den Hinweis meinem verehrten Lehrer O. Benndorf.
[2]) C. Friedrichs, Amor mit dem Bogen des Hercules 27. Programm zum Winkelmannsfeste. Berlin 1867.
[3]) Nach dieser Erklärung Friedrichs hat Hans Macht das Petersburger Exemplar, Clarac 1471, für die Titelvignette ergänzt.

beider Figuren, der Antike einerseits, andererseits dem Apollo der Dürer'schen Zeichnung vollkommen überein. Dass aber die Köpfe gegenseitig gewendet sind, ist nicht von Bedeutung, da bei den meisten Repliken der Kopf fehlt und da die Untersuchungen der Antiken in Bezug auf Anatomie bei den Restauratoren des 16. Jahrhunderts noch keineswegs so sorgfältig geführt wurden, dass irgend einem gelegentlichen Zeichner schon eine richtige Ergänzung zuzumuthen wäre.

Als Dürers Vorlage dürfen wir einen Torso ansehen, dem Kopf, Flügel, Hände und Bogen fehlten, an dem aber die Haltung der Arme und Beine sowie der Bogenansatz an der rechten Wade vollkommen deutlich waren. Auch der Kopf scheint von der Antike beeinflusst zu sein, vielleicht sogar von dem zugehörigen aber abgebrochenen Kopfe der Statue, denn anders wären die völligen, gerundeten Formen kaum zu erklären. Wie kam nun Dürer dazu Eros als Apollo zu verkennen?

Die Renaissancekunst kennt Eros nur als fröhliches Kind; als Putto ist er ihr auf profanen und heiligen Bildern die liebste und vertrauteste Gestalt der alten Götterwelt geworden. Der erwachsene Eros der griechischen Kunstblüte mit gesenktem Haupte und traurigem Blicke ist ihr fremd. Ulisse Aldroandi, der kundige und früheste Beschreiber antiker Statuen, weiss, als er die Bedeutung Cupidos bespricht und seine Darstellungen in der alten Kunst erklärt, nur zu sagen, dass er als Kind gebildet werde, weil er nie altert oder, setzt er schalkhaft hinzu, weil er die Verliebten Kinderstreiche machen lässt[1]). Unter den vielen Amoretten, welche er beschreibt, spielend und scherzend, wie sie die römische Kunst gebildet hatte, fällt ihm eine erwachsene Flügelgestalt auf, die er doch wohl als Cupido gelten lassen muss[2]). Sie muss Aufsehen gemacht haben und man suchte sich das vorgeschrittenere Alter auf Grund einer Stelle des Plinius[3]) dadurch zu erklären, dass Alcibiades dazu Modell gestanden

---

[1]) Ulisse Aldroandi (1. Ausg. 1556) p. 202. Cupido è figliuolo di Venere: accende con la sua face gli amanti, e con le sue saette lor ferisce il core: Fu finto alato, perche facilmente si ritrova per tutto: cieco, perche fa ciechi i seguaci suoi: ignudo, perche fa, che gli amanti mostrino apertamente tutti i loro affeti e desideril, come se ignudi stessero: fanciullo, perche non invecchia mai, ò pure perche fa à gli amanti come inconcie e da putti fare.

[2]) Ebend. 195. (In casa di M. Mario Melina in Agona). Su nella sala poi è una bella statua ignuda, alata senza mano. Fu ritrovato sopra il Colisso: e dicono che sia un Cupido effigiato à sembianza di Alcibiade Athenese, alhora che egli era givanetto bellissimo, et amato da Socrate.

[3]) Plinii natur. hist. XXXVI, 28.

habe, als er die Kinderjahre schon hinter sich hatte. Zumeist kamen die Statuen des Eros wohl ungeflügelt aus der Erde und wurden dann, wenn erwachsen, für Bilder anderer Gottheiten gehalten. Eine solche und zwar eine Replik des bogenspannenden Eros scheint sich in einer anderen Nachricht desselben Autors zu verbergen. Er will eine Apollostatue gesehen haben, welche den Bogen spannt[1]), ein Motiv, welches sich wenigstens in freien Figuren nicht erhalten hat.

Wie nahe liegend für jene Zeit die Verwechslung eines Eros mit Apollo war, beweist die Erklärungsgeschichte des berühmten sogenannten Genius Borghese. Obwohl er geflügelt ist und die Arme inbrünstig gen Himmel hebt, hält ihn doch Flaminio Vacca für einen Apollo[2]), wenn ihn das Ungewöhnliche der Bildung auch, wie billig, erstaunen macht. Lange noch wurde diese Statue nicht als Eros erkannt. Winkelmann, der sie über alles hoch hält und sie mit der Erscheinung eines Engels vergleicht, erklärt sie für einen Genius. Bezeichnend genug für den ganzen Zug dieser Missverständnisse bespricht er sie in seiner Typik zugleich mit den Statuen des Apollo[3]). Kein Typus der griechischen Kunst liegt dem modernen Sinne ferner als jene Göttergestalten in heranreifender Jugend. Nicht nur Eros, auch Dionysos, selbst Apollo wurden verkannt. Wie lange galten nicht die Statuen des musenführenden Apollo für Musen, der Kopf des jugendlichen Dionysos für Ariadne, und konnte nicht erst kürzlich eine Apollomaske des britischen Museums als knidische Aphrodite publicirt werden?

Wir werden nicht staunen wenn Dürer an einem Irrthume seiner Zeit theilnimmt und das ihm gebotene Bewegungsmotiv der Statue durch Vorweisung der göttlichen Attribute, so gut es eben geht, zu erklären versucht. Wenn ihm auch das Unnatürliche der Stellung, wie er sie auffasste oder wie sie ihm von Freunden des Alterthums mochte erklärt worden sein, nicht entgehen konnte, so bewog ihn doch Bewunderung für die Antike zur Nachbildung zu einer Zeit, in welcher er von Mantegna beeinflusst war, dessen empfindungsvolle und stark bewegte Figuren mit dieser Zeichnung eine nahe Verwandtschaft zeigen. Das Gewand in seiner Bewegung deutet auf die Ge-

---

[1]) Ebend. 197. (In casa del reverendiss. di Gaddi). Non lassando ancora far mentione d'una figura d'Apollo che tira un arco.

[2]) Flaminio Vacca bei C. Fea, Miscellanea filologica critica et antiquaria (Roma 1790) I, LXXV nr. 49. Nella vigna del sig. Domenico Biondo alle Terme di Constantino nella rupe di Monte Cavallo quest' anno vi si è trovato Apollo di marmo grande al naturale con le ali agli omeri: cosa non più veduta da me.

[3]) Winkelmann, Gesch. d. Kunst d. Alterth. B. 5, c. 1. §. 12.

wohnheit nach mantegnesken Vorbildern zu zeichnen, welche ebenso Fleisch und flatternde Draperie in wirksamen Gegensatz gebracht haben.

Verfolgen wir die Blicke des Apollo, so treffen wir auf ein kugelförmiges Gefäss zu seinen Füssen, aus Metall wie es scheint, das von drei geschweiften Stützen getragen wird. Sein Inhalt brodelt und spritzt aus dem kleinen Munde. Als Aufschrift trägt es LVTV. darunter S.[1]). Ein Gefäss auf drei Füssen neben Apollo, was kann es anderes bedeuten als den delphischen Dreifuss, wenn er auch in der nordischen Phantasie wunderbare Gestalt angenommen hat? Aus ihm empor sprühen die heiligen Dämpfe.

Wie ist die Aufschrift zu verstehen? Thausing[2]) liest LVTVS, eine alterthümliche Form für lutum, und versucht, da er das Gefäss nicht als zu Apollo gehörig betrachtet, keine Erklärung. Könnte man nicht auflösen: lutu(m) s(acrum), der heilige Brodem, welcher die Orakelsprüche erzeugt? Ueberliefert ist das Wort lutum für den delphischen Dampf nicht, für Dürer aber und seine Zeitgenossen war es ein geläufiges Wort. Die Bibel bringt es 41 mal, zum Theile an hervorragenden Stellen[3]). Der Koth aus Speichel, mit dem Jesus die Augen des Blinden bestreicht, wird im Johannesevangelium viermal lutum genannt[4]). Da liegt es so ferne nicht, dieses Wort bei einer Gelegenheit anzuwenden, wo auch auf ein alterthümliches Wunder hingewiesen werden sollte.

Neben dem Dreifuss auf der anderen Seite steht ein Mann in orientalischem Gewande. Er trägt eine lange Schaube mit Pelzkragen und Pelzverbrämung an Saum und Aermeln, um den Leib einen Gürtel, von dem eine Kugelschnur herab hängt, welche nicht allein zur Abzählung der Ave im Rosenkranzgebete, sondern auch als mathematisches Elementarinstrument benützt wurde. Auf dem Haupte trägt er einen Turban. Dem Apollo ist er im Profil zugewendet, seinen Blick richtet er auf einen Todtenschädel, den er scheinbar in seinen Händen dreht. Zu Füssen liegt ihm ein geschlossenes Buch. Thausing hält ihn für einen Alchimisten, zieht das erst besprochene Gefäss zu ihm und lässt ihn ausser Verbindung mit Apollo. Die gleiche Grösse der Figuren, die einander zugekehrten Gesichter, ein gewisser Gegensatz in der Composition scheinen mir die Zusammengehörigkeit wahrscheinlich zu machen. Es ist ein Orakelpriester

---

[1]) Die beiden Querstriche über dem letzten V sind wie auf dem Original deutlich sichtbar ist keine Abkürzungszeichen, sondern gehören zur Schraffirung.
[2]) Dürer 85. [3]) Job. X, 9. [4]) Joh. IX, 6, 11, 14.

oder ein Orakel Suchender, den Dürer mit solchem Apparate ausgestattet hat. Möglich dass eine bestimmte Orakelbefragung gemeint ist.

Sparen wir die Löwenköpfe für die Localisirung des Blattes und kommen wir zur linken Hälfte der Zeichnung, zum Raube der Europa.

In der Mitte der Composition sprengt ein Stier[1]) von mageren eckigen Formen durch die seichte Flut. Europa kniet auf seinem Rücken, sie hält sich mit der Linken an seinem Horne, die Rechte stützt sich auf den Rücken des Thieres. Ihr Kleid ist auf der rechten Schulter geknüpft, lässt Brüste, Arme und Beine bloss und flattert hinter ihrem Rücken in den Lüften. Rings um sie reiten Nereiden und kleine Knaben auf Delphinen; sie führen theils Stäbe als Geiseln, theils blasen sie in lange Trompeten. Zwischen ihnen tummeln sich geflügelte Engelsköpfchen auf den Wellen. Im hohen Schilf des Vordergrundes erscheint rechts ein Einhorn, links unter einem kahlen Baume ein Satyrpaar. Der Mann blickt die Reiterin neugierig an, die Frau reicht ihr mit emporgehobenen Händen einen Kranz. Das ängstliche, erschreckte Mädchen jedoch bemerkt diese Huldigung nicht. Im Hintergrunde links begleiten vier Gespielinnen der Europa den Raub mit Klagegeberden, während rechts schon vier andere der Stadt zueilen, die am Horizonte der hügeligen Landschaft breit sich ausdehnt. Oben in der Mitte der Luft befindet sich das später nachgetragene Monogramm Dürers.

Ausführlicher schildern drei Schriftsteller den Raub der Europa: Moschus[2]), Lucian[3]) und Ovid[4]). Die beiden ersteren beschreiben das belebte Meer ziemlich übereinstimmend; hören wir den ausführlicheren Lucian. Zephir erzählt, dass sich über die See die tiefste Ruhe breitete, als sie der Stier mit dem Mädchen betreten hatte. Neben ihnen schwebten Eroten so tief über dem Meere, dass sie die Wellen mit den Füssen streiften, sie trugen brennende Fackeln in den Händen und sangen Brautlieder. Nereiden tauchten auf, ritten, die meisten entblösst, auf Delphinen neben ihnen her und jubelten und klatschten in die Hände. Auch die Tritonen und was sonst freundlichen Herzens in den Fluten lebt, schwammen im Reigen um die Jungfrau. Noch folgt der Aufzug Poseidons und Aphroditens, für uns ohne Belang. Diese Beschreibung der mitjauchzenden Meeresfläche scheint wenn sie Dürer auch vielleicht nur aus einer abgeleiteten Quelle be-

---

[1]) Zu vergleichen das Hintertheil eines Rindes, links auf dem verlorenen Sohne (Bartsch 28). [2]) Moschus II. [3]) Lucian, dial. mar. 15.
[4]) Ovid. Met. II. 855 f.; Fast. V. 603 f.

kannt war, seine Erfindung beeinflusst zu haben. Auch die Beschreibung des Mädchens ist bei beiden Autoren dem Inhalte nach gleich. Hören wir Lucian weiter: Das Mädchen, aufs äusserste erschreckt, hielt sich mit der linken Hand an den Hörnern, um nicht herab zu stürzen, mit der andern Hand fasste sie ihr Gewand, in dem der Wind wehte, zusammen. Stimmt hier die Haltung der einen Hand nicht mit unserer Zeichnung, so trifft diese ganz genau mit der Angabe einer anderen Quelle zusammen, welche seit 1471 gedruckt, dem Lateinschüler Dürer kaum unbekannt geblieben sein konnte.

Ovid nämlich, bei dem das Gefolge der Meergötter fehlt, beschreibt das Motiv der Jungfrau:[1]

.... ausa est quoque regia virgo
Nescio quem premeret tergo considere tauri:
.... pavet haec litusque ablata relictum
Respicit, et dextra cornum tenet, altera dorso
Imposita est, tremulae sinuantur flumine vestes.

Hier ist die Haltung der Hände dieselbe wie auf unserer Zeichnung, die eine fasst das Horn, die andere ruht auf dem Rücken des Thieres, nur dass es, auf der vorliegenden Zeichnung wenigstens, die entgegengesetzten Hände sind. Wenn diese aber, wie es scheint, eine Vorzeichnung für den Kupferstich war, sollten die Hände ihre Bezeichnung wechseln und stimmten dann vollständig mit Ovid. Einen bemerklichen Rest lässt jedoch auch Ovid für unsere Zeichnung zurück, das Knieen auf dem Rücken des Stieres, das in der alten Literatur überhaupt nicht erwähnt wird. Versuchen wir es auch hier in den erhaltenen antiken Bildwerken eine Aufklärung zu finden. Flaminio Vacca berichtet[2], in seiner Knabenzeit wäre in einer Höhle am Capitol eine Frau auf einem Stier reitend zu sehen gewesen, nach einer Aeusserung des Vincenzo de' Rossi die Entführung der

---

[1] Ovid. Met. II. 868 f.; 874 f.

[2] Bei Fea a. a. O. I, LXII f. Mi ricordo da puerizia aver vista una buca, como una voragine, sopra la piazza di Campidoglio; ed alcuni che vi entravano, nell' uscire dicevano esservi una femina a cavallo a un toro: e un tempo dopo, ragionando con mastro Vincenzo de' Rossi mio maestro, mi disse esservi scuo, e aver vista la favola di Giove e Europa di marmo di bassorilievo sopra il toro, murato da uno de' lati della strada, che partiva dall' Arco di Settimio Severo, et tagliava il monte Tarpejo, e riusciva al piano di Roma, dove oggi cominciano le scale d' Aracœli. Vgl. Otto Jahn, Die Entführung der Europa auf antiken Kunstwerken, Separatabdr. aus den Denkschriften der Wiener Akademie 1870, p. 12, Anmerkung 1.

Europa. Schon Mantfaucon vermuthete eine Verwechslung mit einem
Mithrasrelief. Da an dieser Stelle im Capitolinischen Spelaeon das
Mithrasrelief mit der Inschrift „Nama Sebesio" gefunden wurde, ist
die Verwechslung ganz glaublich. Von einer anderen Mithrasgruppe
in einer englischen Sammlung, welche zu einer Europa restaurirt
wurde, berichtet Layard [1]).

Der Typus des stieropfernden Mithras war aber nicht neu erfunden worden, als der Cultus dieser Gottheit weitere Verbreitung
fand, sondern es wurde dazu ein anderer verbreiteter Typus, jener der
stieropfernden Nike verwendet. Nur hatte man der Göttin Barbaren-
kleider angezogen und eine Haube auf den Kopf gesetzt. Wir haben
gesehen, dass von Kunstkennern des 16. Jahrhunderts der stier-
opfernde Mithras als Europa verkannt wurde und dass ihrem Vorgange die Restauratoren sich anschlossen. Noch leichter konnten
natürlich Darstellungen der stieropfernden Nike selbst für Europa
gehalten werden. Der Vatican bewahrt ein Exemplar dieser Gruppe,
welches zur Europa ergänzt ist oder schon in antiker Zeit, wie Otto
Jahn meint, zur Europa verwendet wurde [2]).

Nike, meist nackt, mit einem flatternden Gewand um die Schultern, kniet auf einem Stiere, dessen Kopf sie mit der linken Hand
zurückreisst, die Rechte hält das Messer, zuweilen zum Stosse schon
ausholend, oft noch gesenkt [3]). Nicht so unwahrscheinlich ist es,
dass Dürer einer der zahlreichen dieser vermeintlichen Europabilder
gesehen hat. Direct darnach hat er nicht gezeichnet, aber bei der
Lectüre des Ovid mag es wohl seine Phantasie auf die uns vorliegende Darstellung geleitet haben.

Für die innere Geschichte des Künstlers kann es nicht gleichgiltig sein, wann er von der Antike zur Nachbildung angeregt wurde.
Thausing, wie schon erwähnt, setzt das Blatt in das Jahr 1494. Die
nahe Verwandtschaft mit den bekannten Zeichnungen nach Mantegnas
Bacchanal und Tritonenkampf, welche diese Jahreszahl tragen, das
gleiche Format mit diesen Blättern und einer Federzeichnung in den
Uffizien, welche entschieden unter italienischem Einflusse steht, lassen
ihn auf ein Skizzenbuch schliessen, dessen Ueberreste in diesen vier
Blättern auf uns gekommen sind.

Weder in Nürnberg haben sich damals Antiken befunden, nach
welchen Dürer hätte zeichnen können, noch in einer andern deut-

---

[1]) Layard, Culte de Mithra p. 606., O. Jahn a. a. O. p. 11 Anm. 6.
[2]) Abgeb. Otto Jahn a. a. O. Taf. III, Fig. a; ebend. p. 10, f.
[3]) z. B. A. Description of the Collection of ancient Terracottas in the British
Museum, London 1810, Tab. XV, Fig. 94, Tab. XXXV, Fig. 70.

schen Stadt, die er auf seiner Wanderschaft berührt haben mochte. Wohl aber könnte jener erste Aufenthalt in Venedig, dessen Annahme Thausing[1]) so nachdrücklich vertheidigt, Gelegenheit dazu gegeben haben. Giovanni Bellini besass Antiken, der Cardinal Grimani begann seine berühmte Sammlung anzulegen, welche er der Republik hinterliess[2]). Ein anderer Umstand, den wir erst bei Seite gelassen haben, führt noch näher auf Venedig: Thausing entdeckte, dass die drei Löwenköpfe unseres Blattes nach einem der beiden Leoncini des Markusplatzes gezeichnet sind. Ihm ist entgegen gehalten worden, dass Mähnen und Borsten um Augen und Nase so nur nach der Natur gebildet sein könnten[3]). Wir haben auf demselben Blatte beim Apollo gesehen, wie frei Dürer alles Beiwerk behandelt, wenn er nach dem Marmor zeichnet, wie er Einzelnes frei hinzuerfindet, dort Haupthaar und Gewand, hier jene einzelnen Haare, welche für seine Zeichenweise so charakteristisch sind. Die Hauptformen der Köpfe, die breiten Wülste über den Augenknochen, die scharfe Mitteltheilung der Stirne, die breiten tief gebohrten Mundwinkel deuten auf plastische Formbehandlung. Auf einem Blatte, welches schon andere Beeinflussung durch Sculptur aufweist, ist auch diese Nachbildung nicht auffallend.

Das vorerwähnte Blatt in den Uffizien vereinigt mehrere Skizzen, welche alle italienischen Charakter tragen[4]): Ein Kind, am Boden liegend in der Art des Perugino oder Lorenzo di Credi, ein Reiter, der wie sein Pferd eine Prachtrüstung im Stile der Frührenaissance trägt, auf deren Zügelschützer Dürers „A" sichtbar ist, ein Torso, dessen Blattformen um die Hüften an Tritonenbildungen Mantegnas erinnern, endlich ein nackter Mann, der mit der Rechten einen hohen Schild hält

---

[1]) Dürer. 78.

[2]) Da sich unter den antiken Statuen, welche aus dem Besitze der Familie Grimani an die Republick kamen, ein Eros mit den Waffen des Herakles befindet — Valentinelli, Marmi sculpiti del museo archeologico della Marciana di Venezia, Prato 1866, p. 65 Nr. 102 Tav. XVI; beste Abbild. bei Ant. Maria Zanetti, Delle antiche statue Greche e Romane, che nell'antisala della libreria di S. Marco, e in altri luoghi pubblici di Venezia si trovano, Venezia 1740—41. Tom. II, Tav. XXI — und zwar die vortrefflichste Replik dieser Statue, so möchte man denken, dass diese Dürers Vorbild gewesen sei. Doch findet sich der Eros im ältesten Inventare der Grimanischen Sammlung vom 15. September 1523 nicht, scheint also damals noch nicht in dieser Sammlung, vielleicht aber anderwärts in Venedig gewesen zu sein. Valentinelli a. a. O. Introd. VIII. Anm. 1.

[3]) Ch. Ephrussi; Les dessins d'Albert Dürer. Gazette des Beaux Arts. II. Per. 16. 1877. v. p. 459.

[4]) Thausing. Dürer 85.

(Fig. 2) in der erhobenen Linken einen Stein. Diese in Italien damals gewöhnliche Schildform, kommt im 15. Jahrhundert in Deutschland nicht vor; sie wird erst durch die Kleinmeister und Holbein diesseits der Alpen eingebürgert. Den Kopf der Figur musste Dürer weglassen, da schon die Schultern auf die Verzierungen der früher gezeichneten Pferderüstung trafen.

Fig. 2. Fig. 3. Fig. 4. Fig. 5.
Act nach dem Skizzenblatte der Uffizien. Apollo im britischen Museum. Studie zum Adam in der Albertina. Vorzeichnung für den Adam bei Lanna in Prag.

Die Stellung der Beine stimmt mit jener Reihe von Studien überein, welche für den Adam des Kupferstiches von 1504[1]) gemacht worden sind. Vorstehende Zusammenstellung (Fig. 2, 4, 5) wird dies am klarsten anschaulich machen. Dass der Adam mit Dürers Proportionsstudien auf's innigste zusammenhängt, dass er das Resultat von Dürers frühesten Bemühungen auf diesem Gebiete ist, hat Thausing nachgewiesen[2]). Nun hält die Figur der Uffizienzeichnung (F. 2) denselben Schild, auf welchen sich spätere Proportionsfiguren stützen[3]), hängt also einerseits mit dem Adam, andererseits mit den theoretischen Proportionsstudien zusammen.

Dass es Barbari war, welcher Dürer zuerst Mann und Weib aus dem Mass gemacht zeigte, wissen wir von Dürer selbst[4]). Wir können diesem Verhältnisse auch auf andere Weise nachspüren. Unter den Handzeichnungen des britischen Museums befindet sich ein nicht monogrammirtes Blatt Dürers[5]), „Apollo und Diana", wie die Spiegel-

---

[1]) Bartsch 1. [2]) Dürer 288.
[3]) Vgl. die Zeichnung bei Hullot in Paris, jetzt im Berliner Museum, publ. Gaz. d. Beaux Arts. II Pér. 1877. 2. p. 290. [4]) A. v. Zahn, Dürer-Handschriften aus dem britischen Museum, Jahrbücher für Kunstw. I, 14. [5]) Publ. in verkleinerter Heliotypie Gaz. d. Beaux-Arts, II Pér. 16. 1877, 2 p. 587.

schrift auf der Sonne in Apollos Hand beweist, eine Vorzeichnung für den Kupferstich. Dieser Apollo ist, wie ein Blick auf unsere Figuren zeigt, identisch mit dem Adam des Kupferstiches. Der Zusammenhang scheint folgender zu sein: Der Kupferstich Barbaris „Apollo und Diana"[1] hatte Dürer veranlasst, sich an demselben Gegenstande zu versuchen. Dem Schema des Barbari'schen Apollo ähnlich bildet er den seinen (Fig. 3). Er hat aber auch schon die Proportionslehre Barbaris kennen gelernt und dieselbe bei dieser Figur zu verwerthen gesucht. Oben am Rande der Zeichnung des britischen Museums befindet sich eine Aufzeichnung von Dürers eigener Hand, welche später durch die darüber gelegten Strichlagen der Luft verdeckt wurde und deshalb bisher nicht beobachtet wurde[2]. Zu lesen sind nur die Worte „ein Steil" und späterhin die Zahl 5. Die übrigen Buchstaben sind, da das Blatt nachträglich beschnitten wurde, nur mehr mit der unteren Hälfte ihrer Schrift erhalten. Die lesbaren Worte scheinen auf eine Aufzeichnung über die Masse der Figur zu deuten. Mitten unter der Arbeit blieb die Zeichnung liegen. Dürer verwendet das Motiv des Apollo, welches er in mannigfaltigen Studien besser durchgeführt hatte, seiner gegenwärtigen Richtung gemäss zu einer biblischen Darstellung. Denn seit 1503 hat er sich von der früher so beliebten Mythologie losgemacht. Später, vielleicht mit Rücksicht auf den Markt, kommt er auf Apollo und Diana doch wieder zurück und componirt mit neu erfundenen Motiven den kleinen Kupferstich dieses Inhaltes[3].

Ist die Beziehung dieser Figurenreihe zu Barbari vom Apollo des britischen Museums an bis zum Adam des Kupferstiches unzweifelhaft, so lässt sich auch der Act auf der Florentiner Zeichnung, welcher ihre Beinstellung zum erstenmale bringt, aus dieser Reihe nicht ausschliessen. Die Annahme der Gleichzeitigkeit des Einflusses Barbaris mit dem italienischen Aufenthalte scheint sich nicht abweisen zu lassen. Hatte Dürer Barbari schon im Jahre 1494 in Venedig kennen gelernt[4], so würde die bekannte Stelle im Briefe an Pirkheimer vom 7. Februar 1506[5]: „und daz Ding daz mir vor eilff Jorn so woll halt gefallen, das gefelt mir itz nüt mer, und wen Ichs nit selbs sech, so hett Ichs keim andern gelawbt; awch las Ich euch wissen daz vill pesser Maler hy sind weder dawssen Meister Jacob etc." ihre Erklärung

---

[1] Bartsch 16. [2] Sie ist selbst auf der Reproduction der Gazette d. B. A., wenn auch undeutlich, sichtbar. [3] Bartsch 68.
[4] Vgl. Thausing, Dürer 223, welcher die Frage offen lässt.
[5] A. v. Zahn, Jahrbücher II, 203; Campe, Reliquien 18; Thausing, Dürers Briefe 6, 15.

darin finden, dass es Barbaris Arbeiten waren, welche damals auf ihn gewirkt hatten. Diese Wirkung hatte in den folgenden Jahren der Freund sich mannigfaltig äussern gesehen, ja Barbari konnte Pirkheimer persönlich bekannt sein. Etwas Bekanntes, oft zwischen ihnen Besprochenes setzen aber die Worte voraus. Die Mantegneske kann darum nicht gemeint sein, weil Dürer damals Mantegna besuchen will und im selben Briefe Gian Bellini für den besten Maler erklärt, der doch in Venedig die reinsten Nachklänge an Mantegneske Weise bewahrt hatte. Wie sehr Mantegnas Einfluss auf Dürer auch später nachwirkte, zeigt ausser dem Johannes auf dem grossen Kreuze[1]), der aus der Grablegung des Mantegna[2]) genommen ist, ein hornblasender Teufel auf der Sprengung der Höllenpforten von 1510[3]), von dem Sidney Colvin nachwies[4]), dass er auf die Erfindung Mantegnas auf einem denselben Gegenstand behandelnden Stich[5]) zurückgeht.

Auf der Zeichnung in den Uffizien befindet sich aber noch ein Anhaltspunkt für ihre Datirung, ein Kopf mit einem Turban, der auf dem ersten Holzschnitte der Apokalypse, auf der Marter des Johannes vor der goldenen Pforte[6]) als Kopf des Domitian[7]) im Gegensinne verwendet ist. Da die Apokalypse 1498 im Drucke erschien, kann ein Blatt, das eine Studie zu ihr bringt, nicht im Jahre 1505 oder 1506 während des zweiten venezianischen Aufenthaltes gezeichnet worden sein. Die mannigfachen italienischen Gegenstände machen seine Entstehung in Italien unzweifelhaft und zwar im Jahre 1494, dem einzigen, da Dürer früher in Italien und gerade in Venedig war, in demselben Jahre, in welches auch die Zeichnung nach der Antike in der Albertina und diejenigen nach den Kupferstichen des Mantegna fallen.

Die Johannesmarter der Apokalypse bringt vielleicht noch eine weitere Aufklärung über den ersten venezianischen Aufenthalt Dürers. Zahn[8]) hat auf jenes Renaissancegebäude aufmerksam gemacht, das hinter dem Kopfe des Domitian hervorragt (Fig. 6). Betrachten wir jene Formen näher, so können wir ihren Ursprung aufdecken. Ueber vier Pilastern, welche rundbogige Fenster einrahmen, legt sich ein nach antiker Art dreifach gegliedertes Gebälke, dessen Architrav durch einen Zahnschnitt, dessen Fries durch Ochsenschädel mit Festons aus-

---

[1]) Bartsch 21; vergl. Thausing, Dürer 88. [2]) Bartsch 5. [3]) Bartsch 14.
[4]) Sidney Colvin, Albrecht Dürer, his Teachers, his Rivals and his Followers; The Portfolio 1877. p. 54. [5]) Bartsch 5. [6]) Bartsch 61.
[7]) Thausing, Dürer 86, 159. [8]) A. v. Zahn, Dürers Kunstlehre und sein Verhältniss zur Renaissance, Leipzig 1866, p. 45.

gezeichnet ist. Ueber das Kranzgesimse erhebt sich in der Mitte des
Gebäudes ein halbkreisförmiger Giebel, dessen Bogenfeld ein muschel-
förmiges Gebilde ausfüllt. Am Scheitel des Bogens und neben seinen
Fusspunkten sind Figuren als Akroterien angebracht.

Fig. 6.
Architektur aus Dürers Holzschnitt die
Marter des h. Johannes (B. 61).

Fig. 7.
Giebel der Scuola di S. Marco
nach einer Photographie.

Dieser Bogen mit den drei Figuren als Abschluss einer Architektur ist ein Lieblingsmotiv der venezianischen Frührenaissance.
Wird diese Form im übrigen Italien wie in Venedig an Altären und
Grabmälern nicht ungern verwendet, so benützt sie doch nur die
Schule der Lombardi an den Fronten und Aussenseiten der Gebäude.
Ich erinnere nur an S. Zaccaria, an den Hof von S. Giovanni Evan-
gelista, an die Scuola di S. Marco. Letztere war nach einem Brande
i. J. 1485 von Martino Lombardo 1490 wieder aufgebaut worden und
gewiss bei Dürers Aufenthalt das meist bewunderte Gebäude der
Stadt[1]). Mit dem Giebel dieser Scuola weist unser Gebäude die grösste
Aehnlichkeit auf; auch hier werden rundbogige Nischen von einem
dreitheiligen Gebälke überragt, darüber ein Rundgiebel, auf dessen
Scheitel und Flanken Akroterienfiguren stehen (Fig. 7).

[1]) Le fabbriche e i monumenti cospicui di Venezia illustrati da L. Cicognara,
da A. Diedo e da G. A. Selva. Ed. di Franc. Zanotto, Venezia 1858, 2, 44 f.
Tav. 156—159. — Oscar Mothes, Baukunst und Bildhauerei Venedigs, Leipzig
1859, II, 99.

Noch eine Reminiscenz findet sich auf demselben Holzschnitte. Rechts neben dem besprochenen Gebäude erhebt sich eine Säule (Fig. 6). Sie steht ganz frei und ihr breites Capitäl trägt ein im Verhältnisse gewaltiges Thier mit vorgestrecktem Kopfe, gerolltem Schwanze und aufgerichteten Flügeln. Ein einziges Thier im ganzen Laufe der Bildkunst hat sich einen so erhabenen Platz gewählt; dies ist der Löwe des heiligen Marcus, der von dort oben die Meere einer halben Welt beherrschte. Wäre noch ein Zweifel, wo Dürer seine italienischen Eindrücke erhalten, der Marcuslöwe, gleichsam eine Sigle für seine Stadt, hätte es uns verrathen. Es ist bezeichnend, wie verschieden die Schedel'sche Chronik dasselbe Wahrzeichen darstellt[1]; der Löwe ist dort in Contour gegeben und weiss gelassen wie ein helles Bildwerk im Sonnenlicht. Dem Beschauer wird jedoch gerade der Gegensatz von der dunklen Bronze und dem hellen Himmel, von dem sie sich abhebt, am besten im Gedächtnisse bleiben. Und schwarz auf lichtem Hintergrunde liess ihn Dürer und auch Barbari auf seinem Stadtplane von Venedig von 1500 in Holz schneiden, eben weil sie ihn gesehen hatten, während ihn Wolgemut wohl nur aus einer Zeichnung kannte.

Wir verdanken Thausing den Nachweis, dass die undatirten Blätter der grossen Passion[2]) sogleich nach der Apokalypse entstanden sind; das Marienleben[3]) mit Ausschluss des Titels und der drei letzten Blätter in den Jahren 1504 u. 1505 vor der zweiten italienischen Reise.

Anschliessend an die venezianischen Details der Johannesmarter sollen noch die italienischen Formen dieser Blätter bezeichnet werden. Thausing bemerkt, dass Lionardeske Formen schon in der Apokalypse vorkommen[4]); auf der Grablegung[5]) erscheint Johannes, der die Mutter Christi stützt, im Profile, so dass der aufblickende Kopf mit weitgeöffnetem Auge, gerader Nase, vollen Lippen und Kinn sogleich an jene jugendlichen Profilköpfe des Lionardo erinnert, welche dieser, angeregt wahrscheinlich durch antike Münzen, theils bekränzt, theils mit wallenden Locken, wiederholt gezeichnet hatte. Den Unterschied von den gewöhnlichen Johannesköpfen Dürers macht das vorhergehende Blatt[6]), „die Beweinung des Leichnams" deutlich, auf welchem Johannes in ähnlicher Stellung den Körper Christi stützt.

---

[1] Fol. 41. v. auf der Ansicht von Venedig.
[2] Thausing, Dürer 246. [3] A. a. O. 249.
[4] A. a. O. Dürer 194. [5] Bartsch 16.
[6] Bartsch 12.

Hier trägt er das krause schmerzverzogene Antlitz der Wolgemut'schen Schule.

Die spärliche Architektur der grossen Passion ist von italienischen Formen nicht beeinflusst, im Marienleben jedoch können wir Manches nachweisen.

Auf der 1504 datirten „Begegnung unter der goldenen Pforte"[1]) ist in die Wand des Hofes links eine steinerne Tafel eingelassen, von einem Giebel im Halbrunde überragt, dessen Bogenfeld eine Muschel ziert; eine Form, welche wir von der Johannesmarter her kennen. Der antikisirende Charakter der Reliefs und der Statue über dem Thore auf der Vorstellung Mariae im Tempel[2]) ist von Thausing besprochen[3]) worden. Die Säule mit der zwiebelförmigen Einziehung über der Basis verdient eine nähere Betrachtung, weil diese Form in Deutschland hier zum erstenmale auftritt und später geradezu bestimmend auf die Architektur der sogenannten deutschen Renaissance einwirkt. Schon die gute Zeit der griechischen Kunst hatte die Canneluren der ionischen Säule zuweilen ein Stück oberhalb der Basis beginnen lassen. Daraus bildete sich eine Art, die untere Trommel selbstständig zu verzieren, altarähnlich mit Fruchtschnüren zu behängen oder sogar mit figürlichem Relief zu schmücken. Doch wurden diese Säulen selten, wie an dem berühmten Ephesischen Tempel die vielbesprochenen columnae caelatae, an der Aussenseite der Gebäude verwendet, vielmehr dienten sie der Innenarchitektur zur mannigfachen Ausschmückung beweglichen und unbeweglichen Geräthes. Zu diesen Zwecken hatte sich auch die Renaissance bald dieser Formen bemächtigt, bis sie in Venedig und, wie es scheint, dort zuerst auch für die Aussenarchitektur in Anspruch genommen wurden. So verwachsen ist der Gebrauch dieser Säulen mit dem Stile der Lombardi, dass sich in Venedig die Meinung bilden konnte[4]), Pietro Lombardo hätte die sculpirten Trommeln erfunden, als er beim Baue von S. Andrea di Certosa antike Säulen, welche er für einen bestimmten Raum verwenden musste, zu kurz gefunden hatte. Dürer hatte solche Säulen in Venedig gesehen und sie nach einer allgemeinen Erinnerung hier zum erstenmale, in der Folgezeit öfter angewendet.

Jener runde Giebel mit der Muschel im Bogenfeld begegnet uns im nächsten Blatte, der Vermählung der Jungfrau[5]) wieder, er ist

---

[1]) Bartsch 79. [2]) Bartsch 81. [3]) Thausing, Dürer. 249.
[4]) Tempesta, Vite de' più celebri Architetti, e scultori Veneziani, Venedig 1778, Vita di Pietro Lombardo I, 84. Vgl. Mothes, Baukunst 2, 74.
[5]) Bartsch 82.

schon eine Lieblingsform Dürers geworden. Im Hintergrunde rechts im Halbdunkel neben der heiligen Lade ruht er über einem hohen viereckigen Mauerstücke auf einem dreitheiligen Gesimse. Ich kann mir nicht versagen an die Marmoraltäre im Querschiff von S. Marco zu erinnern, welche ebenso aufgebaut in ähnlichem Zwielichte neben einer Kuppel hinter Pfeilern stehen.

Auf der Geburt[1]) im Hintergrunde links wird der Rundgiebel wieder zur Krönung hoher Gebäude, einmal im Profile sichtbar, einmal von vorne verwendet.

Das gerade Gebälke auf der Darbringung im Tempel[2]) über den Säulen will Thausing aus theoretischen Studien im Vitruv erklären; das zugegeben, könnte man leichter an Studien der Mantegnesken, die von Dürer benützt wurden, als an eigene in jener Zeit denken.

Mantegnesken Einflüssen werden auch die Fruchtschnüre zu danken sein, welche im Tempel über dem lehrenden Christus schweben[3]), die ersten wieder, welche ein deutsches Druckwerk verzieren. Denn das macht alle diese kleinen Entlehnungen aus der antiken und italienischen Kunst so bedeutsam, nicht dass sie an sich wohlverstanden oder sorgsam gewählt wären, sondern dass sie auf diesen Blättern Dürers zum erstenmale in der deutschen Kunst erscheinen, um sich allmälig, aber unaufhaltsam weiter auszubreiten, bis sie auch die letzte Spur alter Weise bedeckt und verlöscht haben.

Wir wollen schliesslich die Argumente, welche Thausing für einen Aufenthalt Dürers in Venedig im Jahre 1494 beibringt, kurz zusammenfassen, und daran die Resultate dieser Untersuchung schliessen. Thausing stützte sich zunächst 1. auf die Stelle bei Scheurl „qui quum nuper in Italiam rediisset", 2. auf die Stelle im Briefe an Pirkheimer, „daz ding daz mir vor elf Jorn etc.", 3. auf eine Reihe von tirolischen und italienischen Landschaften in früher Manier[4]), 4. auf die Copien

---

[1]) Bartsch 85. [2]) Bartsch 88. [3]) Bartsch 91.

[4]) Bei dieser Gelegenheit mag eine naive Bemerkung Ephrussis kurz abgethan werden. Gas. d. B. A. 77. 1. p. 497. Ephrussi meint, Dürer habe als er sein Rosenkranzfest auf der Staffelei hatte, von Mai bis August 1506 von Venedig aus eine Studienreise ins Gebirge unternommen, auf welcher er bis Laibach gekommen sei. Ephrussi hatte eine Notiz im Anzeiger für Kunde deutscher Vorzeit darauf geführt. „Albrecht Dürer auf der Reise nach Italien in Stein (bei Laibach) erkrankt, hat bei einem dortigen Maler freundliche Aufnahme gefunden, und ihm dafür als dankbare Erinnerung ein Gemälde auf sein Haus gemalt. Diese Notiz findet sich in dem gräflichen Attems'schen Archiv (früher Baron Erberg) auf einem losen Blatt aus dem 18. Jahrhundert". Diese Nachricht, welche einer weiteren Widerlegung nicht bedarf, stammt aus der Oesterr. Wochenschrift 1864 5. Bd. p. 72, von da gieng sie über in die Recensionen für bil-

nach Mantegna von 1494 und auf gleichzeitige Skizzenblätter mit italienischen Motiven. Sprechen diese Argumente schon für einen venezianischen Aufenthalt 1494, so konnten wir noch Manches zur Bekräftigung dieser Annahme hinzufügen. Wir haben gefunden, dass Dürer auf einem Blatte, das 1494 gesetzt werden muss, nach der Antike zeichnete, das heisst, dass er nicht nur eine Composition unter Einfluss antiker Poesie und Kunst entworfen hatte, sondern auf demselben Blatte eine antike Statue ihrem Motive nach mit geringer Veränderung copirte. Auf einem gleichzeitigen Blatte, jetzt in den Uffizien, konnten wir den Beginn jener Studien des nackten Mannes nachweisen, welche später im Adam gipfeln sollten, und fanden diesen ersten Versuch verbunden mit mannigfachen italienischen Motiven. Auf Holzschnitten Dürers, welche vor 1505 fallen, erwiesen sich uns viele Details venezianischer Bauformen, und auf dem frühesten darunter konnten wir direct die Scuola di S. Marco und die Säule auf der Piazzetta bezeichnen. Und so hoffen wir denn durch diese Untersuchungen dazu beizutragen, dass die Annahme eines ersten Aufenthaltes Dürers in Venedig gegen Ende seiner Wanderjahre zu einer gesicherten historischen Thatsache erhoben werde.

dende Kunst, Wien 1867 p. 46 nr. 7 vom 11. Febr., dann in den Correspondenten von und für Deutschland, und daraus endlich in den Anzeiger für Kunde deutscher Vorzeit. Erst von da schöpft sie Ephrusi und macht Thausing den Vorwurf, dass er sie nicht gekannt habe. Thausing konnte sie aber nicht fremd sein, da in demselben Heft der Oesterr. Wochenschrift, das diese Notiz zuerst bringt, der II. Theil von Thausings „Nibelungenstudien" abgedruckt ist; er hat sie eben nur als ganz falsch und unbeglaubigt keiner Erwähnung gewürdigt.

Kleine Mittheilungen.

Zur kaiserlichen Konstitution gegen die Ketzer vom Jahre 1224. In meiner bezüglichen Abhandlung oben S. 108 glaubte ich annehmen zu dürfen, dass die 1224 für die Lombardei erlassene Konstitution, in welcher zuerst den Ketzern der Feuertod gedroht ist, wenigstens bis 1230 ohne erheblichen Erfolg geblieben sei. Aber wenigstens auf ein Zeugniss für ihre Ausführung bin ich seitdem aufmerksam geworden. In einem bei Tonini Rimini 3,442 und Theiner Codex dom. temp. 1,89 gedruckten Schreiben meldet Papst Honorius denen von Rimini am 27. Febr. 1227, dass Inghiramo da Macreta von Modena ihm klagte, dass genannte Bürger von Rimini, als er Podesta der Stadt war, einen Mordanfall auf ihn unternahmen und ihm schwere Unbilden zufügten: pro eo quod quasdam eorum filias, sorores et consanguineas hereticas manifestas iuxta debitum sui officii ceperat et imperatori tradiderat comburendas ac imperialem legem nuper contra hereticos editam volebat in statuario eiusdem ponere civitatis; er fordert sie daher auf, demselben Genugthuung zu leisten. Der Vorgang ist zweifellos in die Zeit des Aufenthaltes des Kaisers zu Rimini im März 1226 zu setzen; und das Zeugniss gewinnt dadurch an Gewicht, als es zu ergeben scheint, dass der Kaiser selbst die Ausführung seines Gesetzes betrieb. Um so auffallender ist, dass wenige Monate später nach Urkunde vom 5. Juni 1220, welche uns nur aus dem Auszuge bei Robolini Notizie 4ª, 107 bekannt ist, der Kaiser den von ihm ernannten Podesta von Pavia ausdrücklich nur verpflichtete: di scacciar gli eretici dalla città e dal distretto di Pavia e di mantenere inviolate le leggi imperiali sopra la libertà ecclesiastica, wo also der Kaiser sichtlich seine nur Verbannung fordernden Konstitutionen von 1220 im Auge hat und von dem späteren strengeren Gesetze ganz absieht. Nach dem ganzen sonstigen Verhalten des Kaisers diesen Dingen gegenüber dürfte eher anzunehmen sein, dass ihn zu Rimini etwas zu besonderer Strenge, wie hier zu besonderer Milde veranlasste. Ich habe nun schon früher die Vermuthung geäussert, dass an der strengen Konstitution von 1224 dem damaligen

Legaten in Oberitalien, Erzbischof Albert von Magdeburg, grösserer
Antheil zuzuschreiben sein dürfte als dem Kaiser selbst. Albert war
Graf der Romagna, wir finden ihn als solchen auch später noch vielfach thätig, vgl. meine Forsch. zur Gesch. Italiens 2,161, während
er zwar den Legatentitel fortführt, sich aber seit 1224 keine Zeugnisse für ein Eingreifen ausser der Romagna mehr finden. Gehörte
nun Rimini zu seinem engeren Amtssprengel, so ist es sehr möglich,
dass er wenigstens in diesem das Gesetz durchzuführen suchte und
insbesondere auch im März 1226, wo er mit dem Kaiser zu Rimini
war, das strengere Vorgehen zunächst veranlasste. Wäre das bestimmter zu erweisen, so würde damit natürlich die Vermuthung,
dass er das Gesetz veranlasste, eine gewichtige Stütze gewinnen.
Beachtenswerth mag auch der Umstand sein, dass der Papst 1227
die Bürger zwar zur Genugthuung an den Verletzten auffordert, aber
die Gelegenheit nicht benutzt, zugleich die früher sichtlich verweigerte
Eintragung des Gesetzes in das städtische Statutenbuch zu verlangen.

J. Ficker.

Das Municipalarchiv zu Albenga. Da die Kaiserurkunden für Albenga
nur in sehr schlechten Abdrücken bekannt sind, mir aber schon früher
zu Genua gesagt war, dass das Archiv der Stadt wohl erhalten sei,
veranlasste mich das, als mich am 15. Mai 1879 mein Weg ohnehin dort
vorüberführte, zu einem Besuche. Von etwa einem Dutzend wohlerhaltener Thürme der Geschlechterpaläste überragt, nirgends über den uralten Umfang der im Viereck gezogenen Mauer, die sich in nicht viel
mehr als einer Viertelstunde umgehen lässt, hinausgewachsen, hat die
Stadt ihren mittelalterlichen Charakter in auffallender Weise bewahrt:
die Strassen so eng, dass kaum die eine oder andere für die Breite auch
nur eines Wagens ausreicht, so dass der Wagenverkehr sich wesentlich ausserhalb der Mauer zu halten hat, an den Stadtthoren sein
Ende findet, und man unmittelbar den Eindruck gewinnt, dass der
Plan der Stadt schon zu Römerzeiten kein erheblich anderer gewesen
sein kann als jetzt, dass hier Neugebäude immer nur in engstem
Anschlusse an die alten Grundlagen entstehen konnten. Aber Alles
ist reinlich und wohlerhalten, mehr ein Bild des Stillstandes als des
Verfalles. Ohne dass ich irgendwelche Empfehlung hatte, ohne
dass man auch nur, um mir Zeitverlust zu ersparen, die Erlaubniss
des augenblicklich noch nicht anwesenden Sindaco abwartete, wurde
mir von den Municipalbeamten sogleich das wohlgehaltene Archiv
eröffnet und Alles, was ich wünschte, in zuvorkommendster Weise
zur Verfügung gestellt. Das Archiv hat 1015 Pergament-Ur-

kunden, einzelne in das eilfte Jahrhundert zurückreichend, die
Hauptmasse aus dem dreizehnten, weniger aus dem vierzehnten Jahrhunderts. Sie sind in sehr grosse Bände mit Sorgfalt eingeklebt, je
hundert in einen Band, so dass für einen letzten eilften Band nur
Nr. 1001 bis 1015 der durchlaufenden Numerirung erübrigten. Aber
leider folgt die Anordnung nicht der Zeitfolge. Für anderweitige
Aufgaben ist die Benutzung durch ein alphabetisches Register nach
Materien erleichtert; für meine Zwecke sah ich mich genöthigt, den
ganzen Bestand durchzusehen. Ich fand und copirte oder extrahirte
während der zwei Tage meines Aufenthaltes gar Manches, das mich
interessirte; so einen Vertrag mit Pisa von 1178, päpstliche Schreiben,
dann insbesondere Urkunden von Reichsbeamten aus den späteren
Zeiten Kaiser Friedrichs II; von Königsurkunden fanden sich bisher
unbekannte Schreiben von König Heinrich 1311 März 7 und Kaiser
Ludwig 1328 März 13, Nr. 665 und 760. Aber von allen bekannten
Privilegien der Stadt fand ich unter Nr. 983 lediglich das Kaiser
Friedrichs I. von 1159 Februar 18 in Abschrift des dreizehnten Jahrhunderts, welches nach dieser bei Rossi Storia di Albenga 415 und
danach bei Stumpf Acta 680 gedruckt ist; eine Vergleichung der
nicht fehlerfreien Abschrift mit dem Drucke ergab nur unwesentliche
Abweichungen, wie etwa Rainaudus cancellarius statt Raimundus. Dagegen stellte sich nach eifrigstem Suchen heraus, dass von dem so
überaus schlecht gedruckten Privileg Kaiser Ottos IV von 1210 (Juni)
24, wie von den späteren Privilegien weder die Originale noch auch
nur Abschriften vorhanden waren. Hat sich Genua die Originale der
Kaiserprivilegien für Savona ausliefern lassen, so hatte ich mich schon
früher überzeugt, dass von Albenga keine Urkunden in das Archiv
zu Genua gekommen sind. Dem Sindaco und anderen Municipalbeamten war das Fehlen der Privilegien nicht unbekannt; man sagte
mir, dieselben seien im vorigen Jahrhundert nach Buda-Pest gebracht worden. So auffallend mir nun auch diese mit voller Bestimmtheit
gemachte Ortsangabe war, so möchte ich wenigstens die Thatsache
einer Fortbringung jener Privilegien über die Alpen nicht bezweifeln,
welche dann am wahrscheinlichsten 1746, als die Riviera von kaiserlichen Truppen besetzt war, geschehen sein dürfte. Denn jene Privilegien sind nur gedruckt in dem von F. B. v. Münsterer verfassten,
1768 zu Regensburg veröffentlichten Werk: Mémoire touchant la
superiorité imperiale sur les villes de Gênes et de St. Remo ainsi que
sur toute la Ligurie, und in der 1769 gleichfalls zu Regensburg erschienenen italienischen Uebersetzung desselben. Die Urkunden standen also damals einem am Sitze des Reichstags im Interesse des Kaisers

schreibenden Publicisten zur Verfügung. Aber über ihren damaligen Verbleib ist im Werke nichts gesagt; es heisst in der Vorrede lediglich, dass sie aus guter Quelle genommen seien. Auch von Mantua sind nach Notizen in den Repertorien des dortigen Archivs im Februar 1710 eine Reihe von Originalen nach Wien abgeliefert worden, deren Wiederauffindung schon deshalb wünschenswerth wäre, weil wohl von den meisten, aber doch nicht von allen Abschriften zu Mantua zurückgeblieben sind. Aber Nachforschungen, welche auf mein Ersuchen Arneth zu veranlassen die Güte hatte, scheinen zu ergeben, dass dieselben sich weder im Haus-, Hof- und Staatsarchive noch in einem andern der dafür in Betracht zu ziehenden Wiener Archive befinden. J. Ficker.

Ein Nachtrag zu den Wiener Stadtrechten. — Das die Burger hinfur zu Wien nach Ordnung der Recht Kuntschaft geben sollen. Wir Maximilian etc. bekennen.. Als .. Burgermeister, Richter, Rat und Gemain unser Stat Wienn von weiland unsern Vorfaren Fursten ze Osterreich loblicher Gedachtnus mit Privilegien und Freyhaiten begnadt und fürsehen, darinne under andern begriffen sein, das dieselben unser Burger, so auf ir einen oder mer in Sachen Kundschaft oder Zeugknuss dem Rechten zu Furdrung zu geben gezogen, nicht sweren noch Fragstuckh gegen in eingelegt, sondern auf iren Burgerayd in solhen iren Sachen im Rechten gelawbt werden sulle; und wiewol die berurt Freyhait lang Zeyt dermassen gehalten, so haben wir doch angesehen, das der obberurt Gebrauch dem Rechten widerwertig und dadurch den Partheyen, die der bestimpten Kundtschaft zu gebrauchen noturftig im Rechten, mercklicher Nachtel und Schaden erwachsen, und demnach als regierender Herr und Landsfurst den yetzberurten Gebrauch aufgehebt und abgethan, manen und wellen das nu hinfur kein unser Burger daselbst zu Wien, so er zu einem Zewgen furgelait wirdet, sein Sag obestimpter massen thun, sonder ein yeder derselben unser Burger nach Ordnung der Rechten und wie Recht ist in seiner Sag verhort und zu ewigen Zeyten dermassen also gehalten werden sulle, doch denselben von Wien an den berurten iren Privilegien und Freyhaiten in ander Weg one Nachteil und on Schaden ungeuarlich. Mit Urkund ... Geben auf unserm Schloss Fragenstein am 29. Dezember 1508 unser Reiche des Römischen im 22. und des Hungrischen im 18. Jar. — Gleichzeitige Copie auf Papier im k. k. geh. Haus- Hof- und Staatsarchiv zu Wien. In der neuen Ausgabe der Rechte und Freiheiten der Stadt Wien nicht enthalten, dagegen von mir in meiner Geschichte des ältern Gerichtswesens in Oesterreich ob und unter der Enns S. 231 erwähnt. Der Erlass gehört ins J. 1507, da Maximilian den Jahreswechsel mit dem 25. Dezember eintreten lässt.   A. Luschin v. Ebengreuth.

Kaiserurkunden am Mantua. Sind wir auch durch die Reiseberichte Bethmanns[1]) und theilweise auch durch die Schums und Breslaus[2]) über die bei weitem grössere Anzahl der in italienischen Archiven vorhandenen Kaiserurkunden mehr oder weniger eingehend unterrichtet, so können diese Nachrichten für einzelne Städte und Archive doch immer noch ergänzt werden[3]). Ich berichte im folgenden über einige Kaiserurkunden, die ich auf einer im J. 1879 mit Unterstützung des k. k. Ministeriums für Cultus und Unterricht unternommenen Reise durch Oberitalien in Mantua auffand, und bringe einzelne derselben, die meines Wissens bisher noch nicht bekannt sind, zum Abdruck.

Von St. 319 fand sich im Staatsarchiv auch bei neuerlicher Nachforschung nur eine neuere Copie nach Donesmondis[4]) Druck, welche wohl mit der von Visi Not. stor. di Mantova 1,324 erwähnten identisch sein dürfte. Nach einer Bemerkung Visis ist die Auffindung einer andern Copie oder gar des Originals dieser Fälschung in Mantua höchst unwahrscheinlich[5]).

Dagegen gelang es mir, in das Capitelarchiv Eintritt zu erlangen, wo sich durch die liebenswürdige Bemühung des Signor Canonico Giuseppe Scardovelli und an der Hand eines von Visi angelegten Cataloges folgende Stücke vorfanden:

St. 497 Original, dessen Publication der Diplomata-Abtheilung der Mon. Germ. vorbehalten bleibt. Das Stück bisher nur aus dem Extract Visis bekannt, war ursprünglich zuerst 5mal parallel zur

---

[1]) Archiv der Gesellschaft für ältere deutsche Geschichtskunde 12, 201 f.
[2]) Neues Archiv 1, 121, 117; 3, 77.
[3]) Dies gilt namentlich von den Diplomen der spätern Karolinger und der darauf folgenden nationalen Könige, welche bisher weniger beachtet worden sind.
[4]) Istoria eccl. di Mantova (Mantua 1612) 1, lib. 8, 172 mit der Bemerkung: la copia del privilegio è registrata da Francesco Lamberti Fiorentino nel libro delle antichità delle più illustri famiglie d'Europa.
[5]) A. a. O. p. 325; Possevino afferma d'aver veduto il diploma con bolla prevedente nel nostro ducale archivio. Io per altro ho fatta inchiesta al G. B. Daretti, cioè prefetto di quel uffizio, uomo pratichissimo delle notizie patrie, e siami mai rincontrato in tale diploma, e sono da esso stato assicurato, non tanto a voce, quanto con tutti i ripertori antichi e moderni alla mano, che mai ha esistito tal pergamena in quel vasto archivio, e che una moderna copia malconcia trovasi solo in certa filza dell'ultimamente quà trasferito archivio del principato di Bozolo.

Breite, dann 3mal parallel zur Höhe gefaltet. Die letzte Lage rechts sammt dem Siegel ist abgeschnitten und gegenwärtig nicht mehr vorhanden.

St. 2481 Or. Die obere rechte und linke Ecke ist abgerissen, so dass von Z. 1 nur die Worte von „sancte" bis „impr" erhalten sind. Formel I—IX, das M. ohne erkennbaren Vollziehungsstrich und die Hauptfigur des Signum speciale mit schwarzbrauner Tinte, etwas lichter die Zeichen $\stackrel{\div}{\rightleftharpoons}$ und $\stackrel{+}{\underset{+}{+}}$ des letzteren, noch lichter die Formeln des Schlussprotokolls, aber die ganze Urkunde von einer Hand. Siegel abgefallen, Kreuzschnitt, 4 noch gut erhaltene Lappen.

St. 3137 Or. Die Datirung lautet: Data VI. id. mai, indict. VIIII, anno dominice incarnationis millesimo CXVI, regnante Heinrico V^to rege Romanorum anno VIIII, imperante VI; actum est Guberne amen".

St. 3693 Or., St. 4021 Or. und cop. saec. XIII.

Im Privatbesitze des genannten Canonico befindet sich eine grössere Anzahl von Pergamenten, die derselbe auctionsweise zu sich gebracht hat und mir mit der grössten Liberalität einzusehen gestattete, darunter einige Papstbullen und ein Quaternio aus einem Copialbuch saec. XIV. von S. Ruffino bei Mantua.

Dieser besteht aus 8 zusammenhängenden, 39.5 cm. hohen und 28.5 cm. breiten, theilweise stark vergilbten und beschädigten Pergamentblättern ohne Folien- oder Seitennummern. Nach rechts und links ist die Schrift durch feine blinde Verticallinien abgegrenzt, so dass beiderseits ein 2,5 bis 4 cm. breiter Rand bleibt. Alle beschriebenen Blätter zeigen feine blinde Linien in recto und zwar je 38 auf f. 2 und 3, je 27 auf f. 4, 5 und 6. Auf f. 7' sind die Zeilen enger aneinander gerückt, so dass deren 30 vorhanden sind und unten noch ein 9 cm. breiter leerer Raum blieb. F. 1 ist leer gelassen. Auf f. 1' parallel zum obern Rande steht: „Privilegia pro monasterio sancti Ruffini". Eine von dieser sowie von der Haupthand des Cod. verschiedene Hand schrieb parallel zum linken Rand von unten nach oben: „In isto quaterno continentur exempla privilegiorum monasterii sancti Rufini" und hat bis f. 4' incl. vor Beginn eines jeden Diploms folgende kurze Regesten gesetzt:

F. 2. Exemplar privilegii qualiter Lodoycus imperator filius Karoli constituit monasterium sancti Rufini de Mantua.

F. 3. Privilegium Karlomanni secundi imperatoris pro monasterio sancti Rufini de Mantua.

F. 3'. Exemplum privilegii Ottonis imperatoris tercii pro monasterio sancti Rufini de Mantua.

F. 4. Privilegium Conradi secundi imperatoris pro monasterio sancti Rufini de Mantua.

F. 4'. Privilegium Conradi tercii pro monasterio sancti Rufini de Mantua.

Der Schreiber dieser Regesten liess sich demnach mehrere arge Verwechslungen zu Schulden kommen. Nach Reg. 1 würde man ein Diplom Ludwig des Frommen erwarten, allein es folgt Böhmer RK. 683 von Ludwig II., den Karlmann ausdrücklich als Degründer des Klosters bezeichnet und auf den er sich als auf seinen „consobrinus" bezieht. Karlmann wird in Reg. 2 mit Karl II. verwechselt, indem von dem anfangs ganz richtig gesetzten „Karlomanni" die beiden letzten Silben ausradirt wurden. Dem entsprechend heisst es auch im Titel der Urkunde: „Karolus ... imperator augustus" und in Formel X und XII „imperatoris", während in den beiden letzteren Formeln das richtige „Karlomanni" steht, auf den auch das nachgezeichnete Monogramm und die Kanzlei untrüglich hinweist. Ebenso zeigt die Einsichtnahme des zum letzten Regest gehörigen Stückes die Identität mit St. 2084, so dass für „tercii" richtig „secundi" zu lesen ist.

Auf f. 5' und 6 folgen 2 Privaturkunden von 1261, ind. 4, die sabbati sexto intrante augusto und von 1117 duodecimo kal. iunii, die lune.

F. 6' und 7 sind leer. Auf f. 7' steht das hier folgende Diplom Friedrich I. für S. Ruffino und endlich f. 8 ein D. Friedrich II., worin er auf Fürbitte des Bischofs Heinrich von Mantua demselben Kloster die Privilegien seiner Vorfahren bestätigt: dat. aput l'armam anno domini millesimo ducentesimo vicesimo sexto, indict. quartadecima. Für die Abschriften der Diplome lassen sich 2 wohl gleichzeitige Hände unterscheiden. A schreibt f. 2 bis 3', setzt dann auf f. 5' wieder ein und geht bis zum Schlusse. Die beiden Diplome von Konrad II. sind von B in kleinerer, sorgfältigerer Schrift eingetragen. In den ersten Diplomen ist das M, im ersten ausserdem auch das Recognitionszeichen nachgezeichnet. Ueberall sind die Anfänge der Stücke, sowie die Signumzeile, wenn diese vorhanden ist, durch mehr oder minder verzierte Initialen oder Verlängerung des oder der ersten Buchstaben hervorgehoben. In den spätern Urkunden, nämlich den hier gedruckten Konrad II. und Friedrich I., waren die Schreiber nicht mehr so sorgfältig wie anfangs. In beiden fehlt Signumzeile und Recognition, in ersterem auch Monatsdatum, Actum und Apprecation. Im D. Friedrichs sind Actum und Datum ungeschickt zusammengezogen. Incarnationsjahr 1157 und Indiction 5 stimmen zu einander, nicht aber die Angabe: „aput Papiam civitatem imperii post captionem Creme in generali conventu archiepiscoporum episcoporum ceterorumque principum". Schon ein Aufenthalt in Pavia ist mit dem Itinerar des Kaisers im J. 1157 unvereinbar; die folgende Angabe zeigt, dass die Urkunde in das Jahr 1160 gehört. Crema wurde am 26. Januar 1160 erobert. Unmittelbar darauf berief Friedrich die grosse Synode von Pavia, um dort die Anerkennung seines Papstes Victor IV. zu erwirken. Gerade in dieser Zeit begegnen wir mehreren Diplomen, welche eine ganz ähnliche Datirung aufweisen, so St. 3880: in triumpho Cremae, St. 3882 vom 13. Februar: Papie civitate imperiali in generali conventu episcoporum et principum in confirmatione domini Victoris pape IV., St. 3883 von demselben Tage: in curia Papiae, ubi confirmatus est Victor papa, ferner St. 3892 vom 15. Februar für Aquileja: data Papiae in generali concilio post destructionem Cremae, und St. 3893 vom 19. Februar für das Bisthum Mantua: data in generali concilio Papiensi post destructionem Cremae et post confirmationem domini Victoris papae. Ich glaube daher unsere Urkunde in den Februar 1160 setzen zu müssen. In der überlieferten Datirung „ann. inc. 1157, ind. 5" nur einen Schreibfehler des Copisten zu sehen, halte ich aus dem Grunde nicht für gut thunlich, da die beiden Jahresangaben unter einander im Einklange stehen, ein derartiger Fehler in den Urkunden dieses Jahres meines Wissens nicht auftritt und ein Verlesen von MCLX in MCLVII und von VIII in V schwer anzunehmen ist. Möglicherweise liegt hier Actum und Datum soweit auseinander, vielleicht hatten die Brüder von S. Ruffino sich schon 1157 an den Kaiser um Bestätigung ihrer Privilegien gewendet und von jenem eine Zusage erhalten, die erst 3 Jahre später, als der Kaiser selbst nach Italien gekommen war, mit der Urkunde für das Bisthum Mantua zur Ausführung gelangte. Der Copist ist zu wenig verlässlich, als dass hier ein sicherer Schluss möglich wäre.

Das Diplom Friedrichs erweist, dass das Kloster S. Ruffino damals ein königliches gewesen ist; dies war nicht immer der Fall. Das Kloster Mulinellis[1]) wurde von Ludwig II. 874 Nov. 1 gleichzeitig mit Casa aurea gegründet[2]). Als solches war es speciell königliches Kloster[3]) und erhielt von Karlmann im J. 878 die Immunität und das Wahlrecht (D. 1). In

---

[1]) Ueber die Lage desselben und seine Identität mit S. Ruffino Visi a. a. O. I, 243. [2]) Böhmer RK. 682. [3]) Waitz V. G. 7, 189.

dieser Stellung erscheint es noch in der Urkunde Otto III. 996 (D. 2), der nicht allein das Diplom Karlmanns wörtlich wiederholt und die Stelle über die dem Könige gebührenden Leistungen ebenfalls mit herübernimmt, sondern auch ausdrücklich darauf hinweist, dass er das Recht der Ordination des frei gewählten Abtes sich und seinen Nachfolgern vorbehalte. In der Urkunde Konrad II. hingegen erscheint das Kloster als in der Gewalt des Bischofs von Mantua stehend. Die Worte „nostrum imperiale mundiburdium"[1]) und „nullo eiusdem episcopii successore vel aliqua nostri regni persona molestiam vel violenciam inferre audente" können nur als auf die Verleihung der Immunität bezüglich aufgefasst werden und gegenüber der ausdrücklichen Bezeichnung des Klosters als einer bischöflichen Abtei um so weniger ins Gewicht fallen, als des Bischofs Nachfolger mit allen andern Personen des Reiches in gleiche Linie gesetzt werden und das Kloster dadurch wohl nur vor unrechtmässiger Belästigung oder Vergewaltigung durch dieselben geschützt werden soll. Dem geänderten Verhältniss entsprechend fehlen auch im Diplom Konrads gerade jene Stellen, welche sich auf das freie Wahlrecht, auf die Ordination des Gewählten und die dem König gebührenden Leistungen beziehen. Der Bischof von Mantua erscheint nicht allein als Intervenient, sondern auch als der eigentliche Empfänger der Urkunde, der Abt Reginzo wird nur in zweiter Reihe genannt. Das Kloster war demnach damals aus einem königlichen ein bischöfliches geworden[2]), wie es denn in St. 2084 auch unter den Besitzungen des Bisthums aufgezählt wird[3]). Ein Vergleich dieser Urkunde mit den Vorurkunden ergibt, dass St. 2084 eine fast wörtliche Wiederholung des Diploms Otto III. von 997 Oct. 1[4]) St. 1127 ist. Das Kloster war also schon damals in der Hand des Bisthums und wir erhalten für die Zeit, in welcher dasselbe seinen Herrn wechselte, die Grenze von 996 Juli 26 (D. 2) bis 997 Oct. 1. Weniger genau lässt sich der Zeitpunkt bestimmen, in dem das Kloster wieder an den König fiel. In St. 2271, einer grossentheils wörtlichen Wiederholung von St. 2084, ist es noch Eigenthum des Bisthums, wird aber in den folgenden Besitzbestätigungen[5]) nicht mehr als solches aufgeführt. In der Urkunde Friedrich I. (D. 4) erscheint es, wie bereits bemerkt, wieder als „iuri imperatoris peculiariter subiacens".

---

[1]) Ueber den gleichbedeutenden Gebrauch von mundiburdium und immunitas in dieser Zeit s. Waitz V. G. 7, 226 f. [2]) Analoge Fälle bei Waitz 7, 211 ff.
[3]) Ebenso im Diplom Heinrich II, St. 1713.
[4]) Das Tagesdatum berichtigt nach der Abschrift Laschitzers aus dem Orig. Apparat der Mon. Germ. [5]) St. 2181, 2828.

Der Text der folgenden Urkunden wurde nach dem Muster der Mon. Germ. hergestellt.

Vorlage für das Diplom Otto III. (D. 2) ist das Karlmanns (D. 1). Petitdruck wurde in D. 3 für diejenigen Stellen angewendet, welche mit St. 2084[1]) das jedenfalls ziemlich gleichzeitig ausgefertigt wurde, derart übereinstimmen, dass gegenseitige Abhängigkeit im Dictat nothwendig angenommen werden muss[2]). Dagegen glaubte ich bei D. 4 hievon Abstand nehmen zu sollen, da die Uebereinstimmung mit keinem der vorhergehenden Diplome eine solche ist, dass man auf Benutzung eines derselben als directer Vorlage schliessen müsste.

1.

Karlmann bestätigt dem Kloster Moninella bei Mantua Immunität und freie Abtwahl.

Oetting 878 März 14.

In nomine domini nostri Iesu Cristi dei eterni. Karlomannus opitulante divina clementia rex a). Cum petitionibus servorum dei et iustis ac rationabilibus b) divini cultus amore favemus, superni muneris donum nobis inpertiri credimus. Idcirco notum sit omnibus fidelibus sancte dei ecclesie nostrisque scilicet presentibus et futuris, quod quidam venerabilis abbas nomine Lutbrandus ex monasterio nuncupato c) Mulinellis prope Mantuam urbem, quod beate memorie Hildouicus augustus in honore sanctissime resurectionis et ascensionis domini nostri Iesu Cristi a fundamentis construxit, missa petitione per Didonem quendam fidelem nostrum inploravit celsitudinem nostram ut, sicut prefatus augustus consobrinus noster per preceptum auctoritatis sue confirmavit ad idem monasterium omnia loca et agros et possessiones et in sue inmunitatis defensionem constituit, ita nos morem illius sequentes sub simili tuitione in nostram inmunitatem susciperemus. Cuius petitioni libenter assensum prebuimus et hoc nostre auctoritatis preceptum erga prefatum monasterium eiusque rectoribus fieri decrevimus per quod decernimus atque iubemus, ut nullus iudex

---

[1]) Von dieser bei Muratori Ant. It. 1, 611 nur unvollständig gedruckten Urkunde, besitze ich eine Abschrift aus dem grossen Mantuaner Copialbuch benützen, die Herr Prof. Harry Bresslau in Berlin mir zur Vergleichung zuzusenden die Güte hatte.

[2]) Eben dieses Verhältniss bestimmt mich auch, für unser Diplom, in welchem wohl durch die Nachlässigkeit des Copisten Monatsdatum und Actum fehlt, beides vermuthungsweise = St. 2084 anzunehmen.

1. a) Karolus o. d. cl. imperator augustus. b) rationabilibus. c) nuncupate: vielleicht aber Abschreibefehler der älteren Form nuncupante.

publicus vel quislibet ex iudiciaria potestate in ecclesias aut villas loca
vel agros seu reliquas possessiones, quas moderno tempore infra di-
cionem regni nostri iuste et legaliter possident vel que deinceps in
iure ipsius monasterii voluerit divina pietas augeri, ad causas audiendas vel freda exigenda aut mansiones vel paratas faciendas aut fideiussores tollendos aut ipsius ecclesie homines distringendos nec ullas
reddibitiones aut illicitas occasiones requirendas nostris et futuris temporibus ingredi audeat vel ea que memorata sunt penitus exigere presumat; sed liceat memorato abbati suisque successoribus predicte ecclesie
res cum omnibus fredis concessis, sicut in precepto consobrini nostri
augusti continetur, quieto ordine possidere et nostro fideliter parere
in perpetuo servicio et ne nobis nichil aliud faciant^d), nisi sicut an-
tecessori^e) nostro consobrino nostro fecerunt. Iubemus ergo atque per
hoc preceptum nostrum sancimus ut, quando abbas illorum divina
vocatione ex hac luce discesserit^f), de propria congregatione potestatem
habeant eligendi abbatem, quatenus ipse abbas simul cum congregatione subiecta quiete vivere valeat liceatque illis iugiter dei misericordiam
pro nobis et genitore nostro et genitrice nostra nec non et pro consobrino nostro exorare. Si quis vero hanc confirmationem auctoritatis
nostre in aliquo infringere temptaverit, libras viginti auri optimi persolvat, medietatem pallacio nostro et medietatem supranominato monasterio. Et ut haec^s) auctoritas confirmationis nostre et verius credatur
ac diligentius conservetur^h), manu propria nostra subter eam confirmavimus et anuli nostri impressione sigillari iussimus.

Signum (M.) domni Karlomanni piissimi regisⁱ).
Baldo cancellarius advicem Thiotmari recognovi^k).
Data II. idus mar. anno Cristo propicio II. domini Karlomanni
serenissimi regis^l) Bauariorum et in Ytalia I; actum ad Octingas pallacio
regio; in dei nomine feliciter amen^l).

2.

*Otto III. bestätigt dem Kloster Moninella bei Mantua Immunität
und freie Abtwahl mit dem Vorbehalte der Ordination des Gewählten
durch ihn und seine Nachfolger.*

Borgo San Domino 996 Juli 26.

In nomine sancte et individue trinitatis. Otto divina ordinante
providentia imperator augustus. Cum petitionibus servorum dei et iustis
ac rationabilibus divini cultus amore favemus, superni muneris donum nobis in-

---

d) facientes. e) antecessore. f) discesserit ut. g) habeat. h) conservetur. i) Imperatoria. k) nachher ein Zeichen das wohl Nachzeichnung von et sein soll.
l) am Schluss zweimal die tironische Note für amen nachgezeichnet.

partiri credimus. Idcirco notum sit omnibus fidelibus sancte dei ecclesie et nostris scilicet presentibus et futuris, quod quidam venerabilis abbas nomine Reyço ex monasterio nuncupato a) Mulinellis prope Mantuam urbem, quod beate memorie Hlodouicus augustus in honore sanctissime resurrectionis ac ascensionis domini nostri Iesu Cristi a fundamentis construxit, missa petitione per Adelbertum b) cancellarium nostrum imploravit celsitudinem nostram ut, sicut prefatus augustus * per preceptum auctoritatis sue confirmavit ad idem monasterium omnia loca et agros et possessiones ac familias utriusque sexus et in sue immunitatis defensione c) constituit, ita nos morem illius sequentes sub simili tuitione in nostram immunitatem susciperemus. Cuius petitioni libenter assensum prebentes hoc nostre auctoritatis preceptum * profato monasterio eiusque rectoribus fieri decrevimus * atque iubemus, ut nullus archiepiscopus dux marchio comes aut iudex publicus vel quislibet ex iudiciaria potestate in ecclesias aut castella vel villas loca seu agros vel reliquas d) possessiones, quas prefatus augustus eidem monasterio per preceptum sue auctoritatis eiusque rectoribus contulit et que moderno tempore infra ditionem regni nostri iuste et legaliter possident vel que deinceps in iure ipsius monasterii voluerit divina pietas augeri, ad causas audiendas vel freda exigenda aut mansiones vel paratas faciendas aut fideiussores tollendas aut ipsius ecclesie homines distringendos nec ullas reddibitiones aut illicitas occasiones requirendas nostris et futuris temporibus ingredi audeat vel ea que memorata e) sunt penitus exigere presumat; sed liceat memorato abbati suisque successoribus predicte ecclesie res cum omnibus fredis concessis, sicut in precepto f) iam sepe dicti * augusti continetur, quieto ordine possidere et nostro fideliter parere in perpetuo nostrorumque successorum servitio et nec nobis nichil aliud faciant, nisi sicut antecessori nostro beate memorie Hlodouico g) fecerunt h). Iubemus ergo atque per hoc preceptum nostrum sancimus ut, quando abbas illorum divina vocatione ex hac luce discesserit i), de propria congregatione potestatem habeant eligendi abbatem eo scilicet tenore, quatenus ordinatio ipsius electi eiusque successorum in nostro nostrorumque successorum dominio cum ordinatione perpetualiter consistat et inviolabiliter permaneat. Eo videlicet ordine hoc statutum fieri decrevimus, ut ipse abbas simul cum congregatione subiecta quiete vivere valeat liceatque illis iugiter dei misericordiam pro nobis et genitore nostro et genitrice nostra * exorare. Si quis vero hanc confirmationem auctoritatis nostre in aliquid infringere temptaverit, libras centum auri optimi persolvat, medietatem camere nostre et medietatem supra nominato monasterio. Et ut haec k) auctoritas confirmationis nostre * verius

---

2. a) nuncupate. b) bertum, vorher s und e radirt, noch theilweise sichtbar. c) defensione über der Zeile nachgetragen. d) vel reliquas utriusque sexus vel in reliquas possessiones. e) moderata. f) nach precepto ist concessis durch darunter gesetzte Punkte getilgt. g) Hldouico h) fecerit. i) discesserit ut. k) hac.

credatur et diligentius conservetur, manu propria nostra subter eam confirmavimus et anuli nostri impressione sigillare iussimus.

Signum (M.) domni Ottonis piissimi imperatoris augusti.

Heribertus cancellarius vice Petri archicapellani et episcopi recognovi.

Data septimo kal. aug. anno ab incarnatione domini DCCCCXCVI[1]) indict. VIII, anno vero [m]) dompni Ottonis tercii regnantis XIII[n]), imperii autem I; actum in sancto Domnino.

3.

Konrad II. bestätigt der bischöflichen Abtei S. Ruffino bei Mantua die Immunität für alle aufgezählten Besitzungen.

[Ossedolo] 1037 [März—April].

In nomine sancte et individue trinitatis. Conradus divina favente clemencia Romanorum imperator augustus. Si iusta petentibus aures nostre pietatis accomodaverimus, ad eterne remunerationis premium nobis profuturum minime ambigimus. Quocirca omnium sancte dei ecclesie nostrorumque fidelium comperiat industria, qualiter domnus Hiltolfus sacrosancte Mantuane ecclesie episcopus adiens clemenciam postulavit, quatenus pro dei amore nostreque remedio anime atque pro nostri regni stabilitate concederemus cuidam sue abacis in comitatu Mantuano iuxta Mincii fluminis ripam in honore sancte resurectionis et ascenvionis domini nostri Iesu Cristi et sanctorum confessorum Memorie, Probi et Ruffini constitute, sibi nec non Reginço[a]) eiusdem presenti abati suisque successoribus nostrum imperiale mundiburdium ex omnibus rebus supradicte sancte ecclesie pertinentibus, per quod presens abbas vel eius successores pacifice ac quiete que abacis sunt valeant in perpetuum possidere nullo eiusdem episcopi successore[b]) vel aliqua nostri regni persona molestiam vel violenciam inferre[c]) audente. Cuius cum dignis petitionibus assensum prebentes conferimus atque largimur eidem episcopo vel abacie eiusque abatibus nostri mundiburdii coroborationem seu confirmationem ex omnibus rebus suis, nominative de monasterio quod[d]) dicitur Mulinelles omneque res quas sine lege potestative vel cum virtute perditas habere videtur seu quas usque modo de donis regum seu imperatorum predecessorum nostrorum habuit, videlicet supradictum monasterium[e])*, ubi Reginzo venerabilis abbas preesse dignoscitur, cum omnibus adiacenciis suis cum aqna que dicitur Molinella cum suis decursibus de illo loco unde aqua originem sumit, ipsum fontem usque in Mincii amnem ex

---

1) fuerat XVI, dann durchstrichen und XCVI über die Zeile gesetzt. m) II. a) fuerat III, dann X eingefügt, stark an das erste I herangedrängt.

3. a) von anderer etwas jüngerer Hand. b) successorem. c) vel inferro violenciam. d) qua. e) supradicto monasterio.

utraque parte lectuli duodecim pedes, sicut monasterium semper tenuit, cum omnibus pertinenciis eiusdem monasterii cum curtibus etiam in Mantuano, in Riualto, in Godi cum servis et ancillis, in Furnega, in Masteliano, in Campoleoni et Burnega, in Gussenago, Brixiano, Cremonensi, Placentino, Mutinensi, Burgomatis, Veronensi, Vicentino comitatibus sitis que ita nominantur: Raniolo, Colonia et in circuitu fluminis quod nominatur Caput Alponi, Arcole, Massenzago cum ecclesia sancti Ylarii, Alonte, Lunigo, Sablone, in Pulliana seu in iudiciaria Gardensi cum decimis servis et ancillis atque cum omnibus ibidem pertinentibus et omnes alias res eiusdem monasterii que sunt in predictis comitatibus vel infra nostrum Italicum regnum seu ceterorum hominum concessionibus traditionibus obrenionibus pro suarum remediis animarum comparationibus quoque comutationibus libellorum et qualiumcunque f) legalium cartarum conscriptionibus seu phiotioariis vel* phioteci ipse sanctus locus obtinuit quocunque modo, cum domibus* cum terris cultis et incultis cum silvis et venationibus decimis* seu curtibus mansis cciam vestitis atque absentibus campsnetis pratis pascuis silvis et cum omnibus*, sicut* antiquitus detinuit, piscationibus carectis paludibus molendinis aquis aquarumque decursibus ripis, omnia omnino in integrum quecunque dici vel nominari possunt, unde eodem b) sanctus locus investitus fuisse dignoscebatur quocunque ordine vel qualibet legitima auctoritate.* Precipimus etiam ut nullus dux marchio comes vicecomes episcopus nullaque magna vel parva nostri regni persona audeat suprascriptum locum vel abbatem suosque successores de predictis rebus molestare vel inquietare vel delacerare, sed secure ac pacifice et adquisitis et adquirendis semper fruantur rebus. Si quis vero, quod minime credimus, huius nostre auctoritatis violator extiterit, sciat se compositurum auri optimi libras ducentas, medietatem camere nostre et medietatem predicto abbati suisque successoribus. Quod ut verius credatur et inviolabilius ab omnibus observetur, sigilli nostri inpressione iussimus inferius insigniri.

Anno domini millesimo trigesimo septimo, indictione quinta, anno domni Conradi secundi regis tercio decimo, imperatoris X.

4.

Friedrich I. bestätigt dem Kloster S. Ruffino bei Mantua Besitz und Immunität.

Pavia [1160 Februar.]

In nomine sancte et individue trinitatis. Fredericus divina favente clementia Romanorum imperator et semper augustus. Quamvis omnium dei a) ecclesiarum paci ac quieti prospicere intendamus, maxime tamen specialiter defensare ac munire nos convenit que ab anteces-

---

f) qualicunque. g) eadem ecclesia in Vorurk.
4. a) dei et.

soribus nostris regibus seu imperatoribus constructe nostro iuri noscuntur peculiariter subiacere. Quocirca omnium sancte dei*) ecclesie nostrorumque fidelium universitas scilicet tam futurorum quam presentium noverit, qualiter conventus fratrum monasterii sancti Rufini quod constat esse fundatum iuxta civitatem Mantue, per dilectum ac fidelissimum nobis Raynaldum Coloniensem archiepiscopum et Ytalie archicancellarium nostris presentavit obtutibus precepta predecessorum nostrorum regum et imperatorum que eidem sancto et venerabili loco ab eisdem concessa et confirmata sunt, petens et suppliciter*b*) poscens ut ob amorem dei et beate virginis ea omnia inviolata statuere atque precepti nostri auctoritate confirmare et corroborare dignaremur. Cuius precibus ob divine remuneracionis premium digne condescendentes hanc nostre auctoritatis paginam perempniter et iumutabiliter observandam fieri iussimus, per quam omnia que iam dicto monasterio quocunque auctoritatis modo collata fuerunt et ea omnia que hic inferius annotantur absque cuiusquam inquietudinibus*c*) vel diminucionibus*e*) prefato cenobio*d*) et fratribus eorumque successoribus in iam dicto venerabili loco deo famulantibus confirmamus et corroboramus atque integerime donamus: idem scilicet monasterium cum omnibus suis adiacentiis et pertinentiis et cum omnibus eidem monasterio pert[inentibus] in Canedulo, Bigarello, Bonifirio, Castiona, Donifixio, Pristinaria, Gudi, Cerexariis, Burgofrancho et quibusdam aliis locis territorio Mantuano et ecclesiam sancti Rufini in territorio Brixiensi sitam inter Vradum Rodianum et Clarem circumcirca ecclesiam prefatam per stadium et dimidium terrarum, in Bagnolo, Lonico, Alonte, Puiana, Roveredo, Colonia, Sablone, Mansezago et Capite Alponis et quibusdam aliis locis comitatu Vicentino, in Palláciolo et in iudicaria Gardensi et*e*) quibusdam aliis locis territorio Veronensi et*f*) in Fregnano districtu Mutinensi, omnia hec prenominata et omnia alia iura que in ecclesiis castris burgis villis curiis vasallaticis territoriis aquis paludibus pratis pascuis aquarumque decursibus molendinis venationibus baunis districtie placitis arimanniis vasallis servis ancillis albergariis et decimis in Mantuano, Drixiensi, Veronensi, Vicentino et Mutinensi comitatibus iuste habet et possidet seu habere et possidere de iure debet et per precepta predecessorum nostrorum tradita et confirmata iuste et legaliter acquisita vel acquirenda perpetua stabilitate concedimus prefato monasterio possidere atque habere cum omni ho-

---

b) vorher humiliter durch darunter gesetzte Punkte getilgt. c) ib. auf Rasur. d) prefati cenobii. e) vorher ist territorio durch daruntergesetzte Punkte getilgt. f) et über die Zeile nachgetragen.

nore et iurisdictione et cum mero imperio. Statuentes itaque iubemus
ut nulla nostri imperii magna parvave persona prescripti monasterii
abbatem aut fratres de omnibus prenominatis molestare vel divestire
audeat nec aliquam functionem ipsius cenobii*) possessionibus et villarum eiusdem possessionibus imponat. Si quis igitur, quod absit,
huius nostri precepti violator extiterit, componat auri purissimi centum libras, medietatem imperiali fisco et prefato monasterio alteram.
Quod ut verius credatur diligentiusque ab omnibus observetur, presentem cartulam conscribi et sigillo nostro iussimus communiri.

    Dat. aput Papiam civitatem imperii post captionem Creme in generali conventu archiepiscoporum episcoporum ceterorumque principum.
In anno domini millesimo centesimo quinquagesimo septimo, indict.
quinta.   H. Zimerman.

---

g) vorher *monasterii* durch darunter gesetzte Punkte getilgt.

Literatur.

Corpus juris canonici. Editio Lipsiensis secunda. Post Ae. L. Richteri curas instruxit Ae. Friedberg. Pars prior: Decretum Gratiani. Lipsiae 1879.

Auf Veranlassung des Verlegers hat Emil Friedberg eine neue Ausgabe des Richter'schen Corpus juris canonici unternommen, ist aber bei den Arbeiten zum Decretum Gratiani bald zu der Einsicht gelangt, dass die Ausgabe desselben nicht blos revidirt, sondern auf wesentlich neue Grundlagen gestellt werden müsse. Diesem Entschlusse Friedbergs verdanken wir nun einen Text, der auf Grund von Handschriften dem Urtext des Mag. Gratian wenigstens nahe kommt, während Richter im Texte nur die römische Edition wiedergab, die, wie F. col. XC der Prolegomena mit Recht bemerkt, keine Ausgabe des Gratian ist. Da jedoch Richter 9 Ausgaben, die der römischen vorhergiengen, verglichen und die Varianten angemerkt hat, so besitzen wir jetzt zwei Leipziger Ausgaben, von denen die ältere aus dem Jahre 1839 Drucke, die jüngere von 1879 Handschriften des Decrets vor Augen führt. Der wissenschaftliche Werth dieser letztern hängt nun offenbar von dem Alter der benutzten Handschriften, beziehungsweise der in ihnen enthaltenen Textesform ab. Da nun die ersten zwei von den acht benutzten Codices von so bewährten Kennern wie Jaffé und Wattenbach ins 12. Jahrhundert gesetzt werden, der Codex C aber auf Grund chronologischer Daten ebenfalls dem 12. Jahrhundert angehört, so ist damit ohne Zweifel eine solide Grundlage zur Textesherstellung gelegt. Freilich der erste Text Gratians ist damit noch nicht gefunden, und diese Aufgabe ist noch zu lösen, wie auch F. col. XCIV rugibt. Jedenfalls repräsentiren die von F. benutzten Codices und voran die Kölner Handschriften A B eine sehr alte Form des Textes. Bei Herausgabe der Summa mag. Rolandi habe ich p. XIX aus der Art, wie Roland die Capitel des Decrets zählt, eine Reihe von Schlüssen (N. 1—16) auf die ursprüngliche Textirung des Decretum gezogen; und diese finden sich nun, die N. 7 allein ausgenommen, sämmtlich durch die Ausgabe Friedbergs wenigstens insoferne bestätigt, als die von Roland nicht gezählten Capitel in den Handschriften keine eigenen Nummern haben. Auch sämmtliche Palaea, die Roland nicht kennt (Summa m. Rol. p. XXI N. 1—24), fehlen in den besseren Handschriften Friedbergs, allerdings fehlen darin auch jene zwei, die Roland citirt. Für die Güte des Textes spricht ferners Note 159 zu c. 19 C. XXII Q. 4. Roland citirt die zwei Theile dieses Capitels als selbständige Capitel (Summa p. 85 n. 12, 13), die Handschriften A B F haben nun den zweiten Theil gar nicht, in A F ist er nur am Rande hinzugefügt;

daraus wäre zu schliessen, dass diese Handschriften hier einen noch ältern Text haben, als er Roland vorlag, denn dass ein Capitel später ausgeschieden worden sei, ist nicht anzunehmen, wohl aber erklärt sich die eigene Numerirung bei Roland dadurch, dass das Randcapitel später in den Text selbst eingesetzt wurde, um endlich mit dem vorausgehenden Capitel in eines zu verschmelzen. Da nun Roland nur wenige Jahre nach dem Erscheinen des Decrets seine Summa schrieb, so ergibt sich aus der Uebereinstimmung der Friedberg'schen Handschriften mit dem aus jener zu entnehmenden Texte Gratians ein hohes Alter des in der neuen Ausgabe gegebenen Textes. Im einzelnen lässt sich freilich genaueres über die Richtigkeit des Textes nicht leicht sagen, denn F. ist auf das Verhältniss des Textes seiner Handschriften zu einander nicht näher eingegangen, seine Aeusserungen hierüber beschränken sich abgesehen von der Angabe des Saeculum, in dem sie geschrieben sind, darauf, dass die 8 Handschriften 3 Gruppen bilden.

Hat F. in der Textesherstellung das Richter'sche Princip aufgegeben, so ist er dagegen darin Richter gefolgt, dass er aus 15 zum Theil ungedruckten vermittelnden Sammlungen die gleichen Stellen notirte. Bei dieser mühsamen und zeitraubenden Arbeit sind nun freilich, z. Th. in Folge der Unzulänglichkeit des Materials, manche Fehler unterlaufen.

So fehlen aus der Collectio trium partium, der F. vor allem Aufmerksamkeit geschenkt hat (Prolog. col. XLII), folgende Citate:

D. 10 c. 4 Coll. 3 part. III 29, 3	alle 4 Capitel dieses Titels I 35		
D. 18 c. 2	, I 48, 25	an den betreffenden Stellen (C. V
D. 31 c. 10 ,	, I 43, 10	Q. 2 c. I, C. III Q. 9 c. 6 u. 9)
D. 56 c. 4 ,	, II 14, 7	übersehen.
D. 61 c. 13 ,	, I 41, 2	C. VII Q. 1 c. 16 Coll. 3 part. II 39, 1
D. 68 c. 2 ,	, I 57, 2	C. , , c. 41 , I 57, 8
D. 81 c. 31 ,	, I 36, 7	C. , c. 45 . , II 13, 2
C. I Q. 1 c. 9 ,	, II 12, 7	C. XI Q. 3 c. 9 § 1. , III 29, 2

(can. Omnes episc.) und Ivo D. V. 7.

C. III Q. 9 c. 9 Coll. 3 part. II 38, 5 C. XVI Q. 1 c. 61 Coll. 3 part. I 48, 20
C. IV Q. 4 c. 2 , I 35, 1 C. XX Q. 3 c. 1 , , I 43, 17
(Ps. Damasus); es sind überhaupt C. XXII Q. 4 c. 18 , , II 12, 2.

Umgekehrt kommen Capitel, zu denen die Sammlung des Anselm von Lucca citirt ist, unter den ersten Canones derselben nicht vor, z. B. c. 7 D. 11, c. 113 D. 4 de Cons. Zu c. 2 D. 22 muss das betreffende Citat aus Anselm I 66 Haec vero sacrosancta etc. heissen, nicht I 67 In apostol. sede. Es ist endlich c. 2 D. 48 nur zum Theile nämlich von „Scimus autem" an in Ivo D. V 131 enthalten.

Durch diese Mängel wird aber der Hauptwerth der Ausgabe doch nicht beeinträchtigt, da ja die Citate aus den vermittelnden Sammlungen und die entsprechenden Uebersichtstafeln von vorneherein nur eine Zugabe zum Decretum Gratiani bilden, zu deren streng wissenschaftlichen Behandlung dem Herausgeber das Materiale fehlte. Dabei verkenne ich anderseits freilich am allerwenigsten, wie werthvoll eine vollständig durchgeführte kritische Vergleichung des Textes Gratians mit demjenigen seiner Quellen wäre. Ein interessantes Beispiel dafür gibt c. 10 C. XXXVI Q. 2. Gratian schreibt da: ab eorum coniunctione, während im Original und in den Sammlungen der wahre Text lautet: ab earum coniunctione, wie

Friedberg nol. 76 auch richtig anführt. Das verändert aber vollständig den Sinn des Capitels; das ganze Dictum Gratiani ist dem richtigen Texte gegenüber gegenstandslos, und anstatt zu sagen: Non ergo hac auctoritate raptor probatur in coniugium raptam posse accipere hätte er vielmehr sagen müssen, dass allerdings dadurch die Möglichkeit der Ehe zwischen dem Entführer und der Entführten bewiesen wird.

Auf col. XLI der Prolegomena ist ein Verzeichniss der Canones gegeben, deren Autor nicht zu ermitteln war; dabei weiss ich nur nicht, warum die aus C. XXXV Q. 9 angeführten Capitel hier vorkommen, da doch überall die Quelle dazu angegeben ist, umgekehrt sollte wohl C. XXIII Q. 8 c. 1 angeführt sein; bei mehreren Capiteln fehlen die Sternchen, um anzuzeigen, dass sie in keiner früheren Sammlung stehen.

Was die äussere Ausstattung des Werkes betrifft, so ist sie namentlich gegenüber der Ausgabe von 1839 eine wahrhaft glänzende zu nennen, nur einen Nachtheil hat sie. Der kritische Apparat ist nämlich nicht mehr wie damals in zwei Columnen getheilt, sondern steht auf durchlaufenden Zeilen. Da ist es nun wirklich anstrengend bei den langen und eng zusammenstehenden Zeilen die Linie festzuhalten. Leider sind auch Druckfehler stehen geblieben. Auf col. XCIV und p. 1 muss bei dem Citat meiner Summa mag. Rolandi statt Innsbruck 1864, Innsbruck 1874, und bei C. I Q. 4 c. 2 statt ed. Thaner LXIX blos XIX stehen; ferner D. 71 c. 8 statt Jvo D. XV 31 — XVI 31; C. I Q. 7 c. 15 statt Coll. 3 p. II 24, 3 — II 14, 3; C. III Q. 6 c. 8 statt C. 3 p. I 43, 21 — I 43, 20; C. XI Q. 3 c. 107 statt Jvo D. II 126 — III 126; C. XII Q. 2 c. 55 statt Reg. I 383 — I 382; C. XXXV Q. 2 c. 19 statt Jvo Pan. VII 79 — VII 79; C. XXXVI Q. 9 c. 10 u. 74, 76, 78 statt Collan. — Collect.; D. 4 c. 36 de Cons. statt Jvo D. I 190 — I 191 und D. 4 c. 122 de Cons. statt Jvo Pan. I 122 — I 100.

Ich spreche gewiss im Sinne vieler, wenn ich diese Besprechung mit dem Wunsche schliesse, dass Friedberg dem Decretum Gratiani bald auch die Decretalensammlungen folgen lasse. Bei der Raschheit, mit der F. arbeitet — kaum dass das Decretum vollendet war, erschien von demselben Verfasser ein sehr brauchbares Handbuch des Kirchenrechts — ist es ja nicht blos zu wünschen, sondern steht es auch zu erwarten. In Befolgung des Principes nach Möglichkeit den ursprünglichen Text herzustellen wird F. sich von der Richter'schen Editionsweise der Decretalen Gregors IX. entfernen und die Partes decimae fallen lassen müssen. Der R.'sche Text, der dieselbe in Cursiv enthält, gibt mehr als die Decretalen der Compilation Raimonds von Peñaforte und doch weniger als die ursprünglichen Decretalen. Für den Schulgebrauch hat es freilich nicht zu unterschätzende Vortheile, wenn der Entscheidung die Narratio facti gleich beigegeben ist; allein einigermassen wird sich ein Ersatz durch Zusammenstellung und Verweisungen auf die Sammlungen der Originaldecretalen und die Nummern in Jaffés und Potthasts Regesten finden lassen, wenn der Herausgeber nicht etwa gleich vorziehen wollte in einem Anhange wenigstens die Decretalen, aus denen mehrere Capitel genommen sind, vollständig drucken zu lassen.

F. Thaner.

Diplomatisch-historische Forschungen von Julius Harttung, Privatdocenten an der Universität Tübingen. Gotha, Fr. A. Perthes, 1879. 8°. 550 S.

Das Privilegium des Papstes Zacharias für Fulda (J. 1756) bildet nach des Verfassers Angabe Ausgangs- und Angelpunkt seines Werkes. Hatten Sickel und andere die uns überlieferte Fassung als echt anerkannt, so kommt H. wieder auf den Gedanken Rettbergs zurück, dass das seiner Existenz nach nicht zu bestreitende Privileg anders gelautet haben müsse als dieses, da sie mit den damaligen Rechtsverhältnissen in Widerspruch stehe. Der Begründung dieser Ansicht ist die erste Abhandlung des Buches „Ueber Kloster-Exemptionen im Frankenreichs" (I, 1) gewidmet. So dankenswerth darin die Zusammenstellung von Belegen dafür ist, dass im allgemeinen Klöster (nach den Bestimmungen des Concils von Chalcedon) nicht völlig der Jurisdiction der Sprengelbischöfe entzogen werden konnten, so ist mit ihr nicht der Beweis geliefert, dass nicht doch in besonderen Fällen eine „die kirchlichen Verhältnisse regelnde Urkunde" d. i. ein Privilegium darüber hinausgehen konnte. Für Bobbio gesteht dies H. bei Honorius I. (J. 1563) selbst zu, und wenn auch in I, 3 die aussergewöhnliche Lage des katholischen Klosters inmitten des arianischen Landes betont wird, so benimmt dies der Thatsache nichts an Werth, dass die Canones mit ihr durchbrochen wurden. Unbeachtet blieb es aber von H., dass die beiden der Bobbier und Fuldaer Bulle zur Vorlage dienenden Formeln 77 und 32 des Liber Diurnus (dessen Redaction H. in l, 2, ohne stichhältige Gründe die Grenzen E. Rozières einengend, um die Wende des 7. Jahrhunderts ansetzt) die Ueberschrift „Privilegium" tragen, somit die Ausschliessung des Sprengelbischofs in jener Zeit nach römischer Auffassung auch eine Bestimmung eines Privilegs sein konnte.

H. sucht weiter in II, 5 durch eine an sich schätzbare Zusammenstellung von Nachrichten über „Fuldas frühestes Rechtsverhältniss zu Papst und Sprengelbischof" die Unmöglichkeit der uns vorliegenden Zachariasbulle zu erweisen; dieselben beziehen sich aber hauptsächlich auf die Zeit von Karl d. Gr. an und es scheint denn doch etwas gewagt zu sein, daraus Rückschlüsse auf das wirklich älteste Rechtsverhältniss unter Bonifaz-Zacharias zu ziehen. Ferner sucht H. in II, 4 einige Stücke aus der von Dümmler (Forsch. V) restituirten „Fuldaer Briefsammlung" für seine Ansicht zu verwerthen, aber ohne vieles Glück. Von der den der Correspondenz Hrabans und Hattos (Dümmler XXII) entnommenen gesteht er selbst zu, dass man auf jeglichen Grad von Sicherheit verzichten müsse; er geht aber zu weit, wenn er über die Unvereinbarkeit der darin auftretenden Personen erstaunt, denn es wird aus ihnen kaum herausgelesen werden können, dass Papst Paschal I. mit Abt Hatto correspondirt haben soll, sondern Hraban nimmt nur letzterem gegenüber auf seine Correspondenz mit ersterem Bezug. Auch die aus Dümmler XXVI, XXVIII angeführten Stellen sind von keinem Belange, wenn man nur einigermassen die auch von H. anerkannte Unzuverlässlichkeit der Excerpte berücksichtigt. Am wichtigsten erscheint H. die in Dümmler XXII gegebene Erzählung von Streitigkeiten zwischen Mainz und Fulda einerseits, Würzburg andererseits über die von letzterem beanspruchte Ordination im Kloster, welche mit Berufung auf die Zachariasbulle zu Ungunsten Würzburgs entschieden worden seien. Damit ist aber noch nicht bewiesen, dass Mainz das Recht der Ordination hatte, und H. kann um so weniger an dieser Stelle die „Nichtcongruenz des sie voraussetzenden Inhalts der Zachariasbulle" mit dem der überlieferten heranziehen, als er geneigt ist anzunehmen, dass die Fälschung schon unter dem ersten Abte Sturmi vorgenommen wurde, sohin diese das Recht von Mainz ausschliessende und nicht die „ursprüngliche" bei der in Frage stehenden Streitigkeit (787—800) producirt worden sein müsste. Ein weiteres Argument gegen die Echtheit ist H. die Thatsache, dass die nachfolgenden echten Bullen bis Marin II. (J. 2775) den Sprengelbischof nicht ausschliessen, wobei er an den verschiedenen Orten seines Buches ein bedenkliches Schwanken darüber verräth, wo er die erste echte Bulle dieser Serie ansetzen soll. Bisher haben wir Continuität des Rechtsinhaltes niemals so schroff als Kriterium aussprechen hören; und gerade die von H. in 1, 5 erbrachten Belege sprechen dafür, dass das Kloster Mainz gegenüber grosse Ansprüche, aber wechselvolles Glück bei denselben hatte, und vielleicht ist die früher erwähnte Correspondenz zwischen Hraban und Hatto so zu deuten, dass der Erzbischof Hraban seinem Nachfolger in der Abtwürde von Fulda zeigen will, wie wenig Anklang er selber mit seinen Ansprüchen in Rom gefunden habe, um diesen damit von ähnlichen Schritten gegen das nun von ihm vertretene Erzbisthum abzuschrecken.

H. ist also der Meinung, dass die Bulle des P. Zacharias im wesentlichen so gelautet habe wie die späteren Erlässe bis Marin II.; dass aber für die gefälschte Fassung nicht erst die darauf folgenden als Vorlage dienen konnten, meint auch er, da die Bestätigungsurkunde Pippins, Sickel P. 7, dem entgegensteht, deren Ueberlieferung er übereinstimmend mit Sickel ins 8. oder angehende 9. Jahrhundert (unter Eigil) setzt. Im Gegensatze zu diesem aber hält er das Diplom für gefälscht. Die hiefür geltend gemachten Gründe beziehen sich jedoch mehr gegen die Originalität, die schon Sickel ausgeschlossen hatte, als gegen die Echtheit, und namentlich muss der Versuch, statt des auf Rasur stehenden annus regni II das ursprüngliche Jahr festzustellen und daraus die Unvereinbarkeit der Zeugenunterschriften darzuthun, als vollkommen missglückt erklärt werden, da Formen wie VIImo oder IXmo, die H. lesen will, für jene Zeit einfach ausgeschlossen sind. Die im 8. Jahrhundert vorgenommene Fälschung des Diploms Pippins würde natürlich die gleichzeitige Verfälschung der Zachariasbulle voraussetzen, und hiefür meint H. in II, 3 (Das Kloster und sein ältestes Privilegium) in einer von Widersprüchen keineswegs freien Darstellung in der Rivalität Lulls und Sturmis den Grund darlegen zu können. So wie diesen glaubt er auch das Vorgehen bei der Fälschung gefunden zu haben; er knüpft hiebei an den schwerwiegenden, aber gerade für die Echtheit eintretenden Umstand an, dass die überlieferte Bulle vollständige Deckung an der Formel 32 des Liber Diurnus findet. Dieses Buch soll nun schon zu Sturmis Zeiten nach Fulda gekommen und zur Verfälschung der Bulle verwendet worden sein. Beweise hiefür vermag er allerdings nicht beizubringen, denn auch das Vorkommen einer mit der Formel congruenten Fassung (C) in einem Mainzer Codex saec. X kann wohl diese Vermuthung allenfalls unterstützen, aber nicht beweisen, abgesehen davon dass auch für H. das Bekanntsein des Liber Diurnus in Kreisen, welche Fulda nahestanden, nur für das 10. Jahrhundert wahrscheinlich gemacht ist, nicht aber auch für die Zeiten Sturmis. Statt die näherliegende Erklärung, die Fassung C sei von einem Sammler (nicht Urkundenfälscher) entweder dem Liber Diurnus oder vielleicht der Fuldaer Urkunde mit Auslassung des letzten Theils entnommen und in die Bonifaz-Correspondenz eingerückt worden, auch nur zu berücksichtigen, meint H. in dieser Fassung C die ursprüngliche Fälschung entdeckt zu haben. Er ist aber hiebei durchaus nicht sicher und consequent, denn an anderen Orten bezeichnet er die bei Dronke 4° gedruckte Fassung A (nach Formel 32 gearbeitet, jedoch mit einem Zusatz von mehreren Sätzen am Schlusse versehen; D von Othlon überliefert stimmt mit A überein, bringt aber allein das Datum) als die ursprünglichere und legt sie auch seinem Restitutionsversuche der echten Bulle in der Weise zu Grunde, dass er nach Ausmerzung und Aenderung einzelner leicht einem Copisten zuzuschreibender Satztheile nur den in den späteren Bullen bis Marin II. constant wiederkehrenden Satz über den Sprengelbischof einschiebt. Nur um diesen Satz dreht sich überhaupt die ganze Frage, da ja die Erlassung eines Privilegs durch Zacharius auch von H. nicht bezweifelt wird; dass dieser Satz aber ursprünglich gestanden habe, davon bin ich durch H.'s Beweisführung, die ich hiemit im wesentlichen erschöpft und beleuchtet zu haben meine, nicht überzeugt worden.

An die Untersuchung über die Zachariasbulle schliesst H. eine über die päpstlichen Privilegien Fuldas bis zum 13. Jahrhundert an. In Bezug auf ihre Ueberlieferung nimmt neben den Originalen der bekannte Codex Eberhardi die wichtigste Stelle ein; ihm wird auch in II, 6 eine eingehende Beschreibung zu Theil, worauf in 7 und 8 das Gebaren Eberhards den Papsturkunden gegenüber besprochen wird. Er hat dieselben nämlich in 2 Serien gebracht, von denen die zweite nach einigen nur ihm untergebrachten und längst als Fälschungen erkannten Stücken jene der ersten Reihe in anderen Fassungen wiederholt, bis dies mit dem Auftreten der Eberhard vorgelegenen Originale mit Benedict VIII. (J. 3091) aufhört. Bisher war nur aus den Noten bei Dronke das Vorhandensein zweifacher Redactionen für die ältesten Bullen bekannt (bei J. 1975 hat dieser auch fälschlich die zweite Fassung dem Drucke zu Grunde gelegt); nun erfahren wir aber auch, worin diese Abweichungen bestehen: allen Bullen der Serie II ist nämlich ein Zusatz gemein, der sich von der ganz überarbeiteten Fassung D der Zachariasbulle in sehr mannigfachen Formen durch 21 Stücke hindurchzieht; H. bezeichnet ihn als „Hospital-Passus" und sieht ihn mit Recht als von Eberhard gemacht und durch den Spitalbau des gleichzeitigen Abtes Marquart veranlasst an. In denselben Kreis der Fälschungen wird auch die Charta Hattonis I. (Schannat Dioec. 237 nr. 6) einbezogen. Aber auch die Serie I Eberhards birgt nach H. nicht lauter unanfechtbare Stücke. Nach den von ihm hier gut überlieferten Nicolaus I. J. 2017 und Johann VIII. J. 2255 folgen nämlich Bezug nehmend auf das Deperditum Marin I. J. 2618 die Privilegien Stephan VI. J. 2662, Benedict IV. J. 2710, Johann X. J. 2726 und Leo VII. J. 2752, welche neben dem Rechtsinhalte der vorhergehenden mehrere Zusätze enthalten und abweichend von allen anderen die Arenga der Formel 97 des L. D. aufweisen, worauf mit Marin II. J. 2775 wieder auf die alte Formel und den alten Rechtsinhalt, nun aber mit Ausschliessung des Sprengelbischofs zurückgegangen wird, bis Leo IX. jene Bestimmungen, nun aber in anderer Form wieder aufnimmt.

Die unterbrochene Continuität des Rechtsinhaltes sowie der Glaube, dass ein freundschaftliches Verhältniss mit König und Mainz bei diesen dieselben kränkenden Bestimmungen unmöglich gewesen wäre, sind die Verdachtsgründe H.'s, die auch ihm so schwach erscheinen, dass er sich am Ende der langgesponnenen Untersuchung mit einem „non liquat" begnügt. Die Verletzung der Continuität veranlasst ihn auch Johann XIII. und Johann XV. J. 2867 und 2950 der Serie I für interpolirt zu halten, wofür aber erst im 3. Theile des Buches die weitläufige und theilweise beachtenswerthe Begründung gegeben wird.

Neben Eberhard, dessen Gebahren, leider sehr zerstreut, eingehend besprochen wird, hat man nach H. auch sonst in Fulda sehr viel gefälscht und er weiss nicht genug die hiebei bekundete Geschicklichkeit hervorzuheben. Wohl nur, um diese in Bezug auf die äusseren Merkmale zu kennzeichnen, hat er in II, 2 (Bemerkungen über einige Karolinger-Urkunden) ausführliche Beschreibungen der Nachbildungen des Originals von Sickel L. 84 angebracht. (Der Abschnitt gibt ferner einen Theil der schon früher beleuchteten Besprechung von P. 7, sodann von K. 224, das II. im Gegensatz zu Sickel für Originalausfertigung jedoch corrigirt auf den Namen Ratger statt Bangulf hält, und bespricht das Zehntdiplom Ludwig d. D. Dronke 610, das er mit Hilfe eines „Referats" über Zehntstreitigkeiten mit Mainz unter Ludwig angefertigt ansieht.) Auch dem Verschwinden der ältesten Originale schiebt II. böswillige Absicht unter und selbst in der schon berührten Briefsammlung entdeckt er sowohl Entstellung der Thatsachen von Seite der correspondirenden Aebte als Interpolationen des Sammlers. Es hat mich aber hiebei sehr Wunder genommen, dass II., indem er die Briefe als Stütze seiner Ansicht über die Zachariasbulle heranzieht, nun umgekehrt einen Grund für die Verfälschung der Briefe in der „falschen" Inhaltsangabe eben derselben Bulle findet. Im besonderen wendet er sich noch gegen einige Actenstücke aus der Karolingerzeit: nachdem er kurz auf seine von Sickel abweichende Beurtheilung der Fuldaer Zehntdiplome hingewiesen, erklärt er die Chartula Bonifacii aus nicht zureichenden Gründen für falsch und kommt sodann gegenüber den beiden Fassungen des Briefes von Bonifaz an Zacharias über die Gründung Fuldas zu den schon längst aufgestellten Resultaten. Schliesslich fällt noch die Encyclica Karls d. Gr. Sickel K. 116 seiner Kritik zum Opfer; die Art, wie dies geschieht, ist keineswegs anziehend und zeigt in dem wenigen Sachlichen, dass H. die Mannigfaltigkeit der Ueberlieferung von Briefen nicht zu würdigen versteht.

Im dritten Theile des Buches werden die päpstlichen Urkunden für Fulda bis zum 13. Jahrhundert der Reihe nach behandelt; vieles, was in den vorhergehenden Theilen seinen Platz hätte finden sollen, wird hier gebracht — selbst die Zachariasbulle erfährt nochmals eine Durchsprechung und das gleiche gilt von den Interpolationen Eberhards; so stellt sich die erste Hälfte (etwa bis Leo IX.) dar als eine Ergänzung des früher Gesagten, oft dasselbe erst begründend, oft wiederum oder dasselbe verständlicher, oft auch Bemerkungen bringend, die inhaltlich oder dem Grade ihrer Sicherheit nach im Gegensatz zu früheren stehen. Ich kann nicht umhin meine Meinung über dieses Verfahren dahin zu äussern, dass dasselbe auch dadurch, dass der Verf. in der Einleitung den losen Zusammenhang der einzelnen Theile seiner „Forschungen" zugesteht und entschuldigt, nicht gerechtfertigt werden kann und die Geduld des Lesers auf eine allzu harte Probe stellt. Der Raum gestattet es leider nicht ausführliche Begründung hiefür zu geben; es genüge auf die Zerstücklung der Besprechung Eberhards in II, 6, 7, 8; III, 1—18, auf das gleiche Gebahren mit der Zachariasbulle in II, 1, 8, 5; III, 1, und dem Diplome Pippins in II, 1, 2, 3 hinzuweisen.

Mit Benedict VIII. J. 3091 beginnen die Fuldaer Originale (jetzt in Marburg); ihnen wird eine mehr oder minder eingehende Beschreibung und durchwegs Echtheits-Erklärung zu Theil. H. hat hiebei viel schätzbares Material für die päpstliche Urkundenlehre niedergelegt und auf einige bisher unbeachtete Punkte in derselben zum ersten Male hingewiesen. Er verspricht dasselbe in einem Buche „Forschungen zum päpstlichen Kanzlei- und Urkundenwesen" zu verwerthen; erst nach Erscheinen desselben wird es am Platze sein über die vielfach jetzt ohne Begründung oder zusammenhanglos hingeworfenen Bemerkungen zu urtheilen; grössere Knappheit und einige Scheidung des Wichtigen und Unwesentlichen hätte diesen Beschreibungen, deren Anbringung im Buche manchem Leser vielleicht überflüssig erscheinen wird, wahrlich nicht geschadet. Auch die den Originalen entnommenen Abschriften Eberhards finden ihre Besprechung und so erhalten wir auch hier noch zahlreiche kleine Nachträge zu seiner Arbeitsmethode; ferner wird eine Anzahl von neuen meist unzuverlässigen oder ganz falschen Stücken aus Eberhard sowie mancherlei Ergänzung zu den bisherigen Drucken gegeben und am Schlusse (unter Nr. 52) werden einige Fulda betreffende Papstbriefe beschrieben, besprochen und theilweise auch abgedruckt. Wichtig und interessant für die Urkundenlehre sind hiebei die Originale der Briefe Alexander II. J. 3514—3516.

In viel loserem Zusammenhange mit dem Haupttheile der Forschungen stehen die Abschnitte I, 3 und 1, 4: „Die päpstlichen Privilegien der Abteien S. Denis und S. Martin" und „Urkundenfälschungen verschiedener Klöster." Bei S. Denis wird ausgegangen von der Bulle Stephan III. J. 1782, wofür Jaffé 2 Fassungen beibrachte und beide verdächtigte; davon wird nichts erwähnt, wie denn gerade hier die Citirung Jaffés die ganze lange Untersuchung hindurch unterlassen wird. Das Resultat derselben ist, dass weder die beiden Fassungen noch eine dritte bei Sirmond-Labbe befindliche als echt anzusehen seien, jedoch auf einen wirklichen Erlass zurückgeführt werden müssen, welcher im wesentlichen gleich gelautet habe mit der Fassung A von Hadrian I. J. 1886 (Bouquet 5, 596 im Gegensatz zu B in Doublet 450). Die schon von Jaffé verdächtigten zwei andern Stephanbriefe, J 1781 und 1783, werden als Fälschungen, J. 1784 als verdächtig erklärt. Weiters werden Hadrian I J. 1879 und 1905 sowie Leo III. J. 1911 zu der Spuria verwiesen, bei letzterem polemisirt H. in etwas hochmüthiger Weise gegen Jaffé, der an der Echtheit festhaltend Verderbung des Textes annimmt; H. thut sich nicht wenig darauf zugute den Widerspruch zwischen Aussteller und Adressaten aufgedeckt zu haben, übersieht aber, obwohl er die Note Jaffés in der zweiten Zeile des Regestes anführt, dass dieser in der ersten Zeile für den anstössigen Fulrad den Nachfolger Fardulf gelesen haben will. Nach seiner Entdeckung findet es H. überflüssig auf den weiteren Inhalt dieser „groben" Fälschung einzugehen, sagt uns aber gleich darauf, dass sie uns einen nicht geringen Begriff von der Geschicklichkeit der Fälscher von S. Denis heizubringen vermag. Weiter werden Benedict III. J. 2010 (sowie die sie stützende Urkunde K. Aethelwulfs) für falsch erklärt, hauptsächlich wegen des Datars „Megistus episc. et bibliothec.", da erst nach dem mächtigen Aufschwunge des Papstthums unter Nicolaus I. ein Bischof dieses Amt bekleiden konnte (!), und desgleichen Nicolaus I. J. 2050 in Hinblick auf die unzweifelhaft echte Bulle J. 2049 für S. Denis vom selben Tage. Um die Geschicklichkeit der dortigen Mönche im Fälschen zu zeigen, wird sodann eine zweite Redaction der Synode von Pistes (Doublet 459) als gefälscht erwiesen und schliesslich von den späteren Erlässen Leo IX. J. 3183 verdächtigt. In den Nachträgen bringt H. seine zu Paris vorgenommenen Untersuchungen über die Ueberlieferung der Privilegien von S. Denis; dieselben stollen sich mit Ausnahme des Originals von J. 2049 als auf der Rückseite „echter Papyrus-Urkunden" geschrieben dar, erheben also doch selbst nicht den Anspruch als Originale zu gelten; trotzdem werden sie als solche kritisirt. Sein Urtheil über J. 3183 findet H. nach Besichtigung des Originals bestätigt; was aber in den Nachträgen die alleinige Angabe der Dimensionen des Originals von Paschal II. J. 4413 nützen soll, vermag ich nicht einzusehen. In Bezug auf S. Martin werden die Ansätze Jaffés belassen mit Ausnahme von Urban II. J. 4207, das H. wohl mit Recht als Fälschung ansieht. Bei der Besprechung der andern Urbanbulle J. 4214 ist mir aufgefallen, dass H. das Jahr 1097 als eine „ganz gewöhnliche Verschreibung für 1096" hält, während es doch auf dem unter Urban gerade in diesen Jahren (Jaffé pag. 448) häufig angewandten Calculus Pisanus beruht.

Im folgenden Abschnitte werden zunächst die schon von Jaffé unter die Spuria eingestellten ältesten Hersfelder Bullen als Fälschungen erwiesen und manche Andeutungen für die Benützung von Fuldaer Vorlagen gegeben; die älteste Fälschung ist aber wohl nicht unter Stephan III., sondern mit Jaffé unter Stephan IV. einzureihen. Von Gandersheim wird die schon von Köpke angefochtene und neuerdings von Dümmler vertheidigte Agapetbulle J. 2793 als Fälschung erklärt, da ihr Inhalt weiter gehe als die unter besonderen Umständen „in synodo" erlassene Bulle Johann XIII. J. 2852 und weil der Gandersheimer Kirchenstreit bei ihrer Echtheit ganz unverständlich wäre. Mich haben diese Gründe nicht überzeugt und noch weniger das, was H. für die Fälschung nach Fuldaer Vorlage anführt. Das schon hier recht störend auftretende Skizzenhafte der Ausführungen tritt im weiteren Verlaufe des Abschnittes immer mehr zu Tage. Es wird nun darauf aufmerksam gemacht, dass Agapet II. J. 2792 für Hamburg-Bremen interpolirt sei und dass Sylvester II. J. 2987 für Leno Uebereinstimmungen zeige mit Sylvester J. 2992 für Fulda, dass aber dennoch keine Entlehnung angenommen werden könne; ich meine, dass diese Bemerkung bei der Kritik der letzteren, welche in III, 24 in allen ihren 4 Fassungen als unzuverlässlich erklärt wird, ein Plätzchen hätte finden können. Von den ältesten Bullen für Corvey will H. Hadrian II. J. CCCXLVII mit Wilmans als echt annehmen und an den folgenden J. 2643 und 2913 nicht rütteln; dagegen sei Johann XV. J. 2934 eine grobe Fälschung, denn sie sei nichts als die Ueberarbeitung der Urkunde des Erzbischofs Linthert (Böhmer R. M. 60), welche er ebenfalls für falsch anzunehmen geneigt ist. Von Qued-

limburg werden die frühesten Bullen Johann XIII. J. 2848 und Silvester
J. 2988 als Fälschungen erklärt, wofür einige beachtenswerthe Gründe beigebracht werden. Von Pfäfers werden 2 (jetzt in H.'s Acta nr. 1 und 3 gedruckte) Bullen mit Recht als Fälschungen erkannt, desgleichen J. CXXXVII und wohl auch Gregor V. J. 2978. Dagegen haben mich die Gründe, welche H. für die Unechtheit der Bullen Gregor V. für Villich, Petershausen und Stablo J. 2955, 2984, 2958 anführt, keineswegs überzeugt; der Einfluss der königlichen Kanzlei auf die päpstliche kann unter dem ersten deutschen Papste nicht ausgeschlossen werden und dieser ist es gerade, welcher H. die wesentlichste Stütze für seine Ansicht gibt. Wie unsicher er ihr aber gegenüber steht, zeigt er recht deutlich in dem kurzen darauffolgenden Excurse (I. 6: Ueber die Päpste Gregor V. und Silvester II.), in dem er 2 Arengen der früher als gefälscht erklärten Bullen als Beweis für die cluniacensische Richtung Gregor V. heranzieht. In der flüchtigen Skizze über diese Klöster werden auch Johann XV. J. 2933 (für Petershausen) in der überlieferten Gestalt und Silvester II. J. 3009 für dasselbe Kloster, sowie J. 2989 für Vercelli als Fälschungen hingestellt.

Zum Schlusse dieses Abschnittes macht H. einige allgemeine Bemerkungen über die bei seinen Forschungen gewonnenen Ergebnisse für die Kritik der Papsturkunden. Sie sind wohl nicht erst jetzt gewonnen, sondern sind schon von anderen zum Gemeingut der Urkundenkritik überhaupt gemacht worden. Wie weit aber H. die im Schlusssatze als nöthig hingestellte „Umsicht und Vorsicht und den durch eingehendes Studium gewonnenen Tact" besitzt, darüber werden sich Fachgenossen, die bei der einen oder andern Urkundengruppe es mit diesem Buche zu thun haben werden, vielleicht ein verschiedenes Urtheil bilden; mir schien es bei der Durcharbeitung der Forschungen, welche jeder, der sich mit den kirchlichen Verhältnissen des früheren Mittelalters beschäftigt, beachten muss, die aber auch niemand, ohne die durch Anlage und Arbeitsmethode verursachte Erschwerung ihrer Benützung zu bedauern, verlassen wird, dass der Vf. diesen von ihm selbst gestellten Forderungen nicht immer genügt habe.

Graz.   Ferd. Kaltenbrunner.

Acta Pontificum Romanorum inedita. I: Urkunden der Päpste vom Jahre 748 bis zum Jahre 1198, gesammelt und herausgegeben von J. v. Pflugk-Harttung (Julius Harttang), Privatdocenten an der Universität Tübingen. Erster Band 1. Abtheilung. Tübingen, Franz Fuess, 1880. 4°. VIII, 168 S.

H. beginnt mit dem vorliegenden Buche die Herausgabe von unedirten Papsturkunden, die er auf seinen zu Untersuchungen über das päpstliche Kanzleiwesen unternommenen Reisen in Deutschland und Frankreich gesammelt hat; da weitere Forschungen von ihm in Aussicht gestellt sind, so will er nur innerhalb jedes einzelnen Bandes die chronologische Reihenfolge festhalten und verspricht durch Indices die Benützung der Gesammtsammlung zu erleichtern. Die vorliegende erste Abtheilung, welche bis zum Tode Innocenz II. reicht, beginnt mit einer Fälschung Zacharias' für Pfäfers mit dem Datum d. J. 748; die erste echte Bulle ist nr. 6, Johann VIII.

für Flavigny v. J. 877, es ist daher die am Gesammttitel erscheinende Grenze 748 kaum gerechtfertigt. Unter den gebotenen Stücken sind nr. 7 und nr. 12 leider sehr verstümmelte Papyrusfragmente von Formosus und Johann XV. und nr. 30, aus dem Original in Hannover abgedruckt, ist die einzige bisher bekannte Urkunde von Benedict X.

H. sagt in den einleitenden Worten, er wolle auch solche Stücke aufnehmen, die ungenügend oder in schwer zugänglichen Drucken veröffentlicht sind; dagegen wird niemand etwas einzuwenden haben, aber man wird verlangen können, dass bei derlei Stücken dies angegeben und vor allem, dass ihre Verzeichnung in Jaffés Regesten nicht vornehm übergangen wird. Dies ist aber ganz regelmässig geschehen und eine nähere Prüfung dieser Stücke erweist, dass manche in recht leicht zugänglichen Werken abgedruckt sind. So ist nr. 10 = J. 2852 bisher nur im Transsumpt Innocenz' III. Potth. 2482 bekannt und nach den beiden Regestenwerken in 7 verschiedenen Büchern niedergelegt; H. druckt nach einer Copie saec. X—XI und die Nachricht von einer älteren Ueberlieferung ist gewiss schätzenswerth, hätte aber ganz gut in den Dipl. Hist. Forschungen p. 144, wo die Urkunde nach Jaffé citirt wird, ihren Platz finden können, zumal da die gebotene Copie um nichts besser ist als das Transsumpt. Ferner sind nr. 11 = Spur. Johann VI. J. CCXCV; nr. 18 = J. 3208 (welche Nummer in den Noten als Verweis gleichsam einer fremden Urkunde erscheint); nr. 24 = J. 3249 (wobei ich jedoch bei der Unzugänglichkeit des Druckes derselben nicht entscheiden kann, ob der in den Noten gegebene Hinweis auf die ganz gefälschte oder doch stark interpolirte J. 3248 sich wirklich auf diese Verleihung von Pallium und Güterbestätigung für Köln oder auf J. 3249 bezieht); nr. 28 = J. 3307; nr. 41 = J. 3423 (schon von Jaffé verdächtigt); nr. 42 = J. 3436; nr. 47 = J. 3608 (nach einer Copie saec. XII, bisher nur aus dem Registrum Gregorii VII. bekannt; die Schlüsse, welche H. hiebei aus dem Fehlen der Datirung in seiner Vorlage auf das Verhältniss der registrirten und ausgesandten Briefe zieht, bedürfen jedenfalls noch eingehender Begründung); nr. 67 = J. 4204; nr. 75 = J. 4357 (wo in Note 3 für 11. Apr. irrig 10. gesetzt ist); nr. 90 = J. 4470; nr. 116 = J. 4691; nr. 127 = J. 4803; nr. 135 = 4974 (bisher nur aus dem Codex Udalrici, der die Namen weglässt, bekannt); nr. 152 = J. 5254; nr. 175 = J. 5621 (bei dessen Druck in der Gall. christ. — ob auch bei Cocquelin? — die Cardinäle fehlen); nr. 177 = J. 5714 (wo in den Noten ausnahmsweise die Varianten eines der 3 von Jaffé angegebenen Drucke, jedoch ohne Angabe desselben erscheinen). Ueberdies ist nr. 142 gedruckt bei dem H. wohlbekannten Ulysse Robert Les actes de Calixt II. nr. 323 p. CXLII.

Auch bei jenen Stücken, welche von Jaffé als nur fragmentarisch oder nur ihrer Existenz nach bekannt angegeben werden, wäre dieser Hinweis erwünscht gewesen. In diese Kategorie gehören: nr. 6 = J. 2383; nr. 9 = J. 2833 (in den Noten verweist H. auf ein , zum grossen Theil wörtlich übereinstimmendes Privileg desselben Papstes für denselben Erzbischof in Beyer Mittelrhein. U. B. 1. nr. 202.⁴ Dies zeigt grosse Flüchtigkeit, denn diese Urkunde ist J. 2825 um 5 Jahr früher ausgestellt und enthält nicht den bedeutsamen Satz: „fidem autem ... licet latius explanare debuerus ... rationis plenam esse cognovimus;" hätte H. Jaffé berücksichtigt, so wäre er wohl durch dessen Fassung von 2833 auf diesen Satz aufmerksam geworden und hätte ihn in seinem Regest angebracht, er hätte dann auch erfahren, dass sich das Original seiner Urkunde in Berlin befindet, und hätte sie vielleicht nach diesem, wenn auch erst im 2. Bande abgedruckt); nr. 39 = J. 3393; nr. 46 = J. 3533 (wo in der Note auf einen Druck, nicht aber auf Jaffé verwiesen wird); nr. 56 = J. 4009 (wo bei der Unsicherheit der Auflösung der Ortsangabe die der Urkunde „apud Montem Veterem" wie bei Jaffé, hätte beibehalten werden sollen); nr. 73 = J. 4319° (wenn nicht identisch, so doch im engsten Zusammenhang); nr. 84 = J. 4452 (wo die 2 ersten Worte des Contextes „Karissime fili" bei H. doch nur Zuthat des Copisten sein werden); nr. 107 = J. 4596; nr. 118 = J. 4707 (unter 4708 bringt Jaffé eine ausgedehnte Besitzbestätigung für dasselbe Kloster, die sich jetzt wohl durch nr. 119 bei H. als Fälschung erweist; auch davon ist keine Notiz genommen). Nur ihrer Existenz nach verzeichnet Jaffé nr. 21 unter J. 3210°; nr. 40 = J. 3489°; nr. 48 = J. 3697°; nr. 64 = J. 4190°; nr. 65 = J. 4199°; nr. 68 = J. 4246°; nr. 72 = J. 4317°; nr. 77 = J. 4356°; nr. 108 = J. 4598°; nr. 115 = J. 4636°; nr. 137 = J. 5084°; nr. 176 = J. 5648°.

Die gleiche Ausserachtlassung oder flüchtige Benützung der Regesten Jaffés macht sich auch sonst recht störend bemerkbar. Bei nr. 17 wird in den Noten der Hinweis auf J. 3189 erbracht, was möglicherweise ein Druckfehler für J. 3192 ist; aber wenn auch, so genügt es in diesem Falle nicht, denn J. 3192 ist die bisher unangefochtene Privilegienbestätigung für eben das Kloster S. Maria Magdalena zu Verdun, von der in nr. 17, die H. ohne genügende Gründe als Fälschung erklärt, der dortige Bischof verständigt wird. Bei nr. 94 wäre die Bemerkung nicht überflüssig gewesen, dass ihr Datum „Benevent 30. III. 1106" im grellen Widerstreit steht mit J. 4526 vom selben Tage zu Salerno gegeben. Nr. 159, für welche das Chartular von Gorze das Tagesdatum nicht überliefert, setzt H. nach dem Itinerar bei Jaffé zwischen 14. und 22. Februar 1130 an; es hätte ihm aber doch auffallen sollen, dass diese Zeit vor der Consecration Innocenz II. liegt, in der die Ertheilung eines Klosterprivilegiums an sich unwahrscheinlich, in der vorliegenden Form aber unmöglich ist, da Innocenz nach J. 5317 und 5318 damals nicht den Papsttitel führt, sondern sich „J. quondam diac. card. in Pontificem Romanum electus" nennt; die Urkunde ist also während des ersten römischen Aufenthaltes bis zur Abreise nach Pisa (Mai-Juni), wahrscheinlich vor der Uebersiedlung nach Trastevere (Anfang Mai) anzusetzen. Auch bei dem Nachweis von Vorurkunden ist Jaffé sehr ungenügend ausgebeutet; meist nimmt H. nur auf die seiner eigenen Sammlung Bezug und zwar insoferne ungleichförmig, als er bald nach deren Nummern, bald nach dem Datum citirt; nur sehr selten wird Jaffé einer Erwähnung gewürdigt. Allerdings lassen die Vorurkunden sich nicht immer beibringen, aber auch dies konnte kurz bemerkt werden, wie es bei nr. 66 geschehen ist, wobei aber auf die bestimmten Päpste etwas vorschnell geschlossen wird. Dagegen wären sie aus Jaffé (und auf diesem fusse ich, da mir das neuere Urkundenmaterial nicht zur Verfügung steht) nachweisbar gewesen bei nr. 61: Urban II. J. 4220 (hier besonders wichtig, weil H. seine Urkunde für falsch hält); nr. 98: Urban II. J. 4025; nr. 125:

Johann XIII. J. 2855; nr. 135; Gregor VII. J. 3891 und Urban II. J. 4288; nr. 164; Clemens II. J. 3143.

Der Druck ist sehr sorgfältig und der Art der Ueberlieferung angepasst; sehr anerkennenswerth vor allem ist es, dass hier zum ersten Male die Lücken in den Cardinalsunterschriften berücksichtigt und in practischer Weise veranschaulicht werden. Die Trefflichkeit der Druckerei kommt H. bei seinen Bestrebungen sehr zu statten und sie leistet ihm auch ihre guten Dienste bei den Noten, deren er dreierlei gibt. Neben der Beschreibung der Ueberlieferung am Ende jedes Stückes treten auch Bemerkungen zum Texte und Erklärungen desselben unter dem Striche auf. Namentlich für die letzteren wird der Benützer dem Herausgeber Dank wissen, vielleicht auch dessen allzu grosse Sorgfalt (z. B. bei Angabe der Regierungsjahre von Kaisern und Päpsten) bewundern. Sehr viel Stoff zu Bemerkungen würde die erste Kategorie bieten. Ich will nicht die grosse Ungleichförmigkeit in Bezug auf ihren Umfang hervorheben, denn ich weiss die Wechselfälle des Reisens, die solche herbeiführen können, hinlänglich zu würdigen. Sehr dankenswerth ist es, dass H. die in den französischen Chartularen niedergelegten Beschreibungen der von ihnen benützten Vorlagen wiedergibt; wir gewinnen dadurch manchen interessanten Einblick in den Grad von Sorgfalt, mit der man in Frankreich in früheren Zeiten gearbeitet hat. In der Beschreibung der Originale begegnen wir aber einerseits grosser Unsicherheit, andererseits allzu grosser Präcisirung. Wir wollen uns sicherlich nicht daran stossen oder es bedauern, dass H. sich nicht immer darüber klar wurde, ob er italienisches oder „nicht italienisches" Pergament vor sich hatte, da wir darin kein sicheres Kriterium zu erkennen vermögen — nur möchten wir wissen, was er unter „Italienisirtem" Pargament versteht. Etwas störender aber ist es, wenn wir fortwährend mit „dürfte" und „wohl" ausgestattete Urtheile darüber lesen, ob die Unterschrift des Papstes oder die Datumzeile andere Dinte oder andere Hand aufweist als der Context. Den anderen oben gemachten Vorwurf wollen wir einstweilen mit aller Reserve aussprechen; der Vf. hat uns „Forschungen über das päpstliche Kanzlei- und Urkundenwesen" versprochen und dort wird sicherlich sehr vielen begründet sein, was einstweilen noch in der Luft schwebt. Wir meinen damit die Aufstellung von Schreiberlisten und die Classificirung des monogrammatischen Bene Valete, des dreimaligen Amen und der Bulle, die hie und da auftaucht; wir hoffen, dass unsere Furcht grundlos sei, H. gebe sich über die Möglichkeit derartige Aufstellungen mit Hilfe seines Arbeitsmaterials vornehmen zu können allzu grossen Illusionen hin. Nur einige Bemerkungen, die unsere Skepsis rechtfertigen sollen, mögen gestattet sein: beim Bene Valete begegnen Nummerirungen, die für Paschal 11, Calixt 4, Honorius 6 und bei Innocenz gar 18 verschiedene Formen voraussetzen, und hiebei ist H. doch genöthigt bei einzelnen noch Variationen anzugeben; andererseits finden wir bei Calixt nur eine Bulle nr. 8, bei Paschal nur einen Schreiber nr. 12, neben ihm aber Bezeichnungen des Schriftcharacters, die mit überreichen, jedoch keineswegs bezeichnenden Epitheta versehen sind und nicht weniger als 7 verschiedene Schriftarten bei Privilegien voraussetzen würden.

Das Fehlen der Forschungen ist uns aber namentlich in folgenden zwei Fällen sehr empfindlich gewesen: nr. 145 und 146 sollen „unfeierliche Privilegia" sein. Sie haben beide die Grussformel statt "In Perpetuum", keinerlei Schlussformel und die kleine Datumzeile, jedoch mit Beigabe der Indiction; beide sind im Original erhalten, es ist also weder an einen Ausfall der Formeln noch an eine nachträgliche Hinzufügung der Indiction zu denken. Wir kennen neben den grossen Privilegien und den Literae in jener Zeit nur die Privilegia minora, welche zum Unterschied von den ersteren die Grussformel haben und im Eschatokoll der Rota und des Monogramms immer, der Unterschriften sehr häufig entbehren, dagegen zum Unterschied von den Literae die grosse Datumzeile aufweisen. H. hat also diesen zwei Urkunden zu Liebe eine eigene Urkundenart construirt und es ist ihm hiebei nur der Mangel der Schlussformeln "beachtenswerth", aber nicht bedenklich erschienen; dagegen ist es ihm nicht aufgefallen, dass beide die sonst in der kleinen Datumzeile niemals vorkommende Indiction haben und dass sie mit Arengen versehen sind, welche sonst niemals in dieser Zeit vorkommen, und endlich, dass sie am selben Tage und für dieselbe Kirche gegeben sein wollen. Der zweite Fall betrifft nr. 182, 184, 190, allerdings nicht vom selben Tage, aber für dasselbe Kloster ausgestellt. Sie sollen zur Gruppe der "feierlichen grossen Breven" gehören; alle drei haben die kleine Datirung und zeigen sich durch Faltung und Formal äusserlich als Literae, überdies hängt die Bulle an Seidenschnur. Diese Merkmale würden also den Literae cum filo serico entsprechen, die aber unseres Wissens unter Innocenz II. noch nicht nachweisbar sind; sonst aber gehen sie weit auseinander: während 182 die Grussformel und die Unterschrift von Papst und Cardinälen hat, weist 184 "In Perpetuum" und nur die Unterschrift des ersteren, 190 aber die Grussformel und keine Unterschriften auf. Die von H. zu Gunsten dieser drei Urkunden aufgestellte Art erfreut sich also jedenfalls grosser Dehnbarkeit, denn sie entlehnt Merkmale aus allen drei bisher bekannten Arten (Privilegia maiora und minora und Literae) und bereitet auch schon auf die spätere Art der Literae cum filo serico (namentlich in nr. 184) vor. Aus den Forschungen werden wir wohl auch erfahren, ob die an nr. 182 hängende Bulle nr. 4 (für die beiden anderen wird keine Bezeichnung derselben gegeben) auch in anderen unzweifelhaft echten Stücken Innocenz II. nachweisbar ist oder ob sie nur dieser einen entlehnt ist, vielleicht auch, ob die Form "Madias" für "Maias" sonst unter diesem Papste auftritt.

Auch die den einzelnen Stücken vorgestellten Regesten geben zu manchen Bemerkungen Anlass. Wahrscheinlich um grössere Manigfaltigkeit in die Fassungen zu bringen, hat H. die für die grossen Privilegien, welche den Schutz Petri nebst Bestätigung der Besitzungen und Privilegien verleihen, häufig in einer Weise stilisirt, die den Inhalt einerseits ungenügend oder zu sehr specialisirend angibt, andererseits der Urkundenformel nicht entspricht. Auch ist es nicht gerechtfertigt, wenn er dieselben einmal dem Kloster, ein andermal dem regierenden Abte ertheilt werden lässt; nach dem Vorbilde Jaffés hätte nur das erstere Platz finden sollen, da sonst die Verleihung von Einzelnrechten oder Zusendung von Mandaten, die nur an den jeweiligen Lenker mit Verschweigung der Nachfolger addressirt wurden, zu wenig markirt werden kann. Die Regesten von nr. 13, 75, 103, 116, 118, 123 beruhen auf unrichtigen Auffassungen, nr. 169 ist nicht von Brixen, sondern von Brescia, nr. 128 ist am 25. nicht 24. Februar (da

1116 ein Schaltjahr ist) gegeben. Bezüglich der Datirung scheinen uns manche Stücke ohne gehörige Begründung oder fälschlich in zu enge Zeitgrenzen gestellt zu sein, so nr. 37, 38, 79, 85, 86, 87, 88 (wo überdies der Hinweis auf Urkunden Calixt's für die Deutung des Ausstellungsortes „Alba" merkwürdig ist), nr. 106, 109 (wo J. 4604, 4605 und nr. 111 heranzuziehen gewesen wären), nr. 117 (wo die Indiction doch Interpolation ist), nr. 179 (wo die Grenze 1138—1143 angesetzt werden musste, nachdem die Interpolation in der Datumzeile constatirt worden war). Einige abweichende Ansichten über Echtheit und Unechtheit einzelner Stücke will ich erst vorbringen, wenn mit der für Juni d. J. in Aussicht gestellten 2. Abtheilung die versprochenen erklärenden Nachträge vorliegen werden. Die Ausstattung des Buches ist prächtig und gereicht der Officin der Verlagsbuchhandlung zu grosser Ehre.

Graz.   Ferd. Kaltenbrunner.

P. A. Munch, Aufschlüsse über das päpstliche Archiv, herausgegeben von Dr. G. Storm. Aus dem Dänischen übersetzt von Dr. S. Loewenfeld. Berlin, W. Weber, 1880. (Separat-Abdruck aus der Archivalischen Zeitschrift Bd. 4).

Unter allen Berichten, welche wir über das päpstliche Archivwesen (von Marini, Pertz, Palacky, Dudik und Gachard) besitzen, nimmt der vorliegende entschieden die bedeutsamste Stellung ein, wozu die eigenthümlichen und sein Erscheinen auch lange verzögernden Umstände, welche dem Verfasser tiefere Blicke in die sorgsam gehütete Schatzkammer gestatteten, wesentlich beitragen.

Dieser sein Werth liegt vor allem in den Aufklärungen über die Register. M. führt den Nachweis, dass die Briefe nicht etwa nach den Concepten, sondern nach der Reinschrift und zwar erst nach der Besiegelung einregistrirt wurden; ferner dass man hiebei nicht strenge die chronologische Reihenfolge beobachtete, sondern diejenigen zuerst eintrug, deren Expedition drängte. In älterer Zeit wurde dies jedoch keineswegs allen auslaufenden Briefen zu Theil, sondern nur solchen, bei denen das Interesse der Curie die Zurückbehaltung einer zuverlässigen Copie verlangte, und solchen, deren Empfänger es ausdrücklich wünschten und wohl auch dafür eine Taxe zahlten. Anders wurde dies von Johann XXII. an, welcher, wie es scheint, zuerst das Gebührenwesen in der Kanzlei regelte; von nun an war nach M. in der für die Urkundenausstellung zu zahlenden Taxe die Gebühr für die Einregistrirung mitbegriffen und folgerichtig wurden daher jetzt alle dem Empfänger Rechte verleihenden Briefe eingetragen. Die Summe der gezahlten Taxe oder die Bemerkung, dass sie „auf Befehl" erlassen worden sei, fand M. in den Registern neben den Briefen in ganz eigenthümlicher Weise angegeben. Unter Johann XXII. tritt aber noch eine weitere Neuerung ein, deren Entdeckung vom höchsten Werth sein wird, wenn es vielleicht einmal der Geschichtsforschung vergönnt sein sollte ausgiebigeren Gebrauch von den Schätzen des Archivs zu machen. Während von Innocenz III. an bis Johann XXII. nur eine Reihe von Registern sich findet, treten von da ab zwei Reihen auf, indem sich zu den bisherigen Pergamentbänden die Papierregister gesellen. Es ist dies an sich nichts neues, aber die Stellung der beiden zu einander fixirt zu haben ist M.'s Verdienst. Man hatte bisher die letzteren für Abschriften oder Excerpte aus ersteren gehalten, sie also unberücksichtigt gelassen. Das gerade Gegentheil wird nun durch M.'s Ausführung zur unanfechtbaren Gewissheit: sie sind die Originalregister, aus denen die Pergamentbände nachträglich, je nachdem Zeit und vorhandene Arbeitskräfte es erlaubten, angefertigt wurden. Diese sind daher von da an nur insoferne noch von Bedeutung, als sie hie und da bei der lückenhaften Ueberlieferung der Papierregister, die nach M. theilweise sogar durch die falsche Auffassung ihres Werthes bei der Curie selbst verschuldet wurde, zur Aushilfe eintreten müssen. Mit dem Beginn des grossen Schismas hört dann ihre Führung überhaupt auf. Bis zu diesem Zeitpunkte lässt es M.'s Darstellung wahrscheinlich erscheinen, dass die Ueberlieferung der einen oder andern Registerreihe verhältnissmässig gut und vollständig sei, von da ab jedoch constatirt er grosse Lücken, die nicht allein auf Verlorensein, sondern auf nachlässige Registrirung selbst zurückgeführt werden müssen. Nach Beseitigung des Schismas, aber nicht sogleich, sondern erst von Nicolaus V. (1447) an tritt wieder grössere Ordnung und Vollständigkeit ein, die frühere Eleganz aber kehrt niemals wieder. Eine neue Wendung glaubt M. zur Reformationszeit (unter welchem Papste?) feststellen zu können; nun sollen die Eintragungen ins Register sistirt, dagegen die Concepte (Minuten) aufbewahrt worden sein, worauf man erst im 17. Jahrhundert die Führung der Register wieder aufnahm und nach den Concepten dieselben nachträglich zusammenschrieb. Ob sie in dieser Weise auch weitergeführt wurden und wie es in der Jetztzeit mit ihnen gehalten wird, erfahren wir aus M.'s Buche leider nicht. Neben der Geschichte der Register erhalten wir sodann eine Fülle von werthvollen Nachrichten über ihre Anlage, Schrift, Foliirung und Bindung und auch Regeln für die Lesung der stark verkürzten Eintragungen, wofür aber Palacky (Liter. Reise p. 12 ff) viel reichhaltiger ist und zur Ergänzung herangezogen werden muss.

Neben den auslaufenden Briefen wurde auch ein Theil der einlaufenden registrirt, nämlich die Supplicationen, jedoch nicht in ihrer ursprünglichen Gestalt, sondern in ihrer Zubereitung für das Referat beim Papste; in dieser Form wurden sie sammt der meist mit „fiat" gegebenen päpstlichen Resolution eingetragen und so kommt es, dass nur die mit Erfolg gekrönten Aufnahme finden und uns nach einer Richtung hin etwaige Lücken in den Registerbänden ausfüllen können. M.'s Ausführungen geben uns an einzelnen Beispielen einen Begriff davon, welche Wichtigkeit auch diese Bände, die aber nur in einer kleinen Serie (von Clemens V. — Urban V.) erhalten sind, für die Kenntnis des kirchlichen, culturellen und wirthschaftlichen Lebens der gesammten christlichen Welt haben. Eine sehr wichtige Nachricht wird uns in diesem Abschnitte auch damit gegeben, dass den Supplicationen das Datum der Bewilligung beigeschrieben wurde, „damit man den Brief, der darnach ausgestellt wurde, von demselben Tage datiren konnte." Bei der Frage über Actum und Datum der Papsturkunden wird dieser Satz jedenfalls einen Markstein bilden müssen.

Gegenüber diesen Aufschlüssen tritt der übrige Theil der Schrift, der über den Bestand des Archivs überhaupt und über das Kanzleiwesen handelt, sehr in den Hintergrund. Während sich M. bei letzterem hauptsächlich an Delisles bekannte Arbeit über die Kanzlei Innocenz III. hält und nur gelegentlich Bemerkungen über das spätere Mittelalter bringt, beruhen die

Nachrichten über ersteren auf Autopsie. Nach ihnen kann es als Thatsache gelten, dass es im Geschäftsgebahren der Curie lag zahlreiche Einläufe zu vernichten, selbst die Nuntiaturberichte, auf welche man erst seit der Reformationszeit (oder vom Tridentiner-Concil an?) grösseres Gewicht gelegt zu haben scheint. Dagegen wurden schon früher fiscalische Acten, sowohl eigentliche Cameralsachen als einlaufende Rechnungen und Berichte geschont. M. fand den ältesten Bericht aus dem Jahre 1275 und, indem er darauf einige aus dem Norden bespricht, zeigt er, welcher Gewinn sich aus ihnen für eine Darstellung der wirthschaftlichen Verhältnisse des späteren Mittelalters ziehen liesse. Die Statistik des Archivs ist leider sehr dürftig; hier sind Dudik und Gachard weit ausführlicher. Auch der Versuch die Zahl der Registerbände zu bestimmen muss als missglückt bezeichnet werden, wiewohl andererseits den gegenüberstehenden Berichten der älteren Forscher kein allzugrosses Gewicht beizulegen sein wird.

Derselben Meinung ist auch der sehr gewandte Uebersetzer, dem unser Dank für die Zugänglichmachung des „norwegischen" Buches gebührt. Er hat sich in seiner Uebersetzung auf die nöthigsten Bemerkungen beschränkt, kurz vorher aber einige abweichende Ansichten in Briegers Zeitschrift für Kirchengeschichte 3, 139 niedergelegt, die willkommene Ergänzungen und Berichtigungen enthalten.

Graz. Ferd. Kaltenbrunner.

Die Kaiser-Urkunden der Provinz Westfalen von R. Wilmans. Zweiter Band: Die Urkunden der Jahre 901—1254. I. Abth. Die Texte bearbeitet von F. Philippi. Münster 1880. 8°

Gleich dem vor 13 Jahren erschienenen ersten Bande legt auch die erste Lieferung des zweiten Zeugniss ab von der erfolgreichen Thätigkeit, welche Wilmans nicht nur als Leiter des Archivs zu Münster, sondern auch als bedeutendster Förderer westfälischer Landesgeschichte entfaltet. In manigfacher Beziehung unterscheidet sich der neue Band von seinem Vorgänger, in seinen Aeussern schon durch die Trennung der Excurse und Erläuterungen von den Urkundentexten, wodurch die Benützung beider Theile wesentlich erleichtert wird. Wichtiger als dies ist aber, dass Wilmans alles gethan hat, um den seit 13 Jahren wesentlich gestiegenen Anforderungen der Diplomatik gerecht zu werden. So hat er auch in dem Herausgeber der Urkundentexte an Dr. Philippi eine jüngere Kraft gewonnen, welche ihm einen Theil der Arbeit und zwar jenen, mit dem wir uns zunächst zu beschäftigen haben, abgenommen hat.

In der Einleitung legt Ph. die Grundsätze dar, nach denen er bei der Anordnung des Buches und der Herstellung der Texte verfahren ist. Im Grossen und Ganzen hat Ph. die von Ficker und Sickel aufgestellten Regeln zur Richtschnur genommen, indem er zugleich mit den Arbeiten der Monumenta Germaniae durch nahen Verkehr mit Dr. Foltz Fühlung gewonnen hatte. So ist denn die vorliegende Publication in der Hauptsache nach den für die Monumenta massgebenden Principien ausgeführt worden, eine Thatsache, welche als der erste Ansatz zu einer einheitlichen Gestaltung deutscher Urkundenpublicationen gewiss mit Freude zu begrüssen ist.

Es kann nicht meine Aufgabe sein mich hier in allgemeine Erörterungen über jene Fälle einzulassen, in denen Ph. von diesen Grundsätzen abzuweichen sich genöthigt glaubte. Die hauptsächlichsten Differenzen hat Ph. selbst in der Vorrede hervorgehoben, sie betreffen die Einordnung unechter Stücke und die Behandlung der nur abschriftlich überlieferten Urkunden. Für das bei den ersteren angewandte Verfahren beruft sich Ph. mit Unrecht auf Ficker. In dem von ihm angezogenen § 492 der Beiträge zur Urkundenlehre verlangt F. nur für Regesten die Einreihung zu dem Datum der Fälschung, während er für die Edition ihre Ausscheidung empfiehlt und nur jene verunechteten Urkunden, welche irgendwie Benützung einer echten Vorlage erkennen lassen, eingereiht wissen will. Doch ist Ph. vollständig im Rechte, wenn er alle falschen Urkunden einreiht, aus dem von ihm selbst angegebenen Grunde, dass es ihm bei beschränktem Materiale nicht möglich war in allen Fällen die diesbezügliche Untersuchung zum Abschlusse zu bringen.

Den Forderungen Sickels entsprechend hat Ph. den Texten eine nach einzelnen Fonds geordnete Uebersicht des Materiales vorausgeschickt. Diese Uebersichten enthalten die topographische Bestimmung des Ortes, kurze Angaben über die Gründung und Aufhebung des betreffenden Stiftes, ein Verzeichniss der zu dem Fond gehörigen Urkunden, Notizen über die Ueberlieferung und die Drucke, ferner Bemerkungen über die Geschichte des Archivs und die localhistorische Literatur. Acta deperdita wurden nicht angegeben, obwohl ihre Zusammenstellung dem Herausgeber, da er den ganzen Urkundenvorrath der einzelnen Gruppen vor sich hatte, nicht schwer gefallen wäre. Davon und von den wohl ohne dessen Schuld etwas dürftig gerathenen Angaben über die Drucke abgesehen, sind die Uebersichten als sehr brauchbar zu bezeichnen. Die Chartulare und anderen handschriftlichen Quellen sind ihrem Werthe nach geordnet und mit Buchstaben bezeichnet, welche dann auch für die Bezeichnung der Varianten bei den einzelnen Urkunden verwendet wurden. Leider hat Ph. es unterlassen in letzterem Falle die Angaben über das Alter der Chartulare beizufügen, und sich damit begnügt zu den Buchstaben nur die Folio- oder Seitenzahl zu setzen. Dadurch wird der Benützer genöthigt bei jeder Urkunde sich vorne über Alter und Art der Quellen zu unterrichten, da doch niemanden, der sich nicht speciell mit westfälischen Urkunden beschäftigt, zugemuthet werden kann derartige Details im Gedächtnisse zu behalten. Bei der Auswahl und Zusammenstellung der einzelnen Fonds ist Ph. nach streng archivalischen Gesichtspunkten vorgegangen. Zweifel könnten nach dieser Richtung etwa bei Fischbeck geltend gemacht werden. Der Herausgeber bemerkt hiezu S. 21: „Erscheint hier, weil es 1147 allerdings ohne durchschlagenden Erfolg an Corvey geschenkt wurde." Das Nonnenkloster Fischbeck liegt nämlich in der Provinz Hessen-Nassau. Ph.'s Angabe kann sich nur auf Stumpf Reg. nr. 3544 beziehen. Damit verhält es sich nun folgendermassen:

Im Jahre 1147 incorporirte Konrad III. dem Kloster Corvey das Nonnenkloster Keminade. In der betreffenden Urkunde St. 3543 heisst es: monasterium feminarum quod vocatur Keminada .. transegimus et firmavimus .. in potestatem et ius atque dominionem Corbeiensis monasterii .. ita videlicet ut Corbeiense monasterium prenominatum monasterium scilicet Keminada cum omnibus prediis silvis et aquis tam foris quam intus ad ipsum locum pertinentibus habeat .. et servet, sicut tenet sub suo regimine iure videlicet perpetuario tres abbatiolas quas fundator einsdem Nove Corbeie Luthewicus pius .. ad eandem Corbeiam contulit, scilicet Eresburg .. nec non Meppiam atque Visbike." (Erhard C. d. 2, 46 nr. 259). Letzteres Visbike ist die Missionskirche in pago Loriga, wohl von dem Nonnenkloster zu unterscheiden. Von dieser Urkunde existiren drei gleichlautende Ausfertigungen und eine vierte (St. 3544), in welcher überall nach Keminade die Worte et Visbike eingeschoben sind, worunter allerdings das Nonnenkloster verstanden ist. Da erscheint es mir nun nöthig die Frage über die Echtheit dieses Stückes aufzuwerfen, über welche mit der Wendung „ohne durchschlagenden Erfolg" kaum hinwegzukommen ist. In den nachfolgenden Bestätigungen (Erhard C. d. nr. 263) und Hadrian IV. (ib. nr. 301) ist nur von Kemnade die Rede. Erhard Reg. 1690 berichtet von Streitigkeiten, die Wibald wegen der Incorporirung Kemnades hatte, und es ist daher nicht klar, warum wir von solchen betreffs der Incorporirung Fischbeks nichts wissen, da Wibald hier so gut wie bei Corvey seine Rechte geltend gemacht haben würde. Man wäre dem Herausgeber also sehr verpflichtet gewesen, wenn er auch nur mit wenigen Worten die Lösung dieser Schwierigkeiten angedeutet hätte, da die einfache Berufung auf St. 3544 nach dem vorhin Gesagten allein nicht ausreichen dürfte.

Die Nummern der eigentlichen Urkundenpublikation schliessen sich in fortlaufender Reihe an die des ersten Bandes an. Regestennummer und reducirtes Datum stehen zu Anfang, dann folgt das Regest, dem die Bemerkungen über die Ueberlieferung und die Drucke beigegeben sind. Was die Texte selbst betrifft, so hat Ph., soweit ihm Originale vorlagen, seine Aufgabe in rühmlicher Weise gelöst. In den Noten giebt er Aufschluss über jedes zu beachtende Detail; dass er zuweilen zu viel geboten, lässt sich leichter verschmerzen als das Gegentheil. An das Ende jeder Nummer sind die Angaben über Schrift, Siegel und die Indorsate gesetzt. Auch die nur abschriftlich erhaltenen Urkunden sind mit solchen Schlussbemerkungen versehen, welche zumeist die Ueberlieferung betreffen. In manchen Fällen sind aber Excurse geliefert von nicht unbedeutender Ausdehnung, die doch besser dem von Wilmans selbst redigirten Theile der Erläuterungen vorzubehalten waren.

Ein eigenthümliches Verfahren hat der Herausgeber bei der Herstellung der nur in Copien überlieferten Stücke eingeschlagen. Ph. hat sich die Anschauung gebildet, dass bei den Kanzleischreibern des 10. Jahrhunderts alles möglich sei. Die von ihm selbst abgedruckten Originale berechtigten zwar keineswegs dazu und auch der Umstand, den Ph. in den preussischen Jahrbüchern 44, 182 anführt, dass nach Sickel Beitr. 6 es mit der Rechenkunst dieser Leute sehr schlecht bestellt gewesen sei, lässt sich für seine Annahme nicht verwerthen, da gut Rechnen und gut Schreiben zum mindesten im 10. Jahrhundert nicht nothwendig miteinander verbunden sind. Man kann vielmehr, wenigstens bei Urkunden, die aus der deutschen Kanzlei hervorgegangen sind, von der gegentheiligen Vermuthung ausgehen und so dem Benutzer grössere Bequemlichkeit der Lectüre verschaffen, ohne der Genauigkeit des Druckes Abtrag zu thun.

Um das Verfahren Ph.'s zu illustriren, will ich nur einen Fall hervorheben, der sich besonders dazu eignet, nämlich Stumpf Reg. 576 für

Corvey (Philippi 90 nr. 91). *) Für die Corveyer Urkunden kommen drei
Chartulare in Betracht, das erste ist im 10. Jahrhundert angelegt, von Ph.
mit a bezeichnet, ein zweites wurde im 15. Jahrhundert (b), ein drittes
im 17. Jahrhundert (c) zusammengestellt. Mit Recht hat Ph. angenommen,
dass b auf die jeweilig besten Quellen zurückgehe, während er den
Werth von c entschieden zu gering anschlägt. Ph. hat nun bei St. 576
b zu Grunde gelegt und die Varianten von c in die Noten verwiesen, wobei er genöthigt war immer zu den letzteren das Wort „richtig" zu setzen.

So erhalten wir dann folgende Variantenreihe:

Text und Note bei Philippi:	que	b; richtig quam c,
quam	b; richtig quoniam c, constringamur ,	, constringan-
redimus	, , credimus c,	tur c,
fulminis	, , culminis c, Wullitisus ,	, Willigisus c.
noverint	, noverit c,	

Ph. bezeichnet das, was man bessere Lesart nennen würde, als
Emendationen, welche allerdings in o bei den Daten häufig vorgenommen
wurden. Wir haben nun in St. 1041, welches in genauem Anschluss an
St. 576 angefertigt ist, eine Handhabe, um auf den Text der Urkunde
St. 576 zurückzuschliessen; da zeigt sich nun, dass c gegenüber b mit
St. 1041 übereinstimmt, so hat c gleich St. 1041 quoniam und inscribi
gegen quam und consacribi in b. Mir steht noch eine Collation beider
Handschriften mit dem Original von St. 856 zu Gebote, aus der ich einige
Proben biete:

Orig.	b.	c.	Adaldagi	Adaldarii	= Or.
Liudulfus	Liudulfus	= Or.	Theophana	Theophanii	= ,
Corbeiensis	Corbeyensis	= ,	Hudouuicus	Ludowicus	= ,
Acilberhtum	Albartum	= ,	Hildibaldus	Hildiboldus	= ,

Somit lässt sich in diesem Einzelfalle das Vorgeben Ph.'s nicht rechtfertigen.

Entsprechend der von Sickel gegebenen Anregung hat auch Ph. die
Benützung von Vorurkunden durch Petitdruck ersichtlich gemacht. Einzelne Fälle, in denen ihm jedoch dies Verhältniss entgangen ist, werde ich
im folgenden zu erwähnen haben.

Von verbesserungsfähigen Details sind mir folgende aufgefallen: nr. 61.
Im Regest sind „Hunnen" erwähnt, ein Ausdruck, der mit dem heutigen
Sprachgebrauche schwer vereinbar ist. — In nr. 63 wurde die Ergänzung
der ziemlich umfangreichen Lücken nicht vorgenommen, obwohl hiezu Material vorhanden war, wie aus Mon. Germ. KU. 1, 71 nr. 37 ersichtlich
ist. — nr. 64. a ist dem Drucke bei Schaten entnommen, daher nicht
als unabhängige Abschrift zu bezeichnen. Von der Ueberlieferung dieser
Urkunde wird an anderer Stelle zu handeln sein. — nr. 66. In der Anmerkung wäre doch statt Wigand eher Waitz VG. 8, 9 n. 1 und andere
Stellen über den Burgbann heranzuziehen gewesen. Uebersehen ist in der
Bemerkung über den Rechtsinhalt, dass die Urkunde in dem vor 950 abgeschlossenen Chartular aufgenommen ist. — nr. 67. Als Vorurkunde ist
nicht nr. 58, sondern nr. 60 benützt. — nr. 74. Die von Ph. angedeutete Stellung der Corroborationsformel könnte die Vermuthung erwecken,

---

*) An anderer Stelle wird mir Gelegenheit geboten sein auf die Ueber-
lieferung westfälischer Urkundengruppen näher einzugehen, wobei Ph.'s Methode
ausführlicher besprochen werden kann.

dass ein Alinea angegebener Art wirklich vorhanden ist. Dies ist aber nicht der Fall. Der Schreiber hatte Raum für das Siegel zu lassen oder dem schon vorhandenen auszuweichen und verkürzte darum die 6. Zeile, rückte aber keineswegs mit Et hinein. Es kann also von einem beabsichtigten Absatze nicht die Rede sein. Ebenso wurde die Stellung des Recognitionszeichens durch das Siegel bedingt. — nr. 85. Hiezu ist Waitz VG. 5, 352 n. 1 zu vergleichen. — nr. 86. Allerdings ist die Quelle, aus der die Urkunde stammt, sehr verdächtig, doch berechtigt vorläufig das von Ph. Vorgebrachte keineswegs dazu dieselbe als unecht zu erklären. — nr. 88. Warum wurde die Bestätigung dieser Urkunde St. 564 nicht aufgenommen? — nr. 89. Im reducirten Datum ist „November" Druckfehler statt October. — nr. 96. „Bernhards" Druckfehler statt Durchards. — nr. 101. Das Tagesdatum lautet bei Ph. V. kal. oct, in einer mir vorliegenden Abschrift der Mon. Germ. dagegen XVII. kal. oct., dem auch das reducirte Datum bei Ph. entspricht. — nr. 103. Es ist übersehen, dass nr. 84 als Vorurkunde diente. — nr. 104. Im Regest wird Ludwig (der Fromme) angeführt, während im Texte nur von einem Hludowicus rex die Rede ist; zugleich ist zu bemerken, dass diese Urkunde als Vorurkunde für nr. 107 benützt ist, daher auch dort Ludwig der Fromme im Widerspruche mit den Angaben der Urkunde steht. Bei nr. 107 wäre also die Benützung von nr. 104 durch Petit wiederzugeben und auch der schwierigen Deutung des Ortsnamens wegen das Indorsat: De Ponteborch apud Dremam anzuführen gewesen. — nr. 131. Das Regest ist gänzlich unverständlich, wie denn überhaupt der Abfassung der Regesten und Anmerkungen geringe Sorgfalt gewidmet worden ist, man lese die erste Anmerkung zu nr. 111. Störend wirkt auch der Gebrauch des Pronomens „derselbe" im Sinne von „ein und derselbe" in den Angaben über die Schreiber. Statt „Invocatio am Schlusse der Datumzeile" (S. 90 Anm. 7) wäre doch besser die von Sickel eingeführte Bezeichnung Apprecatio gebraucht worden.

Es ist diesmal keine dem Referentenstyle eigenthümliche Phrase, wenn ich bemerke, dass diese Ausstellungen nicht dazu dienen sollen den Werth der in Rede stehenden Publication irgendwie zu beeinträchtigen. In derartigen Einzelheiten äussert sich zum Theile die practische Ausführung und Wirkung allgemeiner theoretischer Gesichtspunkte, deren Discussion allen derartigen Unternehmungen nur förderlich sein kann.

Seit dem Erscheinen des vorliegenden Heftes ist der Herausgeber Dr. Philippi aus dem Verbande des Münsterer Staatsarchivs geschieden. Wünschen wir, dass es Wilmans geglückt sei gleich tüchtige Mitarbeiter für die ungehinderte Weiterführung seines verdienstvollen Unternehmens zu gewinnen. Karl Uhlirz.

Busson Arnold, Der Tiroler Adler. Innsbruck, Wagner, 1879. 43 S. 2 Taf.

Dies gediegene Schriftchen, in welchem der Verfasser die heraldische Ausgestaltung des Tiroler Landeswappens vom ersten Auftreten bis zur Gegenwart verfolgt, zerfällt in vier kleine Studien. Die erste behandelt den Adler auf Zenoberg, welchen Fürst Hohenlohe-Waldenberg als ein Erzeugniss aus dem Ende des 12. oder Anfang des 13. Jahrhunderts erklärt hat. Der Verfasser ist nun, nachdem er das Verhältniss der Besitzer von Zenoberg (der Familie Supan) zu den Landesfürsten auf Grund neuentdeckter Urkunden geprüft hatte, gleichfalls der Ansicht, dass dieser Adler den wohlbegründeten Anspruch auf den Platz des ältesten Tiroler Adlers habe. Der zweite Abschnitt betrifft die Kopfrichtung, die Kleestängel (Flügelbinde) und die Tinctur der Wappenfigur. Als Ergebniss der Vergleichung von Siegeln und Münzen, welche mit Recht als die wichtigsten Denkmäler der Heraldik bezeichnet werden, erhält man die Regel, dass der Tiroler Adler bis ins 15. Jahrhundert ausnahmslos mit dem Kopfe nach rechts gewandt dargestellt wurde. Die Flügelspangen hingegen, wenngleich schon beim Adler von Zenoberg vorhanden, sind ursprünglich eine bedeutungslose Zuthat, welche wie in Tirol, so auch anderwärts nach Belieben beigefügt oder weggelassen wurde. Erst seit dem 15. Jahrhundert gewinnen sie heraldische Bedeutung und auch die Form von langgestielten Kleeblättern, letzteres als Consequenz des gothischen Styls, in dem das Kleeblatt, der Dreipass, den spitz zulaufenden Adlerflügel eben so genau ausfüllte wie ein Spitzbogenfenster.

Zur Bestimmung der Wappenfarben bedient sich der Verfasser mit Glück des Brixner Wappens, weil er in demselben den rothen Tiroler Adler erkennt, den man, lediglich zur Unterscheidung vom gräflichen Wappen, mit einem Bischofsstab belegt hat. Da der Schild von „Brixsem" schon in der Zürcher Wappenrolle erscheint, so ist in solcher Art die Tinctur des Landeswappens für das 14. Jahrhundert sichergestellt. Mit dem 15. Jahrhundert beginnen in Farben ausgeführte Abbildungen des Tiroler Adlers, welchen man von da ab als rechtsschauend, roth im silbernen Felde, mit goldenen Waffen und goldenen Kleestängeln auf den Flügeln blasoniren müsse.

Die dritte Studie erweist die goldene Krone des Tiroler Adlers als eine Beigabe aus den Tagen Sigismund des Münzreichen (sicher seit 1446), die vierte und der Nachtrag beschäftigen sich mit dem Ehrenkränzel. Obwohl letzteres das populärste Zeichen ist, das der Adler führt, und dermalen wohl keinem neuangefertigten Landeswappen fehlen dürfte, so ist es doch die jüngste Zuthat. Die erste Ausgabe der Tiroler Landesordnung vom Jahr 1532 bedeckt den Schild des Landes mit einem grünen Kranze und ähnlich erscheint der Kranz auch auf einzelnen Münzen seit den Tagen Erzherzogs Ferdinand, demungeachtet ist dieser Kranz bis in das vorige Jahrhundert herab ein rein decoratives Moment, er wird darum bald weggelassen, bald ober dem Kopfe des Adlers angebracht, bald diesem um den Kopf geschlungen. Im letzteren Falle mag der Kopfschein des Reichsadlers als Vorbild gedient haben. Grössere Bedeutung legte man dem Ehrenkränzel erst seit dem Erscheinen des Brandis'schen Werkes: Des tirolischen Adlers immergrünendes Ehrenkränzel (1678) bei. Seitdem blickt der Tiroler in Erinnerung an das Jahr 1809 und an andere Kriege mit berechtigtem Stolze auf den poetisch verherrlichten Kranz.

Zwei Tafeln mit 13 sorgfältigen Abbildungen von der Hand des Verfassers machen uns mit acht Adlertypen und mit fünf Formen des Ehrenkränzels bekannt.

Graz. Luschin v. Ebengreuth.

Werunsky Emil Dr. **Geschichte Kaiser Karl IV. und seiner Zeit.** 1. Bd. (1316—1346). Innsbruck, Wagner, 1880. (426 S. 8.)

Dem Ref. trat während der Bearbeitung der Regesten K. Karls IV. wohl der Gedanke nahe auch eine Geschichte dieses Kaisers zu schreiben, die ein dringendes Bedürfniss schien. Allein er muss gestehen, dass er durch die Schwierigkeit der Aufgabe und durch das geringe Interesse, das ihm dieser Gegenstand einzuflössen vermochte, davon abgehalten wurde. Er kann es daher nur mit Freude begrüssen, dass sich so bald ein anderer Historiker dafür gefunden hat, welcher durch ein Paar Specialarbeiten über die Zeit Karls IV. sich als vollkommen befähigt dazu bewiesen hat. Werunsky beabsichtigt „nicht bloss eine Biographie Karls IV. zu geben, sondern auch eine Geschichte des deutsch-italienischen Kaiserreichs sowie der Länder der böhmischen Krone unter der Regierung dieses Herrschers. Endlich soll auch noch den allgemeinen Culturströmungen, in welchen der Character jener Zeit seinen Ausdruck fand und an denen Karls reger Geist fördernd Antheil nahm, gelegentlich Rechnung getragen werden. In vier Bänden hofft der Verfasser den reichen Stoff bewältigen zu können. Der erste einleitende Band umfasst die Zeit von Karls Geburt bis zu seiner Wahl zum römischen König (1316—1346), der zweite Band soll die Geschichte Karls bis zu seiner Rückkehr vom ersten Römerzug (1355), der dritte Band bis zum Antritt des zweiten Zuges nach Italien (1368), der vierte bis zum Tode des Kaisers (1378) fortführen“ (S. IV.). Ref., der kein Freund umfangreicher Werke ist und z. B. mit Schrecken auf die immer mehr zunehmende Weitschweifigkeit der „Jahrbücher des deutschen Reiches“ blickt, findet vier Bände für eine Geschichte Karls IV. etwas viel. Indessen kommt natürlich sehr viel darauf an, wie viel der Verf. von der Geschichte der „Zeit“ Karls hineinzieht. Der vorliegende erste Band macht gerade nicht den Eindruck übermässiger Breite, obwohl Einzelnes kürzer gefasst, weniger wichtige Vertragsbestimmungen oder Auszüge aus Urkunden, wo es nicht etwa nur um den Nachweis der Anwesenheit der urkundenden Person an einem Orte handelt, ganz weggelassen werden könnten.

Der erste Band ist mit der Gründlichkeit behandelt, welche die früheren Arbeiten des Verf. erwarten liessen. Ungedrucktes Material ist nicht benutzt, wohl auch nicht mehr viel, das von grosser Wichtigkeit wäre, vorhanden. Das gedruckte dagegen ist, so weit Ref. dies ohne neuerliche Durcharbeitung der Quellen beurtheilen konnte, fleissig verwerthet. Wenn dieser Band nicht gerade wesentlich Neues enthält, so erklärt sich dies daraus, dass wir gerade über die hier behandelte Zeit Ludwigs des Baiern eine Reihe sehr tüchtiger Arbeiten besitzen.

Nur bezüglich weniger Punkte sind wir mit dem Verf. nicht einverstanden. So bezüglich der Verträge, welche K. Ludwig der Baier und Johann von Böhmen im August 1331 in Regensburg geschlossen haben. Der Verf. meint S. 58, allerdings mit manchen früheren Darstellern übereinstimmend, dass die vom 10. und 12. August datirten durch den Vertrag vom 13. August „hinfällig geworden“ seien. Wäre es nun schon an sich sonderbar, wenn man nicht bloss an die Concipirung, sondern an die Ausfertigung der Urkunden gegangen wäre, ehe man sich vollständig geeinigt gehabt hätte, wenn man weiter am 13. August einen erst am Tage vorher verbrieften Vertrag wieder umgestossen, aber die Urkunde doch

nicht cassirt hätte, so zeigen auch spätere Urkunden, dass gerade der Vertrag
vom 10. August, wornach neun lombardische Städte als Pfand in den Händen
des Böhmenkönigs blieben, als wirksam angesehen wurde. Im Vertrage
zwischen Ludwig und Johann vom 23. August 1332 ist ausdrücklich gesagt, dass „die stet und gut zu Lamparten, die von dem cheiser unser
(Johanns) pfant sint... nach den brifen, die darüber gegeben sint" etc. und damit stimmt der Vertrag vom 20. März 1339
fast wörtlich überein. Der Verf. hätte nicht übersehen sollen, dass wir die
Urkunden vom 12. und 13. August 1331 nur in Auszügen Arnulens und
Buchners haben. — S. 158 ist fälschlich der 3. oder 4. Jänner 1336 als Tag
der Abreise Karls nach Tirol angegeben, während Peter von Zittau sagt:
„die tertis post circumcisionem domini.... in Karinthiam venit." — S. 266
wird bemerkt, dass Markgraf Ludwig von Brandenburg „zu Anfang des
Jahres 1340" Witwer geworden sei. Aus den Bemerkungen Fikers zu
Reg. Ludw. nr. 3336 (Add. III.) hätte der Verf. sehen können, dass dessen
Gemahlin Ende 1329, jedenfalls aber im August 1332 schon todt war. —
S. 339 Anm. 1 wird als Gesandter K. Ludwigs an den Papst Col. de
Jadech erwähnt. Die richtige Form findet sich in Böhmers Fontes 4, 42
als talis de Bandegge. Es ist kein anderer als der bekannte Probst Marquard von Randegg, von dem der Verf. selbst a. a. O. spricht. — S. 382
nimmt derselbe an, dass der Markgraf Friedrich von Meissen 1345 als Feind
der Luxemburger aufgetreten sei. Aber so gut wie bezüglich des Herzogs
Albrecht von Oesterreich kann sich wohl auch bezüglich des Markgrafen
in der Vita Karoli, unserer einzigen Quelle hiefür, ein Irrthum finden.
Dass der Markgraf den im September 1344 mit den Luxemburgern geschlossenen Verträgen nicht untreu geworden sei, beweist das vom Verf.
S. 395 f. selbst angeführte Schreiben des Königs Johann vom Nov. 1345
(Acta imp. 748), wornach der Markgraf von Meissen zu den Feinden des
Erzbischofs Heinrich von Mainz, des verlässlichsten Anhängers K. Ludwigs
gehörte. — S. 437 Anm. 1 bestreitet der Verf., dass Erzbischof Arnest von
Prag und H. Nicolaus von Troppau mit dem Wahldecrete Karls IV. nach
Avignon gesandt worden seien, und bezieht die betreffende Angabe des
Heuses auf die Sendung vom 30. September. Allein unter den damals
abgeschickten Bevollmächtigten, deren Namen urkundlich sicher gestellt
sind, findet sich der Herzog von Troppau nicht.

Trotz einzelner Verstösse kann übrigens dieses Werk den besten Arbeiten über die deutsche Geschichte des vierzehnten Jahrhunderts an die
Seite gestellt werden. Nur gereichen ihm die zahlreichen Druckfehler nicht
zur Zierde.

Innsbruck. A. Huber.

Hallwich Hermann, Wallensteins Ende. Ungedruckte
Briefe und Acten. 2. Bde. Leipzig, Duncker und Humblot, 1879.
(LVIII, 634 und CLXXXII, 565 S. gr. 8.)

Seit Forster im Jahre 1828 „Wallensteins Briefe" mit vielen andern wichtigen Actenstücken herausgegeben und dabei eine Vertheidigung desselben gegen
den ihm bei seinem Sturze gemachten Vorwurf des Verraths versucht hat,
hat das Urtheil über diese interessanteste Persönlichkeit des dreissigjährigen
Krieges wiederholt hin- und hergeschwankt, doch hat sich die Wagschale

immer mehr zu Ungunsten desselben geneigt. Aretin aus dem baierischen, Graf Mailath aus dem österreichischen, Helbig aus dem sächsischen Staats-Archive haben mehr oder minder gravirende Thatsachen zu Tage gefördert und dann hat noch Hurter auf Grund eines reichen gedruckten wie ungedruckten Materials dessen Bild in den schwärzesten Farben gemalt. Ranke, der mit bekannter Meisterschaft auch Wallenstein und seine Zeit in den Bereich seiner Darstellungen über neuere Geschichte gezogen hat, spricht sich über die Frage, ob derselbe schuldig oder unschuldig gewesen sei, nicht aus. Aber die Thatsachen, die er anführt, machen doch auf jeden Unbefangenen den Eindruck, dass Wallenstein sich Handlungen erlaubte, die er, so lange er nicht bloss Reichsfürst, sondern auch Generalissimus des Kaisers war, nie begehen durfte, ohne die seinem Oberherrn schuldige Treue zu verletzen. Und doch hat Ranke merkwürdiger Weise Helbigs wichtigste Publication, worin über die Verhandlungen Wallensteins mit Sachsen und Frankreich seit Ende December 1633 so interessante Mittheilungen gemacht sind, ganz übersehen oder ignorirt.

Jetzt unternimmt es Hallwich, nachdem er schon früher einige kleinere Aufsätze über die Beziehungen Wallensteins zu Sachsen in den Jahren 1632 und 1633 veröffentlicht hatte, neuerdings die Unschuld Wallensteins darzuthun und er hat bei hervorragenden Historikern unbedingte Zustimmung gefunden. Er stützt sich auf ein reichhaltigeres Material als irgend einer seiner Vorgänger. Denn aus der ehemals „Wallenstein'schen Kanzlei", den „Kriegsacten" und anderen Abtheilungen des Wiener Staatsarchivs, aus dem Archiv des Kriegsministeriums und aus verschiedenen Privatarchiven hat er, wie er versichert, mindestens zehntausend bisher ungedruckte Briefe und Acten zusammengebracht.

Der Forscher wird Hallwich vor allem dafür Dank sagen, dass er sich nicht begnügt hat das von ihm gesammelte Material zu einer pragmatischen Darstellung zu verarbeiten, sondern dass er einen grossen Theil (vom 1. Jänner bis Ende December 1633 1150, vom 1. Jänner 1634 bis zu Wallensteins Ermordung 147, für die nächst folgende Zeit 53 Nummern) vollständig herausgegeben und dadurch eine selbständige Prüfung ermöglicht hat.

Die Publication ist eine musterhafte, die Benützung durch ein genaues Register erleichtert. Wir hätten nur zwei Dinge anders gewünscht: dass nicht eine Reihe von Briefen und Acten unter dem Titel „Aus allen Lagern" von den übrigen getrennt als Anhang gegeben, und zweitens, dass jede Nummer genau nach ihrem Datum eingereiht und nicht die Beilagen zu einzelnen Actenstücken bei diesen, also häufig ausserhalb der chronologischen Reihenfolge gedruckt worden wären. Bezüglich der vom Herausgeber getroffenen Auswahl lässt sich kein bestimmtes Urtheil fällen. Ganz Unwichtiges findet sich sehr selten. Ob wichtige Stücke weggeblieben seien, vermag natürlich niemand zu sagen, der nicht das ganze Actenmaterial selbst kennt. Der Herausgeber versichert, er habe „von Wallensteins Correspondenz Alles und Jedes abgedruckt, was die militärischen und diplomatischen Beziehungen in irgend einer Weise zu beleuchten schien." Doch haben wir das Schreiben Wallensteins an Trautmannsdorf vom 26. December 1633 (Hurter S. 350) vermisst, wonach er die Regimenter aus Mähren nach Böhmen beruft, angeblich um dieses Land gegen die Feinde zu schützen, wodurch weiter Nr. 1256, die Verlegung von Truppen aus Schlesien nach Mähren betreffend, veranlasst wird. Auch einige nicht von Wallenstein herrührende, aber sonst die Lage beleuchtende Briefe, die Hurter anführt, hätten wir gerne abgedruckt gesehen. Principiell ausgeschlossen wurden bereits gedruckte Briefe und Acten, wenn nicht „an Stelle einer vormals noch besonders fehler- oder lückenhafter Abschrift publicirten wichtigeren Urkunde deren correctes Original gesetzt werden konnte." Doch hat er übersehen, dass die von ihm Nr. 1266 aus verstümmeltem Concept und ohne Datum abgedruckte Instruction für Arnim (vom 13. Februar 1634) sich bei Ranke vollständig findet.

Wenn der Herausgeber von der Ansicht ausgeht und einzelne Recensenten dies offen aussprechen, dass nun die Frage über Wallensteins Schuld oder Unschuld gelöst sei, so wäre dies doch nur unter zwei Voraussetzungen richtig: erstens dass alle Handlungen desselben in einem Schriftstücke Ausdruck gefunden haben und zweitens, dass diese vollständig erhalten und bekannt geworden seien.

Dass ersteres nicht der Fall gewesen sei, dass Wallenstein Vieles mündlich verhandelt habe, ist doch ziemlich selbstverständlich. Wallenstein wird wohl nicht so plump gewesen sein etwaige verrätherische Pläne immer niederzuschreiben und sich so der Gefahr der Entdeckung auszusetzen. Auch die zweite Voraussetzung dürfte nicht richtig sein. Bekanntlich fiel ein Theil der Wallenstein'schen Kanzlei theils in Pilsen theils in Eger in die Hände der kaiserlichen Officiere. Doch behauptete FZM. Carretto und darnach auch spätere officielle Berichte, Wallenstein habe am Vorabend seiner Ermordung einen Theil seiner Papiere, angeblich 600, verbrannt. Wir möchten diese Angabe wenigstens nicht so unbedingt verwerfen wie der Herausgeber. Wenn auch der verbrannten Briefe nicht 600 gewesen sein werden und sie ja überhaupt niemand gezählt haben kann, so ist doch eine Vernichtung von Papieren nicht gerade unwahrscheinlich. Wallensteins Lage am Abend des 24. Februar war allerdings keine solche, dass er „an dem Gelingen seines Vorhabens hätte vollständig verzweifeln" müssen, aber doch auch nicht eine so gesicherte, dass ihm der Gedanke compromittirende Briefe zu vernichten hätte fern bleiben können. Auch ist es ganz undenkbar, dass Wallenstein in den letzten acht Tagen vor seinem Tode, wo er mit den Feinden in lebhaftem Verkehr stand, um sich deren Unterstützung zu verschaffen, nicht mehr Briefe abgesendet oder empfangen habe, als sich jetzt noch vorfinden. Die Annahme, dass sie später verloren gegangen seien, genügt nicht, da doch nicht wahrscheinlich ist, dass gerade die wichtigsten von diesem Schicksale getroffen, einige weniger bedeutende aber erhalten worden seien. Uebrigens kann jedes neue Actenstück auch neues Licht über Wallensteins Pläne verbreiten und Hallwich wird gewiss selbst am wenigsten behaupten, dass er das vorhandene Material erschöpft habe. Gindely bezeichnet es einmal geradezu als eine „Insolenz", „dass diejenigen Historiker in Deutschland, welche für die Unschuld Wallensteins plaidirten, dies mit aller möglichen Sicherheit thaten, ohne sich doch in Paris genau umzusehen."

Gehen wir noch kurz auf den Inhalt selbst ein!

Da sind zuerst von grossem Interesse die zahlreichen Stücke, welche darthun, mit welchem Eifer und welcher Umsicht, aber auch mit welchem

Erfolge Wallenstein sein Heer, das durch den Feldzug des Jahres 1632 sehr gelitten hatte, zu ergänzen und zu reorganisiren gesucht hat. Der Herausgeber selbst hat in der Einleitung zum 2. Bande, worin er die „beiläufigen Resultate übersichtlich zusammenfasst," die zerstreuten Notizen zu einem lebensvollen Bilde verarbeitet.

Ein zweiter Theil bezieht sich auf die militärischen Ereignisse in Schlesien, Sachsen und Brandenburg und auf die Verhandlungen Wallensteins mit Arnim, die während eines grossen Theils des Jahres 1633 sich hinzogen. Dem Herausgeber erscheint das Verhalten Wallensteins im günstigsten Lichte und soviel lässt sich wohl mit Bestimmtheit behaupten, dass man ihm Verrath hiebei nicht zur Last legen kann. Weder hier noch in den von Helbig mitgetheilten Berichten Arnims findet sich eine Spur hievon. Auch wäre der Kurfürst von Sachsen auf Anträge, welche direct gegen den Kaiser gerichtet gewesen wären, gar nicht eingegangen, wie wir aus den von Ranke über die Verhandlungen am Anfang des Jahres 1634 mitgetheilten Actenstücken schliessen dürfen. Auffallend ist übrigens, dass Hallwich in seiner Einleitung auf den von ihm Nr. 1108 abgedruckten Bericht über die ersten Verhandlungen Arnims mit den Gegnern im Juni 1633, der für ersteren doch etwas compromittirend ist, gar keine Rücksicht genommen hat, obwohl Ranke ihn ohne weiters als glaubwürdig benutzt hat.

Von besonderer Wichtigkeit sind die zahlreichen Briefe, die sich auf Aldringen und sein Corps und überhaupt auf das Verhältniss Wallensteins zum Kurfürsten von Baiern beziehen. Hurter hat die betreffenden Stücke, wie man jetzt sieht, doch zu einseitig ausgebeutet, auch wohl einmal aus einem Briefe (Nr. 844) das Gegentheil von dem, was er wirklich enthält, herausgelesen. Ob aber derselbe sich absichtliche Entstellungen hat zu Schulden kommen lassen, wie der Herausgeber annimmt, oder ob er durch vorgefasste Meinung geblendet nur das von ihm Mitgetheilte für wesentlich gehalten hat, wird sich doch kaum sicher behaupten lassen.

Hallwich hat seinerseits das Verhalten Wallensteins während des Jahres 1633 in einem zu günstigen Lichte dargestellt, wenn er dasselbe überall tadellos findet und auf Seite der Gegner desselben nur Böswilligkeit sieht. Wenigstens glaubt Ref. an anderer Stelle dargethan zu haben, dass bei einer objectiven Berücksichtigung aller Quellen doch auch für eine andere Auffassung manche Gründe sprechen.

Ist die Darstellung Hallwichs in der Einleitung fast überall eine einseitige, namentlich Baiern feindliche, so hat er an einer Stelle, wenn auch gewiss unabsichtlich, geradezu den wahren Sachverhalt verdreht. 2, CXXXIX f. bemüht er sich es wenigstens als möglich darzustellen, dass Bernhard von Weimar „noch in den ersten Tagen des November" den Plan hatte, nicht Regensburg anzugreifen und dann gegen Baiern oder Oberösterreich zu operiren, wie der baierische Kurfürst behauptete, sondern auf Eger loszugehen, wofür Wallenstein „seine Ehre" oder gar „seinen Kopf zu Pfande" setzte. „Ein aufgefangenes Schreiben des übereifrigen Kurfürsten von Baiern verräth ihm das Geheimniss, dass die Stadt (Regensburg) nur von Feria und Aldringen, die beide weit entfernt, Entsatz zu erwarten habe.... Er entschliesst sich das Gewisse dem Ungewissen vorzuziehen und ... Regensburg mit aller Macht anzugreifen." Nun fiel aber das Schreiben des

Kurfürsten, wie der von Hallwich selbst citirte Böse 1, 250 meldet, erst am 9/12. November in Bernhards Hände, einen Tag vor der Capitulation Regensburgs, nachdem er die Stadt schon zehn Tage belagert hatte!

Dass vom December 1633, wo Wallenstein erfuhr, man gehe in Wien damit um ihm neuerdings das Commando zu entziehen, das „Verhältniss zwischen Monarchen und Oberfeldherrn total verändert", dass nun „beide wirkliche Gegner" waren, dass Wallenstein jetzt auch einen Frieden „ohne Zustimmung des Kaisers" anstrebte, gibt auch Hallwich zu; nur hält er ihn für vollkommen berechtigt dazu. „Noch (ruft er 2, CLIV aus) war er von Gottes Gnaden Herzog von Meklenburg, Friedland, Sagan und Gross-Glogau und unmittelbarer freier Reichsstand, als den er sich erst so recht eigentlich in dem Augenblicke betrachten mochte, da er hörte, dass der Kaiser mit eigener Hand das letzte Glied einer Kette zerrissen habe, die ihn an dessen Person gebunden hatte. War er nicht in eben demselben Augenblicke, da ihn Ferdinand aus dem seitherigen Dienstverhältnisse eines kaiserlichen Generals förmlich entliess (!?), — war er nicht Herr seiner selbst, so gut wie die Herzöge von Weimar, von Lauenburg oder Lüneburg, ja wie die Kurfürsten von Sachsen, von Brandenburg und weiland der von der Pfalz und zahllose andere Fürsten des Heiligen Römischen Reichs deutscher Nation, die seit einer langen Reihe von Jahren gegen das Reichsoberhaupt in offenem Kampfe lagen?"

Hallwich übersieht dabei, dass er selbst auf diese Weise Wallenstein auf eine Linie mit dem Kurfürsten von der Pfalz setzt, der als Kronräuber geächtet worden war, dass nach den Reichsgesetzen der Krieg der deutschen Fürsten gegen das Reichsoberhaupt als Landfriedensbruch galt, und dass der Herzog von Friedland als böhmischer Vasall und Generalissimus des Kaisers zu diesem doch noch in einem ganz anderen Verhältnisse stand als ein Bernhard von Weimar oder ein Georg von Lüneburg. Das Heer, welches er im Namen des Kaisers und für den Kaiser geworben, durfte er nie gegen den Kaiser ins Feld zu führen suchen, wenn er nicht zum Empörer oder Verräther werden wollte.

Was Hallwich über das Jahr 1634, namentlich den letzten Monat des Lebens Wallensteins bringt, ist verhältnissmässig unbedeutend. Viel wichtiger wird für diesen Zeitraum wohl eine Publication werden, die, von Hallwich in Aussicht gestellt, hoffentlich bald erscheinen wird, eine Sammlung von Briefen Gallas', Aldringens, Piccolominis etc. unter einander meist aus den ersten Monaten des Jahres 1634.

Innsbruck. A. Huber.

Die Publicationen der Krakauer Akademie der Wissenschaften.

I. Die historischen.

Vor 7 Jahren wurde die schon seit längerer Zeit in Krakau wirkende Gelehrten-Gesellschaft in eine Akademie der Wissenschaften umgewandelt. Sie hatte anfangs über sehr geringe Mittel zu verfügen (12.000 fl. jährl. Subvention vom österr. Reichsrathe und 10.000 fl. vom galiz. Landtage); allmälig vergrösserten sich dieselben durch viele oft nicht unbeträchtliche Privatspenden, allerdings nicht in dem Masse, um eine allen Erwartungen und Anforderungen entsprechende Thätigkeit entwickeln zu können. Wenn trotzdem die Reihe der historischen Publicationen eine verhältnissmässig stattliche ist, so geschah dies auf Kosten anderer Zweige der Wissenschaft. Dies würde aber nicht im mindesten zu Vorwürfen berechtigen, da, um im Sinne der vom Generalsecretär Dr. J. Sznjaki ähnlichen Anfechtungen gegebenen Antwort zu sprechen, die Akademie wie jede Institution mit den vorhandenen Verhältnissen zu rechnen hat und bei uns heutzutage die historische Richtung entschieden die in der Wissenschaft vorwiegende ist.

Ich bespreche zunächst die Editionen und dann die Schriften der Akademie.

Die Editionen werden von der historischen Commission besorgt und sollen dem Plane gemäss in folgende Abtheilungen zerfallen: 1. Scriptores rerum Polon. (wozu auch die Reichstagsdiarien gezählt werden). 2. Monumenta medii aevi hist. res gestas Poloniae illustrantia (Urkunden und Actensammlungen bis 1506). 3. Acta historica res gestas Pol. illustr. 1506—1795. 4. Analecta (Miscellanea). 5. Regesten und Repertorien für die spätere Zeit. Bisher ist nun die erste Abtheilung mit 4, die zweite mit 6, die dritte mit 9 Bänden repräsentirt, während die beiden letzten noch nicht ins Leben getreten sind. Dafür hat aber die Commission die Fortsetzung der Bielowski'schen Monumenta Poloniae hist. übernommen und bereits den 3. Band derselben herausgegeben, während sie die ebenfalls ihr ursprünglich zugedachte Continuation der Helcel'schen Alten Rechtsdenkmäler Polens in letzter Zeit der juridischen Commission überliess. So sind nun zu den 2 Bänden Helcels 3 neue hinzugekommen, welche, da sie von grossem historischen Interesse sind, hier auch Berücksichtigung zu finden verdienen.

1. Scriptores rer. Pol. (8°). Der 1. Band: Diaria comitiorum regni Pol. 1548, 1553, 1570 ed. J. Sznjaki (Krakau 1872, XX, 311 S.), eigentlich also noch von der Gelehrten-Gesellschaft herausgegeben, bietet schätzbares Material zu jener für die innere Entwicklung Polens so wichtigen Regierung Sigmund Augusts (1548—1572), in der die reformatorische und die anarchistische Partei in bitterem Kampf gegen einander standen, welcher leider mit der Proclamirung Polens zu einem Wahlreich endete. Die genannten Diarien sind sämmtlich in polnischer Sprache verfasst, die 2 letzteren aus Handschriften des K. K. und Staatsarchivs in Wien herausgegeben. Ueber die Textwiedergabe kann ich nicht urtheilen, da ich den Druck mit den Handschriften nicht verglichen habe; die polnische Vorrede ist sehr lehrreich, dasselbe gilt von den zahlreichen, oft zur Grösse eines Excurses anschwellenden Bemerkungen, welche auch verschiedene mit den Reichstagen nur in weiterem Zusammenhang stehende Begebenheiten behandeln. Man würde aber irre gehen, wenn man die in denselben excerpirten Archivalien als selbständiges Material benützen wollte. Ich habe mich, als ich vor kurzem die Acten der Gesandtschaft des Hosius an Ferdinand 1549 im Wiener H. H. und Staats-Archive (Polonica ad a. 1548) für die Zwecke der Akademie copirte, überzeugt, dass die diessbezüglichen Excerpte Sznjakis (S. 286—8) nicht immer genau und noch weniger erschöpfend sind. Delego dafür bietet der bereits erschienene erste Band der Acta Hosiana. — Sehr grell sticht ab von dieser im wesentlichen genügenden Ausgabe der 2. von demselben Editor besorgte Band der Scriptores: Bern. Vapovii Chronicorum pars posterior 1480—1535 (Krakau 1874; XXX, 363 S.). B. Wapowski ist neben Mathias von Miechow

nach dem Aufhören des monumentalen Werkes des Joh. Długosz (1480) bis 1506 die einzige, allerdings spärliche und nicht immer zuverlässige annalistische Quelle zur Geschichte der Könige Johann Albert und Alexander und später neben Decius zur Geschichte Sigmunds I. Desto grössere Sorgfalt war daher bei der Ausgabe geboten; dass dieselbe aber weder auf einer kritischen Würdigung unseres Chronisten beruht noch in der Textwiedergabe fehlerfrei ist, ist nach der Anzeige Liskes (Sybels Zeitschr. 36. Bd.) nicht mehr nöthig zu erörtern. Statt Bemerkungen finden wir am Ende ganze Stücke aus den Script. rer. Prussic IV, aus russischen und ungarischen Publicationen abgedruckt, eine leichte aber ganz zwecklose Arbeit, zumal diese Abdrücke ihre Vorlagen gar nicht ersetzen können. — Ein ebenso ungünstiges Urtheil muss auch über den 3. Bd. der Scriptores: Steph. Franc. Medekera Commentarium rerum 1654—1668 in Littuania gestarum ed. Wł. Seredyński (Kr. 1875; XXV, 526 S.) gefällt werden. Medeksza war ein einfacher, aber etwas eingebildeter litauischer Edelmann, welcher im Dienste des litt. Hetmans (Feldherrns) Gosiewski einige kleine Gesandtschaften nach Moskau unternahm und nach dessen Ermordung durch die empörten Soldaten der Witwe desselben zur Erlangung ihres Rechtes verhalf. Der erste Theil seiner Aufzeichnungen enthält einen kleinen Aufsatz über seine öffentlichen Dienste und Diarien über seine russischen Reisen, der zweite aber eine Sammlung von Actenstücken zum genannten Soldatenaufstand ("Conföderation"). War es statthaft den ersten Theil ohne weiteres aus der Handschrift zu ediren, so kann der blosse und dazu fehlerhafte Abdruck jener Actenstücke, welche in anderen Handschriften (nämlich des Ossolineums) viel correcter und vollständiger enthalten sind, nicht den Namen einer den jetzigen Forderungen der Wissenschaft entsprechenden Ausgabe verdienen. — Dafür sind aber die im 4. Bd. (Kr. 1878; IV, 425 S.) unter dem gemeinschaftlichen Titel: Archiv der historischen Commission mitgetheilten kleinen Stücke meistentheils musterhaft herausgegeben. Es sind dies: die von W. Ketrzyński edirten Conciones der Lemberger Zusammenkunft v. 1537, wo der Adel, statt gegen die Wallachen zu ziehen, sich zu einem stürmischen und anarchistischen Landtag constituirte; zwei Diarien des Wiener Congresses 1515, worüber der Herausgeber Prof. Liske selbst in den Forschungen zur deutschen Geschichte 18, 445 berichtet hat; das deutsch geschriebene Diarium des Türkenfeldzuges J. Sobieskis 1671 von Ulr. von Verdum mit einigen Auszügen aus dem noch ungedruckten Theile des Verdum'schen „Journals" über dessen Reisen in Polen, Deutschland, Frankreich, England, Dänemark und Schweden 1670—77 (vgl. Sybels Zeitschr. 41. Bd.); die letzten Arbeiten Stebelskis zur Geschichte der russischen Kirche in Polen (hg. von Wł. Seredyński) und endlich kleinere Mittheilungen, Berichtigungen und die polnische historische Bibliographie des Jahres 1877. Die Ausgaben Ketrzyńskis und Liskes zeichnen sich durch eine gründliche Beherrschung des Stoffes aus, die bei der Herstellung und Wiedergabe des Textes sowie in werthvollen sachlichen und geographischen Bemerkungen ihren Ausdruck findet. Der 5. Bd. der Scriptores oder 2. des Archivs ist unter der Presse.

Der 1. Bd. der Monumenta medii aevi hist. r. g. Pol. ill. (4°, Kr. 1874; XLI, 375 S.) enthält den Codex dipl. der Krakauer Cathedrale 1166—1366 hg. von Franz Piekosiński; der 3.

von demselben Editor besorgt, den Codex dipl. Poloniae minoris 1178—1386 (Kr. 1876; LIV, 552 S.). Dies sind zweifelsohne die zwei dem Inhalte und der Bearbeitung nach bisher werthvollsten polnischen Urkundensammlungen — dem Inhalte nach, weil aus dem 12. Jahrhundert nur wenige polnische Urkunden erhalten sind (hier auch sehr viele zum ersten Male gedruckte päpstliche Bullen und Briefe), der Bearbeitung nach, weil fast allen wissenschaftlichen Anforderungen Genüge gethan ist. Hier findet man genaue Urkundenbeschreibungen, die sorgfältigste Kennzeichnung dessen, was etwa durch Conjectur oder aus Copien ergänzt wird, treffliche topographische, sachliche und kritische Bemerkungen, vollständige Indices, im 1. Bd. ausserdem zahlreiche Facsimile. Die Scrupulosität in der Textwiedergabe ging im erstgenannten Urkundenbuche so weit, dass selbst die Interpunction beibehalten und die indistinct geschriebenen Worte nicht getheilt wurden. Nachdem sich aber Liske*) entschieden dagegen ausgesprochen hatte, liess P. diese unnütze Akribie fallen und hielt im kleinpolnischen Codex nur streng an der mittelalterlichen Orthographie, nicht nur in Lauten, sondern auch in Zeichen (u, v, — f, s) fest. — Bei weitem nicht so gut ist der Codex epistolaris saec. XV (Monum. II; Kr. 1876; LXX, 168 und 386 S.), welcher historisch wichtige Briefe, Urkunden und Actenstücke von 1384—1492 enthält, hg. von Szujski und Sokołowski. Es ist nicht nur ein für die Geschichte äusserst wichtiges Material, auch der Forscher der österreichischen, ungarischen und böhmischen Geschichte wird diesen Band nicht ohne Ausbeute zur Hand nehmen; er findet hier Briefe der Kaiser Sigismund und Friedrich III., des Erzherzogs Albrecht V., des Aeneas Silvius, Mathias Corvinus u. a. Derselbe liefert auch wichtiges Material für die Geschichte Preussens, päpstliche Briefe, sogar ein Schreiben der Florentiner Republik. Die grössere Vorrede, die Titelregesten und die Anmerkungen sind zwar in polnischer Sprache verfasst, daneben findet sich aber eine kleinere lateinische Vorrede und ein lat. Inhaltsverzeichniss, dieses zumeist Uebersetzung der im Texte befindlichen polnischen Regesten. Leider sind die meisten Stücke aus Copiarien und, wie schon angedeutet, nicht ganz fehlerfrei edirt, der zweite Theil (von 1444 an) ausserdem an Bemerkungen sehr arm. — Im 4. Bd. der Monumenta finden wir die Libri antiquissimi civitatis Cracoviensis (1300—1400), hg. von Piekosiński und Szujski (Kr. 1878; LXXXIII, 247 und 354 S.). Von P. ist der liber actorum, resignationum necnon ordinationum 1300—1375 d. i. der ganze 1. Theil bearbeitet und im 2. die Rechnungsbücher 1390—1393, 1395—1405, 1407 bis 1410, von Sz. das Uebrige, nämlich der Liber proscriptionum et gravaminum 1362—1400, die Acta consularia 1392—1400 und Verzeichniss der jährlich in den Bürgerverband neu Aufgenommenen (wobei zu bemerken ist, dass die deutschen Namen damals in Krakau vorwiegen, wie denn auch in den Büchern erst seit 1312 die ursprüngliche deutsche Sprache der lateinischen Sprache weicht). Welche Rechtsgeschäfte die in den Titeln

*) Przewodnik naukowy i literacki (Lemberg 1875) I, 278. Ueber die Editionsfragen haben bei uns Liske und Dobrzyński in der genannten Zeitschrift 1874, II, discutirt vgl. auch Zakrzewski: Wie sind Acten aus dem XVI. Jahrh. zu ediren? (Abhandlungen der hist.-phil. Cl. 6. Bd.) und Piekosiński: Plan für Regestenarbeiten (Abh. 1. Bd.).

angeführten Ausdrücke bezeichnen, wird in der Ausgabe nicht erklärt, wie denn überhaupt dem städtischen Kanzleiwesen in der sonst für die ältere politische und Verfassungsgeschichte Krakaus werthvollen Vorrede (Szujskis) kein Wort gewidmet ist. Auch andere den Text erläuternde Bemerkungen (2. Bd. die Eruirung der vorkommenden in den Büchern nicht einmal namentlich angeführten königl. Würdenträger) wären sehr wünschenswerth gewesen. Die Bearbeitung P.'s ist eine viel sorgfältigere; bei Sz. finden wir weder solche Genauigkeit im Verzeichnen des Wechsels der Hände, noch sind die zahlreichen mittelalterlichen Daten aufgelöst und dem Index mangelt vielfach die nöthige Genauigkeit. — Der 5. eben erschienene Band enthält den Codex dipl. civitatis Cracoviensis, dessen Besprechung ich mir für die nächste Gelegenheit vorbehalte; der 6. wird das Urkundenbuch des Grossfürsten Witold von Littauen bringen.

Die Serie: Acta hist. r. g. Pol. ill. 1507—1795 ist unlängst durch die von W. Wisłocki veröffentlichten Briefe des Kujavischen und später Krakauer Bischofs Andr. Zebrzydowski (aus den J. 1546—1553) eröffnet worden (4°; Kr. 1878; XXXII, 579 S.). Obwohl A. Zebrzydowski keine durch Geist oder Character ausgezeichnete Persönlichkeit war, so ist doch seine Correspondenz nicht unwichtig, weil sie ein helles Licht auf die nicht gerade sehr erfreulichen Verhältnisse der katholischen Kirche in Polen im Reformationszeitalter wirft. Für die preussische Geschichtsforschung werden vielleicht die Briefe unseres Bischofs an die Danziger und Elbinger ein Interesse bieten. Die Ausgabe beruht auf der Hs. nr. 65 der Krakauer Univ.-Bibl., einer Abschrift des vom Secretär des Bischofs (A. Nidecki) geführten Originalcopiars; trotz eifrigem Forschens gelang es nicht dieses oder Originalbriefe Zebrzydowskis ausfindig zu machen. Was die Textwiedergabe anbelangt, so erwecken die Stücke des Appendix, welche man controliren kann (z. B. Abdrücke aus Lengnich oder das Stück S. 447 im Vergleich mit dem viel schlechteren Druck Szujskis in SS. rer. Pol. 1, 94 aus derselben Hs.) das vollste Vertrauen in die Sorgfalt und Sachkenntniss des Herausgebers. Werthvoll sind auch die oft aus handschriftlichem Material geschöpften Bemerkungen und die Ergänzung der Daten, nur sollte diese in jedem speciellen Falle begründet werden. — Die 2 weiteren bereits erschienenen Bände enthalten die Acta Hosiana und Acta Johannis III. regis; sie sind aber kaum verschickt und ich behalte mir daher die Besprechung derselben für die nächste Zeit vor.

Die historische Commission hat auch die Fortsetzung der Monumenta Poloniae historica übernommen, deren 1. und 2. Bd. der ebenso gelehrte und fleissige, als edle und uneigennützige Aug. Bielowski († 1876) ohne Mitarbeiter und auf eigene Kosten besorgt hatte, und dieselbe ihren Lemberger Mitgliedern anvertraut. Der 3. Bd. (4°, Lemberg 1878; XII, 876 S.) dieser stattlichen Publication ist nun in den Händen der gelehrten Welt und hat bereits eine treffliche Besprechung Prof. St. Smolkas in der Warschauer Zeitschrift „Ateneum" (Dez. 1879, S. 512—548) gefunden, welche ich hier auch berücksichtigen werde. Ein grosser Theil des Bandes (und zwar fast alle Annalen) ist noch von Bielowski bearbeitet. Den ersten Platz nehmen die bereits von Sommersberg in den SS. rer. Siles. II aus einer Breslauer, hier aber von B. aus 7 Handschriften herausgegebenen grosspolnischen Annalen (1192—1309) ein. Zu be-

dauern ist, dass weder die Filiation dieser Handschriften eruirt noch
überhaupt dem kritischen Apparate die gehörige Sorgfalt gewidmet ist.
Die Annalen entstanden beim Posener Domcapitel; die auf der Verwandtschaft derselben mit der bis jetzt zwei Posener Domherrn des 13. Jahrhunderts (Boguchwał und Godysław Pasek) zugeschriebenen grosspolnischen
Chronik beruhende Vermuthung B.'s, dass die zwei Genannten auch den
vorzüglichsten Antheil an der Redaction der Annalen hatten, entfällt nunmehr angesichts der neuesten Forschungen Wojciechowskis, welche die grosspolnische Chronik als eine im 2. Theile eben aus den Annalen entstandene
Compilation des 14. Jahrhunderts erweisen. Aber auch der von Smolka
als Hauptredacteur der Annalen vorgeschlagene Janko von Czarnkow (14.
Jahrhundert) hat geringe Wahrscheinlichkeit für sich, während eine andere
Vermuthung desselben über die Zusammengehörigkeit dieser Quelle mit den
Kujavischen Jahrbüchern (Mon. 3, 204—212) annehmbarer erscheint
als der von B. angenommene Zusammenhang derselben mit anderen grosspolnischen Annalen (Mon. 2, 789). Mit Unrecht polemisirt Sm. gegen die
Benennung der nächstfolgenden Quelle durch B. „**Gnesener Aufzeichnungen**" (965—1383), denn man wird ihnen trotz der Beziehungen der
Gnesener Erzbischöfe zu ganz Polen diesen localen Character nicht absprechen dürfen, wenn man ihre verhältnissmässige Ausführlichkeit und die
detailirten Angaben gerade bei dem auf Gnesen und die Erzbischöfe Bezüglichen in Erwägung zieht. Wie Sm. richtig hervorhebt, wurden die
folgenden sogen. **Krakauer Franziskaner Annalen** (1202—1288)
unbegründeter Weise von B. aus dem Zusammenhang mit der Chronik
Mierzwas und deren „Vervollständigung" (Mon. 2, 163 und 283) gebracht.
Sie bieten manche wichtige Nachrichten und zeigen eine gewisse Verwandtschaft mit den kleinpolnischen Annalen. Aber diese und andere nahe
stehende Fragen zieht die Vorrede des Herausgebers nicht in Betracht.

Die **Annales Sancrucenses** (965—1447; Cont. I: 1484—1490,
Cont. II: 1492—1556) sind hier aus 11 (in Mon. Germ. XIX aus 5)
Handschriften, wieder aber unter Vernachlässigung einer Classification derselben, herausgegeben; die ebenfalls mangelhafte Vorrede wird durch manche
werthvolle Bemerkung Smolkas, der als Entstehungszeit c. 1331 annimmt,
ergänzt. Dass die nach den Besitzern der Hs. sogen. **Krasiński'schen
Annalen** (965—1351), wie D. meinte, aus ursprünglichen jetzt verlorenen
Krakauer Annalen geschöpft haben, ist unwahrscheinlich, da die oft sonder-
baren Nachrichten keine so ehrwürdige Quelle vermuthen lassen. Interessant
ist der Nachweis Sm.'s, dass Długosz zum 13. Jahrhundert einige mit diesen
Jahrbüchern sich deckende Nachrichten hat; wahrscheinlich — schliesst
Sm. — ist hierin die Quelle beider eine gemeinschaftliche. Die vom Arndt
(Mon. Germ. XIX: „Annales Polonorum") als ein Bestandtheil der Chronik
Traska's (Mon. Pol. II) angesehenen kleinpolnischen Jahrbücher
(965—1415) betrachtet B. als eine selbständige Quelle, womit auch Sm.
unter Zurückziehung seiner früheren bei der Besprechung des 2. Monumen-
tenbandes geäusserten Meinung (Göttinger Gel. Anz. 1873, 45) jetzt übereinstimmt. Werthvolle Beiträge zur Kritik dieser Annalen hat unlängst
Kętrzyński im Jahrbuch der Posener Gelehrten-Gesellschaft (Rocznik towa-
rzystwa przyjaciół nauk poznańskiego) X geliefert. Nach einigen kleineren,
aber für die Geschichte Polens im 15. Jahrhundert nicht unwichtigen Quel-

len folgen die Kataloge der Krakauer Bischöfe (hg. von Ketrzyński) und der Gnesener Erzbischöfe (hg. von Liske). Mag man auch mit K. (wie Sm.) rechten, ob der Katalog III wirklich der älteste ist, so kann das gewiss auf die Beurtheilung der Ausgabe, welche eine vorzügliche ist, keinen Einfluss haben, da Kat. III ohne Zweifel, wie auch Sm. einräumt, als der älteste von den drei die Gruppe bildenden erscheint und I und II ohnehin als eine besondere Gruppe behandelt und abgedruckt sind. Nicht minder vortrefflich ist die Ausgabe Liskes. Nur eine Bemerkung sei mir erlaubt. Dass die Ergänzung des zu Edirenden aus anderen bekannten Quellen nicht zu den Pflichten des Herausgebers gehört, will ich nicht bestreiten; ich glaube aber, dass Erläuterungen, eventuell Berichtigungen des in der neu herausgegebenen Quelle Gebotenen niemals überflüssig sein können. — Nun folgen zahlreiche Quellen, zuerst das Chron. principum Pol., hg. von Z. Weclewski. Nicht nur der Text ist nach Stenzel (SS. rer. Sil. II) aber unter Weglassung des kritischen Apparates abgedruckt, sondern auch die schon jetzt veraltete Vorrede, eine wichtige Handschrift (die Königsberger vgl. Zeitschrift des Vereins für Geschichte und Alterthum Schlesiens 12, 454) ist ausser Acht gelassen und die zwei neuen sind kaum nennenswerth — kurz, es ist eine der Monumenta nicht würdige Ausgabe. Dafür hat aber L. Cwikliński unter Berücksichtigung der erwähnten Königsberger Hs. und nach der Durchführung einer begründeten Classification der Handschriften das Chron. Polonorum (Chr. Pol.-Sil.) sehr sorgfältig herausgegeben. Schade nur, dass, wie Sm. ganz zutreffend hervorhebt, die Bestandtheile der Chronik nicht durch verschiedenen Druck hervorgehoben werden, wie dies überhaupt im ganzen Band sehr spärlich geschieht. Zuletzt finden wir neben kleineren Abdrücken aus SS. r. Sil. und Mon. Germ. noch zwei selbständige und wichtige Ausgaben, nämlich die Annales Siles. compil (965—1249 hg. von M. Blazowski) und die Chronik von Peter Wlast (von Dr. Semkowicz). Bl. erweist gegen Mon. Germ. XIX, dass die erstere Quelle keine werthlose Compilation des 15. Jahrh. sei, sondern wirklich dem 13. Jahrh. angehöre, während Semk. die Ansicht Mosbachs und Smolkas (in den Abhandlungen der hist.-phil. Classe Bd. 6: „Tradition über Casimir, den Mönch"), als ursprüngliche Quelle der zweitgenannten Chronik hätten die in den Jahren 1287—1300 entstandenen „Gesta Piotrkonis" gedient, siegreich (Sm. ist später selbst zurückgetreten) zurückweist und die Chronik im wesentlichen als eine Compilation des 16. Jahrh. ansieht, welche allerdings manche Nachrichten aus älteren Quellen geschöpft habe. Der von R. Maurer angelegte Index zeichnet sich durch besondere Genauigkeit aus.

Im allgemeinen hat also diese Publication trotz ihrer Mängel vollständige Existenzberechtigung, da sie fast alles besser als bisher bearbeitet oder ganz Neues bringt; man darf ohne Uebertreibung sagen, dass bei uns in letzter Zeit auch die Annalistik grosse Fortschritte gemacht hat, so dass sich sehr bald eine zweite Bearbeitung der Zeissbergischen „Geschichtsquellen Polens" oder eventuell ein neues Werk über dasselbe Thema als ein unumgängliches Bedürfniss erweisen wird.

Zuletzt noch einige Worte über die Fortsetzung der Helcel'schen Alten Rechtsdenkmäler Polens (Starodawne prawa polskiego pomniki) durch die histor. (Bd. 3, 4) und später (Bd. 5) durch die juridische Commission der Akademie. Der 3. Bd. enthält die Correctura statutorum et consuetudinum regni Pol. a. 1532 decreto publ. .. confecta et conventioni gener. regni a. 1534 proposita ed M. Bobrzyński (4°, Kr. 1874; XXVI, 290 S.). Es ist eine beabsichtigte Codification des damaligen polnischen Rechtes, ein treffliches Elaborat, welches leider durch die aus conservativen und anarchischen Elementen gebildete Majorität des Reichstages von 1534 in Abwesenheit des Königs verworfen wurde. Im 4. Bd. finden wir die: Statuta synodalia episcoporum Cracov. XIV et XV saec., additis statutis (Nic. Trąba archiep. Gnes.) Vielunii et Calissii a. 1420 conditis ed Udalr. Heyzmann (Kr. 1875; XVI, 290 S.). Der 1. Theil des 5. Bandes (Kr. 1878; XL, 316 S.) mit dem allgemeinen Titel: Rerum publicarum scientiae, quae saec. XV in Pol. viguit, monumenta litteraria enthält zunächst eine Abhandlung St. Zaborowskis über die Unveräusserlichkeit der königl. Güter (Tractatus de natura iurium et bonorum regis etc.), gedruckt im J. 1507, zur Zeit, da oben König Sigmund die von seinen Vorgängern der Krone entfremdeten Güter revindicirte und loskaufte; dann Jo. Ostrorog: Monumentum .. pro reipublicae ordinatione aus der 2. Hälfte des 15. Jahrh., ein ausgezeichnetes durch die Grösse der darin enthaltenen Ideen (zumal über das Verhältniss des Staates zur Kirche) sich hoch über das Zeitalter erhebendes Reformproject, und zuletzt einige dem Constanzer Concil vorgelegte Tractate des berühmten polnischen Canonisten Paulus Vladimiri, die sich direct oder indirect auf die Streitfrage zwischen Polen und dem deutschen Orden beziehen, nebst Gegenartikeln Johannes von Falkinberg. Alles dies ist von M. Bobrzyński herausgegeben, während die im Supplement abgedruckten Statuta synod. Andreae episc. Posnav. von U. Heyzmann bearbeitet wurden. Da mir hier der Raum nicht erlaubt, mich über jede dieser Ausgaben einzeln zu äussern, so will ich wenigstens die beiden Herausgeber kurz characterisiren. Bobrzyński sieht sich immer, wo er nicht nach alten Drucken edirt, nach der möglichst ältesten Handschrift um, er löst die mittelalterlichen Rechtscitate auf, eruirt die Quellen seiner „Denkmäler" oder führt in den Anmerkungen einzelne Capitel derselben beleuchtende frühere Bestimmungen an, er gibt oft treffliche Vorreden, gute Ideen und Hilfstabellen. Es wäre nur zu wünschen, dass der nicht immer fehlerfreien Textwiedergabe eine grössere Sorgfalt gewidmet wäre. Wenn man dagegen sieht, dass Heyzmann, um das Alter der Handschriften zu bestimmen, sich des Urtheils anderer, zumeist allerdings Piekosińskis bedient, dass er von 4 ihm zu Gebote stehenden Handschriften (im Supplement des 5. Bandes) eigentlich keine seiner Ausgabe zu Grunde legt, sondern sich ganz willkürlich und oft fehlerhaft den Text construirt, dass er endlich das Material fast „in crudo" wiedergibt, so kann man nicht umhin der Ansicht beizupflichten, dass er dieser Ausgabe nicht gewachsen ist. — Als 6. Band dieser Reihe werden eben die Gerichtsurkunden des Königs Sigmund I. gedruckt, während der 7. Band ein höchst interessantes Lagergerichtsbuch aus dem wallachischen Feldzug 1497 bringen soll.

Es erübrigt noch den Schriften der Akademie, welche in Denkschriften und Abhandlungen zerfallen, einige Worte zu widmen. Jede der 3 Classen der Akademie (I. die phil., II. die hist.-phil.-jur. und III. die math.-naturw.) hat eine besondere Reihe von Abhandlungen, während die Denkschriften nur 2 Serien: I. die phil.-hist. und II. die math.-naturw. enthalten. Ich habe mich hier nur mit der ersten Serie der Denkschriften und mit den Abhandlungen der 2. Classe, schliesslich noch den historisch interessanten der 1. Classe zu beschäftigen; ich darf mir die Inhaltsangabe einzelner Bände ersparen, da ich dafür auf die in Krakau, allerdings nicht regelmässig herausgegebenen deutschen bibliographischen Berichte und Mittheilungen und auf die bibliographischen Berichte der Akademie, sowie auf die Anzeigen Liskes in Sybels Zeitschr. Bd. 36, 38, 41, 42 verweisen kann. Ich will also nur das wichtigste hervorheben, das allgemeineres Interesse zu beanspruchen hat.

In den Denkschriften ist zunächst die gründliche Arbeit W. Ketrzyńskis: Ueber die polnische Bevölkerung Westpreussens zur Zeit der Ordensherrschaft (Bd. 1) hervorzuheben. Da die preussische Geschichtsforschung behauptet, die ursprüngliche Bevölkerung dieses Landes sei zur Zeit der Ordensherrschaft ausgestorben und die jetzige polnische habe sich erst nach dem Thorner Frieden von 1466 dort angesiedelt, so hat K. umfassende Forschungen über diese Frage unternommen und aus gleichzeitigen amtlichen, zumeist noch ungedruckten Quellen so umfangreiche Register der damals gebrauchten polnischen Orts- und Personennamen zusammengestellt, dass er daraus den wohlbegründeten Schluss ziehen konnte: die ursprünglich polnische Bevölkerung des Culmer Landes, des westlichen und südlichen Pomeraniens habe sich nicht nur während der ganzen Dauer der Ordensherrschaft erhalten und die ursprünglich preussische Bevölkerung Ost-Pomeraniens polonisirt, sondern sie habe auch das Gros des dortigen Adels und Bauernstandes gebildet, während die deutsche Bevölkerung nur in den Städten und den Niederungen das Uebergewicht behielt. Es sei hier auch das 1879 in Lemberg mit polnischem und deutschem Titel im Verlage des Ossolineums erschienene geographische Wörterbuch Ketrzyńskis: Die polnischen Ortsnamen der Provinzen Preussen und Pommern und ihre deutschen Benennungen als zum Theil noch ein Ergebniss derselben Studien erwähnt. In den Denkschriften finden wir noch die Arbeit M. Gf. Dzieduszyckis: Geschichte der kathol. Kirche in Schweden (Bd. 1, 2), welche keinen wissenschaftlichen Werth hat, im 3. Bd. die sehr verdienstvolle und tüchtige Abhandlung J. N. Sadowskis: Ueber die Handelswege der Griechen und Römer durch das Oder- und Weichselgebiet bis zum baltischen Meere, die bereits von Kohn ins Deutsche übersetzt ist. Ueberhaupt vermag die jetzige polnische Wissenschaft auch einige tüchtige Archäologen auszuweisen, wie denn auch die würdige Haltung derselben auf dem letzten anthropologisch-archaeologischen Congress zu Pest 1876 und die lehrreich eingerichtete polnische Abtheilung der Ausstellung den allgemeinen Wunsch hervorrief, dass zu einem der künftigen Versammlungsorte des Congresses Krakau gewählt werde. Mit den drei genannten Arbeiten ist der historische Inhalt der bereits erschienenen und versandten drei Bände der hist.-philol. Denkschriften erschöpft. Der 3. Band enthält noch zwei sehr interessante kunsthistorische Abhandlungen, über welche ich später in anderem Zusammenhange berichten will. Im 4. Bd. soll die bereits er-

wähnte Arbeit Wojciechozwskis über die polnischen Annalen, welche
mit grosser Spannung erwartet wird, erscheinen.

Von den Abhandlungen der hist.-philos. Cl. sind bereits
11 Bände veröffentlicht worden. In den fünf ersten Bänden finden wir
zwei mit der deutschen und österreichischen Geschichte sich berührende
Abhandlungen Sokołowskis: Ein Project zur Theilung Polens
im 15. Jahrh. (es wurde von Kaiser Sigmund mit dem deutschen Orden
und den Schlesiern unter vorübergehender Beiziehung der Ungarn 1423
entworfen) im 1. Bd. und Die böhmische Wahl nach dem Tode
Sigmunds im 5. Bd., welche zwar nicht auf archivalischen Forschungen
beruhen, aber die neuesten Publicationen zur Genüge verwerthen. Interessant
ist auch die Arbeit A. Małeckis: Ein Blatt aus der Geschichte
der Krakauer-Universität (2. Bd.), welche am längsten in Polen
am Princip „Concilium supra patrem" festhielt und erst 1449 von K.
Kasimir IV., nachdem dieser durch bedeutende Concessionen für Nicolaus V.
gewonnen worden war, zur Obedienzerklärung bewogen wurde. Wichtige
Beiträge zur inneren Geschichte Polens in demselben Jahrh. hat M. Dobrzyński
(Bd. 1, 4 und auch ausser der Akademie) geliefert. Das 15. Jahrh, eigentlich (und nicht erst das 16.) die Zeit der grössten äusseren und inneren
Machtentwicklung Polens, erweckt jetzt bei uns lebhaftes Interesse und beschäftigt viele gediegene Arbeiter. Auch der grosse Historiker dieses Zeit-
alters Joh. Długosz, dessen neue Krakauer Ausgabe die bisher allgemein
gebrauchte fehlerhafte Leipziger Edition von 1703 ausser Gebrauch setzte,
ist ein Gegenstand eingehender und specieller Forschung geworden, welche
auch in den Abhandlungen durch die gediegene Dissertation Al. Semkowicz': Würdigung des 9. Buches von Długosz (Bd. 2) vertreten ist. Um noch das wichtigste aus diesen fünf ersten Bänden hervorzuheben, will ich bemerken, dass, wie Mieszko in Prof. Zeissberg, auch sein
gleichnamiger Enkel (M. II) in A. Lewicki (Bd. 5), welchen Zeissberg
als den vorzüglichsten seiner Lemberger Schüler bezeichnet, einen trefflichen
Monographisten gefunden hat; dass die bisher beste Specialarbeit aus der
Geschichte Littauens: K. Gr. Stadnicki, Die Söhne Gedymins hier
in neuer verbesserter Ausgabe (Bd. 3 und 7) erschien; dass sich im 3. Bd.
die bereits den deutschen Forschern bekannte gründliche Abhandlung und
Quellenedition Liskes: Ueber die Posener Tagfahrt 1510, im 4. Bd.
ein Reisebericht Smolkas über die Archive der Provinzen
Posen und Preussen und im 5. Bd. über das Archiv von Mitau
(von Kantecki) befindet. Der Abhandlung Smolkas: Die Tradition
über Kasimir den Mönch (Bd. 6) ist bereits früher Erwähnung geschehen. Wie die letztgenannte, so hat auch die im 7. und 8. Bd. abgedruckte Arbeit A. Prochaskas: Polen und Böhmen zur Zeit
der Hussitenkriege 1420—29 eine lebhafte Discussion hervorgerufen.
Der Angreifer war jetzt Prof. Smolka, welcher im Gegensatz zu den von
Pr. ausgesprochenen Behauptungen: die zwei Brüder Jagello und Witold
hätten im gemeinschaftlichen Interesse der beiden vereinigten Reiche (Polen-
Littauen) gehandelt und die Hussiten in Böhmen vorzüglich darum unterstützt, um die Zurücknahme des von Kaiser Sigmund in der polnisch-
preussischen Streitfrage zu Breslau 1420 gefällten Schiedspruches zu be-
wirken, die Ansicht (im „Ateneum" 1879 Bd. 1) zu begründen suchte, es

sei dies nur im Interesse Witolds geschehen, der die Gründung einer besonderen slavisch-littauischen Grossmacht ausserhalb Polens anstrebte. Pr. konnte aber in seiner Antwort ("Przewodnik naukowy i literacki" Jänner 1880) seine Ansicht durch so gewichtige archivalische Belege begründen, dass man im wesentlichen doch ihm beistimmen muss. Der ganze 9. Bd. ist der Arbeit Piekosińskis: **Ueber die Münze und den Münzfuss in Polen im 14. und 15. Jahrh.**, die von Fachmännern sehr gelobt wird, eingeräumt. — Im 10. Bd. finden wir ausser dem Schluss (der 1. Theil im 8. Bd.) der fleissigen und viel neues bringenden Abhandlung von J. Szaraniewicz: **Ueber das Verhältniss des morgenländischen Patriarchats zur russischen Kirche und zum Staate Polen** (S. 1—80) noch: **Ant J.: Polonica in den russischen Publicationen der J. 1700—1862** (S. 81—199); **St. Lukas: Würdigung des letzten Theils der Chronik Wapowskis 1480—1435** (S. 200—280) und **P. Th. Gromnicki: Die Heiligen Cyrillus und Methodius** (281—354). Der 11. Bd. (Kr. 1879) bringt die noch nicht beendigten Fortsetzungen dieser drei Arbeiten. Die Abhandlung Gromnickis ist zwar eine fleissig und gründlich durchgearbeitete Zusammenfassung der Arbeiten über die zwei Slavenapostel, bietet aber selbst nicht viel neues. Dagegen wird man mit dem ungünstigen Urtheil Konteckis ("Ateneum", Oct. 1879) über die "Polonica" einverstanden sein, auch nachdem man die Fortsetzung im 11. Bd. gelesen hat: ein feuilletonistisches Raisonnement über wissenschaftlich werthlose und nur politisch tendenziöse Werke, dazu nur blosse Erwähnung wichtiger Quellenpublicationen, obgleich man bei der mangelhaften Kenntniss der russischen Literatur in Polen doch manches daraus erfahren kann. Dagegen ist die Arbeit Lukas' eine wahre Zierde der zwei letzten Bände, so viel Fleiss und Talent kommt hier zum Vorschein. In der strengen Beurtheilung Wapowskis geht er manchmal zu weit und tritt auf Rechnung der zahlreich vorgefundenen Verstösse auch da gegen ihn auf, wo er unschuldig ist, formell überladet und disproportionirt er manchmal seine Arbeit durch zwar werthvolle, aber nicht zur Sache gehörige Bemerkungen und Episoden.

In den **Abhandlungen der philolog. Classe** würden ausser den kunsthistorischen und den in Sybels Zeitschr. erwähnten die zwei Arbeiten **K. Mecherzyńskis: Ueber den Aufenthalt des Conrad Celtes in Krakau** (Bd. I) und **Laur. Corvinus Novisorensis, einen schlesischen Dichter des 15. Jahrh.** (Bd. 6) das meiste historische Interesse erwecken, wenn sie ausser den polnischen Uebersetzungen und Inhaltsangaben einiger Verse der genannten Dichter irgend etwas originelles bieten würden. Im letzterschienenen 6. Bd. (Kr. 1878) findet sich noch eine **Geschichte der Krakauer medicinischen Facultät** von J. Oettinger (S. 183—424), eine fleissige und gewiss nicht nutzlose Zusammenstellung, wenn auch mit manchen methodischen Fehlern. Bei dieser Gelegenheit sei hier bemerkt, dass neue Materialien zur Geschichte der Krakauer Universität den meisten Platz im 1. Band (Krakau 1878) des eben entstandenen **Archivs für Literaturund Culturgeschichte Polens** (hg. von der diesbezüglichen Commission der 1. Cl.) einnehmen. Den Abschluss des 6. Bd. bildet der kleine Aufsatz J. Zebrawskis: **Bemerkungen über die Abhandlung** des Prof. Max Curtre: Sur l'ortographe du nom et la patrie de Witelo (Vitellion) (Extrait du „Bulletino di bibliografia e di storia delle scienze matem. e fis." t. IV., Rome, Fevrier 1871). Wenn Curtre behauptet, der Name dieses berühmten Verfassers einer Optik im 13. Jahrh. sei ein Deminutivum von Wito, Wido, so hat dies nichts als die Möglichkeit für sich, während es schwer fällt auch nur dies den gewagten paläographischen Hypothesen Z.'s, durch die er zum polnischen Namen Witek gelangt, zuzugestehen. Da sich der Mann selbst „Filius Thuringorum et Polonorum nennt", so ist der ganze Streit ohne Belang.

Es würde mich zu weit führen noch die im Verlage oder unter Mitwirkung der Akademie erschienenen Bücher zu berücksichtigen. Ich will nur hier mein Befremden aussprechen, dass das mit Hypothesen vollgestopfte, chaotische Werk Sieniawskis: Das Bisthum Ermland von derselben primiirt wurde, während ich das auf umfassenden (Wiener) archivalischen Studien fussende, durch weiten historischen Blick und schöne Form ausgezeichnete Werk Zakrzewskis: Nach der Flucht Heinrichs (v. Valois aus Polen) einem jeden der Sprache kundigen nur empfehlen kann.

Lemberg, März 1880. Fr. v. Papée.

Wiener Abendpost. Beilage zur Wiener-Zeitung. Jahrg. 1880. Jänner bis Mai. Selbständige Aufsätze: Thienen-Zybin, Alexander Sergeiwitsch Griboyedoff als Satiriker und Diplomat. Nr. 2, 3. — Mayer Fr., Leoben. — Weiss K., Der Abschluss der Restauration des St. Stephans-Domes. Nr. 7, 8. — Hoernes, Reiseskizzen aus Bosnien, Nr. 14—16, 41 bis 43, 82—84, 103—105. — Kábdebo, Der hungrige Gelehrte. Ein Beitrag zur Geschichte des Wiener Zeitungswesens im 18. Jahrhundert. Nr. 22. — Eitelberger, Alfred Woltmann. Nr. 40. — Die älteste Karte vom Achenthale. Nr. 40. — Dux, Aus den Tagebüchern des Grafen Stephan Széchényi. Nr. 41. — Schwicker, Ungarns Millenarium. Nr. 43. — Krones, Zur Geschichte der beiden letzten Jahre (1628, 1629) Gabriel Bethlens, des Fürsten Siebenbürgens. Nr. 44. — Reissenberger, Cilli in Steiermark. Nr. 48. — Ilg, Wiens Entsatz i. J. 1683 in den Werken der Kunst. Nr. 54, 55. — Huber Alfons, Wallenstein im Jahre 1633. Nr. 55—58. — Zahn, Kreudfeuer. Nr. 61—64. — Heger, Die neuesten prähistorischen Forschungen in Oesterreich. Nr. 65, 66. — Zschokke, Die Maroniten am Libanon. Nr. 67—71. — Hellwald, Die Fundgeschichte der Venus von Milo. Nr. 75. — Müller, Valentin Duval, der erste Director des kais. Münzkabinets. Nr. 84, 85. — Helfert, Ein Vertheidiger Wiens während der Türken-Belagerung 1683. Nr. 86—90. — Krainz, Seckau und das Mausoleum Erzherzog Karl II. Nr. 90—92. — Mayer, Genesis des Herzogthums Steiermark. Nr. 98. — Schlosser, Erzherzog Johann und das Kunstleben Oesterreichs. Nr. 107, 108. — Janitschek, Vaucluse. Nr. 113. — Ilg, Das Lustschloss Hetzendorf. Nr. 114. — Krones, Der Aberglaube der Gegenwart und Vergangenheit mit besonderer Rücksicht auf Christof Stanngls Handschrift „Kunst- und Erzeneypuechl". Nr. 117—120. — Besprechungen: Zeissberg, Gentz und Colenzl, Geschichte der österreichischen Diplomatie in den Jahren 1801—1805 von Aug. Fournier. Nr. 2—4. — Helfert, Diplomatische Verhandlungen aus der Zeit der französischen Revolution von Hermann Hüffer. Nr. 13—16. — Die Eroberung Nieder-

Oesterreichs durch Mathias Corvinus in den Jahren 1482—1490 vor Dr. K. Schober. Nr. 16. — Die vorarlbergische Museums-Zeitschrift. Nr. 17. — Die kaiserlichen Burgen und Schlösser in Bild und Wort von Franz Welter. Nr. 18. — Dux, Franz Pulszkys Memoiren. Nr. 19. — Lind, Kirchliche Kunstdenkmale aus Siebenbürgen. Nr. 20. — Der Kirchenschmuck, Jahrgang 1879. Nr. 25. — Life and writings of Thomas Buckle. By Alfred Huth. Nr. 30. — Mittheilungen des Instituts für österr. Geschichtsforschung red. von E. Mühlbacher. Nr. 30. — Lind, Schloss Stern. Nr. 31. — Dunzer, Politische Geschichte der Serben in Ungarn von J. H. Schwicker. Nr. 35. — Mayer, Geschichte des Benedictiner-Stiftes Admont von P. Jacob Wichner. Nr. 37. — Perou et Bolivie etc. par Charles Wiener. Nr. 37. — Geschichte des Infanterie-Regiments Hoch- und Deutschmeister Nr. 4 von G. Amon von Trouenfest. Nr. 40. — Bachmann, Die burgundische Heirat Maximilians I. von Karl Rausch. Nr. 46. — Peter von Gmünd von Bernhard Grueber. Nr. 50. — Zeissberg, Oesterreich und Preussen 1780—1790 von G. Wolf. Nr. 55. — Gründungsgeschichte des Klosters Stams von H. R. v. Zeissberg. Nr. 56. — Der letzte Meissner von Ignaz Pölzl. Nr. 58. — Geschichte des älteren Gerichtswesens in Oesterreich ob und unter der Enns von Dr. Arnold von Luschin-Ebengreuth. Nr. 60. — Reissenberger, Das höfische Leben zur Zeit der Minnesinger von Alwin Schultz. Nr. 69. — Zeissberg, Geschichtliche Bilder aus Oesterreich, Bd. II. von Adam Wolf. Nr. 72—74. — The Life of His Royal Highness the Prince Consort. By Theodore Martin, Bd. V. Nr. 74. — Zeissberg, Jahresbericht der Geschichtswissenschaft I. Jahrg. 1878. Nr. 85. — Geschichte des Erziehungswesens und der Cultur der Juden in Frankreich und Deutschland vom 10. bis 14. Jahrh. von Dr. M. Güdemann. Nr. 86. — Die gesetzliche Einführung der Todesstrafe für Ketzerei von Julius Ficker. Nr. 89. — Michael Beheim von Prof. Caspart. Nr. 92. — Chronik der Stadt Elbogen 1471—1504. Nr. 93. — Feldzüge des Prinzen Eugen von Savoyen. Nr. 96—100. — Zeissberg, Das Wiener-Neustädter Stadtrecht des '13. Jahrh. von Gustav Winter. Nr. 121.

Archäologisch-epigraphische Mittheilungen aus Oesterreich hg. von O. Benndorf und O. Hirschfeld. 3. Jahrgang 1879. 1. Heft: Mommsen, Privilegium militare musei Pestinensis. — Kekulé, Marmorgruppe der Sammlung Modena in Wien. — Schneider, Fischerbilder. — Kenner, Zum Badener Relief. — Klein, Διομήδεια ἀνάγκη. — Tocilescu, Inschriften aus Rumänien. — Hirchfeld, Epigraphischer Bericht aus Oesterreich. — Hoernes, Beschreibung griechischer Vasen in Triest. — 2. Heft: Petersen, Die Gruppe der Tyrannenmörder. — Torma, Neue Inschriften aus Dacien. — Brunšmid, Antiken in Cibalis. — Bauer, Herculesstatue von Stuhlweissenburg. — Socken, Neuere Erwerbungen der Antikensammlung des A. h. Kaiserhauses. — Kubitschek und Löwy, Bericht über eine Reise in Ungarn, Slavonien und Croatien. — Bojničič, Epigraphischer Bericht aus Croatien. — Maiónica, Unedirte Inschriften aus Aquileja. — Gurlitt, Bronzen der Sammlung Trau (Fortsetzung). — Benndorf, Heraklesstatuetten. — Gross, Zu Corpus inscriptionum Latinarum III. — Richter, Inschrift aus Salzburg.

Notizen-Blatt der historisch-statistischen Section der k. k. mährisch-schlesischen Gesellschaft zur Beförderung des Ackerbaues, der Natur- und Landeskunde. Red. von Chr.

R. d'Elvert. (Beilage zu den Mittheilungen der k. k. mährisch-schlesischen Gesellschaft zur Beförderung des Ackerbaues, der Natur- und Landeskunde in Brünn. Hauptredacteur: Heinrich C. Weeber. 1879, 59. Jahrgang). Jahrg. 1879: Peyscha, Die Bürgerwehr und Stadtgarde in Olmütz. — d'Elvert, Das fürstliche Haus Lichtenstein. — Die Einführung der Türken-Andachten in den Oesterr. Ländern 1597. — d'Elvert, Quellen zur Geschichte und Statistik der Stadt Brünn. — d'Elvert, Beiträge zur Geschichte von Brünn. Nr. 3—5 (Forts.). — Trapp, Ein ex voto Brief der Gemeinde Radlas in Brünn vom Jahre 1724. — Maria Theresia und Kaiser Franz in Brünn im Jahre 1748. — d'Elvert, Zur Geschichte der Apotheken in Brünn. — Trapp, Erinnerung an Abbé Josef Dobrowsky. — Peter, Zur Kirchen-Archäologie Oesterr.-Schlesiens. — d'Elvert, Bresslers Scriptores rer. Bohem. Morav. et Siles. — d'Elvert, Die erste Statistik Mährens. Nr. 6, 7. — Trapp, Zur mähr.-schles. Adelsgeschichte. — Descendenz der Herren und Grafen von Zierotin Freiherrn von Lilgenau von 1652—1879. — d'Elvert, Die Restaurirung der Zderad-Säule in Brünn. — d'Elvert, Zur Geschichte des Clerus in Mähren in Oesterr.-Schlesien. — d'Elvert, Religions-Anstalten in Mähren und Oesterr.-Schlesien im Jahre 1827. — d'Elvert, Personalstand in den mähr.-schles. Klöstern im Jahre 1829. — d'Elvert, Der Clerus in Mähren und Oesterr.-Schlesien 1875. — d'Elvert, Die erste Wirksamkeit der Jesuiten in Mähren. — d'Elvert, Zur Geschichte des Postwesens in den böhm. Ländern und der Nachbarschaft. — d'Elvert, Die Piaristen in Mähren und Oesterr.-Schlesien. — Peyscha, Zur Geschichte der Juden in Olmütz. — Seifert, Die Marktprivilegien der Stadt Lundenburg. — Das Aufblühen der Stadt Lundenburg. — Ferdinand I. Mandat, die aus Mähren vertriebenen Wiedertäufer nicht in Oesterreich aufzunehmen, von 1548. — d'Elvert, Die Restaurirung der St. Jakobs-Kirche in Brünn. Nr. 11, 12. — d'Elvert, Die Gründung des städtischen Waisenhauses in Brünn. — Kinter, Zur mähr.-schlesischen Biographie. — Gunther Joh. Kalivoda. Koller und Trapp, Der Bildhauer und Kupferstecher Ignaz Bendel. — Südslavische Lieder von Kuhač (Anzeige). — Von den Schriften der hist.-stat. Section etc. ist seit dem Jahre 1878 kein neuer Band erschienen.

Wissenschaftliche Studien und Mittheilungen aus dem Benedictiner-Orden mit besonderer Berücksichtigung der Ordensgeschichte und Statistik. Haupt-Redacteur P. Maurus Kinter. Brünn 1880. 1. Heft: Kotzurek, Operis inauguratio. — Was wir wollen — was wir bieten. Worte der Redaction. — Verzeichniss der bisher angemeldeten Mitarbeiter. — Braunmüller, Ueber den universellen Character des Benedictiner-Ordens. I. Der Stifter und seine Zeit. — Sztachowicz, De sancti Martini loco natali et cultu I. — Kornmüller, Die Pflege der Musik im Benedictiner-Orden. — Verschiedene Mittheilungen, Literaturbericht, literarische Referate. — Miscellen.

Steiermärkische Geschichtsblätter hg. von J. v. Zahn 1. Jahrgang, Graz 1880. 1. Heft: Geschichtslegende. — Vom Hoflager Kaiser Friedrich III. in Graz. — Romfahrten im Interesse deutscher Prälaten I. — Vom Sanitätswesen. — Aus fernen Reichen. — Von der Grazer Stadtbeleuchtung. — Privilegien steiermärkischer Städte und Märkte. — Besprechungen, histor.-literar. Notizen.

Archeografo Triestino edito per cura della società del gabi-

netto di Minerva. Nuova serie, volume VI., Fascicolo IV. (Fasc. III erschien Dec. 1878), Febbraio 1880: Riferta intorno al lavoro di consolidamento eseguito dal Civico Ufficio delle Pubbliche Costruzioni al mosaico dell' altare di S. Giusto. — Gregorutti, Iscrizioni inedite aquileiese, istriane e triestine (Cont.) — Pervanoglu, Gl' Istri. — Maraich, Regesto delle pergamene conservate nell' archivio del reverendissimo Capitolo della Cattedrale di Trieste. (Cont.) — Hortis, Biografia di Francesco del Balzo duca d'Andria, e Frammenti di un diario napolitano (1378—1383), trascritti da un codice della Vaticana. — Gregorutti, Antichi vasi fittili di Aquileia. — Annunzii bibliografici.
Korrespondenzblatt des Vereines für siebenbürgische Landeskunde red. von Fr. Zimmermann. 2. Jahrg. Hermannstadt 1879: Urkundliche Ortsnamen. — Wolff, Die Vertreter des alten stammhaften ú und i und die Mouillirung der Consonanten im Siebenbürgischen. — Gross, Zur Rumanen-Frage. — Reissenberger, Seifen-Bach. — Roth, Kritische Frage an die magyarische Grammatik. — Fürk, Ueber Johannes Honterus. — Inschrift in Csik-Miklós. — Wolff, Siebenbürgische Ortsnamen. — Latinismus oder Germanismus im Magyarischen. — Zum Mongoleneinfall. — Teutsch, Recepte aus dem 16. Jahrh. — Zimmermann, Nösner Ortsnamen. — Thomas, Seb. Giustianis Relation vom 28. März 1503. — Szilághy, Zu Alberts Husts Biographie. — Teutsch, Siebenbürger in Halle; in Padua. — Wolff, Auf dem breiten Stein stehen. — Teutsch, Beschwörung des Wetters. — Ad calendas graecas. — Teutsch, Kráczewez: die Gurke, — Wolff, Zur Laut- und Formenlehre. — Zimmermann, Katalog der Haltaner Pfarrer. — Teutsch, „Siebenbürgen" als Bezeichnung des Sachsenlandes. — Zimmermann, Handschriftliche Urkundensammlungen; Hermannstädter Provincialsiegel. — Roth, ch für f im Siebenbürg.-Sächsischen. — Wolff, Kronusch. — Peinlich, Beziehungen zwischen Siebenbürgen und Steiermark. — Literatur (hervorzuheben ist eine gediegene Besprechung von Amlachers Urkundenbuch der Stadt und des Stuhles Broos von Zimmermann). Bibliographie. Kleine Mittheilungen. — 3. Jahrg. 1880. Red. von J. Wolff. Nr. 1: Anregungen und Aufgaben. — Wolff, Noch einmal der muerlef. — Nr. 2: Roth, Schwund des Sprachgefühls. — Teutsch, Der älteste Hermannstädter Druck. — Torma, Publication neuer röm. Inschriftenfunde aus Siebenbürgen bespr. von Gooss. — Volksthümliches: Aberglauben. — Nr. 3: Wolff, Sprichwörtliche Redensarten für trunken sein. — Nr. 4: Teutsch, Ein sächsischer Todtentanz. — Teutsch, Zur Entstehung des Eigenlandrechtes. — Heinrich, Das Blasiusfest. — Wolff, Siebenbürgische Ortsnamen. — Wolff, Sprichwörtliche Redensarten für trunken sein (Nachträge). — Kleine Mittheilungen, literarische Beurtheilungen and Anzeigen, Miscellen, Antworten.
Zprávy o zasedání král-české společnosti nauk. Sitzungsberichte der kgl. böhm. Gesellschaft der Wissenschaften. Prag 1879: Řehák, Das Kuttenberger Diarium des Bischofs Philipp Villanova. — V. Jireček, Die Vlachen und Maurovlachen in den Denkmälern von Ragusa. — Gebauer, Die Vision Jiříks im Zusammenhange mit anderen Sagen der christlichen Mystik. — J. Jireček, Der Vrchobřeznicer Chronograph in der Herzegowina mit besonderer Rücksicht auf die darin enthaltene Darstellung der ältesten böhmischen Geschichte. — J. Vávra, Der Priester Heinrich Hoffmann. — J. Kolář, Das Zographer Evangelium und die Ber-

liner Ausgabe desselben. — J. Gebauer, Erklärung einiger Imperfecta in der Königinhofer Handschrift. — J. Koláŕ, Die Boroticer glagolitischen Fragmente.

Pojednáni král české společnosti nauk. Abhandlungen der kgl. böhm. Gesellschaft der Wissenschaften. VI. Folge. 10. Bd. Prag 1879: K. Jireček, Die Handelsstrassen und Bergwerke von Serbien und Bosnien während des Mittelalters. — J. Goll, Der Vertrag von Alt-Ranstädt.

Novočeská bibliothéka (Neuböhmische Bibliothek, hg. vom Museum des Königreichs Böhmen). 22. Bd.: Primus Sobotka, Rostlinstvo a jeho význam v národních písních, pověstech, bájích, obřadech a pověrách slovanských (Das Pflanzenreich und seine Bedeutung in slavischen Volksliedern, Sagen, Mythen, Gebräuchen und im Aberglauben). 8° 344 S. — V. V. Tomek: Dějepis Prahy (Geschichte von Prag). 4. Bd. 1419—1436). 8° 747 S.

Dědictví sv Prokopa. (Hereditat des hl. Prokop in Prag). J. Beckovský, Poselkyně starých příběhův českých (Geschichte von Böhmen) hg. von Anton Rezek, II. Bd., 1. Thl. (1545—1607), 2. Thl. (1608 bis 1624). 8°.

Časopis musea královstvi Českého (Zeitschrift des Museums für das Königreich Böhmen) red. v. E. Emler. 53. Jahrg. 1879: J. Schmaha, Die „Kralická bible" und ihr Einfluss auf spätere Uebersetzungen böhm. Bibeln. — J. Goll, Die Postille des Rokycana. — K. Tieftrunk, Die ethische und dichterische Seite an Dalimils Chronik. — Ad. Patera, Ein altböhmisches Fragment der Legende von der Jungfrau Maria — M. Dvořák, Eine Baudnitzer Handschrift des Sachsenspiegels. — Jar. Čelakovský, Ueber Handschriften rechtshistorischen Inhaltes der Stadt Leitmeritz. — Menšík, Ein Lied über die Annahme des Kelches. — Freiherr von Helfert, Ueber die sogenannten relig. Schwärmer in Böhmen und Mähren zur Zeit Kaiser Josef II., Leopold II. und Franz II. — A. Gindely, Die Hinrichtungen in Prag nach der Schlacht auf dem weissen Berge. — Fr. Lepař, Auf welche Weise gelangte das Wort „Ungar" in die böhm. Uebersetzung der „Trojaner Annalen"? — Ad. Patera, Altböhmische Glossen in dem latein. Psalter des böhm. Museums aus dem 13. Jahrhundert. — S. Truhlář, Leben und Wirken des Johann Šlechta von Všehrd. — F. Tadra, Magister Adalbert, Professor der Pariser Schule und der Scholastik an der Prager Kirche. — J. Studnička, Galilei, Kopernika System und die Inquisition. — F. Dvorský, Neue Nachrichten über Keppler. — J. Jireček, Fragmente böhmischer Volkslieder vom 14.—18. Jahrh. — J. Čelakovský, Die Rathserneuerungen in den kgl. Städten Böhmens. — K. Jireček, Bosnien und die Herzegowina im Mittelalter. — J. Krejčí, Die Lagerung böhmischer Gebirge. — K. Krásnohorská, Unsere Kunstzustände. — J. Jireček, Hankas Originalgedichte von 1819—1819. — A. Vrťátko, Die Correspondenz Fr. Palackýs mit J. Kollár. — Die Fundationen Filipp Čermáks und Rud. Štětkas zum Svatobor. — F. Mareš, Peter Kaspar Světecký. — J. Truhlář, Zwei altböhmische Denkmäler aus dem 13. Jahrh. zu München. — F. Wenig, Marcus Marci und Kronland. — Geschäftliche Mittheilungen, Recensionen, Museumsnachrichten.

Časopis Matice Moravské. Vierteljahresschrift (seit 1869) Brünn. Jahrg. 1869—1879. Histor. Aufsätze: Fr. Bartoš, Recension von V.

Brandels Rosenberger Buch. 1872. — V. Brandl, Beiträge zur böhm. Rechtsgeschichte; der Herren- und Ritterstand 1869; die Landtafeln und andere öffentlichen Eintragungen beim Landrechte in Böhmen und Mähren; über „hlava čili mužebojstvo" (homicidium) in böhmischen Recht. 1870; von den herkynischen Bojern und dem Sinne der ältesten Sagen Böhmens. 1873; der Streit um das Bisthum Olmütz und die Anfänge des Hussitenthums in Mähren. 1877; ein Beitrag zur böhm. Mythologie; über Nationallieder. 1876; Fragmenta Monseana. 1878; Beiträge zur Erklärung der Königinhofer und Grünberger Handschrift. 1869, 1870, 1877; Erklärungen des Peter von Uničov, durch welche er seine früheren Predigten gegen Hus widerrief. 1879; Recensionen von Fr. Palackys Waldenserselkte in Böhmen 1869; V. Koutnys Der Přemysliden Thronkämpfe 1877; A. Rezeks Wahl und Krönung Ferdinands I. 1877; A. Vašeks Schrift über die Unechtheit der Königinhofer, Grünberger Handschrift und des Fragments vom Evangelium des h. Johannes. 1879. — B. Dudik, Bruchstück aus der Geschichte Otakars II.; Přemysl Otakars II. Ende. 1874; vorchristliche Begräbnisplätze in Mähren; Geschichte der Buchdruckerkunst in Mähren. 1875. — J. Havelka, Ueber prähistorische Alterthümer, welche in der Umgegend von Olmütz gefunden wurden. 1876; prähist. Alterthümer in den mährischen Höhlen; heidnischer Begräbnisplatz in Tyschitz. 1878; historische Miscellen 1877. — V. Houdek. Bauernordnung von Loučan aus dem Jahre 1525. 1878. — H. Jireček, H. Zdík, Bischof von Olmütz 1870. — J. Jireček, Aehrenlese aus altböhmischen Handschriften in Mähren. 1873. 1875; Dr. V. Mitmánek aus Ung. Brod 1874; Jakobus von Kunewald und sein Cancional. 1874; Jakobus Palaeologus. 1875. — Fr. Koželuha, Zunftordnung, welche die Herrn von Žerotín in den Jahren 1658 und 1699 ihren Unterthanen in Wal. Mezritsch und Roznau gaben. 1873. — A. Kubeš, Bannernordnung, welche im J. 1574 Smil Osovcky von Doubravic in den zur Třebičer Herrschaft gehörigen Dörfern einführte. 1876. — G. Lorenz, Geschichte der Republik Venedig im Mittelalter. 1872. — J. D. Mašek, Urbarium des Žďarer Klosters in Mähren. 1875. — V. Nehovidský, Die Mauten der Markgrafschaft Mähren im Jahre 1584; aus Handschriften des Klosters Hradisch. 1873; Literatenvereine in Mähren. 1873. — M. Procházka, Recensionen von B. Dudiks K. von Žerotíns böhm. Bibliothek in Breslau. 1877. — J. Reichert, Roboten der Unterthanen der Herrn von Pernstein im 16. Jahrhundert. 1869; Geld- und Naturalienabgaben auf der Jemnitzer Herrschaft im 17. Jahrh. 1869; alte Mauten in Prosnitz. 1871. — V. Royt, Brünn in der ältesten Zeit; böhmische Bienenzucht in alten Zeiten und die damaligen Bienenzüchterinnung zu Wal. Mezritsch. 1869; Stanislaus von Znaim. 1869; Bruchstücke einer alten Topographie von Znaim. 1871; der h. Otto, Bischof von Bamberg und die Elbeslaven. 1872; die neuesten archäolog. Forschungen auf der Insel Rügen. 1874; die Slaven auf der Insel Rügen im Jahre 1168. 1875; Recensionen von Dudiks Mährens allgemeine Geschichte 5. Bd. 1871; desselben Werkes 8. Bd. 1878; von Dudiks Dějiny Moravy (Mährische Geschichte) 1. Bd. 1871, von Emlers Fontes rerum Bohemicarum. 1877, von Brandls Libri citationum. 1873. — A. Rybička, Materialien zur mährischen Culturgeschichte 1874; Hynek Bruntálský z Vrbna 1875. — A. V. Šembera, Ueber die Corruption der

böhmischen Amtssprache beim Ditrichsteinischen Lehngerichte zu Kremsier.
1871; über die Lage des „mons Comianus", auf welchem Karl der Dicke
mit Svatoplnk zusammenkam. 1871; ein Brief der polnichen Adeligen, Ha-
silina von Řitonic aus d. J. 1500. 1871. — K. Šmídek, Ueber die böhmischen Brüder, 1873, 1876; aus der Correspondenz des O. Volný. 1872.
— A. Vašek, Ueber die Namen altböhmischer Gemeinden. 1876. — F.
Velišký, Einige neue Belege für das Alterthum der ägyptischen Cultur.
1877. — F. Zukal, Beiträge zur Geschichte der Handwerke in Mähren.
1877. — V. Grasek, Veränderungen der nördlichen Grenze Mährens, 1870.

Obzor. Brünn, zweimal im Monat. Jahrgang 1879. Histor. Aufsätze: V. Vojáček, Ueber Karl von Žerotin. — J. Koubek, Von der Burg
Pellfried. — A. Kizlink, Die Ruinen der Veste Hrádek bei Olomoučan. —
J. Vychodil, Die Kirche zu Velehrad. — B. Unkl, Pompeji. — Die Sage
vom St. Adalbertsbrunnen. — V. Brandl, Ueber Palimpseste.

Koleda. Olmütz, dreimal im Monat. Jahrgang 1879. Histor. Artikel: J. Havelka, Ueber die Anfänge der Anthropologie. — F. Bílý, Ein
neues Stadium des Streites um die Echtheit des „Libušin soud". — F.
Menčík, Die letzte Huldigung in Troppau 1632. — F. H. Čelavský, Wie
war der alte polnische Adel? — O. F. Hendrych, Skizzen aus dem Leben
in Bulgarien. — T. Menčík, König Mathias Corvinus in böhmischen
Volksliedern.

Komenský. Olmütz, Wochenblatt. Jahrgang 1879. Histor. Artikel:
M. Václavek, Die vormundschaftliche Regierung Ottos von Brandenburg;
König Wenzel II.; Johann von Luxenburg; Böhmen im 8. und 9. Jahr-
hundert. — Fr. Bayer, Aus der slavischen Vorgeschichte. — Em. Dronec,
Die Verfassung Böhmens vor den Hussitenkriegen; die Restauration des
Prager Erzbisthums 1461; die Einnahme von Prag 1741 und ihre Folgen.
— K. Malinský, Cosmas, der erste Chronist Böhmens. — J. J. Berger,
Untergang der Elbeslaven. — J. V. Tomný, Die Adamiten. — V. Prasek,
Die Könige Vladislaus und Mathias in Olmütz. — J. Havelka, Ueber prä-
historische Alterthümer im Schulmuseum. — J. K. Hraše, Heidnische
Gräber bei Tabor in Böhmen.

Bericht der Monumenta Germaniae. Von der Centraldirection der Mon. Germ. wurde uns der nachfolgende Bericht zur
Aufnahme in unsere Zeitschrift mitgetheilt:

Berlin, im April 1880.

Die jährliche Plenarversammlung der Centraldirection der Monumenta
Germaniae hat in den Tagen von 15.—17. April hier stattgefunden. Leider
waren Justizrath Dr. Euler in Frankfurt a. M. und Hofrath Prof. Sickel
in Wien durch Unwohlsein, Prof. Wattenbach hierselbst durch eine
längere Ferienreise an der Theilnahme gehindert. Erschienen waren: Prof.
Dümmler aus Halle, Geh. Rath Prof. v. Giesebrecht aus München,
Prof. Hegel aus Erlangen, Prof. Stumpf-Brentano aus Innsbruck,
und von hiesigen Mitgliedern Prof. Mommsen, Prof. Nitzsch, Geh.
Oberregierungsrath Director der Staatsarchive v. Sybel und der Vorsitzende
Geh. Regierungsrath Waitz. Nachdem das Mandat des Prof. Mommsen
als Vertreter der Berliner Akademie der Wissenschaften abgelaufen war, ist
derselbe wieder, und zwar jetzt auf unbestimmte Zeit, zum Mitglied gewählt.

In dem verflossenen Jahr sind folgende Bände ausgegeben worden:
von der Abtheilung der Auctores antiquissimi:

1) Tomi III. P. 2. Corippi Africani grammatici libri qui supersunt. Recensuit Josephus Partsch; von der Abtheilung Scriptores:

2) Tomus XXIV (über dessen Inhalt schon im vorigen Bericht Mittheilung gemacht ist);

3) Brunonis de bello Saxonico liber. Recognovit W. Wattenbach;

4) Chronica regia Coloniensis (Annales maximi Colonienses) cum continuationibus in monasterio S. Pantaleonis scriptis aliisque historiae Coloniensis monumentis. Recensuit G. Waitz;

von der Abtheilung Diplomata:

Die Urkunden der Deutschen Könige und Kaiser. Ersten Bandes erstes Heft. Die Urkunden Konrad I und Heinrich I (bearbeitet von Th. Sickel);

von dem neuen Archiv der Gesellschaft für ältere deutsche Geschichtskunde:

Band V, Heft 1 und 2, mit Beiträgen von Arndt, Baumann, Bresslau, Dümmler, Ewald, Foltz, Frensdorff, Gillert, Granduar, Heydenreich, König, Loserth, May, Mayr, Mommsen, Schum, Waitz, Wattenbach.

Andere Werke sind im Druck weit vorgeschritten oder doch in der Vorbereitung begriffen, wie die folgende Uebersicht über die Thätigkeit der einzelnen Abtheilungen ergiebt.

Prof. Mommsen als Leiter der Auctores antiquissimi hat, nachdem er im vorigen Jahr eine Anzahl Bibliotheken der Schweiz und Italiens besucht, die Bearbeitung von Jordanis Romana und Getica vollendet und die der kleinen Chroniken des 5.—7. Jahrhunderts begonnen. Der Druck des Jordanis und ebenso der der von Dr. Leo in Bonn bearbeiteten Carmina des Fortunat wird im Laufe des Jahres vollendet; angefangen der des Avitus von Dr. Peiper in Breslau und der des Symmachus von Dr. Seeck. Die Arbeiten für Ausonius, Cassiodor und Sidonius wurden fortgesetzt, die Ausgabe des Ennodius übernahm Dr. Vogel in Ansbach.

In der Abtheilung Scriptores unter Leitung des Vorsitzenden der Centraldirection Waitz sind die Arbeiten hauptsächlich auf die Weiterführung von Tomus XXV und XIII gerichtet gewesen. An jenem haben sich die ständigen Mitarbeiter Dr. Heller und Dr. Holder-Egger lebhaft betheiligt: der erste den umfangreichen Aegidius von Lüttich mit mehreren Anhängen, die Genealogien der Herzöge von Brabant, die dem Balduin von Avesnes zugeschriebene französisch abgefasste Chronik von Hennegau sowie die Genter Chronik des J. von Thilrode, dieser die Chronica principum Saxoniae, die des Balduin von Ninove und Sifrid von Balnhausen bearbeitet. Für das Buch des Christian von Mainz De calamitate ecclesiae Moguntinae konnte der Herausgeber Archivar Reimer in Marburg freilich nur neuere Handschriften benutzen, aber unter ihnen die lange verschollene Trufflen in Cheltenham und eine andere in Upsala. Eine österreichische metrische Chronik edierte Prof. Wattenbach, die Geschichte des Richerus von Senonnes, andere von Villers in Brabant, Baslede, Kremsmünster und mehrere kleinere Stücke der Leiter der Abtheilung. Derselbe hat einen grösseren Theil des 13. Bandes übernommen, der, soweit er gedruckt ist, Nachträge zu den Annalen der Karolingischen, Sächsischen und Fränkischen Periode, ausserdem zum ersten Mal vollständig die Annales necrologici Fuldenses aus Handschriften zu Rom, Fulda und München bringt, sowie reiche Auszüge aus den Angelsächsischen und Englischen Geschichtsquellen, diese bearbeitet von Prof. Pauli in Göttingen und Dr. Liebermann. Für die Fortsetzung des Bandes sind auch Prof. Schum in Halle, Dr. Simonsfeld in München thätig; jener fand eine bisher unbekannte Handschrift des Chronicon Magdeburgense in der fürstlich Metternichschen Bibliothek auf Schloss Königswart.

In der oben erwähnten neuen Ausgabe der Chronica regia Coloniensis ist vereinigt, was in drei Bänden der Scriptores nur nach und nach veröffentlicht werden konnte, der Text des älteren Theils auf Grund der Handschriften in Wien, Wolfenbüttel, Rom und Brüssel kritisch festgestellt, ausserdem eine Reihe von Denkmälern hinzugefügt, die entweder als Quellen der Chronica in Betracht kommen oder zur Erläuterung der Kölner Geschichte dienen, darunter eine ungedruckte Fortsetzung des Martinus aus einer in Polen in Privatbesitz befindlichen Handschrift abgeschrieben von Prof. Arndt.

Die Vorarbeiten sowohl für den 26. wie für den 15. Band sind lebhaft fortgesetzt. Für diesen hat Prof. Thaner wichtiges handschriftliches Material in Admont gefunden. Dr. Krusch hat die Ausgabe des sogenannten Fredegar nahezu vollendet; Dr. Lichtenstein arbeitete in Wien, Admont und Berlin, wohin die Stockholmer Handschrift gesandt ward, für Ottokars Steirische Reimchronik.

Geh. Regierungsrath Waitz besuchte Brüssel, Dr. Holler Paris und Auxerre; in England, namentlich in Cheltenham arbeiteten Dr. Libermann und Prof. Maassen, zuletzt in London Prof. Pauli, in Mailand Prof. Mommsen auch für diese Abtheilung. Einzelne Collationen wurden wieder von Dr. Mau in Rom, Prof. Schoene in Paris besorgt; andere Mittheilungen machten gefälligst der Stiftspropst von Matsee, Dr. Fr. Mayer in München u. a.

In der Abtheilung Leges ist die neue Ausgabe der Fränkischen Capitularien von Prof. Boretius in Halle so weit vorgeschritten, dass der Anfang des Druckes im Lauf des Jahres stattfinden kann. Dasselbe gilt von den Fränkischen Formelsammlungen, deren Bearbeitung Dr. Zeumer nahezu vollendet hat. Für die Edition der Fränkischen Concilien hat Prof. Maassen in Wien die beiden alten früher dem Collegium Claromontanum angehörigen Handschriften in Cheltenham verglichen.

Die neue Bearbeitung von Band II der Leges ist, nachdem Prof. Loersch zurückgetreten, von Prof. L. Weiland in Giessen, dem langjährigen ständigen Mitarbeiter der Monumenta, übernommen.

Der Leiter der Abtheilung Diplomata Hofrath Prof. Sickel in Wien erklärte in dem von ihm eingesandten Berichte, dass er von den drei Aufgaben, welche er sich für das abgelaufene Jahr gestellt hatte, nur zwei zu lösen vermochte. — Heft 1 der Diplomata war im Mai im Druck vollendet und konnte im Juni ausgegeben werden. Aus Italien wurde das noch ausstehende Material vollständig beigebracht. Aber die Anfertigung des Manuscripts für den Druck des zweiten Theils des ersten Bandes (Diplomata Ottonis I) stiess auf mehrfache Hindernisse. Vor allem machte sich der Tod des ältesten Mitarbeiters der Abtheilung, des Dr. Foltz fühlbar. Eine Reihe von Untersuchungen, welche er unvollendet hinterlassen hat, musste nochmals in Angriff genommen werden. Erst nach vielen Monaten konnte in Dr. von Ottenthal ein Nachfolger des Verstorbenen gewonnen werden Indem auch der Abtheilungsleiter durch längere Zeit verhindert war und Dr. Uhlirz allein sich der Arbeit ununterbrochen widmen konnte, war es nicht möglich das Manuscript so weit herzustellen, dass der Druck hätte wieder aufgenommen werden können. So wird also die Vollendung des ersten Bandes auch in dem jetzt beginnenden Jahre die hauptsächlichste Aufgabe der Abtheilung sein.

Die Ausgabe der Acta imperii saeculi XIII. inedita, die Hofrath Prof. Winkelmann in Heidelberg aus seinen, Hofrath Fickers in Innsbruck und den Sammlungen der Monumenta veranstaltet hat, ist bis auf die Register im Druck vollendet und bietet ein reiches Material zur Geschichte jener Zeit, besonders Friedrich II. Es sind, von einigen Nachträgen abgesehen, über 1000 Nummern zusammengebracht, 1—580 Acta regum et imperatorum, 581—756 Acta ad imperium et regnum Siciliae spectantia, 757 bis 1001 Acta Sicula (Registrum Friderici II Massiliense; Formulae magnae curiae; Statuta officiorum). Der stattliche Band wird in einigen Wochen veröffentlicht werden.

Daran wird sich in mancher Beziehung ergänzend anschliessen die Ausgabe der von G. H. Pertz aus den Vaticanischen Regesten gemachten Abschriften in der Abtheilung Epistolae unter Prof. Wattenbachs Leitung besorgt von Dr. Rodenberg. Der erste Band, der die Zeit Honorius III. umfassen soll, ist so weit vorgeschritten, dass der Druck noch im Lauf des Sommers beginnen kann. Ziemlich gleichzeitig wird das Registrum Gregor d. Gr. zur Veröffentlichung gelangen, die dadurch verzögert ist, dass Dr. Ewalds Reise in Spanien sich länger hinauszog und derselbe nach der Rückkehr theils mit Vergleichung der wichtigen in Petersburg wieder aufgefundenen Handschrift des Adalhard, theils mit Bearbeitung einer sehr interessanten von Bishop in London abgeschriebenen Brief- und Canonensammlung beschäftigt war, die mannigfach neue Resultate ergeben hat.

Prof. Dümmler in Halle hat in der Abtheilung Antiquitates den Druck der Sammlung Karolingischer Gedichte begonnen. Daneben wird der Anfang mit der Bearbeitung der wichtigen Necrologien gemacht in der Weise, dass die vor 1300 begonnenen vollständig mitgetheilt werden sollen; die Ausgabe wird sich an die Diöcesen anschliessen und mit den Alamannischen beginnen, die Dr. Baumann in Donaueschingen übernommen hat.

Unter den oben aufgeführten Mittheilungen des Neuen Archivs ist namentlich die Dr. Ewalds aus der Londoner Canonensammlung und die Beschreibung Petersburger Handschriften von Dr. Gillert zu erwähnen. Ein Beitrag von Dr. Foltz erinnert an den schmerzlichen Verlust, den die Monumenta durch den Tod dieses verdienten Mitarbeiters an der Abtheilung Diplomata erlitten. Auch ein älterer Gelehrter, der oft seine Beihülfe hat eintreten lassen, Oberbibliothekar Dr. Föringer in München ist durch den Tod abgerufen.

Mit besonderem Danke ist der mannigfachen Förderung zu gedenken, welche die Behörden und Vorsteher von Archiven und Bibliotheken fortwährend den Arbeiten durch Mittheilung von Handschriften haben zu theil werden lassen. Theils durch directe Uebersendung konnten hier benutzt werden Codices aus Bamberg, Düsseldorf, Erlangen, Heidelberg, Leipzig, Metz,

München, Münster, Oldenburg, Stolberg, Wolfenbüttel; Wien, Hofbibliothek und Staatsarchiv, Stift Kremsmünster; Bern; Leiden; Brüssel; Boulogne, Douai, Laon, Montpellier, St. Omer, Paris; Stockholm; Petersburg und Warschau. Andere wurden den Mitarbeitern an anderen Orten zugänglich gemacht. Abgeschlagen oder doch an eine so gut wie unerfüllbare Bedingung geknüpft ist eine solche Bitte nur von der Stadt Tournai; eingeschränkt die Erlaubniss zur Versendung auf der Bodleyana zu Oxford.

Durch die Liberalität des Reichsamtes des Innern ist im Lauf des letzten Jahrs dem Mangel eines angemessenen Locals zur Aufbewahrung der Sammlungen abgeholfen worden.

Der historische Congress in Krakau.

Der vierhundertjährige Jahrestag von Długosz's Tod (19. Mai 1880) wurde in Krakau festlich begangen. Die Cathedrale feierte durch einen solemnen Gottesdienst das Andenken ihres hochverdienten Domherrn, an der altehrwürdigen Stätte der Stanislauskirche „in rupe" wurden seine Gebeine aus einer Urne gehoben und mit allem kirchlichen Pompe in einem vom Professor und Conservator J. Lepkowski errichteten Sarcophag beigesetzt, um die „Krypta der verdienten Männer" daselbst zu eröffnen; die Akademie hielt statt wie gewöhnlich am 3. am 18. Mai ihre öffentliche Plenarsitzung ab und widmete dem Andenken des gefeierten Historikers den schönen Vortrag Szujskis: „Joh. Długosz und die gleichzeitige europäische Geschichtsschreibung." Die beste und entsprechendste Ehre aber wurde dem Manne, welcher noch vom Sterbebette aus seine Landsleute zur Pflege der vaterländischen Geschichte ermahnte, durch die Abhaltung des historischen Congresses erwiesen. Am Nachmittag des 19. Mai trat derselbe in ziemlich ansehnlicher Anzahl von Theilnehmern (etwa 150), die aus allen Theilen des alten Polens herbeigeströmt waren, zusammen. Die deutsche Wissenschaft war durch die Prof. R. Röpell und J. Caro aus Breslau, die böhmische durch Prof. Tomek aus Prag vertreten. Zum Präsidenten wurde Prof. Malecki aus Lemberg, Röpell und Tomek zu Ehrenpräsidenten erwählt; der Vorsitz in der historischen Section wurde Prof. Kalinka aus Krakau und Jarochowski aus Posen, in der kunsthistorischen — in diese 2 Sectionen, welche nacheinander berathen sollten, theilte sich der Congress — Wł. Gf. Dzieduszycki aus Lemberg und J. J. Kraviewski aus Dresden übertragen. Nachdem der Congress sich constituirt hatte, las Prof. Smolka (ohne Discussion): „Ueber den Monarchismus in Polen zur Zeit der ersten Piasten." Am nächsten Vormittag versammelte sich die historische Section; Prof. Liske referirte „über den Umfang und einige Bedürfnisse der Monumenta Poloniae histor." Er stellte die vollständige Ausgabe der grösseren Minoriten-Chronik des Joh. von Komorowo, der für die Geschichte Polens wichtigen Werke des Callimachus, sowie die Einverleibung der bezüglichen russischen Quellen in die Monumenta in Aussicht; er schloss sich dem Vorschlage Szujskis an die Almanache der Krakauer Universität aus dem 15. und 16. Jahrhundert, welche mancherlei historische Notizen enthalten, in die Monumenta einzubeziehen, während er auf die von Caro proponirte Ausgabe sämmtlicher Werke des Callimachus nicht eingehen zu können erklärte. Dann hielt Prof. Bobrzyński aus Krakau einen Vortrag, wie gerichtliche Acten für historische, cultur- und rechtsgeschichtliche Zwecke auszubeuten seien, wie und was von ihnen zu ediren wäre; das Referat veranlasste aber keine belebtere Discussion, weil der Vortragende mit seinen vielen Vorschlägen vor eine im Detail nicht vorbereitete Versammlung trat. Der Sitzung der ersten folgte unmittelbar die der zweiten, der kunsthistorisch-archäologischen Section. Wl. Luwiczkiewicz wies auf einige gemeinschaftliche Merkmale der Krakauer, der Gnesener und Posener gothischen Kirchen des 14. Jahrhunderts hin und warf die Frage auf, ob man die Construction derselben als eine besondere local polnische Abart der Gothik betrachten könne; die Section verschob die Beantwortung dieser Frage bis auf die Zeit, da man über ein umfangreicheres Material verfügen würde. Wl. Gf. Dzieduszycki beschäftigte die Versammlung mit den unlängst in Michałkowo bei Mielnica am Dniestr gefundenen höchst interessanten Kroninsignien und Schmuckgegenständen aus den Zeiten der Völkerwanderungen, welche er zu publiciren gedenkt. — Nachmittag hob Prof. W. Zackrzewski in seinem Referate: „Ueber die Ausgabe der Geschichtsschreiber des 16. Jahrhunderts" besonders die Nothwendigkeit der Vervollständigung der Acta Tomiciano und der Publication der Correspondenz des grossen Kanzlers und Hetmans Joh. Zamojski († 1605) hervor. Aus Anlass der zahlreich gestellten Desiderata rieth Köpell auch an die Vermehrung der Arbeitskräfte zu denken, die durch billige Abdrücke der besten Quellenschriften erzielt werden könnte, da auf diese Art auch den in der Provinz zerstreuten Gymnasiallehrern die Möglichkeit wissenschaftlicher Arbeit geboten wäre. Das zweite Referat hatte W. Wisłocki; er sprach „Ueber die Ausnützung der mittelalterlichen Handschriften (auch scholastischen und theologischen Inhalts durch genaue Berücksichtigung der Marginal- und Dorsualnoten) für die Geschichte, die Culturgeschichte, die Sprache und Literatur", woran Smyjski einige Worte „Ueber den Zustand und die Desiderata des Materials zur Geschichte der Krakauer Universität" anschloss. Es wurde hier das Bedürfniss der Ausgabe der ganzen Matrikel — Zeissberg gab nur einen Auszug heraus — und anderer wichtiger Materialien hervorgehoben; in der Discussion gab Tomek Nachricht über die in Prag studirenden Polen und Caro bemerkte, dass auch in den Matrikelbüchern der Universitäten von Leipzig, Padua, Bologna sich biographisches Material für unsere Zwecke finden könnte. Die zweite Section hielt keine Sitzung. Um 6 Uhr folgte das Banquett.

Am 21. Mai Vormittags erledigte die histor. Section in grösserer Eile und unter abgekürzter Discussion mehrere noch einzubringende Referate. Wisłocki sprach über die Frage: „Welche Abdrücke von Werken des 16. Jahrhunderts für die Cultur- und Literaturgeschichte erwünscht wären"; Prof. L. Malinowski: „Ueber die Wege, welche zur Entdeckung neuer Denkmale altpolnischer Sprache führen könnten." Die Discussion bezeichnete als ein dringendes Bedürfniss die Sammlung und Ausgabe der polnischen Gedichte vor Joh. Kochanowski († 1584), für die letztere Frage verwies sie auf die Acten der weltlichen und Consistorialgerichte als eine reiche Fundgrube. In den Posener Cons.-Acten sollen sich polnische Klageschriften der Bauern gegen ihre Herren aus dem 15. Jahrhundert befinden. Hierauf referirte Prof. Bobrzyński „Ueber die Desiderata in Bezug auf die Ausgabe polnischer Gesetze"; es wurde die gänzliche Vernachlässigung der letzten Jahrhunderte und vorzüglich die Wichtigkeit einer Publication der sogenannten „Laudes" constatirt, der Beschlüsse über die zugeschickten königlichen Postulata, welche auf den jedem Reichstag behufs Wahl und Instruirung der Abgeordneten vorangehenden Wojewodschafts- und Bezirksversammlungen (sejmiki) gefasst wurden. Der folgende Referent, Domherr Polkowski, forderte zur Ausgabe der Synodalstatuten und zwar zunächst nicht der Provinzial-, sondern der Diöcesan-Synoden auf. Schliesslich trug Smolka „Ueber die Vorarbeiten zur geschichtlichen Geographie Polens" vor, um die Nothwendigkeit der Grenzbestimmung der politischen, kirchlichen und gerichtlichen Kreise des alten Polens hervorzuheben. Die um 11 Uhr tagende zweite Section beschäftigte sich zunächst mit dem interessanten Referate J. N. Sadowskis: „Welche Forschungen zu unternehmen seien, um eine Grundlage zur Erklärung der den Anfängen Polens vorangehenden Wanderungen slavischer Stämme zu gewinnen." Der Vortragende erachtete die Reconstruirung der alten physischen Topographie der bezüglichen Landschaften als unumgänglich nothwendig zum Verständniss der geographischen Angaben griechischer und römischer Schriftsteller und machte auf die Dienste aufmerksam, welche die Sprachwissenschaft und die Archäologie der Geschichte auf diesem Gebiete leisten könnten. Zuletzt erwog man die Bedingungen einer wissenschaftlichen Ausgabe der Denkmäler der Architectur (Ref. M. Sokołowski) und der Malerei (Ref. W. Łuszczkiewcz) in Polen. Darauf endigten die Sectionssitzungen. Zu bedauern ist es, dass der Vortrag F. Piekosińskis „Ueber die Ausgabe von Diplomen des 15. Jahrhunderts" ausgeblieben ist.

In der Schlusssitzung des Congresses (um 4 Uhr Nachmittag) erstatteten die Secretäre den Bericht über die Berathungen der beiden Sectionen. Nachdem die Versammlung die Sorge der Berufung des nächsten Congresses, vor welchem zur Belebung der Discussion gedruckte Referate und Coreferate an die Theilnehmer versandt werden sollen, der Akademie der Wissenschaften übertragen hatte, las Dr. Th. Wojciechowski aus Lemberg seinen beifälligst aufgenommenen Vortrag über Kasimir I., worin er dessen Mönchthum und die Existenz eines älteren Druders Namens Bolesław zu beweisen suchte. Der Präsident Małecki erklärte hierauf den Congress für geschlossen.

Der ganze Congress, dessen Vorträge und Discussionen in kürzester Zeit veröffentlicht werden sollen, gab in seiner characteristischen Erscheinung, dass man nicht darüber berathen hat, wie, sondern nur, was edirt und bearbeitet werden solle, ein getreues Bild des jetzigen Zustandes unserer Geschichtsforschung, welche nicht viel über das Vorbereitungsstadium hinausragt; es zeigte sich aber auch in der freien und richtigen Hervorhebung aller Mängel und in der grossen Zahl der Theilnehmer ein nicht zu verkennender Fortschritt, und die Anerkennung desselben durch einen Fremden, durch einen Mann aus der deutschen Schule Prof. Höpfel, der den jetzigen Zustand der Dinge mit demjenigen vor 40 Jahren vergleichend das schöne Wort Göthes wiederholen zu können glaubte: „Was man in der Jugend begehrt, hat man im Alter in Fülle", kann uns gewiss zur grössten Genugthuung gereichen.

Lemberg.   Friedr. v. Papée.

XIII.

Der Augsburger Kalenderstreit

von

Ferdinand Kaltenbrunner.

Die Frage, um welche es sich bei dem hier darzustellenden Streite handelt, ist bekannt genug: Papst Gregor XIII. hatte die lang erwünschte Reform des julianischen Kalenders in der einem Papste einzig möglichen Form einer Bulle im Jahre 1582 publicirt und fand im Laufe dieses Jahres fast in allen romanischen Gebieten Anklang und Aufnahme seines Werkes, wenn sich auch nicht, wie ich an anderer Stelle darthun werde, eine besondere Begeisterung dafür bemerkbar machte. Anders ging es in Deutschland, an dessen Oberhaupt Kaiser Rudolf der Papst die Forderung stellte das Werk in Reich und Erblanden einzuführen. Beides verweigerte zunächst der Kaiser, da er sich über die allgemeine Durchführbarkeit der Reform mit den Churfürsten verständigen wollte. Die Verhandlungen, erst im December begonnen, zogen sich in die Länge, und je mehr dies geschah, desto mehr schwand die Aussicht auf eine Verständigung, da schon in der ersten Hälfte des Jahres 1583 die protestantischen Theologen ihre Opposition gegen das Reformwerk begannen und der Reihe nach die protestantischen Kurfürsten und die Reichsstände überhaupt zu ihrer Meinung hinüberzogen. Als dann der Kaiser dem Drängen des Papstes nachgebend im September 1583 für Reich und Erblande den neuen Kalender publicirte, war es bereits entschieden, dass die protestantischen Stände ihn nicht annehmen würden. Viel wurde darauf gestritten von Kanzel und Katheder, im Stände- und Stadthaus, bis sich die Köpfe wieder abkühlten und man vorübergehend wenigstens zur Einsicht kam, dass man auch mit zwei Kalendern ruhig nebeneinander leben könnte.

Einer dieser Streitfälle nun spielte sich in der altehrwürdigen Reichsstadt Augsburg ab und er verdient wohl eine kurze Darlegung, da er nicht blos der heftigste von allen ist, sondern auch unter so schwierigen und verwickelten Verhältnissen vor sich geht wie kein anderer. Um aber zu verstehen, wie denn gerade in Augsburg in dieser Sache so heftige Streitigkeiten entstehen konnten, ist es nöthig einen kurzen Rückblick auf die frühere Geschichte der Stadt zu werfen.

Rasch hatte Luthers Lehre in Augsburg Anhang und Ausbreitung gefunden; bereits im Jahre 1523 begegnen uns zwei evangelische

Prediger, die von Seite des Rathes auch Schutz gegen den Bischof finden, und im Jahre 1527 erscheint die Mehrheit der Bürgerschaft der neuen Lehre zugethan. Wesentlich trug zu dieser raschen Ausbreitung bei das seit dem Jahre 1368 bestehende zünftische Regiment, welches den Vertretern der Zünfte inclusive der Kaufleute eine Mehrheit von 14 Rathsitzen gegenüber den Geschlechtern einräumte. So konnte man schliesslich an die gänzliche Reformation der Stadt schreiten, die denn auch 1537 trotz des Widerspruches vieler Patrizier durch die Vertreibung der katholischen Geistlichkeit abgeschlossen wurde. Dies wurde aber anders nach dem für die evangelische Sache so unglücklichen schmalkaldischen Kriege, an welchem die Stadt thätigen Antheil genommen hatte. Als Vorläufer des Kaisers erschien 1547 Granvella und stellte den katholischen Gottesdienst im Dome wieder her; dann kam Karl selbst und der Stadt war es beschieden in ihren Mauern zuerst das berüchtigte Interim verkünden zu hören, das denn auch sogleich von ihren evangelischen Predigern, wollten sie nicht zum Wanderstabe greifen, beschworen werden musste. Aber es kam noch ärger. Nach Schluss des Reichstages nahm der Kaiser am 3. August 1548 eine gründliche Aenderung des Regiments vor; der ganze damals bestehende Rath wurde als abgesetzt erklärt, die Zünfte abgeschafft und eine Verfassung eingeführt, nach welcher die Geschlechter sammt den ihnen eng verbundenen „Mehrern der Gesellschaft" 34, die Vertreter der Gemeinde 7 Stimmen im Rathe haben sollten; auch wurden die wichtigsten Posten wie die der Stadtpfleger und Bürgermeister, sowie die Besetzung mancher Ausschüsse ausschliesslich den Geschlechtern vorbehalten. Damit ging Hand in Hand die Herstellung des Katholicismus, dem die Mehrzahl der Geschlechter, vor allen die Fugger, aufs innigste zugethan waren. Im Jahre 1551 schon ereilte 10 Praedicanten das frühere Schicksal ihrer katholischen Collegen und nur die Kirche bei St. Anna wurde den Evangelischen belassen. Eine kurze Zeit änderte sich dies wieder gründlich, als nämlich Kurfürst Moriz von Sachsen 1552 gegen Kaiser Karl zog und hiebei Augsburg besetzte. Rasch waren die Zünfte und die vertriebenen Prediger wieder an ihrer Stelle, aber sie erfreuten sich nicht lange der Ruhe, denn als der Kaiser nach Abschluss des Passauer Vertrages, auf dem Wege von Innsbruck nach Frankreich begriffen, am 20. August zu Augsburg Halt machte, da wurden die Zünfte abermals und nun noch gründlicher beseitigt und das alte Regiment wieder eingeführt; dagegen gestalteten sich die kirchlichen Verhältnisse in Folge des Passauer Vertrages friedlicher; das Interim blieb natürlich abgeschafft und auch die restituirten

Prediger konnten in der Stadt bleiben. Im Jahre 1555 räumte sogar der patrizische Rath der Gemeinde — so wurde nach Beseitigung der Zünfte die nicht den Geschlechtern angehörige Bürgerschaft genannt, aus der nur noch die Kaufleute, welche eine jedoch unter strenger Controle des Rathes stehende „Stube" besassen, etwas hervorragten — weitere 4 Rathssitze ein, so dass jetzt 45 (früher 41) Männer im inneren Rathe die Geschicke der Stadt lenkten, während im grossen „äusseren" seit 1549 80 von den Geschlechtern, 80 von den Kaufleuten und 140 von der gemeinen Bürgerschaft sassen; dieser grosse Rath aber hatte nur eine Art Controle zu üben und scheint nur bei besonders wichtigen die Stadt bedrohenden Ereignissen einberufen worden zu sein. Nun waren keineswegs alle Geschlechter der neuen Religion abhold, im Gegentheile einige von den angesehensten gehörten mit treuer Anhänglichkeit ihr an; es zeigen dies die Rathswahlen der nächsten Jahre, in denen das Stimmenverhältniss der beiden Parteien sich ziemlich die Wage hält, zweimal sogar in den Jahren 1556 und 1570 hatten die Evangelischen eine Stimme Mehrheit. Gerade von letzterem Jahre an aber macht sich eine stetige Abnahme ihrer Kräfte bemerkbar: die Zahl 23 (gegenüber 22 katholischen) sinkt auf 22, dann auf 20, und in den uns beschäftigenden Jahren auf 19 herab. Damit beginnt auch die katholische Partei wieder kühner ihr Haupt zu erheben; die Jesuiten, welche bereits 1568 in Augsburg, jedoch nicht als Congregation nachgewiesen werden können, errichteten 1580 ein Collegium auf Gründen des Hauses Fugger und dadurch war der Friede, welcher wenigstens scheinbar die letzten Jahre bestanden hatte, wieder zerstört. Aus eigenen Mitteln mit Ueberwindung mancher von Seite der Katholischen in den Weg gelegten Hindernisse gründeten gleich im folgenden Jahre die Protestanten ein Collegium zu St. Anna und sogleich begannen offen und im geheimen die Reibereien zwischen beiden Schulen. Auch waren die Evangelischen trotz ihrer gelungenen Demonstration der Jesuitenansiedlung halber nicht beruhigt und die Katholischen waren nicht zufrieden, dass sie die Gründung der neuen evangelischen Schule hatten gestatten müssen. Wäre aber dies auch nicht vorgefallen, sicherlich können wir annehmen, dass auch so und schon lange keine harmonische Stimmung, keine Zufriedenheit in der Stadt herrschte; die zurückgedrängte Bürgerschaft und der im Vergleich zu früheren Zeiten im Zaume gehaltene Protestantismus mochten immer darauf sinnen die frühere Herrschaft wieder zu erlangen; in dieser Hinsicht waren beide die engsten Bundesgenossen, das zünftische Regiment musste beiden als leuchtendes Ziel vor Augen stehen. Aber doch hatte dabei der Protestantismus zugleich eine Spaltung in seinem Lager zu erfahren; das Interesse der Geschlechter war so enge aneinander geknüpft, dass auch die protestantischen Patrizier mit aller Macht sich dagegen sträubten. So waren die Parteien gegeneinander gestellt, gespannt und gewappnet; es bedurfte nur eines Anstosses, um sie aneinander prallen zu machen, und diesen gab die Kalenderreform Gregor XIII.[1])

---

[1]) Das Material zur folgenden Darstellung gaben mir das k. k. Haus-, Hof- und Staats-Archiv zu Wien und das Stadt-Archiv zu Augsburg. In ersterem befindet es sich in dem von mir schon früher benützten Fascikel: "Reichssachen in specie 1585/6", welcher überhaupt die gesammte vom Kaiser in der Kalendersache geführte Correspondenz enthält. Indem von zwei kaiserlichen Commissionen umfangreiche mit zahlreichen Belegen ausgestattete Berichte eingesandt wurden, konnte ich schon in Wien der Hauptsache nach das Material zusammentragen. Eine Ergänzung ergab dann die Forschung zu Augsburg, wo im Stadt-Archive bald nach Abschluss der Streitigkeiten von Hanns Lotzenberger die gesammten auf die Frage bezüglichen Schriftstücke in 7 Bänden abgeschrieben und mit Registern versehen wurden. Diese "Calender-Acta" benützte auch der treffliche Geschichtschreiber von Augsburg Paul von Stetten in seiner "Geschichte der h. R. Reichsfreyen Stadt Augspurg" (Frankfurt und Leipzig 1742), in der sich die beste Darstellung, welche wir überhaupt über diese Händel besitzen, tom. I. p. 659 ff. findet. Daneben konnte ich auch noch einige gedruckte gleichzeitige Berichte benützen. 1. Acta, die sich in der Stadt Augspurg in werender Handlung den newen Calender belangend von anfang biss zu aussbring der sachen verloffen haben, sampt einverleibten kayserlichen Majestät Mandat und etlichen beyder Parteyen schrifften, bei G. Gruppenbach zu Tübingen 1584 (von einem sich der Rathsparthei anzeigenden Protestanten). 2. Warhafftiger, gründlicher und erbarmlicher Bericht von der grossen Uneinigkeit Empörung und endlichen Auffruhr der Burgerschaft in Augspurg wider einen Erbarn Rath daselbst des Newen Calenders wegen. Alles gründlich und ordentlich von einem, der selbst mit und dabey gewesen, an einen guten Freund geschrieben 1584, 27. Mai (6. Juni), erstlich gedruckt zu Erffurt bei Joh. Beck (von streng evangelisch-städtischer Seite). 3. Kalenderstreit, so sich in der Kaiserlichen Reichsstatt Augspurg zwischen einem Rath Burgerschaft und Gmein, wie auch den evangelischen Kirchendienern zugetragen. Kürtzlich und einfältig beschrieben und in rechtmässige teutsche Reime gestellet Anno 1585 (protestantischer Standpunkt). 4. Georg Müller: Augspurgische Händel, so sich daselbsten wegen der Religion und jüngst vor zwey Jahren im werenden Kalenderstreit mit Georgen Müller, Pfarrer und Superintendenten daselbst zugetragen, sampt notwendiger Rettung der Unschuld und Ehren etc. (Wittenberg) bei Mathes Welack 1586. (Müller ist der Hauptstreiter der rathsfeindlichen Parthei). 5. Der Herren Pfleger und geheimen Räth der heyligen Reichsstatt Augspurg wahrhaftiger Gegenbericht der augspurgischen Händel und gegründete widertreybung der G. Müllers nechst verschinen 1586 jars in Truckh ausgestreuten Famos gedichts. Augspurg 1587. (Verfasser ist Dr. Tradel, die Vertrauensperson des Rathes). Die bei Gördecke Grundriss p. 274 verzeichneten Gedichte: 1. "Augspurgische Calenderzeitung. kurze historische Erzählung des Ca-

Die Frage, ob der Kalender in der vom Papste gestellten Frist (October 1582) eingeführt werden solle oder ob eine allgemeine Vergleichung der Reichsstände abzuwarten sei, welch' letzteren Standpunkt der Kaiser einnahm, trat frühzeitig an den Rath heran, als er nämlich von Herzog Wilhelm von Baiern im September 1582 zur Annahme aufgefordert wurde. Am 2. October antwortete er demselben, er könne dies nicht thun, da die benachbarten Gebiete ihn nicht annehmen wollten; dringend bat er den Herzog einstweilen wenigstens noch zu warten. Nun hatte Wilhelm freilich, obwohl er schon für die vom Papste festgesetzte Zeit ein Kalenderfragment bei Adam Berg zu München hatte drucken lassen, doch die Publication auf den zweiten durch das Schreiben des Papstes vom 7. November (28. October) festgesetzten Termin vom 10. Februar des nächsten Jahres verschoben, aber nun machte er abermals davon dem Rathe am 2./12. Jänner Mittheilung mit der Aufforderung sich ihm anzuschliessen und mit Berufung darauf, dass auch Erzbischof Jacob von Salzburg und seine Suffragane den Kalender zu dieser Frist einrichten wollten[1]. Der Herzog berief sich auch ausdrücklich auf den Befehl und nöthigen Gehorsam gegen den Papst, ein Verfahren, das einem aus beiden Confessionen gemischten Rathe einer Reichsstadt gegenüber sicherlich nicht zum Besten der Sache eingeschlagen war. Es musste dieses Drängen von Seite Baierns für den Rath um so unangenehmer sein, als von Reichswegen noch keine Entscheidung getroffen war und er von andern Nachbarn, so von Erzherzog Ferdinand von Tirol, Pfalzgraf Philipp Ludwig und der Stadt Regensburg wusste, dass diese bis auf eine allgemeine Vergleichung der Reichsstände noch warten wollten, eine Ansicht, welcher der Rath selbst den beiden letzteren gegenüber zugestimmt hatte[2]). Es scheint aber, dass einigen einflussreichen

---

lenderstreits und daraus entstandenen Empörung zu Augsburg. 26. Mai 1584 zu singen in Herzog Ernsts Thon" und 2. „Unruh zu Augspurg 1584. Hiert doch zu ihr Christen trew. zu St. Gallen" waren mir nicht zugänglich. Desgleichen nicht die von Stetten handschriftlich benützte: „Chronica oder Verzeichnis etlicher Sachen, so sich von Anno 1578 bis 1608 zu Augsburg zugetragen", die sich wahrscheinlich in der zur Zeit meines Aufenthaltes geschlossenen Augsburger Stadtbibliothek befindet.

[1]) Diese standen später wieder davon ab und führten gemeinsam mit Kaiser Rudolf, Inner- und Vorderösterreich den Kalender erst am 3. Termine, nämlich October 1584 ein.

[2]) Dem Briefe an Pfalzgraf Ludwig legte der Rath auch ein „Judicium" seines Mathematikers Dr. Georg Henisch über den Gregorianischen Kalender resp. über das zu München gedruckte Kalenderfragment bei. Das Gutachten ist ganz unbedeutend, zustimmend ohne mit allem einverstanden zu sein, wie es ja einer ehrbaren Kritik geziemt.

Männern des Rathes sehr viel an der Annahme gelegen war, sei es aus
Eifer für die katholische Sache, sei es aus Handelsinteressen; immerhin
musste es den grossen Handelsherren, vor allen den Fugger
darum zu thun sein eine einheitliche Zeitrechnung mit Italien und
Spanien zu haben. So nur erklärt sich der Beschluss des Rathes am
5./15. Jänner 1583: es solle der Kalender im Februar dem Willen
Baierns gemäss eingeführt werden, sofern sich der Bischof von Augsburg
anschliessen würde; denn an dessen Einwilligung konnte nicht
gezweifelt werden. Es scheint, dass man dadurch von Seite der
katholischen Partei den Rath in den Augen der Gegner in eine noch
engere Zwangslage versetzen wollte; denn Höflichkeit und Rücksichtnahme
kann man kaum beim Rathe dem Bischof gegenüber voraussetzen,
mit dem er unmittelbar vorher gar heftige Streitigkeiten auszufechten
gehabt hatte[1]). Die beiden amtirenden Bürgermeister und
eine dritte Rathsperson benachrichtigten noch am selben Tage den
Bischof von diesem Beschlusse, kehrten aber, offenbar sehr zum Erstaunen
der Actionspartei, mit der Antwort zurück, der Bischof wolle
noch bis auf eine allgemeine Vereinigung warten.

Mit diesem Resultate scheint man nicht zufrieden gewesen zu
sein; man nahm die Deputation ins Verhör und da erfuhr man nun,
dass dieselbe nur eine Anfrage an den Bischof gerichtet habe, nicht
aber ihn vom Beschlusse des Rathes, dass es nur von ihm abhänge,
ob der Kalender im Stadtgebiete angerichtet werde oder nicht, in
Kenntniss gesetzt habe. Es wurden daher die Unterhandlungen mit
ihm fortgesetzt und er über das Missverständniss aufgeklärt, worauf
er am 8./18. officiell seine Bereitwilligkeit kundgab im Hochstifte Augsburg
den Kalender im Februar einzuführen. Auf dies hin wurde noch
am selben Tage die Annahme des Kalenders beschlossen und davon
sogleich an Regensburg und Pfalzgraf Philipp Ludwig mit Darlegung
der hiebei massgebenden Gründe Nachricht gegeben.

Diese Gründe lassen freilich den Papst und die religiöse Seite
der Reform vollständig aus dem Spiele und betonen nur ihre politische
Nothwendigkeit des Handels und Verkehrs wegen, aber bei der Genesis
des Beschlusses darf es nicht Wunder nehmen, dass die Evangelischen
dagegen Opposition machten. Wie das Stimmenverhältniss bei der
Abstimmung vom 8./18. war, wissen wir nicht; jedenfalls stimmten
mehrere Evangelische dafür, denn es wird später von „missverständiger
Zustimmung etlicher der Augsburger Religionsverwandten" gesprochen;
sicherlich aber machte sich auch Opposition bemerkbar, die

---
[1]) Stetten I, 644, 658.

sofort von 4 Rathsherrn aus der Stube heraus auch in das öffentliche
Leben der Stadt getragen wurde. Die 3 Kirchenpfleger[1]) nämlich
und Ulrich Hörwart, der fortan als der eifrigste Gegner der Reform
erscheint, protestirten in einer wohl sehr unzutreffend „Supplicatio"
genannten Schrift und gleichzeitig verlasen die Prädicanten eine
ähnlich gehaltene „Intimation" von den Kanzeln.

Der Kernpunkt der Frage ist in diesen Schriftstücken bereits
präcisirt: da der Kalender erwiesenermassen vom Papste komme,
könne ihn die evangelische Bürgerschaft gewissenshalber nicht annehmen; es wird daher der Erwartung Ausdruck gegeben, dass mit
Berücksichtigung dessen und mit Hinblick auf die Bestimmungen,
welche der Augsburger Religionsfriede in Bezug auf geistliche Jurisdiction für die Reichsstädte verordnete, der Beschluss vom 8ten wieder
aufgehoben werde; sollte dies nicht geschehen, so müssten sie im
Namen der gesammten evangelischen Bürgerschaft gegen diese Vergewaltigung protestiren und könnten demselben keinerlei Folge
leisten. Der Rath, welcher den Beschluss noch nicht publicirt hatte,
nahm die Schrift an und übergab sie den Rathsadvocaten zur Begutachtung. Diese wurde alsbald von denselben geliefert: sie schicken
voraus — und es wird hiebei ausdrücklich bemerkt, dass auch die Collegen Augsburgischer Confession dieser Ansicht seien —, dass es ihnen
bei Darlegung ihrer Ansicht einzig um das Wohl der Stadt und das
Commercium zu thun sei, und verbreiten sich dann weitläufig darüber,
wie sehr der Handel der Stadt durch eine doppelte Zeitrechnung
leiden würde. Meinen sie dadurch den Beschluss des Rathes rechtfertigen zu können, so gehen sie im zweiten Theile darauf ein, ob
die Evangelischen berechtigt seien dagegen Opposition zu machen und
eine Schädigung der Religionsfreiheit und Bruch des Religionsfriedens
darin zu sehen. Sie verneinen dies mit Hinweis auf die Aussprüche
protestantischer Schriftsteller selbst, vor allem Luthers und der Magdeburger Centuriatoren, dass man gehalten sei die Anordnungen der
rechtmässigen Obrigkeit in Bezug auf die kirchlich indifferenten Feiertage zu beobachten; von einer Schädigung des Religionsfriedens könne
also nicht gesprochen werden, umsoweniger da der Rath die Verfügung getroffen, nicht der Bischof, mit dem man sich nur der Einigkeit halber als mit einem gleichgestellten Reichsstande verglichen
habe.

---

[1]) So heissen die 3 Rathsherrn, welche über die evangelischen Prediger, soweit es die Lehre betraf, zu wachen und den officiellen Verkehr zwischen ihnen
und dem Rathe zu vermitteln hatten.

Im nächsten gebotenen Rathe am 19./29. Jänner wurde dieses Gutachten zur Verlesung gebracht und über die Durchführung des Decrets vom 6./18. berathen. Von den 4 Oppositionellen hatte nur Ulrich Hörwart den Muth dagegen zu sprechen, von den 3 Kirchenpflegern war der eine, Ulrich Stammler, gar nicht erschienen und die beiden andern entfernten sich vor der Abstimmung. Sonst scheint sich kein Widerspruch erhoben zu haben, nur das eine verlangten die evangelischen Rathsherren, dass das Gutachten der Advocaten den Kirchenpflegern resp. dem Collegium der Prädicanten zur Beantwortung übergeben werde. Die neuerliche Protestation aber, welche diese am 24. Jänner (3. Februar) dagegen einreichten, war dadurch gegenstandslos geworden, dass in der eben besprochenen Rathssitzung beschlossen worden war, es solle beim Beschlusse vom 6./18. sein Verbleiben haben, die Aenderung des Kalenders also im Februar dieses Jahres vorgenommen werden. In der That wurde dies auch durchgeführt und zunächst hören wir nichts von einem Widerstande, der von Seite der Kirchenpfleger und Prädicanten dagegen geleistet worden wäre. Der Rath aber fühlte das Bedürfniss sich nach auswärts zu rechtfertigen, zumal da der Beschluss bei den benachbarten evangelischen Ständen grosse Missbilligung fand. So warnten Kurfürst Ludwig von der Pfalz und Herzog Ludwig von Würtemberg vor Uebereilung und ersuchten, als die Reform wirklich durchgeführt war, mit Rücksichtnahme auf die Evangelischen die Massregel bis auf eine allgemeine Vergleichung der Reichsstände rückgängig zu machen. Beiden Fürsten gegenüber rechtfertigte sich der Rath in Schreiben, die schon nach neuem Stil datirt sind (3. März und 16. April). Er versicherte, dass es auch ihm lieber gewesen wäre das Kalenderwerk bis auf eine allgemeine Vergleichung der Reichsstände hinausschieben zu können; er beruft sich zum Zeugniss der Wahrheit dieser Behauptung darauf, dass er im verflossenen Jahre mehrmals ein diesbezügliches freilich vergebliches Ansuchen an den Herzog Wilhelm von Baiern gerichtet habe; grosse Schädigung des Handels, arge Zerrüttung in Bezug auf die Wochentage und Verproviantirung der Stadt wäre daraus entstanden, und nur aus Rücksicht darauf hätte er sich dazu entschlossen, nicht etwa, weil es der Papst befohlen habe; überdies sei ja die Frage der Festtage nach den Aussprüchen der angesehensten protestantischen Schriftsteller ein gleichgültiges Ding. Der Rath schliesst beide Schreiben mit der feierlichen Versicherung, dass er durch diese Massregel keineswegs die Augsburgische Confession in der Stadt schmälern wollte, sondern dieselbe nach Pflicht und Gewissen nicht weniger als die katholische zu schützen ge-

willl sei¹). Viel wichtiger war es, dass der Rath die Sache auch vor
den im März tagenden Städtetag zu Heilbron brachte, um so wichtiger, als es seinem Rechtfertigungsschreiben und dem Auftreten seiner
Gesandten gelang Billigung von dieser Seite zu finden. Ausführlicher als den beiden Fürsten setzt der Rath den Collegen die Nothwendigkeit der Reform für Augsburg auseinander; er beruft sich
darauf, dass die Zufuhr von Lebensmitteln gestört worden wäre, ferner
dass innerhalb der Ringmauern eine doppelte Festfeier eingetreten
wäre, da sicherlich die katholische Geistlichkeit auf Befehl des Bischofs und mit ihr der katholische Theil der Bürgerschaft nach dem
neuen Kalender gefeiert hätten. In diesem letzten Punkte ist der
Rath freilich nicht wahrheitsgetreu; er stellt nämlich die Sache so
dar, als ob neben dem Herzog Wilhelm auch der Augsburger Bischof
ihn durch die Annahme gedrängt habe, während es doch in seinem
Belieben gestanden hätte mit dem Bischofe zusammen die Annahme
bis auf weiteres zu verschieben. Mit der feierlichen Versicherung,
die Protestanten in der Stadt schirmen und in nichts beeinträchtigen
zu wollen, schliesst auch dieser Brief. In der That drang der Rath
damit beim Städtetag durch, denn derselbe erklärte in seinem Abschiede sich durch die Auseinandersetzungen des Rathes beruhigt und
von seinem früher gefassten Verdachte, als sei es auf eine Schmälerung der evangelischen Religion abgesehen, befreit.

Die Sache schien also friedlich zu verlaufen, als am 20./10. März
durch einen Kammerboten im Stadthause ein Mandat des Kammergerichtes abgegeben wurde, das allem Anscheine nach den meisten
Rathsherrn ganz unerwartet kam. In diesem vom 1./11. März datirten Mandatum citationis sine clausula wird dem Rathe bei Strafe
von 10 Mark Gold aufgetragen den am 19./29. Jänner durch Mehrheit
gefassten Beschluss als dem Religionsfrieden zuwider abzustellen, also
die Einführung und den Gebrauch des Kalenders zu sistiren, bis entweder ein allgemeiner Reichsbeschluss gefasst würde oder sich die
Augsburgischen Confessionsgenossen einhellig miteinander zur Annahme verglichen hätten. Das Mandat war von den 3 Kirchenpflegern
und Ulrich Hörwart erwirkt, und wie schon der Titel zu erkennen gibt, war in der Klage derselben betont worden, dass ihnen
und der evangelischen Kirche durch die That der Gegner eine
Beschwer auferlegt würde, die nach begangener That gar nicht mehr
gut gemacht werden könnte, in diesem Falle also: durch Bruch des

---

¹) Beide Schreiben sind mit Zuhilfenahme des früher erwähnten Gutachtens
der Advocaten abgefasst.

Religionsfriedens Belastung des Gewissens wegen Haltung des päpstlichen Kalenders. Nur in diesem Falle konnte nach der Kammergerichts-Ordnung die Citatio sine clausula erlassen werden; denn — führt das Mandat den Gründen der Kläger folgend aus —, wenn auch an sich ein rein profanes und politisches Ding, könne der Kalender nicht ohne Aenderung der Feste reformirt werden und die Festfeier sei in diesem Falle Gewissenssache. Auch wird auf das Missverhältniss hingewiesen zwischen der katholischen Majorität im Rathe und der weit überwiegenden evangelischen Bürgerschaft, ein Punkt, den wir festhalten müssen, wollen wir die kommenden Ereignisse völlig verstehen. Sowie der Rath in seinem Schreiben an den Städtetag den Beschluss des 8./18. Jänner falsch motivirt hatte, indem er sich als durch den Entschluss des Bischofs, den Kalender im Hochstifte anzurichten, gedrängt hinstellte, so thaten dies die Kläger in anderer Weise; diese erzählen, dass am 5./15. Jänner der Rath auf Ansinnen des Bischofs einhellig beschlossen habe mit der Einführung noch zu warten, am 8./18. aber diesen Beschluss wieder umgestossen habe, dass ferner das letztere nicht im gebotenen Rathe geschehen sei. Die früher gegebene Darstellung ergibt sich aber aus den Rathsprotokollen und zum letzteren Einwande ist zu bemerken, dass, wenn auch am 8./18. keine gebotene Rathssitzung war, dieser Beschluss auch nicht sogleich publicirt wurde, sondern erst am 19./29. im wirklich gebotenen Rathe.

Am selben Tage noch berieth man sich über das dem Mandate gegenüber einzunehmende Verhalten. Anfangs waren die Stimmen getheilt, 13 waren für unbedingte Folgeleistung, 13 dagegen wollten im gebotenen Rathe darüber berathen; dann entfernten sich 2 Kirchenpfleger und nun wurde mit der alleinigen Gegenstimme des Georg Resch beschlossen das Mandat auf die Tagesordnung der nächsten gebotenen Rathssitzung zu stellen: Diese fand am 29./19. März statt. Zu Beginn gab der Stadtpfleger Christof Reblinger die Erklärung ab, dass der Rath durch den neuen Kalender den Evangelischen durchaus keinen Abbruch thun und dass er ihren Kirchen die Anstellung desselben einstweilen nicht zumuthen wolle. Darauf erklärten sich 23 Rathsherren dahin, dass um Cassation des Mandats beim Kammergerichte eingekommen werden solle. Die Evangelischen waren zwiespältig. Sechs, an ihrer Spitze Ulrich Walter, nahmen die Erklärung des Stadtpflegers mit Befriedigung zur Kenntniss und stimmten den 23 bei; mehr verclausulirt sprachen sich fünf andere, darunter Friedrich Welser und Ulrich Hörwart, aus: sie könnten dem Vorgehen der Kirchenpfleger nur beipflichten, hörten es aber gerne,

wenn gesagt werde, dass die evangelische Religion in der Stadt nicht
geschädigt werden solle, auch seien sie einverstanden, wenn sich der
Rath beim Kammergerichte „verantworten" wolle. Getreu seinem vor
3 Tagen abgegebenen Votum endlich erklärte sich Georg Ilsech für
unbedingte Folgeleistung. Es wurde also beschlossen den Process
beim Kammergerichte anzustrengen d. h. um Cassation des Mandats
einzukommen und weiters, dass die Evangelischen, bis das Urtheil im
Processe gefällt sein werde, ihre Festtage nach dem alten Kalender
halten könnten, dagegen der neue für Raths-, Gerichts- und Markt-
tage der allein bestimmende sein solle. Am Schlusse der Sitzung
gaben sämmtliche evangelische Rathsherren mit Ausnahme Ulrich
Hörwarts die Erklärung ab, dass sie von der Klage der Kirchenpfleger
am Kammergerichte nichts gewusst hätten. Offenbar war die Opposition noch nicht gehörig organisirt; dies zeigt schon der Umstand,
dass in der entscheidenden Sitzung nur 12 Evangelische anwesend
waren, noch mehr aber, dass 2 Tage darauf Ulrich Walter in seinem
und, wie es scheint, seiner 5 Stimmgenossen Namen sein Votum zu-
rücknahm mit der Erklärung, er habe erkannt, dass er es vor seinem
Gewissen nicht verantworten könne dem Kammergerichts-Mandate
entgegenzutreten. Diese Erklärung raubte auch der katholischen
Partei die Mässigung. Es wurde in der gebotenen Rathssitzung vom
2. April (23. März) nicht blos der Beschluss des 29./19. März bestätigt, sondern auch erkannt, dass die als Kläger aufgetretenen 4
Rathsherren in den auf den Kalender bezüglichen Verhandlungen des
Rathes ferner keine Stimme haben sollten, da sie sich dem Rathe
gegenüber zur Partei gemacht hätten. 28 Rathsherren hatten be-
jahendes Votum für den eben dargelegten Beschluss abgegeben, dies
zeigt, dass auch eine Anzahl Evangelischer, zum mindesten 2, zur
katholischen Partei hielten; die Mehrzahl derselben aber blieb von
nun an den Rathssitzungen ferne oder trat wenigstens ab, so oft die
Sprache auf den Kalender kam, und so wurde die Spannung derart,
dass an eine friedliche Lösung kaum mehr gedacht werden konnte.

In der gewohnten langwierigen Weise begann und vollzog sich
der Process. Der Vertreter des Rathes war Dr. Christof Reilstock,
dem auch die andern Rathsadvocaten beigegeben waren, was bei der
Gegenpartei böses Blut machte, da man murrte, dass der Rath die
aus dem Stadtsäckel bezahlten Beamten für seine Sache verwende;
die Angelegenheit der Kirchenpfleger führte Dr. Link. Gleich in
seinem ersten Schriftstücke, der Entgegnung auf die Bitte des Rathes
um Cassation des Mandats (die „Exceptions-Artikel"), legte dieser eine
Erklärung von 11 evangelischen Rathsherren vor, worin sich diese

in allem mit dem Vorgehen der Kirchenpfleger und deren Vertreter
einverstanden erklären. Der Schriftenwechsel war sehr lebhaft und
trug natürlich nicht dazu bei die Gemüther zu versöhnen, so sehr
auch zu Anfang die Majorität des Rathes eine versöhnliche Stimmung
zur Schau trug. So ermahnte der Rath in einem Anschlage vom
16./5. April die Bürgerschaft zu Ruhe und Vertrauen und gab die
Versicherung, dass er gewiss nicht der evangelischen Religion Abbruch thun wolle, sondern nur des Commerciums halber den Kalender
eingeführt habe. Dies nützte gar nichts; sobald die Sprache auf den
Kalender kam, verliessen die eilf Rathsherren zusammen mit den 4
Klägern ihre Sitze, so dass alle Schritte in dieser Sache nur von dem
katholischen Theile, dem sich 5 Evangelische angeschlossen hatten,
gethan zu sein schienen. Auch die Prädicanten thaten das Ihrige,
um die Bewegung wach zu erhalten; so oft sich Gelegenheit bot,
kamen sie auf den Kalender zu sprechen und beteten für einen
günstigen Ausgang des Processes. In den Schriften, welche die Parteien in der üblichen Reihenfolge der Replik, Duplik und der Conclusiones einreichten, wurde die Sprache immer heftiger; der Vertreter
des Rathes warf schliesslich den Gegnern Ungehorsam und Aufruhr
vor und behauptete, es sei die Kalendersache nur Vorwand zur Umwälzung der Karolinischen Wahlordnung; Dr. Link hinwider beschuldigte den Rath die Augsburgische Confession in der Stadt vernichten
zu wollen und sich von Kaiser und Reich dem Papst zu Liebe getrennt zu haben.

Inzwischen war das Rundschreiben des Kaisers vom 4./14. September, worin er die Einführung des neuen Kalenders für den October
1583 anbefahl, nach Augsburg gelangt und der Rath benützte es, um
durch neuerlichen Anschlag am 6. October (26. Sept.) die Gemüther
zu beruhigen. Er wiederholt abermals, wie wenig es ihm einfalle,
die evangelische Religion zu beeinträchtigen, behauptet, dass ihm das
Recht zustehe Aenderungen im Kalender zu machen, und beruft sich
dabei auf die Augsburger Apologie (deren 28. Artikel von dem indifferenten Character der Feste spricht); zum Beweise, wie recht und richtig
er gehandelt habe, führt er nun das Rundschreiben des Kaisers an,
aus dem man ersehen könne, dass er ganz aus den gleichen Gründen,
wie auch der Kaiser nicht dem Papste, sondern den Nachbarn zu
Liebe den Kalender eingeführt habe[1]). Der Rath ermahnte also die

---

[1]) In dem Rundschreiben des Kaisers nämlich wird mit keinem Worte des
Papstes gedacht, sondern nur von dem „auf Nachdenken und Gutachten seiner
und anderer christlichen Potentaten Mathematiker verfasstem neuem Calendarium"
gesprochen und demgemäss wird auch nicht die kirchliche Seite der Reform, wie

Bürgerschaft zu Gehorsam und Vermeidung alles dessen, was zur
Geringschätzung oder Aufreizung gegen die rechtmässige Obrigkeit
dienen könnte, und droht die Zuwiderhandelnden von nun an mit der
grössten Strenge zu bestrafen. Trotzdem in diesem Mandate, das gedruckt angeschlagen wurde, den Evangelischen die Festfeier nach dem
alten Kalender nicht abgestellt worden war, reichten doch die Kirchenpfleger dagegen eine „Protestation" ein, die aber, weil nicht mit Unterschriften versehen, zurückgewiesen wurde; dagegen konnte man es
den Prädicanten nicht verwehren am Sonntag den 9. October (29.
Sept.) von den Kanzeln eine „nothwendige Dijudication" zu verlesen.
Aus diesem Schriftstücke geht wie aus manchem andern deutlich genug hervor, wie sie den Widerstand der Gemeinde wach halten
wollten; sie sehen sich genöthigt einzugestehen, dass durch ihr Gebahren viele Herzen betrübt und „Einfältige" geärgert worden seien,
ja dass „sogar" einige geäussert hätten, sie bekämpften den Kalender
mehr aus Hartnäckigkeit und Muthwillen denn aus Nothdurft und
Gewissensdrang. Diesen erklären sie feierlich, dass sie nicht aus Verachtung gegen die als Statthalterin Gottes anzusehende Obrigkeit
Widerstand leisteten, sondern weil sie trotz aller Ueberlegung nicht
zu finden vermöchten, wie sie ohne Verletzung ihres Gewissens dem
Papste Gelegenheit geben dürften wieder einen Fuss in ihre Kirchen
zu setzen, wie sie, ohne sich von ihren Amtsbrüdern an anderen Orten
zu trennen und der Gemeinde Fluch und Unsegen zu bereiten, vor
allgemeiner Vergleichung der Stände des Reichs den Kalender als zu
Recht bestehend anerkennen könnten.

Die Zwistigkeiten fingen nun auch an bei den benachbarten
Fürsten Aufmerksamkeit zu erregen, namentlich bei Herzog Wilhelm
von Baiern und Herzog Ludwig von Würtemberg. Ersterer stand auf
Seite des Rathes, letzterer auf Seite der evangelischen Partei, wie er
denn schon früher dem Rathe die Annahme des Kalenders widerrathen
hatte. Jetzt ging er weiter und führte seine wissenschaftlichen Autoritäten zu Gunsten der evangelischen Sache zu Augsburg ins Feld.
Auf seinen Befehl nämlich erstattete ihm die Universität Tübingen im
November 1583 ihr Gutachten wegen der Einführung des Gregorianischen Kalenders und im besondern wegen der deshalb zu Augsburg
entstandenen Streitigkeiten[1]). Es ist hier nicht am Platze in eine

---

es in der Bulle des Papstes allzusehr geschehen war, sondern nur die astronomische
und mit Rücksicht auf die benachbarten Länder auch die politische Bedeutung
der Massregel hervorgehoben.

[1]) Bedenken der Universität Tübingen wegen Einführung des Gregorianischen
Kalenders und der deswegen zu Augspurg entstandenen Unruhen dat. 24. Nov.

genaue Darlegung der von den Tübingern gegen den Kalender vorgebrachten Gründe und Anschuldigungen einzugehen, zumal da sich ihre Schrift in nichts von den an anderem Orte von mir geschilderten Tractaten unterscheidet. Es fehlt auch hier nicht die Beweisführung, dass der Kalender vom Papste komme, daher vom Kaiser hätte zurückgewiesen werden sollen, dass der Papst der Antichrist sei, dem man bei Annahme des Kalenders folgen würde, dass durch die Annahme die grosse Gefahr erwachsen würde, der Papst könnte abermals festen Fuss in der evangelischen Kirche fassen und sie schliesslich vernichten. Bei diesen Gesinnungen darf die Schlusssentenz des ersten Theiles der Schrift nicht befremden, welche räth den Kalender nicht anzunehmen, sondern beim alten ganz brauchbaren zu bleiben und ein gemeinsames Vorgehen der evangelischen Reichsstände gegen diesen päpstlichen Uebergriff anzustreben; es darf dann auch nicht auffallen, dass im zweiten Augsburg gewidmeten Theile das Vorgehen der Oppositionspartei besonders der Prädicanten als ordnungsgemäss und bescheiden gerühmt wird. Im besonderen wird die Behauptung der Katholischen zurückgewiesen, dass es der Obrigkeit ausnahmslos zustehe in rebus adiaphoris, also in an sich gleichgiltigen Dingen Gesetze zu erlassen; denn beim Adiaphoron müsse man darauf sehen, wer die Sache anbefehle; eine Kirche könne der andern der Gleichförmigkeit halber und um die Geistesarmen nicht mit nutzloser Anwendung der evangelischen Freiheit zu verwirren, nachgeben, sobald aber eine an sich

(A. St.) 1583, gezeichnet von Rector, Cancellarius, Doctoren und Regenten und im besonderen von Lucas Osiander und Dr. M. Aichman, gedruckt bei Sattler, Geschichte des Herzogthums Würtenberg, V. Thl. p. 50. — Tübingen war überhaupt die vornehmste Veste der Feinde des Kalenders: aus ihr ging der heftige Angriff des Lucas Osiander und der gleich unten zu berührende des Jacob Heerbrand hervor, in Tübingen auch war es, wo Maestlin, der schon in Heidelberg 1582 den Kalender angegriffen hatte, weitere Tractate dagegen schrieb, schliesslich nicht mehr mit grosser Begeisterung, sondern gezwungen und gedrängt vom Senate. Frischlin war wohl der einzige in der gottesfürchtigen Stadt, der unbefangen über den Kalender zu urtheilen wagte, vgl. D. Strauss, Leben und Schriften des Dichters und Philologen N. Frischlin 244. In meiner „Polemik über die Gregorianische Kalenderreform" Sitzungsber. der k. Akademie in Wien Bd. 87 habe ich das oben citirte Gutachten der Universität nicht berührt. ich bin erst später durch die Lectüre von Strauss' Frischlin darauf aufmerksam geworden. Dadurch corrigirt sich auch meine dort p. 525 aufgestellte Behauptung, dass zuerst J. Heerbrand die Frage des Adiaphoron herangezogen habe. Dieser hat erst im März 1584 und zwar mit Benützung des Gutachtens seine „Disputatio de adiaphoris et calendario Gregoriano" veröffentlicht. Für uns hat sie insofern Bedeutung, als in der an die Augsburger Prediger gerichteten Vorrede dieselben in ihrem Widerstand ermuntert und bestärkt werden, weshalb auch das Buch Heerbrands vom Augsburger Rathe verboten worden ist.

gleichgiltige Sache von Anhängern der falschen Religion anbefohlen werde, da höre das Ding auf gleichgiltig zu sein, da müsse die evangelische Freiheit als Schild entgegengehalten werden. Weiter wird ausgeführt, wie der Rath den Religionsfrieden verletze; in Religionssachen entscheide nicht die Majorität, sondern beide Religionsparteien hätten je eine Stimme; geben die Evangelischen hier nach, so könnte leicht ein Präjudicium geschaffen werden, welches zur gänzlichen Ausrottung des wahren Evangeliums in Augsburg führen könnte. Schliesslich sprechen sie sich über die Mittel aus, welche der Herzog zur Abwendung dieser Gefahr ergreifen möge, denn ihr vorzubeugen sei er als Oberster des schwäbischen Kreises verpflichtet. Er solle also eine Gesandschaft nach Augsburg schicken, welche im gebotenen Rathe öffentlich eine Schrift zu überreichen hätte, in der beide Parteien zur Mässigung ermahnt würden; er solle ferner das Kammergericht auffordern, dass es, solange der Process anhängig sei, die Gewalt des Rathes in dieser Sache suspendire, damit ihm so die Möglichkeit benommen werde etwas thätliches gegen die Evangelischen zu unternehmen. Von grösster Bedeutung sei es eine günstige Entscheidung beim Kammergerichte herbeizuführen, nicht blos wegen des Evangeliums in Augsburg, sondern auch wegen der Lage der Glaubensgenossen in anderen Reichsstädten. Dabei sei es von grosser Wichtigkeit, dass die nun zu unterbreitende Conclusionsschrift der Evangelischen geschickt abgefasst sei; sie beantragen daher, der Herzog solle die juridische Facultät mit dem Entwurfe einer solchen beauftragen, die dann in aller Stille den Prädicanten in Augsburg zugestellt werden solle, oder diese seien im geheimen aufzufordern ihre Conclusionsschrift vor Einbringung bei Gericht hier in Tübingen revidiren zu lassen. Ob dies letztere geschehen ist, wissen wir nicht, aber Gesandte, die zur Mässigung rathen sollten, wurden in Person des Burcard von Berlichingen und des Dr. Aichmann abgeschickt. Befremden muss es jedoch, dass diese eben jene von Ausfällen gegen die katholische Religion und den Augsburger Rath strotzende Schrift der Tübinger Universität (wohl mit Hinweglassung des letzten Theils) überreichten, und nicht befremden darf es, dass dieser einseitige Mässigungsversuch in der Rathsstube zu Augsburg sehr getheilte Aufnahme fand und dass die Friedensgesandtschaft unverrichteter Dinge von dannen zog. Der Herzog aber war darüber bitterböse und richtete an den Rath vorwurfsvolle Worte[1].

---

[1] Die Gesandtschaft muss noch in den November oder December 1583 fallen, da am 19./29. December sich Pfalzgraf Philipp Ludwig gegenüber Herzog Wilhelm auf dieselbe beruft und er am 7./17. Jänner 1584 in einem Briefe an den Kaiser bereits von ihrem Erfolg weiss.

Herzog Wilhelm dagegen machte den Kaiser auf die wachsende Verbitterung der Parteien in Augsburg aufmerksam und schlug die Absendung einer Commission vor. Dem leistete der Kaiser auch Folge und ernannte am 31./21. October neben Wilhelm den Pfalzgrafen Philipp Ludwig und den Reichspfennig-Meister Joh. Achilles Ilsung zu seinen Commissären, indem er in den betreffenden Schreiben der Befürchtung Ausdruck gab, es könnte auf einen Umsturz der Wahlordnung Karl V. abgesehen sein. Ferner richtete er tags darauf ein scharfes Schreiben an das Reichskammergericht, in welchem er die Meinung ausspricht, dass dasselbe der Klage der Kirchenpfleger keine Folge hätte geben sollen, denn der Process könne zu nichts anderm führen als zu Unruh und Trennung der Bürgerschaft, welche lange Zeit den Anordnungen Karl V. gemäss ruhig nebeneinander gelebt habe; da die Verbitterung von Tag zu Tag steige, so solle der Process jetzt wenigstens schleunigst zu Ende geführt werden.

Herzog Wilhelm und Ilsung nahmen mit Bereitwilligkeit den kaiserlichen Auftrag an, namentlich der erstere, weil er die ernsteste Besorgniss hegte, es könnte der Handel zum Umsturz des gegenwärtigen Regiments, ja zur gänzlichen Vernichtung der katholischen Partei in Augsburg führen. Dagegen zögerte Pfalzgraf Philipp Ludwig von Anfang an; zuerst wies er darauf hin, dass ja Würtemberg Gesandte geschickt habe, über die Erfolge derselben müsse man sich also früher vergewissern, dann aber erklärt er Baiern und dem Kaiser, er könne die Commission nicht annehmen, da er selbst für sich genug zu thun habe; zudem sei ja die Sache beim Kammergerichte anhängig und dem dürfe man nicht vorgreifen. Endlich am Schlusse rückt er mit dem wahren Grunde heraus: da die Einführung des neuen Kalenders keine Augsburg allein betreffende, sondern eine allgemeine Sache sei, welche die Stände des Reiches erst nach allgemeiner Verständigung annehmen zu wollen erklärt hätten, so könne er sich in eine Commission, in der er sich für die eine oder andere Partei aussprechen müsste, nicht einlassen. Seine Meinung spricht er endlich dahin aus, dass Augsburg anbefohlen werden sollte bis zur Verständigung auf einem Reichstage den alten Kalender wieder herzustellen. Herzog Wilhelm rieth nun dem Kaiser Nürnberg zur Commission einzuladen, obwohl er sich davon nicht viel Erfolg versprach. Ueberhaupt war er es, welcher sich der Sache am meisten annahm; jedenfalls stand er im lebhaften Verkehr mit dem Rathe, dem er auch bewaffnete Hilfe für den Fall der Noth zugesagt hatte. Er erhielt wahrscheinlich übertriebene Berichte von der Aufregung in Augsburg und meldete dieselben stets dem Kaiser, immer dringender zum Einschreiten mahnend. Auch muthste er dem Kaiser zu das Kammergerichts-Urtheil zu beschleunigen, was dieser mit Hinweis auf seinen früheren Brief zurückwies, wobei er auch zu verstehen gab, dass man dort keine dem Rathe günstige Entscheidung erwarten dürfe, nachdem es ein allgemeines Mandat erlassen habe, dass bis auf allgemeine Vereinigung alle Eingaben nach altem Stil datirt sein müssten[1]). Der Kaiser wollte anfangs Würtemberg in die Commission nehmen, von dem Gedanken geleitet, es würde dadurch die den Missvergnügten günstige Thätigkeit desselben eingedämmt werden; als aber Wilhelm ihm auseinandersetzte, dass dieser Commissär dem Rathe höchst unlieb sein würde, folgte er dessen früheren Rathschlag und schrieb an Nürnberg. Ganz die gleiche Antwort wie Pfalz-Neuburg gab der dortige Rath zurück, auch er fürchtete sich dadurch von seinen Glaubensgenossen trennen zu müssen. Es geschah dies jedoch erst am 3./13. April. Inzwischen hatte der Augsburger Rath einen Gesandten in Person des Dr. Gailkirchner nach Prag an den Kaiser geschickt, der einerseits um die Bewilligung zu bitten hatte Kriegsvolk in der Stadt anwerben zu dürfen, andererseits die schleunigste Absendung der Commission betreiben sollte. In seiner Eingabe vom 3. März (22. Febr.) an die Hofkanzlei sucht Gailkirchner den Nachweis zu liefern, dass die Wahlordnung Karl V. ernstlich bedroht sei und dass der Rath bald nicht mehr im Stande sein werde die unruhigen Gemüther im Zaume zu halten; er gibt auch zu bedenken, dass die benachbarten katholischen Stände eine Aenderung des Regiments nicht gleichgiltig aufnehmen würden, so dass im Falle derselben gefährliche und weitgreifende Händel entstehen könnten. Seine Thätigkeit bei Hofe wurde auch unterstützt durch Briefe des Herzogs Wilhelm und durch den päpstlichen Nuntius, der dem Kaiser die Gefahren schilderte, welche die katholische Partei in der Stadt bedrohten; so erhielt denn Gailkirchner die Bewilligung zur Vermehrung der Wache und auch die längst beschlossene Commission wurde ihm zugesagt; nachdem aber Nürnberg abgelehnt hatte, schlief dieser Gedanke beim Kaiser wieder

---

[1]) Es ist dies ein Mandat vom 14./24. Juni 1588, welches befiehlt, dass alle Eingaben an dasselbe nach dem alten Kalender datirt werden müssen, bis durch den Kaiser und die Stände anders disponirt werden würde. Wie es scheint, wurde nach dem Rundschreiben des Kaisers vom 1./14. September keine Aenderung vorgenommen, denn dieser sah sich noch am 11./1. Februar veranlasst von dem Kammerrichter Hans Grafen zu Montfort Aufklärung über obiges Mandat zu verlangen, worauf dieser sich entschuldigt, dass dasselbe unter seinem Vorgänger erlassen worden sei, aber dabei erklärt, dass seitdem daselbst nichts des Kalenders halber decretirt worden sei. Das später zu besprechende Mandat des Kammergerichts vom 23. Mai ist jedoch schon nach neuem Stil datirt.

ein, obwohl Herzog Wilhelm in einem seiner Schreiben auch diesen Fall vorgesehen und dann entweder den Grafen von Cassel oder Georg Ludwig von Saisheim zu ernennen gebeten hatte.

Der Rath sah sich daneben auf alle Fälle vor; er hatte vom Herzog Wilhelm im Namen des Landsbergischen Schirmvereins[1]) Hilfe im Falle der Noth zugesichert erhalten und er erwirkte, als vom Kaiser die Vermehrung der Stadtwache bewilligt worden war, am 15./5. März[2]) von Erzherzog Ferdinand von Tirol die Erlaubniss am Bodensee Truppen bis zu tausend Mann anzuwerben. Es wurde nun starke Besatzung in die Stadt gelegt und auch Munition und Geschütze, die Ferdinand zu Günzberg stehen hatte, herbeigeschafft; überdies sah man sich nach Ferdinands Rath um „gut katholische Knechte" in Baiern um. So gut es ging, suchte der Rath auch eine Verständigung herbeizuführen; nach den „Acta" versprach er zweimal der Gemeinde Brief und Siegel geben zu wollen, dass in nichts der evangelischen Religion Abbruch gethan werden solle; beide Versuche scheiterten an dem Widerstande der Prädicanten, die ihrer Seligkeit halber nicht nachgeben zu können erklärten.

Es mag damals ein wunderlicher Zustand in der Stadt geherrscht haben. Nach dem strengen Befehle des Rathes musste Handel und Gewerbe sich nach dem „neuen Kalender richten, dagegen durften die Evangelischen ihre Feiertage nach dem alten halten. Die letzteren spazierten nun demonstrativ an ihren Festtagen in sonntäglicher Kleidung an den offenen vielfach verlassenen Läden und Handwerkerbuden, deren Besitzer eben auch Feiertag hielten, vorüber — nur zu ihrem Schaden, denn sie mussten auch an den katholischen Feiertagen von Rathswegen von der Arbeit innehalten. Unter den Haufen Getreides, welches das Landvolk zu den Wochenmärkten hereinführte, lustwandelten evangelische Bürger, die demonstrativ sich jedes Handels enthielten, auch zu ihrem Schaden, denn sie mussten unter Umständen hinterher von den Katholischen oder von minder starken Glaubensgenossen aus zweiter Hand Einkäufe besorgen. Der Rath hatte seine liebe Noth mit den Gewerben, welche für den Magen der Stadt zu sorgen hatten. Die Bäcker sträubten sich an den evan-

---

[1]) Dem Landsbergischen Schirmvereine, welcher auf Anregung König Ferdinands, Baierns und Salzburgs 1556 gegründet worden war, gehörte Augsburg mit dessen Stiftung an.

[2]) Am Vortage schrieb Erzherzog Ferdinand der Augsburger Wirren halber auch an den Kaiser und stellte ihm die Gefahren dar, welche daraus für die uralte Stadt und auch für die benachbarten Stände und das ganze Reich erwachsen könnten.

gelischen Feiertagen zu backen, und die Verlegenheit wuchs, als sich
beim Herannahen der Osterzeit die Metzger weigerten nach dem
alten Kalender zu schlachten, so dass die Katholischen, deren Osterfest viel früher fiel als das der Evangelischen, in der Osterwoche
und weit darüber hinaus hätten fasten müssen[1]).

Der Rath sah sich daher genöthigt auf eigene Kosten durch
bestellte Metzger schlachten zu lassen, dafür steckte er aber auch die
Wortführer in die Eisen[2]) und alle Bemühungen der evangelischen
Rathspersonen sie daraus zu befreien wurden vom Stadtpfleger Itehlinger energisch zurückgewiesen.

Inzwischen ging Ostern herum, das offenbar von den beiden
Parteien gesondert gehalten wurde, ohne dass wir von besondern
Streitigkeiten erfahren; aber sicher ist es, dass gerade die Zeit der
grossen Feste die Erbitterung mehrte, dass von den beiderseitigen
Kanzeln böse Worte fielen, die sich wohl auch als Neckereien auf
die Strasse fortpflanzten[3]).

Endlich am 27./17. Mai kam das Urtheil des Kammergerichtes;
es war von beiden Parteien sehnlichst herbeigewünscht worden, um
dem unleidlichen Zustande ein Ende zu machen. Dieses Urtheil, datirt vom 23./13. Mai, wurde im gebotenen, von beiden Parteien besuchten Rathe Montag den 28./18. Mai verlesen; es lautete ganz zu
Gunsten des Rathes, das frühere Mandat ist als „unrechtmässig erlangt" cassirt und die Kläger sind in die Gerichtskosten verurtheilt.
In der Begründung wird hauptsächlich hervorgehoben, dass es dem
Rathe gelungen sei zu beweisen, dass er aus rein weltlichen Gründen

---

[1]) Ostern N. St. 1. April/22. März.   Beginn der Fasten 14./4. Februar.
    „   A. St. 19./29. April.   „   „   „   4./14. März."
Die Katholischen hätten also vom 1. April bis 28. April incl. unrechtmässig
fasten müssen. Der Sache wurde eine solche Wichtigkeit beigemessen, dass Herzog
Wilhelm in einem eigenen Briefe vom 20./10. Februar den Kaiser davon benachrichtigte.

[2]) So hiessen die Gefängnisse im Rathhause; jetzt dienen sie harmlosen Archivalien zum Aufenthalte.

[3]) Einen derartigen höhnenden Vers führt Heerbrand in seiner früher citirten Schrift an. Er lautet:
    „Papalos asini cantaverunt Resurrexi
     Cum populus Dei cantavit Oculi mei".
Der Vers ist übrigens nicht neu. Regiomontan citirt sein Vorbild, wo er über die
(noch unaufgeklärte) Abweichung der Bremer Kirche von der allgemeinen Osterfeier spricht vgl. Die Vorgeschichte der Gregorianischen Kalenderreform, Sitzungsber.
der k. Akad. in Wien 78, 670 und die Polemik s. a. O. 529. Der Vers passt auf
das Jahr 1564, wo Ostern nach neuem Stil um 4 Wochen früher fällt als nach
dem alten.

und ohne die Absicht die evangelische Religion zu schädigen die
Einführung des Kalenders vorgenommen habe; namentlich das Schreiben
an den Städtetag zu Heilbron sowie dessen zustimmende Antwort,
welche der Rath beim Kammergerichte producirt hatte, waren als beweiskräftig angesehen worden. Wie es scheint, kam die Entscheidung
den Evangelischen unerwartet, denn sie standen ihr in getheilter
Stimmung gegenüber. Während die 4 Kirchenpfleger sogleich dagegen protestirt zu haben scheinen, erklärten die andern evangelischen
Rathsherren, welche sich früher den Schritten derselben angeschlossen
hatten, dass sie gegen dieses Urtheil nichts einzuwenden hätten, da
sie nun einsähen, dass der Kalender nur eine politische Sache und
nicht wider Gott und ihr Gewissen sei. Daraufhin beschloss der
Rath die Publication des Urtheils und energisches Vorgehen. Den
drei Kirchenpflegern und Ulrich Hörwart wurde ein Decret zugestellt,
nach welchem ihnen bis auf weiteres die Rathssitze entzogen und sie
angewiesen wurden sich ruhig mit Vermeidung aller Conventikel in
ihren Häusern zu halten; sie wurden, wie man sich ausdrückte, in
ihren Häusern verstrickt. In einem offenen Anschlag, dem das Kammergerichts-Urtheil inserirt war, wurde ferner noch am selben Tage die
Bürgerschaft davon in Kenntniss gesetzt; bei strenger Strafe wird
nun die Haltung des neuen Kalenders in allen Dingen, also auch für
die evangelischen Kirchen anbefohlen; der Rath verspricht vollständiges Verzeihen und Vergessen für all' das unliebsame, das ihm in
den letzten Zeiten von Angehörigen der Gemeinde zugefügt worden
sei, nur die 4 Rathsherren, welche die Unruhen angezettelt hätten,
sehe er sich gezwungen zu bestrafen. Am Schlusse wird abermals
der Bürgerschaft die Versicherung gegeben, dass die evangelische
Confession mit Rücksicht auf den Religionsfrieden und die darüber
gemachten Abschiede nicht weniger geschützt und gepflegt werden
solle als die katholische.

So schien es denn abermals, als sei die Sache beigelegt, wenn
nicht eben das Gewissen und die sorgsam vorbereitete Seligkeit der
Prädicanten gewesen wäre. Man hatte sich ja von evangelischer
Seite früher auf das zu ihren Gunsten erlangte Mandat soviel zu
gute gethan, man hatte in den Kirchen während des Processes um
eine günstige Entscheidung gefleht, nun da sie ungünstig ausgefallen
war, hatte man kein Recht mehr sich dagegen zu sträuben. Freilich
war man im Laufe des Streites etwas davon abgegangen, indem die
Prädicanten in der Dijudication vom 9. October (29. Sept.) eine allgemeine Vergleichung der Reichsstände als Bedingung der Annahme
bezeichneten; sicher war dies damals nicht unabsichtlich geschehen

und die Streitlustigen hatten jetzt diese Vorsicht nicht zu bereuen; neben dem Gewissenszwang, an den ja doch niemand glaubte, hatten sie sogleich eine neue Waffe zur Hand. Dass diese benützt werden würde und dass der Handel nicht zu Ende sei, zeigte sich gleich am nächsten Tage. In die Rathssitzung kamen die Evangelischen nicht mit Ausnahme jener fünf, welche sich der Rathspartei von Anfang an angeschlossen hatten; dafür erschien eine Supplication der Prädicanten: sie hoffen darin, dass man bei dem Mandate, in welchem die Haltung der Feiertage nach dem neuen Kalender anbefohlen wurde, nicht an sie gedacht habe, wäre dies aber geschehen, so könnten sie in Rücksicht auf Gewissen und Seligkeit und ohne sich von ihren Glaubensbrüdern abzusondern diesem Befehle nicht nachkommen; der Rath möge dies berücksichtigen. Die Supplication wurde nicht beantwortet, dagegen gestatteten die Stadtpfleger, dass mehrere Advocaten mit einer Vertrauensperson der Prädicanten einen Ausgleich anbahnten; die von ihnen verfasste Vergleichsschrift wurde durchberathen und dem Kirchenministerium vorgelegt; dasselbe stellte aber als Bedingung der Annahme des Vergleichs solche Forderungen, dass die Stadtpfleger die Verhandlungen einstellen liessen.

Sehr gespannt war nun die Bevölkerung, was die Prädicanten bezüglich des Himmelfahrtstages thun würden; fügten sie sich dem Befehl des Rathes von nun an alle Feiertage nach neuem Stil zu feiern, so kam die evangelische Gemeinde gänzlich um dieses Fest, denn die Katholischen hatten dasselbe nach dem neuen Kalender schon gefeiert, während es nach dem alten erst auf den 7. Juni (28. Mai) gefallen wäre[1]. Am Sonntagmorgen war daher grosser Zulauf zu den Predigern der Evangelischen und in der That wagten es diese das Fest für den kommenden Donnerstag der Gemeinde anzusagen. Natürlich bemächtigte sich darob grosse Aufregung der Bürgerschaft, die Evangelischen triumphirten und die Katholischen zetterten über die Nachgiebigkeit des Rathes. Da machten zu Mittag Trompetenstösse vom Perlachthurme der Ungewissheit ein Ende: es wurde neuerdings das seit 7 Tagen angeschlagene Rathsdecret verlesen und verkündet, dass bei schwerer Strafe alle Bürger am kommenden Donnerstag die Läden offen halten und den Wochenmarkt

---

[1] Ostern N. St. 1. April (22. März). Ascensio domini 10. Mai (30. April).
, A. St. 19. April (29. Ap...), , 28. Mai (7. Juni).
Verkündigung des Mandats Montag den 28./18. Mai. Sonntag an dem das Fest nach A. St. angekündigt werden sollte: 5. Juni (24. Mai), Donnerstag darauf das Fest.

ungestört vor sich gehen lassen müssten. Damit nicht genug, entschloss sich der Rath zu energischem Auftreten. In der Sitzung vom nächsten Tage wurde die Ausweisung des Hauptes der Prädicanten, des Superintendenten und Pfarrers bei St. Anna Dr. Georg Müller (Mylius) beschlossen[1]) und der Stadtvogt mit der sofortigen Durchführung des Ausweisungsdecretes beauftragt.

Zu dem Behufe begab sich der Stadtvogt zur Mittagszeit, wo er die meisten Bürger beim Essen wähnte, in einer Kutsche zum Annenstifte und übermittelte Müller das Rathsdecret mit der Aufforderung ihm sogleich zu folgen. Dieser erklärte sich dazu bereit, nahm Abschied von Weib und Kind und setzte sich mit dem Stadtvogt in die Kutsche, die behäbig von dannen rollte. Bald wurde aber diese gemüthliche Procedur aufs empfindlichste unterbrochen. Die Frau des Müller sowie die im Annenstifte untergebrachten Studenten machten einen solchen Lärm, dass innerhalb der wenigen Minuten, welche die Kutsche vom Stifte bis zum Göggingerthor zu fahren hatte, eine genügende Anzahl von Menschen vorhanden war, um sie anhalten zu können. Der Lenker des Gefährtes wurde von seinem Sitze heruntergeschlagen, den Pferden die Stränge durchschnitten und Dr. Müller aus der Kutsche hervorgeholt. Wohl kam dem Stadtvogte die nahe Thorwache zu Hilfe und feuerte auch einige blinde Schreckschüsse ab, aber die Menge war inzwischen derart angewachsen, dass es das Häuflein Knechte nicht mehr hindern konnte, dass Müller in ein nahegelegenes Haus in Sicherheit gebracht wurde; alle Versuche ihn aus demselben wieder herauszubringen blieben erfolglos, und so hielt es der Stadtvogt für das beste sich durch die wildtobende Menge zum Stadthause durchzuschlagen, was ihm denn auch unter vielen Fährlichkeiten gelang[2]). Die Kunde von diesen Vorfällen ging wie ein

---

[1]) Schon am 18./28. September des Vorjahres hatte der Kaiser dem Rathe diese Maasregel anempfohlen.

[2]) Ich folge bei der Erzählung des Tumultes den „Acta", die sich mir auch sonst als zuverlässig erwiesen haben, obwohl ich auch einen Bericht „von einem der dabei gewesen" vor mir habe. Dieser Augenzeuge ist ein Goldschmiedgeselle, der mit mehreren Genossen an diesem Montage blau machte und eben beim Annenstifte war, als Müller weggeführt wurde. Er stellt die Sache so dar, dass Landsknechte das Haus umstellt hielten und dann zur Bedeckung der Kutsche hinterher zogen; am Göggingerthor hätte er und seine Genossen mit diesen gekämpft, wobei es beiderseitig Todte und Verwundete gegeben habe. Die ganze Darstellung, welche nebst kurzer Einleitung nur die Ereignisse dieses Tages umfasst, ist recht frisch erzählt, aber heldenhaft aufgeputzt und sie ist für uns nur insofern wichtig, als sie uns einen Blick in die Gereiztheit der damals herrschenden Stimmung thun lässt. Interessant ist es, dass der Verfasser berichtet, es hätte

Lauffeuer durch die Stadt und aller Orten strömten die Bürger und
Handwerker zu den Waffen; der Rath liess auf des Vogtes Meldung
sogleich alle Zugänge zur innern Stadt schliessen und besetzen, aber
die Vorstädte waren der aufgeregten Menge preisgegeben, sodass das
Jesuitencollegium und die Fuggerhäuser in ernster Gefahr schwebten.
Vor allen thaten sich die Weber und Metzger hervor; jene plünderten das
Zeughaus, diesen gelang es sogar trotz der Maassregeln des Rathes
sich bis zum Perlachberge den Weg zu bahnen. Als sie nämlich von
der Jacober-Vorstadt heranzogen, wurde ihnen der Gatter am Baar-
füsserthore geöffnet, da sie drohten ihn widrigenfalls durchzuschlagen,
und so war bald das Rathhaus von einer heftig aufgeregten Menschenmenge dicht umlagert; durch diese sollte sich der Vogt mit einem inzwischen gesammelten grösseren Haufen Knechte den Weg bahnen;
eine Salve in die Luft vermochte sie nicht zu zerstreuen, bald kam
es zu scharfen Schüssen und hiebei wurde der Stadtvogt durch einen
aus einem Hause abgegebenen Schuss schwer am Arme verwundet.
Die Lage der im Rathhause versammelten Herren von der katholischen
Partei war sicherlich nicht sehr erquicklich, mussten sie doch auch
Rufe von Sturm und Mord aus der aufgeregten Menge herauf hören;
in ihrer Noth schickten sie um die Prädicanten, um mit ihnen über
die Stillung des Aufruhrs zu berathen. Auf welchen Wegen diese
dahin gebracht wurden, wissen wir nicht, die Kunde aber, dass die
Prädicanten sich im Rathhause befänden, trug keineswegs dazu bei
die Menge zu beschwichtigen, da sie fürchtete, der Rath möge ihnen
ein Leid zufügen; an rasche Executionen war man ja in Augsburg
gewöhnt. Erst als dieselben wohlbehalten von der Rathsstube her-
niederstiegen, legte sich der Sturm und nach langem Zureden von
ihrer Seite verlief sich allmälig die Menge vom Perlachberg. So gewann der Rath Luft; rasch wurde das Rathhaus und die Geschlechter-
stube mit starker Besatzung versehen, ja der Rath wagte es sogar

schon auf der Lechbrücke eine Kutsche bereit gestanden, in welche Müller ge-
schmiedet und über München nach Rom gebracht werden sollte; dasselbe erzählt
übrigens auch Müller selbst in seinen „Augsburgischen Händel" und als unglaub-
würdiges Gerücht wird es auch von dem Verfasser der „Acta" verzeichnet. Es
wäre wohl ganz überflüssig dieses Gerede zu verzeichnen, wenn es nicht ein
Stimmungsbild böte und wenn es nicht zu Parteizwecken ausgebeutet worden
wäre. Dass dies geschah, bezeugt mir die „deutsche Uebersetzung" eines Briefes
Gregor XIII. in den Kalender-Acten des Augsburger Archivs, in welchem der
Papst den Stadtrath auffordert ihm den Ersketzer Müller zur Bestrafung nach
Rom zu senden. Die Fälschung ist heiter genug: der Anfang: „Wir Gregorius XIII.
erwelter bestetigter Babst embieten unsern Gruss zuvor. Edl wolgeboren . . .
Stadtpfleger" etc. möge genügen.

die vermeintlichen Haupträdelsführer fänglich einzuziehen. Die Ruhe war freilich damit nicht hergestellt; ein panischer Schrecken scheint sich der Wohlhabenden bemächtigt zu haben, die Häuser wurden verrammelt und aller Orten wurde zur Flucht gerüstet; noch am Abend desselben Tages verliessen viele von den Geschlechtern die Stadt, um auf ihren Landsitzen sich und ihre beste Habe in Sicherheit zu bringen.

Am nächsten Morgen war die Situation wenig geändert, nur insofern hatte sich die Lage des Rathes gebessert, als in der Nacht alle Thore mit Geschützen versehen und etwa 200 neue Knechte aus dem reislaufenden um die Stadt lagernden Gesindel angeworben worden waren. Aber auch die Bürgerschaft war bewaffnet, theils in den Häusern, für deren Vertheidigung man sogar auf eigene Kosten Landsknechte angeworben hatte, theils auf den Strassen, welche von tausenden bewaffneter Handwerker durchzogen wurden. Dazwischen bewegte sich eine zahllose Wagenmenge den Thoren zu, die flüchtende Familien mit ihrer Habe in Sicherheit bringen sollten, und unter ihr gelang es auch dem Dr. Müller, der die Nacht im sicheren Verstecke zugebracht hatte, in Weiberkleidern in der Kutsche der Witwe v. Stetten aus der Stadt zu entkommen[1]). Man ging nun auch daran einen Vergleich anzubahnen; die Anregung hiezu kam von den Geschlechtern und Kaufleuten, die gemeinsam von ihren Stuben weg eine Deputation an den Rath sandten mit der Anfrage, wann und wie dieser gewillt sei sich mit der Gemeinde zu vertragen. Nach längeren Verhandlungen bequemte sich dieser dazu mit drei Ausschüssen, die aus den beiden Stuben und der Gemeinde gebildet werden sollten, über einen Vergleich zu verhandeln. Noch am selben Tage traten diese, 24 Mann stark, mit den Abgeordneten des Rathes zusammen. Die Berathungen des ersten Tages verliefen völlig resultatlos, nachdem die Forderung des Rathes, man solle den neuen Kalender gemäss dem Kammergerichts-Urtheile annehmen, von den Ausschüssen der Gemeinde kurzweg abgewiesen worden war; auch am folgenden Tage drohten die Verhandlungen anfangs unnütz zu werden, bis endlich der Rath drohte, er werde den Kaiser um Execution angehen und zu bedenken

---

[1]) Müller ging zunächst nach Lauingen und dann nach Ulm, wo er gastliche Aufnahme fand. Das Ansinnen, welches der Kaiser am 25./15. Juni 1584 an den dortigen Rath stellte, ihm wegen seiner fortgesetzten Hetzereien das Gastrecht zu künden, wies dieser energisch zurück. Nicht lange aber kann er sich in Ulm aufgehalten haben, denn in seiner eingangs erwähnten Schrift vom Jahre 1586 unterschreibt er sich als „Professor und Cancellarius bei der löblichen Universität, auch Praepositus in der Stiftskirche zu Wittemberg".

gab, dass dann die ausserhalb der Stadt gelegenen Güter der Evangelischen von den katholischen Nachbarn eingezogen werden könnten auch das Bedürfniss nach Ruhe mag sich beim Rathe sowohl als bei den Vertretern der Geschlechter und Kaufleute geltend gemacht haben und so wurde schliesslich an diesem Tage beschlossen, dass die Evangelischen am kommenden Donnerstag den Himmelfahrttag feiern dürften, aber es müssten dabei alle Läden gleichwie an einem Werktage offen sein, wobei aber niemand gehindert werden solle je nach seinem Willen zu feiern oder zu arbeiten. Das war freilich nur ein Compromiss für einige Tage, aber er hatte wenigstens den Erfolg, dass die aufgeregten Gemüther in etwas besänftigt wurden; denn Zündstoff gab es noch genug, die aufregendsten Gerüchte schwirrten durch die Luft, so unter andern, dass die Landsknechte den Befehl gehabt hätten im Falle des Wachsens des Aufstandes alles niederzuschlagen und auch Weiber und Kinder nicht zu schonen. Der Rath war bemüht die Ausstreuer dieses Gerüchtes zu ermitteln, alle Verhöre jedoch, welche zu diesem Zwecke an derlei Reden führenden Personen vorgenommen wurden, blieben erfolglos. Namentlich aber das Gerücht, dass der Baiernherzog mit einigen tausend Mann dem Rathe zu Hilfe heranziehe, beunruhigte die Bürger, und als zufällig der Thürmer am Perlachthurme ein Schornsteinfeuer avisirte, da bemächtigte sich der Menge panischer Schrecken, da man das Hornsignal als Zeichen für das Heranziehen des Feindes ansah.

Die Lage am nächsten Tage war insofern eine bessere, als die Läden wieder offen waren und auch der Wochenmarkt abgehalten wurde; freilich war er schwach besucht, da das Landvolk noch Bedenken trug sich in die unruhige Stadt zu begeben. An Aufregung fehlte es aber auch an diesem Tage nicht, denn es war das Leichenbegängniss der Frau des Dr. Müller, welche wohl in Folge des ausgestandenen Schreckens im hochschwangeren Zustande gestorben war. Eine ungeheure Menschenmenge gab ihr, so melden die Chronisten, das letzte Geleite, während sich ihr verbannter Gatte schon hinter den schützenden Mauern von Ulm geborgen hatte.

Die Nachgiebigkeit, welche der Rath dadurch gezeigt hatte, dass er die kirchliche Feier des Auffahrttages bewilligte, machte auch die Ausschüsse der Gemeinde zu einem Vergleiche geneigt, aber die Prädicanten waren nicht zum Nachgeben zu bewegen; am 8. Juni (29. Mai) wies man ihnen eine Schrift, in welcher der Rath verspricht, dass ihnen in ihrer Lehre und Freiheit durchaus kein Abbruch geschehen solle, sie nahmen die Schrift an, erklärten aber fünf Tage zu ihrer Prüfung zu bedürfen. Wollen wir dem Verfasser der „Acta" welcher allem Anscheine nach Protestant ist, glauben, so waren die Ausschüsse und überhaupt viele von der Gemeinde mit diesem Gebahren der Prädicanten durchaus nicht einverstanden; man ersehnte den Frieden, zumal sich dieser schwankende Zustand schon recht unangenehm fühlbar machte. Abgesehen davon, dass mancher Bürger mit Schaudern an seinen Steuersäckel dachte, wenn er die so zahlreich vermehrte Stadtguardia sah, so hatten die Unruhen auch für Handel und Wandel nachtheilige Folgen. Herzog Wilhelm sowohl als Erzherzog Ferdinand liessen in Augsburg durch offene Patente erklären, dass sie jeden Augsburger in Haft nehmen würden, der sich ohne ein vom Rathe ausgestelltes Zeugniss, dass er sich während der letzten Tage ruhig verhalten habe, in ihren Landen würde blicken lassen [1]. Wilhelm ging noch weiter und verbot den Augsburger Metzgern in seinem Territorium Vieh zu kaufen und den Krämern auf den Jahrmärkten Waren feil zu haben. Der Rath hielt auch noch immer die Thore besetzt und übte strenge Controle an allen Passanten; da gelang es denn auch zwei Briefe des Dr. Müller aufzufangen; dieselben wurden vom Stadtschreiber in Gegenwart des einen Adressaten, des Kaufmanns Zobel — der andere war ein Prediger, dem man vielleicht diese Rücksicht nicht schuldig zu sein glaubte — eröffnet und, nachdem ihr aufreizender Inhalt constatirt worden war, zurückbehalten und in Copie dem Kaiser eingeschickt, wie denn der Rath auch schon am Tage des Tumultes an die kaiserliche Kanzlei Bericht erstattet und den Herzog Wilhelm um schleunige Hilfe angegangen hatte.

Der nächste Tag brachte dem Rathe unwillkommene Gäste; es kamen nämlich Gesandte der Stadt Ulm und des Herzogs von Würtemberg an, um den Streit zu schlichten; sie mussten um so unwillkommener sein, als Müller in einem der aufgefangenen Briefe sie angekündigt hatte mit der Bemerkung, sie seien zur Unterstützung der evangelischen Religion gesandt, ja noch hinzufügte, dass man allgemein in Ulm die Güte und Gelindigkeit der Bürgerschaft und des Predigeramtes schelte und bedaure, „dass man die angefangene Handlung der Gemeinde nicht hat fortgehen lassen". Der Empfang der Gesandten mag daher nicht sehr freundlich von Seite der Stadtpfleger gewesen sein und es wurde ihnen bedeutet, dass sie nach altem Herkommen zuerst ihnen, den Stadtpflegern, den Zweck ihres Besuches

---

[1] Das betreffende Patent vom 10. Juni (31. Mai) des Erzherzogs Ferdinand ist im Concept im Statthalterei-Archiv zu Innsbruck. Am 25./16. Juni wurde dasselbe wieder aufgehoben (Rathsprotokolle der Stadt Innsbruck ebend.) und mehrere in der Markgrafschaft Burgau gefangen gesetzte Augsburger auf Bitten des Rathes ihrer Haft wieder entlassen.

genau angeben müssten, ehe sie im Rathe oder sonst wo Botschaft und Handlung pflegen könnten; man hätte um so weniger Grund diesmal von der Sitte abzuweichen, als man sich noch lebhaft erinnere, dass die erste Würtembergische Gesandtschaft die Dinge mehr verwirrt als entwirrt habe. Die Gesandten gaben hierauf als Zweck an bei einem gütlichen Vergleiche behilflich zu sein und baten, da sie diese einleitenden Schritte als nothwendig ansähen, um Zurückberufung des Dr. Müller und um Freilassung der vier verstrickten Rathsherren. Beide Forderungen schlugen die Stadtpfleger rundweg ab, statteten aber dann den Gesandten ihren Gegenbesuch in der Herberge ab und auf ihre Einladung begannen nachmittags in der Rathstube die Verhandlungen, zu denen die drei Ausschüsse und auch die Prädicanten beigezogen wurden.

Nach zweitägigen Verhandlungen, wobei sich der Rath selbst zur Erklärung herbeiliess, er wolle, um der widerspenstigen Prädicanten ledig zu werden, neue, die ihm von den Gesandten angegeben würden, anstellen und den alten solange ihren Gehalt weiterzahlen, bis sie anderswo Versorgung gefunden haben würden, kam ein Vergleich am 14./4 Juni zu Stande: der neue Kalender sollte auch in den evangelischen Kirchen eingeführt werden, jedoch könnten die Prediger auf den Kanzeln eine Erklärung dagegen verlesen; andererseits verpflichtet sich der Rath eidlich und brieflich, dass er der evangelischen Religion keinen Abbruch thun werde. Ueberdies entliess der Rath die vier Rathspersonen aus dem Hausarreste, doch konnte er nicht dazu bewogen werden, sie wieder in die ihnen entzogenen Rathssitze einzusetzen; auch mussten sie vor den Gesandten eine Erklärung abgeben, dass sie in ihren in den Processschriften gegen den Rath gemachten Ausfällen denselben nicht an seiner Ehre hätten angreifen wollen, über welche Erklärung die Gesandten dem Rathe eine Urkunde ausstellten. Der Rath gestattete überdies den Predigern das Pfingstfest, um das sonst die Evangelischen ganz gekommen wären, nach dem alten Kalender zu feiern[1]. Viel hatte zu dem Nachgeben der Prädicanten beigetragen, dass die Universität Tübingen in einem Gutachten die Annahme des Kalenders als erlaubt hingestellt hatte, da sie durch die Zwangslage hiezu genöthigt seien und durch ihren bisherigen Widerstand hinlänglich gezeigt hätten, dass sie sich von ihren Glaubensgenossen nicht trennen wollten[2].

[1] Pfingsten N. St. 20. Mai (10. Mai): A. St. 7. Juni (17. Juni).
[2] Dieses Gutachten kam mir nicht zu Gesicht, ich weiss von ihm nur durch die „Acta". Offenbar hatte es den gleichen Inhalt, wie das Tübingens an die steirischen Prädicanten, bei Sattler a. a. O. Beil. p. 66. vgl. Zahn, Der Kalenderstreit in Steiermark, Mittheil. des hist. Ver. f. Steiermark 1864. p. 116.

Am Sonntag darauf, am 17./7. Juni feierten die Evangelischen ihr Pfingstfest und da verlasen die Prädicanten eine Schrift, worin die Gemeinde von der vorgenommenen Einigung verständigt und der Rath von dem „Verdachte" gereinigt wird, als ob er durch Annahme des Kalenders wider den Religionsfrieden gehandelt und einen gefährlichen Eingriff in das Kirchenwesen gethan hätte; am morgigen Tage, wo sie sich durch die Gunst des Rathes noch weiter am Pfingstfest würden ergötzen können, werde die Gemeinde noch ausführlicheres erfahren. Die am nächsten Tage verlesene weitläufige Schrift betitelt sich: Protestation, ist aber entsprechend der Anzeige vom Vortage in sehr versöhnlichem Sinne abgefasst. Der Name rechtfertigt sich in insofern, als die Prediger vor der ganzen Welt erklären, dass sie bei der Annahme des Kalenders keine Rücksicht auf den Papst nehmen, noch viel weniger ihn als das Haupt der christlichen und ihrer Kirche ansehen und ihm auch nicht in dem geringsten Punkte unterwürfig sein wollten; auch wollten sie sich durch ihr Vorgehen nicht im geringsten von der Gemeinschaft mit der Augsburgischen Confession losgesagt haben. Der andere Theil dieses Schriftstückes athmet lauteres Hirtengemüth und besten Gehorsam gegen die Obrigkeit. Gar ungern hätten sie sich entschlossen gegen dieselbe Partei zu nehmen, nur durch den Gewissensdrang seien sie hiezu genöthigt worden, weil sie nämlich meinten, der Rath wolle damit nur den Anfang machen mancherlei der evangelischen Religion abträgliches einzuführen, und weil sie fürchten mussten, dass die andern evangelischen Stände und Kirchen wähnen könnten, sie wollten aus Furcht und Kleinmüthigkeit die Einigkeit des Handelns mit ihnen aufgeben. Da sie vor ihren Glaubensgenossen hinlänglich Proben ihres evangelischen Eifers abgelegt hätten und es durch die „herzliche" Erklärung des Rathes ihnen und, was sie früher nicht gewusst hätten, dem Kurfürsten Ludwig v. d. Pfalz und dem Städtetag von Heilbron gegenüber sicher sei, dass ihre Religion nicht geschädigt, sondern vielmehr beschützt werden solle, und weil sie jetzt einsähen, dass der Kalender nur aus weltlichen und politischen Gründen eingeführt worden sei, woran sie früher gezweifelt, so hätten sie sich jetzt entschlossen in diesem Punkte gehorsam zu sein. Zu ihrem Entschlusse habe auch beigetragen, dass sie sonst ihre Kirchen hätten verlassen und die Gemeinde des lieben Wortes Gottes hätten berauben müssen, wovon sie viele gutherzige fromme Glaubensgenossen abgehalten hätten. Nach einer Ermahnung und Bitte an die Gemeinde, ihrem Beispiele zu folgen und dem Rathe gehorsam zu sein, schliessen sie mit der Versicherung stets dahin wirken zu wollen, dass Friede und Eintracht zwischen den beiden Confessionen in der Stadt bestehen bleiben¹).

Damit ist formell der Augsburger Kalenderstreit abgeschlossen, denn beide Parteien hatten ja den Kalender jetzt in Anwendung und alles schwimmt in diesen Tagen in Versöhnung und Friedensfreude. Aber der Streit hatte noch andere Fragen gezeitigt, er hatte die Gemüther so sehr gegeneinander verbittert, dass die Ruhe von sehr geringer Dauer war, und gerade in den nun folgenden Händeln sieht man, dass beim Widerstand gegen den Rath weitgehende Hintergedanken waren. Nicht den geringsten Theil der Schuld dafür, dass die Stadt noch nicht dauernden Frieden geniessen konnte, trifft die Prädicanten, eben dieselben, welche am 18./8. Juni so versöhnliche und schöne Worte zur Gemeinde gesprochen hatten; sie waren es, welche eine neue Frage aufwarfen und mit derselben Zähigkeit verfochten als die eben abgethane.

Es ist dies der Streit wegen des Modus der Berufung der Prädicanten. Bis zum Jahre 1552 hatte der Rath dieselben bestellt und von den Berufenen auch die Unterschrift eines Reverses verlangt, nach welchem sie sich zu Gehorsam und strengem Halten an das Wort der Augsburger Confession verpflichteten. Vielleicht bei der kurzen Aenderung der Verfassung in diesem Jahre war dies abgekommen, denn von da an berief das Kirchenministerium der Evangelischen und dem Rathe blieb nur das Bestätigungsrecht vorbehalten. Zu Anfang des Jahres 1584 waren wieder zwei Stellen zu besetzen und der Sitte gemäss nahm das Ministerium durch die Kirchenpfleger die Ernennung vor; die 2 Berufenen wurden aber von den Stadtpflegern nicht bestätigt, es wurde vielmehr mit Hinweis auf den unruhigen Sinn der Prediger die alte Norm wieder hervorgeholt und von Rathswegen 2 Prediger berufen, welche nach Unterschreibung des Reverses bestellt wurden. Namentlich einer derselben, Johann Mekart, war den Prädicanten sehr unlieb und so verweigerten sie ihm jeden Verkehr und Sitz im Consistorium. Diese Angelegenheit war bei den Verhandlungen des Rathes mit den Würtembergisch-Ulmischen Gesandten offen geblieben; wahrscheinlich hatte der Rath gar nicht daran gedacht sie dabei anzuregen, da er Unterstützung von ihrer Seite kaum zu erwarten gehabt hätte. Gleich nach dem Pfingstfeste aber muss

---

¹) Abdruck der Anzeyg und Protestation, so auff Sontag den 17. Junii und den nechsten Montag hernach Anno 1584 stylo novo zu Augspurg in den Kirchen Augspurgischer Confession verlesen worden. (Gedruckt Augsburg) 1584, davon wiederabgedruckt in den „Acta".

die Frage wieder aufgetaucht sein, wahrscheinlich dadurch, dass die
beiden dem neuen Modus nach ernannten Prädicanten von ihren Collegen noch immer gemieden, ja wie uns im Commissionsberichte gesagt wird, Verräther am wahren Evangelium gescholten wurden.
Auch war des Kalenders halber nicht völlig die Ruhe hergestellt;
viele aus der Bürgerschaft hielten die Festtage noch nach dem alten
und forderten laut die Zurückberufung des Dr. Müller; auch machte
es böses Blut, dass der Rath die angeworbenen Knechte nicht sofort
entliess, und dieser letzte Punkt veranlasste sogar Herzog Ludwig
von Würtemberg ein diesbezügliches Mahnschreiben an den Rath zu
richten und die Entlassung der Söldner sowie Milderung der Strafe
für die noch immer gefangen gehaltenen Rädelsführer des Tumultes
zu verlangen. Der Rath erwiderte, er könne den Stand der Guardia
nicht auf die ruhiger Zeiten reduciren, denn selbst nach dem Vergleiche hätten manche Bürger die Verschanzung und Bewaffnung
ihrer Häuser fortgesetzt und überhaupt sei die Gefahr vor Unruhen
noch keineswegs beseitigt; er ersucht schliesslich ganz ernstlich den
Herzog die Unruhestifter durch ähnliche Einmischungen nicht ferner
gegenüber der Obrigkeit in Schutz zu nehmen und zu ermuntern.
Dies alles veranlasste endlich die Absendung einer kaiserlichen Commission in die unruhige Stadt. Rudolf hatte, wie wir gesehen haben,
dies früher schon einmal geplant, war aber, da er keine Commissäre
fand, davon wieder abgestanden. Als die Dinge nach Publication
des Kammergerichts-Urtheils abermals eine bedenkliche Wendung genommen hatten und der Kaiser hievon vom Rathe benachrichtigt
worden war, nahm er den Gedanken wieder auf, vornehmlich bestimmt durch eine Eingabe des Landsbergischen Schirmvereins
vom 13./3. Juni; in derselben wird ausgeführt, dass über Antrag des
Oberhauptmannes (Daierns) eine Werbung unter den Bundesgliedern
wegen Augsburg ausgeschrieben worden sei; es wird auf den immer
gefährlicher werdenden Zustand in der Stadt hingewiesen und es werden
einzelne Beispiele von Renitenz der Bürgerschaft und von Conventikeln bei den Prädicanten angeführt. Vor allem aber sei zu bedenken, dass ohne vorhergegangene Beilegung der Streitigkeiten die
kommende Rathswahl kaum nach der Karolinischen Wahlordnung
vor sich gehen werde. Man habe, so führt das Schreiben fort, beschlossen nöthigenfalls der verbündeten Stadt jede Hilfe zu gewähren;
als das wünschenswertheste aber sei ein gütlicher Vergleich anzusehen,
zu dessen Herbeiführung der Kaiser durch Absendung einer Commission hilfreiche Hand reichen möge. Auch von anderer, unmittelbar
gar nicht betheiligter Seite wurde an den Kaiser das Ansinnen ge-

stellt einzugreifen, und es ist dies ein Beweis dafür, dass man den Dingen, welche sich in der alten Reichsstadt entwickelten, allgemeine Aufmerksamkeit schenkte. Es war der Kurfürst von Brandenburg, welcher am 8./18. Juli an den Kaiser in diesem Sinne schrieb; er hat natürlich protestantische Zeitung über die Händel erhalten und da dünkt es ihm nun, dass die Päpstlichen hin und wieder versuchen würden, wie sie die Augsburger Confession austilgen könnten; daraus aber möchte im deutschen Reiche ein Feuer entstehen, welches nicht so leicht zu stillen sein würde. Der Kurfürst sieht in dem Vorgehen des Rathes einen Bruch des Religionsfriedens und bittet den Kaiser ihm diesen ernstlich zu verweisen und durch eine Commission dafür zu sorgen, dass von nun an beide Parteien ruhig nebeneinander leben könnten.

Es war auch höchste Zeit, dass die Commission abging, denn auch nach aussen hin gestalteten sich die Verhältnisse des Rathes bedrohlich. Vielleicht aus Demonstration gegen den Beschluss des Landsbergischen Schirmvereins, dessen Hauptmann ein entschiedener Freund der Rathspartei war, begann nun auch der unter dem Einflusse des Herzogs von Würtemberg, des besten Freundes der Prädicantenpartei, stehende schwäbische Kreis sich mit den Augsburger Händeln zu beschäftigen. In diesem Sinne schrieb Ludwig im Juli einen Tag der Kreis- und Kriegs-Obersten nach Aurach aus, wobei er in der Einladung als Gegenstand der Berathung angibt, ob und wie man sich der zu Augsburg vorgenommenen, gefährlichen und unrichtigen Handlungen von Kreiswegen annehmen und wie, wenn die Sache drohender werden sollte, schleunige Abhilfe geschafft werden könne. In energischer Weise nun verwahrte sich der Rath dem Verordnetentage des Kreises gegenüber gegen jede Einmischung als der Kreisordnung zuwider und kritisirte in schärfster Weise das Vorgehen Würtembergs. Er weist nach, wie parteiisch namentlich das erstemal dessen Gesandte vorgegangen seien und dadurch nur noch mehr Zündstoff angehäuft hätten, wie des Herzogs Hochschule Tübingen durch Wort und Schrift den Hader geschürt habe und wie gerade die Hoffnung auf Unterstützung durch den Herzog und den Kreis die unruhigen Gemüther noch mehr in ihrem Widerstande bestärke. Es kam nun auch zu keiner Einmischung, denn einerseits hatten die Abgesandten zu Aurach von ihren Herren keine so weit gehenden Instructionen erhalten und andererseits war inzwischen wirklich die kaiserliche Commission in Augsburg angelangt. Diesmal hatte sich der Kaiser keiner abschlägigen Antwort wie das erstemal ausgesetzt, sondern hatte neben dem Herzog Wilhelm von Baiern auf dessen

Vorschlag den Grafen Wilhelm von Oetting als Commissär ernannt. Wilhelm unterzog seine Person jedoch nicht den Beschwernissen dieses Amtes, sondern ernannte zu seinen Subdelegirten den Land- und Hofmeister und Oberstkämmerer Otto Heinrich Grafen zu Schwarzenberg, den Hauptmann zu Burghausen und Pfleger von Schärding Wolf Wilhelm von Maxelrain Freiherrn zu Waldegg und den Hofkanzler und Pfleger zu Traunstein Dr. Christof Elsenheimer.

Am 29./19. Juli kamen diese vier Herren zu Augsburg an und begannen schon am nächsten Tage nach den üblichen Formalitäten ihre Arbeit, als welche sie bei Ueberreichung der Creditive neben Stillung der Unruhe ausdrücklich auch die Ueberwachung der nächsten Rathswahl angaben. Gleich zu Beginn der Verhandlungen, bei denen als Vertreter des Rathes der Advocat Dr. Tradel fungirte, bekam die Commission einen Vorgeschmack der Weitläufigkeiten, mit denen sie es zu thun haben sollte. Es waren nämlich vom Rathe die Ausschüsse der beiden Stuben zur Verhandlung aufgefordert und überdies eine Anzahl aus der Gemeinde beschieden worden; während letztere in dem Dr. Daubeck einen Vertreter aufstellten, der sich zu sofortiger Verhandlung verstand, erklärten die beiden Ausschüsse, sie könnten nur schriftlich verhandeln, da sie stets mit ihren „Verwandten", also den Stubengenossen Vorberathungen pflegen müssten. Nach langem Gezänke, wobei von Seite des Rathes bemerkt wurde, dass sie einst den Würtembergischen Gesandten gegenüber keine solchen Bedenken gehabt hätten, einigte man sich dahin, dass sie sich genügende Vollmacht von ihren Stuben für den kommenden Tag zu verschaffen hätten und dann am Schlusse der Verhandlungen deren Zustimmung einholen sollten.

Die Commission vertrat die ganz richtige Ansicht, dass, ehe Mittel zur Vergleichung und Beruhigung der Gemüther aufgestellt werden könnten, sie sich vorher über die Lage klar werden müsste, und begann daher mit den verschiedenen Gruppen gesondert die Verhandlungen. Gleich von der ersten konnte sie sehr befriedigt sein; die Rathsherren nämlich, welche sich der Klage der drei Kirchenpfleger und Ulrich Hörwarts angeschlossen hatten, erklärten der Commission, sie hätten sich zum Theil des Gewissens halber, zum Theil aber aus Mangel genügender Einsicht den Klägern und überhaupt der Opposition angeschlossen; nach Cassirung des ersten Kammergerichts-Mandates aber hätten sie ihren Irrthum erkannt und seien wieder in volles Einverständniss mit ihren katholischen Rathscollegen getreten; als Ursache des Tumultes gaben sie einzig die Kalendersache und die aufreizenden Predigten der Prädicanten an. Auf diese der Commission natürlich sehr willkommene Erklärung begann die Unterhandlung mit den beiden Stuben und hiebei ging die Commission von ihrem ursprünglichen Plane ab mit den Ausschüssen zu verhandeln, sie unterzog jetzt eine Anzahl der Stubengenossen selbst einem Verhöre, um sich über die Beschwerden und Bestrebungen, welche die Streitigkeiten entzündet hatten, klar zu werden.

Einzeln mit dem zu Anfang abgenommenen Versprechen das Verhör geheim zu halten wurden vom 2. bis 12. August 117 Männer vorgefordert und ihnen anfänglich 17 Fragen vorgelegt, die aber schon am zweiten Tage in 4 zusammengezogen wurden[1]). Die Fragen umspannen sowohl die Vergangenheit als die Zukunft der Stadt, erstere, indem sie den Ursachen der Verbitterung nachgehen und erforschen wollen, ob der Rath der Augsburger Confession jemals Eintrag gethan, die Prädicanten schlecht gehalten und jemand mit Justiz oder Eingriff in Gewissenssachen beschwert habe, letztere, weil man auch dahinter kommen wollte, ob eine Umwälzung des gegenwärtigen Regiments geplant würde, und weil man von jedem das Versprechen zu erhalten strebte, von nun an ruhig zu sein und auch seine Beihilfe zur Herstellung und Erhaltung der Ruhe zu leihen. Je nach der Confession richteten sich natürlich die Antworten: unter den Katholischen ragen die der Fugger durch Selbstbewusstsein und Klarheit hervor; einzig den Prädicanten, vor allem dem Dr. Müller und dem Muthwillen einiger aus der Gemeinde wird die Schuld an allem Unheil zugeschrieben; ihr einziger Wunsch ist, dass das Stadtregiment so bleibe, wie es jetzt sei, und Hans Fugger lässt sich sogar zur Bemerkung hinreissen, dass, wenn irgend eine Aenderung vorgenommen werden sollte, er sofort auswandern würde. Wichtiger für uns sind die Aussagen der Evangelischen und da zeigt es sich denn in der That, dass grosse Unzufriedenheit über das gegenwärtige Regiment sowohl im allgemeinen als im besonderen herrschte. Wenn es auch keiner wagte zuzugestehen, dass er an eine Aenderung denke, obwohl sich einige für eventuell kommende Fälle in der Weise sicherten, dass sie erklärten, sie düchten „dermalen" an keine Aenderung, so begegnen wir doch sehr häufig der Klage, dass ein Missverhältniss bestehe zwischen der Anzahl der katholischen Rathsstimmen und der Zahl der Evangelischen in der Bürgerschaft, dass zum mindesten die Besetzung gleichmässig vorgenommen werden müsste; einige namentlich aus der Sippe der Hörwarts sprechen offen von der ungerechten

---

[1]) Der Wortlaut derselben bei Stetten 676.

Wahlordnung und gerade diese wünschen auch „dermalen" keine Aenderung. Im besondern stürmen viele Klagen auf die Commission ein; die ungerechte Behandlung der vier Rathsherren und des Dr. Müller, das rücksichtslose Vorgehen gegen die Gewissenstreue der Prädicanten, vor allem auch die Begünstigung der Jesuiten bezeichnen viele als ihnen „beschwerlich". Auch gegen die beiden Stadtpfleger werden harte Stimmen laut; es wird geklagt, dass die Fugger in der Besteuerung begünstigt seien, dass sie fortwährend Häuser aufkaufen könnten, an deren Stelle sie dann Lustgärten anlegten, dass der Stadtpfleger Max Fugger seinem Collegen Rehlinger alle Geschäfte überlasse. Ueber letzteren aber beklagt man sich, dass er ganz unter dem Einflusse des Dr. Tradel stehe, der niemals in eine Kirche gehe und nur an seine Bereicherung denke, dass Rehlinger bemüht sei möglichst viele von seiner Familie in den Rath zu bringen, so dass man bald, wie sich einer der Verhörten ausspricht, ehrbare Sippschaft statt ehrbarer Rath werde sagen können, und dass er den gemeinen Bürger mit Stolz und Hoffart behandle. Das ebenfalls in die Fragepunkte aufgenommene Versprechen Ruhe zu halten und zu fördern beantworten die Evangelischen fast ausnahmslos mit der Klausel sie wollten dies thun, sofern sie es vor ihrem Gewissen verantworten könnten.

Inzwischen war auch mehrfache Verhandlung mit den Ausschüssen der Gemeinde gepflogen worden; denn obschon diese gleich am ersten Tage durch ihren Vertreter Dr. Daubeck Gehorsam versprochen hatten, „sofern der evangelischen Religion kein Abbruch geschehen werde", so hatten sie doch am 7. August der Commission eine Anzahl Gravamina überreicht, in welchen sie Wiedereinsetzung der vier Rathsherren, Zurückberufung des Dr. Müller, Abstellung der bettelnden Jesuitenschüler und Reducirung der Guardia auf den früheren Stand verlangen und eine dem Passauer Vertrage und dem Religionsfrieden entsprechende Abänderung der Karolinischen Wahlordnung und gerechtere Vertheilung der Aemter erbitten. Darüber wurde nun zwischen Rath und Ausschuss in Gegenwart der Commissäre am 9. August verhandelt, und nachdem es denselben gelungen war die beiderseitige gereizte Stimmung zu beheben, gab der Rath das Versprechen die Augsburger Confession zu schützen und die Gravamina thunlichst zu berücksichtigen, die Ausschüsse dagegen, dem Rathe in allem gehorsam sein zu wollen.

Jetzt meinte die Commission genugsam informirt zu sein, um an die Aussöhnung selbst gehen zu können; zu dem Behufe verfasste sie den Entwurf eines Vergleiches, der mit wenigen Aenderungen vom

Rathe angenommen und nun als Basis der weiteren Verhandlungen
angesehen wurde. Derselbe besteht aus 12 Artikeln: Der Rath verspricht darin für sich und seine Nachkommen eidlich niemals und in
nichts die Augsburger Confession in der Stadt zu schädigen (1), behält sich dagegen das ausschliessliche Recht die Prädicanten zu berufen vor (2), von denen er auch die Unterschreibung eines Reverses
verlangt (3), gesteht aber dafür der Gemeinde zu, dass wie früher
drei Kirchenpfleger Augsburger Confession vom Rathe ernannt werden
sollen, welche die Prediger zu überwachen und den Verkehr zwischen
Prädicanten und Rath zu vermitteln haben (4). Innerhalb des Rathes
soll fortan freies Votiren gewährleistet sein (9), dagegen ist jedes
Rathsmitglied verpflichtet Stillschweigen über die Vorfälle im Rathe
zu halten, und bei Verlust des Rathssitzes und des Bürgerrechtes soll
es verboten sein gegen einen Rathsbeschluss zu protestiren oder an
eine auswärtige Instanz zu appelliren; auch soll nur den Stadtpflegern
das Recht zustehen Umfrage über eine Sache zu halten (6, 7, 8).
Die Bürgerschaft verpflichtet sich die Wahlordnung Karl V. unangetastet
zu lassen (5), sich jeder üblen Nachrede gegen die Obrigkeit zu enthalten und die Verschanzungen und Waffen von ihren Häusern zu entfernen (10). Artikel 11 und 12 endlich sind rein formell und nur
insofern bemerkenswerth, als darin ausgesprochen wird, dass dieser
Vergleich jährlich vor der Rathswahl vorgelesen und beschworen werden solle. Zunächst waren die Verhandlungen darüber mit der Gemeinde sowohl als mit den beiden Stuben von schlechtem Erfolge begleitet. Die Ausschüsse der ersteren wollten durchaus schriftlich verhandeln, worauf die Commission nicht einging; dies führte zu einem
heftigen Auftritt mit dem Handwerker Niclas Heckl und dessen Abschaffung von der Deputation, hatte aber dafür Erfolglosigkeit als Endresultat. Und mit den beiden Stuben ging es noch schlimmer; man
hatte sie aufgefordert je 6 Deputirte zu senden, denen je 4 vom Rathe
zu bezeichnende Stubengenossen beigesellt werden sollten, weil man
befürchtete, es würden sonst einzig die Hauptschreier die Verhandlungen zu führen haben; dagegen aber sträubte sich die evangelische
Partei, da ja der Rath so gut wie sie vor der Commission Partei sei,
und als man es fallen liess, beschwerten sich wiederum die Katholischen, dass man sie bei den Deputirtenwahlen rechtswidrig ausgeschlossen oder übergangen habe.

Da beschloss die Commission, ehe sie die Verhandlungen weiter
führte, mit den Prädicanten, deren gewaltigen Einfluss auf die Bürgerschaft sie erkannt hatte, in directe Verbindung zu treten. Sie wurden
also am 13. August vorgefordert und ihnen die Annahme der Ver-

gleichsartikel empfohlen; aber auch sie gingen auf mündliche Verhandlungen nicht ein, versprachen dagegen ihre Antwort am nächsten Tage einzureichen. Natürlich fanden sie da Ausstellungen zu machen, die alle auf die Berufung der Prädicanten durch den Rath und den Revers sich beziehen; sie berufen sich auf die alte Gewohnheit, auf den Religionsfrieden und darauf dass, wenn von jetzt ab die Prediger anders bestellt würden, sie, die alten, nothwendigerweise in den Augen der Gemeinde herabgesetzt werden würden. Im Übrigen fliessen sie über von Ehrfurcht vor der Obrigkeit; es ist aber sehr bemerkenswerth, dass sie in dem Punkte, wo sie von den vergangenen Händeln des Kalenders halber sprechen, wieder einen Schritt zurückweichen; während sie früher erklärt hatten, sie sähen nach der Entscheidung des Kammergerichtes ein, dass der Kalender ein weltlich', das Gewissen nicht berührendes Ding sei, so kehren sie jetzt wieder das Gewissenbelastende desselben hervor und rechnen es sich nicht gering an in dieser Sache der lieben Obrigkeit nachgegeben zu haben, nachdem sie früher nicht aus Trotz und Muthwillen, sondern einzig aus bitterer Noth und Gewissenszwang Widerstand geleistet hätten. Die Commission suchte nun in der mündlichen Verhandlung mit den vier Ueberbringern der Schrift die Prädicanten von ihren Forderungen abzubringen; da dies nicht gelang, schlugen sie vor, dass der Rath von dem Ministerium im Falle einer Besetzung Vorschläge einholen solle, die aber nur als Consilia und nicht für ihn bindend anzusehen sein würden. Dies nahmen die Gesandten an und auch mit dem Reverse erklärten sie sich nach einigen Aenderungen einverstanden. Als es der Commission gelungen war dafür auch den Rath zu gewinnen, wurde Artikel 2 des Vergleichsentwurfes dem entsprechend abgeändert. Einigermassen mag daher die Commission, welche vielleicht schon am Ziele zu sein meinte, erstaunt gewesen sein, als am 16. August die 11 Prädicanten (die zwei auf die neue Art bestellten ignorirten die Collegen bei all' diesen Verhandlungen gänzlich), von ihr aufgefordert die vorgelegten Vergleichsartikel zu unterschreiben, erklärten, sie gedächten bei ihrer früher überreichten Schrift zu verbleiben, denn sie könnten von ihrer christlichen Freiheit wissentlich nichts vergeben. Alle mündlichen Versuche der Commission sie auf andere Gedanken zu bringen scheiterten; nochmals versuchte sie hierauf einen Vergleich durch Aenderung des in Frage stehenden Artikels zu ermöglichen und in der That gelang es ihr vom Rathe zu erwirken, dass die berufenen Prädicanten, ehe sie vom Rathe die Bestallung erhalten könnten, vor dem Ministerium eine Prüfung zu bestehen haben sollten. Am 18. August erklärten die Prädicanten auch diesen Modus als gegen ihr

Gewissen verstossend; da sah die Commission das Aussichtslose aller weiteren Verhandlung ein und brach sie ab.

Es wurden also wieder die Verhandlungen mit der Bürgerschaft aufgenommen. Die Ausschüsse der beiden Stuben hatten inzwischen eine Schrift überreicht, in welcher sie ihre Beschwerden präcisirten; vor allem war es die Wahlordnung, welche sie als höchst beschwerlich darstellten. mit Recht könnten sie hoffen, dass nach langem, gehorsamen Tragen die Last ihnen abgenommen würde; sie sprechen die Befürchtung aus, dass die evangelischen Kirchen und Schulen in allen religiösen und profanen Dingen den übermächtigen Gegnern weichen müssten; sie fordern daher Abstellung der ihr Gewissen belastenden Rathswahl und des Wahleides und Beordnung von evangelischen Commissären zur kommenden Wahl, damit ein auf dem Religionsfrieden und der Billigkeit beruhender Zustand in der Stadt eingeführt werde; überdies verlangen sie die Ausweisung der Jesuiten, die auf ungesetzliche Weise eingeschmuggelt worden seien. Auf diese in ziemlich schroffem Tone gehaltene Schrift antwortete zunächst die Commission, dass sie keine Befugniss habe über die Wahlordnung Karl V. zu verhandeln, und drückt dann ihre Verwunderung über die plötzlich aufgetauchte Unzufriedenheit aus, die ihr nur von einigen hitzigen unruhigen Köpfen herzurühren scheint, da doch beim früheren Verhör die Mehrheit ihre Zufriedenheit und niemand eine solche Unzufriedenheit mit der Obrigkeit an den Tag gelegt habe. Beide Stuben erklärten auf diese Antwort am nächsten Montag erwidern zu wollen, erbaten aber dann eine Frist bis zum Mittwoch, die ihnen auch gewährt wurde. In der Zwischenzeit verhandelte die Commission mit den Ausschüssen der Gemeinde, als deren Redner jetzt der Tübinger Doctor Fahrenbühler, der von Anfang an die Kaufmannsstube vertreten hatte und im Commissionsberichte als einer der Hauptheizer bezeichnet wird, statt des früheren, wie es scheint, versöhnlicher gesinnten Dr. Danbeck erscheint. Die Commission beschwichtigte zunächst die Gemeinde wegen der Forderung des Rathes die Verschanzungen und Waffen von den Häusern zu entfernen durch die Erklärung, dass damit nur die während der Unruhen angesammelten, theilweise dem städtischen Zeughause gehörigen Waffen gemeint seien, und ermahnte in eindringlichster Weise zur Ruhe und Mässigung. Umsonst — auch diese erklärten an einem der nächsten Tage ihre Erklärung schriftlich geben zu wollen.

Die beiden versprochenen Antworten, welche am 21. und 22. August der Commission übergeben wurden, klangen nicht sehr tröstlich. Wohl versprachen die Stuben für diesmal noch die Rathswahl ruhig vornehmen zu wollen, verlangten aber von der Commission, sie solle vom Kaiser Abänderung für das nächste Jahr und Absendung 2 evangelischer Commissäre zur Sicherung derselben zu erwirken trachten; im übrigen verlangen sie Austreibung der Jesuiten und Gewährung der Forderungen der Prediger, von denen sie überzeugt seien, dass sie nur forderten, was dem Worte Gottes entspreche. Die Gemeinde endlich nimmt mit Befriedigung das Versprechen der Wahrung des Religionsfriedens entgegen, verlangt aber auch Nachgiebigkeit gegenüber den Prädicanten, ferner die Wiedereinsetzung der drei früheren Kirchenpfleger und schliesslich die Abstellung der jetzigen Guardia und Einführung des Wachdienstes von Seite der Bürgerschaft [1]). Sie erklärt überdies, dass, obwohl sie noch viele andere Beschwerden hätte, sie doch im Falle der Beseitigung der bezeichneten die andern ihrer lieben Obrigkeit „nachsehen" wolle.

Nochmals versuchte die Commission am 22. mündlich die Stuben zur Nachgiebigkeit zu bewegen; als dies nicht gelang, beschloss sie die Zeit mit unnützen Verhandlungen nicht weiter zu vergeuden, sondern dieselben abzubrechen und mit dem Rathe über die vorzunehmende Rathswahl, deren Ueberwachung ja der zweite Theil ihrer Aufgabe war, ein Uebereinkommen zu treffen. Sogleich für den nächsten Tag, den 23. August, wurde dieselbe anberaumt. Da ergab sich nochmals eine Schwierigkeit; am Abende des 22. kamen die Ausschüsse der Stuben zu den Commissären und forderten, dass man den Wahleid abändern solle, da sie sich durch den Satz: „es solle denen der Vorzug gegeben werden, die der alten Religion zugethan seien", in ihrem Gewissen beschwert fühlten; sollte diese ihre Forderung nicht angenommen werden, so erklären sie, dass sie bei den Worten „alte Religion" an ihre, die evangelische, denken würden. Die Commission lehnte es wieder ab über die Wahlordnung zu verhandeln, bedeutete aber, dass der Wahleid schon oft ohne Bedenken geleistet worden sei, dass der angezogene Satz stets darinnen gestanden habe und nicht, wie die Supplicanten behaupteten, erst vom jetzigen Stadtpfleger Rehlinger eingeführt worden sei, dass man unter „alter Religion" stets und überall die katholische gemeint habe und noch meine. Darauf baten die Ausschüsse, es möge zu Protokoll genommen werden, dass ihnen ihre Wahl frei gelassen werde.

Ueberblickt man die Verhandlungen der letzten Tage, so nimmt

---

[1]) Man sieht, wie bei den Unzufriedenen die Wünsche und Beschwerden im Wachsen begriffen waren.

es wahrlich Wunder, dass der Wahltag ruhig verlief, und es kann dies eben nur dadurch erklärt werden, dass diese hervorgerufen und geleitet wurden von einer unzufriedenen Partei, die trotz aller Hetzereien die Majorität in der Stadt nicht aufzubringen vermochte. Das Verhältniss der beiden Confessionen wurde durch die Wahl nicht geändert, auch jetzt standen 26 Katholische 19 Evangelischen gegenüber; auch ist zu bemerken, dass weder die drei Kirchenpfleger noch Ulrich Hörwart wiedergewählt erscheinen und dass andererseits die bei der Bürgerschaft nicht sonderlich beliebten Stadtpfleger Max Fugger und Christof Rehlinger trotz ihrer Bitten sie des Amtes zu verschonen abermals an die Spitze der Stadt gestellt wurden.

Die Commissäre hatten jetzt ihrer Ansicht nach ihre Aufgabe erfüllt; es galt nur mehr Formalitäten zu genügen; so wurden die Vergleichsartikel mit dem dreimal abgeänderten Artikel 2 bezüglich der Berufung der Prediger in die feierliche Form einer Urkunde gebracht und von der Commission sowohl als vom Rathe besiegelt, ferner wurde ein „Revers" ausgefertigt, in welchem der Bürgerschaft im Namen des Kaisers befohlen wird Ruhe zu halten, bis eine neuerdings abgesandte kaiserliche Commission endgiltig die Dinge geregelt haben würde; ein ähnliches Schreiben erhielten auch die Prädicanten zugestellt. Schon am 26. August verliessen die Delegirten die Stadt und es blieb ihnen nur mehr übrig über den Erfolg ihrer Sendung an den Kaiser zu berichten; aber erst im Februar des nächsten Jahres gelangte von ihnen der sauber geschriebene und mit zahlreichen Beilagen ausgestattete Bericht an das kaiserliche Hoflager. In dem Begleitschreiben hiezu gestehen sie ein, dass ihre Aufgabe nicht durchgeführt worden sei, und halten daher die Absendung einer Commission für die nächste Rathswahl abermals für nöthig; überdies beantragen sie, es möge der zwischen ihnen und dem Rathe vereinbarte Vergleich als kaiserliches Gesetz erklärt, ferner die Wahlordnung Karl V. nochmals bestätigt und Erzherzog Ferdinand und die benachbarten Fürsten als Conservatoren derselben ernannt werden; auch halten sie es zur Sicherung der Ruhe für nothwendig, dass einige unruhige Köpfe, vor allem die drei abgesetzten Kirchenpfleger, aus der Stadt gebannt würden.

Wie wenig die Commission ausgerichtet hatte, ja wie die Dinge schlechter geworden waren, zeigte sich bald. Zunächst gab es Verwicklungen mit dem schwäbischen Kreise. Der Deputirtentag zu Aurach, der, wie wir gesehen haben, sich wegen ungenügender Instructionen für incompetent in der Augsburger Sache erklärt hatte, beantragte damals die Ausschreibung eines allgemeinen Kreistages nach Ulm; in dem von Marcus Sittig, Cardinalbischof von Constanz, und Herzog Ludwig von Würtemberg gezeichneten Ausschreiben vom 30. August (9. Sept.) auf den 11./21. October wird nun als Verhandlungsgegenstand der „Aufstand in Augsburg" bezeichnet und zugleich der Antrag Würtembergs, im Falle der Noth ohne vorhergehende Bewilligung der Stände von Kreiswegen nach Augsburg marschiren zu können, notificirt. Dies beunruhigte sowohl den Rath als den Herzog Wilhelm von Baiern; beide richteten an den Kaiser die Bitte zu verhindern, dass sich Würtemberg und der Kreis in die Augsburger Angelegenheiten mische, und Wilhelm vermehrte das Gewicht seiner Rede dadurch, dass er im Namen des Landsbergischen Schirmvereins sprach. Dem kam auch der Kaiser nach, indem er am 12./2. October an den Kreistag eine entsprechende Aufforderung richtete, welche ihre Wirkung nicht verfehlte. Auch in der Stadt konnte keine ruhige Stimmung eintreten; selbst die Kalenderfrage tauchte nochmals auf, als eine Anzahl Bürger das Weihnachtsfest nach dem alten Kalender feierte, ja die Prädicanten wagten es sogar am Weihnachtstag alten Stils von Christi Geburt zu predigen. Die Stimmung wurde noch gereizter, als die Prädicanten der „Berufung" halber den literarischen Weg betraten und wider den Rath eine Schrift publicirten, worauf dieser im Namen aller Rathsherren eine gedruckte Antwort ausgehen liess; dagegen aber beschwerten sich 15 evangelische Rathsherren und die Prädicanten begannen nun auch ihre Schrift auf den Kanzeln zu vertheidigen und den Rath der Unwahrheit zu zeihen.

So fand die zweite kaiserliche Commission, vertreten durch die Persönlichkeiten der ersten, als sie am 4. August 1585 in Augsburg eintraf, dass genug zu versöhnen war, liess aber schliesslich die Gegner ebenso unversöhnt zurück als die erste. Es wiederholte sich das alte Spiel, nur war es diesmal noch verwickelter, da jetzt auch der grösste Theil der evangelischen Rathsherren zu den Gegnern zählte; wieder liessen sich die Parteien in keine mündlichen Verhandlungen ein, sondern beriethen ihre Antworten in der aufgeregten Atmosphäre der Stuben; wohl gelang es den Commissären einige von den Rathsherren, vor allen den einflussreichen Hans Friedrich Welser und den bei der Bürgerschaft hochangesehenen Dr. Seuter, auf ihre Seite zu ziehen; während aber ersterer wirklich versöhnt war, entzog sich letzterer der Zumuthung mit an dem Friedenswerke zu arbeiten durch schleunige Abreise. Da griffen schliesslich Rath und Commission zu energischen Mitteln: sie begannen die Widerspenstigen gefangen zu setzen und, wenn sie auch da nicht nachgaben, aus der Stadt zu bannen;

dieses Schicksal traf unter andern den Bürgermeister Martin Burkart und den Rathsherrn Carl Reiching. Mit der Gemeinde wurde gar nicht mehr verhandelt, sondern nur die kaiserliche Bestätigung der Commissionshandlung vom Vorjahre verrufen und am Rathhause angeschlagen. Nach der Angabe der Commission verhielt sich dabei die Bürgerschaft ganz ruhig und sicher ist es, dass die Rathswahl am 5. September, sowie am folgenden Tage die Eidesleistung ganz ordnungsgemäss verlief; das Verhältniss zwischen Katholischen und Evangelischen im Rathe stellte sich so wie im Vorjahre.

Als die Commission über ihre Thätigkeit dem Kaiser Bericht erstattete, konnte sie insofern einen Erfolg verzeichnen, als sie einer grossen Anzahl der Unzufriedenen das Versprechen Ruhe zu halten abgerungen hatte; aber noch waren die Prädicanten da, von denen sie mit Recht befürchtete, dass sie neuerdings schüren würden; sie hatte daher bei ihrer Abreise dem Rathe gerathen und beantragte nun beim Kaiser, es sollten die renitenten Prediger abgeschafft und durch neue ersetzt werden. Fast ein Jahr noch dauerten die Händel, bis endlich jene am 17. Juni 1586 die Stadt verlassen mussten. Schlimmer für den Rath war es, dass die ausgewiesenen Bürger sich allerorten um Hilfe umsahen und auch einflussreiche Fürsten, so die von Sachsen und Würtemberg, für sich gewinnen konnten; alle Versuche derselben aber scheiterten beim Kaiser, der sich auf die beiden von ihm bestätigten Commissionshandlungen berief, und auch der Rath blieb stark; selbst eine ansehnliche Gesandtschaft von Pfalz-Neuburg, Ansbach und Würtemberg konnte ihn nicht dazu bringen den renitenten Bürgern bedingungslos zu verzeihen; er sah sich wieder um Hilfe um, welche ihm von Baiern im Falle der Noth auch zugesichert wurde. Auch sonst ergaben sich Schwierigkeiten, namentlich mit den benachbarten Reichsstädten, welche die ausgewiesenen Bürger aufgenommen hatten, besonders mit Ulm, gegen das der Rath schon des Dr. Müller wegen gereizt war; so kam es, dass Augsburg den im Jahre 1587 dahin ausgeschriebenen Städtetag nicht zu beschicken erklärte und trotz aller Versöhnungsversuche bei diesem Beschlusse verblieb. Auch innerhalb seiner Mauern sah es nicht gut aus. Der Rath hatte sogleich nach der Ausweisung der Prädicanten neue bestellt, aber ein grosser Theil der evangelischen Bürgerschaft hielt sich von ihren Predigten fern und brachte ihnen Hohn und Spott entgegen, ja 1588 spuckte nochmals der alte Kalender, indem mehrere Evangelische am Neujahrstag alten Stils ihre Läden geschlossen hielten; der Rath konnte wohl, ohne Unruhen befürchten zu müssen, die Störigen strafen, aber die Unzufriedenheit konnte er nicht bannen.

Erst 1591 wurde ein Vergleich geschlossen, der im Grossen und Ganzen auf dem schon 1584 von der Commission vorgeschlagenen Modus der Berufung der Prädicanten basirt war. Damit fanden endlich die Händel ihr Ende, welche, wie man sieht, mit dem Kalender schon lange nichts mehr zu thun hatten, die aber kurz hier angeführt werden mussten der Vollständigkeit und des Beweises halber, dass es der allgemeine Gährstoff war, welcher den Kalenderstreit in Augsburg gezeitigt hatte.

XIV.

Die maritime Politik

der

Habsburger in den Jahren 1625—1628

von

Fr. Mareš.

I.

L.

Familienverbindungen zwischen regierenden Häusern übten im Mittelalter und auch in der Neuzeit einen mächtigen Einfluss auf den Gang des inneren Lebens und die Richtung der äusseren Politik der Staaten und selbst unsere über das Einzelne hinwegschreitende Zeit mit ihrem universellen Character hat solchen Banden nicht allen Einfluss zu benehmen vermocht; das rein menschliche Moment erscheint als Lenker der Geschicke ganzer Völker und Staaten.

Auch die maritimen Projecte, welche uns hier beschäftigen werden, knüpfen an ein ähnliches Ereigniss an: es ist dies die beabsichtigte Vermählung des damaligen Erzherzogs und späteren Königs Ferdinand III. mit der Infantin Donna Maria von Spanien, ein Ereigniss, das man aus naheliegenden Gründen bis zum letzten Momente geheimzuhalten sich bemühte. Auf dasselbe sollte der Besuch des Erzherzogs Karl am spanischen Hofe vorbereiten.

Am 30. Juli 1624 trat der Erzherzog mit seinem Begleiter und Obersthofmeister, dem Grafen Georg Ludwig zu Schwarzenberg, und seinem Hofstaate die Reise an; am 22. September war er zu Mailand. Am 26. besuchte er in Florenz seine Schwester, die verwitwete Grossherzogin Magdalena von Toscana; am 27. kam er nach Genua; hier traf und begrüsste ihn der von Spanien mit dem Titel eines Gesandten in Italien abgeschickte Kriegsrath Don Luys Bravo de Acuna[1]). Ueber das lange Ausbleiben des Erzherzogs, von dem man in der Folge keine Nachrichten erhalten hatte, war man in Spanien sehr besorgt; der kaiserliche Gesandte am spanischen Hofe Graf Chr. Fr. Khevenhüller berichtete am 31. October darüber nach Hause und fügte hinzu, man werde stark in den Erzherzog dringen das portugiesische Gouvernement zu übernehmen, und rieth davon ab[2]). Am 13. November lief endlich die Meldung ein, dass der Erzherzog mit seinem Gefolge nach einer vierthalbtägigen sehr glücklichen Seereise in Barcelona angekommen sei. Philipp Carl de Croy Marques de Renti hiess ihn hier im Namen des

---

[1]) Khevenhüllers Annalen 10, 478. [2]) Seine Relationen vom 19. August und 11. October im k. k. geh. Hof- und Staatsarchiv zu Wien. (C. Spanien 6).

Königs und der Königin von Spanien sowie der königlichen Geschwister willkommen; der Erzherzog schickte dagegen seinen Kämmerer, den Freiherrn Hans Chr. Lebel, nach Madrid, um in seinem Namen dem Könige die üblichen Complimente zu machen. Als man sich auch bezüglich des Ranges der Infanten und des Erzherzogs leidlich verglichen hatte, reisten Khevenhüller und Lebel dem Erzherzoge entgegen, und da sowohl der Obersthofmeister Graf Schwarzenberg als auch der Oberststallmeister Händel krank angekommen waren, übernahm Khevenhüller die Dienste bei dem Gaste. Allein auch bei dem Erzherzog stellte sich schon am 4. Tage, am 28. November, nachdem er öffentliche Audienz gehabt und einem ihm zu Ehren gegebenen Schauspiele beigewohnt hatte, Frost und Fieber ein und trotz aller ärztlichen Hilfe starb der Erzherzog nach 31tägigem Krankenlager.

Dem Grafen Schwarzenberg, der schon zur Hinreise auf Wunsch des Erzherzogs bei Wittmann ein Anlehen von 30.000 fl. aufgenommen hatte, fiel jetzt auch die Erhaltung und Zurückbeförderung des ganzen Hofstaates und die Bezahlung der Funeralien zu. Bis in den Februar des folgenden Jahres wartete der Graf auf das Geld, das der König von Spanien zur Heimreise ihm versprochen, das aber die Hofkammer nicht hatte auftreiben können. Ja nicht einmal das Legat des Erzherzogs ist dem Grafen mit einem Pfennig bezahlt worden[1]).

Während Schwarzenberg auf die Erledigung der finanziellen Fragen wartete, kam er in wiederholten persönlichen Verkehr mit dem leitenden Minister Spaniens, dem Grafen-Herzog Olivarez; selbstverständlich bildete die künftige Heirat Ferdinands sowie die politische Lage beider Staaten überhaupt den Gegenstand ihrer Unterhaltung. In einer dieser Unterredungen brachte nun Olivarez im Namen seines Königs den schon genau durchdachten Plan zur Gründung einer gemeinschaftlichen Handelscompagnie zur Sprache. Er führte Schwarzenberg zu Gemüthe, wie grosse Nachtheile die Aufständischen in Holland und Seeland dem Hause Habsburg beider Linien zugefügt, wie sie den Handel fast der ganzen Welt, in Indien, den europäischen Nordländern und in Deutschland an sich gerissen und dadurch zu bedeutender Macht erwachsen seien, so dass es schon hoch an der Zeit wäre auf Mittel zur Abhilfe zu sinnen. Die Schätze Indiens könnten nicht nur Spanien, sondern ganz Europa mit Reichthum und Wohl-

---

[1]) Khevenhüller an den Kaiser 1629 6. Februar (Hof- und Staatsarchiv) und Schwarzenbergs Vormerkungen über seine Missionen (im Schwarzenbergischen Familienarchiv zu Wien).

stand erfüllen, wenn man nur den Handel an sich bringen und den Rebellen gänzlich entziehen würde. Dazu sollten sich nicht nur spanische und niederländische, sondern auch deutsche Handelsleute zur gemeinschaftlichen Schiffsrüstungs-Verfassung vergleichen und Handelsgesellschaften, Admirantascos, gründen, durch welche Waren sicher in die nördlichen Länder, Städte und Häfen verführt und daselbst verkauft oder eingetauscht würden. Vorzüglich hätte man darauf zu sehen, dass die Hansestädte, welche ohnehin kein anderes Interesse als ihren eigenen Gewinn suchten, von den Holländern getrennt und für diese Unternehmung gewonnen würden. Zum Schutze der Schifffahrt und der Schiffe wäre es aber unbedingt nothwendig und darauf ziele auch Spaniens Bitte, dass der Kaiser sich der zwei Häfen Noort und Griet in Ostfriesland unter dem Vorwande bemächtige, dem Vordringen der Holländer in das heil. römische Reich zu steuern; der Kaiser würde dadurch der katholischen Religion einen wesentlichen Dienst erweisen und seine Autorität wieder zu Ehren bringen. Wäre dies geschehen, so hätte der Kaiser den Holländern einfach aufzutragen die dem Reiche unmittelbar zustehenden Festungen wie Embden und Milort freizugeben, ihre Garnisonen abzuführen und Ostfriesland sowie das ganze Reichsgebiet nicht im mindesten zu behelligen.

Schwarzenberg war von diesen Eröffnungen, die so ganz zu seinen Vorstellungen von der kaiserlichen Machtvollkommenheit stimmten, auf das angenehmste berührt, bemerkte aber sogleich, dass der Kaiser unmöglich aus eigener Initiative an die genannten Häfen Hand legen könne, weil er dadurch nicht nur die Herren von Friesland gegen sich aufreizen, sondern auch bei den angrenzenden Fürsten Misstrauen erwecken würde; anders würde sich jedoch seine Lage gestalten, wenn die interessirten Parteien selbst, wie z. B. die Grafen von Ostfriesland, wie es zu Zeiten Kaiser Rudolf II. geschehen, um kaiserlichen Schutz bitten würden.

Aber auch diesen Fall hatte man spanischerseits bereits vorgesehen und die im Jahre 1622 erfolglos mit dem Grafen Enno III. von Ostfriesland geführten Verhandlungen[1] mit dem Bruder desselben, dem Grafen Johann von Rietberg, erneuert und zum glücklichen Abschlusse gebracht. Und so konnte Olivarez die Bedenken des kaiserlichen Gesandten damit beschwichtigen, dass der Kaiser diese Unternehmungen, damit sich ja die Fürsten des heil. römischen Reiches über Gewaltthätigkeiten nicht zu beklagen hätten, auf Bitten und Anrufen des Grafen von Rietberg, mit dessen Wissen und nach dessen

---

[1] Reichard C., Die maritime Politik der Habsburger im 17. Jahrhundert 14.

Anleitung man diese Unterhandlungen führe, ins Werk setzen könne. Der nächste Punkt bezog sich auf die Truppen, deren man sich hiezu bedienen werde, und auf die Erhaltung derselben. Schwarzenberg glaubte dazu das bei Friesland liegende Heer der katholischen Liga vorschlagen zu sollen, Graf Rietberg hatte sich aber angeboten das Regiment von den Contributionen der umliegenden Länder zu unterhalten, wenn man ihm das Guberno über diese Orte und das Commando über das Volk anvertrauen würde.

Die Fortificationsarbeiten nahm der König von Spanien auf sich; die zu einem Admirantasco vereinigten Handelsleute hätten aber die Munition zu liefern und zum Schutze des Handels und der Schifffahrt 7 oder noch mehr Schiffe auszurüsten und die kaiserliche Standarte zu führen.

Um das Misstrauen Dänemarks und der Nachbarfürsten zu beruhigen, sollte man an ihre Höfe vornehme Gesandtschaften abschicken und durch sie die Fürsten zur freundschaftlichen Correspondenz einladen. Als weitere Aufgaben bezeichnete Olivarez endlich die Besetzung zweier Inseln in der Elbmündung und des Emporiums von Hamburg.

Schwarzenberg ward angewiesen nach seiner Ankunft am kaiserlichen Hofe mit dem Kaiser und dem Fürsten von Eggenberg ganz im geheimen darüber zu verhandeln und, weil von der Geheimhaltung des Planes das Gelingen desselben abhängig sei, den Kaiser nach des Königs von Spanien Verlangen zu bitten, dass er dieses Werk keinem einzigen seiner geheimen Räthe mit Ausnahme des Fürsten Eggenberg anvertraue; zu diesem Zwecke wurde Schwarzenberg vom Könige mit Beglaubigungsschreiben versehen¹).

Khevenhüller verfasste am 2. Februar 1625 eine Denkschrift in 11 Punkten, die alles enthielt, was Schwarzenberg am kaiserlichen Hofe anzubringen hatte. Man ersieht aus ihr beiläufig, da sich eine Reiseinstruction nicht erhalten hat, den Zweck der spanischen Reise. Der erste Punkt betraf den spanischen Hof, die dortigen Negotia und die Lage des Staates; den zweiten Gegenstand (Punkt 2 und 4) bildete das bekannte Heiratsproject, das Leben und der Wandel der Infantin; im 5. Punkte dankte Khevenhüller für den ihm ausgezahlten überrestlichen Gehalt und bat 6. um seine Abberufung aus Spanien; die Punkte 7—11 enthielten verschiedene Recommandationen beim Kaiser und bei Eggenberg. Der dritte Absatz behandelt das dem Grafen aufgetragene Geschäft, ist aber, weil der besseren Geheim-

---
¹) Beilage 1 und Khevenhüller 10, 1918.

haltung halber die Verhandlungen nur mündlich geführt worden waren, ziemlich allgemein gehalten; Khevenhüller verspricht mit Schwarzenberg diesbezüglich fleissig zu correspondiren und will mit H. Gabriel de Roy Chiffern zusammenstellen und davon ein Exemplar dem Grafen Rietberg, dem Grafen Schwarzenberg und Herrn de Roy zukommen lassen[1]).

Gegen Ende Februar verliess endlich Schwarzenberg mit dem Hofstaate des verstorbenen Erzherzogs Madrid; am 22. März kam er in Paris und etwa nach Verlauf eines Monats in Wien an.

Er entledigte sich gewissenhaft seines Auftrages, indem er sowohl dem Kaiser als Eggenberg die spanischen Projecte mündlich auseinandersetzte. Auf ausdrücklichen Befehl brachte er am 26. April das Ganze zu Papier und übergab es dem Kaiser, welcher das Schriftstück in Originali dem Fürsten Eggenberg zur Begutachtung einhändigte. Am spanischen Hofe vermerkte man es dem Grafen sehr gnädig, dass er, ohne seine erst im verflossenen Jahre heimgeführte Gemahlin zu sehen, sich an den Hof verfügt hatte.

Ein harter Schlag traf die Verhandlungen, bevor sie noch recht in Fluss gerathen waren, durch den plötzlichen Tod des Grafen Rietberg[2]), für den kaum ein Ersatz zu finden war. Dieser Verlust war gerade in dem Momente um so empfindlicher, als er die Negotiation am kaiserlichen Hof zu unterbrechen drohte und als bereits Olivarez den Gabriel de Roy, auf den man in Handelssachen grosse Stücke hielt, nach Andalusien, Portugal, Viscaya und nach Flandern geschickt hatte, um dort die Handelsleute für die Compagnie zu gewinnen. „Unsere Negotiation", schreibt Khevenhüller an Schwarzenberg, „ist schriftlich erfolgt und der Infantin zu erklären anbefohlen worden, das noch in der Still (zu halten); also werd E. L. auch zu behalten wissen". Es gelang Roy in Flandern 10 Schiffe zu erlangen, die den Holländern beim Häringfang grossen Abbruch thaten; die Infantin verfügte sich selbst zum Auslauf der kleinen Flotte nach Dünkirchen. Am 31. October stachen endlich 9 ausgerüstete Schiffe in See; sie vernichteten 70 Schifferbarken, zerrissen ihre Netze und kehrten am 22. November mit grosser Beute zurück[3]).

Am 30. Mai legte Eggenberg sein Gutachten dem Kaiser vor. Er entschuldigte sich darin vorerst wegen der Weitläufigkeit seines Elaborats; das Werk aber sei so wichtig, dass durch eine vollkommenere Feder viel mehr zu schreiben gewesen wäre. Er verschliesse sich nicht den Schwierigkeiten, welche sowohl in der grossen Entfernung der beiden Leiter des Unternehmens, Oesterreichs und Spa-

---

[1]) Im Schwarzenbergischen Familienarchiv. [2]) Khevenhüller an Schwarzenberg 1625, 21. Mai. (Familienarchiv). [3]) Khevenhüller 10, 1010 f.

niens, in dem Zusammenwirken so verschiedener Völker, der Befriedigung ihrer besonderen Interessen und namentlich in der grossen Macht jener zu suchen seien, welche, um das Zustandekommen des Unternehmens zu verhindern, Himmel und Erde in Bewegung setzen würden; das Werk sei zwar schwer, aber nicht unausführbar, dem gesammten Hause Habsburg, dem heil. römischen Reich deutscher Nation und, was das wichtigste sei, der Ehre Gottes und seiner heiligen Religion rühmlich, nützlich, ja nothwendig. Er müsse daher dem Kaiser rathen die spanischen Vorschläge nicht zu verwerfen, sondern mit nachfolgenden Bedingungen anzunehmen.

In der Spanien zu ertheilenden Antwort solle der Kaiser als erste Bedingung aufstellen, dass ein Reichsstand die früher dem Grafen von Rietberg zugedachte Aufgabe übernehme, dass auch die Hansestädte für das Unternehmen gewonnen und ihre Zustimmung erwirkt würde; denn nach der Wahlcapitulation sei der Kaiser nicht befugt ohne Wissen und Willen der Kurfürsten des Reiches derartiges zu unternehmen, sei aber hiezu verpflichtet, sobald er zur Verhütung mehreren Schadens für das Reich und dessen Glieder von einem Reichsstande um Schutz und Hilfe angerufen werde. Im Bunde mit Spanien und den Hansestädten wäre der Kaiser stark genug England, Holland, Dänemark und allen Missvergnügten im Reiche die Spitze zu bieten. Die verschiedenen Factoren, die zur Cooperation herbeigezogen würden, wären durch Emolumente für das Interesse der Sache zu gewinnen und dafür könnte Spanien seine Pensionen und Mercedes mit Vortheil verwenden. Dem Könige von Spanien wäre die gewissenhafte Geheimhaltung des Planes ans Herz zu legen, wie er das auch von Oesterreich erwarten könne. Auch müsse man ihm das nahelegen, dass er von Oesterreich wegen der langwierigen Kriege und der fast gänzlichen Verwüstung der Königreiche und Länder keine Geldhilfe zu erwarten habe.

Welche Truppen zu dieser Unternehmung zu gebrauchen, wem das Commando über sie anzuvertrauen, wann sie ins Werk zu setzen, wie die Nachbarfürsten zu beruhigen, wie das Gouvernement in bellicis, politicis und cameralibus daselbst einzurichten sei, das seien Fragen, die reiflich überlegt und durchdacht werden müssten, die jedoch erst nach Eintreffen weiterer Informationen aus Spanien endgiltig beantwortet werden könnten. „Der Allerhöchste geb sein' Gnad', dass dies Werk also fortgehe, wie ich wünsche und hoffe, es auch, wie obgemelt, für rühmlich, nützlich und nothwendig halte". Und nun liess sich der Fürst auf die Begründung seines letzten Satzes weitläufig ein. Was könnte, so argumentirte er, rühmlicher sein, als wenn unter der

Regierung eines Ferdinand II. die kaiserliche Flagge wieder auf den Meeren erschiene, was bereits seit Menschengedenken nicht geschehen und fast aus der Bücher Gedächtniss gekommen sei; dieser Ruhm aber werde auf das heil. römische Reich und die deutsche Nation zurückstrahlen. Wo der Handel und die Schifffahrt, da sei der Reichthum zu Hause. Es sei auch nothwendig, weil man nur zu Meere, woher die Feinde ihre Hilfsquellen holen, sie besiegen könne. Auch die katholische Religion würde dadurch wesentlich gefördert werden, weil die irregeführten Völker, durch Schiffahrt und Handel mit dem katholischen Oesterreich verbunden, sich leicht bekehren liessen. „Das Exempl", so schloss der Fürst, „der indianischen Völker und Nationen ist klar genug und darf wenig anderer Beweisung".

Im Postscriptum empfahl Eggenberg dem Kaiser dieses Project sowie das wegen Restitution der Stifter und Klöster, obzwar sie strenge geheimzuhalten seien, seinem Beichtvater Wilhelm Lamormain mitzutheilen und seine Meinung darüber zu vernehmen. Wir glauben aber kaum, dass Ferdinand II. diesen Rathschlag des Fürsten befolgt hat, weil er das Gutachten in Originali, damit es ja nicht einem der Räthe in die Hände falle und an dem Kaiser zum Verräther werde, dem Grafen Schwarzenberg zur Information übergeben hat[1]).

Am 28. April und 26. Mai 1625 berichtete Schwarzenberg an Khevenhüller über den guten Erfolg seiner Mission und sandte auch einen Brief an Olivarez. Dieser zeigte sich über die ihm zugekommenen Mittheilungen sehr erfreut und wusste die Verrichtung Schwarzenbergs nicht genug zu rühmen. Spanischerseits war man überhaupt mit den Vorschlägen des Grafen ganz einverstanden; man verschloss sich aber nicht dem Gedanken, dass der Tod des Grafen Rietberg dem Unternehmen sehr nachtheilig sein werde, sowie dass das Gelingen desselben von der wohlwollenden Gesinnung eines Reichsfürstenstandes abhänge. Man erwartete nur noch günstige Nachrichten von Gabriel de Roy, der auch den Reichsfürsten namhaft zu machen hatte. Am 29. Juli beantwortete Khevenhüller dem Kaiser, dem Fürsten Eggenberg und dem Grafen Schwarzenberg umständlich die ihm zugeschickten Schriftstücke[2]). Es wird kaum geleugnet werden können, dass Spanien mit dem vorgelegten Plane nichts anderes bezweckte, als durch ein Bündniss mit dem Kaiser die durch Ordonanz vom 4. October 1624 zu Sevilla ins Leben gerufene Admiralität zu verstärken, die Holländer für ihren Abfall durch Vernichtung ihres Handels zu züchtigen und

---

[1]) Beilage II. [2]) Khevenhüller an Schwarzenberg 1625, 6. und 29. Juli (im Schwarzenberg. Familienarchiv) und an den Kaiser am 29. Juli (im geh. Hof- und Staatsarchiv).

durch das Ansichziehen desselben dem Grafen-Herzoge Olivarez, der „Tag und Nacht bemüht war den König aus den Schulden zu bringen und Spanien wieder in den Sattel zu helfen", hilfreich unter die Arme zu greifen[1]). Aber eben so muss zugestanden werden, dass Spaniens Vorschlag, glücklich verwirklicht, völlig geeignet war Deutschlands innere und äussere Gestaltung in ganz neue Bahnen zu führen und die damals so oft geäusserten Absichten des Kaisers: nicht bloss Kaiser zu heissen, sondern auch Kaiser zu sein, ihrer Verwirklichung nahe zu bringen.

Der rasche Abschluss dieser Projecte ward aber nicht nur durch den Tod des Grafen von Rietberg, sondern noch mehr durch die für beide Linien des Hauses Habsburg ungünstigen politischen Conjuncturen, welche eine Umgestaltung, beziehungsweise Erweiterung der entworfenen Pläne auch auf die Hilfsquellen zu Lande nothwendig machten, verzögert und weiter hinausgeschoben. Im Süden Deutschlands hatte sich am 7. Februar 1623 Frankreich mit Venedig und Savoyen die Hand zur Vertreibung der Spanier aus dem Veltlin und, wie die hundertstimmige Fama hinzufügte, zum Vordringen nach Deutschland und zur Wiedereinsetzung des geächteten Kurfürsten von der Pfalz gereicht, ein Bündniss, das ebenso gegen Spanien als gegen Baiern und den Kaiser gerichtet zu sein schien. Gegenmassregeln erschienen um so angezeigter, als sich der politische Horizont durch die geheimen Verträge Frankreichs mit Holland und Dänemark, den Subsidienvertrag Englands mit Holland und das Bündniss Englands mit Dänemark und Holland (1625, 9. December) immer mehr und mehr verfinsterte. Auch in diesem Falle scheint Olivarez die Initiative ergriffen zu haben. Er stellte dem kaiserlichen Gesandten Khevenhüller vor, dass Spanien für die den deutschen Fürsten geleisteten Dienste an Geld und Volk in Hinsicht auf die gefährlichen Zeitläufe auf Gegendienste rechne[2]). Während es Olivarez damit auf einen Succurs abgesehen hatte, brachte Khevenhüller ein förmliches Bündniss in Vorschlag, auf welches der erstere auch einging. Nach wiederholten Sollicitationen des Königs von Spanien[3]) schickte Kaiser Ferdinand II. Don Balthasar de Marradas zur Einleitung der Verhandlungen nach München; seine Instruction ist vom 16. Jänner 1625 datirt. Marradas

---

[1]) Khevenhüller 10, 1018 und ein Schreiben an Schwarzenberg 1625, 19. August (im Familienarchiv). [2]) Khevenhüller 10, 1012.

[3]) Instruction des Kaisers für Khevenhüller vom 11. Jänner: Intelligimus tum ex diversorum relationibus tum ex ipsomet Hispaniarum regis hic in aula nostra . . . oratore etc. (Geh. Hof- und Staatsarchiv).

hatte dem Kurfürsten zu Gemüthe zu führen, wie auf allen Seiten, in Ungarn, Ostfriesland, Holland, der Unterpfalz, in Burgund, Mailand und in Friaul, zum Nachtheile der katholischen Religion und der Autorität des Kaisers und auch Baierns sich Feinde erheben, die Tag und Nacht — und jetzt sollte die wunde Seite des Kurfürsten berührt werden — daran arbeiten den geächteten Pfalzgrafen in integrum zu restituiren; der Kaiser halte es daher für seine Pflicht sich mit dem Könige von Spanien und dem Kurfürsten als den in erster Linie Interessirten über ein gemeinsames Vorgehen zu verständigen[1]). Von Seite Spaniens hatte er zu erinnern: die Gleichheit der Religion und die zwischen den feindlichen Fürsten geschlossenen Bündnisse liessen den drei Paciscenten keine andere Wahl übrig als das Beispiel der Feinde nachzuahmen, eine neue Liga und Freundschaft mit einander zu halten und ein jeder für den anderen soviel als für sich selbst zu thun[2]). Der Kurfürst ging in seiner Antwort auf die Motivirung des Kaisers ein, kam aber bei der Schlussfolgerung zu einem ganz anderen Resultate. Er kenne die väterliche Sorge des Kaisers um das Reich und die heilige Religion und bitte ihn damit fortzufahren. Er billige auch das vorgeschlagene Mittel einer Liga zwischen Spanien, dem Kaiser und den katholischen Ständen Deutschlands; allein, da bereits ein Bund der katholischen Stände bestehe, so käme es nur darauf an, dass Spanien zu ihm in ein reciprokes Verhältniss trete, und da nun der Pfalzgraf die Restitution seines Reiches anstrebe und auch den Titel eines Königs von Böhmen führe, so hätten die Truppen Spaniens und des Kaisers vor allem ihn, den Kurfürsten, zu unterstützen. Er glaube zum raschen Abschlusse der Liga rathen zu müssen, damit der rechte Augenblick nicht verstreiche und die Gefahr nicht ins Unendliche wachse[3]).

Mit dieser Antwort kehrte Marradas an den kaiserlichen Hof zurück und der Kaiser begnügte sich wegen der gefährlichen Reise durch Frankreich damit seinem Gesandten Khevenhüller die Antwort des Kurfürsten mit dem Auftrage zu übermitteln, davon dem Könige und dem Grafen-Herzoge Olivarez Parte zu geben und die weiteren Verhandlungen mit ihnen zu pflegen; am 17. Jänner, 7., 18. und 19. März und am 23. April 1625 ergingen an Khevenhüller diesbezügliche Anordnungen und Credentialien[4]). Er hatte dem Könige und seinen Ministern zu sagen, dass der Kaiser für die ihm seit Jahren

---

[1]) Aretin, Baierns auswärtige Verhältnisse Nr. 28, p. 112.
[2]) Aretin l. c. Nr. 29, p. 145.
[3]) Aretin Nr. 30 p. 145 mit dem Datum 9. Februar 1625.
[4]) Geh. Hof- und Staatsarchiv.

wider die rebellischen Unterthanen geleistete Hilfe Gleiches mit Gleichem zu vergelten bereit sei, aber wegen des langwierigen Krieges und der Erschöpfung seiner Erbländer Spanien blosse Hilfstruppen, aber kein Geld in Aussicht stellen könne, wogegen der König das nöthige Geld für den Sold selbst aufzubringen haben würde. Von dem Kurfürsten von Baiern habe er hinzuzufügen, dass das verbündete Frankreich, Savoyen und Venedig mit dem Gedanken umgingen den Pfalzgrafen Friedrich wieder in sein Reich einzuführen; der Kurfürst lasse daher den König bitten keinem dieser Verbündeten den Durchzug nach Deutschland zu gestatten. Khevenhüller verfasste im Sinne der ihm zugekommenen kaiserlichen Instructionen ein Compendium, reiste damit nach Aranjuez zum Könige und referirte sowohl schriftlich als mündlich über den ihm zutheil gewordenen Auftrag[1]). Seine Rede ging dahin, dass Spanien mit Baiern und der katholischen Liga ein Offensiv- und Defensiv-Bündniss eingehen und das Interesse eines Verbündeten die Sache aller Vertragschliessenden sein solle, dass keiner von ihnen ohne der anderen Wissen und Willen Krieg oder Frieden schliessen dürfe, jeder aber verpflichtet sei, wo es am meisten nothwendig, zu Hilfe zu eilen.

Olivarez mahnte zur Geheimhaltung der Liga, weil die Bekanntmachung derselben die Feinde in ihren Gegenanstalten nur noch aneifern würde; er sei gerne bereit Baiern und der katholischen Liga Hilfe zu leisten, nur solle der Ausdruck „Liga" nicht gebraucht werden, es sei denn der Kurfürst von Sachsen mit inbegriffen.

In einer glänzenden Rede suchte Khevenhüller Olivarez' Einwendungen zu entkräften: Man brauche sich nicht zu fürchten den Feind aufzureizen, der ohnehin keine Gelegenheit verabsäume Schaden zuzufügen. Frankreich habe bisher die Niederlande nicht angegriffen, weil es zu schwach sei; England führe den Krieg zur See gegen Spanien fort, wolle aber doch nicht offen als Feind sich declariren. Das sei die alte Politik der Engländer, Spanien wie einen hektischen Körper langsam aber sicher zu Grunde zu richten. So habe der verstorbene König von England mit Spanien zum grossen Vortheile seines Landes und Hollands Frieden geschlossen, um desto ungestörter in Ost- und Westindien festen Fuss zu fassen und viele Völker zu unterwerfen. König Philipp von Spanien habe durch ungestümes Wetter mächtige Armeen zu Wasser verloren, aber keine Hand breit Erde; mit jenem Accord habe man jedoch viel Land und Leute eingebüsst, das Einkommen des Königs geschmälert, die Flotten in Gefahr gesetzt,

---

[1]) Khevenhüller an den Kaiser 1625, 22. Mai. (Hof- und Staatsarchiv).

den Handel seinen Königreichen und Ländern entzogen. Man müsse daher vielmehr offen den Feinden zeigen, dass, wenn sie von ihren Feindseligkeiten nicht ablassen würden, man mit aller Macht dahin wirken werde den Frieden herbeizuführen, Polen wider Schweden, Bethlen Gabor selbst wider Venedig zu interessiren und aus Polen und den septentrionalischen Landen alle Commercien zum Nachtheile Hollands nach Spanien zu wenden¹).

Den Gegenstand zerlegte Khevenhüller in vier Punkte: der erste betraf die abzuschliessende Liga wider alle Perturbatores und Rebellen im engeren Sinne, gegen welche alle „vor einen Mann stehen" sollten und mit welchen kein Theil ohne den anderen Frieden oder Krieg tractiren dürfe; 2. hätte Spanien durch seinen Gesandten am päpstlichen Hofe dahin zu wirken, dass in Italien ohne Einbeziehung Deutschlands kein Vergleich getroffen werde; 3. wären die italienischen Fürsten zum Beitritte zur Liga einzuladen und 4. die Entscheidung betreffs der Unterpfalz zum gütlichen Vergleich auf den nächsten Reichstag zu verschieben und hätte sich Spanien unterdessen jeder Gewaltthätigkeit daselbst zu enthalten.

Er fand für seine Vorschläge williges Gehör; man wies dieselben dem geheimen Rathe zu und bestimmte vier Herren, den Conde de Lemos, den Markgrafen de Eytona, den Markgrafen de Montes Claros und den Grafen de Monterey, zu den Verhandlungen mit ihm²). In der Folge drang Khevenhüller noch darauf, dass der König von Dänemark durch eine Gesandtschaft von seinem Kriegsvorhaben abgemahnt und mit Anbietung guter Freundschaft dessen versichert werde, dass Spanien im heil. römischen Reich nichts anderes als die Erhaltung des Religions- und Profanfriedens suche und dass er dasjenige, was er von der Unterpfalz inne habe, nach dem Schiedspruche des nächsten Reichs- und Fürstentages restituiren werde. Auch die Verlegung der Verhandlungen nach Brüssel an den Hof der Infantin Isabella scheint er angeregt zu haben; ein Analogon hiefür lag bereits in der Delegirung der Vergleichstractate zwischen Pfalz-Neuburg, Sachsen und Brandenburg im Monate Februar 1625 nach Brüssel vor.

Am 23. Juni erfolgte die Antwort, die der königliche Kanzler Don Andreas de Losada y Prada dem kaiserlichen Gesandten zustellen liess. Der König zeigte sich sowohl wegen naher Blutsverwandtschaft beider Linien als wegen der guten und freundschaftlichen Beziehungen beider Regierungen den kaiserlichen Propositionen sehr geneigt

---

¹) Khevenhüller 10, 1045. ²) Nach dem undechiffrirten Berichte Khevenhüllers am 22. Mai 1625 im geh. Hof- und Staatsarchiv.

und gab zugleich bekannt, dass er bereits, um dieses Werk von so
grosser Wichtigkeit, aus welchem der Christenheit so grosse Wohlthat
erwachsen könne, so schnell als möglich zu effectuiren, Brüssel als
Ort der Verhandlung bestimmt und der Infantin Isabella die nöthigen
Vollmachten zugeschickt habe, damit sie in seinem Namen mit Kur-
baiern und den übrigen katholischen Fürsten eine solche Liga schliessen
möge. In der Angelegenheit der Unterpfalz wolle er sich gerne dem
Machtspruche des nächsten Reichs- und Kurfürstentages fügen. Baiern
könne auf den Beistand Spaniens bestimmt rechnen und damit der
Kurfürst sehe, dass es ihm nicht leere Hoffnung mache, gebe ihm der
König zu wissen, dass er nebst seinen Landtruppen in Italien, in
Niederland und in Brasilien noch 60 Schiffe mit allem Zugehör und
Schiffs- und Kriegsleuten ausrüsten lasse, um so den Feinden hin-
reichend gewachsen zu sein. Am 5. Juli schickte Khevenhüller eine
Abschrift der königlichen Resolution mit einem weitläufigen Commen-
tar nach Hause[1]).

Am 10. August sandte der Kaiser die ihm eben zugekommenen
Depeschen aus Spanien dem Fürsten von Eggenberg mit der Nachricht
zu, dass von der Infantin Isabella aus Brüssel noch keine Einladung
zu den Verhandlungen erfolgt sei, und erbat sich den Rath des Fürsten,
sowie darüber, ob es vielleicht nicht nothwendig sei die Infantin deshalb zu interpelliren[2]). Der Beginn der Tractate zog sich indessen
in die Länge, weil Eggenberg erkrankt war und der Kaiser ohne ihn
nichts thun wollte[3]).

Von der Infantin erging am 19. November an Baiern die Einladung zu den Verhandlungen nach Brüssel jemanden abzuordnen,
zugleich mit dem Hinweise auf das zwischen England und Holland
auf 15 Jahre geschlossene Defensiv- und Offensiv-Bündniss[4]). Der
Kurfürst meinte jedoch, er könne dies nicht früher thun, bevor er
nicht die Deliberationspunkte erfahren habe, und halte es für räthlich
die Verhandlungen bis zu dem nächsten Deputationstage zu verschieben,
weil bei demselben Ossona, der Gesandte der Infantin, und sein Be-
vollmächtigter, ohne Aufsehen oder Verdacht zu erregen, ungestört die
Unterhandlungen einleiten könnten. Dagegen unterliess er es nicht
über die spanischen Einquartierungen in den kurkölnischen Landen Klage

---

[1]) Khevenhüller an den Kaiser 1625, 5. Juli (Hof- und Staatsarchiv); Khevenhüller 10, 1043.
[2]) Ferdinand II. an Eggenberg 1625, 10. August (Hof- und Staatsarchiv).
[3]) Khevenhüller 10, 1013.
[4]) Aretin Nr. 82 p. 130.

zu führen¹). Erst nachdem ihm die Infantin durch ein neuerliches Schreiben vom 21. December vorgestellt, wie gefährlich es wäre die Verhandlungen auf so lange zu verlegen, und nachdem sie ihn darauf aufmerksam gemacht hatte, dass die Deliberationspunkte erst von den Bevollmächtigten in Gemeinschaft festgesetzt würden und dass bereits der Kaiser seinen Gesandten ernannt habe, gab der Kurfürst ihren Vorstellungen nach und erklärte sich bereit seinen Bevollmächtigten zu senden, sobald der kaiserliche Gesandte aufgebrochen sein würde²).

Während man in Spanien bezüglich der septentrionalischen Negotiation und der Brüsseler Tractate noch zu keinem definitiven Entschlusse gelangen konnte³), war bereits am 25. November auf Anrathen Khevenhüllers und auf Wunsch Spaniens Graf Georg Ludwig zu Schwarzenberg zum kaiserlichen Gesandten für Brüssel ernannt und zu den Verhandlungen mit den Hansestädten betreffs der Navigation bevollmächtigt worden; das nöthige Reisegeld von 5000 Reichsthalern hatte der Kaiser gegen Verpfändung des Wein- und Biertaxes bei Francesco Chiesa aufgetrieben und zur weiteren Sustentation des Gesandten Wechsel ausgestellt. Da jedoch das kaiserliche Handbillet verloren gegangen und dem Grafen nicht zugekommen war, so erneuerte Ferdinand II. am 27. Jänner 1626 seinen früheren Auftrag. Die Vollmacht trägt erst das Datum vom 14. März 1626. Er habe, lässt sich der Kaiser darin vernehmen, in Ansehung der an unterschiedlichen Orten angesponnenen und ins Werk gesetzten feindlichen, weit aussehenden und gefährlichen Bündnisse, Conföderationen, Kriegsbereitschaften und Verfassungen zur Versicherung, Rettung und zum Schutze des Hauses Oesterreich und dessen anverwandter und zugehöriger Erbkönigreiche, Kurfürstenthümer und Landen es für nothwendig erachtet auf zeitliche Gegenfassung und Defension bedacht zu sein, und sei mit dem Könige Philipp von Spanien als dem nächst vornehmsten Haupte dieses Hauses deswegen in Unterhandlungen getreten; und da der König zur Vollziehung dieses Werkes der Infantin Isabella Clara Eugenia vollkommene Gewalt gegeben, so erneue er seinerseits den Grafen G. L. zu Schwarzenberg zu seinem Gesandten mit der Vollmacht: alles, was die obige Gegenfassung, Defension und Zusammensetzung in genere, als absonderlich auch die Navigation be-

---

¹) Aretin Nr. 23 p. 152.
²) Aretin Nr. 54 p. 155 und Nr. 56 p. 157.
³) Khevenhüller an Schwarzenberg 1625, 21. December. (Schwarzenberg Familienarchiv).

treffe, bis auf eigene Ratification zu tractiren. Das Begleitschreiben an die Infantin ist von demselben Datum. Ueber die Ernennung Schwarzenbergs äusserten der König und auch Olivarez dem kaiserlichen Gesandten gegenüber ihre besondere Befriedigung. „Kann E. L.", schreibt Khevenhüller an Schwarzenberg, „nicht genugsam schreiben, wie mans bei diesem Hof wünscht und sich darüber erfreut: vox populi, vox dei. Der König und Conde Duque haben diese Worte geantwortet: buena election nizo el emperador ser el conde de partesy moy afeto a nostra cosa". Auch die Infantin war mit der getroffenen Wahl einverstanden. Zwei Umstände hatten besonders den Grafen für diese Mission empfohlen: seine Beliebtheit in Spanien und, was in der damaligen Finanznoth sehr ins Gewicht fiel, sein bedeutendes Vermögen, welches ihm über die gewöhnlich ausbleibenden Gelder leichter hinweghelfen mochte[1].

Jetzt glaubte auch Spanien nicht länger zögern zu dürfen; am 7. Jänner schickte es den Grafen von Solre nach Polen und Danzig, um daselbst für den Beitritt zu der projectirten Handelscompagnie Propaganda zu machen[2]; denn nach dem von Schwarzenberg etwas sanguinisch entworfenen und von Spanien gebilligten Plane war an dem baldigen Zustandekommen der Liga gar nicht zu zweifeln und dann hätten die Verhandlungen mit den schon instruirten Hansestädten sogleich in Angriff genommen werden sollen. Ferdinand II. richtete am 28. December 1625 an Olivarez in recht verbindlichen Worten ein Schreiben, in welchem er demselben für den Eifer, die Treue und Wachsamkeit sowie die guten Dienste bei den Verhandlungen mit Spanien seinen Dank aussprach[3].

Schwarzenberg erhielt den Auftrag seine Reise über München zu nehmen und den Kurfürsten an sein Versprechen zu mahnen sowie seinen Rath einzuholen, ob man auch Sachsen von der bevorstehenden Tractation unterrichten solle. Auf sein schriftliches und mündliches Anbringen erhielt der Graf auch einen doppelten Bescheid. Er habe, antwortete Maximilian am 21. März 1626, Marradas gegenüber ein solches Bündniss für das einzige Mittel gegen jene erklärt, welche den Untergang des römischen Reiches und aller katholischer Stände,

---

[1] Nach den Acten des Familienarchivs: Decret des Kaisers vom 27. Jänner :) die Vollmacht nebst dem Begleitschreiben vom 11. März 1626; Khevenhüller an Schwarzenberg vom 23. December 1625 und 16. Jänner und nach den Acten des Hofkammerarchivs.

[2] Khevenhüller an den Kaiser 1626, 6. Jänner (im Hof- und Staatsarchiv) und an Schwarzenberg am 16. Jänner (im Schwarzenbergischen Familienarchiv.

[3] Concept im Hof- und Staatsarchiv.

vornehmlich aber beider Häuser Oesterreich und Baiern auf alle Weg begehren und suchen, er halte jetzt noch daran fest und werde daher auch einen Bevollmächtigten nach Brüssel abordnen; in weitere Details, fügte er mündlich hinzu, könne er sich jedoch ohne Einholung der Willensmeinung der miluntirten Stände nicht einlassen. Gerüchte von den Verhandlungen seien jetzt schon laut und würden es noch mehr werden; um daher bei den Protestanten nicht allerhand Nachdenken zu erwecken und sie nicht der Union in die Arme zu jagen, wäre es gut Sachsen ins Vertrauen zu ziehen und den Kurfürsten auf kaiserliches Wort zu versichern, dass alda zu Brüssel nichts, so dem Religions- und Profanfrieden zuwiderlaufe, gehandelt werde¹). Schwarzenberg war über seine Verrichtung zu München wenig erbaut. „Den Herzog in Baiern, so schrieb er am 11. Mai an Khevenhüller, zu der vom Kaiser desiderirten und von Spanien approbirten einmüthigen Defensionsverfassung nicht sehr geneigt gefunden, unusquisque quaerit quae sua sunt, und sorgen sammentlich, man wolle das Reich wider die Holländer impliciren, und dass das Haus Oesterreich zu gross werde. Und in diesen wenig Worten bestehet alles politische Gesetz der falschen Propheten"²). Auf die hierüber erstattete Relation Schwarzenbergs liess es der Kaiser dabei bewenden, wies aber den Grafen an in der Tractation zu Brüssel mit dem baierischen Gesandten gute und vertrauliche Correspondenz zu pflegen³). Dem Rathe Maximilians folgend setzte der Kaiser den Kurfürsten von Sachsen von den bevorstehenden Verhandlungen im allgemeinen in Kenntniss. Johann Georg bedankte sich am 27. April für die ihm gemachten Mittheilungen mit dem Wunsche, dass solches Vorhaben dem heil. römischen Reich und dessen gehorsamen Ständen zu gedeihlicher Wolfahrt und zur Abwendung des vor Augen stehenden Ruins ausschlagen möge, und mit der Bemerkung, dass es um das verwüstete Reich geschehen sei, wenn eine grössere Menge Volks in dasselbe geführt werden sollte⁴).

Auf seiner Durchreise durch Bonn nahm Schwarzenberg Audienz bei dem Kurfürsten von Köln. Auch dieser wollte aus den Aeusserungen des Grafen bemerkt haben, dass Spanien die katholische Liga in das holländische Kriegswesen einflechten wolle und dass der kaiserliche Gesandte dem Vorhaben nicht abgeneigt sei. Der kölnische Rath Altenbouen präcisirte aber dem Grafen den Standpunkt seines Herrn rundweg mit den Worten: Spanien wolle gar zu gross und mächtig

---

¹) Anutin Nr. 39 p. 162. ²) Schwarzenberg. Familienarchiv.
³) Ferdinand II. an Schwarzenberg 1626, 20. März (Familienarchiv).
⁴) Schwarzenberg. Familienarchiv.

in Deutschland werden; dem müsse man zuvorkommen, sonst würde Spanien alle Fürsten unterdrücken wollen [1]).

Am 9. Mai berichtete der kaiserliche Gesandte dem Kaiser über seine Ankunft zu Brüssel und über seine Aufnahme daselbst; die Verhandlungen hätten noch keinen wirklichen Anfang genommen, er habe aber bei der Infantin grosse Willfährigkeit wahrgenommen, wie sie denn zu der vorhabenden Tractation ein ansehnliches und der Sache wohlgewogenes Subject, den Freiherrn Carl von Schönburg, bestellt habe[2]). Gondomar werde ausser aller Confidenz gehalten und werde wahrscheinlich auch zu dieser Verrichtung nicht beigezogen werden; er sei noch gut englisch. Den Grafen von Solra traf Schwarzenberg nicht mehr in Brüssel, was er sehr bedauerte, da ihm an einer Besprechung mit demselben betreffs der septentrionalischen Sachen viel gelegen war[3]).

Die Infantin machte sich dem Grafen gegenüber anheischig den Obersten Grafen von Isenburg mit 6000 Mann zu Fuss und mit 1000 Pferden zur Versicherung des westphälischen Kreises und der Stifter dem Grafen von Anhold zur Verstärkung zuzusenden. Den Kaiser und den Kurfürsten von Baiern erfüllte die darüber zugekommene Meldung mit grosser Befriedigung und sie liessen der Infantin für das zuvorkommende Anerbieten danken. Der Kaiser fügte daran den weiteren Wunsch, dass Isenburg angewiesen werde nicht allein mit Anhold, sondern auch mit dem Herzoge von Friedland und mit Tilly in allen Vorfallenheiten vertraulich zu correspondiren und den Feinden also defensive zu begegnen, „da die Staaten von Holland dem Könige von Dänemark und den proscribirten Mansfeldern, des Kaisers offenen Feinden, etliche Regimenter zu schicken einige Scheu nie getragen[4])". Der Kurfürst lenkte die Aufmerksamkeit der Infantin auf den um sich greifenden Bauernaufstand in Oberösterreich, zu dessen Unterdrückung der ohnehin schwache Tilly noch einige Truppen werde abgeben müssen, und bat sie im Namen der ganzen katholischen Bundesgenossen den versprochenen Succurs, wenn nicht für immer, so doch für die Zeit des Bauernaufstandes dem Grafen Tilly ohne alle Beschränkung (also auch jenseits der Weser) oder im äussersten Falle, wenn Spanien wegen der Ablehnung eines engeren Bündnisses seitens des Kurfürsten den Succurs verweigern wollte, wenigstens für so lange zu überlassen, bis

---

[1]) Aretin p. 175 und Nr. 42 p. 184.
[2]) Ferdinand II. an Schwarzenberg 1626, 30. Mai. (Familienarchiv).
[3]) Schwarzenberg an Khevenhüller 1626, 16. Jänner und 11. Mai (Familienarchiv). [4]) Ferdinand II. an Schwarzenberg 1626, 30. Mai (Familienarchiv).

sich Baiern mit den übrigen Verbündeten ins Einvernehmen gesetzt haben würde[1]).

Nun kam die Reihe an den Kurfürsten von Baiern sein gegebenes Wort einzulösen. Sein Argwohn gegen Spanien hatte durch die inzwischen eingelaufene Nachricht von dem am 5. März zu Barcelona zwischen Spanien und Frankreich ohne jede Berücksichtigung Deutschlands geschlossenen Frieden und dem Waffenstillstand zwischen Savoyen und Genua neue Nahrung gefunden. In seinem Briefe an Ferdinand II. vom 1. Mai klagte der Kurfürst bitter über das Verfahren Spaniens und bat dahin zu wirken, dass wenigstens bei dem definitiven Friedensschlusse zwischen Savoyen und Genua Deutschland mit in den Frieden eingeschlossen werde, widrigenfalls es augenscheinlich wäre, dass dieser Friede nur zu dem Zwecke geschlossen worden sei, um mit der jetzt in Italien überflüssig gewordenen Kriegsmacht dem geächteten Pfalzgrafen, dem Könige von Dänemark und seinen Anhängern desto besser unter die Arme zu greifen. Um jedoch den schon gemachten Fehler zu paralysiren, sei es gebieterische Pflicht, dass das spanische Kriegsvolk auf das schleunigste aus Italien nach Deutschland ziehe und dem Gegentheile den Vortheil ablaufe[2]).

Trotz dieses Zwischenfalls ernannte Maximilian Ende April seinen Hofrathspräsidenten J. Chr. Freiherrn von Preysing zum ersten und den Hof-Oberrichter J. Chr. Thanner zum zweiten Gesandten in Brüssel. Sie erhielten den Auftrag auf den Succurs für Tilly, dessen Streitkräfte dem Könige von Dänemark nicht gewachsen waren, zu dringen, bei den Verhandlungen bezüglich des abzuschliessenden Bündnisses sich aber nur passiv zu verhalten. Auch sie unterliessen es nicht auf der Hinreise in Bonn bei dem Kurfürsten von Köln vorzusprechen; am 12. Mai kamen sie zu Brüssel an, zwei Tage darauf, am 14. Mai, hatten sie Audienz bei der Infantin; sie sprach ihnen ihre Befriedigung über ihr Erscheinen aus und machte ihnen für den begehrten Succurs die besten Hoffnungen. Die folgenden Tage wurden mit Besuchen und Gegenbesuchen zugebracht. Durch Privatbesprechungen mit Schönburg und Schwarzenberg wurden sie in den Plan der bevorstehenden Tractate eingeweiht: der Kaiser müsse, so erzählte man ihnen, sich zum Schutze des Reiches und des Handels im baltischen Meere eines Hafens bemächtigen. Die Holländer müssten die von Deutschland abgerissenen Orte, als Oberyssel und Utrecht dem Reiche zurückgeben; der Kaiser werde sie als Rebellen und Feinde des Reiches proclamiren und jeden Handel mit ihnen verbieten. Die kaiserlichen Truppen würden Ham-

---
[1]) Aretin Nr. 11 und p. 218. [2]) Aretin p. 220.

burg und Bremen einnehmen, besetzen und befestigen; dort würde eine Handelscompagnie errichtet werden. Der Kaiser werde die geistlichen Beneficien und Stiftungen in der Unterpfalz, ehe er die letztere dem Pfalzgrafen restituire, einziehen und werde damit die Dienste seiner Getreuen entlohnen[1]). Viel zu viel für den berechnenden Verstand, geschweige denn die kühne Phantasie der misstrauischen baierischen Gesandten! Sie mussten daraus ersehen, dass für Spanien die Verwirklichung der maritimen Projecte die Hauptsache und das neue Bündniss nur ein Mittel zu diesem Zwecke sein sollte. Dem entsprachen auch die mittlerweile von der spanischen Regierung dem kaiserlichen Gesandten durch Khevenhüller zugekommenen Instructionen; in einer dem Grafen gleichfalls zugeschickten Karte waren die Orte, auf die man es abgesehen hatte und welche mit dem obenerwähnten Andeutungen Schönburgs und Schwarzenbergs correspondirten, besonders markant hervorgehoben. Nur bezüglich der zwei zu besetzenden Orte, „Inseln in Norwegen" (Bergen und Merifort), war man in nicht geringer Verlegenheit, woher die dazu nöthigen Schiffe zu beschaffen seien; Spanien schlug vor die Orte wegen der grossen Diversion nicht zu besetzen, sondern blos zu verbrennen und zu verheeren[2]). Schwarzenberg antwortete darauf am 11. Mai folgendermassen: „Was mir E. L. in dero Schreiben andeuten, die Impresa der Inseln in Nortwegen, ist der Zeit unpracticirlich; man muss gradatim steigen, wäre auch nicht möglich zu manuteniren. Der den Vorschlag gegeben, ist gewiss der Landen und des rechten Vorhabens nicht unterrichtet gewesen". Auch betreffs des septentrionalischen Wesens kam Schwarzenberg zu der Ueberzeugung, dass für den Moment nichts unternommen werden könne, weil Dänemark und dessen Bundesgenossen zu stark seien; man müsse temporisiren und günstigere Gelegenheit abwarten[3]).

Inzwischen nahmen auch die eigentlichen Verhandlungen ihren Anfang. Am 23. Mai abends machte Schwarzenberg die erste Proposition. Er verwies auf die immer mehr wachsende Gefahr seitens des Königs von Dänemark, gegen welche bei Zeiten Gegenmassregeln ergriffen werden müssten; er legte dann das zwischen dem Kaiser, Baiern und der katholischen Liga vereinbarte Uebereinkommen in Betreff der

---

[1]) Aretin Nr. 12 p. 175.
[2]) Khevenhüller an Schwarzenberg 1626, 5. März, 18. April und 11. Juni (Familienarchiv); Aretin Nr. 12 p. 201. Ich bedaure, dass es mir nicht gelungen ist in den chiffrirten Schriftstücken einige wenige Zeichen für bestimmte Personen zu deuten, wodurch sich ein bedeutend deutlicheres Bild hätte entwerfen lassen.
[3]) Schwarzenberg an Khevenhüller 1626. 11. Mai (Familienarchiv).

Höhe des mit 6000 Mann zu Fuss und 1000 Reitern festgesetzten Hilfscorps dar und richtete an die Vertreter der Infantin die Bitte im Namen des Königs sich zu erklären, ob und mit wie viel Volk, auch auf wie lange derselbe dem Kaiser und den bundesverwandten Kurfürsten und Ständen beizustehen sich verbinden wolle und auf welche Weise die allerseits gebilligte Defensionsverfassung verglichen werden könne[1]). Am 28. Mai erfolgte die Antwort der Infantin. Trotz der Bedenken, die ein Bruch mit Dänemark haben müsse, erklärte sie sich doch bereit zur schleunigen Unterstützung der deutschen Waffen gegen Dänemark im Reiche 6000 Mann Infanterie, 18 Compagnien Cavallerie und 6 Kanonen nebst Munition zu stellen, über deren Verwendung und Vereinigung mit dem Heere des Kaisers oder der katholischen Liga noch mit Tilly und Waldstein zu unterhandeln wäre. Sie machte nur folgende Bedingungen: 1) Die Truppen verpflichten sich sous nom et par ordre de Sa Majesté imperial den König von Dänemark über die Grenzen des Reiches so lange zu verfolgen, bis man sich mit hinreichender kaiserlicher Garnison eines von Spanien zu bestimmenden Hafens am baltischen Meere versichert haben wird, um von dort aus die Schifffahrt und den Handel der rebellischen Provinzen zu verhindern. 2) Der Kaiser soll sich der Elbe- und der Wesermündung bemächtigen, den holländischen Handel im ganzen Reiche sperren und die Holländer mit ihrem Anhange in die Acht erklären. 3) Vor der Erfüllung obiger Bedingungen ist es weder dem Kaiser noch der Liga erlaubt Frieden oder Waffenstillstand mit Dänemark zu schliessen[2]).

Den Wünschen der baierischen Gesandten sich anbequemend[3]) hat Schwarzenberg am folgenden Tage, dass der Succurs nicht nur gegen den König von Dänemark, sondern auch gegen seine Anhänger, Aechter und Rebellen als offene, erklärte Feinde des Reiches verstanden sein solle. Die Gegenforderungen der Infantin seien aber von solcher Tragweite, dass er dieselben dem Kaiser durch einen eigenen Courier übersenden müsse. Da aber keine Zeit zu verlieren sei, um die Gefahr abzuwenden und den Feind zeitlich zu dämpfen, so bitte er um die schleunigste Absendung der Hilfstruppen. Die baierischen Gesandten fügten noch die weitere Bitte hinzu das versprochene Hilfscorps ohne weiters zu Tilly stossen zu lassen; derselbe stehe dem Könige von Dänemark näher und sei bedeutend schwächer als Wald-

---

[1]) Aretin Nr. 42 p. 181 f.
[2]) Aretin Nr. 42 p. 185, Schwarzenberg an Ferdinand II. 1626, 31. Mai.
[3]) Aretin Nr. 42 p. 186.

stein; auch sei er der dortigen Landesart besser erfahren. Die anderen Bedingungen lägen nicht in der Macht des Kurfürsten und der Bundesverwandten; sie versprachen daher dieselben blos ihrem Herrn zu referiren.

Um den verstimmenden Eindruck der spanischen Bedingungen abzuschwächen, ersuchte die Infantin die baierischen Vertreter mit der Absendung des Couriers nach München etwas zurückzuhalten und gab ihnen beruhigende Erklärungen. Man wolle die verbündeten katholischen Fürsten mit nichten in das niederländische Kriegswesen einflechten und die gestellten Bedingungen betreffs der Besitzergreifung eines Hafens und des solidarischen Vorgehens bei einem eventuellen Friedensschlusse würden, wenn nur der Hauptfeind von dem Reichsboden vertrieben wäre, keinem Anstande unterliegen; man wolle nur Garnisonen hineinlegen, den Städten aber ihre Handelsprivilegien vollinhaltlich bestätigen. Der versprochene Succurs werde nicht nur zu Tilly stossen, sondern man wünsche auch, dass der Herzog von Friedland demselben 3 oder 4 Regimenter abtrete, ja im Nothfalle sich mit ihm vereinige. Am 31. Mai expedirten endlich die Gesandten ihre Depechen nach München[1]).

Die damalige Situation zu Brüssel zeichnet mit wenigen Worten, aber scharf ein Schreiben Schwarzenbergs an Khevenhüller vom 4. Juni 1626, das daher hier Platz finden möge: „Habe demselben ich auch dienstlich Parte geben wollen, dass nämlich alle Sachen in ziemlicher Weitläufigkeit sich befinden und bedunket mich, dass man uns alles, so wir begehren, theuer verkaufen wolle. Dessen habe ich mich höchlich Wunder genommen, dass eben diese Sachen, welche mir in Spanien mit so hoher Secretezza sind anvertraut worden, nun durch diese Occasion und hiesige Ministri fast der ganzen Welt kund seien; zweifle sehr, ob nicht die Sachen zu wenig verstanden oder in gar zu geringe Obacht genommen werden. Gestern habe ich zu Ihrer Majestät gleichfalls mit der bewussten Sache einen eigenen Courier ablaufen lassen, zu dessen Zurücklangen wir uns hier nicht lang säumen, sondern meinen Weg zurück nach Hause nehmen (werde). E. L. dringen auf den Grafen Olivarez, dass man mit dem Particular-Accord nicht so viel Gepräng mache; denn so man das Werk recht examinirt, kann der König von Spanien mehr Nutzen daraus ziehen als der Kaiser[2])". Berücksichtigt man ausserdem, dass Baiern von einem Bündnisse mit Spanien nichts wissen wollte und im geheimen in fortwährenden Unterhandlungen mit Frankreich stand, so konnte man

---

[1]) Aretin Nr. 12. p. 189. [2]) Schwarzenberg. Familien-Archiv.

schon damals den Brüsseler Tractaten das klägliche Ende prophezeien, welches sie auch genommen haben.

Der Kurfürst beantwortete die Depeche seiner Gesandten schon am 9. Juni. Er verwies denselben tadelnd den von ihnen zum Zustandebringen der Liga an den Tag gelegten Eifer und beauftragte sie den Passus der kaiserlichen Proposition, in dem Baierns als Antragstellers gedacht wird, zu dementiren und den Abschluss der Liga möglichst zu verhindern, „doch aber mit solcher Manier, damit es an kaiserlicher und spanischer Seite nicht vermerkt oder dafür gehalten werde, dass wir hierzu nicht Lust noch Gefallen tragen". Dagegen hätten sie sich die rasche Absendung des in Aussicht gestellten Succurses angelegen sein zu lassen[1]). Auch der Kaiser schloss sich den Anschauungen Baierns an, dass nämlich das Hilfscorps zu Tilly stossen und zur Wiedereroberung der Stifter Osnabrück und Paderborn verwendet werden solle; die Beschickung der beiden Generäle würde Zeit brauchen und dieselben würden sich schliesslich doch nicht vergleichen; die Besitzergreifung eines Hafens am baltischen Meere hänge von dem glücklichen Verlaufe der Kriegsoperationen ab und die Bedingung, vor der Ausführung des vorigen Punktes keinen Frieden schliessen zu dürfen, würde den Verbündeten die Hände binden und sei mit der auch von dem Könige bei den Kurfürsten und den Reichsständen so oft angeregten Friedensneigung im Widerspruche. Der Kaiser rügte auch die vorlaute Bekanntmachung dieser Occupation, wodurch man ihm das ganze Werk erschwert habe; den Holländern die Commercien im Reiche zu verbieten, das sei ein Werk, das er allein nicht auf sich nehmen könne, sondern bei dem ausgeschriebenen Deputationstage zur Sprache bringen müsse[2]). Der bairische Rath Dr. El. Leukum erhielt von dem Kurfürsten den Auftrag die baldige Absendung des Isenburg'schen Hilfscorps beim Kaiser und dessen Räthen Eggenberg und Stralendorf zu betreiben. Er fand bei ihnen die gewünschte Unterstützung und erhielt eine beruhigende Aufklärung bezüglich der von der Infantin aufgestellten Bedingungen. Die Succursfrage habe mit dem abzuschliessenden Bündnisse nichts zu thun und es dürfe daher die Erledigung derselben nicht von der Annahme der Bedingungen abhängig gemacht werden; auch könne die niederländische Neutralität gegen Dänemark als triftiger Grund zur Verweigerung des Succurses nicht angesehen werden, weil die Infantin als Stand des niederburgundischen Kreises zur Hilfeleistung verpflichtet sei. Desto ungehaltener über diese Aufklärungen zeigte

---

[1]) Aretin p. 226. [2]) Orig. im Schwarzenberg. Familienarchiv; Aretin p. 233.

sich der spanische Gesandte am Wiener Hofe Eytona. Er meinte, er sehe wohl, dass man von Spanien immer nur Hilfe bekommen und selbst nichts hergeben wolle. „Wenn man seiner bedürfe, (solle) er jedesmalen, wie mans nur haben will, aufhupfen, wogegen (sie), wann ihm eine Noth anstosse, männiglich die Hände abziehen und sogar in solchen Fällen eben diejenigen, deren Conservation von Spanien dependirt, nichts concurriren, sondern sich alsdann aus der Helfter schleifen und die Spanier gleichsam waten lassen wollen". Aber auch Leukum blieb die Antwort nicht schuldig und replicirte, „dass alles, was die katholische Union bishero kriegt und was sie vom Volk auf ihre Unkösten, wozu Spanien nie einen Heller beigetragen, unterhalten habe, dem Könige und seinem Hause zum besten gekommen sei"[1]).

Der Zwiespalt zwischen Spanien und Baiern setzte sich in den Brüsseler Verhandlungen fort, als Spinola am 8. Juli dem kaiserlichen Gesandten die Mittheilung machte, dass Baiern nie die Besetzung eines Hafens durch kaiserliche Truppen zugeben werde, und als Preysing diese Auslegung des spanischen Ministers bestätigte, es mit der Unzeitgemässheit solcher Pläne motivirend, welche jede Friedenshandlung verhindern und die neutralen Stände, besonders die Hansestädte zu Feinden der Conföderirten machen würden. Gereizt fuhr Schwarzenberg auf und rief Preysing zu: „Ihr wollet gern machen, dass der Bauer Kaiser und der Kaiser Bauer werde; der Bauer wollte gern Kaiser sein, aber der Kaiser will nicht Bauer sein. Sie seien ihrerseits mächtig genug contrapeso zu handeln contra quoevis[2])".

Indessen liess Spanien, so viel an ihm lag, kein Mittel unversucht, um seine Absicht den holländischen Handel zu vernichten zu verwirklichen. Nachdem die Admiralität zu Sevilla und zum Schutze derselben der Kriegshafen zu Dünkirchen ins Leben gerufen worden war, wurden im Juli 1625 die schweren Strafbestimmungen König Philipps III. erneuert, denen zu Folge den Niederlanden der Handel mit den Staaten von Holland unter der Strafe der Güterconfiscation und der vierfachen Busse ihres Werthes gänzlich verboten wurde. Im August 1626 ging man dann durch einen Kanal, der von Neuss gegen Venlo den Rhein mit der Maas verbinden, und durch einen zweiten Graben, der von Mastricht in das Flüsschen Demer geführt werden und so die Maas mit der Schelde in Verbindung bringen sollte, den Holländern den Rheinhandel zu unterbinden. Diese Thatsachen mit den zu Brüssel gestellten Forderungen geben ein deutliches Bild der hochfliegenden Pläne Spaniens.

---

[1] Aretin Nr. 17 p. 224. [2] Aretin p. 202 und Nr. 42 p. 190.

Zufolge der Erklärung der Infantin vom 28. Mai traten die zwei Oberfeldherren, Waldstein und Tilly, zu Duderstadt zu einer Conferenz zusammen; von Seite der Infantin war der Gouverneur von Mastricht, Oberst La Moterie, dazu delegirt worden. Sie kamen überein, dass der versprochene Succurs zu Tillys Heere zu stossen hätte; Waldstein versprach zur Verstärkung des ersteren das Holsteinische und Lüneburgische Regiment zu Fuss und 1000 Mann Lüneburgischer Cavallerie abzuordnen. Wegen Bedrohung der Stifter Münster, Osnabrück und Paderborn durch Holland und Dänemark liessen die beiden Generäle den König von Spanien bitten eine Anzahl Volks bei und um Wesel am Rhein zu postiren; sie versprachen dagegen mit göttlichem Beistand an der Bemächtigung des Elbe- und Weserstromes an ihrem äussersten Valor und Fleiss nichts erfinden zu lassen[1]).

Am 11. Juli theilte man die Resolution der Infantin den baierischen Gesandten mit. Die Infantin versprach darin sogleich das Iscuburg'sche Regiment sammt dem Fugger'schen Fähnlein, 3000 Mann stark, und später die Kratz'schen in der Wetterau liegenden 5 Compagnien Pferde zur Wiedereroberung der von dem Feinde besetzten Orte im Osnabrückischen und Paderbornischen dem F. M. Grafen von Anhold zuzuschicken; nach Durchführung dieser Aufgabe werde sie das Hilfscorps sogleich und für so lange abberufen, bis sich die katholischen Stände in Angelegenheit der Liga willfähriger gezeigt hätten. Die baierischen Gesandten baten, dass der letzte Passus in „bis zum definitiven Friedenschlusse" abgeändert werde, allein vergebens. Auch der kaiserliche Gesandte sprach für die baierischen Postulata, aber mit gleichem Erfolge; seine Bemühungen scheiterten an dem Eigensinn der spanischen Vertreter, die vorgaben, „dass all' ihr Begehren sie nach der gemässnen Ordnung aus Spanien stellen thun". Schwarzenberg versuchte daher durch Khevenhüller auf den spanischen Hof zu Gunsten der baierischen Forderungen einzuwirken[2]), freilich auch vergeblich. Das spanische Hilfscorps ging in der That an den Ort seiner Bestimmung ab und es sollte auch nicht lange auf eine entsprechende Verwendung warten; denn schon am 17. und 18. Juli meldete Tilly, dass der Feind mit 7000 Mann Fussvolk und 50 Compagnien Pferde ins Osnabrückische eingefallen sei. Vergebens baten abermals die Vertreter Baierns, dass wenigstens dieses kleine Hilfscorps auch jenseits der Weser verwendet werden dürfe.

Das war der Preis, durch welchen Spanien den Kurfürsten und

---

[1]) Aretin p. 325 und Nr. 50 p. 251. [2]) Aretin p. 216 und 199; Schwarzenberg an Khevenhüller 1626, 10. Juli (Familienarchiv).

die katholische Liga für das abzuschliessende Bündniss gefügiger machen wollte. In dieser Beziehung hatte bereits am 23. Juni Schönburg einen Entwurf in nachfolgenden 12 Punkten vorgelegt:

1. Die Vertragschliessenden versprechen sich gegenseitig Schutz für das, was ein jeder an Land und Leuten, Dignitäten und Gerechtigkeiten inne hat, und Beistand gegen die Feinde und Rebellen im Reiche, worunter Se. katholische Majestät den niederburgundischen Kreis verstanden haben will.

2. und 3. Der König von Spanien erbietet sich zu gleichen Beiträgen und Leistungen wie der Kaiser und Baiern, nämlich 6000 Mann zu Fuss und 1000 Pferde.

4. Der Kaiser, der von obiger Leistung im Falle eines Krieges in seinen Erblanden bisher enthoben war, soll bedingungslos dazu verpflichtet sein.

5. Die vereinigten Streitkräfte sollen allein den kaiserlichen Befehlen unterstehen.

6. Die Holländer sollen in die Reichsacht erklärt und

7. die Unterpfalz dem Könige von Spanien als dem Oberhaupte des niederburgundischen Kreises eingeräumt werden.

8. Der Kurfürst von Baiern soll dem Könige die von Spanien besetzten Orte in der Unterpfalz abtreten,

9. Kur-Mainz, das Stift Speier u. a. sich mit ihren Ansprüchen an die Unterpfalz dem kaiserlichen Machtspruche unterwerfen.

10. Die Liga wird auf eine bestimmte Reihe von Jahren oder bis zum Zustandekommen eines definitiven Friedens geschlossen und

11. soll es deshalb keinem Verbündeten frei stehen vor dieser Zeit aus dem Bunde zu scheiden oder mit den Feinden ohne Einwilligung aller Bundesgenossen ein besonderes Abkommen zu treffen.

12. Der Kurfürst von Sachsen, der König von Polen und die italienischen Fürsten sollen zum Beitritte eingeladen werden[1]).

Der spanische Entwurf übertraf bei weitem die Befürchtungen der baierischen Gesandten und auch Schwarzenbergs; namentlich bildeten die Punkte 5—8 den Stein des Anstosses; die Gesandten nahmen daher das Project blos ad referendum. Auf die eindringlichsten Vorstellungen Schwarzenbergs liess sich Schönburg wenigstens so weit herbei, dass von den Absätzen 6 und 7 nicht mehr die Rede sein sollte und dass Spanien sich bereit erklärte bei einem eventuellen Friedensschlusse mit dem Pfalzgrafen in Betreff der Unterpfalz dem Urtheile des Kaisers und der Kurfürsten sich unterzuordnen. Die Vertreter

---

¹) Aretin p. 228.

Baierns protestirten auch gegen den 2. Punkt, da weder der Papst noch Spanien den Verpflichtungen nachgekommen seien, und am 4. Juli sandten sie die corrigirten Artikel nach München[1]).

Maximilian schickte seinen Gesandten am 21. Juli die nöthigen Instructionen. Die vorgeschlagenen Conföderationspunkte, erklärte er, seien von solcher Tragweite, dass er auf sie ohne Rücksprache mit den übrigen Bundesgenossen der katholischen Liga nicht antworten könne. Er erwarte aber, Spanien werde den versprochenen Succurs in Berücksichtigung der von der katholischen Liga dem Könige ohne allen Entgelt und blos aus guter Affection zu verschiedenen Malen geleisteten Hilfe nicht bis zum Eintreffen jener Erklärungen verschieben. Zum Schlusse empfahl er seinen Vertretern die grösste Vorsicht und Zurückhaltung bei den Verhandlungen[2]).

Nicht weniger bedenklich fand auch Kaiser Ferdinand II. die spanischen Desideria und er richtete am 0. August folgendes Schreiben an den Kurfürsten: „Welcher Gestalt sich die zu Brüssel mit den burgundischen Ministris angefangene Handlung, das allgemeine Defensionswerk betreffend, bereits anlassen und mit was hochbedenklichen Conditionen die Infantin diese Verfassung einzugehen vermeinen thut, das werden E. L. aus des Abgesandten Relationibus verstanden haben. Wann wir nun in gehabter der Sachen Berathschlagung so viel befinden, dass diese Defensionsverfassung oder verhoffte allgemeine Conföderation um vieler wichtigen Bedenken und Ursachen, sonderlich aber, wie dann solches bereits der eventus zu erkennen gibt, der hierunter gesuchter unterschiedlicher Particularinteresse willen entweder gar nicht oder doch sehr schwerlich zu effectuiren sein werde, als thun wir fast anstehen, ob es nicht räthlicher von dieser Tractation mit gutem Glimpf auszusetzen oder aber dieselbe arrepta occasione in eine andere Handlung zu permutiren, weil zumalen dies Sachen sein, welche nicht allein uns, sondern E. L. und das ganze Kurcollegium mitbetreffen thun[3]". In seinem Gutachten vom 10. September legte der Kurfürst umständlich dem Kaiser seine Gründe und Bedenken gegen das abzuschliessende Bündniss dar, rieth jedoch, um Spanien nicht zu beleidigen, die Verhandlungen nicht gänzlich abzubrechen, sondern vorerst die Meinung des kurfürstlichen Collegiums einzuholen[4]).

Schwarzenberg setzte indess zu Brüssel seinen ganzen Eifer daran, „damit doch die verlangte Obligation vergessen würde", und er brachte Spinola dahin einen neuen Entwurf aufzusetzen, in welchem die Be-

---

[1]) Aretin Nr. 42 p. 196. [2]) Aretin p. 222 und Nr. 42 p. 201.
[3]) Schwarzenberg. Familienarchiv. [4]) Aretin p. 247.

dingungen bedeutend gemässigt waren und nach dessen Annahme durch Baiern Spanien den Succurs zu erhöhen versprach. Aber auch am kaiserlichen Hofe war man bereits der spanischen kaufmännischen Politik satt und Ferdinand II. gab seinem Gesandten die Ordre „das Particular zu unterlassen vermeinend, weil seine gute Absicht nicht begriffen werde, dass er kein(en) zu seiner selbst Commodität bitten" werde[1]).

Die politischen Ereignisse drängten nun eilenden Schrittes die Verhandlungen zur schnellen Entscheidung. Mansfeld und Weimar waren nach Schlesien gezogen, um sich mit Bethlen Gabor zu vereinigen; zum Schutze der kaiserlichen Erbländer sollte Waldstein dahin eilen und so den Grafen Tilly der überlegenen Macht des Königs von Dänemark preisgebeu. Am 29. Juli um 11 Uhr nachts traf Tillys Adjutant Robert Pudian in Brüssel ein, um die Succursfrage in Ansehung der gefährlichen Lage der Truppen auf das dringendste zu urgiren, und in den zwei folgenden Tage verfügten sich zu gleichem Zwecke die baierischen Gesandten zur Infantin, zu Spinola und zum Cardinal Cueva. Da jedoch um diese Zeit die Holländer eben ins Feld gerückt waren und Oldenzell zu belagern begonnen hatten, schlug die Infantin Tillys Bitte ab, weil man nicht wissen könne, worauf sie es noch abgesehen hätten. Die Vertreter Baierns verwahrten sich gegen das daraus entspringende Unheil und schickten am 1. August ihren Bericht dem Kurfürsten mit der Bemerkung ein, dass von Spanien nichts zu erwarten sei[2]).

Maximilian wandte sich am 28. Juli an den Kaiser mit der Bitte die von Spanien gestellten Bedingungen den beiden Generälen Waldstein und Tilly nicht als eine cunditio sine qua non, sondern blos als nach Zulass und Verlauf der Operationen zu beachtende Verhaltungsmassregeln hinzustellen und wegen der Gefahr im Verzuge auf die bedingungslose Abfertigung des spanischen Hilfscorps hinzuwirken[3]). Ferdinand II. erklärte in seiner Instruction an Schwarzenberg vom 6. August auch diese moderirten Bedingungen für weit aussehend, die Annahme derselben theils nicht in seiner Macht allein, sondern in der des Kurfürstencollegiums gelegen, theils das Interesse anderer Kurfürsten und Fürsten berührend; er habe deshalb bereits die nothwendigen Schritte gethan und sehe den vertraulichen Erklärungen der Kurfürsten entgegen. Dann entwarf er ein recht düsteres Bild der

---

[1] Schwarzenberg an Khevenhüller 1626, 25. Juli (Familienarchiv.)
[2] Aretin p. 239 f., Nr. 42 p. 202 und 205.
[3] Aretin Nr. 51 p. 241.

drohenden von Tag zu Tag, ja stündlich wachsenden Gefahren, wies darauf hin, wie Graf Tilly, dessen Volk an Kräften und an Zahl herabgekommen sei, weder von ihm, dem Kaiser, noch von den Niederlanden aus unterstützt, in Niedersachsen dem Könige von Dänemark gleichsam zum Raube werden müsste, und schloss mit dem gemessenen Auftrage an den Gesandten die Absendung eiliger Hilfe möglichst zu betreiben und zu diesem Behufe den spanischen Vertrag nur ohne weiters zu unterzeichnen, da der spanische Gesandte im Namen des Königs die Erklärung abgegeben habe, dass die Leistung und Vollziehung allein dahin zu verstehen sei, „wann und auf welche Weis es wird sein können", und dass die Auctorität des Reiches und seine Miteinwilligung zum Handelsverbote gegen Holland vorbehalten sei. Der Kaiser legte auch ein lateinisches Transsumpt des spanischen Entwurfes bei, damit nicht mit der Redaction des Vertrages nutzlos Zeit verstreiche und der Succurs verschoben werde[1]).

Schwarzenberg schildert den Stand der Brüsseler Verhandlungen folgendermassen: „Nach diesen hat es meines Theils nicht ermangelt das Negotium des Extraordinari-Succurses soviel möglich zu befördern; in Ansehung aber der Unmöglichkeiten, die sich allhier in allen Requisitis befinden, habe ich nicht aus Mangel des guten Willens, sondern derowegen, wie gesagt, wenig fruchtbares ausrichten können. Und habe ich klar verspürt, dass man mehr zur Bedeckung der Mängel als aus Vorwitz auf diesen beharret, dass sich der Kaiser kategorisch erklären solle; wie denn hab ich durch meine Importunität (will kein anderes Wort gebrauchen) die Sachen dahin gebracht, dass man von der Erklärung oder Verbündung zu den vorgeschlagenen Conditiones gefallen und auf diesem beruhet ist, dass der Kaiser und Baiern allein der Infantin schreiben sollten und sich darin erbieten, dass sie solche Impresas beider bewussten Porten beiden Generälen anbefehlen wollten, welches denn nach meinem Bedünken ein Weg ist, dadurch man ein Gleiches thut behaupten und leichter bei dem Reich zu verantworten . . . In der allgemeinen Defensionsvergleichung ist eben das gleichmässige Excediren, dann man den Kaiser dahin bringen will, dass er gleich ohne einzige Communication die Holländer in die Acht erklären solle und dass der Herzog von Baiern gleich die in der unteren Pfalz eingenommenen Städte solle abtreten. Und zu diesem allen will man den Kaiser treiben mit Ansehung, dass doch der

---

[1]) Orig. im Familienarchiv, Aretin p. 244. Die Berichte Schwarzenbergs an Ferdinand II. vom 11., 17., 18. und 21. Juli 1626 waren im geh. Hof- und Staatsarchive leider nicht zu finden.

römischen Kron Verlust daraus möchte entspringen, und hat alles das der Kaiser versprochen. Dem König in Spanien ist an Porten, die sie vorgeschlagen haben, so viel gelegen, dass, wenn der Kaiser die ganze Negotiation thäte zerstossen, sie selbsten darnach laufen und an unserem Hof darum unterthänig anhalten würden — und soviel ich sorge, darf der Kaiser, so man auf den Extremitäten beharrte, aussetzen und glaube ich nicht allein, sondern weiss gewiss, dass Spanien mehr als der Kaiser dabei verlieren würde¹)".

Am 14. August lief abermals von Tilly ein Mahnbrief wegen Absendung des Succurses bei der Infantin ein und am folgenden Tage bemühten sich auch die baierischen Gesandten darum; das einzige, wozu sich die Infantin herbeiliess, bestand in der Concession, dass das Hilfscorps auch jenseits der Weser verwendet werden dürfe. Der Kurfürst bat noch am 18. August, es möge der diessfällige Auftrag Isenburg zugeschickt werden²).

Indessen eilten die Ereignisse den schwerfälligen Verhandlungen voraus und machten dieselben gegenstandslos. Am 5. September kam in Brüssel die frohe Botschaft an, dass König Christian von Dänemark bei Lutter aufs Haupt geschlagen worden war; Schwarzenberg und Spinola beglückwünschten die Vertreter Baierns und abends war die Stadt festlich beleuchtet. Wie ein Alp fiel es von der Brust der baierischen Gesandten und auch Schwarzenberg athmete freier auf; die Situation änderte sich gänzlich: diejenigen, welche noch vor wenigen Tagen Bedingungen dictirt hatten, sanken jetzt zu Bittenden herab. „Was hats der Ausflüchte bedurft", schreibt Schwarzenberg an Khevenhüller, „den Succurs zu senden, dadurch das gesammte Reich zu verobligiren; wir wären nicht verobligirt, sondern implicirt und zu ewigen Knechten des Königs gemacht worden. Da wir uns jetzo aber zu (be)klagen und billich zu beschweren haben, dieweilen die gesammten katholischen periclitirenden Sachen von dem katholischen (Könige) in solcher Extremität sein abandonirter gelassen worden; Gott aber, der die seinigen allein protegirt, hätte uns allein beigestanden und unzweifelt die Victori derowegen verliehen, damit ihm die Ehre allein gegeben werde. Wie hätte aber der König leichter seinen Reichen auch Reiche gewinnen können, als das wenige zu leisten, so man selbst angeboten und ich mit so starker Inständigkeit länger als 4 Monat sollicitirt und deswegen nicht um unserer Bedürftigkeit, sondern um des Königs Dienstes willen expresse gebeten

---

¹) Schwarzenberg an Khevenhüller 1626, 17. August und 21. September (Familienarchiv). ²) Aretin Nr. 42 p. 205 und Nr. 56 p. 249.

und mit Einführung aller erheblichen Maximen begehrt habe. Man sollte um des Kaisers, des Kurfürsten und des Reiches Reputation willen weiter nicht mehr sollicitiren; das allgemeine Defensionswerk wird auch allein wegen der excedirten Conditiones Wasser werden"[1]).

Nun nahmen die Hiobsposten kein Ende. Am 9. September kam Preysing der Auftrag des Kurfürsten zu die Succursfrage fallen zu lassen und Spanien von Seite der katholischen Liga, weil es dieselbe wider alles Versprechen in grösster Noth im Stiche gelassen habe, das Misstrauen bekannt zu geben, sowie auf die Abführung der spanischen Truppen aus dem Kölnischen zu bestehen. Der kurkölnische Gesandte Graf Ernst zu Reckum gab den spanischen Ministern wegen des Kanalbaues von Neuss nach Geldern unverholen seinen Unwillen zu erkennen. Spanien versprach kleinlaut das Volk aus dem Kölnischen abzuführen und wegen des fraglichen Kanals mit Köln sich gütlich zu vergleichen[2]). Am 23. September bekamen die Gesandten des Kurfürsten abermals die Ordre in der Succurs- und Conföderationsfrage nichts mehr anzubringen oder zu melden und auf die Einstellung des Neusser Kanalbaues zu dringen. Am 13. October erhielt Preysing seine Abberufung und Thanner ward mit der weiteren Vertretung Baierns bis zur Abreise des kaiserlichen Gesandten betraut[3]).

Offenbar näherten sich die Brüsseler Verhandlungen ihrem aussichtslosen Ende; nur die Infantin hielt noch bei völlig veränderter Sachlage die spanischen Intentionen aufrecht. Gleich nach dem Eintreffen der Siegesnachricht von Lutter liess sie durch Couriere Tilly auffordern der Besitzergreifung des Weser- und Elbestromes und eines Hafens am baltischen Meere eingedenk zu sein. Noch im October wies sie den königlichen Gesandten in Wien Marchez de Eytonn an „in alle Weg bedacht zu sein, wie ein bequemer Portus, daraus man den Feinden nicht weniger zu Wasser als zu Lande mit Macht begegnen könnte, in die Gewalt zu bringen wäre". Und um die Tractate wieder in Gang zu bringen, erklärte sie sich zufrieden mit der Achterklärung gegen die Holländer und der Abtretung der unteren Pfalz.

Das siegreiche Vordringen Tillys, die Besetzung von fast ganz Braunschweig, die Eroberung von Neustadt und Stromberg und die Belagerung Midenburgs durch ihn belebten dann noch einigermassen die Hoffnungen des kaiserlichen Gesandten. Jetzt sei der Weserstrom

---

[1]) Schwarzenberg an Khevenhüller 1626, 17. September (Familienarchiv).
[2]) Aretin Nr. 42 p. 209 und 210.
[3]) Aretin p. 247 und Nr. 42 p. 212, 213.

fast ganz gewonnen, es wäre also leicht unter Bremen zu rücken und
die Bocca des Flusses nach dem Begehren des Königs zu schliessen:
der rechte Moment demnach für den Abschluss der Liga. Er bestürmt
daher Khevenhüller den Grafen-Herzog Olivarez also zu disponiren,
„damit die Liga ohne Benennung einziges Particulars aufgerichtet
werde. Sonst thun wir", führt Schwarzenberg fort, „die Fürsten dazu
nicht bewegen und verschliessen uns die Thür zu dem geöffneten Weg
der Monarchie. Sehen wir, dass die allgemeine Defensionsverfassung
geschlossen wird, ist der König und Kaiser mit dem Reich verbunden
und dass sie perpetuum militem haben und halten können und der
Kaiser die Direction habe, so kann man pfeifen, was man will, die
anderen müssen darnach tanzen¹)".

Da jedoch die Infantin ihre Ansprüche auf die Unterpfalz nicht
aufgeben wollte, erhielt Schwarzenberg am 4. December seine Abberufung mit der Weisung, im Falle er sehen sollte, dass die Verhandlungen keinen günstigen Verlauf nehmen würden und dem Abschlusse
nahe seien, sein Abberufungsschreiben der Infantin zu übergeben und
sich an den Hof zu verfügen. „Ueber die gestellten Bedingungen von
solcher Tragweite", so motivirte Ferdinand II. der Infantin gegenüber
die Abberufung seines Gesandten, „könne er allein nicht entscheiden,
und da die Kurfürsten nicht so bald zusammenkommen werden, so
würde sein Gesandter dort in Brüssel vergebens theuer leben"²). Trotzdem wurden die Verhandlungen mit allem Eifer fortgesetzt³); Khevenhüller und Solra griffen jetzt rüstig in die Speichen des stecken gebliebenen Rades⁴); Spanien dementirte die bekannten Bedingungen
— allein ohne Erfolg.

Schwarzenberg suchte die Gründe des Scheiterns der so schönen
Ideen in dem Umstande, dass die Verhandlungen zu Brüssel und nicht
gleich in Spanien geführt worden waren. Jetzt sei es schon zu spät,
Zeit und Gelegenheit seien verloren; auch bei einem Kurfürsten- oder
Fürstentage hätte der Kaiser Hände und Füsse gebunden, da jetzo
Baiern zweier Stimmen versichert, Trier französisch, Sachsen lutherisch,
Brandenburg holländisch und Mainz ein Novitius sei⁵). Wir, denen

---

¹) Schwarzenberg an Khevenhüller 1626, 14. October (Familienarchiv).
²) Ferdinand II. an Schwarzenberg 1626, 4. und 11. November (Familienarchiv).
³) Wie lebhaft die Verhandlungen noch waren, zeigen die zahlreichen Depechen Schwarzenbergs an den Kaiser 1626, 11., 17., 24. und 30. October, 7. November und 5. December.
⁴) Khevenhüller an Schwarzenberg 1626 c. 10. November (Familienarchiv).
⁵) Schwarzenberg an Khevenhüller 1626, 5. December (Familienarchiv).

nun die Pläne und Absichten der betheiligten Staaten offen vorliegen, werden jedoch unschwer einen tieferen Grund finden: die rücksichtsloseste Verfolgung der gefassten Pläne seitens Spaniens, die Furcht Baierns und der katholischen Liga vor der Uebermacht des Königs und deshalb die Perhorrescirung eines Bündnisses mit dieser Macht, sowie die zweideutige, selbstsüchtige Politik Baierns — das waren die Ursachen, welche einen fruchtbaren Gedanken zum Nachtheile Deutschlands zu Falle brachten; nach diesen Antecedentien konnte es gar nicht anders kommen.

Im Februar 1627 kam Khevenhüller in ausserordentlicher Mission mit der officiellen Notification der Heirat Kaiser Ferdinand III. nach Brüssel und Schwarzenberg kehrte mit ihm nach Wien zurück.

BEILAGEN[1]
I.
Allerdurchleichtigister grossmechtigister aller genedigister kheyser.

Ewer khay. may. tragen aller genedigistes wissen, was vor grosse nachteyl vnd schaden von vilen jaren hero dem hochlöblichisten Oesterreichischen hauss khayserlicher vnd khöniglicher linj durch dero rebels in Holandt vnd Seelandt sowolen offter durch khrieg als durch sie in vilen orten, wie heutigess tags zu sehen, erhandloten empörung zugeflieget vnd erwekhet, sonderlichen aber wider diss erlanget haben, dass die handlung vnd correspondenz der ganzen welt fast ganz in ihrem arbitrio allein bestehet, dardurch sie dan auch zu solcher macht anfangen zu erwachsen, das so die verstehenden vnd durch gott gleichsamb gesegneten mitl solten vorsaumbt werden, — nit vnbillig auch das Oesterreichische erzhauss selbsten wo nit endtsezung, doch ein billichen eifer darob fassen sollte. Vnd wan dan auch ihr mayestet in Spanien vnd dero wol intencionirten ministri sonderlich ersehen, das derselben macht mit in denen armis de terra firma, vngeacht alle widerwertige potentaten darzu eusserste hilffe laisten thuen, sondern mehr in armis maritimis, bey welchen allein maistes theyls particular handlspersonen, vmb ihren auch aignen nuzen zu schaffen, einverleib sein, bestehet: dahero haben sie diss einzig nuhn lange jar gesuechte remedium rathsamb befunden vor die hande zu nemen, nemlichen nach allen mitln vnd wegen zu drachten, damit die verlorne schiffhandlung vnd conuercio wieder erholt vnd ihnen abgeschniten, auch denen gedachten rebelln dess erzhauss vnd der ganzen christenheit die schiffmacht verner in Indien

---

[1] Die beiden Gutachten sind bereits von Ad. Berger in modernisirter Umschreibung im „Oesterr. Militärkalender für das Jahr 1851" (Wien) 2. Jahrgang p. 189 f. publicirt worden; da aber dieser Kalender nicht einmal in den Wiener Bibliotheken zu finden ist, dürfte ein abermaliger diplomatisch genauer Abdruck gerechtfertigt erscheinen; die grossen Anfangsbuchstaben werden auf die Eigennamen beschränkt.

oder in den septentrionalischen landen, auch in dem teutschen reich selbsten ihren fuess verner vortzusezen dardurch genomen wurde.

Vnd weilen dan die Indianischen khonigreich solche schacz jerlichen geben thuen, das nit allein Spanien, sondern auch ganz Europa damit genugsamb khon bereichet worden, so die aussthellung vnd gegencorrespondenz rechtmessig bestellet, daruon dan solche persohnen, welche dess gewerbs erfuhren, bessere information geben khonten, also ist es nit schwer gefahlen, indeme der khonig sich erkhleret, das nit allein seine spanische vnd niderlendische, sondern auch teutsche lender dem reich gesesse vnderthonen nach den in dem handlen vnd mit solcher condition negocieren solten, damit alle handlung oder verwegelung obgedachten rebelen solten verboten sein zu erlangen, das sich gleich ein grosse anzahl allerhandt gedachter nationen handlsleuth befunden, welche sich zu einer gemainen schiffristungs-verfasung vergleichen vnd vnderschitliche almirantanzen wi auch vnderschittliche porten aufgerichtet vnd zu förderung des gemeinen nuzens wie auch zu erforderten sicherheit bestelt haben, durch welche der verschleiss vnd verwechslung khönne gegen den septentrionalischen landten, stetten vnd porten verirt, sonderlichen aber die Hanseestett, welche ohnedas khein anders interesse als ihrn aigen gewin suechen, in die correspondenz eingebracht vnd von den Hollendern abgesondert wurden.

Weilen aber gedachte schifristung gegen den vorgedachten reichs- oder septentrionalischen porten ohne ein wissendlichen sicheren schuz vnd einfahrt sicher nit khonnen schiffen oder handeln; also erfordert diss werkhes vortsezung vnd bestendige sicherheit wie auch die vortpflanzung dess heyligen romischen glauben die widererhebung der khaiserlichen autoritet, welche in den septentrionalischen sehen vnd handlungen lange zeit versaumbt worden, wie auch hierdurch alle reichtumb vnd gewerb in das reich teutscher nation einzuführen, die correspondenz in allen vnd allen mit Spanien zu bevestigen, wie auch der khoniglichen spanischen eingewenten bitt vnd ersuechung statt zu geben, das ewer khay. may. sich allergenedigist dahin endtschliessen vnd sich zwayer porten, so in der graffschafft Ostfrislandt gelegen vnd diser zeit von kheinen bewzet, deren eine Noort, der ander Groet genannt sein, zu solchem ende vnd vnder solchen pretext bemechtigten, damit die obgedachten rebellen in den romischen reich khein verneren furschuzen vnd die ab- auch einfahrt allen negocianten vnder ewer may. protection sicher vnd frey sein solle.

Vnd obzwar dise personen, welche mir dass negotium proponiert haben, vermeint, also solten ewer khay. may. sich der obgenanten inpresa auss aigener khay. autoritet ledigkhlich vnterfangen, so hab ich doch denselben zu gemuet geferet, das nit allein die interessierten herrn derselben grafschafft, sondern auch andere vmbligende stende in grosse eifersucht wurden geratten, vnd ewer may. auch auss andern erhüblichen bedenkhen ein so grosses nachdenkhen vnder potentaten nit gern geben wurden, sondern vermaint, wan die selbst interessierten parteien, die ohnedas vff ihr freyheit vnd sicherheit zusehen, also die graffen zu Ostfrislandt sein, ewer may. schuz suerben solten, wie vor zu zeiten kheisers Rudolphi beschehen, wurde die impresa nit allein glikhlicher vnd sicherer, sondern auch bey der ganzen welt mit genugsamer befugnuss bescheint vnd verteidiget sein. Also ist man vff dise erwiderung dahin gefallen, das graff Johann von Rithberg, der vmb dise negociation wissen vnd anlaiß gegeben, sein guetachten mir freidenlichen überschreiben solle wie auch berichten, wohero das volkh zu der impresa vnd vort zu besatzung der benenten porten fueglichist solle genomen vnd bestendig vnderhalten werden. Vnsere mainung ware, das disz volkh der cat. liga, so negst bey Frislandt gelegen, die impresa solle ehist verichten, hernach khönt man ein frisches regiment werben vnd vnder dem commando obgedachtess herrn grafens von Kithborg, oder werne ewer may. abordnen wolten, gedachte porten besezen; Kithborg aber hat sich erbotten das regiment von der contribution der vmbligenden landen zu vnderhalten.

Die fortification wirt der khönig doch vnbemult erheben; die in dem almirantazgo verbundenen handelsleuth werden alle municiones lifern, wie nit weniger zu sicherung der handlung vnd nauigation absolult 7 oder mer schiff nach erforderung der gefahr in derselben costa armiren, ewer khay. may. standardo fuhren, ihren befelch sich vndergeben vnd zu allen erforderungen wirklich dienen, vornemlich aber ewer may. hierdurch ihr autoritet vnd imperio über dero vorfahrern glorwirdig werden erweitern.

Wan disen beschehen vnd das die porten besezet, ist dem khonigs guettachten auch bitten vnd ersuechen, das ewer may. den rebellischen staten forma debita wollen andeuten lassen, damit sie die dem reich imediate zustehenden porten, sonderlichen aber Emblen vnd Milort freygeben, ihre garnisonen abfiren vnd wider das Ostfrieslandisch vnd andern reichs emporium, so wie ewer may. betrohung nit endtpfinden wolten, d s wenigste solten versuechen.

Desgleichen khan vnd solle in alweg an den khonig Denemarckh auch andere vmbligende fürsten ein vorneme legation abgefertiget werden, diselben der vorgenomen impresa halben zu sincerieren, auch zu der bestalten corespondenz zu inuitiren, dauon dan auch merer erleiterung solle volgen.

Disz hohe werkh nuhn verner zu befesten vnd wirt man noch zwo khleiner inseln, so zu einfart der Elb gelegen, besezen miessen, doch alles an ewer khay. may. merer zuthuen, ausser dero berechung, autoritet vnd befelg. Nach disem ist zu besezen das emporium in Hamburg durch personen, die der negociacion erfahren, welche an ewer may. hoff sich verfiegen vnd einstellen, auch ewer khay. may. zu dem wenigsten ein milion reichstaler einkhomens geben, wie auch das ganz romisch reich teutscher nation mit allen indianischen reichtumb erfüllen werden. Wie, wan aber disez allen chist in das werkh zu richten, ob ess bey disen zeiten oder vortzusezen oder zu uerschiben, das werden die negsten auisi, deren ich standtlich thue gewertigen, mitbringen.

Vnd ist zu ewer khay. may. allergnuedigsten information das werkh allein obiter endtworffen, allervndertenigist dahin gestellet, wan derselben allergenedigistes belichen sein wirt, merers schriftlichen auch mindtlichen, sonderlichen in den mappis zu erweisen, welches ewer khay. may. vff auch allergenedigsten befelch der khön. may. in Spanien vber mein allergehorsamstes mindtliches vorbringen zu dero sellen allergenedigisten nachdenkhen vnd förderlichen gewerlichen resolution allervndertheinigist habe erwideren, auch allergehorsambst bitten sollen, ewer khay. may. wollen (nach dem khonige verlangen) auch kheinem dero geheimen rath aussere dem fürsten von Eggenberg dises werkh anuertrauen. Dabey zu beherlichen khayserlichen gnaden mich allergehorsamist beuelg.

Wien, den 26. april 1625.

Graf Georg Ludwig zu Schwarzenberg.

Ad imperatorem.
Concept im Schwarzenberg. Familienarchiv.

II.

Allergenedigster khaiser vnd herr.

H. graue von Schwarzenberg hat mier zu seiner hieherkhunfft dasjehnige nauigations-negocium, so von dem khünig in Hispanien jhme bey E. Mt. fürzubringen aufgetragen worden, niht allein mündlich erzehlet, sondern auch zu meiner mehrern nachrichtung schrifftlich vbergeben. Weilen nun E. Mt. mier vor diesem allergenedigst anbefolhen, wann ich von disem werkh berichtet sein werde, demselben fleissig nachzudenkhen vnd darüber sodann E. k. Mt. mein allergehorsamsten guetachten zu eröffnen, hab ich jehnes so wenig vnderlassen als dises, wie hiemit beschicht, zwar gering vnd einfeltig, doch getreulich vnd zumal khürzlich nach gestallt dises ersten anbringens allervndertheniges verrichten sollen.

Nun lesst sich dises werkh erstes anblikhs sowol wegen weiter entsessenheit der fürnemsten motorum vnd directorum als E. k. Mt. vnd des khünigs, als wegen der zusammenstimmung so vnderschidlicher nationen vnd vergleichung derselben humorum vnd interesse, zumal aber wegen der so nahenden vnd preparirten potenz derjehnigen, so es zu hindern ohne zweifel Acheronta mouieren werden, vnd anderer vrsachen mehr sehr schwer ansehen. Wenn jchs aber recht vnd fleissig erwige, so finde jch es auch ja schwer, aber nicht allein nicht vnmüglich, sondern auch E. Mt., derselben gesambten haus, dem heil. reich Teutscher nation, der khaiserlichen hocheit, vnd welchs das maiste ist, zu fürder- vnd fortpflanzung der ehre gottes vnd seiner heiligen religion rhümlich, nüzlich, ja nothwendig vnd, wie jch cum pia submissione darfür halte, von gott eingegeben. Hierauf denn E. k. Mt. jch anderst nicht in vnderthenikheit rhaten khan, allein das sie dises wichtige werkh nicht allein nicht ausschlagen, sondern approbieren vnd mit disen nachfolgenden conditionen continuando müglichst befürdern sollen.

1 Vnd muess ja anfenkhlichs erwartet werden, wie der graue fast im schluss seines anbringens wol vernünfftig meldet, wer an des abgeleibten grauen von Ritberg statt dises werkh mit anbringen, disponieren vnd sollicitieren vber sich nemen vnd auf was fundament es derselbe bauen wierd; dahero denn E. khais. Mt., wenn sie, wie jch allergehorsamist rhate, dem khönig antworten vnd sich Jhres gemüets erkhleren werden, dises als das fundament, die erste condition werden sein lassen.

2. Wenn nun fürs andere dises fundament gelegt vnd der khünig sich resoluiert vnd prepariret befindet das werkh nicht allein anzufangen, sondern auch wider die, so es hindern khunten vnd wollten, zu manutenieren, so müeste es alsdann nicht allein von demjehnigen reichstandt, der anstatt des grauen von Rittberg den namen haben vnd das negocium führen solle,

bey E. Mt. als römischen khaiser in forma vmb schuz, hilf vnd zu erhaltung des heil. reichs gerechtikheit angebracht, sondern von den Anseestetten selbst als reichsgliedern bei E. Mt. als dem haubt der consens zu disem werkh gesuecht vnd ihr vorhabende assistenz erkhlert werden. Dann das E. khais. Mt. vermög der Spanischen mainung disen werkh ex plenitudine potestatis caesareae selbst angreiffen sollen, ist viler vrsachen wegen, zumal ex illo capite vnthuelich, das E. Mt. vermöge dero geschwornen capitulation im heil. reich ohne der churfürsten rhat vnd vorwissen nichts dergleichen für sich selbst anfangen khünen, durch welliches denn alsbald alles endtekht vnd mit genzlicher ruin des negocij lautmar gemacht wurde. Wann aber ain oder der andere stand bej E. Mt. zu seinem aignen schuz oder zu verhüetung mehrere des heil. reichs vnd seiner glider schaden vnd hindanzuug vmb hilf, einseh- vnd wendung anrufft, so sein E. Mt. wol befuegt nach gestallt vnd notturfft der sachen vnd der zeiten ihr khaiserliches ambt vnd macht alsbald zu exercieren vnd zu interponieren. Wenn nun E. Mt. disen legitimum pretextum erlangen, auch die Anseisehen statt sollicher gestallt interessiert machen, so haben sie alsdann (meines vermainens) zugleich recht vnd macht sowohl jhr khaiserliche revolution zu justificieren als hernach zu manutenieren, vnd warden sie durch dise der Anseeischen statt hilf neben der Hispan- oder Burgundischen macht Engelland, Holland, Dennemarkh vnd allen widerwertigen im reich wol gewachsen, sie aber vnder einander selbst disuniert vnd dahero wol zu vbergweltigen sein; hiebei denn E. Mt. jch allervndertheinigst dessen erinndern sollen, was deroselben jch vnlangst allergehorsamist angedeutet, wann sie die zustett gewinnen vnd auf jhr seiten bringen khünen, sie sich der Dennemarkhischen bedrouugen wenig zu befahren haben.

3. Weil auch das aigne interesse fast die ganze welt dominieret, so wiert auch notwendig sein, wann es zu dem effect khommen solle, das diejehnigen, so zu der cooperation dises werkhs notwendig, durch interesse gewonnen vnd auf vnderschidliche weis sowol durch general- als particularemolumenta darzue gereizt werden; da warden villeicht die pensiones vnd mercedes, so vor disem von der cron Spanien an andern orten vnnuzlich verworfen worden, mit nuz vnd frucht anzuwenden sein.

4. Vnd weil an der gehaimhaltung alles gelegen, solle anderst dises gebeu nicht noch vor den anfang destruirt werden, so wiert dem khönig die begerte enge vnd gehaim in allweeg zu versprechen, zu halten vnd auch von dortharo sich gleiches zu getrösten sein.

5. So muess auch der khönig in disem zeitlich desenganiert werden, das E. Mt. diesmals wegen der so lang ausgestanden schweren khrieg vnd fast genzlicher desolation jhrer khönigreich vnd lande, auch wegen der verdechtigen vnd gefehrlichen nachbarschafft, damit sie vmbgeben, mit gellt, verlag oder anderen sollichen dargaben ex proprijs nichts thun khönnen.

Auf dise 5 conditionen, vermainete ich allergehorsamist, möchten K. k. Mt. sich für diesmal erkhleren; von dem vbrigen: als dem volkh, so hierzue zu gebrauchen, wie die impresa ins werkh zu sezen, wem der commando darüber zu geben, wie vnd wann die benachbarten zu syncerieren, wie das gubernament sowol in bellicis als politicis vnd cameralibus daselbst anzustellen vnd was dergleichen mehr, wiert zwar jezt zeitlichen zu gedenkhen, hernach aber, vnd wann die notwendigen noch erwarteten informationes einkhommen, zu reden, zu handlen vnd nach gestallt der sachen zu accordieren sein. Der allerhöchste gebe sein gnad, das dise werkh also fortgebe, wie jch wünsche vnd hoffe, es auch, wie obgemellt, für rhümlich, nuzlich vnd notwendig halte; rhümlich: wisse ich nicht, was E. Mt. rhüemlichers sein khönte, als wann vnder Ferdinando 2⁰ der khaiserliche stendard auf dem meer sich sehen lassen — so zuuor us der menschen memori, ja faut us der huecher gedechtnuss khommen —, vnd wie die precedenz vor allen andern, also auch das arbitrium bej allen nationen erhalten wurde, wellcher rhum denn auch aigendlich auf das heilige reich vnd die Teutsche nation redundieret; nuzlich: wo ist der nuz, wo sein die reichtumb anderst, als wo die nauigation ist, zumal wo sie mit sollcher preeminenz ist, wie dn zu hoffen, vnd wo nichts zu spendieren, sondern nur einzunemen; notwendig: wie khan das haus Osterreich seinen feinden vnd missgünstigen, wellche es fast gar in den notstall gebracht, leichter wiederstehen, sich von aller gefahr herausreissen vnd eben denselben darjehnige thun, was sie jhme thun wöllen, als durch die macht auf dem meer, wellche allein mechtig vnd khrefftig ist die correspondenz des hauses zu erhalten, die weit entlegnen vnd disvnierten potentias desselben zu unieren vnd allen andern potentaten leges zu geben? Vnd schliesslich, was hat die khezereyen hisbero erhalten vnd mehr befürdert, als das die verführten nationen von dem paus Osterreich vnd desselben tractation durch den teufel vnd sein anhang abgehalten werden? also vnd entgegen was khan die rechte religion mehr propagieren vnd erweitern, als wenn eben dieselhen verführten nationen durch die nauigation vnd durch die vertreulichen commertien mit dem haus Osterreich bekhannt, vertraut, in conueersation gebracht, vnd weil fides ex auditu, verhoffenntlich mit der zeit vnd leicht bekhert werden khönnen; das exempel so vieler Indianischen völkber vnd nationen ist khlar genueg vnd darf wenig anderer beweisung. E. Mt. geruhen allergenedigst mier dise mein etwas lange ussführung zu verzeihen; das werkh ist so wichtig, das villeicht noch vil mehr daruon vnd durch einu vollkhommenere feder als die meine zu schreiben were. Derowellben thue ich mich vnd die meinen zu beharrlichen khaiserlichen gnaden allervnderthenigst empfelhen. Grätz 30 may 1625. E. k. Mt.

allervnderthenigster vnd gehorsamster diener:
Eggenpergh.

Allergenedigster herr.

Ich vermainete allergehorsamst, ohwol dises negocium vnd das andere, so der graue von Schwarzenberg wegen der commenden der entzognen stifft vnd clöster im reich [angebracht hat], also geschaffen, das es, zumal disen in allerhöchster gehaim zu enthalten, das doch E. Mt. jhrem beichtvatter eines vnd anders communicieren vnd sein mainung darüber allergenedigst anhören möchten, dann es in ansehung seiner pietet, seiner prudenz vnd erfahrenheit vnd seiner verschwiegenheit andere nicht als nuzen khan.

Orig. im Schwarzenberg. Familienarchiv.

XV.

Das Original von Dürers Postreiter.

Ein Beitrag zur Frage nach dem Meister W

von

Fritz Harck.

Mit 1 Kupfertafel

In der Geschichte unserer alten deutschen Kunst gibt es trotz
des Aufschwunges, den die kritische Kunstgeschichte in den letzten
Jahrzehnten genommen, trotz der vielen archivalischen und kritisch-
vergleichenden Forschungen, noch eine Menge ungelöster Räthsel.
Nicht allein die Beziehungen einzelner Künstler unter einander,
auch einzelne Meister selbst sind noch in völliges Dunkel gehüllt oder
wir müssen uns mit den kärglichsten Nachrichten über sie begnügen.
Ist doch selbst das Leben eines der grössten unten ihnen, Holbeins
des Jüngeren, erst in den letzten Jahren einigermassen geklärt worden.
Verschiedene mehr in's Einzelne gehende Fragen, die aber nichts
destoweniger tief in das Leben und die Thätigkeit der betreffenden
Meister eingreifen, sind oft durch die Resultate der Forschungen
nur noch verwickelter geworden und fordern durch die abweichenden
Ansichten, die dabei zu Tage gefördert wurden und in deren buntem
Durcheinander man bald Mühe haben wird, sich zurecht zu finden, zu
immer neuen Anstrengungen und Untersuchungen heraus. Dies ist
besonders da der Fall, wo es sich um Fragen handelt, die das Leben
und die Thätigkeit der grossen, epochemachenden Meister betreffen.
Solche ungelöste Fragen gibt es selbst in dem Leben des ersten, bedeutendsten deutschen Künstlers, desjenigen, der auf dem Gebiete des
Kupferstiches bis dahin Unerreichtes und seither selten Uebertroffenes
geleistet: in dem Leben Dürers.

Vieles hat in dem Werke Thausings [1]) endgiltig seinen Abschluss gefunden und wird allseitig anerkannt. Vieles hat aber auch
seither heftige Anfechtungen erfahren und harrt noch der Lösung.
Hierher gehört in erster Linie die Frage, in welchem Zusammenhange
die von Dürer und dem Monogrammisten W gestochenen Blätter zu
einander stehen und wer hinter dem Monogramme W sich verbirgt.
Diese hat wie wenige andere Fragen, Controversen hervorgerufen,
ohne dass die eine oder die andere der aufgestellten Hypothesen durch
vollgültige Beweisführung den Stempel der Unantastbarkeit aufgedrückt

---

[1]) Dürer, Geschichte seines Lebens und seiner Kunst von Moriz Thausing,
Leipzig 1876.

erhalten hätte. Es ist dies aber auch eine jener Fragen, zu deren Lösung man wegen der Kärglichkeit des urkundlichen Materiales und wegen der gänzlich entgegengesetzten Ansichten, die über den Meister W in Umlauf sind, nur Schritt für Schritt gelangen kann. Schwerlich dürfte es gelingen, diese Frage auf einmal, mit einem Rucke zu lösen. Jedes neue Eindringen in dieselbe, jede neue Hypothese kann uns aber dem Ziele um einen Schritt näher bringen. Und sollte die Hypothese auch späterhin widerlegt werden, so mag sie dennoch einige Berechtigung dadurch behaupten, dass sie eine neue Durcharbeitung und Sichtung des Materiales zur Folge hat und hierdurch vielleicht zur Auffindung von Neuem beiträgt; sobald nur Andere durch sie zu erneuter Forschung angeregt werden und dadurch neues Material beigebracht wird, ist sie nicht ganz werthlos.

Von diesem Gesichtspunkte aus möge man denn auch den nachstehenden Versuch, die eben genannte Frage ihrem Ende näher zu bringen, beurtheilen. Positive Beweise für die Richtigkeit der aufgestellten Behauptung gelang es nicht beizubringen; dass dieselbe aber einen Kern von innerer Wahrheit birgt, wird die nachfolgende Untersuchung hoffentlich darthun.

Seit Thausing den von Bartsch aus der Liste der Kupferstecher gestrichenen Michel Wohlgemut wieder in seine früher innegehabte Stellung einzusetzen bemüht war und ihm einen grossen Theil der mit dem Monogramm W bezeichneten Stiche, d. h. diejenigen, welche das W unten in der Mitte tragen, speziell aber die auch von Dürer gestochenen Blätter, zuschrieb und von wenigstens einigen dieser letzteren nachwies, dass sie Copien seien, ist diese Ansicht wiederholt auf heftigen Widerspruch gestossen. Man konnte sich nicht mit dem Gedanken befreunden, in Wohlgemut, der bisher so absprechende Beurtheilungen erfuhren, das Vorbild für Dürer erkennen zu sollen. Er, der bisher streng an die Traditionen der Schongauerschen Kunst angeschlossen erschien, der Wohlgemut des Zwickauer und Hofer Altars, sollte sich plötzlich zu einer Höhe der Phantasie, zu einer Formenschönheit aufgeschwungen haben, wie sie z. B. der grosse Hercules (B. 73) und die Venus auf dem Traum (B. 76) zeigen. Dies schien unglaublich. Schon Frizzoni in seiner Recension des Thausing'schen Werkes spricht sich gegen diese Ansicht aus und sagt: „Man bedenke, dass sich unter den fraglichen Blättern diejenigen des „Traumes" B. 76, der „4 Hexen" B. 75, des „Raubes der Amymone" B. 71, der Madonna mit der Meerkatze B. 42, und des grossen Hercules B. 73, befinden und dass man diese doch kaum dem grossen Meister in dieser Kunst (Dürer) abzustreiten vermöge, sowohl in Detreff ihrer Technik wie ihres Inhalts."[1]) Professor A. Springer kann sich mit Wohlgemut's Autorschaft der mit W bezeichneten und von Dürer gleichfalls gestochenen Stiche noch weniger einverstanden erklären und versucht die ganze Frage dadurch zu lösen, dass er in dem Führer des Monogrammes W jener Stiche Jacopo dei Barbari oder Jacob Walch zu erkennen glaubt.[2])

Jedermann wird gern zugeben, dass es an und für sich viel wahrscheinlicher ist, in dem Autor solcher vom reinsten Renaissancegeiste durchwehten Schöpfungen den Venezianer Barbari zu sehen, als den Nürnberger Wohlgemut. Die authentischen Compositionen Barbaris lassen ja darüber, dass die Renaissance ihn völlig beherrscht, dass er ihr in seinen Werken den schuldigen Tribut zollte, nicht den geringsten Zweifel, während anderseits Wohlgemut uns in seinen, ihm mit Sicherheit zuzuschreibenden Werken durchaus nicht Gelegenheit giebt, ihn von dieser Seite kennen zu lernen. Die genaueren Lebensschicksale Barbaris sind überdies so unbekannt oder doch so wenig belegt, dass wir einen längeren Aufenthalt desselben in Nürnberg in den neunziger Jahren ganz gut annehmen könnten. Hierin liesse sich also auch kein absolutes Hinderniss finden, die mit W bezeichneten und von Dürer copirten Stiche dem Barbari zuzuschreiben. Lassen sich diese Stiche nun aber auch der Form des Dargestellten, der Technik und dem geistigen Inhalte nach mit Barbari vereinbaren? Prof. Springer behauptet dies, doch ergibt ein eingehender Vergleich der mit dem Caduceus bezeichneten und der betreffenden Stiche des Meisters W wohl eher ein entgegengesetztes Resultat.

Betrachten wir einmal die Verhältnisse und einzelnen Körperformen der Barbari'schen Gestalten etwas näher und versuchen wir für sie eine gemeinsame Formel aufzustellen. Die Frauen haben stark abfallende Schultern, schmale Hüften, schmale zierliche Füsse. Der Busen ist ungemein voll, die Brüste haben eine sehr grosse Peripherie und der Uebergang zur Spitze ist ein ganz allmäliger; hierdurch machen sie den Eindruck von grosser Weichheit. Die Körperformen im Allgemeinen sind bei Barbari graziös schmächtig, die Arme und Beine bei den Männern meist sogar sehr dünn; nie werden

---

[1] G. Frizzoni, Archivio Veneto 1878. „Quando si consideri che nel numero delle questionate stampe si trovanno quelle del „Sogno" delle „Quattro streghe" del „Ratto d'Ammone", della „Madonna colla scimia" e della „Gelosia"., non sappiamo capacitarsi come esse possano essere validamente contese al sommo maestro in detta arte, il cui spirito filosofico ed indagatore... esse ci sembrano rilevare per forza di paragone, tanto dal lato intrinseco, quanto dall' estrinseco."

[2] „Der Meister W." Zeitschrift für bildende Kunst 1877.

die sanft schwellenden Linien des weichen Fleisches durch starke Muskulatur unterbrochen. Das Characteristische an den Barbari'schen Gestalten ist überhaupt eine etwas kraftlose Weichheit, die sich in langgestreckten, aber angenehmen leichtgerundeten Formen äussert; eine den Körper kräftigende muskelbildende Uebung scheinen die von ihm dargestellten Menschen aber nie gemacht zu haben. Ganz scharf markirt sind die Köpfe. Der obere Theil derselben von den Augen bis zum Scheitel ist fast eben so lang wie die Partie von den Augen bis zum Kinn und hierdurch erhält der untere Theil des Gesichtes etwas Zusammengedrücktes, Gekniffenes; diese Eigenthümlichkeit wiederholt sich in grösserem oder geringerem Maasse auf allen Blättern. Hierzu tritt eine ungemein hohe, allmälig sich wölbende Stirn, sehr kurze gerade Nasen, tiefliegende kleine Augen, ein üppig voller Mund und ein ebensolches rundes Kinn. Das Haar ist meist von seidenartiger Weichheit und grosser Fülle, unvermittelt im Ansatz, so dass es häufig wie eine Perücke erscheint, und erinnert manchmal an die Palma Vecchio eigenthümliche Behandlung. Dann welch eigenartige Gewandung! Dünne sich eng an die Körperformen anschmiegende Stoffe mit einer grossen Anzahl fein geschwungener Längsfalten, die durchaus den Eindruck des Nassen machen; nie finden sich knittrige Ecken [1]) oder schwere breite Stoffflächen.[2]) Auf den W'schen Stichen, welche Springer dem Barbari zuschreibt, finden sich nun aber von den eben genannten durchaus verschiedene Körperformen und Eigenthümlichkeiten. Die Umrisslinien der Körper entbehren der graziösen sanft gerundeten Linien, jeder Muskel des Körpers ist stark entwickelt und tritt scharf hervor; die Füsse zeigen häufig breite Ballen und gekrümmte Zehen. Die Brüste haben eine kleinere Grundfläche, sind viel kleiner und spitzer, treten aber voll und fest hervor. Die Körper

---

[1]) Der Stich B. 19 bildet die einzige Ausnahme.

[2]) Eine ähnliche Beurtheilung der die Barbari'schen Gestalten auszeichnenden Eigenthümlichkeiten findet sich in dem Aufsatze Galichon's über denselben in der Gazette des Beaux Arts 1. Periode, Band XI. Seite 158. Er sagt: Les figures d'hommes ont souvent les traits du visage grimaçant et des têtes grotesques, ou bien des têtes d'une petitesse remarquable avec des fronts extrêmement élevés. Ils sont maigres à l'excès, ils ont des membres d'une longueur démésurée . . . . Les figures de femmes sont plus agréables; elles ont d'habitude un corps élancé, des épaules tombantes et grasses, qui arrêtent et fixent la lumière. Leur tête d'une grande beauté est posée sur un cou trop fort, leur regard est plein d'un sentiment pénétrant. Elles relèvent et nouent leurs cheveux sur le sommet de la tête; une longue tunique aux plis serrés et mouillés suit et trahit les formes onduleuses du corps . . . . Enfin pour achever de caractériser le style de ce maître nous disons qu'il n'a pas saisi l'expression de la force . . .

strotzen von einer Fülle von Kraft, von einer bei den Frauen selbst
übertriebenen, dem Schönheitsideal der damaligen venetianischen Kunst
durchaus fremden Muskulatur, speciell der Beine; das Fleisch ist wie
von Stahl und steht hierdurch in schroffem Gegensatze zu den schwellenden, weichflüssigen Formen Barbaris. Derselbe Ausdruck von Kraft
documentirt sich auch in den Köpfen: stark ausladende gebogene
Nasen, runde niedrige Stirn, spitzes Kinn, ein nichts weniger als voller
und üppiger Mund und leicht hervortretende Augen. Der Faltenwurf
auf den W'schen Blättern ist der eines dicken Wollenstoffes, der sich
dem Körper durchaus nicht anschmiegt und der in seinen durch kleine
Ecken häufig gebrochenen Falten noch manchmal die Abkunft von den
Schongauer'schen Knitterfalten verräth.

Ist es schon schwierig, solch wesentliche Unterschiede in den
Körperformen und in der Drapiruug einem und demselben Meister
zuzuschreiben, so wird diese Schwierigkeit weiterhin durch die sich
darbietenden Unterschiede in der technischen Behandlung noch bedeutend vermehrt. Wie dies ja zu wiederholten Malen hervorgehoben
worden ist, so von Gulichon [1]) und von Thausing [2]), ist Barbaris Stichweise ja keine rein italienische, sondern erinnert häufig an die deutsche
Manier. Ob dies Anlehnen an die deutsche Weise aber gestattet, von
einer „nahezu identischen" Stichweise (für eine solche erklärt sie
Springer) [3]) Barbaris und der betreffenden mit W bezeichneten Stiche
zu sprechen, das bleibt bei einem eingehenden Vergleiche der verschiedenen Blätter beider Meister doch mehr als zweifelhaft. Die
Unterschiede in der Behandlung sind mit Worten schwer völlig klar
zu machen, dafür dem Auge aber deutlich erkennbar. Barbaris Stichelführung ist durchgehends eine viel feinere, zierlichere, die Körperformen weniger hervorhebende; nie erreicht er die Plastik der Form
und die Kraft des Grabstichels des Meisters W. In der Gewandung wendet
er vorzugsweise dem Faltenwurfe sich anschmiegende Linien an, während bei dem Meister W gerade hier häufig kurze Querschraffirung
auftritt. Barbari hat vor Allem, sowohl in der Gestaltung seiner Formen, als in der Wiedergabe derselben durch den Grabstichel das Feine,
Zierliche, Elegante im Auge: wie seine Körperformen, so entbehrt aber
auch seine Technik der Kraft. Nehmen wir einmal an, die W'schen
Stiche lägen uns nur in Abdrücken ohne Monogramm vor und wir

---

[1]) Gazette des Beaux Arts I. Periode, Bd. XL 445.
[2]) Dürer, Cap. X. S. 228.
[3]) Zeitschrift f. bild. Kunst 1877. S. 41.

hätten betreffs der Persönlichkeit ihres Schöpfers nicht den geringsten Anhaltspunkt; würde denn Jemand auch nur im Entferntesten geneigt sein, auf die technischen Kennzeichen hin und nur in Berücksichtigung derselben, diese Stiche dem Barbari zu vindiciren?

Ein Argument, das zu Gunsten Barbaris sprach und das Springer vielleicht mit zu seiner Hypothese bewogen, „die kräftige niellenartige Stichweise", die Thausing[1]) in dem grossen Hercules der Wiener Hofbibliothek und in dem anonymen Stich des kleinen Couriers,[2]) der sich auf der Albertina befindet und in dem er einen Stich des Meisters W vermuthete, zu finden glaubt, muss nach genauer Untersuchung in Wegfall kommen. Der kleine Courier B. 80 der Albertina ist, wie sich

---

[1]) Dürer, Cap. VIII 157. Anmerkung.

[2]) Der Stich Bartsch 80 führt die Namen: „Kleiner Reiter", „Postreiterlein", „Kleiner Courier". Alle diese Diminutivformen waren nöthig, um ihn von dem Stiche B. 81 „Der grosse Courier" zu unterscheiden. Sie können aber ruhig hinwegfallen, denn dieser letztere Stich ist entschieden aus dem Kupferstichwerke Dürers auszuscheiden.

Bartsch nahm denselben mit dem „Gewaltthätigen" B. 92 auf Grund der den früheren bezeichneten Dürerschen Stichen ähnlichen Technik mit in die Reihe derselben auf und ihm schloss sich Passavant später an. Bartsch's Meinung hat aber nie völlig durchdringen können. (Siehe Retberg, Dürersche Kupferstiche und Holzschnitte S. 110 und Hausmann, A. Dürers Kupferstiche etc. S. 10). Er stützt seinen Beweis darauf, dass der grosse Courier genau dieselbe Behandlungsweise zeige wie der Gewaltthätige; den Beweis, dass dieser von Dürer sei, bleibt er aber schuldig. Einer Hand gehören diese Stiche jedenfalls an, das bemerkt auch schon Heineken, der Beide unter den anonymen deutschen Stichen beschreibt (Neue Nachrichten I. 244. Nr. 277 und 278). Bei dem grossen Courier fügt er hinzu: „Albert Dürer hat dies Blatt ebenfalls gestochen." Thausing (Dürer VIII. 156) hat schon darauf hingewiesen, dass Heineken damit nur habe sagen wollen, dass Dürer denselben Gegenstand gestochen habe und dass er damit „den kleinen Courier" B. 80 meinte.

Von dem „grossen Courier" gibt es nur 2 Exemplare, das auf der Wiener Hofbibliothek und das im Dresdener Cabinet. Unter dem Ersteren findet sich die Bleistiftnotiz: „Nicht von Dürer" und bei einer genaueren Untersuchung zeigten sich rechts unten ganz in der Ecke des Stichfeldes die deutlichen Reste eines Monogrammes, zwei sich kreuzende Schenkel von Buchstaben, wie Theile eines M oder eines W. Ich verglich später das Dresdener Exemplar und auch auf diesem ist das gleiche Merkmal zu erkennen, das meines Wissens noch von Niemandem beobachtet wurde. Aus den vorhandenen Strichen ist es unmöglich irgend ein Dürersches Monogramm zu construiren und ausserdem liesse sich die Stellung und Kleinheit der Ueberreste nicht mit einem von Dürer geführten vereinbaren; gerade seine frühesten Stiche tragen ja alle das Monogramm unten in der Mitte. Mit dem „grossen Courier" fällt dann auch der Gewaltthätige hinweg.

weiter unten zeigen wird, nicht das Original des Meisters W, sondern eine Copie nach dem Stiche desselben und man kann die für ihn angeführte Stichweise hier also nicht berücksichtigen. Der grosse Hercules auf der Wiener Hofbibliothek aber hat aus einem ganz besonderen Grunde ein so kräftiges Ansehen, das seinen Ursprung durchaus nicht von irgend einem Einflusse italienischer Technik herleitet. Der Stich ist nicht das, wofür er bisher gehalten worden ist, nicht ein ganz früher kräftiger Abdruck, sondern ein ziemlich später. Es ist der Abdruck von der retouchirten, ja fast vollständig neu aufgestochenen alten Platte. Dies ist mit Hilfe der Lupe, auch ohne dass man den Abdruck einer nicht retouchirten Platte zum Vergleich daneben hat, deutlich erkennbar. Der Stich ist ungemein fett und schwarz gedruckt und die tiefsten Schatten sind so dunkel, dass die einzelnen Strichlagen kaum mehr erkennbar sind; von der Seite betrachtet, treten diese Stellen und die Contouren wie im Relief hervor. Die Contouren sind sehr breit und stark nachgezogen; an dem rechten Oberarm des sitzenden Satyrs und an dem linken Ellenbogengelenk des stehenden Mannes ist der Retoucheur ausgeglitten. In den Schatten sind fast überall, theils zwischen den alten Strichlagen befindliche, theils diese kreuzende neue Linien hinzugefügt; die alten sind aber, obwohl weniger tief, noch vorhanden und mit abgedruckt. Hiervon rührt das saftige, niellenartige, wenn auch etwas schmutzige Aussehen des Abdrucks her. Durch die Tiefe der Schatten treten die Lichter grell und scharf hervor und die einzelnen Formen erscheinen so plastisch, dass man meinen könnte, der Stecher habe Bronzestatuen reproducirt. Der Baum ist an einigen Stellen mit ganz groben dicken Linien, wie solche sich beim Meister W selbst nie finden, aufgestochen und eine ebensolche Lage dicker, kurzer, verticaler Striche befindet sich links unter dem, von der rechten Hand des Satyrs gehaltenen Kinnbackenknochen. Am deutlichsten ist die Nacharbeit an dem Leibe und den Schenkeln der sitzenden am Kopf und Oberarm der zum Schlage ausholenden Frau, und an den Oberschenkeln des stehenden Mannes zu constatiren: hier überall sind zwischen den neuen die alten ausgedrückten Strichlagen deutlich zu erkennen. Bei einer Untersuchung mit der Lupe bleibt betreffs der Nacharbeit auch nicht der geringste Zweifel, und Prof. Thausing hat nach genauer Prüfung auch sofort die veränderte Sachlage anerkannt.

So verschieden wie die Form und die Technik, so verschieden ist auch die Art der Composition und deren Inhalt in den Barbari'schen Stichen und in denen des Meisters W. Diese letzteren schlagen nicht empfindsame Saiten des Gemüthes an, in ihnen liegt nichts Zartes, Liebenswürdiges, sondern vielmehr etwas Packendes, Herbes. In ihnen wird der Beschauer in erster Linie nicht nur auf das „Wie" des Dargestellten, sondern auch auf das „Was" geführt; ihr Inhalt ist die Darstellung eines tieferen psychologischen Vorganges oder seltsamer Erscheinungen, sie sind nicht allein für das Auge geschaffen, auch der Geist wird durch sie gefesselt und zum Nachdenken und Grübeln angeregt. Wir haben in ihnen gewissermassen das Resultat eines längeren Suchens, des Ringens eines noch nicht zu voller Klarheit gelangten Gemüthes vor uns; es sind Darstellungen abstrakter Gedanken, wie wir sie in den Stichen des Meisters mit dem Caduceus nirgends wiederfinden und wie sie später in der „Melancholie" Dürers ihren Höhepunkt erreichen. Dass man frühzeitig psychologische Probleme als in ihnen niedergelegt erachtete, zeigen die Benennungen des grossen Hercules als „Eifersucht" und die des Traumes als „l'Oisiveté" und die durchaus verschiedenen Erklärungen des Inhaltes der „4 Hexen" und jener zwei Stiche.

Dies Alles spricht aber durchaus nicht für Barbari, sondern vielmehr für den Ausfluss eines tiefsinnigen, grübelnden deutschen Geistes. Darauf hin weisen auch einige Figuren, die ein so urdeutsches Gepräge tragen, dass sie schwerlich für eine Composition Barbaris gehalten werden können, so z. B. der schlafende Mann auf dem „Traum" und der im Hintergrunde herannahende Alte auf dem „Raube der Amymone", und die ungemeine Liebe und Sorgfalt, welche auf die Darstellung des Beiwerkes und des herrlichen, reichen landschaftlichen Hintergrundes verwandt sind. Bei Barbari ist die Landschaft fast nur auf die Wiedergebung des unmittelbar hinter den Figuren liegenden Planes beschränkt, der meist aus blattlosen Baumstämmen besteht; ein reicher landschaftlicher Hintergrund ist nirgends vorhanden; und wo das Innere eines Raumes dargestellt ist, begnügt er sich mit dem allernothdürftigsten Beiwerk und gibt davon nur soviel, als zur Andeutung eines geschlossenen Raumes unbedingt nothwendig ist. Auf der überwiegenden Anzahl seiner Stiche besteht der Hintergrund nur aus Querschraffirung oder es ist, wie auf den kleinen Blättern, gar keiner vorhanden. Ob wir Barbari die Befähigung, landschaftliche Hintergründe darzustellen, zutrauen dürfen oder nicht, ist ganz nebensächlich, bei einem Vergleich müssen wir uns doch nur an das halten, was vorhanden ist.

Auch dass Jacopo dei Barbari in Deutschland mit dem Anfangsbuchstaben seines ihm dort gegebenen Beinamens gezeichnet haben soll, ist sehr unwahrscheinlich, solange wir den Namen Walch für einen Beinamen und nicht, wie auch wieder angeregt wurde,¹) für seinen Familiennamen zu halten haben. Ist Walch nur gleichbedeutend mit Welsch, bezieht es sich mithin nur auf seine Nationalität, so hat dieses Wort in Deutschland immer einen etwas verächtlichen Beigeschmack gehabt und ein auf seine Nationalität stolzer Italiener, der seinerseits ja immer mit einer gewissen Geringschätzung auf uns Barbaren herabsieht, würde den Anfangsbuchstaben dieses Wortes schwerlich zu seiner Signatur erwählt haben. Gesetzt aber dies Bedenken habe für ihn nicht existirt, so sind noch andere Gründe vorhanden, die gegen die Benutzung des Monogrammes W seinerseits sprechen. Einmal müsste man annehmen, dass alle seine übrigen Stiche in Italien geschaffen seien, da er sich für weitere in Deutschland gestochene Blätter doch voraussichtlich des gleichen dort bekannten Monogrammes bedient hätte; demnach wären nur diese wenigen Blätter die Frucht seiner dortigen Thätigkeit. Dies wird aber sehr unwahrscheinlich wegen der verschiedenen niederländischen und deutschen Wasserzeichen, die das Papier seiner Stiche trägt, wodurch einige Forscher sogar bewogen wurden, den Beginn seiner Stecherthätigkeit erst in das Jahr 1506, die Zeit seiner Umsiedlung nach den Niederlanden, zu verlegen, so Galichon, Harzen, Passavant. Andererseits ist es ja an und für sich möglich, dass er 2 verschiedene Signaturen gewählt und geführt; Springer führt Jan Gossaert und Michel von Coxcyen an, die das Gleiche gethan haben. Immer findet sich aber bei dem Stadt- oder Landesnamen, dessen ein Künstler sich zur Identificirung seiner Nationalität bedient, sein Vor- oder Zuname und es gibt wohl kein Beispiel, dass jemals ein Künstler mit dem Anfangsbuchstaben seiner Nationalität allein seine Werke signirt hätte. Der eigentliche Zweck der Signatur, der Hinweis auf eine bestimmte Persönlichkeit, ginge ja hierbei vollständig verloren.

Endlich gewährt auch die Tradition nicht einen einzigen Anhaltspunkt für Barbaris Autorschaft der betreffenden Stiche oder für eine Benutzung des Monogrammes W seinerseits. Hätten wir Gewissheit über die Zeit seines längeren Aufenthaltes in Nürnberg, so wäre mit einem Male ein starkes Argument für oder gegen die Springer'sche Annahme gewonnen; denn nur dann könnte man versuchen, sie ihm zuzuschreiben, wenn er sich in den nächsten, auf die Rückkehr Dürers folgenden Jahren in Nürnberg aufgehalten hätte, d. h. in der Zeit von 1494—97. Dies mit Sicherheit anzunehmen erlauben aber die Ausführungen Ephrussis,²) denen sich Springer anschliesst, nicht.

---

¹) Lippmann, Repertorium f. Kunstwissenschaft Bd. I. S. 297.
²) Ch. Ephrussi, Notes biographiques sur Jacopo de Barbari S. 14—16.

Die Zeit, in der Dürer nachweisbar[1] am stärksten unter dem Einflusse Barbaris gestanden, in der mithin der Aufenthalt desselben in Nürnberg am wahrscheinlichsten, ist vielmehr der Beginn des 16. Jahrhunderts. Dies wird durch die Proportionsstudien von 1500 und die miniaturartigen Malereien der darauf folgenden Jahre genugsam belegt. Der Stich „Adam und Eva" (B. 1) erhält hierdurch auch erst seine ganze Bedeutung; er ist das zusammenfassende Resultat der von dem Venezianer empfangenen Anregungen zum Proportionsstudium, das Probestück des eigenen auf selbständigen Studien beruhenden Könnens, das Dürer im Selbstbewusstsein seiner Kraft den Werken Barbaris als Maasstab gegenüber hält. Für den Aufenthalt Barbaris in Deutschland in den ersten Jahren des 16. Jahrhunderts spricht auch ferner deutlich das Stillleben von 1504 in der Augsburger Gallerie, das doch nur in Deutschland und unter dem unmittelbaren Einflusse deutscher Kunst und Anschauungsweise entstanden sein kann.

Der Annahme von Barbaris Autorschaft für die mit W bezeichneten und von Dürer nachgestochenen Blätter stellt sich noch ein grosses Hinderniss in den Weg! Wir könnten sie doch keinesfalls sämmtlich dem Barbari zusprechen, sondern müssten unter ihnen nochmals eine nothwendige Scheidung vornehmen. Stiche so rein deutschen Charakters, wie z. B. der Spaziergang (B. 94) und die Dame zu Pferd (B. 82), lassen sich doch unmöglich dem Barbari zuschreiben! Springer bezieht seine Hypothese ja auch nur auf die direkten Renaissanceeinfluss zeigenden Blätter, wie „Der grosse Hercules", „Die 4 Hexen", „Der Traum", „Der Raub der Amymone" und „Die Madonna mit der Meerkatze", denn für diese allein konnte sie zur Geltung kommen. Was beginnen wir dann aber mit den übrigen, genau dasselbe Monogramm an derselben Stelle tragenden und von Dürer gleichfalls nachgestochenen Blättern? Das Monogramm liesse sich allenfalls noch erklären; aber die gleiche Technik?

Die Möglichkeit, Barbari für den Autor der fraglichen mit W bezeichneten Stiche zu halten, reducirt sich nach all dem Vorhergehenden doch auf ein Minimum und erhalten die Ausführungen Thausings dadurch nur einen neuen, wenn auch negativen Beweis. Jedenfalls hat seine Annahme, das W unten in der Mitte bedeute Wohlgemut, durchaus den Anspruch der grössten Wahrscheinlichkeit für sich und solange nicht positive Beweise für das Gegentheil erbracht werden, wird man an ihr fest zu halten haben. Zu den von Thausing[2] für die Urheberschaft Wohlgemuts in das Feld geführten Argumenten

---

[1] Thausing, Dürer Cap. X. S. 224.   [2] A. a. O. Cap. VIII.

sind seitdem noch einige neue hinzugetreten. Prof. Sydney Colvin von Cambridge tritt in dem letzten, eine grössere Folge von Artikeln über die Lehrer, Rivalen und Nachahmer Dürers beschliessenden Aufsatze¹) über den Meister W, der Thausing'schen Hypothese „Die Litera W sei Wohlgemut" völlig bei und bringt dafür einige neue Motivirungen. Diesem Artikel liegt die Reproduktion eines bisher unbekannten Stiches²) des Meisters W in dem Besitze Mr. Richard Fisher's bei. Dieses reizende Blatt, eine Verkündigung, gibt zugleich auch einen hohen Begriff von der technischen Fertigkeit des Meisters W, so dass man durchaus nicht Anstand nehmen kann, dem Schöpfer dieses Blattes auch die Verfertigung von Stichen wie „Der grosse Hercules", „Der Traum" etc. zuzuschreiben; das Blatt ist gleichfalls wie diese Blätter unten in der Mitte mit W bezeichnet. Mr. Colvin verglich den Kopf des Engels auf dieser Verkündigung mit Engelsköpfen auf verschiedenen Blättern der Schedel'schen Weltchronik, deren Verfertigung durch Wohlgemut ja authentisch ist und fand eine völlige Analogie zwischen ihnen. Nicht allein hier, sondern auch im Schatzbehalter des Koberger findet sich dies in vollem Maasse bestätigt, und in letzterem kehrt noch ein kleines Moment des Fisher'schen Stiches wieder. Es sind dies die im Hintergrunde befindlichen Häuser mit den eigenthümlichen zweigetheilten Rundbogenfenstern, die sich fast genau ebenfalls auf der 73ten Figur des Schatzbehalters finden. So geringfügig diese Einzelnheiten auch sind, so sprechen sie doch mit für Wohlgemut.

In Fällen, bei denen eine so grosse Ungewissheit herrscht, ist denn doch auch ein gewisses Gewicht auf die Tradition zu legen und diese spricht durchaus zu Gunsten Wohlgemuts. Bis zu Bartsch, der den ganzen Apparat der mit W bezeichneten Stiche für den Goldschmied Wenzel von Olmütz in Beschlag nahm, galt Wohlgemut ja allgemein als Kupferstecher. Die Ansicht Bartsch's zu theilen hat man sich aber schon lange entwöhnt und ist fast allgemein zu der Annahme gelangt, in dem W nur einen Collectivbegriff zu sehen. Dass Wohlgemut aber einer der hinter dem Monogramm W sich bergenden Künstler sei, dafür mangelt es durchaus nicht an älteren Nachrichten. So werden z. B. in dem Verzeichniss der H. A. von Derschau'schen Kunstsammlung³) die Platten der Amymone, des Traumes und des Spazierganges geradezu als von Wohlgemut gestochen bezeichnet und weiter erläutert der Nürnberger Anonymus, der Verfasser der Schrift

---

¹) The Portfolio, Decemberheft 1877. ²) Abgebildet auch im Catalog der Privatsammlung Mr. Fisher's von 1879. S. 188.

³) Nürnberg, 1825, II. Abth. S. 9. Thausing, Dürer Cap. VIII. 156.

„Von den kunstlichen Handwerken in Nürnberg,"[1]) die die Stiche des Meisters W betreffende Aussage Quad von Kinkelbach's dahin, dass er sagt: „Die Litera W ist Wohlgemut." Diese letztere positivste Nachricht ist allerdings stark angezweifelt worden, weil man diesem Compilator der Neudörffer'schen Nachrichten nicht viel Vertrauen schenkte. Springer[2]) spricht ihm selbständige Forschung ab und zwar auf Grund einer weiteren Nachricht, die er uns gibt und für deren Beglaubigung bis jetzt allerdings noch keine Beweise vorlagen. Der Anonymus nennt nämlich ausser den bei Quad von Kinkelbach[3]) angeführten, dem Meister W und Dürer gemeinschaftlichen Stichen noch „Den kleinen Reiter" D. 80.[4]) Diese Nachricht schien jeder Begründung zu entbehren, denn es war kein Stich des kleinen Couriers mit W bezeichnet nachgewiesen. So spricht Springer aus,[5]) dass keine mit W signirte Wiederholung des kleinen Postreiters bekannt sei und auch Thausing[6]) bemerkt das Gleiche, spricht aber auf derselben Seite in der Anmerkung die Vermuthung aus, dass ein nur in Kleinigkeiten von Dürers Postreiterlein abweichender Stich möglicherweise der Abdruck eines Wohlgemut'schen Originals sein könnte. Dieser Stich befindet sich unter den Dürer-Copien der Albertina und zeigt „unten inmitten des Vordergrundes eine weiss gebliebene Stelle, die so klein ist, dass daselbst das Monogramm Dürers nicht, wohl aber das kleinere des Meisters W Platz hat." Es ist nun zwar, wie sich unten zeigen wird, dies nicht das Original des Meisters W, doch existirt ein solches in der That, denn es befindet sich ein Abdruck davon in meinem Besitz. Leider nur ist das Blatt ziemlich stark beschädigt, ein Theil der untern linken Ecke mit dem Baumstamm, ferner der Theil vom Knie bis zum Huf des linken Pferdevorderbeines und endlich die linke obere Ecke fehlen. Die Stelle aber, auf die es vor allem ankommt und auf der sich das Monogramm befindet, ist glücklicherweise völlig intact. Das W ist unversehrt und befindet sich, der Eigenthümlichkeit Wohlgemuts entsprechend und wie auf den anderen von Dürer nachgestochenen Blättern, genau in der Mitte ein wenig über dem unteren Plattenrande und zeigt eine geringe Ueberhöhung der beiden inneren Schenkel über die äusseren. Der

---

[1]) Archiv für zeichnende Künste XII, S. 50.
[2]) Zeitschrift für bildende Kunst 1877. S. 4.
[3]) Der Teutschen Nation Herrlichkeit, Köln 1609.
[4]) Die Stelle lautet: „Dem Wohlgemut hat Dürer etliche Stück ganz auf den Zug nachgeschnitten, als den grossen Herculem und den kleinen jugendn Reiter, in welchen beiden Stücken doch der Wohlgemut den Preis noch erhalten ...
[5]) Zeitschr. f. bild. Kunst. 1877. S. 4. [6]) Dürer Cap. VIII S. 157.

Abdruck ist ein sehr guter, die Technik die einer sicheren gewandten Hand und genau dieselbe, wie sie z. B. die Madonna mit der Meerkatze zeigt. Die Linienführung ist sehr fein und ein wenig mager, nur einzelne Umrisslinien, besonders die des Pferdes sind kräftiger; die Schatten sind durch sehr eng aneinander liegende feine Strichlagen angegeben, die in den tiefsten Stellen in Kreuzschraffirung übergehen.

Es handelt sich nun vorerst darum, den Zusammenhang der 3 Stiche, d. h. des mit W bezeichneten, des Dürer'schen und des anonymen, von Thausing vermuthungsweise für das Original gehaltenen, festzustellen und zu constatiren, welchen derselben wir als das Original der beiden Anderen zu betrachten haben. Vornehmlich wichtig ist zunächst das Verhältniss des W'schen zu dem Dürer'schen Stich. Zwischen ihnen finden sich eine Menge kleiner Abweichungen in den Einzelnheiten und in der Linienführung, die sämmtlich zu Gunsten eines Originals des Ersteren sprechen. Trotzdem z. B. auf beiden Stichen die Grösse des Reiters die gleiche, sind einzelne Glieder desselben auf dem Dürer'schen Stich viel schmächtiger und selbst unproportionirt schwach, so vor allem der linke Oberarm und das linke Bein vom Knie ab. Dann hat Dürer die Schraffirung an mehreren Stellen weggelassen, wo sie bei dem Meister W vorhanden ist und zur grösseren Weichheit beiträgt: der Oberschenkel des rechten Pferdehinterbeines zeigt bei W z. B. Kreuzschraffirung, bei Dürer nur eine einfache Strichlage; die Fesseln und Hufe sind auf dem W'schen Stich mehr modellirt, die den See begrenzenden Bäume sind bei Dürer ganz ohne Schraffirung und endlich hat derselbe die Wiederspiegelung der Bäume auf dem linken Ufer des Sees ganz vergessen. Sein Stich ist überhaupt, wie dies ja auch z. B. bei den 4 Hexen, dem Traum und der Madonna mit der Meerkatze der Fall, viel weniger sorgfältig in der Ausführung der dargestellten Gegenstände, was besonders auffällig bei dem landschaftlichen Hintergrunde ist. Auf dem Vorsprung des entfernteren Berges ist auf dem Stich des Meisters W deutlich ein kleiner Reiter erkennbar, bei Dürer sind nur ein Paar Linien vorhanden, die irgend etwas Anderes darstellen können. Der Kopf des Reiters selbst ist ebenfalls bei Dürer ungleich weniger deutlich und ausdrucksvoll.[1]

---

[1] Allerdings findet sich in einem vereinzelten Falle die grössere Genauigkeit oder besser gesagt die eingehendere Naturbeobachtung auf Seiten Dürers. In der Mitte des Vordergrundes befinden sich 2 Aehren; diese hat Dürer auf seinem Stich ganz naturgetreu dargestellt, Körner und Grannen genau angegeben, während dieselben auf dem W'schen Stiche lediglich durch 2 Lagen, sich in einem spitzen Winkel kreuzender Linien dargestellt sind. Dies schiene allerdings eher für ein Original Dürers zu sprechen, doch erscheint es andrerseits auch wenig glaublich,

Was die Technik anbetrifft, so haben wir bei Dürer eine bedeutend gröbere, die Platte mehr angreifende Grabstichelführung, ein weit schärferes Hervortreten der Schatten bei grösseren und mehr unbearbeiteten Lichtflächen, in Folge dessen sein Blatt einen viel härteren Eindruck macht. Die Grösse der Platten ist eine ziemlich gleiche; die Höhe des Dürer'schen Stiches beträgt 100, 5 zu 108, 5 M. M. des W'schen Stiches, die Breite 76, 5 zu 75, 5 M. M.

Es lässt sich somit wohl für den Stich des Meisters W die Priorität in Anspruch nehmen und wir haben den Dürer'schen Stich auch hier als Copie zu betrachten.

Wie steht es nun mit dem auf der Albertina befindlichen anonymen Stich, der mit Rücksicht auf die in der rechten Hand geschwungene Peitsche gleichfalls in demselben Sinne wie die beiden anderen gestochen ist? Die Stelle, auf der sich bei dem Stich des Meisters W das Monogramm befindet, ist hier frei, hat aber dieselbe Form und Grösse, so dass man allerdings annehmen könnte, der Stich sei ein Abdruck der W'schen Platte, aus dem das Monogramm entfernt wäre, um ihn vielleicht für einen Probedruck auszugeben. Bei näherer Untersuchung stellt sich aber bald die Unmöglichkeit dieser Annahme heraus und es zeigt sich, dass es der Abdruck einer ganz anderen Platte, die Arbeit eines anderen, viel schwächeren, der Technik weniger kundigen Stechers ist. Die Grabstichelführung ist roh, die Striche sind dick und noch weniger fein als bei Dürer; die Luftperspektive ist schlecht und selbst die Linearperspektive hat der Autor nicht zu beherrschen gewusst: der See bildet keine horizontale Fläche, sondern fällt nach vorn ab. Auch die Wiedergabe des Laubwerks hat dem Stecher grosse Schwierigkeit verursacht, es ist massig und fest und die einzelnen Zweige heben sich nicht von einander ab. Abgesehen hiervon zeigen sich auch in der Darstellung selbst Abweichungen. Auf dem mit W bezeichneten Stich ziehen sich die den See begrenzenden Bäume im Hintergrunde bis genau an die Schwertspitze des Reiters heran, auf dem anonymen Stich bleibt ein Zwischenraum von ungefähr einem halben Centimeter; auf dem Abhang hinter dem Felsen links befindet sich auf beiden zuerst besprochenen Stichen über der Baumgruppe ein einzelner Baum; hier reicht die Baumgruppe höher,

---

dass dem Meister W, dessen Stich ja sonst in allen Einzelnheiten eine grössere Sorgfalt verräth, diese Kleinigkeit entgangen sein sollte, wenn er den Dürer'schen Stich copirt hätte. Es hat mir mehr den Anschein als ob Dürer bei Anfertigung seines Stiches die Unzulänglichkeit der Darstellung der Kornähren gefühlt und derselben durch naturgetreuere Wiedergabe abgeholfen habe.

so dass kein Platz für den Baum mehr übrig war: er steht nun rechts von derselben. Weiter hat der aus dem Vordergrunde aufragende schachtelhalmartige Zweig auf dem anonymen Stich eine andere Form und trägt ein Blattbüschel weniger. In der Breite misst dieser Stich nur 74 M. M.; die Höhe zu messen war nicht möglich, da er oben stark beschnitten ist.

Dass dieser Stich das Original des W'schen sein könnte, gestattet die grosse Inferiorität desselben nicht anzunehmen, und es fragt sich nur ob er eine Copie nach dem Obigen oder nach dem Dürer'schen Blatte ist. Auch das lässt sich constatiren. Wir finden hier die beiden Kornähren in genau derselben Weise wie bei dem Meister W durch einfache sich kreuzende Linien dargestellt; die Arme und Beine des Reiters, sowie die Pferdebeine haben die gleichen stärkeren Proportionen wie auf dem W'schen Stich, nicht die schmächtigen Dürers; der kleine Reiter auf dem Felsvorsprung im Hintergrunde ist wieder deutlich erkennbar und überdies findet sich eine Linienführung, die genau mit der des Meister W, nicht aber mit der Dürers correspondirt. Um nur ein Beispiel anzuführen, so hat hier der Oberschenkel des Pferdes auch Kreuzschraffirung und diese findet sich bei Dürer nicht. Endlich hat, wie schon bemerkt, die zur Aufnahme des Monogrammes freie Stelle dieselbe Form und Grösse wie die auf dem Blatte des Meister W. Das Verhältniss der 3 Stiche untereinander stellt sich also folgendermassen: der Stich des Meisters W ist allem Anscheine nach das Original und die beiden anderen sind Copien nach ihm.

Von dem „Traum" und den „4 Hexen" hat Thausing nachgewiesen, dass sie Copien Dürers nach den Stichen des Meisters W seien.[1]) Für den „kleinen Post-Reiter" und die übrigen dem Meister W und Dürer gemeinschaftlichen Stiche: „Den Spaziergang", „Die Dame zu Pferd", „Die Wirthin mit dem Koch", „Den Raub der Amymone", „Die Madonna mit der Meerkatze" und „Den grossen Hercules" liegen für die Originalität der ersteren zwar keine so unumstösslichen Beweise vor, wie für die zwei oben angeführten, doch darf nach den Untersuchungen über den kleinen Reiter und nach den Ausführungen Thausings[2]) aller Wahrscheinlichkeit nach auch für sie dasselbe Verhältniss angenommen werden. Das was Thausing[3]) über das Verhältniss des Dürer'schen grossen Hercules, d. h. des auf der Wiener Hofbibliothek befindlichen Exemplaren, das er zu seinem Vergleich heranzog,

---

[1]) Thausing, Dürer VIII. 160, u. ff.
[2]) A. a. O. Cap. VIII. 158, 165, 169, 172.
[3]) A. a. O. Cap. VIII. 172.

sagt, erleidet dadurch, dass dieses sich als ein späterer Aufstich der
alten Platte erwiesen, keine Beeinträchtigung. Das Hinweglassen der
Vögel in der Luft bei Dürer, sowie die angesaugene Copie dieses
Blattes auf der Platte des Marc Anton'schen Stiches (B. 285), der
nach Bartsch jedenfalls zu den frühesten Blättern des grossen Italieners gehört und mithin den Dürer'schen Stich, falls dieser das benutzte Original sein sollte, in die 2. Hälfte der 90er Jahre hinauf-
rücken würde, was die vollendete Technik gerade dieses Blattes anzunehmen verbietet, sprechen immerhin noch deutlich genug für ein
früher vorhandenes Original des Meisters W. Sydney Colvin theilt in
seinem Artikel über den Meister W ferner eine von ihm gemachte
interessante Beobachtung mit, aus der er die Copistenthätigkeit Dürers
folgert. Sie betrifft die Stellung des Dürer'schen Monogrammes. Nach
dem Jahr 1504 schreibt Dürer nämlich Monogramm und Jahreszahl
auf eine kleine Tafel oder Rolle, die er in irgend einem Theile des
Stiches anbringt. Von 72 oder 73 nach 1504 gestochenen Blättern
tragen nur 4 das Monogramm unten in der Mitte. Vor 1504 zeichnet
er gewöhnlich mit dem Monogramm allein und von 28 Stichen, welche
wahrscheinlich dieser frühen Periode angehören, tragen 23 das Monogramm unten in der Mitte. Unter diesen 23 sind 10 auch vom Meister W gestochene. Von den 5, welche das Monogramm an einer
anderen Stelle tragen, gibt es weder Abdrücke des Meisters W,
noch werden solche erwähnt. Colvin fragt nun: Wenn W Dürer
copirte, wie kommt es, dass er dann keinen dieser 5 Stiche copirte?
Copirte andrerseits Dürer den Meister W, so musste er natürlicher-
weise, da jener seine Signatur regelmässig unten in der Mitte an-
brachte, die seinige an dieselbe Stelle setzen. Ebenso natürlich behielt er, als er anfing, für sich selbst zu zeichnen, diese kleine Gewohnheit noch eine Weile bei und brach mit derselben erst dann,
als er eigene Gewohnheiten angenommen.[1]) Diese Annahme hat sehr

---

[1]) Portfolio, Decemberheft 1877: After the year 1504 he writes date and
monogram on a tablet or little scroll, which he places sometimes in shadow, sometimes in light, sometimes hung on a tree, sometimes pinned to a wall, sometimes lying
in perspective on the ground, now high, now low, now in one corner, now in another; but
out of seventy-three or seventy-two plates, done between that date and his death, there
are only four in which he has chosen to sign himself at the bottom of the plate
in the middle. Before 1504, he signs habitually with the monogram alone and
out of twenty-eight prints belonging probably to this early date, twenty-three
have the monogram at the bottom in the middle. Out of these twenty-three,
there are ten of which versions by W. either exist or are recorded. Of the five
which have the monogram elsewhere — they are the St. George on foot, the
two Saint Sebastian, the Standard-bearer, the witch riding on a goat — there neither

viel für sich und erhält bei Berücksichtigung der Grösse des Monogrammes, welches Dürer substituirte, noch mehr Halt. Das kleine Monogramm Wohlgemuts hatte an der an und für sich schon ungünstigen Stelle in der Mitte wohl Platz; das bedeutend grössere Dürers aber an derselben Stelle anzubringen, gelang häufig nicht, ohne die umgebende Schraffirung unmotivirt abzubrechen; und auch so wirkt es auf einigen Blättern noch sehr störend. Wir haben nun also neun bekannte von Dürer copirte Stiche des Meisters W: „Die Madonna mit der Meerkatze" B. 21, „Die Dame zu Pferd" B. 47, „Den Traum" B. 49, „Den Spaziergang" B. 50, „Die 4 Hexen" B. 51, „Den Raub der Amymone" B. 52, „Den grossen Hercules" B. 53, „Die Wirthin mit dem Koch" P. 76 und „Den kleinen Postreiter." Durch die Auffindung dieses letzteren wird nun die Nachricht des Nürnberger Anonymus, dass der kleine Courier auch vom Meister W gestochen sei, deutlich bewiesen; er scheint seine Nachrichten demnach doch auch selbständiger Anschauung zu verdanken und erhält damit seine Nachricht „Die Litera. W. ist Wohlgemut" einen bedeutend höheren Anspruch auf Glaubwürdigkeit.

Alle Wahrscheinlichkeitsgründe sprechen mit der Tradition dafür, in dem Führer des Monogrammes W, wenn es unten in der Mitte steht, Wohlgemut zu finden. Alle Verhältnisse der damaligen Zeit, in welcher der Kupferstich schon begonnen hatte, eine Hauptthätigkeit der deutschen Maler zu bilden, lehnen sich auf wider Bartsch, der ihn ganz aus der Reihe der Stecher scheidet.

Dass man Wohlgemut aber auch als den Schöpfer, den geistigen Urheber der von Dürer nachgestochenen Blätter, unter die ja auch jene „ersten, ältesten Schöpfungen des Renaissancegeistes auf deutschem Boden": der grosse Hercules, der Traum, die 4 Hexen, der Raub der Amymone und die Madonna mit der Meerkatze gehören, ansehen sollte, das war es, was auf so heftigen Widerspruch stiess. Stünden jene Stiche ausser Frage, so würde sich wahrscheinlich niemand gegen die Thausing'sche Rehabilitation Wohlgemuts erhoben haben. So aber kann man sich unmöglich aller Bedenken entschlagen und kann sich den gegen Wohlgemut angeführten Gründen gegenüber nicht einfach

---

exist nor are recorded any versions by W. If W copied Dürer why did he happen not to copy any of these five? If, on the other hand, Dürer copied W, then, since W set his mark uniformly in this place, Dürer must, of course, in copying, set his in the same; and would naturally in designing for himself, keep up a like habit for awhile, breaking the habit at first occasionally, but afterwards, as he grew into habits of his own, abandoning it. And it is to this latter presumption that the facts correspond.

ablehnend verhalten. Wohlgemut, der sich bisher streng an die Traditionen der rheinischen und flämischen Kunst gehalten, an dessen bekannten Werken sich kaum irgendwo der allmächtige Einfluss der Renaissance zeigt, dieser Wohlgemut sollte plötzlich jene 5 Stiche geschaffen haben? Dies scheint um so unwahrscheinlicher, als diese Compositionen völlig isolirt dastehen würden: weder vorher noch nachher offenbart sich in ihm eine dem analoge Kraft, und seine sonstigen Compositionen reichen, ganz abgesehen von der Form, an geistiger Tiefe und Gedankenfülle auch nicht entfernt an jene heran. Die Compositionen jener 5 Stiche können, sowohl was Form wie Gegenstand betrifft, nur von einem Künstler herrühren, der unmittelbar an der Quelle der Renaissance geschöpft, ihren vollen belebenden Einfluss gefühlt und sich demselben rückhaltlos hingegeben. Dass dies ein fast 70jähriger Greis gewesen sein sollte, der bis zu diesem Zeitpunkte in den Traditionen der Kunst des 15. Jahrhunderts befangen war, dessen gereckte Formen in grellem Contrast zu den idealeren, den Einfluss der Antike wiederspiegelnden jener Stiche stehen, das repräsentirt allerdings einen hohen Grad der Unwahrscheinlichkeit. Und gerade in der Zeit der Entstehung dieser Stiche konnte sich der Renaissance-Einfluss durch Colportage italienischer Werke in Deutschland noch nicht mit solcher Allgewalt geltend gemacht haben, um einen alten Mann wie Wohlgemut so stark zu erfassen, dass er mit einem Male mit seiner ganzen bisherigen Art und Weise gebrochen hätte. Gesetzt selbst der Einfluss Hartmann Schedels auf Wohlgemut sei geistig ein so grosser gewesen, dass er ihn zu mythologischen und allegorischen Darstellungen begeistert hätte, oder die Ideen der Compositionen stammten vielleicht gar von Schedel selbst und Wohlgemut war mithin nur ihr Interpret, so konnte er sie doch in der Form nicht so interpretiren: der Einfluss der antiken Formen und der Renaissance Oberitaliens, den sie zeigen, konnte durch ihn nicht so zum Ausdruck gelangen, ohne dass er schon vorher mit ihnen vertraut gewesen wäre. Ein solch spontanes Können wäre beispiellos!

Die Frage: von wem sind die betreffenden mit W bezeichneten Stiche entworfen, spitzt sich dadurch immer mehr zu. Wer ist ihr Schöpfer?

Die Blätter zeigen so völlig den philosophisch grübelnden Geist Dürers, so ganz seine Behandlungsweise, dass man bis vor Kurzem seine Stiche gemeiniglich für die Originale, diejenigen des Meisters W aber für Copien hielt. Dies ist nach dem heutigen Stande der Untersuchungen nicht mehr möglich: wir haben Originalstiche des letzteren vor uns. Hat er sie aber auch componirt oder hat er sie blos gestochen?

Zu Einigen der Stiche existiren Vorstudien Dürers. Sollten diese nicht eine Anleitung zur Erkenntniss des wahren Zusammenhanges gewähren? Für den grossen Hercules haben wir als Vorstudie [1]) die Federzeichnung Dürers im Hamburger Museum „Orpheus' Tod" [2]; die Figuren sind genaue Copien nach einem italienischen Stich [3]), der denselben Gegenstand behandelt und sich gleichfalls in dem Hamburger Cabinet befindet. Dieser Zeichnung ist auf dem grossen Hercules die zum Schlage ausholende Frau und das weglaufende Kind entnommen; die Frau ist auf dem Stich — was schon ihre Stellung und die Bewegung ihrer Arme bedingt — im gleichen Sinne und muss daher umgezeichnet worden sein; das Kind dagegen ist der Zeichnung treu entnommen und erscheint daher auf dem Stich im Gegensinne. Ausser diesen Figuren ist der mittelste und höchste Baum auf dem Stich derselbe wie der auf der Zeichnung und die sitzende weibliche Figur ist endlich der auf der Albertina befindlichen Zeichnung Dürers nach dem Mantegna'schen Stich „Der Tritonenkampf" B. 17 entnommen. [4]) Eine Vorstudie für die Madonna mit der Meerkatze befindet sich im Britischen Museum. [4]) Es ist ein Aquarell „Das Weiherhäuschen", das mit geringen Unterschieden genau im Hintergrunde des Stiches wiederkehrt und zwar im gleichen Sinne auf dem W'schen, im Gegensinne auf dem Dürer'schen Stich. Auch für den Kopf der Madonna findet sich auf einer Zeichnung Dürers, die ihrer Technik wegen in seine ganz frühe Zeit versetzt werden muss, das Vorbild. Der Kopf der Madonna mit der Meerkatze ist auf dem W'schen Stich viel lieblicher, viel mehr italienischen Einfluss verrathend, während er auf dem Dürer'schen Blatt diesen italienischen Typus ganz verloren und gröbere, mehr deutsche Züge angenommen hat. Der auf dem Wohlgemut'schen Stich befindliche Kopf ist nun ziemlich genau im gleichen Sinne auf einer Dürer'schen Zeichnung, die sich in den Uffizien in Florenz befindet, vorhanden. Die Zeichnung stellt eine von vorn gesehene nackte weibliche Figur dar, die in der Stellung grosse Aehnlichkeit mit der auf den 4 Hexen am weitesten rechts befindlichen Frau hat. Ihr Kopf ist nach der linken Schulter zu geneigt; über die rechte Schulter und den rechten Arm hängt ein Gewand, das hinter dem Körper herumgenommen, von der Linken emporgehalten wird. Der Gegenstand, den sie in der Rechten

---

[1]) Thausing, Dürer VIII, S. 170.
[2]) Dieser und Dürers Zeichnung abgebildet in der Gazette d. Beaux Arts 1878.
[3]) Thausing, Dürer VIII. 171. [4]) A. a. O. VIII. 169.

hält, scheint ein Rundspiegel zu sein. Der Kopf ist nun, nicht allein was die Züge betrifft, sondern auch in der Neigung, in der Vertheilung des Haares auf beiden Seiten und in der Behandlung desselben, fast genau der des W'schen Stiches und damit erklärt sich dessen eigenthümlich italienisches Gepräge. Die derben runden Formen des Kindes und auch der Kopf sind genau dieselben, wie die Formen des auf dem grossen Hercules fliehenden Knaben, der wie wir sahen der Zeichnung „Orpheus' Tod" entlehnt war, und eine Bestätigung für die Benutzung derselben findet sich auch in dem hier wiederkehrenden Motiv des in der Hand gehaltenen Vogels, um so mehr, als derselbe die gleiche eigenthümlich spechtartige Gestalt hat. Mit den 4 Hexen scheint eine andere Zeichnung Dürers in Zusammenhang zu stehen, die wenigstens einen gleich mystischen Vorgang zum Thema hat. Sie gehört dem Bremer Museum an. Links steht eine ganz nackte weibliche Figur, dem Beschauer den Rücken zukehrend, den Kopf in überschnittenem Profil nach rechts. Rechts von ihr, von vorn gesehen, eine stehende männliche Figur, den bös blickenden Kopf ihr zugewandt, die linke Hand auf einen in eine Spitze auslaufenden Schild gestützt, mit den Fingern der Rechten den Kopf einer herabhängenden Schlange zusammendrückend. Hinter beiden steht ein geflügeltes, den Rachen weit aufreissendes Ungeheuer mit Bocksbeinen — in dem wohl der Teufel zu sehen ist — sie zusammendrückend und scheinbar aneifernd. Vorn zwischen einer Schüssel einerseits und einem Löffel andrerseits ein von hinten gesehener kleiner Knabe, der einen Purzelbaum schlägt; rechts vor einigen Excrementen der Kopf eines Schweines mit einer Glocke um den Hals. Was mag diese räthselhafte Darstellung zu bedeuten haben? Die 3 Figuren zeigen eine merkwürdige Analogie in der Anordnung mit den rechtsstehenden Frauen auf dem Stiche der 4 Hexen; die Körperformen der Frau haben die gleiche rundliche Fülle, besonders des Rückens, und das Haar ist bei ihr genau so in einem Knoten auf dem Scheitel zusammen genommen wie bei der bekränzten Frau des Stiches. Sollte in dieser Zeichnung nicht vielleicht die ursprüngliche Idee für den Stich zu finden sein? Mit dem Hexenglauben steht ihr Inhalt jedenfalls in Zusammenhang! Noch möchte auf einige Reminiscenzen hingewiesen werden, die sich zu dem Raube der Amymone auf einer anderen ganz frühen Zeichnung Dürers finden. Es ist der Raub der Europa,[1] ein Sujet, das von dem Raube der Amymone nicht gar zu weit abliegt. Die Körperformen der auf der Zeichnung und auf dem Stiche im Hintergrunde befind-

---

[1] Thausing, Dürer V. S. 85.

lichen Frauen sind ungemein ähnlich und die eine auf dem Stich noch halb im Wasser stehende, beide Arme ausbreitende, entspricht völlig der einzeln fliehenden im Hintergrunde der Zeichnung.

Ausser bei dem grossen Hercules und der Madonna mit der Meerkatze sind die Beziehungen zu Dürer'schen Zeichnungen allerdings sehr gering; so klein dieselben aber auch sind, so schwer dürfte es doch sein, dieselben mit der Annahme von Originalcompositionen Wohlgemuts für die Stiche zu vereinbaren. Später wie die betreffenden Stiche können die Zeichnungen nicht entstanden sein. Bei dem grossen Hercules ist dies ganz ausser Frage, da die zu Hilfe genommenen Zeichnungen Dürers von 1494 datirt sind; das Monogramm der Dremer Zeichnung ist ferner eines, dessen sich Dürer nur in ganz früher Zeit bedient hat, und dass ein grosses Aquarell wie das Weiherhäuschen nach einem Stich und nicht nach der Natur gemacht sei, liegt doch auch ausserhalb aller Wahrscheinlichkeit.

Auf die Schwierigkeit, diese Vorstudien mit den Originalstichen des Wohlgemut in Einklang zu bringen, hat schon Thausing an den betreffenden Stellen [1]) hingewiesen. Sydney Colvin in seinem Aufsatze über den Meister W würdigt diese Frage einer eingehenderen Betrachtung und kommt zu der Erklärung, dass diese Vorstudien Dürers sich nur mit den Originalstichen Wohlgemuts vereinbaren liessen, wenn man annimmt, dass Dürer nach seiner Rückkunft fortfuhr mit seinem alten Meister zusammenzuarbeiten und dass dieser Theile von Dürers Zeichnungen zu Compositionen verwandte, welche er selbst stach und welche von Dürer dann sofort (presently) nachgestochen wurden.[2]) Aus diesem letzten Satze müsste doch wohl das Wort „presently" als für alle Nachstiche Dürers giltig, gestrichen werden, es passt nicht zu der Technik aller dieser. Vor allen andern zeigt der Dürer'sche grosse Hercules eine so sorgfältige und vollendete Behandlung, dass er jedenfalls erst unter die um 1500 geschaffenen Blätter einzubringen sein wird; ebenso dürfte der Traum erst in diese Epoche fallen. Die Wohlgemut'schen Stiche werden aber durch die Datirung der 4 Hexen — 1497 — in die Nähe dieses Jahres gerückt. Es gibt ja auch eine ganze Anzahl Dürer'scher Stiche, die der Technik nach unbedingt vor

---

[1]) Thausing, Dürer VIII. 169, 171, 172.

[2]) . . . . . by supposing that after Dürers return from his travels he and his old master continued much to work together; and that the master was accustomed to work up portions of the pupils drawings from the Italian, drawings from the landscape, and so forth, into designs which he himself proceeded to engrave, which engravings again Dürer for the education of his hand in that art, presently copied after him. Portfolio, Decemb. 1877.

die Nachstiche zu setzen sind, z. B. die Familie mit der Heuschrecke B. 44, der Liebesantrag B. 93, der verlorene Sohn B. 28, die Busse des heiligen Chrysostomus B. 63 u. a. m. Diese tragen aber schon das Monogramm Dürers und können mithin nicht vor 1497 entstanden sein; mithin würden die Nachstiche später hinausgeschoben und wir hätten in den meisten Fällen jedenfalls spätere und nicht gleichzeitige Copien Dürers nach den Wohlgemut'schen Stichen vor uns.[1]) Sprechen wir aber Wohlgemut die Fähigkeit der selbständigen Composition für die von Dürer nachgestochenen, wenigstens für die oben genannten 5 Blätter ab, so ist uns mit der Erklärung Colvins auch noch nicht geholfen. Wohlgemut hat, wenn auch auf einzelnen Figuren Dürer'scher Zeichnungen fussend, diese Compositionen nicht schaffen können. Figuren von solcher Schönheit der Form und der Verhältnisse, von solcher Richtigkeit der einzelnen Gliedmassen und von solcher Freiheit der Bewegung sind in den sonst beglaubigten Werken Wolgemuts nirgends nachweisbar. Auch könnte deren veränderte, vollendete Drapirung und die naturalistische mit ungemeiner Kunstfertigkeit wiedergegebene Behandlung des Laubwerkes, so lange es nicht reine Copie ist, nicht von einem Meister,' dem dies Alles sonst fremd, nur nach den vorhandenen Studien eines anderen Meisters gemacht sein. Und die herrlichen auf einigen Blättern befindlichen Landschaften, sollten sie reine Phantasiegebilde sein? Deuten sie nicht vielmehr auf Einen hin, in dessen Geist sie durch Anschauung einen frischen, noch nicht verklungenen Wiederhall gefunden? Und ebenso die mythologischen Figuren, die verschiedenen räthselhaften Darstellungen nicht auf einen phantastischen Kopf, dies packende urkräftig Gewaltsame nicht auf eine jugendliche vorwärts stürmende und in Alles eindringende, alles Neue schnell erfassende Kraft? Können wir dem Wohlgemut des Schatzbehalters und der Schedel'schen Weltchronik, selbst mit Benützung der Dürer'schen Vorstudien, Compositionen von solch reicher Phantasie, solcher Tiefe des Geistes und der Empfindung und solcher Reichhaltigkeit der Motive zutrauen? Nein!

Resumiren wir also noch einmal kurz die verschiedenen Resultate:
1. Die Stiche des Meisters W sind die Originale.
2. Die Dürer'schen sind Copien nach ihnen.

---

[1]) Die 4 Hexen scheint Dürer allerdings noch 1497 oder doch 1498 gestochen zu haben. Es existirt eine Copie derselben vom Monogrammisten ISI. U. 5, welche die Jahreszahl 1498 trägt und augenscheinlich, wie aus der Undeutlichkeit der das Tuch emporhaltenden Hand der hinten stehenden Frau (s. Th. Dürer VIII. 163) hervorgeht, nach dem Dürer'schen und nicht nach dem Wohlgemut'schen Stich gemacht ist. Mit Sicherheit lässt es sich aber kaum bestimmen.

3. Hinter dem Monogramm W steckt Wohlgemut oder doch wenigstens seine Werkstatt.

4. Die Compositionen können aller Wahrscheinlichkeit nach nicht von Wohlgemut herrühren; es existiren Vorstudien für dieselben von Dürers Hand.

Es gibt doch keinen anderen Ausweg aus diesem verwickelten Zusammenhang, als anzunehmen, dass wir es hier mit von Dürer selbst entworfenen und von ihm selbst gezeichneten Compositionen zu thun haben, die zuerst von Wohlgemut oder doch in seiner Werkstatt gestochen, mit seinem Monogramm verlegt und sodann später von Dürer wiederholt worden sind. Wir haben es hier mit Schöpfungen Dürers, mit Compositionen, die ein zusammenfassendes Resultat seiner auf der Wanderschaft erlangten Kenntnisse und Anregungen bilden, zu thun. Darauf deuten die vorhandenen Vorstudien und die freie Verwendung derselben auf den Stichen hin. Hätte Wohlgemut die Dürer'sche Zeichnung „Orpheus' Tod" von 1494 zu einer Composition benutzt, so wäre daraus sicherlich nicht der grosse Hercules geworden, sondern eine Composition, die sich strenger an das vorliegende Material gehalten hätte. Gerade diese Freiheit in der Verwendung der Motive und die Reichhaltigkeit des mit ihrer Hilfe gebotenen, weist auf denjenigen hin, dem die Zeichnungen angehören.

Und ist denn dieser Zusammenhang auch gar so unmöglich? Bald nach seiner Rückkehr von der Wanderschaft verheirathete sich Dürer (14. Juli 1494) und es lag ihm, wie er selbst später an Pirkheimer schreibt, auch die Sorge für seine Eltern und Geschwister ob. Sein Name war noch nicht bekannt, er bedurfte wohl dringend eines Anhaltes und fand diesen an seinem alten Meister, mit dem er ja stets im besten Einvernehmen stand. Nichts ist wahrscheinlicher, als dass Dürer nach seiner Rückkehr nochmals in eine Art abhängiges Verhältniss zu Wohlgemut trat. In der Wohlgemut'schen Werkstatt concentrirte sich damals noch das wichtigste Kunstleben Nürnbergs und dem Altmeister, wie dem in weiteren Kreisen noch unbekannten jungen Maler, musste eine Verbindung miteinander gleich vortheilhaft erscheinen: die während der Reise gesammelten Kenntnisse des ehemaligen Schülers kamen Wohlgemut zu statten, und Dürer fand eine sichere Beschäftigung. Es gibt auch eine Thatsache, welche zu Gunsten dessen, dass Dürer nochmals in einem abhängigen Verhältnisse gestanden, spricht; es ist die, dass Dürer sich vor 1497 nie seines Monogrammes auf Werken, welche in die Oeffentlichkeit drangen, bedient hat, dass überhaupt ausser Zeichnungen keine bezeichneten Werke von ihm vor diesem Jahre existiren. Das erste datirte Oelbild von ihm, die Madonna in Augsburg, ist von 1497. Sollte die Aufnahme seines Monogrammes nicht mit seiner selbständigen Etablirung in Zusammenhang stehen? Es liegt sehr nahe, hieran zu denken.

Dürer konnte erst nach längerer Uebung zur Beherrschung des Grabstichels gelangen, und seine frühesten Blätter zeigen ja noch zur Genüge die Schwierigkeiten, welche ihm die neue Arbeit verursachte. Die Erlernung dieser Fertigkeit nahm jedenfalls eine ziemlich lange Zeit in Anspruch, denn es ist fraglich, ob er sich kurz nach seiner Rückkehr viel mit Kupferstechen befassen konnte. Schon 1498 kam die Apocalypse heraus, deren Composition ihn gewiss längere Zeit beschäftigt hat — eine Studie zu einem Blatte derselben, der grossen Babylon, ist 1495 datirt[1]) — und ausserdem war er ja mit mehreren Oelgemälden beschäftigt, so dem Dresdener Altar, der Madonna in Augsburg und dem Selbstportrait von 1498. Seine pecuniären Verhältnisse waren aber dazumal durchaus nicht die besten[2]), und es musste ihm daran liegen, eine Verwerthung all seines gesammelten Materiales zu erzielen. Dazu bot sein Verhältniss zu Wohlgemut Gelegenheit. Er selbst war nicht im Stande, eine der Composition würdige Reproduktion grösserer Zeichnungen zu erzielen; so fertigte er denn nur diese an, gestochen wurden sie bei Wohlgemut und naturgemäss auch unter dessen Monogramm verlegt. So erklärt sich die Verschiedenheit der Composition und der Zeichnung der verschiedenen Blätter, da die Vorstudien Dürers ja aus verschiedenen Perioden seiner Wanderschaft stammten, zum Theil vielleicht auch schon die fertigen Blätter während derselben entstanden waren. Als Dürer dann einige Jahre später eine genügende technische Fertigkeit erlangt und sich selbständig etablirt hatte, stach er die Blätter, die ja ohnehin sein geistiges Eigenthum waren, nach und gab dieselben, nunmehr mit seiner eigenen Signatur versehen, heraus. Der Absatz dieser Blätter war wahrscheinlich ein sehr grosser gewesen — dafür spricht einerseits ihr Renaissance-Charakter, andrerseits die vermuthlich frühzeitige Abnutzung der Wohlgemut'schen Platten — und es hatte sich auf dem Markte eine erneute dringende Nachfrage nach ihnen geltend gemacht.

Mit dieser Annahme lässt sich dann auch ein Ausspruch Quads vereinen, der auch „Den verlorenen Sohn" (B. 28) von Dürer unter die Copien nach Wohlgemut zählt. Thausing[3]) glaubt Quad sei hier im Irrthum, da die im Britischen Museum befindliche Zeichnung Dürers

---

[1]) Albertina, Wien. [2]) Thausing, Dürer Cap. VI. 112.
[3]) A. a. O. VIII. 166.

als ein direktes Vorstudium zu seinem Stich aufgefasst werden müsse. Für unsere Hypothese wäre das aber gerade ein Beweis mehr, und es hätte hier genau derselbe Vorgang stattgefunden, wie bei den übrigen Blättern. Ein halb juristischer Grund, den Springer[1]) gegen die Identifizirung des W mit Wohlgemut in das Feld führt, dass nämlich Dürer, da er einige Blätter des Meisters W von der Originalseite wiederholt, also gleichsam zum Ersatz für die alten Blätter auf den Markt geliefert habe, sich dies schwerlich mit einem befreundeten, einheimischen Maler hätte erlauben dürfen, fällt dann auch hinweg. Dürer nahm einfach zurück, was er gegeben hatte, was ja sein Eigenthum war, und gewiss konnte ihm Niemand, auch Wohlgemut nicht, einen Vorwurf daraus machen, dass er Compositionen, die er selbst geschaffen, für seinen eigenen Nutzen verwerthete.

Es ist dies eine Hypothese, die lediglich auf Wahrscheinlichkeitsgründen aufgebaut ist und aller exacten Beweise ermangelt; vielleicht findet sie aber wegen der Wahrscheinlichkeit, die sie wohl für sich in Anspruch nehmen darf, Anklang oder trägt wenigstens mit zu einer baldigen Lösung der schwierigen Frage bei.

[1]) Zeitschrift für bildende Kunst 1877. S. 41.

Kleine Mittheilungen.

Das Schreiben König Heinrichs (VII.) an den Papst vom 10. April 1232.
Wir wissen aus späteren Schreiben Kaiser Friedrichs II., dann insbesondere aus einer im April 1232 zu Cividale ausgestellten Verbriefung von zwölf Reichsfürsten, dass König Heinrich sich bei der damaligen Zusammenkunft eidlich und schriftlich seinem Vater zu unbedingtem Gehorsam verpflichtete und zur Sicherung für den Fall der Nichteinhaltung die Fürsten schon jetzt von dem ihm geleisteten Treueide entband, so dass sie dann dem Vater gegen ihn beistehen sollten. Als weiteres Zeugniss betonte Böhmer Reg. Heinr. nr. 259 ein Schreiben des Papstes Gregor vom 5. Juli 1234, worin jener Verpflichtung als unter goldener Bulle und ausserdem durch ein Schreiben des Königs an den Papst verbrieft gedacht wird. Dieses Schreiben an den Papst wurde später in Platinas Privilegienbuch der römischen Kirche von Böhmer aufgefunden und dann nach dessen Abschrift Huillard Hist. dipl. 4, 952 gedruckt. In der Datirung: apud Augustam, 1233, 4 id. apr., ind. 2, ist jedenfalls irgend etwas corrumpirt. Im Einverständnisse mit Böhmer änderte Huillard auf 1232, ind. 5. Dann aber stimmen Tag und Ort nicht überein, da Heinrich zwar am 17. März 1232 zu Augsburg urkundet, aber schon am 11. April zu Aglei war; Böhmer vermuthete daher, vgl. auch Schirrmacher Friedr. II. 1, 326, es habe ursprünglich 4 kal. apr. geheissen. Auf gute Gründe hin machte dann Winkelmann Forsch. zur deutschen Gesch. 1, 28 geltend, dass an 1233 festzuhalten sei; ebenso glaubte Huillard, als er das Schreiben 1865 nochmals nach einer andern Abschrift in den Rouleaux de Cluny abdruckte, dass nur die jedenfalls irrige Indiction auf ind. 6 zu ändern, 1233 aber, zumal sich dieses nun auch in Worten geschrieben fand, zu belassen sei. Dagegen ist zuletzt 1871 Schirrmacher Forsch. zur deutschen Gesch. 11, 334 wieder für 1232 eingetreten, glaubt aber ein Versehen nicht im Tage, sondern im Orte annehmen zu sollen, so dass das Schreiben am 10. April zu Aglei ausgefertigt sei. Macht er gegen Winkelmann geltend, dass 1233 das Itinerar nicht passe, weil da der König am 10. April zu Regensburg

urkundete, so hat er übersehen, dass schon Huillard Rouleaux de Cluny 80, 92 darauf hinwies, dass diese Datirung lediglich auf einem Versehen beruhe. Da Heinrich 1233 März 23 zu Sinsheim, 26 zu Hall, 30 zu Donauwerth war, so passt die Datirung vom 10. April zu Augsburg so genau zur Richtung des Itinerar, dass schon das allein die Richtigkeit des Jahres 1233 verbürgen dürfte. Es bleibt freilich die von Schirrmacher betonte Unwahrscheinlichkeit, dass dem Papste erst ein ganzes Jahr später jene Verpflichtung verbrieft sein sollte. Aber doch nur dann, wenn angenommen wird, wie bisher allgemein geschehen, es handle sich hier einfach um eine Anzeige oder Wiederholung der 1232 zu Cividale übernommenen Verpflichtung. Jede Schwierigkeit entfällt, wenn beachtet wird, dass das sichtlich nicht der Fall ist. Als Sicherungsmittel für Einhaltung des zu Cividale gegebenen Versprechens erwähnt das Schreiben der Fürsten von 1232 nur die eventuelle Lösung vom Treueide. Diese ist auch in dem Schreiben des Papstes vom 5. Juli 1234 erwähnt; aber im Schreiben des Königs von 1233 ist davon mit keiner Silbe die Rede, was doch unerklärlich wäre, wenn dasselbe eine Verbriefung der zu Cividale eingegangenen Verpflichtungen wäre. Dagegen erscheint hier ein anderes Sicherungsmittel; der König ermächtigt den Papst für den Fall der Nichteinhaltung unmittelbar über ihn als Eidbrüchigen die Excommunication zu verhängen. Davon sagen die Fürsten nichts, was doch wieder auffallen müsste, wenn der König sich dazu schon zu Cividale verstanden hätte. Es handelt sich sichtlich um eine erst jetzt neuerdings eingegangene Verpflichtung; und was diese veranlasste, dürfte sich mit genügender Sicherheit erkennen lassen. Der Kaiser scheint schon bald Grund gefunden zu haben, die strenge Einhaltung des ersten Versprechens zu bezweifeln. Durch Schreiben vom 3. December 1232, Böhmer Acta 265, beauftragte er den Erzbischof von Trier sich persönlich zum Könige zu begeben und ihn zur strengen Einhaltung des Versprechens aufzufordern, da andernfalls die schwersten Folgen eintreten würden. Der König war am 6. und 8. März 1233 zu Boppard; dort muss der Erzbischof seinen Auftrag ausgerichtet haben; denn er war dort anwesend nach einer Urkunde desselben Jahres, Mittelrhein. Urkundenb. 3, 380, worin er erwähnt, dass etwas in sollempni domini regis apud Boparliam curia vor ihm geschehen sei. Ergebniss der Verhandlung mit dem Erzbischof war dann Wiederholung des frühern Schwurs, möglicherweise, da uns der Wortlaut des früheren nicht bekannt ist, in bestimmterer Fassung, verschärft durch die neue Sicherung eventueller Excommunication, was dann dem Kaiser unter goldener Bulle und dem Papste in dem uns erhaltenen Schreiben vom 10. April vom Könige verbrieft wurde. Dieser Zusammenhang gewinnt auch noch dadurch an Wahrscheinlichkeit, dass der Papst am 5. Juli 1234 gerade den Erzbischof von Trier beauftragte eventuell die Excommunication, der der König gemäss der in jenem Schreiben eingegangenen Verpflichtung verfallen sei, zu verkünden. J. Ficker.

Ein angebliches Capitulare Karls des Grossen. Baluze veröffentlicht in seiner Capitulariensammlung (Ausg. von 1677) 1, 379 (= Walter C. J. 2, 171) ein „Capitulare Aquisgranense sive capitulare primum anni 803", das er aus Ansegis und Benedict Levita compilirte (c. 1, 2 = Ansegisi Capit. I, 77, 78, c. 3—7 = Benedicti Capit. II, 426; III, 260, 423, 424; I, 36 vgl. Weizsäcker Der Kampf gegen den Chorepiskopat des fränk. Reichs 10). Baluze 2, 1058 stützt sich auf eine dem 1. Capitel beigefügte Randbemerkung eines Reimser Codex[1]): Tempore Adriani pape et Karoli Magni imperatoris, quando Paulinus episcopus tenuit vices apostolice sedis in Aquis, fuit factum istud capitulum propter hoc quia laici homines volebant dividere episcopia et monasteria ad illorum opus et non remansisset ulli episcopo nec abbati nec abbatisse, nisi tantum ut velut canonici et monachi viverent. Er beruft sich ferner auf zwei Stellen Hincmars von Reims; die eine in der Schrift ‚Quae exequi debeat episcopus', Migne 125, 1088, gibt das 1. Cap. im vollen Wortlaut mit der Bemerkung: Quod imperatores Carolus et Ludovicus in primo libro capitulorum suorum inseruerunt; die andere in einem Schreiben an Karl den Kahlen, Migne 125, 1040, fügt demselben Citate bei: cui (Carolo) cum, sicut assolet, adulantium linguis subreptum fuerit ut ecclesiis de rebus suis praeiudicium quoddam inferret, obsistentibus episcopis et specialiter Paulino patriarcha, sicut bene vobis notum esse cognosco, adeo se recognovit, ut praesens oris sui confessio non suffecerit, sed ad posteros suos qui ex illius progenie exorturi erant confessionis et correctionis suae scriptum manu sua firmatum transmiserit. De quo edicto partem

---

[1]) Nach Mittheilung von Herrn Julien Havet in Paris, der meine Anfrage in ebenso liebenswürdiger als gründlicher Weise beantwortete, ist dies jetzt Cod. lat. 10758 der Bibl. nat. in Paris, von Pertz, M. G. LL. I, XXIX vgl. p. 269, als suppl. lat. 164bis verzeichnet. Die Stelle, durch ein Verweisungszeichen von c. 77 des 1. Buches von Ansegis zugewiesen, findet sich p. 163 am unteren Rande. Ich gebe den Text nach Abschrift von H. Havet. Im Schlusssatze steht ‚ut' auf Rasur, ‚uelut' ist über der Linie nachgetragen; das letzte Wort lautete ursprünglich ‚aloebaat', die letzte Silbe ist durch darunter gesetzte Punkte getilgt und ‚rent' übergeschrieben.

in libro vestro qui appellatur Liber capitulorum imperialium scriptum habetur cap. 77 (= Ansegis 1, 77). Ich erwähne noch, dass die beiden Citate Hincmars im Verein mit Berufungen auf Stellen aus Pseudo-Isidor auftreten. Diese Beweisführung wurde von Pertz nicht anerkannt und dieses Capitulare in die Mon. Germ. nicht aufgenommen, vgl. Stobbe Rechtsquellen 1, 230; Knust, M. G. LL. 2ᵇ, 31, verweist speciell darauf, dass c. 1, 2 mit c. 1, 2 des Achener Capitulares Ludwigs des Frommen von 817 M. G. LL. 1, 206 wörtlich übereinstimmen und c. 3 aus einem Briefe des Bouifaz an den König Aethilbald von Mercia, ed. Serarius nr. 19, ed. Jaffé nr. 59 Bibl. 3, 174, zusammengestoppelt sei, während die übrigen Capitel aus Benedict Levita stammten. Hatte auch Eichhorn die Echtheit der drei ersten Capitel vertheidigt, der beiden ersten, weil sie von Ansegis und Hincmar Karl d. Gr. zugeschrieben würden, des dritten wegen des Zusammenhanges mit diesen, so schlossen sich doch Waitz Verfassungsgesch. 4, 158 n. 2 und früher auch Roth Beneficialwesen 342 n. 117 diesem Verwerfungsurtheile an. In dem späteren Werke Feudalität und Unterthanenverband 107 trat Roth aber für die Echtheit von c. 1, 2 in die Schranken und wies das „Edict" der Frankfurter Synode von 794 zu. Seine Ausführungen wurden von Sickel, der c. 1—3 als „edictum de rebus ecclesiasticis" unter K. 142 vgl. Acta Carol. 2, 274 einreihte, und von Borelius in der Vorrede zum Liber Pap. M. G. LL. 4, LXVI n. 93 acceptirt.

Die neuen Delega, welche Roth beibringt, beruhen sämmtlich auf Hincmar. In der Epist. Carisiaca, einem Werke Hincmars vgl. Noorden Rinkmar Erzbischof von Rheims 144, heisst es c. 7: Unde et d. Karolus imperator adhuc in regio nomine constitutus (also vor 801(edictum fecit, ut neque ipse nec filii eius nec successores huiusmodi rem agere attentarent, quod manu propria firmavit — ebenso in dem früher angeführten Schreiben an Karl d. K. — cuius plenitudinem habemus et de quo capitulum excerptum in libro capitulorum eius quicumque illum librum et legere voluerit invenire valebit, Baluze Capit. 2, 110. In demselben Capitel wird für diesen Zweck die Visio Eucherii, die bekannte Fabel von der Verdammung Karl Martells wegen der Säcularisation des Kirchengutes, verwerthet, sei es auch nur, wie Noorden 146 n. 1 meint, um des blossen Effectes willen. Nicht minder characteristisch ist, dass Hincmar hier mit Beimengung thatsächlicher Unrichtigkeiten der Synode von Estinnes (Liptinaes) unter Berufung auf den Liber capitulorum regum Zugeständnisse Pippins betreffs der Zehnten und Neunten beilegt, welche, wie kaum zu bezweifeln, aus Benedict Levita 1, 13 entnommen sind vgl. Oelsner

Pippin 473 und M. G. LL. I, 31 u. f. Sieht man auch davon ab, dass die Synode von Estinnes von Karlmann veranstaltet wurde und dass c. 3 von Pippins Capit. Suessionense nur leisen Anklang an c. 2 von Karlmanns Capit. Liptin, M. G. LL. 1, 21, 18, bietet, so berechtigt die Erwähnung Waifars von Aquitanien keineswegs an Pippins aquitanisches Capitulare von 768 M. G. LL. 2, 13 zu denken; auch hier werden die decimae und nouao nicht erwähnt, sondern erst in der Erneuerung desselben durch Karl den Grossen von 789 c. 14, ib. p. 15; zudem sind diese beiden aquitanischen Capitularien im Liber capitulorum — darunter versteht Hincmar nur Ansegis — nicht enthalten. Man wird in diesem Falle also geradezu von Fälschung des Sachverhaltes sprechen dürfen.

In einem anderen Schreiben an Karl d. K., ep. 15 Migne 126, 96, bemerkt Hincmar: De rebus nihilominus ecclesiasticis non dividendis eidem avo vestro (Karl d. Gr.) incongruentia quaedam subripuit quam oris professione et edicti subscriptione correxit, sicut in praefato primo libro capitulorum cap. 74 (LXXIIII Abschreibefehler für LXXVII) evidenter ostenditur. Ausführlicher kommt er im weiteren Verlaufe der schon erwähnten Schrift ‚Quae exequi debeat episcopus‘, Migne 125, 1090, auf dieselbe Sache zu sprechen: Denique duo capitula quae sequuntur ex edicto assumpta sunt ab Ansegiso abbate, capitulorum imperialium ex diversis synodis et placitis collectore, causa brevitatis in primo libro capitulorum 77 et 78 de non dividendis rebus ecclesiasticis et episcoporum electione ex suprascriptis excerpta in praefato libro inveniuntur. Quod edictum ex integro d. Carolus Magnus imperator cum interrogatione de chorepiscopis per Arnonem archiepiscopum ad Leonem papam direxit et ad eius consultum aliud edictum do non dividendis rebus ecclesiasticis et de episcoporum causis edidit et apostolicae sedis atque auctoritate sua confirmavit et per omnes metropolitanas ecclesias imperii sui perpetuo servanda direxit. Memorata itaque capitula ita se habent ‚Quia iuxta‘ (= Ansegis I, 77), ‚Sacrorum quoque canonum‘ (= I, 78). Et in eodem edicto unde haec fuerant assumpta subsequitur ‚Praecipimus etiam omnibus ditioni nostrae subiectis ut nullus privilegia ecclesiarum monasteriorum aut ecclesias diripere pertentet, quia, sicut a s. patribus instructi sumus, gravissimum peccatum hoc esse dignoscitur‘ (Benedict Lev. II, 426) et cetera quae sequuntur. Auf diesen Angaben beruht die Compilation von Baluze. Endlich erwähnt Hincmar das erste dieser Capitel, ohne es aber ausdrücklich Karl d. Gr. zuzuschreiben, in der Expositio pro ecclesiae libertatum defensione Migne 125, 1065: In libro primo capitulorum imperialium d. Caroli avi et d. Ludovici patris vestri .. cap.

77, und in einem Schreiben an Ludwig den Stammler, ep. 19 Migne
126, 112: Quod imperatores Carolus et Ludovicus in primo libro capitulorum suorum ita inseruerunt dicentes 'Quia iuxta'. In gleicher
Weise citirt auch das Decretum Gratiani c. 59 C. XVI. qu. 1 und c.
34 D. LXIII für die beiden ersten Capitel: Ex lib. I capitulorum Caroli et Ludovici imperatorum. Ueberblickt man die Reihe dieser Belege, so ergibt sich namentlich auch aus der zutreffenden Angabe der
Capitelzahl, dass Hincmars Quelle nur Ansegis gewesen ist. Der Entscheid liegt also bei diesem.

Ansegis sagt in der Vorrede M. G. LL. 1, 272, dass er im ersten
Buche 'illa capitula quae d. Karolus imperator fecit ad ordinem pertinentia ecclesiasticum' zusammengestellt habe, und nur darauf stützt
sich also die Angabe Hincmars, dass die von ihm citirten Capitel einem
Gesetze Karls d. Gr. angehören. Würden nur diese beiden Capitel
bei Ansegis vorliegen, so wäre der Schluss berechtigt, dass sie schon
von Karl d. G. erlassen, von Ludwig d. Fr. 817 nur wiederholt wurden.
Dies ist aber nicht der Fall, Ansegis nahm das ganze Gesetz Ludwigs
d. Fr. auf; 1, 77—104 ist mit unbedeutender Auslassung = Capit.
Lud. c. 1—29 M. G. LL. 1, 206. Die Erklärung von Baluze Capit.
2, 1059, Ansegis habe sich dadurch, dass die beiden Karl zugehörigen
Capitel 77, 78 mit den zwei Anfangscapiteln des Capitulares Ludwigs
übereinstimmten, verleiten lassen auch das übrige Gesetz Karl d. Gr.
zuzuschreiben, wird man kaum als zutreffend bezeichnen können. Es
fehlt aber auch jeder Beleg, dass ein Capitulare nach so langer Zeit
wörtlich wiederholt wurde, wie es hier geschehen sein müsste. Da
Ansegis dem zweiten Buche ausdrücklich die kirchliche Gesetzgebung
Ludwigs vorbehält, so darf und muss hier ein Versehen angenommen
werden, das durch die Ueberschrift dieses Capitulares Ludwigs 'capitula proprie ad episcopos vel ad ordines quoque ecclesiasticos pertinentia' veranlasst wurde, bietet doch dieselbe wörtlichen Anklang
zur Inhaltsangabe des ersten Buches. Nur der Prologus, der aber
blos in einer Handschrift in tironischen Noten überliefert zu sein
scheint, trägt den Namen Ludwigs, nicht aber die Gesetze selbst,
welche in zahlreichen Handschriften vorliegen. So geschah es auch,
dass einzelne dieser Capitel im Liber legis Langobardorum nicht unter
den Gesetzen Ludwigs, sondern unter denen Karls oder Lothars Aufnahme fanden, Boretius Capitularien 144. Derselbe Irrthum, mag er
für das Jahr 827 auch sehr auffallend sein, dürfte auch Ansegis begegnet sein, als er die Capitularien 'in diversis sparsim scripta membranulis' sammelte und so in seiner Sammlung, die keineswegs strenge
chronologische Ordnung auch innerhalb des bestimmten Stoffes auf-

weist, ein Gesetz Ludwigs unter jene Karls einreihte; dies schon die
Meinung Sirmonds. Vielleicht bewog ihn auch nur der sachliche
Zusammenhang hier eine Ausnahme zu machen. Jedenfalls dürfte
dies allein nicht genügen die Zuweisung des Gesetzes zu Karl d. Gr.
zu rechtfertigen.

Das Capitel de rebus ecclesiae non dividendis scheint mir nicht
in den Rahmen der Regierung Karls zu passen, so sehr dieser auch
bestrebt ist der Kirche Recht zu schaffen. Ein positiver Beweis lässt
sich weder dafür noch dagegen erbringen vgl. auch Waitz V. G. 4,
150; aber die Motivirung ‚ut ab ecclesiasticis .. suspicionem dudum
conceptam penitus amoveremus‘ dürfte mit dem Selbstbewusstsein und
der Thatkraft, welche Karls Herrschaft namentlich vor 800 bekundet,
kaum in Einklang stehen. Auch für oder gegen das zweite Capitel,
die Zusicherung der Bischofswahl ‚secundum statuta canonum‘, fehlen
Belege; die erhaltenen Wahlprivilegien datiren nur bis 792, Sickel
K. 25, 61, 133 (Böhmer Reg. I nr. 155, 230, 310), erst unter
Ludwig d. Fr. wird 822 Modena die Bischofswahl secundum canones
gewährleistet, L. 174.

Das dritte Capitel, welches Hincmar noch ausdrücklich diesem
‚Edicte‘ zuschreibt, stammt, wie bereits bemerkt, aus Benedict Lev. II,
426. Hincmars Citat ist ungenau, andererseits sehr vorsichtig: es
lässt die Erwähnung der dem Kirchengut oft gefährlichen Precarie
kaum ohne Absicht fort und geht mit ‚et cetera quae sequuntur‘
über den Schluss hinweg. Gerade dieser ist wörtlich dem früher genannten Briefe des Bonifaz entnommen, während der Beginn über-
arbeitet ist, um ihm die Form eines Gesetzes zu geben. Dieser Versuch ist kein glücklicher; selbst formell, namentlich auch in der Art
der Begründung, scheint mir im Vergleich mit den echten von Karl
selbst erlassenen Verfügungen die Fälschung so klar zu liegen, dass
sie keines weiteren Nachweises mehr bedarf. Das Zeugniss Hincmars
ist für die Authenticität kein Beweis, es ist, fasst man die Tendenz ins
Auge und die Mittel, welcher der Reimser Erzbischof dafür zu verwerthen verstand, eher ein Verdachtsgrund mehr. Die Schrift,
welche dieses Citat bietet, ist in der Zeit des Streites mit K. Ludwig
d. St. wegen Besetzung des Stuhles von Beauvais durch Odoaker
881—882 verfasst vgl. den Schluss derselben Migne 125, 1094; gerade in der Hauptschrift dieses Streites, dem Synodalbrief von S. Marca,
verwendet Hincmar wieder die Sammlung des Benedict Levita; die
beiden in c. 6 verwertheten Capitel Migne 125, 1078 = Bened. Lev.
I, 341; II, 97 (bei Migne irriges Citat) sind gefälscht vgl. auch
Noorden 378.

Einen weiteren Beleg für die Benützung des Benedict Lev. bietet auch die Schrift ‚Quae exequi debeat episcopus' in der angeführten Stelle selbst. Es ist die Erwähnung des Erzbischofs Arn von Salzburg, der von Karl mit jenem Edict und einer Anfrage betreffs der Chorbischöfe an Papst Leo gesandt worden sein soll. Diese stammt aus Bened. Lev. III, 260 (= c. 4 des von Baluze compilirten Capitulares), der den König sagen lässt: Quapropter Arnonem archiepiscopum ad Leonem apostolicum misimus, ut inter cetera quae ferebat etiam eum ex hoc (de chorepiscopis) interrogaret. Arn ging 798 allerdings als Gesandter nach Rom, Ann. Iuvav. Conv. Bag. M. G. SS. 1, 87; 11, 9 vgl. Alcuini ep. ed. Jaffé nr. 91, 101, 102, und erhielt dort das Pallium; soviel wir wissen, handelt es sich um das Christianisirungswerk bei den Avaren. Die Erörterung der Frage, ob Arn daneben auch mit Unterhandlungen wegen der Chorbischöfe betraut gewesen sei, ist gegenstandslos, da Weizsäcker Chorepiskopat 11 überzeugend nachgewiesen hat, dass die diesbezüglichen Capitel des Benedict Levita, welche den zweiten Theil der Compilation von Baluze bilden, tendenziöse Fälschung sind; das Brieffragment Bened. Lev. 1, 35, auch Baluze 1, 327, nimmt, selbst wenn es echt sein sollte, auf die Chorbischöfe keinen Bezug. Auch wenn hier ein echtes Gesetz vorläge und dasselbe, wie Roth annimmt, 794 erlassen worden wäre, müsste es auffallen, dass nicht Angilbert, der doch 794 das ‚capitulare' gegen die Nicaenische Synode nach Rom zu überbringen hatte Alcuini ep. ed. Jaffé nr. 33, nicht zugleich mit jener Mission beauftragt wurde, sondern erst einige Jahre später Arn an P. Leo.

Auf die chronologischen Unmöglichkeiten der Randglosse in der Reimser Handschrift hat schon Baluze aufmerksam gemacht. Roth glaubt sie dadurch retten zu können, dass er sie auf die noch zu Lebzeiten Hadrians I († 795 Dez. 25) abgehaltene Synode von Frankfurt 794 bezieht, welcher ‚Patriarch Paulinus als päpstlicher Legat präsidirte'. Dies ein Irrthum. Der Patriarch Paulinus war zwar auf der Synode von Frankfurt, wie auch die Ann. Lauresham. und Maxim. berichten, und verfasste die Denkschrift der italienischen Bischöfe, Migne 99, 151; als päpstliche Legaten waren aber die Bischöfe Theophylactus und Stephan erschienen, Ann. Lauriss. Lauresh.: nach dem Synodalschreiben führte der König selbst den Vorsitz (praesidente domno nostro Carolo rege, Migne 101, 1331, im Capit. Francof. c. 1. M. G. LL. 1, 71: ipse interfuit). Auch über die Verhandlungen sind wir genauer als sonst unterrichtet; ihr Ergebniss ist ein umfassendes Capitulare, das weltliche und geistliche Angelegenheiten bis ins einzelne ordnet, doch es findet sich nicht die geringste Spur, dass die Verhältnisse, welche jenes angebliche Capitulare regeln will, auch nur zur Sprache kamen. Sie würden sich auch nicht in den Bereich der Sachlage fügen.

Baluze hatte dagegen ein Versehen im Namen des Papstes — Adriani statt Leonis — angenommen und sich für die Achener Synode von 803 entschieden. Diese kann an sich nicht in Betracht kommen, da Paulinus 802 Jänner 11 starb. Ebenso wenig aber auch die Achener Synode von 800; hier waren allerdings 57 Bischöfe erschienen, Confessio Felicis Migne 96, 883 vgl. Alcuini ep 147, V. Alcuini c. 7 Jaffé Bibl. 6, 18, Paulinus wird nicht genannt; der bald nach dieser Synode geschriebene Brief Alcuins, ed. Jaffé nr. 148, welcher nur das von Paulinus gesandte Buch erwähnt, ergibt sogar mit ziemlicher Bestimmtheit, dass dieser nicht persönlich der Synode angewohnt hatte.

Es erweisen sich also sämmtliche geschichtlichs Angaben jener Randglosse als unrichtig und als späteres Machwerk. Als solches kennzeichnet dieselbe auch der graphische Bestand. Sie ist von anderer und, wie es scheint, etwas jüngerer Hand der Handschrift beigefügt. Diese selbst gehört auch nach Delisle, Bibl. de l' Ecole des chartes V, 4, 202, erst dem 10. Jahrhundert an, während sie Pertz noch in das 9. Jahrh. setzt (Mignot bestimmte sie als saec. IX ex. vel X in.). Die drei Correcturen in den Schlussworten der Randglosse machen es unwahrscheinlich, dass dieselbe aus einer anderen Handschrift copirt ist, sie weisen vielmehr darauf hin, dass hier eine selbständige Aufzeichnung vorliegt. Als solche stände sie der berichteten Thatsache an sich zu fern, um noch auf Glaubwürdigkeit Anspruch machen zu dürfen. Im günstigsten Falle ist es sagenhafte Ueberlieferung; möglich ist es immerhin, dass sie auch durch die Angaben Hincmars beeinflusst ist.

Durch diese Darlegung wollte ich nur rechtfertigen, dass ich in den Karolingerregesten (vgl. den Schluss von nr. 316) diese Compilation nicht unter die Capitularien Karls d. Gr. eingereiht habe. Sie dürfte auch kaum in der neuen Capitularienausgabe Aufnahme finden.

E. Mühlbacher.

***

Das Archiv der Grafen von Collalto auf Schloss S. Salvatore bei Conegliano. Auf meiner für die Diplomata-Abtheilung der Mon. Germ. im Herbst 1879 unternommenen Reise besuchte ich auch das obgenannte Archiv. Die Grafen von Collalto sind die directen Abkömmlinge der alten Grafen von Treviso und bewahren in ihrem Archive Documente, welche in die früheste Zeit zurückreichen, in der die Familie überhaupt urkundlich nachweisbar ist, in die Mitte des 10. Jahrhunderts; das

Collalto'sche Archiv ist also auch dadurch bemerkenswerth, dass kaum
ein anderes Hausarchiv existiren dürfte, das so alte für Mitglieder der
Familie selbst ausgestellte Privilegien und Urkunden besitzt.

Herr Graf Octavian von Collalto gewährte mir, wofür ich noch
hier meinen ergebensten Dank ausspreche, mit seltener Liebenswürdigkeit und Liberalität volle Freiheit die Schätze seines Archives zu untersuchen; dadurch ist es mir ermöglicht die bisher über das Archiv
veröffentlichten Notizen zu vervollständigen.

Muratori, der in seinem Thes. Ant. Ital. 1, 2, 5 zahlreiche Königsurkunden dieser Provenienz veröffentlichte, gibt den Standort des
Archives nicht ganz bestimmt an; die von Chlumecky, Die Regesten
der Archive im Markgrafthume Mähren I. Bd., I. Abtheilung 206, über
das Schlossarchiv zu Pirnitz gegebenen Notizen und die 219 von
ebendaher veröffentlichten Regesten mussten die Meinung nahe legen,
dass die alten Collalto'schen Privilegien jetzt in Mähren zu suchen
seien, wo dieses Geschlecht seit dem Anfang des 17. Jahrh. seinen
Hauptsitz aufgeschlagen hat. Dies ist aber nicht der Fall, die alten
Familiendocumente blieben auf den ursprünglichen Besitzungen, sie
übersiedelten nur mit der Familie von dem tiefer im Gebirge gelegenen Stammschloss Collalto nach dem auf einem äussersten Ausläufer
der Alpen prächtig gelegenen S. Salvadore; ich werde weiter unten
angeben, aus welcher Quelle die Pirnitzer Copien stammen dürften.

Meine Forschungen beschränkten sich auf K. U. und zwar speciell
des 10. Jahrh., so dass ich nur darüber vollständigeres bieten kann;
überdiess harrt der grösste Theil des Archives noch der Ordnung und
ich musste mich daher auch nach dieser Seite mit dem begnügen,
was ich eben auffand. Die älteren K. Privilegien und Originale liegen
in Laden geordnet und registrirt; ich verzeichnete: nr. 1 Priv. Berengars und Adalberts — Muratori Ant. It. 1, 57 Or.; nr. 2 St. 1025
Or.; nr. 3 St. 1082 Einzelcopie vom Jahre 1310; nr. 4 St. 1241ª Einzelcopie vom Jahre 1310; nr. 5 St. 2115 alte Copie mit Nachahmung
des Or.; nr. 6 St. 3127 Or.; nr. 7 St. 3714 (mit kl. iul) Or.; nr. 8
St. 4690 Copie; nr. 9 Friedrich II. 1247 Dez. (Ineditum) Or.; dann
folgen Urk. Heinrich VII. etc.

Von Archivcodices ist zu nennen einmal das im Archivindex,
mit nr. 1 bezeichnete dem 16. Jahrh. angehörige ,Repertorio antico'
das aber nach den nicht ganz genauen Regesten keine grössere Urkundenzahl ergibt, als wir noch kennen; diesem Register entspräche
der mit nr. 2 bezeichnete Band ,Privileggi e documenti Colalciani', der
leider unauffindbar war, was umsomehr zu bedauern ist, da er für die
oben nicht genannten Urkunden die älteste Ueberlieferung bilden

würde, wahrscheinlich auch theilweise die Quelle für die folgenden Chartulare. Der vollständigste dieser Sammelbände ist der mit nr. III bezeichnete in der ersten Hälfte des 17. Jahrh. geschriebene Papiercodex ‚Privileggi e documenti Colalciani‘. Er bietet durchaus auf die Familie und deren Besitzungen bezügliche Stücke, eine orientirende Einleitung fehlt bei allen Cod. Er enthält bis zum 12. Jahrh. das Priv. Berengars und Adalberts, St. 1025, 768, 1082, 1299, 1282, 1240, 2115, 1241, 2801, 3127. Eine spätere Hand, wohl nicht die gleiche, welche zahlreiche Correcturen an den Diplomen vornahm, trug zum Schluss von p. 326 an Böhmer RK. 1370, St. 327, 1159 ein, Stücke, welche sich auf die venetianische Familie der Candiano beziehen. Eine Abschrift dieses Codex aus dem Ende des 17. Jahrh. ist der mit nr. V bezeichnete Codex ‚Privileggi anedoti‘. Hier finden sich alle Correcturen wieder, welche Codex III hat, ausser den Diplomen für die Candiano auch alle Stücke, jedoch in veränderter Ordnung. Unabhängig von nr. III ist der mit nr. VI bezeichnete Fascikel des 17. Jahrh. Er enthält das unter den Or. als nr. 1 aufgeführte Priv. Berengars und Adalberts, St. 768, 1025, 1082, 1240, 1241, 2115, 2801, also die gleichen Stücke, welche nach Chlumecky das Pirnitzer Archiv enthält. St. 1025 hat dieselbe corrumpirte Datirung wie dort: DCCCCXLIIII statt DCCCCXCIIII, ein Fehler, der übrigens auch auf die Einordnung der Urkunde in Codex nr. III von Einfluss gewesen sein könnte; St. 1240 hat hier ebenfalls die Tagesangabe II id. ian. wie die Pirnitzer Copie, die also mit Codex nr. VI die engste Verwandtschaft zeigt. Die Originale des Collalto'schen Archives scheinen schon früh stark gelitten zu haben. In den Copien von 1310 heisst es überall: sigillo propter nimiam vetustatem excusso; ebenso zeigen auch die Copien in Cod. nr. III vielfach Lücken ihrer Vorlagen an, die dann eine spätere Hand ausfüllte. Cod. nr. VI führt zum Theil die gleichen Lücken auf, an andern Orten unterbleibt das, ohne im Text die Worte zu geben, die nach Cod. nr. III. fehlen müssten; an andern Stellen findet sich ein Plus gegen die erste Hand des Cod. nr. III, die Ergänzung entspricht bald der spätern Hand von Cod. nr. III, oft aber auch nicht. Zusammengehalten mit den übrigen Abweichungen beider Copien ergibt sich daraus deren volle gegenseitige Unabhängigkeit. Zur Ergänzung sind die Texte des letztbeschriebenen Codex oft heranzuziehen, im ganzen bietet er aber schlechtere Texte als Cod. nr. III, namentlich ist die Datirung oft corrumpirt.

Der dem 18. Jahrh. angehörige Cod. nr. XV enthält bis zum 12. Jahrh. dieselben Stücke wie Cod. nr. VI, seine Texte zeigen mehr Verwandtschaft mit Cod. nr. III; die Lücken sind theils selbständig ergänzt, theils stimmen sie mit dem einen oder dem andern der übri-

gen Cod. überein. An eine Ableitung aus den beiden früheren Codices
ist wohl nicht zu denken, die gemeinsame Quelle muss weiter rückwärts liegen; nur soviel möchte man sagen, dass dieselbe, wenigstens
für einzelne Stücke, der Vorlage des Cod. nr. III zunächst verwandt war
oder mit derselben identisch sein könnte. Ob nun der eine von diesen
Cod., und welcher aus den Originalen schöpfte oder nur aus Copien,
wage ich nicht anzugeben; die Entscheidung über diese Frage wird
namentlich dadurch erschwert, dass für keine dieser Urkunden
eine mehrfache über unsere Cod. zurückgehende Ueberlieferung bekannt ist.

Schliesslich gebe ich einen Abdruck des mit SL 1241[a] bezeichneten Diploms Otto III., das in allen drei Chartularen fehlt. Es
ist eine sehr wohl erhaltene Pergamentcopie des k. Notars Peter in
Treviso vom 25. August 1310. Werthvoll ist das Stück vor allem zur
Beurtheilung von St. 1240 und 1241, welche aus dem gleichen Archive stammend dieselbe auffallende Datirung zeigen, deren Text aber
jedenfalls in schlechterer Form überliefert ist als der unseres Stückes.
Dass die femina Werinburga dem Geschlechte der Collalto angehört,
ergibt sich nicht nur aus dem jetzigen Standorte der Urkunde, sondern
noch vielmehr aus dem in dieser Familie heimischen Namen ihres
Erben Raimbald, in dem wir wohl ihren Sohn zu sehen haben werden.
Die genealogische Einreihung der Werinburga hat uns hier nicht näher
zu beschäftigen; in der Bestätigungsurkunde Otto II. von 980 (Muratori
Ant. It. I, 573) sind drei Brüder Byzanzenus, Raimbaldus und Gaybertus
genannt, wahrscheinlich ist sie die Witwe des erst- oder letztgenannten,
Raimbald begleitet noch 1001 Otto III. von Ravenna nach Venedig,
M. G. SS, 7, 33.

*Otto III. bestätigt der Werinburga und deren Erben Siginfrid
und Raimbald ihren Besitz.*

Borgo San D. circa 1000.

In nomine sancte et individue trinitatis. Tertius Otto dei gratia Romanorum imperator augustus. Notum sit omnibus Christi fidelibus
presentibus scilicet ac futuris, qualiter veniens Heribertus Coloniensis
archiepiscopus deprecando nostram celsitudinem, ut cuidam femine
Werinburgae nomine suisque heredibus eius precepti corroborationem
quod ei antea fecimus confirmare digaremur. Cuius itaque petitioni
obtemperantes preceptum quod ei antea fecimus nunc corroboramus[a])
et omnia suorum praediorum scripta vel servorum et ancillarum[b]) aut

---

a) coroboramus.   b) ancilarum.

mobilium immobiliumve rerum quaeque adquisita habet vel adquirere debet ac potest sibi suisque heredibus omnium hominum contradictione remota imperiali nostro corroboramus precepto insuper vero ut nulla persona sive magna vel parva aliquid iniuste in predictis praediis ei suisque heredibus, Siginfrido videlicet nomine ac Raimbaldo, agere presumat, nostra prohibemus auctoritate prout iuste et legaliter possumus. Precipientes vero iubemus ut nullus dux marchio comes vicecomes sculdassio hanc nostri precepti auctoritatem inquietare vel molestare audeat. Si quis autem huius nostrae auctoritatis violator extiterit, sciat se compositurum auri optimi libras mille medietatem camerae nostrae et medietatem iam fatae Werinburge suisque heredibus. Quod ut verius credatur diligentiusquo ab omnibus observetur, manu propria corroborantes sigillo nostro subter iussimus insigniri.

Signum domni Ottonis serenissimi (M.) et invictissimi imperatoris augusti.

Heribertus cancellarius in vice Petri Cumani episcopi et archicancellarii recognovit[c]).

Data anno dominice incarnationis M, indicione XIII, anno tertii Ottonis regni[d]) XVIII, imperii V; actum ad sanctum Donninum.

E. v. Ottenthal.

Das Archiv der Grafschaft Reckheim. Das Archiv der im früheren westphälischen Kreise gelegenen Lehensherrschaft, spätern Lehensgrafschaft Reckheim an der Maas wurde im J. 1804 von dem letzten Grafen d'Aspremont nach Eperies in Ungarn überführt. Nach dessen Tode (1817) brachte es sein Schwiegersohn Graf Georg Erdödy nach Rovnye im Trencsiner-Comitat. Hier fand es im J. 1879 Herr Baron Geyza Apor und bewog den gegenwärtigen Besitzer Baron Skrbensky den ganzen Vorrath an Urkunden und Acten dem k. k. geh. Haus-Hofund Staatsarchiv in Wien zu widmen, welchem er gegenwärtig einverleibt ist[1]). Durch die gütige Vermittlung Baron Apors konnte ich in die Per-

---

c) In der Beglaubigungsformel des Notars heisst es: Ex precepto .. imperatoris signo et d. Heriberti cancellarii in vice Petri Cum. episcopi et archicancellarii recognitione munito, sigillo ipsius d. imperatoris propter nimiam vetustatem excusso, loco tamen, ubi cordula eiusdem sigilli apposita fuerat, apparente. d) regn.

[1]) Schon im J. 1848 hat Volters in seiner Notice historique sur l'ancien comté impérial de Reckheim (Gand 1848) p. 70 die Ansicht aufgestellt, dass das Archiv der Grafschaft noch erhalten sein müsse; nur glaubte er den Aufbewahrungsort desselben irgendwo in Deutschland suchen zu müssen. Da ihm das hier zu besprechende Material fast völlig unbekannt blieb, werden seine Angaben nach demselben mehrfach ergänzt und berichtigt werden können.

gamente Einsicht nehmen, die eine ganze Kiste füllen. Die in spanischer und niederländischer Sprache geschriebenen Urkunden sowie sämmtliche 2 weitere Kisten füllenden Actenfascikel habe ich jedoch von vornherein bei Seite gelassen; die hier folgende Mittheilung kann daher auf Vollständigkeit keinen Anspruch machen.

Von dem ältesten Stück, einer Privaturkunde von 1180 Mai 20 fand ich nur eine beglaubigte Copie. Das älteste Or. ist eine Vorkaufsurkunde des Kölner Domcapitels aus dem J. 1238. Das 13. Jahrh. hat ausserdem noch 4, das 14. Jahrh. nur eine Or.-Urk. aufzuweisen. Im Anfange des 15. Jahrh. begegnet die erste Kaiserurkunde von Kaiser Sigismund dd. Passau 1419 czinstag nach dem newen jahrstag (Jänner 4) für Dietrich von Linden, Herrn zu Hemmen. Von einem Diplom Kaiser Friedrich III. dd. Köln 1474 montag St. Antoniustag (Juni 13) sah ich nur eine beglaubigte Copie. Demselben Jahrh. gehören noch 6 Privaturkunden an aus den Jahren 1421, 1423, 1425, 1480, 1485 und 1497.

Reicher ist das Archiv an Urkunden des 16. Jahrh. Ich verzeichnete 73 Stücke, darunter 62 Or. Davon sind 18 Kaiserdiplome, von denen 11 auf Karl V., 1 auf Max II. (Copie) und 6 (4 Or., 1 Transsumpt und 1 Copie) auf Rudolf II. entfallen, fast sämmtlich auf die Belehnung, Verpfändung oder Abtretung von Reckheim bezüglich. Diesen Stücken zunächst steht ein französischer Befehl Philipp II. von Spanien an seinen Lehenshof von Brabant von 1586 October 27 und die Copie eines Empfehlungsschreibens des Prinzen von Parma an Karl V. für Robert von Linden von 1544 October 4. Daran schliessen sich 23 Urkunden (22 Or.) des Erzbischofs und Kurfürsten Ernst von Köln von 1583—1598 und eine von dessen Coadjutor Ferdinand von Baiern von 1598 Juli 18. Von den übrigen Stücken dieses Jahrh. sind 23 Or., der Rest Transsumpte, Duplicate und Copien.

Aus dem 17. Jahrh. sind 5 Or.-Papstbullen, Präbendenverleihungen für Mitglieder der Familien von Reckheim und von Meroda, vorhanden, darunter 3 von Alexander VII. und je 1 von Clemens IX. und Clemens X. Die Kaiserurkunden, zumeist Bestätigungen der Belehnung mit Reckheim und von dessen Privilegien, sind durch 13 Or. vertreten, wovon je 1 auf Rudolf II. und Mathias, 5 auf Ferdinand II., 2 auf Ferdinand III. und 4 auf Leopold I. entfallen, ausserdem durch mehrere Copien.

Die Verbindung einzelner Mitglieder des deutschen Reiches mit den französischen Königen brachte es mit sich, dass das Archiv auch einige Actes derselben aufzuweisen hat. So finden sich neben zahlreichen Correspondenzen auch Befehle und Gnadenverleihungen von

Heinrich IV., Ludwig XIII. und XIV., daneben Ernennungsdecrete von
Wilhelm III. von England für die mit den Grafen von Reckheim ver-
schwägerten Grafen von Tilly, Urkunden und Schreiben von Philipp
IV. von Spanien, Albrecht und der Infantin Eugenia, von dem Reichs-
vicekanzler Hermann von Questenberg und dem Kurfürsten Max Ema-
nuel von Baiern ‚au camp de Waterlo' 1692 October 22. Zahlreich
sind auch für dieses Jahrh. die Urkunden der Kurfürsten von Köln,
so 2 Or. von Ernst, 11 von Ferdinand Ernst von October 1613 bis
1641 August 1, endlich 7 Or. und eine beglaubigte Copie von Maximilian Heinrich von 1651 März 1—1678 Juni 7. Die übrigen Stücke,
61 Or. und 9 beglaubigte oder einfache Copien, sind Kauf-, Renten-,
Erb- und Heiratsverträge, Vollmachten, Bürgschaften, Quittungen, Testamente und eine grössere Anzahl von Adels- und sonstigen Zeugnissen.

36 Urkunden, davon 34 Or., gehören dem 16. Jahrh. an. Die
der Kaiser beziehen sich ausschliesslich auf die Belehnung und auf
Vormundschaftsverhältnisse der Grafschaft Reckheim. Von französischen Königen fand ich je ein Stück von Ludwig XIV. und Ludwig
XV. Interessant ist eine Reihe von Schreiben an den Grafen und die
Gräfin Anna Antoinette v. Tilly geb. Gräfin von Reckheim, die von
dem hohen Ansehen zeugen, in welchem der Graf bei jenen stand.
Solche sind vorhanden von Wilhelm III. von England, den General-
staaten, dem Kurfürsten Josef Clemens von Köln, dem Prinzen Wil-
helm von Oranien und dem Prinzen Friedrich von Hessen, spätern
König von Schweden, der dem Grafen u. a. am 8. April 1715 aus
Stockholm seine Vermählung mit der königlichen Prinzessin von
Schweden anzeigt.

Für die Geschichte von Reckheim ergibt sich aus den von mir
eingesehenen Documenten folgendes: Als erster Lehensträger desselben
erscheint in den erwähnten Urkunden Wilhelm von Sombref, welchem
Kaiser Friedrich III. am 4. September 1442 das Mauth- und Zollrecht
bestätigt[1]). Später ging die Herrschaft in den Besitz der Herrn von
Arenberg über, nach deren Aussterben Kaiser Karl V. am 9. Juni
1545 den Johann von Hennin damit belehnte und motu proprio die
Reichsunmittelbarkeit von Reckheim aussprach[2]). Sieben Jahre später,
am 15. August 1552, machte dieser ‚von der ihm am 20. Juni 1551
vom Kaiser ertheilten Erlaubniss Gebrauch und verpfändete die Herr-

---

[1]) Volters a. a. O. 140 nr. 10. Ueber die frühern Besitzer der Herrschaft ib.
19—24.
[2]) Ib. p. 147, 152, 155 nr. 12—14.

schaft um 44.000 rhein. Gulden an Wilhelm von Vlodorp, an den sie am 31. Juli 1556 käuflich überging, nachdem der Kaiser am 17. December 1555 auch hiezu seine Zustimmung gegeben hatte. Nach 4 Jahren wechselte Reckheim abermals den Besitzer, indem Ferdinand I. am 26. Juli 1560 den Verkauf der Herrschaft an Johann von Quaedt gestattete und diesen damit belehnte; die Belehnung wurde dem Sohne desselben Wilhelm am 20. April 1566 von Max II. und am 16. März 1580 von Rudolf II. bestätigt. Im J. 1590 gieng die Herrschaft durch Tausch an die Herrn von Linden über, die bereits in der obgenannten Urkunde Sigismunds vom 4. Jänner 1419 als Lehensträger von Hemmen erscheinen. Der Erwerber von Reckheim Hermann von Linden erhielt dasselbe als erbliches Männer- und Weiberlehen und ward am 29. Juli 1594 in den besondern Schutz des Reiches aufgenommen; er ist der Erbauer der neuen Schlosscapelle. Volters, der p. 33—59 eingehend über seine Thaten und Schicksale handelt, nennt als seinen Todestag den 5. Juni 1603, ohne jedoch eine Quelle anzugeben; in unsern Urkunden erscheint er zuletzt am 9. Februar 1602 in einem Kaufvertrage. Auf Ansuchen seines Sohnes Ernst (von Marie von Halmale) ward die Herrschaft am 31. März 1623 zur Grafschaft erhoben. Ernsts Gemahlin war Anna Antoinette Gouffier; sein Sohn Ferdinand, vermählt mit Elisabeth Gräfin Fürstenberg, hinterliess bei seinem Tode (24. August 1665) mehrere Söhne: Franz Gobert Maximilian Domherrn von Lüttich, Coadjutor von S. Maria in Köln und Statthalter von Stablo und Looz; sein Bruder Ferdinand Gobert — nicht wie Volters anführt, Franz Gobert selbst — war zuerst mit Charlotte Fürstin von Nassau-Dillenburg und dann seit 1691 mit Juliana Barbara Fürstin Rákóczy vermählt. Für seinen Enkel Johann Gobert ward am 5. December 1766 ein Lehensbrief ausgestellt, mit welchem die Serie derselben schliesst. Die Uebersicht über die in den Urkunden genannten Persönlichkeiten wird durch einige schön ausgestattete Stammbäume wesentlich erleichtert.

H. Zimerman.

Eine neue historische Zeitschrift. Von den Studi e documenti di storia e diritto, hg. von der Academia di conferenze storicogiuridiche in Rom, ist das erste Doppelheft erschienen. Zunächst bestimmt eine Lieferе, umfassendere und vollkommenere Kenntniss des römischen Rechts als Grundlage des mittelalterlichen und modernen Rechts zu vermitteln, sollen sich dieselben keineswegs auf das juridische Gebiet beschränken, sondern auch die anderen Fächer, welche mit jenem in vielfache Berührung treten, Geschichte, Philologie, Archäologie einbeziehen. Besondere Bedeutung gewinnt aber das Unternehmen durch seine Beziehungen zu den wissenschaftlichen Schätzen des Vaticans; Papst Leo XIII., „der grossmüthige Pfleger und Gönner der Wissenschaft", gestattete auch die Benützung einer von ihm erworbenen kostbaren Sammlung historischer Documente, darunter einer Anzahl Rechtshandschriften; auch das vaticanische Archiv hat einen werthvollen Beitrag beigesteuert. Die Forschung darf dies wohl als günstiges Vorzeichen begrüssen. Die Liste der ständigen Mitarbeiter, welche den Redactionsrath bilden — unter diesen auch P. Balan, sotto-archivista dei Palazzi apost. und A. Capecelatro vice-bibliotecario della Vaticana — berechtigt zu grossen Erwartungen, nicht minder aber auch die Gediegenheit der Arbeiten, welche der vorliegende Halbband bietet.

Eröffnet wird derselbe durch eine Abhandlung von G. D. de Rossi: L'elogio funebre di Turia, scritto dal marito Q. Lucrezio Vespillone console nell'anno di Roma 735. Dem römischen Recht gehören zwei Arbeiten an: Sopra alcuni frammenti di antichi giureconsulti romani I: Frammenti del libro V dei Responsi di Papiniano von L. Alibrandi und: Di un nuovo ms. del commentario di Bulgaro al titolo delle pandette (unter den vom Papste neu erworbenen Handschriften) von C. Re. Die Numismatik ist durch einen Aufsatz von C. L. Visconti: Il quinipondio ed il tressis del medagliere vaticano vertreten. Aus einer von Leo XIII. erworbenen Sammlung von Autographen von Päpsten, Cardinälen, Fürsten und anderen bedeutenden Männern, die aus dem jetzt zerstreuten Archive des Hauses Farnese stammt, veröffentlicht G. Tomassetti einen eigenhändigen Brief Clemens XI. vom 31. Aug. 1717 an Francesco Farnese Herzog von Parma und Piacenza mit interessanter Darlegung der damaligen politischen Lage, E. Stevenson liefert in der Abhandlung: La basilica di S. Sinforosa sulla via Tiburtina nel medio evo eine sehr beachtenswerthe topographische Untersuchung; sie bestimmt zunächst die Lage der in den Ann. Romani 1111 genannten Oertlichkeiten Trebicum und Campus septem fratrum, die Heinrich V. mit dem gefangenen Papste Paschal II. berührte. In sämmtlichen Arbeiten findet die deutsche Forschung eingehende Berücksichtigung.

Als documenti schliessen sich grössere Quellenpublikationen an. Es sind Quellen von hohem Werthe: die Statuti dei mercanti di Roma (seit der 2. Hälfte des 13. Jahrh.) hg. von O. Gatti und das Regesto della chiesa di Tivoli (saec. XII) hg. von C. Bruzza, das 1627 dem päpstlichen Archive übergeben, zwar theilweise benützt, aber nie vollständig publicirt worden war. Beide Publikationen, von denen

nur der Anfang vorliegt, tragen eigene Paginirung, um selbständige
Theile zu bilden. Der Abdruck scheint sehr sorgfältig zu sein, verliert aber durch Beibehaltung der öfter geradezu sinnstörenden Interpunction der Handschrift und ihrer willkürlichen Verwendung der
grossen Anfangsbuchstaben.

Die Ausstattung ist eine glänzende, die artistischen Beilagen, darunter drei Facsimile von Handschriften, sind von vorzüglicher Ausführung. So sicher auch das äussere Auftreten dem Unternehmen
einen hervorragenden Platz unter den italienischen Zeitschriften.

E. Mühlbacher.

——————

Italien. Ueber Appennes (s. S. 229) liegt jetzt auch eine Abhandlung von Dr. K. Zeumer in Berlin in der Zeitschrift der Savigny-Stiftung
Germ. Abth. 1. 89—123 unter dem Titel 'Ueber den Ersatz verlorener
Urkunden im fränkischen Reiche' vor. Um die Entwicklung und Umbildung der betreffenden Institution darzustellen, ist der Verfasser bis
auf deren Anfänge zurückgegangen. Im Abschnitt I 'das römische
Verfahren' wird zunächst gezeigt, worin das ordentliche Verfahren
nach spätrömischem Recht, um verlorene Urkunden im Process durch
andere Beweismittel zu ersetzen, bestand. Erst dadurch tritt das Verfahren an der Curie, welches wir aus den ältesten Formeln kennen
lernen, in das rechte Licht: es erscheint eine Neuerung, welche auf
Gallien beschränkt dort durch die allmähliche Eroberung durch die
Franken veranlasst ist, jedoch noch rein römisch sein soll. Abschnitt
II handelt dann von dem fränkischen Appennis d. h. von der Umbildung jener römischen Einrichtung, welche die Franken vorfanden
und sowohl ihrer Verfassung als ihrer Rechtsanschauung entsprechend
umbildeten. Diese beiden Abschnitte bieten sehr wesentliche Ergänzungen und zum Theil auch Berichtigungen zu dem Aufsatze
Sickels. Kürzer als dieser behandelt Zeumer im Abschnitt III 'das
praeceptum regis de cartis perditis (Pancarta)'. Aus ihm heben wir
nur hervor, was bereits die Ueberschrift andeutet, dass Zeumer die
bisherige Bezeichnung der in Rede stehenden Königsurkunden als appennes
nicht gelten lassen will und die Benennung paucartae für geeigneter
hält. Dieser Vorschlag erscheint ganz annehmbar, wenn man sich
darauf beschränkt die bis in das 9. Jahrhundert in den Quellen vorkommenden Ausdrücke zu berücksichtigen. Die Diplomatiker aber,
welche die bisherige Terminologie schufen, trugen auch dem Sprachgebrauche der folgenden Jahrhunderte Rechnung und insbesondere dem
der römischen Curie, welche mindestens seit dem 11. Jahrhundert
unter paucartae eine bestimmte Art päpstlicher Privilegien verstand.

Ob es nun nothwendig und räthlich ist an der überlieferten Terminologie zu rütteln, mag bei anderer Gelegenheit des weitern erörtert werden.

Im Anhang zu den eben erschienenen Acta imperii veröffentlicht Winkelmann unter den Statuta officiorum S. 731 f. aus dem Cartularium Neapolitanum in Marseille, derselben Handschrift, aus welcher Ficker im 1. Hefte dieser Zeitschrift S. 121 auch eine Instruction für Archivare edirte, mehrere für die Geschichte des Kanzleiwesens im 13. Jahrhundert sehr werthvolle Actenstücke: eine Kanzleiordnung Friedrichs II., erlassen 1241—1246, vielleicht 1244 Jäuner zu Grosseto (erhalten auch in einer für Senkenberg gefertigten Abschrift a. XVIII zu Giessen), zwei etwas spätere Kanzleiordnungen, die eine wahrscheinlich aus der Zeit Manfreds, die andere von c. 1272, sowie zwei Verordnungen Karls. L (1268 Nov.) für das Amt des Protonotars und das des Kanzlers, letztere mit Angabe von Kanzleitaxen. Dieselben sind unter dem Titel: Sicilische und päpstliche Kanzleiordnungen und Kanzleigebräuche des 13. Jahrhunderts ‚für academische Uebungen‘ auch im Sonderabdruck erschienen (Innsbruck, Wagner; 8°, 36 S.). Beigegeben sind mehrere für die päpstliche Kanzlei wichtige Actenstücke, die allerdings zum grösseren Theile schon bekannt waren, deren Vereinigung aber sehr erwünscht ist: Gebrauch der päpstlichen Kanzlei unter Cölestin III. und Bonifaz VIII, Gebrauch bei päpstlichen Privilegien aus Delisle, Mém. sur les actes d'Innocent III., ein Auszug der Abhandlung des Cardinals Thomas von Capua über den Briefstil seiner Zeit und besonders der päpstlichen Kanzlei aus Hahn Coll. Mon. 1 und ein bisher unbekannter Erlass Innocenz IV. von 1247 Sept. 4, um dem Bischof von Bamberg, dem Kanzler des verstorbenen Königs Heinrich, dieses nach dessen Angabe lebenslängliche Amt auch bei dem künftigen König zu sichern. Beigefügt ist das Facsimile der Unterschriftzeile des Petrus de Vinea in einer Gerichtsurkunde zu Siena. Das Monogramm kann wohl nur QVI SVP[RA] besagen, wie schon die Transsumpte der Urkunde Huillard-Bréholles Hist. dipl. Frid. II. 4, 415 aufgelöst haben; es ist nicht Autograph, sondern vom Schreiber der Zeile gefertigt. Die Ausgabe ist eine in jeder Hinsicht mustergiltige.

V. Joppi gibt in einer Abhandlung: L'arte della stampa in Friuli con appendice sulle fabbriche di carta, Atti dell'Academia d'Udine s. II vol. III, aus handschriftlichen Quellen Nachricht über die älteste Papierfabrication in Friaul. Die ältesten auf Leinenpapier geschriebenen Schriftstücke sind die Protokolle des Notars G. Nibissio in Gemona seit 1260, jetzt im Arch. notar. zu Udine; die erste Papierfabrik wurde 1293 zu Borgo S. Silvestro (Cividale) von zwei Bolognesen errichtet, etwa 1349 eine zweite zu Vensone, die aber 1444 wieder einging. In Udine wird zuerst 1351 ein cartarius erwähnt; die Herstellung einer Papiermühle (causa faciendi cartam bombicem) wurde 1400 beantragt, sicher nachweisbar ist sie hier 1433—1476. Die Kriegsläufte zu Ende des 15. Jahrhunderts scheinen auch diesen Industriezweig vernichtet zu haben, erst 1576 wird wieder eine Papierfabrik errichtet. In den am Schlusse mitgetheilten Documenten von 1310, 1361, 1393 werden cartarii genannt. Die erste Buchdruckerei wurde 1480 zu Cividale von Gerardus de Flandria (Gerardo di Lisa, Lys) gegründet.

Das Municipio von Este hat nach Beschluss des Stadtrathes vom 18. Mai d. J. einen Catalogo dell'archivio della Magnifica Comunità di Este veröffentlicht. Der ältere Archivbestand ist im 15. Jahrhundert verbrannt; theilweisen Ersatz bieten die fleissigen Sammlungen der Localhistoriker Alessi, Lonigo, Trisoli, Belvcenti, über welche die Einleitung genaueren Aufschluss gibt; auch zu Beginn dieses Jahrhunderts kam noch manches abhanden. Im ganzen enthält aber das Archiv sehr reichhaltiges und umfassendes Material für die Geschichte der Stadt und theilweise der Markgrafen von Este vom 15. Jahrh. bis in die neueste Zeit, darunter die Rathsprotokolle in ununterbrochener Reihenfolge von 1482—1805. Dasselbe wurde jetzt neu geordnet. Besondere Anerkennung aber verdient die Rücksichtnahme auf Förderung der geschichtlichen Forschung, welche für die Veröffentlichung des Archivkatalogs maassgebend war, und das freisinnige Verständniss für die Bedeutung derselben, das in der Einleitung beredten Ausdruck findet.

Archivar Fr. Zimmermann liefert in das Broschüre Das Brooser Urkundenbuch. Eine Kritik (Hermannstadt 1880) mit Einbeziehung der im Korrespondenzblatt des Vereines für siebenbürg. Landeskunde 1879 Nr. 10 erschienenen Recension des ersten Theiles eine eingehende Besprechung der Arbeit Amlachers 'Urkundenbuch zur Geschichte der Stadt und des Stuhles Broos bis zum Uebergang Siebenbürgens unter Erbfürsten aus dem Hause Oesterreich', Archiv des Ver. für siebenbürg. Landeskunde, N. F. 15. Bd. Galt es hier die wissenschaftlichen Anforderungen an solche Arbeiten, wie sie Zimmermann auch in dem trefflichen Schriftchen 'Ueber die Herausr gabe von Urkunden' (Hermannstadt 1878) mit besonderer Rücksichtsnahme auf das locale Bedürfniss dargelegt hatte, in entschiedener Weise zu vertreten, so bieten andererseits die zahlreichen und sorgfältigen Collationen der handschriftlichen Quellen ganz wesentliche Berichtigungen und Ergänzungen.

Das deutsche Antheil des Bisthums Trient topogr. hist. statistisch und archaeologisch beschrieben von Philipp Neeb und Karl Atz. Heft 1: Dekanat Klausen. Bozen im Selbstverlag 1880. 76 S. in 4° mit 3 Tafeln. — Eine fleissige und nüchterne Zusammenstellung aus gedrucktem und ungedrucktem Material alles dessen, was von ältester bis auf neueste Zeit zur Geschichte der einzelnen Pfarrbezirke, Kirchen, Klöster, Kapellen der Dekanate gehört, eine nicht wissenschaftlich angelegte noch wissenschaftlich durchgeführte und doch für den Historiker sehr nützliche Arbeit, so dass wir, wenn auch nicht jedes Gebiet uns so sehr wie gerade das im 1. Heft behandelte Eisackthal interessiren wird, die Fortsetzungen und Versuche ähnlicher Art willkommen heissen werden.

Documents rares ou inédits de l'hist. des Vosges tome 4 (Paris, Dumoulin 1877). Von den Kaiserurkunden dieses Bandes erscheinen in unseren Regestenwerken noch nicht verzeichnet: 1) Friedrich I. bestätigt dem Hugo dominus de Bafrimont das Recht im castrum de Bafrimont Münze zu schlagen; Bisuntii 18 cal. oct. anno d. 1168 (corr. 1178), ind. 11. Ib. S. 342 aus Originaltransumpt der Bibl. nat. zu Paris. — 2) Rudolf I. belehnt den Petrus abbas Lutherensis; Maguntiae prid. id. martii a. d. 1290, ind. 3, a. r. 15 (Datirung offenbar fehlerhaft). Ib. S. 352 aus gleicher Quelle.

Nach einem im Mai d. J. ausgegebenen Prospect wird von Archivrath O. Posse und von P. Ewald, Mitarbeiter der Mon. Germ., ein umfassendes Werk Series abbatum, Namenslisten aller Aebte, Aebtissinen und Pröpste von der Gründung des Klosters bis zur Neuzeit, nach Art der Series episcoporum von Gams vorbereitet. Der erste Band wird die Klöster Oesterreich-Ungarns und Deutschlands umfassen. Der Werth eines solchen Werkes für die historische Forschung bedarf keiner weiteren Darlegung; derselbe soll noch durch ein Namenregister erhöht werden. Das vollständige Gelingen ist vielfach durch die Mitwirkung heimischer Forscher bedingt; ihnen sei das Unternehmen auch wärmstens empfohlen.

Literatur.

Urkundenbuch der Stadt Strassburg. I. Bd.: Urkunden und Stadtrechte bis zum Jahr 1266 bearbeitet von Wilhelm Wiegand. Strassburg 1879. 4°; XV, 585 S.

Der Plan ein U. B. der Stadt Strassburg herauszugeben entstand in dem Gelehrtenkreise, welcher sich durch das neue Aufblühen der dortigen Universität gebildet hatte. J. Weizsäcker gab die erste Anregung, von einer zu diesem Behufe zusammengetretenen Commission wurde der Plan entworfen und W. Wiegand mit der Herausgabe betraut.

Die Auswahl des aufzunehmenden Stoffes hat sich strenge nach dem Plane der Arbeit gerichtet: sie sollte „das gesammte urkundliche Material zur Geschichte (der Stadt) Strassburg bis zum Ende des 14. Jahrhunderts enthalten." Es wurden also die Urkunden der Bischöfe, des Domcapitels und der geistlichen Corporationen und die für dieselben ausgestellten Stücke nur aufgenommen, soferne sie sich auf städtische Besitztitel beziehen oder irgendwie die Stadt und deren Einwohner betreffen. Auch alle übrigen auf Strassburg bezüglichen Urkunden sind herangezogen; wo nur ganz vereinzelt eine Strassburger Oertlichkeit genannt oder nur Strassburger als Zeugen aufgeführt werden, begnügte man sich mit lateinischen Regesten, minder wichtiges Material wird in Anmerkungen verwerthet. Ein Gunstbrief Heinrich V. über die Abgabe des Bannweines (nr. 74) eröffnet die Reihe der städtischen Privilegien, drei Stadtrechte und ein Verzeichnis von Hausgenossen aus dem Jahre 1266 schliessen die Publication. Natürlich sind in diesem Bande die von dem Stadtrath ausgehenden oder die Stadt als solche betreffenden Verfügungen weit in der Minderzahl, nichts desto weniger ist es mit Rücksicht auf die vielen deutschen Urkunden und das actenmässige Material der folgenden Bände nur zu billigen, dass die von Weizsäcker für die deutschen Reichstagsacten aufgestellten Editionsgrundsätze hier befolgt wurden. Der Herausgeber gibt p. XI der Vorrede über diese Grundsätze näheren Aufschluss; man wird sich dem meistens anschliessen können, so wenn nur die verlängerte Schrift, nicht der Anfang jeder Zeile bei den Originalen angezeigt, für eine nicht überwuchernde Anzahl von Varianten das Wort ergriffen wird. Unechte oder verdächtige Stücke werden chronologisch eingereiht und mit kleinern Typen gedruckt; practisch wenigstens scheint mir letzteres Experiment misslungen zu sein, da der Unterschied der Typen zu wenig hervortritt, aber auch theoretisch ist diese Massregel bedenklich, wenn man sich nicht auf ganz unechte Stücke beschränkt, sondern auch „verdächtige" aufnimmt. Noch weniger kann ich mich mit einer andern Abweichung von den Reichstagsacten befreunden, die

Beschreibung des Stückes, Angaben über Drucke und handschriftliche Ueberlieferung an den Schluss des Abdruckes zu setzen. Gerade so wie man bei den erzählenden Quellen die kritische Einleitung durchnehmen muss, bevor man den Text benützt, steht es auch bei den Urkunden. Dazu tritt noch ein practischer Grund, der Berücksichtigung verdient, dass nemlich die Noten häufig erst durch die Angaben über Ueberlieferung und die kritischen Bemerkungen vollkommen verständlich werden; es ist also auch unbequem, wenn man nun oft erst auf der andern Seite des Blattes diese Angaben aufsuchen muss. Alle in der Urkunde vorkommenden Zahlzeichen werden durch arabische ersetzt. Dass dieses System für die Kritik manches bedenkliche hat, ist bekannt; ich will nicht läugnen, dass sich das viel bequemer liest, aber in einzelnen Fällen muss man dann in dieser Abweichung von der paläographisch genauen Wiedergabe des Textes noch um einen Schritt weiter gehen, wenn man nicht irreführen will; heisst es z. B. nr. 111: acta .. MCLX primo, die dominico sub praesentia etc., so darf man nicht drucken: 1160 primo, weil dies ganz dem Character des arabischen Ziffersystems widerspricht, und folglich jedermann zuerst 1160 für die complete Jahreszahl halten wird, sondern sich entschliessen 1161 zu drucken. Offenbare Schreib- und Nachlässigkeitsfehler werden emendirt und die ursprüngliche Leseart in die Anmerkung gesetzt; die Abkürzungen und Siglen werden selbstverständlich alle aufgelöst, unerklärlich blieb mir aber, warum bei einigen Weissenburger Traditionen über so viele doch ganz selbstverständliche Abkürzungen eigens in den Anmerkungen berichtet wird, so nr. 4 Uuolfrad=Uuolfradus praesb=presbiter, Ebroard=Ebroardus. In der Terminologie bei der Beschreibung hält sich der Herausgeber durchweg an die Reichsdiagmatica. Nachzeichnungen von Originalen heissen einfach Copien.

Für die Beurtheilung der Genauigkeit der Abdrücke stand mir nur geringes Material zur Verfügung: die Facsimile-Tafeln nr. 4, 10, 12, 19, 20 bei Schöpflin Alsatia dipl. 1, für nr. 9, 25, 28, 78, 113, Abschriften aus dem Apparate der M. G. für nr. 42 und 45 aus Cop. sec. 16, für nr. 44 aus dem Or. sämmtlich von Otto II., endlich eine Abschrift aus dem Or. von Karl Pertz ebendort für nr. 50 D. Heinrich II.

Der Abdruck von nr. 44 ist vollständig correct, der von nr. 50 scheint besser zu sein als die Pertzische Copie; beim Vergleich mit den Schöpflinschen Facsimiles bemerkte ich nur sehr wenige Abweichungen, die ich wegen Unzuverlässigkeit dieser Abbildungen nur mit Reserve vorbringe: nr. 9 p. 5 Z. 27 kalendas statt calendas; nr. 25 p. 21 Z. 9. wäre aecleasiae statt eclesiae zu schreiben, Z. 13 zu firmitatis zu bemerken, dass das angebliche Or. fimitatis hat; die Stellung des Schlussprotokolles wird dem Facsimile bei Schöpflin nicht entsprechen, sonst müsste die Datirung, nicht die Subscriptio cancellarii zuletzt gedruckt werden; dass darauf eine Art S. R. folgt, wäre auch zu erwähnen gewesen; nr. 27, p. 23, Z. 29 statt aecleasicq aeclesiaq; (ähnlich ungeschickt gemachtes a in adipiscenda Z. 3 des Facsimile), das S. R. wäre auch hier anzugeben gewesen; in nr. 78 steht auf dem Facsimile in der Recognitionszeile: notarius vicem (im Abdruck ad vicem); nr. 113 ist ganz fehlerlos abgedruckt (Fredericus in der ersten und der Zeile der k. Unterschrift ist sicher Ungenauigkeit des Facsimiles); die Abdrücke zeichnen sich also durch sehr grosse Genauigkeit aus; ebenso sicher wurde zu Werke gegangen bei Stücken, deren

Text aus verschiedenen Copien zusammengesetzt werden musste; nur in nr. 42 wäre Z. 16 dimittentes für dimittentis, Z. 21 potestate statt pietate in den Text aufzunehmen gewesen.

Ein weiterer Vorzug der Ausgabe ist die durchweg richtige Reducirung der Daten, namentlich der Tagesbezeichnungen. Bei einander widersprechenden Jahresangaben ist den Incarnationsjahren kaum so unbedingt der Vorzug einzuräumen, wie Wiegand es thut; so ist die zu nr. 51 beigefügte Datirung: a. i. d. 1005, ind. 2, ep. 26, conc. 6. bei der Uebereinstimmung der drei letzten Glieder wol auf 1004, nicht auf 1005 zu beziehen. In noch höherem Grade trifft dies bei nr. 40 zu: acta .. a. d. i. 956, regnante Ottone [magno] 16 anno regni eius, Outone prenule, Liutolfo duce. W. setzt die Urkunde zu 956 und erklärt: „die Regierungsjahre um 4 zu niedrig angesetzt." Dass die Urkunde aber nicht zu 956 gehört, ergibt sich schon aus der Nennung Liudolfs als Herzog, welche nach 954 unmöglich ist (Dümmler Otto I. 242), wir haben also einfach den Regierungsjahren den Vorzug zu geben und die Urkunde vor 952 Aug. einzureihen. Ebenso möchte ich dem entsprechend auch nr. 38 (a. i. d. 951 regnante Ottone 15. anno eius) zu 950 ansetzen, da die Nennung des Bischofs Uto und des Herzogs Liudolf auch da schon zutreffend ist. Auch in mehreren anderen Fällen hätte die Ausstellungszeit der Urkunden näher bestimmt werden können, wenn der Herausgeber den von Sickel zur Bestimmung der Königsepoche und von Wartmann für die Einordnung der S. Galler Urkunden mit solchem Erfolge eingeschlagenen Weg verfolgt und wenigstens für Strassburg die jeweilige locale Berechnung der Königs- und Bischofsjahre festgestellt hätte. Auch für jene Urkunden, in welchen die Jahresmerkmale unter sich übereinstimmen, wäre eine solche Aufgabe nicht undankbar gewesen. In den Strassburger Urkunden ist in der Mehrzahl der Fälle keine Tagesbezeichnung gegeben; wissen wir aber genauer, wie die Epoche berechnet wurde, so reducirt sich die mögliche Ausstellungszeit der Urkunde auf einige Monate. Zu nr. 85 erwähnt W. selbst, dass sie wegen der Bezeichnung imperante Lothario imperatore anno imperii sui ultimo nach 1137 Dez. 8 ausgestellt worden sein müsse, warum hat diese Präcisirung im Regeste keinen Raum gefunden? nr. 70 würde zwischen 1115 Dez. 25 und 1116 Jan. 6, nr. 90 auf das Jahr 1143 vor März 18, nr. 132 1193 vor April 14 fallen, vorausgesetzt dass die locale Berechnung der Regierungsepoche von Kaiser und Papst mit der officiellen übereinstimmt. Auf solchen Ortsgebrauch führe ich es zurück, dass in nr. 92 und 95 die Regierungsjahre den andern übereinstimmenden Jahresmerkmalen gegenüber (ind. epacte, concurr. in nr. 92, a. r. und ind. in nr. 95) um 1 zu niedrig sind. Wo die einzelnen chronologischen Merkmale nicht übereinstimmen, ist das mit grosser Genauigkeit angegeben; zu nr. 57 ist nachzutragen, dass a. inc. und ind. nicht stimmen; zu nr. 59, dass in keinem Jahre auf 30 Mai luna 4 fällt; 1089 fiele luna 5 auf diesen Tag, aber jedenfalls ist die Urkunde mit W. zu 1089 zu setzen, man scheint sich in Strassburg also mehrfach schlechter Jahrestabellen bedient zu haben; in nr. 69, 71, 73 von 1116 und 1118 treten theilweise gleichartige Unrichtigkeiten in Epacten, Concurrenten und Indiction auf.

W. hat, wie in der Vorrede betont wird, die „zu erwartende Musteredition Sickels in der Diplomata Abtheilung" noch nicht zum Vorbilde nehmen können, aber das in Programm und Instruction, Neues Archiv 1, 427 f.

gegebene Muster für die Zusammenstellung der Ueberlieferung der Urkunden hätte immerhin benutzt werden können. Die Angaben über das handschriftliche Material in der Einleitung beschränken sich auf kurze Nennung der benutzten Archive im allgemeinen und einzelner öfter verwertheter Copialbücher. Bei den umfassenden archivalischen Vorarbeiten, die W. mit so anerkennenswerther Umsicht vorgenommen hat, wäre es ihm nicht zu schwer gewesen, eine ausführliche Uebersicht über das einschlägige Material in den Strassburger und auswärtigen Archiven zu geben. Die handschriftliche Ueberlieferung der einzelnen Stücke wird mit einer Sigle bezeichnet, die ziemlich willkürlich gewählt wird, meist mit Rücksicht auf die Provenienz der betroffenden Urkunde: B heisst jedes Stück aus dem Strassburger Bezirksarchiv, H=Hospitalarchiv, Th=Thomasarchiv, S=Strassburger Stadtarchiv, dann in nr. 207 Speirer Stadtarchiv in nr. 616 Schilter, in nr. 10, 45 etc. Schöpflin, während in nr. 1 die gleiche Provenienz mit A bezeichnet ist; kommen 2 Copien aus demselben Archive vor, so wird es z. B. beim Strassburger Bez.-Arch. mit B und B^1 bezeichnet, aber in nr. 27 und 51 wird dafür B und C gebraucht (C=Collation?). Hier wäre also grössere Gleichmässigkeit zu wünschen gewesen, dafür hätte man darauf verzichten können neben den Originalen auch die im Einzelfall werthlosen Copien, und noch dazu mit der Bezeichnung Coll. (nr. 51, 85, 101, 107) anzuführen. An die Angabe der Provenienz schliesst sich eine knapp gehaltene Beschreibung des Stückes mit fast durchweg zutreffenden kritischen Bemerkungen, darauf folgt die Angabe der Drucke. W. hat sich grosse Mühe gegeben die früheren Drucke der von ihm publicirten Stücke vollständig nachzuweisen, wie es scheint, mit sehr gutem Erfolge. Weniger glücklich scheint mir die Anordnung derselben, das System ist ein zu gekünsteltes. Es werden die Drucke nach den Vorlagen, aus welchen sie geschöpft haben, in Gruppen geschieden und diese selbst nach der Güte der zu Grunde liegenden Ueberlieferung geordnet. In diesen einzelnen Gruppen ist die Einreihung der Drucke eine chronologische, von der insoferne eine Ausnahme gemacht wird, als unmittelbar auseinander abgeleitete Drucke durch = mit einander verbunden werden. Das System, das jetzt die Diplomata der M. G. anwenden, dürfte dem gegenüber wol entschieden den Vorzug verdienen. Ist ein angeführter Druck unvollständig, so ist das bald mit „stückweis" bezeichnet (z. B. nr. 1, 3, 16), bald einfach ignorirt worden (z. B. beim Citiren des Fürstenberg. UB. in nr. 85, 86, 88.)

Das Register ist von M. Baltzer gearbeitet. Es zerfällt in zwei Abtheilungen Namenregister und Sachregister; das letztere ist eine äusserst werthvolle Zugabe zu dem Buche und zeugt für den grossen Fleiss und die Sachkenntniss des Verfassers. Das Namensregister ist ebenfalls sehr sorgfältig gearbeitet: bei verschiedenen Stichproben fiel mir nur auf, dass die p. 120 genannten Heinricus camerarius de Ravenspurc und Eberhus pincerna de Tanne sich unter Eberhardus und Heinricus nicht finden. Aber bezüglich des Planes des Registers, für den aber nicht Baltzer, sondern die Commission verantwortlich zu machen ist, muss man in den Tadel einstimmen, den eine in solchen Dingen so competente Persönlichkeit wie Weiland in Sybels Hist. Zeitschr. erhoben hat: es ist die concentrirte Unterbringung sehr vieler Namen unter einem Schlagworte vor allem Strassburg, welche das Register unübersichtlich macht, endlose Verweisungen von einem

Schlagwort auf das andere verursacht und damit die Mühe des Nachsuchens
vervielfältigt. Konnte ich mich auch mit so manchen Einzelheiten nicht
einverstanden erklären — und wie wäre bei einem so bedeutendem Werke
es anders möglich? — so soll doch noch ausdrücklich betont werden, dass dies
Einzelheiten sind gegenüber dem Guten, das im Ganzen geboten ist. Durch die
genaue Wiedergabe der Urkunden, die sorgfältige archivalische Forschung —
von 619 Stücken sind 98 nach Drucken, 92 nach besserer Ueberlieferung
als die früheren Drucke, 276 überhaupt das erste Mal publicirt worden —
die umfassende Beherrschung der einschlägigen Literatur und gewissenhafte
Verwerthung der neuesten kritischen Forschung, namentlich auch auf diplo-
matischem Gebiete, entspricht dieses Werk nach den verschiedenen Richtungen den
Anforderungen, welche man jetzt an ein Urkundenbuch stellen muss. Wir
können nur wünschen, dass unsere Literatur bald durch die sicher ebenso
gediegene Fortsetzung dieser Publication bereichert werde.

E. v. Ottenthal.

Dr. Carl Müller: **Der Kampf Ludwigs des Baiern mit
der römischen Curie**. 2 Bände. Tübingen, Laupp, 1879, 1880.
XX, 407; XII, 380 S.

Referent hat bei seinen Forschungen über die Geschichte K. Karls IV.
Gelegenheit gehabt sich zu überzeugen, dass in der Geschichte der Beziehungen K. Ludwigs zu den Päpsten noch gar mancherlei ins Reine zu bringen
sei. Es kommt dies zumeist daher, weil von den bisherigen Forschern
noch keiner sein Augenmerk speciell auf jenen Theil der Geschichte Ludwigs gerichtet hatte; die Natur der Aufgaben, die sie sich stellten, gestattete ihnen nicht hierauf alle Mühe zu concentriren. Dies war der Fall
bei v. Weech, Riezler und Worthmann, und auch dem Ref. lag es bei Abfassung des I. Bandes seiner Geschichte Karls IV. ferne über die Geschichte
K. Ludwigs selbständige Forschungen zu machen; es kam ihm in dieser
Hinsicht nur darauf an die Chancen des kirchenpolitischen Kampfes recht
scharf zu zeichnen, zu welchem Zwecke eine resumirende Darstellung der
hierauf bezüglichen Partien genügte. Um so mehr hat es Ref. gefreut, dass
sich in Müller ein Forscher gefunden, der die Mühe nicht gescheut hat
jedes Stadium der so vielfach wechselnden Beziehungen Ludwigs zur Curie
gründlich zu untersuchen und der zugleich in der glücklichen Lage war
auf die handschriftliche Ueberlieferung der wichtigsten kirchenpolitischen
Actenstücke jener Zeit zurückgehen zu können. Der beschränkte Raum,
der dem Ref. hier verstattet ist, erlaubt es nicht die von den bisherigen
abweichenden Resultate M.'s. einzeln anzuführen. Betreffs des ersten Bandes sei daher nur ganz allgemein bemerkt, dass hier namentlich das Pro-
cessverfahren Johanns XXII. gegen Ludwig eine genaue und sachkundige
Darstellung gefunden hat. Im 2. Band macht es M. u. a. wahrscheinlich,
dass die Forderungen, welche wir päpstlicherseits 1336 erhoben finden,
identisch sind mit denen, welche Ludwig durch seine Gesandten schon im
Sommer 1335 überbracht worden sind; ferner unterzieht er die verschiedenen Redactionen der Frankfurter Reichsgesetze vom August 1338 einer
kritischen Besprechung und verwerthet die dadurch gewonnenen Resultate
recht geschickt für die Auffassung des damaligen Verhältnisses der Fürsten

zu Ludwig. Wichtig ist ferner besonders die Untersuchung, welche M. den Acten der kaiserlichen Gesandtschaft vom Herbst 1848 hat angedeihen lassen, und die sich daran schliessende Erörterung über die Bedeutung der sog. Procuratorien. Gerade diese Frage, welche seit dem Erscheinen von Pragers Schrift (Der kirchenpolit. Kampf unter Ludwig d. B., Abhandlungen d. hist. Cl. d. baier. Ak., 14. Bd.) lebhafter discutirt wird, glaubt Ref. einer eingehenderen Besprechung unterziehen zu müssen.

Unter den Procuratorien versteht man die von der Curie vorgeschriebenen und von Ludwig besiegelten und ausgefertigten Absolutionsbedingungen, mit denen zugleich die Vollmacht oder der Credensbrief für seine bei der Curie beglaubigten Gesandten verbunden sein konnte; war dies nicht der Fall, so hiess auch diese Vollmacht „Procuratorium." Davon zu unterscheiden sind die den Procuratorien vielfach widersprechenden geheimen Instructionen, durch welche die Gesandten angewiesen wurden bestimmten Forderungen der Curie entgegenzutreten. Die Gesandten sollten also einerseits die Erfüllung der Absolutionsbedingungen unbedingt beschwören, andererseits aber auch der Weigerung des Kaisers bestimmte Artikel zu erfüllen Ausdruck verleihen. Diesen Widerspruch glaubt nun Müller, wie schon vor ihm Prager, dadurch wegzuräumen, dass er die verpflichtende Kraft der von den Gesandten beschworenen Procuratorien herabmindert; in demselben war nach seiner Meinung nur die „Basis der Unterhandlungen, nur der von der Curie verlangte Ausgangspunkt" gegeben, die Beschwörung der Procuratorien verpflichtete nicht zur definitiven Erfüllung des Inhalts derselben, denn erst nach der Beschwörung begannen die Verhandlungen über die den Gesandten mitgegebene Instruction.

Bei dieser Auffassung der Procuratorien drängt sich zunächst die Frage auf: Wenn die Procuratorien eine blosse Basis der Unterhandlungen waren, die noch mannigfach und wesentlich geändert werden konnte, warum hat dann die Curie überhaupt die Beschwörung derselben gefordert? Was bedeutete der feierliche Schwur allen Anordnungen des Papstes unbedingt Folge zu leisten und auf allen eigenen Willen zu verzichten, wenn die Gesandten gleich darauf mit den ablehnenden Artikeln der Instruction herausrückten und die Curie die Verhandlung über letztere zuliess? Jener Schwur war dann rein illusorisch, er war eine lügnerische Komödie, und die Curie hätte, nachdem sie einmal getäuscht worden war, einer abermaligen Beschwörung der Procuratorien durch die Gesandten keinen Glauben mehr beimessen können. Die Ceremonie wäre ja dann für die Curie ganz werthlos gewesen. Hätte die Curie die Anschauung getheilt, dass die Beschwörung der Procuratorien nicht zur definitiven Vollziehung derselben verpflichte, so würde sie dadurch der Verletzung des geleisteten Schwures Thür und Thor geöffnet haben, ohne sich darüber beklagen zu dürfen. Die Meinung der Curie muss deshalb vielmehr die gewesen sein, dass jener Schwur aufs strengste zur definitiven Vollziehung des Inhalts der Procuratorien verpflichte. Für diese Auffassung sprechen überdies noch andere Gründe. Es ist klar, dass Ludwig dem Papste als ein um Absolution flehender Sünder gegenüberstand und dass ihn der letztere nie als Paciscenten ansehen konnte; schon daraus resultirte die Nothwendigkeit unbedingter Unterwerfung auf Gnade und Ungnade, und dass diese in geradezu sklavischer Weise geleistet worden ist, wird durch die Ausdrucksweise der Procuratorien sowie der Berichte über den Schwur der Gesandten im Consistorium vom 16. Jan. 1344 unwiderleglich dargethan. Selbst für den Fall, dass es dem Papste belieben sollte neue und noch grössere Forderungen zu stellen, war in den Procuratorien Vorsorge getroffen: die Gesandten waren ermächtigt die definitive Vollziehung selbst über die Procuratorien hinausgehender Forderungen zu beschwören. Diese Stellung des Papstes, kraft der er nach Belieben auf strengster Erfüllung aller Absolutionsbedingungen bestehen oder davon aus Gnade etwas erlassen konnte, hat denn auch Müller sehr wohl eingeleuchtet, er hat aber nicht die Consequenz daraus gezogen, dass für den Fall, wenn der Papst keinen Gnadennachlass gewährte, die Gesandten ihrer Eide nicht nur nicht entbunden, sondern kraft der beschworenen unbedingten Unterwerfung zur Erfüllung des gesammten Inhalts, zur Vollziehung aller Artikel der Procuratorien durchaus verpflichtet waren. Nur wenn der Schwur zur definitiven Erfüllung seines Inhalts verpflichtete, ist es begreiflich, warum Clemens VI. die Gesandten im Consistorium vom 16. Jan. 1344 vor der Eidesleistung so eindringlich ermahnte sich wohl zu besinnen, ob es ihnen mit dem Schwur ernst sei. Deshalb hatte Clemens VI. auch ganz Recht, wenn er in den Briefen an K. Philipp und Herzog Albrecht Ludwig vorwarf, dass er die in seinem Namen geleisteten Eide gebrochen habe. Diese Auffassung der Procuratorien wird noch einleuchtender, wenn man bedenkt, dass die Curie die Bitte Ludwigs um Absolution principiell doch kaum anders behandelt haben kann als die gleichen Bitten jedes andern Gläubigen. Demgemäss entsprechen denn auch Inhalt und Form der Procuratorien ganz den Intentionen der Curie: sie enthielten die vom Papste vorgeschriebene öffentliche Beichte, dann Reue und Leid über die gegen die Kirche begangenen Verbrechen, endlich das Anerbieten vollständiger Genugthuung. Aber sowie die Kirche Nachlass der für die Sünden verdienten Strafen gewährt, so war es auch den Gesandten Ludwigs verstattet um einen Gnadennachlass in Bezug auf die zu übernehmende Genugthuung zu bitten. Die Entscheidung, ob ein solcher zu gewähren sei, hing natürlich fast ganz allein von politischen Erwägungen ab, besonders bei Clemens VI., der schon deswegen keinen Nachlass gewährte, weil er Ludwig durchaus nicht absolviren und reactiviren, sondern ihn enthronen wollte. Wenn uns demnach von Verhandlungen berichtet wird, die auf die Beschwörung der Procuratorien folgten, so werden darunter vor allem die Versuche der Gesandten zu verstehen sein auf dem Gnadenwege eine Herabminderung der schuldigen Genugthuung zu erlangen, zu welchem Zwecke ihnen ja die geheime Instruction mitgegeben war; dass aber geradezu über letztere verhandelt worden wäre, wie das zwischen gleichberechtigten Mächten geschieht, ist schon mit Rücksicht auf den principiellen Standpunkt der Curie kaum glaublich. Nachdem die Gesandten durch die Beschwörung der Procuratorien auch hinsichtlich der zu leistenden Satisfaction unbedingte Unterwerfung angelobt hatten, waren Versuche der eben angedeuteten Art ungefährlich und konnten die verbindliche Kraft des geleisteten Eides keineswegs schmälern. Ausserdem können sich in der Rede stehenden Verhandlungen sich noch auf andere Gegenstände bezogen haben, so z. B. auf die Erlangung von Garantien für die Wiedereinsetzung Ludwigs in alle Würden nach geschehener Absolvirung, um die Bestimmung näherer Details der aufzuerlegenden Satisfaction (Namhaftmachung der zu vertreibenden Prälaten, genanere Vorschrift über die zu gründenden Kirchen und Klöster, Normirung des Verhältnisses Ludwigs zu K. Philipp und dem böhmischen Königshause u. s. w.). Von Seite der Curie handelte es sich überdies darum zu prüfen, ob die Reue wahrhaft, das eidliche Versprechen ernst gemeint und die angebotene Genugthuung in allen Stücken hinreichend sei. Dass die Verhandlungen päpstlicherseits, namentlich unter Clemens VI., den Character blosser Scheinverhandlungen annahmen, wird niemand bezweifeln, denn der Curie handelte es sich schliesslich wohl nur darum die Gesandten ad calendas graecas hinzuhalten.

Ein anderer wichtiger Punkt ist die Auffassung der Capitulation Karls IV. vom 22. April 1346. Weil M. in dem Schwur der Gesandten Ludwigs im Consistorium vom 18. Jan. 1344 nur ein Acceptiren der vorgeschriebenen Unterhandlungsbasis erblickt und nicht daran glaubt, dass der Schwur zur definitiven Vollziehung seines Inhalts verpflichtete, gelangt er folgerichtig auch dazu den Unterschied zwischen den Concessionen Karls und Ludwigs als ganz enorm hinzustellen und es letzterem als Verdienst anzurechnen, „dass er das, was Karl zugesichert hat, nie zum rechtlichen Vollzug kommen lassen wollte." Hält man dagegen für richtig, was oben begründet worden ist, dass auch dann, wenn der Papst einen Gnadennachlass verweigerte — was eben Clemens VI. that — die Gesandten zur Vollziehung des gesammten Inhalts der beschworenen Procuratorien verpflichtet waren, dann schrumpft jener enorme Unterschied gewaltig ein und auch das angebliche Verdienst Ludwigs besteht dann nicht, denn zum rechtlichen Vollzug verpflichtete schon die Beschwörung der Procuratorien an sich; dass sie factisch nicht vollzogen wurden, war weit eher ein Verdienst der sich widersetzenden Reichsstände als Ludwigs. Angesichts der treuen Unterstützung der letzteren wird es immer die grösste Schmach für den Kaiser bleiben, dass er die Procuratorien vom Sept. 1343 überhaupt hat beschwören lassen.

Was nun die Vorwürfe betrifft, die M. (2, 215) Karl im einzelnen macht, so ist der nächste der, dass er Ferrara der Kirche „neu geschenkt" habe. Untersuchen wir, ob es damit seine Richtigkeit hat. Ferrara der Kirche abzutreten wäre nur dann möglich gewesen, wenn entweder das Reich sich damals im factischen Besitz befunden oder wenn es doch wenigstens ein wohlbegründetes historisches Recht auf Ferrara besessen hätte. Keines von beiden war der Fall. Der factische Besitz stand den Markgrafen von Este zu, und was das historische Recht betrifft, so konnte sich die Kirche darauf stützen, dass Ferrara bis zu Anfang des 13. Jahrh. unter ihrer Hoheit gestanden hatte. Dieser Rechtsgrundlage hatte das Reich nichts ähnliches entgegenzusetzen; es konnte sich lediglich auf die Thatsache berufen, dass die Kaiser der Stauferzeit, wenn sie mit den Päpsten in Krieg lagen, einigemal Reichsbeamte nach Ferrara geschickt hatten; dies aber war nur ein Act der Politik, nicht des Rechts, wie schon daraus erhellt, dass zur selben Zeit auch der Fall vorkam, wo die Hoheit der Kirche über Ferrara kaiserlicherseits respectirt worden ist (Ficker Forschungen 2, 316, 446). Im Jahre 1309 gelang es der Kirche aus der mittelbaren Herrschaft über Ferrara eine unmittelbare zu machen, doch verwandelte sich dieselbe bald wieder in eine mittelbare Hoheit, als 1317 die Markgrafen von Este die Signorie von F. aufs neue erwarben. Erfolglos blieb ihr Anschluss an

Ludwig d. B., der in der Absicht unternommen war sich von der Kirche unabhängig zu machen; 1329 wurden sie päpstliche Vicare. Wenn im Privileg Heinrichs VII. Ferraras keine Erwähnung geschieht, so kommt dies daher, weil dort der Schwerpunkt auf den recuperirten Ländern liegt, wozu Ferrara nicht gehörte. Der Besitz Ferraras liess sich schon damals ebensowenig anfechten als der Roms, dessen im Privileg Heinrichs gleichfalls keine Erwähnung geschieht. In jenem Theil der Capitulation Karls dagegen, wo es sich um eine allgemeine Zusammenfassung des Gesammtbesitzes der Kirche handelte, mussten Rom und Ferrara schon deshalb ausdrücklich erwähnt werden, weil sie zu keiner der beiden Gruppen, weder zu den eigentlichen Provinzen noch zu den Lehenskönigreichen, gehörten. Zum Ueberfluss sei auf ein Privileg Karl IV. vom 11. April 1368 hingewiesen, wo, weil das Privileg Heinrichs VII. zur Vorlage gedient hat, Rom und Ferrara fehlen; man würde aber gewaltig irren, wenn man daraus schliessen wollte, Karl habe die Ansprüche auf diese Städte erneuern wollen.

Ein fernerer Vorwurf M.'s ist, dass Karl für Provence, Forcalquier und Piemont vollständige Unabhängigkeit vom Reich zugesichert habe. In der That versprach Karl jedoch nichts anderes, als dass er die Erben K. Roberts in den genannten Grafschaften wegen in vergangener Zeit verübter Verbrechen gegen das Reich nicht beunruhigen wolle. Volle Unabhängigkeit hätte nur durch Auflösung des Lehensbandes bewirkt werden können. Dass letzteres erhalten blieb, bezeugt die Thatsache, dass König und Königin von Sicilien am 1. Febr. 1355 die obigen Grafschaften von Karl IV. zu Lehen nahmen. Wenn M. (2, 217) besonderes Gewicht auf jenen Brief Clemens VI. legt, wo Karl „iuramento fidelitatis astrictus" genannt wird, so ist dies ja die einfache Consequenz der Bulle „Romani principes" Clemens V.; man müsste sich eher über das Gegentheil wundern, wenn ein Papst die Kaisereide nicht für Lebenseide gehalten hätte. Dagegen kann Ref. dem Verfasser nur beistimmen, wenn dieser die Behauptung des für Karl voreingenommenen Palacky unter Hinweis auf die Thatsache zurückweist, dass Karl seine Eide „nur so lange gehalten, bis ihm der Papst nichts mehr zu geben hatte."

Schliesslich ist Ref. noch aufgefallen, dass der Verfasser (2, 30) von K. Eduard III. sagt, er habe die „Ansprüche erhoben, die ihm das Recht der salischen Succession auf die Krone Frankreichs zu geben schien", ferner dass der Verf. (2, 171) einen Aufenthalt K. Johanns im März 1343 in Avignon annimmt, der nicht überliefert ist und wozu auch kein zwingender Grund vorliegt, endlich dass er a. a. O. 240.000 Mark S. =1,380.000 M. d. R. W. gleichsetzt. E. Werunsky.

Johann Wendrinsky, Die Grafen von Plaien-Hardegg. (Aus den Blättern des Vereins für Landeskunde von Niederösterreich, neue Folge, 13. und 14. Jahrgang, Wien 1879, 1880, besonders abgedruckt). 108 S.

Die Genealogie der im Mittelalter in den östlichen Alpenländern ansässigen Adelsgeschlechter ist seit langem der Tummelplatz der gewagtesten Vermuthungen. Das Streben Klarheit in diese sehr verwirrten Dinge zu bringen ist hier thätig gewesen, seitdem man mit kritischem Sinne Geschichte treibt. Stützen lassen sich auf diesem Gebiete die entgegengesetzteeten Ansichten, durch vollgültige Beweise dagegen ist noch verhältnissmässig wenig zu Tage gefördert worden. Es sind fast immer dieselben Stellen aus Urkunden und Chroniken, welche zu diesen Arbeiten herangezogen werden können. Die neueste Untersuchung dieser Art betrifft die Grafen von Plaien-Hardegg, welche J. Wendrinsky in den Blättern des Vereins für Landeskunde von Niederösterreich veröffentlichte. Der Verfasser hat sich wiederholt mit genealogischen Arbeiten beschäftigt und dadurch vielfach sehr annehmbare Resultate gewonnen. Auch in seiner jüngsten Abhandlung hat er Vermuthungen aufgestellt, welche weitaus beachtenswerther erscheinen als die von Fröhlich und Koch-Sternfeld.

Nach meiner Meinung sind die zwei Ansichten über den Ursprung des genannten Grafengeschlechtes, nach welchen es von den Markgrafen Istriens thüringischer Abkunft entsprungen oder eines Stammes mit den Peilstein-Burghausen gewesen sei, durch Wendrinsky vollständig beseitigt. Nach ihm stammen diese Grafen von jenen Grafen von Friesach ab, welche durch mehrere Generationen den Namen Wilhelm führten und deren letzter durch seine Witwe Hemma der Stifter des Klosters Gurk geworden ist. Und diese Grafen von Friesach sollen wieder von den Brüdern Wilhelm und Engelschalk herstammen, die unter den letzten Karolingern die Würde von Markgrafen der östlichen Mark bekleideten; sie würden dann durch den wahrscheinlichen Vater dieser Brüder Wilhelm, den Sohn Eginolfs, der im Chiemgau und um Lambach begütert war, bis in die Zeit der Agilolfinger hinaufreichen. So kühn diese Combination auch erscheint, so ist sie doch gut gestützt, wenn die Schlüsse auch nicht überall zwingende Kraft haben. Sehr ansprechend ist die Vermuthung darüber, wie der erste dieser Grafen Wilhelm in den Besitz der Grafschaft Friesach kam. Seine Gemahlin Imma wäre die Tochter jenes Zwentibolch gewesen, welcher 898 von Kaiser Arnulf den Hof Gurk und die Lehen in Zeltschach bekam. Wilhelms I. Sohn war Wilhelm II., der 980 Besitzungen in Südsteiermark erhielt. Seine Gemahlin war Hemma, die neptis des Kaisers Heinrich II. genannt wird und welche bisher als die Gründerin des Stiftes Gurk angesehen wurde. W. dagegen behauptet, die Hemma, welche Gurk gegründet, sei nicht jene gewesen, welche Nichte des Kaisers genannt wird, sondern deren Schwiegertochter, die Gemahlin Wilhelms III. Nach ihm würde sich also die Reihe der Grafen von Friesach so stellen: Wilhelm I., Gemahlin Imma; Wilhelm II., Gemahlin Hemma, neptis imperatoris Henrici II.; Wilhelm III., Gemahlin Hemma, Gründerin von Gurk; deren Söhne Wilhelm IV. und Hartwich, welche 1036 im Kampfe mit dem abgesetzten Herzog Adalbero erschlagen wurden. Er stützt sich dabei nur auf zwei Urkunden vom Jahre 1016. In der einen schenkt Kaiser Heinrich II. eingedenk der Dienste der Mutter des Grafen Wilhelm, des Kaisers neptis Hemma, demselben 80 Mansen und einen Besitz im pagus Sonne, im Comitate Wilhelms. In der zweiten macht derselbe Kaiser demselben Grafen andere Schenkungen. Dass aber, behauptet Wendrinsky, die hier schon als Witwe mit einem mannbaren Sohne erwähnte Hemma nicht identisch sein kann mit jener Hemma, die 1042 — 26 Jahre später — das Stift Gurk gründete, ist klar. Dagegen ist zu erwähnen, dass die Urkunden nichts von der Mannbarkeit des Sohnes bemerken und es ist nichts Unerhörtes, dass Minderjährige im Besitze der Grafschaft folgten. Im älteren Leben Hemmas heisst es, dass der ältere

Graf Wilhelm wenige Jahre nach seiner Vermählung gestorben sei, was vor dem April 1015 geschehen sein müsste. Seine Söhne wären also 1016 unmündig gewesen und dies scheint mir eine der Urkunden von 1016 mit den Worten zu sagen: memores etiam domnae Hemmae suae matris . ., quia nobis unacum filio satis devota saepe servivit. In diesem Falle standen Hemmas Söhne 1036, zur Zeit ihres Todes, in jugendlichem Alter, wenn man schon darauf Rücksicht nehmen wollte. Jedenfalls halte ich die Einführung eines neuen Wilhelm und einer neuen Hemma für ganz unbegründet, umsomehr als in der Urkunde K. Lothars von 1130 die von den Kaisern Beschenkten, die durch Hemma auch Geschenkgeber für Gurk wurden, in folgender Reihenfolge genannt werden: Waltun, Zwetboch, Imma, Graf Wilhelm und dessen Sohn Wilhelm, Hemma. Hemmas, der Stifterin von Gurk, Schwager war Liutolt und dessen Sohn Askuin, welchen sie zum erblichen Vogte ihrer Stiftung machte. Askuins Sohn heisst Starkhand, der wieder mehrere Söhne hatte, darunter Werigand, der auch erblicher Vogt von Gurk war und als Stammvater der Plaien anzusehen ist. In dieser letzten genealogischen Auseinandersetzung ist W. ganz einer weitschweifigen Arbeit K. Tangls gefolgt. Dabei hat er aber gleich diesem ganz übersehen, dass jener Starkhand, der als marchio (Sonne) erscheint, nur dreimal genannt wird und jedesmal in einer gefälschten Urkunde. Er hätte Kenntniss von der Unechtheit dieser Urkunden in Fickers Reichsfürstenstand (p. 285 Anm.), in Stumpfs Reichskanzler (Nr. 2753, 2754) und in Hirns Schrift „Kirchen- und reichsrechtliche Verhältnisse der salzburgischen Suffraganbisthums Gurk" (1872) gewinnen können und dann die Person Starkhands I. aus der Combination gelassen. Wenn ich nun aber trotzdem dafür halte, dass die Grafen von Plaien wirklich von den Friesacher Grafen abstammen, so liegt die Ursache darin, dass der vorhin erwähnte Werigand erblicher Vogt, also höchst wahrscheinlich ein Nachkomme jenes Askuin war, dem diese Würde zuerst übertragen wurde, und dass die Identität dieses Werigand mit jenem Grafen Werigand, der seit etwa 1108 als Graf von Plaien in Oesterreich auftritt, nicht leicht bestreitbar ist.

In den folgenden Abschnitten findet sich wohl noch manche Vermuthung, die man fester begründet wünschte. Manchmal möchte man fast vor der Kühnheit der Combination erschrecken, wie wenn auf die Bemerkung, dass der Gattin Werigands nirgends Erwähnung geschehe, plötzlich der Satz folgt: Ich möchte nun annehmen, dass Werigand zwei Gattinnen ehelichte, nämlich die erste als Witwe mit mehreren Kindern. Sonderbar ist manchmal die Benützung der Quellen; neben Zahns Urkundenbuch von Steiermark werden Fröhlichs Diplomataria citirt; der sächsische Annalist wird nach Ecard, die Lebensbeschreibung des Salzburger Erzbischofs Konrad nach der Ausgabe bei Pez benützt. Bei einem anderen Citate heisst es: Lebensbeschreibung des Erzbischofs Thiemo. Pez. Es ist unvermeidlich, dass da manchmal Irrungen unterlaufen; ich erwähne ein Beispiel: W. citirt zweimal nach Pez die Stelle: Tiemo Taurum montem transivit ibique a quibusdam principibus captus marchione scilicet Starchando et fratre eius Werigando. Die Stelle lautet aber in der Ausgabe von Wattenbach (M. G. SS. 11, 67): . . . captus est, marchione videlicet et Starchando et fratre eius Werigando. Bei Pez hat Thiemo zwei, bei Wattenbach drei Gegner, die ihn gefangen nehmen. Die Eintheilung der Arbeit bringt es noch mit sich, dass manche

Regesten zweimal abgedruckt sind, was denn doch nicht nothwendig gewesen wäre.

Graz. F. M. Mayer.

M. St. v. Warmski, Die grosspolnische Chronik. Eine Quellenuntersuchung. Inaug.-Dissert. der Univ. Göttingen. Krakau 1879. 8°, 129 S.

Das Büchlein ist ein beachtenswerther Repräsentant der in letzter Zeit durch die Monumenta Poloniae bei uns frisch angeregten Quellenforschung gegenüber der deutschen Gelehrtenwelt. Lassen die oft kühnen Hypothesen auch eine junge Kraft erkennen, so ist doch der Weg, welchen W. sich vorgezeichnet hat: von der Verfasserfrage nämlich zunächst abzusehen und vor allem die Quellen der Chronik ausfindig zu machen, ohne Zweifel der richtige und er hat ihn auch im wesentlichen zu guten Resultaten geführt. Ich will dieselben in Kürze darlegen. Der erste Theil der Chronik basirt auf Mag. Vincentius (Kadlubek) in der Art, dass sie sich manchmal an diesen selbst, manchmal aber an den Auszug Mierzwas aus Vinc. fast wörtlich anschliesst. Es finden sich auch ferner Anklänge an die Annales Polonorum und Ann. Sandivogii. Daraufhin nimmt W. als Quelle für diese Partie der grosspoln. Chr. einen Auszug aus Vincentius an, welcher auch dem s. g. Mierzwa als Quelle gedient und die angeführten Annalen benutzt habe. Dagegen ist die von Ketrzyński in der Recension der Arbeit Warmskis (in Przewodnik naukowy i literacki März 1880) geäusserte Meinung, der Verf. der grosspoln. Chr. habe Vincentius und Mierzwa*) benutzt, viel plausibler, da sich in derselben nichts, wenn auch formell characteristisches über V. und M. vorfindet und die Anklänge an die erwähnten Annalen auf zwei unbedeutende, zu keinem Schluss berechtigende Stellen zu reduciren sind. Einmal hat nämlich die grosspoln. Chronik bei der Erwähnung der Stiftung des Krakauer Domcapitels durch Wladislaw I. die Zahl der Canoniker 24, das andere Mal den Beinamen Boleslaw III. „Krzywousty" als das mit den Annalen gemeinschaftliche und über Mierzwa (wie auch Vinc.) gehende Plus. Nun konnte der Verf. derselben die Zahl der Domherren in Krakau aus eigener Anschauung erfahren und sie Wladislaw I. zuschreiben, der Beiname Boleslaw III. war aber im 14. Jahrh. schon allgemein gebraucht. Im zweiten Theil (von 1202 an, wo Vinc. abschliesst) benutzte die Chr. den annalistischen Theil Mierzwas (1202—1288), wobei W.'s Annahme einer indirecten Benutzung wieder überflüssig erscheint und sich nur mit ähnlich unbedeutenden Stellen, wie jene zwei oben angeführten, belegen lässt — und ferner die (unlängst in den Monum. Pol. III neu edirten) Annales majoris Poloniae. Hier bekämpft W. die bisherige Ansicht, Bischof Boguchwal und Custos Godyslaw seien die Verfasser unserer Chronik, und schreibt ihnen nur die Annales maj. Pol. zu, aus denen bloss die auf ihre Autorschaft bezüglichen Stellen in die Chronik durch Gedankenlosigkeit des Compilators wörtlich übergegangen seien. Uebrigens betrachtet W. die Annahme Mosbachs: Godyslaw (Ende des 13. Jahrh.) wäre der Verfasser

*) Der Annahme, dass unser Compilator den Vinc. nicht erst beim Cap. 15, wie K. meint, zur Hand bekam, sondern ihn schon von Anfang an kannte, steht nichts im Wege und sie ist im Stande alle bisherigen Schwierigkeiten am leichtesten und natürlichsten zu beseitigen.

der ganzen Chronik gewesen, auch nicht als unmöglich, ein anderes Mal neigt er sich aber zur Vermuthung hin, die ganze Compilation sei in der 2. Hälfte des 14. Jahrh. entstanden. Er meint, sie habe ursprünglich (die Handschriften sind darin schwankend) bis 1273 gereicht. Die Frage nach der Entstehungszeit ist also bei W. ziemlich vernachlässigt. In einem besonderen Abschnitt stellt W. diejenigen Nachrichten der grosspoln. Chronik zusammen, welche sich nicht auf bekannte Quellen zurückführen lassen — und es sind deren zumal am Ende (fast alle Capitel von c. 127 bis 159) ziemlich viele. Noch manches davon liesse sich gewiss aus den nicht vollständig erhaltenen Annales maj. Pol. ableiten. Was die Art betrifft, in welcher unser Compilator seine Quellen ausnützt, so spricht ihn W. vom Pragmatismus, der Erweiterungs- und Erfindungsgabe nicht frei. Der letzte Abschnitt ist der verlorenen und von Dobner im vorigen Jahrh. zuletzt beschriebenen Hodiejovsky'schen Handschrift gewidmet. Diese ist besonders wichtig, weil sie den Passus: „Primislao rege (1295—6) hodie regnante," welcher in anderen Codd. durch: „Pr. rege eiusdem tornae" ersetzt ist, enthält und zweitens, weil sie mit dem Traum des Bischofs Boguchwal („Ego B. ep. Poznan. audivi" etc.) 1249 abschliesst. Diese Erscheinungen erklärt sich W. damit, dass er zwei Redactionen annimmt, deren erste (Cod. Hod.) bis 1249 reichend, 1295/6 entstanden, die zweite aber (andere Hss.) als Fortsetzung bis 1273 um die Mitte des 14. Jahrh. niedergeschrieben sei. Da aber die Geschichte des eben damals lebenden Johann von Karnkow in allen Hss. mit der 2. Redaction der Chr. innig verbunden ist, so will W. wenigstens die Initiative zu dieser 2. Red. auf denselben zurückgeführt haben.

Es wird gewiss noch über die grosspolnische Chronik discutirt werden; das practisch wichtigste ist aber bereits gethan, nachdem wir wissen, dass wir es nicht mit einer selbständigen gleichzeitigen, sondern mit einer später abgeleiteten Quelle zu thun haben. Fr. v. Papée.

Kaufmann Adolf, Die Wahl König Sigmunds von Ungarn zum römischen Könige. Prag. 1870. 03 S. Lex. 8. (Separatabdruck aus den „Mittheilungen des Ver. für Geschichte d. Deutschen in Böhmen." XVII. Jahrg., I. Heft).

Die deutsche Königswahl nach dem Tode Ruprechts von der Pfalz ist wiederholt Gegenstand eingehenderer Darstellung gewesen, theils in allgemeineren Werken, wie in Pelzels Geschichte des Königs Wenzeslaus und Droysens Geschichte der preussischen Politik und in verschiedenen Arbeiten Riedels, theils auch in eigenen Abhandlungen. Der vor kurzem erschienene siebente Band der deutschen Reichstagsakten, bearbeitet von Kerler, hat nun aber darüber so viel neues Material gebracht, dass ein Schüler Weizsäckers in Göttingen, A. Kaufmann, sich veranlasst fand die Königswahlen von 1410 und 1411 zum Gegenstande einer neuerlichen Untersuchung zu machen. Die von ihm zuerst in den „Mittheilungen des Vereines für Geschichte der Deutschen in Böhmen" veröffentlichte Abhandlung gehört zu den besseren Doctordissertationen, sie zeichnet sich durch sorgfältige und verständige Prüfung der allerdings schon gesammelt vorliegenden Actenstücke aus und gelangt zu manchen neuen Resultaten, wenn auch nicht alle Annahmen des Verfassers gleich gesichert scheinen.

Der Verf. sucht darzuthun, dass die beiden gegenüberstehenden Parteien der rheinischen Kurfürsten, die Erzbischöfe von Mainz und Cöln ebenso wie der von Trier und der Pfälzer, anfangs für die Wahl Sigismunds waren und dass erstere dann nur nothgedrungen Iost von Mähren ihre Stimmen gaben, „weil ihnen ihre Eifersucht auf Kurpfalz und Kurtrier Sigmund zu wählen nicht gestatteten" und weil die letzteren auf ihre Forderung, Johann XXIII. als rechtmässigen Papst anzuerkennen, nicht eingingen. „Nach Iosts Tode fragte es sich nicht, wer gewählt werden sollte, sondern ob überhaupt gewählt werden sollte," indem Sigismund wie seine Wähler an der Rechtmässigkeit der ersten Wahl festhielten. Aber „an einem anderen Candidaten als Sigmund ist nie gedacht werden." A. Huber.

Inventaire des cartulaires conservés dans les bibliothèques de Paris et aux archives nationales par M. Ulysse Robert suivi d'une Bibliographie des cartulaires publiés en France depuis 1840 (par M. Leopold Delisle). Paris, Picard, 1878. 8°, 107 p. (Separatabdruck aus dem Cabinet historique 2. série 1, 120—235).

Ist die Zahl der französischen Chartulare auch eine sehr bedeutende, so gestatten doch die trefflichen orientirenden Arbeiten genügenden Ueberblick. Ausser dem Catologue gén. des cartulaires des archives départ., der in den detaillirten Inhaltsverzeichnissen der Inventaires sommaires seine Ergänzung findet, gebührt namentlich Delisle das Verdienst vorzügliche Uebersichten geliefert zu haben; während die Table des cartulaires im Anhange des Catalogue des actes de Philippe-Auguste 525—569, allerdings mit Beschränkung auf den nächsten Zweck, reiches handschriftliches Material verwerthet, verzeichnet der Rapport sur le concours d'histoire in der Revue des Sociétés savantes 1866 die gedruckten Chartulare. Beide Arbeiten sind mustergiltig; die wesentlichen Gesichtspunkte kennzeichnend mussten sie für andere Arbeiten auf diesem Gebiete massgebend werden.

Auch für eine Uebersicht der in den Pariser Bibliotheken und Archiven aufbewahrten Chartulare fehlte es nicht an bedeutenderen Vorarbeiten. Der ältere Bestand an Chartularen in der Bibl. nat. war schon im Handschriftenkatalog von 1744 verzeichnet. Der Fond des cartulaires zählte 1862 bereits 305 Chartulare, die seit der Mitte des 18. Jahrh. erworben worden waren; er gehörte der zweiten Serie der Handschriften an. Ein Verzeichniss dieser als Fortsetzung des Katalogs von 1744 lieferte Delisle im Inventaire des manuscrits conservés à la Bibl. imp. sous les n°s 8823—11503 du fond latin, Bibl. de l'Ecole des chartes s. V, 3, 277, 469; 4, 185 (1866 auch selbständig ausgegeben); dieselbe Zeitschrift (VI, 1, 3, 5; 31, 32, 35) führte dieses Inventaire bis nr. 18613 weiter und gab auch eine Uebersicht der Collections manuscrites. Für den neuen Zuwachs wurde 1862 der Fond latin des nouvelles acquisitions geschaffen; die Berichte über dessen Vermehrung zeigen, dass ausser den Urkunden auch den Chartularen besondere Aufmerksamkeit gewidmet wird. Eine Zusammenstellung der zerstreuten und manchem schwer zugänglichen Notizen blieb immerhin ein dankenswerthes Unternehmen.

Diesem unterzog sich Ulysse Robert. Seine Arbeit schliesst sich in der äusseren Anordnung ganz der Table des cart von Delisle an; alphabetische Aneihung der Gruppen mit Angabe der Diöcese, Ordnung der Chartulare und ihrer Copien innerhalb der Gruppe nach deren Alter; von jedem sollte Titel, Alter, Umfang, Aufbewahrungsort und Signatur angegeben werden. Als vorzüglichste Quellen sind der Handschriftenkatalog von 1744, das Inventaire von Delisle und die Invent. sommaires angegeben.

Die Aufgabe also, welche der Verfasser seiner Arbeit stellte, ist keine anspruchsvolle; sie beschränkt sich eigentlich auf Copirung der katalogisirten Daten, die Ordnung dieser Daten zu Gruppen und deren alphabetische Aneihung. Gegenüber den Angaben des gedruckten Inventaire der Bibl. nat. zeigt dieses Verzeichnis nur eine Vermehrung durch Angabe des Umfanges (Folla oder Seiten), über allfällige Unvollständigkeit der Handschrift und hie und da eine andere Notiz, Daten, welche wol dem Handschriftenkatalog der Bibl. nat. entnommen wurden. Die Anerkennung bleibt der Arbeit ungeschmälert, dass damit dem dringendsten Bedürfnisse Abhilfe geboten und eine Uebersicht der in Paris befindlichen Chartulare gegeben ist, welche eine allgemeine und leichte Orientirung ermöglicht. Unter diesem Gesichtspunkte wird sie gute Dienste leisten. Die Kritik ist nicht berechtigt mehr zu fordern, als der Verfasser zu geben verspricht; doch sie darf für die Bearbeitung bestimmte Grundsätze, für deren Durchführung strenge Consequenz verlangen. Beides wird man aber hier öfter vermissen.

Die beigegebenen Daten sind keine gleichmässigen. Dies kommt zwar meistentheils auf Rechnung der benützten Quellen, unter denen sich die aus dem Archiv stammenden durch grössere Genauigkeit auszeichnen. Doch auch davon abgesehen, ist es schwer ein bestimmtes Princip zu entdecken, welche Daten, weil unbedingt nöthig, aufzunehmen waren, welche nicht; die in der Vorrede bezeichneten finden sich zwar immer, doch zu häufig nicht allein, um als feste Regel zu gelten.

Wichtiger als die Mittheilung des Umfangs eines Chartulars ist die Angabe, welchen Zeitraum die in demselben enthaltenen Urkunden umfassen. Für ungedruckte Chartulare ist sie geradezu unerlässlich. Im Catalogue des cart. ist daher auch eine eigens Tabelle über die anciennté des titres transcrits beigefügt. Bei Robert findet sich diese Angabe nur vereinzelt, so bei den Chartularen von Blois nr. 3 — ich zähle nach der Reihenfolge bei Robert — Carmaing, Provins, St. Denis 14, St. Germaindes-Prés 12, 18, Sorbonne 1—10, die sämmtlich dem Archiv angehören und für welche das Inventaire sommaire diese Daten bot. Aber dieselben fehlen bei der überwiegend grösseren Anzahl der anderen auf dem Archiv aufbewahrten Stücke, obgleich sie für diese ebenso leicht zu beschaffen waren. Anders wol bei den Chartularen der Bibl. nat.; hätte hier etwa auch mehr als der katalogisirte Titel gegeben, hätten hier zur Feststellung dieser Daten auch die Handschriften selbst zur Hand genommen werden müssen, so würde diese Arbeit sich gewiss gelohnt haben. Ein Muster dafür bot die dem Inventaire des cart. angefügte Bibliographie des cart. von Delisle, welche dieser Angabe nicht in letzter Linie ihre vorzügliche Brauchbarkeit verdankt. Bemerkungen wie: plus complet que le précédent Meaux 2 (vgl. Bourbourg 3) können doch nur dann Werth haben, wenn auch der Inhalt des vorangehenden Chartulars in der erwähnten Weise angegeben ist.

Der Diplomatiker würde allerdings wünschen, dass das in diesen Bemerkungen angedeutete Princip kritischer Sichtung auch immer berücksichtigt worden wäre; dadurch würde der Arbeit wissenschaftliche Bedeutung gesichert. Wenn, um ein Beispiel auszuheben, der Artikel Grandselve nur besagt: Cartulaire de l'abbaye de G. XII siècle. Autre XII s. Autre XIII s. Autre XIII s. Autre XIII s., so drängt sich die Frage auf, ob diese sämmtlich aus den Originalen geschöpft haben oder ob, was wahrscheinlicher, das eine oder andre nur Copie eines vorhergehenden sei; dies ist aber nur ausnahmsweise beim Livre II des privil. de Chartres angegeben. Das gleiche gilt von den Copien der Chartulare; auch hier wäre zu beachten, ob sie selbständig der Originalhandschrift entstammen oder nicht, ob nicht etwa Collationen eingetragen sind, welche deren Werth erhöhen. Wird unter Grenoble nur verzeichnet: Cart. du S. Hugues XII s. Copie d'un cart. de de l'Eglise de Grenoble. Autre XVIII s. (ähnlich bei St. Vanne de Verdun), so ist wissenschaftlichem Bedürfnisse wenig gedient; es wäre wünschenswerth gewesen zu constatiren, in welchem Verhältniss die letzte Copie zur ersten oder zum genannten Cart. steht, ob jenes ‚un cartulaire' mit diesem oder einem der beiden nach Marion zu Grenoble befindlichen Chartulare identisch ist. Für eine einzelne Copie genügt dann allerdings Copie du précédent oder do ce cart., wie es hier öfter auftritt. Einen Beleg für die Wertherhöhung einer Copie bietet die Gruppe Abbaye de Longpont. Robert verzeichnet Cart. XIII s. Copie 1764; über diese bemerkt aber Delisle Phil. Aug. 544: Cette copie est précieuse; elle permet de suppléer à la perte de plusieurs cahiers du ms. original. Solch' kritische Sichtung lag — ich betone dies — ausserhalb des von Robert gesteckten Zieles; sie hätte Durcharbeitung der Handschriften selbst gefordert und die Feststellung des Verwandtschaftsverhältnisses würde namentlich auch bei den ungenauen Angaben älterer Abschriften mancherlei Schwierigkeiten begegnet sein. Aber es fehlte auch hier keineswegs an Vorarbeiten; selbst nur Ausnützung derselben würde wissenschaftliche Zwecke vielfach gefördert haben. Ich begnüge mich auf das Werk von Delisle zu verweisen; so entstammt die unter Tiron genannte Copie (vgl. Cluni Copie 2) nicht unmittelbar dem Chartular selbst, sondern einer anderen Copie s. XVII; die unter Chalon 2 verzeichnete autre copie ist nicht nur moins complète, sondern auch un peu plus ancienne als Copie 1, also selbständig; selbständig sind auch die beiden Copien Meaux 1, 2 aus einem nun verlorenen Chartular vgl. Delisle Phil. Aug. 567, 536, 531, 546.

Dass bei einer Copie, wenn möglich, auch die Originalhandschrift, der sie entnommen ist, angegeben werde, darf jetzt als selbstverständlich gelten. Auch im Verzeichnis der nouvelles acquisitions fehlt diese Quellenangabe nie. Robert hat sie von hier in der Regel übernommen, sie fehlt aber bei Ros, St. Amand vgl. Bibl. de l'Ec. d. ch. 35, 88, 87. Bei älteren Copien mag diese Provenienzangabe zwar öfter mangeln, frühere Katalogisirung darauf zu wenig Rücksicht genommen haben. Während Robert bei Copien, die nicht zu den neuen Erwerbungen zählen, nur bei Arlay und St. Bertin (von 1835) den Aufbewahrungsort des Originalchartulars nennt, hätte sich derselbe bei anderen mit Beiziehung der reichen Hilfsmittel, sei es auch nur des Catal. des cart., unschwer constatiren lassen; für St. Médard de Soissons 1 und Langres 1 würde auch eine Berufung auf Delisle 562, 543 genügt haben. Ist das Originalchartular verloren, so tritt die erhaltene Copie an dessen Stelle; selbst eine blosse Inventarisirung durfte diesen wesentlichen Umstand nicht unbeachtet lassen. Robert verzeichnet nur bei Harbeux ein anjourd'hui perdu; nach derselben Quelle wäre dies auch bei Langres 4, 5, Meaux 1, 2, St. Bertin 2, St. Jean en Vallée beizufügen gewesen; für Macon ergibt sich dies auch aus der Einleitung der Ausgabe von Ragout.

Es mag fraglich sein, ob ein einfaches Inventaire auch die auf die Chartulare bezügliche Literatur einzubeziehen habe; eine wissenschaftliche Arbeit müsste es unbedingt. Geschieht es aber in dem einen Falle, so sollte es auch in den anderen Fällen geschehen. Bei den gedruckten Chartularen genügt die Berufung auf Delisles Bibliographie, welche auch die Literatur mit grosser Vollständigkeit verzeichnet; bei ungedruckten vermisst man aber selbst den Hinweis auf sehr nahe liegende Hilfsmittel, wie bei Bourges und St. Mihiel auf die ausführlichen Inhaltsangaben in Bibl. de l'Ec. d. ch. 37, 79; 38, 215; für die auf belgisches Gebiet bezüglichen Chartulare bietet das Werk Gochards La bibliothèque nat. à Paris 1,293 werthvolle Details. Die deutsche Literatur fand keine Berücksichtigung und doch fehlte es weder in Pertz' Archiv der Ges. für ält. deutsche Geschichtskunde (für Cambrai 1 auch Neues Archiv 2,293) noch in den Anmerkungen von Sickels Regesten an beachtenswerthen, namentlich kritischen Beiträgen. Aeltere Ausgaben waren nur unter Casaure und Bèze zu verzeichnen, in beiden Fällen nicht Chartulare in engerem Sinne, sondern Chroniken mit eingewebten Urkunden. Das Chron. Casaur. ist auch bei Muratori Script. II, 2, 755 selbständig gedruckt, der ältere Theil desselben schon bei Duchesne Scr. 3,544 und daraus bei Ughelli; die Geschichte der Handschrift gibt Muratori l. c. 769, eine Beschreibung Pertz' Archiv 11, 485. Das Chron. Bes. wurde zuerst 1654 selbständig von d'Achery veröffentlicht.

Roberts Inventaire des cartulaires soll nur den ersten Theil einer umfassenderen Arbeit bilden. Einer zweiten Publication blieben vorbehalten les extraits et fragments des cartulaires, les recueils de chartes relatifs aux localités ou à divers établissements, les pouillés, les terriers et le censiers. Es dürfte zweckmässiger gewesen sein, wie dies auch Delisle gethan hat, zugleich die manchmal ganz bedeutenden Auszüge und Fragmente anzufügen; eine Vereinigung des auch sachlich einheitlichen Stoffes würde dem Benützer Zeit und Mühe ersparen. Es verdient lebhafte Anerkennung, dass Robert auch eine Uebersicht der in Paris aufgespeicherten Urkundensammlungen geben will, besonders wenn dieselbe auch die Menge von Originalen auf der Bibl. nat. genauer registrirt. Freilich wäre auch diese in unmittelbaren Anschluss an die Chartulare besser am Platze gewesen, um einen Ueberblick über das gesammte urkundliche Material zu bieten, wie ja auch die gedruckten Cartulaires sich nicht auf die Chartulare im engeren Sinne beschränken, sondern gleichbedeutend mit unserem ‚Urkundenbuch‘ ebenso Originale und Einzelcopien aufnehmen und so den ganzen Urkundenstoff vereinigen. Doch auch die aufgestellte Scheidung scheint einige Ausnahmen erlitten zu haben; wenigstens bezeichnet Delisle 559, 587 das Cart. de St. Joseé-sur-Mer als extrait d'un cart., jenes Corbie 7 dit Alexandre IV a. als un consier de l'année 1349; die unter Tours 2 genannte Copie des Liber compositionum ist nach Bibl. de l'Ec. des ch. 38, 85 nur Copie de la partie ancienne du cart., also fragment gleich St. Denis 7. Dagegen empfiehlt sich die Einreihung der selbständig auftretenden Tables zu ihren Chartularen.

Die Grenze zwischen vollständigem Cartulaire und Extrait lässt sich wohl nicht immer scharf ziehen; ausser dem plus oder moins complète findet sich bei Bertaucourt und Champagne 4 auch ein presque intégrale bemerkt. Vielleicht ist dies, vielleicht auch eine abweichende Auffassung von Chartular und Urkundensammlung der Grund, weshalb ins Inventaire mehrere Handschriften nicht aufgenommen wurden, die anderweitig als Chartulare bezeichnet werden. So registrirt Delisle 555 ein Cartulaire en 4 vol. für Royaumont, während im Invent. des ms. nr. 9166—9169 dasselbe als Copie des titres bezeichnet wird; Pertz' Archiv 11, 437 wird ein Chartular s. XVI für St. Maximin in Trier, dessen Originale auch auf der Bibl. nat. als ms. nr. 9264—9269 aufbewahrt werden, beschrieben, das dann unter nr. 11102 als Copie des privileges erscheint; beide fehlen demnach auch bei Robert. Ausserdem beschreibt Gachard ein Chartular für Brüssel (= dem Chart. Brabant. in Archiv 11, 430), mehrere für Flandern und Luxemburg — diese allerdings theils Cartulaire, theils Recueil oder Registrum chartarum genannt — eines für Gent. Ungefähr mit demselben Rechte wie das Chron. Besuense hätte auch das Chron. Centulense (St. Riquier), Copie s. XVII in C. l. 11793, eingereiht werden können. Die in den Invent. des ms. als Cartulaires bezeichneten Handschriften sind indes vollständig vertreten, die Nummern durchwegs genau.

Delisles Bibliographie des cartulaires ist keine ganz neue Arbeit, sondern Vervollständigung und Ueberarbeitung der Uebersicht der gedruckten Chartulare, welche er in seinem Rapport sur le concours d'hist. veröffentlichte. Die Vorzüge dieser musterhaften Arbeit sind bekannt. Sie finden sich auch vollzählig in der Bibliographie wieder, welche das Verzeichnis der urkundlichen Publicationen bis in die neueste Zeit weiter führt. Manche Artikel wurden leider gekürzt; so vermisst man etwa bei Chartres ungern die freilich nicht streng zum Chartular gehörige Notiz über die Broschüre von Madden und Walford. Nicht alle Artikel zeigen indes dieselbe Gleichmässigkeit der Behandlung; hie und da fehlt die Altersangabe der enthaltenen Urkunden; zu Conques war eine Abhandlung von Desjardins in Bibl. de l' Ec. d. ch. 88, 254 beizufügen. Einige Nachträge zur Bibliographie und zum Inventaire finden sich noch im Register, das nach Diöcesen und Provinzen geordnet einen guten localen Ueberblick gewährt.

Die Besprechung ist weitläufiger geworden, als der Umfang des Werkchens gestatten mag; eine Rechtfertigung darf sie wol darin suchen, dass es galt auf die Ansprüche hinzuweisen, welche eine wissenschaftliche Behandlung stellt und stellen darf; je mehr eine Arbeit wie die vorliegende einem Bedürfniss entgegenkommt, desto berechtigter ist auch der Wunsch, dass sie ihr Programm erweiternd demselben auch ganz entspräche. In Deutschland fehlen derartige systematische Uebersichten gänzlich; zunächst Aufgabe einer umfassenderen Archivleitung würden sie der Wissenschaft einen grösseren Dienst erweisen als Vorarbeitung archivalischen Materials.

E. Mühlbacher.

Repertorio diplomatico Cremonese ordinato e pubblicato per cura del Municipio di Cremona. Volume primo dall' anno DCCXV al MCC. Cremona, tipografia Ronzi e Signori 1876. 4°, LXXXIV, 305 p. Edizione di 200 esemplari fuori di commercio.

Einen schöneren Beweis seines Patriotismus konnte der Municipalrath von Cremona nicht geben als durch den Beschluss, den er in der Sitzung vom 5. Sept. 1875 fasste. Auf Antrag des Referenten Cav. Soldi wurde nicht nur die Ausgabe des vorliegenden Repertoriums, sondern auch die Vollendung der schon 1855 begonnenen Ordnung des Municipalarchives und die vollständige Transscription der sämmtlichen darin befindlichen Urkunden beschlossen und die nöthigen Gelder hiezu bewilligt. Ein grosses Verdienst um das Zustandekommen dieses Beschlusses hatte der um die Geschichte seiner Vaterstadt sehr verdiente und jedem fremden Forscher durch seine Liebenswürdigkeit und Gefälligkeit unvergessliche Dr. Robolotti, dem auch die Zusammenstellung dieses Repertoriums übertragen wurde.

Für den Geschichtsforscher sind solche Publicationen von grösstem Werthe; sie bieten ihm über den localen Archivbestand vollständigen Aufschluss, so dass er nicht erst genöthigt ist für seine Forschungen an Ort und Stelle lange und nicht immer ergiebige Nachfragen und Vorstudien zu machen; für manche Fragen wird ihm ein derartiges Werk allein schon genügen.

Dem Archivrepertorium ist ein Ueberblick über die Geschichte Cremonas bis zum Jahre 1200 vorangestellt. Sie ist zur Orientirung ganz gut am Platze; nur sollte in derselben eine grössere Gleichmässigkeit in der Behandlung des Stoffes gewahrt und mehr Gewicht auf die Culturgeschichte gelegt werden, die in einem Capitel von nur vier Seiten abgethan wird. Auch die allgemeine Anlage des Repertoriums selbst kann man weder eine gleichmässige noch eine practische nennen. Das Beste und Nächstliegende wäre doch gewesen sämmtliche Urkunden in rein chronologischer Folge zu ordnen und zu verzeichnen oder, wenn schon die Cremona betreffenden Urkunden getrennt von den auf Guastalla bezüglichen behandelt werden mussten, die einen wie die anderen fortlaufend und ununterbrochen anzureihen, nicht aber, wie es hier geschehen, zuerst die einen für ein paar Jahrhunderte anzuführen, dann die anderen für dieselbe Zeit folgen zu lassen, um hierauf für die nächsten paar Jahrhunderte wieder auf die ersteren zurückzukommen u. s. f. Auf diese Weise wurden sowohl die Urkunden für Cremona wie die für Guastalla in zwei Partien getheilt und es wird dadurch die Benützung des Werkes bedeutend erschwert. Anstatt vier Abtheilungen hätten, wenn nicht eine, so jedenfalls zwei genügt. Dazu kommt noch, dass auch die in den Archiven von Mailand und Palermo vorhandenen, auf die Geschichte von Cremona bezüglichen Urkunden getrennt verzeichnet werden, während andere, wie jene im Besitze Dr. Robolottis oder des Museums Ponzoni, unter die übrigen eingereiht werden und dass zum Schlusse noch ein nicht unbeträchtlicher Nachtrag angefügt ist. Der Benützer ist dadurch genöthigt eine Urkunde an verschiedenen Orten zu suchen.

An der Spitze der kurzen Regesten stehen die chronologischen Daten, Incarnationsjahr, Monat und Tag und dazu die Indiction. Sehr ungleichmässig sind hiebei die Monats- und Tagesdaten behandelt; manchmal werden sie in der ursprünglichen Form der Urkunde, manchmal reducirt, wobei sehr häufig Fehler unterlaufen, manchmal auch in beiden Formen zugleich angeführt. Einfache Reduction der Daten auf unsere Zeitrechnung hätte für die Zwecke des Repertoriums genügt, sonst aber musste die ursprüngliche Datirung der Urkunden unverkürzt gegeben werden. Den chronologischen Daten folgt die Angabe der Ueberlieferung. Bei den Urkunden aus dem Municipalarchive ist durchgehends die Bezeichnung, ob Original oder Copie, zu vermissen. Dagegen war es unnötig hie und da die nur in Drucken erhaltenen Urkunden mitzuverzeichnen; wollte man dies aber thun, dann war die grösstmöglichste Vollständigkeit anzustreben. Dies gilt auch von den Literaturangaben, die auf Vollständigkeit ebenfalls keinen Anspruch machen können; die S. 194—204 gegebenen Verzeichnisse über die in neuerer Zeit in Deutschland erschienene, Cremona betreffende Literatur wäre besser mit den Literaturangaben im Repertorium vereinigt worden.

Die kurzen Urkundenauszüge sind, herrscht auch hier nicht die erwünschte Gleichmässigkeit, doch im ganzen ausreichend. Warum aber ein Theil der Regesten in lateinischer, ein Theil in italienischer Sprache verfasst wurde, ist nicht erklärlich.

Es mangelt nicht an Uebersehen und Fehlern. Für ihre Richtigstellung berücksichtige ich nur die Diplome bis K. Friedrich I. Auf irriger Berechnung des römischen Kalenders beruhen: nr. 26 gehört zu Dec. 18, nr. 30 zu Sept. 27, nr. 53 zu März 26, nr. 56 zu Apr. 18, nr. 59 zu März 16, nr. 66 zu Mai 21, nr. 93 zu Nov. 2, nr. 102 zu Apr. 17, nr. 262 zu Mai 19, nr. 269 zu Mai 29. Ausserdem haben noch unrichtige Tages- und Monatsdaten: nr. 4 gehört zu 649 Apr. 5, nr. 76 zu 998 Mai 1, nr. 87 zu 1001 März 25, nr. 89 zu Mai 11, nr. 105 zu Jänner 19, nr. 114 zu Nov 12; auch bei nr. 224 dürfte richtig 17 kal. iul. zu lesen sein. Auch einige Jahresangaben sind noch unrichtig: nr. 2 gehört zu 781, nr. 6 zu 841, nr. 209 zu 1058, nr. 267 zu 1114.

Ferner ist Folgendes zu berichtigen. Die Ueberschrift (Datirung und Literatur) von nr. 7 und nr. 10 ist zu vertauschen, bei letzterer Nummer dann noch das Jahr 851 und für Lothar I Ludwig II zu setzen; nr. 76 (= Stumpf nr. 1135) ist für den Getreuen Rogerius nicht für Odelricus, wobei man an den Bischof von Cremona denken müsste, ausgestellt; eine andere hier nicht erwähnte gleichzeitige Copie des Diploms befindet sich im Besitze Dr. Bobolottis. Das unter nr. 77 erwähnte Diplom Ottos III (= St. 1089) war unter einer besonderen Nummer zu verzeichnen. Die Angabe in nr. 96: Exemplum privilegiorum duorum ist nach Mittheilung H. Zimermans dem Repertorio vecchio entnommen und beruht auf der Beglaubigungsformel des transsumirenden Notars: tenorem istorum privilegiorum in actis publicis redegi et illa ita publicavi; das Transsumpt selbst enthält aber nur eine und zwar ungedruckte Urkunde Ludwigs II von 872 Aug. 8 (Acta Placentie. Data VI id. aug. anno imp. Illud. XXII ind. V)[1]; Guastalla und Luzara werden in der Urkunde nicht einmal erwähnt. Die unter nr. 87 und 121 genannten Diplome bilden nur eines (= St. 1252). Die Angaben unter letzterer Nummer sind richtig, nur steht das Diplom im Cod. Siccardianus nicht f. 35, sondern f. 30—31. Die

---

[1] Dieselbe wird in einem der nächsten Hefte veröffentlicht werden.

unter nr. 67 angegebene Quelle: apogr. Dovara (offenbar mit der falschen Datirung aus dem Cod. dipl. Langob. 1716 herübergenommen) sowie das bei Stumpf Acta imp. 359 nr. 258 verzeichnete Original im bischöflichen Archive zu Cremona beruhen wohl auf irrthümlichen Angaben Ceredas. nr. 224 mit 1058, 7. (recte 17.) kal. iul. ist nach nr. 226 einzureihen.

Dem Repertorio folgen vollständige Abdrücke der für die Geschichte Cremonas wichtigsten, theils edirten, theils nicht edirten Urkunden. Vom Standpunkte der Forschung wäre eine vollständige Publication sämmtlicher noch ungedruckten Urkunden wünschenswerther gewesen. Um die Verlässlichkeit der Drucke zu beurtheilen, standen mir Copien von nr. 4—8 zu Gebote. Im allgemeinen sind dieselben, wenn man von einer wissenschaftlichen und gleichmässigen Behandlung absieht, correct. Während nämlich bei nr. 4 die moderne Schreibung von ae und e durchgeführt wurde, ist bei den übrigen Nummern in der Regel das einfache e der Copie, wenn auch nicht immer consequent, angewandt. Die Interpunction der Copien ist beibehalten, Verbesserungen der Lesearten werden stillschweigend vorgenommen und die Orthographie wird theilweise geändert. Abgesehen von einigen kleineren und unwesentlichen Abweichungen von den Copien ergeben sich folgende Verbesserungen: In nr. 4 ist statt el decano — decanus, st. quo ut vicinis — quod ut verius zu lesen; in nr. 5 st. querat — quiverat, st. cum (p. 135, 4. Zeile v. o.) — eum; in nr. 6 st. nominate — nominatur, st. Cremonensis ecclesio — Cremonensi ecclesie, st. omal hominum — omnium hominum, st. regni — regnantis; in nr. 7 sind Invocation, Name, Titel und Arenga wohl darum nicht wieder abgedruckt, weil sie mit dem vorhergehenden Diplome gleichlauten: statt predecessoribus hat die Copie nur decessoribus und vor quinque ist im Drucke ein per ausgefallen; bei nr. 8 constatirte ich 27 Abweichungen, die aber zum grössten Theile Verbesserungen der Copie, freilich nicht immer zutreffende, sind: statt telones hat die Copie telonco, st. certis — ceteris, nach rectum ist visum est einzuschalten, st. supradicto ist superaddito, st. Henribertus — Erimbertus, st. iniustum — in istum, st. stabilem — stabile u. s. w. zu lesen.

Den vollständigen Urkundenabdrücken folgen Memorie storiche Cremonesi gesammelt und zusammengestellt von Prof. Wüstenfeld in Göttingen; sie enthalten: 1. Verzeichnisse der in neuerer Zeit in Deutschland von Böhmer, Ficker, Tocche, Schirrmacher und Stumpf publicirten, auf die Geschichte von Cremona bezüglichen Urkunden, 2. Auszüge aus Bonizos Chronik, 3. Regesten zur Geschichte des Bischofs Sicard von Cremona, 4. eine Serie dei Rettori di Cremona von 1127—1397, 5. eine Serie degli Ufficiali del Collegio notarile von 1242—1300, 6. ein Verzeichniss der Rettori anderer italienischer Communen, die aus Cremona stammten, von 1175—1331. Diese Verzeichnisse, in Regestenform verfasst, sind durchaus verlässlich und, soweit es sich beurtheilen lässt, auch vollständig. Sie geben einen sehr werthvollen Beitrag zur Geschichte der Commune Cremona. Den Schluss bilden Nachträge und Berichtigungen, die Wüstenfeld dem Herausgeber zugeschickt hatte; sie liessen noch einiges zu berichten übrig.

Es sei noch bemerkt, dass auch die Correctheit des Druckes viel zu wünschen lässt, insbesondere sind die deutschen Namen — so heisst Schirrmacher hier Schiormacher — und Citate verunstaltet.

Die Ausstattung des Bandes ist eine splendide.

Diese Mängel stellen nicht die Verdienstlichkeit der Ausgabe des Repertoriums in Frage und ich kann nur den Wunsch beifügen, dass dessen Verfasser wie die Commune von Cremona in ihrem patriotischen und für die Wissenschaft so nutzbringenden Vorgehen nicht erlahmen mögen.

S. Laschitzer.

Alferisio, Conte di Vicenza, cimelio dell' età del Rinascimento. Dissertazione di Bernardo Morsolin (dagli Atti dell' Academia Olimpica). Vicenza 1880. 47 p.

Aus den Gegenständen, die Can. Pietro Marasca vor kurzem dem städtischen Museum zum Geschenke machte, nahm sich Prof. Morsolin eine Broncemedaille zum Gegenstande seiner Untersuchung. Diese Denkmünze zeigt auf dem Avers einen Kopf mit der Legende: alpherisius comes vicentinus s(anctae) r(omanae) e(cclesiae) gen(eralis), auf dem Revers einen Krieger, dem ein Papst mit der Tiara einen Stab als Zeichen der Herrschaft übergibt, mit der Umschrift: ioan. v s(ummus) p(ontifex). M. glaubt nun, dass diese Medaille dem Ende des 16. Jahrh. angehöre und geprägt worden sei, um die Prätensionen der vicentinischen Familie der Conti zu illustriren, welche gerade um diese Zeit (vgl. Andrea Salici, Historia della famiglia Conti. Vicenza 1605) begann in ahnensuchender Eitelkeit den Stammbaum ihres Geschlechtes bis auf die alten Grafen von Vicenza zurückzuführen. Zu diesem Resultate gelangt der Verfasser auf Grund eingehender Untersuchung der verschiedenen Erzählungen, welche die vicentiner Humanisten jener Zeit über den Namen Alferisio vorgebracht haben. Der erste von ihnen, Paglierini, in der 2. Hälfte des 15. Jahrh. lebend, spricht in seinen bekannten „Chroniche"[1]) von zwei Grafen Alferisio, von denen der zweite zur Zeit des Papstes Johann VIII. gegen die Sarazenen gekämpft habe. Giacomo Marzari zu Ende des 15. Jahrh. kennt wieder nur einen Alferisio, lässt ihn unter Johann V. einen Sieg über die Sarazenen erfechten und gibt ihm den Titel „generale di santa Chiesa". Andrea Salici weiss von vier, Castellini von drei, Barbarano von zwei Grafen dieses Namens zu erzählen. Aus der Uebereinstimmung der Angaben Marzaris mit der Legende unserer Medaille folgert Morsolin gewiss mit Recht, dass beide gleichzeitig seien und in unverkennbarem, engerem Zusammenhange mit einander stehen, obgleich man allerdings noch fragen könnte, warum dann Salici nicht auch diese Form der Tradition angenommen habe. Uebrigens glaubt M., dass die Tradition doch einen historischen Kern haben dürfte, und vermuthet einen Grafen Alferisio in einer uns nicht näher bekannten Zeit. Freilich klingt der Name gar nicht longobardisch. Könnte er nicht vielleicht eine andere Form für Alfredo sein?

Wir wären mit unseren Bemerkungen zu Ende, wenn nicht der gelehrte Historiker Vicenzas am Beginn seiner Abhandlung eine Erörterung über die spärlichen Nachrichten, die uns von Attilas Zeiten bis zu den Ottonen über Vicenza erhalten sind, vorangeschickt hätte, freilich nur um

---

[1]) Italien. Ausgabe Vicenza 1663. Der Verfasser bemerkt übrigens, dass diese Ausgabe von dem lateinischen Originalwerke, das sich auf der Communalbibliothek von Vicenza befindet, sehr abweiche.

constatiren zu müssen, dass uns in keiner Chronik oder urkundlichen Nachricht der Name eines Grafen Alserisio überliefert ist. Das älteste vicentinische Document (in sehr später Copie erhalten) ist eine Schenkung an das Kloster der h. Apostel im Walde Ocna von jenem „Herzog' Anselm, der dann der berühmte Abt von Nonantula geworden ist; es ist datirt vom Februar 753. M. edirt dasselbe (doc. I, p. 45), ohne, wie es für seinen Zweck auch nicht von directem Belang war, anzudeuten, was er unter den darin erwähnten Grafschaften verstehe; unter diesen erscheint auch die von Padua, die man am wenigsten hätte vermuthen sollen. Es drängt sich aber der Verdacht auf, dass es sich hier um ein unechtes, erst später entstandenes Document handle[1], dessen Veröffentlichung jedoch immerhin von Wichtigkeit erscheint. In trefflicher Weise bespricht sodann M. die Berichte des Paulus Diaconus und Andreas von Bergamo über die Herzoge Wettari und Perideo. Er theilt aus einer sehr späten Copie (doc. II) eine Grabschrift eines Neffen Wettaris mit, welche die Jahreszahl 753 aufweist, jedoch einen für diese Zeit viel zu classischen Stil verräth; auch M. legt dem Stück schon wegen der sehr mangelhaften Ueberlieferung keinen weiteren Werth bei. Den Aufstand des Alahis gegen Cunipert, an dem sich auch Vicenza betheiligte[2], übergeht der Verfasser und spricht sogleich Giovanni da Schio (Dei Cimbri primi e secondi, Venezia 1863, p. 92 f.) folgend von der Auflösung der Mark Friaul in die vier Grafschaften Cividale, Treviso, Padua und Vicenza, wie sie 828 Kaiser Ludwig zu Aachen verfügt habe. Schio aber hat eine Stelle Gennaris (Ann. di Padova, Bassano 1804, 1, 113), der selbst wieder einer Vermuthung Muratoris (Ann. 828) folgt, aus einer Hypothese zu einer zweifellosen Behauptung umgestaltet. Das Ganze geht auf folgenden Bericht in den Annalen Einhards 828 zurück: Baldricus, dux Foroiuliensis, honoribus quos habebat privatus et marca quam solus tenebat inter quatuor comites divisa est. Muratori, der die letzten Worte der Annalen anführt, bemerkt dazu: „vielleicht waren es diese vier, Cividal del Friuli, Treviso, Padua und Vicenza, wenn nicht vielleicht auch Verona beizuziehen ist"[3]. Gennari nahm das „vielleicht" noch herüber, Da Schio, gewiss ein scharfsinniger und tüchtiger Gelehrter, hie und da jedoch etwas zu kühn, unterdrückte das Wörtchen. Muratori selbst fügt noch hinzu, dass die Mark nicht getheilt verblieb, sondern bald nachher wieder als Ganzes erscheint. Und sie durfte auch nicht zerstückelt werden, war sie doch ein Hauptbollwerk gegen die Avaren. Unter den vier Grafen,

---

[1] Anselm war schon seit Ende 751 oder Anfang 752 (2. Jahr Aistolfs) Abt von Nonantula vgl. Tiraboschi, Stor. dell' ang. badia di Nonantula 1, 59; 2, doc. 4, 6, 7. Er war ferner keineswegs ‚dux', wie der Text der von M. herausgegebenen Urkunde will, ebenso wenig wie Aistolf imperator augustus.

[2] Paulus Diac. V, 39 (ed. Bethmann-Waitz). Mommsen citirt nach der Ausgabe Muratoris und führt einige Stellen (p. 11—13) an, die im wesentlichen mit der neuen Ausgabe in den Script. rer. Langob. übereinstimmen. Ich bemerke übrigens, dass mehrere Citate ungenau sind: p. 11 gehört statt L II a. XVI. L. II c. XIV; p. 12 statt L II c. XXIII, L V a. XXIII; p. 13 statt L IV, IV e V, L VI, LV. — In der gefälschten Pippinischen Schenkung bei Fantuzzi, Mon. Rav. 6. 264, wird auch Vicenzas Erwähnung gethan.

[3] Verona hatte lange vor 828 bereits Grafen. Hätten wir auch nicht andere Beweise, so würde ein Document von 808 April (Ficker Forsch. 4 nr. 6) genügen, wo von Ademar Grafen von Verona die Rede ist.

deren Namen Einhard nicht nennt, kann aber unmöglich der von Padua sich befunden haben, da bis zur zweiten Hälfte des 10. Jahrh. Monselice und nicht Padua der Hauptort dieser Gegend war[1]). Es scheint mir sonach unter den verschiedenen Erklärungen dieser Stelle Einhards einzig die des Cav. Federico Stefani (Arch. Veneto 6, 221 vgl. Dümmler, Südöstl. Marken in den Wiener Sitzungsber. 10, 30) annehmbar zu sein, dass diese Theilung nicht auf die venezianischen Gegenden der Mark zu beziehen sei, sondern auf die der Mark unterworfenen Gebiete zwischen Isonzo und Save, so dass die Mark Friaul in keiner Weise in ihrer ursprünglichen Ausdehnung beschränkt oder verändert wurde.

In den angenanen Angaben Paglicrinis über den Herzog Wettari findet M. mit Recht ein Kriterium für die Beurtheilung dieses Historikers. Er deutet weiter im allgemeinen die Quellen dieser ältern vicentiner Historiker an und lässt uns auf eine grössere Arbeit über dieselben hoffen, welche wir, als von einem so berufenen Kenner, mit Freude begrüssen würden. Auf S. 10 setzt M. bei der Besprechung der Bischöfe Vicenzas Ambrosius, der 962 das Castell Sabbione von dem Archidiakon Garimbert in Verona kaufte, vor den 966 gestorbenen Bischof Giraldus. Die bereits von Ughelli edirte Urkunde ist jetzt auch bei Gloria nr. 50 gedruckt, der sie zu 968 setzt, und mit Recht, da darin die zwei Otto, Vater und Sohn, erwähnt sind, und zwar vom zweiten das erste Jahr seines imperiums. Bischof Ambrosius muss also, wie ich glaube, nach Giraldus gesetzt werden und zwischen beiden erscheint noch ein Bischof Rodolfus, der in einer Urkunde vom 25. April 967, Gloria nr. 49, genannt wird.

Diese wenigen Bemerkungen betreffen nur Punkte von untergeordneter Bedeutung; die Arbeit selbst darf mit Fug und Recht als ein treffliches Muster historischer und kunsthistorischer Erörterung angesehen werden.

Verona.   Carlo Cipolla.

Károlyi Árpád, Adalék a nagyváradi béke s az 1536—1538 évek történetéhez, levéltári kutatások alapján (Beitrag zur Geschichte des Grosswardeiner Friedens und der Jahre 1536—1538 auf Grundlage archivalischer Forschungen ... gelesen in der Sitzung der ung. Akademie der Wissenschaften 17. Juni 1878). Budapest, Athenaeum 1879. 8° 231 S. A Dobó-Balassa-féle összeesküvés történetéhez 1569—1572 (Zur Geschichte der Dobó-Balassa'schen Verschwörung 1569—1572 .. gelesen in der Sitzung der ungar. Akademie vom 7. April 1879). Budapest, Athenaeum 1879. 8°, 123 S.

Die beiden akademischen Abhandlungen haben das Verdienst zwei wichtigen Punkten im Geschichtlichen Ungarns während der bewegten Herrschertage Ferdinands I. und Maximilians II. mit der Leuchte einer ebenso umfassenden als sorgfältigen archivalischen Forschung so nahe gerückt zu sein, dass wir die Genesis der bezüglichen Thatsachen, die Ge-

---

[1]) Gloria, Cod. dipl. Padov. 1, p. XXIII. Noch 978, Gloria nr. 63, trägt eine Paduaner Urkunde die Unterschrift Gandolfs, Grafen von Verona. Ins 10. Jahrh. gehört aber doch wohl jener Hugo, Graf de comitatu Vicentino atque Patavino, der 1016 als bereits gestorben erwähnt wird, Gloria nr. 101.

sinnung und Thätigkeit der handelnden Personen ungleich klarer und
deutlicher als bisher zu erkennen und abzuschätzen in der Lage sind.
Jedenfalls verlohnt es sich der Mühe in dieser Zeitschrift dem Interesse an
quellenmässigen Forschungen im Bereiche der Geschichte Ungarns mit einer
möglichst gedrängten, aber die Ergebnisse der Forschungen Károlyis zu-
sammenfassenden Anzeige der beiden genannten Arbeiten entgegenzukommen.

Beginnen wir mit dem Beitrage zur Geschichte des Gross-
wardeiner Friedens und der Jahre 1536—1538. Die einleitenden
Worte beleuchten den Standpunkt der Quellen und die Rolle der bisherigen
Monographien, unter welchen K. vorzüglich das „Leben des Bruder Georg"
(Martinuzzi) von Horváth vor Augen hatte. An dessen Erzählung knüpft
K. die seinige an, wie er selber sagt, gleichsam als Fortsetzung der Horváth'-
schen; er beginnt dort, wo H. aufhört und von wo ab wir von der ganzen
Angelegenheit überhaupt nichts wissen. K. hat die Befriedigung den from-
men Wunsch Horváths erfüllt zu haben, der eigentlich durch das Schweigen
Buchholtz' in dieser Richtung verleitet, das Nichtvorhandensein der bezüg-
lichen Actenstücke im Wiener Staatsarchiv als wahrscheinlich annahm.
Die Fülle der gerade da von K. eingesehenen und benützten Actenstücke
wirft eben kein günstiges Licht auf die Umsicht des Monographisten der
Regierungsgeschichte Ferdinands I., der allerdings durch die Massenhaftigkeit des Stoffes und die Zufälle, welchen archivalische Studien unterworfen
sind, entschuldigt werden darf. Abgesehen von dem wenigen, was K. gedruckten
Vorarbeiten, neueren Sammelwerken und der eigenen einschlägigen Publication: „Die Korrespondenz des Bruder Georgs (Martinuzzi)". (Frater
György levelei ...) im Törl. Tár (Magazin f. Gesch.) 1878, entnehmen
konnte, ruht die Arbeit im Grossen und Ganzen auf dem Material der
Actenstücke und Briefe im Wiener Staatsarchiv und der stattliche Anhang
von 40 Nummern (theilweise vollständig abgedruckter) Belege für die Zeit
von Dez. 1536 bis März 1538 lässt am besten den relativen Reichthum
seiner archivalischen Ausbeute ermessen.

Die Anfänge der kaiserlicherseits durch den Exmetropoliten von Lund,
Johann Wese, gepflogenen Unterhandlungen reichen bis ins Jahr 1533
zurück. Die Hauptergebnisse dieser Tractate summirt K. im allgemeinen,
um dann von 1536 ab den verworrenen Faden der diplomatischen Action
aufzunehmen und festzuhalten. Zunächst werden jene Gesichtspunkte erörtert, welche Karl V. zur Realisirung des Friedensgedankens drängten und
wie sehr es ihm um die päpstliche Intervention dabei zu thun war, während Ferdinand aus triftigen Gründen der Mediation des römischen Stuhles
misstrauisch begegnete. So geschah es, dass Wese im Sommer 1536 ohne
Roms Unterstützung bei Zápolya verhandelte und den Grosswardeiner Hof
ohne irgend welches Resultat in der Gesellschaft des Kaloczaer Erzbischofs Frangepani, der als Friedensbote an den Kaiser abging, verlassen musste. Die schlimme
Folge des Abbruches der Verhandlungen war Kaschaus Fall in die Hände
der Zápolyaner, wodurch das Ansehen des Gegenkönigs so sehr gehoben,
seine Partei so sehr gekräftigt ward, dass der Lieblingsplan Ferdinands, seinen
Gegner mit Hilfe des Moldauer Woywoden zwischen zwei Feuer zu bringen,
aufgegeben werden musste und die Bemühungen, die einflussreichsten Männer
Oberungarns Peter Perényi und Franz Bebék zu gewinnen, erfolglos blieben.

Unterdes entwickelten sich in Ungarn die denkbar verworrensten Zustünde, das Faustrecht herrschte im grössten Theile des Landes. Dies alles schmerzte die Seele der Besseren tief. Frangepani und Brodarics von den Zápolyanern, der Primas Várdai und A. Thurzó von der andern Seite riefen immer lauter nach Frieden; Joachim II. von Brandenburg, der Mainzer Kurfürst, der Polenkönig intervenirten und Ferdinand musste sich trotz aller Neigung zum Kriege dem entscheidenden Einflusse des auch für den Frieden eingenommenen kaiserlichen Bruders fügen. So treffen wir im Juni 1537 J. Wese und Brodarics in Kremnitz, um über den Frieden zu tractiren. Die Präliminarien gingen aber so gut wie gar nicht vorwärts, da besonders die Forderung eines eventuellen Thronfolgerechtes für Zápolya und dessen allfällige Nachkommenschaft auf ganz Ungarn dem Habsburger unannehmbar schien. Vorläufig wurde der Platz wiederum dem Schwerte geräumt; doch auch dies blieb ohne Erfolg, da sich Ferdinand in seinen Hoffnungen auf die Cooperation des Moldauer Woywoden getäuscht sah und unter solchen Umständen auch das Vordringen des Freih. Colonna-Fels nur wenig nützen konnte. Die Friedensfreunde murrten; Frangepani liess sich bitter über Ferdinands Unersättlichkeit aus.

Da trat ein ganz unerwartetes Ereigniss als Vermittler auf, die bekannte Niederlage Katzianers bei Esseg; jedenfalls schob sie den Habsburger dem Frieden gewaltig näher. Durch den rührigen Lasky werden die Hauptpersonen an Zápolyas Seite, P. Perényi und Martinuzzi, für das Ausgleichsgeschäft bearbeitet. Wese, der noch Anfangs Sept. in Kremnitz weilte und gegen Ende Nov. 1537 im Lager des Leonh. Vels zu Varannó auftaucht, findet sich den 29. Nov. zu Rozgony bei Kaschau ein, um hier von Vels und Lasky begleitet mit Martinuzzi und P. Perényi in neue Unterhandlung zu treten. Bei dieser Gelegenheit liess „Bruder Georg", der hochstrebende Mann der Zukunft, ein paar Worte fallen, welche der Erzbischof von Lund nicht überhörte. „Bin ich auch ein Mönch, so blieb ich doch Mensch" liess sich Martinuzzi vernehmen, „ich bin frei davon von den Majestäten (Karl und Ferdinand) Pfründen, Bisthümer, Feld oder Güter zu erbitten, mir genügt ihre Gnade; wenn sie diese mir erweisen, werden sie sehen, dass auch ich ihnen dienen kann und zu dienen weiss. Denn in diesem ganzen Reiche gibt es niemanden, welcher den Character der Türken, Rascianer (Serben), Wallachen, Moldauer und auch der Ungarn so kennt wie ich und es versteht, auf welche Weise und mit welchen Mitteln mit den einzelnen von ihnen zu verhandeln ist." Dieser Mann sollte und musste für das Friedensgeschäft gewonnen werden.

Den 30. December trafen Wese, Vels, Bruder Georg, Perényi, endlich auch Frangepani und Brodarics in Sárospatak, Perényis Herrenthum, zusammen. Vergebens wünschte Martinuzzi die Berufung Hier. Laskys; Ferdinand traute diesem nicht recht, obwohl beinahe ausschliesslich er das Verdienst hatte die Zusammenkunft der Vollmachtsträger zur Verhandlung bewirkt zu haben. Die Verhandlungen wurden bald ausschliesslich vom Lundener Erzbischof und Martinuzzi geführt; ihr nächstes Ergebniss war die Reise Weses nach Grosswardein, wo wir ihm bereits anfangs Jänner 1538 begegnen. Noch stand der ganze Friedenshandel auf schiefer Ebene; Frankreich und Brandenburg drangen in den „eigensinnigen, aber schwankend und unschlüssig gearteten" Zápolya von einem Frieden ohne ihre Mediation abzugehen. Auch der aus seinem Kerker entsprungene Katzianer wollte dem Gegner Ferdinands aushelfen durch Mittel, welche Zápolya ganz Ungarn in die Hände spielen mussten; Zápolya möge ihn zu Gnaden aufnehmen, dafür wolle er dem König seinen starken Anhang in Kroatien und Innerösterreich zuführen. Dennoch wurde der Frieden am 24. Februar zur Thatsache, doch mit Rücksicht auf die Türken geheimgehalten. Zwei Urkunden, eine Friedens- und Waffenstillstandsurkunde — nur von der letzteren sollte der Sultan erfahren — wurden ausgefertigt, deren nähere Erörterung K. bietet.

Mit einem Blicke in die nächste Zukunft des Grosswardeiner Friedens schliesst die mit vorwiegender nationaler Unbefangenheit, jedenfalls aber stets mit wissenschaftlichem Tacte geschriebene Arbeit. Von den Delegstücken des Anhanges sind 7 in französischer, 1 in spanischer und die übrigen in lateinischer Sprache abgefasst.

Die zweite Abhandlung Károlyis Zur Geschichte der Dobó-Balassa'schen Verschwörung 1569—1572 führt uns mit gleich starkem archivalischen Rüstzeug in eine der wichtigsten Episoden der Geschichte Max II. als Ungarnkönigs, welche bislang nur in den gröberen Umrissen bekannt war und überdies in den beiden chronographischen Hauptquellen, dem eigentlichen Zeitgenossen Franz Forgács und dem jüngeren Gewährsmanne Istvánffy, theils einseitig, theils wortkarg erörtert wird. „Vielleicht gelingt es mir" — sagt K. — „das Mass der Schuld Dobós auf das kleinste herabzudrücken und umgekehrt — zur Berichtigung des absichtlich irrenden Forgács — Maximilian von der gegen ihn erhobenen Beschuldigung zu reinigen." Der Schwerpunkt liegt naturgemäss auch bei dieser Abhandlung in der archivalischen Ausbeute, welche vorzugsweise das Wiener Staatsarchiv theils in den Dispacci des venetianischen Botschafters, theils in seinen Hungaricis, Turcicis, Polonicis, theilweise auch das Hofkammerarchiv darbot.

Zunächst entwirft K. ein Characterbild Max II. vorzugsweise nach den venetianischen Berichten, um dann auf die Unzufriedenheit in Ungarn mit dem Regimente dieses Habsburgers, auf die Vorstellungen der ungarischen Kronräthe und auf die Vorbereitungen des 1569er August-Reichstages überzugehen. Nach der Gegenüberstellung der Aussprüche von Forgács und Istvánffy, von denen jener die Verschwörungsgeschichte als ein Märchen behandelt, das die Hofkammer zu einem fiscalischen Processe verwerthen wollte, werden wir mit der Perényischen Fiscusangelegenheit bekannt gemacht, welche Forgács in pessimistischer Weise tendenziös ausbeutet. Einleuchtend erörtert K. die Gründe des politischen Verdachtes K. Maximilians, der sich hauptsächlich gegen Dobó schon vor dem Reichstage entwickelte, als stünde er im geheimen Einverständniss mit Joh. Sigm. Zápolya. Der venetianische Botschafter in Wien bezeichnet damals die drei Magnaten Franz Tahy, Stephan Dobó und Johann Balassa als Gewaltherren, hinter denen ein starker Anhang im ungarischen Adel stünde. An dem Wiener Hofe trafen bald Meldungen des kais. Residenten in Konstantinopel Albert v. Wyss ein, die von den Ränken Joh. Sigmunds Zápolyas sprachen und durch den Abfall des angesehenen Gyulaffy und Fr. Forgács, des gewesenen Grosswardeiner Bischofs und Geschichtschreibers, ihre Bestätigung fanden; der kais. Botschafter am polnischen Hofe hörte dort viel von der Conspirationslust der oberungarischen Herren und G. Hosszútóty erfuhr von dem

Ofner Pascha, dass es ziemlich viele gäbe, die es gerade so anlegten wie jener Gyulaffy. Dies alles und beunruhigende Meldungen späterer Zeit vom goldenen Horn her verwirrten den Kaiser in fieberhafte Unruhe. Mit Oct. 1569 stehen wir an der Schwelle der Katastrophe; der Kaiser überrascht den 12. Oct. die Stände mit der Anklage der rasch verhafteten Magnaten Dobó und Balassa.

Der Grund zu dieser Gewaltmassregel des Kaisers, entgegen seiner früheren Zusage, war ein doppelter: die Aussage des k. Gesandten in Polen, Bischofs Wilhelm von Olmütz, und mehr noch die Denuntiation des schurmlosen „Strebers" Kenderessy. Sodann werden wir mit dem Hochverrathsprocesse, mit dem wenigen Greif- und Haltbaren bekannt gemacht, was der geheimen Commission vorlag. Zu den wenigen Anhaltspunkten gehörten die später eingelieferten Schreiben des Fr. Forgács und Gyulaffy, welche Dobó und Balassa und den inzwischen nach Polen entwichenen K. Homonnay in den Augen des Kaisers als noch schuldiger erkennen liessen. Da führten die Flucht Balassas nach Polen, die öffentliche Meinung, der geringe Erfolg der Untersuchung, insbesondere aber die Enthüllung der Niedertracht Kenderessys die Wendung der ganzen Sache herbei. Bald erkannte K. Max, dass Kenderessy das wichtigste Anklagestück, den angeblichen Brief Balassas, gefälscht habe, und musste sich in seinen eigenen Verdachtsgründen wesentlich erschüttert fühlen. Unter dem Einflusse mehrerer Factoren, zu denen auch die Angelegenheit der ungarischen Königswahl des Thronfolgers Erzh. Rudolf zählte, ward Dobó am 16. April 1572 gegen Ausstellung eines Treuereverses aus der langen Kerkerhaft entlassen; Balassa traute dem Geleitsbriefe nicht und verlangte noch beruhigendere Bürgschaften, welche ihm im Juli 1572 zu Theil wurden. So verlief die ganze Angelegenheit im Sande, fand jedoch in Bezug auf die Betheiligten einen leidlichen Ausgang.

Dem Texte folgt ein Urkundenanhang von 25. Nummern; mit Ausnahme der 2 italienischen Dispacci des venetianischen Botschafters und je eines deutschen und ungarischen Stückes sind diese Belege lateinisch stylisirt.

Prof. Fr. Krones.

Uebersicht der periodischen Literatur Oesterreich-Ungarns.

Osvěta. Listy pro rozhled v umění, vědě a politice. (Rundschau auf dem Gebiete der Kunst, der Wissenschaft und der Politik). Red. W. Vlček 9. Jahrg. Prag 1879. Hist. Artikel: Vlach, Afganistan. — K. Jireček, Ragusa. — Vejdovský, Reise des Schiffes Challenger um die Welt. — Krásnohorská, Bulgarische Weihnachten. — Heyduk, Tod der Königin Anna. — Kalousek, Zur Feier des Andenkens Karls IV. — Perwolf, Die slavische Bewegung unter den Polen i. J. 1800 bis 1830. — Kalousek, Zweifache Geschichte der Husitenkriege. — Gabler, Der Mann mit der eisernen Maske. — Hrubý, Russische Zeitschriften i. J. 1878. — Schulz, Saint-René Taillandier. — Vlach, Die Engländer in Africa. — Hrubý und Jelínek, Polnische und lausitzserbische Zeitschriften. — Fořt, Die Oesterreicher in Bosnien und der Herzegovina. — Hrubý, Südslavische Zeitschriften. — Kořenský, J. Barrande und seine Werke. — Černý, Der

Ursprung und das Wesen der menschlichen Sprache. — M. Tyrš, Rundschau auf dem Gebiete der bildenden Künste. — Bartoš, Der Streit um die Echtheit der Grünberger Handschrift. — Krásnohorská, Ein Wort über Hálek zur rechten Zeit. — Durdík, Die Kämpfe der Holländer mit den Atschins i. J. 1873—1879. — Hrubý, Russische ethnographische Literatur. — Vlach, Geographische Rundschau. — Velišský, Angelo de Gubernatis. — J. Jireček, Josef Linda. — Valečka, Die anthropologische Ausstellung in Moskau. — Vlach, Dio Tokinzer. — Neue Literatur. — Biographien.

Památky archaeologické a místopisné. Organ arch. sboru musea království Českého a hist. spolku v Praze (Archäologische Denkmäler. Organ der archäol. Section des Museums des Königreichs Böhmen und des histor. Clubs in Prag). Red. J. Smolík. Prag 1879. 11. Bd. 4° (mit 14 Tafeln): J. Smolík, Wie urtheilt man über die vorhistorische Periode anderswo und wie bei uns? — J. Smolík, Die Gräber bei Vinařic. — Leop. Katz, Jistebnic. — J. Smolík, Ueber Mohylen, insbesondere die von Lipovic. — A. Rybička. Das böhm. Cancionale von Leitomyschel. — Fr. Slulík, Die Plaben'er Mohylen im Budweiser Kreise. — J. Smolík, Aus den Gräbern bei Brozánek unterhalb Melník. — J. Havelka, Der archäolog. Congress zu Kazan 1877. — H. Jireček, Biographische Beiträge: Fürst Ulrich von Brünn; die florentinischen Münzmeister Renart, Alfard und Tyno Lombardus; Smil von Lichtenburg. — J. Smolík, Funde böhm. Münzen. — Diet. Jelinek, Der Berg Hradec, Lochovic und Skřipel. — J. Smolík, Beschreibung und Abbildung böhm. Münzen. — J. Smolík, Ein Wort über Gründung archaeolog. Vereine. — V. J. Černý, Die Libáňer Alterthümer aus vorhistorischer Zeit. — J. Smolík, Beiträge zur älteren Topographie Böhmens. — J. Smolík, Bronzene Schwerter und Degen, die in Böhmen gefunden wurden. — H. Rychlý, Archäolog. Forschungen in Neuhaus. — P. J. Mottl, Der Unhošt-Kladner Bezirk beim Marsche des Kriegsvolkes zur Schlacht am weissen Berg. — P. J. Mottl, Buštěhrad als eine eingegangene Burg. — Peter Veselský, Die Fresken in der St. Barbarakirche zu Kuttenberg. — J. Jireček, Eiserne Kühe. — H. Rychlý, Beschreibung und Abbildung einiger Opfersteine in Böhmen. — J. Smolík, Die Opfersteine und ihre angebliche Bedeutung. — J. Smolík, In Böhmen gefundene bronzene Sicheln. — P. Veselský, Zwei lat. Messbücher aus dem 15. Jahrh. im Archiv der Stadt Kuttenberg. — K. Chytil, Die Karlsteiner Bilder im Belvedere zu Wien. — C. Rymer, Die Reihengräber unweit Auneřic. — J. Smolík, Das Münzwesen der occidentalischen Länder überhaupt und die Grundlagen des böhm. Münzwesens insbesondere. — P. J. Mottl, Drei topographische Zweifel. — Kleine Mittheilungen, Literatur.

Method. Časopis věnovaný umění křesťanskému. (Zeitschrift für die Pflege christlicher Kunst. Organ der christlichen Akademie in Prag). Red. F. J. Lehner, 5. Jahrg. 1879, Nr. 1—12: A. Baum, Die Wächter unserer alten Denkmale. — Uebersicht der kirchlichen Kunstthätigkeit in Prag. — Die innere Ausstattung der Pfarrkirche zu Strař. — Der Uebergangsstyl (die Ornamente des Portals, das Ornament, Kapitäl, die Kragsteine, die Polychromie, Schlussbetrachtung). — Joh. K. Bojek. Bibliogr. Skizze. — Die christliche Kunst und ihre Hüter. — Bericht des Geschäftsleiters der Section für bildende Künste und der archaeolog.

Abtheilung der christl. Akademie. — Zwei altböhmische Missale aus dem XIV. Jahrhundert (Das Prager und das Prachaticer). — Die Ortschaften des Namens Kostelec in Böhmen. — Geschäftsbericht des St. Veit Dombauvereines vom 1. Jan. 1877—12. Dec. 1878. — Bericht des archaeolog. Vereins Vocel in Kuttenberg für d. J. 1878. — Die Votivkirche in Wien. — Die künftige St. Wenzelskirche in Smichov. — Die restaurirte Kirche zu Zébědlic. — Die Restaurirung der heilig. Dreifaltigkeitskirche in Prag. — Die Renovirung der St. Jacobkirche in Brünn. — Relief des St. Georg Klosters zu Prag. — Die archaeolog. Ausstellung zu Königgrätz. — Die Kathedrale des h. Patrik zu New-York. — Restaurirung der St. Barbarakirche in Kuttenberg. — Der neue Kirchthurm in Reichenberg. — Joh. Swerts. — Die kirchliche Kunst auf der Pariser Weltausstellung. — Die Doppelcapellen aus der romanischen und der Uebergangsperiode. — Die Benedictiner Künstlercolonie zu Emaus in Prag. — Aus der christlichen Akademie. — Uebersicht der bis jetzt erhaltenen Alterthümer in Böhmen und Mähren.

Przewodnik naukowy i literacki (Wissenschaftlicher-literarischer Anweiser). Erscheint in Lemberg in monatl. Heften als Beilage zur officiellen „Gazeta lwowska" (Lemberger Zeitung). Red. W. Loziński. Vorzüglich der Geschichte und Literatur gewidmet. Histor. Inhalt des 7. Jahrg. 1879: L. Kubala, Georg Ossoliński (Krongrosskanzler † 1650, eine der bedeutendsten Persönlichkeiten seiner Zeit). — K. Pułaski, Mendli-Girej Chan der Perekopschen Tataren (1469—1515). — K. Kantecki, Neapolitanische Summen (Gelder, welche Bona Sforza, Gemahlin Sigmunds I. dem König von Spanien, Philipp II., geliehen hatte). — B. Loziński. Aus der Geschichte Galiziens (Nach Arneths Maria Theresias letzte Regierungszeit.) — Ant. J., Semen Nalewajko (Kosakenhäuptling † 1597). — Wodlewski, Schlesier in Polen (L. Adam Schroeter, B. Andr. Schoneus.) — W. Ochenkowski, Briefe eines Fremden über Wilno (Georg Forsters aus den J. 1784—1787). — Recensionen: K. Kantecki: Kostomarows Bohdan Chmielnickials Lehnsmann der ottom. Pforte. — W. Kętrzyński: L. Webers Preussen vor 500 Jahren. — K. Kantecki: Briefe des Herz. Zbaraski, Kastellans v. Krakau (1621—1631) hg. von A. Sokolowski. Dazu: Widerlegung der Antwort Sokolowskis von demselben (Selbständige Brochüre als Beilage). — A. Semkowicz: Helferts Karoline von Neapol und Sicilien im Kampfe gegen die französ. Weltherrschaft (1790—1814). — Br. Loziński: Markgraf Al. Wielopolski 1804—1877. — K. Kantecki: Gust. Dar. Manteuffels Polnisch-Liefland (in poln. Spr.) — A. Lewicki: Die neuesten Forschungen über die Chronik Peters Wlast. — A. Semkowicz: Fr. Papée, Die polnische Politik in der böhm. Successionsfrage zur Zeit des Niederganges der Podébradischen Macht 1466—1471 (Sitzungsber. der Krak. Ak. 8. Bd.); St. Lukas' der vermeintliche Türkenfeldzug Joh. Albrechts von 1497. — 8. Jahrg. 1880, 1—3 Heft; Jul. Bartoszewicz. Das Schloss Biala (Alba ducalis in Littauen, den Radziwillen gehörend). — Kubala, G. Ossoliński (Fortsetzung). — W. Kętrzyński, Mart. Kromer († 1589) über das preussische Indigenat, ein Beitrag zur Nationalitätsfrage des N. Copernicus (dass die Familie Watzelrode, aus welcher C.'s Mutter stammte, zu Konin in Grosspolen ansässig war). — K. Chłędowski, Handelsvertrag zwischen Polen und Oesterreich 1775. — K. Kantecki: Neapol. Summen (Schluss). — A. Loskiewicz, Der Danziger Aufstand 1525. — Recensionen und kleinere Mittheilungen: A. Prochaska: St. Smolka, Polen gegenüber den Hussitenkriegen und J. Sutowicz, Die Beziehungen Wladislaw Jagellos zu den böhm. Hussiten. — W. Kętrzyński: „Die Königsberger Post" (die erste polnische Zeitung 1718—1720.) — Die grosspolnische Chronik. Eine Quellenuntersuchung von M. St. Warmski. — B-n: Die Briefe Lelewels. — W. Kętrzyński: Krit. Beiträge zur ältesten Geschichte Littauens von L. v. Polnocki; Der Hochmeister des deutschen Ordens Konrad v. Wallenrod und seine Behandlung in den Quellen und Bearbeitungen der Ordensgeschichte von J. Legowski (2 Königsberger Inaug.-Dissertationen in deutscher Spr.). — Die Dlugoss-Feier. (Aufruf u. Tagesordnung). — Kętrzyński: N. Coppernicus aus Thorn. Ueber die Kreisbewegungen der Weltkörper, übersetzt und mit Anmerkungen versehen von C-L. Menzer hg. vom Coppernicus-Verein in Thorn (Kęt polemisirt gegen die in die Einleitung dieses Werkes aufgenommene Abhandlung Curtzes: Ueber die Orthographie des Namens Coppernicus). — K. Kantecki: Osw. Korwin Szymanowski, Die Poniatowski, eine histor.-geneal. Untersuchung (in deutsch. Spr.).

Przegląd lwowski (Lemberger Rundschau). Zeitschrift für Religion, Wissenschaft, Literatur und Politik red. von P. K. Podolski (monatlich 2 Hefte, ultramontan). Jahrg. 1879. Historische Anfsätze: B. Kalicki, Die neuesten Urtheile über K. Szajnocha (aus Anlass der poln. Geschichte von M. Bobrzyński). — S. Z, Die ruthenische Kirche unter polnischer Herrschaft. — St. Załęski, Die Jesuiten in Lemberg. — St. Hosius. Jahrg. 1880: M. Gf. Dzieduszycki, Die kath. Synoden im alten Polen. — St. Załęski, Die ruthenische Kirche. — J. Bartoszewicz, Die Legislation des 4jährigen Reichstages (1788—1792) gegenüber der ruthen. Kirche. — S. P., Archaeologische Nachrichten aus Rom. — Kleinere Mittheilungen, literar. und bibliogr. Notizen.

Zorja (Morgenrot). Literar.-wissenschaftliche Zeitschrift für ruthen Familien. Lemberg seit 1. Jänner (r. g.) 1880; monatlich 2 Hefte. Red. O. Partycki. Histor. Aufsätze in den Nummern 1—9: Martha Borecka (Eine Erzählung aus den letzten Zeiten der Unabhängigkeit von Gross-Nowogrod 1471 nach Karamzin). — J. Szaraniewicz, Halszka von Ostrog (die reichste Brant Littauens 1553—1573.). — K. Zakliński Die russischen Annalen des 17. Jahrh. — Szaraniewicz Ueber die Lage des alten Halicz. — Kleinere histor. Aufsätze instructiven, nicht aber wissenschaftlichen Charakters.

Przegląd polski (Polnische Rundschau). Erscheint in Krakau in monatl. Heften, deren 3 einen Band bilden. Die Jahrgänge beginnen am 1. Juli. Red. Ig. Skrochowski. — 1879. XIII. Jahrg. 3. Bd. (Jan.-März 1879): K. Morawski, Der römische Satyriker G. Lucilius. — A. Sokołowski, Die österreichische Politik Sigmunds III. — M. Dubiecki, Die Grenzfestung Kudak (am Dnieper). — J. Szujski, Das historische Profil Neros. — Fr. Paszkowski, Die Briefe des Präsidenten Jefferson an Kosciuszko. — Jomkowicz, Französische Stimmen über Polen (1. Broglie, Le secret du roi; 2. Sorel. la question d'orient au XVIII siècle). — 4. Bd. Histor. Anfsätze: (Apr. — Jul. 1879): A. Sokołowski, Georg Ossolinskis Autobiographie (im Jahresbericht des Ossolineums v. 1875); Diarium der Gesandtschaft G. Ossolinskis zum Regensburger Reichstag 1636 (im Auftrage des Ossolineums hg. v. A. Hirschberg); Memoiren Zbig. Ossolinskis des poln. Gesandten zum

Regensburger Reichstag 1636, hg. v. Dr. Kętrzyński. — R. Nałęcz: Jahrbücher der histor.-liter. Gesellschaft in Paris 1878—9; Polnisch-Liefland von Manteuffel. — X. Liske, Pf. Dobrzyńskis Geschichte Polens. — St. Tomkowicz, Französische Stimmen über Polen II. A. Sorel: La question d'orient au 18. siècle. Les origines de la triple alliance. — Neue Bücher. 14. Jahrg. 1. Bd. (Jul.—Sept. 1879). L. Drobu, Andr. Krzycki als Schriftsteller und Politiker. — . . . ski, Pf. Dobrzyński und Pf. Liske über Sigmund I. 2. Bd. (Oct.—Dec. 1879); St. Tarnowski: H. Lisickis, Al. Wielopolski. — L. Cwikliński, Homer, Schliemann und Mykenae, Erinnerung aus einer Reise nach Griechenland. — 3. Bd. (Jän.—März 1880); K. Morawski, Die Völker des alten Italiens und ihre Urcultur. — Tarnowski: H. Lisickis, A. Wielopolski L. Cwikliński, Homer. u. s. — Neue Bücher. Literarische Notizen. — 2. Bd. (Apr.—Mai) Nichts wichtiges.

Dwutygodnik naukowy (Wissenschaftliche Zweiwochenschrift) der Archäologie, Geschichte und Linguistik gewidmet. Red. Th. Ziemięcki. Krakau. Jahr. 1879: Die Theorie der phönizischen Einflüsse (gelesen in der Sitzung der archaeol. Comm. der Ak.) — K. Erzepki, Der Fund im Dorfe Włoszakowice. — Th. Ziemięcki, Keramische Producte. — Nachrichten über Mieszko I. aus arabischen Schriftstellern. — Wl. Rupniewski. Der Fund im Ostroger Bezirk in Wolynien. — J. Radliński, Henons Geschichte und System der semitischen Sprachen angesichts der neuesten Entdeckungen in der Keilschrift. — S. Z. Numismatische Episode. — I. Pickowinski, Antwort an den Herrn S. Z. bezüglich der mittelalterl. mit dem kujavischen Wappen bezeichneten Münzen. — P. J. Polkowski Der älteste Pergamentcodex des krak. Capitelarchiva. — S. Tymieniecki, Der Kalischer Denar Kazimir des Grossen — Jażdżewski. Noch einiges über den Kal. Denar K. d. G. — R. Erzepki, Neue Materialien zur archäolog. Karte von Grosspolen. — A. R. Numismatische Nachrichten. — W. Jażdżewski. Der Fund der pommerischen und meklenburgischen Bracteaten und alter Denare von schlesischen Herzogen. — R. Erzepki, Der Fund im Dorfe Starkow. — T. Z. J. Zawiszna's Archäologische Untersuchungen. — A. Ryszard, Archäologische Episode. — P. J. Polkowski, W. Jażdżewskis Fund zu Jarocin. — K. Świerbiński, Die slavische Gotheit „Bok" (das Jahr) dessen Priesterinen u. Ceremonien. — M. Gloger, Gehege in Wäldern. — Recensionen. Die Zeitschrift ging im December 1879 ein.

Przewodnik bibliograficzny (Bibliographischer Anweiser) erscheint in Krakau in monatl. 1—1½ Bogen starken Heften und bringt im ersten Theil immer ein Verzeichniss der im vorigen Monat erschienenen neuen polnischen und auf Polen bezüglichen Bücher unter Berücksichtigung der monatlich einmal oder höchstens zweimal erscheinenden Zeitschriften — im zweiten Theil buchhändlerische Annoncen. Red. Wl. Wisłocki.

Letopis matice Slovenské (Jahrbuch der Slovenischen Matica). Red. J. Bleiweis. Laibach 1878. — F. Hubad, Slavische Gebräuche. — Borin, Innocenz III. — Die göttliche Comödie. Uebersetzt von J. Koseski. — R. B., Alt- und neuslovenische linguistische Skizzen. — Radics. Th. Chrön, Dichter und Mecän der Wissenschaften. — Hubad, Die Slaven in Andalusien. — Cerpenter, Warum verehren die Slaven die Linde? — Štifter, Fomuška und Fimuška. — J. R., Zwei merkwürdige untersteirische Städte: Pettau und Luttenberg. — Navratil, Montenegrinische und serbische autodidactische Aerzte. — Gorenjec, Bilder aus der Natur und dem Leben auf der Tatra. — Navratil, Schriften über Bosnien und die Hercegovina. Slovenische Bibliographie.

Slovenský letopis pre historiu, topografiu, archaeologiu a ethnografiu (Slovakisches Jahrbuch für Geschichte, Topographie, Archaeologie und Ethnographie.) Red. Fr. V. Sasinek. 8°. 3. Jahrg. 1879: Skalic (in Ungarn) —Problematische historische Fragen. — Die Türken in der Slovakei. — Neuhäusel. — Zahl der Slovaken in Ungarn. — Simon de Keza. — Johann Filipec, Bischof von Grosswardein 1476. — Aus dem Memorabilienbuche der Franciscaner zu Ung. Hradisch. — Die Cividaler Handschrift. — Valentin Vlk, Bischof von Gr. Wardein. — Das Treffen von Mohacz. — Altslavische Handschriften. — Notizen über die Türken. — Schloss Bránecký. — Johann Jesenský. — Vom Tompier. — Die Anfänge des kath. slov. lit. Vereines. — Alte, böhmisch-slovakische und alt-slovakische Urkunden und Acten. — Kleine Mittheilungen. — Bücherschau.

Starine. Na sviet izdaje jugoslavenska akademija znanosti i umjetnosti (Alterthümer. Hg. von der südslavischen Akademie der Wissenschaften). Agram. 1879. 11. Bd.: S. Ljubić, Beschreibung des ragusanischen Handels im 14. Jahrh. — Jv. Tkalčić Privilegien des 15. Jahrh. aus dem rothen Buche des Agramer Capitels. — Fr. Rački, Correspondenz zwischen den türkischen und kroatischen Beamten. L — St. Novaković, Des Mönches von Chilandor Theodosius Lob des h. Simeon und Sava; Physiologus; Zwei montenegrinische Schriften, ein Beitrag zur Kenntniss der juridischen Volksgebräuche; Wallachisch-bulgarisches Liturgialbuch aus d. J. 1507, bibliographisch noch unbekannt. — 10. Bd.: S. Ljubić, Handbuch der südslavischen Urkunden. — St. Novaković, Artikel des Chronographen über die Serben und Bulgaren; Das apokryphe Protoevangelium Jacobs; Des Persers Afrodisius Erzählung von der Geburt Christi. — V. Fagić, Abschriften und Auszüge aus einigen südslavischen Handschriften. — St. Novaković, Apokryphe Erzählung vom Jupiter; Volksüberlieferungen über die Kosovo-Schlacht, aufgezeichnet in der ersten Hälfte des 18. Jahrh. — P. Matković, Zwei italienische Reisebeschreibungen auf der Balkanhalbinsel aus dem 16. Jahrh. — L. Kovačević, Einige serbische Ueberschriften und Anmerkungen; Einige Beilagen zur alten serbischen Literatur.

Rad jugoslavenske akademije (Arbeiten der südslavischen Akademie). Agram. 1879. Hist. und literarhist. Abhandl. 48. Bd.: M. Valjavec, Beitrag zur Accentlehre im Neu-slovenischen. — L. Zima, Abriss unserer Volksmetrik mit Rücksicht auf die Metrik anderer Völker, besonders der Slaven. — Fr. Rački, Unterscholtene, verdächtige und umgearbeitete kroatische Urkunden bis zum 12. Jahrh. — Akademie-Nachrichten. — 49. Bd.: L. Zima, Abriss. Schluss. — Fr. Rački, Der Historiker Johann Lučić aus Trogir. — P. Matković, Wanderungen auf der Balkanhalbinsel im 16. Jahrh. I: Felix Petančić und seine Reisebeschreibung. — J. Tkalčić, Widerstand und Aufruhr wegen der Zehentsteuer in dem Agramer Bisthum im 14. Jahrh. — Nachrichten. — 50. Bd.: Fr. Marković, Aesthetische Würdigung Gundulić's Osman. Forts. — B. Šulek, Roberto de Visiani (Nekrolog). Nachrichten.

Viestnik hrvatskoga arkeologičkoga družtra (Zeitschrift

des kroatischen archäologischen Vereins). 1. Jahrg. 1879. Nr.
1—4: L. S., Diamant aus vorgeschichtlicher Zeit. — L. S., Bibać. Nr. 1, 2.
— Krsnjavi, Die Monstranze aus Lepoglava. — Pilar, Der Gebrauch der
Erze und Metalle bei den ersten Culturerscheinungen der Menschen. Nr.
1—4. — Sance, Eine silberne Kaisermünze Constantin III. — S. L., In-
schriften. — S. L., Die römischen Kaisermünzen des Nationalmuseums in
Agram. Nr. 1, 2; Aquae Jasae. — Geitler, Die glagolitischen Inschriften.
Nr. 2, 4. — Maixner, Epigraphische Mittheilungen. — S. L., Geschriebene
Denkmale in Sissek, ausgegraben im J. 1876—77. — Pilar, Lucas Ilić-
Oriovčanin als Archaeolog. — Maixner, Beilage zur Verdolmetschung des
„Diamantes". Nr. 8, 4. — S. L., Rittium (Surduk); Noch zwei Votivhände
aus Bronce; Statue der Meeresgöttin mit einzähnigem Anker; Vorgeschicht-
liche Venus. — Berichte, Zuschriften, Kritiken, Geschenke.

Berichtigungen.

S. 96 Z. 5 statt „seinem Tode" z. l. „seiner Kaiserkrönung".
S. 232 Z. 16 statt ',978 bis 993" z. l. „978 bis 987".
S. 296. Die Urkunde Heinrichs IV vom 1082 Juli (nicht August) 28 nr.
  17 ist bereits gedruckt Stumpf, Acta ined. 450 nr. 318.
S. 428 Z. 10 v. u. statt 1806 z. l. 1506.
S. 435 Z. 11 statt St. 3137 z. l. St. 3137ᵃ (gedruckt bei Arco, Studi
  intorno al municipio di Mantova 1, 140 nr. 4.

www.ingramcontent.com/pod-product-compliance
Lightning Source LLC
Chambersburg PA
CBHW021220300426
44111CB00007B/376